American LAW
in the 20th Century

二十世纪美国法律史

[美]劳伦斯·弗里德曼 著　周大伟等 译

LAWRENCE M. FRIEDMAN

本书翻译人员名单

周大伟：2015年作者简体中文版序、2002年耶鲁大学英文版作者自序、导言、第一章、第二章、第三章、第四章、第五章、第七章、第八章、第十章、第十一章、第十五章、第十六章、第十七章、第十九章以及部分译者注释。

郇舒叶：第十四章。

刘　念：第六章。

陆　曼：第九章、第十二章、第十三章。

周卓斌：第十八章、第二十章以及英文注释整理。

朱金阳：索引以及部分译者注释。

全书由周大伟负责审校并统稿。

目 录

推荐序	*001*
译者序：为什么是美国？	*009*
简体中文版序	*024*
自　序	*029*
导　言　回首以往，面向未来	*001*

第一部　旧　秩　序

第一章　结构、权能与形式——美国公法，1900—1932 年	*019*
第二章　20 世纪前期的法律职业	*034*
第三章　商事法律	*053*
第四章　新世纪的犯罪与惩罚	*096*
第五章　种族关系与民权	*136*

第二部　新政和它的继承者们

第六章　罗斯福新政	*185*
第七章　战争和战后——福利国家的繁荣昌盛	*225*
第八章　战后的犯罪及刑事司法	*252*
第九章　20世纪的法院、审判和程序	*312*
第十章　种族关系和民权	*345*
第十一章　赔偿责任的激增——20世纪的人身伤害法	*430*
第十二章　变革时代中的商法	*465*
第十三章　财产权法	*490*
第十四章　家庭法和家庭生活	*526*
第十五章　内部的法律文化	*557*
第十六章　20世纪的美国法律文化	*617*

第三部　现在的生活方式：里根和后里根时代

第十七章　后退和进步：反对改革和它的余悸	*637*
第十八章　讯息传遍世界	*668*
第十九章　法律：一个美国的输出品	*698*
第二十章　概括和总结	*717*
注　释	*741*
文献说明	*813*
索　引	*825*

推荐序

美国法学在20世纪大致可以分为两个发展阶段：前期是法律现实主义压倒法律教条主义，后期是"法与社会运动"风靡一时。就在承前启后的转折点上，劳伦斯·弗里德曼教授横空出世，引领理论和实践的潮流，成为一代宗师。

还记得1991年秋天，我作为访问学者来到美轮美奂的斯坦福大学，劳伦斯担任我的合作教授。尽管我早就读过他的经典之作《美国契约法》《法与行为科学》（与斯图瓦特·麦考利教授共同编著）、《法律体系：从社会科学角度观察》《法与社会导论》等，也有若干位日本著名专家向他引荐过我，但之前我们从未谋面。首次见到他是在抵达"阳光之城"帕洛阿尔托之后的第二天上午，参加他主持的国际研究工作坊之际。我们在会场交谈了一会儿，商定了两人晤谈的时间和地点。我如约到他办公室，研究日本战后法与社会变迁的专家弗兰克·阿帕姆教授还在座，劳伦斯介绍我们相识后送客。然后他询问我的研究计划，介绍斯坦福法学院的制度、课程以及研究活动，并希望我能经常出席每周三的教师午餐研讨会。他还领着我到图书馆参观，要求工作人员帮忙，让我十分感动。劳伦斯还向我推荐了几本新近出版的学术专著，都与法社会史有关。

在威斯康星大学麦迪逊法学院任教期间，也就是20世纪60年代,尽管劳伦斯曾经与人合编过法与行为科学的鸿篇巨制,但他的研究方法并非侧重经验素材的收集和实证分析,而是立足于历史材料。在某种意义上甚至可以说,他是法制史领域威斯康星学派鼻祖詹姆斯·哈斯特的衣钵传人。他的第一部获奖著作《美国法律史》,把历史学的时序观与社会学的结构观密切结合在一起,乃法社会史研究的经典之作。《二十世纪美国法律史》这部新作沿袭了劳伦斯的固有风格:以小见大,在具体而生动的真实故事中发现法律命题的脉络和涵义,透过不同类型的现象甚至日常观感来探索规范秩序的共性和规律。但是,这本史学新著在谋篇布局上较之过去更见创意和匠心,特别是侧重在法律与社会互动关系中制度演变的内在逻辑以及大趋势。

众所周知,进入20世纪之后,整个人类社会的变迁骤然加速,法律生活也越来越复杂,越来越动态,越来越具有相对性。在美国,这种情形尤甚。根据匈牙利经济史学家和社会思想家卡尔·波兰尼的见解,19世纪形成和发展的"自我调节市场",在两次世界大战以及20世纪30年代大萧条的冲击下发生了大转型,社会的压力以及相应的政府干预开始对个人的自由经济活动产生深远影响;实际上,这种变化的动因已经内在于市场经济机制之中,因为生产要素的商品化以及随之而来的生活基础的动摇势必引起不安和抵抗。在这个意义上也可以说20世纪的社会变迁主要表现为自我调节市场的伸张与社会的自我防卫的"双重运动",就像恶魔的碾磨一般。"社会防卫"势必导致国家通过法律干预交易自由,并逐渐引起市场经济机制的瓦解。20世纪80年代的里根、撒切尔保守主义政策意在否定之否定,通过高标自由至上原则来挽救那个"自我调节市场",结果却导致全球金融资本主义体制的膨胀,反倒以经济危机的方式进一步破坏了市场经济秩序。这就是历史的辩证法。

劳伦斯·弗里德曼教授的法律社会史观与波兰尼的经济社会史观之间,多或少有些异曲同工之妙。显然,《二十世纪美国法律史》关于夜警国家"旧秩序"、福利国家"新政"以及信息国家"当代生态"的三部曲,与自我调节市场、社会防卫以及金融主导型自由化和全球化的阶段论是互相对应的。在每一部当中,劳伦斯采用类似的工具性框架分别考察和比较了法律秩序几个重要领域——权力结构、根本规范、审判程序、法律职业、民商法、犯罪与刑法、民权运动、法律文化等——的变化,仔细梳理社会变迁与法律变迁之间关系以及影响的重要因素。仅从篇幅的比例就可以看出,本书的重点是论述罗斯福革命和凯恩斯主义对美国法律制度的各种造型作用及其演变的悖论。在我看来,其中关于联邦制国家的中央集权化、司法审查制度的限权功能、通过私人诉权落实法律规范而导致侵权赔偿责任的扩张等内容特别有趣而富于启迪性。

本书第一部从五个方面栩栩如生地描述了已经烂熟的那个自我调节市场和夜警国家模式,在20世纪初如何开始发生变化及法律制度的不同应对方式。劳伦斯以1905年的洛克纳诉纽约案作为典型事例,揭示了这样的法律形势:私有财产权保护原则和契约自由原则导致有钱人的任性和结果的不平等,于是州政府通过立法干预自由的市场经济运作;然而各州法院、特别是联邦最高法院则采取保守主义立场,借助违宪审查制度维护自由放任的经济秩序。在这样的对峙格局中,标榜法律现实主义的法官们更倾向于迁就民选的立法机关对市场进行调整,以保护社会、防止过度竞争撕裂基本共识。但是,法官的多数派则坚持宪法规定的自由权和遵循先例机制。然而非常吊诡的是,自由的经济体制本身却势必要求通过统一商业规范来减少交易成本,避免各州自行其是的混乱和低效,这就促使立法机关迅速抬头,国家权力的结构也逐渐趋向集中。法律职业的分层化以及弱势群体的民权运动也助长了上述制度变迁。

1929年10月24日通常被人们称为经济的"黑色星期四"。因为就在这一天,美国股市暴跌引起世界大萧条,自由的市场体制陷入空前的危机。1931年企业和银行纷纷倒闭。到1933年,失业率高达25%,整个社会陷入恐慌状态。就在这时,富兰克林·罗斯福就任美国总统,推行以救济、复兴以及改革三大政策为支柱的新政,并且按照凯恩斯经济学主张加强政府对市场的干预。从1908年福特汽车公司采取著名的T式模型之后,大量生产、大量消费就成为美国产业经济发展的基本范式。新政以及"二战"后的复兴进一步放大了这种经济模式的示范效应。然而到1979年左右,产业政策主导的上述发展机制在美国开始陷入僵局,其功能障碍逐渐延伸到欧洲、日本以及其他国家。在经济和社会50年流变的背景下阅读劳伦斯新著第二部,可以更深刻地理解美国民主法治的本质特征。

新政给法律界带来的第一个影响是国家通过法规调整经济势必产生对政府法律顾问的巨大需求,从而为律师提供了更多的就业机会——就像当今中国全面推进法治,招聘政府律师和企业法务人员的工作突然活跃起来一样。由于国家工业复兴法和紧急救援法的授权,公共事业振兴局等机构通过非常时期的非常举措给更多的人群创造出就业岗位。银行存款保障制度以及银行与证券市场分而治之的法律规定则迅速减轻乃至逐步消除了金融动荡。值得重视的是,在新政时期,立法政策以及相应的各种法规更强调的是市场竞争的公平性而不是自由度,并通过控制生产、提高商品价格的做法拉动企业景气。然而联邦最高法院继续采取保守立场,通过合宪性或合法性的审查来对干预和限制市场自由的法规说不。因为联邦最高法院9位大法官以全体一致的方式否定了国家复兴法以及允许按揭延期偿付的弗雷泽-莱姆克法案,所以判决作出的1935年5月27日被法制史学家称作法治的"黑色星期天"。

劳伦斯的记述告诉我们,为了打开新政举措在联邦最高法院受阻的困局,罗斯福总统在高票再选连任后试图借民意的东风重组最高法院。这个设想引发了立法史上空前激烈的争论,最后在司法独立原则面前遭到挫败。就在这时,最高法院的姿态发生了微妙变化,个别中立的法官转而支持新政,使得力量对比的天平出现倾斜。随着时间的推移,最高法院开始疏远那些离散而偏执的少数人,更注重通过民主表决程序作出的法律决定,社会也更加认可一个积极有为的强大政府。尤其是第二次世界大战,更进一步加强了对经济的管制和计划理性。在这里,如何适当限制政府的权力、防止专断再次成为一个突出的问题。美国给出的答案是制定行政程序法,并根据相关规定加强对行政行为的司法审查。根据我的读后感,现代美国法律发展的历史业已证明,司法独立并非意味着司法与政治完全绝缘,即便是非常技术化的案件审理也不可能完全排除利益衡量和政策判断。但有一点可以肯定,司法审查(包括司法性质的违宪审查)在限制政府权力的同时也增强了政府权力的正当性,并且有利于法制统一和中央集权化。

战后复兴需求、东西方两大阵营的冷战和竞争、"向贫困宣战"运动、"大社会"构想等一系列社会现象,为福利国家奠定了基础,也使得社会法这个领域迅速扩张。公害问题和环境保护运动推动法律与审判的范式转换,科学与政策的重要性开始被强调,法官创制权利和规范的现象也变得司空见惯。于是乎,出现了所谓"法规爆炸""诉讼爆炸"的事态。为了提高大量增殖的法律规范和判决的效力,美国采纳了鼓励维权诉讼,通过私人动机和行为来运行法律体系的制度设计方案。其结果,根据侵权行为法的规定提起赔偿请求——尤其是针对企业的赔偿请求大幅度增加了,而19世纪的归责原则逐步被排除,对产品瑕疵造成的损失都按照无过失责任的法理进行赔偿,不给企业留下就过失和因果关系进行抗辩的机会。利益驱动的法律适用方式,使得对判决的预测以及对法律效力的评估变得愈加重要。因此,法学研究者(特别是以劳伦斯为代表的"法与社会运动"的推动者们)不得不关注"书本上的法"与"行为中的法"的差距,加强对立法和司法的实证分析,并从功能强化的角度提出制度改革建议。一般公民则对法律采取更加工具主义或者功利主义的态度。

随着法律越来越大规模地渗透到人们的日常生活之中,不同利益群体的诉求如何表达、如何协调也成为一个极其重要的政治议题。而对法律内容的理解,在不同的社会语境、不同阶层往往大相径庭,这意味着文化传统、价值体系也是左右制度变迁的一个关键性变数,法学研究除了关注法律的结构和功能外,还应该注意涵义问题。尤其是在涉及家庭、女性、种族、小集团、反主流运动以及犯罪等问题的领域,从日常生活和人与人的博弈活动中自发产生出来的纠纷解决机制、规范以及秩序也是法律史的重要组成部分。劳伦斯的《二十世纪美国法律史》把这些非正式的结构与实践也纳入制度框架内进行考察,揭示微观层面的权力、不平等以及侵权行为的处理机制,展示了一个法社会学家的独特视角。

这本新著的第三部,把剖析的锋芒对准里根的保守主义经济政策以及后里根时代的自由至上论和全球主义对社会结构和生活秩序的重新塑造。从20世纪80年代末开始,美国经济的主轴从产业转换为金融,渐次形成了"金融主导的经济发展模式",数码信息技术和金融工程技术的发达为全球金融资本主义体制提供了必要的工具和条件,特别是风险甄别和风险防范的绩效大幅度提高了。正是信息技术与金融市场的结合催生了20世纪90年代的美国繁荣和十年间世界霸权。当时完全没有意识到,我与劳伦斯在阳光明媚的帕洛阿尔托晤谈之时,就身处该国向这一轮繁荣狂奔的风口。尽管美国法律的应对方式似乎没有太大变化——转向保守的政府试图在联邦最高法院任命更多持保守主义立场的大法官,9位大法官在各种敏感问题上的判决意见始终保持微妙的平衡,但科技的影响无所不在,也侵蚀着审判制度。

技术主义和货币主义是近代文明的本质因素,也是美国精神的典型表现。进入20世纪后,交通和通讯技术的惊人进步使得人类生活方式为之一变,全球化的经济和政治体制具备了现实可行性。从20世纪90年代开始,互联网发展成为社会的基础设施,形成了无所不在、无所不能的数码网络空间。其结果,民族国家的疆界变得相对化了,危险和机遇沿着纵横交错的网络不断流转,时而带来风险,时而引起混沌。在这里,我们可以发现另一种恶魔的碾磨,即与波拉尼学说有所不同的、以尖端信息技术为支撑的全球金融资本主义体制正面对的"双重运动"——经济上的越界博弈与政治上的边界冲突。正如劳伦斯所说的那样,美国试图通过输出法律制度的方式来化解统一性与多样性之间的矛盾,大型律师事务所发挥着推波助澜的作用,但结局似乎并不称心如意。

美国是一个根据社会契约精神进行制度设计的人工国家,也是作为全球人种大熔炉的移民国家,在这层意义上它还是一个"世界国家"。美国的政治极其多元化,置身这种状况中,法治的重要性是不言而喻的。理由很简单,只有通过民主程序制定的普遍性法律规范才能超越文化价值体系的差异,成为社会公共事务的行为准则。推而论之,20世纪形成的美国法律体系在全球化过程中是很有可能成为新秩序的一个坚固内核的。但事实证明,即使美国的法与社会模式以及高度发达的技术手段也很难适应无边无垠、充满不确定性的网络空间,实际上人类正面临全球治理的巨大挑战和失序的各种风险。也许我可以说,这样的初步判断就是劳伦斯·弗里德曼教授通过《二十世纪美国法律史》这本集大成的著作留给美国人及其他各国读者的警世箴言。

季卫东
写于2015年秋冬之交雾霾里

译者序：为什么是美国？

为什么是美国？——从托克维尔的美国之行谈起

1832年，法国人托克维尔和他的朋友博蒙乘船从法国港口勒哈弗尔启程，前往他们一直充满好奇的美利坚合众国。对这次漫长的游历，托克维尔曾对人们解释说："我们不是要看大城市和美丽的河流，我们是想尽可能细致而科学地考察庞大的美国社会前进的动力。对此，每个人都在谈论，每个人却都不清楚。"

有趣的是，就在数十年前，由于启蒙运动的举世瞩目以及启蒙思想的深入人心，托克维尔自己的祖国——法国，曾经是全世界的人们梦寐以求的地方。美国总统托马斯·杰斐逊就曾说过一句脍炙人口的名言："每个人都有两个祖国，他自己的国家和法国。"

然而，付出了血与火的代价的法国人则有苦难言，他们对这类恭维辞令似乎并不感激。在法国大革命波澜壮阔的硝烟散去之后，他们怅然发现，远在大西洋的另一侧，"世界上有一个国家似乎已经接近了它的自然极限。这场革命的实现显得很简易；甚至可以说，这个国家没有发生我们进行的民主革命，就直接收到了这场革命的成果。17世纪初在美洲定居的移民，他们在欧洲旧社会所反对的一切原则中析出民主原则,并把它单独移植到新大陆。在这里,民主原则得到自由成长,并在影响民情的过程中和平地确立了法律的性质。"(托克维尔:《美国的民主》,江西教育出版社2014年版,第14页)

这个以所谓"简易方式"就收到了"革命的成果"的国家,当然指的就是美国。结束了在美国9个月的游历之后,托克维尔回到法国写出了他的里程碑式的著作《美国的民主》。经过对另一个大陆的考察,托克维尔更加深信,贵族专制制度必然衰落,平等与民主的发展是"那么广泛而且势不可挡"。而且,这种发展具有的主要特征是:它是普遍的和持久的,它每时每刻都能摆脱人力的阻挠,所有的事和所有的人都在帮助它前进。

如果我们今天确有必要将民主和法治视为两种并不完全相同的知识(或制度)体系的话,那么,在大约两百年前的欧美国家,这种区分或许并没有今天那么鲜明。细心的人们不难发现,托克维尔在美国期间,不仅仅考察了"美国的民主",而且更多的是考察了"美国的法治"。

当托克维尔离开这个世界的时候,他其实并没有完全理解美国"后来居上"的原因。但是,他已经隐隐约约感觉到美国经验的巨大张力和定力。他写道:"我毫不怀疑,我们迟早也会像美国人一样,达到身份的几乎完全平等。但我并不能由此断言,我们有朝一日也会根据同样的社会情况必然得到美国人所取得的政治结果。我也决不认为,美国人发现的统治形式是民主可能提供的唯一形式。但是,产生法制和民情的原因在两国既然相同,那么弄清这个原因在每个国家产生的后果,就是我们最关心的所在。"(托克维尔:《美国的民主》英文版原著上卷绪论部分)

在这里,我之所以提及托克维尔这个人,并不仅仅因为他撰写过《旧制度与大革命》《美国的民主》这类名著,而是受到托克维尔考察美国的暗示,并借此深入理解美国社会发展过程中对我们有借鉴意义的部分。

其实,在美国历史学家们看来,托克维尔时代的美国,还正处于青葱幼稚的艰辛岁月。美国法制真正成熟的年代,其实还是在刚刚远去不久的20世纪。如果我们不对20世纪的美国法律发展史做出一个细致的观察,恐怕很难理解这个国家成长壮大的密码所在。

美国加州大学教授克拉克教授曾在他的量化历史研究成果中指出:"人类历史中其实只发生了一件事,即1800年前后开始的工业革命。只有工业革命之前的世界和工业革命之后的世界之分,人类其他的历史细节很有趣,但并不关键。"从宏观上看,世界人均GDP在1800年前的两三千年里基本没有太大的变化。按照史学家麦迪森的估算,公元元年时世界人均GDP大约为445美元(按1990年美元算),到1820年上升到667美元,1800多年里只增长了50%。工业革命之后才逐渐上升。微观方面,工业革命之后人类生活方式、社会结构、政治形态以及文化内涵都有本质性的大变革。

同样按照麦迪森的估算,公元元年时中国的人均GDP为450美元(与西欧诸国大致相似),在晚清洋务运动发端时也不过仅仅是530美元。即便这个数字表明"中国古代GDP曾在世界领先",也没有多少实质上的意义。整个人类社会在工业革命发生之前的几千年中,人们的基本生活水平其实变化甚微;因而,无论经历多少次改朝换代的血与火的考验,其中的生活方式、社会结构、政治形态以及文化内涵并没有发生多少本质性的变革。因此,我们几乎一点儿都不难理解,如今充斥于电视屏幕里那些多如牛毛的中国古代宫廷戏剧中,同类型的人物和剧情居然可以在清朝之前的各个朝代里尽情穿越而不会令人产生质疑。因为,在收入与生活方式处于静态不变的状况下,剧情中的那些朝代到底叫"汉朝""隋朝""唐朝""宋朝",还是"元朝""明朝"或

"清朝",已经意义不大,至少没有我们自以为是的那么大。

科学技术史学者的研究结果表明,尽管人类已经有几千年的生活历史,但是迄今为止这个地球上80%以上的新技术和新事物,都是在过去的100年中出现的,而且其中的大部分是在第二次世界大战后的半个多世纪中出现的。甚至于今天已经深刻地影响了我们日常生活的新技术、新产品,竟然是在最近5年内出现的。你不妨稍微想象一下,5年前的今天——史蒂夫·乔布斯还活在人世,iPhone4s还没有来得及问世;5年前的今天——诺基亚公司还占领着移动通信设备40%的世界市场;5年前的今天——QQ在中国大陆还风靡一时,腾讯公司还正在运筹着如何把源自美国硅谷的KaKaoTalk技术移植成本土的微信(WeChat)。

美国斯坦福大学法学院著名教授劳伦斯·弗里德曼在他这部堪称研究美国近现代法律史的里程碑著作《二十世纪美国法律史》(*American Law in the 20th Century*)中指出,现代意义上的各种诉讼,主要与工业革命引发的科技进步有关。他感叹道:"今天,人们提出的各种诉讼,在19世纪、甚至20世纪初几乎都是不可思议的。"

20世纪是人类公认的巨大变化时期,同时也是全世界范围内法律制度发生重大变化的时期。在过去的整个20世纪中,美国的方方面面都发生了沧海桑田般的变化。宪法修正案、最高法院的判例一直在重塑着宪法,浩如烟海的司法判例和成文法规像蜘蛛网一样布满各行各业;上百万律师们涌动在这个国家的城乡内外、大街小巷。然而,稍微细心一些的人会发现,这个国家宪政的基本骨架在过去的两个世纪里并没有动摇过——不变的合众国联邦共和制、不变的九人最高法院、不变的两党轮替执政。一个世纪的风风雨雨中,技术革命、文化革命甚至是性革命都曾呼啸而过,但并没有什么实质意义上的政治革命在美国发生。用本书作者弗里德曼教授的话说:美国的故事,其实是一个在变化过程中发生的稳定性的故事,其实是一个新酒不断倒入了旧瓶里的故事。

由此,令人想到了20世纪80年代曾经充满魅力的一个词语:"超稳定系统"。今天,用它来形容美国的制度建设,或许更为贴切。

20世纪80年代,中国大陆知名学者金观涛和刘青峰夫妇在《兴盛与危机》一书中,大胆地将系统论整体研究方法运用到历史研究中,他们从中国皇权社会延续两千余年与每两三百年爆发一次大动乱之间的关系入手分析,提出中国社会是一个超稳定系统的假说,并用这一套模式去解释中国社会、文化两千年来的宏观结构变迁及其基本特点。应当承认,上述假说对于理解中国农耕文明的基本发展脉络具有建设性的意义。

无数证据表明,现代世界的诞生,其实是一个从农耕文明变成工业文明的过程,同时也是一个从乡村文明变成城市文明的过程。在20世纪70年代末中国开始改革开放之前,中国社会还大致是一个以农业为主的社会。很多人尽管穿上了舒适合体的西装,满口都是现代世界的新颖词语,但思维方式并没有远离农耕文明的影响,传统的深层结构其实一直在左右着中国现代化进程。近百年来,中国近现代的社会变迁,可以理解为这种超稳定结构在对外开放条件下的依照某种惯性运行的行为模式。例如,在中国漫长的历史上,不少内忧外患都和帝王身边的宦官太监的恶行相关。那么,为什么历朝历代的皇帝还总是离不开这些身边的宦官太监们呢?理由很简单,因为在这样一个不透明的、权力高度集中的循环系统中,除了身边这些人以外,皇帝根本找不到其他可以信任的人。

从这个意义上说,中国的故事也是一个新酒不断倒入了旧瓶里的故事。然而,很不幸的是,中国的故事却是一个在变化过程中发生的动荡不安的故事。从宏观上说,这类持续的动荡主要来源于现代工业世界对传统农业世界的征服,来源于一个主流文明对一个衰落文明的挑战,而在现实社会层面则体现为接连不断的列强入侵、内部战争乃至改朝换代(据历史学家统计,中国历史上曾经发生过3700次战争,大部分都是内战)。这一切,似乎来自一种无法抗拒的历史潮流,往往与外部敌对势力的"阴谋"无关。

不少人都乐于嘲讽"美国的年轻——历史短暂、文化浅薄",就连美国人自己也这么自嘲不已。但是,如果我们仔细进行历史性的思考,马上就会发现令人惊讶的结论。其实,今天的美国文化与欧洲文化一脉相承,难以分割,美国文化可以被认为是欧洲文化在美洲大陆上的延伸。当17世纪初期英国殖民者来到美洲大陆时,几乎带来了所有的欧陆文明,诸如学院、医院以及法院。美国文化也不会是凭空产生的。就像从东方的中国移民来到美洲大陆一样,最早期的美国移民是地地道道的欧洲人。海外华人移居美国只有一百多年的历史,只是很少有人会说,这些中国人文化历史过于暂短,因为大家都知道他们往往会无比自豪地争辩说:我们有五千年文明。既然中国人、印度人可以这样说,当你听到美国的欧洲后裔们也这么说,难道就很奇怪吗?所以,如果把今天的中国与所有之前的历史无限延伸,不妨称其为数千年的古老文化;同样,难道美国就不应该和三百年前的欧洲、尤其英国的历史关联起来吗?

即使我们以为美国的历史可以从17世纪以后算起,也不足以妄议这个国家的"历史短暂和文化浅薄"。平心而论,美国拥有这个世界上最古老的宪政制度。仅此而言,美国有足够的理由证明自己是世界上最古老的国家之一。它是世界上第一个现代意义的共和国,拥有最古老的民主和联邦制,拥有世界上最古老的成文宪法,也拥有世界上最古老的政党之一(民主党)。

如今,不少人都在谈论"美国衰退论"。其实,经历了一百多年的迅速发展后,美国进步的速度的确放慢了很多。但是,这个国家在知识、财富和经验方面仍然在不停的积累之中,从这个意义上说,它仍处在某种"进步的运动"之中。只是和有些新兴国家相比较,显得进步放缓并且相互距离显得缩短而已。1998年,美国前国务卿玛德琳·奥尔布赖特在谈论美国时曾经说过,或许恰恰因为全球化加快了步伐,美国不再是"不可或缺的力量",但却是无法忽视的力量。如果说托马斯·杰斐逊就曾说过"每个人都有两个祖国,他自己的国家和法国",那么,今天的世界上,每个人也大致都有两个国家——自己的国家和美国。美国的文化在这个地球上几乎无处不在,它的经济和军事力量占据压倒性的优势,全世界各地的人都在关注着美国政治家们的一举一动,以至于每个人的脑海里仿佛都存在着一个虚拟的美国,大家都在参与和思考美国的文化、政策和法律的变化 —— 无论人们是否情愿,从某种意义上说,人人都感觉自己成了美国公民。(参见 John Micklethwait and Adrian Wooldridge:*Right Nation:Conservative Power in America* 一书第十二章)

　　理解美国的社会,必须要了解美国社会的核心部分——美国的法治以及美国法治发展的历史。因此,我们需要理解,稳定的法治基石是如何成为美国社会隐秘不宣的中流砥柱?为什么美国的法治能够相对稳定甚至能够超越时空的限制——成为一些对外输出的"美国产品"?《二十世纪美国法律史》一书,大致可以给我们提供一个完整的答案。

劳伦斯·弗里德曼和他的《二十世纪美国法律史》

　　《二十世纪美国法律史》一书的英文版,由美国耶鲁大学出版社(Yale University Press)于2002年在美国纽黑文市和英国伦敦市同时出版问世。

此书作者劳伦斯·弗里德曼 1948 年毕业于芝加哥大学,获学士学位;1951 年毕业于芝加哥大学法学院,获法律博士学位;1951 年至 1956 年在圣路易斯大学法学院任教;1956 年至 1968 年在威斯康星大学法学院任教;1968 年至今在斯坦福大学法学院任教。他同时担任美国人文与科学院院士、美国法律史学会(The American Society for Legal History)会长、美国法律与社会学会(The Law and Society Association)会长。

弗里德曼教授学识渊博、著述等身,是 20 世纪美国"法与社会"学术运动的领袖之一。他在法律与社会关系、法律史、宪法学、行政法学、刑法学、财产法学、契约法、信托法和福利法等方面都有很高的学术造诣,并在世界法学界享有很高的学术声望,被誉为美国法社会学界、法制史学界以及比较法文化论的泰斗。

在 20 世纪世界法学研究领域,曾经有两种堪称革命性的法学研究范式,一种是"法律与经济"研究范式;另一种是"法与社会运动"(Law and Society Movement)研究范式。两者都引发了世界法学研究的革命,构成了 20 世纪法学研究中的两道靓丽风景。

弗里德曼教授运用法社会学的方法论,对法律史、法与社会变动、法与社会科学、法律文化、宪法学、行政法学、刑法学、财产法学、契约法、信托法和福利法以及其他法学实务问题作了广泛、系统而深入的探讨。他的专著《法律体系:从社会科学角度观察》(The Legal System: A Social Science Perspective,1975)将这一运动推向了高潮。他与麦考利(Stewart Macauley)共同编著的《法与行为科学》则是战后美国法社会学研究的集大成者,至今仍是这一领域最好的入门指南。

《二十世纪美国法律史》一书是其代表作《美国法律史》(A History of American Law)之后推出的又一部力作。作者用他一贯的优美流畅、深入浅出的文字,引导读者进入美国近现代法律史的殿堂。如果有人试图了解近现代美国法律的发展轨迹以及对全球化法律的影响,此书堪称最佳作品。

本书除了在纵向的美国法律发展史上,利用著名案例进行深入浅出的叙述之外,还在横向的社会发展层面上,叙述了美国法律在不同阶段与经济、科技、社会和人文诸方面的逻辑互动。弗里德曼教授首先讨论了一个与法律的独立性有关的核心问题:法律是一个独立自主的王国,它是否只能随着其自身的规则和内在的程序亦步亦趋地成长和衰败呢?还是法律制度又是整个社会中不可或缺的组成部分,一旦世界发生改变,法律也必然改变呢?读者在翻阅这本书的过程中,会明显地发现弗里德曼个人的见解倾向于后一种解释。这个取向和态度,几乎浸透在他写作本书的方式里。

弗里德曼在《二十世纪美国法律史》中将1900年美国的社会和法律与2000年美国的社会和法律进行比较,他把20世纪分成三个主要的阶段:(1)第二次世界大战前的旧秩序;(2)罗斯福新政以及战后法治的延续状态;(3)现在的生活方式。每个阶段的叙述中都穿插了宪法的体系变迁、政府的结构变化、刑事法律、民事法律和法律职业化的积累以及法律文化的变迁等。他认为,罗斯福新政的实施和第二次世界大战的结束,不仅仅对美国,而且对整个世界都是一个里程碑式的历史发展转折点。从那时起到今天,随着科学技术和经济的快速发展,整个世界无论从哪个方面看,都已发生了沧海桑田般的改变。民权的兴起、死刑的慎用、消费者权益保护、反垄断法和反不正当竞争法、知识产权的保护、贸易国际化、法律的全球化等,本书不断在向人们暗示,以法律现实主义运动为代表的美国法律思想以及美国法律改革运动,其实一直在充当着整个世界法律文明的助推器。

在本书中,我们不难发现,弗里德曼并不完全是美国现行体制的歌颂者,他对美国法律制度中的诸多弊端持有尖刻的批评。因而,不少人可能会以书中的只言片语来判定他可能是个有左翼倾向的学者(如同一些另类的犹太裔美国学者那样)。其实,要真正理解这种批评,我们必须回到美国社会的现场。对政府的方方面面进行责备和抱怨,而不是对自己的政府取得的一些成果夸夸其谈,这恰恰是民主—法治社会的本性使然。因为,民主—法治社会的首要特征,就是国民监督政府及其人员。如果包括学者在内的国民为政府大唱颂歌,那倒是非民主—法治社会的性格。在有些国家,对政府持批评态度的知识分子往往被视为"右派",而在欧美国家的此类知识分子却被视为"左派"。其中的奥秘,显然皆出于他们身在其中的社会制度的本质特征。

其实,弗里德曼教授对市场经济环境中法治社会的认可从来没有动摇过。他执著地认为,不论这个世界走向何方,一个清楚稳固的事实是:法律和法的运用将一直存在。在社会的每一面,不论高级或低级,所有的冲突、争执、妥协、和解、变动,所有的现代社会都是受法律所驾驭的。即使像日本这种声称自己是个例外的国度,其实也是如此。不管其中存有什么差异,所有的现代国家都是透过法律来管理其社会——所有非规范方式得让位给规范方式——所有的习惯被法律所替代——陈旧传统的观念会逐渐消融。我们将看到的结果,将是一个法治的社会。

整个法律史之谜,或许最难解的就是如何把众说纷纭的言说与实际生活中的法律事实加以有效隔离和区分。因为,在任何一个国家里,官方所推崇的法律神话、媒体中夺人耳目的法律故事与真实生活中的法律实施,从来都不是完全一致的。

作为一个历史学家,如何尽力避免主观偏见并且冷静客观地对社会现象做出判断,绝非易事,有时甚至需要力排众议的勇气。例如,近二十年来,美国律师的数量增长惊人,律师的形象变得极为负面。如果一个历史学家想迎合大众的通俗看法,似乎易如反掌。然而,弗里德曼教授却极为冷静地得出了自己的结论。他在本书中写道:"许多人,甚至经济学家,都认为律师是吸血鬼,是伤害经济的趁火打劫者。律师确实不是天使,但是反对他们的一般案例,大多没有得到真凭实据。有些律师的确提起过无根据的诉讼,有些律师欺骗过他们的委托人,也有些以挑起纠纷为生。然而究竟有多少人这么做了,则是另一个问题。事实上,也很难说,到底诉讼的麻烦是否伤害了经济。当然,我们可以径直用金钱来衡量一场诉讼的代价。麻烦在于,律师提起诉讼带来的好处,是很难用金钱来换算的。如果一家大公司打输了一场性别歧视的诉讼,我们可以合计一下罚金和律师费等,但是我们如何估算这一官司胜诉所得到的价值呢?律师惊人的数量及他们衣食无忧的事实(有些律师可以挣到数百万美金)——意味着他们在发挥着某些功能;没有一个社会可以忍受百万只无用的吸血鬼。事实是,法律制度如此复杂、如此无所不在,以至于律师成为绝对必要的。遭遇麻烦的人显然需要律师。其他人则需要律师以避开麻烦。企业需要律师为他们处理政府的规定。事实上,罗纳德·吉尔森(Ronald Gilson)曾经主张,商业律师能增加价值,通过扮演"交易成本工程师的角色,'让整块大饼变大'。"

在弗里德曼教授这本书以外的其他文章里,我们庆幸地看到过他对中国的法治的评论。他指出,有人说21世纪是中国人的世纪,这并不仅仅指的是中国大陆,还包括超出中国国界以外使用汉语和拥有中国文化的地域。倘若果真如此,这将不是一个儒教的中国,而是一个科技发明和进步的中国,一个贸易发展和市场开放的中国。这样的中国将别无选择地借鉴美国法律中的经验。至少在一个关键点上没有悬念;那就是,它必须是一个法治的社会。

对于大多数后发国家来说,尤其是像中国这样一个充满大国意识和历史悲情的国家而言,很多人不愿意看到——更不愿意承认,过去一百年里在欧美国家发生的种种法律路径和故事,会在自己的国家里亦步亦趋地重演。为了避免误导人们滋生对美国法律霸权意识的误解,劳伦斯·弗里德曼教授似乎在小心翼翼地叙说美国法律路径的普适性。他在《二十世纪美国法律史》这本书的结尾章节中语气平和地写道:"这本书的一个主题是科技改变了我们所生存世界的方式,以及我们在这个世界上的生存方式。如果你改变了这个世界,那么你同时也改变了这个世界的法律……法律实践在很多方面仍然是地域性的。大部分的律师都像是浮在岩石上的甲壳动物一样,都是非常本土化的。然而,在另一方面,也存在着某种形式的全球性的法律。有些事情也正在酝酿发生。如果文化和贸易全球化了,法律也几乎不可避免地随之仿效。"

本书的翻译过程中几点感悟

早在十余年前,当我第一次在北加州旧金山湾区的 Foster City 公共图书馆里借阅到《二十世纪美国法律史》这本书的时候,就产生了一种想把它翻译给中国读者的内心冲动。后来,我有幸在斯坦福大学法学院与弗里德曼教授相识。无论是在斯坦福大学法学院他那间到处堆满了书刊的办公室里,还是在帕洛阿尔托市的 University Avenue 上那间温馨的"大学咖啡馆"(University Cafe)里,我曾经和弗里德曼教授相约面谈,多次近距离地感受他本人大师的风范;回忆起来,这一切都当属于自己生命中最幸运的际遇之一。

今天,在世界范围内,如果你想了解美国的法律发展史,劳伦斯·弗里德曼是一个绕不过去的名字。有关统计资料显示,弗里德曼教授是美国有史以来个人著作被引用最多的法律学者之一。他本人被公认为研究美国法律史的最重要的学者,并且是20世纪末以来法律社会学中"法与社会运动"的核心倡导者。在过去的时光中,他至少写过近20本法律专著,发表过200篇以上的长篇学术论文。他的著作在全世界范围内被翻译成10种以上的文字。他告诉我说,中国的文化让他深感奇妙。他的终身遗憾之一,就是一个中国字都不认识。在给我的一封电子邮件里,他风趣地写道:"那些可以记住5000个字符(而不是26个字母)的人们,真让我惊叹和着迷。"

弗里德曼教授曾在交谈中告诉我说,他不嗜烟酒,晚年开始喜欢喝茶;他不打高尔夫球,对外出旅游也兴致不高;他唯一的爱好就是写作,甚至早年还写过几部与谋杀案有关的侦探小说。如今他已经八十多岁了,几乎每年还能写作出版一本法学著作和多篇学术论文。弗里德曼教授在学术上取得的巨大成功,似乎对新一代年轻学者们频频发出暗示:如果你打算终生投身学术研究,看来首先要做好当一个经典"宅男"的准备。

2005年,台湾地区的商周出版社曾经出版了吴懿婷女士翻译的《20世纪美国法律史》(以下称"商周版")。我们有幸阅读了其中的部分章节且受益良多。在此,特别向吴懿婷女士表示敬意。我们注意到,由于海峡两岸出版物交流方面存在的困难和障碍,除了个别学者访问台湾时有机会购得此书外,"商周版"没有能够在中国大陆获得足够的阅读和关注。同时,我们也发现,"商周版"的译文在法律术语、人名、地名等翻译习惯方面与大陆翻译界存在明显差异。这些因素也是鼓励我们把这部法学名著再次逐字逐句地翻译给中文世界的部分原因。同时,我们也真诚地希望——今后有机会能和商周出版社的朋友们以及译者吴懿婷女士开展一些有益的讨论和交流。

这些年来,我在中国大陆工作和旅行过程中,常常有不少朋友(或朋友的朋友)前来向我咨询有关子女如何学习外语和如何赴欧美国家留学的事情，其中不乏很多各级各类的政府高级官员。我的直觉告诉自己，这些人对待西方国家的态度常常充满着爱恨交织的暧昧；但是我更相信，父母亲对自己子女的爱，毫无疑问是真挚和深沉的。我试图认真地告诉他们，在我们这一代人的有生之年（我们无法预知过于久远的未来），除非个别的原因，我建议这些年轻的孩子们最好选择学习英语并且最好选择去美国留学。因为，今天这个地球上几乎80%以上的新知识都最早出现在英文文献之中，而且它们也最早出现在美国这个充满创造力的国家。如果我们真的希望我们自己的国家进步，希望青年一代学有所成，就应当鼓励他们到新知识的最前沿去深造和探索。

在撰写这篇译者序言的时候，我清晰地意识到，经过几十年的发展，中国已经成为世界上第二大的经济体。只要这个庞大的国家不自我封闭，它在与当代世界的接轨过程中，就一定会取得不断的进步。现代科技的发展，正在使我们生活的世界变得越来越小。从洛杉矶飞至上海，其实不过是在飞机上打个瞌睡、吃两餐饭和看两部电影的时间；如今，每天都有上万人飞越浩瀚的太平洋两岸——往来于中国和美国之间；每年，有数万名美国学生来到中国学习，更有二十多万中国留学生赴美留学（据统计，其中的70%以上都将学成回国）——这几乎比20世纪整个80年代留学生的总数（包括他们的家属）还要多；而且，在这些留学生中，攻读法律学科的留学生一直在逐年递增。如果弗里德曼教授这本名著能够为海内外众多的法律研习者提供有益的帮助，我将深感欣慰。

借此机会，我想向参与这本名著翻译工作的斯坦福大学发展研究中心的郇舒叶女士表示特别的谢意，令人难忘的是，在斯坦福大学的校园里，我们共同经历了启动这本书翻译的最初创意过程；还有年轻的法律专业研究生陆曼、周卓斌、刘念同学以及法学院本科三年级的朱金阳同学，他们承担了部分章节的翻译实践，年青一代人的聪颖勤奋令人印象深刻。最后，特别感谢上海交通大学法学院的季卫东教授为本书撰写的一篇导读序言；同时，也特别感谢北京大学出版社的蒋浩副总编辑、柯恒先生、陈晓洁女士和王妍女士，如果没有他们执著认真的工作态度，这部名著在中国大陆的翻译出版是不可能的。

周大伟

2015年8月初稿草于美国加州硅谷

2016年3月修改于北京

简体中文版序

我的《二十世纪美国法律史》一书将被翻译到讲中文的世界里，我感到十分高兴。这部著作写了一个单一国家（美国）的法律体系以及一个单一的世纪（20世纪）；但是，我还是希望其中的经验教训能超越时空的限制。

在1900年至2000年的百年间，美国发生了巨大的和戏剧性的变化，这些变化发生在经济、社会、文化和政治生活领域。这些变化一定会在美国的法律制度中反映出来。一个法律制度是它被植入的社会的一种反映。本书所基于的如此假设是立论的基石。当然，这就是所谓"法与社会运动"的基本假设。这种假设——即法律制度不是自发的产物，而是社会力量的产物，也是对这种社会力量的反映；这一方面，一直是我所有著作的基点所在。在社会秩序上发生的任何重大变化也将反映在法律秩序之中。试想一下，例如，20世纪30年代的大萧条对法律产生了何等的影响；两次世界大战的影响、民权运动的影响、女权运动的影响，等等。或者，我们想想新的科学、技术和医学对法律的影响。例如，我们还可以想想汽车对交通法的影响——的确，这在根本上创造了交通法。此外，在法律秩序中，没有什么重大的变化将不依赖社会力量的兴起。至少在任何深刻显著的方式层面，法律并没有对自己加以改变。我相信，法律的历史提供了非常丰富的证据来支持这些总体思路。

在这个简短的序言中,我不需要再次提及导致美国的法律与社会在20世纪变化的主要途径。这些变化是这部书的主题。这个世纪肇始于汽车社会,并且在计算机的时代结束。这是抗生素、喷气式飞机、空调的世纪,也是原子弹时代的世纪。技术与现代科学已在许多方面彻底改变了社会。这个社会变得更为丰富多彩和纷繁复杂。另外,这也是一个所谓的性革命的世纪。一个1900年的人几乎无法辨认和理解2000年的世界;对于一个头脑里还保留着许多旧世界观的人而言,这个世界(和国家)看上去是复杂甚至是神秘莫测的。在2000年的律师以及客户们所遇到的法律问题和解决方案面前,1900年的律师们大概会感到百思不得其解:民权法、环境法等诸多领域几乎完全或者大部分都是新颖的。甚至古老并熟知的法律领域——家庭法、公司法和土地法也以戏剧性的方式发生了深刻变化。

因为与中国的经验形成了一个鲜明的对比,在这一点上,20世纪美国的法律就值得精耕细作。其情形在于:尽管21世纪在法律和社会方面发生了巨大变化,然而在法律结构中某种特定和根本的连续性也是20世纪故事中的组成部分。从一个世纪开始到另一个世纪结束,这个国家带有同样的宪法,同样的州和联邦政府的安排,同样的九人最高法院,同样的两个党派政治制度。当然,每一个这些机构经历了世纪沧桑之变,甚至有时是巨大的变化;但是它们的基本骨架、基本框架仍然坚守。技术革命、文化革命甚至是性革命都曾如期而至,但没有发生实际上的政治革命。美国的故事是一个在变化过程中发生的一个稳定性的故事。新酒倒入了旧瓶。当然,有些稳定性是一种误导;宪法的文本并没有更改;但是,在实际上,宪法解释、最高法院随着时间的推移在重塑宪法;在很多方面,这些远比宪法文本保持不变的事实更加重要。尽管如此,这些玩游戏的人们,还是在许多旧的和历史悠久的规则中照章办事。

中国的经验看上去是何等不同！西太后帝制在中国衰亡的日子与20世纪同时拉开了序幕。20世纪的中国是一个战争和动荡不安的世纪，一个戏剧性政治变革的世纪，一个不断革命的世纪。即使在最基本的政治安排方面也有着巨大的动荡。至少在这一个重要的方面，中国和美国经验存在着近乎难以想象的巨大反差。

然而，今天，当我们看到这两个国家，至少对我而言，有一种巨大的融合之感。无论是从中国来美国访问的人，还是从美国到中国去访问的人，都会很快触及到某些特定和明显的差异。因此，这很容易忽视了一些非常重要和基本的相似之处。在我看来，中国和美国今天的情形，比过去的情形更为相似了，有一点可以肯定的是——比西太后的中国和西奥多·罗斯福的美国那个年代相似太多了。

这种融合的想法可能会让一些人感到惊诧。差异性通常似乎比相似性更明显。但是，如果你考虑到人们的行为、思考和举止之类的方式，这就是一种融合，而不是更引人注目的差异。北京的大街小巷上，和华盛顿特区的街道上一样堵塞着汽车。像在世界其他地方一样，由空中导航员们引导着的喷气式飞机降落在北京机场。计算机和抗生素已经彻底改变了这两个国家以及所有其他国家的生活。人们的穿着类似，他们拥有相同的时间感，他们面临着许多相同的问题，即使每个社会解决问题的方案各不相同。美中两国越来越多的大众文化和流行文化带有普适的韵味。尤其是，年轻人形成了一种全球性的文化体。当然，古老的传统音乐、艺术和文学还生存着；但他们似乎融入了一个单一的、公共的、遍及世界范围的意识流之中。

以我之见，融合是一个简单而残酷的事实。不幸的是，融合并不能保证世界的和平乃至世界的和谐。当今世界，其实还是一个混乱的世界，一个被大量问题所困扰着的世界。在某种程度上，这是因为没有任何一个国家可以孤悬于一隅。在诸多不同的方式上,每个国家与所有其他国家相互连接;在文化上也是如此,而不仅仅在贸易和金融方面。现代通信使得时间和距离变得关联性越来越少。世界正在变得越来越小。当飞机高速飞跨时区和整个国际日期变更线时,曾经需要花费数月甚至数年的旅行,现在只是几个小时内的事情。这指的是身体的旅行;信息、思想、图片、影像以秒为单位发送到世界各地。卫星一边围绕着地球运转,一边在发送和接收这些信息。

的确,对它的邻国以及其他国家,甚至是那些远在千里以外的国度,一个国家究竟做什么才更富有意义。空气污染在国境线上是得不到赞赏的。气候变化是一个全球性的问题。巴西丛林的命运不仅是一个巴西的问题。在我们这个时代,每年有数以百万计的人在进行休闲和商务旅行;还有,呜呼哀哉,难民们还在寻求帮助和庇护。而且,疾病、瘟疫,入侵植物、动物也在陪伴着人们旅行。经济上环环相扣:中国在购买美国国债;美国人购买中国产品。A国的银行崩溃带来了B国、C国和D国的危机。如果中国经济放缓,在智利和乌干达的人们就会受到影响。很久以前,英国诗人约翰·多恩(John Donne)写道,没有人是一座孤岛;没有人能与世隔绝。即使你不情愿,也许这就是真的。如今,这简直就是毫无悬念的真实。它是当今世界的一个总体事实。

当然,这意味着我们必须比以往任何时候都负有更大的责任来相互了解和互相学习。不仅要学习,而且要理解。这就是为什么我很高兴看到我的作品——无论它的优点和缺点,将提供给中国读者的原因。从美国的经验教训中能学到什么?当然,每个国家都有独特的历史,拥有自己特殊的现代方言。但是,即使我们不拿出相同的解决方案,我们也在面临着共同的问题。在任何一个国家,法律与社会之间精确的相互作用,在一般意义上,可以教给我们很多关于法律体系在社会中的作用;以及什么可以做,什么不能做,为什么做和如何去做。

同样的道理,中国的复杂和动荡的历史,它的文化和经验,应该是我的美国公民同胞们感兴趣的事项;事实上,许多其他国家的人们也情同此心。我相信,在未来,强有力的法社会学文献将会得到发展——这一迹象已经显露头角——而且我个人很渴望从中受益。

劳伦斯·M.弗里德曼
2015年9月于斯坦福大学

自　序

20世纪的结束,对这部书而言,既是个机缘,也是个借口。在这本书里,我尝试去讲述在刚刚过去的一个世纪里,美国法以及美国的法律体系里所发生的最精华的故事,以及它们发生的原因;还有,美国社会如何创造和再创造法律,反之,法律又如何影响了美国社会。

当然,讲故事的方式有很多种,倾向性也可以不同,很大程度上取决于个体如何想象"法律制度"这个庞大无垠的实体。在此,必须首先讨论一个与法律的独立性有关的核心问题:法律是一个独立自主的王国,它由法官和律师统治,它只能随着其自身的规则和内在的程序亦步亦趋地成长和衰败吗?然而,法律制度又是整个社会中不可或缺的组成部分,一旦世界发生改变,法律会不会也必然改变呢?我个人的见解倾向于后一种阐释。但愿诸位在翻阅这本书的过程中,这个见解会逐渐明晰。这个取向和态度,浸透在我写作本书的方式里。

一本讨论法律或法律体系的书籍,不可避免地会面临确定其主题的挑战。法律到底是什么?法律制度是由什么构成的?其实并没有一个众人都可以接受的一致答案。很多人从十分狭隘的用词——法院、警察、法官、陪审团和律师——去想象法律和法律制度。然而,法律在这个社会中,是个具有支配性、普遍、庞大的存在。各级政府所做的一切——几乎是任何事情——即便其中有蔑视法律的行为,但都无不依据法律、透过法律并沾染法律的色彩。要完整叙述法律在社会中的作用,就应当包含一部完整的经济史;举例而言,因为整个银行业是由法律管制的,例如美国联邦储备银行的工作,便由法律和法规所管制。讲述一个完整法律角色的故事,同时也应该包含一部完整的政治史;从一个夸张但其实不算牵强的观点看来,选举和议会的策略都是法律的一部分。

x 　　这还只是对于法律相对正式的观察而已。从广泛的意义上来看,任何组织中,所有的规则制订和执行以及所有的社会控制,都可以被视为一种"法"。所以,工厂、医院、大学和银行——更不用说帮派、宗派、社团以及大家庭——均有一个"法律制度",一个用来制订规则和实施规则的制度。毋庸置疑,这些法律制度显然值得我们加以研究。

　　我很清楚这些定义和其中的困难。不过,我的目标势必相对适中。我必须处理对于法律比较传统的想法——比大部分法学院的想法来得超前一些,但又比之前两段我概略提到的夸张概念保守一些。本书所谈的历史,主要聚焦于人们通常认定的"法律上的"主要制度与发展趋势层面。但是,法律领域的确切边界线仍将语焉不详。从历史背景的角度去考察,人们终将意识到,法律并没有一个稳定、牢固、可见的边界,而社会环境和社会意识则是其生存、呼吸和运动的关键所在。

　　即便是依据最狭隘的定义,关于20世纪法律这个主题的资料数量仍是浩如烟海——事实上,应当说是无穷无尽的。法律图书馆的书架上塞满了成千上万的书籍、期刊、判例汇编、法规条例、市政法令等资料。近年来,大量的资料以数码形式存储于电子存储器中,似乎取之不尽,用之不竭。撰写本书最困难的部分,便是如何从这些书籍与文献中选择和梳理资料——若将浩如烟海的原始资料与层层叠叠的史料从头到尾展开,多得足可绕行地球一周。没有悬念的是,事情似乎有点奇特:从中明显映射出的东西,包括了我最了如指掌的内容或是我最感兴趣的事物;然而,对于想要尝试阅读这类书的人们而言,情况也应该如此。在 20 世纪,法律制度已经成为一个包罗万象、无所不在的东西。没有人能够囫囵吞枣地把握它,即便只是其中的一部分。这并非因为时代落在公元 2000 年,即便时间回到公元 1900 年、1901 年或者 1902 年,情况也别无二致。此外,20 世纪与 20 世纪的法律包含着杂乱、插曲、戏剧性、发展、停滞和改变,显然,在一本书中囊括所有精华几乎是不可能的。

因此,我必须做诸多选择。有些是比较简单的。比如,没有人可以在撰写一本 20 世纪美国法律史时不提及行政职能国家的兴起,尤其是罗斯福的新政;也没有人会忽略"布朗诉教育委员会案"(*Brown v. Board of Education*)和民权运动,以及随之而来的"权利"爆炸式增长。但是,一旦你跨越无法回避和显而易见的边界,便会遭遇取舍两难的问题。大部分律师所做的事情是技术性的、单调的和遮遮掩掩的。总的来说,为人们办理离婚手续、处理房屋销售,或是填写退税单、组织设立小企业,对整个社会而言,这些或许都比联邦最高法院的宏大剧情具有更多的实际意义。不过,要将法律过程中那些不起眼的软肋载入编年史,是异常困难的事情。我相信,在取哪些内容、舍哪些内容的选择问题上,试图对我进行挑剔是非常容易的。但是,我不会为我选择的说故事的方式而辩解。

当然,本书不完全是我的故事。许多人在这个过程中给予我帮助。其中最大的一部分,是我所信赖的许多学者的著作。它们构造了本书成百上千的注释。我时常试图去查阅这些学者们的见解与原始资料是否一致,然而人生有限,实在没办法始终如一地这样做。任何一个写作常态题目的人,一定会受益于已经出版的书籍和论义。在本书末的文献说明中,我提及了一些最杰出和最有用的受益著作,一是作为延伸阅读的建议,二是借此表达谢意。在此,我要特别感谢罗伯特·戈登(Robert W. Gordon),他的鼓励、帮助以及令人惊叹的博学多才为这本书锦上添花。同时,感谢耶鲁大学出版社丹·希顿(Dan Heaton)在编辑过程中付出的巨大努力。

在过去几年中,我也得到不少学生的帮助。有些人直接参与了本书的工作,诸如查阅出处、撰写备忘录等。他们包括保罗·柏克斯(Paul Berks)、保罗·威廉·戴维斯(Paul William Davies)、香农·彼得森(Shannon Petersen)、易多·波拉特(Iddo Porat)和伊西·罗森兹维(Issi Rosenzvi)。我感谢他们的帮助。我也受益于过去数年来学生在我的课堂上撰写的文章。我起码得提及其中几位——特别感谢他们宝贵的奉献:莱斯利·巴霍(Lesley Barnhorn)、阿里·列夫科维奇(Ari Lefkovits)、克里夫·刘(Cliff Liu)、弗雷德里克·斯巴克斯(Frederick Sparks)和詹姆斯·斯威特(James Sweet)。我的助理玛丽·泰伊(Mary Tye)对我的帮助更是一言难尽。我也感谢我的同事们对本书草稿的聆听、讨论和阅读并提供意见。最后,我要特别感谢斯坦福法学院图书馆的工作人员——尤其是保罗·罗密欧(Paul Lomio)、大卫·布里奇曼(David Bridgman)、艾丽卡·韦恩(Erica Wayne)以及安德鲁·格塞特(Andrew Gurthet)。他们给予我极大的帮助,协助我寻找出处、追寻资讯、借调书籍等。比斯坦福法学院图书馆更大的图书馆一定有很多,但我怀疑它们不会好过斯坦福法学院图书馆。我还要感谢我的家人,特别是我的妻子利亚(Leah),与其他有助于我的人相比较,她的帮助更为深刻和细腻。撇开美国家庭生活的所有烦恼(本书将谈到其中的部分故事),如同克里斯托弗·拉斯奇所言,家庭仍然是(对了,至少我的家庭如此)这个无情世界里的安乐所。

导　言

回首以往,面向未来

　　类似于1999年12月31日,1899年的12月31日也是庆祝活动频繁的一天,人们对刚刚过去的一个世纪的诸多经历以及未来即将发生的新颖事务,不乏种种议论。不过,也许1899年的庆祝活动并没有那么狂热——毕竟这只是新世纪的开端,而不是一个崭新千禧年的开始;但是,美国人开派对、豪饮、疯狂祝贺那一年的来临。根据《纽约时报》的报道,泽西市(Jersey City)的威廉·威特(William Witt)和安·沃迪拉夫(Ann Waddilove)这对情侣,于午夜过后一分钟在莱德克兰兹大厅(Leiderkrantz Hall)举行了婚礼——他们迫切地想成为新世纪的第一对新婚夫妇。这是一个寒冷的冬天,元旦这天,几乎全美各地都下了雪。比如,在元旦庆典期间,上千名民众来到落满了一英寸厚积雪的华盛顿特区,向麦金莱(William McKinley)总统表示敬意。[1]

　　当然,没有人拥有一只水晶球,也没有人知道新世纪将会发生什么新奇事儿。倒是有一件事可以大致确定:19世纪的经验告诉我们,将会有巨大的改变发生在这个新世纪里。对社会及法律制度而言,这种说法大致上是正确的。美国的法律制度沿着19世纪的道路持续不断地变化,而且几乎是以大幅革命的方式在不断变化。在1800年,独立革命还是个没有超过一代人年龄的新鲜事儿。某种意义上而言,它仍然是个初出茅庐的国家。它拥有一部新的宪法,一套新的法院制度。它仍旧是个习惯法国家——否则还能是什么呢？——但它在殖民时期已经创造出自己对习惯法的见解与阐述，而它创立新法的程序也不再受英国模式所局限，由此，在新世纪里，它将加速发展。

就经济上而言，1800年的美国是个农业国，由东部沿海若干殖民地所构成。当时的海上贸易十分兴旺，与西印度群岛的贸易尤其频繁。至于内陆，似乎可说尚属一片遥不可知的土地，只有少数拓荒者进入那些茫茫荒野。当然，那些平原和森林是原住民的家，但是他们与沿海那些地方的法律制度几乎完全无涉。在1800年，拓荒者几乎全是新教徒及白种人，黑人们聚集在南方各州，其中大部分是黑奴。在北方的殖民地也曾有黑奴，譬如宾夕法尼亚和罗得岛，但是这些黑奴并不是当地经济的重心；1800年的时候，蓄奴在北方近乎消失。当时各州相互隔绝孤立，旅行速度很慢，道路坎坷曲折，通信与讯息送达极为缓慢。

19世纪末，仍旧实行的是与19世纪初一样的美国宪法。它已被修改过若干次，其中部分修正案极为重要。但是政府的基本架构，包括总统任期与职权、国会、联邦制、法院的制度等，依然如故。不过，此时的美国今非昔比，它成长得非常迅速。它是一个大陆巨人，一个工业帝国。它变得越来越都市化，有些大都市，例如芝加哥，在1800年时还根本没有浮出水面。大城市中充斥着来自欧洲的移民，这些移民和成群的子女同住在拥挤的街区里。纽约市是各种语言、信仰和文化混杂并存之地。在1800年，还不曾有人想过会有铁路、电报、打字机和电话这些东西；电，只是表述闪电击中风筝的玩笑话。19世纪末，新发明已经改变了美国人的生活。这是汽车时代的开端。没有人能够预知未来会发生什么事，只知道未来会像是H. G. 威尔斯（H. G. Wells）在科幻小说中所描述的内容。

法律层面的改变，同样极富戏剧性与革命性。这一改变，发生在每个法律领域。[2]侵权法、公司法、离婚法这些类型,在1800年的法律版图上,只是占据微不足道的领地。然而在1900年,它们都华丽转身,成为极为重要的法律领域。1900年,奴隶制(slavery)已经消失,但是在南方,另一种更为困苦的农奴制(serfdom)取而代之。1800那一年,诸如"马布里诉麦迪逊案"(*Marbury v. Madison*)、"斯科特诉桑福德案"(*Dred Scott v. Sandford*)、"屠宰场案"(Slaughterhouse cases)、民权案,以及本世纪中其他重大判决均尚未发生。在那一年,还没有人听过"工友连带责任律",契约法及公司法尚处于起步阶段。假设一个法律人在1800年成为一个落伍于时代前进的嗜睡者,然后在1900年的钟声中醒来,他会发现自己几乎完全听不懂同行们的闲聊了,仿佛他们说的是其他国度的语言一般。

然而,20世纪在改变的速度上远超以往。改变的速度由漫步变成疾行,再变成超音速前进。的确,塞缪尔·沃克(Samuel Walker)在其讨论权利革命的近著中,便引用了"利普嗜睡者之梦"(Rip van Winkle)的主题,描述一个人若在1956年至1996年陷入沉睡40年,醒来后将会有多么惊愕。[3]本书将简要叙述这类巨大的变化。我这里提及"简要"一语,是因为法律涵盖的范围广大无边,而且它还在年复一年持续转变,本书势必只能包括其中最重要的部分。更确切地说,是我个人认为最重要的部分。

有些重要的主题是显而易见的。在此我先指出其中几项。首先是福利管制国家(welfare-regulatory state)的兴起。在19世纪中,政府的角色逐渐增强。即使在所谓自由放任时期,国家的干预与监控也远远超出了大多数人的想象。[4]但是,政府的角色在20世纪强势到了极点。大多数的部局、委员会、行政机构等,对经济与政治的管控力量极大,诸如证券管理委员会(Securities and Exchange Commission)、社会保险局(Social Security Administration)、职业安全健康管理局(OSHA)、食品药品监督管理局(FDA),都是20世纪的产物。此外,联邦所得税、都市区域划分规范、环境保护法、毒品战争等亦是如此。今天,在我们的日常生活中,很难找到哪一个领域是不受某个管制机构干预的:举凡我们吃的食物、赚的钱、如何投资理财、住在哪儿、怎么住、如何建构房屋、如何管理公寓,均受到管理与规范,而其间的大部分规定,都是在20世纪出台的。

社会福利制度亦然。或许我们将社会福利视为天经地义,但是我们所认识的社会福利,其实仅始于20世纪,是"新政"与"大社会"的产物。即便那些竭力声讨福利国家的人,或多或少也想着保持(或者不敢抨击)某种形式的社会与医疗保障制度,也没有人谈论终结劳工赔偿、失业保险或灾难救助等制度。这些同样也是20世纪的产物。这是一个主张社会安全防护网的世纪,也是个崇尚"完全正义"(total justice)的世纪。[5]

和所有发达国家雷同,美国是个福利调整国家。国家一方面调整许多重要事务与特殊活动,另一方面提供免费教育、补助金和某些形式的医疗津贴。这样的国家必定是一个行政与立法相互分立的国家。官僚系统控制着权力的运转速度与方向,但是假如法院失去权力,相对而言(即使这是可争辩的)官僚系统便能取得极大的权力。其中一个理由在于,美国是一个习惯法国家,习惯法在美国不但仍旧存在,而且运行良好。在实施习惯法的国家,法院拥有极大的权力。有许多法律领域仍然是由法院依其意愿来制定规则以及修改规则。在美国,习惯法的精神仍旧极为强势。立法机关制定法律,但却由法院来解释这些法律。尽管法官喜欢宣称他们是如何遵从立法机关的意图,而且只有立法机关可以改变法律,而事实上,他们言行不一,经常持反对意见。一个顽固到底的法院甚至能彻底颠覆一项最朴实清楚的法规。的确,立法机关在这类拔河拉锯战中几乎总能获胜,可以通过制定新的立法,强制法院遵从其意图。但在此过程中,法院能运用手中的权力,数度占领上风,让他们的解释与观点坚持到最后。

20世纪同时也是司法审查的世纪。在美国,法院有权决定国会或州议会通过的法律是否与宪法的本意一致。如果这些法律不符合宪法,法院可以宣布它们无效。这项权力的行使在19世纪前期十分鲜见,直至19世纪后半叶才逐渐增多,然而到了20世纪,这项权力却被用得略显过度。20世纪几乎成了一个联邦最高法院阻挠"新政"程序,以及否决州政府的堕胎法、种族隔离法、死刑法的世纪。

然而,司法审查不仅仅是监控国会与州立法机关,它还可以审查、检查、监控所有其他政府部门以及下一级机构,包括较低位阶的文职官员。法院监控了大量联邦政府机构、州政府机构,以及地方的委员会和行政机关,当然,这样的监控并非持之以恒,而是断断续续;这种监控在20世纪政府体制中十分醒目。这是一则起伏交替的故事,但兴起占据了大多数时候(在20世纪):食品药品监督管理局、地方都市区域划分委员会(local zoning board)、社会保险部会(Social Securities Agency)全都拥有极大的权力及处置权,而法院肯定站在幕后、绝不缺席,以确保正确程序得以服从,游戏规则得以遵守。

第二个主题则是权力的移转,一种权威被移转至华盛顿,也就是中央政府。美利坚合众国始于联邦制。整个19世纪,各州或者更低一级的权力机构在实施法律的制度。那个时候,华盛顿还是个坐落于波托马克(Potomac)河畔潮湿沉寂的村落,正在夏日的热浪与蚊虫中酣睡。纽约、芝加哥、辛辛那提、圣路易斯、新奥尔良等城市充满了经济与文化活力,它们才算得上真正的首都,它们是汇集着金钱与商业、艺术与生活的首都。

1900年,美国仍旧是一个极为松散的国家,但变化已经明显地发生了。科技与社会的变迁,整个国家的重镇发生着转移。在1800年,想从美国国土的这一端传递新闻、信件、货物，或旅行到另一端，需要花费几个月的时间。当时并没有铁路、大运河和收费高速公路。随之，铁路时代到来了。在1900年到来之前，整个国家已经由这些发达的钢铁所贯通。将讯息从阿拉斯加州传送到佛罗里达州的尽头，或从缅因州传送到加利福尼亚州，由于电报和电话使之变得轻而易举。从今天看来，这些设备或许很原始，但是从1800年的观点来说，这已是了不起的进步。到了2000年，影像及声音几乎可以无时差地从美国某处传送到另一处。20世纪先是个广播与电视的世纪，接着在世纪末到来时变成了卫星、电子邮件和互联网的世纪。在新的千禧年即将来临前，整个世界联结了起来，基本上消息可以从大陆的一端完全无时差地传送到另一端。

如果人们可以跨越地域限制无碍交流，这意味着人们在使用相同的语言、共享相同的文化。一个国家、一种文化与一个经济体，意味着或似乎暗示着，一个核心、一套中枢神经系统，也就是一个首都、一个中心元首，亦即总统。在经济大萧条时期，上述过程在迅速发展。经济崩溃，民心恐慌，唯有一个强势的中心才靠得住。于是，在极具魅力的富兰克林·罗斯福（Franklin D. Roosevelt）总统领导下，华盛顿从长时间的沉睡中苏醒，并开始展现出旺盛的活力。

罗斯福是个伟大的领导人，而且是个伟大的现代领导人。他娴熟地利用了公共关系技巧。在广播中，他的声音令人震撼。总统成为整个国家注目的焦点。接下来电视的出现，让总统的脸孔、声音和动作无所不在。电视促成了"君主式总统制"（imperial presidency）的兴起。然而，并非所有的总统都和罗斯福一样，是天生的君主。无论在智力或其他方面，他们大多是庸常之辈，就像许多古罗马帝王一样。虽然仍有许多能力低下、无足轻重的总统，但是，在总统的办公室里，似乎已不容忍能力低下、无足轻重的人入主。毕竟，美国是个强国，到了

2000年,甚至是全球"唯一的"超级强国。这个人,美国总统,是个能手按核武器发射钮,透过热线直通各国领导者的人。这个人甚至可以毁灭整个世界。美国国会同时也通过无数的法案,赋予总统庞大到几乎毫无限制的权力;20世纪后半叶的美国总统,几乎拥有完全操控全球战争与和平的权力。

奇怪的是,在君主式总统的时代,公众的影响力远大于林肯或甚至老罗斯福的时代。君主式总统是公众意见的总统——在20世纪末期,总统越来越像个风向标,他决定自己的政策时,往往受到公众要求、民意测验、焦点问题团体及民众寄来的信件的摆布和左右。另一方面,君主式总统也暗中操纵、扭转和控制民意。政治精英牵着公众的鼻子走,要不然,他们就会成为公众的囚徒。这些通常都是电视及媒体的透明直播性招惹来的后果。

在20世纪的大部分时间里,中央集权的力量横扫了一切。在新世纪开启之际,我们在时局的拐点处找到平衡点了吗?科技过去曾将整个美国联结成一体,而现在科技将导致国家的分崩离析吗?表面看上去平滑统一的状态,会被摧毁为成千上万的碎片吗?在"信息时代"里,没有人必须固定停留在某个地点;一个女人在底特律给航空公司打电话,接电话的可能是在亚利桑那州或佛罗里达州的人(或机器);信用卡公司经由南达科他州处理金融业务;一些雅皮士搬到蒙大拿州定居,但仍能"进入"他们在巴尔的摩的公司上班。这些趋势将来会怎么样,至今没有人说得清楚,也没有人知道这些变化将如何影响政治制度、家庭、经济乃至法律。

20世纪是"法律爆炸"的世纪。法律制度的规模以令人不可思议的速度成长。从某种角度而言,估量一个法律制度是极为困难的。法律不只是纸上的文字,它还是一个运转中的机器和系统,而且它在社会中完整的意义是很难理解和无法轻易捕捉的。尽管如此,至少还是有一些可供初步了解其全部内容的粗略方法;而且不论我们往哪里看,都看得到一种象皮肿(elephantiasis)似的病况。以《联邦政府公报》(Federal Register)为例,自从20世纪30年代开始,所有联邦政府的公告事项、命令、立法动态等,都必须刊登在这本枯燥的年刊中。《联邦政府公报》堪称庞然大物,有时候甚至多达一年75 000页。其中与法律有关的资料,可能远多于1880年各州及联邦政府的法规、条例总数。同时,每个州政府、城市、乡镇,以及联邦政府,都埋头忙于生产新的法律、条例、规则。联邦及州判决集的数量成长速度远远超过从前;它们在法律图书馆里堆积如山,在网络世界中更是数不胜数。

这些都带来了什么?为什么美国有这么多"法律"?美国的"法律"在数量上是不是比其他发达国家(比如日本)还要多?答案或许是肯定的。但是,法律事务的增长在所有西方国家乃至全世界都举目可见。这一大幅增长的事实为法律文化的变化提供了理由。因为需求的增大,法律的供给也随之增多。在后面我们还会进一步探讨这个议题。我们不得不把这些归咎于科技,各种奇特的新机器加大了对法律的需求。以汽车为例,在20世纪初,汽车还很罕见,是富人的玩具。1905年,约翰·斯布雷克斯(John D. Spreckels)在加州付了两块钱,登记了他的怀特蒸气动力汽车;这是该州第一辆登记在案的汽车。1914年,有123 516辆汽车在加州登记注册;1924年,增加为1 125 381辆,这还不包括将近20万辆卡车在内。[6]到了20世纪末,除去那些极度贫穷者(以及一些大都会居住者,特别是住在曼哈顿的人),家家户户都拥有一辆汽车。通常住在郊区的家庭都有两三辆汽车。街道上到处都是巴士、货车、运动型多用途汽车、摩托车、出租车——毫无疑问,这是一个汽车的社会。

这一切对法律有什么影响呢?最初,有了交通法,于是在我们的生活中出现了惊奇,这是日常生活中让人们目不暇接的法律,其中包括停车、车速限制、道路交通法规等。虽然在马车的时代也有交通规则,但数量并没有这么多。如今,每个州都有一部庞大的交通法典及各类法规,内容涉及驾驶执照、酒醉驾车、注册登记、汽车牌照、制造安全汽车等;最近还出现了有关汽车安全带以及针对摩托车驾驶员安全帽的法规。在此,间接的影响甚至更大——汽车对移动能力、郊区的扩张以及美国文化与愿景等方面也同时产生着影响。

科技以各种明显的方式影响着法律。首先表现为某些显而易见的规定,例如电波的管制、民用航空局、有关网络色情的规范等,但其影响是非常微妙和深入的。显然,所谓性革命也是由避孕药及其他避孕方法导致的。即使是洗衣机、浴室喷头,也为我们带来了潜移默化的影响:它们使得裸露身体成为日常生活的一部分。过去,穷人时常不穿衣服或很少更换衣物。总之,在科学技术帮助之下所引发的富裕,对社会造成极大的冲击,从而也影响到法律。富裕意味着大房子与更多的隐私,滋生培育了大量个人主义行为。它使得每个人拥有闲暇时间,并由此产生娱乐、休闲工业——它们成长为美国最大型的产业之一。媒体与休闲产业同时也催生了名流文化,而这种文化不断协助创造了君主式总统制。

在20世纪后期的三分之一时间里,不断有人抱怨所谓的"诉讼爆炸"。虽然严谨的学术研究对此始终持有怀疑,但是大多数的民众对此深信不疑。[7]而且,坦白说,烟雾弥漫至少已意味着某种形式的火苗是客观存在的。有些诉讼确实有暴增现象(不过也有些诉讼无人问津,甚至消失无踪了),这些剧增的类型包括医疗过失、性别歧视案等,人们总是为之吵闹不休,争议不断,其社会意义倒显得实实在在。

有关赔偿责任的激增发生在侵权行为领域中——大部分是人身伤害案——的确多得不得了。19世纪损害赔偿方面狭隘吝啬的规定在20世纪几乎消失,取而代之的是比较"自由化"的规定。产品制造责任和医疗过失诉讼在19世纪几乎不存在,但现在这两者则司空见惯到了足以让商人、保险公司及医疗人员大感惊恐不安的程度。媒体上充斥着有关这类无聊诉讼的可怕故事。与此有金钱利害关系的人怂恿立法机关（以及某些法庭）开始约束这类损害赔偿责任。尽管有这些反作用力，与1900年相比，赔偿责任诉讼的"规模"在2000年仍是巨大无比的。

还有一种"爆炸性剧增"也是无法否认的，那就是法律专业人员数目的剧增。在美国历史上，律师的数量一度保持着稳定增长，然而自第二次世界大战后，成长速度便快得失去了控制。据说，现在美国有将近100万律师，而且律师在美国人口总数中的比率是日本的20倍甚至更多。律师事务所的规模也像气球般不断膨胀。在1950年，一个拥有100名律师的律师事务所已是业内的庞然大物，而到了20世纪90年代，美国最大的几家律所至少都聘有超过1 000名律师。这些专业人员的组成也已面目全非，自20世纪60年代以后，律师不再是白人和男性独占的行业。

《权利法案》(Bill of Rights)在18世纪末被加入宪法中。但是法院与人民对《权利法案》的理解则随着时间而发生变化，且是非常戏剧性的变化。在第一次世界大战前，联邦最高法院并没有作出任何与言论自由有关的重要裁决。"一战"期间，由于对左翼分子歇斯底里的反对（并作为对俄国革命的回应），第一批重要的案件才崭露头角。直到20世纪50年代前，联邦最高法院并没有严肃地质疑过有关审查下流书刊的权力。

在20世纪初，民权案件同样很少见。1896年，在"普莱西诉弗格森案"(Plessy v. Ferguson)*中，联邦最高法院在他们表现得比较阴暗

---

* 有时简称"普莱西案"，是美国历史上一个标志性案件，对此案的裁决标志着"隔离但平等"原则的确立。——译注

的时期里,认可了"隔离但平等"的信条;这意味着主流势力趋向于种族隔离政策。[8]白人至上的风潮主宰了美国南方,因此,无论法律系统、联邦政府还是州政府,几乎都听不到敌对的声音。

19世纪的美国法律只关心国内事务,对外面的世界是漠不关心的。此时美国虽已发展成一个帝国,但仅仅是一个国内的帝国。甚至美国原住民都被定义为"国内依附族群"(domestic dependent nations)。有人曾梦想将美国国土扩张至尼加拉瓜或古巴,但是这梦想并没有实现。夏威夷被强占并且成了美国的领土,但是它并没有明显地被殖民化。然而美西战争改变了这样的状况。在美国夺取了波多黎各和菲律宾的同时,它便成为一个真正的帝国;这是美国第一次拥有土地,却不准备将它们确认为一个州的地位。这些地区是如此新颖而特别,他们并不是古典意义上的"领土",而是殖民地。

这个殖民的遗产以及在19世纪末至20世纪初大量涌入美国的移民,带来了某种认同危机,或者可以说是一场文化战争,这在法律制度中到处都留下了印记,其影响见诸刑法、家庭法以及移民法与归化。排外主义与孤立主义一向都是美国文化的要素。现在,保守的美国人感受到了威胁。许多人想要拉起吊桥,撤退到城堡里。但是,他们能做到吗?美国是世界的一部分,而且越来越深入其中。美国在20世纪参与了两场世界大战。在第一次世界大战后,美国的确转过身(或者尝试过)不再理睬这个世界;同时它也经历了最糟糕的排外时期;更不要提及"三K党"的复活。排外主义的另一项胜利,是1924年的《移民法案》(Immigration Act)。19世纪,国会通过法律禁止中国移民进入美国;20世纪则增加了"配额制度",尽可能地对从南欧或东欧移入的"乌合之众"关闭大门。除了来自欧陆北部的新教徒移民,美国不想接纳其他人。

第二次世界大战后,孤立最终变得完全徒劳。美国显然是个大国,发展得如此成熟;它在世界体系中如此举足轻重,以至于它已经确实不可能重新栖居一隅与世无争了。某些"美国要塞"的精神习性仍然残存。比如,排他主义仍旧逍遥自在地活着。甚至有人认为总部设于纽约市的联合国,也属于共产党阴谋的一部分。这是麦卡锡主义与冷战偏执狂鼎盛一时的时代。但是,当冷战的风暴汹涌而来,世界开始微缩,距离变得无足轻重,世界逐渐变成一个单一实体,一个单一系统。

这个世界系统包括了各种种族、信仰、文化的人们。美国变得越来越多元化。封闭孤立的方式,注定是在劫难逃。美国并没有放弃联合国,相反地,美国还控制了联合国,试图让它符合美国自己的意志。严格的移民法已经被搁置,国家移民配额制度于 1965 年被终止,排除亚裔族群的法律被废除。在 20 世纪后半段,"潮水般涌来的大批"移民并非来自欧洲,而是来自中国、韩国、越南、印度等地,更不必说,还有萨摩亚和菲律宾,以及墨西哥、多米尼加共和国、尼加拉瓜、海地和拉丁美洲各地。"非法移民"首次在美国历史上成为主要的政治和法律议题,而主要聚焦在难以管控的南方边境线上。

20 世纪末,出现了新式的(或改头换面的)文化战争的征兆。当通往一个新的千禧年的大门开启的时刻,美国该是个什么样子呢?它象征着什么?它的灵魂被谁拥有?这是一个我们或许可以称之为"多元公平"的时代。美国曾一度拥有一群单一强势、轮廓清晰的多数派,也就是白人新教徒。当然,这是个由男性来操纵的社会阶层。这个多数派深深信仰某种自由,它比大多数欧洲国家的统治阶级显得宽容。例如,少数团体的宗教信仰是被容忍的。这个词很重要:宽容。宽容意味着容许——仅此而已,毋庸赘言。

11 这些都是过去的事情,接下来我们回到现在。如今美国不再有那样的多数派。今日的美国,是一个由众多少数团体组成的国家。自 20

世纪50年代起的民权运动深刻并持久地改变了美国。民权运动在由厄尔·沃伦(Earl Warren)所领导的联邦最高法院及大部分联邦法院中,找到了它的同盟者。白人至上在法律中丧失了他们的立足点。稍晚些时候,男人至上也不例外。过去曾经被压制、被冷落、被视为反常或总是保持沉默的团体,都从暗室里走了出来,要求基本人权、分享权力以及保障其合法性。弱势民众的示威似乎没完没了。他们包括西班牙裔、亚裔、原住民、学生、同性恋、老人、听力障碍者、非婚生子女、囚犯,等等。越来越多这种团体大声疾呼,要求重见天日;他们变得越来越武断自信;一场战争接着另一场战争地不断抗争,大部分与法律有关。当然,结局仍拭目以待。抵抗和反击的例子也层出不穷。然而最终的结果,将显现出一个不一样的美国,一个更为多元的美国,一个由各种不同文化、颜色、规范构成的彩虹般的美国。

"多元平等"这个词并没有着手触摸到曾经发生在美国的那些事情的实质。民权运动初始之时,其中一项主要的目标是融合——黑人想要的是同化,或者至少有同化的权利。他们的诉求是:让我们进入主流。我们希望在你们的餐厅用餐,我们希望住在你们的旅馆里,我们希望在你们的工厂做事,我们希望在你们的球队打球,我们希望吟唱你们的歌剧。我们希望共享美国。这曾是基本的构想,其他少数族裔团体(或许诉求多样)都拥有一些类似的诉求——不论是妇女想成为一流的球赛裁判或在煤矿工作,还是一个坐在轮椅上的那个人希望能拥有搭乘普通公共巴士的权利。

或许部分因为幻灭,或许部分由于其他更加深沉的理由,在过去几年中,这些目标出现了极度的转变。打开门,让我们进来!现在的诉求已经不再只是单纯的同化,或是政治与经济上的平等。不再有"其他人"(others)的说法:我们和你一样,我们和每一个人一样,以相同的方式对待我们!现在的诉求转而变为:我们是不同的;我们就是我们;我们是个分离的国家,拥有分离的文化。如今你开始听到有人说黑人很美,开始有人以身为同性恋感到骄傲,有人以听力障碍而自豪,有女性声称女人优于男人(相对比较有同情心、宽容、聪颖);有人说老人确实也有性生活,而且性能力好过年轻人,他们并"不是"步履蹒跚的愚人;另外还有人致力于复活原住民信仰、风俗、语言与生活方式。"酷儿国"(queer nation)与"伍德斯托克国"(Woodstock nation)这一类用语中的国家(nation)一词,并不仅仅是种暗喻。在这些暗喻背后,存在着一种国家权利(nationhood)的意识,一种个人主权的理念。对许多将自己与某个团体紧密相系的人而言,这种"我们属于同一国"的感受实在是虚实难辨。

当然,如同过去曾经发生过的那样,许多美国人看到他们的国旗被撕成碎片深感恐惧;他们也害怕看到美国那面团结的镜子被粉碎。他们憧憬过去团结和睦的时光。当然,从许多角度来看,那样的"好时光"并不曾真正存在过;但是人们总是忽略真相,或者根本没有察觉事情的真相。对现在的(不论是真实或想象的)惊恐,模糊了过去也曾有过的惊恐。强烈反弹行为转化为政治行动,例如"英语独尊运动"、反对平权措施运动、移民控制、基督教右翼骚动。以上运动都是由于抵制多元论而产生的。就法律层面而言,平权措施确实名声欠佳。法院正在削减因犯的权利。然而,不论人们怎么说,历史的进程不曾停步。历史是一条永不干枯的河流,不断流动,水流中总是充满了旋转迂回的惊奇。这些取舍变幻、正反交织的事情,将把我们带往何方,将是人们无法解开的悬念。

但是,不论走向何方,有一点则是清楚稳固的事实:法律和法的运用将一直存在。在社会的每一面,不论高级或低级,所有的冲突、争执、妥协、和解、变动,至少就某种程度和某种形式而言,都是透过法律来表达它们自己。事实上,所有的现代社会都是受法律所驾驭的。即使像日本这种声称他们是个例外的国度,其实也是如此。不管其中存有什么差异,所有的现代国家都是由法律所统治,也是透过法律来管理其社会:不论是法律、法院判决、政令、条例或行政指导方针,非规范方式得让位给规范方式,习惯被法律所替代,陈旧传统的理解与共识逐渐消融,我们将看到的结果,是如同今天的、或许未来的美国:一个法律和法规的社会。

第一部

旧秩序

第一章

结构、权能与形式——美国公法，1900—1932年

美国的政府体制在很多方面都体现出稳定的模式。宪政制度建立于18世纪末期，发展至今已经是非常严谨耐用的了。没有一个国家能赶超美国。1990年政府体制从本质上看一直是这样的。在欧洲，法国、德国、意大利和西班牙都曾经历了动乱和革命，而美国却没有。当然，美国内战是一个巨大的、血腥的例外。不过，如果杰斐逊（Thomas Jefferson）或约翰·亚当斯（John Adams）能够在1900年复活的话，他们就会发现政府的这种架构至少是似曾相识。总统自始至终是国家首脑和政府首脑；仍然有参议院和众议院，仍然有最高法院。许多州加入联邦，但是他们保持固有的模式。甚至连白宫的模样看上去也非常一致。

杰斐逊和亚当斯是极其聪明的人；自他们渐渐了解熟悉之后，便开始对美国政府的性质进行更深入的调查，他们或许会感到困惑甚至（也许）震惊；他们会发现自己处在一个神秘并不断变化的地方。除了书面表现形式外，宪法及其体系已经和过去大不一样。它们像一座老房子，房子的外观被很好地维护下来；但内部却被摧毁，水管、线路，以及房间的形状经常被彻底重制，原始的样子不复存在。20世纪美国面临的问题，这些问题恰恰出自为解决它们而出现的制度之中。看上去似乎没有什么不同；但却没有什么是一成不变的了。

作出否定判决的最高法院

与1800年一样,在1900年,国家的最高层级法院仍是联邦最高法院,处于联邦司法系统的顶端。1900年,分为三级法院——审判法院(地方法院)、上诉法庭(巡回法院)以及在它们之上的最高法院。联邦法院根据联邦法律和联邦宪法裁判案件。如果案件达到一定数量和一定标准,联邦法院也会裁判"跨多州的"案件,即当事人为不同州公民的案件。所有联邦案件都可以上诉,如果够幸运或有足够的争议性,就可能到最高法院审理。如果一些案件涉及联邦或宪法问题,那么联邦最高法院有时也会审理来自州最高法院的上诉案件。

当然,联邦制度是最具强势的制度;虽然联邦最高法院享有最高权力,但是各州还是有自己的宪法、自己的法律以及自己的最高法院。本州的最高法院法官是地方法律的帝王;在其领域里,他们拥有至高无上的权威。涉及俄亥俄州宪法的问题,其最高法院的判决,绝对是最终判决(所有情况下的99%);通常不会再经过联邦法院审理。

因为明显的理由,联邦最高法院抢占了大部分头条新闻和媒体关注。从一开始,它就不断制造新闻——有好的也有坏的。20世纪早期也不例外。最高法院总是有缘分审理热点的政治案件;这些案件数量逐年增加,但在19世纪末期却突然增多。1870年前,最高法院需要审理某一州的法规是否违反了联邦宪法;当然,也同样审理联邦法规——但此类情况非常罕见。而到了1900年,联邦最高法院需要审理的涉及宪法问题的案件就更多了,并且它又制定了一些惊人的原则——违宪审查原则——据此原则,不少联邦和地方法规被大幅度废除和删减。因为经过法庭判定,这些法规违反了联邦宪法。

在某些方面,20世纪早期,是新的激进主义占领顶峰的时代。回顾以往,我们倾向于将其归类为保守的激进主义,和我们所看到的20世纪40年代发展起来的激进主义完全不同。特别是,著名的(或者说臭名昭著的)"洛克纳诉纽约州案"(Lochner v. New York,1905),已被作为法院"说不"的象征,当时很多人都认为这是一种进步。[1]

洛克纳案的背景是这样的:纽约州在1897年通过一项法律,其中有涉及管制面包店及其内部的工作环境。大部分的法规有关卫生条件。每一个面包店除了烘烤室外,必须有洗衣房和卫生间;面包店要有良好的通风条件;烘烤室不许有人睡觉;不得在用来烘烤面包、储存面粉或肉类食品的房间里饲养动物(猫除外)。上述规定没有引起严重的争议。但该法还规定:"面包店里的任何雇员,不得被要求或准许一周工作60小时以上,或是一天工作超过10小时。"[2]这才是争议的关键。

约瑟夫·洛克纳(Joseph Lochner)在纽约州的尤蒂卡有一家小面包店,他被指控让雇员一周工作超过60小时。他被判有罪并罚款50美元。洛克纳自纽约州法院一直上诉到联邦最高法院。在鲁弗斯·佩卡姆(Rufus Peckham)大法官的书面意见中写到,联邦最高法院的多数意见认为,此法律是违宪的。依佩卡姆的观点,面包师工作时间的长度与公共卫生无关;事实上,佩卡姆隐晦地暗示了,此法规能够通过,属于居心叵测。这些动机并没有规定出来;但佩卡姆的意思是显而易见的,他在意见书的其他部分提到:这是一部劳动法,在处理管理者与劳动者之间的争议中是偏袒某一方的。佩卡姆认为,如此做法,是损害公共利益的;此外,也干扰了劳工与雇主的自由——他们有权选择订立什么样的劳动合同。他说,这一权利是受美国宪法保护的,具体地讲,是受宪法第十四修正案保护的。该修正案规定,任何州没有经过"法律正当程序",不得剥夺其公民的生命、自由或财产。此面包法干预签订劳动合同的"自由",而州政府不得侵犯这一权利。

不是所有大法官都同意佩卡姆。约翰·马歇尔·哈伦(John Marshall Harlan)就对此持强烈异议。他指出,面包师寿命较短,他们在高温和布满粉尘的环境中生活。他坚持,面包师的工作时间是一个有关健康的问题。然而,这般有力、切中要害的论点,却在小奥利弗·温德尔·霍姆斯大法官(Oliver Wendell Holmes, Jr.)精辟的辩驳面前黯然失色。他说,第十四修正案"没有通过赫伯特·斯宾塞(Herbert Spencer)先生社会静力学(Social Statics)"。宪法"并不想把特定经济理论包括在内";"第十四修正案中的'自由'这个词,当它用来阻止主导意见的自然结果时,这个字眼就已经被扭曲了"。

在某种意义上,霍姆斯和佩卡姆的看法是一致的。他们对争论点的看法一致,却对结果有不同看法。争论点是,州政府是否有权干预经济运作。佩卡姆认为,事实上,这项权利在宪法中被极力地限制了。宪法中暗含了一种自由放任主义思想。这不是极端的思想;州政府拥有制定法规的权力。它们能立法保障公共卫生、公共安全和社会道德。但法院有责任在能被接受的规则和不能被接受的规则之间划一道界限。面包师的法规就超越了界限。然而,对于霍姆斯而言,多数人的意见是将自己对自由市场的观念强加到宪法中。霍姆斯更愿意迁就当选的立法机关。

洛克纳案不是唯一一个涉及限制性法规(limits of regulation)问题的案件。在"阿代尔诉美国案"(Adair v. United States, 1908)中,最高法院面临一个行业惯例。[3]一些雇主要求员工签署所谓的"黄狗契约"(yellow dog contracts),即工人必须保证不加入工会。在1898年通过的一项国会法案中规定,禁止铁路雇主"因劳工加入工会组织而有差别对待"。[4]路易斯维尔与纳什维尔铁路(Louisville and Nashville Railroad)的代理商阿代尔被指控因为火车司炉工科皮奇(Coppage)是火车司炉工会一员而解雇他。最高法院参考洛克纳案中"契约自由"这一个概念,推翻了该法规。[5]

显然,这类案件具有争议性。对于隶属工会的工人,法院站在雇主一方,态度是极端保守的(至少有时候是这样)。最高法院的表现,好像宪法本身排除了各类社会改革似的。如果立法机关认为他们可以消磨资本主义的棱角,或抨击由于收入、权力以及其他因资本主义所导致的明显不平等,那么,他们就错了。受到福利国家的抑制,在欧洲和北美洲的美国,资本主义已经变得更加温和。不过,资本主义转折时机仍然没有到来。在"科皮奇诉堪萨斯州案"(Coppage v. Kansas, 1914)中,最高法院重新参阅了阿代尔案。[6]早期的案例涉及联邦法规;其中堪萨斯州认为"黄狗契约"不合法。法院引用阿代尔案来否决法规。马伦·皮特尼(Mahlon Pitney)大法官表述如下:

> 毫无疑问,私有财产权的存在,就必然有财富上的不平等……的确,只要稍微反思一下就会发现,只要私有财产权出现在哪里,契约自由权则会如影相随。不言自明的是,无论一个人拥有较多、较少乃至没有财产,那么每一方在订约时,都必然会受到一定的影响。除非所有的东西属于大家共同拥有。否则,总会有一些人比另一些人拥有更多的财产。从事物的本质上看,在承认私有财产和合同自由的同时,势必需要承认通过行使这些权力导致的必然结果:财富的不平等。[7]

读者会注意到"事物的本质"这样的短语。皮特尼的宪法,在某种程度上可以说,是为冻结现状而设计的。即便不是神圣化了财富与收入的自我分配,也至少将导致这种分配的结构神圣化了。

在反对童工的争斗中,最高法院表现出更坚决和更不妥协的态度。在1900年以前,大多数工业州都有禁止雇用童工的法律。[8]孩子们总是在家庭农场中帮忙,或是当学徒学习技艺;但在工业时代,"童工"是指16岁以下、在工厂长时间像奴隶一样劳作的孩子;他们是廉价的、可消耗的劳动力。法院倾向于维护童工法是有效的;但执法是一个问题。南方就构成一个巨大的漏洞。1900年,大多数南方纱厂的纺纱工年龄都在14岁以下。一般来说,南部没有童工法;而且南部的工商业界也想保持这种状态。但丑闻曝光后引起北方的愤慨,致使他们要采取行动;更确切地说,或许是新英格兰地区的纺织厂及其他行业害怕低工资的南部会吞并他们的生意。有一点很明确,南方是不会自己主动地改革的。因此,北方只能寄希望于华盛顿能制定出一项法规——即全国性的法规——来停止这种竞争。

20 童工问题经过几年动议,国会于1916年通过一项法律,尝试让孩子脱离工厂和矿井。该法适用于雇用16岁以下儿童的矿井或采石场,或雇用14岁以下儿童(或让年龄在14岁到16岁之间的儿童每天工作八小时以上、或每周工作六天以上;或夜间工作、或清早工作)的工厂。这些矿井、采石场、工厂不得从事州际货物和产品的船载运输。[9]违反者,初犯将受到罚款处置,累犯将被处以罚款和监禁。

当时,大量的劳工和福利法规遭到联邦法院审查是很正常的事情。有这样一个判例,罗兰·H.达根哈特(Roland H. Dagenhart)在北卡罗来纳州夏洛特的一家棉纺厂上班,为了他自己和两个未成年儿子而提起诉讼,主张禁止执行童工法。[10]1918年,最高法院以五比四的微小差距决定废除童工法。[11]根据宪法规定,国会可以调节的州际贸易;但根据大法官威廉·鲁弗斯·戴(William Rufus Day)的观点(代表大多数法官的意见),这一法规管得过多了。作为本地事务不应由联邦政府管辖,这是一种越权行为。如果国会能够组织这种州际货物的往来,国会就可以禁止一切州际交易。这将剥夺州政府管理地方事务的权力,打乱整个美国政府制度。有4名法官通过小奥利弗·温德尔·霍姆斯大法官表述了不同的意见。

从法院的表面意思看,它更关心的是联邦制,即联邦政府与州政府之间权力的分配。事实上,在某些方面,问题的根源就在于这个体制和结构本身。法律和习俗将美国塑造成一个巨大的自由贸易区。它是一个经济体,而不是文化体、政治体或法律体。这就是为什么童工问题必须上升到全国范围的层面来处理。

正如我们看到的,最高法院在19世纪末期至20世纪初期,已经颇有激进主义的倾向;不少州法院落在此行动的后面。但本案中由国会庄严推出的联邦法规,被法院宣告无效。这种情况极少出现(至少在新政时期之前)。在最高法院拒绝了童工法后,国会试图改变方针。1919年,国会通过一项税法,要求雇用童工的矿井或工厂缴纳净收益10%的"实施税"(excise tax)。[12]该童工的界定与"哈默诉达根哈特案"(*Hammer v. Dagenhart*)中童工的界定一样。可以相信,国会征税的权力大于其对贸易管制的权力。但是当该项法规被质疑时,最高法院就会再次推翻它。这不是有关于"税",而是另一个有关禁止雇用童工的企图。而这已经超出国会的权力范围,"如果法院没有看出,强加到企业上所谓的税,是用来阻止雇用童工的,那么这个法院一定是盲从的"。[13]

如果单独地阅读"哈默诉达根哈特案"的文本,那么它就是合情合理的。法官所写的多数人的意见无疑是由衷地认为,国会的权力有限,而该法规已经超出权力范围,无论你是否喜欢该项法律,国会都无权通过它。但是,如何将其与"霍克诉美国案"(*Hoke v. United States*, 1913)中法院维护《曼恩法案》(Mann Act)的意见达成一致?[14]为什么是国会可以认定妇女以不道德的目的从事跨州界交易,或是禁止彩票交易,但没有权力管辖由孩童辛勤制造的衬衫和裤子?[15]

当然,法院赞成的案件与其否决的案件之间是存在专业上的差异。关于法律原则的争论是最为重要的(至少法官说了他们重要,或许是他们认为重要)。这里有一个关于"有限政府"(limited government)的观念。无论是联邦政府还是州政府都不能为所欲为地做他们喜欢的事。只有对影响"公共利益"的事情才可以进行管理。[16]州政府有"警察权",即为了保障或促进公众健康、安全、获得福利而制定法律的权力。但这些都是含糊、易变和饱受争议的概念。[17]它们无法用以判定案件。虽然从专业上看它们很重要,但是却无法触及问题的核心。

在这些判决不定的案件中,有什么是真正一致的?什么可以致使它们始终如一?或许没有。但是如果有的话,也不会在法律的表层、意见书的文本以及严格的法律逻辑中找寻到。

或许我们可以探求"9 位博学的大法官是谁"来最好地诠释这些判决。是什么样的人坐在大法官的位子上?答案是:中年的、保守的、时常光顾教堂的男人,他们相信传统的价值,生活严谨;带有让人崇敬的光环,为国家的命运担忧,害怕其所见到的社会动荡波及美国。《曼恩法案》反对腐败、堕落和卖淫,代表礼仪和传统价值观。"穆勒诉俄勒冈州案"(Muller v. Oregon,1908)中,关于妇女工作时间的法律被维持;无可否认,这是一部劳动法律;但它也体现了家庭价值、家庭生活,以及母亲身份。[18]也许,法官可以从这样的角度看待童工法,即作为一部有关家庭、孩子以及国家未来的法律。但是在联邦层次上,童工法似乎代表其他的事物,是一些令人感到如履薄冰的、新颖的事物:一个集体的,集权管制的经济领域。而这一切对于大法官们而言,还未完全准备好。

不过,重要的是,不要将法官保守特点过于夸大。这些被最高法院否决的案件,都成了妇孺皆知的头条新闻。但是,也有很多被大法官们支持的案件,如穆勒诉俄勒冈州案。1913 年,在哈默诉达根哈特案 5 年前,最高法院全体一致认为,州政府有绝对的权利"禁止雇用未成年人从事危险职业"。[19]洛克纳案 12 年后,在"邦廷诉俄勒冈州案"(Bunting v. Oregon,1917)中,最高法院没有提及洛克纳案就支持了俄勒冈州有关"任何雇员不得在作坊、工厂或制造厂中……每天工作超过十小时"的法规。[20]

洛克纳案这类案例是很著名的(抑或是臭名昭著的)。但是,州政府做了一些管制,大体来说,法院没有过多干预。被赞成的案件,即立法被维持的案件,大部分是模棱两可的。在"伦纳德与伦纳德诉厄尔案"(*Leonard & Leonard v. Earle*, 1929)中,法官要面对马里兰州1927年的法律,而主要内容是牡蛎。[21] 依照法律,牡蛎罐头食品公司必须取得政府许可,而他们必须将"所剥下来的全部牡蛎外壳"的10%移交给当地政府。虽然这些外壳再没有价值,但是政府打算将其放回海中,这样有助于蚝卵的生长。伦纳德家族不想向马里兰州政府交出牡蛎外壳;他们主张此法律侵犯了他们的财产权,否定了"平等的法律保护"(出自第十四修正案的著名句子)。法院拒绝了他们的主张,由或许是其中最保守的大法官麦克雷诺兹(McReynolds)书写了全体一致通过的意见。他认为伦纳德的主张"没有根据",法律既不是不公的也不是专断的,宪法不会保护"自私"的罐头食品公司,因为他们试图"逃避适度的捐献以及阻碍环保措施的实施"。

相较于洛克纳案,大部分管制性案件更类似于伦纳德案。事实上,将大法官描述成是经常担惊受怕,极其保守,以及为垂死的社会制度而辩护的人,是过于简单了。他们不是僵硬的保守派。在他们的判决中,他们仿佛一直摇摆不定。他们对在制造厂或压榨员工的工厂工作知之甚少;他们害怕激进派的风从大西洋那边刮过来。但他们并不会因为害怕而躲避温和的改革。如果他们认为有必要,就会愿意维护一些商业规则。他们并不像上层社会的中产阶级那样极度保守。

另外,每一代人都有其自己对"激进"的定义。穆勒诉俄勒冈州案(*Muller v. Oregon*)对当时自认为是激进派的人来说,是一个极大的胜利。对此,大部分妇女团体都表示称赞。在今天看来,这种观念充满着男性至上主义,很难不让人感到反感。所有的讨论都是有关"女性生理结构",有关"健康母亲"的必要性,有关"女人总是需要依赖男人"的声明,她需要保护"免受男人的贪婪与激情"等。[22]过去最高法院饱受责难,因为至少在某些案件中,大法官拒绝让州政府、州办事处去管制铁路和公共事业的价格。但是,现在是自由市场的时代,是充斥着资本拥有者必赢信念的时代,价格管制已经彻底过时了。的确,对许多经济学家(和一般人)而言,价格管制好似一个劣质的历史笑话。

大法官们的确不太激进:在现在的某些人眼里,他们对财产权的重视有些过度,而且他们对工人和其他那些生活和工作在贫困与不安定环境中的人,缺少同情心或缺乏理解。但是,他们对于财产权的尊敬也是有极高的选择性的。大法官们支持了相当多的限制财产权的案件。例如,在"韦尔奇诉斯韦齐案"(*Welch v. Swasey*,1909)中,韦尔奇想建立一座高于波士顿建筑委员会允许高度的建筑。[23]最高法院拒绝了它的上诉。在洛克纳案中执笔多数意见的鲁弗斯·佩卡姆大法官同样谈论到,他"不愿"对波士顿市,或是马萨诸塞州立法机构进行事后劝告。在本案中,佩卡姆没有看到"对财产权的不合理干预"。在"哈达切克诉洛杉矶警察局局长塞巴斯蒂安案"(*Hadacheck v. Sebastian, Chief of Police of Los Angeles*,1915)中,哈达切克在城市界限外拥有一个砖厂,但是洛杉矶市不断扩延,最终将砖厂包含到城市中来。[24]根据法规,此区域不允许建立砖厂。本质上看,哈达切克现在只拥有地上的这个坑和一个非法的砖厂。但是,最高法院对他的控告充耳不闻:"发展是必然的,如果在发展的过程中,个人利益与之相冲突,那么这些个人利益就必须屈服于公共社区利益。"[25]

总之,大法官们和普通法官们都是十分谨慎和按部就班行事的。他们不会一直遵循某一经济哲学。他们的反应是那个时代行事正派温和的保守派所做出的必要反应。因此,倘若后来的历史发现这是个错误,据此来评价他们,或许是不公平的。[26]毫无疑问,大法官通过判决来行使权力。即便当他们看起来不像在行使权力,比如该判决属于认可或者赞成,而不是否定的判决,但他们也必须意识到,他们按下的这个认可图章不同寻常,因此,案件获得至关重要的终结。

无论一项法律是不是明智的或是好的,抑或是愚蠢的或不好的,对大法官们无关紧要——这是一句广为吟诵的真言。但有人对此有所疑惑。"杰伊·伯恩斯面包公司诉布莱恩案"(*Jay Burns Baking Company v. Bryan*,1924)是另一个有关烘烤和面包的案子,或许面包对最高法院来说有神奇的影响力。[27]1921年,内布拉斯加州明智地通过了面包法。本法规定,每一份面包都必须以半磅、一磅、一磅半或者一磅的倍数为单位来计量。该法规还有一些奇怪的特点;面包重量超过规定单位的合理偏差之外,就不许出售。多数大法官认为,对于"保护消费者不受欺诈"这方面,该法规这样规定是没有必要的。此外,此法规使面包师和面包销售者"受到根本的不合理限制"。因此,此法规与"第十四修正案相抵触"("repugnant to the Fourteenth Amendment")。从形式上看,这只是一个"诠释"宪法意义是什么的案件。然而,当代的读者会觉得到,大法官是认为该法规很愚蠢才作出相应的判决。

支持州法规(和联邦法规)的判决,很难总结出某种简单的公式。但是下面的这个案例给予了一些暗示,有时法官好像会对立法机构行使否决权,好像他们比州长还要权高位重。在"芝加哥、密尔沃基及圣保罗铁路公司诉威斯康星州案"(*Chicago, Milwaukee and St. Paul Railroad Company v. Wisconsin*,1915)中,被争论的法规并非至关重要。[28]本案与火车卧铺相关。到了临近公元2000年的时候,有关火车卧铺的事情似乎早已淡出人们的视野。但在1915年的时候,人们还是很把火车卧铺当回事儿的。铁路出售各种卧铺,卧铺车厢上的小客房价钱是最贵的;稍微便宜一些的是那种上下铺格局。依据1911年通过的法律,当上铺未被出售而下铺却被人购买时,"上铺就要保持合拢状态,不能将其放下",这就给予下铺更大的空间。法院认为此法规违宪:"州政府在公共利益方面管制公共运输工具的权力极大。"但这"并不意味着政府可以毫无理由地干预管理权"。此案据此了结。

州 法 院

从 2000 年起,在法律教育领域,联邦最高法院无疑是在镁光灯下最耀眼的。法学研究热点几乎被诠释、分析以及评论联邦最高法院的判决所占据。但州最高法院以及各州体制也是很重要的机构。尤其在联邦权力急剧扩张的世纪之交,他们的作用更显重要。

洛克纳案很著名;但是在洛克纳案之前,在州政府级别上有一些重要的案件。一些重要的宪法原则是在州最高法院里诞生的,比如正当程序原则、契约自由原则。当然,各州有所差异。有些州更受合法化的放任主义影响。多数管制性法规通过了宪法检验。当然,例外的情形总是会引起更大的骚动。恩斯特·弗罗因德(Ernst Freund)在 1904 年颇有预见地写到,在当代条件下,大量的治安立法(也就是说,保障公共健康和安全的法律)会如期而至。同时,州政府很容易"拥有比以往的专制政府更大的权力"。[29]

大部分依赖于被管制的内容本身,联邦最高法院级别的案件也是如此。州政府以保障安全和健康为目的来提供服务之论据越令人信服,法规就越容易维持长久。法院通常对职业执照法是很有善意的。[30]这类法律在 19 世纪末期迅速涌现,其中包括医师执照法、护士执照法、药剂师执照法,以及骨科医师、兽医等涉及所有的健康卫生职业。还有殡仪业人员、蹄铁工、管道工及理发师执照法规。几乎涉及所有公共健康和安全的职业。新罕布什尔州一项新法规规定,申请尸体防腐师执照,需要有实践经验,具有有关传染病和消毒方面的知识,以及对人类解剖学具备明智的理解。[31]得克萨斯州的理发师执照法中就涉及了理发师所必需的技能,其中包括,必须有能力配备工具、刮脸、剪发,"对面部及皮肤疾病有充分了解",以及知道如何避免此类疾病的扩延和恶化。[32]某些愤世嫉俗的人或新自由主义者将有可能强调其他的理由:希望垄断理发业和尸体防腐业,将外行人排除在本职业领域外,从而控制服务产量、招募员工等,尤其是对价格的控制。上述对理发师和尸体防腐师成立的话,那么对医生和兽医也将同样成立。对于那些比较高尚的职业,法律总是持续不变加以管制。但是对于颁发蹄铁工执照,法院的态度总是伴随一丝刻薄。对于颁发管道工执照则态度混杂暧昧。但另一方面,对理发师颁发执照时则情有独钟,例如,1907年华盛顿州的一位法官说,理发师"直接服务于个人身体"。[33]总体而言,比起体力劳动者、非技术工人,法院更愿意同情和支持专业工作和有技能的技工。

像联邦最高法院一样,州法院对于本地土地的使用有相当的容忍力。他们赞同原始分区制,通常以健康和安全为正当理由(例如,以消防为理由)。然而,也会受到限制。都市和各州可以禁止或管制广告牌吗?结果也并不整齐划一。有时候拥有广告牌的一方取胜。在一起马萨诸塞州的案件(1905)中,波士顿公园委员会有权对设置在公园内外,或能够见到此公开公园范围内的所有标牌、海报或广告进行"合理的"管制。该委员曾禁止过一个高大的标示牌——足有七英尺半高,黑体字加上橘黄底色,打着"家庭用具"的广告。法院认为,此广告牌是对土地"自然""普遍及有益的"使用。委员会没有权力去过分地禁止或不适当限制此类行为。[34]

价格管制是最为棘手的问题之一:涉及电力公司、电话公司、铁路公司、自来水厂,以及其他的公共事业的价格管制。有很多关于此类问题的判例。事实上在这些案件背后,无不涉及一个又一个的争执焦点和一场又一场的争辩。惯例显然足够明确,一般情况下,法院认同州政府有权控制这些公司的定价。缅因州公用事业公司法就颇具有代表性,其授权公用事业委员会管制价格的权力:这些价格必须是"合理和公平的",并要"适当考虑"公用事业其拥有财产的"合理价值"和"这项权利以及相关设施的持续性",以及"经营风险和折旧"。[35]总之,没有人怀疑,这些公司有从其投资中获得"公平报酬"的权利。[36]但是多少才算公平报酬?显然,并没有一个单一简明的答案。可是,如果价格定得很低,使那些企业不能"获得合理报酬",那么就如同最高法院在西弗吉尼亚州发生的一起案件中所述,这样价格就是"不公平的""不合理的""类似被无偿征用一般",直接违反了美国宪法第十四修正案——未经"法律正当程序"而剥夺了公司的财产。[37]当然,公众希望尽可能的低价。这在公众、公用事业公司及价格管理机构之间形成三角争斗关系,此种关系的争斗不时在法院上演。处理这类争斗,对法院而言,并不是种令人羡慕的工作,因为试图裁判极具技术性的问题,而这类问题本身也没有十分恰当的答案。1908年,满页的数字、论据、估值以及统计数据充斥着联邦法院法官的意见书中,用它们来决定:为旧金山提供用水的春谷自来水公司是否有权获得超出市政府规定的报价。自来水公司的公平报价到底应该是多少?首先,该公司的资产究竟价值几何?某个评估竟然可以比其他评估整整高出3倍。提成多少折旧才是合理的?最公平的利润应该是多少?如此残酷的政治与经济因素,被横亘在复杂纷纭的疑问之中:"人们需要用水,而公司也必须为人们提供用水。一旦参与公共服务项目,公司就没有了退路。"[38]这些公用事业会"影响公共利益",由此,他们享有的权利和肩负的义务,都受到法院的监督。

在州一级层面上,一旦涉及劳工,尤其是隶属于工会的劳工,诸如工资、工时、工作条件以及是否加入工会等问题就特别敏感起来。许多州法规管制妇女的工时和工作条件。在穆勒诉俄勒冈州案之前以及之后的一些州案件中,法院是支持这种管制的。1902年内布拉斯加州法院在一个案件中支持了一项法规(此法规确定了妇女在工厂中工作的最长工时)。法院说,妇女"由于其自身生理局限,不能承受与成年男子一样的工时"。某些于男人来说很容易的工作,"会损害妇女体制和健康;使她们"无能力分担惊人和家庭的负担。"[39]在"里奇及其公司诉韦曼案"(Ritchie & Co. v. Wayman,1910)中,伊利诺伊州最高法院通过一项法律。该法规定妇女在工厂里的工作时间以十小时为限。[40]法院支持了该法;身体虚弱、患病的妇女"不能成为健壮孩子的母亲"。[41]此案件最为与众不同之处在于,它根本上抛弃了伊利诺伊州在19世纪末的另一件著名判例,扭转了同类案件的方向。[42]早期的那桩案件受到进步人士们的不断攻击。1910年的案件暗示着,在某种意义上整个潮流在发生转化:随着时间的推移,法院开始越来越少地袒护商家以及抵制立法机构的意图。

第二章

20 世纪前期的法律职业

据统计,19 世纪末 20 世纪初,美国有 108 000 名律师和法官(几乎全部是男性)。[1]有关这些律师是谁以及他们是如何组织起来之类的资料并不匮乏。但是有关这些律师实际上是在做什么的资料则相对不足。我们都知道,无论是过去或现在,司法界是个高度分层级的行业。最顶端的是"华尔街律师",这些优秀敬业、头发灰白、能干且保守的男人,专门处理大规模业务。有些律师同样很富有,很有权势,他们作为法人代表为大型的公司企业服务,特别是那些铁路行业的巨头。处于中间位置的是一般的律师,为小企业、生活富裕的市民和类似阶层的人处理些平凡的事务;你可以在任何城镇、任何大都市附近找到这种律师。处于最底层的是一些被边缘化的律师,他们靠着法院或亲朋好友提供的零星工作苟且谋生。在这个行业里,社会地位最低的——或许不是经济地位最低的——是那些"救护车追逐者"(ambulance chasers)。这些人身伤害律师争先恐后地跑到事故现场,或者在医院的病房里游走,以便与车祸、爆炸、火灾事故的受害者签约。他们必须跑得很快,抢在那些带着一叠待签署的空白弃权书的保险公司理赔员前面。当然,在这些委托人中有非常多的骗子,例如,那些娴熟于踩香蕉皮滑倒或者从火车上跌落的高超骗手。20 世纪 20 年代闻名于纽约的欧文 · 富尔(Irving Fuhr),就是一个"擅长在采光路面上、下水道井盖上、地下室门旁跌倒的专家"。[2]有时,那些代表贪婪恶棍的律师,他们自己就是一群贪得无厌和不择手段的人。

大部分的"救护车追逐者"都是独自从业的;他们的口碑极差,或者早已跨出职业的底线。相反,华尔街律师都是些光鲜照人的精英分子。与人身伤害律师不同,华尔街律师更多趋向于团队合作:以晋升合伙人为目标,跻身成为律所的一员。然而,在律所中工作的律师仍然是司法界中的一小部分。在1905年的费城,大约有1 900位律师(他们中只有3位是女性);他们中的大部分都是独立执业者。有55家2名律师合伙的律所,10家律所由3名合伙人组成,只有一家律所有4位合伙人。如果将资历浅显的律师也算在内的话,只有极少数的几家律所有6位到10位合伙人。[3]随后的几年里,律所的规模逐渐扩大。1930年,波士顿的罗普斯和格雷律师事务所(Ropes and Gray)有14位合伙人。[4]在休斯敦,成立于1917年的文森和艾尔金斯律师事务所(Vinson and Elkins),在1929年的时候拥有17位合伙人;他们中的13位为共同分享利润的合伙人。[5]

最大的律师事务所充斥在纽约。1931年沙利文与克伦威尔律师事务所(Sullivan & Cromwell)有26个"合伙人和主要助理律师",号称其业务跨及纽约、巴黎和布宜诺斯艾利斯。[6]当律师事务所的规模逐渐壮大的时候,便面临如何去组织运作的问题。他们采用的对策通常被称为"凯威制"(Cravath system),它是由一间华尔街律师事务所的合伙人保罗·凯威创设,并于19世纪末20世纪初开始在他的事务所里推行。在凯威之前,律师事务所几乎毫无组织性,每位合伙人都是独立执业,通过助理或者法律系学生无偿劳务来协助执业。凯威让这个系统变得稳固。律师事务所的律师被分成两个阶层,合伙人和助理律师。助理律师通常是从法律系的应届毕业生中选择,他们依赖薪酬工作。凯威只雇用那些他认为最优秀的人。他认为,在哈佛法学院平均成绩低于 B 的学生,"要么是其心智不适合走法律这一行,要么就是缺乏决心和野心"。那些怀有极大的决心和野心的人,才能够符合凯威的标准。律所的律师就像教授和军官一样,采取的是"或者升迁或者出局"的体制。他们若无法在一段时间(按照惯例,5 年或 6 年)后成为合伙人,便必须走人,不得不去其他地方另谋发迹的出路。[7]

这套制度逐渐流行并成为典范。毫无疑问它适应了发展中的律师事务所的需求。它从纽约开始扩散出去。例如,在 1906 年成立于密尔沃基的米勒、麦克和费尔柴尔德律师事务所(Miller, Mack, and Fairchild),几乎刚成立就立即开始仿用凯威制,并且"招募法学院中的佼佼者成为助理律师"。芝加哥大学法学院的毕业生詹姆斯·B. 布莱克(James B. Blake),是最先被招募的人中的一员;他在 1907 以助理律师的身份加入该律师事务所,并于 1915 年跻身成为合伙人。[8]

当然,在小城镇里,律师们独自办理业务,或者有两三名合伙人。小城镇的律师们大部分执行全科律师的业务。1910 年,约翰·N. 帕特森(John N. Patterson)在宾夕法尼亚州华盛顿市的工商名录上这么写着:"土地产权调查并提供摘要"。小城镇中的许多律师,比如新墨西哥州圣达菲市的弗朗西斯·C. 威尔逊(Francis C. Wilson),在 1910 年宣称,自己"接受所有州法院与联邦法院的全科律师业务"。他们有时候宣称在他们自己的办公室里"有公证员和速记员"。詹姆斯·C. 休谟(James C. Hume)是一位爱荷华州得梅因市的律师,按照他自己的话说,"我从事全科律师业务。这意味着,我提供各种委托人需要的各种服务"。同样是得梅因市的科菲与雷皮伊律师事务所(Coffin & Rippey),在同一年也自夸地说他们是一个"高效且组织完善的商业部门。提供迅速、持续、个性化的账务催收服务"。事实上,整理借贷并请求偿付的收款工作,是其主要业务项目。托皮卡市的 J. B. 拉里默(J. B. Larimer),承诺提供遍及堪萨斯州各地"非常住居民利益,抵押贷款留置……和财产纠纷解决"的优质服务。他拥有一位速记员、一台打字机,同时还有一个"第1694号长距离贝尔电话"。[9]

华尔街律师们躲避公众的注意;他们个性低调,在财富与声望的殿堂中工作和行走。他们通过人际网络、城郊俱乐部和其他私人接触来增加自己的客户。他们几乎全是清一色的排外的白人新教徒。在强盛的铁路业中,许多小型铁路到1900年被合并到少数大型的州际铁路网中。铁路公司都拥有自己的法律顾问——通常是一个主要的内部法律顾问部门,但是它们也常会有地方的法律顾问。例如,在南方,有一种所谓的"三级"体系。大型铁路公司,像南方铁路公司,就有一个内部的法律总顾问,负责处理整个组织的法律问题。在他的指挥下,每个州的"区域律师"必须负责处理大型案件,并在州议会进行游说工作。此外,铁路沿线旁的每一个尘土飞扬的小城镇则雇有当地律师,代表铁路公司进行抗辩,处理大量的人身伤害案诉讼。[10]

那些"没有回头客"的一般律师,没有办法依靠人际网络、城郊俱乐部或是大公司放进他们口袋的佣金来生存。这些律师需要去为自己打广告,让潜在的委托人知道他们的名字。因此他们倾向于采取虚浮和离谱的作为。这些律师的确想让他们的名字出现在报纸上,确实希望如此,或者甚至需要臭名昭著。他们中的一些几乎变成传奇的诉讼律师,比如纽约的马克斯·史特尔(Max Steuer, 1870—1940年),还有塞缪尔·莱博维茨(Samuel Leibowitz, 1893—1978年),就是很好的例子。在他的时代里,史特尔有"最伟大的诉讼律师"的称号,据说在他的鼎盛时期一年可以赚100万美元——在那个时代,那是一笔天文数字。[11]为恶名昭彰的"斯科茨波罗男孩案"(一件黑人男孩被指控强奸的案件)辩护的莱博维茨,后来还当上了法官。

但是,最著名的诉讼律师堪称克莱伦斯·丹诺(Clarence Darrow, 1857—1938年)。[12]他是一个激进派,一个自由派思想家,一个经常身陷麻烦但口若悬河的演说家。丹诺曾涉入几件那个年代最恶名昭彰的案件，比如他为"摇摆者"，即世界产业劳工联盟及其他激进的案件辩护，他受理"麦克纳马拉兄弟案"(case of the McNamara brothers)，他们被指控于1910年炸毁《洛杉矶时报》的工厂；他为轰动全美的罗卜和利奥波德(Loeb and Leopold)谋杀案辩护，反对对他们施予死刑；另外，在著名的史科普斯"猴子审判案"(Scopes "monkey trial")中，他与威廉·詹宁斯·布莱恩(William Jennings Bryan)当庭对抗。

女人和黑人依然是司法职业界的罕有生灵。到19世纪末，大部分州才刚准许女性律师在该州执业。但是从来不曾出现大量的女性律师。如前所述，在费城，1905年只有3位女性律师，即便到了1920年，依据登记记录，也只有4位执业的女性律师。在那一年艾达·刘易斯·索耶(Ada Lewis Sawyer)加入罗得岛州司法界，成为该州第一个被允许执业的女性律师。[13]纽约市的西伦·斯特朗(Theron Strong)在1914年出版的回忆录中声称，他"从未在法院中看过任何一位女性出庭辩护"，甚至也只有一次偶遇过一位女性律师。因此他认为自己可以很有把握地说，"除了极罕见的例外，在法律界兄弟会中，不用指望会有女性出现"。少数女性获准在纽约执业，但是（依据斯特朗的说法），"虽然女性已经获得了这项权利，却很少有人使用它"。[14]据数据统计，黑人律师也同样极为罕见；1910年全国只有798名黑人律师；同年在费城有2000多名律师，其中只有13位黑人执业律师。[15]

在执业中，女性和黑人遭遇的阻碍非常大——事实上，极少数的被允许进入司法界的女性或黑人，进入律师事务所工作的希望十分渺茫。犹太人也遭到一些限制，至少在较大型的律师事务所里是这样的。费利克斯·法兰克福特抱怨在20世纪20年代没有一家所谓令人向往的律所会接纳犹太人,即使他拥有哈佛法学学位也一样。[16]但是犹太裔律师并不鲜见。在 20 世纪 20 年代的纽约,执业的科恩们与柯恩们*,几乎与史密斯**一样多。[17]犹太人蜂拥进入司法界,1900 年至 1910 年之间,他们占据了纽约城刚被准许执业的律师人数的 26%;更令人吃惊的是,在 1930 年到 1934 年间,犹太人甚至占据了 80%(这个数额在随后的几年里有所下降)。[18]在大城市里,正如有犹太人俱乐部和犹太兄弟会一样,也有犹太人律所,例如,在 19 世纪 20 年代,芝加哥就有莱文森、贝克尔、施瓦兹与弗兰克律师事务所(Levinson, Becker, Schwartz, and Frank);但是,犹太人和异教徒混合组成的律所却极其罕见。1923 年路易斯·威斯(Louis Weiss)和新教教徒约翰·F. 沃顿(John F. Wharton)达成合伙关系,共组一家同时聘用犹太律师与非犹太律师的律所,这在当时极为罕见。[19]犹太人独立执业居多,或属于那种"客户只登门一次"的律师。

尽管和一般商界类同,法律界并不善待女性与弱势团体,但法律界的表现还是稍好一些。毕竟,律师可以自行执业。萨迪·泰伯勒·马塞尔·亚历山大(Sadie Tabbler Massell Alexander,1898—1989 年)就是个很好的例子。她在 1921 年获得了宾夕法尼亚大学沃顿商学院的博士学位;她是美国第一位获得博士学位的黑人女性。在现实生活里,她经历过两次重大挫折;而且没有人愿意给她一份体面的工作。作为一种替代性选择,她转而攻读法律。1927 年她成为第一个从宾夕法尼亚大学法学院毕业的黑人女性,而且成为第一个被允许进入宾夕法尼亚州司法界的黑人女性。她先是在费城市政府担任助理律师的工作,后来她和丈夫一起做了执业律师。[20]

---

* Cohens and Cohns,指犹太男性常用的名字。——译注
** Smiths,非犹太白人男人常用的名字。——译注

法学教育

19世纪初期,一个想成为律师的年轻男性(当时女性想成为律师完全没有可能)初出茅庐,必须从当学徒开始:在律师办公室做些杂事。19世纪的早期存在一些法学院校,但是比起做学徒来,都不够好,或者太过严苛。就这点而言,附属于大学的法学院(哈佛大学法学院是最早的一个),几乎与独立的法学院别无二致。不过,哈佛大学从1870年起,在第一位法学院院长克里斯多弗·哥伦布·兰德尔(Christopher Columbus Langdell)的领导下,开始进行法律教育改革。[21]兰德尔认为法律是一门科学,因此必须以科学的方法来教授。法学院学生必须透过阅读上诉案件提炼出法律的原则。在他的诸多创新中,最令人惊诧的是"案例教学法"——不以演讲的方式,而应以苏格拉底式的问答法来教授法律。法学院学生应该研读被选出并收录于"案例汇编"(case-books)中的上诉案例,师生间的问答也应该以这些案件为根据。兰德尔同时也发明了(或许有人如是说)法律教授这个教职。哈佛大学法学院曾经一向由著名的律师及法官以及那些在法律界成功的男性们所组成。例如,曾在哈佛法学院授过课的,就有联邦最高法院大法官约瑟夫·斯托里(Joseph Story)。但是兰德尔反对这种想法,他开始聘用年轻、聪颖的男性,这些人虽然在司法界鲜有建树,但是很擅长于兰德尔教学法。

在19世纪末20世纪初,哈佛教学法取得了巨大的进步;它的影响力已经远离它的发源地(马萨诸塞州剑桥市)。在20世纪早期,哈佛教学法取得全面性的胜利,横扫所有的反对者,并摧毁了所有拦路障碍。例如,1903年,耶鲁大学引进了这种"案例教学法"。亚瑟·科宾(Arthur Corbin)与约翰·W.埃杰顿(John W. Edgerton)两人将这个外来的教学法带进耶鲁大学,不过当时仅仅被"勉强地"接受;如果有哪位教授想采用"案例汇编"来授课,则须先经过全体法学院教授的同意。这样的情形一直持续到1912年,此后无需事先获得法学院的决定,任何教授可以使用"案例教学法"授课。[22]

在有些法学院,一些受过哈佛法学训练的倡导者成为其他法学院的教员或学院院长后,也开始采用哈佛教学法。例如,这种情况出现在1906年的杜兰(Tulane)大学。[23]全新的芝加哥大学法学院雇用来自哈佛大学的小约瑟夫·亨利·比尔(Joseph Henry Beale, Jr.)来协助他们依照"哈佛法学院的模式",建立一个可以使用案例教学法并传授"纯法律"(pure law)给学生的法学院。[24]

相对而言,美国律师协会(American Bar Associations, ABA)在较早的时候,便对法学院及其规范与组织有所关注。美国法学院协会(Association of American Law Schools, AALS)成立于1900年。当年入会的有25家法学院;一年后,在一百多家法学院中,共有32家入会。其宗旨在于"改善美国法学教育",每一个会员每年需缴交10美元的会费。[25]美国法学院协会同样对法学院的规范表示关注。每个法学院会员都必须遵守协会的规定,诸如教员的规模、入学政策,乃至图书馆里的馆藏数量。美国法学院协会带着点精英阶层的格调。1912年,该协会决议,认为法学院的夜间部课程"不可避免地"是"低水准的法律教学",虽然该协会后来在这项议题上的态度有所软化(当然,这一点也不令人意外,因为法学院的夜校部拒绝悄悄地出局)。[26]

哈佛教学法的成功,同时也是哈佛法学院的成功,这让他们赢得了美国法学教育的领导地位。正如我们所看到的,到其他学校宣扬这个"独一无二的正确之道"的"传教士们",都是来自哈佛法学院的培养。在1925年到1926年间,超过605位法学教师在美国法学院协会会员的法学院中教书,其中不少于143人或者说不低于24%的人毕业于哈佛大学法学院。1948年,哈佛大学培养的教师占据了同样的比例,1 553人中有375人毕业自哈佛法学院。[27]

哈佛教学法及其模仿者造成的严重后果是,使得学徒制烟消云散。法学院教育成为迈向法律界的主要通道,后来很快就变成唯一的途径。现在,法律事务所里有了电话机、打字机和速记员(女性为主),他们不再需要年轻的、专门打杂的男性小职员在办公室里走来走去,点一滴地积累业务经验。此外,学徒制依赖密切的人际关系。它预设了一种相同的背景、习惯、思考方式。在大城市里,到处都是来自世界各地的移民,出现了越来越多的不同族裔背景的律师,在这种环境里,正统的学徒制并没有立足之处。当然,它非正统地存活了下来。刚毕业的法学院学生,都必须在法律事务所或政府机关中亦步亦趋地提高水准。

尽管如此,可以公平地说,培训的重任已经戏剧性地转移到法学院身上。19世纪末20世纪初,有13 000名学生在法学院学习法律——十年内这个数字至少增加了一倍以上。在1901—1902年间,全美最大的法学院——密歇根大学法学院,有854名学生,哈佛法学院名列第三位,有632名学生。[28]1870年,在被允许从事律师职业的人中,只有四分之一的人是从法学院毕业的;到1910年,这个数字已经上升到三分之二。[29]在1900年的纽约,18%的申请进入律师业的人没有经过法学院的训练;1922年时,超过643人参加了纽约市政府组织的第一次职业律师资格考试,只有9个人没有经受过法学院的教育。[30]

此外,满足大型企业需求的,是一群能言善辩、世故老成的律师。相对学徒制而言,法学院被认为更能充分符合这项要求。无论如何,上百名学生可以挤进一间教室,为他们提供相同的学习材料,履行相同的学习程序。毫无争议地说,他们获得比较好的教育(尽管或许还相对缺乏实际经验)。由哈佛法学院和追随它的其他法学院所遵行的

"苏格拉底问答法",应该可以打造出比较精细的法律思维头脑。这个方法是否灵验,大致属于另外一个问题。然而,并不是每个人都像兰德尔一样,相信法律是一门"科学",而学习法律的原则,就是对法律科学原则的培育。"法律科学"的概念过于复杂而且很难确切定义,对它的描述也见仁见智。[31]无论如何,兰德尔的"法律科学"主张并没有统领整个法律思想领域太久。"法律科学"的信仰在20世纪便有所衰减。但奇怪的是,兰德尔的教学法、教学的技巧以及课程的安排方式却存活了下来,而且越来越强有力地从一个法学院传播到另一个法学院。这些事情的的确确是这样发生了:兰德尔的系统被重新包装成为一种高级的培训技术;不论法律科学是否客观存在,都可以用这个方法培训学生"像一个律师一样去思考"("think like a lawyer")。这意味着,娴熟自如地运作法学院的那套精神运动,以及辩论的高超技巧——如果有必要的话,就同一议题而言,无论正面还是反面都要兼顾。

法学院如同野兔般野蛮增长。许多新的法学院是非全日制的(part-time),另外还开设夜间课程。在1890—1910年间,日间部法学院从51所增加到79所,而夜间部的成长速度更快,从10所增加到45所。[32]这些法学院都集中在大城市里,他们生产出高比例的城市律师。也有实行"混合制"的法学院,准许学生选择日间部或夜间部。有些学校甚至还提供学生三种选择。例如福特汉姆大学法学院(Fordham)就提供上午、下午、傍晚三种时段的课程;1926年时,有388名上午班的学生,386名下午班的学生,680名夜间部的学生。[33]这些夜间或兼读制的法学院,培养出一大群希腊律师、犹太律师、爱尔兰律师、意大利律师,及其他处理移民小区委托人的律师。他们成为社区邻居律师(neighborhood lawyer),大部分是全科律师,另外一些则是擅长丁某类诉讼的律师(例如,人身伤害)。最重要的是,这些毕业生在地方政治上表现出色,后来成为法官、市长及市议员。这类法学院的校友们,地位也许没有华尔街律师高,但是他们是法院、律师界、市政府中的重要人物。

37 　　律师组织及司法界的重要人物都不相信夜间部的法学院及他们培养出来的律师。上流社会的律师担心他们的职业威望受损,当然也担心他们的钱会流失。他们看到不断上升的律师人数引发的重大威胁。解决这个问题的办法,就是提高标准:要求具有学院文凭的人,才能进入法学院。西北大学法学院院长约翰·亨利·威格莫尔(John Henry Wigmore)对这项议题感受强烈。在1915年,他写道,律师界"已经挤满了无能的、滥竽充数的、不称职的律师,他们的存在降低了法律方法的价值,由于无节制的竞争导致服务质量的廉价低下"。他认为律师的数目"应当再降少一半"。威格莫尔主张两年学院教育的前提要求,因为这样将可以摆脱"一群杂乱失态、智商不足的人进入律师界"。[34]

　　当然,因为的确满足了某些人的需求,而且也有人为之争辩,夜间法学院还是活了下来。芝加哥约翰·马歇尔法学院(John Marshall Law School)的爱德华·T.李(Edward T. Lee),便是其中最强而有力的辩护者。约翰·马歇尔是个自命不凡的新贵,他在1899年建立了这所不隶属于任何大学之下的法学院。身为法学院院长,李直言不讳地为他的学校争辩,而且提出反对采用案例教学法。1929年,他批评美国律师协会及美国法学院协会,称他们是"教育领域的敲诈勒索者",理由是他们对案例教学法的偏爱。李拒绝聘用任何实际经验少于5年的人在他的法学院授课,也拒绝那些刚从"法学院毕业的新人"。[35]他同时也反对两年学院教育的入行要求。他认为,这是在扑克牌桌上玩弄的占便宜把戏,不利于"那些与财富、与机会无缘的人"。[36]

　　他承认,该校的夜间部法学院学生并不是一群"如同日间部法学院学生那样在智力上对法律已经准备到位"的学生,但是这个不足则可以透过他们的勇气、精力、韧性和热情来弥补。夜间法学院可以证实,美国是一块"机会"的土地。在夜间法学院中,有基督教徒和犹太人,白人、黑人及黄种人。因此,夜间法学院有助于使"尚未变化的阶级"发生潜移默化的改变,这是文化熔炉的一部分。更重要的是,李指出,夜间法学院为那些白天需要维持生计而无法做全日制学生的"数百名杰出年轻人",敞开了通往法律职业生涯的大门。[37]

从某种角度来说,李一直以庇护的态度对待自己的学生和他的"简陋"并且"地方化"的法学院。他说,这不是培训天才的事业,而是训练他所称之为的"法律机械技术"。"为你家粉刷的那个人并不需要熟知拉斐尔和米开朗基罗的作品",他所需要做的,只不过是一个"好好地、精致地粉刷你的房屋的工作"。[38]

尽管李竭力反对,但是进入法学院的门槛是逐步提高的,至少在日间部是这样的。1896 年,哈佛大学决定只有具备学院以上学历的人才可以进入这个圣殿。1915 年,宾夕法尼亚大学成为第二个要求学院教育为进入法学院先决条件的学校。20 世纪 20 年代初,匹兹堡大学也随后跟进。美国律师协会建议法学院要求某些学院教育基础。在1920 年之前,许多法学院都沿袭了这个原则,他们要求三年(芝加哥大学),或(更普遍地)两年或一年的学院式训练。[39]各个法学院也逐渐地加入进来。例如,布法罗大学法学院(University of Buffalo Law School),1925 年时便决定不准许任何没有一年学院教育经验的学生就读法学院;1927 年后,两年学院教育经验成为必需。[40]最终,所有的法学院——包括约翰·马歇尔法学院及其他夜间部或业余制的法学院,都要求学院教育作为先决条件。

如果进入法学院很难,而且从法学院毕业也变得比较难,那么,成为律师界的一员也就相应比较难。这个职业本身——当然是指它的顶端——就苛求一种严格的标准。认为律师界人数已经过多的人里,威格莫尔并不是唯一的一个。这是一项常见的诉求。1914 年,美国司法学会(American Judicature Society)的秘书长赫伯特·哈利(Herbert Harley)就写道:"目前为止,律师已经太多了。"哈利说,其中一个问题,便是"入法学院过于容易"。这使得整个专业"乱七八糟。虽然适者有其生存之道,但是这些适者是不适当的"。[41] 当然,这种哀怨与其他专业领域或行业的哀怨之间,并没有什么不一样。他们都偏爱削减业内人数的想法,由此他们在学习与准备资格考上的投入就可以获得较好的回馈。还有一种观点认为,昔日的好时光已经离去,律师界正被一群外来移民的乌合之众所充斥。

在 19 世纪,在许多州,"律师考试"是相当马虎潦草的。打算当律师的年轻人找到一位温和的法官,然后回答几个问题,仅此而已。在某些州,比如印第安纳州是最声名狼藉的例子——压根儿就没有律师考试。从 1851 年起,印第安纳州的宪法就规定,"每一个品行端正的选举人,都有权在所有的法院从事法律执业"(Art. 7, § 21)。到了 19 世纪末,少数州开始建立中央主考官委员会,并要求笔试。1917 年,37 个司法管辖区域拥有中央律师考试董事会。[42] 印第安纳州的律师发起一系列运动,要求废除这个可恶的、几乎使任何人都可以从事法律执业权利的条款。经过几次尝试,他们终于在 1932 年获得胜利。律师考试各州有所不同,有些考试比较专业,有些考试很难,有些考试是简单的。在堪萨斯州,1904 年的 53 名应试者都通过了律师考试;1922 年,97% 的人通过了考试;1933 年,88% 的人通过了考试。然而在其他许多州,特别是 20 世纪 20 年代,只有一半的人甚至更少的人通过了考试。有许多外来移民的工业城市的考试,比小的农业州要难考一些。外部事件也会产生影响,如 1932 年的加州,在经济大萧条最严重的时候,第一次参加考试的人通过律师考试的比例,从刚好超过二分之一下降到三分之一。显然,某种"限额"是存在的,虽然主考官很少承认——这就是他们正在做的事情。[43]

美国律师协会也发起了一次对所谓的文凭特权(diploma privilege)的攻击。一所学校如果它的毕业生自动地成为律师协会的成员,无需通过进一步的繁琐的律师资格考试,那么它就拥有文凭特权。法学精英们全都反对律师与法学院的泛滥,而文凭特权却鼓励建立新的法学院。1931年,宾夕法尼亚大学法学院院长、美国法学院协会主席赫伯特·古德里奇(Herbert Goodrich)就表示,如果"随便一个名叫汤姆、迪克或者哈利……都可以进入法学院,混到毕业后便立刻成为律师",那将是非常不幸的事。[44]如果在一段时间内,文凭特权是很普遍的。1890年时,16个州同意授予文凭特权。但是,由于来自律师界的反对,它在20世纪的发展举步维艰。例如,应密歇根大学全体教职工的要求,密歇根州在1913年废止了文凭特权。明尼苏达州和加利福尼亚州在1917年废止了它;尽管后来有些反复,到1938年,保留着文凭特权的仅余有11个州。[45]

律师协会的组织

律师社团结盟运动产生于19世纪70年代。机械式运作的政治使市政府腐化(纽约尤其声名狼藉);肮脏的政治玷污了律师及法官的名誉。美国律师协会创始于令人尊敬的律师所组成的社团——全然不是一个规模庞大的专业团体。因为与律师专业的名誉息息相关,在新世纪之初,律师协会的一个委员会呼吁建立职业伦理规范。他们主张,律师们迫切需要这个规范,因为律师界已经远离他们"最初的光荣"。这个规范"将为他们在尊贵的圣山上提供指路灯塔"。[46]1908年,律师界在华盛顿州西雅图市的会议上,采用了被提议的规范——"专业伦理准则"(Canons of Professional Ethics)。

这套职业伦理规范在序言中提到:"美利坚合众国的未来……取决于我们对司法纯洁与清白的坚守。"对这些规范争辩过多是徒劳的,其中包括:律师应该避免利益的冲突;他们应该以"专一忠实"的态度代表他们的委托人并且保守委托人的秘密;他们永远不能将委托人的钱与他们自己的钱混为一谈;他们不应该超额要价;他们应该"尽最大努力阻止并预防"其客户去做那些律师本身不应该做的事;他们应该关心委托人,以"公平公正"的方式对待法庭及律师。

但是,这套规范也反映了上层律师的需要和欲求。这些规范的措辞在某些方面符合律师职业部分人的需求。例如,该准则第 27 条不准许以"宣传或广告"或是"以其他间接的方式招揽顾客"。它甚至禁止间接透过"报纸对律师正在介入或者曾经介入的案件发表评论"的方式做广告。那些将会"诋毁传统和贬低我们的尊贵地位"的行为都是"不被容忍"的。一个律师"最有价值,最有效的广告"便是"他的专业能力和受人信赖的声望"。当然,华尔街律师并不需要做广告。但年轻的少数族裔律师们,业务对象多为那些一次性上门的客户(比如说,交通事故的受害人)。他们必须为生存奋战。对他们而言,广告是有用的。但是,律师道德规范没有把这些人包括在内。

同时,这个律师规范也试图垄断式地控制所有非律师可能对他们展开竞争的领域。律师界反对"未经授权的执业";它禁止律师与非律师成为合伙人;而且如同其他各处的垄断者,它致力于塑造一个时尚社会的计费方式——透过地方收费标准统一律师的收费。[47]依据该准则第 12 条的规定,律师应"避免对他们的建议与服务要价过高",但是也不应"低估"他们的价值(不过,他们可以为穷人,以及"律师同行、其遗孀、其孤儿的合理要求,因特殊仁慈的考虑"而降低价格)。该准则同时对胜诉分成(contingent fee)的业务保持特别警惕。这大多是人身伤害案律师会采用的收费方式。这些律师同意,可以不依照小时收费,律师费用可以在胜诉后由赔偿金中分成来支付。对于一个发生意外交通事故、遭遇职业损害的劳工,除此之外,没有其他办法能请得起律师。华尔街律师们则从来不曾执行胜诉分成的业务。律师规范并不禁止这种业务,但是坚持主张,为了保护委托人不受"不公正的要价",这些胜诉分成的业务需要"接受法院的监督"(准则第13条)。[48]

总之,美国律师协会是一个精英组织,律师中只有少数人加入(或者说是被允许加入)。1910年时,只有3%的美国律师为美国律师协会的会员;1920年时有9%;1930年时,有17%。虽然有州及地方律师协会,但是一样只有少数律师加入。例如,1917年时,只有10%的加州律师属于加州律师协会(California Bar Association)的一员。[49]

最初,律师联盟的运动是一项改革运动。现在,它则与一个顽固和孤立的精英主义形影不离。一些进步派律师提出一种观点:整合整个律师界。即建立一个单独的全国性协会,每一名律师都必须参与该协会。这个"整合的"协会可以监督律师职业并为这个职业的改革从事游说活动。美国司法学会(1913年)的创建者赫伯特·哈利是最重要的提倡者之一。北达科他州(1921年)是第一个破冰加入整合的州,阿拉巴马州(1923年),爱达荷州(1923年)和新墨西哥州(1925年)也紧随其后。而那些大的州,当时都暂时拒绝加入。[50]

美国律师协会不仅仅全是精英分子,而且全是纯白种人。1912年,美国律师协会执行委员会批准了3位黑人律师加入该会,不过那是因为委员会并不知道他们是黑人。当发现这3位律师事实上是黑人时,感到十分震惊,便立刻取消他们的许可,并将此事公告整个协会。剧烈的争论由此引发。最后,达成了一个妥协:这3位黑人律师可以留下来,但是以后提出申请的任何待选会员,都必须披露自己的种族背景。几十年过去了,美国律师协会在种族上依然保持着所谓

"纯正"。[51]与此同时,黑人律师们组成了他们自己的律师协会:早在1914年,他们就建立了一个库克郡的团体(Cook County)。1925年,12名黑人律师还建立了全国律师协会(National Bar Association)。

直到1918年,美国律师协会才接受女性律师;直到1937年,纽约律师协会(Association of the Bar of the City of New York, ABCNY)才准许女性加入。[52]一般而言,20世纪20年代的纽约律师协会仍然保持它的限制性的理念——这是个精英社团,而不是巨大的职业性保护伞;那个时候和以后的几年里,它的成员大多数是新教徒和大型律师事务所的律师们。犹太律师、爱尔兰律师和意大利律师则极其不成比例地缺席。[53]精英律师作为一个团体,比美国其他各种带有偏见的团体来说未必糟糕很多,但是自然它们也没有好多少。

法院结构和管辖权

联邦最高法院一直是美国最著名的法院,而且令人感到敬畏。即便在2001年,这仍旧是一个案件难以进入的法院。上千名诉讼当事人试图攀上这个高峰,但是,每年成功者寥寥无几。法院在这些潜在的案件中加以选择,他们只接受自己想接受的案件,即那些不论理由如何,只是他们觉得最重要的案件。100年前,联邦最高法院已经是司法系统的巅峰。然而,如果有人去翻看他们过去的判决书的话,便会惊讶地发现,其中有些案件竟是平凡无奇。例如,1909年,联邦最高法院判决了以下案件:一个男孩在俄克拉荷马州(Territory of Oklahoma)的火车站受伤的案件;一名股东控诉一家保险公司;在哥伦比亚特区,为建立一座滤水厂的一份政府合同纠纷;以及诸多属于按部就班的破产案件。[54]因为诉讼相关的公民来自不同的州或来自其他美国领地或哥伦比亚特区,它们属于"联邦"案件。2000年的联邦法院,对这类案件完全不屑一顾。

曾经有过多次改革联邦最高法院的管辖权的尝试,包括在实质上减低它的工作负荷,以及让它可以控制其案件积累的范围和数量。[55]情况在1916年有所改进。当时,国会通过的一项法令,赋予联邦最高法院拒绝听审有关雇主责任的案件。[56]不过,一项1925年国会通过的法案导致了最大的改变。该法律赋予联邦最高法院更多的富有弹性的空间,让他们有很大的权力自行决定是否需要听审哪些案件。对联邦最高法院而言,这是个具有戏剧性的影响。[57]1924年,联邦最高法院处理了271件他们需要听审的案件,其中78件是自行决定受理的案件。[58]到了1929年,联邦最高法院受理的案件减少(1929年至1930年间,共有219件),其中,法院"有义务审理"和"自主选择审理"的案件各占一半。[59]

结构性的改革在州的层级上也是必要的。当然,每个州都有自己的法院系统。或许,没有任何两州是完全相同的。通常在法院系统的底层,会有一个用来处理小型案件的法院,即针对一般案件的初审法院(trial court);另外在上层,则是审理上诉案件的最高法院。在人口较少的州,任何人在初审法院的层级败诉后,都可以向州最高法院直接提起上诉。例如,佛蒙特州与爱达荷州的最高法院都可轻易处理这些案件。但是,在人口逐渐增长的州,州最高法院必须处理的案件过多,这样的情形令人无法忍受。其中一个解决方案便是增加额外的法官,让法院变大,或者将之分为不同的审判庭。另一个方法是增加"特使"(助理法官),帮助减少案件积压。第三个方法,便是在基层法院上建立三审级体系,如同联邦法院系统一般。即,在州法院增加一个审级的法院,作为州最高法院与初审法院之间的缓冲区。这些中级法院可以允许任何上诉人提起上诉;但是只有特殊案件才可以经历所有程序一直进入州最高法院。

第二章 20世纪前期的法律职业

在 19 世纪时,上述所有的解决方案已经被某些州采用过。在 20 世纪,更多的州即便并非出于绝对必要,也开始尝试结构性的变化。例如,1902 年的佛罗里达州,通过修正其宪法将法院的规模扩大了两倍。现在有 6 名大法官,而不是 3 名,他们可以分成两个三人小组。[60] 1903 年,加州州议会提议一项宪法修正案(后来成功通过),引进中间一级的上诉法院制度。因为经济的成长与人口的暴增,已使得现存的系统"不适当"。[61]这个改革使得加州最高法院有权控制臃肿繁多的案件;而对许多诉讼当事人而言,上诉法院也就是案件的终点。

第三章

商事法律

卓越的卡尔文·柯立芝（Calvin Coolidge）总统说过，美国的主要事业就是商业。或许真的是这样，或许未必。但是美国"法律"的首要事业非商业活动莫属。谋杀、离婚和族裔关系也许是时髦的主题，公众从媒体上获得无数有关刑事案件的消息或误传，但是日常生活中的法律，大多数并不显山露水。律师的日常工作，基本上是一些平凡世俗的事情，主要是关于从事商务，诸如购买或出售、不动产、股票或公债，组织并经营合伙公司或股份公司；简而言之，是关于商业、金钱、贸易、财务、股份公司和合伙公司——涉及经济的脊骨和商业活动的基石。

整个19世纪和随后的20世纪的情况大致相同。但是在19世纪，经济活动已经有所转型。在19世纪初，大多数的美国人居住在农场。19世纪末，他们居住在城市里；他们不再在农场工作而是在工厂、矿场、百货商场和商店里工作。在1900年，超过2 900万人在工厂工作，农民的数量只占了不到四分之一；他们的人数大量萎缩，许多人已不再靠农场谋生。这种趋势只会继续下去而且发展迅猛。[1]

家庭农场是基本的农场单元。当然，农场大小各异，不过在1900年，确实还没有人拥有连锁式的农场，或是拥有跨州的农场，或是在小麦、玉米、肉猪事业里占有绝对优势。工业领域则截然不同。越来越多"大型"企业掌控了经济。企业的规模逐步地扩张,兼并和联营之风席卷全国。尤其是在19世纪80年代和90年代,公司兼并剧增,此现象在世纪交替之际几近登峰造极。大鱼吃了小鱼。小型的地方铁路,变成大型铁路网。巨大的联合体,像标准石油公司(Standard Oil)和美国钢铁公司(United States Steel),他们的触角在全国各地无所不在。庞大本身是个事实,但在经济领域上,它也逐渐成为问题之所在。在20世纪初期,少数几家公司掌控了许多国内的大型工业,诸如食物、烟草、电动机械和金属基本工业。[2]

从某些方面来说,当我们在前面篇章中提及高等法院和大的宪法案件时,做了本末倒置的事情——把马车放在了马的前面。每年州政府制定了上千条法律,市政府制定了上千条法令;与法律与商业或商业行为有关的,是其中的大多数。最后会诉至联邦最高法院,或者任何法院的,只有极小部分。那些成为头条新闻的联邦最高法院案件,仅仅是浩如烟海的法律事件的一小部分。在大多数情况下,这些案件之所以会发生,是因为,这些案件从法律上说从一开始便是有争议的。它们均属于带有管制、抑制和调控性质的法律,(有时候)它们也规定企业运行方式以及劳工如何工作等。立法机构的主要产品是与商业有关的法律规范。此外,商业争议和请求则是大部分美国律师的面包和黄油。大部分的争议和请求在一个律师的办公室(或者两个律师的办公室)里就解决了。会走上法庭的,只是其中一小部分。

这并非意味着判例法(court law)是无关紧要的。有些重要,有些则并不重要。律师在幕后提供建议时,都会从大脑里调取判例法的信息。他们会按照自己预先期待的法院回应方式进行协商。换言之,判例法往往是活泛的法律,从某种程度上说,它(最终)将影响商人的行为方式。但是,它也经常与日常生活毫不相干。判例法如何、为何转变成为活的法律,抑或变得背离生活,反映了一个微妙和鲜为人知的历程。

统一的法律

"商业",当然并不是简单的一块巨石。它有大型企业、小型企业,也有许多介于两者之间的企业;杂货店、钢铁工厂、煤矿场、男子服饰店,从事的都是商业。不过,企业的规模正在改变。科技使得诸多独立的州转变成单一的经济体:一个庞大的自由贸易区。20世纪的商业生活已经是全国性的,而且这个事实随着时代的变迁,开始变得越来越重要。早在19世纪时,铁路、电报与电话已经是统一经济的强大力量。现在,汽车、飞机、无线电、电视都来了,到了世纪末,互联网也不期而至。

在商事法和公司法中,诸多法律活动反映了企业发展与越轨的方式。整个美国已经成为一个大经济体,但没有一个大的法律体系。每一州各自拥有"主权",这意味着各州拥有自己的一套法律。关于销售商品、可转让票据(支票、本票、汇票)、分期付款等的不同法律规范实在太多了(最终会有50个不同的法律版本,另外还要加上哥伦比亚特区、关岛、维京群岛及波多黎各)。大体上,这些法律并没有很大的不同。他们看起来像是一个家族的产物。但是,律师不能用大概类似的方式来提供法律建议,他必须把事情弄得准确无误。如果一家公司试图将一个小产品从缅因州销售到加利福尼亚州,便会发现情况很棘手:因为方法A与表格B在这个州是合法的,在另一个州却是非法的;而方法C与表格D在这个州是有法律效力的,在那个州却是无效的。

麻烦不仅只是缺乏统一,而是缺乏更深层次的东西。一般说来,法官可能会渴望把事情做对,以便鼓励良好的营运行为。但是,他们是法律人,并不是商人,他们如何会有那种微妙的直觉,那种敏锐的鉴别力,乃至作出明智的决定(明智的,这里指的是从商人的立场来而言)？商业是很灵活的和富有创造性的，而且变化多端。商人们在市场中无孔不入，在运筹市场方面，总是能找到聪明的和新颖的途径。法律也是灵活的，但是或许不能满足每个人对"灵活"的胃口。有些规定和技术细节似乎陈旧了，有些则已经毫无使用价值。法院可能会铲除这些野草，也许不是马上；而且在乱七八糟的50个州当中，让他们保持鼓乐同调是十分困难的事。因此，起草一部文字完善、技术正确和非法律至上的成文法，似乎是走出困局的最好路径。

47　　"统一法律"的运动试图理顺这个参差不齐和混乱不堪的法律体系。1889年，美国律师协会指派了一个委员会负责提出有关统一的想法。该委员会提出的计划，是让每一州都任命一位委员，而这些委员将会面、磋商并且提出统一的法律草案。1892年，委员会召开了第一次年度会议。直至1912年，每一州都任命了一名委员。

　　1896年起草的《可兑现票据法》(Negotiable Instruments Law)，是这个统一州法律委员会的第一项产品。它是在英国模式的基础上起草的，而且非常成功，以至于到了1916年，每一州都实施了该法。接下来的是《统一买卖法案》(Uniform Sales Act)。1902年，委员会要求哈佛大学法学院的塞缪尔·威利斯顿(Samuel Williston)起草一份买卖法草案。他承接了这个任务并提出一份草稿；这也是依据1893年英国的《货物买卖法案》(Sale of Goods Act)模式草拟而成。1906年，《统一买卖法案》正式施行。³该法案同样也非常成功；有些州几乎是马上就接受了该法案；在20世纪40年代前，超过30个州接受该法案。⁴接着是《统一仓储提单法案》(Uniform Warehouse Receipts Act, 1906)、《统一载货清单法案》(Uniform Bill of Ladings Act, 1909)、《统一附条件买卖法案》(Uniform Conditional Sales Act, 1918)、《统一信托收据法案》(Uniform Trust Receipts Act, 1933)。1916年，通过了一项联邦《载货清单法案》(Bill of Ladings Act)。⁵那些被各州接受的法案相对而言是成功的,但是没有一项法案的被接受的范围覆盖了全国;尽管1922年时,已经有45个州采用《统一仓储提单法案》。24个州接受了《载货清单法案》,但是当时只有7个州接受了《统一附条件买卖法案》。统一的法律条文是否能得到统一的解释,则另当别论,因为确实没有办法强迫法院以相同的方式解释法律。但是,这些法律的确疏通了一些全国性商事法这条道路上的障碍物。

《统一信托收据法案》(Uniform Trust Receipts Act,1933)就是个例证。[6]银行使用这些文件(信贷收据),借款给那些从国外进口货物的公司。接下来,金融公司开始利用这些贷款来帮助汽车零售商支付购买汽车的款项。有一个故事说,这个问题的祸根来自那个"思路怪异的利己主义者"亨利·福特(Henry Ford)。他坚持,"把车开出汽车厂之前,要收到汽车的全款",这是针对汽车零售商的展示间设立的规则。可是零售商要从哪儿拿到钱呢?信贷收据便是解决方案。车子会送到零售商那儿,但是零售商并不是这些车的拥有者——汽车的所有权状(Title)从制造商先转移到给付价金的金融公司手里;然后,最终再转给那些汽车的真正买主。金融公司会将从中获得担保利息(security interest),首先是车子,然后是约翰或简(John or Jane)这些实际买主支付的款项。

看上去似乎足够简单明了,但是其中纠缠着法院面临裁决的各种问题——事关商事法律基本准则方面的问题,有时候满足金融公司,有时候则不然。制定《统一信托收据法案》的目的是用来处理这些案件引起的问题;简而言之,就是使公司在信托收据方面的履行标准化并具有法律效力。金融公司、银行和商业律师,是幕后的运筹帷幄者,当然,他们也隐身在所有统一法案之后。普通的公民,甚至是普通的商人,很少了解这些法律;而且不论争端会是何种结果,在某种程度上,他们的认识还只是局限在家庭内部。

企业倒闭：破产法

商业浮在信用的海洋上。在很大程度上，商法是关于信用的法律：关于借贷，关于担保、担保品、贷方安全的法律。商业在信用的海洋中漂浮。卖方在卖出实体货物时，寻找保护自己利益的诸多途径，比如"按时"出售车辆、钢琴、缝纫机、牵引车，以便维护其信用。在所有的价金付清之前，他们需要找到一些法律的绳索，将这些货物绑紧无恙。他们寻找类似的工具将商品从厂家运给批发商，再运给零售商，最后到达社会公众手中。实际上，所有的统一法案都试图解决其中某一部分的问题。为了保护贷款方，这条绳索必须足够紧；但是如果太紧的话，则会抑制交易和危害经济。为了他们共同的利益，借贷双方以一种关系结合在一起，这有点像是婚姻的概念。但不是所有的婚姻都能经营得好，信用关系也是如此。债务人有时候无法偿付借款或者不偿付借款。当这样的事情发生时，他们可能（而且经常会）离开正常的商业交易的世界，坠入一个被称之为"破产"的商业地狱。

美国联邦宪法赋予国会制定颁布破产法的权力。但是在19世纪的大部分时间里，美国国会并没有接受这项挑战。长期的联邦破产法并不存在；虽然有少数的法律被通过，但是它们很快便销声匿迹。发生在各州的大部分行动是局部的、不尽如人意的，而且是非常不统一的。不过，在1898年，美国国会终于通过一部颇具持久力的破产法。它一直沿用到今天（当然，被修改多次）。终于，有了一项由联邦法院运行的和（在理论上）全国都统一的全国性的制度。

1898年破产法同时规定了自愿性和非自愿性的破产。债务人可以自行进入破产程序，也可以由他的债权人迫使他宣布破产。"仲裁人"（referee）的主要任务就是执行这项法律。每位仲裁人任期两年。

此法开始施行后,破产的事务就热闹起来了。截至1904年9月30日,联邦法院共受理了13 784件破产请求。[7]

从以往到现在,破产法一直是非常晦涩难解的法律,而且是具有高度技术性的法律——即为破产法的特点。但是破产的社会意义随着年代而改变。曾几何时,债务人是可能被送进债务人监狱的,而且"破产"一词背负着沉重和耻辱的污名。但是,一个鼓励冒险、奖励创业家的社会,同时也必须给予冒险者体面失败的机会,以及从头再来的权利。对这种社会而言,第二次机会是必要的。对商人(以及靠工资维生的人)有了某种安全网。可以说,因为风险比较低,人们就会去冒风险。如果在拉紧的绳索下放一张网,相比较没有任何防护的情形,愿意冒险一试的人就会多得多。

这是破产法的主要任务之一:给予债务人第二次机会。当然,它还有其他任务。公平对待债权人,就是其中一项重要任务。破产法避免(或者说试图避免)让债权人不合时宜地在垂死的企业的骨头上争抢残肉余末。破产法建立了清偿债务应该遵循的顺序,将债务人剩余的财产尽可能以最公平的方式分配给各个债权人。

借贷与破产,是正常商业生活的组成部分。但是,也有不正常的时候。在经济大萧条时期,贷款当然是一项重大问题。当经济螺旋式下滑时,上百家大型、中型、小型公司也随之受挫。许多银行倒闭。对那些信赖银行并将金钱托付给银行的人们,这是个严酷的事情。在20世纪30年代,破产案件急剧增加。

20世纪30年代,铁路公司是金融灾难的一部分。不过,街角的杂货店的倒闭和一家铁路公司倒闭,不可同日而语。自从19世纪中叶起,铁路可以进入一种"破产管理"的状态(receivership),即一种像是僵尸般活力悬浮的状态。在这种状态下,企业死也不是,活也不是。火车仍旧在运行,同时,旧组织的实体——铁路公司,通常会在新的所有人的意志指导下重组和重生。作为一个衡平法院的联邦法院,负责处理破产管理。1933 年的《铁路公司重组法》(Railroad Reorganization Act)试图将重组铁路公司的方式与程序纳入合理化、现代化的轨道。[8] 它并没有废弃所有陈旧的程序,但是它提供了替代性选择——在破产法庭的保护下进行重组。[9]

公　司　法

大商业的时代是公司的时代。一个面包店或者一间公寓可以被组织成"私营独资企业";一群律师可以形成一个合伙关系;但是大商业则通常是一个拥有股票、董事会及承担有限责任的公司。现代企业从本质上来说,是 19 世纪的产物。[10] 到了 20 世纪,它显然已是商业组织的主要形式。1916 年,全国至少有 341 000 家公司;它们生产的商品占据了美国生产的商品的绝大部分。[11] 企业由各州授予执照,当时并没有联邦公司法。每个州都有适用于各种商业的一般公司法,;此外,还有适用于特别产业的特别法。因此,在 1920 年时,佛罗里达州针对银行业、住房贷款协会(building and loan association)、保险公司、担保公司、快递公司、铁路和河运公司、电报电话公司,都设有独立的法典和独立的条款。在佛罗里达州,还有针对非营利公司的特别的规定。

普通公司法当然是最重要的;但是在实际运转过程中它们的影响如何则另当别论。在美国的联邦体系下,人们可以在某一个州建立公司,然后在其他地方(或任何地方)做生意。从 19 世纪晚期开始,出现了一种竞相降价的逐底式竞争,每个州都试图吸引公司在自己的州内注册。他们提供更低的税率,放松或者比较放松的法律。新泽西州就是这些放宽政策的州中的一个。在 19 世纪最后的 10 年里,新泽西州颁布的法律使得它的公司环境富有弹性和具有吸引力。新泽西州甚

至准许控股公司(任何公司可以购买、持有其他任何公司的证券)的存在。它的兼并法律同样也是极端宽松的。¹²

新泽西州很快就面临一个强大的竞争对手——很小的特拉华州。在1899年,特拉华州模仿新泽西州的法律,并且添置了更低的费用和税率作为好处。最终,特拉华州在竞赛中获胜。1913年,在时任州长伍德罗·威尔逊(Woodrow Wilson)的领导下,新泽西州立法机关制定了一系列反托拉斯监管法律,被称为"七姐妹法规"(Seven Sisters)。这些法律并没有施行很长时间,但它们看起来很严格,而且使特拉华州在竞争中受益。不管怎样,特拉华州都是一个小州,它们非常需要有关公司组建方面的费用收入。因此,比起更大、更工业化、更多样化的州(像新泽西州),特拉华州更靠谱一些。在1899年,特拉华州可怜的州预算额是50万美元,其中企业税收占不到10%。在1920年,特拉华州从公司费用和特许经营税中赚取了150万美元,几乎占了州预算额470万美元的三分之一。¹³

削价竞争并不仅限于这两个州。的确,一些重要的创新在各地纷纷展开。例如,1912年纽约通过了一项法案允许公司发行"无票面价值"股票("no par" stock)。一般而言,股票会有票面价值,假设某只股票的票面价值为100美元,那就意味着每位购买者都要对每只股票支付100美元。"无票面价值"的股票也就是没有任何票面价值。这就给予经理人很大的弹性,他们"现在有抬高或者降低公司股票销售价格的裁量权"。¹⁴因此,也可以用发行股票来交换财产或服务,这让经理人和推销员有充分的机会给股票"注水";那就是说,让他们能以讨价还价后的价格将股票卖给那些受到他们宠爱的买家。

但是,特拉华州仍然尽力去迎接和投入这场竞争。它不断地通过宽松的法律,让公司能有所作为乃至为所欲为。在必要的时候它会模仿其他州的法律。例如,1917年,允许发行"无票面价值"股票。¹⁵特拉华州使它的条款能比较吸引公司创办人和组织者前来设立公司。

当然,人们对所有的逐底削价竞争并非都置若罔闻。有些评论家认为,特拉华州正在使公司逃脱的杀人罪行(定义有点模糊不清)。解决方案是什么呢?一种观点建议,应该废弃由州政府发给公司特许执照的制度并另外制定一项联邦的公司法。西奥多·罗斯福(Theodore Roosevelt)总统和威廉·霍华德·塔夫脱(William Howard Taft)总统曾提出这样的草案,而且从1900年到第一次世界大战爆发前,许多以此为目的的法案在国会被提出。但是由于州政府发给公司执照的制度过于根深蒂固,并且得到企业界的强力支持;推行全国性立法的尝试显得十分徒劳。[16]企业继续悬挂州的方便旗(flags of convenience),并到处寻找最方便、最热情好客的地方,很自然地,越来越多的企业选中了特拉华州。1932年,在纽约证券交易所进行交易的600家上市公司中,有34%的公司在特拉华州设立。[17]

因此,老实说,公司法可以说是几个少数旗舰州的法律——显然指的就是特拉华州。但是把这样的进展完全看成是联邦制度的病态,可能也是错误的。显然,1900年前的公司现在还存在着。因此,如此限制或管制公司的想法,看起来似乎是陈旧落伍的,甚至是荒谬可笑的。在20世纪,如同威拉德·赫斯特(Willard Hurst)所说的:"州法律与联邦法……事实上已经接受商人能发展出来的公司规模和形式。"[18]公司是任何人想要使用它,便可以使用它的企业形式,无需太多的小题大做或繁文缛节。所以,例如,依据伊利诺伊州1919年的《普通公司法案》(General Corporation Act),一个公司可以按照"任何合法的意图"来组建。而且,组织公司极为简易:有任意三人出面担任公司的创办人,填好标准俗套的表格后,向州务卿提出归档即可。[19]

进而,公司法的主要注意力将转向公司的内部事务。公司应该如何运作呢?少数股东的权利是什么呢?什么是董事、发起人、总经理的责任？有关公司的判例法都是来自于这些议题的诉讼。通常而言，法院对于公司经理人颇为宽容，经理人们很少干预董事和总经理的经营决策。另一方面，董事和总经理是"受委托的人"，他们有义务以公司及其股东行事的名义行事。他们无权从工作中获得私利（当然，丰厚的薪金除外），而且，依据"公司机会原则"（corporate opportunity doctrine），如果当一个能使公司获利的"机会"到来的时刻，他们不得将此机会据为己有。在著名的"古斯诉洛夫特案"（*Guth v. loft*，1939）中，负责管理洛夫特公司（主要制造糖果与糖浆）的古斯，因为他对可口可乐公司的气愤，所以决定将洛夫特公司所需的冷饮移至百事可乐的名下。[20]当时，百事可乐已经在经济大萧条时期破产了。实际上古斯将其购买后继续让它得以营运，并在此过程中使自己致富。但是，特拉华州法院指出，这些钱应该属于洛夫特公司，因为公司经理人"不得运用其受到委托和信任的位置，为个人谋取私利"。

因此，除了这类的胡作非为的事例以外，各州公司法基本上放手让公司自我营运。相对那些普通公司，各州则对一些特定的行业，如铁路、保险公司或食品制造商采取管制措施。其中，针对铁路公司的管制多如牛毛。铁路是经济的重要命脉，同时也是强大的、危险的和引人注目的，有时候它会出现鲁莽般的管理失当；而且，在最开始的繁荣期之后，极大的争议便接踵而至。在1887年通过《州际商务法案》（Interstate Commerce Act）后，联邦规范便告废止。[21]该法案的主要条文创造了一个"州际商务委员会"（Interstate Commerce Commission，ICC），旨在对铁路公司进行控制，强迫铁路公司合理公正地收费并平等地对待所有客户，不得取得回扣，不得偏好某些特定的（或财大气粗的）运货商。

州际商务委员会及其法案有一段风雨飘摇的历史。[22]该法案本身是针对农人和小商人的愤怒与恐惧的一种反应，他们认为自己被一头大章鱼所压榨——主要是强有力的铁路网。但是这头章鱼有很强的政治力量;有些官员与部分法院对于这头章鱼的支持,远多于小型运贷商曾经习惯的程度。管制铁路在20世纪初期仍旧是个充满争议的问题。支持和反对双方都很强势。美国国会于1903年通过了《埃尔金斯法案》(Elkins Act),取自史蒂芬·埃尔金斯(Stephen Elkins)参议员的通俗的名字,他是宾州铁路公司(Pennsylvania Railroad)的亲密支持者。[23]"埃尔金斯法案"规定为消费者提供回扣是违法的,对给予回扣的公司和收取回扣的消费者强行罚款。人们普遍认为这项法案很难推行,或者在实践中改变甚微。[24]

意义更重大的是赫伯恩法案(1906年)。[25]西奥多·罗斯福在1904年请求国会赋予州际商务委员会权力来设置最高费率。1906年国会基本上是给了他满意的答复。这项规定同时赋予州际商务委员会权力来任命审查官和行政人员,并监督铁路行业的会计活动。同时也赋予州际商务委员会管理快递公司,卧铺火车公司和石油管道公司的权力。现在,管理委员从5个增加到了7个,它们的费用也在增加。正式投诉的数量剧烈上升:1905年只有65起起诉州际商务委员会的案件,但是1908年有554起,1909年有1 097起;非正式投诉(在1905年只有503起)在1909年升至4 435起。[26]

这一系列赋予州际商务委员会更多权力的法案中,《曼恩-埃尔金斯法案》(Mann-Elkins Act,1910)是其中的第三部。该法案赋予州际商务委员会控制电报、电话及越洋电报公司的权力。委员会现在也有权暂时下令禁止调涨价格,以检验即将调涨的价格是否合理。如同布鲁斯·怀曼(Bruce Wyman)于1915年写到,铁路与其他公用事业对国家总体利益的影响力过于强大,他们是与生俱来的独占事业。在垄断的状态下,管控是绝对必要的,不然的话,"我们或许会放任地被迫进入一个公有制以及运行的状态",走上一条"前途未卜"的一步。基于这个理由,州管制的鼓吹者是"真正的保守主义者"。[27]

《曼恩-埃尔金斯法案》同时也使州际商务委员会所谓的"长短途运输条款"(long- and short-haul clause)复活。该条款规定,"在同一条路线、朝着同一个目的地的运输,短途与长途相比较,短途属于长途的一部分",如此,铁路公司向使用短途线的乘客与货物运费收取较高价格的行为则成为违法。21世纪初航空公司的收费标准与此很类似。举例来说,在芝加哥市与纽约市间营运的铁路,不应该对从纽约市或芝加哥市运往俄亥俄州小城的货物,大致上在两个城市之间的位置,收取比"长途"即纽约市到芝加哥市那样较高的运费。但是法院把这个条款搞成了一团乱麻。在必须应付竞争的条件下,法院准许这种歧视待遇的存在。因为有许多条铁路通往芝加哥,但可能只有一条会经过并停在俄亥俄州的小镇里,长途运费因此应该比较低很容易获得证明。

铁路公司始终坚持己见,而且成功了,认为到俄亥俄州小镇的运费太高是错误的:纽约市到芝加哥市的运费很低,这是因为铁路公司得彼此竞争,或者与水上的船运公司相竞争。所有这一切不过是不可思议的市场机制的作为。但是,失败者——如俄亥俄州小镇的商人或托运人,以及其他类似的人,是不愿向万能的市场屈服的,他们背后还有巨大的政治力量。依据"曼恩-埃尔金斯法案"规定,"长短途运输条款"核心的差别待遇,"只有在特殊情况下",而且必须经过州际商务委员会"调查"并同意后,才可被准许存在。[28]

反托拉斯法和政策

19世纪晚期,有许多重要的立法与"托拉斯"(垄断与贸易限制)的议题相关。《谢尔曼反托拉斯法案》(Sherman Antitrust Act,

1890)便是一个里程碑法案。《谢尔曼法案》是在近乎狂热的气氛中由国会通过的。[29]该法规定"垄断"与"限制贸易的契约"属于违法。引起辩论的,是巨型企业的形成,比如像洛克菲勒的标准石油公司。他们吞下所有的竞争者,因此能将刀锋抵在消费者与小型企业的喉咙上。

《谢尔曼法案》针对的是经济力量,在其背后并没有一个清晰的经济理论。古典理论(如达尔文的自然选择学说)提高了市场的地位——竞争必然带来较低的价格与更好的产品。没有效率的企业将会简单地自然死亡。但是这种令人感到愉悦的理论没有满足一种情况:那就是,当一个公司变得极高效率,以至于(或者说冷酷无情地)它将把其他的所有人驱赶出市场。对此,赫伯特·赫文坎波(Herbert Hovenkamp)曾经指出:当"理论解体,竞争的进化便随之死亡"。[30]换言之,市场理论是在大部分企业都还很小、很地方化,竞争很激烈的时代形成的。现在位居顶端的企业简直庞大无比,而且他们的触角伸向了整个国家。这已经不仅仅是经济效率或对消费者收取高额价格的问题了,这同时也是一种威胁感,一种对小商人或街角小店带来的危险状态。托拉斯危机作为一种文化危机,不亚于价格和商业危机。

自从《谢尔曼法案》被通过后,大部分的反托拉斯法与政策都是由法院来执行的。不像其他大型的管制法规,《谢尔曼法案》简短、精炼、扼要——全文仅一页半的文字。它没有对关键词下定义,也没有创设任何有权制定规则与管制的行政部门。因此,它的意义应该在法律实施的过程中建立。司法解释(通过联邦法院)便是一切。早期的案件看起来似乎很狭窄、模糊难辨,目的在于修剪《谢尔曼法案》的翅膀。而且联邦执法机关是软弱和优柔寡断的。[31]

"北方证券公司案"(Northern Securities case,1904)便是一个重要的判决,而且是个重要的转折点。[32]该案涉及某家控股公司。所谓控股公司,是以持有其他公司股份为目的而组成的公司。北方证券公司在新泽西州成立,该州有时候被称为"托拉斯之母"。该公司没有任何日常业务,也不制造任何产品,几乎没有任何员工,它唯一的角色就是作为J.P.摩根(J. P. Morgan)、詹姆士·J.希尔(James J. Hill)及其他铁路公司与金融界大人物的化身。这些人将大量的北方太平洋铁路公司(Northern Pacific Railway)与大北方铁路系统(Great Northern system)的股票倾入北方证券公司,结果是一个庞大的铁路公司结合体控制了从明尼苏达州到太平洋西北岸的交通。这种架构正是美国政府致力摧毁的目标。

至少在当时,《谢尔曼法案》究竟是否适用于控股公司,还充满争议。新上任的西奥多·罗斯福总统致力于"取缔托拉斯"。他在司法部里设立了一个特别的部门,用来强制执行《谢尔曼法案》,并特别注意该部门是否有足够的资金以供运转。在西奥多·罗斯福总统介入前,美国政府一年至多起诉一两起案件。现在起诉的案件快速增加;许多重大案件被政府开启。

"北方证券公司案"是这项运动的第一个成果,而且美国政府在最高法院对本案裁决中以 5 比 4 微弱险胜。反托拉斯政策的意义与目的是议题所在。代表多数意见的哈伦大法官,称北方证券公司是一个"强而有力的合并企业",其目的在于摧毁竞争。如果它成功了,那么"从大湖区到太平洋普吉湾(Puget Sound)的美国北部广大领土上的全部商业"都将"由一家控股公司所摆布"。[33]

这是一次著名的胜利,它支撑了与托拉斯为敌的西奥多·罗斯福总统的名望。然而,有 4 名大法官持不同意见,其中一位是小奥利弗·温德尔·霍姆斯大法官。《谢尔曼法案》到底是否适用于铁路公司?前哈佛大学法学院院长兰德尔便是抱持怀疑的态度的人之一。他写道:"铁路公司唯一可以垄断的,是以被租用的方式运送商品与乘客",而这并不是"贸易或商务"。[34]反对者提出另一个重点:《谢尔曼法案》与庞大本身无关;如果一个富豪将两家铁路公司的股票全部买进,这并没有违反该法案(他们觉得如此)。霍姆斯承认,有些人觉得该条款"目的在于打击那些足以构成忧虑的大型公司合并",但是他反对将垄断视为"正确且合法的概念"这样的"流行"看法。[35]他在习惯法的"贸易限制"(restraint of trade)概念中寻找该法律的意义,并认为该法案仅认定,那些试图排除其他人参与竞争、试图瓜分领土或试图在暗中以邪恶的方式从事市场竞争的合同行为、合并行为是不合法的。当然,这些说辞还是非常模糊,而且《谢尔曼法案》本身也是如此。

打破垄断的尝试仍旧非常受到欢迎。就在北方证券公司案后不久,政府赢得了另一项胜利,打破了所谓的"牛肉托拉斯"(Beef Trust)。肉类包装业曾是个难点,内部惯用垄断价格、列黑名单、给铁路公司秘密回扣等手段,甚至将整个美国各地切分成若干地段,然后分封为王。[36]这就是典型的反竞争行为。政府赢得了审判,法院颁布了一项禁令,禁止这些公司违反《谢尔曼法案》,并宣布某些特定行为为不法行为。联邦最高法院全体一致无异议地支持了这个判决。[37]

不过,对托拉斯的歇斯底里的喧嚣还是有所平息。法院似乎认可了大公司的正当存在;认为反托拉斯行动只有在针对最严重的违法者时才是适当的。1911年时,美国联邦最高法院作出两项里程碑式的判决。其中之一便是"标准石油公司案",它因提出所谓的"合理规则"(rule of reason)而闻名。[38]《谢尔曼法案》并不适用于庞大本身或力量本身,它只适用于"不合理"的庞大与力量,限制不公平或压迫(当然,这是个不确定的概念)。[39]这对反托拉斯政策依赖的历史基础之一是一个改变。此历史基础属于对庞大的恐惧,几乎压倒一切的大型联合企业集团的力量本身就是邪恶的,而且它将威胁美国的价值观。但联邦最高法院有别的考量。他们认为,托拉斯有好也有坏。而这也是提醒政府:除非出现紧急状况,否则政府应置身于市场之外。事实上,暂且不论其中的修辞上的花巧,此案件本身的确令标准石油公司不爽;下级法院命令标准石油公司解散石油托拉斯,并将之拆成几个部分;联邦最高法院则支持了这这项判决。在"美国烟草公司案"(American Tobacco case)中,联邦最高法院重申了这项新的"合理规则",但是巨大的烟草联合企业集团(the giant tobacco combine)同样也输了官司。[40]

"合理规则"对于那些反对"大"本身的人们而言,依然是个警告信号。路易斯·布兰代斯大法官(Louis D. Brandeis)就是其中之一。在"美国诉美国钢铁公司案"(*United States v. U. S. Steel*, 1920)中,联邦最高法院适用了"合理规则",而全世界最大企业之一的美国钢铁公司却原封不动地存活了下来。[41]联邦最高法院承认美国钢铁公司很大,但是它并不像联邦最高法院曾经面对的其他案件(例如,洛克菲勒的标准石油公司)那么野蛮和专横。大而无害就不足以构成起诉。

毫无疑问,经济在快速并富有戏剧性地改变——从农业转变成制造业,从小型企业转变成大型企业,再到庞大型企业。从 21 世纪初的观点看来,企业伦理似乎仍然停留在现代俄罗斯黑手党的水准。证券市场的本来就是缺乏管控的。庞大而且强悍霸道的商业巨子将诸多公司焊为一体并造成供不应求的状况。千百万的工人、农人与小商人们对大型企业压倒性的力量感到愤怒。即便不是从经济上入手,政府也必须在政治上有所作为。

从法律上而言,最优化的力量,当属稳健温和的改革力量。[42]就某方面而言,诸如社会主义这码事儿——政府对经济的强力控制,大型产业、银行及其他类似产业的公有化等,从未在美国留下过出发点。当然,美国还是有一些"自然"垄断的例外。1927 年时,超过 80% 的"中央供水系统"是"公有的",城市的电力公司通常为该市市政府所拥有——这样的城市超过 2 500 个,约占总数的 40%。[43]大多数的公用事业——如电话电报公司,及铁路公司仍旧是私营的。因此联邦政府打击托拉斯的行动,除了偶尔会有标准石油公司这样的案件之外,大多则直接针对了小型的联合企业卡特尔(small-scale cartels),而不是大型的企业联合集团。然而,那些在联邦层面控制、监督美国企业的想法,获得了百万民众的真诚支持。早在 1903 年,美国国会便在(新的)商务与劳工部(Department of Commerce and Labor)之下设立公司署(Bureau of Corporations),由公司委员会主导。该委员会将有权"尽职调查任何公司的组织、行为和管理"。[44]这类调查远远多于那些零星的起诉和偶尔处理的案件。1914 年,美国国会通过了一项法案,创设了联邦贸易委员会(Federal Trade Commission,FTC),由 5 名委员组成,并特别将公司署的权力与责任移至联邦贸易委员会。[45]

该委员会(就像通常情形下)处理案件,总是相互妥协的产物。有些人想强迫所有的大型公司向委员会提出登记,甚至要向委员会提交合同、协议等文件,以待核准。[46]但是,这些从来没有实现过。委员会有权采取行动,对抗"不公平"的竞争方式。如果发现不公平现象(unfairness),委员会可以进行调查,可以举行听证会,可以发布禁止令(cease-and-desist orders)。但是,一个突出的事实却是,《联邦贸易委员会法案》(FTC Act)并没有对不公平的含义做出阐释,而这个用语(可以说至少)稍微有点不明确。

不到一个月后,美国国会在通过了《克莱顿法案》(Clayton Act),这算是"把另一只鞋丢了下来",这是一个"补充现存法律,对抗不法的限制与独占"的法案。[47]《克莱顿法案》好似在《联邦贸易委员会法案》的骨架上加入了血肉。它对某些不公平的商业方法做了具体甄别——例如,如果某项交易会"缩小竞争或偏重于导致垄断",当买家无法找到与其匹敌的竞争者的情况下,任何公司都不可以出售、租借商品或机械给买家。如果收购行为会减少竞争或导致垄断,则一家公司吞并另一家公司的行为就构成违反本法。

这些法规都比《谢尔曼法案》更为详细,而且更重要的是,这项法律创设了一个实质的机构——它包括了一种制度、一栋建筑物、一群管理人员、文案与记录、一种官僚体系、一笔预算。多少年后,权力、专家知识及经验都可以附加在其中。在《联邦贸易委员会法案》出现之前,司法部负责处理托拉斯案以及其他的职责。而这些案件,如同司法部长于1905年在报告中所指出的:"极度地消耗了司法部拥有的资源。"[48]大型案件倾向在法院了结。这意味着,规模巨大而且复杂的争议——以及规模巨大且复杂的案件——都将落入受过法律训练,而非经济学、商业或其他相关领域的人士之手。

这是一个司法部的问题,也是一个法院的问题。联邦最高法院注意到这个问题并抱怨说,"标准石油公司案"的记录"极其冗长,共有23卷,将近12 000页,包含了大量令人困惑、相互矛盾的证词,涉及无数复杂多样的交易,时间跨度几乎超过40年的时间……"[49]而且更糟糕的尚未到来。在遥远的未来,国际商业机器公司(IBM)、美国电话电报公司(AT&T)与微软公司的案件还会牵涉其中。面对未来的迷惑与悬念,法院总要设法加以处理。

商 业 监 管

这些例子已经清楚说明,将20世纪前半叶叙述为大型企业从胜利走向胜利的时代或者市场属于基本上未被管制的时代,是一个错误。美国属于自由市场经济,但是它从来都不纯粹。工人、小自耕农、农夫和店主确实有投票权,而他们的许多政治需求都被制定为法律;许多我们已经讨论过的判例法中的冲突,便是出自于这些法律。企业也并不总是拒绝任何来自管制的尝试,企业界也并不总是发出同一个声音。与那些市场上的割颈断喉般残酷竞争相比较,企业界通常更偏

60　爱温和宽慰的管制。一种有俘获力的、贴心的机构(像州际商务委员会这样的)比充满竞争的原始丛林要好多了。

　　大体而言,迎合中产阶级诉求的法律法规,远比工会推动的方案更容易制定成法律。一个里程碑式的立法就是第一部联邦食品和药品法(1906年)的通过。这是一个长期抗争后的终点。[50]当然,有许多州都有与食品质量有关的法律——例如一项密苏里州的法律规定,出售"任何未经由屠宰场宰杀或带有疾病之肉类",或者出售"不卫生之面包及饮料",或者"为了销售或其他目的,于食品、饮料或任何药品中不实掺入添加物"者,属于刑事犯罪行为。[51]但是,通常,法律制定后的后续跟进行动却很少;州政府并没有认真强制执法;而且在联邦制的结构下,这些法律根本没有太大的权力控制出售到全国各地的商品。多年来,哈维·威利博士(Harvey Wiley)在联邦政府内为揭露腐烂与危险的食用产品而抗争,并要求国会为此有所作为。不过,并没有什么事情发生,直到1906年厄普顿·辛克莱(Upton Sinclair)出版了他的小说《屠场》(The Jungle)后,公众的愤怒的火焰才被点燃。

　　《屠场》是一部有力量的作品,是一个对美国梦阴暗面的强烈控诉。本书讲述一名来自立陶宛的移民朱吉斯·路德库斯(Jurgis Rudkus)与其家人在芝加哥生活的悲惨命运。此书对路德库斯工作的地方,芝加哥的屠宰场环境做了生动逼真和令人惊骇的描述。卡尔·桑德堡(Carl Sandburg)曾称芝加哥的屠宰场为"世界的屠宰场"。在这里,腐败的香肠被浸泡在"硼砂及丙三醇"中,再"放入贮料器"中,然后卖给美国民众。这些肉品被储藏在老鼠出没的房间中;肉品公司用有毒的面包来消灭老鼠;但是,老鼠、面包和肉最后都会被加工成产品。在一幕地狱般的场景中,辛克莱描述有时候"烹调房间"里的工人掉进大缸中之后,被煮沸得"只剩下了骨头,最后成为销往世界各地的'达拉谟猪肾腰油'(Durham's Pure Leaf Lard)"。

这些内容使各个阶层的美国民众感到惊愕和作呕;西奥多·罗斯福总统在阅读这些情节时,也惊恐不已。他任命了调查员去查明真相,这些调查人员基本上证实了辛克莱书中描述的情况。因此在随后而来的政治风暴中,食品法案与一项肉类检查法案都被顺利递交国会。食品公司及肉类企业极力抗拒这些法律的通过,但是最后他们也只好听天由命地屈服了,甚至还热切地拥抱这些法案。如同一名企业高级管理者所承认的"肉类本身的销售和肉类制品的销售已经被分成两截"。[52]在这种情况下,一部严苛的法律或许可以帮助肉类工业与食品公司修复民众的信心。接下来,民众将再度心甘情愿地购买芝加哥的肉类产品。

《食品和药品法案》(Food and Drug Act)的确清楚地说明了事故与丑闻如何塑造了法律的发展。人们所说的特殊利益(special interests)的力量,常常能够夺路而行,有时是因为手段阴险,但更多的时候是因为他们的嗓门最大,而且给政客们提供了最多的资源,如竞选经费等。总之,民众是迟钝的——他们忙着处理私事,或者,在电视的辉煌时代来临之际,他们忙于坐在闪烁的荧光幕前,一边看电视一边吃着品种多样的零食。

然而,在民主的社会中,民众拥有巨大的潜在力量。这个力量在那里蛰伏和隐藏着,它像是一颗引信被拉开前的手榴弹,其中隐藏着致命力量。拉开引信的要素就是那些丑闻或事故,它点燃了公众的愤慨、怒火以及力量。食品和药品法的历史便是一个突出的例子。这类例子在未来仍会很多。在大众传播媒体与大众传播工具的时代,丑闻与事故对立法产生的作用的影响注定会成倍增大。

《食品和药品法案》的历史同时也表明,丑闻与事故是有局限性的。辛克莱致力于社会主义。他写《屠场》是为了揭示未成熟时期的资本主义社会的邪恶。然而民众对这本书的反应,却令辛克莱深感失望。此书的确对社会有冲击力,但它对社会主义的主张方面却少有作为。如同辛克莱所说:"我瞄准民众的心脏,却不经意地击中了他们的腹部。"[53]但是这并不是一个意外。中产阶级民众从丑闻中获知了他们想知道的事情;从中取得了对他们的生活有意义的东西。而这"有意义的东西"指的是他们所吃的食品,并不是那些用尸体和鲜血污染了中产阶级食物的工人们的惨痛生活。

联邦政府与州政府对于上百万名靠薪水生活的工人的工作环境并非完全漠不关心。毕竟,他们人数众多,而且大多数都是选民。工作意外造成的伤亡人数甚多:1907年时,有超过3 000人在煤矿意外事故中死亡;同年,4 500名劳工因铁路意外事故而丧生。[54]同样,危险的工作还存在于钢铁工人、洗衣工人或建筑工人之中。

这是劳工赔偿法通过的事情。去反对有关安全管制方面的法律,特别是铁路的安全管制,是件困难重重的事情。没有人希望火车碰撞或脱轨。在煤矿,只有矿工会丧生;但是铁路意外中,乘客们也面临风险。在铁路工人的健康与福利方面,人们会有些私心杂念,因为毕竟这些人是负责装配和驾驶火车的人。罗斯福总统于1907年提醒国会,乘客安全仰赖铁路工人的"警戒和机敏意识",作为回应,国会则通过了《工时法案》(Hours of Service Act)。[55]该法案规定,任何一名铁路员工每天都不得工作"连续超过16个小时";火车司机与列车调度员每天工时不得超过9个小时,至于只有白天才营运的车站,则工时提高到不得超过13个小时。

即使当公众安全已经不再是个必要问题的时候,仍然有一些改善铁路安全纪录的运动。1893年的一项联邦法律规定,所有火车必须具有动力刹车及自动车钩。[56]1908年的一项法案规定,凡铁路公司"使用任何没有灰烬盘(ash pan)火车头——需要让员工钻进火车头底下去加以清洁"是违法的;这项要求意味着可以减少一种可怕的肇事原因。[57]1910年的一项法律则强化了铁路营运报告的要求。铁路公司每个月都必须向州际商务委员会报告"所有的碰撞、出轨及其他意外事故",是否有任何设备的损坏或是否有任何人员的伤亡。州际商务委员会在调查意外上也享有很大的权力。[58]锅炉爆炸是铁路造成死伤的另一个主要原因。该法赋予联邦调查员检查、修理火车头锅炉的权力,并且当锅炉设备状况不良时通报给铁路公司。[59]

联邦在煤矿管制方面落后于铁路管制。但是,1907年是决定性的一年:这一年的12月,362人死于西弗吉尼亚州莫诺加镇(Monongah)的煤矿场爆炸;该月因爆炸而死亡的人数高达703人,可见矿井灾难频传。[60]西部的矿工们一直在推动成立一个联邦的矿务部门,部分矿业公司和工会也加盟支持;在1910年,国会在内政部(Department of the Interior)下设立矿务局(Bureau of Mines)。[61]该局的任务是"尽职调查"(diligent investigation)采矿业的方式,以找到避免意外事故的途径。但是矿务局并没有权力去做更多的事情。至少在当时,只有州政府官员能够巡查煤矿的危险隧道。

偏离中央:州一级的规范

法律史,像美国的历史一样,通常情况下往往都有一种联邦偏见。它关注华盛顿做了什么,往往忽视了各州和当地政府。当然,逐渐增长的权力和联邦政府的重要性是20世纪法律史中具有决定意义的主题之一。但是联邦主义和各州的权力所承担的义务——对中央政府的恐惧和愤恨——仍然是非常强有力的主题,在美国政治和法律思维中,甚至是一种教条。"各州的权力"通常是对真实的、无情的、强硬的经济和社会利益的一种借口或掩饰;但是这个口号本身就有非常大的欺骗性。

所以，在1900年和后来几十年(一直到今天)，州政府做了很多的事情。市政府也是如此。我们说，纽约市在1910年通过的法令，比起怀俄明州或新罕布什尔州所通过的任何法案，对人们影响都大得多。此外，州政府或市政府所做的事、所花的钱、他们管制的事务，在20世纪时都大量增加；当然和联邦政府这头庞然大物不能比，但是，按照绝对价值计算，确实已经非常多了。

几乎每个州都有自己的铁路法，以及有关机构(例如粮食仓库)的法律。1900年前，在各州，铁路法规已拥有比较长的历史。19世纪70年代，美国中西部有所谓的"格兰杰法"(Granger laws)，该法创设了委员会来管制铁路(以控制铁路运费制定的权力)。这些法律并没有持续太久，因为他们有个重大的缺陷：在联邦制度下，州一级来控制庞大的州际铁路网的力量是弱小的。联邦法是最正常的解决方案，如同我们早前看到的，随着州际商务委员会的创立，该法于1887年通过。[62]不过，在20世纪时，州政府仍保有他们自己详尽的管控方案。例如，明尼苏达州就拥有一个铁路与仓库委员会，有权决定价格是否"不合理"。[63]这一点也不例外。州法律也对其本州的安全问题保持关切。所以，肯塔基州的铁路委员会可以基于安全的理由，要求铁路公司"改善"并更换铁轨、桥梁及隧道。[64]而马萨诸塞州的法律则包含了许多极其详尽的有关铁路安全的规定：不仅是一般有关车钩、刹车、锅炉的规定，它甚至明确地规定，为了防止意外事故的发生，每一列火车必须有"两部螺旋千斤顶、两根撬杠、一根撬棍、一把道钉锤、一把铁锤、两把利斧，以及绳子或铁链"。另外还规定，乘客车厢不得以"轻溶剂来点火，也不得使用照明性的石油或者轻溶剂构成的液体，或燃点低于华氏三百度的照明油与照明液体"用作照明燃料。[65]

对于商业与贸易管制的规定，在各个州不但繁密而且意义重大。很自然地，这反映出各州对狭隘自身的关切。如果我们审视内布拉斯加州在1909年汇编的法规,会毫不惊讶地发现有关农产品的立法。该汇编法规中的第一项,便规定除非是"纯苹果汁的正规产物",否则在出售醋类产品时,不得打着"苹果、果园、苹果汁"的招牌。另外有法律规定,"提供公益服务"的马匹(即种马)必须在"认定种马登记册"上登记;还有许多详细的法规处理未经注册种马的问题。另一项法规规定,猪的饲主必须在病猪死亡后48小时内,将其尸体"完全"焚毁。另一项法令则规定,在将马匹和牲畜送往全国各地前,必须接受库存运输检查员的查核。[66]

但是,内布拉斯加州并不只是关心它的农民伙计们。这份法规汇编同时也反映了商业和其他利益。例如,执业许可便是个示范:一项法令规定,如果没有"经过注册的执照而履行注册护士的业务",是违法行为;获得护士执照,必须接受两年或更长时间的培训。[67]一项地方食品和药品法的修正案详细说明了"标签虚假"的定义。例如,食品包括"酒精、吗啡、鸦片、可卡因、海洛因、阿法或贝塔优卡因(alpha or beta eucaine)、氯仿、印度大麻、水合氯醛、乙酰苯胺、非那西汀……颠茄"或任何这些物质的"衍生性产品",都必须明确地加以标示。[68]另一项法规则事无巨细地规定了在食品加工厂、餐厅、食品杂货店、肉类市场、面包店等场所的卫生条件。例如,在"苍蝇繁密的季节里,每个食品生产或分销场所,都必须装纱门或纱窗,并且其纱门和纱窗的筛网不得比十四级金属网线粗"。还有,必须配备痰盂,而且必须每天清洗。制造、包装与销售食物的人员,如果患有黑死病、腮腺炎、水痘等各类列举疾病中的任一种,都必须停止工作。执法的权力被交付给州政府的食品、药品和奶制品的检查员。[69]

当然,每一州都有自己的经济、自己的政治策划以及自己的文化。1915年,佛蒙特州通过了一项法令,规定一加仑枫糖浆的法定重量;内布拉斯加州是不会关心这码事儿的。[70]亚利桑那州于1929年制定了一部内容详尽的《水果与蔬菜标准化法案》(Fruit and Vegetable Standardization Act),并依据该法创设了"监督审查员办公室"。除了一般条款外,针对罗马甜瓜*还制定有特别条款(它们必须是"网状良好、形状完整、成熟……没有……枯萎、多水、易损",或者有挫伤、晒伤、虫咬的情形),并规定应该用哪种纸箱以及每一箱该如何标记等。[71] 亚利桑那州考虑的是出口市场。食品法规则关切该州生产与销售的食品质量,或其州民所食用和消费的食品本身,或两者兼顾。重量与体积是被管控的典型内容。20世纪20年代,得州的"洋葱纸箱折叠标准"为,纸箱不得"小于 $19\frac{5}{8}$ 英寸长,$11\frac{3}{16}$ 英寸宽,$9\frac{13}{16}$ 英寸高"。另外有许多关于桃子、西红柿、柑橘、洋葱、洋白菜、西洋梨、菜豆、爱尔兰马铃薯质量的严格规定。每一种产品依据质量区分为不同的等级,如超特级的西洋梨是最好的,下一等是特级(与超特级质量相同,但是准许"10%有轻微的瘢痕损伤及轻微的瑕疵"),再次之是精选品,以及剔除品。一条冗长的法令公告称,名为"Pectinophora gossypiella 的红铃虫"是一种"公害并将威胁棉花工业",因此,"根除"它是一种"公众需求"。[72]

要嘲讽某些州的那些有关健康与安全的立法动机是很容易的——在洛克纳案中,持多数意见的大法官怀疑管制面包店法律背后的动机或许是有正当理由的。但是事实上,对市民健康的关切正在与日俱增。归根结底,在城市里,大规模生产经济模式使人们对他们所食用和所饮用的、药品的选择以及机器的使用,都处于他们能直接掌控的范围之外。这些产品是由陌生人,或许是远方的陌生人所制造的,在此情况下,购买者对这些产品的来源一无所知。当社会对引起

---

* cantaloupes,即哈密瓜。——译注

疾病的原因、传染途径以及疾病治愈方式知道得越来越多时,集体行动的压力便随之增大——因为没有任何一个人可以确保水的洁净或者自行面对传染病。以得克萨斯州为例:该州在1909年建立了州健康委员会,由"7名专业口碑良好的、著名医科大学毕业的、至少在得克萨斯州有10年治病经验的、法律上合格的医师"所组成。后来(在1917年),委员会被要求必须任命一名人口统计数据输入员并聘用一位"化学与细菌学家"。该委员会有权检查任何"公共建筑、工厂、屠宰场、包装工厂、奶制品销售店、面包店、工厂、旅馆、餐馆,及任何其他公共场所",并协助"执行得克萨斯州公共卫生法以及其他任何健康法、公共卫生法或检疫规范"。法律同时也提出设置郡与城市的健康官员。这里所指的健康法,包括在1925年正在计划制定的86条有关蔓延性传染病、隔离检疫、健康纪录等的法规。例如,规定患有"传染性卡他性结膜炎"的师生不得去学校上课;规定如何处理死尸,如何开立死亡证明,甚至规定痰盂在公共汽车站与火车站的"足够数量";规定火车上、卧铺及车站的马桶与卫生条件(第70条禁止在"用来洗手的水槽中"吐痰或刷牙)。如同南方生活的其他方面一样,卫生法规也沾染着种族的偏见:第72条规定,"黑人乘务员不得睡在卧铺上,也不得使用提供给白人乘客的寝具"。[73]

健康与安全的法律继续在得克萨斯州衍生。1918年的一项法案,要求所有医生报告有关"梅毒、淋病、软性下疳"的案例,并"指导"他们的病人"如何防止散布"其疾病以及采取"治疗的必要行为,直到痊愈"。得克萨斯州也规定(1921年),所有的"医师、助产士、护士"需对每一个新生儿使用"预防性眼药水",其成分须包含"1%的硝酸银溶剂",以"预防新生儿眼部发炎";卫生局将"免费提供这类眼药水"给"本州的穷人"。得克萨斯州从1911年起,便拥有一部详细的食品及药品法。当然,各州的具体规定有很多不同,但是改进公共卫生的尝试则是完全没有什么不同。

各州同样也关切自身学校、旅馆、工厂与矿场的安全。1919 年,伊利诺伊州制定的法令规定,所有超过四层楼高的建筑,必须有"一架以上的金属逃生梯,或其他火灾逃生设施"。[74]许多北方的州拥有细致的工厂法,宾夕法尼亚州就是一个例子。这些法规同时包括了一般的条款(雇主必须提供安全的工作场地),以及特殊条款(如必须配设升降机)。[75]许多法律要求设立具有调查权和报告权的政府机构或委员会。比如,俄亥俄州的工业委员会就有这样的权力;在该委员会中,"矿场总审查员"有行使具体煤矿法规的管辖权。[76]如同我们所看到的,煤矿场是个非常危险的场所。尽管得克萨斯州在 1907 年才通过了它的安全法规,但早在 19 世纪,几乎每个州就已经多多少少有了一些安全法规。[77]

那些数以千计的用来管控城市经济生活的市政条例,比这些州法律更晦涩含糊。但总体而言,他们极端重要,对一般民众和一般企业的影响巨大。建筑许可证就是个完美的例子。例如,加州的一个名叫弗雷斯诺市(Fresno)的小城市在 1911 年规定,"进行架设、建筑、变造、修理、移动或拆除"等工作并且费用超过 20 美元,但没有"获得市政府工程师……的书面许可"者,属于违法行为。申请人必须提供工程师"完整和详细的平面图与规格"。[78]该条例规定完备而具体:凡两层楼或低于两层楼高之建筑,"外墙壁骨与承重隔墙的支撑柱"不得少于"2×4 英寸";在暖气管与烟囱处,所有的木质梁柱或托梁应该被切除至少 1 到 1.5 英寸,等等。该条例文字密集,长达四十多页。毋庸置疑,许多条例的制定是基于安全或健康以外的理由——比如,工会利益就是一个明显的例证。然而,管制结构中的复杂动机并非例外,而是规则。

这些安全法规被执行了吗?一言难尽。人们是有理由怀疑的。通过一个法律来主张重视矿山安全或面包店通风是一回事儿,执行这个法律又是另一回事儿。法律的执行从来就不是一劳永逸的事情。这需要时间、金钱和人力。例如矿山安全法就从来不曾被完整地执行过。1905年,肯塔基州有203处产量丰厚的煤矿,但却只有两名监察员。开采煤矿的州付给州监察员的工资非常低廉,而许多监查员的工作质量也很低劣。[79]工厂检查、童工法及其他各种需要执法员的管制规定的执行状况,也如出一辙。

货币、银行和税收

每个人都认识和关心那些我们得到和花费的1美元、5美元或其他面额的绿色钞票以及硬币。21世纪的美国人将稳定的货币视为天经地义。但是在19世纪时,全国性的货币系统并不存在。发行货币和银行业务所引发的政治与经济的不安,或许和其他事项一样多。契约、担保关系、债务收账、破产,以及其他领域的许多法律,都反映出货币与银行的问题。

19世纪也被循环性的金融恐慌、破产和危机所困扰。在灾难时期,大体上是20年一个循环,银行倒闭,公司破产,职工失业,饥饿蔓延。部分的责任通常会归因于货币体系或者银行,或者两者兼而有之。在1864年,《国家银行法案》建立了一种新形式的银行:国家银行,掌控全国的特许权。1865年,设置了州纸币税,要求大部分的州特许建立的银行加入到国家系统中。但是改革,和真正意义上的中央集权的银行体系,是20世纪的产物。最初,银行的持续大部分是当地的和小规模的。同时,各州都尝试着对银行进行监管。每个州都有银行法规;大部分都设有某种形式的银行特派员。对于银行施加特殊的规定:典型的,它们必须保有储备金——例如,在康涅狄格州,在19世纪的前期,银行必须保有它的活期存款的12%和定期存款的5%作为储备金(reserve fund);康涅狄格州法规对于私人银行、储蓄银行、建筑和贷款协会有特殊的规定。一些州甚至做得更多,它们试用存款保险(guaranteeing deposits)体系——俄克拉荷马州就是个先例,它建立了储户担保基金(Depositors' Guaranty Fund),很多的西部和中西部的州也陆续效仿。[80]但是银行的倒闭对于州的系统来说是太过沉重的负担;俄克拉荷马州法律在1923年被废除。[81]

1913年的《联邦储蓄法案》在经济历史上是一个里程碑。[82]这部庞大的法律建立了一个地域性的联邦储蓄银行体系。联邦储蓄委员会,在这个系统的最顶端,具有监督的权力。但是地方银行是这个系统的关键。换言之,联邦储蓄系统不是一个中央银行,但是"是一个地域性的票据交换系统"。[83]当然,归根结底,它变成了财政和货币控制的有力武器。

当然,商业银行是贷款者;但它们的借款不是给普通市民的。城市里的穷人,特别是即将变穷的人,只能去放高利贷者那里借钱。历史上,各州通过了高利贷法律(usury laws),规定了贷款人可以合法索取的利息率上限。任何高于这个上限的都是"高利贷"(usury)和非法的。例如,在佐治亚州,任何高于8%的利率都是非法的。[84]19世纪的最初十年,一些州试图采取其他方式来管控商业小额贷款。其中一种方式是规定特定的人和公司拥有州颁发的许可证才可以在商业中进行小额贷款。[85]然而,清除高利贷商人并非易事。在佐治亚州,尽管有小额贷款法律和高利贷法律,高利贷者继续甚嚣尘上,他们以巨大的利息率向贫穷的黑人和白人发放贷款;在大萧条时期,甚至更多的人被迫使用从高利贷者那里借来的钱。[86]高利贷者以一种"地下联邦储蓄系统"的方式继续存在着;高利贷者出售"世界上最昂贵的货币",而且他们讨债的方法是有礼貌的,"与众不同的"。集团犯罪控制了很多这样的商人;然而,另一方面,高利贷者在"所有的可以立刻得到钱的其他的渠道都已经枯竭的时候"保证了"流动性"。[87]

在1900年(在2000年它们也是如此),保险公司是最重要的金融机构。那个时候最大的保险公司是互助基金(Mutual),它拥有3.26亿资产——比最大的银行——国家花旗银行(National City Bank)的资产还多两倍。[88]州的管控有一个很长的传统。例如,在威斯康星州,在1906年到1959年的半个世纪中,立法会通过了800条规定来管理保险业。[89]到20世纪20年代,每个州都有特殊的办公室,通常称之为"保险委员会"或者类似的叫法,它的义务是监督工业和浓酒酿造业管制法律的执行。[90]

保险公司既富有又拥有权力;它们的商业道德的提升并不比今天其他的富有和有权力的机构高。1905年至1906年,纽约的阿姆斯特朗委员会调查是调控历史上的一件重大的事情。纽约是许多保险公司的大本营。它对保险法律和实践的影响也是极大的,因为它是市场里油水最大的。如果一个人在纽约购买了一份保单,因为他住在那里,就用纽约的法律来管理这项交易——无论这家公司是不是在纽约,比如,一家特拉华州的公司。情况常常如此,调查涉及丑闻。一位年轻的继承人,他是信托财产的保险受益人,他控制了公平人寿保险公司(Equitable Life Assurance Company)(有超过3亿美元的资产),举办了一场盛大的派对。这场派对由公司买单;报纸对这件事大肆渲染;他们跟踪报道行业中的腐败和金融业务上的阴谋手段。作为对这些事件的回应,立法会建立了阿姆斯特朗委员会。查尔斯·埃文斯·休斯(Charles Evans Hughes)是它的顾问。委员会提出了7卷证词,证据和证物来证明各个种类的卑鄙手法和贿赂腐败。结果就是开始于1906年的一揽子的改革。[91]法律的目的是减少公司中的政治权力。他们不可以去做政治捐款,他们的游说者必须要登记注册。法律也打开了法院的大门来受理投保人的诉讼。它规定了标准的保单条款。这些法律被作为一种强硬的管控模板在其他州推行。[92]威斯康星州甚至有它自己的公共人寿保险；这项政策1913年开始施行，尽管没有很多的市民去购买这项保险。[93]

税　　收

　　税收在今天是一项非常重要的法律和社会事业。没有其他的什么法律机构比它更重要了；成群结队的律师、会计和金融顾问增加了它的复杂性、不稳定性，它充满了陷阱，也存在着很多机遇。当然，政府一直需要招徕资金来支撑它的运作。但是在19世纪，政府的作为比现在要少很多；按照中间人士的观点，政府的税收就像吻一样柔软。在19世纪，联邦政府的财政收入规模如此之小，在现在看来是很荒唐的。在20世纪初期，联邦政府不得不从海关的进口商品，威士忌酒、扑克牌和类似的商品以及土地销售中获得微不足道的税收回报。1902年联邦政府的总体税收回报是6.53亿美元。[94]一百年以后，如果整个联邦政府还是1902年那点儿的税收的话，五角大楼甚至一天都难以为继。

　　随着政府规模的膨胀，对资金的需求也相应地增大。今天联邦政府最大的"造钱机器"是所得税。起初它遇到了困难。在进行激烈的争论之后，国会在1894年通过了所得税法。但是在1895年，在"波洛克诉农民贷款和信托公司案"(*Pollock v. Farmers' Loan and Trust Company*)中，最高法院宣布这项有节制的税收是违背宪法的。[95]因为这是一项宪法性判决，它不可以被改变，除非修改宪法本身。1909年，参众两院以压倒性的力量提议允许通过所得税法（参议院的投票是完全一致的）。然后第十六修正案就被下发到各州申请批准；怀俄明州、新墨西哥州和特拉华州在1913年2月3日将它提到议程顶端；随后它成为这些州的法律。[96]在同一年,国会适时地通过了所得税法。[97]

这项所得税遭到了激烈的争议和指责,但是从2000年的角度来看,它其实还属于温和类型的。最早的所得税法规定年收入超过50万美元的,最高税率是6%。所得税(income tax)不太关注普通的工人;从1913年到1915年,只有2%的存档劳动力需要缴纳所得税。[98]按照1916年的说法,起始的3 000美元的收入是免交所得税的——对于已婚夫妇来说,4 000美元以下免交。这就忽略了人均家庭收入。收入超过3 000美元的,基础税率(the basic tax rate)是2%。除此之外,存在"增值税",这是累进的和渐进的;最高税率是13%,对于收入超过200万的人而言——这就意味着除了洛克菲勒想当然要交税以外,几乎没有其他人要交税。[99]

所得税在富人和大部分的商人中是极其不得人心的(毫不奇怪)。他们说它是帐篷底下的骆驼发出的噪音,确实不假。然而,在所得税诞生后不久,美国就加入了第一次世界大战的协约国集团。总统是伍德罗·威尔逊,他是一个民主党成员;威尔逊政府决定通过所得税来支持战争,同时还征收超额利润税(excess-profits tax)。1917年的《战争税收法案》(War Revenue Act)极大地提高了利率。政府第一次发现,为了战争资金它是极度依赖这项法律。1917年之前,所得税占政府收入的16%;在战争年月里,它上升到超过50%。[100]

当共和党人重新掌权后,他们废除了超额利润税;在20世纪20年代,他们颁布法律规定对资本收益的征税在利率上低于普通收益,并且他们从许多产业中谋取利益——例如,石油和天然气耗尽津贴。当然,许多商人希望联合起来废除所得税,取而代之的是某些更合适的税收递减方式,例如全国性的销售税。但是安德鲁·梅隆(Andrew Mellon,哈定总统的财政秘书)反对这样做,他设法说服足够多的共和党人和商业人士,使他们相信,某种深度的财政进步对社会公众是负责任的(或者说,看起来对公众是负责任的)。[101]

在1916年联邦政府同时开始征收遗产税。[102]税率对我们来说(与过去相比)似乎是相当适度的。如果遗产低于5万美元,遗产税可以免交;资产超过500万的,税率达到最大值10%。那就是说,只有非常富有的人才可能交遗产税;而且很难充公。但是它有某种象征性价值:它表明政策上要削减巨大的家族财产的规模。

在某些方面,联邦政府很少步州政府的后尘。到1903年,46个州中的27个有某种形式的遗产税;10年以后,48个州中的35个有遗产税。[103]各州设立的遗产税与联邦的遗产税有非常明显的不同。它们也不是遗产税(estate taxes,指的是对所有的遗产征收),而是继承税(inheritance taxes,税收来自于死者财产的继承份额)。在遗产税系统下,税收的数额取决于继承的份额——近亲属要优先于"陌生人"。例如,在新墨西哥州,从20世纪20年代开始,为孩子遗留的初始的一万美元是免税的,孩子只需交剩下的继承份额之1%的遗产税。在另一方面,遗留给陌生人的财产,征收5%,只有500美元是免征的。通常情况下,遗产税并没有征收得过于沉重——新墨西哥州的5%为最高税率。在纽约,20世纪20年代的最高税率是3%。然而也有例外:西弗吉尼亚州(作为遗赠给陌生人超过50万美元)的最高税率是35%,在那个时代是高得惊人的税率。

通常,所得税对各州的影响不是那么巨大。大多数情况下,各州可以收取的税款来源于一般性的财产税(property taxes)。实际上,在很多州,那主要是指土地税(taxes on land)。往往,主要的工作就落在各县的财产估价人身上,他们需要编辑财产清单,而且要决定它们的"实际现金价值"(actual cash value)。税款也是这些价值中的一部分。在肯塔基州,从1922年开始,税款(在"所有实际私人财产中")固定在每100美元的评估财产收取40美分。[104]按照惯例,在某些州,"实际"

价值是虚构的;财产按照实际的或市场价值分成小块列明。各州尝试像评估土地一样来评估私人财产,主要是明确列出了免税的财产。例如(从1919年开始),在爱荷华州,农产品是免税的,家禽、"10个蜂箱的蜜蜂"、所有的"不到6个月大小的猪和羊"和刚剪的羊毛是免税的;农业设备也是免税的,包括"马车和车夫的马"和"任何的机械工具",所有这些的价值不足300美元时,也可以免税。[105]财产税通常为各州提供了大部分的收益。1913年,堪萨斯州2/3的收入来源于财产税;农村收入的88%来源于财产税,城市是58%。[106]各州同时也有各种形式的消费税(excise taxes)、执照费用(license fees)、公司费用(corporation fees)、公共事业和银行业的特殊税种(special taxes on utilities and banks),还有其他杂税,包括汽车执照费用(automobile license fees)。例如,佛罗里达州,从1920年开始,基本上任何商业形式、职业、行业都需要有执照。数量是各式各样的;鳄鱼商人的"每个经销点"每年交税10美元;眼镜商和"土耳其、俄罗斯蒸汽浴室"的操作员支付和鳄鱼商人等额的税款;但是摄影师只支付5美元,面包师3美元。在少数案例中,课税显得非常苛刻——与其说是一种课税,倒不如说是一种禁令。"千里眼和提神器"这类把戏,必须支付500美元,对于"占星学家"来说,情况也是如此。[107]

各州乏味和令人厌烦的税法条文通常隐藏了政治和经济之间激烈的争斗。例如,在蒙大拿州,矿井和矿业的税收是一项议题,正如森蚺公司,和它的名字一样,它具有强大的纠缠能力。[108]对铁路资产的税收在很多州也是一项非常重大的议题——也是现金的重要来源。加利福尼亚州在1917年6月30日结束的财政年度中,征得2 000万美元,其中最大的部分(将近700万美元)来自于"铁路,包括市内铁路"。采光、热力和电力公司贡献了另外250万美元。遗产税带来了相同数额的税收;剩下的是微不足道的,包括"渔业和狩猎许可证"(26 500美元)和国家土地局的"土地测量和注册"费用(3 500 美元)。[109]

在1920年,一个人或者一家公司,很难预测到今后的苛捐杂税究竟几何。然而,对于当代人来说,税收是足够繁重的;全国性的偷税漏税游戏早就已经开始了。一位华尔街律师约翰·H. 西尔斯(John H. Sears),在1922年出版了一本书《最小化税收》(*Minimizing Taxes*)。书的序言非常直率。他说,这本书是以"纳税人的观点"写的。按照西尔斯的观点,他的书没有教人耍诡计和钻空子(tricks or loopholes);但是它强调"规避"(avoidance)的方式,而不是"偷税漏税"(evasion)。对于西尔斯而言,合法避税几乎成为一种爱国责任(a patriotic duty):"一个人采用少交税的方式会促进税收进入更加安全的轨道";这种高贵的精神揭露了"税收系统的显著的弊端"。因为这个原因,他表示,他的书将"履行一项有用的服务"(perform a useful service)。[110]毫无疑问,政府的看法截然不同。税务局和纳税人之间的利用审计、逃税和所有的神秘武器而展开的斗争才刚刚开始。

劳动和劳动法

当然,劳动力市场的动荡不是20世纪的发明。19世纪初的时候,美国是小自耕农的国家(至少在北方如此);总之,它基本上是个农业国家。到19世纪末的时候,有成千上万的无产城市工人——男人们和女人们通过在矿场、工厂、铁路工地和糖果店工作来赚取他们的面包。成千上万的这样的工人和他们的家庭勉强糊口过日子,为工资和薪金奔波,通常处于悲惨和贫穷的境地。那是一个动荡不安的世界,一个有着很少被后人称为社会保障系统这类东西的世界;而且没有任何形式的工作保障。每到日子难熬的时候,公司非常容易地就解雇工人或者克扣他们的工资。工业中的领导者,那些富有的所有者和业主,坐在他们建在山顶上的豪宅里,对有组织的劳动者充满敌意。他们也可以非常冷酷地保护着他们认为是上帝赋予他们的权利。工贼(scab labor)和平克顿侦探(Pinkerton detectives)全副武装地参加阶级战争;当地的警察和国民警卫队(National Guard),也经常地扮演成私人军队来镇压工人们。

工人和资方之间的斗争有时会极端的激烈,甚至会充满血腥。从19世纪晚期开始就已经很明显了。19世纪90年代,克利夫兰总统使用联邦军队来镇压普尔曼大罢工(Pullman strike)。在1902年的无烟煤工人大罢工(anthracite coal strike)中,西奥多·罗斯福总统试图在美国煤矿联合工会(United Mine Workers)和煤炭经营者之间保持某种自然平衡;他极力地去和解这次罢工,没有调动联邦军队。但是仅仅在一年之后,他将军队派到亚利桑那领地,那里矿工和矿主正处于激烈的争端之中。正如一位学者所言,罗斯福是一个"贵族式的家长式统治者"(patrician paternalist),当然他的立场是不会倾向于工会的。当然,从劳动者的立场来看,和以前相比,这是一种进步。[111]

劳资双方的争斗经常从街道打到法院。他们将会面临的是钢铁般的法律之墙:它是冰冷的、呆板的、毫不留情的。许多法官对罢工有深深的怀疑,甚至是恐惧。罢工本身从未被宣布过为非法。恩斯特·弗罗因德在1904年写到,"罢工的自由"原则如此"坚固地建立在文化和公众的情感中",因此"它不再是任何的美国法院的问题"。[112]但是正如弗伦德随后所说的那样,"真正的冲突或犯罪"并没有因为它发生在罢工期间就被宽容。法院通常更愿意用法律武器来抵制"高压政治"、威胁和联合抵制。

对付工会和罢工的最有力的武器是劳工禁令。一项禁令(injunction)就是一项法院规则,要求某人可以做什么,或禁止做什么。它是强有力的,因为它必须得到遵守。如果你不遵守,你可能会被关进监狱(视为藐视法庭,for contempt of court)——基本上是不用经过审判的。

禁令(injunction)是一项古老的机制,是由衡平法院发展出来的。它被广泛地应用到各种场合。但是在19世纪的晚期,它开始作为一项破坏罢工的工具出现在法庭上。[113]例如,如果法院对工会的领导者发布一项禁令,这项禁令不被遵守,这些领导者将会被立刻送入监狱。法院实际上用了成千上万的这样的禁令。一位学者估计在19世纪80年代有105个劳工禁令;19世纪90年代有410个;20世纪头十年有850个;20世纪10年代有835个;20世纪20年代有2130个。[114]劳动者对这些禁令充满畏惧。

正如我们所见到的,《克莱顿法案》修补和充实了反托拉斯法律,特别地宣称"人类劳动力不是商品或者商业物品";在反托拉斯法律里面没有禁止工人组织工会的解释,也不可以将任何的工会宣布为非法联合或反叛组织。《克莱顿法案》同时规定不可以将"限制性命令(restraining order)或者禁令"理所应当地应用到"雇主和雇员之间的由劳动争议而引发的任何情形中",除非"有避免财产遭受不可挽回的伤害,或者有保护财产权利的必要"。[115]然而根据法院的解释,《克莱顿法案》没有阻止法院适用禁令。例如,在1917年,女装工人在芝加哥举行罢工。雇主们来到联邦法院投诉,法院立即发出禁令。警察在两星期内逮捕了1000名纠察员;5名罢工的领导者被送进监狱,因为他们在罢工中扮演了召集人的身份,或者他们推动罢工的进行。[116]

最高法院同样对《克莱顿法案》的第20条不屑一顾。1921年,在一次间接抵制(secondary boycott)的案件中,最高法院基本上将第20条压缩成了一纸空文。根据最高法院的解释,这项条款的目的不是改变现存的法律。[117]后来的案件支撑了这项解释。正如费利克斯·法兰克福特和内森·格林(Nathan Greene)所指出的,《克莱顿法案》"变成联邦法院手中的黏土";他们将这项法案变成了反工会的工具——用某种方式,对准了工会的脑袋:"立法上改变的越大,司法上维持不变的就越多。"[118]

但是劳动者并不是没有政治权力,一些州运用各种形式通过法律,来反对劳工禁令,或者从反托拉斯诉讼和贸易禁止的审判中免除工会的责任。这些法律在法院也没有得到很好的执行。它们中的很多都被宣称没有价值或者无效。最高法院在"特鲁阿克斯诉克里根案"(Truax v. Corrigan,1921)中也持有相同的立场。[119]法规是亚利桑那州的;案件涉及比斯比市(Bisbee)一家被称为"英格兰厨房"(English Kitchen)的饭店。工人的罢工还在继续,罢工者对饭店进行围攻。罢工者成功了——商人们都四处逃窜。联邦最高法院代表多数派的首席大法官塔夫脱(Taft)宣称,亚利桑那州此项允许和平围堵和禁止颁发禁令的法规是无效的。塔夫脱表示,商业活动就是"财产",罢工抗议者粗鄙无礼的行为损害了这些"财产",这是一种州政府无法宽恕的行为方式。

根据威廉·E.福贝斯(William E. Forbath)的说法,这些法规即便在司法夹击下幸存下来,它也已经被"狭隘的解释搞得面目全非了"。[120]虽然如此,劳工禁令存的时期已经时日无多。在1930年,胡佛总统任命法官约翰·J.帕克(John J. Parker)成为最高法院大法官。帕克是一位南部的共和党人,他在1927年发布了一项劳工禁令来对抗美国煤矿工人。美国劳工联合会(American Federation of Labor, AFL)向帕克的任命发起了挑战;在1930年5月7日,参议院以41比39的投票罢免了他——这实在非常罕见。到这时为止,劳工禁令的厄运就已经注定了;它在政治上很不受欢迎。在1932年,胡佛总统签署了《诺里斯-拉瓜地亚法案》(Norris-La Guardia bill),这项法案在参众两院以绝对多数通过,那就意味着劳工禁令被彻底地废除了。[121]

劳工禁令曾经恐吓了有组织的工人大致40年的时间。一些学者认为,法律上的压制起了决定性的影响——劳工禁令是这种影响的一个重要方面——从根本上改变了美国劳工运动的性质。坐在法官席上的顽固不化的保守者们不仅对各种工会、罢工或者工人的愿望造成了"不可挽回的损失",而且诱使劳工运动(或者说强迫)堕落成为一种"负面的、反国家主义"的模式。当然,英国的法院,如果不用说的更多的话,也是一样的保守;但是他们没有权力去否决议会的法案——这就是和美国的最显著的区别。在美国,有组织的劳工面对的是难以妥协的和权力强大的法院。因此,就像一个人被判在毒气室里执行死刑一样,工人们产生了一根筋式的法律思维,一种固执的念头凝聚了他们所有的能量去寻求终结"由法官制造的制度"对他们形成的桎梏,由此便偏离了追求更远大的目标——例如建立工党,就是现在欧洲盛行的形式。[122]

这个理由正确还是错误,或者说正确的程度有多少,错误的程度有多少,实在是很难说。确实是劳工运动的某些部分丧失了它们的锐利,如果他们曾有过锋芒的话。国际女士服装工人工会(International Ladies Garment Workers Union)的戴维·杜宾斯基(David Dubinsky)——一位表面上的社会主义者——评论道,"工会需要资本主义,就像鱼需要水一样"。工人们需要工作;他们的生计依赖于利润和经济增长。这是个生存的问题。[123]

而且,各州的确是通过了很多的支持工会的法律。例如,在20世纪的最初几年,明尼苏达州规定黑名单和黄狗条款是无效的。[124]很多的这些支持劳工的法规从来没有遭到法院的质疑和挑战。不是所有的法院都反对工会;实际上,工会的法律环境在20世纪前期有了显著的改善;20世纪30年代的罗斯福新政曾公开地支持工会,很多的工会计划都转化成了法律。

在形式上,洛克纳案是一部健康卫生法;鲁弗斯·佩卡姆对这项法案一目了然。然而,甚至是最疯狂的自由主义者,也要承认州政府所拥有的一些权力,这些权力用来制定规则以保护公众的健康或公众的安全。立法机关经常使用这种权力(即"警察权")作为一种掩盖、庇护或伪装。例如,威斯康星州在1907年通过了一项法规,要求小型客运列车(三个或更少的车厢)要配备至少"一个工程师、一个消防员、一个列车员、一个司闸员";稍微大些的列车必须配备两个司闸员。[125] 可以确定的是,这项法规的一个要点,是为铁路协会的成员们提供更多的工作;但是支持者们可以提出一项强有力的、令人信服的主张,认为数量匮乏的乘务员对于乘车的公众来说是一种危险。劳工的监管和对于公众安全和健康的监管的界限很难划清。毕竟,劳工运动的目标就是争取更卫生和安全的工作环境。

战争与和平

1917年,美国再次陷入战争,在第一次世界大战中站在了法国和英国一边。通常情况下,战争意味着巨大的经济干预。联邦政府竭尽全力地去组建一支庞大的陆军和海军,筹集与之相关的装备和必需品。进行一场战争需要巨大的资金支持。大部分的资金通过联邦政府实行的某种形式的自由公债(Liberty Bonds)来筹集。1918年建立了战时金融公司(War Finance Corporation),通过5亿美元的专项拨款来为军事工业提供信用支持。[126]

爱国主义和服从精神在战争期间也是必不可少的,至少在政府看来是这样的。正如我们即将看到的那样,有关公民自由的现代法律从第一次世界大战开始,有了突飞猛进的发展——尽管这是对冷酷残暴的法律的反应,包括制止"暴乱"的相关法律。正如战争通常所做的那样,它产生了一种急迫感;导致了中央政府的权威得到急剧的膨胀。1917年的《杠杆法案》赋予了总统对于食物和燃料的几乎专断的权力。[127]威尔逊总统(以令人怀疑的法律和宪法权威)夺取了所有的铁路和输水系统的控制权,除了市内有轨电车外的所有权力——那是一项非同寻常的举措。但是国会批准了总统的行动,通过了一项法规赋予总统不受控制的任意决定权来管理道路,包括签署协议来管理它们的收入、税收和它们得以维持生存的方式的权力。[128]政府随后夺取了电报和电缆线路的控制权。[129]

依据联邦法律,战争同时也中断了很多普通法律的事务。在战争期间,没有法院的许可,任何人不可以驱逐士兵的家人,或者收回一位水兵的钢琴或者汽车。[130]政府为造船厂的工人修建房屋,并试图阻止在哥伦比亚特区的房租欺诈(rent-gouging);国会发布法令规定所有的在首都的租约继续有效,房客可以继续留下,只要他们以"之前议定的费率"(at the agreed rate)支付租金。[131]当然,很多的这些干涉都仅仅是临时的。随着战事的紧急状态的终结,它们也就消失了。当政府管理铁路和电报公司的时候,有某种情绪(遍布政府内外)一直在支持着政府这样做——换句话说,便是要使这些工业国家化。但是在战争结束的时候,所有的东西都回归正常状态了。

第一次世界大战给劳动关系带来了剧烈和复杂的影响。当美国宣布参战的时候,出现了一波大规模的罢工浪潮;在1917年,超过100万工人举行罢工。[132]在西部的制铜和木材公司的活动领域里,联邦军队介入来终结罢工。军队没有在美国劳工联合会(AFL)和激进的世界产业劳工联盟(IWW)之间划出太多的界线,此项结果基本上导致了破坏罢工、反工会的行为。

然而在另一个方面,战争对工会来说却是件幸运的事。战争产生了严重的劳动力短缺。1918年,威尔逊政府建立了国家战时劳工局

(National War Labor Board, NWLB);它有5位资方的代表,5位由美国劳工联合会选出的工人代表。国家战争劳动委员会没有实权来执行它的决议;但经常是令人惊讶地富有效力。它也"将劳资关系从基本上是私人的竞技场转变成为半公开的状态";并且这也改变了"在许多产业里工人和雇主历史上的权利平衡"。1917年到1920年间,工会增加了超过200万的成员,总数达到500万成员。[133]更加巨大规模的工会的时代即将到来。

第四章

新世纪的犯罪与惩罚

80　　20世纪以前,华盛顿及联邦政府在刑事司法方面大致无所作为,这方面的大部分工作在州政府的层面。当然,并非完全如此,比如:哥伦比亚特区属于联邦,并且拥有一套刑事司法系统;即便是那些美国的领地以及新的战争奖励品(如波多黎各与菲律宾)也是这样。但是,在这些联邦管辖领地、军队基地、海上船舰及国家公园之外,联邦政府在归类、逮捕、惩罚凶手、小偷和其他行为不端的人方面,并没有扮演主要的角色。当然,诸如走私、违反税法、非法移民、仿冒等,还有信件诈欺,或射杀邮差(或其坐骑),以及违反军法的行为、海上罪行(公海上叛乱、海盗及类似的犯罪),均属于联邦犯罪。[1]其中有些是严重的犯罪,但在数量上并不太多。根据美国司法部长报告,在截至1905年6月30日的会计年度里,共有18 163起刑事案件在全美国的联邦法院终结。[2]刑事诉讼案件主要发生在各州。20世纪的中央权力日趋集中,这不可避免地提高了联邦政府在刑事司法上的重要性。[3]在一个有规范的国家,会有许多大大小小的新型犯罪被引发和制造出来。每个进入联邦法规库的新法规都在试图终结某种犯罪;无论处于有意还是无意,每部新法规都规定了新的犯罪行为,这些法规或明定于条文中,或

81　　由新的联邦机构创设。因此,依据1906年的《纯净食品法》(Pure Food Act),任何人若将"搀杂质或错误标示"的食品从一州运送另一州,是

一种刑事轻罪。1925年的《阿拉斯加狩猎法》(Alaska Game Act)设立"阿拉斯加狩猎委员会"(Alaska Game Commission),给非居民提供狩猎执照,并建立起规范(比如,不得用毒药做鱼饵);违反该法任何条款,都属于一种轻罪,将被处以罚金或多至6个月的监禁。[4]

在19世纪,刑事司法事务对联邦政府而言,几乎微不足道,以至于在1891年以前,联邦政府没有一个真正属于自己的监狱;联邦的囚犯(军事囚犯除外)被关在各州的监狱和看守所里,费用由联邦支付。比如,为了看管被关在该郡监牢里的联邦囚犯,联邦政府按照每个囚犯每人每天40分美元来支付给加州阿拉米达县的司法治安官。(这些联邦囚犯每天至少吃三餐饭,而地方囚犯每天也许只吃两餐饭,也许是因为地方囚犯每天的费用不过只有25分。)[5]堪萨斯州的莱文沃斯堡(Fort Leavenworth)是第一座联邦监狱;亚特兰大市的另一座监狱启用于1902年;在1930年前,已经有5座联邦监狱。其中,位于西弗吉尼亚州的奥尔德森的女子监狱启用于1927年。[6]

起初,联邦囚犯的数量非常少:1890年时,还不到2 000人;到了1915年,也只有3 000人。莱文沃斯堡里关的囚犯数最多:1910年时,囚犯已超过1 000名;十年后,囚犯数量涨了一倍。[7]到了1930年,联邦囚犯已有13 000名(另外还有相同人数的军事囚犯)。[8]1910年的《曼恩法案》规定,因"不道德目的"在州与州之间运送女性是一种犯罪行为;1919年的《国家机动车盗窃法案》(National Motor Vehicle Theft Act),使被盗车(汽车、卡车)从一州运进另一州,也属于联邦犯罪行为(不需要车内有女性)[9],此法案实施后使联邦囚犯大幅度增加。最后,20世纪20年代的药物及禁酒法为联邦监狱狭小的牢房里提供了源源不断的囚犯。无论如何,如同商业行为那样,犯罪行为也成为跨州际的活动,它变得更加具有可流动性,特别是那些所谓有组织犯罪(organized crime)的兴起。

介于新型的犯罪形式、新的监狱,以及新的角色,联邦政府的作用增强了,它建立了新的强制执法机构。20世纪初,除了主要用来打击造假的机构"特勤局"(Secret Service,隶属于财政部)之外,联邦政府并没有真正的侦探力量。司法部时常"借用"特勤局的人员;但是,总难以达到一个满意的安排。1908年,法务部长查理·波拿巴(Charles I. Bonaparte,是的,他就是拿破仑的亲戚)在司法部内建立了"调查局"(Bureau of Investigation)[10]。最后,它变成了"美国联邦调查局"(Federal Bureau of investigation, FBI);1924年,埃德加·胡佛(J. Edgar Hoover)出任该局局长。至于接下来发生的事,如谚语所说——载入史册并任后人评说。

平心而论,胡佛把美国联邦调查局变成了打击跨州犯罪的强大工具。他使联邦调查局变得更为科学和富有效率。联邦调查局在1932年开始启用他们自己的犯罪实验室。同时,胡佛的联邦调查局也尝试收集更正确的犯罪统计资料。从1930年开始发布的《统一犯罪报告》(Uniform Crime Reports),提供了七项重罪(即所谓的犯罪"索引")的资料。《统一犯罪报告》有其缺陷,它依赖来自地方执法机关提供的数据,不过,这比它以前所采集的任何数据要好多了。[11]

胡佛同时也是公共宣传与公共关系的大师。他使自己(还有联邦调查局)名声显赫。逮捕并杀死如约翰·迪林杰(John Dillinger)、邦妮与克莱德(Bonnie & Clyde)等"名流恶棍",使胡佛以旷世奇才而载誉。无论如何,在20世纪20至30年代,诸如公布"十大通缉要犯名单"及"联邦调查局人员"(G-men)的辉煌成就,都是美国民间传说的一部分。这是禁酒令实施的时期,也是黑帮教父"疤面人"阿尔·卡彭(Al Capone)的鼎盛时期;这也是吉米·卡格尼(Jimmy Cagney)与爱德华·罗宾逊(Edward G. Robinson)主演的黑帮电影的鼎盛期;在这个时期里,美国人对那些传奇般的硬汉——拥有极大力量的黑帮分子和那些与人们对抗的人,曾经是既充满迷恋又颇为反感。[12]

人们不得不感叹的是,胡佛同时也是一个擅长阴谋诡计的大师。在麦卡锡时期,胡佛使美国联邦调查局几乎成了对赤色分子进行政治迫害以及右翼偏执狂的同义词;在20世纪50年代的冷战时期,胡佛成了个权力显赫、不可一世的人物,即便法律也很难触及到他。据说,就连总统对胡佛拥有的档案也感到畏惧;美国联邦调查局曾对左翼及民权组织进行渗透;它对马丁·路德·金(Martin Luther King, Jr.)实施骚扰。胡佛沉醉于对抗共产主义、狂热激进主义者的威胁,以及那些被他定义为此类的事情。但是,在他有生之年,没有任何更高层的机构胆敢挑战他的王国。

刑事审判

除了那些受委托的律师外,大部分法律系统中的工作都是乏味晦涩的和充满令人恼怒的技术性问题。对每个人而言,这些的确十分枯燥无聊。然而,刑事审判是个例外。刑事庭审是美国民间传说的一部分。假如有某项疯癫和专横的规定,禁止播放刑事司法的运作实况,或禁止拍摄关于法庭审判的电影,或禁止播放有关警察的广播节目,很难想象包括小说、杂志、电影及电视节目在内的通俗文化会是个什么样子。每个人几乎都对刑事审判的一般节奏和主要形象有着直觉的熟悉:法官坐在台前,身后是美国的国旗;律师们在争辩着,仿佛骑士们骑在马背上纵横驰骋;对证人们进行交叉询问,随着"我反对!"的喊声,律师从椅子上站起来又坐下来地提出异议;12名陪审员坐在陪审席上,他们在聆听,也时而点头会意;等待判决的紧张气氛;陪审团主席简短精练的宣告;被告、观众的反应等。上百万人曾经担任过陪审员(也有上百万人设法逃避这项义务),而陪审团审判已经被奉为州宪法与联邦宪法中的某种神圣的权力。[13]

在刑事司法的真实世界中,陪审团审判是个例外情形,但并不算是常规。首先,大部分的轻罪都没有陪审团的参与。在各州的刑事司法系统的底层是轻罪刑事法庭。这些法庭被置于不同的名下:警察法庭(police courts)、市立法庭(municipal courts),或治安法庭(justice of the peace courts)。这些法庭处理了成千件案件,大都是那些刑事司法系统中的"浮游生物"(plankton),诸如酒醉滋事、小偷、盲流等。如同芝加哥市市立法院的威廉·杰米尔(William N. Gemmill)法官在1914年所说,这些法庭中的被告,大致包括那些"众多的失败者"、没出息的"废弃物""激流颠沛大海上的漂浮物"。[14]的确,在警察法庭上的典型被告,多是贫困和铤而走险的人、被社会的边缘化的人、无助的人以及缺乏律师协助的人。他们中有许多人是无家可归的流浪汉或盲流者,或是酗酒者、吸毒成瘾者、娼妓。在这些小型法院中,"正当法律程序"(Due process)形同虚设。如同霍布斯所描述的人类生活的原始状态,这种审判通常都是恶劣、粗鲁和仓促的。法官通常对被告人几乎不屑一顾。酗酒者与盲流者通常会被课以小额罚款,或者可以(用替代的方式)选择在郡监狱被短期拘禁。对许多这类的男性(及女性)而言,司法正义是个十字旋转门。他们进入法庭、诉讼失败、被短期拘禁、出狱,接着很快又再转回来。最后,基于汽车与交通法规的缘由,大量的中产阶级涌进这些法庭。1931年至1934年间,在马萨诸塞州的萨福克郡,共有8 822起案件被起诉。其中至少有39 614起醉酒驾车案件,以及26 433起"违反机动车与交通法规"的案件。[15]

即使是严重犯罪行为的重罪(felony),自19世纪初起,陪审团审判的数量已经在螺旋式地缓慢下降。到了1900年,由陪审团审判的案件甚至越来越少。有时,重大犯罪案件的犯罪嫌疑人选择认罪——通常这种认罪是辩诉交易(plea bargaining)的一部分。即承认自己某种程度有罪,作为交换,可以得到检察官较少罪名或较轻罪名的起诉,或者检察官可以放弃对一些罪名的起诉,或者,还有检察官提出的刑罚比他们期待的还要轻的暗示。1920年前后,在克利夫兰的普通法庭,仅有低于四分之一的重罪案件进入庭审阶段,其中又只有大约一半的被告服罪,其余的案件则被撤销。[16]在1940年6月30日终结的会计年度里,联邦法院受理的重罪案件中,只有大约10%的案件真正交由陪审团审判,即48 856件中仅有4 941件。[17]陪审团审判在全美各地许多地方是个例外情形,并非常规。不过,还没有人可以打破小罗得岛州的纪录:1939年,该州有632名被告被控犯下重罪,其中7件被撤销,其他所有案件中,被告都以认罪告终,只是,没有任何一个被告面对过那些由他们的同辈人组成的陪审团的审判。[18]

当然,并不是所有的被告都想接受辩诉交易,检察官也未必愿意。当案件涉及重大利益时,例如在有些谋杀案中,其中任何一方或双方,可能会坚持采用陪审团的方式审判。但是,即使在杀人案中,辩诉交易也很常见:检察官常常在被告面前晃动着较轻的罪名(例如,过失杀人罪)的诱饵,使被告放弃继续争辩。20世纪20年代,在康涅狄格州的纽黑文市有17名被告被控谋杀,其中7名坚持不认罪,有10名被告认罪后被判处了比较轻的罪名。[19]

在20世纪,有些不愿意认罪的被告,也宁愿不接受陪审团的审判。他们的案件由一名法官单独庭审,即所谓的"无陪审团审判"(bench trial)。无陪审团审判本质上是20世纪的产物。19世纪时,马里兰州便存在无陪审团审判,但是,很显然这是马里兰州的特立独行。曾经有人怀疑,从宪法的意义上说,州政府是否可以"准许"被告放弃他接受陪审团审判的神圣权利。到了20世纪20年代,情况发生了改变。例如,密歇根州于1927年通过一项法律,赋予被告"放弃由陪审团决定事实的权利","如果他做出如此选择",那么便在没有陪审团的

第四章 新世纪的犯罪与惩罚

状况下由法官审理该案。在马里兰州,无陪审团审判的运作良好,被赞誉为"有益处"和"有效率":"无陪审团审判处理案件的速度是陪审团审判的3倍。"[20]在20世纪20年代的马里兰州,无陪审团审判的案件的数量远远多于陪审团审判的案件,与"叛乱"有关的指控尤其如此。有人说,"非洲裔美国人"比较偏爱无陪审团审判,因为"他们有理由相信,有别于带有种族偏见的由一般民众组成的陪审团,法官是超然的"。[21]在20世纪30年代的俄亥俄州,"如果某些案件引起当地社区人民愤怒之情",律师便会劝导委托人选择无陪审团审判。[22]1930年,联邦最高法院批准了无陪审团审判(在联邦法院)。[23]最后,几乎所有的州都准许无陪审团审判,某些州(如弗吉尼亚州和密西西比州)甚至在重罪案件中广为采用无陪审团审判。[24]

如何解释陪审团审判的衰落以及"避重就轻地认罪"(copping a plea)的兴旺呢?其中一个即刻浮现于脑海中的答案,即是速度与效率。认罪协商节省了时间和金钱,而审判拖沓缓慢,所支付的费用不菲。对积案如山的城市法院而言,辩诉交易可谓大吉大利。这些都足够真实,但是,在许多既不拥挤也非城市的法院里,辩诉交易也很走俏,比如,阿拉斯加州就是一个例子。事实上,辩诉交易几乎无处不在,而它已经存活了一个多世纪。[25]在这个世纪交替的那段时间里,在加利福尼亚州的阿拉米达郡,大约有超过10%的被告接受辩诉交易。他们将"不认罪",改变成某种低级或少量程度的认罪,以作为辩诉交易的一部分。例如,威廉·卡林(William Carlin)于1910年被控强奸及绑架罪。在与地方助理检察官协商后,他只承认了绑架罪,而强奸罪的指控则被撤销了。[26]

辩诉交易在本质上是解决刑事审判中常规问题的方式。为什么要调动现代刑事审判的整个团队,来对付一桩一目了然的案件?比如,一名抢劫药店的人赃俱获的现行犯,他有三项犯罪前科并且没有什么合理的抗辩理由。在辩诉交易成为惯例以前,这些人接受法庭的审判,但是这些审判非常匆忙迅速;通常没有律师辩护,很多这类审判在30分钟或更短的时间就结束了。辩诉交易取代的,并不是我们在电视上看到的成熟的审判,而是一个大批量生产"审判"的体制。辩诉交易在某种程度上和陪审团审判大致属于殊途同归,它只是将判决的责任从外行业余的陪审员身上,转到全职的专家手中。在20世纪的进程中,辩诉交易变得越来越普遍。最终,大部分的重罪诉讼完全采用了这种方式。

审 判 台 上

从此,陪审团审判变得越来越不普遍;但是这并不意味着陪审团审判不重要。首先,对那些被要求出庭担任陪审员的人而言,庭审具有实实在在的意义。许多人被传召,但是只有少数人当选。有些人申请豁免出席,有些人则因一方律师的挑剔而被排除。这方面的百分比数字,州与州之间有所不同:20世纪20年代末期,伊利诺伊州大约有一半被征召的陪审员申请豁免出席,但是几年后,在马萨诸塞州,申请豁免出席的比率则低于10%。[27]审判开始后,所花费的时间比19世纪时长一些,但是一般的庭审时间并不特别长。在1927年的伊利诺伊州,陪审员所花费的时间平均为7天,只有2%的陪审员的服务时间超过15天。[28]

在20世纪,有许多重大的、具有轰动效应的审判,这些案件引发公众关注,都是些轰动社会和富有戏剧性的事件;这样的审判并不比19世纪少。这些案件填塞着报纸一页又一页的版面。当然,只有极少数人能够实际列席旁观法庭的审判,其他人只能借助他人的渠道了解情况。但是,这是黄色报刊的时代、"姐妹们诉说伤感"的时代,以及赫斯特的时代(the age of Hearst)。报道这些审判,可让这些报社别提多高兴了,而且,越耸人听闻、越淫乱,就越好。

1907 年,哈里·K. 邵(Harry K. Thaw)谋杀斯坦福·怀特(Stanford White)的案件轰动全美。[29]怀特是美国最著名的建筑师之一。他的事务所——麦克吉姆、米德与怀特建筑师事务所(McKim, Mead, and White)——时常基于欧洲风格来设计大型、浮华和绚丽多彩的建筑物;该事务所设计了纽约先驱者大楼(New York Herald building)以及纽约殖民地俱乐部(Colony Club of New York)。谋杀了怀特的哈里·K. 邵,同样也是出身名门。他娶了一个名叫伊芙琳·内斯比特(Evelyn Nesbit)的女孩,她是百老汇知名的"弗洛拉多拉女孩"(Floradora girls)之一。她是个年轻和标致的美女。邵在麦迪逊花园广场(这栋建筑物是怀特自己设计的)那些惊恐的众人面前,枪杀了怀特。在法律技术上,邵的抗辩是"暂时性精神失常"(temporary insanity)。但是,真正的辩护则极为不同。邵主张,怀特是骗子、卑鄙无耻的男人、暴发户,在邵的妻子还是个女孩时,怀特便下药使她迷昏,奸污了她,夺去她的贞操。有关这个刑事案件的审判是"如此引人注目……几乎吸尽了全美新闻界的文字描述池塘中的墨水"。[30]它拥有新闻界需要的一切:性、浪漫史、娱乐圈,以及富豪与伤风败俗人士的生活方式。

这个审判拖沓长达数月,陪审团的意见不能达成一致;他们为判决结果陷入无休止的争辩。邵再一次被庭审;这一次陪审团裁定邵无罪,因为他是精神失常而犯罪。随后,邵被送往纽约州的马特万镇(Matteawan)的州刑事精神病院。他曾逃跑至加拿大,但被引渡回来,又重新送入精神病院。1915 年,他被宣告心智恢复正常,最后获得释放。

每年都有这种耸人听闻的审判,它们通常与嫉妒、三角恋爱等相关联,充满了诲淫诲盗的暗示。每天的报纸不惜添油加醋,它们变成了细节丰富、高潮迭起的戏剧(其中有些属于凭空捏造)。这些审判满足了中产阶级的某些根深蒂固的欲望渴求。新闻媒体或渲染斥责,或肆意偷窥,或故作惊诧;然而这些声名狼藉的事件,像是腐烂的禁果在散发着某种气味。到了电视时代,这样的情形更是愈发恶劣。

无论如何,在习惯法制度下,刑事审判极具天然的戏剧性。尤其是陪审团使它充满了戏剧性。正如里昂·格林(Leon Green)在1930年所说,将陪审团"逐出法院","戏剧便随之消失了"……紧张关系也没有了……旁听列席者就回归他们平凡和乏味的生活中去。旁听席上的观众有些来自少数有利害关系的团体,还有一些是习惯游手好闲的人。[31]陪审团的出现增强了(或许是创造了)刑事审判的戏剧性。无陪审团的审判几乎肯定都是比较枯燥无味的。法官只是个有智慧但又倦怠无趣的专业人士。对法官来说,那些煽情动人的演说和表演技巧都无关紧要。

陪审团在秘密的状态下权衡案件。它的裁决由一两个字构成;陪审团从来不阐述其决定的理由和内容。[32]陪审团不得做"违法"的事项,法官依据法律所做的指导,他们应该遵从。从理论上说,陪审团抛硬币来作出裁决的作为,以及作出"不合理"或"带有偏见"的裁决作为,都是错误的。

但是,陪审团房间内的秘密状态,使人们不可能去判断陪审团是否遵守了法官指导的规范。秘密状态使陪审团得以扭曲法定的规章。这些规定本来是清晰明了和冷酷无情的,但是它们到了陪审团手里,会(秘密地)发生着微妙的变化。相对法官而言,陪审团惯用所谓"非成文的法律",这是一种反映在陪审团裁定模式中的规范,它是为正规法律所排斥的规范。一名愤怒无比的时事评论者于1906年写到,这是一个"陪审团目无法纪的制度",这是一个"陪审团轻率地确认法律所禁止的权利以及轻率地否认法律所准许的权利"的制度。他不无讥讽地提出了"无法无天的法学十诫"的说法——例如,"任何诱奸纯真少女的人,未经审判,便由女孩的……任何近亲属枪击或刀刺致死",还有,"在涉及偷窃马、牛、猪的起诉中,无罪推定倾向于牲畜本身,而且被告则被假设为是有罪当的"。[33]

这是一部讽刺作品,但是它反映出真实的情形。的确,因为"不成文的法律",一个枪杀了妻子的情人的男人,很难被裁定有罪。在1937年的一个案件里,在加州的格伦达市,保罗·莱特(Paul Wright)枪杀了他的妻子伊芙琳(Evelyn),以及他的挚友约翰·基梅尔(John Kimmel)。莱特当时正在睡觉,当他醒来后,听到"从钢琴上传来不断重复的"单个音节。在客厅里,他发现自己的妻子与他的挚友坐在钢琴椅上,约翰的裤子前裆的拉链是打开的。莱特告诉陪审团,当时有一股"白色的烈焰"在他脑中突然爆发开来。其争辩的理由与哈里·邵一样:"暂时性精神失常"。他的争辩成功了。[34]他的律师杰里·吉斯勒(Jerry Giesler)对不成文的法律给予肯定,认为"尽管,这类事情并不是法律所接受的规范,然而不论我们多鄙视它们,这些规范确实存在于每一个人心目中"。[35]

在极个别的案例中,即便没有陪审团参与,也有造成社会轰动的可能。在1924年,一个最明显的例子是,理查德·罗卜和内森·利奥波德在芝加哥被法庭指控谋杀博比·弗兰克斯。该案号称"世纪犯罪"(当然,这个头衔还有其他的犯罪嫌疑人候选)。两名被告都是富有、年轻和才华出众的犹太人;他们杀死年轻的弗兰克斯,显然只是因为一时冲动引发的乐极生悲。或许就是这个理由,他们的罪行使整个国家为之震惊和迷惑;本案似乎囊括了20世纪的某种莫名其妙的不安全感。在罗卜和利奥波德的想象里,他们可以犯下一个几乎完美的罪行;但事实上,他们是拙笨的生手。他们很快被逮捕并立刻低头认罪。随后,唯一需要决定的,便是对他们的惩罚:他们会被吊死吗?克莱伦斯·丹诺为他们做了辩护。这是个没有陪审团的法庭,仍然拥满了来自媒体的男男女女。丹诺的争辩慷慨激昂,坚持这两名年轻人的心智变态,情感方面不成熟,并且深受尼采书籍的毒害,因此导致无法控制的行为后果。无论如何,法官确实使他们免受绞刑的惩罚,代之以监禁——他们将在牢狱里度过余生。难以断定,丹诺的雄辩术是否导致了不同的后果。法官强调,被告实在过于年轻了。而利奥波德自己也表示,(虽然他喜欢丹诺的演说)他认为整个精神病学的争辩并无意义:"我们只需要用出生证明作为证据",这就足够了。[36]罗卜死于狱中;他在淋浴时被一名怀恨在心的囚犯伙伴刺死。利奥波德一直在监狱里服刑,在他的晚年时被释放,出狱后几年就去世了。[37]

判　　刑

犯罪导致惩罚,而惩罚愈来愈意味着一个人因"意外受挫"而被关入牢笼。除了一些终身囚禁犯、在狱中死亡的人(这种人很多)以及被处死的人以外,所有的囚犯最终都会被释放。因此(在理论上),采取措施来确信这些人的邪恶人格已经被治愈,是十分重要的。当然,有些罪犯在矫正方面的确完全无望,或许至少人们如此感知。19世纪末期,"不定期刑"(indeterminate sentence)被创设,目的在于,像把麦粒脱去外壳一样来甄别囚犯的良莠。依据这个制度,等囚犯服满最低限度的刑期(通常是一年的时间),在该年的年底,由看管囚犯的监狱官员来决定该囚犯还需要被关多久。就像一个匿名的囚犯在1911年所提及的,归结而言,如同一个人去医院住院,他并不是非要在医院住满确定的一段时间,而是"住到治愈了"为止(这指的是在健康护理组织[HMOs]出现之前的时期)。[38]在20世纪初期,越来越多的州转换为不定期刑罚制。纽约州在1901年规定,对于初犯,一律强制采用不定期刑罚制。

此外,假释和缓刑的制度也被州政府采用。假释,指的是一种附条件的释放,因为囚犯承诺会安分守法而被提早释放出狱。缓刑,则是监禁的另一种替代选择,它是一种监禁前的假释。作为都是发生在19世纪的两项改革,它们在20世纪初期得到普及。例如,加利福尼亚州于1903年通过成人缓刑法。[39]而联邦政府则于1910年通过联邦囚犯适用假释法的规定。每个联邦囚犯由各联邦监狱的三人委员会来决定是否缓刑。1913年,该法甚至惠及被判处无期徒刑的囚犯:当这些人服刑期满15年时,便有符合获得假释的资格。[40]直至1925年止,48个州中有46个州实施了假释法规,有两个例外,密西西比州和弗吉尼亚州,但是这两个州后来也在第二次世界大战前采用了这一制度。

如前所述,假释与缓刑都是附有条件的。它们是人性化刑事司法的路径,但是它们也深深地导致了某种任意性的裁量权。如果一个被告在判刑后提出缓刑的要求,他的案件将被分派给缓刑监护官(probation officer),由这位监护官负责调查、找人谈话,然后提出一个报告。这份报告通常具有决定性的意义。法官几乎总是会听从他们的建议。由此,对决定这些男女要么获得自由要么被送进监狱服刑,这份报告至为关键。但是,至少在加州有这样的情况,有些报告会掺杂着一些流言蜚语、街头传言,以及一些被认为是相关的莫名其妙的信息。一个良好的家庭背景会提供很大的帮助。在1907年,缓刑监护官为阿拉米达郡的约翰·马丁戴尔(John Martindale)写了一份负面的报告。因为马丁戴尔曾经"手淫",并且一周嫖娼两次或三次,他还是个酒鬼。同年,另一个倒霉蛋也拿不到正面的评价报告,则是因为他"从14岁起便开始手淫",曾经去过妓院"三次",并且浸淫于影剧院,甚至连个图书馆的"借书证"都没有。[41]假释的条件同时也是相当严酷的:在20

世纪40年代,伊利诺伊州规定,使用毒品或酗酒是违反假释条件的行为;明尼苏达州规定,假释者不得以分期付款来购物;在加州,假释者不得"公开演说"或参与政治活动;在马萨诸塞州,除了"合法妻子",假释者不得和其他女子同居。[42]任何违反假释规定者,不需经过进一步庭审,甚至都没有为自己辩护的机会,就会被立即送回监狱。不过,在大多数的假释者中的男性都没有被送回监狱,因为他们要么安分守法,要么就是逃离了监护官的视线。其实,正规的监护在20世纪20年代前就很少奏效。[43]

20世纪的另一项创新是少年法庭制度。第一部少年法庭法,是伊利诺伊州于1899年颁布的,适用于伊利诺伊州的库克郡(Cook County,即芝加哥市及其部分郊区)。很快地,在本·林赛(Ben Lindsey)法官的主导下,科罗拉多州的丹佛市也有了自己的少年法庭。这个想法由此开始流行。在随后的十年内,超过20个州采用了伊利诺伊州或其他相似的模式。到了1920年,少年法庭几乎已经遍及各地。[44]

从理论上说,少年法庭是为不良少年设立的一种家事法庭。少年法庭法不仅适用于"少年犯"(delinquents,实施犯罪行为的年轻人),同时也适用于疏于照料和被遗弃的儿童。在理论上,这完全不是刑事法庭,少年犯甚至不应受到庭审或遭受刑罚,而应该代之以接受某种督导,或是被送到专门的机构,预期他们在那儿被改造和充实,以便得到一个更美好的生活。当法庭依据1903年的宾夕法尼亚州的法律将弗兰克·费希尔(Frank Fisher)托付给收容院时,他申诉说,自己的权利被侵犯了:没有审判,也没有陪审团,而且"以年龄为标准……即使相同的违法行为,适用的刑罚却不同"。上诉法院对这些抗辩几乎不屑一顾。这个法律"并不是为了惩罚违法者,而是为了救助儿童",那些温和的条款把孩子们置于法院"保护的臂膀"之下。[45]

什么是少年犯？依据法律的定义，这是一个相当宽泛的用词。1907年的阿拉巴马州法一点儿也不独特，也是个宽泛无垠到几乎要一网打尽的法律。该法规定，一个14岁以下的孩子，如果"屡教不改"，或者"时常光顾……弹子房、台球室、酒吧"，或"习惯抽烟"，就可列为少年犯。阿拉巴马州同时宣布，如果一名孩童时常在火车站里或铁轨上游荡，或者跳上或追随任何移动中的火车或汽车，或者"习惯使用恶俗、下流、亵渎或粗鄙的语言，或者持有任何猥亵、淫荡的书籍、照片、海报"，也属于少年犯。依据该法令，进行少年法庭诉讼时，"应该让孩子们放下恐惧，并且赢得他们的尊敬与信任"。这些程序的进行"无需特定形式或仪式"，这样才能"引发孩子真实的心态与品德……并确定什么是对他最好的……福祉"。[46]

了解阿拉巴马州及其他地方在事实上构建的法网有多大，算是件好事。我们确实发现，大部分的少年犯都是男孩。1912年，洛杉矶郡的一份调查发现，少年犯中有502名是男孩，女孩只有179名。（"依赖他人抚养的"孩童数量则差不多是男女均等的）。最年轻的少年犯男孩是8岁，但大部分是15、16、17岁。男孩最常见的犯法行为是小偷小摸（98起案件），接下来是夜盗行为（84起），以及屡教不改（incorrigibility）。女孩之所以会惹上麻烦，大部分是因为她们的"淫乱和放荡"（114起）。[47]简言之，因性道德而产生的双重标准极为显著。

在一本充满争议的书中，安东尼·普拉特（Anthony Platt）主张，这些改革者（即"孩童的救助者"）或多或少"创造"了少年犯罪。依据普拉特的说法，除了虚浮华丽的辞藻，少年法庭并不像宣传的那么高尚。所谓少年法庭，只不过是一个用来社会化、压迫移民与穷困家庭儿童的工具。[48]当然，这种一时之念确实存在。当代文学作品及法院早期的报告，都有些危言耸听：林赛法官就针对"在没有监护人陪伴时的驾驶"，还有爵士乐、恶作剧以及现代生活所带来的种种"刺激"，提出了警告。⁴⁹中产阶级与劳动阶级之间的文化冲突,的确是法院运作方式中的重要考量因素。少年法庭及少年法庭法官拥有极大的裁定权,这项权力有时候也会被他们滥用;当然,他们并不是要蓄意这样做。进少年法院的男孩和女孩们,大多来自贫穷的家庭,主要是移民家庭。1925年在纽约市,有71%的年轻人的父母是在国外出生的。法官的权威的确达到了对"社会底层施加沉重压力"的目的。[50]当然,它对于整个刑事司法制度是适合的。

另一方面,我们也知道,至少在某些地方,这些法院真实地被大众接受。有时,真正的文化冲突存在于父母和子女之间。例如,在加州的阿拉米达郡有一位名叫明妮·杨(Minnie Young)的寡妇带着7岁的小儿子乔治来到法院。她说,乔治是个"邪恶"的孩子,而且对她一点都不尊敬。一位名叫巴多罗梅尔·卡梅拉(Bartolomeo Comella)的鳏夫,无法控制15岁的儿子萨瓦多利尔。这男孩"很晚才回家……而且从来不解释他到哪儿去了";他还从他父亲的卡车里偷了100美金。[51] 1908年,犹他州一名生病的母亲告诉侦探员,她的儿子"屡教不改"。他会和其他男孩聚集在家里"抽烟,并阅读不堪的小说",并且还恐吓她,晚上不归家,"而且总是离家出走"。[52]

还有,这些相关机构本身,如少年感化院、不良少男少女的收容所如何呢?它们是什么样子呢?这里的景象也是阴暗和鱼龙混杂的。的确存在真正的改革者,像洛杉矶的米利亚姆·凡·沃特斯(Miriam Van Waters)这样的人,便是想要废止严酷的、惩罚式的管理方法,并且试图将这些少年改变为正派的、诚实的公民。[53]然而在其他的场合里,有的收容所也变成拘禁年轻人的监狱——有着铁的门窗和铁的纪律。

监禁本身之罪

在美国各地的监狱与看守所内部,从大致合理到难以忍受,状况差异甚远。当然,这早就并不是什么新鲜事儿了。监狱是个典型的"单调乏味、毫无生气的由花岗岩、钢铁和水泥组成的世界",通常连一片绿草也没有,其全部建筑的物理形式表达出"残酷"的概念。[54]州政府的吝啬(Penny-pinching)使它的环境变得更加恶劣。20世纪20年代,宾夕法尼亚州的东部州立监狱(Eastern State Penitentiary)囚犯爆满,有时候在一间小囚房中,甚至要挤进三到四名囚犯。一名评论家如此论道:"每个囚犯分配到的空间……比死人的棺材还要小。"[55] 1923年,约瑟夫·菲什曼(Joseph Fishman)在书中揭露并严厉批判监狱的情况,把它们称之为"人类垃圾的倾倒场",像是个"复仇不堪的泥潭,败坏着囚犯的身体、心智和灵魂"。他讲述了监狱内污秽的、寄生虫与疾病肆虐的非人道状况。囚犯隔绝于任何正常的居家生活,其合理的性发泄途径被剥夺。依据菲什曼的说法,无论男性或女性间的"同性恋关系",结果都成为"在每个监狱里的真实问题"。[56]

当然,改革、改良、人性化的尝试从未中断。1913年,托马斯·莫特·奥斯本(Thomas Mott Osborne)成为纽约州监狱改革委员会(New York State Commission on Prison Reform)的主席。奥斯本并不是个理论空谈家,为了体验监狱生活,他曾在奥本监狱(Auburn prison)待了一个星期,去了解那里的生活到底是怎么回事儿。他甚至在"冷藏间"(惩罚性的狭小禁闭室)里待了一晚;该禁闭室被夹在"死亡者太平间"和"白天黑夜里不间断地发出刺耳声的监狱发电机"之间。这是一间空荡荡的、"圆拱顶石材的地牢",被关在此的囚犯只能睡在坚硬的铁皮板上,上面布满了铆钉;这是个不通风的、黑暗的地狱。奥斯本在里面待了一天一夜,当他走出禁闭室时,已经"发烧、紧张、完全虚脱"。[57]

不同于其他批评者及改革者,在奥斯本后来出任新新监狱(Sing Sing prison)的典狱长时,他有机会为监狱的状况做些事情。奥斯本脑海里充满了新颖、高尚的想法。例如,他给予囚犯们某种程度的自我管理的机会。但是,奥斯本在任期上干的并不太久就被迫离开了办公室。据其继任者刘易斯·劳斯(Lewis Lawes)的说法,奥斯本让钟摆甩得有点儿太远了,"从严厉走向宽容",结果导致了一片"混乱"。[58]

即便在美国的北部或西部,监狱生活从来不是个轻松合适的生活。即使在像刘易斯·劳斯这样的人管理之下,监狱生活仍受到严格控制,而且食物也很糟糕。20世纪20年代,星星监狱提供给囚犯的待遇是这样的:一年里能吃上两次鸡肉、有一间图书馆以及若干补习课程。在南方,情况还糟糕一些,尤其是对待黑人囚犯方面。不论在美国北方还是南方,那些最恶劣的环境当属地方的看守所和拘留所,在那里,甚至缺乏最起码的专业性管理。路易斯安那州卫生局的奥斯卡·道林(Oscar Dowling)批评说,该州的地方监狱是"空气不流通、气味恶臭难闻"的地方,百分之百地有碍健康。囚犯们抱怨牢房里拥挤、臭虫与蚊子肆虐,还有难以忍受的高温。食物则难以下咽。一名囚犯写道,床单长时间既不更换也不晾晒,窗户上没有装纱窗,囚室臭气熏天。早餐吃的是咖啡、米饭、面包和咸肉。另一名囚犯声称,唯一的另一道菜是"澳洲臭椿或豇豆,外加煮熟的肥肉并搭配玉米面包。那些豆子在我的肚子里产生许多气体,使我很难受"。囚犯每周应该沐浴一次,但是一个狱卒对这种想法表示嘲讽:"我们带他们到这儿来,是为了让他们工作,可不是来洗澡。"道林得出结论认为,事实上,监狱"本身就是个折磨人的地方"。[59]

最骇人听闻是南方的"锁链囚犯群"(chain gangs)的状况。大部分囚犯都是黑人。他们在非人道的环境下工作,并且被锁链拴住。

由于一个名叫罗伯特·E. 伯恩斯(Robert E. Burns)的白人在一本著名的书《我是来自佐治亚州链条囚犯群中的一个亡命天涯者》(*I Am a Fugitive from a Georgia Chain Gang*)中讲述的故事(后来被拍成电影),使南方的"锁链囚犯群"成为全国性丑闻。伯恩斯在1922年被定罪,并被送往实施"锁链囚犯群"的监狱(在实行种族隔离政策的佐治亚州,和他锁在一起的囚犯包括近百名白人)。后来他越狱了,有过7年的自由生活。后来,一名女子"背叛"了他并揭发了他的身份。于是,他"自愿返回"佐治亚州,期待获得"正义"的来临。然而,他被送回到"锁链囚犯群"的牢笼。1930年,他再度越狱。[60]

就像伯恩斯所描述的,"锁链囚犯群"的生活,简直就像是人间地狱。每天早上三点半,这些人就要起床,"在大灯的照射下"吃着油腻的炸面圈、高粱、炸猪肉和咖啡,然后开始艰苦繁重的劳作——在恐怖的南方炎炎烈日下,长时间地工作;其间,无时无刻都像动物一样被铐上锁链。沉重的铁链使人负重不堪,即便睡觉的时候,他们也得戴着铁链。铁链"永久地铆在了他们身上,不容片刻离身"。[61] 他们还被野蛮无知的狱卒们残酷地虐待着,住在简陋的房舍里,屋内环境是难以形容的肮脏,食物冒着臭气,其中还有蠕虫。这样的日子日复一日,没完没了。然而,对于这样坏的声誉,佐治亚州并没有义愤的反应(至少初期是如此),反而有些气愤并予以否认。直到20世纪40年代末期,"锁链囚犯群"在佐治亚州还没有被废除。[62]

不断有类似伯恩斯这样的揭露丑恶的人来打破围墙,说出或展示监狱制度中耸人听闻的生活状况。凯特·巴纳德(Kate Barnard)就是其中的一位。1908年,她揭露了堪萨斯州监狱系统内大量暴虐和残忍行为:鞭笞、水刑,以及拘禁于所谓"小号"(crib)中。"鸡奸者及手淫者"必须接受一个"外科手术",在手术中"将黄铜金属环植入违规者阳具的包皮内"。然而公众对此表现冷漠,堪萨斯州州长的反应也许颇为典型,他说:"凯特也许想看到这些囚犯……被作为华尔道夫大饭店的宾客来伺候。"[63]

并不是每个囚犯都像前述的堪萨斯州囚犯或黑人"锁链囚犯群"那样忍受苦难。监狱不仅仅环境恶劣,还时常有腐败现象滋生。当乔治·瑞莫斯(George Remus)于1923年被送入亚特兰大的监狱时,这位财大气粗的酿造私酒的贩子一路乘坐着他自己拥有的铁路专车前来。典狱长艾伯特·E. 萨廷(Albert E. Sartain)接受了贿赂,作为交换,他给予这个大私酒商特别的牢房、尚好的食物,以及周末可以外出的自由。萨廷自己也在1927年锒铛入狱。[64]但是,许多监狱都有把违禁品带入监狱的情形;那些"有关系"的囚犯能利用这些违禁品获得好处。

如同我们所看到的那样,确实有的监狱在努力把囚犯视为普通的人来善待——给予他们一定程度上的自由(在狱内尽可能多地)、一些有意义的工作、宗教生活和学习的机会。20世纪20年代,在伊利诺伊州的斯特威利监狱(Stateville Prison in Illinois)服刑的内森·利奥波德如此记录,在每个周六享有使用"庭院"的特惠,这是多么令人感激。囚徒们从自己的囚室里走出来,大家一起打棒球和手球:"完全没有什么拘谨了……你可以抽烟,你可以随心所欲到处走动、和你喜欢的人交谈,你可以脱下衬衣并享受阳光的照射。"[65]随着时间的推移,这些自由有增长的趋势。但是,这种趋势最终引发了一种吊诡的双面系统:一面是压抑的和被高墙所环绕的监狱自身;另一面,在监狱内部,不管是庭院里或囚房内,则保持着某种荒诞的无政府状态,监狱好像是某种刑事犯聚居地(penal colony),是在囚犯们自己的统治之下。在这样一个社会中,最粗暴强悍、残忍冷血的"囚犯"会称王称霸,而这其中最坏最恶劣的人,则会变成这个充满暴力的阴暗世界里的王者。不过,这样的事大多发生在日后。

第四章 新世纪的犯罪与惩罚

对抗邪恶的战争

美国常被认为蒙受"清教徒"的苦痛传统(或为之自豪),但是对这种说法,我们不得不有所怀疑。毕竟,清教徒们已经渐行渐远,现存的美国人中,也只有少数是他们的后裔,大多数的人都来自不同的背景与文化。所以,清教徒们对邪恶、享乐、性欲的有关想法已经逐渐变成历史。事实上,与邪恶宣战的故事充满了艰难曲折。在19世纪初期,战争的态势中止,至少,像是热水从沸腾转入了温点。到了19世纪末期,新道德观汹涌澎湃,一些新订立的法律为对抗罪恶与道德败坏的战争在加温。

至于导致这种转变的确切原因是有争议的。有人试图把它归咎于某种文化方面的焦虑,一种美国蒙受围攻,不得不捍卫自己的精神、自己的遗传基因,以免受文化敌人侵犯。一方是守旧的、田园般新教徒的美国,另一方则是数百万移民和东欧的残墙碎瓦。下层阶级与劣质堕落的人们像洪水一样大量涌入美国,他们像是野兔子一样大批量繁殖;接下来,有了大城市的邪恶与弱化;有了家庭与教堂的衰败,等等,不一而足。

无论如何,守旧的有产阶级都坚守着反对那些可恶的道德行为的立场。在法令汇编全书上,立法者为了反击猥亵、色情、鸡奸、赌博等现象布下诸多新的法令。到底成效如何,还并不是很清楚。撒旦是个狡诈的家伙,它善于伪装。这一净化社会的运动也延展至20世纪早期。的确,它的势头在不断强化。

有一种特别令人厌恶的事情被称之为"社会的罪恶",即卖淫。卖淫总是受到法律的压制。不过,在许多城市里,警察与那些买卖色情及其他违禁品的人们之间,衍生出了一种惬意的约定。毋庸赘言,这类约定中,向官员行贿是必需的。结果就成为一类习以为常的存在(protozoning)。只要妓院设在他们的地盘里,也就是所谓的"红灯区"(red-light districts),它们就可以被容许。"红灯区"通常不是正规设立的。不过,1907年得州有一项针对"破败房屋"的法律特别规定,只要妓院与娼馆"实际上只是局限在城市中的特定区域内",该法便不"干预其内部的控制与规范"。[66]在怀俄明州的夏延市(Cheyenne),娼妓必须缴费并接受是否染有"传染性疾病"和"个人卫生"状况的检查。如果通过检查,她们方能取得官方发给的执照。[67]1910年在芝加哥,警察总长甚至发布管制"邪恶"的规定。诸如,妓院中不得设置"光影婆娑的门"(swinging door);"这些恶名昭彰的场所"要远离学校或教会不得少于两条街;"在客厅或公用区域"不得穿着短裙或"透明的长外衣"。[68]尽管事实上妓院这个行业本身是违法的,但还是有了这些规定和管制。

这种对待妓院宽容的制度,自然冒犯了许多正派体面的市民。在20世纪初期,这一制度招致了激烈的抨击。一些城市创设了"对抗邪恶委员会"(vice commission),以便深入调查这类情形,发布报告,并提出对应行动之建议。一项著名的例子是来自"芝加哥对抗邪恶委员会"在1911年发布的报告。该委员会指出,为了"芝加哥的荣耀"以及"下一代人身体与道德的健全",必须结束"公开的娼妓"现象。"社会的罪恶"留下了"不孕症、疯癫症、瘫痪、失明的婴孩、肢体残缺的孩童、退化、肉体腐烂及道德败坏"等种种后果。该委员会呼吁,短期内应"持续不断地打压卖淫",并以"完全铲除妓院"作为"最终目标"。[69]

对抗邪恶委员会的报告引经据典地提供了有关"社会的罪恶"的确切依据。费城委员会发现该市有372间妓院、应召女郎屋及其他滋生不道德环境的地方;同时还有127间"有伤风化的酒吧",总计"499处妨害治安和伤风败俗的娱乐场所";他们估计,大约有3 700名女性在费城卖淫,这些还不包括"二奶类情妇"和"临时性娼妓"。[70]对发起所谓"铲除红灯区运动"的改革者们来说,这些报告本身就是反抗邪恶现象的利齿和器具。特别是,这是铲除邪恶地区和终结其产生可能性根源的运动。隔离的地区仅仅是散布邪恶的"恶性肿瘤"。所以,它们必须被驱除。诸如明尼阿波利斯、奥马哈、得梅因、波士顿,这些形式各异的城市试图关闭妓院并把娼妓从城市里逐出。[71]严厉的"铲除妓院"的法律被通过了。依据这些严苛的法律,即便是一名普通的市民,都可以采取行动,把邪恶的妓院当做伤风败俗之事加以"铲除"。这个做法绕过了受贿的腐败警察机关及政客。同时,来自神职人员和觉醒的中产阶级对于警察与市议员的压力,迫使某些城市必须采取行动。诸如新奥尔良的斯特利维尔(Storyville in New Orleans)、休斯敦的喜悦谷(Happy Hollow in Houston)、旧金山的巴巴利海岸(the Barbary Coast)和滕德兰区(the Tenderloin in San Francisco)等著名的老区妓院纷纷被勒令关闭,妓院从业女子被逮捕,或者被驱赶出城。

然而,邪恶也有办法卷土重来。毕竟,这些堕落的女人及恶浊的妓院并非生存于真空状态,他们拥有众多的来自各行各业的真实男性顾客。没有人公开声援娼妓,但总是有那么一群不发声的顾客,当讨伐的鼓声与福音逐渐平息之时,当风暴终止、天空晴朗之时,邪恶便从隐匿处死灰复燃,甚至还带着一股顽强的生命力。依据旧金山市于1935年进行的一项调查发现,有135间妓院快速地在城市里发展,其中许多妓院本来应在1917年就被勒令停业了。[72]

伴随着"铲除红灯区",一种所谓的"拐卖妇女为娼"(white slavery)的现象引发了全国性的、近乎歇斯底里的喧嚣。一些耸人听闻的消息声称,某些性产业里的邪恶男子潜伏在电影院、舞厅及黑暗的街道上,引诱无知的乡村少女到他们的恶浊场所,使用欺骗、暴力甚至"飞射毒镖或皮下注射针剂药物"等方式,让那些女孩们在他们的控制下成为实际上的性奴。没有人能知道,"什么时候他的女儿、妻子或母亲会被挑中为下一个受害者"。[73]

应该怎么办呢?当然,相应的州法律与地方法律是存在的。例如,1908年的伊利诺伊州立法禁止拉皮条。凡利用"承诺、威胁、强暴或任何圈套及阴谋","导致、引诱、说服或鼓动一个女性"成为"妓院里的成员",都属于犯罪行为。[74]1908年7月,乔治·吉布斯(George Gibbs)被判处一年徒刑,因为他试图将一个20岁的少女明妮·彼得森(Minnie Peterson)卖给芝加哥一个臭名昭著的湖堤区(Levee district)妓院老板。[75]但是,整体而言,基于这样或那样的理由,州法律及地方法律似乎于事无补。为了回应对"拐卖妇女为娼"的喧嚣声,国会紧张忙碌地通过了著名的《曼恩法案》,该法案规定"基于卖淫、道德败坏或其他任何不道德的目的"而将"任何少女或成年女子运送"穿越州界者,均属犯罪行为。[76]《曼恩法案》使得议员詹姆斯·曼恩(James Mann)青史留名。詹姆斯·曼恩来自芝加哥的海德公园区(Hyde Park district),他对有关拉皮条的法律十分熟悉。

是否真的对于"拐卖妇女为娼"的现象有一种歇斯底里的担忧?无疑地,确实有一些,但是并不是特别多。担心女性受到性压迫,或染患梅毒、淋病,这的确是正当的。然而,或许在"社会的罪恶"这一名义下最重要的问题,是大城市里女性所面临的经济不平等问题。许多女性之所以自愿成为娼妓,并不是因为被注射了皮下针剂或毒品,她们是为了金钱而孤注一掷铤而走险。这是个令人难以接受的观念。依照那些女性应当是纯洁、清白无邪的传统观念,此举尤其难以被容忍。铲除"拐卖妇女为娼"的宣传口号将罪责从经济方面转向邪恶、阴险、深色头发的男性——这些人捕捉天真善良的女子并损毁了她们的生活。把怒气指向这些恶棍们,要比把怒气指向那些自愿为娼的女性们要容易得多。

《曼恩法案》理应有助于铲除"拐卖妇女为娼"的现象。但是,美国联邦最高法院给予了它更宽泛的解读。有一个重要的案例与两名来自加利福尼亚州首府萨克拉门托的年轻男子有关。德鲁·卡密内提(Drew Caminetti)和他的好友莫里·迪格斯(Maury Diggs)两人都是二十出头,他们家有妻子和孩子并来自显赫不凡的家庭。对于家庭的忠诚并不是他们的长项。他们带着两个年轻的女孩一路到内华达州游玩。此次旅行招来一些丑闻;这两名男子被抓捕并最后依据《曼恩法案》而出庭受审。当然,此案并未涉及"拐卖妇女为娼"、嫖妓,或将妇女商品化之类的罪恶,也没有任何迹象表明这些女子有不愿意与他们在一起玩乐的蛛丝马迹。但是,这两名男子仍被判定违反《曼恩法案》。联邦最高法院断言:卡密内提与迪格斯因为"不道德的目的"跨越州与州的边界,而这对于满足该法规的适用已经足够了。[77]

司法部提出,他们关心的是被商品化的性本身,至于那些喜欢从事伤风败俗游戏的爱好者,比如像卡密内提和迪格斯这种人,大多任其逍遥而不予干涉。然而,从判决记录来看,情况并非如此。所有庭审的案件"从诱惑和背叛,到偶尔的浪漫旅行,到严肃的同居关系",不一而足。从1922年至1937年间,联邦调查局调查了50 500件所谓被控违反《曼恩法案》的案件。许多调查起源于好管闲事者,妒忌愤懑于心的人,愤恨的丈夫、妻子、父母及其他五花八门的人的投诉。例如,在1927年,一名声称自己是"一位母亲"的女子,从佛罗里达州西棕榈滩市(West Palm Beach)寄信到司法部,在信中她声称:"有一个名叫诺瑟(J. S. Nouser)的人,住在卡麦加(Kamiga)727号。今年夏天的时候,他开车带着一名不是他妻子的女子前往加州和纽约。他们以夫妻之名,下榻于纽约的宾夕法尼亚旅馆。"[78]

《曼恩法案》同样也适用于那些违反了性的规范(sexual code)的女性。一项针对联邦监狱内1927年至1937年间女性囚犯的研究发现,违反《曼恩法案》的人当中,有四分之一是胆敢与已婚男子一起旅行的未婚女子。震怒的妻子们有时也会控告她们的丈夫。[79]起诉黑人拳击手杰克·约翰逊(Jack Johnson)一案,更是有些别有用心,因为他的性生活不仅跨越州界,而且还跨越了肤色的界限。他于1913年受到庭审并被判刑入狱。1960年,摇滚歌手查克·贝瑞(Chuck Berry)基于类似的原因被判刑入狱。1943年,哑剧大师查理·卓别林(Charlie Chaplin)受审,但是被无罪释放;他的真正罪状是其左翼倾向。[80]批评家警告说,《曼恩法案》是滋生敲诈勒索类诬告信的肥沃土壤。的确,在1916年1月,刑事警察逮捕到一群宣称《曼恩法案》的诬告勒索嫌疑人。据推断,这些人"跟踪"有钱的人士们,尾随着他们和他们的女朋友跨越州界。然后,他们会与这些男子面对面接触,声称自己是联邦法院的执法官,要求他们支付封口费。有时候,这伙人还会"雇用……妩媚迷人的女子来帮助他们制造证据"。[81]显而易见,那些中了圈套的受害者是很不情愿站出来的。

在扩展对抗非法的性行为之战中,"曼恩法案"是最臭名昭著的法律。自19世纪70年代开始,透过邮件寄送猥亵的物品,包括任何与避孕有关被定义为下流的物品,都被列入联邦犯罪。依据某些州法律,避孕本身也属于禁忌。例如在康涅狄格州,使用任何"药物、医学用品或器械"来避孕,也属于犯罪行为。[82]

当然,猥亵淫秽本身几乎在所有地方都被宣布为违法之列。而且依据某些法令,这些非法行为还可以囊括任何淫秽、有伤风化的或可能腐蚀年轻人的事物。此外,康涅狄格州还禁止任何包括报纸在内的印刷品"醉心于曝光那些犯罪新闻、警察报告或照片,或带有血腥、色欲、罪行的故事"。[83]肯塔基州也有类似的法规,而且还另外禁止刊发有关"侧重刻画和描述男性和女性因服用含酒精的饮品、药物或兴奋剂而狂热亢奋的印刷品"。[84]在许多州,在公共场所使用猥亵淫秽的用语,至少都可以构成轻罪。

自19世纪末期起,州政府也开始修订它们的法律,几乎将所有的青少年性行为变成一种犯罪。此处的关键词是所谓的"法定承诺年龄"(age of consent)。从法律上说,如果一名男性与一名因为太年轻而无行为能力表示同意的女子发生性行为的话,便属于"法定强奸罪",这是一项严重的罪名——即使该名女子事实上同意和他发生性行为,即使该名男子自己也是个年轻人。习惯法的"法定承诺年龄"是10岁,从我们今天的观点来看,这一年龄非常之低;1885年,所有州的"法定承诺年龄"都不高于12岁。然而,到了1900年,许多州大幅度提高"法定承诺年龄"。少数几个州将"法定承诺年龄"定为18岁,从今天的观点来看,这年龄高到了令人不爽的程度。这种趋势还在不断持续:佛罗里达州于1900年,将"法定承诺年龄"提高至18岁,加利福尼亚州在1913年、佐治亚州在1918年随后跟进;到了20世纪初,没有任何一州的"法定承诺年龄"低于16岁。[85]

当然,如今,最终的结果导致年轻的爱情和年轻的情欲附带上了(男性一方)锒铛入狱的风险。自不待言,这些法律并未终结来自荷尔蒙的欲望。毫无疑问地,许多年轻的情人们趁父母出门时在家纵欲,或者在旅馆或汽车旅馆里、汽车后座上做他们爱做的事。没有人是明察善断者(或者他们根本不在乎)。但是,这些法规范并非形同虚设。玛丽·奥德姆(Mary Odem)发现,在1910年至1920年间,加利福尼亚州阿拉米达郡有112起法定强奸的起诉案件。在其中25起案件中的男性被送往州监狱,另外有10起案件中的男性被送进郡监狱。在绝大多数此类案件中,性行为完全是在双方一致同意的情形下发生的。根据奥德姆的研究结果,在1910年至1920年的十年之间,发生于阿拉米达郡的案件中,有72%的涉案女性表示"她们同意与其男性伴侣发生性行为";根据奥德姆的研究结果,在1920年时发生于加州洛杉矶的同类案件中,这样的情形则占了77%。在一起案件中,一名15岁的女孩和一名19岁的男孩发生了性关系。他们在奥克兰市的"马捷斯蒂克舞厅"(Majestic Dance Hall)结识。当这名女孩的母亲发现一封可供控罪的信件时,她"殴打了女儿一顿,并报告给少年管制部门,这使得那名男孩因法定强奸而被捕"。[86] 1930年至1939年间,纽约市有1 948名男性因为违反法定强奸罪而被起诉,其中有五分之一的人被判定为重罪。[87]

不过,一般而言,性行为法律在执行方面往往是零敲碎打式的。违反者难以计数,但是其中大部分的人从来都没有被法网擒拿住。例如,对贩卖保险套或其他类似用品的事情,偶尔会有针对性逮捕行动。然而,在西尔斯-罗巴克公司(Sears, Roebuck and Company)1902年的商品目录上,便提供了13种灌水法注射器,包括一种"强力推荐给⋯⋯已婚妇女"的"硬橡胶茎状注射器"(Hard Rubber Stem Syringe)。[88] 一项针对256名被归类为"性犯罪者"并被送往纽约少年法庭诊所接受治疗的男孩们的研究,结果令人深感困惑。其中71名男孩被控"过度手淫",47名被控"说或书写淫秽猥亵语言",还有23名仅仅是有过"异性恋经验"而已。其他许多人被控"鸡奸"(其中7名属于"鸡奸女孩"),47名被控"口交",另有一名男孩被控"试图与母亲乱伦"。[89] 就诬告勒索信和与执法过程里的偏差而言,"严酷的性行为法律"的反对者们的立场是正确的。此外,对那些倒霉蛋来说,或许还可以再添上"运气太坏"这么一句。

不论法律的强制执行彻底与否,这些法律已经被写入法典并由此引出了一个明显的问题:在正规道德观的爆炸性变化背后,到底隐藏着什么社会因素?想精确地加以说明,的确十分困难;而且可能并没有什么单一的原因。很显然,在那些举止体面的精英阶层中,会有一种美国价值观危在旦夕的感觉。这样的惊恐来自某些客观的理由,例如性病,以及像海洛因这样更危险的毒品的蔓延。这群高尚的人们也毫无疑问地担忧有关警察腐败以及邪恶势力首领把持着市议会殿堂等问题。但是,正如我们所看到的,在这些比较理性的因素之外,同时也存在着一种对于整体文化的忧虑感——有人甚至会说这是一类文化的战争。移民正在改变美国的面貌。百万名移民由南欧与东欧涌入美国,包括了天主教徒、犹太教徒,以及斯拉夫人。整个国家变得更为都市化而较少田园化,更为工业化而较少农业化。新的思考方式和新的意识形态几乎无孔不入。科技正在让这个国家发生转型。对于多数保守体面、品行严谨的新教徒而言,他们所珍爱的价值体系遭遇到了攻击。因此,他们极度渴望司法系统能支撑其道德规范免于坍塌。

20世纪早期的男男女女都深信有"进步"这么一回事儿。许多人将"进步"定义为一段漫长的历史征程,即人类远离动物天性——即远离邪恶,走向更纯净、更体面、更文明的生活方式的一段漫长历史旅程。简·亚当斯(Jane Addams)曾经展望过一个没有娼妓的人类未来;这个未来可以摆脱"原始生活的……旧习俗和野蛮影响"。在科学进步的帮助下,人类肯定会进化至更高级的状态。[90]

高尚的实验

毋庸置疑,20世纪初期道德狂热的顶峰,指的是一个"高尚的实验",即全国性的禁酒令。宪法第十八修正案禁止在全美各地"制造、售卖或转运含酒精类的饮料",也不得为了"饮用的目的"而进出口这些商品。1919年,该法案获得足够的州政府批准,并于1920年1月生效。美国国会和各州"同时"都有"通过适当立法"来强制实施该宪法修正案的权力。

当然,禁酒令并非凭空从天而降。[91] 19 世纪时,曾有一场强势的戒酒运动(temperance movement)。这场运动起起伏伏,但是它赢得了一些显著的成功;到了 1900 年,北达科他州、南达科他州、堪萨斯州、爱荷华州、缅因州、佛蒙特州,及新罕布什尔州已经颁布了禁酒法。19 世纪晚期成立的"反酒馆联盟"(Anti-Saloon League)是一个强大的、不知疲倦的游说团体。到了 20 世纪初期,该联盟几乎在各州都设有分支机构。美国新教教会是"反酒馆联盟"强有力的盟友。"反酒馆联盟"努力让"禁酒"法令先在地方层面通过,然后是在州一级的层级;最后,实现了这个不可能的梦想:全国性禁酒。

"反酒馆联盟"及其盟友的努力是成功的,而且可能比他们想象得还要成功。到了 1913 年,一些南方的州以及俄克拉荷马州也加入禁酒的行列。但是和童工改革的案例类似,禁酒法令同样也遭遇到了联邦主义这个古老的问题。酒精饮料从不禁酒的州流入禁酒的州,置后者的禁酒令于半推半就之状;而且,在这类事儿上,州政府又无权终止州际贸易,不管是酒类或其他任何货物。[92]

禁酒令本身对国会产生压力,要求国会为解决这个问题有所作为。1913 年,美国会通过《韦伯-凯尼恩法案》(Webb-Kenyon bill)。该法案禁止州际之间装运"含有酒精成分……或其他任何酒类",如果这些饮料是"蓄意"被用来"违反"运送目的州的"任何法律"的话。威廉·霍华德·塔夫脱总统否决了这个法案,因为他不喜欢把州际贸易的权力交给州政府,即使是酒类贸易也不例外。但是,当时的潮流强烈倾向于禁酒。最终,国会又否决了总统的决定,使该法案生效成为法律。[93]

《韦伯-凯尼恩法案》向快递公司与铁路公司施加了压力。实施禁酒的州政府立刻从中有利可图。例如,1918 年,密西西比州制定法律,禁止任何公共承运人将酒类运进该州。"任何种类的酒类饮料,都不具备财产权",地方官员有权没收和销毁酒类饮料。饶有兴味的是,该法令规定,地方官员如果喝了被没收的酒类,则是犯了另外一种罪名。[94]堪萨斯州于1917年制定"彻底禁酒法"(bone-dry law),规定凡拥有或持有任何酒类,即使仅供私人使用,均属违法。[95]阿肯色州则规定,在该州禁酒地区为酒类饮料做广告,也属于犯罪行为。[96]1917年,美国参加了第一次世界大战,节省资源作为一个好理由,使禁酒之举更容易实施。1917年9月,美国政府禁止制造蒸馏烈性酒;两年后,连制造啤酒和葡萄酒也被禁止了。[97]1917年12月,国会将宪法第十八修正案送至各州批准认可。

州政府批准认可后,国会又及时地通过《沃尔斯特法案》(Volstead Act,1919),这使得禁酒令有了联邦的强制效力。[98]《沃尔斯特法案》规定,"制造、销售、交换、运输、进口、出口、传递、供应或持有任何蒸馏酒类"均属违法;不过,医疗用途与宗教圣酒不在此限。但即使对这些例外情形,也要受到严格规范。依据该法案,制造或销售任何"用来制酒的用具、发明物、机器设备、配方、复合物、图表、材料、化学公式或配方"亦属违法。制造酒类或销售酒类这等龌龊之事会污染房舍、船只或建筑结构,任何这类地方都与"妨害公共利益"有关,而且任何维持这种"妨害公共利益"的人均构成犯罪。

许多州政府通过了他们自己制定的袖珍版禁酒令,如同加利福尼亚州的版本,即所谓《莱特法案》(Wright Act),它于1922年由公民投票通过后被采用。[99]该法特别规定,采用《沃尔斯特法案》中的"刑事条款":"特此采用该条款为本州之法律"。在1920年至1933年间,直到1933年的宪法第二十一修正案终结了禁酒令的不堪事业,"高尚的实验"成了争议、称颂、嘲弄的对象,因为它完全不被遵守,所以它普遍为众人所规避。由于违反禁酒令,被逮捕和起诉的人充斥了监狱牢房;但是数百万饮酒者却还在不停地喝着。或许不尽公平,禁酒令被广泛地指责其导致了帮派文化的兴起,以及导致犯罪团伙的泛滥成灾。例如,芝加哥的黑社会老大"疤面人"阿尔·卡彭,以及其他城市类似的恶棍们。犯罪团伙无论如何都会出现,但是禁酒时期确实给了他们一个好的开端、一个市场,还有一种既美妙又受欢迎的商品去贩卖。

禁酒令被教科书拿来作为"无法强制执行的法律"的例证。事实上,它的作用力比大多数批评家们认可的还是要高一些。都市人(特别是有钱人)在他们的地下酒吧里狂吃暴饮;许多"禁酒"的要塞坐落在乡村或小镇里。酒馆和酒吧是非法的,贩卖酒类也是非法的,即便有成千上万的人违反了这项法律,这部法律对违法的时间、行为及次数还是发生了影响力。有证据显示,其影响不可忽视。至少在禁酒时期初始,因肝病及醉酒驾车而死亡的人数显著下降了。

不仅仅是阿尔·卡彭而已,禁酒时期确实产生了险恶的副作用。尽管说市政府腐败的情形在禁酒时期前后就已经存在,但是,禁酒时期提供了难以置信的诱因去贿赂、诈欺以及侵蚀法律与秩序的常态力量。禁酒令或许挽救了一些可能会由于肝硬化或血洒高速公路而丧失的生命;另一方面,它也造成了一些生命的死去。鉴于酒类是非法产品,人们只好在阴暗的角落里叫卖那些由不可靠的人用可疑的方法制造而成的东西。人们获悉,在1928年,出现了"一种因甲醇中毒的致死传染病"。孤注一掷的人们喝着一种可怕的混合物,这是由防冻剂、外用酒精、含有各种有毒物质的溶液,然后贴上"老霍西"(Old Horsey)、"月球苏打水"(Soda Pop Moon)、"松鼠威士忌"(Squirrel Whiskey)、"樱桃猛料"(Cherry Dynamite)等名字;还有一种"牙买加姜汁酒的液状抽取物,以Jake的牌子著称",即使饮用极少量,也会造成可怕的瘫痪症状。[100]

最终,禁酒令在政治上是失败的,几乎没有人会对此怀疑。成千上万的人从一开始便痛恨禁酒令,随着十几年的时间推移,主张解除禁酒令的政治新锐们蜂拥而至。回顾往昔,我们倾向于将禁酒时期视为美国保守状态中阴沉冷峻、禁欲刻板文化的最后一次苟延残喘。这场圣战是由那些小城镇中头脑顽固、举止体面的新教徒中的杰出人物所领导的。它"象征着美国社会的老派中产阶级至上的权力与声望"。[101]呜呼,可是这些老派中产阶级非要逆水行舟不可。一般而言,对那些广义的公众而言,偶尔斟一两口,或偶尔喝一杯葡萄酒,或是在家里、小酒馆里来杯开心啤酒,何罪之有?这里说的所谓"公众",是与大城市里的中产阶级关系密切的天主教徒、犹太教徒和其他种族。禁酒令是两种文化间的拉力战,谁能赢到终点,其实是很清楚的。

尽管禁酒时期的文献资料浩如烟海,但是很多有关强制执法的部分有待研究。许多喝酒的人都侥幸逃脱了。然而,我们从官方数据得知,有数以千计的饮酒者被逮捕或起诉。1920年,联邦地方法院承办了7 291件禁酒令的案件;1930年,数量增加到56 992件。确实,大多数的被告都认了罪,也缴了罚款,然后回家。在得州的南区,1921年2月休斯敦的法院庭审期中,有23件酒类案件;除了一名男子被判监禁6个月,所有的人都只缴纳了罚金。[102]

没有人对执法的水准表示满意。对于反对禁酒的人而言,执法有些太过分了。他们讲述着滥用执法权方面的可怕故事,以及大量执法者、饮酒者及供货商之间的激烈冲突。准确的数字是有争议的,但是有一份报纸在1929年估计,在执法的过程中,约有1 360人被杀,另外还有上千人受伤。[103]当时,曾有多次突击与没收执法行动,试图终止那些来自加拿大、家庭酒窖、加勒比海港口以及数不尽的其他来源流入美国的酒类,但都十分徒劳。然而,对主张禁酒者而言,执法的效率太低了。到了20世纪20年代末期,腐朽和衰败的气息清晰可闻,禁酒令已经在劫难逃。1929年,胡佛总统成立了一个全国性的执法委员会(National Commission on Law Observance and Enforcement),即所谓的

"威克沙姆委员会"(Wickersham Commission)。在该委员会的诸多工作中,研究如何执行禁酒法,是问题之一。但是,该委员会的结论虚弱且矫饰,禁酒派与反禁酒派都不满意。从政治层面来看,如果没有其他原因的话,严格的禁酒令强制执法在事实上是根本做不到的。

1932年的总统大选决定了禁酒令的命运。民主党大会提出了废止宪法第十八修正案的要求。最后,罗斯福在选举中大获全胜。1933年,各州政府批准认可了宪法第二十一修正案,该修正案把宪法第十八修正案提早送进了坟墓。"高尚的实验"到此以失败告终。

第二个禁令:毒品与毒品法

20世纪的前四分之一是20世纪至关重要的时期,就对抗毒品的战争而言,这个时期也是20世纪中的重大执法灾难之一。在19世纪,不论走私毒品或吸毒上瘾还基本上算不上犯罪行为。并不是每个人都觉得吸毒是个好主意;对大多数的人而言,吸毒上瘾是个祸患,对此,几乎每个人都心知肚明。这是一条灾难性的下滑的路径,让人走向彻底的毁灭。它破坏了家庭生活,毁灭了有意义的职业生涯的所有希望,并且预示着过早的和悲惨的死亡。但是,对此,州政府刑事司法重炮的车轮却一直没有启动。

所有这一切,都在20世纪发生了改变。[104] 1909年,美国国会通过一项《鸦片杜绝法案》(Opium Exclusion Act),规定除非是为了"医疗目的",进口鸦片或鸦片派生物均属于违法行为。[105] 不过,真正的转折点是1914年的《哈里森麻醉药品法案》(Harrison Narcotic Drug Act)。[106] 形式上,它不是一部刑事法,而是一部有关登记和税收的法律:那些制造或分销麻醉药品的人,必须保存相关的记录,并向联邦政府注册,麻醉药品的购买者与销售者则必须支付税金。该法案同时规定,未经医师的处方,不得购买麻醉药品。该法规涵盖了鸦片和鸦片产品,以及"古柯叶"和其派生物。

"韦伯诉美国案"(*Webb v. United States*,1919)是个重要的判例案件。[107]韦伯是一名在田纳西州孟菲斯市执业的医生。他给一名吸毒上瘾的需求者开了吗啡药,而药剂师戈登包姆(Goldbaum)为其提供这项处方。这些人违反了"哈里森法案"吗?简而言之,几乎是一个随意的判定,联邦最高法院对此说"是的"。法院说,开立麻醉药品给吸毒上瘾者,使其能够"感觉舒服",并持续"他的习惯性使用"。这是一种对法律的"曲解"。这个判决终结了"毒品处方医师"(dope doctors,以开毒品为生的医师)的职业生涯。1919年4月,一群曾经提供毒品给有毒瘾者的纽约市医师与药剂师,在警方数次突击行动中被逮捕。[108]这种策略实际上是让每个与毒品交易有关的人都处于非法的位置。事实上,上瘾本身也成了一种犯罪。许多城市设立诊所,试图让吸毒上瘾者戒除毒瘾——但收效甚微。看来,大棒还是比胡萝卜厉害。

确实,在1925年之前,因为违反联邦麻醉药法,已有10 297人被捕,5 600人被定罪。[109]这只是个开始。毒品管理局(Bureau of Narcotics)在1930年成立。联邦毒品权力当局孜孜不倦地主张严格执法,并警告美国正在不断地遭到毒品威胁。毒品管理局的首任局长哈里·安斯林格(Harry Anslinger)极为勤勉。依据某些人的看法,安斯林格和他的部下是"正义的狂热者",他们运用可怕的故事来恐吓整个国家,并创造出有关"毒品威胁论"以及"毒品终结论"的"宏大公众喧嚣"。[110]部分来自安斯林格的努力,《大麻征税法》(Marihuana Tax Act)在1937年将另一项麻醉品新添入禁药的名单中。在公众心中,常将大麻与墨西哥移民结合在一起;人们将各种暴力犯罪和导致墨西哥人生性狂乱的原因,都归咎于这种"杀手类毒品"。[111]我们不得不承认,像安斯林格这种人的宣传倡导,显然被植入了社会的沃土之中。

联邦打击毒品的努力在州政府获得响应。州政府也通过自己的禁毒法律——这些法令时常干脆就借用联邦政府的条文。因此,俄克拉荷马州在1919年规定,购买、销售、制造毒品均属触犯州法罪,但依据联邦法案审定和许可的除外。[112]依据俄勒冈州1923年的禁毒法,任何习惯性使用毒品者,均被视为"流浪汉"(vagrant),并将依据此法予以惩罚。[113]1932年,联邦政府起草《统一麻醉药品法案》(Uniform Narcotic Drugs Act),并提供给各州政府。各州政府的响应十分热切:到1952年之前,共有41个州采用这个法案;而少数几个固执己见的州政府,则拥有自己的禁毒法,在大致的取向上,其实只是大同小异。《统一麻醉药品法案》规定,制造或持有"麻醉药品"是违法的。基本上,"麻醉药品"指的是含鸦片制剂和可卡因衍化物的药品。医师及牙医可以开含有毒品的处方,但只有"在善意……以及专业行医"的情况下才得以为之。"吸毒上瘾者所寄生的"、用来存放或贩卖毒品的任何商店、房屋、建筑物,都会被宣布为"妨害公共利益的行为场所"。违反本法属于刑事犯罪行为。例如,依据南加州的版本,对于初犯,处以罚款500美元,最高可处6个月以下有期徒刑,两项可以并罚。如果第二次触法,罚款2000美元,最高可处两年以下有期徒刑,两项可以并罚。[114]

当禁酒令在舞台上销声匿迹很久之后,"毒品战争"依旧未有穷期。事实上,随着时间的推移,"毒品战争"变得越来越猛烈和孤注一掷。违法的惩罚变得异常严厉。在某些州,对于毒品累犯的量刑,甚至比对谋杀犯还严厉。几十亿美金就这样在老鼠洞中消失了。然而,这场战争似乎永远也打不赢。就多视角来看,它怎么看都像是一场美国国内的越南战争。

天生的罪犯及其他社会的敌人

到底是什么原因导致人们实施犯罪,似乎每一代人都有自己的一套理论。例如,1900年时,几乎没有人会相信,把灵魂卖给魔鬼是犯罪的重要来源。不过,人们的确相信有些人是天生的罪犯,犯罪就存在于他们的血液中。这些身心有缺陷的人类构成了新的"危险种类"。这不是一个新的想法。它可追溯至19世纪后期意大利犯罪学家西泽·龙勃罗梭(Cesare Lombroso)的著作。[115]龙勃罗梭思想的鼎盛期是在20世纪初。1925年,亨利·戈达德(Henry Goddard)出版了一本颇具轰动效应的书,内容是关于"卡利卡克家族"(Kallikak,一个虚构的名字)的故事。戈达德是新泽西州一间低智能者研究所的研究主任。他追踪一整群娼妓、堕落者及微小罪犯人的家族系谱。追溯的线路抵至一位名叫马丁·卡利卡克(Martin Kallikak)的士兵,此人曾参与美国独立战争的士兵,同时是一名私生子。卡利卡克后来与一个正派的女子结婚,并生下一群"好"人。因此,他的性生活使某种"自然的实验"进入运行。后来,格雷戈尔·孟德尔(Gregor Mendel)在有关"普通的菜园豌豆"研究工作中发现的规律,也可以适用于人类。[116]

戈达德的理念似乎受到广泛的支持。如同芝加哥市立法院精神病实验室(Psychopathic Laboratory of the Municipal Court of Chicago)主任威廉·J.海肯斯(William J. Hickens)于1921年所说:"种卷心菜得卷心菜,种玫瑰得玫瑰。"对于犯罪源于环境影响的看法,他嗤之以鼻。他认为"道德缺陷"是问题之所在,除此以外没有别的。谁会期待像是N.J.这样的人?会有什么好作为呢?N.J.是个21岁的男子,"低智能痴呆""驼背",到了4岁才会走路和说话,还是根"老烟枪",被逮捕过两次,7次被送进精神疗养院,还有两个嗜酒上瘾的姨母。[117]像这类次品男人，自然而然地会做出一些反社会的行为。而且，(最糟的是)他们会生儿育女。

"犯罪人类学"(criminal anthropology)这门学问基于可以从身体特征显露出犯罪类型的奇想。到了20世纪30年代后期，在完成"全美罪犯调查"后，恩尼斯特·胡顿(Earnest Hooton)指出，犯罪者拥有"相对比较短且宽的脸孔……而且鼻子相对也比较短而宽……耳朵的轮廓缺乏卷曲层次感"，外加"身高发育矮化和低水平发育"。[118]其他专家与刑罚学家对此表示怀疑，比方托马斯·莫特·奥斯本(Thomas Mott Osborne)便对居然存在着所谓"罪犯的鼻子"这类说法报以嘲笑。[119]但是，数以百万的人们都相信犯罪是由血亲宿命所决定。都是某种血液惹的祸。

我们能做些什么吗？圣·昆丁监狱(San Quentin prison)的外科主任医师利奥·斯坦利(Leo Stanley)认为，通过修补腺状体，他能使囚犯得到改造。在1918年至1940年期间，他动过一万次"睾丸植入"手术。似乎"按照规定喂以公羊睾丸粉末的金鱼，其行动力比一般吃干虾米的金鱼提高了400%"。人类总不可能比金鱼来得差吧？因此，斯坦利认为，接受过他的手术的人，都会变得更积极、更有活力，而且食欲大增。[120]

然而，还有比睾丸植入更受人欢迎的主意，这就是完全去除那些具攻击性的器官，即切除那败坏的器官，阻止其繁衍。如果你相信罪犯是天生的，那么，千方百计地来阻止"堕落者"和心智不健全者生养子女，当然是再好不过了。一名作家竟然写道："因为心智残障者快速地增加，国家正面临种族退化的危险。"[121]印第安纳州于1907年通过首创出一项绝育法令。该法开宗明义便宣称"遗传在犯罪、白痴、弱智方面的传播上扮演了重要的角色"。[122]任何在本州监禁有"被定罪之罪犯、白痴、强奸犯、弱智者"的机构，有权雇用两名"有技能的外科医师"。如果"专家委员会"决定某囚犯"繁衍后代是不妥当的",那么"有技能的外科医师"得以对该囚犯做绝育手术。

加利福尼亚州在 1909 年随之仿效:其法规要求,曾犯有两次性犯罪或三次任何种类犯罪,以及任何在监狱中有"证据"提供显示"该名囚犯为道德与性反常者",均应对该囚犯施以阉割手术。[123]最后,大约有半数的州政府都制定有某种优生法规。[124]华盛顿州的相关法规要求,所有州立机构须报告那些在其管辖下的"低能、精神错乱、癫痫症患者",以及"惯犯、道德败坏者、性反常者"。他们的"子孙"由于继承了"低下或反社会特性",很可能成为"社会的威胁或州政府的负担"。从而,绝育手术的对象就是这些被列入名单的人。[125]

110 有些州比其他州赋予了绝育手术更多的热情。加利福尼亚州就带着极大的兴趣在着手这项阴沉枯燥的工作,特别是对"低能者"。到 1929 年为止,共有 5 820 人被实施过绝育手术,这个数字据称是全世界其他地方的绝育手术总数的 4 倍。[126]并不是所有人都齐声赞颂这些法律。各州法院便推翻了不少案件。例如,1913 年在新泽西州的一件案例就和一家州立医院里的一名癫痫症女性患者有关。通常,未经正当程序,这类患者会遭受残忍的、无人格尊严的和羞辱性的处罚。[127]在某些方面,"巴克诉贝尔案"(*Buck v. Bell*)可以视为这一运动或高(或低)的波点。这是一件把争议诉至联邦最高法院的来自弗吉尼亚州的案件。[128]18 岁的凯莉·巴克(Carrie Buck)被描述为一名"低能的白种人女性",她住在该州癫痫症患者与低能者的集中区。人们说她是"一名低能母亲的女儿",而现在她则是一名"非婚生低能孩童"的母亲。

本案由小奥利弗·温德尔·霍姆斯大法官执笔撰写了多数意见书。这是他最著名的(另一种说法是最臭名昭著的)意见书之一。霍姆斯毫不犹豫地赞成弗吉尼亚州的法律,因为他并未发现该法有任何违宪之处。毕竟,州政府可以强制孩童注射疫苗(联邦最高法院曾认可的),可以强制年轻男子现身战场,为什么它不可以下令对女子进行绝育手术?绝育手术在此被完全合法化了。美国的优生学噩梦要求进行极端化的手术。霍姆斯说:"三代低能,已经足够了。"

具有讽刺意味的是,事实上霍姆斯面临的并不是几代的低能者。据我们所知,不论凯莉·巴克、她的母亲或她的孩子(在幼年时期便死于麻疹),还都算不上是真正的智能不足者。事实上,她的孩子还被认为是乖巧聪明的。因此,本案所依据的,是一项可怕的错觉:并没有三代智能不足,而是三代穷困、笨口拙舌的女人而已;她们不过是三代白人废物(white trash),三代被堆放在社会底层的人。对许多霍姆斯那个时代的人而言,这个判决是有进步意义的。然而,从公元2001年的角度来看,"巴克诉贝尔案"几乎已经完全不可以同日而语。它简直像是一种冷酷无情的残忍行为。凯莉·巴克和她的女儿是无辜的被害者,她们成了文化与性狂热祭坛上的供奉品。

第五章

种族关系与民权

新政时期之前,就多方面而言,还是一个种族隔离的顶峰时期,对黑人*的歧视几乎肆无忌惮。南方与边界各州形成一个密集地维持着种族隔离、白人至上状况的法网。在这些法律背后,存在着"不成文的法律",这些法典组成了所谓"南方的生活方式"。如果黑人(尤其是黑人男性)跨越了界限,行为无礼或举止傲慢,或气势凌驾于白人之上,或者即使是盯着看一个白人的脸,就会招引横祸。如果他被控告调戏或强奸白人女性(上帝保佑别发生这种事儿),他的生命将被视为草芥、一文不值;按照民间私刑,他将被拷问、截肢乃至处死。

种族隔离的信条如此坚固,以至于社会和法律甚至不准许存在一种两厢情愿的关系。至少在形式上,不同种族间的性关系是个禁忌。黑人与白人通婚是被严格禁止的(这在美国的其他许多地方也是如此)。鉴于有关种族优劣的"科学"辩论以及种族杂交的可怕后果,这种社会禁忌已经被强化。任何黑人血液的色泽,都是对白人纯洁性的一种冒犯。州法律中专门规定,含有多少黑人血液就会使一个人从白人阶级除名:超过16%是典型的数额,但是即使是16%,对弗吉尼亚州来说,黑色的成分仍旧太多。1924年的一项法律规定,若一个白

---

* Jim Crow,这是对黑人贬义的称呼。——译注

人与任何"没有高加索白人血统"的人结婚(未婚伴侣除外),视为犯罪行为。[1]

大致在第一次世界大战时期,密西西比州的安东尼·格兰迪什(Antonio Grandich)和他的妻子控告该州的汉考克郡,因为汉考克郡拒绝让他们的子女进入白人学校上学。安东尼和他的妻子是以白人的身份结婚的,但是学校行政官员认为他们的子女事实上是"有色人种"。问题出在格兰迪什的曾祖母克里斯蒂娜身上;有人说她是"印第安人",也有人说她是"黑人,因为她在黑人教会里被归类为黑人并且接近黑人教堂",而且她有"黑人的头发",以及"像姜黄色蛋糕的肤色"。格兰迪什夫妇的子女可以算是白人,然而法院裁定,只要混杂有黑人的血液,便是黑人。[2]在1939年末(不会早于这个时间),加州的一项遗嘱争议(will contest)中,法院宣称玛丽·安托瓦内特·蒙克斯(Marie Antoinette Monks)的婚姻无效,因为她是黑人。虽然她曾与已经死亡的白人爱伦·蒙克斯(Allan Monks)结婚,但这种婚姻在亚利桑那州是不被容忍的。为了证明玛丽·安托瓦内特·蒙克斯不是白人,一名美发师从她"指甲的月牙形状"和她头发的"纽结"作证;一名人类学家从她的脸的形态、"手的颜色"以及她"凸凹的脚后跟"找到"黑人"的特征;一名外科医师指出,"她小腿肚与脚后跟的轮廓"以及"她头发的波浪状",皆带有黑人的特征。[3]"一滴血"原则("one-drop" rule)很大程度上还是要归因于奴隶制传统。依据奴隶法典,奴隶女子的子女自身也是奴隶。奴隶主却时常与奴隶发生性行为,产生出一群浅肤色的奴隶种类——最后,即使奴隶也可能被认为是白人。一个相反的规则是,如果以白人父亲为识别标准,那么就会有太多的奴隶可能被解放。虽然奴隶制度已经渐行渐远,但是种姓制度仍然阴魂不散。黑人血统的被妖魔化到了如此严重的地步,以至于只要沾那么一滴血,就足以将一个"白人"归入贱民的行列。[4]

社会地位、经济机会、社会流动性——无不取决于种族。种族是南方挥之不去的魔咒。在北方,情况略微好一些(法律上较少有硬性规定)。在移民与归化的关键议题方面,种族也是个核心议题:这些好处只是归白人独享。20世纪前半叶,种族隔离法被各州完全执行。例如,佐治亚州法律规定,"白人与有色人种"分为各自单独的学校,在火车与街道车辆上也要各自分开入座。[5] 1903年阿肯色州的法律规定,在所有监狱和拘留所,"白人与黑人囚犯须各自囚禁于不同的房间内",包括"床位、寝具……饭桌"等也要隔开。将白人与"黑人囚犯"铐在一起或串锁在一起,均属违法。[6]该法同时规定,投票所与缴税处也属于种族隔离之地。在北卡罗来纳州,工厂老板必须为工人提供"隔离的、区别明显的厕所",而且马桶必须用不同字体、方式来明显标示,总共分为4个马桶——用以区别白人男人、有色人种的男性,白人女人和有色人种女人。此外,这些马桶必须用"结实的砖墙或木墙来隔离开来"。[7]如同其他的南方各州,北卡罗来纳州的学校当然是种族隔离的。但是北卡罗来纳州,甚至连课本都得遵守种族隔离法——课本"不得在……白人与有色人种的学校间交换",如果这些书曾经首次被某个种族用过,那么另一个种族就不可以再加以使用。[8]

当然,这一切都仅仅是冰山一角。学校法与铁路法神圣地承诺过,虽然所有的设备是种族隔离的,但是各种族间是"平等的";但是,没有任何一个南方的州政府严肃地履行这项承诺。事实上,平等则是不惜一切代价地被形同虚设。这种制度是种姓制度。所以,如果黑人与白人都可被视为社会的成员而获得公平对待,或者黑人比白人优越(但愿不会发生这种事儿),这些状态都是违反该法典的。因此,禁止异族通婚,尤其是禁止黑人男性娶白人为妻。所以,1915年得克萨斯州沃斯堡市(Fort Worth)的法令规定,"在沃斯堡市城市法人管辖境内内,任何白人与黑人发生性关系者,均属违法"。[9]得克萨斯州1933年的法律禁止任何"高加索血统人(指白人)与非洲人(指黑人)之间的格斗、拳击、摔跤之类的竞赛"。[10]当然,在其他地方,黑人与白人确实在拳击赛的铃声中格斗着;黑人拳击手杰克·约翰逊还曾赢得重量级冠军。当约翰逊于1910年把"白人的伟大希望"吉姆·杰夫里斯(Jim Jeffries)击倒在地时,这场比赛引发出巨大的狂热,随后暴乱在全美各地陆续出现。许多北方与南方主要大城市的黑人,为他们的"胜利"付出了头破血流的代价,在接踵而来的暴乱中,还有7个黑人为之丧生。[11]

在南方各州,公园和公共设施也严格实施种族隔离;白人拥有最好的或唯一的设施,留给黑人的,则是残羹剩饭一样的东西,或根本没有什么公共设施可用。在20世纪开始的前十年,联邦法院对黑人的处境毫无同情心——既没有从"普莱西诉弗格森案"后退的迹象,也没有对种族隔离采取任何干预的行动。"贝瑞亚学院诉肯塔基州案"(*Berea College v. Kentucky*, 1908)就是个佐证。[12]肯塔基州规定,中小学校或学院"若让白人学生与黑人学生像同学一样在一起听课",属于刑事罪行。贝瑞亚学院是所跨种族的学校。因违反法规,它被科以罚金。但联邦最高法院并不认为这项法律或处罚是错误的。在1901年的"切利斯诉切萨皮克市与俄亥俄铁路公司案"(*Chiles v. Chesapeake and Ohio Railway Company*, 1910)中,一名黑人男子购买了一张从华盛顿特区到肯塔基州列克星顿市(Lexington)的头等舱火车票。[13]当切利斯在肯塔基州换车时,他被迫改搭为有色人种运行的列车。他对此表示抗议,主张他作为一名跨州乘客的权益。然而联邦最高法院引用普莱西案,认为肯塔基州的法规是合理的,因为这些法令反映了"一般社会大众的情感"。当然,一般社会大众指的是白人社会。

在南方,任何通往政治改革的路径都被有效地封锁着。黑人显然缺乏政治力量。在过去的南部邦联各州里,没有任何黑人在州政府或郡政府占据一官半职。去投票的黑人寥寥无几,并不是他们漠不关心,而是没得选择。在19世纪晚期,南方各州开始想办法摒除黑人投票人。最后,它们在20世纪完成了这项工作。州政府利用成文法典上的(有时甚至是成文法典外的)各种技巧和花招来把黑人阻止在投票站之外。任何想要投票的黑人,都不得不穿越种种障碍。在南卡罗来纳州,投票人必须支付人头税(poll tax),拥有价值300美元的等值财产,并"同时能读和写出"南卡罗来纳州宪法的任何一个条款。[14]在密西西比州,打算去投票的人必须能够阅读联邦及州宪法,且能够"合理"解释这些宪法的内容。似乎没有黑人能够通过这些测验,而白人总是顺利过关(或者甚至连问都不问就过关了)。那些难以管控的、坚持不懈的黑人,则受到粗糙的对待。如同阿拉巴马州的一位官员所说:"刚开始,我们习惯于先杀了他们,让他们无法投票;当我们厌倦了这种做法时,便开始偷走他们的选票;当我们的良心上对偷选票这种作为觉得过意不去时,我们决定以合法的手段处理此事,调整一下,让他们依法也没办法投票。"[15]

并不奇怪,这个手段是奏效的。1906年,阿拉巴马州所有符合投票年龄的白人男性中,有85%的人被登记参选,而黑人男性仅有2%的人被登记参选。其他州的状况也大同小异。在1910年之前,南方各州黑人的选举权通过各种手段被实际地剥夺。[16]最初,联邦最高法院对黑人投票权并不表示兴趣。在"吉尔斯诉哈里斯案"(*Giles v. Harris*, 1903)中,原告是一名"有色人种",代表他自己与其他"超过5000名的黑人"提起诉讼,抗议他们在阿拉巴马州的蒙哥马利郡(Montgomery County)被禁止投票。[17]联邦最高法院在本案判决中,不论是在法律技术上或语言表述上,都驳回了他们的起诉。负责撰写本案多数方意见书的霍姆斯,落井下石般地写道:这项控诉"意味着绝大多数的白人具有不希望黑人有权投票的愿望"。但是,如果真的是这样,登记黑人投票人就会是件没有意义的事情,因为"在一张纸上的一个名字",也无法战胜这种"共谋"。霍姆斯提出这个有点冷嘲热讽的忠告,其实是为了宽慰一下阿拉巴马州本身以及美国政府。当然,这完全是徒劳的。

为维持选举的清白无瑕,有一种臭名昭著的手段叫做"祖父条款"(grandfather clause)*。在 19 世纪的末端,路易斯安那州发明了这种条款,从此便传布到其他南方各州。该条款规定,投票人的后裔可以免除这样或那样的投票权的测验程序。1915 年,联邦最高法院审理俄克拉荷马州版本的祖父条款。俄克拉荷马州作为一个刚刚上路的州,才修改过它的宪法——限制投票人必须能够"阅读并书写俄克拉荷马州宪法的任一章节"。当然,选举登记员将确保没有任何一个黑人能通过这种测试。那白人怎么办呢?他们是可以被一些理由所谅解的,比如,在 1866 年 1 月 1 日时,他"是在各种政府形态下享有投票权的人";或者他当时住在外国;或者他是符合其中一类条件者的"直系后代"。当然,这包括了除了黑人男性以外所有的男性。

这是个掩耳盗铃的花招。它在联邦最高法院审理"吉恩案"(*Guinn v. U.S.*,1915)中受到抨击,联邦最高法院便推翻了它。联邦最高法院认为,选择 1866 年作为这个关键性的日期,理由只有一个,那就是,它出现在赋予黑人投票权的宪法第十五修正案之前。所以,

---

* 美国南北战争结束后,1867 年 3 月 2 日,美国国会通过《重建法》,要求南部的 10 个州承认黑人的选举权,并以此作为重新加入联邦的条件。1870 年,在南部 10 个州履行了法律这一要求的基础上,国会又通过了宪法第十五修正案,规定无论是联邦还是各州政府均不得因为种族的不同而限制公民的选举权,期望以此来保障黑人选举权,而南部各州却又通过选举资格的规定间接限制或剥夺黑人选举权。其中的一种资格限制就是"祖父条款"的限制。凡在 1866 年或 1867 年以前已取得选举权者及其子孙,一律享有选举权,无需具备教育和财产资格条件。而 1870 年,也就是宪法第十五修正案通过的那一年,在这之前黑人根本不享有选举权,因而必须具备严格的受教育或财产资格,才能享有选举权。——译注

该条款违反了第十五修正案保障黑人的权利。[18]

从某个方面来看,这是一场重大的胜利。这似乎是联邦最高法院在态度上正在改变的信号。但是在实际上,它的影响微乎其微,甚至几乎根本没有影响。联邦最高法院无权强行实施它的判决,或影响在投票站与注册点的实况,或影响那种普遍压迫黑人的"湿热的南方气候"。白人主导的南方仍旧坚不可摧,塔夫脱总统与威尔逊总统领导下的联邦政府也完全没有拯救黑人的兴趣。相反地,来自南方的白人总统威尔逊,是在联邦政府首都里支持种族隔离主义的狂热者。

大部分的黑人住在南方,而且他们中的大多数都是农场工人——如佃农或合同工。他们极为贫穷,完全依赖于白人土地拥有者。就许多方面而言,他们和土地牢牢捆绑在一起,这和他们过去做奴隶时的情形别无二致。在密西西比河三角洲,几乎到处乌压压的全是黑人,他们多是在白人拥有的大农庄里做佃农。他们住在简陋的小屋里,全家人在棉花田里长时间工作,每天从黎明前一直干到日落。地主提供他们一间小屋、一些工具、棉花籽、水、木柴、一群骡子——收成的二分之一则被地主拿去。农场工人们则因为长期欠着大农庄的钱而负债累累。[19]

"贝利诉阿拉巴马州案"(*Bailey v. Alabama*, 1911)对南方的劳工制度发起了直接的抨击。[20]原告伦佐·贝利(Lonzo Bailey)是一名黑人农工,曾经签了一份契约,约定为白人所拥有的公司做农场工人;他的薪资是每月12美元,另外领有15美元的预付款。贝利在大约五周后辞职。因为他的这种做法,他撞上了一项卑鄙无耻的法规。该法规规定,员工若在订定契约后领取了预付款,但随后不履行契约(或者也不返还预付款)者,构成诈欺雇主罪。依据该法令,贝利这样的失败作为,将成为故意诈欺的"初步证据"(prima facie evidence),而被告将不被允许作证陈述其"有关动机、目的或意图"。[21]这些规定看起来还比较温和,但实际上,该法规的目的在于把黑人农工和他们的工作绑缚在一起——让他们成为事实上的农奴。该法规属于刑事法律。所以,此违反行为将使贫困的黑人农工遭遇可怕的"锁链囚犯群"的命运,或者迫使他为原来的雇主免费劳作,用他额头上的汗水来偿还雇主的债务。

这项法规太过离谱,以至于联邦最高法院根本无法接受。联邦最高法院推翻了该法规(尽管有小奥利弗·温德尔·霍姆斯大法官的乏味、讥讽和轻蔑的不同意见书)。该法规创设了一种"以劳役偿债"(peonage)的制度,指的是(如联邦最高法院所定义)"以强制性服务来偿付债务"。国会在1867年曾经禁止以劳役偿债的制度。[22]联邦最高法院说,该法案在国会的权限范围内,应当受到宪法第十三修正案(该修正案禁止奴隶制度及"强迫劳役制")的制约。

这个法案不曾承认,它是针对黑人劳工(而且只是针对黑人劳工),或者与种族有任何关联。但是,种族与黑人农场工人,事实上就是整部法规的内容所在。它是南方各州为了将黑人劳工绑缚于工作岗位上的法律之网的一部分。[23]例如,依据阿拉巴马州的法律,"怂恿、诱惑、劝说任何学徒或雇工离开雇主的服务岗位和雇佣职务的人",均属犯罪;"诱使"任何"租赁人或佃农"逃避履行与地主之间之契约的人,亦属犯罪。[24]或许更为重要的,是令人生畏的流浪法。在阿拉巴马州,任何"年龄超过21岁、有工作能力却不工作、没有足够财产得以维持谋生,或缺少公平、诚实、体面的生活方式的人",属于"流浪者";而流浪是犯罪行为。[25]因此,任何失业的黑人都可能被起诉——旧话重提,他有两种选择,要么走进"锁链囚犯群",要么为他过去的"主人"工作。

总之,这是一个坚固强大、由来已久和根深蒂固的制度。如同"吉恩案","贝利案"既未改变任何现状,也丝毫没有改变劳工制度。有些南方的州在其法规方面做了一些表面化的改变。不过，仅此而已，并没有继续前行；也没有人"想"接下来再多做些什么。南方各地的黑人被视为一大群消耗性的劳力。在1927年的密西西比河大水灾时期，黑人男子被迫在堤坝上工作。例如，在密西西比州的格林维尔市，黑人要么去做这样的工作，要么就得挨饿。这些"像牛群般被驱使"的男人们，他们不得不长时间劳作，异常艰辛并毫无酬劳，还得忍受"卑鄙和粗暴的对待"，这些人简直就是"地地道道的奴隶"。[26]

劳工制度与这个庞大的社会制度紧密相连。这是一个种姓制度，在这个制度中，任何白人的地位必定高于任何黑人。在白人看来，所有黑人都是社会中的贱民。如同我们所见，在这个国家的许多地方，黑人都不得合法嫁娶白人。但是在南方，严苛的白人至上法典意味着任何黑人男子绝不能对白人女性做出"猥亵的"或者傲慢的、亲密的行为。如果一名黑人男子触碰了白人女子，即使只是非故意的情形，都会大祸临头。严重违反该法典的处罚是死刑。至于说，黑人男性谋杀、强奸或骚扰了一个白人女子，即便只是犯罪的嫌疑，都是死路一条。

这段时间是滥用私刑的高峰时期。在肯塔基州的帕迪尤卡市，一个名叫布洛克·亨利（Brock Henley）的黑人男子被控在乔治·罗斯女士（George D. Ross）这名白人女子家中，抢劫并袭击了她。亨利被捕后，乔治·罗斯带了一群男人，到监狱里锯断了铁质牢门并把亨利带走，押着他到三英里外罗斯的家进行身份鉴别，然后在光天化日之下，将他与另一名黑人绞死。他们的尸首布满了子弹孔，还被烧得面目全非。罗斯女士向众人表示谢意说："我不知道自己有这么多朋友。"没有人试图阻止私刑，法医的裁定也是老一套：死于"一群不知名的暴民"之手。在1908年的肯塔基州，一群"夜间蒙面骑马暴徒们"将一名叫做戴维·沃克（David Walker）的黑人家团团围住。他们声称"这名黑人曾与一名白人女子发生争执,这当然足以构成一个罪行"。他们将汽油泼洒在他的房屋上,放火焚烧;沃克、他的妻子、她怀中的婴儿和其他3名幼童倚在门口乞求饶恕,但是他们全被暴徒枪杀了。另一名孩童可能是在屋内被活活烧死的。[27] 依据全国有色人种协进会(NAACP)于1919年出版的一份报告指出,在过去30年内,平均每年私刑暴徒的受害者超过100名;其中78%的被害者是黑人,且超过90%的事件发生在南方。[28] 另一份于1933年仔细完成的报告宣称,光是1930年就有3 724人在美国被处以私刑。截止到1930年底,以私刑处死的在案记录便有21件,其中20件的被害者是黑人。在佐治亚州奥西拉市(Ocilla)的一件案件中,被害者遭到了令人难以置信的折磨:"他的脚趾关节被一节一节地切断,他的手指也同样被切除,他的牙齿则被人用钢丝钳拔除。"在身体更多部位被损伤后,这名男子被浸泡在汽油中,然后被点火烧死;上千人观看着这个过程,死者的尸体上同样也布满了子弹孔。[29] 这不是个孤立的案例。许多黑人被施以酷刑、被烧死和被切断了手足。大约在第一次世界大战期间,一名佐治亚州的怀孕黑人妇女,因为抗议她的丈夫被实施私刑的暴民杀害,随后她被施以酷刑并被烧死;暴民将胎儿从她的肚子里扯出,并碾压致死。[30]

几乎没有人因为这种令人惊骇的野蛮行为而受到制裁。大部分的白种南方人认为私刑是正义的——他们时常责怪司法系统太过缓慢、效率太低、太宽松。事实上,当黑人被告被送入法庭时,这个制度一点也不宽松。在某些黑人被控强奸的案件中,很难区别私刑和"正规的"司法制度有何区别。例如,1909年,一名黑人男子威尔·马克(Will Mack)于密西西比州的兰金郡被起诉、受庭审、被定罪,最后被判刑,一共只用了6个小时。接着,他被公开处以绞刑——在场有超过3 000名观众,他们一边吃着冰淇淋和西瓜,一边观看行刑过程;在场的还有小孩和女人;当活动板门打开,马克的脖子被绞刑架折断时,观

众们爆发出开心的喝彩狂笑。³¹

通常,正正规规的系统并没有这么迅速到位。同时,这个系统也不允许出现如同某些人想要的那类极端酷刑和肉体痛苦。很明显,它无法传达一个足够严厉的声音给黑人族群。私刑是白人至上的暴力铁拳。私刑通过彻头彻尾的恐怖行动来强制执行南方的"法令"。显而易见,正式的和官方的法律从来也没有完全承认过这个"法令",也无法赞成这个"法令"被传播以及被培育的方式。

反对私刑法的声音越来越高,来自白人族群,也来自黑人族群,甚至也来自南方。但整体而言,整个白人社会里要么是赞同私刑法,要么就是对此漠不关心;这种在小城镇和农村地区尤其明显。黑人对私刑极为愤怒,黑人组织也积极地为反抗私刑而斗争;但是黑人缺乏政治力量。私刑当然是完全违法的。在有些州甚至是南方的州,有专门的法规宣布私刑为非法。例如,在阿拉巴马州,实行私刑(或者帮助和教唆私刑)是一种可以被处以死刑的罪行;任何在私刑现场出现的暴徒团伙成员,甚至可被处以最高 21 年的有期徒刑。此外,任何狱卒或典狱长,如果因为"疏忽大意或懦弱胆怯"而准许暴民将囚犯从监狱带走、处死,可能会被处以罚款或监禁。³²毋庸讳言,这些法律形同虚设(law was a dead letter)。联邦立法机关时常提出议案,但这在政治上几乎无济于事。密苏里州的国会议员利奥尼德斯·卡斯塔芬·戴尔(Leonidas Carstarphen Dyer)于 1920 年提出反私刑议案;众议院于 1922 年通过该议案,但是南方的参议员则让它在参议院寿终正寝。³³

一般而言,南方各州的司法制度都令人绝望地对黑人被告怀有偏见,尤其是被控侵害白人的罪行。实际上,这种被告没有多少讨回清白的机会,甚至没有接受公平审判的机会。整体而言,黑人对黑人的犯罪,受到满不在乎的对待。强奸黑人女性的案件,几乎从来不曾被惩罚。即使偶尔对黑人的温和行为,也都弥漫着白人至上的味道。南卡罗来纳州的斯戴克·莫里斯（Stake Morris）因杀害另一名黑人而被判处死刑。该州的州长科尔·布利兹（Cole Blease）减轻了他的刑罚，理由是："对于杀害另一个黑人的黑人，我自然反对用电椅或绞刑将他处死。因为如果一个人有两头好驴子……其中一头发了疯，用脚将另一头踢死，那主人绝不会拿起他的枪，将另一头驴也杀死。"同样的，"当一个黑人杀了另一个黑人……他应该被关到监狱里，让他为州政府干活"。[34]

他们的确也是这么做的。在19世纪末，有些南方的州政府将他们的囚犯出租给私人企业，几乎让他们工作至死。比如，这种制度在佛罗里达州就一直持续到20世纪。佛罗里达州并没有州立监狱，它将该州被定罪者送往私人企业——其中有许多是"健壮结实"的黑人，让他们从事肮脏和危险的工作。这些犯人往往是因为轻微的罪行或莫须有的罪名而被捕。在阿拉巴马州，被定罪者在条件恶劣的煤矿里挖煤，其中128名死于1911年的矿难。不过，代替人犯租赁制度的是"锁链囚犯群"，它也好不到哪儿去。"锁链囚犯群"强迫囚犯为州政府（而不是私人企业）干活，他们同样受到非人道的待遇和恶劣的工作环境。密西西比州的帕其曼农场（Parchman farm），作为一个庞大的刑事犯聚居地，黑人罪犯生活在恐怖的"黑色安妮"——一条长皮鞭的威胁之下，这条皮鞭总是无情地抽打在囚犯们身上。[35]

从20世纪30年代开始，有些反抗的骚动和改变的征兆开始显现。阿拉巴马州恶名昭彰的"斯科茨伯勒案"（Scottsboro case）就是一个著名的案例。[36]9名贫穷的黑人少年，被控在火车上集体强奸两名白人女孩。事实上，指控是编造的——这两个女孩说了谎，而且其中一个很快便承认了。但是，那似乎不是问题。这场审判成了一件丑闻——快速、草率，对这些惊慌失措的被告的权利几乎毫无辩护。陪审团当然全是白人。9名被告中有8名被判处死刑。阿拉巴马州最高法院确认其中7名的有罪判决。此时,本案已经变得臭名昭著,全国有色人种协进会和共产党竞相为斯科特波罗案的被告争取权益。后来,联邦最高法院审理本案,于1932年撤销原来的有罪判决;法院说,被告并没有获得一个公平的审判。[37]于是这些被告在一个公开透明的情形下重新接受庭审和判刑定罪。最后,斯科特波罗案的被告走出牢门。为了一项他们没有犯的罪行,他们在监狱中荒废了很长一段岁月;但是,至少他们的性命还是保住了。

对于私刑、劳动制度、剥夺公民权情形,总体上来说,1890年至1930年间,尤其是直到1915年前,对南方黑人(在整个美国也大致如此)是一段黑暗凄惨的时期。[38]种族激进分子大权在握,他们以残酷、无情的态度对待其黑人同胞公民们;他们将黑人视为野兽、未开化者、罪犯、潜在的强奸犯,或者认为黑人懒散、无事业心、卑贱、无知;除了暴力或恐吓,他们都没有反应。为什么会发生这种事情,而且这种事情是如此系统性存在着,做出解释并不容易。显然,白人至上的南方感觉自己遭遇到威胁;但是,他们到底受到什么威胁呢?黑人是一群廉价的劳工;南方各州因为剥削他们而谋取利益。种族隔离与南方的法典,去除了优质工作的潜在竞争。种姓制度甚至能让最贫穷的白人也自我感觉优越至上。任何反叛和运动的迹象、任何黑人中产阶级出现的征兆,只会引发白人的愤恨。

然而,这些经济动机似乎很难恰当地解释种族憎恨的强度。去寻找理性的解释也许是没有意义的。站在20世纪的末端,我们看看在20世纪中发生过的亚美尼亚种族灭绝、波尔布特(Pol Pot)与阿道夫·希特勒的恶行,卢旺达、波西尼亚、科索沃的大屠杀,以及其他无数类似的例子,难道我们还会对深入人类骨髓中的野蛮感到惊讶吗?

住　　房

在南方各大城市里,黑人的生活比在乡村要自由一些。在20世纪初期,许多黑人离开闭塞的乡村,在城市里定居。比如,里士满、巴尔的摩、圣路易斯、路易斯维尔及其他大城市。大多数的白人对他们的到来根本就不欢迎。1910年后,许多城市通过了种族隔离法规,这些法规意在使黑人留在黑人社区里,以便让他们远离白人社群。巴尔的摩是个始作俑者,但是其他城市很快便跟进了;其中既有像佐治亚州亚特兰大这样的大城市,也有像南卡罗来纳州格林维尔这样的小城市。[39]

依据路易斯维尔市的法规宣称,该市已经通过了一个"预防白人与有色人间产生冲突或敌意感觉"的法令——任何一个黑人家庭都不得搬入白人居住区,而白人家庭也不得搬入黑人居住区;这种黑白对称限制也许只是自欺欺人之谈。在"布坎南诉沃利案"(*Buchanan v. Warley*,1917)中,联邦最高法院一致无异议地推翻了该法令。[40]联邦最高法院"直率地承认",美国的确存在许多"种族间的仇视";他们也承认,法律无法控制这种情况;而种族间的仇视,是一个"严重而且困难重重的问题"。但是,这项法令规定得太过离谱。因为,"除非依照正当法律程序",宪法第十四修正案不允许地方政府干预"财产权利";而这种以种族为基础的法规是通不过检验的。"布坎南诉沃利案"是另一场著名的胜利,但对现实状况的影响则只是那么珍贵的一点点。的确,州政府及市政府不能再根据肤色种族的法律来公然、露骨地行使种族隔离制度。但是,种族隔离的状况几乎未见减弱。它总是能找到路径来暗度陈仓。

将"布坎南案"这种案件送往联邦最高法院,需要金钱和组织来支持。莫菲尔德·斯多利(Moorfield Storey)为这件案子争辩并反对该项法规。他的费用是由一个新的组织——全国有色人种协进会——所支付的。全国有色人种协进会可以溯源到1909年。[41]成立时的背景则是1908年在伊利诺伊州首府斯普林菲尔德市的那次可怕的种族暴动。整整两天,白人暴民疯狂地践踏黑人社区,有些黑人被杀,上千名黑人逃离这个城市。这场骚乱致使知名废奴论者的孙子奥斯瓦德·加里森·维拉德(Oswald Garrison Villard)创立了一个跨种族的组织,从事与种族公正方面的工作。最后,全国有色人种协进会采用法律诉讼作为他们的一项关键策略——这项决定引发了20世纪某些最重要司法案例,而且包括后来的"布朗诉学校董事会案"。

其他的美国人:亚洲人

本土排外主义(nativism)的强大张力贯串了整部美国历史。诚然,美国人总认为他们是个宽容的民族;与其他人相比较,或许他们的确如此。但是在19世纪时,曾有过反对爱尔兰人、摩门教徒、天主教徒及中国人的骚乱,以及存在于黑人与白人间以及美国原住民与白人间难以启齿的关系史。在19世纪末至20世纪前半叶,本土排外主义的确是强烈的。如前所述,在保守老派的美国人中存在着某种文化恐慌。大部分亚洲人都住在美国西海岸,中国人在此蒙受着各种来自法律和社会层面的羞辱。依据法律,他们不得移民美国,而且中国人也不能归化成为美国公民。在旧金山市和其他港口的领事官员们在严格执行反中国人的法律。同时,他们对那些敲开港口的大门并声称自己是出生在美国的中国人持怀疑态度。他们大多认为这些宣称是虚假的并拒绝大量的中国人入境。那些提出抗议并且一路把官司打进联邦法院系统的中国人,也偶尔能获得胜诉。但是这些规定越来越严苛,直到任何原告几乎都不可能挣脱法网。[42]

法律系统(以及美国社会)排斥亚洲人,但是这过程中有许多之字形非常规的状态。例如,在19世纪时,旧金山市的中国幼童必须到种族隔离的学校上学;不过南方式的种族隔离制并没有在加利福尼亚州盛行,因此这项政策在20世纪便渐渐销声匿迹。早在1905年,当中国家长威胁要针对将中国学生排除在"白人"高中外的观念展开抵制行动时,旧金山市教育委员会只好放弃此种做法。到了20世纪40年代,正式的种族隔离在这个城市已经不复存在。[43]

和中国移民相比较,日本移民开始得较晚。许多日本人作为农业劳工来到夏威夷及加利福尼亚州。1900年,在美国本土有25 000名日本人;到了1910年时,已经增加为72 000人,其中大多数住在加利福尼亚州。加利福尼亚州的白人对待日本人的态度,并不比他们对待中国人的态度更友善。在他们看来,日本人只是另外一类的"黄祸"。旧金山市教育委员会原本试图强迫日本学生进入"东方人学校"就读,但是同样遭到日本家长反对。日本移民的境遇随之成为外交议题。西奥多·罗斯福总统在1906年时,称种族隔离为"不道德的荒谬"。这种说法是用来平息日本政府对美方的不满。在1907年至1908年间,日本与美国间有所谓的君子协定:日本政府同意制止日本工人继续移往美国。相应的,美国则同意放宽日本工人的妻子和子女入境美国的限制。[44]但是,在1921年,加利福尼亚州州议会修改法律,准许地方政府将日本学生隔离开来。只有萨克拉门托郡的四个学区如法炮制,其他学区并未跟进。在萨克拉门托郡,至少有一个居民认为,部分的问题是日本孩子们"棒球打得比较好……所以,这种事儿让人有点儿受不了"。[45]

西海岸的种族歧视还是相当强烈的。尽管它并不像南方种族关系那样普遍和致命,但是也是足够糟糕了。其中的弦外之音,不外乎是经济上的竞争、性恐慌、通常对深肤色的模糊恐惧以及有些不宜说出口的邪恶，仿佛这些东西会毁灭美国珍贵的血缘。一份加州报纸如此报道：日本人"像老鼠一样繁衍增长"。[46]如同非裔美国人遇到的情形，异族通婚是被禁止的。例如，依据俄勒冈州的法律，任何白人不得和有"四分之一或更多""蒙古人种"血统的人结婚。[47]土地的问题尤其难以处理。许多日本人已经成为农民。1913年，加州通过一项法律，禁止亚洲人购买或拥有加利福尼亚州的土地。[48]一项类似的禁令嵌入在华盛顿州的宪法与法律中。亚利桑那州于1921年也通过相同含义的法律。[49]不过，许多日本人找到规避加州1913年《外国人土地法》（Alien Land Law）的途径。一项1920年的法律填补了许多法律漏洞，而1923年的法律甚至更为严苛。

本土排外主义与移民

排华法案显示："种族大熔炉"的理论并没有受到普遍的尊重。"大熔炉"这个隐喻出自伊斯雷尔·赞格威尔（Israel Zangwill）于1908年创作的一部戏剧的标题。赞格威尔本人是个犹太移民。他写到，美国"是上帝的熔炉，在这个大熔炉里，所有的欧洲种族都在融化并获得重新塑造"。他有点夸张地补充说，"德国人、法国人、爱尔兰人及英国人、犹太人和俄罗斯人，全都进入这个大熔炉！上帝正在创造美国"。[50]

赞格威尔的种族大熔炉的想法，并不是每个人的想法。大部分的美国人，或许同意美国是个种族大熔炉，但是对于应该融合什么，这个熔炉又会产生出什么成果，则见仁见智。他们认为，移民应该变成真正的美国人，100%的美国人，而不是"某某裔美国人"；他们期待移民能完全摆脱其原有的传统，转而接受美国的语言、习惯、嗜好，以及老派美国式的礼节。旧世界只不过是熔炉底部的残渣而已。

大部分的移民发现融入美国十分艰难。对于部分团体而言,融合根本是不可能的事——至少那些"真正的"美国人想当然如此。例如,中国人是(应当是)如此不同、如此具有异国情调、如此彻头彻尾地不同,以至于他们总是保持着无法融合的状况。这就是为什么我们国家最好没有这些人的原因。

此外,人们认为,对经济而言,中国人和日本人是危险的。人们说,这些人会为微不足道的小钱而工作,而这威胁到美国工人的生活水平。亨廷顿·威尔逊(Huntington Wilson)在1914年时如此说:"恰如你无法使两个相连的水库维持不同的水位,在我们准许这么多廉价的外籍劳工存在时,美国劳工的薪酬等级标准也难以为继。"威尔逊同时也担心:"各个种族的人都倾向于和自己同种族的人群抱团聚在一起,如此便不容易同化于美国人的血统、传统、同情心和理想。"[51]

中国人在经济和群聚这两个分数上都不及格,日本人也是如此。"小泽诉美国案"(Ozawa v. United States, 1922)中的问题是:日本人有资格成为公民吗?答案取决于日本人是否可以成为一名"自由的白种人"。小泽的律师争辩说,日本是"白种人",因为他们有高加索人的根,属于一个较高的阶级,可以成为公民,而且是"可以被同化的"。[52]但是,联邦最高法院不买这个账;依据他们的观点,日本人显然不是高加索人。奇怪的是,有些非高加索人可以归化为美国人,比方非洲人,以及非洲人的后裔;这是来自南北战争后的宪法修正案和法令规定。但是,曾经提出申请的非洲人寥寥无几;而且美国黑人也不用被归化,他们因为依据在美国出生而成为美国公民。

因而,被排除在外的主要是亚洲人;他们既不是非洲人,也不是白人。那么,谁是亚洲人呢?1909年,纳霍(Najour)申请成为美国公民。他"来自黎巴嫩山,一个靠近贝鲁特的地方"。他是"叙利亚人",而且"肤色也不是特别黑",他并没有"蒙古人种"的特征。当地政府反对他的申请(人们感到困惑,不知道为什么),但是联邦法院让纳霍成为公民。[53]他的状况比另一名叙利亚人沙希德(Shahid)好多了。沙希德在南卡罗来纳州提出成为公民的申请。沙希德当时59岁,不会写英文,而且似乎对美国所知寥寥。"就肤色而言,几乎是茶色,甚至更深。"一名地方法官判定沙希德是名亚洲人,此外,如果准许他成为美国公民,他不是那种可以"使……美国受益的人";他的申请因此被拒绝了。[54]

声称自己来自"印度上层阶级"的巴加特·辛·迪德(Bhagat Singh Thind)在申请成为美国公民时,联邦最高法院面临给亚洲人下定义的议题。他的律师主张,印度人"属于雅利安人"。而且,"印度上流阶层"是蔑视那些被他们所征服的"蒙古种印度土著"的。但是,联邦最高法院不接受这项主张。[55]法院认为,"金发的斯堪的纳维亚人和棕发的印度人"在"远古时代或许拥有一个共同的祖先",但是"一般人完全能了解到,今天他们之间具有明显的、极大的差异"。该法庭意见书中包含了有关种族的鸿论,还引用了像是《大英百科全书》之类的权威参考数据。不过,大众的意见是最后底线。而大众的意见(同时也意味着法官们的意见)则是在"英国人、法国人、德国人、意大利人、斯堪的纳维亚人的子女及其他欧洲后裔"和巴加特·辛·迪德之类的人之间划出了一条分界线。欧洲人的子女"很快能和我们人口中的大多数相结合并抛弃其欧洲血统中与众不同的标志",但是迪德先生的状况便大不相同:"没有人会怀疑,在这个父母为印度人的国家里,子女出生时显然会保留他们血统的证据",而那个证据想必是深而与众不同的肤色。这是"种族上的差异",而且"我们的人本能地便能认出这种差异并拒绝那种与其同化的想法"。

在这些案例中,有关种族的流行想法占据着优势。一个亚洲人就是一个亚洲人。对于黑人的流行(社会)定义也广为流行——即所谓

"一滴血"原则,此非科学的原则,而是公众的意见。亚洲人并不适合种族大熔炉。我们预设,其他团体想必可以被同化(即使他们是有"黑眼睛、黑皮肤的阿尔卑斯山人或地中海血统"),但是我们对于黝黑色的容忍度是有限的。[56]

人们也越来越担心,许多新移民选择不融入这个种族大熔炉中。这些移民居住在私有的"飞地"里,蜗居在他们的小意大利区、小波西米亚区、小波兰区。毕竟,这是个领土出现麻烦的时代,至少感觉上如此而已。关闭边境、机会减少、阶级之间的战争似乎隐约浮出地平线的一端。这些恐惧,以及移民不愿意放弃其原有生活方式的想法和传说,滋养着本土排外主义。移民们的自身的生活方式似乎是非美国化的,不会说英语也是如此。1917年,一向极少为外国人提供温床的犹他州,建立了一所"美国化"的学校。犹他州的每一位年龄在16至45岁之间的外国人,只要他的英语能力尚未达到五年级的程度,便必须参加夜校的课程,在一个正常学期中,"每周至少上课4小时"。各学区被授权(或被要求)设立夜校课程,教授"英文、美国宪法的基本原则、美国历史,以及与美国化有关的其他科目"。[57]

门户的守护者

从20世纪刚刚起步之际,移民法不仅仅严苛,同时也是个随心所欲的法律:执行这些法律的人被赋予了很大的权力与裁量权。[58]这个程序很迅速、草率并冷酷无情。有关记录清楚地显示,许多行政官员及领事馆的官员认为,他们的职责在于不计一切代价地来把乌合之众挡在美国的门外。如果因而犯些错误,那也无所谓。那些外国人和那些声称自己是公民的人,即使他们能证明他们的案件,但他们获得的机会或者没有、或者很少。

法院有时候也会同情移民的主张,有时候则不然。在"美国诉朱托义案"(U. S. v. Ju Toy, 1905)中,一名中国男子暂时出国(他声称),却在旧金山市的港口被拦下来。[59]朱托义说自己是美国公民,但港口官员认为他在说谎,并下令将他送回中国。朱托义不服,他向商业和劳工部部长(移民事宜属于其管辖范围)提出申诉。部长支持地方领事官员的决定。朱托义转而求助于联邦法院。联邦地区法院判定,朱托义事实上是"美国出生的公民",而且完全有权留下来。但是,由小奥利弗·温德尔·霍姆斯大法官代表发言的联邦最高法院判决,则撤销了下级法院的判决:商业和劳工部部长的决定为最后决定。朱托义无权向"司法审判机关"提出诉讼,即使他主张自己是美国公民并被不公平地逐出他的祖国。美国国会可以"委托"类似的案件给"行政官员",并由他全权作出决定。

在类似朱托义的案件中,游戏规则非常敌对于中国的申请人。在"朱托义案"中持不同意见的大法官戴维·布鲁尔(David Brewer)引证移民法规:这位声称自己有权进入美国的中国人,不被准许接触任何人,须接受秘密调查,行政官员几乎控制了所有的一切;上诉必须在两天内提出,而且在所有案件中,"举证责任……都落在主张有权进入美国的中国人身上";在"每件有异议的案件中,就异议中所产生的利益,皆由行政官员给予并归属于美国政府"。

无论如何,并非所有被报道的案件都和"朱托义案"一样严厉和毫不妥协。法律本身是很复杂的。法律得要辨别那些站在门口(如旧金山)自称是公民的人和那些即将被驱逐出境的自称是公民的人。[60]无论如何,鲜有外国人有能力与勇气去反抗政府。大部分的人会放弃并且干脆回家了;或者,回那个被美国政府依法宣告的"家"。

理论上,州政府没有权力决定有关移民的问题,它属于联邦政府的管辖范围。但是,有些州及地方团体则设法对此留下印迹。1898

年,有一群408名的意大利移民,搭乘一艘可能名为"大不列颠号"的法国船抵达新奥尔良市;这艘船由西西里岛的巴勒莫出发并在途中取道马赛。地方官员十分憎恶意大利移民,以该州州政府的检疫法为借口拒绝他们登陆。其实,这艘船本身、船上的货物、船员与乘客全都持有健康证明书。但是依据路易斯安那州的法律,地方的卫生局可以宣告不欢迎某些移民,因为新奥尔良自己就有许多有害的疾病。后来,这些意大利人前往佛罗里达州的彭萨科拉(Pensacola),而船公司则向法院提起诉讼。很显然地,当地卫生局会这么做,是因为他们的成员们不希望让更多意大利人进入美国,而不是因为任何有根据的卫生问题,但是联邦最高法院拒绝干预此事。[61]

关闭大门

20世纪前期的移民法,是一段日益增加限制的历史——这些限制带有很强的种族气息。我们曾经提过有关亚洲人的特别条款,但这只是其中的一部分——不受欢迎的人必须被阻止进入。自由女神雕塑像说道:"给我……你们那挤成一团的众人";但是,美国国会法案的声音更大更洪亮:不接受这些挤成一团的众人,谢谢了;至少不接受那些来自不受欢迎地方的众人。1903年的移民法宣布了一项新主题,它包含了一串不受欢迎者的名单,即以下这些人不许踏进美国之门:凡是"白痴、精神失常者、癫痫病患,及过去5年内曾经精神失常的人";或者过去曾经"有两次或更多精神失常病史的人"。[62]还有,娼妓、"贫民、有可能需要政府救济的人、乞丐;染有令人厌恶的或危险的传染性疾病者",或者因任何"与道德堕落有关"而被判刑的罪犯,也都被排除在外。至于一夫多妻者、"无政府主义者"以及那些"相信或鼓吹以武力或暴力推翻美国政府的人",当然也不受欢迎。这是个不吉祥的变化:

移民法中第一次包含了政治的测探。该法案特别规定,那些"不相信有组织政府"的人,无权归化成美国人。除了演员、艺术家、歌手、神职人员、教授以及"任何被认可的学术性专家",或者"私人或家庭的仆人"外,该法亦禁止引进契约劳工。依然,该法案明确指出,美国不再需要大群外国人和大群外籍劳工。

立法的步伐仍在行进。1907年,"低能、愚笨者"以及那些依据检验医师意见——其心智状态或身体状态可能将增加美国福利系统负担的人,都被列入名单当中。现在,不仅确实是一夫多妻的人不得进入美国,就连"承认他们笃信一夫多妻论的人"也相提并论了。[63]并不是说有一群一夫多妻的人要求归化美国,而是意识形态及信仰再次成为被排斥的基础——这是一项非同小可的注脚。

1917年《移民法案》(Immigration Act of 1917)设立了一个"亚洲人禁区"(Asiatic barred zone);它实质上囊括了整个南亚,包括印度、缅甸,现今的马来西亚与印度尼西亚,以及太平洋诸群岛。[64]这些国家并没有被一一指名,而是根据经、纬度来加以确定。该法案同时也制订了一套读写能力测试题。凡超过16岁,"而且无法阅读英语,或其他语言、方言,包括希伯来文或意第绪语"的人,都被禁止入境。该法案甚至规范移民审查官测验读写能力的方法:发给受试者一些"尺寸统一的纸片",这些纸片上印着各种相关语言写成的30至40个常用词汇;移民必须自选一种语言,并大声朗读纸片上的文字。该法案另外也赋予政府权力去驱逐那些已在美国境内、曾经犯罪、鼓吹"无政府主义"或倡议推翻政府的外国人。

1921年,美国国会通过一项紧急移民法案。该法案把每一年接受各国移民的名额限制在每个国家3%的配额,条件是:1910年时"在外国出生,但定居于美国"的申请人。亚洲人仍旧被排除在外,而西半球则不受名额限制。该法案的目的在于控制移民的人数每年不超过35

万人,而大部分名额都保留给来自北欧的人。[65]然后在1924年,出现了一项关键的法律。它彻底抛弃了种族大熔炉的想法。它规定各国移民的最高限额,并确定他们来自正确的地方。该法持续"国家配额"(national quotas)的想法,以1890年的人口普查作为标准:如果1890年时,住在美国的人中有2%来自意大利,那么意大利人便得到2%的移民配额。为什么选择1890年呢?因为这是在东欧及南欧的大批量移民进入美国之前的时期。依据1924年的法案,超过三分之二的移民缺口保留给德国、英国、及爱尔兰。每年大约有17 000名希腊人进入美国;1924年法案给予希腊的配额正好是307名。一年里蜂拥进入美国的意大利移民超过15万人;他们的配额为5 802名。[66]

诚然,并不是所有人都赞同这种人口统计的游戏。企业主并不认为引进廉价的劳工是个坏主意,尽管工会认为如此。移民团体反对这项法律,其中许多人本意是看到其中的投票权。在国会辩论中,人称"小花"(little flower)并且后来成为纽约市市长的菲奥雷拉·拉瓜迪亚(Fiorella La Guardia)公开抨击这项法律,他以充满表现力的雄辩反对它,并赞扬他的意大利裔、犹太裔等的支持者们。然而,这项法律背后有支持它的大多数人,结果它还是生效了。

这基本上是一项与欧洲及亚洲有关的法律。出乎意料的是,它并不适用于来自加拿大、墨西哥、古巴、海地、多米尼加共和国以及任何"中南美洲独立的国家"的移民。[67]就此法律而言,危地马拉或尼加拉瓜的所有人都可轻易地向北迁徙至美国并在美国定居下来。这当然不是因为美国对这些外国本土人民的厚爱。事实上,真正一贫如洗的人和恪守传统的人是不会移居外国的。因此,玻利维亚不是个问题,意大利就成了问题。

拉丁美洲中的某一个国家的确呼吁得到特别的待遇。玻利维亚太远了,而墨西哥就在我们门口。墨西哥人其实已经在这里了。当美国赢得墨西哥战争并获得墨西哥三分之一的领土时,美国便收纳了不少墨西哥人。美国和墨西哥边界大部分是荒凉的沙漠地带,非但不适合居住,甚至是危险的。然而人们在自由地穿梭于国界两边。例如,墨西哥劳工离开家乡,到亚利桑那州的矿场挥汗劳作。到了将近1910年时,墨西哥境内的铁路网已经比较发达;现在,墨西哥人可以比较容易地从中部高原搭火车到格兰德河(Rio Grande)。墨西哥人乘火车来美国,也在铁路上工作。1929年时,九家西部铁路公司雇用了超过22 000名墨西哥工人,占全部劳动力人数的60%。[68]

情形后来有了变化。灌溉使得沙漠开始充满生机;不只是花朵,也开始可以种植作物。加利福尼亚州的帝国谷地(Imperial Valley)、亚利桑那州的盐河谷地(Salt River Valley)以及格兰德河谷地,都转而成为大型的食品加工厂。弯着腰在劳作的工人大都是墨西哥人。革命、饥荒、普遍的社会不安,驱使着成百上千的墨西哥人离开自己的家园,投入农产品企业的怀抱。农产品企业的拥有者们对这些墨西哥人表示欢迎;他们认为,就这份工作而言,墨西哥人的表现远比白人好。如同一名商人所说,白人"完全不适合这种需要弯腰低头、蹲下屈膝、伸缩性的工作"。因为"东方人"及"墨西哥人"有"弯腰屈膝的习惯",所以能适应这些白人难以忍受的劳作。[69]

农产品企业的拥有者及铁路企业需要墨西哥移民,但并不是所有人都支持他们。墨西哥移民不受配额限制,但有其他的限制:如果1917年的法律禁止不识字的匈牙利人进入美国,那么这项法律同样也适用于不识字的墨西哥人。仅仅凭借此项规定,就可以将许多贫穷的墨西哥人挡在门外。所以他们就用非法途径进入;或从边境偷渡进来。1925年,美国国会成立了一支边境巡逻队。到了1928年,美墨边境上有超过700名的边境巡逻员,专事对付走私犯和非法移民。而且自1928年起,基于不识字的理由,或者"容易成为公众负担"(英文缩写为 LPCS)的理由,领事馆的官员开始拒绝颁发签证给大多数想要进入美国的墨西哥人。[70]

经济大萧条对墨西哥移民而言,如同雪上加霜。大批墨西哥人失去工作,上千名墨西哥人穿越边境回到墨西哥。那些漂着不走的墨西哥人,则成为被驱赶的目标。在胡佛总统任职的最后几年,此运动开始启动,目标主要是非法外国人,不过重点在于打击加州南部与其他地方的墨西哥人。其中,洛杉矶一马当先。但是上千名来自得克萨斯州、亚利桑那州、伊利诺伊州的墨西哥人同样也离开了美国。在洛杉矶,许多非法的外国人在公共场所因警察的专门扫荡而被捕。有些城市使用的方法比较温和,如1932年的明尼苏达州圣保罗市的社会福利局。1932年后,这波运动逐渐式微,不过直到第二次世界大战爆发前,总有人偶尔试图扫除非法移民。[71]

第二次世界大战消费了美国的大量人力资源,而且没有特别技能的劳工成为一种稀有的商品。1942年,美国与墨西哥签署短期协议,允许被称为"布瑞赛罗"(braceros)的墨西哥劳工进入美国。由此,合法与非法的墨西哥移民大量涌入洛杉矶。族群关系变得很紧张,特别是在洛杉矶警察局和墨西哥裔美国人之间。1942年,发生了有名的"沉睡珊瑚岛神秘事件"(sleepy lagoon mystery)。有人在东洛杉矶水库发现一具年轻的墨西哥裔美国人的尸体。他的死可能是一场意外,也可能不是。警察围捕拷问了上百名年轻的墨西哥裔美国人,而且,虽然几乎没有多少不利于他们的证据,仍有超过12人被判谋杀罪。[72]次年便发生了所谓的"祖特装暴动"(zoot suit riots):参与者大部分是水手和海军,他们狂乱地暴动了十天,攻击并殴打"帕丘寇"*、墨西哥裔美国少年与男子。[73]官方政策错乱不堪;在1950—1960年代,合法入

---

* pachucos,指墨西哥裔美国青少年中的一个社区帮派。——译注

美短期工作的计划仍然持续,但另一方面,1954年的"管制非法劳工计划"(Operation Wetback)则加强了边界的管制。1965年,移民法停止了国别配额制度;从此,凡是家人在美国或者有技能的人,都可以优先移民。但是参议院强迫肯尼迪政府妥协并同意限制来自西半球的移民;从1968年起,开始有了所谓西半球配额(每年大约12万人)。[74]

墨西哥自身在经济、政治上的麻烦,驱使成千上万的墨西哥人穿越边界,到美国寻找工作和避难所。非法移民的数量在1970年代戏剧性地增加,而且此时墨西哥已经不再孤单:越来越多来自危地马拉、尼加拉瓜、巴拿马,及多米尼加共和国的男男女女也加入了非法移入美国的队伍。在电视时代,文化障碍和传统社会的闭塞被彻底打破。每个大城市中都开始族裔的飞地,或许某个人的表兄妹住在洛杉矶的一间公寓里,有个邻居知道丹佛有份洗碗的工作,或者有个叔叔住在圣迭戈市(San Diago);美国对移民的吸引力越来越强大了。

第一批人:法律与美国原住民

和黑人一样,对美国原住民来说,20世纪最初的那几年同样是最糟的时期。的确,军队及进驻者不再杀害印第安人——已经没有这个必要。但是,其原有的语言、文化、信仰及生活方式,看上去已经日薄西山、气息奄奄。《道斯法案》(Dawes Act)*赋予政府摧毁印第安人的土地终身保有制度。[75]原这项法律的理论是,只要印第安人放弃部落保有制度(tribal tenure system),就像美国其他地方一样,改为个人拥有耕作制,这样印第安人就能变成一般的美国公民。实际上,《道斯法

---

* 又称《道斯法令》《道斯土地分配法》(Dawes General Allotment Act),是1887年2月8日美国国会为同化印第安人而通过的土地法令,因马萨诸塞州国会参议员H. L.道斯为提案人而得名。——译注

案》并没有解放原住民或同化他们;相反的,它导致欺骗与剥夺的无序行为。在此过程中,许多部落剩余的土地被夺走,转交到白人的手上。一点也不奇怪,有些部落从一开始便反对《道斯法案》以及在此法案保护下所发生的掠夺行为。住在俄克拉荷马州西南部的基奥瓦族(Kiowas)抵制全面的分配。依据他们所签署的协议,除非得到保护区中至少75%的成年男性的同意,否则不应将印第安的土地转让给他人。在19世纪的最后几年里,由戴维·杰罗姆(David Jerome)领导的委员会在希望能购买更多土地的问题上,与基奥瓦族讨价还价不休。该委员会以高压专横的方式对付基奥瓦族;最后,该委员会向美国国会提出一份基本上是诈欺的协议。协议书中充满了伪造签名,还有在基奥瓦族人实际上不愿签名的地方签上名,也为根本不存在的基奥瓦族人签上名。不过,美国国会在1900年接受了这份协议。基奥瓦族向法院提出抗议。但是,在具有里程碑性意义的"独狼诉希契科克案"(*Lone Wolf v. Hitchcock*, 1903)中,他们彻底输了。[76]联邦最高法院说,国会对原住民部落事务拥有充分的权力。而基奥瓦族的主张是"漠视契约上约定的印第安人之地位,也忽略了他们与美国政府之间现存和持续中的依附从属关系"。正如约翰·旺德(John Wunder)曾经评论的,这项判决"是灾难性的,它使单方面终止契约的行为合法化了"。它引发了一个"新殖民主义"时期。[77]

如此,印第安人的权利在先天上就是不确定的。与这些权利相关联的法律同样也极其复杂。分别有三种权力主张自己拥有对原住民的管辖权:即联邦政府、州政府,以及原住民自己。"美国诉桑多瓦尔案"(*United States v. Sandoval*, 1913)就最好地说明了原住民管辖权问题被纠缠得多么复杂。[78]新墨西哥州于1912年加入联邦。《授权法案》(Enabling Act)宣布,在"印第安国"贩卖酒类饮料是违法的。所谓"印第安国",也包括"现在普韦布洛印第安人(Pueblo Indians)村落拥有及占用的土地"。新墨西哥州同时也必须放弃他们对印第安人土地的要求。桑多瓦尔被控在圣克拉拉的普韦布洛印第安人村落贩卖酒类饮料。然而更大的问题在于,就普韦布洛印第安人的情形,国会是否有权侵害州政府的权力?普韦布洛印第安人曾在墨西哥政府统治下,曾经是"有充分权利的公民",并对于他们的土地拥有合法的所有权。换句话说,争辩的理由是,普韦布洛印第安人在法律中拥有其法律地位,不同于其他州缔结条约下的印第安人。

联邦最高法院不同意这样的说法。为什么呢?按照大法官威利斯·凡·德温特(Willis Van Devanter)的话说,印第安人就是印第安人,即使"他们过着定居的生活,而非游牧的生活……而且十分容易接受和平方案"。一般而言,印第安人坚持"原始的生活方式,普遍受迷信与物神崇拜的影响",他们是"一群单纯、无知、劣等的人"。在这个认为"唯一的好印第安人,就是已被同化的印第安人"的时代,普韦布洛印第安人文化的强势力量,在法院眼里是大有疑问的。

国会时常得提醒自己,放慢剥夺印第安人土地的速度。因为大部分时间里,国会往往不断在加速这个进程。在1900年至1910年间通过的法律,全都有些离谱。[79]依据《柏克法案》(Burke Act, 1906)的规定,印第安人的托管地本质上是不可让与的;除非他拥有完全的所有权,否则原住民不得将其卖出。[80]这项法案的旨意在于,让白人难以欺骗印第安人离开他们的土地。但是在另一方面,一项1902年的法令,赋予州政府为建设道路或架设电话线等理由征收印第安人的土地的权力,而且不需要支付任何补偿金。1908年,《柏克法案》被推翻;1910年,一项法律赋予内政部部长更多管制部落土地的权力。当然,这些规范都是由远在天边的国会所决定的,部落没有任何参与决策的机会。在匮乏对原住民文化、信仰及生活方式关怀的华盛顿官僚控制下,"国内附属国"(domestic dependent nations)毫无力量,也没有什么权利可言。

偶尔,法院会同情印第安人。在"美国诉怀南斯案"(United States v. Winans, 1905)中,联邦最高法院支持雅克玛人(Yakama people)捕鲑鱼的权利,反对白人侵蚀他们的权益。[81] 1919年,联邦最高法院确认这项权利。但是,这是个恶兆,由此这个争议不断在最高法院中出现;事实上,商业捕鱼者一直不顾及雅克玛人的权利,持续大量捕捉依照条约属于来自部落土地的鲑鱼。有联邦最高法院站在你这边,固然挺好;但仅此而已还是不够的。

殖民的美国

在19世纪末,美国与西班牙之间,有过一场"光荣的小型战争",并且其结果使美国大致称得上是一个殖民帝国。毕竟,这是帝国主义的全盛期。包括那个称自己是日不落的大英帝国,还有法国、葡萄牙、荷兰、德国,都有自己的极好的帝国兴盛期。19世纪时,殖民主义列强把非洲大陆瓜分得四分五裂,但美国从未参与其中。美国在美洲陆上扩张自己的版图,也曾经欺凌、操控许多不同的"香蕉共和国";还以有点暧昧的方式取得夏威夷群岛,并使之成为其辖下的一块"领土"。不过,在20世纪开端的时刻,它发现自己已经无愧为一个帝国之称:不仅殖民了一连串的波利尼西亚岛屿,还把波多黎各、关岛,及菲律宾群岛揽入怀中。这些是从美国和墨西哥之战中取得的战利品。问题很快接踵而来,到底这个新帝国应该如何统治这些地方呢?需要遵循什么法律与宪法原则呢?[82]

处理波多黎各问题的《福勒克法案》(Foraker Act)于1900年4月通过。总督和议会由美国总统任命,而立法机关则由波多黎各人民自行选出。但是,该岛的法律地位仍旧是模糊不清的。著名的"海岛案件"(insular cases)把这个问题带到了联邦最高法院,此案于20世纪初作出了判决。[83]这些案件中确切的争议暧昧繁琐。在"十四钻戒诉美国案"(*Fourteen Diamond Rings v. United States*,1901)中,一个来自北达科他州的士兵埃米尔·佩柏克(Emil J. Pepke)被控违反报关手续。佩柏克曾在菲律宾吕宋岛服役,后来他带着在菲律宾群岛取得的戒指回家。海关官员将他逮捕,主张他没有支付任何关税,将钻石非法携入美国。佩柏克争辩说他并没有欠任何税,因为菲律宾并不是个"外国"。联邦最高法院同意他的说法,但是,这留下一个悬而未决的议题。在最著名的案件"道恩斯诉毕德尼尔案"(*Downes v. Bidnell*)中,马上需要回答的问题是,从波多黎各运往纽约的橘子货柜是否应该课税?[84]《福勒克法案》规定,来自波多黎各的货物需要征收关税。另一方面,美国宪法要求"所有的义务、关税和消费税在全美各地都应该是统一的"(第1条第8款)。从宪法的意义上说,波多黎各是美国的一部分呢?抑或是一个殖民地呢?

这曾经是个问题,归根结底,美国的宪法"跟着国旗走"吗?也就是说,美国宪法中的每个字,《权利法案》中的每项条款都自动适用于被征服的领土吗?联邦最高法院的意见尽管分为两个极端,但结论是"不"。撰写多数意见书的大法官亨利·B.布朗(Henry B. Brown)认为,需要考虑美利坚帝国的未来。因为,战争的胜利或者"大型大国对小国的自然吸引力",都可能造成"远方属地的依附性"。而这些属地可能"居住着异种民族,而且他们的信仰、习惯、法律、税法及思考方式可能都与我们不尽相同"。由于这个理由,"在一段时间内,其行政与司法机关的运作或许不可能遵循盎格鲁-撒克逊的原则"。[85]

有关"海岛案件"的意见,其中充满了20世纪初期有关种族的想法。菲律宾人、关岛人、波多黎各人,都还没准备好成为美国公民,或许他们永远都难以就位。如果美国行将成为一个帝国,那就应该与其他帝国别无二致。因此,美国宪法不应该尾随着美国的国旗而行走,至少不是整部美国宪法。这显然是大多数美国人的想法。这是对麦金莱总统为何当选的一种解读。这使得芬利·彼得·邓恩(Finley Peter Dunne)在其幽默专栏中,写下杜立(Dooley)先生这个虚构的爱尔兰人的名言:"不论美国宪法是否跟着国旗行走,联邦最高法院都得跟着选举转。"

当然,并不是所有人都同意"海岛案件"的结果,就连联邦最高法院内也有意见分歧。约翰·马歇尔·哈伦大法官发出反对的意见说,"国会……将我们的共和制度,变成君主政体下存在的殖民制度"。如果某些"特定的种族"无法"与我们的人民不相同",那么美国在最开始就应该对是否需要获取这种领土考虑再三。[86]但这是少数派的想法。联邦最高法院的判决,已经为国会和总统决定如何治理这些遥远的领土开辟了道路。1902年,国会为美国政府如何治理菲律宾制定了一个框架。[87]这个框架包括《权利法案》中的部分,但是不包括其他。例如,陪审团审判并没有扩展到菲律宾。菲律宾总督威廉·霍华德·塔夫脱的解释是,"90%的菲律宾人是如此的愚昧,以至于他们无法坐在那儿当陪审员,也无法理解这码事儿"。[88]

波多黎各的土地上飘扬着美国国旗,但菲律宾的命运就迥然不同了。所谓的《琼斯法》(Jones law)在1916年正式宣告,"美利坚合众国的人民从来不曾打算……让美国-西班牙战争变成一场征服之战"。该法宣布了从菲律宾"撤离"的决定,只要"稳定的菲律宾政府建立后,便承认其独立地位"。[89]其间,美国同意给予菲律宾"控制其内部事务的权力"。该法案还让菲律宾沿用标准版的权利法案(另外有些附件,例如,禁止一夫多妻制)。要有一个有权通过法律的立法机关,但是最高行政长官即总督,则由华盛顿来任命;而且美国国会还保留着"宣布马尼拉通过的法律无效"的权力。在十年的过渡期后,1934年的《泰丁斯·麦克达菲法案》(Tydings McDuffie Act)提供完全独立的方案。第二次世界大战中断了这些计划,但是在1946年,菲律宾确实成了一个主权国家。

波多黎各从来没有获得过相同的境遇,但是它的确又不那么像传统的殖民地。依据1917年的《组织法案》(Organic Act),波多黎各岛的居民都是美国公民。[9]此时,美国宪法"现在"跟随着美国国旗进入波多黎各了吗?一个名叫赫苏斯·巴尔扎克(Jesús M. Balzac)的编辑被逮捕并因诽谤罪而被起诉。他要求使用陪审团来审判。依据波多黎各的法律,只有在审理重罪案时,才会召唤陪审团出庭,但是轻罪则无陪审团一说,所以巴尔扎克的要求被拒绝。他被判有罪,并提起上诉。他有要求陪审团审判的宪法权利吗?

联邦最高法院的说法是:没有。对,这些岛民是美国公民,他们可以"搬到美国本土"来,而且在美国本土,他们当然可以享有美国《权利法案》中的每一项权利。波多黎各的立法机关选择不赋予巴尔扎克这项特殊的权利,而1917年的法律并没有改变这种状况。法院说,毕竟,陪审团制度"需要经过训练后的公民来实践陪审员的责任"。对于那些"不是在基本的普选政府下成长的人们"来说,这并不是一个简单的制度。这样的说法远比塔夫脱在20世纪初的用语来得礼貌,但是潜台词倒并没有太大差异。连说话人的身份也差别不大。撰写"巴尔扎克案"判决的法官,正是威廉·霍华德·塔夫脱首席大法官。[91]

许多年后,到了多元平等的时代,美国对于波多黎各及其文化的态度开始有了变化。这包括尊重其语言与法律文化。依据联邦最高法院1970年对一个案件作出的评论,波多黎各文化"充满了来自西班牙传统的影响",必须做出与其相适应的处理。因此,联邦法院不应该以"盎格鲁-撒克逊的传统"去"解释"波多黎各的各项法律,因为这样做会给"西班牙的文化色彩"留下很小的生存余地。只有在波多黎各法院的判决完全错误时,美国的法院才能干涉其司法运作。[92]这个时候,塔夫脱已经离世很久了。

放松对波多黎各的管制一直在持续着。第二次世界大战后,美国国会给予波多黎各人选举自己总督的权力。在1953年,这个岛屿是一个政治实体,它与那个强大的邻居保持着"自由联盟的关系"。他们曾举办过几次公投,但是很少人投票支持独立,似乎大部分的波多黎各人都愿意接受现状。许多持少数意见者希望,波多黎各能成为美国的一州。然而美国国会是否能接受一个说西班牙语的州呢?这是令人怀疑的一件事。这个岛屿比美国本土贫穷,但是比起它的周边邻居来说,又好得多。上百万名波多黎各人都利用过他们的美国公民权之一:他们移居到美国本土,特别是纽约市。因为他们是公民,所以不需要签证或护照,只需一张机票,从圣胡安到纽约市的航线是普通的国内班机。这项特权确实不算微薄。

对于较小的帝国战利品,有时会以较强势的方式处理。例如关岛在被占领后,由海军部支配了超过50年。住在那里的居民反复请求能拥有公民权,但却不断遭到拒绝。依据20世纪30年代海军部的意见,关岛人"还没有发展到美国公民相应拥有的独立自主、承担义务和责任的状态"。直到1950年,关岛才获得了"基本法案"、公民身份,及地方立法机关[93]。

民　　权

对一个自由社会的最终考验,或许是如何对付那些持有激进的、不受欢迎的或令人厌恶观点的那些人。而对这个考验本身的最终考验,是国家如何在战争及紧急时期中,处理这些持不同意见者。言论自由是美国宪法所保障的,确切地说,是《权利法案》所保障的。美国国会不得立法压缩言论自由或出版自由。州宪法中也有类似或相同的权利法案条款。如果没有说错的话，自从这些文字在18世纪晚期被书写下来以后，并没有多大的变化。但是有关言论自由的范围与意义确是伴随着时代而扩充或缩减。此刻，我们正身处在一个不论从法律上或社会上来说都十分宽容的时代，宽容到可以包括从卡尔·马克思到稀奇古怪性行为的主题。但事情并非一直都是这样的。甚至就在不太遥远的20世纪中期，连孩子们现在可以自由观看、阅读、聆听的著作、图片、文字，都曾经因为淫秽而被禁止，甚至连成人也被禁止接触它们。甚至是谈论政治，也是有限制的。

1873年，国会通过了所谓的《康斯托克法》（Comstock law），该法以安东尼·康斯托克（Anthony Comstock）的名字命名，此人一生致力于对抗色情作品。这项法律规定，邮寄任何"淫秽、下流或挑动色情的书刊"的行为属于犯罪行为；包括任何用以避孕与进行堕胎的文章或用品在内。[94]依据《康斯托克法》，支持"自由性爱"的书籍或资料，有可能因为这些书刊是撰写淫荡而被没收。当然，有关避孕的信息，绝对是严重的禁忌。确实有人以言论自由为由，反对这种政策，但是这些论点很快就在法院遭到冷遇。[95]

有句拉丁格言说，"枪炮声中，法律失语"（*silent leges inter arma*）。事实上，法律在近代战争时期还是变得嘈杂纷扰；但是对公民自由权而言，唉，这句格言嘛，还是说得很到位。当然，有些人主张应该对言论自由有所限制。因为美国必须保卫自己、对抗敌人，而多嘴多舌能沉船（Loose lips sink ships），军事机密必须得到保护。然而在第一次世界大战期间，控制的程度已经远远走到战争能够正当化的范围以外。一阵反德国的情绪爆发后，有时会出现一些荒唐的事。例如，在某些菜单上，德国泡菜被更名为"自由白菜"；有些人甚至想称德国风疹为"自由风疹"。有些学校把德文从课程表里取消了；《纽约时报》大力喝彩这种想法,并建议应改教西班牙文或法文等"比较国际化和温文尔雅的语言"。[96]密苏里州有四个郡的议会禁止任何人在电话中以德语交谈,有些镇甚至试图禁止人们在街头讲德语。密苏里州的波茨坦镇(Potsdam)则被更名为波辛镇(Pershing)。[97]

在这场袭击中,歌德和席勒的语言还算是存活了下来。造成了更严重后果的,还有其他对外国人无理仇视的行为。在热情迸发的时期,国会于1917年通过了一项《间谍法案》(Espionage Act)。[98]不难理解,该法案对提供秘密给敌方的人处以重罚。但是该法同时规定,"故意传达错误报导或不实陈述",致使干扰国家的"陆、海军战役和胜利",或"宣扬敌方的胜利";或试图煽动"不服从命令、不忠、叛乱或拒绝尽国民义务";或"故意妨碍美国招募新兵",均属犯罪。而《与敌军交易法案》(Trading with the Enemy Act, 1917)的立法目的已经一目了然;但是,它也规定了"不得以任何外国文字"出版印刷任何有关美国政府"或任何参与当前这场战争的国家,其政策或国际关系"的印刷品,除非先以完整的翻译稿向邮政局长提出申请。[99]这些条款在辩论激烈的《间谍法案》及其他立法草案中,很少被提及;事实上,这些都是用来准备对付那些不是百分之百爱国的人,尤其是有左翼信仰的美国人。[100]

战争产生激动与偏执。美国政府发现,诋毁那些反对战争、抨击资本主义或干预战争结果的危险言论,是件很容易的事。1918年的《煽动叛乱法案》(Sedition Act)是另一项激烈的法案。依据该法案,散播可能妨害战争结果的"不实陈述"、妨碍公债的出售或是在军中煽动兵变和不忠行为,均属犯罪。该法案同时也将任何"不忠、亵渎、粗鄙或辱骂"政府、宪法、国旗、军队、军队制服的言论、印刷品或文件,或者任何会使政府或宪法"被轻蔑、辱骂、败坏名声"的言论,属于犯罪行为。任何违反该法案的书面文件,均不可通过邮局寄发。[101]

总之，只有完全的武力外交论才可被接受，也才是合法的。对有些地区的德裔美国人来说，日子很不好过。在有大量德裔人口的南达科他州，冲突凸显。该州狂热的官员突袭了一家德语报社《德意志先锋报》(Deutscher Herold)的办公室，发现一些确实很卑鄙的物证，包括一个刻有德国皇帝图像的镇纸器皿。该报编辑康拉德·孔曼恩(Conrad Kornmann)被控间谍罪，主要原因是一封他写给朋友的信。他在信中至少表露出对战争十分冷淡的态度。把其指控为攻击重要战争利益和武装力量，是十分荒谬的，但是陪审团还是认定孔曼恩有罪。上诉法院撤销了本案判决，但是孔曼恩的一生由此一蹶不振。[102]

南达科他州不是唯一出现危险的州。有关德国间谍打算自加拿大入侵美国的谣言在遥远的蒙大拿州飞散开来。地方上的"自由"委员会或"防御"委员会纷纷围捕"逃兵役者"、赤色分子、世界产业劳工联盟的成员以及其他坏分子。蒙大拿州孤注一掷地展开清理工作，并发动大型的政治迫害行动。[103]在伊利诺伊州的格兰奈特市(Granite City)，一名男子因为在酒馆里出言不慎——大概的意思是说自己喜欢皇帝，并将为他奋战到底，而被关入莱文沃斯堡监狱两年。[104]1918年，在北达科他州塞伦市德国小区的路德教派神父约翰·丰塔纳(John Fontana)，因为违反《间谍法案》而被起诉，理由是他妨碍征兵制及煽动不服从命令。证据其实是很薄弱的，至少呈堂举证如此，例如丰塔纳对战争十分冷淡，拒绝购买自由公债，而且为自己的"旧祖国"祈祷。检察官说，在战时，"放肆的舌头比敌人的武器还要危险，比潜水艇更诡秘"。陪审团裁定他有罪，法官大声严厉斥责丰塔纳没有放弃他那德国的灵魂，还在一般意义上指责所有的移民("这些人像是成千上万个外国的小孤岛")，并判处丰塔纳在莱文沃斯堡监狱服刑3年。[105]经过上诉后，本案被撤销了——从今天看来，此案最初竟会被提出来，真是不可思议。

与对抗主战论相比,对抗左右摇摆者(Wobblies),即世界产业劳工联盟的行动更为激烈。这是一个真正的激进甚至是革命性的组织。他们备受责难,被称为布尔什维克分子、无政府主义者,被认为都是些应该被无情地彻底消灭的歹徒。1917年,世界产业劳工联盟煽动了亚利桑那州比斯比市铜矿场的罢工。[106]双方都有威胁和暴力的行为。世界产业劳工联盟和丰塔纳牧师不同,他们公开谴责"华尔街战争",并且辱骂政府、国旗以及企业主等。地方执法人员围捕了超过1000名世界产业劳工联盟的成员,用火车车厢把他们运往新墨西哥州的一处拘禁营里。比斯比市的罢工就此结束。

这确实是高压的行为,而且有些承担责任的人被指控绑架了世界产业劳工联盟的成员。在亚利桑那州图姆斯通市,为此受审的哈里·E.伍顿(Harry E. Wootton)在为自己辩护时称,世界产业劳工联盟应该被铲毁。该联盟成员威胁到当地社区的和平、财产及生活。当他们在美国的国旗下挥舞着红旗的时刻,"美国男孩子们正牺牲于一个外国的战争之中"。陪审团被告知,世界产业劳工联盟意图是"颠覆你们的政府,并且带进来赤色的曙光"。[107]这让陪审团不到一个小时就作出了无罪释放的决定。总体说来,战争期间和战争过后不久的时间段里,似乎是清理门户、去除工会组织者及其他麻烦制造者的大好时机。

战争时期的政治迫害之后,接踵而来的是"赤色恐惧"与大量驱逐出境。这些反应是来自美国对布尔什维克主义、俄罗斯革命、无政府主义者、世界产业劳工联盟以及其他来自异族文化对美国生活方式威胁的恐惧。总之,其目的在于净化并铲除美国的左翼分子。1920年,在司法部长A.米切尔·帕尔默(A. Mitchell Palmer)这个超级好战和偏执分子的领导下,司法部逮捕了数千名公民的敌人;即共产主义者及其他激进主义者。

当然，如此公然地侵犯宪法基本权，并没有什么有价值的借口来解释它的正当性。并不是所有人都同意这种做法，反对的一方也有强烈的声音。但是，据我所知，大部分的民众支持对抗"赤色分子"的战争。[108]不过，也有些较没有因为偏见与恐惧而陷入盲目的法官，取消了一些很糟糕的案件。而且，联邦最高法院第一次开始积累有关言论自由的案件的很多裁定——这是联邦最高法院过去几乎没有处理过的议题。

其实，这并没有那么令人吃惊。联邦最高法院只能裁定案件与争议，但不能讨论抽象的命题。言论自由的案件并非无中生有。第一次世界大战前，大部分的案件都是州案件，而且"绝大多数"的判决，"极少认可、甚至也极少保护言论自由的利益"。[109]当然，美国"是"拥有言论自由的，与独裁国家相比，而且还不算少。但是其间存在着无形的、几乎是潜意识的限制。依照美国精英阶层舆论所一致认可的说法，个人言论确实享有自由；然而一旦逾越某个微妙和规范性的栏杆后，无论在法庭上或社会中，言论自由都将不受保护。比如，在南北战争前，南方各州曾经禁止刊行主张废奴的书籍、报纸与手册，其理由是：它们会煽动奴隶暴动。[110]

1919年开始的案例法昭示了19世纪理论的终结；最后，一类我们称之为"多元式平等"的东西破坏了它，并且到了20世纪末，许多自由表达的限制已经不翼而飞。当然，我们将会看到这一路走来多有曲折，比如，麦卡锡主义、对耶和华见证人的压迫、冷战时期的政治审判以及其他我们所知的曲折。让我们回到原点，从第一次世界大战时期说起。

关于战时的骚动中的对峙以及有关打压不同政见者与激进主义者的争议，很快到了美国联邦最高法院面前。在"申克诉美国案"（*Schenck v. United States*, 1919）中，被告被指控违反了《间谍法案》。[111]

他们曾经寄送传单给那些即将当兵的人。在这些文件中,他们断言战争是资本家阶级的阴谋。他们说,征兵法案违反了美国宪法基本权。他们因此被定罪,并提起上诉。美国联邦最高法院维持了原判。小奥利弗·温德尔·霍姆斯大法官负责撰写多数意见书。依据他的见解,言论自由并不是绝对的:"即使是对言论自由最严格的保护,也不能保护一个在戏院里大喊大叫地谎报火警的人。"问题是,他补充道:"其所使用的言词在当时的环境中以及性质,以至于会造成一种明显并现实的危险,这就使得国会有权预防这类具有真实邪恶的发生。""明显并现实的危险"(clear and present danger)这个说法本身功成名就,以至于在"申克案"后的几十年里,它被提及、引用、争辩不下数千次,甚至还成了英文成语。当然对被告而言,这是个小小的安慰。毕竟,本案是由霍姆斯主稿联邦最高法院的多数意见书。而依据他的裁决,"申克案"中的被告确实"面临"一个"明显并现实的危险"。但是,后来他作了一些真挚的自我反省。在面对下一件言论自由案——"艾布拉姆斯诉美国案"(Abrams v. United States)的时候,霍姆斯多少改变了他的意见。在这件案子里,他写了一篇强有力的异议意见书。[112]"艾布拉姆斯案"中的被告是一名信奉无政府主义的来自俄罗斯的犹太人,他们是外国人。其中三名被告是男性,另一名是年轻女性,名叫莫莉·斯坦莫(Mollie Steimer),她对其所认定的社会正义几乎走火入魔。他们被指控违反了《煽动叛乱法案》。俄罗斯当时因内部爆发革命而退出战争,并与德国媾和。在俄罗斯境内,"白色的党派"(对旧秩序忠诚的人)发动内战来反对"赤色的党派"。美国曾经派军队介入,支持"白色"的那一方。被告们散发了用意第绪语与英语写成的传单,反对美国出兵介入俄罗斯内乱。当然,美国根本没有和俄罗斯打仗,美国是在和德国打仗。但是,政府的理论是,这些传单可能引发军需品工厂的罢工,从而伤害了战争的成果。此理论似乎过于牵强附会,但是,这对大法官小亨利·德拉玛尔·克莱顿(Henry DeLamar Clayton, Jr.)——这位《克莱顿法案》的起草者在这个审判中的行为是令人感到可耻的——和判定被告有罪的陪审团而言,已经足够了。当陪审团裁决后,克莱顿竟然把判决书掷向被告,并发表冗长的措辞激烈的演说,抨击他们的"阴险而卑鄙的作品"将助长"在美国发生布尔什维克革命"。[113]

联邦最高法院以7比2的投票表决支持了有罪判决。联邦最高法院认为,陪审团可以从证据中推断出被告的确打算去妨害战争的结论。这些传单是一个"明显并现实的危险",因为这些传单在"我们国土上的最大港口"里散发,这里是"大量战争物资……被制造并运至海外"的地方。

霍姆斯撰写了一篇简短但精彩的不同意见书。他说被告是"可怜的和孱弱的无名之辈",他们因为"公开承认自己的信念"而被惩罚。他认为,这个信念既愚昧又不成熟,但是他们还是有权信奉它。在结尾部分,他就言论自由发出了充满激情的呼吁:时间"已经击败了许多战斗性的信念"。而宪法的理论是"自由交换思想……这是一项试验,就像所有的生活都是个试验"。被告的"权利已被剥夺",所以应该给他们以自由。但是,同意霍姆斯意见的,只有布兰代斯大法官。

无论从诸方面的意义来看,"艾布拉姆斯案""申克案"及其他案件,都属于政治审判。但是,这个时期最有名的政治审判,就形式上而言,根本不是政治审判,而是普通的抢劫与谋杀案:此乃"萨科-范泽蒂案"(Sacco-Vanzetti case)。本案发生在1920年4月15日,马萨诸塞州的南布兰特里市。斯莱特及莫里尔制鞋厂的会计弗雷德里克·艾伯特·帕门特(Frederick Albert Parmenter)与警卫亚阿列山卓·柏拉德利(Alessandro D. Berardelli)被枪杀身亡,当时他们正提着两箱工厂的薪水走在街上。一辆载有三名男子的汽车带走杀手,并迅速离开现场。依据目击者的说法,这些男子肤色黝黑,看上去像是意大利人。

尼可拉·萨科(Nicolà Sacco)和巴托洛梅奥·范泽蒂(Bartolomeo Vanzetti)是无政府主义者:一个是鞋匠,另一个是鱼贩。他们被逮捕并被控有罪;在一场持续七周并轰动一时的审判后,他们被判有罪,并被处以死刑。在审判过程中,他们成为左翼的符号与象征;他们成为一个目标;百万民众相信,萨科及范泽蒂是无罪的,他们之所以被冠以不实之词而入狱,是因为他们胆敢反对一个邪恶且压迫的制度。极端的左翼分子理所当然地支持他们,但也有一些思想深刻的自由主义者认为他们是无辜的,或者即使不是无辜,至少审判也是不公平的,简直是对正义的嘲弄。在赤色恐惧发生后的岁月里,把陪审团驱赶到一个国旗招展的狂潮中,并不困难。此外,特别是当被告们是在外国出生,且是无政府主义者的时候。审理本案的大法官韦伯斯特·塞耶(Webster Thayer)也未能例外,他还是个中立得体的典范。费利克斯·法兰克福特大法官认为,审判无可救药地充满了偏见。他觉得,地方检察官利用被告"不受欢迎的社会观点",及其"反战立场",创造了一场"政治热情与政治观念的骚动;而且审判法官以书面判决的合作方式默许了这样的事情发生"。[114]

尽管有各种抗辩、上诉及抗议,萨科及范泽蒂最终还是难逃死罪。事实上,他们是否无辜,仍旧是个充满争议的事情。[115]或许至少他们其中一人不像当时自由主义者想得那样像是个殉道士那样无辜。但是,即使其中一人(或两人)参与犯罪,而审判本身则存在着致命的缺陷。从逮捕到定罪,再到处决,恐惧、偏见及不公正弥漫在整个司法程序中。对萨科及范泽蒂的审判,可不是让美国司法引以为傲的事儿。

从理论教条上而言,第一次世界大战时期及其后的判例法,建立起了保护言论自由力量的基础。但是,联邦最高法院的"行为"——即其判决的结果——实在是不够有勇气。对帕尔默所率领的突袭、搜

第五章 种族关系与民权

捕、起诉左翼分子等行为,联邦最高法院并没有加以阻止。民权不只是理论教条,还是一种行为体系。联邦最高法院的判决或许是重要的,它们对社会的影响或许十分重大。但是更多时候,联邦最高法院起了反映和折射的作用而已。不论如何,联邦最高法院只是政府的一部分,而政府也只是社会的一部分。在20世纪初,司法部门对民权事物并不友善。州政府及地方政府走火入魔地搜寻着赤色分子和其他非美国人。埃德加·胡佛开始了他长期的、邪恶的"共产党猎人"生涯。当时美国社会的气氛,对无政府主义者、世界产业劳工联盟或共产党,是充满敌意并且有时更为恶劣的。

针对自由权、民权的另一项威胁,则并不牵扯到对抗左翼的战争。1915年,"三K党"在一个名叫威廉·约瑟夫·西蒙斯(William Joseph Simmons)的人领导下复活了。[116]那一刻直接的社会背景,是一部名叫《一个国家的诞生》(Birth of a Nation)的电影风靡而成功。这部电影由D.W.格里菲斯(D. W. Griffith)执导,影片固然有其美学方面的优点,但从政治的意义来看,则是一部令人惊骇恐惧的影片。它美化了"三K党"的复兴时期,除了偶尔出现的汤姆叔叔以外,影片将黑人描述成淫荡无耻、恶贯满盈的野蛮人。上百万人看了这部电影。第二代"三K党"人在20世纪20年代获得真实权力,当然,它仍是一个白人至上的堡垒。与第一代"三K党"不同,它同时满怀仇恨地反对闪米特人(Semitic)和天主教。"三K党"严厉地斥责那些穿着黑袍、效忠于"罗马的外国老教皇"的神父们;并发出警告说,邪恶的阴谋将摧毁美国,并且"为了台伯河(Tiber)的那些外国佬(Dago)来伤害我们妇女的纯洁"。"三K党"在许多州实质上取得了政治与法律方面的力量。在20世纪20年代早期,印第安纳州成为"三K党"歇斯底里的温床;北曼彻斯特小镇的居民开始深信,罗马教皇将坐火车前来并接管此地;一群暴民上了火车,把一个前来访问此地的推销员(推销一种女性束腹产品)吓得半死,然后才把他放走。[117]不幸中的万幸,20世纪20年代晚期,"三K党"被诸多丑闻所撼动,逐渐失去他们的影响力。直到"布朗诉教育委员会案"后几年,"三K党"才又骤然复活。

因此,如我们所见,第一次世界大战之后的那段岁月,是一段仇外的时期。人们对那些长着大胡子和到处丢炸弹的外国人充满特别的恐惧。移民法拒绝接受无政府主义者以及那些鼓吹暴力革命的人。[118]每个州各自有其极端爱国主义的浪潮;的确,各州争先恐后制定法律来对抗共产党的赤旗、工团主义犯罪(criminal syndicalism)以及其他对共和国的可怕威胁。亚利桑那州的一项1919年的法律规定,悬挂任何"红色或黑色旗帜"的行为属于犯罪行为;只可以悬挂美国星条旗或各州旗帜。有24个州于1919年通过了有关红色旗帜的法律,还有其他8个州于1920年跟进附和。[119]

虽然赤色恐惧最糟糕的年月已经在20世纪20年代结束了,州政府仍继续热衷于对左翼分子提起诉讼。本杰明·吉特洛(Benjamin Gitlow)因违反"刑事上的无政府主义罪"而被起诉。他是"社会主义党左翼支部"(Left Wing Section of the Socialist Party)的一员,该党于1919年建立。纽约州通过法律规定,鼓吹或教授"通过武力或暴力……推翻政府的责任、必要性和适当性"者,属于犯罪行为。该左翼支部出版一份充满有关无产阶级革命"炽热语言"的宣言。美国联邦最高法院于1925年支持了对吉特洛的定罪;霍姆斯大法官和布兰代斯大法官则持不同意见。然而这项判决确实包含了一个新的重要概念,它多少有点被掩埋在判决书的文本之中:那就是言论自由是一项"基本"的权利,并且受到宪法第十四修正案所保障。这意味着,在实际执行层面上,保护言论自由的联邦规范对各州均有拘束力。

但是,言论自由的辉煌之日还在遥远的未来。"吉特洛案"两年后,最高法院支持夏洛特·安妮塔·惠特尼(Charlotte Anita Whitney)

第五章 种族关系与民权

的有罪判决。惠特尼曾经是加利福尼亚州"共产主义劳工党"(Communist Labor Party)的一员,并担任过执行委员会的候补委员。她被逮捕时,她已经退出了该党。[121]她是一名中年妇女,并不像是个通常样子的嫌疑犯;她的祖先乘坐五月花号来到美国。然而,她被控违反加州的《工团主义犯罪法案》(Criminal Syndicalism Act)。该法将"工团主义犯罪"定义为"鼓吹、教导、帮助和教唆"犯罪、从事破坏活动、强迫、暴力或恐怖行动……的任何主义,以此来"作为改变产业所有权以及控制并实现任何政治变迁的手段"。组织任何鼓吹这些恐怖教条与主义的团体或"明知并故意成为其会员"的人,亦属于犯罪行为。该法规同时阐述,该法律"对于立即维护当前的公众和平与安全是有必要的",因为"许多人"都"正在州内游走,这些人在鼓吹、教导、从事工团主义犯罪"。

《工团主义犯罪法案》是赤色恐怖下的产物。爱达荷州于1917年掀起了这股潮流。1919年,加利福尼亚州也通过了同类法律,此法起因于该州州长家的后阳台上被放置炸弹所引起的恐惧;在哈里森·格雷·奥迪斯(Harrison Gray Otis)领导下的《洛杉矶时报》则为更严苛的法律大张旗鼓地宣传。夏洛特·惠特尼只能听任宰割了。检方引用的证据显示,这个党派是非常危险的组织;陪审团给她定下了个缺乏道义的法定罪名。加利福尼亚州没有共产党生存的空间。联邦最高法院全体一致肯认了该项定罪。法院说,言论自由并不意味着"绝对的发言权";而州政府有权保护自己,反击对其和平与安全的威胁。很显然,惠特尼正是这类威胁中的一个。[122]

在第一次世界大战后,作为"百分百美国精神"浪潮中的一部分,有37个州限制在公立学校开设外国语课程。[123]在1923年判决的"梅耶诉内布拉斯加州案"(Meyer v. Nebraska)中,联邦最高法院面临着内布拉斯加州的一个法规(1919年)。该法规规定,在任何公立或私立小学教授外语,属于违法行为。[124]只有八年级以上的学生可以学习外语。该法主要的目标指向的是德语。而俄亥俄州一项类似的法规,则只适用于德语;小学不得教授德语。内布拉斯加州主张该法将"确保英语作为母语,同时也是被这个国家抚育成长的儿童们发自内心的语言",也确保英语来取代"外语和外国的想法"。[125]一个公理教会的牧师回到内布拉斯加州后,觉得歌德和贝多芬的语言被如此"沉重和声名狼藉"所拖累,以至于"唯一适宜使用它的地方,似乎就是地狱了"。[126]

联邦最高法院推翻了内布拉斯加州的法律,认为它是"武断的",而且此事与"各州权限范围"无关。[127]4年后,联邦最高法院面临处理一件来自夏威夷领地管制"外语学校"的法律,这些学校大部分是课余时间教授日语的学校。该法令规定,这样的学校不得准许非常年幼的孩童(四年级以下)登记入学,而且在诸多其他事项中,州政府拥有掌控选择教科书的权力。[128]联邦最高法院同样也推翻该法。至少就逻辑或法律意义而言,我们很难为这些案件找到唯一的和令人满意的模式。联邦最高法院很难持有自由主义倾向,但它也并不是个毫无反应的花岗岩怪物。似乎很少人怀疑,联邦最高法院在执行有关侵犯安详和可敬的人民权利的法律时,执法是特别严格的,而且它也鲜有对人群中的底层阶级表示过同情。

第 二 部

新政和它的继承者们

第六章

罗斯福新政

1929年,股票市场暴跌,大萧条随之爆发。这场危机的迫近及其危险程度是早有征兆的,然而股市引发了连锁反应,就像打响了革命的第一枪。经济陷入了彻底的衰退期,"常态时代"崩溃了,20世纪30年代的繁荣景象一去不复返。整个国家盘旋而下,跌进一个大多数在世的美国人记忆中都未曾出现过的既暗且深的黑洞。大萧条最糟之时,四分之一的工作人口都处于失业状态。数万企业破产,银行像保龄球似的接连倒闭。全国范围内,人们失去了他们的钱财、房屋、农场、工作,以及对未来的希望。抵押贷款被取消赎回权,人们被赶出城市,在街边露宿。饥饿与穷困在大地上蔓延肆虐。

危机时期,呼救之声和法律重心相对转移了,从之前疲惫破产的州政府、市政府转移到首都华盛顿。时任总统赫伯特·胡佛(Herbert Hoover)未能妥善解决困境。并不只是胡佛总统,国会和联邦政府也都反应迟钝。胡佛政府任期的最后一年,在1932年条例的规定下,上亿美元被投放到紧急救援和公共工程等领域。[1]然而无论是从政治上还是经济上来看,这都是不够的。胡佛被迫对那些他几乎完全不能控制的事情承担责任。总统饱受辱骂:以流浪汉的露营帐篷和临时搭盖的陋屋聚居地为主的地区被称为胡佛村,流浪汉驾驶的货车被称为"胡佛车"。[2]胡佛的好日子到头了。在危机时期,国家转而投向了另一个党派——民主党,投向另一个新的领导人,一个极具个人领袖魅力、乐观向上的人物——富兰克林·德拉诺·罗斯福(Franklin Delano Roosevelt),他以压倒性优势走马上任。此后国家经历了一个密集的法律制定时期,大量的新法出台。这些法律虽由国会通过,但都是由罗斯福和他的智囊团策划起草。与同时期出台的法律相比,这些法律几乎是变革性的。

或许这么说不太准确,但从某种意义上讲,现代法治与社会就是发轫于新政的出台。其他观点认为,新政只是图表上的一颗图钉,它会出现在任何事件中。新政将使华盛顿吸收权力,如同我们讨论过的原因,尽管权力无论如何也要被华盛顿吸走。政府就业岗位从1901年的240 000个增加到了1920年的655 000个,在1939年又增加了300 000个。然而,胡佛总统所主持的联邦官僚体制,事实上已然是一个庞大臃肿的体制。[3] 新政却带来了转机——一个巨大的转机,本来就很难想象,不论在何种情形下,这样疲软、离散、无作为的政府观念能够幸存于巨大的社会力量推动着社会朝一个大方向前进的浪潮之中。

罗斯福是新政背后的灵魂性人物,也是个政治天才。当然,他并不是具体撰写法条的人,不是在法庭中为之辩护的人,也不是执行政策的人。此外,新政对自由律师而言,它还是一个全套的就业政策。他们涌入华盛顿,为新政做基础工作。在此之前,政府律师从未显得如此重要。他们来自各地,就职于行动的所在地——首都。[4]

新政手足失措般地涌入大萧条带来的社会缝隙。国家渴求行动,而在"百日新政"时期,行动也正是国家所拥有的一切。银行延期偿付,法律尝试着解决货币和银行业的危机。一部出台于1933年6月13日的法律设立了房主贷款公司,不动产被留置的势头得以遏制。[5] 三天后,作为银行业法案的一部分,国会又设立了联邦存款保险公司,以此避免挤兑风潮,也能使存款人更有安全感。[6]

新政还大力整治了解决失业问题。如果私营部门没有办法给人们创造就业,政府就将承担这一责任。民间资源保护团队(Civilian Conservation Corps)将失业的年轻人安排到河流、公园和森林这些地方工作。1933年出台的《国家工业复兴法案》(National Industrial Recovery Act of 1933)成立了市政工程局(Public Works Administration),为失业者提供工作。设立于1933年的土木工程局(Civil Works Administration)为将近四百万人安排了工作,那些人劳作于公路、下水道、公园等地。然而土木工程局在1934年就解散了,失业问题还是继续困扰着这个国家。此后,公共事业振兴局(Works Progress Administration)取代了土木工程局,这一机构在1935年就通过行政命令得以成立,自1935年开始,它又得到了《紧急救援法案》的正式授权。[7]公共事业振兴局发展壮大起来,高峰时期,有数百万人得到雇用。

全国各地都留下了公共事业振兴局的印记,例如,大大小小的邮局都装饰着公共事业振兴局的壁画,它们都出自失业的艺术家们之手。当然,大多数作品离美第奇家族(Medicis)时期的佛罗伦萨和锡耶纳(Siena)所设的标准还相差甚远,甚至还有相当多的作品带着令人不安的"社会主义—现实主义"基调。但总还是聊胜于无,也给那些处于饥饿状态的艺术家们找了些事儿干。公共事业振兴局的雇佣作家们为各州编写旅行指南。底层工人修筑了数千里的公路、涵洞,排干沼泽,清理贫民窟,改善了公共卫生。这些项目由各市和各地方政府策划和资助,遍及国家的各个角落。

公共事业振兴局并没有受到所有人的欢迎。对很多保守派人士而言,振兴局正代表了新政中的最受诟病的一些方面。他们嘲笑公共事业振兴局是一个徒劳地人为创造就业的机构,就像人们仅仅依靠着铁锹而立。他们对所有的活动都吹毛求疵,出言中伤。这个项目的某些方面成为美国政治生活表象之下,又或是表象之上的庸俗主义的受害者。国会的粗鄙之士在1939年废弃了剧院项目，认为这些项目不仅浪费钱，与私营产业竞争，而且还时常让黑人演员与白人演员同台演出（这一抱怨来自南方）。正如一本杂志所指出，这些项目还吸引了"一大批衣衫褴褛的共产主义者"，与诚实劳动背道而驰。[8]当然，就政府企业而言，还是有着对社会主义通常意义上的恐惧。任何有关于私营企业竞争的暗示，都会给公共事业振兴局的官员们招来愤怒之声。

来自右翼势力的批评忽视了公共事业振兴局的保守主义趋向，从某种程度上来说，整个新经济政策也大致如此。罗斯福和他的大多数幕僚对于社会革命是毫无兴趣的，他们也不做这码事儿。新政的确做了很多分配工作，但从总体上来说，这并不是重新分配。美国1940年的"收入概况"与1930年的，甚至是1920年的非常相近。[9]公共事业振兴局只是复制了现有的社会结构，这并非偶然。公共事业振兴局只是给了艺术家一份搞艺术的工作，给了作家一份写作的工作，让技术工人干技术工人的活儿。它将女人们培训成女仆或厨师，也给图书管理员一份图书管理员的工作，给修屋顶的人一份修屋顶的工作，让锁匠继续以锁相伴谋生。的确，它是旨在帮助穷人和受压迫的人，但又或许从根本上来说是在帮助那些被称之为"没落的中产阶级"（the submerged middle class）的人。它抑制救济金的发放，肯定工作伦理。它的目的在于为那些被保留了自身职业技艺的人提供工作。[10]正如一名官员在1935年说到的那样，如果一个"哲学博士，或技师"被安排去做"挖沟掘井"这样影响情绪的事情，这比"直接给他救济金，让他什么也不干"还要糟糕透顶。[11]

同时，没落的中产阶级是新政项目的核心。公共住房项目就是一个很好的例子。建房子听起来是个非常不错的想法，除了供给住房本身，还能为建筑工人提供工作。市政工程局将建造房屋作为他们项目的一部分着手实施，但很快，这一做法就面临了法律上的阻碍，因为其与法院的判决相斥。

1937年,《瓦格纳住房法案》得以出台。它与国家木材经销商协会、国家房地产协会,以及其他商业利益相抵触。部分出于对这些反对之声的考虑,最终通过的法案并不够彻底。住房由地方住房当局控制,房客交租。依照初衷,这意味着房客应该来自那些诚实劳作的低收入者或没落的中产阶级的人群中。然而事实上,到1949年之前,领取福利的房客们已经被允许享受这些公共住房。

新政还尝试着修建一些全新的社区,这些小镇被称之为绿带(Greenbelt,位于马里兰州)、绿谷(Greendale,位于威斯康星州)以及绿山(Greenhills,位于俄亥俄州)。[12]的确建立起了一些社区,但是很多国会议员发现政府住房和政府小镇这个想法本身太"不美国"了,如同弗吉尼亚州的参议员哈利·伯德(Harry Byrd)说的那样,它散发着"苏联共产主义"的"恶臭"。这些社区最终在十年左右的时间内都被私有化了。

作为罗斯福相当得意的一个项目,田纳西州流域管理局(Tennessee Valley Authority)对美国的影响更加深远。这是一个非常大型的项目(授权于1933年5月),将美国广大的乡村贫民带入了现代化。田纳西流域,面积达41 000平方英里,横跨7个州。该区域非常贫困,当地人饱受疟疾的蹂躏和洪水的侵袭,土地贫瘠且被侵蚀。田纳西州流域管理局修筑了大坝,进行水力发电,建造防洪设施,给这一总是跟不上发展的地区带来了光明和希望。[13]罗斯福希望田纳西州流域管理局能够成为全国其他类似大型项目的模范项目,最后并没有实现,但该项目本身确实是一个重大成就。

第六章　罗斯福新政

太多太廉价

从某些方面来看,1933年出台的《国家工业复兴法案》是早期新政的基石。[14]该法案以政府宣布进入"全国紧急状态"开始,这当然也是全国面临的真实情况。它鼓励各行业企业团体组成的贸易协会拟定"公平竞争规则"。总统拥有批准这些规则的权力。一旦某项规则盖上了批准的印章,不论是否受欢迎,都立即对整个行业产生约束力。这样做的关键目的就是为了控制生产,提高价格。

从表面上来看,这或许有些荒谬。数以百万计的人失业,无数人陷入极端窘迫的境地。为什么在如此多人连以最低价都购买不起商品时,国家还要把价格进一步提高?其实答案很简单。全国迷茫无助的人们都在问自己:问题到底出在哪里?不管问题是什么,反正商品和服务是过剩的,而且它们正在以远低于其价值的价格被出售。股票市场并不是唯一垮掉的领域。

毫无疑问,消费者欢迎低价,但一旦价格过低,销售者和农场主就无法生存了。新政尽管一直奉行平民主义,但它也不与小企业、农场主为敌,它甚至也不与大中型企业为敌,假如那些企业愿意合作的话。确实,从某些方面而言,《国家工业复兴法案》甚至(或说是尤其)扶持了大型企业。在大型企业看来,问题出在竞争过于激烈,毫无利润可言。

在《国家工业复兴法案》的指导下,众多企业聚在一起,彼此合作,旨在结束产能过剩,治愈拖累经济的其他病症。这些企业也尝试解决其与员工之间的问题。《国家工业复兴法案》第7条第1款规定企业需要保证最低工资和最长工时,并允许其员工参加工会。企业痛恨第7条第1款,但不得不被迫接受。[15]

让企业聚在一起并设计出"管理办法"的过程混乱不堪,但最终还是完成了。管理办法涉及数百个行业,从钢铁业到饼干制作业。例如,按照木材管理办法的规定(于1933年8月获批),本行业的企业同意建立木材管理办法管理部门,管理部门拥有设定生产限额和最低价格标准的权力。管理办法还专门规定了固定的最低工资标准:美国内衣协会同意付给其雇员不低于每周14美元的薪酬("裁剪员工"最低为25美元),并且不"雇用年龄未满16周岁者"。在饼干制造业,固定的最长工时得以确立,"工厂工人、机械工人或手工匠人薪酬不得低于每小时30美分"。[16]尽管数百条的管理办法引发了混乱和不解,它们还是冲破障碍得以采纳,覆盖工人数目过百万。

　　大型企业、劳工、商会总体来说都支持《国家工业复兴法案》的计划,这个计划本质上就是"公开认可卡特尔垄断"。[17]这代表了早期新政实施者中很重要的一部分人的想法,这部分人认为经济救赎只能依靠社团主义。即使是那些将大型企业当做洪水猛兽的人也不同意即将采取的行动。有些人认为应该将这头猛兽剁成小块,粉碎"大块头的诅咒"(布兰代斯短语)。其他人把这看做乌托邦式的理想主义。已经没有退路了。猛兽不能被杀死,而只能被驾驭。《国家工业复兴法案》对这一派的人最有吸引力。劳工条款可以提升消费者的购买力。对竞争的抑制可以扩大利润空间,鼓励新的投资。当然,这只是理论上的。但是如同大多新政项目一样,该项目的实施过程并不与理论相一致,而是混乱的,不到位的。之后,我们将看到《国家工业复兴法案》过早地且不那么体面地死去,死于"9位老男人"*之手。

---

*　联邦最高法院9位大法官。——译注

在农场和商店里

低价是农场主和商人的痛苦之源,而农场的生活比城市的生活还要艰难。1933 年出台的《农业调整法》(Agricultural Adjustment Act of 1933)是早期新政政策的基石。[18] 在农场主们看来,问题出在粮食太多,价格太低,而购买者太少。《农业调整法》鼓励农场主减少种植小麦、玉米和其他农作物。控制耕地面积就能稳定价格。农场主若同意将自家田地休耕,即可从政府获得补贴;而支撑这些补贴的基金,来自从食品加工者处征得的税款。

还有,那些被围困的街坊杂货店老板,他们穿着白色的工作服,在自己的街角商店里辛勤工作,挣得极少的收入,他们的敌人就是连锁商店。大西洋与太平洋食品商社(Atlantic and Pacific Tea Company, A&P)成立于 19 世纪,直到 20 世纪才发展起来。在 1899 年,该公司的连锁商店占杂货市场份额为 8.3%,1909 年,占 20.4%,1929 年占 32.8%。那时,大西洋与太平洋食品商社拥有 15 000 个批发商店,年销售额达 10 亿美元。[19]

应该有所行动了。小商贩在市场中没有竞争力,但是他们也是选民,他们在州及地方政府都有发言权。政府想到的一种做法就是向连锁商店征税。1927 年到 1941 年间,28 个州通过法律对连锁商店进行特殊征税。一些地区的法律,比如佐治亚州、马里兰州和北卡罗来纳州,被法院否定了,但大部分还是幸存下来。[20] 1931 年,最高法院维护了印第安纳州的法律,该法律于 1929 年通过,规定对只拥有一家店的店主征收每年 3 美元的税,而对那些拥有超过 20 家店面的公司征收每家店每年 25 美元的税。[21] 印第安纳州法律征税幅度还是相当温和的。而根据 1935 年出台的得克萨斯州法律,只有一家店的,每年只需上缴1美元,而拥有超过50家店的,所有者需要为每家店缴税750美元。[22]

新政也尝试了其他刺激价格的做法,帮助家庭经营的小商店走出困境。1928年参议院发出决议,要求联邦贸易委员会调查连锁商店的商业实践。委员会花费了大量时间和金钱,在1934年拿出了一份报告。1936年,《罗宾森-帕特曼法案》(Robinson-Patman Act)作为《克莱顿法案》的修正案得以通过。[23]

《罗宾森-帕特曼法案》的规定并不明确,但其中一个条款还是显示出该法案的决心。条款将商品购买者之间的价格歧视规定为非法的,只要这种歧视影响竞争。法案的基本理念为:连锁商店拥有集中的、专业的采购部门,雄厚的经济实力,可以从供货商那里获得更低的价格,而个体户难以做到这些,那么就是连锁商店让个体户失掉了工作。事实上,在1926年到1933年间,连锁商店迅速发展壮大,他们在零售市场的占有率从9%激增到25%。与此同时,个体零售商数目锐减。[24]

法案的另外一个想法就是进行零售价格控制。商品的生产者可以为商品设定不可更改的批发和零售价格,以此控制"折扣"零售商。但是,零售价格控制这一条款与1911年美国最高法院的判决相冲突。印第安纳州的迈尔斯医生医疗公司生产"专利药品,该药品由秘密配方和制作工艺制成,由有显著差异的包装、标签和商标予以识别",为保护此类优秀商品权益不受廉价的零售商的侵害,该公司坚持按合约方式强制执行其规定的零售价格。

然而最高法院坚持认为这种商业实践违反了《谢尔曼法案》,"明显"是对贸易的限制。[25]《国家工业复兴法案》中的零售业管理办法有最低价格条款的规定,然而正如我们看到的,《国家工业复兴法案》并没有得到最高法院的认可。各州相继开始通过自己的转售价格控制法律。1937年《米勒-泰丁斯法案》(Miller-Tydings Act)的出台,为此类法律带来一些福音。法案规定:为注册商标商品规定固定最低转售价格的协议,并不是对《谢尔曼法案》的违反,只要该转售行为发生地所在州的法律认为该协议合法。[26]

这些法律在当时遭到了无情的抨击,随着时间的推移,批评之声愈演愈烈。罗伯特·博克(Robert Bork)描述《罗宾森-帕特曼法案》时,将其称之为"让人无法忍受的起草者根据完全错误的经济理论得出的畸形产物"。[27] "完全错误的经济理论"或许根本就不能称之为经济理论。客观来看,这些法律都是反竞争的,如果说所有的事情都由经济效率来衡量的话,这些法律就应该被贴上"错误"甚至更严重的标签。它们是在危机时期,价值观崩溃时期民众惊慌和绝望的反应。对市场、自由竞争以及那些美国曾一度仰赖的支柱,人们已经深深地丧失了信任。

9位老男人

《国家工业复兴法案》有着早期新政的特点。是的,它以自己的方式坚持着社团主义,就像公共事业振兴局的项目那样,都旨在进行复兴,而不是革命。这就意味着法案是保护企业的,而不是试图将企业国有化。它将权力移交给本来就拥有权力或已经在社会发展中拥有一席位置的人,然而由于一场毁灭的飓风将国家经济的屋顶卷走了,这些人失去了对权力的控制。《国家工业复兴法案》给了大型企业很多,从某种意义上讲,有些后期的项目,在哲学理念上有所不同,如《罗宾森-帕特曼法案》、反连锁商店税,都是为小企业主和小商店的利益而起草的。然而所有的法律,不论是哪个州颁布的,也不论反新政主义者是如何感受,都与布尔什维克主义相差甚远。

在当时,新政的项目看起来都非常大胆,极富戏剧性,风险甚高。这些项目也是史无前例的,当然是从联邦的层面来看。它们把旧精英们都吓坏了。这些项目一旦颁布实施,其所面临的就是一种在法律体系中几乎已经成为一种传统的制度:它们需要接受联邦法院的检验,判断其是否合宪。

法律体系的顶端是最高法院,以及法院里的"9位老男人"。当然,在罗斯福任职的时候,没有一个是他的支持者。那些法官都是早期任职的且大多为保守党派的总统们留下的延期在任的人。而法院通过一系列戏剧性的判决,直接攻击新政的核心。在1935年5月27日,史称"黑色星期天",最高法院全体通过否决了《国家工业复兴法案》,以及提供按揭延期偿付的《弗雷泽-莱姆克法案》(Frazier-Lemke Act)。[28]

"舍克特家禽公司诉美国案"(*Schechter Poultry Corp. v. United States*)就是一个损坏了《国家工业复兴法案》的案例。[29] 在这个所谓的"病鸡"案中,舍克特公司违反了《活家禽法规》的规定。最高法院认为在国会的商业权力范围内,国会并没有权力授权制定该法规。而在纽约州范围内运输家禽可能会对"州际贸易产生间接的影响"这一事实也不足以挽救该法律。因为宪法并没有为此类涉案法律提供"一个中央集权的体制"。而且最高法院认为《国家工业复兴法案》的规定付出过多,它实际上是授权行业团体来制定法律。此"立法权的委托""于法无据",且与"宪法赋予国会的权力和职责不相符"。

该案对罗斯福新政是一个出乎意料的打击。次年,在"美国诉巴特勒案"(*United States v. Butler*)中,《农业调整法》也被列入了"阵亡"名单。[30]《农业调整法》查定税额,后来该法案被用来贿赂农场主,让他们减少生产。然而(法院认为)国会没有权力征税并将其使用"在诱导一种行为发生而且联邦政府并没有权力干预的领域"。税收在这里只是一个托辞。拨开云雾,不难看出,"9位老男人"重创了罗斯福新政的若干主要支柱。

而罗斯福并不打算就此妥协。他在1936年以压倒性优势获得连任,甚至比1932年竞选时的优势还要明显。现在,他站在自己权力的巅峰,被公众奉为偶像,在国会参众两院都拥有大多数的席位。他决定着手解决最高法院的问题。1937年罗斯福发动了其臭名昭著的"填塞法院计划"。他抨击年老的法官,说他们的世界观被"适用于上一代人的老花眼镜"弄得"模糊不清"。同时提出可以为每一位超过70岁半的年老法官增加一名新的法官。这样做可以让总统有任命6个新法官的名额,以此消除法院仇视新政的偏见。

然而罗斯福未能得逞,他的提议"引发了该世纪立法史上最激烈的争议"。总统莫名其妙地玷污了神圣的殿堂。当然,那些新政的狂热分子是赞成该计划的(或者据说他们是赞成的),但反对派的力量更强大。该计划饱受诟病,被认为是对司法独立的威胁。大势所趋,计划最终在虚弱的呻吟声中流产了。[31]

对一个异乎寻常受欢迎的总统而言,这是一次异乎寻常的挫败。然而尽管罗斯福失掉了这场战斗,他还是取得了战争最后的胜利。"填塞法院计划"依然是众矢之的,但即使是从短期来看,形势也有所转变。最高法院在1937年转而开始支持新政的立法。在"国家劳工关系委员会诉琼斯和劳克林钢铁公司案"(*National Labor Relations Board v. Jones & Laughlin Steel Corporation*)中,最高法院以5比4的票数勉强维持了《国家劳工关系法案》(National Labor Relations Act)。[32]在该案和几个其他案件中,罗伯茨大法官改变了立场,或者起码看起来是这样,将原本5票反对新政扭转为5票支持新政的局面。

此事后来作为"及时转向以拯救九人"而著称。这一做法是否实际上是对"填塞法院计划"的回应吗?罗伯茨是改变了立场?抑或他本来就持中间派的立场？时至今日，人们还在激烈地讨论着这些问题。最高法院不断地在对其理解宪法的方式进行反思。法院曾一度坚持在州权力与联邦权力之间划定了一条鲜明的界限，这条界限用于区别：那些政府拥有广泛权力去约束的重要公共事务和纯粹私人事务。法院还曾认为联邦政府可以监管贸易，但不能监管"生产"。[33]其理论的精神就在于限制各州、联邦政府指挥私营企业该做什么，该改变什么，该支付什么的权力。但现在这一切都开始变化。

在1934年的内比亚诉纽约州案(Nebbia v. New York)中，法院勉强维持了纽约州对奶业管理的法律。纽约州的法律设立了一个奶业管理局，规定其有权进行定价。管理局规定在商店销售的牛奶必须是9美分一夸脱，不能贵也不能便宜。纽约州罗切斯特市的里奥·内比亚因为以18美分的价格出售了两夸脱奶加上一块面包，遭到了罚款。法院讨论了牛奶对婴儿和其他人群的重要性，而该行业又面临着怎样的绝望处境，还引用了历史上相类似的规定。[34]当然，此判决其实还含有其他隐晦的迹象——这些案件显示出了一个新的方向。

不管怎样，时代是站在罗斯福一边的。他连选连任了4次，而"9位大法官"去世的去世，辞职的辞职，他们被新政的坚定支持者所取代，比如威廉·奥威尔·道格拉斯(William O. Douglas)和雨果·布莱克(Hugo Black)。在此后罗斯福执政期间，最高法院与经济激进主义彻底割袍断义。法院对所有的新政项目开绿灯，彻底放弃了洛克纳诉纽约案中的思维方法，例如，法院无限扩大了州际贸易的定义。而宪法赋予了国会管理"州与州之间"贸易的权力。

这就是最高法院所认为的州际贸易。但在某些场合，法院却给了该词非常狭窄的定义，比如在童工案件里。法院对"生产"与"贸易"的区别定义也很暧昧。此时，法院已经允许国会将任何规定强加给任何人，只要存在认为这个"任何人"对州际贸易产生了直接或间接的一点点影响的论断的暗示、线索或是蛛丝马迹。法院的这些做法不只是收回了自己之前的看法,甚至是在重新定义政府的结构,绘制自由的新地图。

1942年的维卡特诉费尔伯恩案(*Wickard v. Filburn*)展开了对1938年修订版《农业调整法》的讨论。该新政法案旨在通过控制供应提高农产品价格。[35]罗斯科·C.费尔伯恩是一名俄亥俄州蒙特马利郡的农场主,他是一个奶农,但也种植一些小麦。他有11英亩,222蒲式耳的小麦配额,但他种植了23英亩小麦,产量达到461蒲式耳。费尔伯恩被处以了每蒲式耳49美分的罚款,因为他种了太多的小麦。他提起诉讼请求停止执行该罚款。

政府的问题是,费尔伯恩是如何处置这些小麦的。他将一部分用来喂养自家的鸡,一部分做了面粉,还留了一些作为明年农作物的种子。至于他是否将这些小麦在公开市场出售,却无法清楚地知晓。那到底凭什么说费尔伯恩的小麦应该受联邦的控制呢?州际贸易又在哪儿呢?这件事完全发生在当地,发生在俄亥俄州内。国会难道可以指挥费尔伯恩在自己农场上,对自己的小麦应该进行怎样的处置吗?这种想法使得先前的法院判决显得十分荒谬。然而法院还是坚持维护了《农业调整法》以及它所规定的配额体系。小麦产业成了"问题产业"。

的确,费尔伯恩在小麦市场中的地位本身是十分微小的,但他"做出的贡献,加之那些与他面临同样处境的人们做出的贡献,却是巨大的"。全美国的费尔伯恩千千万,他们自家种植小麦,自家消耗小麦,总体上来说,会减少市场对小麦的需求,从而打压了小麦价格。这当然就影响了小麦的州际贸易,这种可能性已经足够让法院维持法律的约束力了。

费尔伯恩案是联邦权力凸显的一个典型案例。法院到底能凌驾于州级规定之上达什么程度？事实证明，无法凌驾。作为证明司法让步观念的一号证物，是1955年的"威廉森诉李眼镜公司案"（Williamson v. Lee Optical Co.）。[36]案件涉及俄克拉荷马州的眼镜行业。俄克拉荷马州法律对眼镜商有严重的歧视，法律让眼科医生和验光师处于垄断地位，下级联邦法院认为该法律违反了平等保护的条款。但是最高法院全体一致地同意撤销该判决。道格拉斯撰写了最后的意见。法院称，法官不会继续站在阻碍社会经济立法的道路上了。法院将尊重各州（以及联邦政府）的法规制定。

有人可能认为，彼时，最高法院如僧侣般誓言效忠法律的纯洁性，隐居到一个安静顺从、与世隔绝的地方。回首过往，我们发现法院只是转变了方向。在1938年的"美国诉卡罗琳物产公司案"（United States v. Carolene Products Co.）中，大法官哈伦·F.斯通（Harlan F. Stone）曾在一个脚注中提到，法院有责任代表那些"离散的边缘的少数群体"保持警惕，那些人无法依靠"政治进程"来寻求庇护。[37]这一论断被证实为对未来最精确的预言，但是法院按照这一原则处事还是在此后。

对新政法律最激烈的斗争都上了新闻头条。在这些斗争背后，有着深刻剧烈的变革，不仅仅是教条上的变革，新政将权力转移给了联邦政府。新政不遗余力地刺激着人们接受一个积极推出项目、无处不在的联邦政府。人们还是会谈论有限政府、联邦制、州权力（有时只是白人至上主义的托辞）等概念。但新事物出现了，人们也开始慢慢接受这些新事物——一个强大而积极的政府，一个能够应对国家经历大萧条这种危机时刻的政府。

牛市与熊市

163 没有人忘记大萧条是从股市崩盘开始的。那场崩盘卷走了无数人毕生的积蓄,随之而来的是人们对华尔街那些强盗大亨们赤裸裸的愤怒。想要驯化华尔街,或是整个大型企业的这种想法并不新鲜,《谢尔曼法案》和《克莱顿法案》都是在这方面做出的早期尝试。新政之前,偶尔会有零星的州法律将矛头对准证券欺诈。

这些法律中意义最重大的要属蓝天法系列,听起来很神秘。堪萨斯州通过的第一部《蓝天法》是在 1911 年,堪萨斯州银监专员 J. N. 多利(J. N. Dolley)为该法案进行了成功的游说。[38]堪萨斯州有一些股市丑闻,而多利(据他自己说)是在替那些被有预谋的邪恶的股市推动者欺骗的寡妇和孤儿说话,他们像秃鹰一样以这些人的软弱为食。根据堪萨斯州的《蓝天法》(blue sky law),在本州内做股票证券生意必须依法申请执照,汇报公司的财政状况。

蓝天法系列非常受银行家,尤其是小银行家的欢迎,而那些投资银行家却大多站在对立方。该法也有一些地方保护主义的成分存在,堪萨斯人把他们的钱投进股票市场时,这些钱几乎总是流出了堪萨斯。正如多利在他的一篇新闻稿中提到的那样,目的就是要"将堪萨斯的钱留在堪萨斯"。[39]很自然地,"将佛蒙特的钱留在佛蒙特""将田纳西的钱留在田纳西",这种想法对其他州也是极具吸引力的。而大多数州也的确开始效法堪萨斯,截止到 20 世纪 40 年代早期,除了内华达州,其他各州都有了自己的蓝天法。

立法的形势是紧迫的,到处都有欺诈,各种非法经纪公司,口若悬河的销售人员都在欺骗着公众。许多人都觉察到在遥远的华尔街有一股黑暗邪恶的力量,在幕后操纵着经济。是这些人的错误行径导致了大萧条、失业、农产品价格下跌、铁路运价的上升以及其他所有的事情。20世纪20年代,许多钱包并不富裕的普通民众对投资股市越来越感兴趣。如果那些强盗大亨可以通过股票致富,你和我为什么就不行呢？俗话说得好,不要欺骗老实人。那些在非法经纪公司或是股市崩盘中损失了金钱的"寡妇和孤儿"(以及其他人)都是被这种轻松赚大钱的说法引诱过来的。那并不意味着他们就能在这次灾难中受到的伤害更少。

蓝天法系列很受欢迎,但或许并没有起到多大作用,许多条款都漏洞百出。在联邦系统下,这些规定无法约束那些通过邮件售出的证券,或者跨州的交易。蓝天法可以帮助打击堪萨斯州的投机者们,但其约束力却无法触及华尔街。

实际上,华尔街对股票欺诈也非常担忧。纽约证券交易所有一套自己(不对外的)的证券监管体系。任何希望将其股票在证交所上市的公司必须提交相应的财务信息,提供独立的公司及其证券法律意见书。[40]但公司其实可以通过去其他交易所登记其股票来规避这些要求。纽约证交所没有足够的员工去再次核查信息,许多公司做假账,这些证交所都无力监测。

大萧条带来的灾难加强了对激烈措施的政治需求。水涨船高,而船沉就该找替罪羊了。国会参议院金融与货币委员会在1933年到1934年间开始了一项调查,费迪南德·帕克拉(Ferdinand Pecora)是负责调查的首席律师,也是其主要人物。帕克拉听证会产生了轰动效应,上了报纸头条,听证会狠狠披露了摩根财团和其他企业的所作所为。这些无疑使得人们对破烂不堪的经济的愤怒呈火上浇油之势。这些富有的、腐败的银行家和推动者们无疑要对财富的大出血以及势单力薄的工人和农场主受到的打击负责任。

对措施的需求促使出台了1933年的《证券法》[41],旨在于股票及债券领域促进"全面公平的公开",以及"阻止欺诈"。罗斯福总统需要这样一个法案。众议院州际及对外贸易委员会将法案提交大会并附审查报告,指出在战后十年内,整个国家"漂浮着"500亿美元的证券,而其中的一半是"一文不值","这些冰冷的数据意味着千千万万用自己毕生积蓄进行投资的个体的人生惨剧"。不诚信的承保人和证券交易商,"不负责",贪婪,"非正常利润",对"南海泡沫时期"的怀念而产生的"证券出售幻想",这一切都给他们造成了难以言喻的伤害。[42]

出台的法案从本质上看就是一部公开法,出售证券的人都需要向联邦贸易委员会登记,他们需要公开关于证券、承保人、发行公司等一系列详细的信息,包括资产负债表和损益报告。所有对外公布的内容说明也都需要包含上述内容。

企业并不喜欢《证券法》,经纪人、承保人和证交所也决心与法案斗争到底。但由于大萧条,欺诈和丑闻这些噪音,他们在这场斗争中是注定失败的。尽管如此,他们还是发挥了一些影响力,法案最终还是做出了一些妥协。接下来的一部重要的监管法律——1934年出台的《证券交易法》也是如此。该法案取代了联邦贸易委员会的角色成立了一个独立的委员会——证券交易委员会。这一新部门也具有广泛的监管权力。证交所,包括重量级的纽约证券交易所,必须及时向证券交易委员会登记,而证券交易委员会有权对交易规则进行审批和监控。

《证券交易委员会法》还试图打压那些形式宽泛的市场投机行为,它给保证金交易设置了限制,也着手解决内线交易的问题。例如,所有公司的大股东被强制公开他们持有的股票,要求对其经手的每笔购买或出售行为进行报告。

法案饱受争议,在国会通过的过程中,有过很多修改,最终出台的法律比刚开始起草的要温和很多。尽管如此,法案还是给华尔街乃至全国带来了变化。最重要的是,它设立一个专门的机构来监管金融市场。它赋予该机构很大程度上的自由裁量权。罗斯福总统签发法案当日,某位幕僚曾说,《证券交易法》"是好是坏,取决于管理执行它的人"。[43]

罗斯福任命约瑟夫·P. 肯尼迪(Joseph P. Kennedy)为第一任证券交易委员会主席,这让一部分人很惊讶,同时还激怒了另一部分人。肯尼迪自然谙熟华尔街运作流程,他家财万贯,信奉天主,甚至有些庸俗,是个擅长"所有的贸易诡计"的操控者。有些自由派人士将对他的任命称之为古怪异常。但是对肯尼迪的任命不仅仅是简单的政治任命。肯尼迪在位期间,虽然态度强硬,但却可以在双方起到调和作用。他告诉华尔街,"我们证券交易委员会并不是坐在金融企业尸体上的验尸官",相反,"我们将自己看做一个合伙制企业里的合伙人"。并不是所有的商人都是"恶棍"。[44]

尽管有许多关于巨富罪行的讨论,尽管有偏激的一派人,但是新政的本质正如肯尼迪描述的那样。新政从字面上理解就是保守的,它意味着保护美国体制,而不是进行变革。但是到头来,保护还是意味着变革。毕竟,世界自身也在发生着变革,政治动荡、各种剧变以及社会骚乱风起云涌。希特勒刚在德国掌权;墨索里尼在意大利粉墨登场;斯大林铁腕统治着苏联。

美国有社会主义者和激进分子,大萧条毫无疑问使他们的地位得到了提升。但大部分新政拥护者都不是社会主义者或是激进派人士,他们坚持拯救资本主义,这也是他们所认为的美国的生活方式,只是需要进行一些必要的改变。人们并没有严肃地考虑过查封银行或其他重大产业,也没有人想要将经济国有化。但银行与金融业还是需要被控制、驯化和监管,这也是处于对银行业自身发展和国家利益的考虑。早期新政出台的一项最重要的法条就是1933年的《格拉斯-斯蒂格尔法案》(Glass-Steagall Act)。[45]本质上而言,这部法律试图切断将银行与证券交易捆绑在一起的绳索。银行不得涉及任何公司证券的贸易,投资银行不得接受存款,商业银行的官员或主管不得管理任何主营证券生意的公司。

1933年,国会还通过了《公共事业控股公司法案》(Public Utility Holding Company Act)[46],该法案旨在监管电气控股公司这些大型复杂的公司,它们有着气球般的结构,唯一的资产是其子公司的股票,那些在实际供应光、能、热的运营中的公司。该法案赋予证券交易委员会管辖这些公司的权力。尤其该法案的"死刑条款",授权证券交易委员会将控股公司限制到一个"单一整合的公用事业体系"内,改善简化这些公司的结构,就像马戏团的杂技演员那样在顶端保持每一部分的平衡。

总体而言,新政以很多形式出现,其不一致性具有传奇色彩。它翻滚着,扭动着,拼凑着一系列政策。它既是为大企业谋福利,也与大企业相对抗。《证券交易法》《联邦储蓄保险法案》相继出台,但政府并没有准备让那只看不见的手来治理国家。然而,监管证券交易的做法离布尔什维克主义还很远。

无论如何,根据《国家工业复兴法案》,新政将权力轻而易举地转交给了大企业。即使是那些自由派人士,像布兰代斯那样的人,也赞成早期新政的社团主义成分。该阶段的新政崩塌之后,政策变得更具敌意,也更具监管性质。在司法部门工作的瑟曼·阿诺德(Thurman Arnold)开始了一个激进的信用破产项目。临时国家经济委员会成立于1937年,设立的目的就是意图找出经济到底出了什么问题。此时,尽管经济吃了很多新政给经济配的药,也还是病入沉疴。临时国家经济委员会发行了41卷报告,概要如下:大型企业太大了,它们掌控了太多的经济,而将个人的空间堵住了,亟须更多的政府监管和信用破产。[47]

在最后的一份报告中,临时国家经济委员会指出,"政治集中制很大程度上是经济集中制的产物"。[48]紧接着,最主要的论断就是关于"大型"这一概念。大型企业产生了大型政府。第一和第二个新经济政策,简而言之,都是基于这样一种理念,过去那些小商店、农场,还有边疆居民,都一去不复返了。大型就是命运。它必须得到遏制和掌控。这个鼻青脸肿的国家接受了该论断,数以百万计的人们选择了支持新政。

新政与劳工

1935年初出台的《瓦格纳法案》是另一部具有里程碑意义的法案。[49]该法案为劳工关系开启了一个大胆的新时代。《瓦格纳法案》让政府坚定地站在工会一边。法案列出,罢工和工人骚乱,是"州际贸易流动性"的负担。而当公司拒绝员工组织成立工会的权利时,就会爆发罢工。先兆还包括"不平等的议价能力",以及(用会激怒鲁弗斯·佩卡姆这样的人的短语)宣布工人并没有实际意义上的"签合同的自由"。该法案成立了拥有三名成员的国家劳资关系委员会。委员会拥有介入劳工与管理者之间的冲突的权力。法案要求雇主与工会进行"善意议价",禁止"不正当的"劳工活动,主要是指反工会的活动。

人们有理由相信最高法院将打垮这部法案,因为当时法院就是这样对待其他新政项目的。然而,事实上,法院维持了《国家劳工关系法案》,从那桩著名的最高法院戏剧性"转变"的案子里体现出来,由此,法院对新政的态度由"反对"变成了"支持"。首席法官休斯,代表多数人写到,员工"自己组织工会"的权利为其"基本权利",工会"给了雇员与雇主进行平等解决问题的机会"。然而,该案的法律核心意义在于法院打着贸易条款的旗号,对国会监管行业的权力进行了宽泛理解。[50]

商业团体激烈地反对《瓦格纳法案》,因为该法案让政府坚定地站在工会一边了。法案认为集体议价是行业与劳工的出路,然而《瓦格纳法案》本身并没有规定什么是议价,也未提及工作场所的和谐问题。自1936年底开始,即罗斯福以大票数获得连任之后,全国范围内开始了静坐大罢工的浪潮。最后,罢工吞没了整个通用汽车公司,超过14万的员工和50多家工厂都参与进来。

运动的中心在密歇根的弗林特(Flint)工厂,通用汽车的零部件都是在这里生产的。[51]严格来讲,静坐是违法的,员工们擅自闯入,警察原本可以将他们驱赶出去。这也正是通用汽车所希望的,但是在华盛顿和密歇根执政的民主党人士却不愿这么做。最终,通用汽车还是做出了妥协,他们表示承认联合汽车工会,并承诺不以任何形式干预工会的组织。同年,还有一些百人规模的静坐罢工。在没有罢工的情况下,美国钢铁公司也向工会做了让步。1937年,工会招募了超过300万的新成员,将其规模扩大了近一倍。[52]

并不是《瓦格纳法案》改变了这一切,而是政治生活的事实产生了《瓦格纳法案》。企业不再能依靠政府、警察、破坏罢工的人或者联邦最高法院来抑制工会工人的权利。1938年出台的《公平标准劳工法案》对旧秩序而言是又一次的冲击。[53]它确立了最低工资标准——每小时25美分,几年后提升到40美分。它还确立了最长工时标准——每周44小时,后来降低到40小时。任何超过最长工时的劳动,应获得相当于原工资标准1.5倍的加班费。

法律还重创了由"被压迫的童工"生产出来的商品。这些商品被州际贸易所禁止。法律适用于那些"从事贸易,或生产用于贸易的产品"的行业里的工人。1941 年的美国诉达比木材公司案(*United States v. Darby*)中,最高法院一致通过认为法律是合宪的。[54] 不仅如此,法院否决了哈默诉达根哈特案,因为法院认为该案"背离了"合理原则,"作为一个先例,它的生命力早已被榨干"。[55]

接下来,美国工会迎来了其黄金时期。劳工骚乱并没有停息,罢工、停工、静坐、抵制等还在继续,但游戏规则改变了,权力平衡在许多重要方面都发生着转变。工会会员数目在继续攀升,1942 年上升到 1 000 万,1951 年上升到 1 500 万。[56]

如其他领域,在劳工领域,人们也将新政看做一次革命。然而从很多方面来看,真正的革命并不在于法院的斗争,输或赢,甚至不在于大胆的创新的法律、五花八门的机构,以及任何其他。大多数的"革命"实质上并不是"革命",它们爆发的时候发出剧烈爆炸声,但是永远也不会完全出乎意料。文化和预期上的转变,使得新政成为可能。

大萧条当然是一个因素,但之前也有过大萧条。罗斯福也是一个因素,他是一个伟大的政治家、杰出的演讲者,但他的表亲西奥多也具有同样的领袖气质。还得益于广播、新闻汇辑、电影,这些科技使人们的注意力聚焦,使全国的注意从街坊邻里转移到首都华盛顿。(既为因也为果的是)有一种意愿,甚至是一种渴望,将政府的范围,包括统治者与被统治者的范围都扩大了。柯立芝是位无所作为的总统,不论是从人格魅力还是意识形态而言。胡佛尝试着做力所能及的事,但无奈被其政府角色尤其是联邦政府角色的狭隘理解所束缚。软弱的小政府时代一去不复返了,国家感到极度痛苦,华盛顿变成唯一的救命稻草。

更根本的转变是来自经济本质的转变。如同我们看到的那样,在琼斯和拉福林钢铁公司案中,《国家劳资关系法》得到了支持。这家公司被这样描述:它拥有 19 家子公司,是一家"完全整合的企业,拥有并经营矿石、煤、石灰岩制品、水运交通设备和铁路车站……该公司拥有和控制着密歇根和明尼苏达的矿场。经营五大湖区的4家矿石蒸汽船……在宾夕法尼亚拥有煤矿厂……拥有阿里奎帕和南方铁路公司",在芝加哥、底特律、辛辛那提、孟菲斯有仓库,在长岛、纽约、新奥尔良拥有钢制件工厂,在各州有着数十万的员工。[57]

只有联邦政府有可能控制这样一头巨兽。如果对"州际贸易"(interstate commerce)概念的定义连这样一家公司的劳资关系都排除在外的话,联邦政府将沦为一个没有牙齿的守夜人的状态。大萧条期间、世界大战期间,以及在全球化时代,这种概念最终都是无法站住脚的。

驯化海怪利维坦

尽管新政非常受欢迎,但也不乏反对者。对于有些人而言,这意味联邦政府的终结和一个强有力的、中央集权的独裁政府的开始。新政毕竟给了联邦政府巨大的权力,它设立了一系列的新委员会、代理机构和管理局。这些机构都拥有权力,它们从总体上对贸易和生活都有影响,它们制定并执行法律,角色就像立法者、检察官、法官、陪审团合而为一。

这些机构解决着大大小小成千上万的争议,每年要做无数个法院职责的决定。谁要卖头痛药,开广播电台,都需要获得许可。如果没有被授予许可,就必须在该机构内部为权利而战。这些机构告诉农场主他们可以种多少小麦,告诉企业他们需要付给员工多少薪水(最低标准),设立了诸多规定,形成了许多繁文缛节。

当然,新政之前也有一些行政机构,一个行政体制。如我们所见,新政并不是一次完全的革命,它并没有颠覆任何事情,却是一场剧烈的加速、渐变式的上升,将底线一再推前。一个相对松散的、疲软的美国政府,是"法院与政党之州",就像斯蒂芬·斯科夫罗内克(Stephen Skowronek)说的那样,演变成一个"倒霉的行政巨人","可以生产出官僚商品与服务,但是却蔑视权威的控制和指导"。[58]在一些西方国家,官僚体制变成一个技术精英治国的军团,远离骚乱的政治生活,没有法院、诉讼当事人甚至是政客的入侵危险。这在美国历史上,显得太不真实了。

新的行政国家也产生了多层面的问题。很显然,并不是所有的决策都是公平的、诚实的、明智的。无论如何,新政并不是由天使和永不出错的人来运行的。任何权力都可能被滥用,而且所有权力也的确是在被滥用。事实上,赤裸裸的滥用权力或许比绝对愚蠢、固执、缺乏同感、人为失误这些以人为主的机构的内在弊端更容易对付一些。这就是我们说的海怪利维坦。我们应该控制它,尤其是在法院已经日渐成为罗斯福新政宠物狗的情况下。

保守党,律师团体,以及其他人都建议改革。[59]他们提出了独裁妖魔,提出了一个全能的行政国家,一个中央计划经济国家,在这些构想里,小小的个人将被粉碎。也有可能,他们是想把将小小的个人粉碎的权利留给自己。对于新政拥护者而言,拒绝任何最小的改革。他们需要行动的权力、自由裁量权、灵活性和能力。只要是罗斯福党政,就只会有温和的改革。

一个终未实现的想法就是设立一个特别行政法院,处理来自行政国家的案子。[60]然而,在 1935 年,国会的确通过了一部法律,成立了《联邦政府公报》,目的在于限制行政命令以及所有具有"普遍适用性和法律约束力"的机构文件。[61]公报接手的第一个案子(1936 年)是一项关于南加州"扩大罗曼角候鸟保护区"的行政命令。《联邦政府公报》每年有数千页的记录,满是令人心烦的细节,不会有人愿意把它放在床头阅读,但它却是一项不可或缺的管理手段,行政透明化迈出了一大步。大政府的所有规则、条例、命令、法令都在其中央储存库中登记在案。

然而，第二次行政改革却直到1946年才出现，彼时第二次世界大战刚结束，哈利·S.杜鲁门（Harry S. Truman）担任总统。这次，国会通过了《行政程序法》（Administrative Pracedure Act），这是一部关于行政程序的法令。[62]1940年，两院通过了《沃尔特-洛根法案》（Walter-Logan bill），然而当局认为该法案赋予了法院过多的权力，于是总统投了否决票。经过6年的修改，《行政程序法》才成为国家的法律。[63]这部意义非凡的法律为机构、委员会制定了更加秩序化、公平的程序。法案还要求所有的机构向公众通告其关于新法规的提议，以便给"相关各方"阐述自己看法的机会，这些通告应当在《联邦公报》上登记。1947年12月农业部长宣布，依照1937年《食糖法》（Sugar Act），他将提议对食用糖配额制定进一步的新规则。"任何人意欲提交关于规则草案的书面数据、看法或论点"，可在通告刊登在联邦公报后15天内在华盛顿"提交一式四份同时抄送食糖部门主任、农产品产销管理局、美国农业部"。其他情况下，机构可在将受该规则影响的地区召开听证会。[64]1948年12月24日公告指出，针对爱荷华州克林顿市场的牛奶处理法令进行修改的议案将于1949年1月10日上午10时在克林顿县的法院讨论。[65]

《行政程序法》旨在给官僚机器带来一些秩序与公平。规则不再是简单地从官员嘴中发布出来，受影响的人群和企业必须有他们的发言权。然而一旦机构违反或曲解了该法令，谁有最终的裁量权呢？答案很显然：法院。此外，《行政程序法》实际上是创造了一个新的部门法——行政法，一部关于对行政程序进行司法审查的法律，即规定了法院有多大权力去控制、限制或质疑行政机构。

当然，司法审查并不是什么新鲜事。一旦邮局、国际商会或任何政府机构行为不当,诉讼当事人都有权向法院提起诉讼。然而从很多方面来看,这一权利是空洞的。在大多数案件中,法院总是站在机构这一方。他们也接受国会对官员最后定夺的权利。在一些极端的情况下,比如中国移民案,这种顺从也偶尔表现得很极端。

  法院是基于什么对某个机构进行质疑的呢?20世纪20年代的一桩意义重大的案件是关于一个叫弗雷德·李奇(Fred Leach)的人的罪行的。该人做广告称他的"有机药片"能治疗多种疾病,包括失眠、泌尿功能失调以及"男性性功能障碍"。邮政大臣针对李奇发布了一项欺诈通告,要求他停止使用邮件来推销这些可疑的药片。李奇向法院起诉抗议此决定。然而最高法院站在了邮政大臣这边,法院并不准备推翻该行政决定,认为该决定"合理送达并有足够证据支持",只有当决定出现"易觉察的错误"和"武断任意"时,法院才会将其发回,让机构重新做出决定。[66]

  这对于那些想从法院获得救济的人而言是非常高的门槛。很多时候案件的处理结果都取决于法官对涉案法律有多友好。中国人在这方面做得很差,而铁路部门却做得不错。法院在早期从很多方面下手破坏着《州际商务法案》,以及《谢尔曼法案》。试图修改水电气公司税率的公共事业委员会并没有从州法院那里获得极端的顺从。然而,从整体上来看,这部法律还是比较落后的。随着新政的到来,问题变得更加突出了。机构如雨后春笋般涌现出来,它们影响着越来越多的人,它们的行为获得了广泛甚至时常模糊的授权。早期新政的案件对这些机构是充满敌意的,但在30年代末期,顺从又成为主流。正如詹姆斯·兰迪斯(James Landis)在1938年所写的那样,老旧而"简单的三权分立的政府"已经无法处理"现代问题"了。法官并不是所有行政领域的专家,"针对这些领域的政策"应该由"对事实很清楚的人们来制定"。[67]这是当时的自由主义信仰,然而很快就被污染,变得破烂不堪,当然,这都是后话。

合众国的新政

新政,如我们所见,将各州与联邦政府之间的关系进行了彻底变革。[68]它将权力平衡的重心偏离了各州,而权力和责任都涌向了华盛顿,仿佛战争就在眼前。战争确实存在,只是对手无声无形,但战争却异常惨烈。相对来说,州政府丧失了一些权威;华盛顿现在是重力的中心点;总统极具领袖气质。但是总体来说政府规模壮大得太快,州市政府的绝对角色,而不是相对权力,在20世纪30年代得到快速增强。而且在很多方面,各州都是新政的合伙人。

各州的做法,以及它们做这些事的形式,都是因州而异的。在某些州,存在"小新政"的说法。某些州在救济金、事业补偿、养老金方面做了尝试。当然也有一系列的盲目模仿的条例,或者与联邦政府大方向相同的条例。例如,联邦政府,鼓励各州采纳"小瓦格纳法案",以确保工人们在联邦法律未曾涵盖的情况下依然享有组织工会的权利。包括纽约、宾夕法尼亚在内的一些州,的确就是如此做的。毕竟,罗斯福以大优势获选的同时也许多州的自由民主党派人士带来了巨大的优势。例如,在马里兰州,立法机关在1935年通过了一部反对劳工禁令和黄犬合同(以雇员不加入工会为条件的雇佣合同)的法律。该法律的序言指出,劳资之间的"协商"应该是"自愿的",但是"无组织的个体员工却无法执行合同所赋予的实际自由"。[69]

有些联邦项目特意将各州纳入其中。1933年出台的《联邦紧急救济法案》,要求各州符合联邦贫困救济的规定。法案拨款5亿美元,而各州理应为来自联邦的每一美元相应的贡献3美元。其他的法律,直接绕过了各州。1937年,美国住宅管理局成立,联邦政府刻意建立了一种联邦与地方的合作伙伴关系,以避免与州打交道(州被认为是受制于乡村立法机关)。[70]新政改造重塑了国家的联邦体制。

大萧条造就了我们所谓的没落的中产阶级。这数以百万计的人们,失去了他们的投资和工作,他们再也还不起农场和住房的按揭贷款,他们的银行账户就像夏天的雪一样消失得无影无踪,他们无力交付城市公寓的租金。但这数以百万计的人们也还是选民,他们在市政厅和州政府都有着自己的发言权。

城市里的情况是绝望的。上万家庭因为没钱给房东交租而面临着被赶出门的境地。房东也并不总是富有的,无论如何,总不能让租客不付租金白住在房子里。一次又一次,法警来把一家人连带着他们凄凉的家具赶到大街上。紧接着,1931年在芝加哥南部爆发了一场租客骚乱。当时,绝望的房东将天然气、暖气、水、电都关了,强迫那些无力交租的家庭退房。有些芝加哥的房东甚至将窗框卸下来,让冬天的寒冷把租客冻坏。随着房东拒绝修理,穷困的家庭不断增加,房源变得越来越差。"体面的"公寓住宅变成了苦难聚集的大杂院。[71]

贷款救济与按揭救济,意料之中地成为重要的立法主题。尤其是在农业大州,政府开始制定各项计划。1933年明尼苏达州出台了一部法律,是这类法律中较为温和的一个版本,宣布明尼苏达州进入紧急状态,允许对农场和住房取消抵押品赎回权有效延期两年,农场主和房主可继续在土地上生活和工作,付给贷款方合理的租金。[72]当年纽约州出台的法律显得更为激进一些,它直接暂停了紧急状态时期的取消抵押品赎回权行为,这一时期充斥着"反常的信贷与现金"和"反常的房地产价值紧缩"。1933年出台的得克萨斯州法律也解决了相关的问题。[73]因为很少有人会在这一艰难时期有购买行为,债权人可以以极低、比债务款还少的价格买下房屋或农场。这也就意味着即使是失去了农场或住宅之后,农场主或房主还是负债累累。该法律指出,"许多诚实、勤劳、值得救助的城市住宅房主和农场主在当下艰难急迫的萧条时期被取消抵押品赎回权"。买主在取消抵押品赎回权的房产拍卖会上以"难以置信的低价"购得房产,而"莫须有的"判断现在正徘徊在那些"诚实值得救助的人们"脑海中,"而且他们并没有做错任何事情,但灾难还是降临到他们头上,这进一步打击了他们的信心"。解决这一切的方法就是,不论销售价格是多少,债务人应以房产的"实际价值"记值,如果实际价值等同于债务额,那么贷款人就无需收回任何房产了。

通过这些条例是一回事,让它们得到法院的支持又是另一回事。联邦宪法以及州宪法都有条款明确禁止各州"损害合同义务"。这毫无疑问是为了限制各种宽泛形式的贷款人、债务人救济。得克萨斯州的法院废除了得克萨斯的条例[74],但明尼苏达州的条例幸存了下来,也产生了最高法院对抗新政更具戏剧性的案子。

明尼苏达的案子甚至在那次有名的"转变立场"之前就发生了,这清晰地标志着法院的灵活性,标志着法院意识到危机有多严重。明尼苏达州的法律实际上给了法院延期按揭付款的权力。而宪法中关于禁止"损害"合同的条款正是针对这种明尼苏达州法律制定的。

尽管如此,法院在"房屋建筑公司与贷款委员会诉布莱斯德尔案"(*Home Building & Loan Association v. Blaisdell*)中以5比4的票数维持了该条例。[75]首席大法官休斯写的意见书中所指出的,"紧急情况""并不能创造权力",然而法院的行为却违背了这些话,休斯随后又说道:"紧急情况可以为执行权力提供场合"。合同条款并不是"摧毁各州保护其根本利益能力的工具"。必须有用以"维护其他所有赖以生存的经济结构"的方法。法律是合理的,也必须被支持。法院里的保守阵营"四骑士"(four horsemen)表示异议,他们坚持认为,宪法的规定是算数的,不论"遵守起来是容易还是困难",宪法的条款都应该被遵守。

然而该案正是遵守宪法过于困难的情况:取消抵押品赎回权的浪潮,农场骚乱,城市里惨不忍睹的情景,被驱赶出来的家庭与他们残破的家当胡乱地堆挤在路边,这些都打动了法院里摇摆不定的人,他们决定让宪法屈服,害怕若非如此,宪法就将裂成两半。

农场危机尤其紧迫,延期偿付的法律的首要任务是保护家庭农场。该法律不仅是对政治压力的回应,也是对农村近乎暴动的骚乱的回应。大量农场主时常试图通过武力来阻止取消抵押品赎回权或驱赶。北达科他州州长威廉·兰格(William Langer)授权国民警卫队阻止取消农场和小企业的赎回权的行为。"如果银行家来你的农场,你就拿枪指着他",他说,"就像对待偷鸡贼那样"。1933 年秋天,兰格还宣布了"白色禁运",小麦价格上升到超过生产成本之前,禁止一号北方深色春小麦和二号琥珀色杜伦小麦从北达科他州运出。1934 年 1 月,意料之中的,联邦地方法院宣布该禁运违宪。[76]

福利国家的诞生

人们经常将现代美国福利社会归功于新政。毫无疑问,新政的发起,以及动员数以百计的热切的、有才华的并且致力于改革的律师们和其他人一起蜂拥至华盛顿,对整个过程是至关重要的。[77]大萧条也是至关重要的,因为它创造了一个广大的客户群,没落的中产阶级,这些家庭感到一下子被抽空了,突然就变成了贫困户。福利国家(welfare state)是漫长而缓慢的社会结构和文化基本改变下的副产物。国家现在是一个工业化的社会、城市化的社会、高科技的社会,这个社会致力于更广泛的社会正义。

不管怎么说,1935 年出台的《社会保障法案》(Social Scucurity Act)是新政最重要的成就。[78]联邦政府果断地进入了一个曾经专属于各州的领域。联邦政府在历史上从未担心过穷人,这些是各州的职责所在。大萧条之前,社会福利几乎完全是州和地方的内部问题,联邦政府会保持一定的距离。然而大萧条像推土机一样将州政府和地方政府碾平。现金稀缺,需求压倒一切,各州各市都不顾一切地向华盛顿寻求帮助。

各州都有各自的"贫困救济"系统,针对"乞讨者"的吝啬、冷酷、陈旧的救助模式。在19世纪,无人去美化或赞扬穷人,或屈尊纡贵地为他们洗脚,穷人总是受鄙夷的,被丑化的。如罗得岛和南达科他这样不同的州,在20世纪,故意将"穷困潦倒的人"引进一个新的城镇,而如果该"乞讨者"在该镇没有法定住所,这一行为将被认定是违规的。[79]人们善意地惧怕州政策可能会鼓励人们放弃工作,靠救济金来生活,或许这种逻辑既扭曲又不实际。

19世纪一个重大行动就是用"户外"救济(针对居住在自家的人们的救济)取代"室内"救济,简而言之,济贫院和济贫农场。如果你想要公共救济款,你就得收拾自己可怜的行李,搬到这些地方来住。而这些地方是受管制的,与外界隔离,通常还污秽不堪,就是给穷困老弱病的人一个简陋的仓库栖身。在19世纪末期,有些州开始修改它们的济贫法。它们设立州慈善委员会,以提供一些集中监督和控制。然而,济贫院和济贫农场幸存了下来,很多还在照常运行,这些地方仿佛成了穷人的监狱。在俄亥俄州的济贫院,居住者必须付出"合理而适量的劳动",没有免费的午餐是可以理解的。然而令人不快的是,条例允许当局抓捕那些逃跑的居住者,而且只根据州当局的判断,就可以将某些人锁在救济院。[80]

福利政策尝试将"值得救助的"贫困与"不值得救助的"贫困区分开。毕竟,即使在联邦福利还是一个禁忌时,联邦政府就有一个大型的福利项目,只是有一个不同的称呼,即退伍军人养老金制度。

1913年,养老金拨款占到联邦预算的18%,在某些北方州,一半的老年白人以及许多丧偶的妇女都在领取这些养老金。有些州也有养老金的项目,例如南卡罗来纳州,给他们的联邦老兵和丧偶的妇女提供养老金。[81]1921年,南卡罗来纳州为此拨款60万美元。[82]当然,并没有对这些老兵进行经济情况调查。毕竟,这些钱他们受之无愧。1930年俄亥俄州的老兵可以获得普通救济,县委委员需要确认那些没有钱的老兵能够以"体面且受人尊敬的方式"葬在一个受人尊敬的墓地。他们的妻子、母亲或丧偶的妻子以及其他军队护士都能享受同样的待遇。[83]

那些值得救助的穷人还可以细分为其他种类。1930年,俄亥俄州以县为基础援助了困苦的盲人。[84]州当局还为穷困的士兵、海员、智障人士和"肢体残疾的儿童"提供住房。开办了聋哑人学校、精神病医院、肺结核患者疗养院。当然,这些都是在普通救济系统的基础上另外开展的项目。

该名单表明各州对儿童都有特殊照顾,他们的母亲也相应地得到了照顾。国家级的行动也在开展之中。1912年国会通过了一部法律,在商务与劳工部建立了儿童局。(像传说中的那样)1903年,弗洛伦斯·凯利和莉莲·沃尔德吃早餐时一起想出了这个主意。激发她们这个想法的不是鸡蛋和烤面包片,而是那天她们阅读的报纸上的文章。一个故事是关于垂死的婴儿的,另一个故事是关于农业部长与棉花象鼻虫做斗争的。当时并没有救助垂死儿童的项目,为什么呢,她们想,是因为政府关注"棉花农作物"超过关注"儿童的死亡"么?[85]

当然,这个问题的答案非常简单,棉花及其种植者涉及一个庞大的、爱出风头的利益群体,而那些饥饿的、衣衫褴褛的穷孩子在政治上是被无视的。没有人愿意在喧闹嘈杂的华盛顿倾听他们的呜咽。凯利和沃尔德想要给这些孩子们一些发言权。说服国会开始采取行动就耗时9年，第一步就是设立儿童局，预算是25 640美元，15名员工，与棉花象鼻虫项目相比还差远了。第一任局长是茱莉亚·莱斯洛普（Julia Lathrop），她领导热情很高，目标明确。[86]

从21世纪的角度来看，反对童工和支持儿童福利的斗争似乎一直都是正与邪的较量，或是启蒙与复辟的战争，而真相却复杂得多。人们对待童年和儿童的态度都发生了改变。儿童曾一度是家庭中参与劳作的平凡的一分子，然而从19世纪晚期开始，儿童被重新定义为"无价的"或"神圣的"，儿童"远离市场，无用但备受关爱，远离街道，置于保护和监管之下"。[87]如我们所见，反对童工的战斗从某种意义上来讲是出于对家庭中的男性劳动力的经济利益考虑。如果儿童变得"无价"了，那么他们对父辈们饭碗的威胁就小了。

如果儿童是神圣的，那么生养他们的母亲也应该是神圣的。救助母亲的法律从很多方面都有着政治吸引力。他们刺激了种族自杀的恐惧，只有移民来的妇女在生孩子，而"美国"母亲都在为各种"不利于经济发展的因素"而苦恼。而且，任何让妇女（和儿童）远离人才市场的做法对工会工人都是有吸引力的。当然这一策略对很多妇女而言也是极具吸引力的。1911年至1913年间，20个州颁布了母亲补贴法律（或是"丧偶妇女补贴"法律），在1920年前，这一数字增加到40个。制定这些法律的目的在于让儿童远离寄养家庭和孤儿院，因为在那里，窘困绝望的妇女可能会遗弃他们。[88]妇女团体有效利用了挣扎中的母亲形象，寡居或遭遗弃的，典型的值得救助的穷人形象。这与现代怪物妇女形象是完全相反的：接受社会救济的是一些低等的，有色人种垃圾。实践中，母亲受到的援助要比理想状态少很多。原因是钱总是不够，至多算得上是小额施舍。大多数的救助款都到了"值得救助"的穷人手中，寡居的白人妇女当然是最受青睐的。在有些州，条例就明确限制受资助对象为寡居的妇女。在伊利诺伊州,1921 年颁布的一部法律中规定,只有"丧偶"或"永久失去劳动能力"的妇女才符合条件。[89]简言之,离婚的妇女就不必申请了。当然,未婚母亲根本不用奢望能从州当局拿到钱。

事实上,即使是在一些不如伊利诺伊州那样严格规定的州,极少有未婚妇女能获得一分钱的援助。在大多数州,存在着偷窥和性骚扰事件,这几乎是无可避免的。例如,伊利诺伊法律将此类案件转送到未成年人法庭,认为所有受益的母亲都应该是"一个从身体上、精神上、道德上都适合抚养她的子女的人"。[90]还有一种类似"工作福利"的制度:贫困妇女一般都会被迫从事"低薪的苦差事",如洗衣服,打扫房间,在家制作蕾丝,钉纽扣等。[91]最贫困的妇女莫过于黑人妇女,而她们拿到援助的人数实在太少了。在休斯敦、得克萨斯,黑人占总人数的 20%,却没有一户黑人家庭获得了母亲援助。[92]然而,尽管母亲援助项目有诸多差错,金额并不大,甚至还有些专横,但总还是聊胜于无。

与此同时,儿童局是 1921 年出台的《谢帕德-唐纳法案》(Sheppard-Towner Act)背后最大的推动者,该法案旨在"改善母婴福利与卫生"。[93]从某些方面来看,该法案是一项惊人的成就,是"创新的联邦福利事业","在保守派激烈反应时期得以幸存"。[94]它是"第一个由联邦出资的社会福利项目",也是一个妇女运动推动立法的著名案例。[95]然而该法案还是相当温和的。《谢帕德-唐纳法案》的拨款分配到各州,用于促进母婴卫生发展。其目标和成绩都是很有限的。在实践中,它很大程度上变成了一个教育项目。比如在俄亥俄州,将拨款用于进行健康调查,做演示项目,提供相关信息。这些资金还用来支付了"健康状况巡视车", 辆卡车在州各地巡视,拜访县集市,在乡村巡回演讲,提供母婴医疗卫生方面的信息。[96]

即使《谢帕德-唐纳法案》所涉及的领域如此狭窄,还是受到一些争议。而且事实上,它也未能维持多久。美国医学协会是政府干预卫生系统不共戴天的仇敌,该学会领导了对法案的攻击。还有其他一些来自右翼的斥责之声,提及了共产主义这一旧恐惧和女权主义这一新恐惧。1929年,谢帕德-唐纳项目被解散了。[97]

谁又能预料到,这部如此温和而有限的法律在国会中被否定,而短短数年之后,联邦国家的巨轮会朝着黑暗未知的福利社会水域全速前进呢?然而大萧条、富兰克林·罗斯福、新政都接踵而至。情况不同了,新的庞大的选民群体,没落的中产阶级,摧毁了美国精英的盲目自信,释放了普通市民的政治力量。没落的中产阶级是一个广大而能言善辩的群体,阶级成员向政府寻求帮助,希望能将他们从麻烦中解救出来,重新回归到他们所属的中产阶级群体里。

这就是孕育了《社会保障法案》的时代背景。养老金政策的时代来了,大萧条时期最严重的问题莫过于失业问题。社会上有着一个男男女女、人数众多、难以约束的失业军团。新政的首要目标是创造就业。公共事业项目带来了部分答案,养老金制度提供了另一部分答案。养老金制度不仅自身很有吸引力,它还承诺给劳动力市场缓解出数千岗位,这些人可以直接过上舒适的退休生活。而年轻人和其他失业的人就可以取代他们上岗就业。

当然,《社会保障法案》并不是凭空造出来的。和通常的情况一样,私营部门迈出了第一大步。在州范围内,一些大型企业开始制定自己的养老金计划。亚利桑那州通过了第一个养老金法(后来被宣告违宪)。阿拉斯加州在1915年实施了养老金法。20世纪20年代开始有了更多的行动,三个州(宾夕法尼亚州、蒙大拿州、内华达州)在1923年制定了养老金法,但是宾夕法尼亚法院将宾州的法律送上了断头台。

有些州，主要是在西部，在后几年开始有所行动。大萧条开始的1929年到1933年间，19个州采取了相应的行动。[98] 1931年颁布的特拉华州法律设立了老年委员会。65岁以上无人供养及需要"援助"以"满足日常需求"的老年人可以向委员会寻求帮助。委员会在"仔细询问"后，可以发放一些补助金，但每月不得超过25美元。济贫院的收容者没有申请资格，那些"职业"流浪汉和乞丐也不能申请。[99] 所有拥有类似项目的州，贫困是申请的资格要求。在大多数州，申请者还必须符合个人财产少于3 000美元，年收入少于3 000元的限制。也不是所有的州都参与进来了，在南方腹地一带就没有州设立了此类项目。[100]

州法律在任何领域都没有取得彻底的胜利。商人们（毫无疑问）斥责这些法律是共产主义的，鼓励人们去当乞丐。钱总是不够的。然而这些法律却是对迫切需求的一种回应。这段时期，汤森运动正在开展，发起人是弗朗西斯·E.汤森博士（Francis E. Townsend）。[101] 汤森有个计划：给所有60岁以上的老年人，提供每月200美元的养老金补助。而养老金领取人必须退休，每月都需将这些钱花光。汤森计划并不进行经济情况调查，申请人不要求是贫困者。这听起来非常诱人，这项计划已经远远超出了州政府或者联邦政府的金融政策范围，但对数百万生活绝望的人们来说，简直是太棒了。在政治上，汤森计划成了州政府和联邦政府的一个威胁。必须要做点什么了。各州都缺乏设立社会保险项目的资金和意愿，只有联邦政府才能挽救局面。

社会保障制度与特拉华州的计划（或者汤森计划）有着本质上的不同。它被包装成"社会保险"的形式。工人的工资取一部分来支付保险，雇主也缴纳他们的份额。该制度是自动的，对贫富一视同仁，只有职工有资格获得。然而，如果他们想要领取这份钱，就得离开工作岗位,这个项目需要有这样的双向服务。

事实上,这部法律给美国生活带来了空前的影响,不论是从社会角度、经济角度,还是文化角度上来看。六十多年以后,它始终在经济和政治上强有力地控制着民众的生活。社会保障"危机"在20世纪晚期是一个非常热的话题。社会保障是解决问题的方法吗?如果不是,我们又能做些什么呢?在这场辩论中,社会保障本身一直是政治的"第三轨道",不可触碰、庄严神圣、扎根已久。

让这一制度变得不可触碰的原因是,没有人认为它是一项福利。这是你自己赚的钱,从工资里扣除了。这不是救济金,只是一种由政府支援的保险政策。一般人认为自己在华盛顿的某个地方有一个账户,跟银行账户差不多,这个账户可靠、有形,账户里的钱每年都在增长。事实上,社会保险跟保险政策完全不同,也跟银行账户完全不同。然而不论实际情况如何,这就是公众对社会保障的感知。

不论在什么情况下,领取社会保障金都不是一件丢脸的事,所有工作的人,不论贫穷或富贵,都有权获得(金额不同)保障金。这项制度一直不存在任何的经济情况调查。这也是该法律得以大获全胜的秘诀。该项目主要还是为没落的中产阶级设计的。然而,大多数受压迫的美国工人——农场工人、临时工、"私人家庭里的保姆"——都被法案忽略了。

他们没有资格。忽略农场工人,尤其贻害无穷的,特别是对黑人工人而言。然而,国会中的南方保守派人士"迫切地希望对他们的种植园劳动力保持控制",坚持不将这些人纳入保险范围。[102]尽管有这样那样的缺点和漏洞,说到底,该法案还是一个巨大的成就,而且行之有效。当然,也还是有一些副作用,数以百万计的美国中产阶级领取他们的保障金,同时觉得自己有权利鄙视那些领取其他救济金的人,那些懒汉、寄生虫、一无是处的人。这里不存在什么亲属关系或者是共有的权利。法案继续着,或者可以说加深了"值得救助的"工人和"不值得救助的"穷人之间的裂缝,加深了"社会保险"与福利、慈善和救济金之间的裂缝。

《社会保障法案》主要是一个针对退休职工的养老福利,但这部冗长的、制定详细的法律还涵盖了很多经典的福利条款。其中有一个项目称作"老年救助",这是专门为那些年老、贫困且急需帮助的人,他们等不到社会保障在未来某一年起作用。事实上,在刚开始的一些年,直到20世纪50年代,越来越多的人并不是从社会保险法案的条款中,而是从"老年援助项目(OAA)"中获得了资助[103]该法案还包括"儿童援助计划",本质上是联邦对寡居妇女救济金项目的支持。法案还给各州拨款援助"窘困的盲人"。[104]

法案还在很大程度上解决了失业保险的问题。在这一领域各州和私营部门都有一些意义重大的先驱者。先驱者之一就是1917年的丹尼森制造公司,其他有相关计划的公司还包括宝洁(1923年)和通用电气(1930、1931年)。如典型模式一样,雇主和雇员都在为员工所领的保障金做出自己的贡献,在裁员之后还会维持一段时间。同时,还有一些联合的工会管理计划。但它只是适用于全国劳工的很小一部分。1931年,威斯康星州实施了一项州失业保障计划。

与许多其他问题一样,大萧条和失业的流行加剧了情势的紧张。福利政策一直都笼罩在无事可做的恐惧之下:流浪汉、身强体壮的懒汉、游民、只是因为太懒而不去工作的人。将钱给那些失业的、身体健全的人,他们会立即陷入道德崩溃,沦为流浪乞丐。在这一领域,新生的失业人群,即没落的中产阶级,依然有着举足轻重的分量。数以百万计的人们认为并不是"多亏了上帝的仁慈",而是"我并没得到上帝的关怀"。

联邦的计划在经过激烈的辩论、争吵、报告、论证之后,在1935年成为社会保障法案的第九章。本质上,它向雇主征税(如果他们在一年内有20个星期以上的时间需要向超过8个员工发薪水)。征税力度是比较温和的,1936年征收员工薪水的1%,1937年上升到2%,1938年又上升到3%。失业员工可以获得小额并附期限的补助。日渐庞大的福利国家大楼又添置了新房间。

第七章

战争和战后——福利国家的繁荣昌盛

（罗斯福的）新政将权力由州政府及地方政府向华盛顿转移；参与一场大型战争，只会加速这样一种趋势。1941年12月7日，日本轰炸了珍珠港；一周内，美国也与德国及意大利进入战争状态。美国国会立刻制定《战争权力法案》(War Powers Act)，全权委任美国总统在战争期间调度政府单位，修改政府契约，以及处理敌方财产及外币交易等问题。[1]

第二次世界大战是一场艰苦卓绝、义无反顾的战斗；这场战争横跨两个大洋，整个美国都行进在战争状态上。即便在第二次世界大战开始之前，欧洲及太平洋事件的黑色阴影，早已降临这个国家。当1939年希特勒陷入欧洲战争之后，美国保持了中立的官方立场。但是，罗斯福不甘受制于此中立状态的束缚，他试图帮助受到围困的英国——著名的美国对友邦供应武器、物资、食粮的"贷款—租赁计划"(Lend-Lease program)，这或许是罗斯福诸多摆脱束缚对策中最重要的一项。1940年9月，《义务兵役法案》(Selective Service Act)在美国国会被通过。规定所有介于21岁至36岁的男性，必须为可能的服兵役而登记注册。"小型社区团体"（地方征兵委员会）负责管控《义务兵役法案》的执行。第一批被征入伍者由抽签决定。1940年10月，陆军部长亨利·斯廷森(Henry Stimson)蒙着眼睛从一个金鱼缸中抽出中选者的号码。金鱼缸中有许多包在胶囊中的号码签,斯廷森以一支由费城独立纪念厅的大橡制成的长柄勺搅动着鱼缸。158 号是第一支被抽中的"赢家(或许是输家吧)"。²

185　　被征入伍者应该只服役一年,而且不可以被派遣到海外服役。但是,真枪实弹的战争真的到来了。于是,如今征兵被用来吸收百万名男性进入武装部队并参加战争。理论上,征兵在种族上是中立的,而且非常民主。现代战争要求这种理论,因为这是一场总体战争,只有在承受苦难上表现出一个大致的平等,才能在公众面前赋予征兵以合法性。在美国南北战争时期,男人可以花钱来免上战场去参加战斗。这个想法在 1941 年,是不可能被接受的。理论上(以及在正式的法律上),每一个符合征兵年龄的男子,不论富有还是贫穷,地位高或地位低,受到的待遇是同样的。当然,现实与理想之间相差甚远。因为它是一项在分权体制下的法律,这样的结果或许无法避免;实际上,对义务兵役的影响力确实是多样的,至少因社会阶级、因地区而有所不同。³

　　在美国历史上,和第一次世界大战相比,第二次世界大战是个更为重大的事件;至少它持续得比较久,动员了更多男男女女,而且花费更多的金钱,呜呼哀哉,还有更多的生命伤亡。不过,如我们所见,征兵及动员(更不提及协助挣扎中的同盟国)早在之前的一段时间里就已经开始了。如同第一次世界大战,第二次世界大战也产生了许多新的法律。1940 年,美国国会通过《军人与水手救济法案》(Soldiers and Sailors Relief Act),实际上延缓了在军队服役男女的法律诉讼。⁴这项法律使得如下行为都变得比较困难:向军人、水手、海军或飞行员追索债务,或是通过缺席判决而离婚,或是依法强制驱逐作为房客的军人或其家人。这一切都延后到当事人服役结束以后(加上 3 个月的宽限期)。法律赋予战争生产委员会(War Production Board)极大的权力。

总统作为总司令指挥着战争,而且国会在国内事务上,也赋予总统几乎是不受限制的权力。美国在生产线上赢得了和在战场上一样多的胜利。各项产业都把战争时期作为转型的基础,汽车制造商不生产汽车了,而制造坦克车;民用的生产被削减,而战争工厂吸收了因为经济大萧条而剩余的失业劳工。

1942年1月,《紧急价格管制法案》(Emergency Price Control Act)获得通过。⁵ 负责管制价格的物价管理局(Office of Price Administration)有权发布规则或命令来锁定最高价格,任何商品的最高价格应该要"公平合理"。之后也有价格冻结的措施;该法案同时也涉及房屋租金的管制。"与防卫相关的"(Defense-related)区域是这些管制施行的地方。很快地,整个国家(或多或少)都变成"与防卫相关的"区域。除了宾夕法尼亚州的斯克兰顿(Scranton)之外,其他每个人口数超过10万人的城市,都受到租金管制。⁶

物价管理局以报复的心态运作,狂风暴雨般地发布大量规则与命令。一共有超过600项价格与租金的规定,物价管理局管制超过800万种商品及服务的价格,同时还有20类限量供应的物资;各种基本商品的供应都受到牢牢的掌控。或许,物价管理局确实抑制了价格的上升,但是,一个"比例巨大的黑市"的出现,确是出乎意料的结果。很难精确指出黑市到底有多大。然而,1944年2月,一份芝加哥肉贩调查报告显示,27%的肉品是以超过最高定价的价格售出的,有些估计甚至更高。物价管理局从来没有足够的人力适当地巡查执法,那必须有一支几乎接近军队的人力才行。当然,物价管理局并不是一只纸老虎(paper tiger),从1942年至1947年,物价管理局执行了259 966起制裁,接近14 000起案件在联邦起诉;而光是纽约市,在1944年就有18 875起对零售商以及4 000起对批发商的起诉。在这些案件中,政府大多胜诉,不过大部分的被告都被科以罚金,仅约有四分之一的被告被判处徒刑。⁷就某些方面而言,局势类似禁酒时期,或者像是克努特国王(King Canute)指点江山的时代。市场的力量对薪资、物价、租金管制的抗拒,简直就像是滔天的洪水涌向了一个脆弱的水坝。如果缺少了制裁,更重要的是,若是没有爱国热情的话,在这场"善的战争"中,毫无疑问,局势大概会更糟糕一些。

当然,战争是在战场上见分晓的。但是如同我们所看见的,同盟国巨大的生产力(尤其是美国),注定了希特勒的失败命运。工厂及矿场在满负荷地生产出坦克车、枪炮、船舰,以及让引擎继续运转的燃料。然而,这段期间的劳资关系远非平稳。国家战时劳工局理应使劳资双方都感到高兴。最基本的讨价还价(虽然未必都会实现),便是赋予工会一直期望得到的权利,从而交换某种不需言表的承诺,即工人不应停工或罢工。但是,1943年,美国煤炭联合工会在约翰·L.刘易斯(John L. Lewis)的领导下,打破了不罢工的誓言,呼唤矿工离开矿井。罗斯福总统下令控制住矿山,并将它们交给内政部来处理,希望劳资各方能重新达成协议。争议十分激烈;国会决定介入并有所作为,国会通过一部超越于罗斯福总统否决权之上的惩罚性的《战时劳动争议法案》(War Labor Disputes Act)。最终,矿工们或多或少得到了他们期待的结果。⁸

第一次世界大战后,占优势的口号是:回归"常态"。对于使民众做出更多牺牲的第二次世界大战,人们想要回归平常日子的渴望再次显现出来。物价管制结束得比较快。租金管制则持续得比较久,在1948年,仍旧有几百万个租赁单位受到管制。当你的家或公寓是属于被管制的议题时,供给与需求间的曲线问题似乎就特别棘手。当然,房东很痛苦地特别反对和平时期的租金管制,希望它尽快消失。在1949年,田纳西州纳什维尔(Nashville)的不动产业主协商会议(Property Owners Council)公开谴责租金管制是"非美国化的",是"反上帝及反圣经的""来自无神论者或共产主义者";"它使得奴隶们摆脱业主",并给予房客们"许多钱……去买威士忌、去赌博、去浪费挥霍"。[9] 1950年开始的韩鲜战争,为租金管制注入了新生命。但是到了20世纪50年代中期,当韩鲜战争结束的时候,大部分的租金管制都被解除了;纽约市则是个很大的例外。

两次世界大战间的经济大萧条,是一段长期、令人不快的噩梦。第二次世界大战最后终于消灭了经济大萧条,或者,至少看上去如此。任何想要工作的人,在战争时期的经济繁荣中,都能找到有意义、高工资的工作。家庭主妇们成为铆工。黑人在过去拒绝雇用他们的工厂找到工作。战争的终结似乎带来新的巨大危险:数百万名军人、水手、海军及飞行员将被倾注回原本的劳动市场——一个没有人为的战争刺激的市场。

1946年的《雇佣法案》(Employment Act)大胆地宣布,联邦政府负有"持续的……责任"去"增进……那些有能力、有意愿的求职者的求职机会";目标在于使"机会最大化"。[10]有些人希望制定一部有执行力的法律。原本,这部法案的名称是《完全雇佣法案》(Full Employment Act)。实际上的法律条文并没有走得离谱到(激进到)主张每个人都有权拥有一份工作这样的地步,但是它确实要求政府提出强而有力的消费项目,以便增加就业机会。这对国会中的保守者而言,有些太过分了。和过去一样,所有的法案都只是说说而已,并没有真正的行动。它确实创设了一个经济顾问委员会(Council of Economic Advisers),在尊重"企业自由竞争"的前提下,"规划并推荐全国性的增加就业机会的经济计划"。但是,没有什么人被强制性要求去实际性地采用该委员会的建议。[11]尽管如此,美国政府实际上意识到了这个问题,而且确实采取了一些措施。经济刺激的主要动力,即所谓《退伍军人权利法案》(GI Bill of Right)。[12]该法案甚至在战争结束前便已经制定完成。

第七章 战争和战后——福利国家的繁荣昌盛

无疑地,它确实对退伍军人表达出真诚的感激之情,但它同时也意味着使经济保持不断的成长。

事实上,这项法律给美国社会带来了不可预料的影响。它发给寻求就业过程中的退伍军人每周 20 美元的"重新调整津贴"(readjustment allowance),最多可领 52 个星期。更重要的是,《退伍军人权利法案》还贷款给退伍军人开公司、买房子或上学。结果是具有戏剧性的。《退伍军人权利法案》为市郊的发展铺就了路径,并创造了像是莱维顿(Levittown)这样的新社区。[13]无疑的,人们涌向市郊居住的情形,无论如何都会出现。但是《退伍军人权利法案》则推动了这个发展进程。

《退伍军人权利法案》同时也将高等教育大众化。由于有人代付学费、每个月还可领取助学津贴,退伍军人们成群结队地涌进学校读书,这可是他们以前做梦都不敢想的。他们入学就读的人数比所预期的多得多。到了 1947 年,超过 110 万名的退伍军人在大专院校注册;高等教育中,几乎有一半的学生都是退伍军人。据说有超过 200 万名的退伍军人鉴于《退伍军人权利法案》而接受高等教育,另外有上百万人接受了职业训练,或是进入艺术、音乐或商业学校。[14]就社会意义而言,退伍军人改造了高等教育——大专院校出现了剧烈的变革;但更重要的是,它们丧失了原先对精英、白种新教徒的偏好。退伍军人同样对职业类学校(包括法学院)的影响也很大。

二次大战后的世界

罗斯福竞逐总统一职 4 次,结果 4 次胜选。在第四次被选为总统时,罗斯福已经心力疲惫而且身患绝症。他于 1945 年 4 月在任内去世了。副总统哈利·杜鲁门继任他的位置。罗斯福曾经以他的形象——以新政的形象改造了民主党,他控制美国政坛超过 10 年的时间。他受到许多人的崇敬。在成千上万个家庭中,墙上都挂着他的照片(与其妻埃莉诺的合照)。富兰克林·罗斯福是许多年轻人唯一知道的美国总统。现在的问题是:在创立者过世后,有多少新政可以存活下来呢?

结果证明,大部分都存活下来了。整体上说,罗斯福改革中的重大的法律都没有被废弃。某些部分(例如社会保险)已经进入某种法律的殿堂,如今已完全无懈可击。战后的美国国会并未撤销任何重大的法律,他们甚至没有大幅度地修改过它们。国会变得比较保守。它并不干涉社会安全网,却完全放弃那些新政时期曾经梦寐以求的大型规划与改革计划。有些主张执行新政者,急切地希望割除的企业化资本主义(如他们所见到的)病体,执行重大的手术。到了1945年时,甚至有许多自由主义者都已经放弃了这些目标。这些已经不再需要了。庞大的企业巨兽已经变得十分顺从,新政已经驯服了它们。如今倒是有其他的议题需要优先考虑,诸如个人的权利、消费者的争议,还有冷战。[15]

并不是所有的新政立法都是完全不可被批评的,劳工法就属于一个部分的例外。在新政下,工会发展得欣欣向荣,但是它们的敌人从来不曾放弃抗争。1947年,美国国会制定《塔夫脱-哈特利法案》(Taft-Hartley Act)。[16]人们普遍认为,工会在罗斯福主政时期获得了太多的权力。《塔夫脱-哈特利法案》将间接的联合抵制规定为违法,而且认定某些工会活动是"不当劳动行为"(unfair labor practices)。其重点在于使雇主与员工间的权力关系达到平衡,并且增进个体劳工的权利。至于《塔夫特-哈特利法案》是否造成巨大的影响力,以及它是否甚至改变了劳工法的本质,一直存在着争议。不过,有组织的劳工确实非常反对这项法律,称它为"奴隶劳工"法案,而且杜鲁门总统也对该法行使否决权。美国国会则推翻他的否决,但正如《劳资关系法案》

一样,《塔夫特-哈特利法案》证明它非常难被消灭。1948年,杜鲁门在混乱中赢得的总统连任;工会给了他全力的支持。然而,杜鲁门于1949年再次试图推翻《塔夫脱-哈特利法案》,但仍旧空手而归。

另一项里程碑式的劳工法是《兰德伦-格里芬法案》(Landrum-Griffin Act)。[17]该法试图规范工会的内部事务,防止腐败,让工会对其会员更为负责任。新政的劳工法则依赖于另一套不同的哲学。大企业是有组织、力量强大的。劳工则需要属于他们自己拥有的、强大有力的组织。只有雇主才会谈"契约自由"或个别劳工的"权利",这些被视为"洛克纳主义"(Lochnerism)及破坏工会策略的密码。

不过,后新政时期的劳工法再一次重新捡起个人权利这个主题。庞大的劳工组织已经是既成事实,腐败和滥用权力也的确存在。新政在不经意间开启了弱化工会力量的长期趋势。工会会员在所有非农业、私人部门劳动力中的所占比例,曾于1955年达到35%的高峰;之后不仅没有超越这个数字,在20世纪70年代以后,它开始进入了很长一段时间的严重衰退。这其中有许多理由。不过有一个原因可以肯定的是,许多劳工感到觉得他们并不"需要"工会了。包括劳工健康及安全法、最低薪资法、失业救济金等,提供了一个社会安全网;这让人们有可能认为工会是个无用的摆设。劳工挣到的钱,值得让他去支付工会会员费吗?越来越多人开始对此发问,而得到的回答是否定的。

来自寒冷中的工人们

1959年1月5日,这是巴尔的摩非常寒冷的一天。当天的最低温度是华氏11度*。当华盛顿铝工厂(Washington Aluminum Company)

---

* 相当于摄氏零下11.6度。——译注

的某些工人来上工时,发现工作场所比西伯利亚还要冷。火炉已经损坏,但还没修好。以前,就有工人抱怨过很多次,说工作环境太冷,但这次真的是太冷了。有些工人认为"简直是冷得无法干活了",其中7名工人不顾领班的劝说,起身离开工厂。当老板抵达时,他立刻将这7名工人解雇了。

全国劳资关系委员会下令,这家公司必须恢复这些劳工的工作。因为将这些劳工解雇是"不公平的劳动实践行动"。这些工人有权"从事……约定的活动,以便进行集体谈判,或其他互助或保护"。这家公司争辩,擅离职守行为几乎不可能是法律所规定的"约定的活动"。全国劳资关系委员会不认同这样的看法;联邦最高法院也不同意这样的看法。于是,这些工人又回到了工作岗位。

在许多方面上看,本案的事实比实际的判决更为有趣。这些工人并非可以被随意踩蹴的农奴,反之,他们有权利意识——更何况还有个政府机关能让他们觉得可以求助。而且他们可以诉诸丰富多彩、结构复杂的法律——这是一个注满了学说、规定、规则、态度的网络,这个网络缚住了曾经无所不能的老板的手脚。此外,他们还可以诉诸一项日益成长的共识,那就是那种帝国霸道式管理的时代已经结束,人们有权获得一个体面的工作环境。联邦最高法院说,有些工作环境不是"一个有人性的文明社会可以容忍的"。一个让人寒冷刺骨的工作场所,肯定属于这一类。

不论过去或现在,没有人本来就应该获得一份工作。自从20世纪50年代起,工会的力量便逐渐被侵蚀。解雇与规模精简在美国工业界蔓延展开。但是,工人们越来越感觉到,他们有权在工作中得到公正的对待。战后,劳工法的一项突出发展是,老板雇用或解雇员工的绝对权利已经衰竭。首先,许多劳工受到工会或工会契约的保护。其他劳工则是技术上所谓的"自愿选择"(at-will)类员工;他们没有签订劳动合同,可以被随时解雇。但是在一连串戏剧性的案件中,许多法院已经一点点地破除了"自愿选择"原则。如果一个工人被恶意解雇,或者因不当原因而被解雇,他就有理由对老板提起诉讼。

有些法院用以对抗雇主的,是"员工手册"这项雇主自己的武器。许多公司会将"员工手册"发给员工,它通常会自夸地说本公司何等先进和公正;总之,所以谁还会需要工会呢?有些法院将这些文字解读为一种暗示,即除非有正当理由,否则不会解雇员工的承诺。民权法对雇主的限制就更大了。如果有人因为种族、性别、宗教、年龄或残障的缘故而被解雇,他就有法律理由提起诉讼。所有这一切都引人注目地限制了雇主不得心血来潮地或以法院可能不会认可的其他理由来解雇员工。

然而,对于那些比工厂或矿井劳工层级更高的雇员们,这些原则更有效用和适用性。而且这些原则并没有改变一个事实,即和大部分欧洲国家的法律相比较,美国的法律赋予了雇主比较多的自由度。在20世纪80年代至90年代,大规模的解雇是司空见惯的事:成千上万的员工被想要"减肥"的大企业解雇,或者因为一些巨大的并购案而减员失业。的确,这应该是美国资本主义繁荣昌盛的时期,而且这被认为是解释美国经济之所以能远远超越欧洲萧条的经济的理由之一。这是一个悖论。法律(及惯例)准许且视为正当的,是基于经济发展及竞争的"大规模"解雇。然而,个体的劳工则越来越主张并要求拥有被当做"一个人"公平对待的权利。

公屋(Public housing)

公屋项目是在战后艰难岁月中实施新政的一部分。在战时,陷于困境的中产阶级的钱包鼓起来了的时候,政府自然没有给穷人建造住房的想法。《退伍军人权利法案》给予返乡的退伍军人在郊区拥有一栋房子、一个院子及一丛玫瑰的希望。《退伍军人权利法案》提供资金,实行大规模的重新定居计划,创造了一个崭新的郊区世界。城市的中心逐渐变成无独立生活能力的穷人的蜗居,其中有许多是黑人。[18]

如今政策有了个决定性的转变。如同某些国家的情况,公屋已经变成大批劳工阶级群聚、接受家庭住房补助的低价住屋,这些劳工家庭的收入非常低。不过,右翼分子向来都愤恨公屋计划,总是讥讽地说这是"社会主义"的一套。战后没有什么行业可以和私人房地产开发者及住房建筑业竞争。任何在社会上有点财富积累的人,或者收入略高于最低限度的人,都不符合购买公屋的资格。因此,公屋渐渐变成了只有那些已经穷困潦倒走投无路的人才会去住的地方。到了1963年,住进公屋的家庭里,近40%是靠社会福利过日子的;这个比例在圣路易斯有50%,在底特律则有63%。[19]公屋在设计上应该是非常基本的、简单、很少装饰与浪费。这很快就变成巨大、低劣和丑陋不堪的水泥高楼。"这些公屋项目"成为沉闷、堕落、没有生气的居民社区,而且治安情况也非常危险。住在20楼的母亲无法照管在高楼底层水泥地上玩耍的孩子们。几乎从这些建筑开始兴建时,这些项目就注定是个灾难。这些建筑成为毒品成瘾、犯罪、堕落、性侵害的丛林。在有些城市,这些地区变得如此声名狼藉,以至于地方当局认为除了将它们彻底扫除外,别无出路。例如,这就是圣路易斯的"普瑞特-伊格项目"(Pruitt-Igoe project)的命运。这个巨大的建筑群包括33栋大楼,每栋11层楼高,装点着"成千个破损、钉满木条的窗户",大部分是被房客们放弃的空屋;最后,于1972年它被交给建筑破碎机来废除了。[20]1973年,尼克松总统下令冻结新的公屋项目。

第七章 战争和战后——福利国家的繁荣昌盛

第二个和第三个浪潮

将战后时期想象成只是维持原状及部分缩减是错误的。杜鲁门总统提出了"公平政策"(Fair Deal),这是一组包括健康保险、民权法律等的大胆计划。保守的国会使这些政策沉没谷底。健康保险的命运特别富有启示意义。这毕竟是英格兰福利国家的基础。战争末期,英格兰引入了一个"从摇篮到坟墓"的社会保险制度。杜鲁门倡议大规模扩张全美健康保险计划,但是他的计划却遭遇大敌:美国医学协会称之为社会主义式的医疗制(socialized medicine),认为它将使医生变成"奴隶"。由于杜鲁门的计划被认为带有来自境外的思想意识,最后在充满敌意的国会里饱受抨击并胎死腹中。[21]

直到约翰·肯尼迪(John F. Kennedy)被暗杀以及林登·约翰逊(Lyndon Johnson)意外地当上总统,此时的主要社会立法或多或少都处于冬眠的状态。肯尼迪曾经不停地发表演说,但是他在立法层面则鲜有实际行动。相反地,约翰逊则是个立足国内、作风进取的行动派(ball of fire)。1964年1月,当约翰逊第一次发表国情咨文时,他呼吁"向贫穷宣战"(War on Proverty)。1964年的《经济机会法案》(Economic Opportunity Act)是这场战争的主要武器。[22]依据该法的序言,其目标在于"消除富裕之中存在着的贫穷的矛盾状况"。

这项改革既重大又勇敢,但它并不是那类革命性质的事情。这是一个有关"机会"的法律,而并不是要劫富济贫,或是去改变基本的经济结构。人民将获得"受教育及培训"的"机会"、工作的"机会"、"而有尊严地"活着的"机会"。其主要想法是为贫穷者打开机会之门并清除路障,但它并没有暗示经济是个零和游戏,或者暗示为了让别人获得,有些人应该事先付出。

该法案朝每个方面分配资金,包括职业培训团体(Job Corps)、协助移民劳工、提供成人教育等。设立经济机会局(Office of Economic Opportunity),是为了管理财务款项及指导这场战争。该局也支持地方社区与贫穷做斗争。在它短暂、紧张的运行期间,经济机会局催生了一些项目:美国自愿者服务队(Volunteers in Service to America)像是美国国内版的和平工作队(Peace Corps);"奋发向上"(Upward Bound)项目则帮助向往大专教育的贫穷小孩。而"智力启蒙"(Head Start)项目则是针对贫寒家庭子女提出的学前教育项目。有些项目非常受欢迎,如"智力启蒙"项目,它们一直持续到政府都已经放弃了这场"战争"并将"部队"送回他们的兵营之后。

这场战争与经济机会局的另一项衍生物是法律服务项目(Legal Services Program)。[23]法律协助(legal aid)并不是一个新的想法。自19世纪起,就已经有各种各样的地方法律扶助项目。后来,许多基金会支持了社区法律服务社的各种实验。经济机会局的法律服务项目于1965年赢得了美国律师协会的赞同。美国律师协会称之为"深切关心了提供法律服务给所有那些有需求的人们这个问题",并且决定"与经济机会局合作",为穷人发展起法律协助服务。[24]这些项目虽然起步良好,但是很快就遭遇到麻烦。因为律师总是帮助某些人对抗另一些人,而这所谓的另一些人,往往就是市政府、官僚、州政府,及联邦政府自己。这使得政治化的法律服务是有危险的,最后的结果则导致严重的预算缩减和限制。

1965年1月,约翰逊总统在国情咨文演讲中,宣布他所谓的"大社会"构想,这是另一项引人注目的一揽子立法方案。他想要加速消除贫穷的战争。他想要通过国家卫生研究院(National Institutes of Health)来抵抗疾病,在教育方面提供更多经费,并且重建衰败中的城市。国会于1965年建立了住宅与城市发展部(Department of Housing and Urban Development)。意义更重要、作用更持久的是,在国家的社会保险政策上增加内容:医疗保障(Medicare)及医疗救济(Medicaid)。这些法律于 1965 年 7 月正式通过。[25]医疗保障承诺,对几乎是所有超过 65 岁老人的医院开支提供"基本的保护"。这个项目覆盖任何"疾病与不适"的住院医疗开销,至多 90 天。资金来源由工资税(wage tax)提供。看诊时,老人只需自付一小笔金额,其他则由项目支付。此项目并不覆盖矫形鞋、眼镜、牙科治疗、助听器及整容手术,而且它并不是完全免费的。不过,无论如何,这对迈向越来越完整的福利国家而言,是巨大的一步。医疗救济是相同法规的另一部分,它提供匹配的基金给州政府,以协助支付盲人、残障及被寄养的儿童的医疗账单。医疗救济或许有可能照顾到所有穷人,因为州政府被允许将过去他们用来照顾贫穷老年人的钱(现在已被医疗保障项目所覆盖)用作此项目的。[26]

在法律与实务上,这些都是真实的改变。尤其是医疗保障,几乎从它启动的那一刻,便受到热烈的欢迎。如同社会保险,任何帮助老年人的项目,也就同时帮助了他们的中年子女。对于那些身处"三明治"状态这一代中产阶级成员来说——他们既要还清房屋贷款、送孩子上大学,同时还得赡养又老又病的双亲并支付他们的天文数字般的医疗账单,这真是个特别的恩惠。他们的负担由于政府的介入而减轻了。

国会在 1964 年还制定了《食品券法案》(Food Stamp Act)。[27]在肯尼迪任内,食品券最初只是个试验性质的项目;《食品券法案》扩张了这个项目,并赋予它持久稳固的基础。这个法案的前言承诺,将用"充足的食物"来"提高低收入家庭的营养水平"。依据该法案,合乎资格的家庭将可领取食品券,用来兑换超市的商品。这些家庭必须花钱购买食品券,但在价格上享受补贴价格。正如大部分真正成功的社会福利项目一样,对那些并不承受贫苦的人而言,也同样具有意义。此项目试图强化"农业经济",而且该法案所定义的"食物"把烟、酒或是其他"进口的……食品"排除在外。这正好也是食物过剩及昂贵的农业补助项目的时期。当然,该法案受到农民、食品公司及零售商的欢迎。

就某方面而言,约翰逊的种种倡议是联邦激进主义的高峰值期。在他的领导下,民权立法确实有了真实的突破。总体而言,没有什么是联邦政府触摸不到的事情:教育、犯罪、文化,尽在联邦的掌股中。联邦政府有金钱也有能力,能提供一般的福利。在约翰逊的领导下,选择将资源用在这些事务上。在研究补助方面,联邦政府所占的角色越来越重要。联邦政府资助制造原子弹的曼哈顿计划,也支持了太空探查。国家科学基金会(National Science Foundation)于1950年建立。到了20世纪60年代,该基金会提供了超过一亿美元的经费,支持各项研究。[28]同样在约翰逊总统任内,国会还创设了国家艺术基金会(National Endowment for the Arts)和国家人文基金会(National Endowment for the Humanities)。在其创设前言中宣称:"一个高度发展的文明国家,必须全面重视和支持……人类的学术与文化活动。""世界级的领导能力……不能只依凭强权、财富、技术,而应该牢固地建立在这个国家被全世界尊敬和赞赏的一个思想与精神领导者的高素质基础之上。"[29]当然,这是矫情之词,即便如此,它也可以是富有意味的。佛蒙特州与南达科他州对"世界级的领导能力"就什么也提供不了,这些东西都来自华盛顿。

"向贫穷宣战"及"大社会"许诺了一个勇敢的新开端,像是个向前大跨步的跃进。但是当我们回顾过去,这显然是到了峰顶,很快情势急转直下。就许多方面而言,"大社会"本身是越南战争的又一个受难者。它陷入了大炮加与奶油的战斗中。精疲力竭且不受欢迎的约翰逊,谢绝了1968年的总统大选,尼克松当选了。从许多方面来看,尼克松并不敢(或许也不想)走回头路。比如,他知道像医疗保障项目这种事儿是碰不得的。但是福利国家制度并没有像许多热心者理所当然地想象得那样继续向前走下去。

消灭污染的战争

196　　在某种程度上,第二波管制是新政在逻辑上的延伸。然而,20世纪70年代发生的第三波管制,则十分不同。这与经济大萧条、收入分配无关,却是与社会正义、权利、健康及安全、生命形态有关。这样的立法是为了适合于一个富裕、努力奋斗、自我专注的国家——它关心的是其文明的品质。

第三波的立法计划中,没有比有关环境的法律更有特色的了。其中有一半是关心公众的健康;另一半想法比较浪漫,则是关切大自然的被摧残程度。环境保护运动混杂着对于空气与水污染的硬冷的忧虑,还有关于保护山脉、沙漠、河流之美与自然奇观的柔性诉求。当环境保护论者举起公共卫生的旗帜时,他们在政治上的诉求会变得十分有效。许多人完全不在乎美洲鹤和加州兀鹰是否会濒临绝种,但是没有人希望吸入肮脏的空气而窒息致命,或者因为喝了被污染的水中毒致死。

当然,环保运动中涉及健康的另一半,当属空气清净法及水清洁方面的法律。有一段时间里,某些城市在持续关心空气品质:人们被迫大口吸进肺里的,究竟是什么东西?[30]有些城市早在19世纪便有关于有害烟雾的法规。洛杉矶因为它的烟雾而臭名昭著:有害的雾霾覆盖了高山,遮蔽了蓝天,让人们呼吸艰难和喘息。就像某个案件那样,一桩引人注目的灾难,成为推动空气清净运动的强力催化剂。1948年10月29日,一阵浓雾(后来人称"多诺拉死亡雾霾")笼罩了整个宾夕法尼亚州的多诺拉镇(Donora)。中午时分,多诺拉镇却一片黑暗。人们开始喘不过气来,他们感到恶心和腹痛。社区中心的地下室变成临时的太平间。气温的变化,加上锌与钢铁工厂排放的废气,使得可呼吸的空气被一片浓厚的、刺鼻的、有毒的雾霾所取代。最后,有 20 人死亡,7 000 人——全镇一半的人口——接受住院治疗。这是一次全国性的警钟。联邦及州政府卫生部门展开调查,这是对空气污染的事实与危险采取行动的重要一步。[31]

联邦政府行事像往常一样,显得小心谨慎。1955 年的一项法案提供资金给州政府及地方单位,从事研究、培训以及示范计划。[32]国会在 1963 年制定了一部内容更坚实的《空气清净法案》(Clean Air Act)。该法案的前言堂皇有力,论述了空气污染问题以及空气污染对人类、财产、农作物的伤害。很自然地,鉴于联邦主义(以及地方政治)的敏感性,该法案主张,州政府及地方政府有"预防及管制空气污染源"的"基本责任"。该法案提供更多的研究经费,同时准许卫生、教育和福利部(Department of Health, Education, and Welfare)部长在危险情况下——并且在地方部门多次尝试失败时——可以介入解决空气污染问题。该法案还要求卫生、教育暨福利部部长"鼓励"管制汽车排放的废气,并向国会提出报告。[33]1965 年,国会制定《机动车空气污染管制法案》(Motor Vehicle Air Pollution Control Act)。该法案让卫生、教育暨福利部部长有权起草法规,制定废气排放标准。[34]凡是不符合标准的汽车,不得销售。法规很快获得发布。1967 年的《空气质量法案》(Air Quality Act)则扩大了联邦政府的角色,不过州政府仍旧是重要的主角。[35]各州政府开始建立自己的"环境空气品质管制"标准。如果他们敷衍了事,卫生、教育和福利部会拿出其自身的标准,这样便昭示出州政府的失职状况;同样,如果州政府没有将法律执行好,卫生、教育暨福利部也会适时介入。汽车废气排放标准于 1971 年、1973 年、1974 年及1976年曾数度被撤回。不过,一部更严格的法律——1990年的《空气清净法案》(Clean Air Act of 1990)最终获得通过。[36]

其间,有些州也制定他们自己的法律。例如,1957年,纽约州便设立了空气污染管制委员会(Air Pollution Control Board)。[37]该委员会有权制定法规并执行之。这是一个由9位委员组成的委员会,包括5名州政府官员以及4名委任成员:一名"在空气污染物毒理学领域富有经验和能力的"医生,一名污染工程师,一名工业界代表(同时也应该是个专家),以及一名来自地方政府的专家。到了20世纪70年代,几乎每个州都有某种空气清净法。

20世纪70年代的《空气清净法案》决定性地使权力的天平向中央政府倾斜。同样是在1970年,国会制定《全国环境政策法案》(National Environmental Policy Act),目的在使所有的政府机关、行政单位都能步调一致地前进。每一个可能影响环境的重要施政作为,都必须先提出环境影响报告(environmental impact statement)。[38]政府机关必须公开这些说明书,这当然也让环境保护论者在有需要时可以有的放矢地评判。但是后来证明,环境影响报告在官僚体制内,也是一种强有力的武器;每个管理单位都必须停下来想一想,他们需要将环境事宜列入考量,而且这项法案保证,对于那些具有环保意识的雇员,每个政府单位都必须充满善意地保护他们。[39]

尼克松总统还签署了一项设立环境保护局(Environmental Protection Agency)的行政命令。环境保护局是将原本分散于各政府部门的散乱职能组合在一起。例如制定全国空气标准的任务,如今便由环境保护局掌控。

无清洁水可喝

在20世纪末之前,如同管制清洁空气的情形一样,联邦政府对于水清洁的管制也很少。[40]这是属于州政府管辖范围的工作。不过,许多州并没有关于水质的法规,而法律在执行中则过于温和且无效率。

事实上,联邦政府对水资源的关心肇始于1948年的《水污染管制法案》(Water Pollution Control Act)。依据这项法律,联邦政府可借款给州政府,以整治水资源(1956年,该法将贷款修正为补助)。这确实是适当的一步。到了20世纪60年代,这个问题变得越来越突出。蕾切尔·卡森(Rachel Carson)于1961年发表了一篇标题耸人听闻的文章:"您喝的水安全吗?"(How Safe Is Your Drinking Water?)1965年的《水质量法案》(Water Quality Act)反映出一个强大的"绿色"运动的崛起。1972年的《水清洁法案》(Clean Water Act),是《水质量法案》的修正法案。它将水清洁提升为全国的目标,坚决主张湖泊及河流在1983年前,必须"既适合钓鱼又适合游泳",法案也禁止倾倒垃圾至湖泊河川中,并赋予环境保护局新的权力。尼克松对该法案行使了否决权,但该法案最后还是通过了。1974年的《安全饮用水法案》(Safe Drinking Water Act)则赋予环境保护局制定标准的权力,以确保自每个美国家庭的水龙头中流出来的水是干净和安全的;地方自来水公司则应确保其供水符合这些标准。[41]

寂静的春天

至少在蕾切尔·卡森于1962年出版《寂静的春天》(*Silent Spring*)一书的时候起,化学制品及杀虫剂便已成为关注的焦点。该书以一段残酷的描写为开端:一个曾经绿影婆娑的美丽城镇,如今因为遭受某种"邪恶的诅咒"而枯萎。"死亡的阴影"游离在这个城镇的每个角落;没有鸟儿歌唱,植物枯萎凋谢,小河毫无生气,所有的鱼都已经死光;无论老少,均因神秘的疾病而生病和死亡;有毒的白色粉尘飘落在每间房屋上。到底是什么带来了这场瘟疫,"让春天的声音在无数个城镇消失了"?卡森说,这是我们自作自受。由于大量使用DDT及其他有毒的化学物质和杀虫剂,人们将致命的化学物质喷洒在农作物上,美国与世界正在毒害自己。这些化学物质会残留和扩散,最终使世界的生态系统惨遭严重损害。补救方法很明显:摆脱这些化学物质,改用其他方法控制虫害;以虫制虫,用鼬䑕和田鼠来对付叶蜂,用寄生黄蜂来对付日本甲虫。

这些讯息来得恰逢其时。这本书引起了轰动。环境保护运动这时已经十分强大。在"世界地球日"(4月22日)这天,上百万人庆祝并参与了关切地球母亲的行动。1976年,国会精心制定了一部《有毒物质管制法案》(Toxic Substances Control Act)。[42]这赋予环境保护局新的重大权力来控制化学物质及杀虫剂。环境保护局被要求负责检验、寻找"致癌、突变、畸形、行为偏差、有增生或加强反应"的风险类物质。环境保护局可以要求厂商标示警告标签,或者禁止、限制使用那些经证明有害环境与人体健康的物质。

消 费 者

扩张中的消费者运动也产生了许多立法。1972年《消费性产品安全法案》(Consumer Product Safety Act)的前言便表示,那些"数量多得令人无法接受消费性产品"大都携带着"不合理伤害性风险"。[43]你不能指望无助的大众能"事先预防这些风险",并采取必要的行动来保护自己。新的消费性产品安全委员会(Consumer Products Safety Commission)有权为消费性产品建立安全标准,并在市场上完全地禁止"危险的产品"。

在食品和药品法中,消费者安全也至关重要。1937年爆发的一件丑闻,对食品和药品法的范围产生了影响。这与磺胺类药剂有关。这些是第一批抗生素,它们是对抗疾病非常有效的奇迹般武器。田纳西州的S. E. 马森吉尔公司(S. E. Massengill Company)打算基于人们厌恶吞咽药丸的事实而获利。他们将磺胺剂制成液态,包装成好看的、粉红色包装并带有山莓口味的产品。没有经过任何测试与检验,产品便被仓促推上市场。结果,这批产品有一个小问题:70%的产品含有二乙二醇这种致命的毒物。在食品药品监督管理局下令将这些产品从市场上收回之前,已经有超过100人在痛苦中死去(其中包括34名儿童)。[44]

食品药品监督管理局原本便有权扣押不良药品,并把它们排除在公共场所以外。但是在磺胺药剂的丑闻案爆发后,该局获得更大的权力,它可在一开始时便禁止这些药品进入市场。1938年后,任何"新的药品"在"进入……州际间贸易"前,都必须先取得食品及卫生管理局的核准认可。而且食品药品监督管理局只会批准那些已经通过科学检验的药品。[45]

处方药的概念也在这个时候成为法律的一部分。自从1938年起,药品大致分为三类:不需要处方任何人都可以在任何商店中购得的药品;必须经医师同意并书面认可的处方药品;禁止购买的药品。食品药品监督管理局的权力范围不仅仅包括食物及药品,也包括化妆品在内。

健康及安全

  这是中央集权化的世纪,权力以及责任越来越集中于华盛顿。华盛顿需要为大众的健康及安全承担越来越多的责任。同样的,不知什么原因,特定的团体也受到特别的关注。例如,政府一直都很关心铁路工人与商船船员的安全。

  有关采矿的联邦规定包括了一系列极其复杂的法律。首先,有关心矿工的健康及安全的 1969 年《联邦煤矿矿工健康及安全法案》(Federal Coal Mine Health and Safety Act)。该法案的前言主张,矿工的健康与安全是矿业"最宝贵的资源"(19 世纪的矿场主们很少会这么表述)。[46]这项法律赋予联邦政府很大的权力去监督煤矿营运,并执行安全标准。法律中详细规范了这些标准。例如:所有的"电的导体"必须具备"充分的载电流导体的能力",在"正常运转导致的气温上升时,绝缘的材料也不致受损"。另外还有关于煤尘、矿工胸部 X 光检查、地下矿场的屋顶支撑及通风、火灾预防设备、使用炸药爆破、绳索滑轮起重机、台车、电梯等的规定。1977 年的另一部精心制作的法律则是处理露天采矿事务。[47]此处主要关心的是大地母亲。法规要求矿业主在开采完成后,应当将地貌恢复至那些挖掘机啃咬地面之前的状况。

  政府不仅是调控者,同时也是个讲坛和学校。它公布大量的信息,其中的大部分(我们希望)是真实的。政府不断地散布数百万份有关健康及安全的小手册,也发布许多研究报告。其中最重要的,是卫生局局长在 1964 年发表的报告。这份报告的用词枯燥,但内容却极为扣人心弦,看上去像是医生的白大褂一样冷酷和醒目:它声称香烟是美国的最大的杀手。吸烟导致肺癌、肺气肿及心脏疾病。吸烟者死于肺癌的比率比不吸烟者高出 10 倍;死于慢性支气管炎及肺气肿的比率,则是不吸烟者的 5 倍。[48]香烟确实(如同一个谚语所说)是"棺材上的钉子"。

我们很难衡量出卫生署长的报告确实有多大的影响力。无论如何,它和实际立法的影响相比较,还是相形见绌。国会于 1965 年通过一部力度有限的法案,要求所有的香烟盒上都必须标示"警告:吸烟有害健康"的字样。[49]当人们开始意识到吸烟的危险时,许多人便会戒掉吸烟的习惯。不过,也许没有什么人会被这行用小号字体印刷的委婉的句子所说服。

把所有的安全及健康法规数量加起来,数量是惊人的。不管这些法律对公众是否有效,它们确实为美国商业界增添了许多额外工作和官僚程序。从联邦政府机构的数量便可一目了然:在 1900 年前,大型的管控机构不到 10 个;到了 20 世纪 90 年代,则有 53 个。自从 1970 年起,增加的速度特别引人注目。在 1970 年至 1975 年间,管制机关花在消费者安全及健康、职业安全、环境及能源的费用,从 10 亿上升到近 30 亿;在经济管控方面的花费,从不足 15 亿增加到近 35 亿。[50]

当然,每一项新的规范形式都会有反对者。显然,受到法规拘束的民众和商人时常会觉得他们是受害者,被大规模侵入的政府所骚扰。为了社会长远着想,政府这头巨兽是否已经变得太大,其行动也变得混乱失措呢?政府的成长提供了一个反作用力的舞台,如我们将谈到的,这样的反作用力在 20 世纪 80 年代则产生了一种反变革的状态。

第七章 战争和战后——福利国家的繁荣昌盛

照料与喂养怪兽

　　新政已经创造出宏大和重要的政府部门,后新政的立法剧增添了无法估量的"字母汤"*。在20世纪后半叶,大部分的法律及法律程序与法院、法官、陪审团、警察、监狱都无关,有时候甚至与律师也都无关。这些法律适用于行政机关的宏大的地下世界,他们制造出成千上万的法律法规,以推动其巨大的官僚体系,并作出无数的决定:诸如冰淇淋的脂肪含量、无线电台的执照、公司债券的发行、退伍军人的退休金,等等。

　　每一个政府机关本身都是一个小世界。许多大型机构设有地方办公室,它们有时多得不计其数。1970年,农业部的土壤保护局(Soil Conservation Service)是由一名坐镇华盛顿的行政官员来负责领导的,有55名"州政府自然资源保护者"直接向他报告。再往下,则有245名"区域自然资源保护者"指导2 845名"地方自然资源保护者"。地方自然资源保护者与农户们一起工作:在1937年,他们协助库卡蒙加(Cucamonga)的葡萄栽种者,解决其"粗表土质"、土壤流失等问题;他们同时也协助路易斯安那州伊万杰琳郡(Evangeline County)的塔巴斯哥辣椒栽种者挖掘绕行沟渠,以防止危害性的水土流失。[51]

　　每一个政府机关都有其需要履行的任务。为了达成目的,不论这些政府机关有多大,都必须找到一个渠道将他们的指令传达给地方分支部门和员工,从那里再得以实际落实。所有的协调都依赖于大量的指示、手册、命令、卷宗、大型会议以及拜会各分部主管。有些部门(如土壤保护局)主要是以提供服务为导向,另一些部门则是严格的管制

---

　　* alphabet soup,一种将字母拼凑成单词的游戏。——译注

单位(或者理应是如此)。联邦贸易委员会在20世纪60年代颁布了许多指导文件,有些覆盖了特定的产业,有些则是针对"一般商业作为,像是欺骗性的定价"。它也会提出顾问性的意见。该委员会同时也听取投诉、发布禁止令、采纳和解协议等。[52]其他政府部门则完全是侵入性的:调查、窥探、派政府人员走访工厂及劳动场所。

最初是为什么会创造出这些政府部门呢?每个都有它自己的目的。但有个想法倒是一致的,那就是政府应该对某些问题持续不断、一丝不苟地提供内行的意见。在国会确立了一般的政策方针后,政府机关应该去执行它。如果国会决定(有法律效力)要取缔庸医开出的假药,那么就是食品药品监督管理局来负责这项工作,它会雇用化学家及制药专家来执行这份工作。政府机关里充满了律师;根据该机构的任务性质,还需要不少工程师、经济学家,还有各种学科的博士。因此,环境保护局的杀虫剂及有毒物质部门(Office of Pesticides and Toxic Substances)中有一群毒物学家。1976年,环境保护局成立了一个致癌物质评估小组(Carcinogen Assessment Group),负责研究哪些化学物质会有致癌后果。[53]

这项事业运作得如何呢?几乎不可能说得清楚。每一个部门都有自己的故事。有些效率高,有些很懒散;有少数甚至完全腐败。有些则被它们所管制的产业所"俘获",州际商务委员会就是个明显的例子。但是,"俘获"或许不是个正确的用语。被管制的产业有钱、有政治影响力、能游说、发出的声音很大。他们对此拥有持久不变的利益关切,他们可以不断唠叨,巧语与抱怨交织。相比较,一般公众则反应浮躁和冷淡。此外,整个目标是管控而已,而不是让商业瘫痪或消失。许多商人讨厌这些管控他们的政府机构,认为管制就像专门吸他们血的寄生虫。但是,完满的寄生虫会让被寄生体继续存活下去。所以政府机关很快就学会不要从自己管控的产业里抽走过多的血。无疑地,在许多案例中,他们吸到的血的确太少。

各州的管制

如同我们所看到的,20世纪美国法律的重大内情之一,就是联邦政府引人注目的扩张。作为一个监管者,它是一个庞然大物。它几乎让特定州政府的努力相形见绌,甚至作为一个整体的州政府都被矮化。但是仍有大范围的法律和生活领域是由州政府所管理的,比如,土地使用规划、教育、劳工赔偿;发放驾驶执照,处理大量的交通问题及法规;州政府也规范并监管其公用事业,如煤气公司、电力公司等。执业证照及商业许可主要是州政府的事务。州政府同时也和中央政府联手推动福利项目。在许多项目中,联邦政府只担任提供与分配资金的角色,而州政府则从事实际的工作。

州政府通过许许多多健康与安全的法律。许多州法律与联邦法律是相似的:如果有一部联邦食品、药品及化妆品的法律,那么在州政府的层级很可能也有类似的法律。每一州的州议会都会制定健康与安全法,并监管商业。例如,1974年密歇根州的立法汇编中,最开始便是一部与州政府公共服务委员会有关的详尽法规;该委员会负责"协调"密歇根州的"能源供应"。下一部法律修改了1965年的一项有关"钟表制作者"(horologists,一个关于钟表修理者的富有想象力的名称)认证的州法律。[54]但这只是个开始。厚厚的卷宗代表了一个阶段的工作成果,包括许许多多的管控性法律。其中一项法律增修了之前发给赛马执照、创设赛马委员会的法案。[55]另外,还有管制贩卖烟火与危险物质(包括危险玩具)的法规,关于小型养老院的规范,以及关于可能妨害公共管线的开凿行为规则等。汇编中,关于职业证照的法律特别丰富,这些修正案包括会计师、建筑师、汽车零售商,乃至于婚姻顾问、管道工、私家侦探、整骨师及兽医。1974年的法律汇编同时创设了新的执照发给委员会,以管制"按摩专家"(myomassologists)。依照法律规定,"按摩专家"系指用手或机器从事"人体按摩",或使用"精油按摩、盐搓按摩、冷热敷、沐浴等"技能的人员。只有通过考试,符合证照要求的人,才可以在密歇根州从事这些工作。[56]

在州政府的层级之下,另有一个由各乡镇、城市、郡及其他州的次级行政单位所管控的广大领域。纽约或洛杉矶的市政法典卷帙浩繁。许多地方法律与土地使用有关:都市区域划分、建筑法规,诸如此类。但是,健康及安全同时也是管制最突出的主题。

第八章

战后的犯罪及刑事司法

第二次世界大战后的这段时期里,刑事司法的命运被一个单独的、残酷的事实所左右着,这就是:犯罪的激增,尤其是暴力类型的犯罪。在20世纪20年代末期至30年代初期,谋杀案的比率一直很高,每10万件犯罪案中,就有将近10件谋杀案。接着,这个比率逐渐下降。在1955年,大约每10万件犯罪案中,有4.5件谋杀案。此后,这个比率又逐渐上升,在20世纪70年代,一度又达到每10万件犯罪案中,有10件谋杀案。接下来直到20世纪90年代,这个比率大致被维持,只有微小的变动。[1] 这些比率非常高,远远地高出欧洲国家(不包括俄罗斯),而且比日本也高得令人难以置信。所有的暴力犯罪似乎都在这段时期从天而降一样。毫不奇怪,犯罪率成为报纸和电视新闻节目的头条要闻。

20世纪50年代起,犯罪及犯罪政策一直是全国性的议题。除了禁酒时期可疑的案例和威克沙姆报告(Wickersham report)以外,这个议题在过去并没有像今天这样受到如此关注。20世纪50年代,全国都为青少年犯罪问题而焦虑。1964年,巴里·戈德华特(Barry Goldwater)在总统竞选期间提出了有关"街头暴力"的政治论点。[2] 戈德华特虽然败给了人气颇盛的林登·约翰逊,但是这个议题则存活了下来。1965年,当约翰逊担任总统时,国会通过了《强制执法援助法案》(Law

Enforcement Assistance Act），正式展开了联邦政府向犯罪宣战的行动。[3]后来，在尼克松担任总统时期，又有所谓的《公共犯罪控制及街头安全综合法案》(Omnibus Crime Control and Safe Streets Act)。[4]

从那时起，犯罪问题再也没有离开过全国性的舞台和议事日程。然而，刑事司法大致和以往一样带有地方化的特点。事实上，这些联邦法律并不直接打击犯罪。大部分的场合里，是有钱的"国家"大叔只管出钱给州与市的行政单位及警察部门。的确，虽然联邦政府在许多方面看上去神气活现，但是在刑事司法上，还只是只幼犬而已。许多竞选参议员或总统的候选人都声嘶力竭地声称要给犯罪以毁灭性的打击，可这些人一旦上台后，他们实际能对犯罪做的，其实相当有限。

对总统和国会来说，的确如此。然而，对联邦法院来说，则有所不同，他们是《权利法案》的守护者，而且《权利法案》的更多意义在于，它是一部小型刑事程序法典。1953年，联邦最高法院在首席大法官厄尔·沃伦的领导下，扩大了刑事被告的宪法基本权利，而且联邦最高法院使这些权利适用于全国。就法律而言，这是通过所谓结合性原则（incorporation doctrine）而完成的。事实上，原始的《权利法案》并不适用于各州，而仅是用来拘束联邦政府而已；19世纪时最高法院就是这么说的。[5]当然，各州有他们自己的《权利法案》。整体而言，各州的《权利法案》和联邦的《权利法案》十分类似。但是，它们是由州高级法院来加以解释的。并没有适用于全国的一套规则。

结合性原则依赖于美国宪法第十四修正案，而该修正案确实适用于各州。该修正案规定，未经"正当法律程序"，任何一州政府不得剥夺任何人的生命、自由或财产。这些模糊的词语到底是什么意思？在一系列勇敢大胆的判决中，联邦最高法院裁定，这句话意味着，"大部分"的"权利法案"和美国宪法第十四修正案两者"结合"在一起的内容，都被这句话包含其中。所以，事实上，它们是美国宪法第十四修正案的"一部分",好像它们一开始便被列入其中一样。这意味着如同它们适用于联邦政府一样,《权利法案》的这些部分如今也适用于各州。

最初,联邦最高法院非常谨慎地处理这些结合性的事务。在"波克诉康涅狄格州案"(*Palko v Connecticut*,1937)中,被告弗兰克·波克(Frank Palko)被控一级谋杀罪,但是陪审团裁定他违犯二级谋杀罪。康涅狄格州政府提起上诉。[6]州政府通常没有权利对刑事案件提起上诉,但是依据康涅狄格州的法律,"如果主审法官许可……依据各种法律问题"提起的上诉是被许可的。康涅狄格州的最高法院下令重审波克案件。这一次,他被定为一级谋杀罪并被判处死刑。这可不是波克喜欢的结果。针对第二次审判,他认为这是"一罪二审"(double jeopardy),也就是依据同样的犯罪事实来控告被告两次。依据《权利法案》第五修正案,一罪二审是违法的。美国宪法第十四修正案可以"结合"第五修正案吗?

在本案中,联邦最高法院说不。本杰明·内森·卡多佐大法官负责执笔撰写多数意见书。他以颇为让步的姿态承认,有些《权利法案》的条款确实被结合于美国宪法第十四修正案中。但它们究竟是哪些呢?他指出,是那些"法定自由(ordered liberty)概念中非常本质的部分",并深植于"传统与良知之中的非常基本"的那些条款。言论自由(《权利法案》的第一修正案)符合这个检验,它几乎是"各种自由形式的基石,是必不可少的条件"。而波克的主张并没有上升到这个标准。康涅狄格州的法律并非"震撼性的创新",而"司法的高楼"依旧耸立着。因此,法定自由(依据卡多佐的看法)并不需要被结合在美国宪法第十四修正案中。波克败诉。

在20世纪后续的时间里,联邦最高法院大都坚持波克案的基本构想:感谢美国宪法第十四修正案,使《权利法案》中的部分权利如今能适用于全国,尽管并不是其中的全部权利内容。然而在波克案后,法院对"法定自由……的本质"的想法在稳步扩张。在"马普诉俄亥俄州案"(Mapp v. Ohio, 1961)中,三名克利夫兰的警官突然冲进一名名叫多莉·马普(Dolly Mapp)的妇女家中。[7]他们并没有搜查证。他们彻底搜索她的住处,并发现一些"淫秽"资料。依据俄亥俄州的法律,尽管这些东西是在未被批准的搜索和扣押行动中取得的,在审判中使用这样的证物是被允许的。事实上,这些证物在法庭上被使用了。这一次,联邦最高法院撤销了原判决。依据联邦最高法院的解释,《权利法案》中有关逮捕、搜索及扣押的规定,确实为美国宪法第十四修正案所结合。俄亥俄州法院的判决必须放弃,多莉·马普不能被定罪。

这个过程在继续进行中。事实上,波克案本身在1969年就被宣告无效。[8]沃伦法院中最著名的两桩刑事案件,也许分别是"米兰达诉亚利桑那州案"(Miranda v. Arizona, 1966)和"吉迪恩诉温赖特案"(Gideon v. Wainwright, 1963)。[9]埃内斯托·米兰达(Ernesto Miranda)因强奸被捕。经过警方严酷拷问后,他承认犯罪并被判有罪。警方坚持他们并没有殴打米兰达,也没有引诱他认罪。但是联邦最高法院撤销了该判决。联邦最高法院指出,一个被捕、遭讯问的人,必须被告知其权利:他有权保持沉默,有权聘请律师。这便是著名的"米兰达"警语。如今每当警察逮捕任何人时,都会向他宣读的警语。每个"沙发上的土豆"*,就算没有其他任何渠道知道这码事儿,也会从电视节目中知道它。例如,在1976年,警方用西班牙语和英语向一个男子朗读"米兰达警语",这名男子因捅了另一名男子两刀而被捕。受害者被在送往医院途中伤重死亡,他的名字叫做埃内斯托·米兰达。[10]

克拉伦斯·吉迪恩(Clarence Gideon)是"吉迪恩诉温赖特案"中不大有希望获胜的英雄。他本来是一名典型的失败者:一个孤独的

---

* Couch Potato,美式俚语,指总是躺在沙发上看电视的人。——译注

人,一个流浪汉,法律上的麻烦不断。本案的指控是:吉迪恩擅自闯入佛罗里达州的一间台球房。吉迪恩虽然有种种缺点,但他无疑有一种刚强和固执的秉性。他坚持自己是无辜的。没有人相信他。他要求一名律师代表他。然而依据佛罗里达州的法律,如果他付不起律师费用,他就无权请律师为其辩护;而吉迪恩当然没有钱请律师。于是他自己提出抗辩,败诉后坚持继续提出上诉。但佛罗里达州的最高法院对他的上诉置若罔闻,于是吉迪恩转而向联邦最高法院提起上诉。杰出的华盛顿律师、后来成为联邦最高法院大法官的阿贝·福塔斯(Abe Fortas)为吉迪恩的案子(免费)辩护。

联邦最高法院全体一致推翻了原判决;在这过程中,他们还把一件于1942年判决的早期案件"贝茨诉布雷迪案"(Betts v. Brady)宣布无效。[11]联邦最高法院说,美国宪法第六修正案赋予被告有权得到律师的辩护协助。这意味着,即使是一贫如洗的被告,只要他被控重罪,都有受州政府指派律师协助的权利。而联邦最高法院也认为,美国宪法第十四修正案的规则适用于美国各州。在第二次审判中,吉迪恩有了律师辩护,并且胜诉后获得自由。

沃伦法院(Warren Court)的判决是有相当争议性的。民间自由主义派(civil libertarians)称赞它们;警方或者公开谴责它们,或对其抱持怀疑态度;这些案例在公众心目中,觉得联邦最高法院在"纵容"罪犯。不过,在最初的时候,这些判决并不像看起来那样富有革命性。就拿"吉迪恩诉温赖特案"的例子来说,依据佛罗里达州的法律,吉迪恩无权获得州政府提供的律师协助。但是佛罗里达州是个例外:截至1960年为止,大部分的州都给被控重罪的嫌犯提供免费的律师。例如,加州自1872年起就是如此。在"吉迪恩诉温赖特案"中,有22个州向联邦最高法院提出法律意见书(briefs),请求它推翻"贝茨诉布雷迪案"。"吉迪恩诉温赖特案"确实消除了路障,让掉队的州重回到队伍之中,从而创造出一个全国性的标准。它所完成的,是一个虽然存有某些明显的例外但已经基本成形的制度。

我们对这些判决的影响力知道得并不多。米兰达警语让警方感到累赘了吗？这让犯罪控制变得更困难了吗？一直有些批评者认为确实如此,有些人现在仍旧说米兰达警语不仅过去而且现在都在拖累警方,并一直试图摆脱它。但是证据是相互矛盾且模糊不清的。有人认为米兰达警语并没有什么力量,不过是警方例行公事嘟嘟囔囔的套话而已。依据这个观点,警方仍旧有办法引诱被告全盘招供。警方仍旧"在获得嫌犯招供的过程中,说谎……甜言蜜语地引诱……还熟练地进行操纵";他们的作为简直就"像是个骗子"。此外,已经有足够的时间使得米兰达警语成为普通警察执勤工作的一部分,即日常例行工作的一部分。至少就某种意义而言,警察部门已经"逐渐趋向法治化"。[12]

"吉迪恩诉温赖特案"虽然也是个著名的胜诉案件,但是它实际上被实现了多少呢？它的确帮助了吉迪恩,但是其他人它帮得了吗？州政府必须提供律师,而且理论上,他们必须是非常认真和有办案能力的律师。但事实真的是这样吗？在许多州,工作量超负荷的公设辩护人必须做这样的工作。大部分的州并没有支付足够的酬金让这些人把事情做对。律师的酬金不理想,没有足够的金钱进行调查、找证人、DNA检验等。有些州根本没有公设辩护人,所以法院指派的律师有时候很无能,有时候则是让商事法律师勉为其难地上场为一个谋杀案辩护。即使是关系到一些嫌犯生死存亡的审判,常常是只能得到草率仓促的辩护,这样的事情是(也应该是)全国性的丑闻。这种沙特阿拉伯式的处决(Saudi Arabia of executions),在得州尤为严重。20世纪90年代,一个在法学院刑法不及格的律师成了得克萨斯州哈里斯郡法官的宠儿。这个律师在一件事上得了冠军:其委托人被判处死刑的数量,比美国其他任何律师都多得多。

　　这将我们引向第三种观点。自从这些里程碑式的案件被判决后，刑事司法已经改变和进化了。我们实在不知道该如何赞扬（或谴责）联邦最高法院的判决，因为这个世界并不会总是保持原状。社会和文化在迅速改变着。在19世纪时，美国有许多吉迪恩们、成千上万的流浪者、离经叛道的人和失败者，当这些人落入这个制度的手中，他们的需求、愿望和权利都会被忽视。如果有人斗胆张嘴想说些什么（很少人这么做），警方会立刻让他们闭嘴。没有人会像埃内斯托·米兰达这种人告知他们的权利；相反地，警方可能会殴打他们，以获得招供。欧内斯特·杰罗姆·霍普金斯（Ernest Jerome Hopkins）于1931年撰写了题为"无法无天的警察"的文章，描述了"拷问"（the third degree*）的阴暗图像。一名"天才"警察发现，用"橡皮软管"殴打嫌犯，会造成"可怕的疼痛……却不会在皮肤上留下痕迹"，这是"最流行的获得供词方法"。另外还可以"朝嫌犯胃部凹处乱拳殴打"，或是"殴打臀部上方的凹处"，或是"扭转胳膊"，或是干脆让他们挨饿或使他们精疲力竭等。[14]但是这些绝技已经越来越无法被接受。在民权运动及多元平等的时代，即使是受压迫者，也能享用到权利文化的喷泉。正是克拉伦斯·吉迪恩自己，这个社会底层的人，用撕心裂肺的声音主张自己的权利。虽然阿贝·福塔斯为本案辩护，但其实是吉迪恩自己坚忍不拔的坚持，才让这整件事件得以推进。因此，"吉迪恩诉温赖特案"不仅与联邦最高法院有关，同时也与吉迪恩自己有关。不论是警察的行为或态度，都不是发生在真空的环境里。即便在2001年，警察暴力仍旧是个严重的问题，但是警察暴力的受害者们已经很少再默默地忍受了。

---

　　* The third degree 是酷刑折磨的代名词，其中包括身体和精神上的痛苦，以及由此获得的认罪和供述。1931年，威克沙姆委员会（the Wickersham Commission）发现，使用酷刑拷问在美国很普遍。此后，滥用拷问在技术上视为非法。——译注

州 法 院

在 20 世纪后期,在各州高级法院里,刑事司法也愈显重要。1940 年至 1970 年间,伊利诺伊州最高法院的业务里有 31% 是刑事案件,其中有三分之一与诉讼程序正当与否相关。[15] 在其他各州,类似的数字增加情形也同样发生着。

在有些州内部分骚动,是由于类似米兰达及吉迪恩这类案件所直接引发的。沃伦法院的判决对各州的影响是十分明显和重要的:越来越多的案件、越来越多的宪法判决、成百上千的案件在向联邦的判决接轨。那种认为州法院十分勉强地、竭力挣扎着被拖往被告权利的新世界的想法是错误的。有些州的确很不情愿,但有些州却不是这样。联邦最高法院在前头引路,而有些州法院则热情地跟随。当然,有关宪法基本权的案件,他们"不得不"遵从;尽管各州的状况有很大的不同,但相同的权利扩张的文化也感染了州法院。对于那些与他们的即刻利益休戚相关的被告和囚犯们而言,感染力也非同小可。例如在 1959 年,4 名囚犯向威斯康星州最高法院提出了人身保护权(habeas corpus)的请求;到了 1969 年,提出同样请求的人数膨胀为 134 人。[16] 人身保护权请求(历史上"非常重要的法律文状")一直是囚犯试图说服法院让他们重获自由的手段,理由是他们所受的审判有瑕疵疑点,或者不公平。沃伦法院的判决导致囚犯请愿的拥堵,以至于使得包括威斯康星州在内的许多州通过全新的法律来处理"定罪后法律救济"。

有时,州法院走得比联邦的判决还远。例如,在 1974 年在密歇根州的一件案件里[17],詹姆斯·杰克逊(James Jackson)试图抢劫一家酒吧。他并没有得逞,但是他在这个过程中的确设法从一名自动贩卖机收款员身上偷了一张信用卡。当杰克逊试图使用这张信用卡时,他被逮捕了。在关于他抢劫未遂的审判中,其中一个关键证人是酒吧女侍,她从照片上及列队指认中点认出杰克逊。杰克逊被定罪,但他在上诉时,提出一连串的异议。其中一个争议是,在展示照片时,他是否有权要求有律师在场。联邦最高法院认为他无权,但是密歇根州最高法院并不这么认为。该州最高法院认为,如果一个人已经被逮捕或者被拘禁中,他确实有这种权利。显然,对密歇根州而言,联邦最高法院就此所作出的规范并非最高上限的天花板,而只是最低底线的地板而已。

判刑与矫治

自由化是沃伦法院改革的主题。但是在法院外,政策及法律实践则趋向为非常不同的方向。在这段时期中,州政府开始逐渐放弃不确定期刑。不论是左翼或右翼,对此都很不满意。通常,右翼希望犯罪者得到严厉的惩罚,但不定期刑似乎很松软,会使危险的罪犯轻易地逃脱惩罚。另一方面,左翼觉得不定期刑既不公平又任意。马文·弗兰克尔法官(Marvin Frankel)于20世纪70年代早期曾写道,法官"拥有几乎完全不受限制和如此宽泛"的量刑权力,是"令人惊骇和无法忍受的"。他同时还严厉抨击不定期刑制度是"一种不确定的仇恨统治",它会致使囚犯产生"一种无助的愤怒"。[18]

1975年,缅因州采用新的刑法典,并利用这个机会采纳固定期刑。缅因州的法律将一级谋杀罪以外的犯罪分为6个等级,每一个等级都有其量刑的规定。[19]1978年,明尼苏达州创立了一个量刑委员会。它的工作在于设计量刑的"指导原则",而这些指导原则会被制定成法律。依据明尼苏达州的计划,法官面对被定罪的被告时,得参考一个复杂的格式,为被告判一个"分数"。其中一个因素是犯罪本身,谋杀的计分自然比伪造支票要高。累犯同样也有较高的得分。被告的得分决定他的量刑。由此,法官的裁量余地相当有限。[20]

这个想法广为流行。1984年,美国国会设立量刑委员会(Sentencing Commission),为联邦法院的法官起草指导原则。该指导原则于1987年生效。其中,犯罪被分为不同的等级:谋杀罪在最顶端,43分;敲诈勒索罪只有9分;许多其他因素决定着分数升高或降低。修正案以及修正案的修正案,让这个指导原则成为复杂的噩梦。这可能是无法避免的,因为这个制度试图把公平性与客观性同时予以照顾。因此,在20世纪90年代早期,例如,抢劫罪的基本分为20分;抢劫银行则使分数增加2分;开枪增加7分,但是如果只是"挥舞"着枪以虚张声势,则只增加5分。[21]到了20世纪末,大部分的州(及联邦政府)都有了一套指导原则。

此外,一股反对假释的风潮也在涌起。其实,许多州已经完全废止了假释制度。例如,1977年,伊利诺伊州废止假释制度。凡是1977年就已在牢里服刑的囚犯,可以选择继续适用假释制度,或者接受固定的释放时间。然而,对新囚犯,则没有这种选择了。包括大部分制定了指导原则的其他各州,则选择最低限度的强制量刑并废止了假释制度。

"严酷"就是一切。这个想法是:把这些人关起来,然后把钥匙丢掉。所谓"判刑的真实性"(truth in sentencing)法律,即尝试保证一件事:当一个人被(上帝)判刑20年,他就会被关20年,或者接近这个数字。1994年,一项联邦法规提供资金让州政府废止假释,并要求被判重罪的囚犯必须至少服完其85%的刑期。[22]这些钱被用来建造新的监狱,理所当然,这是实行这项法律后所必需的。[23]

不良少年

强化刑事司法的运动也同样影响着少年司法系统。正像我们所见到的那样,在20世纪早期,一个强有力的成功运动就是,将儿童带出普通的法院,为他们提供属于自己的法庭。少年完全不会被贴上犯罪犯的标签。每个州政府都趋同采用了这个制度。1948年,在纽约州的立法中,包括谋杀在内的所有少年违法行为被免除了刑事罪行,任何低于15岁的少年因杀人罪都不会受审;在1956年,这个年龄改为16岁以下。[24]

但这已经就是最高标点了。另一次最高标点,发生在1967年,是当时联邦最高法院对亚利桑那州著名的"高尔特案"(In Re Gault)作出的判决。[25]杰拉尔德·高尔特(Gerald Gault)是个15岁的少年。一名女性邻居指控他拨打下流电话。高尔特被逮捕,少年法庭宣称他是一名"少年犯"。结果是,高尔特被送往专为不良少年而设的亚利桑那州州立工业学校。如果一名成年人触犯此项罪,会被处以小额罚款,或服刑一到两个月。但是高尔特必须在"工业学校"(Industrial School)度过6个学年,即直到他成为成年人为止。至少可以说,这整个程序是非正式的,既没有实际的审判,也没有律师,也缺乏通常的程序保障。

在此案的上诉审理中,联邦最高法院的裁定支持了高尔特。就某些方面而言,这是典型的沃伦法院的判决。然而另一方面,则反映出他们对《权利法案》的宽泛解读。法院说,"以这是一个男孩的此项条件,并不能将私设的法庭(kangaroo court)合法化"。高尔特有权请律师协助,有权获得司法通告(notice),有权接受正当法律程序的对待,而且还有权上诉。对少年法庭与成年人法庭之间的种种差别,联邦最高法院并没有废除，也无意予以废除；而是意识到，如果判决的结果看起来像是惩罚(不论这些结果的称呼如何)，那么某些保护措施是必要的。事实上，某些州对高尔特案这样的情形早有预计，而且已经使少年诉讼程序与普通的审判相类似。他们承认，少年法庭是个严肃的场所，年轻人有时会被控以重罪；而少年监护所、禁闭室及"工业学校"并不是想当然地对他们是善意的或对身心是有益的。

杰拉尔德·高尔特的罪行相当轻微，去争辩他无罪是很容易的，他不过个调皮的孩子。问题是，孩子们越来越调皮，越来越危险，则导向不祥之路。如果我们阅读弗雷德里克·斯拉舍(Frederick Thrasher)于20世纪30年代所撰写的少年帮派的经典研究，21世纪的读者会惊讶地发现，当时的帮派违法犯罪行为简直就是小打小闹(small potatoes)。[26]实际上，斯拉舍完全没有提到有关枪支、毒品或任何种类的极端暴力。逃学、小偷小摸之类的犯罪行为几乎占据了他的整个研究的主要部分。

在20世纪50年代及其后，大众报章则描绘出一幅完全不同的图景：年轻的流氓、对任何事与任何人都不尊重的危险男孩、十几岁无所顾忌的暴徒，他们甚至还嘲笑警察，其中一部分原因是因为，他们觉得自己可以被免予起诉。至少，人们是这么认为的。1975年，《纽约时报杂志》(*New York Times Magazine*)的一篇文章采用了这个刺激性的标题："他们认为我可以杀人，因为我才14岁。"记者泰德·摩根(Ted Morgan)说，年轻的"杀人犯及强奸犯，马上就会重新回到街头"。[27]而且事实上，年轻的犯法者确实越来越暴力、越来越孤绝、越来越具有威胁性。普通人不敢上街，因为他们害怕携带暴力凶器的、险恶的青少年帮派；如果这些帮派是黑人、墨西哥人或波多黎各人，那情况就更糟糕了。

自从高尔特案后，将年轻的犯法者一股脑送入少年法庭的潮流在一个决定性的道路上被完全倒转了过来：如今，有越来越多的少年在庭审时被视同成人。如同有条标语所述：既然这个年纪足够可以做犯罪的事儿，那么，这个年纪也不妨在牢里住一段时间。如果年轻的杀人犯或强暴犯超过一定年龄，便可以被当做成人受审。依据俄勒冈州的法律，如果罪行很严重，或者犯罪少年"足够老成而且成熟"，知道自己在做些什么，少年法庭可以将年龄超过 15 岁的少年移转至成年刑事法庭。如果青少年被控"一级"谋杀、强奸或鸡奸罪，或"一级非法性侵害"，法院甚至可以将年龄低于 15 岁的被告送交成年刑事法庭；最低限度的年龄是 12 岁。[28]

"一个黑暗和邪恶的世界"：监狱和看守所

监狱内的生活是一个不间断的怪圈：丑闻、尝试温和的改革、死灰复燃重回野蛮状态。对公众来说，坦率地说，除了当他们抱怨"郊外俱乐部"的时候以外，他们似乎对于监狱的状况并不关心。在 1968 年俄亥俄州发生监狱暴动后，哥伦布市的伊莎贝尔·伦尼（Ysabel Rennie）报道了州政府的监狱"贪污、妨碍司法并缺乏人性地对待囚犯"。其中一则故事发生在奇里科西矫正所（Chillicothe Correctional Institute）。该机构的警卫当着所有囚犯的面，将囚犯们的宠物猫群的头削掉。根据伦尼的报道，全美各地的爱猫人士都为这种可怕的恶行感到愤怒；另一方面，"谋杀、殴打囚犯"的事情几乎没有引发任何关注的声音。[29]

一个新的阶段在 20 世纪 60 年代开启了——囚犯权利运动（prisoners' rights movement）。如同民权运动中的黑人，囚犯寻求联邦法院的救助。而联邦法院自 20 世纪 60 年代晚期起，对这类诉求展现出惊人的接受。在"霍尔特诉萨维尔案"（*Holt v. Sarver*）中，阿肯色州的地区法院宣称，该州的整个监狱制度都是违宪的。[30]首席法官史密斯·亨利（Smith Henley）逐一列举强奸、暴力、污秽、强迫劳动的故事；他说，在阿肯色州遭受监禁，"就像是从一个文明社会被放逐到一个既黑暗又邪恶的世界"，一个"危险并且……堕落"的世界。它同时也是一个充满来自其他囚犯攻击的、实际肉体面临着危险的世界。亨利法官说，囚犯"至少应该能在晚上睡个安心觉，不必担忧天亮前遭人把喉咙割断"。他总结道，阿肯色州的囚犯生活属于美国宪法第八修正案所禁止的"残酷和非常的刑罚"（cruel and unusual punishment）。它必须从根本上被加以改革。[31]

其他案件同样具有戏剧性，在当时也与整个州的制度有关。不过，更常见的是，囚犯们抱怨一些比较地方化和特殊的情形，诸如：糟糕的食物、过度拥挤、被警卫骚扰、厕所和浴室设备数量不足等。在1966年，共有218件这类请求；到了1992年，则有26 824件。几乎所有的囚犯都没有律师协助辩护，而且几乎所有的囚犯都会败诉：只有2%的请求会真正进入审理阶段，其他的都被驳回。[32]尽管有这些阴暗的记录状况，但是假如就此推论这些诉求一点儿用都没有，那也是错误的。监狱当局意识到法院至少会听审其中的几件案子。无论如何，这些案子会带来负面的宣传。在有些状况下，监狱官员事实上喜欢被指控（或者学会去喜欢）；这会是一项精明的策略；如果你真想改革，但又苦于找不到机会从充满敌意且吝啬的立法机关那里获得更多的预算、更多的工作人员、更好的环境的话。在20世纪80年代，加州阿拉米达郡（Alameda County）的治安官便是利用这个策略，从一件他原本非常抗拒的法律诉讼中，赢得一座焕然一新的监狱。[33]

毫无疑问，自从20世纪60年代起，某些监狱的情况的确有所改善。有些联邦法院喝了权利运动及司法主义激进主义灌的烈酒，径直大胆地迈入改革的真空之中。但是它们并不是孤独的。囚犯们本身已经被这种种变化所刺激鼓舞。而立法机关也从中获取了力量，并且赋予这场运动更强的推力，得以让监狱由专业化人员来管理，清理监狱并使其变得更职业化和现代化、让它们和其他州政府的机构品质相匹配。[34]许多改革陆续完成，然而却出现了具有讽刺意味的事。无疑地，监狱变得比较不严酷、比较不专制。食物也变得比较好了。在监狱的围墙内，至少还保留了些自由，有些呼吸的空间，在里面还可以有方法生活下来。然而，随之而来的一个后果颇为吊诡，许多监狱也因此变成更强硬和更粗暴的地方：处于充满危险的无政府状态。外面的世界总是有途径来穿透铁窗并剥落高墙。监狱内部逐渐发展出一种既有领导人也有跟随者的"社会群体"。唐纳德·克莱默（Donald Clemmer）在1940年著书描述这种社群及其语言、内部规则。然而，和晚近关于监狱的研究报道相比，这种社群组织能力是比较弱的。[35]

在20世纪60年代晚期及70年代早期，在伊利诺伊州、西部各州及其他地方的监狱社群中，开始出现了强力的帮派文化。暴力、残忍、孤注一掷的男子领导着帮派，有时候他们会胁迫或控制其他的囚犯。在监狱的帮派间以种族为界限区分开来，从名称上便可见一斑：雅利安兄弟会（Aryan Brotherhood）、墨西哥黑手党（Mexican Mafia）、艾尔卢肯斯（El Rukns）、黑人游击队员之家（Black Guerrilla Family）等。[36]这些帮派对监狱内无数起斗殴甚至杀人案件负有责任。

监狱向来都弥漫着性压抑的狂躁。足够令人感到奇怪的是，密西西比州非常糟糕的帕其曼监狱农场，是少数针对这个问题采取了行动的机构之一。它启动了一个被称为"夫妻探访"（conjugal visits）的制度。起初，这些探访者是黑人妓女，在简陋的木板屋里为黑人囚犯服务；到了20世纪30年代，白人囚犯同样也享有这种权利，访视者还不仅仅限于妓女。[37]但是帕奇曼是个例外。男子监狱里全是男子，没有女子；女子监狱里全是女子，没有男子。因此并不令人意外，有些男子就会转而向监狱内可供其发泄性欲的人们，也就是向其他男子发泄其性需求,而女子则转向其他女子。³⁸有少量的关于男性囚犯监狱生活的记述,比如约瑟夫·菲什曼在1934年发表的著作,揭露了监狱性行为的面纱,尽管写得有点循规蹈矩,但内容描述十分详尽。菲什曼有时会提到"强制"性交,他描述了少数几起男子被胁迫从事性行为的案例,但是他书中的大部分故事都是寂寞、沮丧情绪下的双方自愿性行为,或是单纯的手淫;即便是单纯的手淫,也被视为问题。菲什曼声称,其中有些人可以克服他们的性冲动。书中提到了一位贪污公款的银行家如何勇敢地抵御着手淫的欲望,最后学会了如何凭借自我的克制力来控制自己的欲望。³⁹

在某些监狱,性则是采取一种较为暴力的形式。海沃德·帕特森(Hayword Patterson)是"斯科茨伯勒案"中的一名被告。他描述到,在1937年,阿拉巴马州的阿特默州立监狱(Atmore State Prison)中,强奸存在着一种批发的模式。随后,当粗暴和强硬主宰了监狱内部时,它越来越无政府的状态,暴力强奸变得越来越普遍。1968年,在芝加哥的库克郡监狱中,大量的强奸被视为"惯例"。⁴⁰大多数的这类强奸都是跨种族的:黑人是强奸犯,白人是受害者。⁴¹有些学者认为,这些问题有被过分渲染的成分,其实监狱中大部分的性行为,还是属于双方相互自愿的。但是看下去大致清晰的是,至少有些年轻的男人在被剥削、被残酷地对待,甚至成为性"奴隶"。这类事件中的一大部分,似乎是成群结队地强奸。只有极少数的强奸案曾向监狱当局提出报告。事实上,警卫及狱卒对此时常睁一只眼闭一只眼。他们甚至可能鼓励这种行为。有些警卫喜欢看到弱肉强食,以交换囚犯承诺不揭露丑闻的合作。⁴²

发生在监狱中的事件,会令人恐怖地联想到苏联垮台后的俄罗斯。当一个完全专制的政府寿终正寝的时候,在权力的真空中,浮到顶层的,往往不是乳脂一样的精华,而是残渣余孽。这会是一个狗咬狗的世界。最冷酷无情的人宰治着这个社会；在其中，道德会被完全颠倒。

暴乱及暴民

监狱从来就是个躁动不安的地方。暴动、骚乱、试图越狱的历史源远流长。从1952年4月后的一年半的时间里，总共出现了40起监狱暴动，一股"监狱暴动潮流"在监狱系统内涌动泛滥。[43]1971年，纽约州阿提卡监狱（Attica prison）的一场暴动以43名亡者告终。在1980年新墨西哥州的一场血腥暴乱中，疯狂的囚犯对"告密者"施以酷刑甚至杀戮，借此清算其他宿怨。这是个动荡和犯罪率飙升的时期。这些暴动无疑地强化了公共大众认为囚犯其实就是些畜生的观点，而且严刑峻法是最好的办法，事实上，也是唯一的对策。导致暴动的原因很多，但是大部分都是因为抗议恶劣监狱环境、暴虐行为、缺乏人性的对待等。它们同时也是种族意识觉醒时期的产物。在这期间，"权利"的概念，即使是囚犯的权利，在人们的意识里也在强化中。尽管如此，对大众而言，答案通常是越来越强硬的压制。

死　　刑

也许，在第二次世界大战后，没有什么其他事情的发展像死刑的兴衰那么富有戏剧性了。[44]即使在19世纪，死刑也是起起伏伏，有些州（如威斯康星州和密歇根州）甚至废止了死刑。执行死刑的方法也有所改变。绞刑曾经是大型的公开露天表演。大部分的州在19世纪便已将绞刑的执行，从城镇广场上移至较隐蔽的监狱空地。到了20世纪，公开处决只有在南方各州还存活着。1915年在密西西比州的一个

"有2 000名居民并盛产棉籽油的舒适小城"——斯塔克维尔(starkville)里,大约有5 000名民众群聚在一起观看两名黑人被处以绞刑。根据报道,行刑现场有三明治、免费的柠檬汁和苏打水等软冷饮以及政治候选人声嘶力竭的演讲。绞刑结束后,5 000名观众开始吃起他们的午餐,此刻"四处回响起刀叉的碰撞声"。[45] 1936年,雷尼·贝西娅(Rainey Bethea)在肯塔基州的欧文斯伯勒(Owensboro)被处以绞刑,他是最后一名被公开吊死的罪犯。成千上万人前来观看这场盛事,镇上的所有旅馆都已经爆满;在行刑前夜,许多人只得在帆布床上或户外勉强睡一晚;小贩们在人群里四处兜售热狗、爆米花及冷饮。翌日清晨,一条长长的黑色帽套罩着贝西娅的脸与脖子,在众目睽睽之下,他被处死了。[46]

但是,正像我们所见,大部分的州都拒绝了公开绞刑。在19世纪末,科学帮了人类的大忙,电椅被用作一种比较人性的行刑方式。它同时也比较私密:在电椅上被处死,是发生在监狱内部深处的狭小、幽闭的房间里。到了1913年,已经有15个州用电椅取代了绞刑;到了1949年,这个数字则增加为26个州。[47] 内华达州在1921年时通过《人道死亡法案》(Humane Death Bill),以"实施致命毒气"取代电椅。因谋杀而被判死刑的吉·乔恩(Gee Jon)于1924年2月8日在内华达州卡森市(Carson City)被处以死刑,他是第一个死于毒气室的死刑犯。[48] 亚利桑那州及科罗拉多州于1933年通过毒气室法。[49] 截至1955年,有11个州采用毒气室处决死囚。后来,执行死刑的方法变成注射致命毒液。1997年,注射毒液在21个州是执行死刑的唯一方法,其他12个州则将它列为可选择的方法之一。有6个州仍旧使用电椅处决死囚。绞刑仍可见于蒙大拿州、新罕布什尔州以及华盛顿州,而爱达荷州与犹他州仍存在有死刑执法队。究竟这些方法是不是真的人道?这也是个问题。反对死刑的人指控这些都是残忍、痛苦和煎熬的做法;被烧炙的肉体、燃着火焰的身躯、呻吟、恶心、流口水、抽搐,还有搞砸了的注射技术,使得整个行刑过程会持续10至15分钟,有时甚至更久。[50]

长期以来,民权及公民自由团体一直领导着对死刑的法律抗击运动。死刑的数量在1935年到达高峰,共有199名男女被处死。此后,数量逐年稳步下降。在20世纪50年代,每年被处死的人数少于100人;1961年,降到42人;1963年,21人。在1968年,被处死的只有孤零零的1个人。[51]民众开始转而反对死刑,至少根据民意调查的结果是如此。在1937年,支持死刑者大约是反对死刑者的两倍(依据盖洛普民意调查的结果显示是:61%比33%)。但是在20世纪50年代末期和60年代,支持死刑的人数减少了;在1966年(不过,只有这一年是如此),反对死刑者甚至多于支持死刑者(47%比42%)。几年后,这些数字产生引人注目的逆转;死刑又开始变得受到欢迎(假定民意调查的结果是可信的话)。到了1986年,受访民众里支持死刑的有70%,反对的只有22%。[52]

在"弗曼诉佐治亚州案"(*Furman v. Georgia*, 1972)中,联邦最高法院以一种戏剧性的方式权衡死刑的问题;它排除所有现存的死刑条款,在一场大规模的法律清理过程中,赦免了那些正在排队等待被处死的死囚。[53]但是我们很难从中破解,究竟是哪一件案子使联邦最高法院作出这样的裁决。联邦最高法院的法官们对此分歧极大,每位大法官都分别表达了自己的意见。至少有两位大法官认为死刑是非常"有辱人格的",充满了偏见与一时的冲动,而且结果是永远无法挽回的。因此,死刑的本质是"残酷和非常的"(这意味着死刑是被美国宪法第八修正案所禁止的)。另外有3位大法官(足以勉强成为多数意见的法官)认为,"现存的"死刑条款及程序是完全无法被接受的,因为死刑的判决过程是随机、武断、不公平的。帕特·斯图尔特(Potter Stewart)

说,死刑就像是被"雷电击中"。但是这3名大法官不愿提出无限制性的主张,即判定"没有任何"死刑条款是符合宪法的。4名大法官持不同意见,他们愿意支持现存的死刑法规。

"弗曼诉佐治亚州案"无法也未能终结这个问题。一些州政府仔细在考虑联邦最高法院这项判决,他们审阅了冗长的判决文书,试图从中找出一些暗示,然后通过那些他们"认为"可能会遭遇"弗曼案"反对派提出异议的法规。4年后,联邦最高法院径直决定对两组法规进行司法审查。以避免"武断"或"随机"的裁量为借口,其中一组法规试图让死刑自动化:比如,规定一级谋杀罪的惩罚,就是死刑,到此无商量的余地。联邦最高法院推翻了这些法规。另一组法规则是由佐治亚州主导,其想法让大多数法官可以接受。佐治亚州的法律包含了详尽的程序以及上诉的特殊权利。[54]在联邦最高法院认可佐治亚州的法律后,其他州便积极地如法炮制。例如,在加州,因一级谋杀罪而被判有罪的男女,只有在陪审团认定一个或更多的"特殊情形"后,才会被判处死刑。"特殊"情形指的是:使用炸弹或毒药杀人,或是杀害超过一人以上的被害者,或折磨被害者,或杀害警察等。加州将死刑的审判分成两阶段:首先是确认是否有罪的阶段,然后是量刑的阶段。量刑的阶段几乎等于第二次的审判,但这时陪审团的工作是确定被告死刑或终身监禁的问题。

大部分的州仍保留死刑,它们多多少少都与加州的法规相似。最初,真正被处死的人很少。在犹他州,加里·吉尔摩(Gary Gilmore)首先破冰,他于1977年1月17日被处死,这是十多年来第一桩真正被执行的死刑案。接着,约翰·斯宾克林克(John Spenkelink)于1979年5月25日被处死。在20世纪80年代末期及90年代,执行死刑的速度急遽增加。到了1999年底,已有超过500名男子(以及少数女子)被处死。其中,有400多名行刑的时间发生在1990年以后。

正如我们所见,依据民意调查显示,几乎所有地方的大多数人都支持死刑。看上去,如果有任何候选人试图反对死刑,那简直是政治自杀行为;至少政客们是这么认为的,他们或许是对的。不过,20世纪末的法律环境十分复杂。大约有12个州完全没有死刑。这些州包括了古老的新英格兰诸州(如马萨诸塞州)、上中西部各州(如密歇根州、威斯康星州、明尼苏达州)以及遥远西部的夏威夷。此外,有些州理论上有死刑,但是在1976年死刑恢复后到20世纪末,他们事实上从未处决过任何人。新墨西哥州、新泽西州、康涅狄格州以及(令人惊异的)田纳西州,都属于这一类。堪萨斯州于1994年,纽约州于1995年,先后加入死刑州的行列;但是直到今天,这两州都从来不曾将其州民送进死刑室。俄亥俄州则于1999年开了杀戒;在此之前,大约200名排队等死的囚犯一直都未被处死。

直到1999年后期,因为死刑本身的恢复,有30个州才确实处决了一些囚犯。然而,许多北方和西部的州非常保守地行使此事:宾夕法尼亚州有3名囚犯被处死、加利福尼亚州有7名、俄勒冈州有2名、科罗拉多州有1名。只有少数老南方的州,例如弗吉尼亚州和佛罗里达州,依然偏爱死刑并使用频繁。密苏里州这个位于鸡鸣四界的州,也可以归为这一类。弗吉尼亚州处决死囚的人数是68名、佛罗里达州有44名、密苏里州有40名。南方各州的处决人数占了全美的80%;1999年7月,全美562起处决囚犯案件中,有449起来自南方各州。不过,南方各州的状况并非铁板一块。密西西比州令人惊喜地只有四起处决案,而田纳西州连一起也没有。至于得州,则自成一体,独自站在天平的另一侧。得州对死囚的处决执行原本是很缓慢的,但从1982年12月18日处决查尔斯·布鲁克斯(Charles Brooks)以后,便一发不可收拾。得州立刻鹤立鸡群地成为拥有死刑的州。死刑处决中,有三分之一发生在得州,这与他们的人口不成比例。[55]然而,至于对得州的谋杀率有多大的影响力,依然存有悬念;和其他州比较,得州的谋杀率仍旧有些高。

不管在哪儿,即使是得州或佛罗里达州这样的地方,死刑情境中都带有某种残酷的讽刺意味。如同我们所见,许多被判处死刑的男女,其审判都相当仓促草率,而且辩护律师大都是些能力不足、笨拙、缺乏训练的人。死亡本身不过是几分钟的事儿。但判刑与死亡之间,却是难以置信、极度痛苦地缓慢。在死牢里等待处决,简直就是一种拖延式的死亡。不过,事情并非总是如此。1933年2月15日,朱塞佩·赞加拉(Giuseppe Zangara)试图射杀已当选但尚未就任的罗斯福总统。他没有击中罗斯福,但却误伤芝加哥市长安东·塞马克(Anton Cermak)。3月6日,塞马克因重伤不治身亡。赞加拉在法庭上认罪,并于3月23日坐上了电椅;此时距离审判结束还不到一个月。在20世纪初,即使被告努力拼搏,最大限度地提起上诉,至多也只能拖上一两年。[56]

这样的情形已经一去不复返了。甚至早在"弗曼案"之前,这个程序就已经开始放慢。卡里尔·切斯曼(Caryl Chessman)于1948年6月25日在加利福尼亚州被判处死刑。他在死牢里等了将近12年,写了三本书,并且成了反抗死刑的象征。包括比利时的皇后、医生阿尔伯特·史怀哲(Albert Schweitzer)、音乐家巴勃罗·卡萨尔斯(Pablo Casals)以及梵蒂冈等,都曾为他让他活下来而求过情。最后,他在1960年5月2日死于毒气室。[57]在过去,这是不寻常的案件,如今这反而属于正常现象。的确,切斯曼12年的漫长等待,今天看来并没有什么特别之处。1999年6月18日在阿拉巴马州坐上电椅的布莱恩·凯斯·鲍德温(Brian Keith Baldwin),当年他谋杀一名16岁女子时,年仅18岁。他被处死时已经年届四十了。他在死牢里等了二十多年。

为什么处死一个人要花费这么久的时间?法律技术层面的答案包

括:自动上诉、缺乏处理这些上诉案件的律师、人身保护令、要求重审等。不过,暗藏在下面的,可能是一种矛盾状态;即便公共大众宣称他们多么支持死刑,在真的看到要执行死刑时,却会有一种社会层面上的踌躇。有一小群狂热者从头到脚地反对死刑;那些保卫死刑者也同意至少应该有些程序上的保障。如此论辩和争斗激烈的任何法律战场,都会发展出一些进展与回旋的病态。冲突本身会引发笨拙和蹒跚的原则,孕育出复杂和缺乏理性的事物。罗伯特·威斯博格(Robert Weisberg)确实曾经提过"文化上最佳的"处死数量:足以让"这个法律技术的形式存活下去,但是又不至于多到消费过多的社会成本"。[58]

死刑的执行率已经逐渐上升,但是它和判决死刑的速度比起来要缓慢很多。结果是等待执行死刑的人数激增。1999年4月1日,美国共有3 565名男女死刑犯。加利福尼亚州有536名这种倒霉蛋,得克萨斯州有437名,佛罗里达州有390名,宾夕法尼亚州有225名。令人感到不安的是,这些死囚中有非常高的比例是黑人,超过40%。[59]

谋杀率相当高的某些州(如得克萨斯州)在采用死刑,有些则没有采用(如密歇根州);有些州的谋杀率则相当低(如缅因州),甚至也完全不采用死刑。死刑对犯罪率到底有没有影响呢?证据是矛盾的。整体而言,否定的答案似乎占了上风。但为什么会这样呢?常识告诉我们,罪犯就像其他人一样,也是怕死的一群人,他们希望自己最好能免于一死。事实上,死牢中的大部分死囚男女证明了这点:他们不顾一切地奋战,从一个法院到另一个法院,从一份令状到另一份令状,上诉再上诉,他们痛苦地想办法拖延能继续活下去的日子。因此,在理论上,死刑应该具有强大的威慑效用。

但是事情并不是这么简单。真正的问题不在于死亡是否有威慑的效用,而是死刑的威慑效用是否高于无期徒刑。毕竟没有人会认为,死刑之外的另一个替代品是金牌、养老金或轻微的处罚(a slap on the wrist）。死刑之外的另一个替代品是无期徒刑，像动物一样被关在铁笼里面，没有假释可能。不论如何，那将是一段漫长、难熬、枯燥的监狱岁月；从一个不精确的成本效益基础上看，即便是没有死刑的话，用谋杀来换取一个无期徒刑并不值得。试想一下，杀害一名店员得服刑20年，值得吗？没有人真的会否认，严厉的惩罚可能具有遏制犯罪的力量，或者确实会令某些人感到胆寒。此外，大多数的人早就因为良知、畏惧监牢等理由在犯罪面前而止步。然而，问题在于，死刑是否可以在原本就已经存在的很强的威慑作用上再添加什么东西？从实践的情况看，答案完全不明朗。

公众可并不这么想。或许公众简单地认为这些罪犯就是"该"死；因为他们犯下的罪行，让他们失去了生存的权利。比起任何晦涩难懂的威慑作用讨论，这或许就是操纵着公众支持死刑存在的强烈动机。宰了那个畜生！因此，冗长拖延的程序，像是鼻腔中发出的恶臭，令人恼怒。公众对犯罪者可以不断地上诉、主张权利、请愿而感到义愤填膺。在州法院与联邦法院间像是荡秋千一样不断摆荡的案件，让死刑拥护者烦恼不堪。连联邦最高法院与许多其他法院也显得有些不耐烦了。为什么执行一个人的死刑要耗费这么多时间呢？

如同它的名称所表达出来的那样，1996年的《反恐怖主义和有效死刑法案》（Antiterrorism and Effective Death Penalty Act）是一个奇怪的混合物。该法案让刑事被告很难透过人身保护令，请求联邦法院审理其案件。[60]该法案的重点在于加速程序的进行，以摆脱某些没完没了的程序步骤。

另一方面，死刑在20世纪末的最后一两年里，博得了一个坏名声。因为在几件令人烦恼的案件中，被判处死刑的囚犯最后被发现是无辜的。DNA证据在其中一些案件里救了这些人的命，仅在伊利诺伊州就有5起此类案件。这种情形足以使从来都不激进的美国律师协会不能容忍,该协会于 1997 年要求暂停死刑,直到州政府愿意"在诉讼的每一个阶段,提供能胜任的诉讼辩护人",消除种族歧视,并停止对弱智者及年龄低于 18 岁的杀人犯执行死刑。美国律师协会认为,在此之前,最好能先把执行死刑完全停止。[61] 当时,没有什么人听得进去这些话。等到 1999 年,有些伊利诺伊州的死囚非常戏剧性地被证明无罪后,公众对此开始有了不同的想法;众议院要求完全中止死刑执行。内布拉斯加州的州议会(无论从哪方面来看,它都不是个重要的规定有死刑的州)实实在在投票支持暂停死刑的执行。不过州长否决了这个动议。[62]

白领犯罪

社会学家埃德温·萨瑟兰(Edwin Sutherland)于 1949 年第一次用了"白领犯罪"这个词。他给这个词下的定义是:"非暴力的经济犯罪,与某种程度的诈欺、共谋、蒙骗有关。"犯此罪者,大多是白领阶层或甚至更高阶层的人,但并非全部如此。一名煤矿工几乎根本没有触犯反托拉斯法的身份,但是他可能和其他人一样,在他的所得税上撒谎作假。

"白领犯罪"这个词也许相当新颖,但是这件事本身并不新奇。挪用公款、邮件诈欺、开空头支票,这些都不是什么新鲜事,更不用说行贿受贿、银行及保险丑闻这些事情,也是如此。但是州政府在管制中创造了众多崭新的犯罪名目,法律在增加新的税种或管制某事物的同时,也把新的犯罪载入名册。在新政之前,尚没有"内线交易"("insider trading")这种罪名。依据 1988 年的《紧急家畜饲料协助法案》(Emergency Livestock Feed Assistance Act),一个未妥善喂养牲畜的人(意指在洪水、干旱等时期,让牛挨饿的主人),属于触犯了轻罪。[63] 依据各州的专业执照法,如果未持有验光执照者执行验光业务,便属违法执业。

物价管理局和第二次世界大战期间的物价与租金控制,是白领犯罪的多发地带。大部分的违法者并不认为他们自己是罪犯,至少不是真正的罪犯。唐纳德·克雷西(Donald Cressey)研究1950年左右的挪用公款案件。许多人告诉他,他们不过是"借"钱而已;有个人这么说:"我真的非常需要钱……我处境很艰难……我有充分理由日后一定会归还这些钱。"[64] 公众普遍认为,这些人和街头罪犯们不同,他们并不是坏人。那些强烈要求严厉打击毒品贩子、多采用死刑、重拳惩处恶棍与抢劫犯的人们,他们自己可能也会优雅地在其所得税退税单上弄虚作假。有证据显示,法官及陪审团对白领犯罪抱有一种"要不是上帝保佑,我也会犯同样的罪"(there-but-for-the-grace-of-God-go-I)的感受,因此判刑时倾向于较"真正的"罪犯轻一些。[65] 当然这同时也反映出,许多白领阶层被告对聘请好的律师有支付能力。

不过,有些白领犯罪会触发真正的愤怒。20世纪20年代的"茶壶顶丑闻"(Teapot Dome scandal),在1931年以贿赂与诈欺等罪名将哈定总统的内政部长艾伯特·福尔(Albert Fall)关进牢房。掌控着公用事业帝国的芝加哥百万富豪塞缪尔·英萨尔(Samuel Insull),在股票市场崩盘后,被控邮件诈欺及盗用公款(后来他被判无罪释放)。20世纪80年代的存款与信贷丑闻,使美国损失巨大。[66] 此外还有其他被媒体大肆曝光的逮捕与审判案件。垃圾债务之王迈克尔·米尔肯(Michael Milken)从他的金融交易中赚到手数十亿美元。他于1990年11月被判刑入狱。在一项华尔街内线交易的联邦调查后,米尔肯对六项罪名表示认罪。[67] 华尔街的另一名金融家伊凡·博斯基(Ivan Boesky),在1987年因内线交易而被判刑。[68] 这些人及其同类的罪行非常神秘莫测,大部分民众对于米尔肯或博斯基的所作所为感到云遮雾罩。但是，检察官向民众灌输了庞大的邪恶金融阴谋的印象，这些阴谋（也许）会为成千上万的人们带来苦难与毁灭。其中的大部分都纯属虚幻的想象。

对博斯基或利昂娜·赫尔姆斯利（Leona Helmsley）这种人，人们很难寄予同情。有"刻薄女王"之称的利昂娜，和她先生建立起一个不动产及旅馆帝国，最后却因逃税而坐了牢。然而，怀有野心、寡廉鲜耻的检察官有时会滥用其权力，在把有权有势的人拉下来的同时，让自己的名字得以刊登在报纸上并在晚间新闻中混个脸熟。许多人认为，在克林顿总统对所谓的"白拉链犯罪"（white-zipper crime）作伪证而被弹劾时，特别检察官肯尼思·斯塔尔（Kenneth Starr）已经越权。另一名特别检察官唐纳德·斯墨兹（Donald Smaltz）则白白耗费了多年的努力及1 700万美元，试图控告克林顿总统的农业部长迈克·埃斯比（Mike Espy）贪腐。1998年12月，一个联邦陪审团"用了将近10小时的时间，驳回了30项罪名"。最后，迈克·埃斯比在经历了"4年痛苦不堪的调查"以及两个月的审判后，被确定无罪。但是，这一切已经彻底毁了他的职业生涯。[69]

尽管我们对于那些隐秘型犯罪的"某些"起诉保持着健康的怀疑，或者认为特别检察官的行为荒诞不经，但是这并不意味着白领犯罪是虚构出来的，它的确是一个社会问题。银行抢劫犯会去抢劫银行，（套用一句有名的俗语）是因为那儿有钱。同样的动机驱使着某些人想从内部来抢劫银行，而不是挖个地道钻进来，或者戴着滑雪面具持枪暴力闯入。毕竟，整体而言，商业与金钱、赢利、本钱的底线有关，而美国的社会制度奖励并且尊崇那些腰缠万贯、肆意挥霍的人，只要是有钱的人就行——别管钱是从哪儿来的。政治制度同样也在金钱的汪洋大海中漂浮。政治"献金"和赃物或预期的回报之间，其实只有一步之遥。政治有时会打开大门，实际上是在邀请白领的抢劫犯进出自如。

有关储蓄与信贷丑闻的案件即是如此：1980年，美国国会解除了对利率的限制，但是增强了存款保险的力度。这种"自由企业原则的选择性适用"，"由与互助储蓄银行挂钩的国会会员成员……为先锋"，为大量并且"无风险的诈欺"铺设道路。[70]

政治犯罪

对于政治犯罪或政治审判，并没有明确的定义。有些罪行，例如叛国罪或间谍罪，本质上都带有政治色彩。而一个国家必须保卫自己，对抗政治上的敌人。但是在民主社会中，一般的异议或反对不应被视为犯罪。当然，包括美国在内，没有一个国家能彻底满足这种理想。粉碎某项政治运动或堵住激进反对者的声音，是许多审判的主要或次要目的。我们在萨科-范泽蒂案中，可以看到这个目的。

安吉洛·赫恩登（Angelo Herndon）是一名共产党的黑人组织干部，1932年他在佐治亚州受审。南北战争后，佐治亚州通过了一项法律，规定"叛乱"违反刑法（可能被判死刑）。"煽动叛乱"与散布"叛乱文件"同样都是犯罪行为。[71]安吉洛·赫恩登被控违反该项条款。[72]当然，审判的陪审员都是白人。依据该指控，共产主义者们想从白人手中夺取土地并把它们分给黑人，而且他们支持异族通婚；这明显是叛乱行为。检察官要求陪审团"将这名可恶的无政府主义布尔什维克党人"送上电椅。陪审团裁定安吉洛·赫恩登有罪，但还是表示了一下"慈悲"。只判了他18至20年的有期徒刑。联邦最高法院在"赫恩登诉劳利案"（*Herndon v. Lowry*）中，以5比4的决议推翻了佐治亚州的法律。[73]罗伯茨大法官将此法描述为"这是一张让每个公开主张政府做出改变的人都会被一网打尽的法网"，只要陪审团被检察官说服：该被告"应该已经预见到他的言论会产生一些影响"。

在美国,大部分政治审判的矛头都指向政治上的左派。许多发生在冷战时期,例如充满轰动效应的朱利叶斯和埃塞尔·罗森堡夫妇(Julius and Ethel Rosenberg)间谍案审判。偶尔也有些例外。例如在第二次世界大战期间,美国政府告发了一帮反犹太族(anti-Semites)的本土主义者和德国的支持者;这场审判在1944年拖沓持续了好几个月的时间。美国政府试图将这些被告与全球性的纳粹阴谋联结在一起。1944年11月底,负责审理此案的法官死于心脏病,随后这场审判被宣告为无效审判。最后它只好草率收场。[74]

美国政府也经常试图透过审判不同政见分子来做政治秀,也就是利用审判作为一个宣传的平台。但是两方都在玩这场游戏。在某些著名的案例中,被告反而喧宾夺主,将审判变成他们的政治马戏团的表演舞台。其中最著名的,也许就是那个在1969年9月开始审理的"芝加哥七君子案"(Chicago Seven)。[75]其背景是1968年夏季民主党大会期间的暴乱。反对越战的抗议者聚集在芝加哥,而警察以武装和暴力瓦解了示威游行。事实上,依据一调查委员会指出,"警察的暴乱"比其他的暴乱更多。

不过,芝加哥七君子案依据1968年4月通过的一项法律而被控告。该法实际上主要是针对黑人好战分子而制定的;该法规定,为了"煽动暴乱",或组织、鼓动暴乱,或"协助、教唆"某些人暴乱而跨越州界或跨州传递邮件和消息的人,都属于犯罪行为。若要将被告定罪,他同时也要做过某些鼓动暴动或涉及暴动计划的"公开的行动"。[76]约翰逊政府及其司法部长拉姆齐·克拉克(Ramsey Clark)都反对提起控告。但是由尼克松总统所领导的保守派新政府于1969年初入主白宫。尼克松政府推动了芝加哥七君子案的审判。

这场审判是既冗长又急风暴雨式的。朱利叶斯·霍夫曼(Julius

Hoffman)法官展现出对被告"明显的偏见",甚至针对其中一名被告"下令剥夺其言论自由并限制其自由行动"。这些被告则把法庭变成了表演游击队戏剧的剧场:他们不时地嘲笑和愚弄法官。有一天,这些被告"带来一面越南国旗……又有一天,他们身穿印满大卫王之星的法袍",然后他们"脱下这些衣服,丢在地板上,并用它们来擦脚"。一名被告告诉法官,他和希特勒属于"同类"。被告"坐在他们的桌子上,时常朗读、撰写演讲稿,咀嚼胶状豆粒糖、做鬼脸或大笑"。有时候他们还会当庭睡觉。他们的桌子上和桌下的地毯上堆满了垃圾。[77]他们反对的不仅止于反越战,而是反对整个社会:他们想宣告一种"新的美国生活方式"。被告戴维·德林杰(David Dellinger)拒绝称法官为"尊贵的法官大人",而称之为"霍夫曼先生",理由是他相信"平等"这码事儿。[78]对其中一名被告汤姆·海登(Tom Hayden)而言,法庭是个"毫无生命力的恐怖之地",而法官则简直是个"奇怪的傀儡";另一方面,被告席则是个"解放区",它是对"要求和约束人们成为举止端正的委托人、律师、陪审员的法院制度的最大蔑视"。[79]

  这些行为或许让极少数人改变了想法,但却让更多人为之反感。作为一个反越战的攻略,芝加哥七君子的行为举止是失败的;作为反文化的宣传,它的效果也不清晰。一代人以后,说唱乐者与摇滚乐团靠着怪异的行径及嘲弄传统道德的行为,就将百万美元收入囊中。审判一直都带有戏剧的成分,到了电视普及的年代,更是如此。到了20世纪末,我们每天在电视剧中或流行的"法官"秀上,都看得见游击队类的剧情。在原创的"芝加哥七君子"要么不在人世或者成了三件头西装的装饰物之后,那些举凡怪异的行为举止、藐视一切、刺耳喧哗等,已经是有过之而无不及。

没有受害人的犯罪

228　　如同我们所见,向"不道德"及没有受害人的犯罪宣战的声音,在20世纪初期逐渐增强,禁酒时期则是它的鼎盛。当禁酒时期走入历史时,道德十字架之战也已经丧失了它的部分力量。大约从1930年起,事态慢慢地发生了变化;道德也发生了很多的变化。尽管反击没有受害者的犯罪过程中从来不缺乏辩护人,但它再也没有达到1930年那段时期的水平。

　　在20世纪30年代至20世纪末之间,美国经历了意义深远的文化变迁。20世纪的富裕,把千千万万的人从为勉强糊口而玩命工作的苦役生活中解放了出来。这是一个拥有丰富的闲暇时间的社会。然而,人们未必将他们闲暇时间花在阅读莎士比亚或是研读圣经上。有些人确实如此,有些人则不是。人们有闲还有的是钱,他们是一群规模庞大的消费者;他们积极寻求享受。性、赌博、酒、毒品等邪恶的市场因此而繁衍。即使这种需求是隐讳的,甚至人们羞于或尴尬于公开表达他们的渴求,这种需求仍旧不断地、毫无疑问地对法律施加着压力。

　　国家是那些表达清晰并受人尊敬者以及中产阶级、上流人士的传声器。他们都带着国会及立法机关的耳朵。当然,国家不会放弃自己管制娱乐、规范道德的角色。饮酒已经被排除出了犯罪行为的行列,但是有关酒类的管制从来也没有终止过。酒类市场的发展从未达到完全的自由放任。长久以来,运动的世界一直被某种阴影所笼罩:下层阶级的运动,像是拳击或摔跤曾经是非法的或可疑的;但网球及高尔夫球则从来都安然无恙。赛马与赛狗背负着赌博的污名。可疑的运动逐渐被合法化了,但是有时会像酒类一样,以表面上的公平或公共道德的利益为理由,受到严格的管制。因此,西弗吉尼亚州于1931年创设了州体育委员会(State Athletic Commission),以监控拳击及摔跤比赛。[80]这部法律充满了规定详尽的条款,例如:每一场拳击赛不得超过12回合,每回合为3分钟,每回合之间要暂停1分钟;拳击手必须戴至少6盎司重的拳击手套。此外,星期天不得举行拳击比赛。对其他比较属于上流社会的运动,该委员会并未作出类似的规定。

赌博同样也被合法化了,而且被过度合法化了。拉斯维加斯(Las Vegas)曾是唯一一个公开的罪恶领地。现在它开始有了竞争对手。有些州开始采取一些试验性的步骤,例如:新墨西哥州于1981年制定了《宾戈游戏及彩券抽奖法案》(Bingo and Raffle Act),准许慈善团体及教堂经营这些博弈游戏。[81]接着,大西洋城逐渐发展成拉斯维加斯的强有力的竞争者。联邦政府在19世纪粉碎了彩券事业,然而到了20世纪末,彩券事业又卷土重来。渴求税收的州政府一个接一个地通过彩票法,并大肆地做广告宣传。虽然跟往常一样,有诸多道德上及政策上的抱怨,但是这一切都被赚钱的匆忙、满足民众对彩券的饥渴以及大赚快钱的美梦所淹没了。彩票法让州政府变成高层坐庄的角色。在密西西比河岸及印第安保留区,赌场的数目不断激增。赌博成为美国最重要的产业之一。

休闲社会的另一个现象,就是"星期日蓝色法"(Sunday blue laws)的衰落。这些法规曾经一度认定大部分的星期日工作是违法的,其中包括大部分的运动及竞赛。直到20世纪初,所谓的"清教徒的星期日"(Puritan Sunday)被明确规定在法典中:星期日是祈祷、安静的一天,只能奉献给美德与上帝。因此在20世纪20年代,佛蒙特州的法律禁止在星期日从事"任何商业或雇佣行为","除非是必要的,或是慈善工作";禁止举办"舞会以及跳舞"或是参与任何"游戏、竞赛、戏剧",或"在提供消遣娱乐休闲的地方度假";狩猎也在禁止之列。[82]在密西西比州，依据其 1927 年的法典，"滑稽剧"、戏剧、竞赛、"魔术、玩球、杂耍、变戏法，或是灵巧的特技"在星期日都是被禁止的。[83] 在俄亥俄州，到了 20 世纪 50 年代仍有法律禁止玷污安息日，禁止在"上午""走钢索、举行拳击表演或杂耍表演、黑人吟唱、人体雕像、乘坐热气球"；不准许在中午之前坐热气球；还有一种叫"保龄球游戏（ten pins）或其他类似的游戏"则是全日禁止；"打猎、钓鱼或射击"也属于禁止之列。[84]

这些法律上的政治力量不仅仅是宗教问题，工会同样也想要一天有保障的假日。那时还没有人梦想过现代版的星期日，那时的星期日是成千上万的人们在教堂里的一天；但也是可以晚点起床，全家一起去购物以及（更重要的是）享乐一下。即使在 20 世纪早期，有些法院解释其星期日法是准许打篮球及看电影，或是推翻那些对纯真的生活追求过于严苛的法规。事实上，俄勒冈州在 1916 年以公民投票废除了星期日法。[85] 到了 1947 年，佛蒙特州将"冬日运动、网球及高尔夫球"自星期日法中排除；只要其他的运动不收入场费，就被允许。佛蒙特州的投票人同时也投票准许在星期日"打棒球、看电影、参加演讲及听音乐会"，但是这些活动必须在下午两点以后举行（至于看电影，要在下午 6 点以后）。[86] 显然，星期日的早晨还是给教堂预留的。

不过，这项法律继续在崩溃。确实，美国过去是、现在也一直是个宗教信仰深厚的国家。星期日早上，许多教堂都人潮汹涌。但是接下来发生的则是另外的故事。"清教徒的星期日"已死。首先，美国是个宗教的大熔炉，星期日不再是唯一的宗教的节日。更重要的是，那些每个成员平日都在工作的家庭，需要在星期日去商店采购物品。商店热切盼望能在星期日把商品销售出去，而人们则热切盼望能在星期日购物。在祈祷和购物之后，人们还想享受娱乐。即使是清教徒的后裔，也不想要一个"清教徒的星期日"。"清教徒的星期日"毫无乐趣。

像新泽西州这一类与星期日蓝色法的博弈,其实基本上与宗教无关;这是超市收银员连同工会作为一方,与超市老板作为另一方之间的斗争。俄亥俄州于1973年撤销了该州的星期日法。到了20世纪末,全美许多地方的商店不仅仅在周日营业,而且每天营业24小时,全年365天无休。购物战胜了一切。包括阿拉巴马州在内的某些被宗教束缚深厚的州,依然保留了星期日法,违者甚至可处以坐牢。但是阿拉巴马州的法律则漏洞百出地保留了不少例外:药店自然是个例外,但是还包括了加油站、报亭、汽车修理店、花店、水果店、冰淇淋店及餐厅,都可以营业;基于某些理由,周日举行摩托车和汽车竞赛也是被允许的。[87]这些法律充其量在执行上是不连贯的。凯玛特(Kmart)零售百货公司案是少数被报道的案件之一。凯玛特因为在周日照常营业而遭遇挑战,最后法院判决其胜诉。法官显然认为这项法律并不符合常理,而且是个不公平的法案。药店可以在周日营业,但是药店已经成了个小型的百货商店,所销售的商品从铅笔到牛奶,琳琅满目。如果如此,怎能去惩罚一家在周日营业的真正的百货公司?而且,百货公司在销售其他商品时不是也碰巧在销售药品吗?[88]

性 的 革 命

这一切变化中最戏剧性的,或许是最重要的,就是所谓"性的革命"(sexual revolution)。1948年,著名的金赛报告(Kinsey report)发表了它的第一部分——《男性性行为》(Sexual Behavior in the Human Male)。它突然进入民众的视野里,像是7月4日国庆日展示的罗马烟火。阿尔弗雷德·C.金赛(Alfred C. Kinsey)是个生物学家,他早期的研究对象是一种叫五倍子蜂的昆虫,而不是人类自身。他打算把这篇性行为报告写得明确客观;在一定程度而言,它的确充满了图表、图示和数字。报告的主题是性,但是其论述是一本正经和冷静的。例如,金赛以毫无表情显现的态度报告有关阳具勃起时角度的统计证据。(平均的位置似乎"比水平线高一点",尽管大约有8%~10%的人"阳具勃起时几乎是垂直的,或多或少地紧贴在腹部"。)[89]

阴茎的角度并不是金赛的研究目的。他有一项明确的任务;他想要揭露美国性法律伪善的一面;他认为这些法律比无用还要糟糕,它们是邪恶的。它们将本来极其正常的行为归为犯罪行为。金赛主张,59%的美国男性有"口交的经验",超过三分之一的男性有"与同性性交的经验",17%的"农场男孩"有"和动物性交"的经验。这些全都是犯罪的行为。事实上,依据各式各样的刑法,这其中有许多属于重罪,是声名狼藉的罪行,是被判多年徒刑的罪行。金赛说,事实上,"所有男性人口中"有95%的人曾经触犯过这些罪行中的一项或多项。从严格的法律意义上说,这些男性都是"性犯罪者";理论上,他们应该统统被关进牢里,由剩下的那些5%的清白男性来负责看守。后来他又出版了有关女性性行为的著作,这回没有那么耸人听闻了,因为它在男性卷之后出版,因此令人震惊的程度小了一些。美国女性并不像美国男性那样,她们不是鲁莽的罪犯,但她们也是坏得够可以的。[90]

金赛性学报告马上就成了畅销书。许多宗教界人士及所有很体面的人士很自然地都在谴责它。它的研究方法被分析、被批评、被扯成碎片;人们说,其资料取自古怪且不具代表性的样本。归根结底,金赛性学报告得到的事实是正确的吗?或许不是,至少不全是:有些统计数字根本经不起时间的考验。但是,其基本信息远比统计数字要重要,而且这个信息的确击中了要害。

回顾以往,显然,金赛性学报告不过是新的性革命中所迸发出的一记炮火。性革命非常肯定地变成了一场法律革命。当然,法律革命并非一夜之间就会发生,而是一个州接着一个州地逐渐做出修改。在大部分的州,婚外性行为(fornication)不再属于刑事犯罪行为。在新泽西州,州最高法院宣布有关婚外性行为的法规是违宪的,因为它很大程度上地侵入了"个人的自律"的区域。理查德·格林(Richard Green)博士以专家证人的身份作证说,性欲是"人格发展"的"中枢";压抑将导致可怕的结果:在男性身上产生罪恶感、焦虑、"阳痿",对女性则会引发"性冷感"或"性交疼痛"。[91]

在某些州,通奸(adultery)和婚外性行为一样,都被丢进了法律的垃圾堆里。包括伊利诺伊州及加州等,在其刑法经整顿、改革后,有关"两名相互认可的成年人"之间的性关系都不触犯刑法,无论他们的关系如何、无论他们是什么人,也无论其性伴侣(同性或异性)如何。金赛的梦想已经成为现实。《曼恩法案》同样随着时间的流逝而被逐渐遗忘。直到20世纪40年代,美国政府利用过该法来对付像查理·卓别林(Charlie Chaplin)这样的社会名流,此案轰动了全社会。卓别林陷入与一个名叫琼·巴里(Joan Barry)的年轻妇女的纠葛,后来他们发生争执并分手;她向他提出"确定生父之诉"(血液化验证明了卓别林是清白的),随后她还利用《曼恩法案》控告卓别林。她声称,卓别林付钱让她到纽约和他发生性行为。[92]藏在这件不着边际案件背后的邪恶天才,其实是联邦调查局局长胡佛,胡佛认为卓别林是个危险的激进分子。最后卓别林被宣判无罪。《曼恩法案》慢慢地寿终正寝。到了20世纪60年代末,只有极少数案件被定罪。在1978年及1986年,《曼恩法案》曾两度被彻底地修订,"拐骗妇女"和"淫荡"等字眼从法律条文中消失;这个法案对男女皆适用。而且,犯罪也被重新定义。如今该法案只包括以"卖淫"为目的的运送行为,或"任何可以被控刑事犯罪的性活动"。这意味着,如果为了一般之性欲和性行为的满足,而从加利福尼亚州前往内华达州,就不再属于什么违法行为了。[93]

在20世纪的大部分时间里,法律对于色情出版品及淫秽的态度一直都是很严厉的。绝大多数值得令人尊敬的人,都坚定地相信(或者声称他们相信)色情是罪恶的、令人作呕的并会对社会造成危险的。对于色情及淫秽属于出格的行为这个想法,几乎没有什么人质疑过。州政府及市政府有完全的权力管制、控制,并禁止各种形式的"乱七八糟的东西"。言论自由在这块法律规范裸露的边界上,运行着那些裸露的事情。

审查员当年认为通不过的作品,在 2000 年可能会被视为伟大的文学作品,或者,有时候成了无害的家庭娱乐品。康涅狄格州纽黑文市于 1905 年时禁演了萧伯纳(George Bernard Shaw)的剧作《华伦夫人的职业》(Mrs. Warren's Profession)。[94]一些法官采取比较开明的见解:在 1933 年一件著名的案件中,一位联邦法官无所畏惧地判决詹姆斯·乔伊斯(James Joyce)的《尤利西斯》(Ulysses)并不淫秽,尽管内容中有"脏话"和对性的生动描绘。[95]但是直到 20 世纪 30 年代,为了保护我们的陆地不受外来的淫秽物污染,美国海关在冒冒失失地禁止那些像是阿里斯托芬(Aristophanes)、巴尔扎克(Balzac)、笛福(Daniel Defoe)、福楼拜(Gustave Flaubert)、伏尔泰(Voltaire)的作品,这些作品曾经一度被一些恶名昭彰的人造谣中伤。[96]

大部分的人(如果被问到的话),都坚持色情文学——那些活灵活现地描绘性行为的文字或图画,而且没有任何遮掩的话——是件令人作呕、污秽下流甚至堕落不堪的事。我们应该相信他们吗?或许不应该(或者至少不能相信所有的这些人)。毕竟,性、性读物或性照片的地下市场向来都是庞大的。在战后时期里,曾经隐藏在地下的那些事物渐渐浮上表面。当然,并不是没有反对者。官方认为,淫秽让人尤其是年轻人直接走上堕落之路。1956 年,宾夕法尼亚州通过一项法律,禁止贩卖淫秽的卡通书籍及杂志给未成年人。该法的序言值得引用,它一开始就指出:

> 鉴于我们相信,孩童及青少年们那些破坏性和冒险性的潜能,常常是由于受到了大量的血腥、淫秽的图片及故事的刺激,促使他们犯下残暴、堕落的罪行……而且我们相信,在事实上,犯下这类罪行的这些青少年……至少有一部分是因为受到这类出版物的刺激……[97]

依据立法者的立场,就此信念而言,"即使这无法用统计的方式表述",但是可以"由我们的经验(以及某些专家意见)所支持"。

当然,孩子们一直是特殊的例子。可以做出论证(宾夕法尼亚州的法规也如此辩称),仅仅管制"孩童接触"淫秽出版物的法律并不侵犯言论自由。但是,若是成年人接触了又会怎样呢?这个问题变得越来越突出。美国联邦最高法院在第二次世界大战前,都没有判决过任何有关色情及言论自由的案件。第一件案例是1957年的"罗斯诉美国案"(Roth v. United States)。[98]在此,联邦最高法院认可州政府拥有惩罚制造及贩售淫秽物者的权力。但是界限在哪里呢?什么是淫秽?显然,定义转变得相当激烈。1966年联邦最高法院再度面临这个问题。这次它面临的是范妮·希尔(Fanny Hill)这位令人敬畏的18世纪女性,她是英国作家约翰·克莱兰德(John Cleland)精彩色情文学《范妮·希尔回忆录——一个女人快乐的回忆》(Memoirs of a Woman of pleasure)中的女主人公(如果这个用词确切的话)。这本书撰写的时间和美国宪法第一修正案自身几乎是在同一个时间;但是在20世纪晚期前,几乎没有人斗胆能想到,一个正派的出版商竟然能够出售这种书,或者举止体面的人们打算或可能去阅读这种书。联邦最高法院给予了范妮无害健康证明书(A clear bill of health)。只有当一本书"完全没有补救性的社会价值",州政府才可以禁止它。大概范妮能给我们上一课教我们点儿什么,或者具有些文学价值。道格拉斯大法官指出,当这本书于1963年解禁时,"各大学及图书馆超乎寻常地大批量订购了此书",而"美国国会图书馆则请求将此书翻译成盲人点字书的补助"。[99]这或许不是一个惊人的法律要点,倒是确实告诉我们,维多利亚式的假道学已经衰落了。

联邦最高法院确实从来也没有提出涉及淫秽的一致性理论,它被一个接一个的不同个案中的问题所纠结挣扎。另一方面,一般大众(除了明显的例外)则想出了各色的理论。根本上来说,在2001年,规则如下:在大部分的地方,任何事情,绝对是任何事情,都被接受通过。当然,并不是每一州都这么做。淫秽法在某些州仍旧存在于法典中——或许,大部分都只能被断断续续地强制执行着。然而,毫不奇怪,"圣经地带诸州"(Bible Belt States)*各州仍旧抗拒这普遍的趋势。在这些州里,至今仍有许多州将鸡奸及通奸规定为犯罪行为——尽管法院对此怀有对立态度。即使是通奸,也不是一种已经灭绝了的罪行;在密西西比州,"无论是通奸还是私通",一个男人和一个女人只要"非法同居",都构成刑事犯罪。[100]被判坐牢是有可能的;但是,即使是在密西西比州,这种可能性真的不大。

当然,淫秽和色情仍旧充满争议。由凯瑟琳·麦金农(Catharine MacKinnon)领导的女性主义者派系积极地向色情宣战;麦金农将色情视为男性主宰的一项重要支柱。麦金农主张禁止任何表现女性依附意义的不加掩饰的色情材料。她以此起草了一份强而有力的法规,印第安纳波利斯市采纳了它,但联邦法院以言论自由为由,废止了该法规。[101]反色情阵营结合了一群奇奇怪怪的同盟者:身怀宗教情结的百万名不喜欢女性主义的人们会同意麦金农的主张,这就是:色情是不该被允许的。

---

* 从地图上看来,美国南部十几个相连的州正好形成一条带状地带,人称圣经地带(Bible belt),因为它正是美国宗教势力最强大、信仰最保守的地方。——译注

色情文学也许属于言论自由,但它趋向于俗不可耐的言论而已,它属于不体面的商店、不体面的地方。如同文身店,"成人商店"并不是上流社会的标志。许多城市已经放弃对色情文学的禁止,只是试图将它们限制在混乱不堪的贫民区内,或者至少让他们远离儿童和那些经常去教堂做礼拜的人。北达科他州的迈诺特(Minot)采用对"成人"商店课征执照费的规定,并要求他们不要在离教堂1250英尺内、校区及住宅区内营业。这项法律直接针对的是迈诺特市的"最后机会书店"(Last Chance Bookstore,这是当地唯一的一家色情商店)。1981年,一个联邦法院支持了该法规。[102]联邦法院此举动说明,北达科他州小小的迈诺特市有一间成人书店,而该市的议员们觉得没有办法完全清除掉它,他们能做的至多是去骚扰它,或许就让它待在属于它自己的地方。

在1991年,联邦最高法院必须严肃地判决印第安纳州南本德(south Bend)的凯蒂·凯特酒吧一案,这也说明了一些问题。该酒馆的特点是,有女性跳裸体的"摇摆舞",而同样在南本德的格伦剧院(Glen Theatre),顾客可以将钱塞进投币机里,透过玻璃镜板面观看现场裸体或半裸体的舞蹈表演。争议在于,印第安纳州有一个禁止公开裸体的法律,依据该法,舞者必须穿着"乳贴"及"丁字裤"。凯蒂·凯特酒吧及格伦剧院主张,该法侵犯了他们"自由表达"的权利。最后他们输了,但是失败并不惨重。4名最高法院大法官同意他们的见解,第七巡回上诉法院的大多数法官也表示同意。其中,理查德·波斯纳(Richard Posner)法官的意见特别突出和引人注目。他指出,裸体"究竟是一种愉悦或是一种凌辱,是相对的,但并不是绝对的"。在维多利亚时代的英格兰,"为了端庄的原因,连家具的脚也应该被遮住",而且"裸露脚踝都是一种感官享受"。[103]依据波斯纳的观点,裸体本身已经不如以往感觉那样色情;但是无论如何,色情也是宪法保障的对象。

总之,什么是可以被接受的非色情,以及什么是可以被接受的公开的色情,社交生活中的这两种面目都已经发生了改变。然而联邦最高法院(至少是其中 5 位大法官)不愿意走得这么远,于是,在印第安纳州,丁字裤和乳房贴片幸存了下来。

总体的发展方向似乎是很明显的:来自维多利亚情感的后撤,以及最初秩序井然的维多利亚式的法律后来也溃不成军。但是,以为它总是一个单一方向运动的假定是错误的。如同印第安纳州的法律所暗示的,公开裸体仍旧是不允许的。性开放社会(permissive society)之路,还有很多崎岖和坎坷。直到 1962 年,喜剧演员伦尼·布鲁斯(Lenny Bruce)因为在表演中涉及淫秽并有污言秽语而被捕。1966 年,布鲁斯破产并在苦涩中死于药物滥用后,他被宣告无罪。[104]有些证据显示,在第二次世界大战后,对同性恋者的压抑有增加的趋势。有些学者曾经谈论过"反同性恋恐怖"或是反"堕落"的运动,而且许多城市的确都有逮捕及镇压行动。例如 1942 年在华盛顿特区,警察便逮捕了 5 起鸡奸犯;在 1950 年,则有 78 起或逮捕了更多。[105] 1948 年,美国国会为哥伦比亚特区的"性心理病患"制定了法律,该法包括严厉的鸡奸法:任何"用他或她的口或肛门接受"他人"性器官"者,或者利用任何"身体上性器官以外的开口部位"进行"世俗式性交"者,均可以被判处最高 10 年之有期徒刑。[106]

莱斯莉·里根(Leslie Reagan)在她的堕胎实证研究中,曾经指出有类似的趋势出现在 20 世纪 50 年代:一场堕胎的战争把一些相当著名的医师投入监狱。在纽约州,"严厉的镇压"让堕胎变得更困难和更昂贵。堕胎向来或多或少都是公开的秘密,现在则潜入地下;有些故事告诉我们,妇女被蒙上眼睛并被带到隐蔽的地方实施堕胎。堕胎的质量下降,因为优秀的医生对堕胎避之不及:一位"医生"边执行堕胎边抽雪茄;另一位芝加哥的医生穿着"肮脏的 T 恤衫"在做手术;还有一名则喝醉了,在他的厨房里实施堕胎手术。[107]

当然,这也是麦卡锡以及麦卡锡主义的时代。这是一个从内到外都在激烈地对抗敌对方并竭力猎捕对方的时期。众所皆知,猎捕危险分子时,经常包括猎捕政府机构中的"行为反常者"。共产主义者及同性恋者都被认定是急于招募年轻人并使之堕落的人;但他们与堕胎法的关联,则似乎有点晦涩迷离。对这个国家的道德结构造成威胁,可能是个环节。麦卡锡主义及反共产主义战争同时也为针对任何带有自由主义(以及无神论的共产主义)气息的事物进行大规模攻击提供了掩护。政治猎捕及反堕胎运动拥有一些相同的特性,如同莱丝莉·里根曾经指出的:"沉默、被迫发言、供出他人姓名、公开揭露危险分子的行为及信仰。"[108]

反堕胎的战争很快便在"罗伊诉韦德案"(Roe v. Wade)中有了戏剧性的转向。到了20世纪末,反色情书刊与图片的战争基本上已经失败——尽管着重强调对于儿童的回避,对于成年人已经不成问题。而且淫秽的定义已经改变,如果法律上不是如此,在社会上已经如此。北达科他州明诺特市的法规根据"特定的性行为或特定的解剖结构"来定义"成人电影"。所谓"特定解剖结构"包括"女性乳晕上端以下的乳房及男性处于可识别肿胀状态的生殖器",而所谓"特定行为"则包括手淫或性交。[109]只有三X级的素材才需要被遮掩;但即使如此,如同我们所见,这也只是被管制,而非被禁止。这离安东尼·康斯托克*的时代已经很远了。

---

* 1872年,一个名叫安东尼·康斯托克的清教徒在纽约发起了一场反淫秽运动。在他的推动下,国会1873年3月通过了《禁止交易和散播淫秽作品和不道德物品法》(也称为《康斯托克法》)。该法最主要条文,就是禁止邮寄"淫秽的(obscene)、下流的(lewd)、猥亵的(lascivious)、或者肮脏的(filthy)"物品(包括书刊、图片、印刷品等)。为了配合该法的实施,国会赋予邮局审查包含淫秽材料的邮件的权力,并对联邦邮政法也作了相应的修改。——译注

毒 品 战 争

尽管这些跌宕起伏，法律对于没有受害者犯罪行为的管制在1930年至2000年间失去了它们的大部分有效性及强制力。虽然有关于堕胎及少数特别性取向者的战役，但是如我们所见的，反赌博及反色情文学的战役事实上已经崩溃。在许可行列中的最大例外，就是"毒品战争"。在此间，没有投降、没有休战，没有和平协定。这场战争变得越来越重要——花费越来越多的金钱、大炮，然而也有越来越多的死伤者。而且它一直受到大众的支持。很少有公众人物胆敢倡导毒品合法化，或是任何类似的说法。

法律在州一级或联邦一级都变得愈加严厉。1951年，美国国会通过一项法律，即所谓《博格斯法案》(Boggs Act)，用以严惩毒品进口者。三次触犯该法，可最高被判处20年有期徒刑。[110] 1956年的《毒品控制法案》(Narcotic Control Act)是一部真正采取强硬措施的法律：贩卖毒品最低的量刑是5年，第二次触犯则是10年；针对走私毒品也设有严酷的条款；而且，贩毒者不可以享有缓执行刑罚、缓刑及假释。[111] 1965年《毒品滥用管制修正案》(Drug Abuse Control Amendments)将"镇静剂及兴奋剂"增补列为毒品。[112] 1968年，联邦毒品局(Federal Bureau of Narcotics)移至司法部属下。

1970年的《全面毒品滥用预防与管制法案》(Comprehensive Drug Abuse Prevention and Control Act)则采取了不同的声调——似乎是这个国家趁机吸了一口气，然后放声思考着下一步该怎么走。该法消除了最低量刑的限制。依据参议院的报告指出，最低量刑并没有达到它的效果。事实上，"严格的毒品法，尤其是适用于大麻的法律……助长了年轻人的异化"。[113] 1972年的一项法律创设了国家毒品滥用研究院

（National Institute on Drug Abuse），执行教育及研究调查计划，这是一个专门为"预防"毒品滥用而设立的机构。[114]

这个休止符并没有持续太久。美国国会在1973年创设了毒品管制局（Drug Enforcement Administration），后来又在20世纪80年代，针对毒品滥用制定了一些法定最低限度的法律，与过去在1970年被废止的法律颇为类同。其中的核心法案是1986年的《反毒品滥用法案》（Anti-Drug Abuse Act）。[115]从此以后，美国政府将越来越多的金钱和人力投入反毒品的战争中。毒品管制局在1973年的预算有7 490万美金；到了1999年，其预算增加到14亿美金，而且该局拥有超过9 000名雇员。[116]

不论在州一级或联邦一级，毒品战争都制造了数量庞大的法律。一般而言，法律规范变得越来越严格。而政治家们也实实在在地感觉到，严刑峻法是票房叫座成功的诀窍。纽约州州长纳尔逊·洛克菲勒（Nelson Rockefeller）于1973年提出了一项十分严格的法律：一个被判毒品重罪的人，可能会被处无期徒刑；即使假释，也必须受终身训导。洛克菲勒颇为洋洋自得地夸口认为，这是一个全国"最严苛"的法律，是一种打击"毒品贩卖者"的有效武器。然而实际上这是一场灾难：审判的比率大幅提高，法院不堪重负；整个程序缓慢得如同匍匐前行，这是因为严苛的法律刺激被告为证明自己无罪而奋战；而且法律在实施中也产生了有失正义和异常的现象，例如，有一名38岁的女性从来没有犯罪记录，却因为持有一盎司的可卡因而被判无期徒刑。1979年，纽约州议会废止了这个不合适的法律。[117]然而即使是在纽约，毒品法仍旧保持着极为严苛的状态。洛克菲勒立法的失败，是美国毒品战争少见的挫折。一般而言，趋势一直朝向着另一个方向。在密歇根州，依据1978年的一项法律，制造或运送海洛因、可卡因等麻醉药，只要超过650克的重量，将被判处"终身监禁"。出人意料的是，这个惩

第八章 战后的犯罪及刑事司法　　295

罚与没有死刑的密歇根州的一级谋杀罪的最高量刑正好相同。[118]

毒品法典同时也规定得越来越详尽。如今大部分的州都有"毒品设备"法律,规定凡持有或交易人们用来制造、运送或使用非法毒品的器具,都属于刑事违法行为。这些法律以不同的版本出现。其中一个常见的版本规定,像是"大麻烟卷烟嘴(roach clips)、吸大麻的烟斗"之类的东西是违法的,而(多少有些令人担忧的是)有些随时使用的东西,如"刻度尺、天平、碗、汤匙、小盒、球形短颈玻璃容器、信封、气囊"等一般容器,只要它们"被用来、蓄意被用来或设计用来"混合、包装、储存或隐藏"被控制的物质",都可被定义为毒品设备。[119]

依我的想象,没有什么人会只因为拥有一支罪恶的汤匙或过失的信封而被捕。但是,法律赋予警察逮捕吸毒者及毒品销售者的另一个借口,即使他们无法因为持有毒品或正在贩卖毒品而被捕;更重要的是,这给予有关当局一种武器,去打击"毒品配备专卖店"(head shops)。被举报的案件大多与这类毒品配备专卖店有关,而且法院几乎都支持这个法律。密苏里州斯普林菲尔德市冲动百货店(Impulse General Store)的店主罗杰·芒森(Roger Munson),将大麻烟枪和吸可卡因的用具卖给了一个男人,不幸的是,这个人是名警察。芒森在他的店里张贴标志,声称他的商品"没有意图非法使用",但是这样的标语并不足以使他从定罪中解脱出来。最后,他被判处8年有期徒刑。[120]

在这个放纵的年代,毒品法是个争议不止的例外。对此并没有简单的答案。当然,毒品战争的历史上也有英雄(或恶棍,见仁见智而言):像是哈里·安斯林格、洛克菲勒州长和尼克松总统等道德家,都各自号召针对毒品的战争,极力谋取一般大众的支持(或者让大众惊慌失措)。但是,他们的宣传活动似乎都太过夸张。为什么毒品和其他的罪恶不同呢?首先,正派的人也喝酒,也有性生活,有时候会赌博,但是整体而言,正派的人不去吸毒。毒品是底层的、沮丧的和自卑的人们的祸根,它总与黑人、西班牙裔人、中国人等少数族裔相关联。毒品很容易让上瘾者、制造及贩卖毒品的男男女女成为魔鬼。

这里同时也有关于少年儿童的问题。家长很害怕那些邪恶的毒品贩子会把他们的子女变成僵尸一样的人。依据这个观点,毒品法并非真的是个例外。毒品滥用是"会蔓延的,而且是触犯刑法的"。它败坏了人们想要教育子女的价值,"那些根据家长、国家、法律等权威所确认的价值"。[121]毒品逐渐与嬉皮、反抗社会产生关联。基于这些原因,我们必须保护孩童免受毒品的伤害。这个世界可能是个邪恶、危险的地方。童年时期应该是天真无邪且易受伤害的时期。对孩子们而言,最坏的恶人就是肮脏、邪恶的陌生人,他们会用糖果引诱孩子们坐上他们的车子,然后一路直奔地狱。年龄稍大的孩子会让贩毒者带入毒贩的行列。当性、烈酒、毒品等这些成人世界中的禁忌如苍蝇般纷纷抛落,挽救孩子们并让他们免受这个混乱世界的惊栗,此项工作将变得愈加重要。

毒品战争中最令人不安的,也许是它所画出的种族界线。当然,没有任何毒品法规明确地指向黑人。然而不论是有意或无意,结果就是如此。最臭名昭著的例子,就是著名的(而且经常被误传和误解的)可卡因粉末和纯可卡因(crack cocaine)之间"100∶1"的不同。依据1986年的《反毒品滥用法案》,持有5公斤的可卡因粉末或50公克(5公斤的1%)固体的纯可卡因(solid crack cocaine),可能会被处以10年的强制徒刑。媒体曾经大幅报道这种对纯可卡因的恐惧;1986年9月美国《新闻周刊》还将纯可卡因流行蔓延列为"年度话题"。公众因此有一种观念,而且这种观念未必毫无来由,那就是纯可卡因特别让人厌恶、特别危险,也特别容易上瘾。美国国会顺从了大众。带有种族差异的后果,颇具戏剧性。依据美国量刑委员会(United States Sentencing Commission)的报告,在20世纪90年代,被判运送纯可卡因的被告中,有88.3%是黑人,4.1%是白人,7.1%是西班牙裔人。至于被控运送可卡因粉末的被告中,黑人则占了27.4%。[122]

通常,监狱里囚犯拥塞,毒品法起了主要的作用原因。在1947年至1950年间,被送进加州监狱的囚犯中,平均每年有115人与毒品有关。这一类囚犯的人数在1985年为3 609人,到了1990年,则为13 741人。[123]1996年,在州法院有347 774件毒品"重罪案",超过所有起诉罪案的三分之一;而其中的135 270件不过是单纯持有毒品。超过90%的被告当庭认罪。被判决有罪的毒品持有人,有70%被判入狱。[124]

自20世纪80年代起,监狱的囚犯人数猛涨。毒品法虽然并非唯一的缘由,却是重大的缘由:全面采取严厉制裁下的综合性战役,是使囚徒人数大增的原因。州和联邦囚犯在1980年有329 000名,在1997年则超过120万名,而且,这个数字还在不断上升中。加利福尼亚州监狱的囚徒人数从约25 000名上升至157 000名。被抛入刑事司法网的人数,多得令人惊愕不已——在1997年12月31日,监禁在狱、缓刑或假释的总人数多达569万人,比威斯康星州一个州的人口还要多。[125]而且这样的热闹的状况似乎没有结束的迹象。除了偶发的恶性暴乱外,狱中的囚犯们是完全在大众视线以外的。大众对监狱政策所知非常有限;虽然如此,人们对于有限所能知道的事情,几乎都采取支持态度。毕竟,如果你将社会上这些渣滓关在牢房里,他们就很难强奸、抢劫、掠夺或谋杀"我们"。这个计划的"代价",不管是金钱、浪费的生命、对社区的损害,都很少进入考虑之列。

控 枪 之 战

放纵的性法律是20世纪晚期个人主义的组成部分,也是左翼人士的宠儿。有些右翼则从事于反对这些法律和非法律。放纵枪支的法律是 20 世纪晚期个人主义的另一个方面,而它则是右派的宠儿。左派激烈地反对"这些"法律,但是毫无疑问,其结果十分复杂。

许多美国人,尤其是南方及西部的美国人,都酷爱他们的枪支,而且拥护和爱戴美国宪法的第二修正案。他们认为,该修正案让他们具有拥有武力的绝对权力。美国人认为自己有史以来,就是一个带枪的(gun-toting)国度;但事实上,大部分的 19 世纪谋杀案都不是用枪来杀人的;取得所谓廉价而且可靠的手枪,要到 20 世纪末才可能。今日我们认为得州是枪支拥有者的天堂,然而得州于 1907 年通过一项法律,对手枪批发商及零售商课征极高的税额:"所有火器销售总收入"的 50% 必须上缴。依据俄勒冈州 1913 年通过的法律,你需要一张许可证,以及两份"良好道德品质"的书面宣誓书,才能向业者购买"口袋型手枪或左轮手枪";而所有业者都必须记录购买者的姓名及枪支的序号,并将信息提交给警察局。[126]纽约则是努力抵制手枪的另一个代表。这场战役直接针对外国人,尤其是凶险的意大利人。依据该州 1905 年的一项法律,任何非公民不得"在任何时候、任何公共场所持有或携带手枪或其他危险的武器"。[127]1910 年,有人试图谋杀威廉·J. 盖诺(William J. Gaynor),使得手枪上了头条新闻。1911 年的《沙利文法》(Sullivan Law)严格管制枪支规定,在任何城镇拥有枪支但没有执照者属于违法,并要求枪支销售商记录每位购买者的资料,并要求他们出示执照。[128]同样的,1925 年密歇根州规定没有执照携带武器者违法,而执照只能基于"合理的原因"发给"有理性的人"。销售商必须拥有营业执照,而且保留销售记录。该法也增加了任何涉枪重罪犯的量刑幅度(2 到 5 年)。[129]

联邦政府甚至也采用了这种法案。1934 年的《全国轻武器法案》(National Firearms Act)规定,每次移卖(步枪或压弹枪),将被课征 200 美元的税金,而且需要填写申请表、贴印花税票和其他显然只是用来加强枪支管制的规定。[130]人们反对这项法律,说它违反了神圣的美国宪法第二修正案,然而联邦最高法院在1938年对这些论点几乎不屑一顾。依据联邦最高法院的说法,美国宪法第二修正案始于针对州内的民兵,而这项枪支管制的法律,与这些民兵无关。有争议的枪支,并不是"一般性的军队设备",而美国宪法第二修正案显然完全是针对民兵制定的。[131]

最初,在美国宪法第二修正案的学术文献中,就有争论。美国宪法第二修正案事实上是否只意味着州政府具有拥有民兵的权力?或者另有更广泛的意义?[132]全国步枪协会(National Rifle Association)强调,该条文的意义确实非常广泛——美国宪法保障人民拥有和携带枪支的权利。当然,全国步枪协会及其追随者并不真的在意美国宪法的"原始的意思"(即美国宪法起草者想表达的意义),就像主张堕胎合法化及同性恋者权利的倡导者们一样不在乎。枪支拥有者坚信,"他们的"这一拥有枪支的权利是非常宝贵而且基本的。只是,历史为这件事情帮不上太多的忙。

换言之,拥有武器的神圣权利被视为20世纪末权利意识的一种形式,也被视为民权运动的私生子。当然,从政治意义上看,酷爱枪支的人们和热心争取囚犯权利、平权措施、堕胎权等的人们之间并没有关系。然而,就某种层面而言,这些激情都来自相同的社会资源。

1981年3月,小约翰·W. 欣克利(John W. Hinckley, Jr.)在一间华盛顿的旅馆外等待里根总统。当里根总统走出旅馆时,欣克利开枪向他射击,里根总统身负重伤。子弹同时也打中总统的新闻秘书詹姆斯·布雷迪(James Brady)。这起事件激励布雷迪的妻子莎拉采取行动,她成为枪支管制运动的领导者之一。到了2000年,就整体而言,尽管效果有些可疑,但是在管制枪支贩卖及拥有的法网方面,已经变得非常缜密。1993年通过的所谓《布雷迪法案》(Brady bill)试图让管制更有强制力。[133]全国步枪协会是个强而有力的院外游说集团，但是如今一些反对势力出现了。来自这项议题对立双方的压力将持续紧张化。

有关精神疾病的抗辩

欣克利的子弹对刑法的另一个领域带来了影响：有关精神疾病的抗辩。欣克利自己说，他对女演员朱迪·福斯特(Jodie Foster)怀有精神变态般的痴迷。令人陷入疑云的是，这到底和枪击里根总统有什么瓜葛。一个陪审团认为欣克利精神失常，因而裁定他无罪；这项裁定引起一阵抗议风暴。全美大多数民众都认为，这个判决是极大的耻辱。许多法案被引进州议会及联邦立法机关，用来处理精神失常的抗辩，这些做法让法律的脸庞蒙上了污迹。

有时候，精神疾病的抗辩是争论的核心。[134]依据过去的标准原则，被告必须神智正常才可以出庭受审；若被告犯罪时精神失常，他就不需要为自己的行为负责。但是，"精神失常"在法律上的意义是什么呢？传统的检验标准是所谓的"麦克纳格腾原则"(McNaghten rule)*——一个源自1843年英格兰的公式。依据这项检验，如果一个人因为精神疾病，在他不知道"自己做这件事的性质和特性；或他知道

---

* "麦克纳格腾原则"是鉴别精神病的一个规则，来自1843年英国上议院的一个判例。被告人麦克纳格腾（或译姆纳顿）在认为政府迫害他的精神错乱状态下，误将首相秘书当成首相，并将其杀死。判决认定他患有精神病而无罪。判决书称："如果行为人在实施行为时，由于精神上的疾病导致缺乏理智而不能了解其行为的后果和性质，或意识不到其行为是错误的，则不负刑事责任。"该规则在美国大多数地区获得认可，但由于对刑法精神错乱的定义有所不同，立法机构和法院最终对此定义加以修改和扩充。——译注

自己做了什么事,但不知道那是错的",那么他就是精神失常。[135]

这个所谓"非对即错"(right or wrong)的检验方式成为美国的标准原则。精神病学家认为它是没有意义的,甚至更为糟糕。有些州增加了另一种称作"无法抵抗的冲动"(irresistible impulse)的检验——如果精神疾病让他无法控制自己的所作所为,那被告就属于精神失常。不管怎样,我们并不清楚陪审团把这些公式理解为什么意思。归根结底,任何检验基本上不过是法官向陪审团朗读的一堆文字而已。接下来,陪审团便会走进一间深锁的房间,并且作出他们自己的裁决。尽管如此,来自开明的医学和法律两个方面的意见都很讨厌"麦克纳格腾原则"。在发生于哥伦比亚特区的"杜尔汉诉美国案"(*Durham v. United States*)中,戴维·贝兹伦(David L. Bazelon)法官把"麦克纳格腾原则"抛出了窗外。[136]依据贝兹伦采用的新检验,如果被告的"非法行为是由于精神疾病或缺陷造成的",被告就无需为他的行为承担刑事责任。

至少对精神病学家而言,"杜尔汉规则"是一大进步。然而只有缅因州这一个州真正采用了它;此外,它是如此模糊开放,对评审团提供的帮助很小(假设陪审团想要借助这种检验的话)。很快它便无人问津。到了20世纪70年代初,即使是哥伦比亚特区的法院,也都放弃了它。[137]大多数的州都保持或转回来采用修正过的旧的"麦克纳格腾原则"。"非对即错"的检验方式在加州及其他各地都广受采用。[138]

上百万名民众似乎都感觉到,精神失常抗辩是一种骗局,只不过是一种让恶毒的罪犯摆脱谋杀罪名的渠道。欣克利的审判使此事更为明朗化了。[139]因此,对强化法律出现了一个巨大的推力。在1984年的《精神疾病抗辩改革法案》(Insanity Defense Reform Act)中,美国国会对那些"无法正确评价其行为本质或错误"的被告的辩护,采取了限制。这是一个非常"麦克纳格腾原则"的想法;该法案属于《综合犯罪控制法案》(comprehensive crime-control bill)的一部分。在随后几年间,超过30个州对"欣克利案"作出回应,而且有少数州(例如爱达荷州及蒙大拿州)整体上废除了精神失常的抗辩。[140]

在某种程度上,此事并没有它看上去那样极端。在爱达荷州,被告不得基于"精神失常的理由请求无罪",但是被告仍旧必须心智正常才能出席审判——心智正常到得足以理解发生了什么事,并提出某种抗辩;如果被告的精神状况始终不正常,就不会有审判。[141]不论在任何地方,大部分真正疯了的人都没有接受审判,而会被直接送往某些机构。此外,由于大部分的犯罪定义都包含某种动机,即使在犹他州(另一个废除精神失常抗辩的州),一个被控一级谋杀罪的被告也有资格来主张,因为他是个疯子,以至于无法形成冷酷无情的动机,只有这类动机才能让谋杀成为谋杀,而不是其他什么东西。[142]

当时,这些法律的指向是政治性的和象征性的。它们回应大众对法律严厉、严厉、再严厉的诉求。无疑地,这些诉求相应地与实际的犯罪率相关,尽管其中确切的关系还不是很清晰。同样没有疑问的是,这与媒体对犯罪的大量煽情报道也有关系。这些报道传播到了那些热切想要聆听的人的耳朵里。大众并不相信犯罪的社会理论之类的东西,他们信的是自由意志的放纵(至少对有些人是如此)。即使有任何有效的理由,大众能接受的,也是相当有限。大众不想听到因为有关被父母虐待、家庭破裂或其他类似的理由以请求宽容的处罚。(他们不接受什么贫困的借口,或者,这类借口明显地指向了社会福利。)这一切与普通大众看待"意外事故"和"无任何人的错"的灾祸的态度是尖锐对立的。

在加利福尼亚州,"丹·怀特案"(Dan White case)的角色与"欣克利案"相当。怀特曾是旧金山市的监事会理事,他枪杀了旧金山市市长乔治·莫斯科尼(George Moscone)和公开自己是男同性恋的另一位监事会理事哈维·米尔克（Harvey Milk）。审判发生在 1979 年。怀特在光天化日之下在市政厅里杀了两人，他只好以自己的精神状况作为抗辩理由。在一场轰动社会的审判后，陪审团裁定怀特有罪，但是没有预谋的故意杀人罪（voluntary manslaughter）。依据法律的判断，主张怀特精神失常是不可能的；然而阳光灿烂的加州认可一种"责任能力削弱"（diminished capacity）这种模棱两可的类型。这个用语的意义有点神秘但相当有技术含量；但是其根本想法只是：有些人并非真正的精神失常，但也不属于完全正常，因此应该给予这些人比较轻的刑罚。在本案作出判决后，旧金山市的街头发生了暴动，而立法机关废止了责任能力削弱的整个概念。怀特入狱服刑，出狱后便很快自杀了。[143]

黑道里坏家伙们（Badfellas）

在打击犯罪的战争中，整体说来，打击组织犯罪的战争似乎比打击毒品的战争多一些成功。从禁酒时期开始到后来的年月里，庞大的黑道家族就拥有着极大的权力（并名声显赫）。当然，政府确实将阿尔·卡彭（Al Capone）关进"恶魔岛"（Alcatraz），也把其他重要帮派分子关进监狱，或送回西西里岛；尽管如此，美国黑手党仍旧非常兴旺。

20 世纪既是商业繁荣的世纪，也是犯罪繁荣的世纪。虽说美国黑手党有意大利的渊源，但是大部分的帮派分子都不是意大利人。20 世纪 20 年代有犹太帮派，像梅耶·兰斯基（Meyer Lansky），以及爱尔兰帮派，像波士顿的"山冈暴民"（Hill Mob）。[144]如同正当的商业讲求规模经济，黑帮家族也是如此：权力的大小依赖其人数的多寡。亲族关系和血缘关系所形成的纽带，加上机关枪和子弹，取代了合法企业中的契约、交易及合并。

经过一段时间之后，意大利黑道家族取得了主导地位。他们腐化政府官员,控制了某些工会,并将触角伸进许多工商产业之中。由田纳西州参议员埃斯特斯·基福弗(Estes Kefauver)领导的基福弗委员会(Kefauver Committee,1950—1951年)让集团犯罪耸人听闻的状态聚焦在众目睽睽之下:该委员会引人注目地运用了电视这种新媒介。在20世纪60年代,司法部长罗伯特·肯尼迪(Robert Kennedy)将打击有组织犯罪的工作放在优先的位置。(然而,联邦调查局局长胡佛坚决否认美国有黑手党之类的事情存在。)约瑟夫·瓦拉奇(Joseph Valachi),一个背叛黑手党的成员对着百万名兴奋不已的观众,公开就美国黑手党科萨·诺斯拉特(Cosa Nostra)的相关证据作证。肯尼迪在司法部属下设立了一个专门处理"有组织犯罪"的机构。[145] 1968年的《公共犯罪控制及街头安全法案》让美国联邦调查局得以"布下窃听网络系统并在犯罪组织家族四周放置电子窃听器"。这场战争中的另一项重要武器,是1970年通过的所谓《反诈骗腐败组织法案》(Racketeer Influenced and Corrupt Organizations Act)。尽管这是一部复杂的法规,但是它给予政府一些工具去重创组织犯罪集体与其旗下企业之间的关系。"证人安全项目"(Witness Security Program)也于1970年启动,准许检察官提供"新的身份及新的生活"来保护证人。[146] 到了20世纪末,许多重要的帮派分子纷纷被捕入狱,一度盘踞纽约富尔顿鱼市场(Fulton Fish Market)、肯尼迪机场及其他各行各业的犯罪集团,似乎终于土崩瓦解了。

这是一场内战。另外还有两场国际战争。其中一场是毒品战争的延伸,联合缉毒犬及海岸警卫队快艇,在边界上展开;同时间在海外,美国给玻利维亚或哥伦比亚这样的国家大把的资金,帮助这些政府根绝栽种、加工或运送毒品。另一场则是对抗国际犯罪的战争:当犯罪越过边境线,执法单位的力量也必须能跨越国界,因此形成了像"国际刑警组织"(Interpol)一类的组织,来对付那些跨国犯罪。[147]

性别及司法

通常,刑事司法一直属于男人的世界。男人运作这个制度,犯罪的也是男人们,尤其是暴力犯罪。在 1950 年时,只有 3.5% 的联邦或州囚犯是女性;25 年后,数量仍旧只有 3.6%。在 20 世纪 90 年代,这个比率略微升高;1990 年时,女囚占了全部囚徒的 5.7%,1998 年时,则占了 6.4%,依旧远远低于女性在全部人口中的比率。[148] 在 1930 年至 1973 年间,有 3 827 名男性被处死,另外有 32 名女性被处死。[149] 在"格雷格诉佐治亚州案"(*Gregg v. Georgia*,1976) 后,被处死的女性持续相当罕见。卡拉·塔克(Karla Tucker) 于 1997 年在得州被处死,她是自 1976 年后,第二个死于州政府手里的女性。当她行刑之日逐渐迫近时,引起了极度痛苦的失声哭泣,还有来自罗马教皇的抗议。最后她还是被处以死刑。少有男性死囚造成这么大的动静。

在 19 世纪的时候,女性在刑事司法中的大部分接入点都是在扮演受害者及证人的角色。她们的感知、她们的声音、她们的倾向性很少渗透进入司法制度的殿堂之中。在第二次世界大战后,这样的情形有了戏剧性的转变:如今女性有权投票,她们担任陪审员,也有越来越多的女性执业律师,并且在法庭内开始有了主持女法官。此外,特别是在 20 世纪 70 年代,女性运动开始在那些与妇女有关的重要法律与实践领域中大声疾呼——尤其是强奸及家庭暴力现象。

女性运动的目的之一,就是迫使或说服警察严肃地对待家庭暴力。家庭暴力无疑是个严重问题。当然,在每一州,殴打妻子都属于犯罪(殴打任何人都是犯罪),但警察通常对介入家庭事务很勉强。许多死于家暴的女性在受到醉酒或发怒的丈夫或男友一连串可怕虐待后,会一再打电话报警,但警察往往选择不介入,或者只是敷衍了事。

只有到了紧要关头,警察才会介入。一些警察局都有所谓的"缝针规则":只有在女方受伤的伤口严重到必须缝针时,丈夫才会被逮捕;否则,警察只是进来说几句"别再打架了",或者让当事人冷静下来。[150]20世纪70年代,女性团体开始为受虐待妇女建立庇护所;她们也为要求警察保护女性而疾呼。同时也有越来越多的女性担任警官。在全国各地的警察部门中,这一切都带来了态度上和行为上的改变。

另一项重要的法律改革,是"被虐待妇女"抗辩的显现。女性并不经常犯下谋杀罪。如果她们真的动手杀了人,通常是因为她们觉得自己处于被虐待而且无望的状态之下。20世纪70年代末,一项针对加州监狱女性囚犯的调查显示,30名被控杀害伴侣的女性,其中有29人曾经被"被害者"虐待。[151]此时,有些受审的女性开始主张,她们的暴力行为属于一种"正当防卫",而且法院开始同意,这种主张值得同情。当然,在20世纪末以前,如果女性在她的丈夫或情人熟睡时杀了他们,之后是无法主张正当防卫的。1988年,在北卡罗来纳州的"州政府诉诺曼案"(*State v. Norman*)中,被告确实就是这么做的:她枪杀了沉睡中的丈夫。[152]她被判有罪,并提起上诉。死者是一名酗酒者,时常残忍地毒打他的妻子。他用"拳头、苍蝇拍、棒球棍、他的鞋子,或者一只酒瓶殴打她;他用香烟烫被告的皮肤……他……曾经用一只玻璃杯重击她的脸部"。北卡罗来纳州上诉法院下令重审。陪审团相信,"死者在熟睡的时候,不过是一段持续性恐怖暴力的短暂间隙"。如果真是如此,或许就足以构成法律上的"刺激行为",得以准许女性主张她杀人是出于正当防卫。

但是,为什么不逃跑呢?许多受虐待的女性确实这么做过,然而其他人,如同法院所承认的,她们不敢逃跑。也没有地方可逃,没有地方可以躲避暴力和暴怒,没有什么地方威胁她生命的另一半找不到她并杀掉她。

第八章 战后的犯罪及刑事司法

没有什么法律比有关强奸的法律的改变来得更富有戏剧性。强奸是伤害女性最严重(也是最常见)的犯罪之一。强奸案的数字是众所周知地难以核实,由于种种原因,许多被强暴的女性从未报警。除了羞辱感外,女性害怕此事被公开,以及公开后她们必须面临的严峻考验。就历史上而言,正规的强奸法是比较令人生畏的。在许多州,除非女性倾尽浑身解数,否则不能提出强奸的控告——毕竟,一位值得尊敬的女性会把贞洁看得比自己的生命更重要。(至少,这是某些法官可能会说的话。)在1969年,纽约共有2 415起强奸控诉,1 085名被告被逮捕,被定罪有18人。[153]研究20世纪60年代陪审团裁定的哈里·凯尔文(Harry Kalven)和汉斯·蔡瑟尔(Hans Zeisel)发现,陪审团对于强奸案的态度并不认真;他们倾向判被告无罪,除非强奸行为极其暴力,或者是轮奸,或者情况有点"严重":"简单"的强奸时常被免予处罚。[154]至于今日所谓的"约会强奸"(date rape),很少会有人报案,也很少有人因此而被惩罚。大部分的强奸犯都是被害者的男友或亲戚。但这并不是强奸的支配性印象,或者是最能影响陪审团的印象。[155]

此外,如果认为是女性"自己要求做这种事儿",陪审团就不情愿判处男性强奸。这可能意味着,女性身着短裙,或者在酒吧里流连忘返,或者不是清白的处女。此外,法律允许被告一方彻查女方的性生活,找出污点。从而,许多强奸审判反而成了折腾被害者的典型案件。

折腾被害者在刑事司法中并不罕见,甚至不一定是件坏事儿。毕竟,在"受虐待女性"的案件中,被告唯一的希望就是折腾受害者——也就是说,让被杀死的这个男人受审,抹黑他的名声,将他描述为邪恶的酗酒者;毕竟,身在阴曹地府的丈夫或男友已无法为这些指控抗辩。然而,在强奸案中折腾被害者,有一个特别邪恶的利器;它仰赖一些古老的陈规陋习,即"不贞的女性"没有美德可言,而且她很可能是个说谎者;或者曾经和诸多男性发生性行为的女性,肯定不会对自己的性行为有所收敛;而且不论如何,她不会比一个妓女好多少,刑事法庭根本不必去保护或证实她身体的清白。

在20世纪的最后几十年中,这些态度有了重大的改变。女性运动扮演了重要的角色。在20世纪末,性和性别角色让早前强奸法规的假设变得完全过时了。至少可以说,贞洁已经不再被视为神圣。在20世纪70年代,州政府开始在实质上改变它们的法律。几乎每一州都通过所谓的强奸受害人庇护法(rape shield law),其主要目的在于避免被告人详细调查受害者的性生活。各州的法律差异很大,而且这些法律并非是绝对的。它们通常允许被告证明自己过去曾经与被害者发生性行为。有些州赋予法官相当大的裁量权去承认采用"实质性的"性行为证据。[156]尽管尚存缺陷,但是这些法律还是反映出了对女性权利与感受的重视程度。

那些规定女性必须或多或少地豁出性命来抵抗强奸犯的古老法规早已一去不复返。1942年,加利福尼亚州的一个法院称这种想法是"原始的";面对一名强奸犯,一名妇女"不需要冒着被打得丧失知觉的风险去奋力抵抗"。[157]实话实说,她到底需不需要抵抗呢?是的,例如,在加利福尼亚州,1980年以前的强奸法规规定,只有当她的"抵抗"为暴力所制服时,才构成强奸。然而在1980年,加州议会删除了所有关于抵抗的规定。他们主张:强奸就是违背女性意志的强迫性行为。如果女性合理地有"身体即刻地或非法地遭受伤害的恐惧",并不需要存有真实的暴力。[158]

不过,大部分的州还是恪守强奸必须包含使用某种暴力的因素,或者至少有强力的威胁。1982年,加州将"同意"定义为"依据自由意志,在行为和态度上积极协助"。[159]在新泽西州,一个引人注目的案件(1992年)裁定说,任何"性插入行为"都构成"性侵犯",除非存在"积

第八章 战后的犯罪及刑事司法

极并且自由地提供的许可"。[160]不过,大部分的法院都非常不愿意轻率地判断出所谓"不行就是不行"这回事儿。这么做的话,除非其中存有很强烈和渴望的同意,否则会让性交成为严重的犯罪。

依据习惯法,不论在什么情况下,妻子都不得控告丈夫强奸。而强奸法律改革运动结束了婚姻豁免权;只有在少数几个执拗的州里,还存活着这样的规定。[161]现代的法律条款也倾向于性别中立。男性也会强奸其他男性,尤其是在监狱中,监狱强奸非常流行——如同我们之前考虑过的;然而这种强奸案的报案率,远比男性强奸女性的案件低得多。这样的耻辱是巨大的。被强奸的囚犯也觉得没有人在乎他们的处境,至少狱卒如此,这或许是真的;而且在大部分的监狱里,告发确实会招致危险的报复。

强奸的统计资料也是恶名昭彰,而且正如我们所见,一直都是如此。此外,强奸的定义随着时间而改变,不仅法律上如此,社会上更是如此。因此真的很难说强奸率究竟是上升了,还是降低了,或者保持不变。也很难说改革的法律产生了什么影响。依据1982年出版的研究指出,密歇根州的改革法似乎提高了强奸案的定罪,但是检察官似乎仍然受到陈旧意识的影响,例如是不是女子自己"要求去做的"。[162]

没有人能否认,强奸是个严重的问题。这种将所谓本来"正常的"、可被接受的行为逼迫到隐秘底线的现象,属于最严重、最危险的犯罪。我们的社会允许竞争、进取、力量、强大以及野心,这些都被赋予高度的评价和奖励;我们的社会惩罚诈欺和对人身的侵犯,因为它们已经跨越了那道无形的界限,进入被禁止的领地。从历史上的角度看,性的礼节要求由男性为主导:男性邀请女性外出约会,而女性等待被邀请。男性提议,而女性说行或不行;此外,男性应该总是有性饥渴,总是因为性欲而激动,而女性则应该腼腆和抵抗,而且相对较少性欲。1980年,密歇根州的一位检察官这么说:"我觉得任何健康的男性都有义务,去和每个他们结识的女子做能做的事情。"他认为只要"健康的男性"行为方式不要太"体能化",这种行为也是可以被接受的。[163] 像这样的男性不太可能改变他们对待女性的行为,除非他们的态度有所转变。由于现存的强奸法和性侵害法都与男性(及女性)的态度亦步亦趋地相关联;因此,要改变"它",除非改变这些态度。

第九章

20 世纪的法院、审判和程序

251　　民事程序是法律的丑小鸭。只有律师才喜欢这个领域,而且大多数律师甚至发现,要爱上它也并不那么轻松。在旧的习惯法(此体制从英格兰继承过来)中,程序是一个迷宫,是一团乱麻,是一堆既晦涩难懂又复杂微妙的规则。诉状(pleading),是在启动诉讼之前草拟好的文件,它本身是一种科学,既不明朗又复杂。很多这种艰涩难懂的垃圾,在 19 世纪时期,被一扫而空;尽管有些州比其他州更为进步一些。所谓的《菲尔德法典》(Field Code),纽约州于 1848 年采用它,是一个程序改革上的著名例子。即使在实施"法典"的州,也有可改善的空间。20 世纪,就其本身以及很多令人印象深刻的方面而言,是一个程序改革的时代。

　　问题到底出在哪？真正的问题所在就是复杂、浪费以及不公正。其中一个表现就是,那些被大量报道的惊人案件的重点,并不是案件在法律层面上的是非曲直,而是程序或诉状中的细节,甚至是原告是否选对了去起诉的法院。罗斯科·庞德(Roscoe Pound)在 1906 年写到,"我们的法院系统太过陈旧,我们的程序已经过时"。他列举了一些令人印象深刻的事实和数据来支持它的观点:以密苏里州高等法院审理的案件为例,其中有 20% 的案件启动了"上诉程序"。所有案件的焦点都集中在程序,在他看来,这样的情况"完全是浪费"。在这个问题上,密苏里州并不是特殊的,联邦法院遇到的案件不比州法院少,既没有效率,也没有合理性可言。[1]

纽约州立法机构于 1912 年和 1913 年指导法规整合委员会(Board of Statutory Consolidation)起草了新的民事诉讼法案,于 1920 年制定了一项法律,要求举行会议,将法官和律师召集起来,一起"考虑和采用民事诉讼法规"。根本的想法就是将程序问题移交给一个专业的、公正的、无派别的法学家团体来处理。[2]这样的结果就是,在20世纪20年代,产生了一场耀眼、崭新、现代的程序改革。1933 年伊利诺伊州的《民事实践法案》(Civil Practice Act)使美国最古老的制度变得现代化了。

无疑,程序改革运动的高潮是 1938 年《联邦民事诉讼规则》(Federal Rules of Civil Procedure)的采用。联邦政府在联邦法院程序改革中几乎没起到任何作用。这部法规很复杂并且凌乱。所谓的"一致性法案"(Conformity Act)指导联邦法院在民事案件中应"遵守"他们的诉讼制度和程序,"尽可能地在诉讼、诉状和程序上与之一致"。"一致性法案"不适用与衡平法或海事法——联邦法院极力维护法律与衡平法之间的区别。那句"尽可能地"也存在一个问题:究竟是什么意味着什么?结果会是一碗充满"矛盾判决"的杂烩汤,让程序问题"更加混乱且更加变化不定"。[3]

程序改革运动可能是反对形式主义派在法律方面的共鸣。一种普遍的感觉就是,法律应该再少些技术性、更公正、更高效。这种呼声来自工商业界。作为改革的支持者之一的托马斯·谢尔顿(Thomas W. Shelton),在 1922 年向众议院司法委员会提出:"频繁"发生的事情是,被"一个理性的人,一个商人,一个经验丰富的商人"提起的案件由于"技术性的术语"而被抛弃。按照谢尔顿的说法,在某种程度上扩展开来而言,"这是在这个国家里制造布尔什维克主义者"。

民事诉讼的残缺之处也许并没有制造出许多布尔什维克主义者，但是即便如此，对于议会来说，确有做出一些改变的压力。1934年国会通过《授权法案》（Enabling Act），授权联邦最高法院在民事案件中，可以通过一般法规"对有关程序、令状、起诉的构成，以及诉讼和程序"进行指导。[5] 耶鲁大学法学院院长查尔斯·E.克拉克（Charles E. Clark）是一位诉讼程序方面的专家，也是联邦最高法院咨询委员会上的报告人——该委员会实际上是负责撰写规章的。克拉克的哲学很简单也很直白：程序仅仅是用以达到目的的一种方法。陈旧的术语仅起着阻碍作用。克拉克想让规则变得清晰、易执行、整齐，并且要足以明确可行。不仅要影响法律现实主义运动，甚至可以影响革新主义：全面相信进步、相信法律（像其他事情一样）演变是从低到高，从原始到现代。新政时期为法律改革提供了理想的背景和氛围。

在19世纪的程序改革、诉讼法典、《菲尔德法典》诸领域，克拉克无疑是一位专家。《菲尔德法典》的主要目的和造诣之一是将法律与衡平法融合。英国法以复杂而著名，经过几个世纪的演化，变成了两个法律制度。法律（普通法）是土生土长的制度。与普通法并行的是衡平法，是完全不同的制度，拥有自己的法院、自己的程序、自己的法律规则。顾名思义，衡平法是用来矫正普通法的，启动程序更加严格、更呆板、更加注重形式。在运用普通法的规则出现不公正时，衡平法可以对普通法僵硬的规则进行修改和变通。但是在衡平法的发展过程中，迟早会出现其本身的僵化之处；狄更斯在《荒凉山庄》（*Bleak House*）一书中就生动痛斥了衡平法及其英国大法官法庭。

衡平法的结构中带有浓烈的大陆（私）法的特点。运用衡平法审理的案件从来不用陪审团程序。相比言辞证据，衡平法更偏重书面文件。但是衡平法提供了一套强大的程序救济途径，例如——那是普通法所欠缺的。这些救济途径，至少是潜在的救济途径，给予了衡平法一定权力和柔韧度,而这些都是普通法可望而不可即的。

《菲尔德法典》将两种模式结合在一起。两种依照不同标准审理案件的法院制度已成为过去——这种制度迫使贫困的原告去选择或猜测哪个法院可以审理他的案件,如果选错了只能自己承受痛苦。当两种制度结合在一起时,"衡平法上"的救济途径将会大量地输入到现存的复合制度中。正如在1850年前纽约州所发生的;其他各州不是将法律和衡平法融合(这也是1933年伊利诺伊州改革的结果之一),就是从一开始就未有过分离制度。然而,直到20世纪,在联邦法院里法律和衡平法仍是完全分开的且不相融合的。新的联邦法规则将两种制度混合在一起。如同《菲尔德法典》中,宽泛且灵活的程序与衡平法的救济途径(其中很多都已在1912年的联邦衡平法中被具体化)占据高于普通法的诉状的地位。普通法的理想被提取并精炼为一个独立的议题,被限制局限在争论范围内,或许更狭窄和更具有技术性。衡平法的理想则不同:它铺撒了一个更宽的网,以便将运用各种证据技术和救济途径,从而达到公正的结果。这是克拉克的目标。因此,在联邦法规中,如史蒂芬·萨柏林(Stephen Subrin)所说,"衡平法已经吞噬了普通法"。[6]

联邦法规1938年获得采纳,被赞誉为一个极大的进步。虽然规则条文没有借鉴《菲尔德法典》的文本,但是他们依赖同样的前提。诉状中的小细节被废弃。原告能够通过"简短、清楚"的主张以及明确的诉求这种轻松的方式提起诉讼;当然,也可以以这种"简短、清楚的"方式来对抗。起诉状的每一部分都要"简单、简明、直白"。

联邦规则,如同一般的程序规则一样,枯燥无趣且晦涩难解,只有具有特别嗜好的专家对其有兴趣。但是其中有些规则蕴含着更广的含义。例如,第26—37条就是关于宣誓作证和"出示证据"的条款。第34条规定,诉讼中的任意一方,在"出示正当理由"后,都可以要求法庭的检查和复制案件中所涉及的"任何被指定的文件、资料、书籍、账目、信件、照片、物品或者其他有形的物"。

"出示证据"是一个陈旧的衡平法事务。记录证言也是(或者通过质问,提交给对方书面的问题)。此时,它获得了新的生命。出示证据变得越来越重要。但最坏的情况是,出示证据和类似的手段允许昂贵的、无效的非法调查,致使一方当事人翻找与对方有关的档案、文件、雇佣证书;或纠缠与法人的代表人和员工所作的证人证言。但最好的情况是,使他们的审理更流畅更有效——审理没有意外成分和多余动作。或者能使诉讼双方能足够意识到,他们最好是在法庭外解决争议。

审前程序可以掩盖审理本身,而进行审前程序(在开庭审理前律师要做的事)已成为一种趋势,出示证据则是这种趋势的一部分。联邦规则第16条,确实授予法院在法庭上命令双方坐到一起协商。他们所关心的是,在法官的促使下,怎样将问题简单化,怎样将诉讼程序简化,以及"其他任何有助于诉讼的安排"。所有的一切强调的重点都应符合"转向"、符合避免审判、符合和解、协商、调解——任何可以避免老式的法庭交战。这种交战依然大量存在;但是它们只是残存和顽固的或只是一些不可妥协的主张,它们不接受所有先发制人,不接受和解、转向的努力。即使是这种案件,出示证据和宣誓作证的阶段,同法官和陪审团审理前的阶段一样重要,或更为重要。

传统的审判是两个谋略家之间的战争,或者是两个雄辩的演说家之间的争辩,至少从其描绘的场景上是这样的。它是公开的、言辞的、戏剧性的,整个过程迂回曲折。丹尼尔·韦伯斯特(Daniel Webster)是19世纪典型的完美律师。当代的事务律师是问题的解决者,而不是一个演说家。甚至是诉讼律师也倾向于让客户远离麻烦。诉讼是一件麻烦的事情。提起诉讼也会步入某种失败结局。比起治愈疾病,最好的律师宁可选择预防疾病。

审判并没有消亡,距离它被废弃还遥远得很。实际上,它在1975年开始复兴:比起以往,律师事务所对诉讼倾入了更多的努力。20世纪产生了一些全新的、惊人的、重要的方式,来解决和处理诉讼。联邦规则第23条处理所谓的集团诉讼——以集体名义提起的诉讼。它依赖于早期衡平法(38号),但是扩大了其范围。[7]1966年,第23条被彻底地修改了。如果所涉及的"法律或事实问题具有普遍性",并且提起诉讼的人是为了保护整个团体的利益且为整个团体的利益说话,那么一个或更多的人就可以代表一个团体提起诉讼。

正如斯蒂芬·耶泽(Stephen Yeazell)所说的,新的第23条强大有力,因为它创造了"诉讼的力量";根据第23条,"无组织团体的主张"可以"把他们视为一个组织"来处理。[8]如果上千人分别被一家银行或一个零售连锁店骗取了少许的金钱,一个集团诉讼就代表这个团体提起集团诉讼。如果一个女性员工认为她为之工作的大型企业歧视女性(以及歧视她),那么她就可以代表她自己(以及在那儿工作的所有其他的女性员工)提起诉讼。重大的民事集中侵权案件就是集团诉讼。民事权利案件也经常是集团诉讼。

集团诉讼既复杂又困难。集团的界定是个问题。保持所有的成员,或潜在的、非正规的成员就是个问题;以及提供机会让他们进入或退出诉讼。持有不同意见的人也是个问题:有不赞成或拒绝加入的人;以及更愿意单独诉讼的人。集团诉讼对于承办它的律师来说,如果他胜诉了,便是一个金矿。如果获得的"共同基金"总是很高的话,那么"为一个集团争取赔偿金而工作的"律师将赚得颇多的酬金。[9]有专门的集团诉讼律师;有一些律师很擅长煽风点火般地促成集团诉讼。(从那些败诉的案件中)可以断言,不择手段的律师将一些无关紧要的人聚在一起的行为,只不过是为了赚大钱。从一开始,商人们就讨厌且害怕集团诉讼。它是一个怪兽，并且成长速度极快。或许他们夸大了，但是自1966年以后，一些集团诉讼显然是在大量增加，并且是"以引人注目的比率"在增加。[10]

敞开的窗户不仅让虫子飞进来，同时也让新鲜空气飘了进来。问题是哪个更重要。集团诉讼是团体案件，但是他们是（充满矛盾般地）凭借时代的精神、个人主义精神以及权利意识而发展起来的。美国20世纪末的诉讼变成了政治和经济的手段、工具、实施战略的场所。在涉及民事权利、法人管理、环境保护，以及消费者保护的争斗中，集团诉讼是一个让法庭介入上述争斗的重要途径。集团诉讼集中了社会的"全部正义"。集团诉讼依赖于程序历史上的巧合和意外，以及美国法律秩序的独特性——许多法律制度并没有像集团诉讼这样的怪兽。但是集团诉讼已经逾越了它的源头。经过20世纪末的文化滋养，已经发展壮大。

州法院制度

如我们所见，州法院的改革早在1938年采用联邦法规之前就开始了。1938年后，作为一种模式，联邦法规被证实极其具有吸引力。亚利桑那州于1939年，科罗拉多州于1942年，新墨西哥州于1943年采用它们。最后至少有一半的州采用了联邦法规，或受其强大影响而修改本州的法规。

然而，关于程序规则，以及州法院的结构方面，州政府的制度仍然多种多样。小特拉华州仍然保有"衡平法院"，实施"衡平"法规——在《菲尔德法典》将法律与衡平法融合后，这个活化石竟然存续了一个多世纪，并且在采用了联邦法规后也坚持了五十多年。的确，将这个法院贴上古怪和无害的遗迹的标签或许是不对的。在特拉华州有很多大型公司获准营业;由于历史原因,很多关于公司法的争议都被送到衡平法院审理。因此,在这个较小又无权势的州里,衡平法院的影响力比人们预期的要大。

然而,很多州政府在20世纪都对他们的法院制度进行修改。首先,许多州将二审制改为三审制。[11]人口增长使得这种修改成为绝对必要。在一个人口较少的州,正如爱达荷州,可以从审判法院直接上诉到最高法院;每个败诉方都可以上诉。但是这种制度在纽约州或是得克萨斯州或是加利福尼亚州就不可能实行。随着人口增长,更多的州增加另一级法院——中间一级的上诉法院。诚如我们所见,加利福尼亚州在20世纪最早采用这种制度。北卡罗来纳州最高法院在1967年撰写了473份意见书。随后,州就设立了中级上诉法院,并且赋予最高法院比其高的权力。在1969年至1970年间,北卡罗来纳州最高法院年平均处理的意见书少于100份——但是这些意见书的内容却是以前的两倍。异议和意见的转变更是经常发生。[12]

这些纯粹只是结构改变的开始。但是他们可能会引起更广的影响。他们赋予上级法院更多的权力去控制他们审理的案件。现在他们可以拒绝大多数上诉,以及审理他们认为真正重要的案件。当然,他们所认为的真正重要性,则是随时间变化而变化的。而且反映了一定的社会规范,或许这些规范连法官都没有意识到。刑事案件和宪法案件会获得上级法院的关注。结构的改变是否影响了上级法院的自我形象?或许是的。这强化了他们认为自己是重要机构的想法;特别法庭来处理社会上的棘手案件,而且只是最棘手和最困难的那些案件。

增加一级法院当然是一项重要的改革。但并不是改革的全部。进入20世纪,一些州的法院制度确实需要重构。新泽西州就是一个典型。1930年其法院制度被描述为,"诉讼当事人的多头怪兽和律师的法律迷宫"。[13]新泽西州依旧存在衡平法院。也有很多特别法院,他们的功能让人混惑不解,因而存在重叠部分。一些案件在法院之间传来传去,好像案件中的问题并不只是公正,而是从哪个门进,从哪个门出这类事儿。亚瑟·T.范德比尔特(Arthur T. Vanderbilt)身为律师,既是新泽西州司法会议的主席,又是一名美国律师协会的激进分子,一直为改革不知疲倦地忙碌着。新改良的宪法延续至1944年才被废除,但是在1947年,经过公众投票又彻底地被采用,范德比尔特成为新宪法下,以及重构法院制度后的第一位新泽西州首席法官和法院现代化体系中的头面人物。[14]

至少在理论上,几十年的改革,使得程序制度,相比于19世纪时期要合理。但是,仍有许多案件涉及程序和上诉重审的异议、审判权问题等诸如此类。在以法院为中心的法律体系中,这都是不可避免的。也许"合理"并不是一个现实的目标。专业细节并不惹人喜欢。但是能且经常是一个保护性的手段。这一点在刑事审判中体现的很明显。在将一个男人判处死刑或判处一个女人20年牢狱之前,你应该做到万无一失。至少,这是个理想。而滥用刑法才是确实和普遍存在的,它们更多源自粗糙的程序制度,而不是对立面的那些坏人罪犯(无论公众们怎么想)。

程序也是维持政治斗争的一种方式。许多案件的争议涉及程序,是因为诉讼当事人的枪膛里除此之外没有其他的子弹可用。如果在初审中败诉,或者行政部门颁布的规章侵犯了你的利益,你就可以提起上诉。但是,以何为基础?根据我们的制度,上诉法院不能审理证据。它不能依职权重新审理案件。你只能主张下级法院或行政部门的做法有错误,从而提起上诉;并且这个错误必须是法律上的错误所导致的——经常是程序上的错误、采用不正当证据的错误、排除了正当证据的错误、法官法律误述的错误,或是行政部门违反了自己的内部规定的错误。

由于这样的原因,我们的制度下,争议倾向于程序问题。没有其他的方式。将要执行死刑的囚犯(或者说是他们的律师)年复一年的在专业细节或者其他类似的方面为之奋斗。他们只是偶尔有机会主张无罪,更多的时候他们的奋斗则是伪装的,走一个程序性的过场而已。重大的环境案件、重大行政案件——这些案件可能有关巨大的金额,常常涉及行政程序争议。至少部分是因为这个原因,行政部门内的步骤和程序极具技术性。每一个步骤都非常困难。每个行为在程序上都必须确实正确。

罗伯特·卡根(Robert Kagan)甚为详细地描述了旧金山湾奥克兰港的故事,以及将港湾加深的方案。将港口现代化是极为必要的。相关方案在20世纪70年代开始着手计划。陆军工程兵团于1986年发表了一份环境影响报告。此报告要求事实挖泥措施,并且对已废弃的挖沙措施有所谋划。环保团体对此很不高兴。州政府和本地管理机构反对废弃物倾倒的场地设置,致使产生了更多的报告、更多的检测、更多的计划。1988年半月湾渔夫市场协会提起控告,要求停止最新的计划——即向太平洋倾倒废弃物。联邦法院驳回了该协会的控告。挖掘实际上已经开始。但是在另一个诉讼中,州法院判决停止挖泥:因为加利福尼亚海岸委员会没有获得必需的许可证。从而引起了更多的行为和对抗。在经历了8年的争吵后,计划最终被认可。港口于1995年开始实施挖掘。[15]

行政部门和法院有时会关注程序上的小问题——他们对"专业性的细节"上作出决定,这并不意味着法官和行政长官是追求细节的人。而他们只不过反映了一种社会矛盾意向,而环保案件(保住工作还是拯救自然?)或死刑案件(受害人权利对抗被告权利)中往往会产生一种社会矛盾意向。奥克兰海港需要实施挖掘——这点没人反对。但是如何、在何处、怎样处理废物？这是个富有争议的问题；而且主要的争议被套上了程序的外衣：某一步骤是错误的，某类通告没被发出，某个听证会是错误的，某个许可未授予等。

美国的程序制度很复杂——但相对透明。每个人都有机会参与其中并发表意见。在一些案件中，它运行得很好。所有的利益都能被代表，但是成本较高。程序成为其他更深层次议题的替代品；程序的应用被很深地植入美国的法律文化。基于这些原因，如果说改革它并不是不可能的话，也是十分复杂的。一个整齐的、有效的、方便的程序政体，我们可能触不可及——不仅仅是因为我们不知道在筹划阶段如何设计。

联邦法院的审判权

260   从一开始，美国政府就设立了双重制度：州法院制度和联邦法院制度。大部分案件进入州法院审理。联邦法院审理联邦争议——即需要根据联邦宪法或某一联邦法规审理的争议，或涉及州区域的争议。根据宪法，一些领域（破产、海事、版权以及专利）法律特别授权由联邦法院处理。重叠的主要领域是所谓的跨州案件（比方说，案件一方当事人是纽约人，而诉讼的另一方当事人来自特拉华州：也就是，案件的双方当事人来自不同的州）。但是联邦法院不会受理较小的案件。管辖权的界限是以标的物的金额划分的：20 世纪初，"诉讼标的物"的价值必须达到 2 000 美元。1911 年时上升到 3 000 美元，1958 年爆涨到 1 万美元，跟着就是 1988 年 5.5 万美元，自 1996 年提高到 7.5 万美元。[16]

跨州的管辖权理论很简单。宪法制定者们担心，纽约居民在纽约本地法院起诉特拉华居民时，会有不公平的本地法院优势。这是真的吗？人们确实会这样认为。例如，一个铁路事故案件——有成千的这种案件——被害者期望案件由州法院审理，因为陪审团成员将会是他们友好的乡亲们。铁道公司则希望案件"移交"联邦法院审理。这些法院经常坐落在很远的地方，而且费用昂贵，这就会使原告消耗严重。在20世纪前三分之一的时期，双方就上百件案件的管辖权问题展开斗争。州管辖对那些事故受害者有重要的意义；事实上，有些人愿意缩减他们的赔偿金额，这样标的额就达不到联邦法院管辖的标准，从而使铁道公司无法将案件强拉到联邦法院。[17]

联邦普通法的结局

无论新政可实现什么，它的力量和注意力都集中在华盛顿，以及中央政府上。正如联邦政府在不断成长，联邦法院的重要性也在不断增加。然而联邦法院于20世纪30年代放弃了一项重要权力以及自治权的来源，1938年最高法院推翻了"斯威夫特诉泰森案"(*Swift v. Tyson*)。这个案件几乎有一个世纪之久。[18]

根据斯威夫特原则(1842年)，联邦法院处理跨州案件时，有权力不理会不属于本州的普通法。他们可以根据本州的法律，或是联邦普通法来判决。[19]早期的案件，以及斯威夫特案件自身，多涉及商法。支持商法基本规则的传统并不是本地的；他们或多或少的将希望寄予建立在商人和经营者之间的国际惯例。然而斯威夫特原则开始扩大到商法之外的案件。可以扩大到什么程度就是一个争议性的问题，也是一个很多困惑的源头。

斯威夫特原则的批评者中很多人都有系列恐怖故事要讲述。他们喜欢的故事之一就是1928年"黑白出租转运公司诉棕黄出租转运公司"(*Black and White Taxicab and Transfer Company v. Brown and*

Yellow Taxicab and Transfer Company)²⁰黑白出租车在肯塔基州运营,他们与肯塔基州建立了不正当的联盟。他们对鲍灵格林火车站进行商业垄断。遗憾的是,这种战略在肯塔基州是违法的。如何处理此事呢?黑白出租车公司因此解散,但在田纳西州又重组了,并仍继续之前的交易。然后将棕黄公司诉之联邦法院,打算将他们赶出火车站市场。黑白出租车公司主张,联邦法律(不同于肯塔基州的)应该允许此类独家经营。最后,黑白出租车公司胜诉了。联邦最高法院拒绝询问黑白出租车公司在田纳西州重组的"动机"。肯塔基州的法规与一般的普通法原则相反。联邦法院不需遵照。

学者和越来越多的法官发现了这种令人发指的做法。最终,在著名的"伊利铁路公司诉汤普金斯案"(*Erie Railroad Co. v. Tompkins*, 1938)中,最高法院推翻了上述做法,摒弃了"斯威夫特诉泰森案"(在96年后),让州法律重新主导。²¹

重大的法律改革常常来自相当平凡的事实。伊利案是一个悲剧,但是属于我们熟悉的人对抗机器的案件。哈里·詹姆斯·汤普金斯(Harry James Tompkins),27岁,是一名失业工人,在他回家途经宾夕法尼亚州的休斯镇伊利公司附近的小巷时,一辆火车经过,从火车上飞出来的东西(或许是门)把他击倒。他被人发现时已经失去知觉倒在地上,被割下来的右臂躺在他身边。

汤普金斯从伤痛中恢复过来,并控告铁路公司。他的控告能成立吗?根据宾夕法尼亚州法律,可能没有。技术上说,当意外发生时,他是未经允许进入的。而根据宾夕法尼亚州法律,铁路公司是不需要对未经允许进入者负照顾之责。只要铁路公司不存在"疏忽大意",未经允许进入者就没有要求损害赔偿权。但是汤普金斯的律师到联邦法院起诉。根据"斯威夫特诉泰森案",联邦法院可以不参照宾夕法尼亚州法律而达成他们自己的意见。审判陪审团达成的意见是,判给汤普金斯3万美元。但是汤普金斯是不会看到这笔钱的。最高法院只是利用可怜的汤普金斯案件的契机,来推翻威夫特诉泰森案,一劳永逸而已。

布兰代斯大法官撰写了多数意见。他说斯威夫特案的经验有很多瑕疵。这些案件应用于各州时会产生一致的效果——调解存在于法律中的冲突和特质。但在斯威夫特案之后的一些案件并没有这种效果,甚至,会出现一些混乱。没人知道,或许可能有人知道,"一般的法律"是什么,或联邦法院什么时候可以应用它。斯威夫特案也导致了一个不协调的情形:非本州原告与本州原告有不同的权利和责任;更多的涉及你应该选择哪个法院起诉。因此,斯威夫特案判例必须被废止。在跨州案件中,联邦法院一定要根据本州的普通法法规判案。的确,这是新的一致性。

本案在律师和法官中产生了影响,它的名气也延续至今。本案的用语部分含有法律技术性,部分基于法学思想。但是小爱德华·A. 珀塞尔(Edward A. Purcell, Jr.)令人信服地争辩到,对于此案,有一个更深层的政治意思——布兰代斯积极追求的意义。[22] 1938年联邦法院仍然尊重保守主义——以发布禁令阻止罢工而闻名,并且以朦胧的视角观看社会立法。布兰代斯愿意州政府和立法机构恢复权力。它的目标是进步主义的目标。具有讽刺意味的是,为了达成这些目标,他必须对不幸的、断臂的汤普金斯关上门。

伊利案对联邦法院产生一个深远的、急迫的影响。每年上百的案件适用原则。在其影响下,现在联邦法院在处理普通法问题时处于州法院之下——甚至是底层州法院之下。根据伊利案判例,产生了许多蹩脚的法律问题:如果没有州判决,或是州法院判决混乱不一致时,该怎么办?但总的来看,伊利案在整个制度中根基很深,从未想过回去。

伊利案给了州政府多少权力?或许不多。首先,只有在联邦法律与州法律有分歧时,才产生不同;但这种情况不经常出现;而且只适用于"跨州"案件。这类案件并不少见;但不是联邦法院处理的核心。1980年这一年,至9月30日为止,联邦区域法院处理了16万件案件;其中,四分之一是跨州案件,涉及合同及民事侵权的案件各占一半。[23] 1999年这一年,至3月31日为止,同样的法院处理了大约27万件案件,其中有65 000件跨州案件,大部分是人身损害案件。[24]大部分法律是成文法,很多诉讼引起了联邦问题,伊利案虽然很有意义,但它不是联邦判决的核心。

联邦法院仍是一小部分法院——多数的商业案件由州法院审理。但是他们的工作量逐渐增加,而且所审理案件的重要性也在增加(尽管很难估量)。如同州法院,他们的判决摘要也在改变。1925年上诉法院的数据显示:1925年至1936年间,刑事案件占11.8%,公民自由案件占0.5%,民事权利案件占1.2%;剩下的是"经济"案件(政府合同、跨州案件等)。然而1970年至1988年间,32.3%是刑事案件,5%是公民自由案件,13.5%是民事权利案件,经济案件下降了一半。[25]当然,这些数字不能反映全部情况——巨大的反垄断案件重要性超过很多囚犯请愿书,但是确实反映了20世纪后半叶产生在民事权利革命及其他趋势上的案件逐步上升的重要性。

陪审团审判

民事案件的陪审团像被冷落的继子女,被公众所忽视。书籍、戏剧、电影,以及电视都在展示刑事陪审团。民事陪审团一直很低调。但令人意外地,刑事陪审团没有引起争议。没有人谈论去废除它。这是宪法权利。但民事陪审团却是争议点,而且在过去的一世纪的大部分时候都是如此。

大部分是由于人身损害及相似的案件引起的。这种控告是陪审团对被告的一种深层的偏见,而这些被告通常是公司,也是对原告的一种支持,这些原告通常只是普通人而已。埃德森·桑德兰(Edson Sunderland),在1915年写到,他认为法官应该在民事案件中起重要作用。法官在陪审团面前起到"顾问"作用。这样就可以剔除诡计、欺骗,以及"激情、同情、偏见"的渲染。[26]实际上,法官总是掌控大部分局面的。如果一个法官认为这个案件在陪审团面前太脆弱的话,法官会径直拒绝受理这个案件,这经常发生在民事侵权案件的场合。1910年,根据伦道夫·伯格斯特龙(Randolph Bergstrom)对纽约市的计算,审判法官拒绝了大约16%的人身损害案件;其他21%是因为"原告缺乏诉因或原告有错误"而被拒绝。[27]即使完全一致的案件,法院也不会不假思索地判原告胜诉。查尔斯·E.克拉克和哈里·舒尔曼(Harry Shulman),在20世纪20年代末以康涅狄格州的案件为样本,戏剧性地说明了这一点。在233件陪审团审理的案件中,有137件是原告胜诉,95件被告胜诉。在过失案件中——这种案件陪审团是支持原告的——原告胜诉的有94件,败诉的有63件。这几乎没有暗示存在盲目的偏见。[28]

无论如何,陪审团审理民事案件,在整个制度中占用的时间和关注正在减少。在20世纪,陪审团审判少到了极限。在克拉克和舒尔曼的研究中,康涅狄格州的纽黑文和沃特伯里,在1919年至1932年间,只有不到4%的民事案件经由陪审团审判。[29]北卡罗来纳州在1994年至1995年间,只有4.2%的民事案件由陪审团审判。在比较大的加利福尼亚州,1991年至1992年间,也只有1万件陪审团审判的案件。这只是一般初审法院全部案件的1.7%。这个数据包括刑事案件。仅1.8%的人身损害案件由陪审团审判。[30]

1900年的陪审团与2000年的陪审团不同。首先,他们看起来就不同。例如,陪审团中没有女性。这是法律规定的。在南部,陪审团中没有黑人——但这不是法律规定的,是"惯例"(经常被或明或暗的强力所阻止)。挑选陪审团的原理也不同。以肯塔基州为例,"冷静、温和、谨慎、举止得体的主妇"可以成为陪审团成员。[31]在缅因州,政府官员拟定陪审团成员清单。从而选择就不能任意:成员必须是"道德品质良好、有良好判断力,以及了解情况的"男性。[32]根据法律,在康涅狄格州,"受到社会尊重"的男性才能成为陪审团成员。[33]根据纽约的民事程序法典,在20世纪早期,纽约市的陪审团成员要具备"很强的理解力"。[34]法典没有给出术语的定义。正如一名纽约法官(在一件刑事案件中)所言,聪明、正直的人担任陪审团成员是很重要的,他们要读报——就可以排除"无知的阶层"。[35]阿拉巴马州授予陪审团审判官权力(每个郡三名,由地方长官指定),(从20世纪20年代起)在一本"密封"名册中,列着"所有被普遍认为正直和聪明的男性公民,他们因他们的正直、良好的品格以及良好的判断力而受到社会的尊重"。[36]不用说,黑人就不曾受到这样的认可。在纽约,法院为"复杂"或"重大"的案件,指令"特别"陪审团——这些陪审员都是由商人及专业人士所组成。女性、工人,以及服务人员很少担任陪审员。联邦最高法院在1947年支持了这项惯例。[37]

换句话说,无论明示或其他,在许多州,陪审团都具有高大上的品位。陪审员应该具有很好的头脑,没人会对这项普遍原则产生异议。但是,如果没有什么别的说法的话,这个制度确实打开了等级歧视的大门。

稀奇的是,尽管陪审法律的"高大上"(blue-ribbon)倾向,州法律在20世纪上半叶大量豁免某一阶级人士承担陪审员责任。例如,伊利诺伊州在1921年,豁免人员从州长开始,直到本地政府官员及学校教师。豁免清单也包括律师、牧师、船运工作者、警察、药剂师、消防员、尸体防腐者以及殡仪业人员,还有报刊工作者。北卡罗来纳州增加了"研磨工"、制动人员、飞机驾驶人员,以及北卡罗来纳州的美国国民警卫队员。弗吉尼亚排除了"正忙于收割谷物或干草,割剪或收获烟草的人",更别说那6名"沼泽运河公司的水闸看管员"。[38]无论如何,有钱有势的人总有办法逃避担负陪审责任。总之,陪审团有向中层阶级发展的趋势:不是流浪汉或挖沟者,而是技术工人、小商户,诸如此类。

20世纪末,这种趋势向另一个方向发展;几乎没人被免除这种责任——例如,在爱荷华州,如果你"每天都需要照顾一个永久残废的人,并且无法从中抽身",或者你是"处于哺乳期的母亲",那么你就可以为自己辩解不担任陪审员,不过就是这些人而已。[39]看来,只要被通知,即使是州长也要担任陪审员。当然,人们还是会发现避免这种责任的途径。但是至少在理论上制度是主张平等的。陪审团变得多样:女性同男性一样可以担任陪审员,而且南部全由白人担任的情景也不复存在了。

我们所称的各种平等的发展对陪审员的选择有一定的影响,正如也影响其他事一样。在20世纪后半叶,陪审团理念有所转变。陪审团不再是"高大上"的小组。现在它是多样化的——代表社会中的各色人等。法院从未说,陪审团必须反映社会各个阶层。但是种族、性别,以及种族划分也是很重要的。在新的陪审团下有一种后现代主义的流行视野。客观真理并不存在。这有白人真理和黑人真理,亚洲人真理以及拉丁裔真理。有男人真理以及女人真理,富人真理和穷人真理。如果不是真理。那么至少是一种视角。很多事件中,这些思想至少在成百上千的人中是不言自明的——无论他们是否听说过后现代主义,或是听说过现实的社会结构,或相似的理论。

证 据 法

亚历克西·德·托克维尔(Alexis de Tocqueville)认为,美国的陪审团,尤其是民事陪审团,是美国政权和民主的学校。陪审团很重要,应该予以肯定;尽管它对社会的实际影响是个尚未解决的难题。但是,从某种意义上说,毫无疑问,陪审团对法律起了相当大的影响。在所谓证据法中,大量笨重的原则和实践几乎都要感谢陪审团。

美国的证据法可能是全世界最复杂的、最令人发狂的和最严苛的。约翰·亨利·威格莫尔精通这个显耀的领域,他写了大量这方面的著作;第一版于1904年至1905年间出版共有4卷。第二版于1923年出版共有5卷。第三版于1940年问世,共有10卷;现行的第四版仍注有威格莫尔的名字,或许是由于他的精神对后世的指导,此版本不算增补部分,有11卷。

为什么这里面的学问这么大:判决、法规、特征、原则?为什么要对于事实、证词、记录、证物等进行争辩,来确定哪个可以"成为证据"?威格莫尔简明地说道:整个制度是"以不让陪审团被误导为目的"的。这仅仅是由于陪审团"在分析证据上没有经验,以及不熟悉律师的欺骗伎俩"。[40]受过专业训练的法官就不需要这些规则;的确,在没有陪审团的制度中,证据法会简短、温和又清晰。

而美国法律不是这样。通过电视或电影看到审判的人都熟悉那些老规矩:一名律师试图掠过不利的证据,但另一名律师以悲愤交加的情绪哭诉着反对,然后法官或是驳回或是支持。规则是严格的,因此,激励律师去寻找规避它的伎俩;或激励他们去把那些被禁止说出来的事实,想方设法地送到法庭里或塞进陪审团脆弱的耳朵里。另一方当然会反对。即便是法官宣布了"反对无效",也未必停止律师不断的反对。如果提出反对的律师败诉,她毕竟是可以上诉的,从而很好地利用她的反对。也就是说,尽力说服上级法院,认为初审法官犯了个错。这样案件就必须发回重审。但是,不是任意错误都能导致"发回重审"的——此错误必须足以影响陪审团。也有"无害的错误",上诉法院必须决定哪个是哪个。威格莫尔指出,美国法院更愿意因为"很小的错误"而推翻原判,他称此实践为迷信的遗风,一个技术上徒有其表的无用的东西而已。[41]

普通法制度也极其钟爱言语表达。它偏好证人证言——一问一答的当庭证人证词(大多数欧洲制度对口述都不太感兴趣,"程序倾向于书面为主"——也就是文件形式)。[42]这样使得交叉询问有很大的价值。确实,著名的"传闻证据规则"的观点,或许最能详尽说明证据法的核心:如果可能的话,我们应该直接询问证人。我们不希望证人说,这是乔说的或玛丽说的;我们希望乔或玛丽自己说出来,如此经过对方盘问才能站得住脚。

当然,这种表述对传闻证据规则来说显失公平,事实上传闻证据规则不是单一的规则,而是一整串规则。它是很混乱的规则,是拼凑起来的规则。更确切地说,它呈现一种趋势,一个普遍的主张。但是这种主张被很多例外所拖累,这些例外有些很宽泛,有些很狭窄。确实,有关证据的大量专著中,可能有较多的篇幅是有关传闻证据及其例外的。威格莫尔就用了很多篇幅来写这个问题。近期的案例和法规也对这一规则略显关注——并增加了更多的例外——但是其核心仍极其坚固。

不过,证据法也免不了变化与改革。这场改革试图减少规则使之成为一部法典,并且使其更容易理解,更方便运用。加利福尼亚州于20世纪60年代将其法典化。联邦证据法规直到1975年国会将其法典化前,还是杂乱无章的。许多州采纳新的联邦法规为其所用,即使有时还需稍加改动。

证据法实质的改革主要朝一个方向：使规则不再过于严格，使更多的证据被采纳。例如，直到19世纪末，诉讼一方当事人——与案件密切相关的人——无论（你是否相信）不允许作证。当这项法规被废除时，一个重要的残余仍然以所谓的"死人条例"（dead man's statute）形式存在。如果我与某人有生意来往，而后他死了，我对它的财产提起诉讼，这时，我仍然不能对此单生意做证人证言。学者公然地宣称这项例外是不通用的残留物，但是它仍在大多数州顽强地存在着。但是少数州（亚利桑那州、加利福尼亚州）已经将其废除，另一些州也在尽可能地降低对其的适用。

在普通法中，夫妻双方不允许做出对对方有利或不利的证人证言。这是另一个被委员会以及法规所废止的规定。联邦最高法院在1933年将其在联邦法院废止不用；一个叫芬克（Funk）的人因禁酒令受审；他让其妻子为他作证，但审判法院拒绝其请求。联邦最高法院称此法规"陈旧过时"并将其废弃不用了。[43]

这是有关作证能力的规则——是有关谁能作证，谁不能作证的规则。作证能力与特权不能混淆。芬克想让妻子作证，帮助他；如果他不想让妻子作证，作为婚姻赋予的特殊权利，他是有权利这么做的。夫妻间的枕边话是享有特权免除作证的；委托人向律师所说的话也如此。那么向神父、牧师或法师所说的呢？这些在普通法中是不享有特权的。1931年在明尼苏达州，格拉迪斯·桑德赛思（Gladys Sundseth）提起离婚诉讼。她说她丈夫阿诺德有外遇，为了证明她的主张，她想请路德会教友斯温森牧师作证人。她相信，阿诺德虔诚地悔过过。斯温森拒绝说话，而被裁判蔑视法庭。但是明尼苏达州最高法院推翻了这个裁判。寻求"心灵劝告"的人们，应该在法庭上不必担心其在忏悔时所说的话会被用来做证言。[44]其他州通过法律对此也赋予了特权。

大多数证人是真正的目击者:他们亲眼目睹有关案件的一些事情。但在许多审判中,一些与案件无关的人也能提出很重要的证据:"专家"证人、医生、工程师、指纹和笔迹分析家、法医精神病专家、经济学家——他们需要向法官和陪审团说出他们的专业观点。许多审判,诉讼双方都会请专家,通常情况下两方的观点是相反的。根据法律,专家通过其明智的判断,对外行人无法预期的问题作证。我们可以料想,这是一项很难清晰划分界限的规则。而且这是一个对专家充满怀疑的社会。这个社会正经历演变与"创新科学"的斗争,它不会盲目地顺从专家(相比欧洲国家来说)。

谁才是真正的专家?这个世界充满着江湖术士和伪科学家,他们叫卖着那些"垃圾科学"。其中有很多专家还有自己的信仰者。什么才是好的科学,而什么又是坏的?1923年发生在哥伦比亚地区的一个案件,詹姆斯·阿方索·弗赖伊(James Alphonso Frye)因谋杀被起诉。他想请专家对"心脏收缩压测谎"作证。弗赖伊说这个测谎器能够证明自己是清白的。但法庭拒绝他的请求。专家证词必须以"已获得普遍接受"的科学为基础。"心脏收缩压测谎"并没有达到这一层次,排除它是完全合理的。[45]边缘科学是被排除在外的。

这不是一个容易适用的规则;这是一个具有争议的规则。它不能阻止原告在法庭中运用这些垃圾科学。在法院,造出来的"科学"通常是足以成为一场专家间的战争。"敌对科学"与科学家真正认识的科学是大不相同的。审判变成"解构的闹剧",在这场活动中通过交叉询问,好的科学家们站在那里被解构了。[46]

然而至少在理论上,弗赖伊规则持续了近十七年。在1993年的一个重大案件——"多伯特诉梅里尔·道制药公司案"(*Daubert v. Merrell Dow*)——才被摒弃。[47]年轻的詹森·多伯特(Jason Daubert)出生时有严重的残疾;他的父母便将梅里尔·道制药公司告上法庭。他们主张,这些身体上的残疾是多伯特母亲在怀孕期间服用的止吐药所导致的。而许多女性都在用这种药;这种药是否会导致残疾是存在争议的(但是,该公司确实在1983年将该药召回)。下级法院听取了史蒂文·拉姆(Steven Lamm)医生的意见,他的大约三十份报告中,没有一份显示止吐药会导致残疾。

为了胜诉,原告试图引进8位专家来驳倒上诉观点。引用弗赖伊规则,法院拒绝这些"专家"出庭作证。他们的观点不与科学中一部分相一致;他们的研究成果并未受到学界的检验等。最高法院撤销了该判决。只要科学证据是科学的,并"有助于呈现事实",那么它就可以被接受。"普遍接受"已经不再归入法律了。学界检验和科学一致性确实需要;但是,他们不再是绝对的控制因素。

某种程度上看,多伯特案只是对法律文本的解读——新的联邦证据法(1975年)的解释。法规中没有要求法院继续遵循弗赖伊规则。但是读者通过法规深入理解多伯特案的意义,也并不牵强。它将20世纪90年代的怀疑论和多元文化置于法律形式中。与弗赖伊规则相比,这些更适用于多伯特规则。当然,科学仍然是神圣的。尤其在20世纪90年代,它更像是希腊的神,而不是全能的神。它有范围和界限,并且很人性化。很多人相信占星术,很多人相信另类医疗,从针灸学和整体医学到人参。这是一个怀疑一切既定真相的时代,包括已经被认定的"科学"。当然,多伯特规则也赋予了法官更多的权力——无意识的重大的结果。

判决实践:上诉意见

在一篇较为出名的有关审判的论文中,卡尔·卢埃林(Karl Llewellyn)提出了"时代风格"。19世纪末的判决体现出一种他所谓的"正式"风格。他们的判决很枯燥、循规蹈矩、比较呆板。他们只依靠纯粹的法律逻辑;他们的意见中从不引用宽泛的原则或社会观点。

当然,这不意味着法官也认同(那是严格、枯燥的法律逻辑)这个方式。但这是他们加在其判决上的外框。卢埃林将其与他所称的"伟大的风格"相比较。这是19世纪前半叶的大法官们的风格:约翰·马歇尔(John Marshall)或詹姆斯·肯特(James Kent)等。他们不讲究形式、不守旧。他们核查违背"原则"的结果以及考量政策和公共利益。以卢埃林的观点,20世纪30年代出现一种新的风格——"理性的风格",不太形式主义,在重塑原则时更愿意运用常识。[48]

"这种风格"很难衡量。大多法律学者直观感觉,20世纪的法院已经变了。意见更个人化,更独立化。法官很少用法律逻辑的面具来隐藏他们的情感。他们更愿意写意见分歧和一致意见。更愿意驳回之前的案件。除了引用法律之外,他们更愿意引用法律评论性的文章,社会科学素材,甚至报纸以及文学资料。

这些风格的发展都是真实的,但不应该被夸大。在重大案件这一类案件上,美国联邦最高法院判决时,出现不同意见和相同意见的情形如同家蝇一样常见。最高法院也不会不敢推翻之前的判例。沃伦法院一共推翻43个判例,平均每一任期3.7个。伯格法院推翻了46个,平均每期3.3个。[49]法院意见(很长,而且越来越长)充满了对太阳之下的这个世界上的事物的引用。但是最高法院并不具有代表性。一项以16个州最高法院为对象的研究显示,在1900年至1970年间,不同意见和一致意见的数量呈逐渐增长趋势。这个增长是真实的,但增长速度适中。在这些法院中,1900年至1910年间,92.5%的判决是全体一致同意的。而1960年至1970年间,83.5%的判决是全体一致同意的。而且各州的情况也存在很大的差异。缅因州不同意见率从1900年至1910年间的0%上升到1960年至1970年间的5.6%。密歇根州则是从3.7%爆升至44.4%。法院在1900年至1910年间几乎从不引用法律评论(很少引用)。但在1960年至1970年间引用率达到12%。此外,各州也存在差异:新泽西州最高法院引用法律评论的判决超过所有判决的三分之一。[50]加州在1970年引用法律评论的判决是1950年的两倍。[51]法律评论并不是有说服力的标准——它们不是案例,也不是法规。而且尤其在今时今日,法律评论包括了所有主题的文章。有些是一本正经地谈法说法,有些是人文主义海阔天空的幻想。非法律权威的引用——社会科学的著作,或是报纸,或是流行文化的衍生物——在1970年州最高法院的判决中仍是十分罕见的。

总之,法官的风格总体上看仍是相当正式的,相当"法定的";虽然相比19世纪程度不那么深。一些学者认为这种风格反映了一个现实:法官在真诚地寻找最好的法律答案。另一些学者则确信社会变量——背景、等级、政党及其他因素,与法官单纯根据法律规则做出的主意相比,更能很好地解释判决。

证据是难以应对并且难以捉摸的。大多数法院的多数案件的判决没有不同意见。共和党人与民主党人,黑人与白人,男人与女人:都没有差异。如果你向法官询问的话,很多法官都会给出一个很形式的回答。只有很少的案件,那些疑难的案件才真正考验他们的判断力——只有很少的案件才能使法官造法。通常情况下,他们是遵照法规并且遵从先例的。亨利·R.格利克(Henry. R. Glick)采访了新泽西州、马萨诸塞州、路易斯安那州和宾夕法尼亚州的高等法院,于1971年出版了这项研究。[52]他询问法官们,非法律的因素是否会成为他们裁判案件的关键因素。新泽西州的法官回答是肯定的;路易斯安那州的法官则回答不是。然而大体上看,非法律因素扮演着适当的角色,与法官所说的相当。没有理由认为法官是在说谎,而且对于一个外行人而言,说这些法官们每天都在盲从地做事情,是很自以为是的。

但事实上,那是法官制定的法律所改变的,以前是这样,现在依旧如此进行,这些变化不是从天而降。他们是来自法官自己。在某种程度上,这并不会令人惊喜。法官是社会的产物,他们生活在这个社会。他们与社会上的其他成员一样,呼吸着同样的空气,读着同样的书,看着同样的节目,同样的思考过程。他们所论述的原则必然是人造的,从社会文化中抽离出来的。19 世纪的法官们,无论他们有什么样的背景,他们都带着 19 世纪的视角——还具备什么其他的呢?当今,一个"传统的"法官与他的前辈相比,在某些问题上,他们是自由主义者——是完全的激进派:例如,种族、女性权益、言论自由、政府范围。法官中也确实存在着右翼分子和左翼分子,但是在整个的背景环境下,伴随他们的足迹已经有所改变。他们像是分别站在甲板两侧的男人和女人,都保持着各自的位置不曾改变,但是船距离家的港口已经开出 1 000 米了。

大部分案件对法官来说像是例行公事:像是设定好的。判例或明确的法规条文占支配地位。在大多数案件中,处理结果很少出现无谓的冒险、空想以及创造力。(法官认为)这些案件是通过"法律"控制的。他们是事前已成定局。但是又是什么使一个案件看起来很明显、很常规呢?判断本身是一个极其不稳定的因素——事实上,它是时代的产物。看起来明显又常规本身是文化决定的:这是一个使法官与判断深入其中的社会功能。1800 年没有人想到裸体的人做隐私事的照片会受到宪法第一修正案的保护。没有人想到联邦政府有权利要求学校无论种族地招收学生,或者要求建筑者必须修建残疾人通道。相反,每位法官都确实认为政府有权力并且确实有责任规定通奸和乱伦为犯罪行为,更不用说同性性关系。

普通法制度对个别法官有很大压力 他们的技巧、价值观以及风格。高等法院的法官有其个性;他们有一种思想体系、有一种观点,有一种独特的意见。欧洲的法官在多数情况下是不露面，不具名的；在很多国家，并没有什么分歧的意见。总的来说，法官隐藏在温和的技巧屏风的背后。这是一种自我牺牲模式。⁵³ 普通法就相当的不同。甚至大多数形式主义法官具有一种法律个性——以及名字。法官在他们的审判意见上签名的行为，告诉我们有关在普通法下的社会中法官所扮演的角色，这些事情至关重要。

然而"普通法"制度越来越不是纯粹的普通法了：主要有关于法官造法。20世纪成文法越来越厚。这就意味着越来越多的法院去解释成文法。这就很难精确地衡量这种趋势。一项对田纳西州最高法院的判决书的粗略调查说明了这一点。1900年6%的案件有关"州"宪法，大约15%有关成文法，以及超过四分之三的案件是纯粹的普通法。到了1930年，宪法案件比例上升至15%，成文法达到39%，而普通法比例跌到47%。1999年，宪法案件为17%，超过一半的案件对成文法进行了解释，普通法略少于四分之一。⁵⁴

19世纪，大多数"伟大风格"的法官在州法院工作。而20世纪，州法院的法官则极少被人们知道；聚光灯被转移到联邦最高法院了。本杰明·内森·卡多佐或许是最闪耀的例外。⁵⁵ 卡多佐，1870年出生，他在担任纽约上诉法院的法官时名声大噪。他从未结婚，是一个苦行朴素、与俗世隔离的人。就现在的品味来说，他的文章有点太过华丽，但是所运用的技巧极其微妙且精致。另一个州法院的著名法官是加州的罗杰·特雷诺（Roger Traynor）。特雷诺1900年出生在犹他州帕克城（Park City），就读于加州伯克利大学，并取得政治学博士学位。1940年被任命为加州最高法院法官之前，他一直在伯克利讲授法律课程。他于1964年担任首席大法官，1970年退休。特雷诺是一个改革者，一个实用主义者，但又是一个很有远见的人；在法律涉及的很多领域都留下了他的痕迹。正如我们所看到的，新泽西州的亚瑟·T. 范德比尔特在法院改革中也是一个重要人物。

与联邦最高法院的法官相比,下级法院的法官也是低调无闻的。勒尼德·汉德(Learned Hand,1872—1961年)是个例外——他的判决至今仍然被研究,并且备受称赞。[56]1909年,汉德出任纽约市法官,自1924年起他在第二巡回上诉法院任职,写了超过3 000份思路明确言语清晰的判决意见。20世纪末,罗纳德·里根(Ronald Reagan)指派芝加哥大学的教授理查德·波斯纳到联邦第七巡回上诉法院。波斯纳出任法官前所出版的书籍,相比他作为法官作出的判决意见来说,可能更有名,尤其是在"法律与经济"思潮中起的作用。实际上,他清晰、周全的判决意见,犹如在枯燥肿胀的判决沙漠中出现的一池清水,是那么的引人注目。[57]南部的联邦法官在面临极大蔑视甚至身体危险时,仍强制执行布朗判决以及其结果,这是另一个例外。某些很有名或者臭名昭著,虽然很少是因为技术或风格上的原因,但是勇气也是值得敬佩的。

从一定程度上看,几乎所有的美国法官都是政治人物。大部分州,确实如此:在一般的选举中,他们被选出。另外其他的是被指派的——例如,去填补一个空缺,然后再选举。无论怎样,之所以他们能被提名,或被选举,最初至少是由于政治上比较活跃,或是做的事能够吸引参议院、州国会或市政府中的赞助商。当然,政治生活里充满了乱象;而且美国历史上也存在大量的审判丑闻。其中很多与下级法院的法官有关。联邦法官也来自政治生活中。然而从整体上看,他们相对干净。或许最坏的丑闻就是马丁·曼顿(Martin Manton),一个第二巡回上诉法院(纽约在其辖区中)的首席法官。纽约市检察官托马斯·E.杜威(Thomas E. Dewey)指控他受贿,当时轰动一时,随后曼顿就于1939年辞职。曼顿受审最终获罪,并在联邦监狱服刑17个月。[58]

最高法院的法官们不同于州法院的法官们,他们注定会很有名,而且有名之后就会更加有名。这里有很多有地位并且重要的人物——这些法官无论怎样都很杰出。任何一份名单中都必然包括20世纪初的约翰·马歇尔·哈伦,以及随后的路易斯·布兰代斯、费利克斯·法兰克福特、雨果·布莱克、威廉·J. 布伦南(William J. Brennan)、瑟古德·马歇尔(Thurgood Marshall)等。

布兰代斯于1856出生在肯塔基州路易斯维尔的一个富裕的犹太家庭。他就读于哈佛大学法学院,在波士顿与塞缪尔·沃伦(Samuel Warren)合伙经营律师事务所。布兰代斯承接了很多重大案件,并获得了公正激进律师的荣誉——他是一个热衷于为公共利益考虑的律师。"穆勒诉俄勒冈州案"中的"布兰代斯摘要"就是布兰代斯为他的目的争辩的一个例子。布兰代斯并不激进,但是他讨厌过度的资本主义制度。伍德罗·威尔逊于1919年提名他为美国联邦最高法院的法官。在经历了一番痛苦纠结的反犹太人主义的争斗后,任免最终被批准了。他一直担任大法官到1939年,这期间他使法院插上了自由主义的翅膀,并经常与小奥利弗·温德尔·霍姆斯法官强强联手。

20世纪的首席大法官们各不相同。有些人很低调暧昧,例如爱德华·D. 怀特(Edward D. White),他于1910年由塔夫脱总统任命。塔夫脱自己是哈定总统于1920年任命的第一个也是唯一一个曾做过总统的大法官。塔夫脱是法院中一股强大、保守的力量,也是到目前为止最胖的大法官。他的继任者查尔斯·埃文斯·休斯是一个较温和的人物——除了身体以外,各方面都较圆滑。

首席大法官中,一个特别之处可以归因于厄尔·沃伦。[59]沃伦作为一个技术欠佳、资质平庸的人经常遭到批评;但无论如何他仍是一个强有力的人物。"沃伦法院"具有一定意义,是一种共鸣,这是"怀特法院""文森法院"或"伯格法院"所不具有的。保险杠上的标签写着"弹劾爱德华·怀特",或是弗雷德·文森,或甚至是威廉·伦奎斯特的情形,是很难想象的。但是在沃伦法院盛行时,这样的标签会像杂草一样长出来,尤其在南部。

厄尔·沃伦1891年在洛杉矶出生。他就读伯克利法学院。1920年他在阿拉米达郡(奥克兰是郡中心)担任助理地方检察官;1925年,他成为地方检察官并享有展开整肃检察官运动的名声。1938他竞选加州总检察官,并最终胜利;1942年他被选为州长。他服务了三个任期,并且大受欢迎。1948年他是共和党的副总统候选人,但是最终落选。1953年艾森豪威尔总统任命他为首席大法官。沃伦于1969年辞职,1974年去世。

沃伦的背景并不意味着他是一个煽动叛乱的自由主义者,或是对于种族问题有超前视野的人。第二次世界大战期间,他是热衷倡导关押日本人。但是在法庭上,他具有大胆的创造力却不能忍受技术性的细节。当然,首席大法官只能是9个大法官中的一位。"沃伦法院"也是威廉·道格拉斯的法院,也是威廉·布伦南的法院,以及雨果·布莱克的法院。但是沃伦的影响,是他个性、他的自由意志、他的不拘泥法律的风格,为革命时期的联邦最高法院的判决确定了基调。

著名的最高法院大法官是重要且很有影响力的人。然而事实上他们很少因他们强有力的风格而出名,更多的是因为他们强有力的观点,或是因其对其他法官的影响力,或是因其历史上的重要性,或单纯因为尊重其曾经孤独的不同意见。偶尔,不同意见有一种奇怪的说服力,但是总的来说,法院并不会出现一些可以被直率地描述的文字。确实,从文字文献的视角看,法院已经每况愈下。当下最高法院的大法官意见臃肿不堪、夸张、过于冗长,也很缺乏风格。不论州法院还是联邦法院,大多数高等法院的法官所写的英文,当做一份保险单还是合格的。

或许杰出的例外,或者说是最著名的联邦大法官就是小奥利弗·温德尔·霍姆斯大法官。[60]霍姆斯曾是一名内战的老兵,他是美国著名作家奥利弗·温德尔·霍姆斯的儿子。霍姆斯年轻时(1881年)出版过一部重要的著作《普通法》。他在马萨诸塞州法院任职,随后于1902年被西奥多·罗斯福总统任命为联邦最高法院的大法官。霍姆斯在法院任职29年,90岁退休。于1935年去世。他的判决意见简洁、精炼、充满值得记忆的句子。同时期的人没有谁可以运用这么灵活、一针见血的文字。他又是一名多产的作家,一名有分量的知识分子。

霍姆斯被誉为自由主义者。更贴切的称他为怀疑论者。他是一个镇静的、理智的人,也是个具有浓厚的悲观主义色彩的人。另外,他在涉及言论自由的案件中设计了对"明确与现存的危险"的检测。并且他提醒其他法官不要信奉自由放任的理论,好像这些理论是奠基者的厚礼。这使他看起来像一个进步主义者和一个预言家。但是也许在大多情况下,他的判决意见好像无视那些无依无靠的人们。在许多方面,他感觉美国正走向地狱,但是法院没有理由,也没有能力去阻止这种衰退和没落。在给最高法院带来的魅力方面,没有谁可以像他那样才华横溢和灵活多变。霍姆斯去世六十多年了,但他还能够吸引传记作家,关于霍姆斯自己、他的判决、他的职业生涯的文学作品已经膨胀得极为可观。

庭 外 和 解

法学教育和法学学者聚焦审判,以及上诉意见。法律专业的学生可能对解决争议的过程印象深刻。当然,这大概是完全错误的。只有比较小的纠纷如此而已——较大的纠纷从不进入法庭解决。他们被驳回、不予受理、调解,或者庭外和解。

直到最近,人们对争议纠纷的生命周期了解甚少。20世纪70年代末威斯康星大学的学者完成了民事诉讼研究项目,试图说明这个问题。研究者们在不同城市采集不满的样本,研究它们中有多少能转向赔偿请求,多少能转变成纠纷,以及多少纠纷会诉诸法庭。像他们所述的,这是一个命名、归责、请求的过程。不出意料,一般的模式中少数不满由法院解决,累积的纠纷可以被描述成一座金字塔,底部大,顶端尖。每1 000份纠纷,只有55份到达顶端——此时才能通过审判解决。不同的纠纷有不同的生命周期:几乎有一半离婚后的纠纷(探望问题、财产问题)在法庭上解决。但是每1 000份的纠纷中仅有38份侵权纠纷,以及8份涉及歧视的纠纷。这些不满中大部分都不会有出路。[61]

其他的研究证实了纠纷金字塔的理论。柯蒂斯·J.伯杰(Curtis J. Berger)与帕特里克·J.罗恩(Patrick J. Rohan)研究了1960年至1964年间纽约市拿骚郡(Nassau County)以公共为目的的土地征用案件。这段时期,郡政府征收了2 409块土地。这些征收大多都违背土地拥有者的意愿。郡政府对土地进行了评估,然后将报价提供给拥有者。双方别无选择地都在庭外达成和解。少于10%的案件需要审判。[62]劳伦斯·罗斯(Laurence Ross)做了一项经典的研究,于1970年第一次发表,是关于机动车事故保险赔偿的调解。同样,大部分意外都是庭外和解的。[63]大部分刑事案件也以辩诉交易解决,而且大部分离婚案件也以撤诉而告终(也就是纠纷在起诉前就已经消除)。

这些研究反驳了那些认为美国人好讼或索赔意识高的观点了吗?是,也不是。他们确实指出了,美国人(和其他人一样)不会因为帽子被弄掉了就去找律师,或诉诸法院。大部分不满都可以忍下来,积累起来,进行调解,或最终解决。美国人是否比其他人更有索赔意识,或者他们好讼的愿望是否有所改变,则是另一个问题。

然而在20世纪后半叶,公众普遍感觉诉讼案件实在是太多了,诉讼太过浪费又旷日持久,因而必须要找到更好的解决途径。一般的律师和法官也都赞同。他们渴望一种方式来代替诉讼。某种程度上,概念上并没有更新:有关少年法庭、家庭法庭的想法表现出退出严格诉讼的打算。选择性纠纷解决运动于20世纪70年代全面发展起来。1976年,在明尼苏达州圣保罗市召开了一场关于对司法部门不满的原因的会议(借用了20世纪初罗斯科·庞德的著名讲演标题)。这场会议有助于找到便利、快捷、公平的解决纠纷的方法。[64]1990年的《民事司法改革法案》规定所有联邦地区法院都要采用"民事审判费用及延期缩小计划",这个计划也包括了选择性纠纷解决技术。[65]1990年的行政争议解决法案要求联邦机构都要采用"选择性纠纷解决的途径以及案件管理政策",来寻找"创造性、效率、结果合理性"。[66]州政府也被卷入这场浪潮中;其中很多州通过了法律来支持选择性纠纷解决的适用。[67]一些企业对这个新主张也产生极大的兴趣。从而出现了一些提供选择性纠纷解决的私营公司。有些地方,如果等待审判的时间过长,就会使一部分人寻求私人的处理,即私人仲裁,他们经常由退休的法官担任——这个程序有个名称叫"租用法官"。与等待审判相比,租用法官不仅快捷而且便宜——这也能避免企业丑事外泄。[68]

很难与主张效率的思想争论,或是反对用迅速和更好的方法来解决纠纷。在某些方面,选择性纠纷解决和有关它的想法,是自古以来就有的主题的变异。美国自有历史以来人们就使用仲裁人。社会和商界经常更愿意选择调解或选择其他非正式的方式解决纠纷。选择性纠纷解决有自己的赞赏者,但是也有一些人会问到,当案件脱离了正规的法律制度时,失去的又是什么。

第十章

种族关系和民权

20世纪后半叶,在各项法律的改变中,没有什么比事关种族的部分更富有戏剧性了。法律开始的起点非常之低。如同我们所看到的,美国的种族隔离制度在20世纪前半叶是坚若磐石的;就某些方面而言,甚至比以往来得更严厉更沉重。"普莱西诉弗格森案"在19世纪的最后一年作出判决。南方的黑人被剥夺公民权并从属于白人。在北方,黑人的处境至少形式上是比较好的;没有公开的种族隔离,没有饮水器标示着"白人专用",而且没有普遍处以私刑的模式。但是即使在芝加哥或底特律,都有无数的商店、旅馆、社区禁止黑人进入,黑人们被阻挡在许多薪资优厚的工作职位之外。

第二次世界大战后,情况开始有了改变,而且改变得相当迅速。职位优厚的战时工作以及劳工的缺乏,让上千名黑人来到北方。在此,尤其是在大城市中,他们至少有权投票,而这让他们拥有一些政治力量。种族主义的意识形态处于防御态势。社会科学家以及人类学者转而反对种族有高低优劣的想法——的确,他们在向将种族视作一种有意义的类型的想法泼冷水。第二次世界大战时,希特勒曾经是美国的撒旦魔王——他是一个对种族有疯狂观念的人,他屠杀了百万名犹太人。无疑地,纳粹也对黑人做了同样的事,只不过他们手中可以屠杀的黑人太少了;他们只好杀害了许多肤色较深的吉普赛人。

不过,在与希特勒作战的美国陆、海、空军中,仍旧采取严格的种族隔离制。大多数的美国人在仇恨希特勒的同时,还对白人至上深信不疑。美国人拥有自己的种族主义风格,况且他们同时也在和"日本人"(Japs)作战。在第二次世界大战期间,旅居美国的日本人成了美国政府公然侵犯民权的最极端对象。1942年2月,富兰克林·罗斯福总统颁布一项行政命令,授权对西海岸的日本人或日裔美国人采取拘留措施。军方极力使用这项权力并于1942年5月采取实际行动。实质上,他们将日本人赶出自己的家园及事业——至于这些人是不是美国公民,亦无任何分别。结果这些日裔美国人被赶到"重新安置中心"(relocation centers)——在西部沙漠的不毛之地上的那些枯燥的、缺乏生命力的拘留营。

战争是这场急剧迁徙的借口。有超过十万名日本人住在沿海各州,尤其是加利福尼亚州。他们是农夫或者小商人;其中许多人工作勤劳并且走在社会的前列。对此,招致当地居民的嫉妒及怨恨。时任加州总检察长的厄尔·沃伦,是主张采取行动的官员之一。日本人是危险的一群人。的确,还没有发生什么事——既没有任何破坏活动,也没有任何征兆。但是对某些人而言,这或许是"最不吉利的兆头";这一定意味着日本人正以潜伏之状准备偷袭。[1]偏执让荒唐的谣言到处扩散,而贪婪则把火煽得更旺。当这项争议于1944年抵达联邦最高法院时,即使是在这个冷静的和对外隔绝的领地里,日裔美国人得到的待遇也实在糟糕。联邦最高法院温顺地裁定说,"驱逐令"是基于军事的需要。[2]

在2001年,很难找到什么人愿意为这件案子或拘留本身辩护了。事实上,美国国会在1988年通过了一项法律,正式"代表美国全体公民"(on behalf of the people of the United States),为过去"主要因为种族偏见、战时歇斯底里以及政治领导人的失败决策"而加诸日裔美国人身上的"重大的不公正"(grave injustice)致歉。美国国会倒是做得比说得还多一些:它裁定每一个拘留营幸存者可领取两万美元的赔偿金。³最后,一共分派了15亿美元。

尽管有些鲜为人知,但是同样令人怀疑的,是战争时期夏威夷的局势——在夏威夷,居住着40%的日本人的后裔。珍珠港事变爆发后,夏威夷地方首长约瑟夫·B.波因德克斯特(Joseph B. Poindexter)宣布戒严,并将司法事务转给军方掌控。民事法庭关闭了,军方"创立了一个全面限制的军事政体",附带若干完整的军事法庭(military tribunals)。接着"武断和任性地""大规模地和肆无忌惮地侵犯宪法上的自由权"。有人认为将夏威夷的日本人及美国本土的日本人关起来是个好主意;不过,这样的想法最后大都不太靠谱——或许如此一来,岛上有技能的劳工就会严重短缺;或许是因为岛上的日本人实在是太多了。然而,军方依据戒严法,采取非常残酷的劳工政策,而审判的进行,甚至缺少最基本的程序保障——仓促审判,快捷而草率,按照自己的效率行事;定罪率高达99%。⁴

无疑地,戒严法逐渐松懈,并且民事法庭也重新因为商务活动而开庭,即便在战时也是如此。但是,在1944年2月,一个名叫邓肯(Duncan)的檀香山海军造船厂造船装配工,与两名海军哨兵发生肢体互殴冲突,他因此面临军事法庭的审判;于是,他受到庭审并被判刑。邓肯一直上诉到联邦最高法院;联邦最高法院受理了他的案件以及另一个名叫怀特(White)的人上诉的案件。怀特是一名檀香山的证券经纪人,1942年8月因盗用公款而受军事法庭审理,并被判处5年有期徒刑。在"邓肯诉卡哈纳莫库案"(Duncan v. Kahanamoku, 1946)中,联邦最高法院还这两人自由。⁵该意见书的措辞显得小心翼翼(战争此时已经结束),但是法院确实裁定,在这些案件中,军方"令人畏惧的权力"已经逾越了合法权威的边界。

第二次世界大战期间,并没有"自由卷心菜"(liberty cabbage)*这种东西,也没有人试图把歌德、席勒和贝多芬踢出公共生活。然而,西海岸日本人的命运提醒我们,大量的偏执一直存在着。战争的激情掩盖住了许多惊人的偏执事件。最惨的受害者就是"耶和华见证人"(Jehovah's Witnesses)的成员。这是一个小型并且充满热情的团体,如同他们所信仰的那样,他们积极地传播上帝的福音。"耶和华见证人"成员挨家挨户贩卖、赠送他们的文字材料,尤其是他们的刊物《瞭望台》(The Watchtower)。"耶和华见证人"同时也拒绝向国旗致敬,他们认为向旗帜致敬是一种偶像崇拜。这种行为让美国退伍军人协会会员(American Legionnaires)和其他极端的爱国主义者暴怒。这些人荒唐地举证主张,"耶和华见证人"是第五纵队成员,是间谍,是纳粹的同情支持者。1940年,向国旗致敬的议题因"麦诺斯维尔学区诉戈比蒂斯案"(Minersville School District v. Gobitis)来到联邦最高法院。[6]在宾夕法尼亚州一个小城里,有3名学生是"耶和华见证人"成员的子女,他们拒绝向国旗致敬,因此立刻被逐出学校。费利克斯·法兰克福特大法官主笔撰写多数意见,对这项决定持支持态度,只有斯通大法官持反对意见。法兰克福特说,国旗"是国家团结……的象征"。"宗教信念"并不能使公民"免除政治责任",如果这些"信仰……与社会的利害关系相冲突"的话。法兰克福特同时也对立法机关的"教育政策"给予了很大的认同。

如同法兰克福特所写的,这个世界曾经变得疯狂;就某种意义来说,而法兰克福特自己也神魂颠倒。他个人并不想伤害耶和华见证人。但是这项判决却给那些小镇上的盲目爱国主义者开了绿灯。接

---

* 在第一次大战期间,由于反德情绪高涨,美国曾把"酸白菜"(sauerkraut)改成"自由卷心菜"(liberty cabbage),把"法兰克福香肠"(Frankfurter Wurstchen)改成"热狗"(hot dog)。——译注

下来的,是针对无助的耶和华见证人的许多暴乱和私刑。地方执法官袖手旁观或者加入暴民殴打、骚扰耶和华见证人们,甚至对他们施以酷刑。在马里兰州的洛克维尔,一群人洗劫了"耶和华见证人"的集会大厅。在一桩特别恐怖的事件中,内布拉斯加州的一名"耶和华见证人"成员被去了势。[7]在许多社区,美国退伍军人协会(American Legion)煽动或领导暴乱。另一方面,美国公民自由联盟(American Civil Liberties Union)则不屈不挠地为"耶和华见证人"的权利而抗争。尽管屡战屡败,但他们通过游说、诱骗和提出诉讼,试图捍卫这个团体的权利。

对抗在州法院及联邦法院中展开了。整体而言,至少在最初时段,"耶和华见证人"和美国公民自由联盟在州法院的表现比在联邦法院要好一些。迫害现象十分普遍:因为民众极端的歇斯底里,"耶和华见证人"的成员失去了工作,或被赶出城,甚至由于捏造的指控或者因为毫无道理地被冠以暴动、叛乱的罪名而被逮捕。为了保全自己的口碑,法院有时会颁布禁令,或是推翻这些无理由的逮捕。"耶和华见证人"成员也因为拒绝加入"人为的"战争而被捕。即使法律条文明确地尊重基于宗教信仰不肯服兵役者的权利,并且豁免神职人员入伍的义务,但是仍有大约四千名"耶和华见证人"成员因为违反兵役法而被投入牢狱。即便当战争已经结束,仍有超过一千名"耶和华见证人"成员因为反对《义务兵役法案》(Selective Service Act)而触犯刑法被关在监狱里。[8]

战争结束后,大部分的癫狂的指控也随之告一段落。而联邦最高法院开始重新思考他们的判决。戈比蒂斯案过后仅仅不过3年,联邦最高法院便撤销了该案的判决。罗伯特·H.杰克逊大法官就"西弗吉尼亚州教育委员会诉巴耐特案"(*West Virginia State Board of Education v. Barnette*, 1943)代表6名多数意见大法官执笔撰写意见书。[9]他说,"我们宪法基本星座中的恒星……意味着,官员们,不论其职阶高低,都不可以规定什么意见在政治、民族主义、宗教或其他领域才是正统的"。宪法保护"耶和华见证人"成员不向国旗致敬的权利。

284 　　杰克逊的文字意味深长并富有说服力。它们并非完全正确。在宪法基本架构中,被他称为"恒星"的东西,历史上并不存在。官方总是规定,至少暗示性地含蓄规定,什么是正统的,什么不是。宗教在历史上也从来不被视为"一种观点",而是某种神圣的真理(这里指的是"正当的"宗教)。但是,时代确实正在改变中。"耶和华见证人"及美国公民自由联盟的执著抵抗或许有助于联邦最高法院以不同的观点看待事务。在此背后,存在着一个更深的变革资源:新的平等观念,新形式的多元论,新的个人权利与个人价值的概念。

黑人和白人

　　1937年,卡内基公司(Carnegie Corporation)邀请著名的瑞典社会科学家冈纳·缪达尔(Gunnar Myrdal)教授到美国进行一项"美国黑人的全面性研究"。缪达尔于1938年抵达美国并展开工作。1942年出版了一项研究报告——《一个美国的困境》(*An American Dilemma*)。[10] 卡内基花费的钱可谓物有所值,缪达尔及其同事们拿出了一篇杰作:完整、平心静气而且论述严密。在它冷静的叙述性文字下面,展示出对美国种族记录激烈和一针见血的批评。缪达尔写道,"黑人问题"(Negro problem)是"美国最大的失败"。他小心翼翼地记录着这个失败并以细节为佐证。不过,缪达尔也提供了一些希望:如果美国能够认识到如何"跟随它自己最深沉的信念",种族关系有可能出现拐点,并且成为"未来无法比拟的重大机遇"。[11]

　　当然,缪达尔的研究主要并不是有关种族关系的法律。然而研究的确显示了一些表现形式,无论是在法律或其他方面,尤其是在南方,黑人总是维持在"他们自己的地方"。南方各州的选举人头税、教育程度的要求,以及"品格"的要求,把黑人排除在选举投票之外:这些"很少用于白人的手段,几乎总是拿来用在了黑人的身上"。此外,"暴力、恐吓、胁迫……被有效地用来剥夺南方黑人的公民权"。法律是把双刃剑:它强制实施种族镇压强迫,而当黑人是被害者时,它又偏重另一面的解释。"白人几乎可以用任何方法窃取黑人财务或虐待黑人,但可以免于遭到报复恐惧";南方的"司法"制度,实际上是对黑人关闭了大门。典型的南方警察是"被晋升了的贫穷白人,他们可以依法使用武器。这些人的社会遗传基因便是教他们鄙视黑人";他们依旧对所有的黑人持有深深的偏见。[12]不论南方或北方,大部分的黑人都极度贫困;他们的健康和教育状况远远落后于白人,他们被侮辱、受压迫,他们生活在正常生存机会之外。

然而,缪达尔也看见了将要发生变革的征兆,而且改变确实正在路上。或许最重要的催化剂便是民权运动——这是一项富有战斗性的黑人决定付出最大的代价(和危险)反抗白人至上的事业。他们在北方找到了一些支持。北方的白人自身也不乏种族主义者。但是北方的种族主义和南方的种族主义存有重要的差别。典型的北方白人对黑人并不友善,他们不想与黑人之间有任何瓜葛;但是同样的这群北方白人发现,现实刻板的种族隔离——比如种族隔离的洗手间和饮水器等这类事物,是令人厌恶的,而且他们自认为优越于那些粗鲁的南方乡下佬。

此外,种族主义曾经是或已经是一件在国际上尴尬不堪的事情。第二次世界大战是一场反对邪恶与种族主义政权的战争。在冷战时期,美国的种族隔离政策是苏联手中的一件武器。在这个世界上,大部分的人都不是白人。尤其非洲已经挣脱了白人殖民主了获得自由。大英帝国及法兰西帝国已经支离破碎。印度已经成为独立的国家。

对南方的种族隔离主义者而言,任何有关种族平等的言论,都被视为共产主义的宣传,绝对令人厌恶。但是,对州政府部门以及对许多美国人而言,民权是用以"反对"共产主义宣传的武器,是美化国家国际形象的途径。如同国务卿迪恩·艾奇逊(Dean Acheson)于1952年所称,种族歧视给予苏联政府"宣传战中最有效的弹药"。当包括一些大使在内的"皮肤黝黑的外宾"在华盛顿特区的旅馆和餐厅遭到羞辱(至少直到他们证明自己是外国人之前)时,种族歧视实在是件尴尬不堪的事情。[13]

不过,民权运动是决定性的因素。它并非从真空中产生。它不仅具有政治价值,而且从整体而言,一种激动人心的、不断增长的权利意识正是这个时期的特色。很难说明,这种意识是否黑人解放运动的原因或结果。或许两者兼具。无论如何,人口统计学上、文化上、政治上及经济上的压力在不断积累;而白人至上的城堡遭遇越来越多的围攻。

这个白人至上的城堡是怎样被围攻的呢?在南方,黑人根本无法进入政治的殿堂。黑人根本没有任何政治权力。对黑人在这方面任何一点儿不易控制的冲动,白人都会予以压制;如同我们已经看到的,有时甚至采用残忍的暴力方式。黑人从全部由白人组成的立法机关及地方议会中,几乎什么也得不到。他们从南方的选举登记员和警长那儿也得不到什么东西。华盛顿的行政机关则漠不关心甚至更糟糕。南方白人民主党议员在国会中拥有极大的支配权力。他们其中的有些人在种族议题上表现出可憎的偏激狂。"温和派"则保持着沉默。然而,仍有一线希望尚存:联邦法院。已有迹象显示,至少联邦法院愿意倾听。在第二次世界大战后,或许有些不情愿,联邦法院成了种族平等新时代的捍卫者。

"谢莉诉克雷默案"(*Shelley v. Kraemer*, 1948)是一项法律上的重要胜利——是一个风向标。[14]就某方面而言,争议在于住宅的种族隔离,这是种族隔离制度非常核心的部分。如我们所看到的,在20世纪初,联邦最高法院已经推翻了许多市政府有关种族隔离的法令。于是,限制性契约(restrictive covenant)便成了这些法令的替代品。这些约定本身属于房地产契约条文中的私人协议。其目的在于保护整个小区、住宅区或开发案的价值和优质。契约中可能包括各种约定,例如业主只能将土地供家庭住宅使用(不可以分割成宿舍房间或用于制革工厂)。这些契约也时常恶名昭著地规定,土地及房屋只能供白人使用。这些契约像杂草般蔓延。据估计,芝加哥约有80%的土地与房屋为种族契约(racial covenants)所覆盖。而且法院"严厉地"强制执行这些契约。[15]这些契约"与土地相伴"——无论土地的流转有多频繁,这些契约就像粘胶一般和土地紧密粘在一起;而且,任何邻居、同一住宅区或开发案的任何住户,都可以前往法院请求强制执行契约。

这个制度随着"谢莉诉克雷默案"出现在联邦最高法院面前。黑人家庭蔑视契约的存在而购置新屋。密苏里州的下级法院支持白人邻居,并判令黑人家庭离开此地。联邦最高法院则驳回本案。没有任何法院可以强制执行这种契约。美国宪法第十四修正案规定,在任何州或州政府机构的种族歧视行为都属违法。首席大法官文森执笔为法院撰写意见书,指出强制执行这种契约需要"州法院积极的介入以及州政府的全力支持"。然而,如此行事是违宪的。

"谢莉诉克雷默案"掀起一阵反对"住房种族隔离"的风潮,但这还不是决定性的事情;门只是打开了一道缝隙,仅此而已。强势的规范与习惯——不动产中介商及其他人的习惯——依然将城市分成黑人区和白人区。不过,若没有"谢莉案",美国庞大的成教住宅新区帝国内将永远彻底对非白人关闭大门。本案同时也是一个重要的风向标。联邦最高法院认为,美国的种族隔离制度是令人厌恶的制度。

联邦最高法院同时也给出了一个明确无误的信号,他们对学校的种族隔离制已经失去了信念。"隔离但平等"(separate but equal)的古老准则已经显露式微。一名黑人女性艾达·洛伊斯·思博尔(Ada Lois Sipuel)申请就读俄克拉荷马大学法学院——这是该州唯一的法学院。由于州法律规定,种族混合的教育是违法的,她因而被无情地拒绝录取。联邦最高法院于1948年下令俄克拉荷马州提供艾达·洛伊斯·思博尔接受法学教育的机会。该州大学评议委员会"气呼呼地在一夜之间办了一所法学院,在州议会大楼里隔出了一个小房间……并指派3名教师"来应付艾达·洛伊斯·思博尔。艾达·洛伊斯·思博尔和许多俄克拉荷马大学的学生一起谴责这出闹剧;但是在上诉时,联邦最高法院却十分胆怯地拒绝更进一步的介入。[16]

不过,在后续的两件案子中,联邦最高法院开始缓慢地向前推进。在"麦克劳林诉俄克拉荷马州大学评议委员会案"(*McLaurin v. Oklahoma State Regents*)中,俄克拉荷马大学勉强接受了68岁的乔治·麦克劳瑞(George W. McLaurin)的研究生入学申请(他想要取得博士学位)。[17]但是,麦克劳瑞是名黑人。他必须独自就座、独自用餐,在图书馆里使用一张特别的、隔离的桌子。大学的行政人员"用横木制作的栅栏在他的座位旁围起来,并标着'保留给有色人种'的标志"。值得令人赞扬的白人学生将这个标示毁掉了。[18]联邦最高法院受理了麦克劳瑞的案件,并同时听审了"斯威特诉平特案"(*Sweatt v. Painter*, 1950)并作出了判决。[19]斯威特是一名黑人邮递员,他的凤愿是在得克萨斯州大学法学院读书。受到"艾达·洛伊斯·思博尔案"的警示,得克萨斯州匆匆忙忙地设立了一间专门给黑人就读的法学院。但是,它"包括一处地下室的三间小房间,还有3位兼职教师",以及一间狭小的图书馆。实在让人难以争辩,这与德州大学法学院是"同等的"。联邦最高法院确实不这么认为。得克萨斯州大学拥有极好的质量,以及包括其传统、威望等"无法客观度量"的品质。联邦最高法院下令得克萨斯州接受斯威特进入得克萨斯州大学法学院就读,并下令俄克拉荷马州结束对麦克劳瑞无礼的侮辱举动。

这两件案子都被一致通过。它们相当清楚地表明,"普莱西诉弗格森案"已经失去了效力。在得州案中强调"无形资产",显示出联邦最高法院对象征性装点门面和虚假平等的极不耐烦。最重要而且戏剧性的推进——转折点——是1954年的"布朗诉教育委员会案"。[21]该案直接正面攻击学校的种族隔离制。全国有色人种协进会在反抗中走在前列。杰出的黑人律师引导着全国有色人种协进会谨慎小心但又毅然决然地在法院中抗争。其中一名律师是小查尔斯·休斯敦(Charles Houston, Jr.);在休斯敦死后,瑟古德·马歇尔接替了他,担任律师团队的领袖,马歇尔后来成为联邦最高法院第一位黑人大法官。在布朗案中,策略是由马歇尔主导决定的。

在"布朗案"中,马歇尔决定全力以赴——停止小碎步接近目标的策略,要求联邦最高法院一劳永逸地永远结束学校种族隔离制。在本案努力攀登司法阶梯的过程中,人们在密切地关注着它的进展。(有些南方的州担心可能即将发生的事态,于是突然开始大量注入金钱给黑人学校,以便让它们变得更"平等")。本案在联邦最高法院里辩论,延期后于1953年重新展开辩论。瑟古德·马歇尔强而有力地陈述此案:学校种族隔离制"可憎的和引发怨恨的";这是一种羞辱,侮辱了孩子们的人格。另一方面,约翰·W. 戴维斯(John W. Davis)这名杰出的南方律师——一度是民主党总统候选人——在他律师生涯临近末期时,为南方各州实行种族隔离学校的权利而辩护:毕竟,种族的差异被"移植入"人类之中,几乎难以摆脱。此外,黑人儿童在种族隔离的学校中会比较快乐,状况也比较好一些。[22]

起初,并不清楚联邦最高法院要去做什么。事实上,联邦最高法院的立场存在着严重分歧。一派勉强占多数的意见似乎已经准备好要把种族隔离制扫进历史的垃圾堆。首席大法官弗雷德·文森对如此激进的做法持犹豫不决的态度。但在这一节点上,天降时运并且要重新发牌。在第一轮及第二轮辩论之间,首席大法官文森突然因心脏病发逝世,享年63岁。艾森豪威尔总统任命新的首席大法官:加利福尼亚州的厄尔·沃伦。沃伦是杰出的共和党员,并曾经为艾森豪威尔热情助选。通过对他的提名,艾森豪威尔还了一份政治人情债。[23]

后来,对民权并不友好的艾森豪威尔开始后悔了,但是已经为时太晚。沃伦很快便判决种族隔离制是错误的;此外,他成功地着手建立起不仅仅是多数意见,而且是非常强有力的全体一致的意见——联邦最高法院最有力的一个意见。这需要一些运作,坚持到最后的是斯坦利·里德(Stanley Reed)——但沃伦最终如愿以偿。

1954年5月17日中午12点52分,新的首席大法官"以坚定、清晰、冷静的声音",开始宣读联邦最高法院简短、有力、全体一致的判决结果。或许,在美国历史上,没有任何一个判决显得如此重要。联邦最高法院说,宪法并不允许州政府依据种族隔离儿童。这违反了美国宪法第十四修正案。在南方的语境中,种族隔离的学校是天然不平等的。只因为种族的原因,而将儿童从"其他年龄、资质相同的儿童中分离出来,会产生一种自卑的情绪";当种族隔离制"受到法律的认可",将"阻碍教育和心智的发展"。将黑人儿童送进种族隔离的学校,就是拒绝承认他们在法律上享有"平等的保护"。

"布朗案"是有关学校的案子,也是唯一与学校有关的案件,但是它传达出来的讯息具有深远的含义。事实上,"布朗案"只是个开端。这项判决激起整个南方白人的咆哮和怒吼。当然,这并非出乎意料。联邦最高法院本身也不愿意在这件事情上逼迫南方走得太远、太快。

联邦最高法院在"布朗案"中并没有决定下一步:州政府应该立刻终结他们种族隔离的制度吗?他们有时间准备一些计划吗?这些计划都是什么呢?这件事被搁置了一年,让双方都有机会辩论该如何非结束种族隔离制度。[25]

第二件案子,"布朗第二案"(*Brown v. Board of Education* Ⅱ,1955),则有点吞吞吐吐、转弯抹角。[26]联邦最高法院并没有下令即刻结束种族隔离制。它反而将问题发给下级联邦法院;它下令这些法院做出"在必要和适当时出台与这项意见相一致的命令",并以"最慎重的速度"结束种族隔离制。法院这种用语十分暧昧模糊,至少可以这么说。这到底是什么意思呢?南方就以他们想要的方法来加以解释:阻碍、模糊和拖延。

如果有任何人相信南方白人会俯首接受联邦最高法院的判决,他们很快就会发现自己错得多么不靠谱。南方的政治人物全体一致谴责"布朗案"以及之后的判决。不论是政治人物或一般民众,整个南方都在破口大骂联邦最高法院——这么一个机构竟然胆敢攻击"南方的生活方式"。1956年,96名南方的国会代表签署了一项废除种族隔离的宣言,宣称"布朗案"的判决是"毫无根据的";带着无意识嘲讽的口吻,他们说,这个判例"破坏了白人与黑人间和睦的关系,这可是过去90年来两个种族的好人们耐心努力的结果"。

南方的白人竭尽全力在法院中反击,同时也在法律支配范围以外采取反击。尽管联邦最高法院作出这样的判决,在密西西比州,还是没有任何一名黑人学生进入白人学校就读。在大学的层级,即使是稍微消除种族差别待遇,都需要漫长的等待,有时候甚至是暴力的努力。当一名年轻的有色人种女性奥瑟琳·露茜(Autherine Lucy)依据一联邦法院的强制命令,试图于1956年2月进入阿拉巴马大学就读时,暴民"在塔斯卡卢萨徘徊了好几天,焚烧十字架,挥动南方联盟旗帜并攻击由黑人驾驶的汽车"。阿拉巴马大学将露茜逐出校园,然后将她正式除名。[27]

詹姆斯·梅雷迪斯(James Meredith)是个有点儿固执无畏的年轻黑人,在20世纪60年代早期,他胆敢梦想进入密西西比大学。密西西比州的白人领袖为此狂怒不堪,而且尽一切努力要阻挠梅雷迪斯入学。密西西比州州长罗斯·巴尼特(Ross Barnett)发誓要"介入"大密西西比州的"主权",让它的大学保持白色。他谴责"联邦政府非法的要求",并主张密西西比州可以拒绝"饮用种族灭绝的苦酒"。[28]在经历许多血腥暴乱、联邦军队介入、联邦法院颁布了无数的命令与令状以及巴尼特藐视法庭的传票后,梅雷迪斯最后进了密西西比大学。

不过,混战及法院战争还不是最糟糕的。南方种姓制度一直有其丑陋和暴力的一面。1955年,来自芝加哥的14岁男孩埃米特·提尔(Emmett Till)拜访密西西比州的亲戚。提尔夸口说,他在北方有一个白人女友;部分原因是由于他表哥的怂恿,他走进一家杂货店,紧握一名白人女性的手,向她吹口哨,并邀请她外出约会。他为自己的无礼赔上了性命。三天后,他裸露的尸体从一条河里被捞起来,全身被砍得面目全非。[29]从一开始就很清楚是谁杀了他——那名女子的丈夫和他同父异母的兄弟;但是,由12名白人组成的陪审团在67分钟的审议后,宣布这两个人无罪。这种事在南方司空见惯,但是布朗案和其他因素让种族暴力越来越具有媒体报道价值,而且毕竟提尔来自北方。在北方,这是个丑闻,是引起轰动的事件,也是一桩暴行——也是对民权运动的极大刺激。

提尔事件昭示出南方的种族仇恨的源头何等深沉。"三K党"(The Ku Klux Klan)像是一个死缠烂打的吸血鬼,从它的棺材里跳了出来。如同我们所见到的,"三K党"在20世纪20年代风靡一时,但随后便失去力量;而布朗案的判决则让它重整旗鼓。1958年,"三K

党"大约有 4 万名成员。在南方,民权工作者遭到恐吓和袭击,有时还会发生冷酷的谋杀案。1957 年,"三 K 党"对四间蒙哥马利郡的黑人教堂的爆炸负有责任;一个"三 K 党"的分部在伯明翰市附近抓到一名黑人杂务修理工,割去他的睾丸,并在他的伤口上浇淋热煤油和松脂油。[30] "三 K 党"或许也必须为最残暴的行为承担责任:爆炸了伯明翰市第十六街上的浸礼会教堂,杀害了 4 名小女孩。

当然,许多南方的白人也谴责这些暴行。然而,法制不彰在南方政府的最高层获得了拥护者。白人公民议会(White Citizens Councils)在南方各处纷纷成立,为反对消除种族差别,他们希望找出"可承担责任的"(确切地说,非"三 K 党"的)领导者。不过,这些议会是种族主义者的核心,他们经常参与抵制或者"残酷地威胁思想自由的黑人"。格罗弗·霍尔(Grover Hall)称他们的行为是"修正的'三 K 党'主义",指出他们犯下"经济上的谋财害命"的罪行。[31] 密西西比州创立了州自治委员会(State Sovereignty Commission),作为一个超级议会;该委员会使用"间谍手法、恐吓、非法监禁、贿赂陪审团"及其他方法来与民权运动对抗。如同一个密西西比州的记者所言,这是"棉花地里的 KGB"。该委员会骚扰民权领袖的工作及其日常业务。该委员会于 1977 年停业,其恶劣的记录在 1998 年被昭彰于世。[32]

民权运动产生了一群殉道者,其中有黑人也有白人。民权运动还催生了一名至关重要并且极具魅力的领导者——马丁·路德·金。最后,在孟菲斯市的一家汽车旅馆的阳台上,马丁·路德·金也成了一个殉道者。

那么,联邦法院又该怎么办呢?联邦最高法院曾经发声,曾经宣布对州政府的规则的约束。当然,这些规则同时也约束联邦系统——下级的联邦法院,以及联邦执法官。有些南方的联邦法院表现出极大的勇气和理解,但并不都是如此。一方面有"不太有把握的英雄人物"——那些尽职其业和违抗社群的联邦法官；同时也有些法官是激进的种族分离主义者、白人至上主义者。[33]艾森豪威尔总统虽然不是民权运动的推崇者，却任命了许多英雄法官，这些人都是推行法治的温和的共和党党员。他们的白人朋友及邻居躲避他们；有时候，他们要在死亡的威胁下工作，但是他们并没有缴械收兵。另一方面，肯尼迪总统任命的法官十分混杂。部分原因是他认为在政治上需要依赖的国会中的南方民主党员，所以肯尼迪任命了一些毫不掩饰的种族主义的人担任联邦法官——其中最臭名昭著的，当数哈罗德·考克斯（Harold Cox）——他使得法官的职位蒙受耻辱。

首先，联邦政府并不想热切地加入这场有关种族平等的战争。刚开始的头几年，艾森豪威尔踌躇再三、犹豫不定。但是，一桩危机于1957年在阿肯色州的小石城爆发。一联邦法院下令小石城的中央高中（Central High School）准许黑人学生入学。而阿肯色州州长奥瓦尔·福布斯（Orval Faubus）决意阻止种族融合。他下令阿肯色州国民警卫队进驻中央高中，阻止任何试图入学的黑人学生。这位州长声称，他这么做是为了避免暴力冲突。最后，艾森豪威尔总统不得不下令使阿肯色州国民警卫队隶属于联邦政府，并运送伞兵部队进入小石城。艾森豪威尔只好吞下了他对"布朗案"的厌烦；无论他对这项判决的感觉如何，他都不能对福布斯藐视国家公权力的事实置之不理——包括作为一个美国总统的权力。[34]

校务委员会并未放弃，它在法院提起诉讼，试图说服法官消灭废除种族隔离制的命令。该委员会谈到所谓"极端的公开敌对状态"，其结果导致"在中央高中，一项健全的教育计划"之"不可能"，除非"黑人学生离开该校并进入种族隔离的学校上学"。地区法院同意这样的主张，并裁定"混乱、喧闹、骚动"的情况是完全"无法容忍的"。但是第八巡回审判庭则撤销了此案，联邦最高法院以全体一致的意见，维持了巡回法院的决定。[35]"暴力及混乱"并不能盖过"宪法的基本权利"。中央高中必须敞开它的大门。

在经过四十多年后,"布朗案"显然已经进入伟大判决的圣殿。只有狂热的极端主义者才想要回到学校种族隔离制的时代——至少是法律认可的种族隔离的学校。不过"布朗案"本身一直有一些争议。这个案例的影响究竟有多大?毗邻的各州已经迅速执行了这项判决,但是,如同我们所见,南方则拼命地抵抗。在"布朗案"发生十年后,南方各州只有1.2%的黑人孩子们与白人孩子们就读同一所学校。除了得克萨斯州和田纳西州以外,南方各州的这个比率不到0.5%。[36]

就"布朗案"而言,最有力的论据就是它的催化剂作用,它刺激并鼓励了民权运动。另一方面,有些人说"布朗案"本身并无效果——如同我们所看到的,若干年后,废除种族隔离制的学校依旧寥寥无几。直到1964年的《民权法案》(Civil Rights Act)才打破了这个僵局。(有人争辩说)更糟糕的是,"布朗案"让整个国家撕裂为两级,造成极大的反作用力,甚至可能对民权运动造成妨碍。[37]事实上,迈克尔·克拉曼(Michael Klarman)称南方的政治"戏剧性地向右踽踽而行"——而"布朗案"或许就是其中一个原因。他主张"布朗案"造成的焦虑,遮蔽了在"布朗案"之前南方趋向温和的真实进程的证据;此外,联邦最高法院并没有催生民权运动,在"布朗案"出现很久之前,这场运动便已经存活并进展良好。

民权运动确实在"布朗案"前便有若干进展。但是它却经常被那些满怀愤恨的、不愿妥协的并时常使用暴力的白人反对者们紧紧地挤压着。当阿拉巴马州摩比尔市(Mobile)的一处造船厂敢于在第二次世界大战期间雇用12名黑人电焊工时,白人工人以砖头、铁锤、扳手和铁棍攻击他们。[38]在前进的路上,这样的事情并不多。当然也有些相反的证据:在第二次世界大战后,杜鲁门总统下令强制废除种族隔离制,而且在演艺行业和体育运动行业的某些方面,种族融合渐渐展开。或许"布朗案"确实煽起了南方怨恨黑人的火焰。但是南方白人的狂怒和暴力行为则透过电视传送到全美各地,让上百万名北方人感到惊骇。他们看到警犬爆出利齿攻击示威者,穿着整洁的小女孩走进学校时却遭到暴民尖声辱骂并朝她身上吐口水,年轻人及宗教领袖被棍棒殴打。因此,电视是民权运动的重要支持者,正如它是越战冲突时期反战运动的重要支持者一样。而舆论气氛的转变(发生在北方的大部分,但并非全部)启动了"全国性努力"来终结种族歧视的过程。[39]

就这方面而言,联邦最高法院不曾动摇过或走回头路。一旦找到种族隔离制,它便立刻着手清理。"布朗案"是一个与学校有关的案件;而沃伦的意见书强调教育在现代生活与现代社会的重要性。但是,联邦最高法院很快便明确,不论是否发生在学校,任何正式的种族隔离制都是不合法的。不像许多早期的民权案件,"布朗案"并没有注定成为一个孤岛。全国有色人种协进会及其同盟持续施加压力,而联邦最高法院似乎极力想把法律上的种族隔离制从头到脚都送进棺材里。联邦最高法院明确地主张,不仅仅只是在学校,发生在生活各层面的种族隔离制都是违法的;不论是在公园里、游泳池或其他公共场合,都是如此;法律将不会容忍任何贬损弱势族群的做法。

这些新案件中的部分是"由法庭共同议决"(*per curiam*):简短的,几乎是敷衍,而且没有任何书面的意见书。"多森诉巴尔的摩市市长及市议会案"(*Dawson v. Mayor and City Council of Baltimore City*, 1955)处理有关种族隔离的海滩及公共浴室事宜;第四巡回上诉法院认为这是违宪的;联邦最高法院的意见书以短短的一句话支持这项判决。[40]有些学者——尤其是赫伯特·韦克斯勒(Herbert Wechsler),他写了一篇著名的文章——批评这些由法庭共同议决的案件,因为它们没有"原则",也没有合理的论据。[41]但是联邦最高法院清楚自己正在做什么。它想在此情况下，尽可能减少杂音。而这项"原则"相当清楚明白，任何人都足以理解：通过法律、规则、命令或规范施加种族隔离及种族歧视是邪恶的，不管它出现在哪里，联邦最高法院都需要将其铲除。

在"拉文诉弗吉尼亚州案"(*Loving v. Virginia*, 1967)中，联邦最高法院面临了曾经被责骂的种族关系：不同种族间通婚及性行为。[42]如同其他许多州的法律，弗吉尼亚州的法律规定，白人若与"其他有色人种通婚"是违法的。拉文是白人，他的妻子是黑人，他们被控违反该法。弗吉尼亚州法院肯认该法，它们引用早期论及"种族纯正""血统腐化""种族自尊心"及"混杂血液公民"的判例。弗吉尼亚州同时也争辩，该法并没有种族歧视——这样的法律责任不仅加诸黑人，同样也加诸白人。

不过，联邦最高法院这个说法完全无法苟同，大法官们全体一致推翻了该法。厄尔·沃伦在异族通婚法中找不到"合法的"目的，该法规的目的除了"旨在于维持白人至上"，别无他途。没有任何一州可以侵犯"与其他种族结婚或不结婚的自由"。"拉文案"是个高峰：种族隔离作为一种法律政策难以幸存，即便是在这个最敏感的领域里。在联邦最高法院层面的立场绝对坚定不移。

但是，种族主义和白人至上主义并不容易消灭。南方的制度像是原始的怪兽，迟缓爬行的低等生物，从被砍成碎片的旧身体中，长出新的实体。而且南方的白人拥有权力，他们几乎完全控制了南方各州的政府机器。如同我们所看见的，他们热衷于粗暴地使用暴力手段。在学校的议题上，南方使用的战术就是什么都不做。拖延、逃避、跨踏；迫使全国有色人种协进会及其同盟和联邦政府花费时间、金钱、精力在每一州的每一个学区上；使每一名黑人学生进入白人学校或学院的费用变得昂贵、时间变得缓慢。因此，消除种族隔离制在最南部各州进行得像蜗牛爬行一样缓慢。最后,连联邦最高法院自己也失去了耐心。原本的"布朗案"判决要求"以慎重的速度"进行种族融合,然而联邦最高法院在"格里芬诉郡学校委员会案"(*Griffin v. County School Board*, 1964)中称,十年来,南方种族融合的速度"太审慎,速度实在不够快"。[43]本案出自弗吉尼亚州,该州采用的是"大规模抵抗"("massive resistance")的策略。[44]在"格里芬案"中,弗吉尼亚州的爱德华王子郡曾经试图以简单、粗暴的方式规避种族融合:关闭所有的公立学校。结果黑人离开后无学校可上,而白人则进入私立学校,他们急急忙忙地聚集在一起,由州政府资助学费。联邦最高法院裁定这个计划是违宪的。

最终,"大规模抵抗"被证明是徒劳的,它在沉重的政治压力与法院的命令下崩溃了。然而,在南方的大部分城市,种族融合都处于僵持状态。最后,对学校种族融合致命的一击,并不是种族隔离主义或它的鬼把戏,而是简单的白人迁居。种族隔离的住宅计划,注定了学校种族融合的失败。在"斯万诉夏洛特市麦伦伯格教育委员会案"(*Swann v. Charlotte Mecklenburg Board of Education*, 1970)中,联邦最高法院在北卡罗来纳州夏洛特市分散黑人学生的计划上盖上了认可的大印。[45]这项计划与接送学童的巴士有关,如此一来,夏洛特市各校的黑人与白人学生的比例可能变得相同。这项判决是全体一致通过的,然而在幕后,异议非常严重,然而一纸判决则掩盖了这一切。"斯万案"并不是第一个,也不是最后一个校车接送(busing)的争执案件。一般而言,校车接送在诸多城市白人中间是极其不受欢迎的。"斯万案"来自北卡罗来纳州,但这不再是南方的问题或南方的争议。校车接送在波士顿这个北方各州的心脏地区也是个极具爆炸性的议题,只有极少数地方的反应比它强烈。马萨诸塞州曾经于1965年通过一项《种族不平衡法案》(Racial Imbalance Act)。不过,这一使用校车接送学童以落实种族融合的尝试,反而导致该市有史以来种族之间最狂暴的冲突。[46]

事实上,现在北方必须面对自己黑暗和肮脏的秘密。在法律上,北方并没有规定学校施行种族隔离——至少没有公开如此规定。但是,他们实际上是有种族隔离的。与南方的偏见相比较,北方的偏见整体而言比较微妙、比较少些暴力,但是却很顽强固执、根深蒂固和普遍存在。当然,在20世纪50年代的密西西比州,没有任何一名黑人小孩与白人小孩上同一所学校,而在纽约市、芝加哥市和丹佛市则与此不同。但是,在北方和西部,大部分黑人学生进的都是黑人的学校,而大多数白人则进的都是白人的学校。因此,这个议题事实上不外乎也是个种族隔离的问题。不久,法律诉讼便开始登堂入室。第一件来到联邦最高法院的案子,是1973年来自丹佛的案子——这是一个远离最南方各州的城市,它坐落在一个不曾有种族隔离学校政策的州里。[47]事实上,几十年来,他们一直禁止种族歧视。但是学校委员会在划分学区时舞弊,并操纵分界线——因此联邦最高法院才能够找到种族歧视的企图,并裁定丹佛市必须对此承担责任。

不过,种族融合的争议在此时变成全国性的议题,联邦最高法院出现了第一次退缩。关键的案子来自底特律。一个联邦地区法官斯蒂芬·罗斯(Stephen Roth)裁定底特律教育委员会负有罪责,因为它采用类似丹佛市的手段。令人吃惊的是罗斯法官的解决方案:他将市区(大部分是黑人)及近郊(大部分是白人)凑在一起,并命令采用一项利用巴士大范围运送学童的计划。罗斯法官问道:还有什么其他的办法能够"废除黑人城市或黑人学校制度的种族隔离制"?的确,还有什么其他的办法?似乎令人有些怀疑,究竟我们国家是否已经准备好走向这一步。无论如何,联邦最高法院还没准备好。在"米利肯诉布拉德利案"(*Milliken v. Bradley*, 1974)中,联邦最高法院以5比4的判决否决这项计划;不得以地方性废除种族隔离的法律,将近郊与底特律市混合在一起。[48]白人迁移的世界归于安全了。白人的郊区终于能平安无事地盘踞在他们绿色逸然的领地之中。这是20年来,黑人第一次在联邦最高法院输掉了有关学校的案件。就某种程度上说,这也是学校与住宅计划废除种族隔离制的终结。官方的和法律上的种族隔离制确实已经死去,取而代之的,是更深层面的种族隔离制,是一种住宅、邻居、生活方式的种族隔离。成千上万名黑人学童在全是黑人的、永远都看不到一张白人面孔的学校就读;他们大量群居于聚集着黑人的贫民窟里。当然,新的种族隔离与旧的种族隔离不同,它并不是一个普适的制度;仍然有黑人避开贫民窟,居住在种族混杂的社区里。但是这些人多是富裕的黑人——是少数中的少数。

让权利成真:民权法

如同我们所看见的,有些学者曾经对"布朗案"有任何实际的影响表示怀疑;但是对于1964年的《民权法案》便没什么争执。这显然形成极大的不同。重大的宪法案件或许会上更多的新闻头条,会产生更大的震动;但是,不懈努力、日积月累地让民权成真的工作,则属于让这项法律产生的机构。

民权法案就许多方面而言,都是一个突破性的事件。首先,这是政治的突破口。1957年,美国国会已经通过了一部温和的民权法。艾森豪威尔总统对这个议题并不热心;而有势力的并占据重要位置的南方参议员及国会议员则尽一切努力来阻止民权法议案,以至于如果他们中间任何人一旦想办法进入国会的讲台,他们就可以口若悬河、滔滔不绝到令人窒息。这些人在各州权力的旗帜下行进;但是,他们真正的目标其实是白人至上。他们经常指责种族融合并且宣传其他消除种族融合的恐怖感。在肯尼迪及约翰逊担任总统时,他们的立场变得有点软弱;而北方民众在主张上则逐渐开始反对种族隔离主义者。马丁·路德·金显露头角并成为有力量和有魅力的领导者。1963年9月,伯明翰市第十六街上的浸礼会教堂发生爆炸事件。礼拜日学校里4名年幼的非裔美国女孩死于这场恐怖事件。这一疯狂事件透过电视在最佳收视时间传送到全美各地。某种舆论成形了:人们不可以就此袖手旁观。

1964年的法案,进入国会的过程仍旧扭曲并缓慢。[49]最后一次阻止这个议题的行动失败,参议院以71:29票终结——也就是,这个争议到此为止。在众议院,由两党联合组成由主席霍华德·史密斯(Howard Smith,南方弗吉尼亚州顽固保守的民主党员)控制的众议院规则委员会(House Rules Committee)。约翰逊总统于1964年7月签署后使之生效成为法律。[50]

该法案十分冗长、具体、全面和宽泛。第二章规定公共膳宿(public accommodation)的歧视是违法的,任何酒店、汽车旅馆、小旅馆(拥有5间或更多房间)、餐厅、自助餐馆或午餐店、加油站、剧院或运动场,都不得基于种族或肤色而带有歧视。第四章处理公共教育。第七章是关键的一章,禁止雇用、解雇时的种族歧视;它适用于所有拥有25个以上"对贸易产生影响之产业的"劳工的雇主。这结果几乎涵盖了一切领域。该法案同时也赋予权力给行政机构,就业机会平等委员会有5名被任命的成员,负责听审投诉。就业机会平等委员会相比会尽力在解决各种问题——多多少少会获得一些自发的妥协。但是,如果事情不能奏效,它有权将雇主拖入法院。任何"受侵害的"人都可以如法炮制:被歧视的受害者可以自行提起民事诉讼。

在20世纪末,每个重大的法规都注定要走完法庭诉讼的全套程序。《民权法案》立刻在法院中受到挑战。基于什么样的基础,国会有权告诉汽车旅馆或餐厅,应该接待或不接待哪些顾客?在1883年,所谓的民权案件断然地主张国会没有这种权力;宪法第十四修正案仅禁止州政府有歧视行为;但是普通人则不受此约束。[51]这些起草1964年法律的人意识到了这个问题。他们试图借用国会管制州际贸易的法规来解决这个问题。联邦最高法院在1964年的两件案件中,全体一致支持这项法案。其中一件出自伯明翰市;欧利烤肉餐厅(Ollie's Barbecue,一家烤肉及自制甜馅饼的餐厅)的店主拒绝招待黑人。有些烤肉的食材来自其他州。此外(法院说),歧视黑人意味着使他们买得比较少,而这样的偏执将妨碍贸易的流动。[52]一个19世纪的法院——或甚至是20世纪前半叶的法院,都可以发现这个推论的荒谬。但是这项法律的核心知道其中的道理,而这个道理(中立的原则)本身则什么都不知道。

就业机会平等委员会打从一开始就很忙碌。它预计第一年有2 000件投诉(至1966年6月为止);但是却来了8 854件。这比其他所有州政府反歧视机构在一年内受理的所有案件的两倍还要多。黑人提出的投诉大约占了其中一半。大部分都来自南方:例如,有709件来自北卡罗来纳州,只有33件来自马萨诸塞州。[53]许多投诉被移交给州政府机构,许多则被驳回或不被受理,许多则以和解或调解的方式解决;即便如此,仍有相当数量的投诉要离开这个机构而提交法律诉讼。

当就业机会平等委员会开始运作时,种族歧视显然就是就业市场的流行病。在接下来的30年左右,情况有戏剧性地改善。但是投诉的数量并没有下降。在20世纪80年代,就业类种族歧视的投诉徘徊在3万件左右。其中大约有三分之二被驳回,因为政府机关"没有发现任何合理的理由";大约只有四分之一的案件得到一点积极的解决方案。[54]投诉不再聚集在南方了;它们已经成为全国性的问题。投诉数量的增加,并不意味着歧视增加了——事实上,情形恰好相反。但是,现在倒是暴露出,黑人在过去他们完全被排除的地方遭遇到种族偏见。更重要的是,权利意识及权利索赔意识已经随着时间逐年增长。

《民权法案》产生了许多裁定、法规以及大量的判例法。粗暴、公然的歧视被迫走入地下。大量的诉讼处理逃避责任、遁词推脱方面的索赔。"格里格斯诉杜克电厂案"(*Griggs v. Duke Power Co.*,1971)便是一个关键的判决。[55]这家公司在北卡罗来纳州,只雇用黑人从事类似打扫地板的工作。好的工作全都由白人来做。1971年,这家公司意识到这项难以遮掩的政策行将远去。他们将工作机会向黑人和白人们开放;但是,获得这些工作,工人必须拥有高中学历,而且必须通过能力测试。当地大部分的黑人高中都没毕业,而且无法通过测试。这家公司仍旧主张,他们的行为是善意的,而且联邦下级法院认可了这家公司的说辞。

联邦最高法院的是非很明确。联邦最高法院说,当其结果导致"维持"现状的时候《民权法案》不允许"练习、手续、测试"的存在,"即使测试中露出中立的面目"。这些测验及前提必须被证明为正当——这家公司必须证明这些规定是必要的,它们确实和工作本身有关联。(这家公司之前根本不需要这么做。)否则,这些要求属于违法。换言之,"格里格斯案"给那些非常微妙的歧视形式以严厉的一击——有些歧视甚至是无意识的或者非蓄意的。求职的要求,诸如测验和其他"产生完全不同影响"的条件(换句话说,就是屏蔽黑人多于白人的条件)能被认可,这家公司就必须证明其要求与工作本身的密切关系。对有些工作你可以要求大学文凭,但是对于挖掘工的工作而言,则是绝对不必要。

"格里格斯案"在程序上的议题极为重要。像是"雇用歧视"的案件、程序、证据及举证责任都不是琐碎的因素;在法律诉讼中,它们都十分关键。因此至关重要的是,"格里格斯案"主张,只要有不同的影响,举证责任就应当由雇主承担。在这一点上,雇主必须提供证据,解释他们为什么会这么做,否则就会败诉。随后的案件大多接纳了格里格斯原则;在国会及联邦最高法院之间一直存在着一些推动和逆动的较量;不过核心思想多多少少没有什么改变。工作歧视无法躲藏在测验与标准之下,除非它们与此工作关系密不可分。在有些案例中,确实因为被质疑的歧视很微妙和隐秘,使得证明及详尽的统计分析变得很困难。当然,企业界并不喜欢这些案件,但是它们在学会与这些规则相处为生。

就某些方面而言,1965年的《投票权法案》(Voting Rights Act)是迈向自由最重要的一步。"重建权利修正案"(Reconstruction amendments)赋予黑人投票的权利——在理论上如此。但是,如同我们所看到的,这项权利立即被南方的白人政府剥夺了。在有些地方郡,没有任何一名黑人被登记参加选举,也没有任何一名黑人投过票。任何想要尝试的人,立刻尝到了表面上客客气气的教训。1957年的《民权法案》赋予司法部长挑战选举程序中种族歧视的权力。[56]但是,这项法案及其后的法案都效率很低。联邦政府必须在每一州、郡、城镇、村落进行工作,一件案子接着一件案子处理。依据这项法律来对抗粗暴顽固的南方,就像试图用茶匙打捞一艘沉没的船舰一样。

1965年的《投票权法案》有所不同。[57]它包括一些巧妙、可操作的条款。它的重点在于打击所有让黑人无法拥有投票权的计谋和圈套——人头税、文化测验、"良好道德品质"的要求,美国宪法的要求等。(1964年采用的宪法第二十四修正案去除了联邦选举的人头税)。《投票权法案》同时也包括一个"启动式"机制:任何州与任何郡,在1964年11月1日,如果其选举人名册的登录人数少于已达投票年龄的住民的一半,或者1964年11月总统大选时,其投票人数低于半数者,便被归入另册。这些辖区必须改革他们的做法;此外,任何新的投票资格或先决条件,任何有关投票的"标准、习惯或程序"的改变,必须提交给联邦单位"事先批准"。南方全部6个州(包括阿拉巴马州、佐治亚州、路易斯安那州、密西西比州、南卡罗来纳州,以及弗吉尼亚州),加上北卡罗来纳州100个郡中的40个郡,整个阿拉斯加州(非常奇怪)、亚利桑那州的4个郡、爱达荷州的埃尔莫郡,以及夏威夷的檀香山郡,都落入被归入另册的名单。(阿拉斯加州及爱达荷州很快就让自己豁免了。)[58]

因为司法部现在严格执法,民权运动对此甚至显得更为严肃,因为这些条款规定得相当严厉,并且难以规避。《投票权法案》并没有成为废纸。相对的,它让南方的政治变得颠三倒四。南方的州议会、市议会,不再能够保持纯粹的白色。南方的警官、法官、市长及其他官员,不能够再对他们黑色的选举人视而不见。在10年内,有超过100万名的黑人选举人登记参加选举。例如,20世纪60年代早期在密西西比州,只有6.7%有投票资格的黑人被登记入册;截至1980年,数量已经增加到72.2%。[59]自从权利重建后,黑人第一次开始出现在南方的立法机构,南方开始有黑人进入国会。这一切的改变并非完全是《投票权法案》所致——当这项法案通过时,白人至上主义便已经遭遇围剿;但是,这项法案无疑以戏剧性的方式加速了这个过程。[60]

"琼斯诉阿尔弗雷德·H. 梅尔公司案"(Jones v. Alfred H. Mayer Co., 1968)是一个令人吃惊的案件。[61]约瑟夫·李·琼斯(Joseph Lee Jones)想要在"圣路易斯郡的帕多克树林社区"买一栋房子;他声称,本案被告拒绝把房子卖给他,"只因为原告约瑟夫·李·琼斯是个黑人"。琼斯援引了一项1866年权利重建留下的法律,该法规定"所有的公民……都应该拥有相同的权利……如同白人公民享有的权利……以继承、购买、租赁、出售、占有、转让不动产及动产"。[62]这是一个已经被尘封了一个世纪的条款。现在法院重新使它复活。国会到底有没有权力禁止纯粹私人的歧视行为呢?法院说,国会有这个权力,根据是(废除奴隶制的)宪法第十三修正案,国会同时也可以禁止奴隶制持续产生的影响。这可以确保"黑人手中的美金可以和白人手中的美金一样买到同样的东西"。如果国会无权这么做,那么就表明宪法第十三修正案做了一个国家无法实现的承诺。[63]此处同样的,国会及联邦最高法院如今步调一致。基本上,一项《公平住宅法案》(Fair Housing Act, 1968)规定,除了少数例外,不动产买卖行业里的歧视是违法的。[64]

如果冈纳·缪达尔教授复活,在2001年的时候写一本有关美国困境的书,无疑地,他会发现这些改变完全可以说是一种革命。有黑人内阁阁员、黑人市长,及其他拥有权力的黑人政治人物;还有黑人律师、医师、商人;还有黑人管子工、木匠、警察、售货员——拥有他们在1950年做梦都不敢想的职位,不论是在南方还是在北方。陆军、空军、海军及海军陆战队废止了种族隔离制。一名黑人,科林·鲍威尔(Colin Powell)担任过美国武装部队参谋长联席会议主席及国务卿。大都市的歌剧院有黑人歌手。有黑人投球手、接球手及四分卫;而黑人球员则完全支配了职业篮球。华尔街及拉萨尔街(LaSalle Street)上也有黑人,而黑人电影明星——有时候浪漫地在银幕上与白人电影明星发生关系。这一切属于正面的现象。不过,大部分的黑人仍旧会同意,美国并不是一个色盲的社会(colorblind society)。有钱的黑人可以去任何他们想去的地方,甚至住在任何他们想住的地方;但是有数百万名并没有钱的黑人,他们住在肮脏的黑人贫民窟里。对那些负担得起这些公共食宿的黑人来说,公共食宿法几乎获得完全的成功。大学开放给了所有的种族。住宅供给及工作应征则比较复杂。没有任何一个住宅发展案可以轻易地对想要居住在那儿的黑人关上大门。仍旧有许多被遮蔽着的歧视。就许多方面而言,美国仍旧是两个国家,而且这两个国家并不平等。

性 别 歧 视

1964年的《民权法案》并不仅仅处理种族问题。它规定基于宗教原因的歧视也是违法的;但是,在20世纪末对此几乎并没有什么争议。更重要、更富有戏剧性的是,它规定性别歧视也属于违法。有这样一个传说,来自最南部各州的国会议员孤注一掷地想要阻止这项有关性别歧视的法案的通过;这个法案在他们看来"貌似有利实则致命"。此处,他们误读了时代的特征。这项法案成为法律——其中就有有关性别的条款。

重大的法律改革不会从天而降。一个世纪以来,妇女们在热情地为她们的权利而战。19世纪伟大的社会及科技变革已经撼动了传统家庭的基础。女性的法律地位有所改善。19世纪的《已婚妇女财产法案》(Married Women's Property Acts),大部分地铲除了已婚妇女与男性(不论婚否)间的差异。女性大量进入职场。1900年就业的女性有500万名——但是还没有占到女性总人口的五分之一。1950年,就业的女性大约有四分之一;1970年则有超过三分之一的女性就业——数量超过3 100万人。[65] 1970年,女性进入一些行业——法律职业就是其中之一。

对妇女而言,最引人注目的胜利,便是宪法第十九修正案的通过并于1920年得到批准。该修正案规定,不论是州政府或联邦政府,都不得"因性别"而拒绝或减免投票权。少数州已经赋予女性投票权,其他州则赋予了有限的权利。例如,在康涅狄格州,女性可以在学校教育委员会的选举中投票。1920年以后,少数女性开始出现在国会及州议会中。而且数量有些可观。在经济大萧条时期,许多女性失业;这是基于一个男性是家庭的顶梁柱的观念,尤其是在谋生机会短缺的年代。女性劳工都聚集在薪资低廉的工作岗位上;1935年的《社会保障法案》把农业工人和家庭佣人排除在外,这使得大部分的女性劳工没有被包括在内(而且大部分是黑人女性劳工)。"铆钉工人萝西"(Rosie the Riveter)*及她的姊妹们在第二次世界大战时,拥有一份很不错的工厂工作,因为男人们奔赴战场在打仗,但是战争结束后,许多工作也随之终止了。

法规全书中仍旧包含很多"保护性"的规章——关于女性的工时、工作状况等。例如在纽约,1912年的一项法规规定,任何工厂、商店和作坊都不得"故意雇用或允许雇用一个刚分娩四周的女性"。[66]宾夕法尼亚州在20世纪初,就有一部关于女性劳动方面的详尽法规。女性每周不得工作超过54小时,每日不得工作超过10小时。除了文书办事员或速记类的工作,"在任何制造企业内",女性不得值夜班。女性至少必须有45分钟的午餐休息时间。公司必须提供座椅,以及适当的"盥洗室、换衣室,还有厕所以及私人空间"。他们必须提供"清洁的饮用水"。女性不得在煤矿场里工作。[67]女性不得贩卖酒类饮料;旅馆、小酒馆或餐厅都不得"雇用任何女性"担任"陪聊女郎"("lady conversationalist"),或是雇用女性去吸引男性来到这些场所。[68]正值民权法律的时代,康涅狄格州的法规禁止让女性在旅馆、小酒馆及餐厅的酒吧任职。[69]没有任何一州要求女性穿着适度;但是,例如密歇根州就规定,女性担任酒吧招待员、提供酒精饮料,或在沙龙、酒吧里"表演音乐"或

---

* 出自康妮·菲尔兹(Connie Fields)的纪录片《铆钉工人萝西的生命与时代》(The Life and Times of Rosie the Riveter, 1980)。该片描述20世纪40年代进入职场的女性的境遇。——译注

跳舞,都是违法行为。[70]

取决于看问题的视角,这些法律提升了女性的地位,或者束缚了她们。有趣的是,宾夕法尼亚州有关流浪者的法规有特别规定,此法并不适用于任何"女性"。[71]毕竟,如果女性不工作,或者依靠男性而生活,还是可以被接受的;而且女性流浪者的想法明显地难以想象。混杂着一些伤感和抑郁,这些法规开始时确实带有一个陈旧的紧箍咒,尤其是在越来越多女性开始谋生——并要求她们的权利的时候。然后,同样的,家庭结构(和家庭法)也在改变之中。态度逐渐也开始改变,以符合新的社会实际。法律也随之发生改变。1963年国会修正了《公平标准劳工法案》,赋予女性(至少在纸面上)与男性在工作上平等的权利——即同工同酬。[72]

在这个问题上,联邦最高法院并不曾表示出对性别议题的兴趣。1961年,佛罗里达州有一名妇女试图用棒球棍殴打丈夫的头。由12名男性组成的陪审团裁定她有罪。在佛罗里达州,女性有资格担任陪审员,但是,只有在她们想担任陪审员或者她们登记想担任陪审员的情况下,才能担任此职,然而去做此事的女性极少。联邦最高法院认为,从宪法的意义上说,这项法律并没有什么错处。毕竟,除了一些"有知识的、解放了的"的女性之外,大部分女性仍旧是"家庭生活的重心";而且除非女性们自己自愿走出来,否则,州政府有权决定女性"应该从负有担任陪审员的公民义务中解脱出来"——假定她们需要处理她们所有的重要家务。[73]

3年后的1964年,《民权法案》将女性纳入第七章;如今,职场上对女性的歧视属于违法行为。接下来7年后的1971年,联邦最高法院做出了它这个裁判期间里的最重要进展。他们裁定,之前没有人发现,深藏在宪法第十四修正案中,有一条涉及性别歧视的原则是违反宪法的。当然,写下宪法第十四修正案的男性们(当然,他们全都是男性)

第十章 种族关系和民权

在脑子里几乎完全没有想到这样一件事情——即对女性不平等的权利。毕竟,1868年时,女性并没有投票权,不能担任陪审员或是政府官员。没有女性法官,没有女性律师发出声音。已婚的女性的确还没有(在许多州)拥有完整的财产权。

但是联邦最高法院解读的美国宪法,并不是被冷冻在时光里的文本;这并不是储藏在国家档案馆(National Archives)玻璃柜中的宪法。联邦最高法院有自己的美国宪法版本、自己的文本——一个动态的、移动的、千变万化和演进的文本。不论美国宪法的理论是什么,也不论其中的辞藻华丽或理由正当,这都是一个朴实无华的事实。而且在1917年,宪法第十四修正案被采用了大约一个世纪之后,联邦最高法院开始将这一章视为反对性别歧视的章节。

第一件案子是"里德诉里德案"(Reed v. Reed,1971)。[74]此处的问题其实并不真的那么意义重大,它涉及一系列爱达荷州的法律。依据这些法律,如果某人死亡时没有留下遗嘱,而且也没有留下遗孀,但留有一儿一女,成为遗产第一顺序管理人的,是儿子,而不是女儿。全体大法官一致同意这些法律无效。首席大法官沃伦·伯格(Warren Burger)负责撰写本案意见书:这是一篇言简意赅的意见书。其中表述说,这样的性别分类是"武断霸道的",是被"同等保护条款"所禁止的。

当然,这些爱达荷州继承法的改变,只对极少数的人产生影响。但是,本案发出了一个重要的信号:性别,就像种族一样,受宪法第十四修正案的保障。在第二年,联邦最高法院推翻了一些以性别为基础的法律和措施。在"斯坦顿诉斯坦顿案"(Stanton v. Stanton,1975)中,一项犹他州的法律规定,双亲必须抚养儿子至21岁,但是女儿则只需抚养至18岁。[75]犹他州主张,毕竟女孩"通常比男孩在身体上、情感上、智力上要成熟早"。联邦最高法院拒绝接受这样的推论。在"佛朗第罗诉理查森案"(Frontiero v. Richardson,1973)的争议中,被认为法律对女性有所偏袒。[76]一名在陆军或海军服役的男性,可以自动要求其妻成为依赖亲属(并因此得到比较好的住宅)。陆军或海军中的女性地位则不同。要得到这项优惠,她必须证明她的丈夫确实要依赖她的扶养。联邦最高法院推翻这项法律;这是"粗糙和刻板地区分性别"的产物。本案意见书谴责"不切实际的家长作风",这种做法没有将女性"放在座位上,反而将其关在牢笼之中"。在俄克拉荷马州,一名女性在18岁时可以购买酒精浓度3.2%的啤酒,而男性则必须满21岁。这个规定是错误的(依据联邦最高法院),因为这是对男性的歧视。[77]尽管女性主义者大体上乐见"保护性的"立法的终结,但她们反对这些"不切实际的家长作风"。归根结底——她们反对联邦最高法院曾经说过的,座位变成了牢笼;那是给牢笼支起了台座的象征。

于是,"保护"的墙坍塌了;而"穆勒诉俄勒冈州案"的论点则甚嚣尘上。工厂法限制女性工作时间,或者强迫雇主给予女性提供空间坐下休息的规定,不再被视为是满怀善意的。(人们假定)女性的柔弱只是一个圈套——是一个让她们远离男性粗粝世界的诡计。

联邦最高法院对于性别议题所付出的,远不如对于种族议题所做的多。在联邦最高法院中,任何歧视黑人的法律都面临"严苛的检验",这意味着这些法律几乎注定会失败。性别议题面临的则是轻亮度的眼睛:"中度的"检验。浩如烟海的法律文件都投入到了有关此类检验程度的争论之中。这许多看上去似乎都有些吹毛求疵。但是言词辩论之下则是一个真正的争论。民权法案的目的在于消除基于种族而生的法律区别。种族间并没有什么真正的不同——没有什么东西可以为一条画出种族界限的法律做出辩护。但是这样的理论无法完全缜密地适用到性别议题上;男人和女人是不同的;而且这些不同或许可以证明,习惯上或法律上存在的一些男女不同的待遇是正当的。

从表面上看来,"克利夫兰诉拉弗勒案"(*Cleveland v. La Fleur*, 1974)并不是一个普普通通的性别歧视案件。[78]乔·卡罗尔·拉弗勒(Jo Carol La Fleur)及其他两名提起这些案件的女性是学校的教师。她们怀孕了。拉弗勒为克利夫兰的学校系统工作。克利夫兰的学校规定,在"胎儿出生的5个月之前",怀孕的教师必须离职。拉弗勒身体健康并且精力充沛,她希望继续教书。联邦最高法院推翻克利夫兰的这项规定,他们认为这项限制与任何"合法的州利益"之间没有"合理的关系";而且这些规定成为"女性在行使被宪法保护的自由"过程中的负担。

在某种程度上,这项判决所依赖的基础相当暧昧;联邦最高法院后来也不再支持其中部分理由。[79]但是,联邦最高法院确实表现出对女性在社会中地位的敏感。"被宪法保护的自由"涉及怀孕及生产的自由。为什么克利夫兰及其他地方最初会采取这些规则呢?学校委员会在公开场合谈论女性的健康及教育的连续性;私下他们则谈论"恶作剧式咯咯偷笑的学童",以及得要在怀孕的老师"肚子显露变化"和学生们开始说"老师吞下了大西瓜之类"的话之前,将这些老师排除在教室之外。因此,本案在根本上与性及性别有关;联邦最高法院确实站在了一个反对维多利亚伪道统的立场上。

不论如何,在20世纪70年代早期,就联邦最高法院而言,性别议题确实占据了很重要的席位。联邦最高法院的立场并不像在种族案中那样直截了当;它有时候摇摆不定,东倒西歪,像是一个醉酒的人试图直线行走。在"克利夫兰诉拉弗勒案"判决后不久,"格多迪格诉埃洛案"(*Geduldig v. Aiello*, 1974)出现了——加州政府提供给劳工的残障保险计划中,并没有覆盖普通怀孕及妇女分娩的情形。[80]卡罗琳·埃洛(Carolyn Aiello)及其他女性劳工认为这属于性别歧视。联邦最高法院突然受到盲目无知的攻击,好像大法官们掉入了黑暗和深邃的洞穴之中。他们在本案中没有发现任何性别歧视。该法案不过在怀孕与没有怀孕的人之间画出一条界线。当然,怀孕的人完全是片面的——性别化的(这是最高法院或许知道的事实),使得这样的分别变得有点荒诞可笑。国会在 1978 年通过《怀孕歧视法案》(Pregnancy Discrimination Act,1978),显示出他们对加利福尼亚州这项规定的蔑视。该法案将这项判决抛进了垃圾桶。[81]

另一个棘手的案子是"迈克尔诉高等法院案"(Michael M. v. Superior Court, 1981)。[82]本案中,联邦最高法院需要面对有关法定强奸罪的加利福尼亚州法律。如同我们所见,一名男子若与未成年女子发生性行为,便触犯了这个罪,即使这个女孩同意和他发生关系,或者即使她明确地渴望这个男人,或者即使他自己也未成年——迈克尔就是这样一种情况。在 20 世纪 80 年代的氛围中,这显然是个性别歧视的例子——而且是奠基于古老的陈规陋习。不过,联邦最高法院支持了此法。此处,联邦最高法院看见一个明白的差异:她可能怀孕,而他不能。根据这一差异,他们认为可以证明条文中的差别规定的正当性。此处,立法机关同样介入干预,改变了这项法律。"法定强奸罪",如今变为"非法的性交"。该法不设男女的分别。而且这样的性行为只有在一方非常年轻,或是一方是未成年人,而另一方比他或她大三岁以上时,才构成犯罪。[83]

最后,在"罗斯特克诉戈德堡案"(Rostker v. Goldberg, 1982)中,联邦最高法院直接面对着一个相当棘手的问题:女性可不可以为国家而战?可以不可以为国家而献身?[84]只有年轻的男性必须被征召入伍当兵,女性则不用。联邦最高法院说这是可以被接受的,因为女性"不合适战斗"——所有大法官都同意这一点。事实上,与担任警察、救火员、矿工,或担任仲裁人相对比,为什么女性事实上更不适合去发射火箭炮、丢手榴弹呢?联邦最高法院从来都没有回答过这些问题。或许是因为答案完全与正规的法律无关,而与深奥和强大的性别禁忌有关。

有许多性别歧视的案件,大部分属于在工作场所的一般偏见类案件。这类偏见也同样学会了如何掩饰自身。因此,格里格斯原则可以被并且已经被适用于性别歧视的案件中。戴安妮·罗林森(Dianne Rawlinson)想要在阿拉巴马州一个全部是男性囚犯的监狱里担任狱卒。阿拉巴马州希望他们的狱卒很高大:身高必须超过5英尺2,而体重则需超过120英磅。体重的要求排除了22%的女性,但是只排除了2%的男性;身高的要求将排除三分之一的女性,但是只排除了2%的男性。1977年,联邦最高法院推翻了这些规定。不过,戴安妮则因为其他的理由败诉了。[85]

就业机会平等委员会对性别歧视案拥有管辖权。在它存在的第一年里,有超过2 000件投诉是依据这个性别歧视提出的。投诉及法律诉讼的数量不断增加。20世纪90年代,投诉的数量每年超过2万件。大部分在行政机构里便终结了,大概是因为它们投诉的理由不充足(至少依据就业机会平等委员会的判断)。在1995年的会计年度,就业机会平等委员会裁定有"合理投诉理由"的案件,只占了全部投诉的2.3%;另外,有一小部分案件被成功地"调解或和解"。[86]

其他的投诉则并不成功;但是仍旧有许多人尝试,幸存的小部分诉讼和行政行为则足以在职场建立一个有关性别歧视的巨大而不断膨胀的法律实体。在法律层面,性别案与种族案有一个重要的不同。一家公司可以拒绝任用一名女性(或男性),如果性别是"善意的职业资格条件"(bona fide occupational qualification)。在种族案中没有这种例外。一家剧院寻找一个演员出演哈姆雷特,大概可以不雇用女性。另一方面,联邦最高法院:对这个例外的解读非常狭窄。在"迪亚兹诉泛美航空公司案"(*Diaz v. Pan American*, 1971)中,一名男子,小赛罗·迪亚兹(Cello Diaz, Jr.)想要得到一份飞机乘务员的工作。所有国内航线上的飞机乘务员都是空中小姐("stewardesses")。泛美航空公司声称，顾客们偏好空中小姐；航空公司找来精神科专家担任证人，解释为什么女性比较适合这份工作。这名专家是埃里克·伯尔尼博士(Eric Berne)，他是《组织与团体的结构与优化》(The Structure and Dynamics of Organizations and Groups)一书的作者。他说，一架飞机是一个"密封的飞地"，是一个"封闭的和有限的空间"，人们通常会忍受"从地面升起的身体经验……离开与他们习以为常的世界"。在这种情况下，女性的工作能力比男性好；男性乘客"潜意识里会厌恶男性空服员，认为他们比自己更有雄性的魅力"。[87]审判法院认同了这个主张；但是上诉法院则推翻了它；这并不是合法的"善意的职业资格条件"。[88]在另一件对西南航空公司起诉的案子中，如同黛博拉·罗德(Deborah Rhode)所说，被告"把女性作为对男性的诱惑物，而不是提供服务的人"；航空公司的"性感的形象"使得女性空服员身着"超短裤和长筒靴"，使之更具性感。但是，"飞行的妓院"和"飞行的子宫"一样，在联邦最高法院中遭遇失败。[89]空中小姐独秀逐渐成为历史，(不分性别的)乘务员则取代了她们。

在这些航空公司的案件中，男性赢得了胜利；但是值得争辩的是，就更深的层面而言，其实是女性们赢了。这些案件试图破解对于女性的那些陈规陋习。这些陈规陋习是女性在职场上及其他任何地方的障碍，即使它们仰赖着阿谀奉承的术语，而且就某方面还应该有益于女性。法院已经明确地表示，职业雇用的歧视，不论男性或女性，在法律上不再能被接受。从而，可以让男性在飞机上端咖啡，下一步就可以让女性做脑手术，可以让女性驾驶警车——或者，以此而论，可以担任大公司的总裁。因此，当联邦最高法院于1982年告诉密西西比女子大学(Mississippi University for Women)，不应该把男性排除在护理学院之外,女性有资格为此喝彩。[90]

有关性骚扰的法律是一项重要的进展。性骚扰一直被定义为"不受欢迎的性要求的强迫或性冒犯环境的创造"。[91]女性在20世纪70年代开始提出职场性骚扰的投诉;凯瑟琳·麦金农在1979年出版的一本重要著作中,讨论了这些投诉,并提出了一个有力的论点,即性骚扰应被视为性别歧视,因此受第七章所禁止。[92] 1980年,就业机会平等委员会同意,并将性骚扰定义为性别歧视。联邦最高法院在稍后的案件中支持了这个定义(1986年)。[93]

性骚扰可以分成两个版本:第一个是比较咬文嚼字的说法,包括爱抚、要求约会、要求性偏好等;第二种是不太明显的,包括创造一个"充满敌意的工作环境",例如男性称女性为淫妇、妓女或更糟糕的说法,在工作场所张贴充满性暗示的照片,以及让女性感到生活难堪。[94]许多男性、某些女性及某些法官都曾经嘲笑过性骚扰这种进展——把它称为大惊小怪、反应过度和"政治正确"的显示。

然而,有关性骚扰的主张继续在成长。在20世纪最后几年,向就业机会平等委员会,或是向州政府、地方政府就业公平部门提出的性骚扰案件,每年大约有15 000件。大约有10%的投诉是由男性提出的。[95]当然,许多投诉毫无结果。但是它们全都是一个较大运动的一部分,迟缓、冲突、多元,重新为在家庭中、在商业界和工作场所中以及普通生活中的男女关系下定义。

各州的民权问题

至今为止,我们一直聚焦在联邦政府及联邦法院上。民权法给最南部的那些州带来了麻烦。它带来了某种革命,由黑人所领导,加上联邦政府的整个力量,拖拽着这些蹬腿嘶叫着的州进入这个种族平等。

在这个国家的其他地区,情况则截然不同。当然,种族偏见的情形到处都有。但是,至少官方的法规是不分种族肤色的。而且许多州在联邦政府制定民权法前,便已经制定了自己的民权法。例如,自1905年起,加利福尼亚州的民权法规(第51条)便规定所有的公民在"小旅馆、餐厅、旅馆、食堂、理发店、澡堂、戏院、溜冰场及其他公共食宿行业或娱乐场所都享有完全且平等的适用"。1919年,公共交通工具被补充入内;1923年,冰淇淋店也被补充入内。至于这项法律的效果如何,则是另一回事。1941年,约瑟夫·萨特尔斯(Joseph Suttles)对好莱坞赛马场俱乐部提起诉讼;萨特尔斯买了两个包厢座位,但是却被告知:"我们不准黑人坐在这里。"他们向他提供了正面看台的座位。[96]萨特尔斯赢了这场官司;但是好莱坞赛马场俱乐部的态度,或许比萨特尔斯的顽强拒绝的态度更具有代表性。

雇佣问题比公共设施更为棘手。1945年纽约制定了一部《就业公平法案》(Fair Employment Practices Act),并建立了一个就业公平委员会。其他州随之效仿;1963年有25个州颁布了此类州法。[97]纽约州的法律并不是完全没有强制力的:它着重自愿的承诺及调解,但是如果有必要的话,州政府当局可以强迫当事方遵守。纽约在1952年将公共食宿行业列入法案中,并于1955年将公共住房加入。大约在第一个10年内,纽约州反歧视委员会(New York State Commission against Discrimination)的确行进得非常小心谨慎;"布朗案"后,强制执法的气氛变得更为充满生气,而权力当局则比过去更为强势有力。新泽西州有它自己的民权机构。最初,这些民权机关十分小心翼翼地向前迈进。例如,在20世纪60年代初期,一份研究表明,在120件有关雇佣歧视的投诉中,只有14%被解决;大部分的投诉都被驳回。[98]当然,到了20世纪末,整个趋势已经改变,即使在南方也是如此。北卡罗来纳州于1977年通过一部《平等机会法案》(Equal Opportunity Practices

Act);它包括了"种族、信仰、肤色、出生国、年龄、性别或残障"。[99]1989年,南卡罗来纳州通过一项公平住宅法。[100]

重塑民主

投票权的议题不仅仅与黑人有关。在20世纪50及60年代,大部分的州都有"分配不公"的问题。许多人口离开农村,迁居到城市里和都市近郊;但是多由小城镇及农业区域所主持的立法机关,则拖拖拉拉地不愿意改变选区的区域线。例如在田纳西州,(选举州议会议员的)区域线曾于1901年起被冻结,只有微小的变化。立法机关的成员径直拒绝重新分配,以免使他们自己离场。但是在"贝克诉卡尔案"(*Baker v. Carr*, 1962)中,联邦最高法院大胆地踏入田纳西州的这场冲突之中。[101]

联邦最高法院面临一个很大的障碍:"政治问题"的法律原则。在某些场合下,法院曾经援引这项原则,以回避某些棘手的和政治上可能引起紧张的问题——包括在"贝克诉卡尔案"中被提出来的问题。在"克雷格洛夫诉格林案"(*Colegrove v. Green*, 1946)中,议题在于伊利诺伊州的国会选区的规划问题。[102]联邦最高法院(由法兰克福特大法官出面表态)拒绝干预此事,拒绝"进入这个政治的灌木丛"。但是,在"贝克诉卡尔案"中,联邦最高法院改变了他们的想法。作出的裁定是:联邦最高法院可以听审此案;这是有关同等保护条款的案件;联邦最高法院将本案发回重审。年迈的、即将要退休的法兰克福特大法官则激动地提出了不同意见。

本案向选民发出了一个清楚的信号;在一年内,超过30个州都会有这种法律诉讼。1968年,在有关阿拉巴马州、科罗拉多州、特拉华州、马里兰州、纽约州、弗吉尼亚州的案件中,联邦最高法院作出所谓

"一人一票原则"的决定。立法者代表的是人,而不是树或土地。立法者由选民选出,而不是由农田、都市或经济利益选出。[103]选区必须大致与人口相当。

"贝克诉卡尔案"及其接下来的案件,戏剧性地重新描绘了选举的版图。联邦最高法院已经造成一个令人震惊的差异:这些案例适用于国会选区,在各州则同时适用于上下众议院。联邦参议员选举确实是基于"一人一票";归根结底,怀俄明州或佛蒙特州与加利福尼亚州及纽约州的参议员数量是相同的;但是联邦最高法院坚持州参议院是不同的。对于宪法上的修正案则产生了一些悸动,因此州政府可以根据人口之外的因素分配至少一个众议员;然而,此事并没有出现什么结果。[104]

联邦最高法院曾经大胆地行动,而且改变政治生活的面貌。立法机关的作为是否带来了真实的改变,是另外一个更为困难的问题。城市及郊区在伊利诺伊州斯普林菲尔德市(Springfield)或加利福尼亚州的萨克拉门托市(Sacramento)获得比较多的代表;然而他们是否从这些代表中获得比较多的政治产出,则并不那么清楚。清楚的是沃伦法院如何收紧了它的权力。如同联邦最高法院所看到的,联邦最高法院曾经更真实地担负起创造民主的工作。有关人和树、选民和经济利益的口号,告诉我们许多关于联邦最高法院的思维方式。立法机关并没有像那样努力保护树或农田,他们保护的是乡村的、老式的和新教徒式的美国。最后,如果有任何人获利的话,并不是城市的大众,而是在大都市外围郊区急剧聚集的中产阶级。

权利革命滚滚向前

在沃伦时代及其后十年、或者更后来的日子里,一个主动、复杂的联邦最高法院大量地使用同等保护条款,让它成为一个多功能的反

"歧视"的武器。联邦最高法院曾经下令重新配置。它试图强化并使人们控诉犯罪的权利清单并使之在国内普及。联邦最高法院一直都是一个积极行动者的法院。在某种程度上,这是一个美国的传统。美国法官并不是驯服的公务员。从习惯和背景上看,他们是政治家。政治及政策在他们的血管里流动。唯一的问题在于哪一种行动主义。而且沃伦法院刚好是多元论发轫的时期。

种族、性别、出身、信仰:这些显然都是联邦最高法院依据宪法在第十四修正案的羽翼下所保护的。还有其他类别吗?例如,有不少边缘化或不得人缘的私生子,以及那些囚犯们在考验着这个界限。结果是含混不清的。

有一个团体由外国人所构成。如同我们所看到的,联邦最高法院曾经对禁止非公民拥有土地所有权的法律持反对态度。但是,这些属于种族主义的法律,矛头对准的是日本及其他亚洲人。其他州法律都在不同程度上限制了非公民的权利。或许最极端的,是宾夕法尼亚州于20世纪20年代的狩猎法规;依据这些法律,任何"未归化入籍的在外国出生的人"不可以猎捕鸟类或动物,或持有"猎枪、来复枪或手枪、火器",或甚至是"建筑物之外的任何地方拥有任何种类的狗"。没有任何外国人可以在宾夕法尼亚州钓鱼。[105]更通常地,州政府干脆禁止外国人在州内工作。

在"尼奎斯特诉莫克利特案"(*Nyquist v. Mauclet*,1977)中,联邦最高法院的一个勉勉强强的多数意见推翻了一项纽约州有关州政府奖学金及大学生贷款的法律。[106]只有公民或曾经申请成为公民的人(或可以发誓自己想要这么做的人)才符合资格。1973年,联邦最高法院在另一个纽约州的案件中,申明纽约不能禁止定居的外国人担任公务员。康涅狄格州也不可以禁止定居的侨民参加律师考试或律师执业。[107]定居的外国人,和公民一样,他们"纳税、支撑经济、在陆海空军队里服役"。在1984年,联邦最高法院告诉得州,必须准许定居的外国人担任公证人。[108]但是在所有的案件中,联邦最高法院的意见还很不一致;例如,伦奎斯特大法官对所有这些都持不同意见。他(不客气地和不恰当地)发问,难道一个外国人"从国外抵达纽约市,马上买了一盒香烟,因此支付了联邦及州政府、市政府税金,这就真的与一般的公民没有区别了吗?"[109]伦奎斯特的意见在1978年占了上风。加州只准许公民担任治安官。两名来自洛杉矶说西班牙语的非公民男子想要成为缓刑犯监控官员,他们提出申请后被拒绝,然后他们提出了上诉。联邦最高法院支持了加利福尼亚州的法规。治安官"象征"着州政府的主权;州政府可以要求这些象征由公民来担当。[110]

"廷克诉得梅因学区案"(*Tinker v. Des Moines School District*,1969)是一件有关学生权益的案件。[111]它的背景是不得人心的越战。1965年12月,爱荷华州一所高级中学的某些反越战学生提议穿戴黑色臂章到学校来。他们想要表达"越战中死亡的士兵与平民的悲伤"。学校委员会十分焦虑地试图避免这样一个"令人烦扰的境况",拒绝学生戴臂章上学。廷克及其他学生抵抗这项命令;他们被送回家并被停学。最后,本案一路进入联邦最高法院;联邦最高法院对学生持肯定态度。宪法的权利不可以"在学校的大门口……被剥夺"。与骚乱有关的不明确的忧虑,并"不足以压倒自由表达意见的权利"。

雨果·布莱克撰写了一篇愤怒的不同意见书。他主张,"学校的原始概念",就是认为"学童还没有足够的经验和智慧来教导所有比他们年长的人"。这个想法并不是"毫无价值的或陈旧过时的"。纳税人将孩子们送往学校去"学习,并不是教学";而且他还谴责学校纪律的衰退。这项判决将鼓励学生"藐视他们的老师们";他还描述反叛学生们的讨厌的形象,是"自由散漫、破坏性行为、静坐示威、躺卧示威、破坏性倾向"。

布莱克的不同意见书可以被视为一位老男人对黄金时代的憧憬而被置之不理;当一个过去的自由偶像的愤怒哀号在刺耳放纵的文化中显得孤立无援的时刻,这些都吞没了他高贵的出身以及合乎理性的标准。然而,布莱克指出这个案子的核心所在。就某种意义说来,本案与言论自由无关:这关于纪律和权威。比较小规模的解放运动(例如学生、囚犯、外国人的)并不像民权运动那样涉及歧视议题,而的确是有关风纪和权威。而且不管是好事还是坏事,它们是风纪与权威文化中深刻改变的征兆,也是老师、父母及一般领导人纵向权力极大衰落的信号。

"廷克案"增加了权利意识的心理——至少是某些学生规避老师或校长告诫的心理,如果他们认为这些是侵犯其"权利"的告诫的话。这类案件在20世纪60年代前并不多;其中之一发生于1921年,年轻的瓦伦丁小姐(Valentine)毕业于爱荷华州,因为感到有"讨厌的气味"而拒绝穿戴礼帽及礼服。学校拒绝授予她学位。她提出抗议并赢得胜利。[112]但是在第二次世界大战前,并没有任何一件有关学生权益的案件出现在联邦法院。[113]突然在1969年至1978年间,有超过118件联邦案件,其中有超过87件是过去没有人可以想象到或是被认为有重要意义的事情:服装法规与头发。或者更明确地说,男性的头发:鬓角、胡须。你脸上的毛发也存在着宪法的基本权吗?联邦法院手忙脚乱、犹豫不决,面对这个大问题,各方的意见几乎势均力敌。有些法官的确在抱怨这些琐碎的事情不值得浪费他们的时间。1969年一位法官提及"里程碑般的"胡子问题的危机,奇怪为什么一个"案件量超载的"法官必须决定"青少年嘴唇上下的毛发何时成为胡须"。这位法官认为老师也享有权利;这些"蓬头垢面"的学生盯住他们,也是一种对权利的侵犯。[114]在20世纪末,个人自由没有任何一部分是真正不重要的,假如你自己将之定义为权利,或视其为你自己和你的人格的一部分的话。这又是"廷克案"的争议:权威,最广义而言,是指给年轻人下命令的权力。年轻人及一般人在挣脱这些控制。而且慢慢地,在沃伦法院时代,他们发现了法院系统,尤其是联邦法院系统,将给予他们一个被听证的机会。

法院决定影响重大的案件,但是同时也处理我们可能称之为小地方的大议题,例如像是学生胡须这类事情。此处,我们同样会想起,泰瑞·迪恩·伊顿(Terry Dean Eaton)在俄克拉荷马州塔尔萨市立法院交叉询问时,使用过"鸡屎"这样的词汇,此举被定为藐视法庭的证据;或者,有一名被控穿着将美国国旗缝在裤子的臀部的男子;或者,有一位因为在洛杉矶郡法院大楼前身穿一件写着"操你个征兵法案"的夹克衫而被捕的男子;或者两名反对公交车上固定播放的音乐而被捕的乘客。[115]事实上,这些案件都进入了这个国家的最高法院。在"伍利诉梅纳德案"(*Wooley v. Maynard*, 1977)中,放在联邦最高法院面前的棘手案子是新罕布什尔州的汽车牌照议题。[116]自 1969 年起,新罕布什尔州的汽车牌照便带着一句崇高的格言"不自由毋宁死"(Live Free or Die)*。乔治·梅纳德(George Maynard)是一名极为虔诚的教徒,他将自己的丰田科罗拉牌轿车和普利茅斯牌旅行车上的这句警语遮挡起来;基于宗教的理由,他认为这些字眼有冒犯意义。联邦最高法院同意他的做法。新罕布什尔州不能够要求其州民,成为州"意识形态信息"的"移动的广告牌"。

总之,联邦法院对持异议者、喜欢唱反调者乃至古怪的人,都显示出非常强烈的同情心。就某方面而言,这些人组成了一些"分离和与世隔绝的少数分子"。如同我们所看到的,这句话出自 1938 年"美国

---

* 新罕布什尔州的官方座右铭,自 1945 年被该州正式采用。跟其他各州比较温和的政治理念座右铭相比,它显得更为独立和自信。——译注

第十章 种族关系和民权

诉卡罗琳物产公司案"的脚注。[117]这件案子本身与种族、宗教、性别或任何少数族群、特定团体没有任何关系。本案的争议是美国国会在1923年通过的一项有关州际运输脱脂牛乳的法案。最高法院由哈伦·F.斯通代表发言,对这项法规提出支持;哈伦·F.斯通指出,联邦最高法院有义务听从美国国会。但是,他增加的脚注却因此著名,不同的标准可能适用于针对少数族群的法规。歧视"分离和与世隔绝的少数分子"可能"需要一个……比较彻底的司法审查"。

当种族问题成为争议时,联邦最高法院尤其会使用这个比较"彻底的司法审查";但是,如同我们所见,这个概念扩展到了包含许多其他"可疑的阶层"。这里有明确的界限:联邦最高法院同情受压迫者以及不受欢迎的人,但很难伸展到共产主义者及其追随者,或者伸展到某些案例中那些被怀疑有这些倾向性的人们。但是问题仍然存在:联邦最高法院这个救济弱势者的想法能支撑多远?例如,穷人怎么办?如果你没有钱,如果你是美国社会底层的一群人,那么你算是"分离和与世隔绝的少数"的其中一部分吗?你会被置于联邦最高法院的翼下获得特别的关照吗?就某些意义而言,答案是肯定的:如同我们所看到的,"吉迪恩案"(Gideon case)告诉州政府,必须为被控严重罪行的人提供法律辩护人。[118]"博迪诉康涅狄格州案"(*Boddie v. Connecticut*, 1971)的议题是离婚——特别是,法院的费用一共是大约60美金。[119]博迪说他没有能力凑齐这笔钱。联邦最高法院对他表示同情。婚姻在这个社会的"价值层面"是"基本的";弃绝婚姻因此也是相当基本的事情;这是唯一一终结关系的方法。因此,康涅狄格州不得简简单单地因为波迪没有钱付费,就不准他离婚。

联邦最高法院愿意向前走多远呢?没多远就出轨了。两年后,法院支持了一部要求潜在破产人支付50美金的破产法。结果,摆脱沉重的债务负担比摆脱一段破碎的婚姻就比较不那么"重要"了。同年,联邦最高法院审议一项俄勒冈州有关福利金的法律；如果州政府拒绝或减少你的福利金，你有权要求法院重审这项判决。但是，上法院就必须支付一般提起诉讼的费用，也就是25美金。联邦最高法院支持这项要求，尽管做了限制。[121]尽管有些例外，但是联邦最高法院一直对于使用美国宪法抚平收入及财富的不平等感到非常害怕。毕竟，这是一个资本主义的社会。有些东西（依据法院的观点）对所有人应该是免费的——这些东西是不能用钱来购买的；但是在美国的制度里，这些必须被保持在有限的范围内。

遥远的鼓声：军事司法

我们很容易忘记有百万名美国人——在战争时期还有数不清的美国人，他们受到另一个特殊的法律制度——军事司法制度的管辖。[122]英国式的《战争条例》(Articles of War)于1776年开始生效。军事审判向来都或多或少与私设法庭相关；军队指挥官及船长拥有极大、几乎是毫无限制的权力来惩戒他们的下属。战争是残忍和粗暴的，这个权力应该也是必要的。但是，长期的潮流则趋向赋予男女军人们更多的权利和更多的正当法律程序。这个程序于第一次世界大战后启动。在第二次世界大战后，国防部设立一个委员会，负责起草了《军事司法统一法典》(Uniform Code of Military Justice)，于1951年生效。这项法典创造了美国军事上诉法院(United States Court of Military Appeals)。这是一个由军官们组成的法院，但是在结构上是独立的；一个不被居高指令的将军控制、威胁的法院。依据这部法典，被控违反军事法的男女，基本上与一般平民百姓拥有许多相同的宪法基本权。

这项法典于20世纪50年代早期形成，可能不是偶然的；20世纪

50年代是动荡的十年,也是民事法庭权利改革的十年。自从1951年开始,军事司法一直持续朝向同一个方向在发展,这就是朝着和某种民事司法相聚合的方向发展;比较像一般的法庭,比较不像传统的军事法庭。[123]差异继续存在,或许将总是存在着;军事司法仍旧是"军方的"正义。军事法庭仍旧受制于整体军事任务。这项法典包括与民事司法不存在相对应的条款,例如擅职离守或逃避兵役;这些是很明显的,但是同时也有"不适合担任军官或有地位的人"(第133条),或者"对总统或高级官员使用轻蔑的词语";或者对"上级军官"的行为"失敬"(第88、89条)的规定。而第134条允许针对"所有损害良好秩序与纪律的混乱与忽视"或者"败坏军事武力的声誉"的行为予以处罚,即使这些行为并没有在法典中被"特别提及"。尽管如此,军事司法与过去年月里迅速、草率、粗暴的制度已经大相径庭。

最初的居民

318 　　一直到新政时期之前,对美国原住民都是最低劣的时期。经济大萧条对原住民保留地区的打击很大。一般而言,印第安人混乱且贫困;1930年,纳瓦霍族(Navajo)印第安人的收入是每人每年150美金;到了1935年,苏族每人每年平均的收入下降至67美金。他们被一个接着一个的政策劫掠、欺骗和压迫,包括那个《道斯法案》。大部分的美国原住民都变成"贫困者";"没有土地、无家可归、落入贫穷的陷阱"。[124]

　　印第安事务局(Bureau of Indian Affairs)从来也不曾表现出同情、洞察或者效率。改变来自罗斯福总统于1933年任命的新印第安事务委员会主任约翰·科利尔(John Collier)。科利尔的不同之处在于:他是一个想要保存印第安文化而不是去摧毁它的人。1934年,在一项他发布的命令中,带着清新的基调:依据这项命令,"能说两种语言,即能读写英语并能流利地使用他们生气勃勃的、美好的和有效的民族语言的印第安人",是值得赞扬的;印第安人的宗教及文化也应该被尊重。[125]

因此,科利尔并不支持同化的政策;更重要的是,他也不认为原住民是原始野蛮的民族,不同意原住民必须放弃他们野蛮的生活方式。1934年的《印第安人重整法案》(Indian Reorganization Act)赋予原住民组织"采用适当的宪法及地方章程"的权利。[126]该法案同时也结束了《道斯法案》的分配政策。《印第安部落违法行为法典》(Code of Indian Tribal Offenses, 1935)阐明不同原住民族的刑事管辖审判权。[127]许多部落确实采纳了宪法,而且也创造出许多本土特点的刑事法典。[128]

批评科利尔政策的鼓声从一开始就未曾中断过,而且反对的声音逐年加大。20世纪50年代,政策出现了大幅度向后转。政策回归到主张同化,即摧毁部落的习俗和部落的生活。这个目标(依据美国国会的说法),在于让原住民与一般民众适用相同的法律,并"赋予他们与其他公民相同的权利和义务",并且尽可能使他们"在地位上受到美国的保护"。[129]依据1953年的一项法律,州政府可以取得"印第安领域"内的刑事及民事管辖权,即使涉案的双方当事人都是部落的原住民。[130]1954年,美国国会投票"终结"一长串的部落,例如俄勒冈州的克拉马斯族和威斯康星州的梅诺米尼族。当部落"被终结"时,其个体成员便就地分配部落的财产。所有联邦的住宅、教育及福利计划也同时被终止。部落因此便落入各个州的粗暴管理之下。[131]

20世纪60及70年代,钟摆摇回到民族自决的政策;而终结本身也到了被终结的状态。无疑地,民权运动及多元平等的整个概念在这个程序中扮演了至关重要的角色。终结在许多实际案例中都是一种灾难。当威斯康星州的梅诺米尼族被终结的时候,他们立刻发现自己要承担支付房地产税的义务,而且如果他们不支付这一税务,就会损失部分土地。失业率升高,公共卫生变得糟糕起来。自1969年起,梅诺米尼族进行游说,要求免除被终结;而1973年美国国会制定了《梅诺米尼族复原议案》(Menominee Restoration Bill),解除了终结的灾难。[132]

如同其他的少数族群一样,原住民族组织起来,并组建了自己的军队。"美国印第安人运动"(American Indian Movement)于1968年建立;激进的印第安人于1969年11月在旧金山湾占领了阿尔卡特拉岩石岛(Alcatraz Island),这突然成为头条新闻。这些印第安人继续停留在恶魔岛,直到1971年7月。1973年,一群美国原住民在位于"松岭印第安保留区"的Wounded Knee(意为"受伤的膝盖")召开会议。这是19世纪苏族印第安人被大屠杀的地方。他们在Wounded Knee提出了一些要求,诸如对旧的协议召开新的公听会,"调查并揭露'印第安事务局'"等。政府的回应是否定的和粗暴的;道路被封闭,武装的联邦军队将此地包围起来。印第安人挖沟渠,并建立掩体,开始长达两个月的围困——僵持状态,它不时被暴力行为打断。两名印第安人被杀,一名联邦将帅瘫痪。最后,围攻行动草草收场,联邦政府逮捕了上百名的抗议者;一些激进分子被起诉庭审。[133]

然而,交战在最后获得了回报;它提升了普通大众的意识,而且或许更重要的是美国原住民的意识。在权利意识及政治认同的时代,原住民族的好日子终于到来了。以前不可能有机会成功的主张,可以获得法院的听审,而且有时真的能以胜诉告终。整个立法机关的音调已经改变。1975年的《印第安民族自决及教育援助法案》(Indian Self-Determination and Education Assistance Act)在开头时叙述称:"持续已久的联邦掌控的印第安人服务计划起了阻碍而不是促进印第安人的发展的作用。"[134]3年后,美国国会制定官方的政策来保护并"保存美国印第安人、爱斯基摩人、阿留申人及夏威夷原住民的传统信仰",这个想法将让几代传教士为之惊骇。行政部门采取措施,保护"宗教圣地"。1978年的《印第安儿童福利法案》(Indian Child Welfare Act)则赋予部落儿童监护权案的管辖权。[135]

保留区的自我管理和自治权在逐渐增强,尤其是在大型部落中。其中一个预兆就是:部落法庭的成长。1978年,只有119个部落法庭;到了2000年,大约有了500个;而且它们处理了成千上万个案件。例如,马斯科吉族便有一个由6名大法官组成的最高法院,而这些大法官则由该族的酋长任命。不过,这些法院与国家法院及州法院之间的关系仍然十分复杂且很微妙;在原则和基调方面经常有些变动。从理论上说,部落法庭适用部落法律。但是,纳瓦霍族最高法院的报告和其他地方法院的报告并没有什么不同;他们适用的大部分法律都是一般的美国法。然而,纳瓦霍族的最高法院却坚持适用被他们称之为"纳瓦霍习惯法"的权利——大部分是有关财产权、家庭法和遗产方面的案件。[136]

总之,自治现在是原住民的基本政策。自治意味着部落可以在一定限制的范围内,运行他们自己的事务,维护他们自己的传统;但是这些传统不能和美国人所认为的"宪法基本"原则相冲突。因此,1968年的《印第安民权法案》(Indian Civil Rights Act)将联邦民权法案扩张到了部落政府。例如,没有任何印第安部落可以压缩言论自由及信仰自由;而那些人们熟知的禁令,如一罪不得两次处罚审理、残酷和非常的刑罚,也都在禁止的名单中。[137]任何与这些原则矛盾的"传统"都应当被去除。

在20世纪末,有些原住民族显示出了一种没有人在1900年可以预见的力量。强迫灭绝的步伐已经停止。的确,原住民族的文化曾岌岌可危。有些小部落不可能存活下来。许多原住民族的语言要么消失了,要么就是只有极少数的老年人会说。同化仍旧是目前的危险。

第十章　种族关系和民权

威胁不再来自残酷、冷漠的政府,而是来自另一个更强而有力的宿敌:美国大众文化、电视,以及现代性的诱惑。但是,较大的部落,如纳瓦霍族和切罗基族(Cherokee)确实摆脱了困境。他们的人口逐渐增长。现在,他们的语言及宗教似乎很有安全感。一部分的部落同样也能够摆脱贫困的惯例。有些部落利用了珍贵的矿物权;其他则利用他们的自治权,在有些不能合法开设赌场或贩卖烟花爆竹的地方经营这些行业。尽管有这些所得,但贫穷仍旧在大部分的保留区蔓延——令人烦恼不堪和惨不忍睹的赤贫,加上致命的伴生物:酗酒、家庭解体。

其他美国人

就绝大部分美国历史而言,非白种美国人由黑人及原住民族组成。在 19 世纪,西班牙裔及亚洲人成为重要的一部分;到了 20 世纪,他们不论在社会上或法律上,都显得更为重要。

在加利福尼亚州,少数庞大的旧式西班牙裔家庭来自以往墨西哥时代;然而更重要的是成千上万名穷困的墨西哥移民,他们在加州南部尘土飞扬的柑橘城里工作,他们是弯腰劳作的劳工、洗碗工、帮工。如同南方黑人农工,他们遭受鄙视但又必不可少。加利福尼亚州墨西哥裔美国人的人口在 20 世纪快速增长;到了 1927 年,将近有 10% 的加州公立学校学生是墨西哥裔人的后代,约 65 000 名学生集中在加州南部。[138]当墨西哥裔的人口增加后,学校委员会开始强迫墨西哥学童进入种族隔离的学校。圣伯纳迪诺市(San Bernardino)则走得更远,该市限制"墨西哥或拉丁美洲后裔"进入某些游泳池、公共澡堂、公园及游乐场。在 1944 年,一个联邦法院宣布这个行为是违宪的。[139]

墨西哥人的经验在某些方面和南方的黑人类同,但是其中有重要的不同。在橘郡的埃尔摩德纳镇(El Modena),贫穷的墨西哥人上一个学校,而北美白人则上另一个学校,中间有操场与墨西哥人学校隔离开来。[140]学校的界限不如南方的白人与黑人学校间那般明显。肤色较淡、家庭较富有的墨西哥人可以进"白人"学校,绝不会与其他说西班牙语的学生混在一起。"一滴血"原则不曾适用于西班牙裔的学生;相反的,他们的学校混杂了不同阶级、种族,及社会地位的学生。有西班牙血统,但是肤色较浅,血缘中主要是北美白人的学生则能够融入多数人口之中。

不过,在20世纪20年代,对大部分的墨西哥裔美国人而言,类似埃尔摩德纳镇的种族隔离才是现实状况。墨西哥人学校的种族隔离制,在州法律的基础相当薄弱;而且,在第二次世界大战后,墨西哥的政治活动家们向联邦法院提出集体诉讼,抗议埃尔摩德纳镇及橘郡内的其他区域的种族隔离制。其中一名原告是冈萨洛·门德斯(Gonzalo Mendez),他的名字成为本案的名称。原告们赢得了诉讼。地方法院裁定这个差别待遇的制度"不利于……有墨西哥血统的学童",并授予赔偿金;上诉法院支持这项判决。[141]这是一个重要的胜利,而且发生在"布朗诉教育局案"之前。有趣的是,双方都承认本案中"并没有种族歧视的问题"。而且法院以对待同一种族而不是不同人种的方式来处理本案。[142]1947年,加州的立法机关废除准许学校实行种族隔离的法律;州长厄尔·沃伦签署了这项法案。[143]旧金山的中国及日本孩童的种族歧视也不曾如黑人般顽固。法律允许种族隔离,但是早在"布朗诉教育局案"之前——事实上在20世纪20年代末期,这个制度就已经被打碎了。[144]

20世纪90年代,种族隔离及校车接送的问题,在旧金山市就显现不同。尽管并非所有的黑人家长都同意,然而像是全国有色人种协进会的黑人组织,希望校车接送制能继续。现在旧金山市有大量的华裔美国人。许多华裔的父母十分不喜欢校车接送制的想法。他们希望有紧凑的学区,让他们的子女可以受到特殊的语言训练;他们希望他们的子女尽可能离家近一些。年轻的华裔学子学业成就相对较高:建立精英公立学校配额制度,意味着创造"多样性",但是却导致歧视"损害"这个少数族群的不正当效果。[145]到了20世纪末,这样进退两难的局面依然没有得到解决。

我是谁?

民权运动产生许多后果;其中之一,或许最为不可思议的,就是提升人们对种族、国籍的意识,或者说是对自身"根"的认识。当然,没有人需要向黑人解释他们是某个团体的一部分;占多数的白人每天都用各种方法对他们施加教训。民权运动为下列主张而奋斗:你所隶属于某一团体,不应该使你遭受欺侮、羞辱或露骨的压迫。这个想法逐渐流行起来。在一起"圣弗朗西斯大学诉埃尔卡扎瑞吉案"(*Saint Francis College v. Al-Khozraji*,1987)的联邦最高法院的案件中,原告埃尔卡扎瑞吉是一名出生于伊拉克的美国公民,在大学里任教。[146]这所大学拒绝授予他终身教职。他怀疑其中存有偏见——针对阿拉伯裔美国人的偏见。如果他是对的,这样的偏见属于种族歧视吗?严格来说,本案取决于如何解读特定的联邦法律;但是,联邦最高法院(判定支持埃尔卡扎瑞吉)以一种非常广义的条款来重新定义"种族歧视"。联邦最高法院指出有关对"可以辨认的族群"(identifiable classes of persons)的歧视,他们遭受某种"蓄意歧视,只因其血统或种族特征"。在另一件类似的案件中,联邦最高法院使用相同的泛义解释,来处理由一个犹太教会提出的案件,此案涉及在犹太会堂的墙壁上用"红色及黑色油漆喷写反闪米特族标语"的那些人。[147]的确,民权运动的成功同时也给被害者的地位增添了一些特征。或许更好的表述是,这消除了某些耻辱的烙印——成为被害者并不是一件耻辱的事,不是一个罪行的印记,而是忍受苦难的崇高标志,以及是一个明确的事件,像第二次世界大战时纳粹对犹太人的大屠杀事件。这同时激励起同志情谊和自豪感:黑人的自豪、女性主义者的自豪、种族的自豪、同性恋的自豪等。自豪的风气同样也感染了其他族群,那些也有受害者之模糊主张的群体,或者那些或许什么主张也没有的团体。如果有黑人自豪,为什么不能有亚美尼亚的自豪或爱尔兰的自豪?为什么不能有挪威的自豪?的确,为什么不呢。种族政治并不是什么新事物;这至少一直是过去一个世纪中地方政治的主题。但是,在19世纪,没有人会身穿一件上面印着"亲吻我,我是爱尔兰人"的T恤衫。人们或许越来越觉得团体认同是有意义的,而且应该是有意义的。这应该是力量的来源。至少对于有着黑暗、污秽过去的被害者,这同时也应该是完全的应得权益的来源。在这之下,是要求"平权措施"的道德主张——一个有害的说法,其曲曲折折的路径需要我们加以研究。平权措施是种族歧视的对立面:团体成员越来越意识到他们的群体性,并将之作为要求利益的基础,而不是苦恼所在的基础。

年 龄 歧 视

就大多数美国历史而言,老年人(长辈的公民,如果你这样称呼的话)并不是一个鲜明的利益团体。[148]在经济大萧条时期,他们才成为一个团体。上百万的人失去了工作;在增加就业方面,压力巨大;家庭中的男性家长是最需要工作的人。《社会保障法案》理应达到一石二鸟之功。如我们所看到的,这项法律的核心,是一种浮士德式的讨价还价:如果你想要获得退休金,就不得不在65岁时退休。

在过去一个世纪里,人类寿命一直在延长(而且比较健康)。绝对的和成比例地出现了越来越多的老年人。他们同时也比过去更具有组织化。他们形成一个有实力的游说团体。1958年,一名退休的教育学家埃塞尔·珀西·安德鲁斯(Ethel Percy Andrus)博士建立了美国退休人士协会(American Association for Retired People)。结果到了20世纪末,会员人数已经高达数百万。如同黑人、族裔团体的成员以及少数性取向特殊成员一样,老年公民的意识也提升了。他们揣着公正的意识,抱怨社会上弥漫着对老年人的歧视。美丽及力量是属于年轻人的。这或许是无法避免的。但是,工作呢?年龄超过40岁的男女们发现,当他们需要工作时,却很难被雇用。申诉导致一些法律效果:纽约州于1958年在公平雇用法中增加了"年龄"一项,作为歧视性违法的一类行为。

1965年,美国国会通过了《美国老年人法案》(Older Americans Act);该法案创设了一个新的联邦官员职务,老年人局局长(隶属于卫生、教育和福利部),并拨款给社区规划和研究等。[149]这是林登·约翰逊总统一揽子社会计划的一部分。当然更重要的是,如同我们知道的,针对老年人有两项新的重大健康计划,即国家医疗保障计划(Medicare)和公共医疗救济计划(Medicaid)。

毫无疑问,医疗保障不只是针对老年人,同时也帮助他们的子孙。另一方面,《反就业年龄歧视法案》(Age Discrimination in Employment Act)也是朝着新的方向迈进的一大步。[150]国会于1967年,也就是在1964年关键的民权法案通过3年后,通过了这项法律。《反就业年龄歧视法案》创造了一个新的违法行为:年龄歧视。依据这项法律,因为年龄拒绝雇用或解雇某人,或是因为年龄而在"工作的任期、条件或特殊利益上"有所歧视,均属违法。凡是对商业有"影响"的产业,且拥有超过25名员工的所有雇主,都受本法规范。另一方面,这项法律限制在特定的年龄层:超过40岁,但低于65岁的人。当然,这意味着原本的法案并不是一根丢给"灰白头发老人游说团"的骨头。这个法案主要目的在于保护中年人。

这种情况并没有持续很久。1978 年,最高年龄已经提高为 70 岁;最后在 1986 年,最高年龄限制终于被废止。这是强制退休的终结。今日,一个 90 岁的人还是可以(尽管可能性不大)担任煤矿工,或者 95 岁还在学校教书。如果你干不了这份工作,公司当然可以把你驱出门外;但是,没有一家公司可以采用概括性适用的规定,要求达特定年龄的人一定要退休。然而本法有一些例外:警察及消防队员、商务航线的飞机驾驶员(他们在 60 岁就必须退休)、长途巴士驾驶员、企业的高管。[151]但是对于其他人而言,只有当我们想退休时,或者因为健康或者死亡的原因,才需要退休。

年龄歧视是交付给就业机会平等委员会的另一个类别。投诉的数量膨胀,而且逐渐增多。1992 年会计年度结束时,就业机会平等委员会有将近两万件年龄歧视的投诉。此处,同样地只有一小部分比例达到了他们诉求的目的;大约有 80% 的投诉被放弃或者因为"没有合理的理由"而被驳回结案。到了 1999 年会计年度,投诉的数量稍微减少,只有 14 000 件。[152]不过,仍然数量不少。

残　　障

民权法律中最近期间的发展,而且是相当具有戏剧性意义的一件事,就是 1990 年通过的《美国残障人士法案》(Americans with Disabilities Act)。[153]该法案并不完全是从天而降的闪电。1973 年的《康复法案》(Rehabilitation Act)同样也禁止歧视残障人士;但是该法仅适用于联邦机构以及联邦的承包商。早期的法案背后并没有实际力度,也缺乏资金。[154]《美国残障人士法案》弥补了这个缺陷。餐厅和旅馆不得歧视残障人士；新的火车及巴士必须适应残障人士的方便。然而更重要的是，这项法律规定，除非其残疾造成他无法胜任这份工作（盲人无法担任卡车司机的工作），如果雇主若因为残障而拒绝雇用某人，或是以任何途径，或通过待遇以及工作分级等方式歧视残障人士，都是违法的。此外，雇主必须提供"合理的方便设施"（例如，轮椅坡道），让残障人士可以工作。这部法案是个全辐射性的法案：它适用于拥有15名以上员工的雇主；这意味着几乎是所有的雇主，除了那些夫妻小店以外。它同时以一种非常扩张的方式定义"残障人士"——指任何（精神上或身体上）的损伤"实体上限制"一种或多种"重要生命活动"的人。该法规并没有对"重要生命活动"作出定义，但是就业机会平等委员会的规定将它做了更清楚的描述："诸如照料自己、动手的工作、走路、看、说话、呼吸、学习及工作等功能。"[155]法案几乎很少有例外；但是，国会谨慎地明确说明，该法案并不包括同性恋者及双性恋者、"性别认同错乱"者、病态性赌徒、恋童癖者、有盗窃癖者以及放火狂。[156]

在通常情况下，法规的前言部分是很重要的。国会"发现"（法律条文写道）"约4300万名美国人有一种以上的身体或精神残障"；这个数量有随着人口逐渐老化而增加的趋势。就历史而言，社会"倾向于孤立和隔离"这些人，而且"在我们社会中这些人的地位低人一等"。事实上，他们是一些"被分离和被孤立的少数"（引自著名的"卡罗琳物产公司案"判决的脚注）。总之，这个前言（以及法规）所做的，是从美国残障人士当中建立起一个共同体。它承认（并协助创造）一个新的"泛种族化"的概念。它把大量"分离并且孤立的"少数人整合在一起——盲人、聋子、坐在轮椅上的人、糖尿病患者，甚至精神病患。因此，就某种意义而言，它创造了一个新的政治与社会团体。毫无疑问，这一切已经在外面的世界发生了（尽管非常缓慢）。这项法案同样也无疑是民权运动的另一个反馈。

尤其对那些残障人士而言，这项法规是个很大的新闻。就业机会平等委员会早在1993年会计年度结束前，便接获15 000件投诉；从此，数量便逐年上升。至于其他形式的歧视，只有一小部分的投诉最后获得胜利。[157]这项法案无疑取得不少标志性成果。例如，建筑的景观出现了永久性的改变，包括残障坡道、电梯、电梯中的盲文标示、听障字幕辅助等。或许对残障人士而言，生活变得比较容易一些了；而他们及其他人的意识，同样也被提升了。

隐 私 权

在这段时期的发展过程中，大概没有什么比联邦最高法院"发现"像密码一样隐藏在美国宪法背后的隐私权更富有戏剧性的了。一般而言，"隐私"这个词意指享受孤独的权利、关上浴室门的权利、拥有"个人空间"的权利、保持某些秘密的权利，以及享有单独地、排他地阅读自己信件的权利。如同我们所看到的，在侵权行为法中，隐私权大致包括这种意义。但是，宪法上隐私权利则十分不同。表面上，它与常识上意义的隐私权似乎关系甚微。

事后才得知，"斯金纳诉俄克拉荷马州案"（*Skinner v. Oklahoma*，1942）似乎指出了方向。[158]斯金纳已经败诉三次；他曾经被判偷窃鸡禽以及两次武装抢劫。依据俄克拉荷马州的法律，这使得他成为"惯犯"（"habitual criminal"）。依据俄克拉荷马州的法律，像是斯金纳这种惯犯，可以让他"失去生殖能力"。斯金纳认为这种想法实在让人倒胃口。联邦最高法院同意他的想法。威廉·道格拉斯主持撰写了本案意见书；他紧抓住这项法规豁免盗用公款者、违反禁酒及税收法案者的事实。这是一个不理性的分类；而不理性的分类可争辩地说是违反宪法的；它们否定了一些人享受法律同等保护的权利。

当然，法律通常会让州政府有很大的裁量半径来将罪犯加以等级区分；没有人会抱怨盗窃犯的刑期比盗用公款犯长一些。那么到底是什么让本案变得如此特殊呢？道格拉斯说，本案之所以特殊，是因为"婚姻及生育"是"每个种族存活下来的基本属性"。"绝育法"是危险的，尤其在"邪恶、胆大妄为"的手上（无疑地，道格拉斯在此想到了希特勒）。因此，这种法律必须经过严格的合宪性检验；而且依据道格拉斯大法官的意见，这项法规被丢弃了。[159]

今日看来，"斯金纳案"像是个先锋案件；但是在当时，本案似乎有点被隔离；这是一件没有指明特定方向的案件。实际上让球开始运转的（在法律上而言），是"格里斯沃尔德诉康涅狄格州案"（*Griswold v. Connecticut*, 1965）。[160]本案意见书又是由道格拉斯大法官支持撰写，不过这已经是过了20年之后了。本案的争议是生育控制。在20世纪，有数以百万计的人使用避孕法。当然，有人基于宗教上的理由反对。罗马的天主教会认为避孕方法是一种罪孽。20世纪50年代之前，许多州便开始放松有关贩卖及使用避孕套等器材的限制；依据一项民意调查，早在20世纪30年代，大部分美国人就相信，避孕应该是合法的。[161]

康涅狄格州对此顽固不化。他们拥有全国最严厉的法规：唯一一个规定即便"以避免怀孕为目的"而使用"药物、医疗器材"亦属于犯罪行为的州。任何家庭计划若有建议避孕的内容，亦即属于从犯（an accessory to this crime）。至少在理论上，家庭生育计划诊所由此成为康涅狄格州的禁忌。事实上，任何人若想要在康涅狄格州买避孕套的话，并不会遭遇什么问题；20世纪50年代，耶鲁大学法学教授弗恩·康特里曼（Professor Vern Countryman）积极发起反对这项法律。他与一名记者一同前往康涅狄格州汉顿的里杰特药房，以三块美金买了一包雷斯保险套，然后前往当地警察局。他向警察展示他所买得的物品,并且要求他们定罪;然而警察对此毫无兴趣,康特里曼只得放弃了。[162]

康特里曼并不是唯一一个试图反对这项法律的人。不过,它总是能在立法机关的每次检验中存活下来;所有法院中的异议都失败了。1961年,迎来了"波伊诉乌尔曼案"(*Poe v. Ullman*)。[163] 原告希望联邦最高法院决定这项法规究竟是否违宪,但是法院回避了这个争议焦点:费利克斯·法兰克福特大法官相当乏力地主张,没有人曾经执行过这个法规,因此本案确实不能成立。或许联邦最高法院希望这个争议就这样简简单单地销声匿迹。

然而,它并没有就这样销声匿迹。"格里斯沃尔德案"是打破这个僵局的案件。埃斯特尔·格里斯沃尔德(Estelle Griswold)是康涅狄格州生育计划双亲联合会(Planned Parenthood League of Connecticut)的行政主管,因为曾经提供避孕信息(给已婚夫妇)而成为"从犯",被处以罚款。道格拉斯代表联邦最高法院撰稿表示支持意见,以一项相当奇特的意见,推翻了格里斯沃尔德的定罪,并且宣布该法规无效。道格拉斯说,美国宪法的文字隐含了"隐私的区域"。《权利法案》的保证有"明暗交织的部分,由这些保证的放射物所形成"。隐私显然是这些明暗交织和放射物的组成部分。道格拉斯同时也呼吁,警察搜索"神圣的夫妻卧室区域,以寻找使用避孕套痕迹"的行动简直是形同鬼怪;此意见书并以"亲密近乎神圣的"婚姻的赞美诗作为全文的结尾。

就某种程度而言,如今性(与婚姻)是"神圣的";而且性(及婚姻)的有些部分是被宪法,或者至少是道格拉斯大法官及其他大法官所解释的美国宪法所保护的。后来的几件案子的理念则走得更远了一些。它们明确地说明隐私权并不仅限于已婚的人们。其他人的卧室显然同样也是神圣不可侵犯的。而且,格里斯沃尔德原则系依据1973年著名的有关堕胎权利的"罗伊诉韦德案"。[164] 自从"布朗案"后,还没有一项判决引发如此即刻的喧嚣，而且持续得如此之久。在"布朗案"后25年，这项判决如果还没被宣布为圣徒的话，至少也已经安然无恙了；但是摆脱"罗伊诉韦德案"，仍旧是上百万人的政治目标，而同时另外的上百万人，则下定决心要誓死捍卫这个案件的原则。

以"罗伊诉韦德案"为背景的堕胎争议，其历史相当漫长。[165]自从19世纪末起，堕胎实际上刑事犯罪化。当然，有相当数量的堕胎在地下运作；而且在有些州，这并不是非常地下化的事情。不过在第二次世界大战后，有些州开始收紧强制执法。在许多地方，合法堕胎变得越来越困难。29岁的亚利桑那州电视节目女主持人雪莉·芬克宾内(Sherri Finkbine)怀孕后遇到的麻烦，成为1962年的头条新闻。她的丈夫鲍伯从欧洲旅行回国的时候，带回了一些头痛药。雪莉·芬克宾内在服用后惊恐地发现，这些药丸竟然含有镇静剂(thalidomide babies)。这种镇静剂过去在欧洲被广泛使用，但是美国食品药品监督管理局从来也没有允许它在美国使用。这是件好事：这种药会残酷地攻击无助的胎儿，造成很多畸形儿，所谓的"沙利度胺幼童"(thalidomide babies)。当雪莉·芬克宾内意识到这点后，她开始孤注一掷地把胎儿堕掉——在亚利桑那州，这并不是一件容易的事。她和她的丈夫前往瑞典，努力了结这件事。在瑞典时，雪莉·芬克宾内已经怀孕13周，瑞典的医师将畸形胎儿从她的腹中移除。这一切都发生在公共宣传的喧腾之中。[166]

对雪莉·芬克宾内来说，这是一个苦乐交织的结局；或者至少有了一个解决方案。其他许多女性则因非法堕胎而饱受痛苦，或失血而死。这是一个双重的制度，如同卖淫、色情文学和离婚：官方的法律和现实之间泾渭分明。对于堕胎，有巨大的地下的需求，但是这被那些狂热的、受道德激情影响的反对派所阻挠。结果是陷入僵局之中。在"罗伊诉韦德案"中，联邦最高法院解决了这个棘手的难题。

本案的判决究竟是什么呢？首先，它推翻了所有现存的堕胎法规。大法官哈里·布莱克门（Harry Blackmun）负责撰写多数人意见书，他借此案提出隐私权；隐私的权利"足以广泛到可以覆盖一位妇女决定是否终止怀孕的权利"。但是，这项法律并不是绝对的——至少不应该超过怀孕的头三个月。怀孕头三个月的堕胎，是医疗上的惯例，而且州政府并不特别想要管制怀孕头三个月之堕胎，尽管州政府当然可以确认"堕胎手术……是在确保孕妇安全的条件下施行的"。到了怀孕的第三至第六个月，州政府"可以选择管制堕胎的程序"，但是必须考虑母亲的健康利益；至于怀孕的最后一个阶段，"生命发育能力"的阶段，州政府的管制力量将会更大，甚至可以禁止堕胎。

这是一个精心制作的计划。无疑地，布莱克门认为这是一个妥协的方案——而且是一个合理的方案。有些女性团体希望法律承认妇女有绝对的堕胎权；即，在胎儿出生前的任何时刻、任何地点，均可行使堕胎权。相反地，有些人则希望对堕胎实施完全的禁止。无疑地，布莱克门认为自己打消了这个分野。但是许多美国人对于这个议题有很强烈的宗教信念，无论是天主教徒及还是基督教徒，对折中妥协的方案毫无兴趣。对他们而言，堕胎简直就是谋杀——是违背上帝及人性的罪行；是在杀害无辜的孩童。折中的谋杀是不可能被认可的。

这个判决从一开始便极具争议，而且争议从未终止过。许多州及议会，采取部分或全部"反堕胎合法化"的立场，并试图推翻"罗伊案"或限制它的影响。国会率先于1976年制定《海德修正案》（Hyde Amendment），禁止联邦医疗救济计划款项用于堕胎，除非是强奸或乱伦的被害者（很少的一群人），或者"若生产胎儿，母亲将面临生命危险"。联邦最高法院以一票之差支持这项法规：依据"罗伊案"，政府不得"阻碍女性行使自由选择权"，但是政府不需要"移除"不是它造成的障碍；而贫穷便是这种障碍之一。[167] 如今大部分的贫穷妇女没有机会取得联邦政府的补助款。支持堕胎合法化的人预测，我们将无情地回到穷街陋巷堕胎的制度之中。事实上，最糟的情况并没有发生，大部分是因为私人机构进入这个市场，并填补了壕沟。然而有些州政府仍继续与"罗伊诉韦德案"作战，并小心谨慎地想以例外及限制性条款来置其于死地。虽非全部，但这些抵抗已逐渐被日益趋于保守的大法官所接受。

冷战和政治公正

沃伦法院的故事、民权运动的巨大成就、宪法上"隐私权"的发明、堕胎案等——全都赋予20世纪50年代至80年代以启蒙时代（如同自由派所定义的那样）的印记。甚至国会也加入其中；在街头以及商界，偏见仍旧处于防御态势。

但是，我们可能称之为的言论自由和政治公正则是令人担忧的事情，这是一段更黑暗、更隐晦的时代，特别是在早期的年代。第一次世界大战后，陆续发生了臭名昭著的"帕尔默搜捕"及赤色恐怖。第二次世界大战后，则有冷战及韩鲜战争（于1950年爆发）。战争让共产主义的威胁变得更为触手可及。美国男孩子们在拼死抵抗另一个半球上的共产主义者。

20世纪40年代末期，开始了对共产主义及其追随者疯狂对待的时期。最糟糕的状态是参议员约瑟夫·麦卡锡（Joseph McCarthy）及其追随者们追逐私利的叫嚣。麦卡锡成了这个阶段的名称；1950年2月，他在西弗吉尼亚州的惠灵（wheeling）发表了一场著名的演说后，他便像火箭式地在全国的舞台上获得爆名；在这场演说中，他声称握有一份57人的名单，这些人"要么持有共产党员证，要么肯定效忠于共产党"，这些人目前就任职于国务院内。据推测，这些叛国者们正在出卖国家。[168]麦卡锡不断在演说中极力主张,政府里充塞着共产主义者以及上了共产主义当的人。他是联邦及州政府中最引人注目的政治陷害狂。但是,还有许多其他人也是如此。麦卡锡登峰造极地创造了某种恐怖状态,反对任何事情,即便是那些类似"赤色"味道的事情。政府被肃清、再肃清;大学、私人工厂,乃至好莱坞——都被迫屈从并清除任何可以被视为共产主义者或其同路人。

麦卡锡轰动社会的指控确实造成癫狂和歇斯底里。但是在麦卡锡之前,便存在麦卡锡主义。众议院的反美行动委员会(Un-American Activities Committee)于1938年便建立了。1940年通过的《史密斯法案》(Smith Act)是一部坚决反对共产主义的法律,于1940年通过。当冷战开始时,第二次世界大战都还没有完全结束。杜鲁门于1940年便开始一项联邦的忠诚计划,并于1947年把它牢固化。当中国被共产主义者掌控,恐惧及嫌疑开始增温:问题是,谁把中国搞丢了?间谍事件及审判导致压力骤增,1948年艾尔格·希斯(Alger Hiss)* 伪证罪的审判便是一个例子。韩鲜战争爆发后,对抗共产主义的冷战成为一个坚韧、残忍、危险、杀戮热烈的战争。

此时,政治迫害、偏执狂及政治上的作秀传染了整个国家。州政府及地方政府纷纷采取行动。有15个州于1949年通过法律,反对颠覆性的行动;到了1955年,有54个州的司法管辖区域处罚煽动行为和言行、无政府叛乱罪行、主张工会团体主义,鼓吹推翻政府等的人。有些法律非常严酷:密歇根州的颠覆分子可以被判处无期徒刑;理论上,任何胆敢在田纳西州提倡暴力推翻美国政府的人,都可能被判处死刑。许多州规定共产党是不合法的。新罕布什尔州的总检察长,路易

---

* 艾尔格·希斯是美国国务院出席雅尔塔会议代表团成员,1948年他被控为苏联担任间谍,全案闹得沸沸扬扬。——译注

斯·C.怀曼（Louis C. Wyman）是个特别臭名昭著的狂热者，专门针对马克思主义者和共产党的追随人、"上了共产主义当的人"，以及"共产主义的辩护者"。有些州创设委员会来负责调查（本质上是搜捕），搜索躲藏在商业、政府及学术界的赤色分子。在华盛顿州、伊利诺伊州、加州及马里兰州，有立法权的委员会特别热衷于搜出赤色分子。俄亥俄州也有反美行动委员会。毕竟，如同一名来自俄亥俄州的国会议员所警告的，俄亥俄州有1 300名真正的共产党员；而且"因为共产党是恶魔般地散播憎恨、战争、混乱与破坏的机器……所以可能将不再有真正和平或安全的地方"。[169]

这对个人生命及公民自由权结构的创伤难以衡量。不过，就某些方面而言，法律的厉声吠叫比它大咬一口还为糟糕。田纳西州并没有人因为是颠覆分子而被判处死刑。有些法律形同虚设。有些州长，像伊利诺伊州州长阿德莱·史蒂文森（Adlai Stevenson），愿意否决最严苛的提案。州法院宣布相当数量的法律（那些最糟糕、毫无道理的法律）违宪。在胆大妄为的指控后，被迫辞职的老师及公务员间或会走向法庭，要求重新取回他们的工作。不过，无可争辩地说，偏激的狂风暴雨席卷了全美。并没有谋杀案，却有许多绝望的自杀案件；生命受到重创、职业生涯被毁坏；在惊恐地打压赤色分子的行动中，权利、自由及许多适宜的自由搏动都因此而被践踏于死地。

冷战是严肃的；这也是天赐给美国政治右翼的良机，他们长期以来蒙受罗斯福新政的挫败。现在，右翼可以舒展他们的拳脚了。给人扣上红色的帽子，是抹黑一切的有用工具，甚至对左派也稍显功效。右派热切地抓住反共产主义的圣战，来对抗工会、对抗种族平等，以及所有能用共产主义刷子玷污的东西，例如罗斯福新政遗留下来的一切。

当然，是有反对派的。尽管美国公民自由联盟自己也在进行清洗共产主义者的工作,但是对于宪法上的权利,他们主张比较广义的解读方式。[170]有些美国的程序、法律及机构不仅仅在暴风雨后仍得以幸存,还使风暴缓和了一些。起初,联邦最高法院并不在幸存者之列。联邦最高法院继续它在邪恶的气候中弯腰垂首的传统。《史密斯法案》规定,"明知或蓄意鼓吹、教唆、建议、教导某种职业、必要性、诉求或规则……以强制力或暴力推翻美国任何层级政府"的行为是犯罪行为。国会通过这项法律,作为捣毁共产党的根据。杜鲁门政府在压力下,必须显示他们对赤色分子的严肃态度。1949年,美国政府起诉了11名共产党领导人,并对他们进行审判。他们被判处鼓吹颠覆政府的阴谋罪。[171]

被告被指控的罪名或许有,或许并没有,但是他们假以强烈的情感和姿态,荒唐地以为自己的作为要么是为了正义,要么便是为了庶民大众或党的宗旨,这倒是确实有罪。审判从1949年1月开始,持续到同年10月。自始至终都引发了不少骚动和喧闹。这也是极其不公平的。主持审判的联邦法官哈罗德·梅迪纳不是个公正的典范;他显然发自内心地相信,共产主义者和他们的律师试图让他抓狂,甚至试图让他进入神志恍惚的状态。[172]联邦调查局局长胡佛向检方提供信息资料。对质、互相责难,用发表宣言来不时打断审判。诸如来自前共产主义者可疑的证词,以及展示那些激动人心的共产主义文献等,这些指控被告的证据,并不是无懈可击的。但是当陪审团作出被告有罪的裁决时,没有人觉得惊讶。

当然,被告会去上诉。在"丹尼斯诉美国案"(*Dennis v. United States*, 1951)中,联邦最高法院确认了他的有罪判决。[173]被告在某种程度上非常不幸;朝鲜战争的爆发无疑创伤了他们的论据及案件。在"丹尼斯案"中,联邦最高法院判决《史密斯法案》合宪;同时还判决《史密斯法案》实际上规定共产党为不合法组织。被告的律师主张,这项法规"扼杀了思想,而且与……言论自由的概念相对立"。首席大法官文森代表法院的多数意见发言,不同意这个看法。《史密斯法案》指的是"直接有关鼓吹,而非讨论"。美国有权保护自己;它不需要"等到暴动发生,那时已经死到临头"。暴力推翻政府"足以由议会来防止"。这符合"明显并且立即"的验证。世界局势是"如干柴烈火一触即发"。共产党是个"高度组织化的阴谋团体,有严格守纪的党员"。

美国共产党真的对这个国家造成了威胁吗?威廉·道格拉斯大法官持不同意见。他认为共产党是个重要性并不大的政党,他们是"推销没人要的想法的悲惨商人"。此外,共产党曾经"因为"言论自由,也正是透过言论自由而"被摧毁……作为一个有效率的政党"。认为共产党员造成"明显并且立即"的革命危险,并因此必须被"镇压",显然是很荒谬的。50年后,依据冷峻和富有穿透力的历史后见之明,我们很难不认同道格拉斯大法官的真知灼见。

事实上,从那时候开始,美国的共产党几乎就被捣毁了;但并不完全是鉴于言论自由的缘故。反共产主义的战斗远不止于唇枪舌剑。联邦调查局完全渗透进入共产党内。公开的共产党员无论在哪儿居住或在哪儿就职,都受到了骚扰,而且不仅仅只是被联邦调查局骚扰。"丹尼斯案"给这些威胁和指控开了绿灯。它合法化了这些诉讼,不过更重要的是,它清楚地发出了一个讯号:联邦最高法院不会挡他们的路。

在麦卡锡时代,效忠的誓言(loyalty oaths)如同苍蝇般层出不穷;而且无可避免地,这个争议同样也前往联邦最高法院。1951年,这样的事情就来了。在加利福尼亚州的洛杉矶市:依据一项州法律,洛杉矶市要求所有员工发誓,他们"并没有提倡、鼓吹或教导……以暴力、武力或其他方式推翻政府",而且过去也未曾做过这些事。每一名员工必须签署"保证书",声明自己现在或过去是否为共产党员。最高法院支持了这类法规、誓约和保证书[174]宣誓不过是净化公务员的手段。在纽约州,大约有320名学校老师和58名大学老师在这场新红色恐怖中失去了他们的工作。[175]

一系列戏剧性的间谍审判,似乎更支撑了美国国内具有共产党威胁的主题。最轰动社会的,就是对朱利叶斯和埃塞尔·罗森堡的审判。他们被指控将极其重要的原子武器的机密泄露给俄罗斯。审判始于1951年3月的纽约。相对而言,这场审判非常短,大约只有三周的时间。罗森堡夫妇被判定有罪。1951年4月5日,欧文·考夫曼(Irving Kaufman)法官判处他们死刑。他说,他们的罪行"比谋杀还要恶劣"。罗森堡夫妇提起上诉,但是联邦上诉法院支持了这项有罪判决及量刑。1952年10月13日,联邦最高法院拒绝受理本案。[176]罗森堡夫妇于1953年6月19日被处决。

当然,过去确实有间谍存在,这些人或是职业的,或是业余的。基于各种理由,他们将文件和点点滴滴的信息交给苏联;朱利叶斯·罗森堡或许就是其中之一。冷战期间的苏联,尤其是斯大林铁腕下的苏联,是个倔强的、攻击性的、难以和解的和偏执的敌人。而且如同其他所有强权,总是努力窥探其他国家。例如,司法部外国间谍登记处(Foreign Agents Registration Section)的政治分析员朱迪斯·卡普隆(Judith Coplon)爱上了不该爱的男人,瓦伦丁·A.古比切夫(Valentine A. Gubichev)。这是个俄国人,表面上为联合国工作。在他们鬼鬼祟祟的约会中,她将文件交给古比切夫。卡普隆被捕了,而且被审理了两次:在纽约州,受到阴谋叛乱的指控;在华盛顿,受到间谍的指控。她在两次审判中都被定罪。不过,两项定罪后来都被撤销:在纽约州,因为逮捕她时,没有逮捕令;在华盛顿,因为政府据说窃听她和律师间的谈话。[177]朱迪斯·卡普隆这个幸运的女人重获自由,并从此消失在茫茫人海中。

更耸人听闻的,是对艾尔格·希斯的审判。希斯曾是国务院的高级官员,后来则是卡内基国际和平基金会(Carnegie Endowment for International Peace)的总裁。惠塔克·钱伯斯(Whittaker Chambers)曾经是一名共产主义者,他指控希斯是共产党秘密党员,是苏联特务。[178]希斯在宣誓中否认这项指控。他于 1948 年因为伪证罪受审。本案激起双方极大的热情。自由主义者从骨子里认为,这是卑鄙右翼分子的诽谤中伤。右翼分子则将本案视为对"他们"刻骨铭心的想法的一种确认:整个社会精英派头的、西服革履式的美国东岸,是卖国贼和间谍的蜗居巢穴。这个审判十分引人注目,而且充满了惊奇及精心设计的把戏,既有隐藏在南瓜中缩微胶片的传言,也有来自遥远的左派地下世界的令人陶醉的细节。结果这次审判被宣布无效;希斯于 1950 年再度被控受审,后来被定罪并判刑入狱。最后,在他漫长的一生结束时(他死于 1996 年,享年 92 岁),他仍坚称自己是一个无辜的人。事实上,希斯很有可能真的曾经是一名共产党员,而且或许确实是苏联的(很小的)特务人员。

336 然而,真的是共产党员的美国人并不多;大部分同情共产党的人都已经在 20 世纪 50 年代就下车了;即使有些秘密的共产党员曾经在战时将文件交给苏联——事实上在战时苏联是美国的盟友,那些人在 20 世纪 50 年代也已经不再有积极的作为。当麦卡锡时代进入更为黑暗、更为深入的状况,重点发生移转。首先,政府出台一个较为合理的目标:剔除那些确实不忠诚的人,即便他们并非货真价实的叛徒。但是,目标后来已不再是间谍,而是"安全风险",一个大为宽泛和模棱两可的分类。一个人的姐夫曾经是共产党员,或者他曾经是左翼团体的一员,或者一个共产党员住在他的隔壁,或者他涉嫌是个同性恋者——那么,或许他实际上并非不忠诚,但就是有个阴影、有个可能性、有点怀疑;这就让他构成一种"安全风险"。显然,安全风险的搜索提高了疑神疑鬼的气氛。

"安全风险"不只是那些为"原子能委员会"(Atomic Energy Commission)工作,或是处理有关军队秘密文件的人们。他们可能是学校的教师、农业部的雇员、食品和药物管理局的化学家。那些左翼的看门人,或是略带左翼观点的军队牙医,真的对国家构成威胁吗? 显然没有。但是,问题不在这里。他们是邪恶的人,这些人的心灵已经典当给了魔鬼,他们是道德败坏的源头。右翼分子被胡佛这样的人所煽动,怒火中烧,支起恐惧和焦虑的炉灶——频频在政治上得分,以便清除罗斯福新政的继承者,并且削弱任何倾向自由主义的项目和原则。

只有熬到最糟糕的危机结束并且麦卡锡成为失落的偶像的时候,联邦最高法院才蹑手蹑脚地出场提出一个平衡的观点。一般而言,在麦卡锡时代,联邦最高法院的表现是出尔反尔和含糊其辞;很难(或许根本不可能)在他们的判决中,找到一个条理分明的模式。[179]在1957年的"红色星期一",联邦最高法院以戏剧性的方式,开始厌恶它冷战时期的立场。[180]在"耶茨诉美国案"(Yates v. United States)中,联邦最高法院驳回共产党第二级别领导者的定罪——为逃避《史密斯法案》,他被控反叛罪。[181]联邦最高法院裁定,一个人若只是主张推翻政府,即使他在文字表述上期望他们的言论"最终可以导致暴力革命",也不能被裁定有罪。这种语言文字距离"具体的行动还很遥远",还远不足以允许对其实施一个实际的刑罚。

尽管发生了"红色星期一",联邦最高法院在有关冷战的问题上,仍旧分歧很深,而且还有些谨小慎微。1950年《颠覆性活动控制法案》(Subversive Activities Control Act)要求所有"共产主义行动组织"向司法部长注册,并公开其成员名单。1961年,在"共产党诉破坏行动控制委员会案"(Communist Party v. Subversive Activities Control Board)

中,联邦最高法院以 5 比 4 的判决,维持了这项法律。毕竟,(联邦最高法院说)共产主义是"世界范围的一体化运动";他们使用正当的或不正当的各种方法来"摧毁政府"。联邦最高法院认为,国会需要极其慎重地考虑并决定如何使共产主义的威胁与"防卫个人自由"相一致。[182] 显然个人自由在此的位置是次要的。然而,4 年后在"艾伯森诉破坏行动控制委员会案"(Albertson v. Subversive Activities Control Board)中,联邦最高法院似乎突然改变了立场。[183] 共产党已经拒绝注册、拒绝交出他们的党员名单。联邦最高法院判决政府不得强迫他们这么做。依据《史密斯法案》,如果共产党注册,可能会让它的党员暴露在被指控的威胁之下。从而,注册就某种意义而言,迫使他们归罪于自身,而这将违反他们宪法第五修正案的权利。1966 年,在"爱尔勃兰特诉罗素案"(Elfbandt v. Russell)中,联邦最高法院面前的亚利桑那州的法律规定,州政府员工必须宣誓自己是忠诚的,而且发誓他们不是共产主义者,或是任何意图推翻政府的组织成员。[184] 联邦最高法院认为,州政府不得单纯因为某些人是特定组织的会员就处罚他们;即便这个组织有一个非法的目的;只有真正积极想追求这种目标的成员,才可以被视为是对社会的威胁。

至少,只要在法院体系被牵涉到的情况下,当联邦最高法院发表有关公民自由的意见时,采取的是权威的方式。它的命令一定要被遵守,至少表面上要被遵守。然而,红色星期一以及至少质疑冷战有些过分的判决,并没有总是产生联邦最高法院预期的影响。胡佛身为联邦调查局激进的领导者,并没有被联邦最高法院的判决所威慑;他自身发动了持续针对共产主义的战争。他进行一个大规模的、秘密的和不合法的骚扰、间谍及渗透计划。一如既往,他的炮口目标并不单指向共产主义的组织,而是任何被他视为共产党同路人的人,还有那些与胡佛唱反调的人。例如,胡佛显然难以分清楚苏联特工人员与马丁·路德·金之间有什么不同。

麦卡锡主义及胡佛的行动再次表明了一个观点,这就是:自由并不是一纸公文,也不是一套原则,不是法院的案例全书,而是一种制度,是一个程序,是在这个国家内生活的一种氛围。一个排斥离经叛道者的令人窒息、心胸狭窄的社会,会让这些人的生命悲惨不堪,这样的社会对异议者难以容忍;当然这样的社会比第三帝国或斯大林的俄国好多了,但是对它自身的权利而言,极为沉重。麦卡锡时代有力和暴烈的情绪压垮了法院——即便假设法院还是持有抗拒之心。在此,"法律"及"社会"实在是无法被分割开来。在这段期间内,就多方面而言,联邦最高法院的确能显示出比普通民众"开明"的一面,但是这并没有让人感到它能走得太远,也不意味着它总是想要如此开明:司法正义是社会自身的产物。冷战时期的司法正义对冷战思维并不是一种免疫力。

在20世纪第二波最大的红色恐怖之后,将近五十年的时间过去了。冷战已经正式结束。对许多人而言,麦卡锡时代似乎很遥远,似乎像是别人家里的事情,似乎就像发生在17世纪马萨诸塞州塞伦(Salem)的美国第一次大型猎杀女巫行动的政治迫害那个时代——他们搜索的是真的女巫,而不是隐喻性的。上百万名受人尊敬的、富有责任感的人,在麦卡锡时代参与了对左派的讨伐;然而,今日只有少数修正社会主义的历史学家,以及少数顽固热衷地给人扣上赤色帽子的人,才会对麦卡锡主义给予宽容的评价;在历史的记忆中,麦卡锡主义像是滞留徘徊的一股难闻气体。在那段时光中,到底是什么把控了我们呢?

我们已经提及了若干答案。毫无疑问,苏联是个危险的敌人。此外,讨伐共产主义者的战争,也是报复罗斯福新政宿敌的绝好政治机会。很难找到一个比共产党更好不过的敌人,来作为美国人泄愤与恐惧的替罪羊了。共产主义嘲笑宗教,而美国是个宗教深厚的国家。共产主义宣扬种族平等,这对南方来说简直是可憎的咒语。"三K党"是美国社会中强大而且极端保守的最明显的象征——总是不断浮现,如同来自黑色水潭中的生物。对很多美国人而言,只要是新的、外来的东西,总是危险、腐朽和罪恶的东西。很容易将罗森堡夫妇视为叛徒、寄生虫和削弱美国躯体机能的特务,他们身材矮小、皮肤较黑,还是犹太人,长着一双悲戚哀伤与鬼鬼祟祟的眼睛;他们取代了萨科和范泽蒂这两个20世纪20年代无知无畏而且诡计多端的无政府主义者。几乎同样凶险的,是那些富有贵族派头的间谍们,如艾尔格·希斯这一类的人;孤傲、冷漠、柔弱乏力以及轻蔑美国大众。麦卡锡在惠灵的演讲中,讥讽那些"含着银汤匙出生的聪明青年们";他们是最糟糕的背叛者;他称国务卿艾奇逊是一个"穿着条纹短裤的华而不实的外交官"。[185]

麦卡锡主义从美国民粹主义的黑暗面里抓到了它险恶的权力:粗鲁庸俗的民粹主义满足了南方的白人至上,以及其他各地的排外主义及种族偏见。学者们曾经指出,只有美国有麦卡锡主义;其他国家(英国最恶名昭彰)虽然必须处理苏联间谍的整个巢穴,而且其中许多间谍身居高层,但是英国不曾出现政治迫害和右翼圣战。相对于欧洲诸国,美国是不拘礼节、无等级阶层、欠缺顺从、对精英和知识分子持怀疑态度,不信任上层阶级的国家。这是美国的优点之一,但这同时也是它的弱项;美国有时不加掩饰地处于大众思维最糟糕的搏动之中。

言论、媒体及报刊界

在冷战的案件中,联邦最高法院如我们所见到的,表现出了某种胆怯;似乎不愿解开麦卡锡时代自由言论的违法教条及实践的束缚。他们对其他言论自由的议题,例如色情文学,同样也有点迟疑不决和充满矛盾。

就某些方面而言,联邦最高法院在种族的案件方面似乎是最勇敢无畏的。而且,联邦最高法院关于自由及宪法第一修正案的最重要案件,"纽约时报诉沙利文案"(*New York Times v. Sullivan*, 1964),该案件的背景就与种族有关,尽管法律的焦点并不相当。[186] 马丁·路德·金的辩护委员会在《纽约时报》上刊登了一则广告。它的大字标题写道:"注意他们正在提高嗓门"。这则广告激烈地抨击阿拉巴马州蒙哥马利郡的政府官员(并没有公开点名);"他们"曾经"轰炸马丁·路德·金博士的家",对他进行骚扰,并曾经逮捕他7次,而且现在则指控他"伪证罪,这项重罪可以让他被判入狱十年"。这项广告请求人们捐款,用以协助为种族平等而战斗。

事实上,在这则广告里存在着一些错误。例如,马丁·路德·金博士曾经被逮捕过4次,而不是7次。这则广告说,抗议的学生在阿拉巴马州州议会大厦前唱着《我的国家,它属于你》(My Country, Tis of Thee);事实上,他们唱的是美国国歌《星条旗永不落》。这些错误看上去没有一个特别能撼天动地,但是它们事实上是错的。蒙哥马利郡的市政府官员沙利文(L. B. Sullivan)控告《纽约时报》诽谤;由12名白人组成的蒙哥马利郡陪审团裁定支持沙利文的起诉(不会令人大吃一惊),并判给他50万美元的损害赔偿金。阿拉巴马州的最高法院肯定了这项判决。联邦最高法院从来没有仔细考虑过有关诽谤法与言论自由的争议。人们几乎总是假定宪法第一修正案并不保护诽谤和造谣中伤。但是,联邦最高法院推翻了原先针对《纽约时报》的判决。一个"公务员"不得因为他人对其公务行为的不实之词或陈述失误而获得损害赔偿,除非这个陈述是出于"真正的恶意"。一份报纸"诚实做出的错误报道"是被宪法保护的。换句话说,除非《纽约时报》知道这些陈述是虚假的,或者对于其报道的真假行为"满不在乎地漠视",

那么,报社的工作就是享有"特权"的。宪法的巨大的羽翼在涉及诽谤诉讼行动方面在保护着报社,即使其出版品的内容结果不是真的。言论自由必须是"不受约束的、精力充沛的和完全开放的";在这种精力充沛和无约束的言论中,有些错误是"难以避免的"。

联邦最高法院曾经对报刊检查制度极为敏感。在"尼尔诉明尼苏达州案"(Near v. Minnesota,1931)中,联邦最高法院推翻了明尼苏达州限制言论自由的法规。该法规准许任何郡的检察官请求查禁("取缔")作为"公害"的任何"恶意、诽谤性的报纸"。[187]首席大法官休斯颂扬报社的自由,尽管他同时也指出,在该案中,诽谤法仍旧是有效的。有问题的"报纸"(它几乎配不上被称为报纸)是明尼阿波利斯市的《星期六报》(Saturday Press)。这是一份粗俗下流的抹布,邪恶地攻击犹太人:"姐妹双城里每个卖私酒的小贩……每个长着一张蛇脸的流氓,每个像豆芽般的强盗,就是个犹太人。"而且该报经常称呼犹太人是"犹太佬"、或者吃鲱鱼的"有鹰钩鼻"的人;一些隐隐约约的噪音在呼吁采取行动来对抗这些可怕的另类。不过,联邦最高法院显然认为,这项法规太过分了。联邦最高法院痛恨"先期限制"(prior restraints)的想法,即报纸刊印之前的审查制度。

"尼尔案"让"沙利文案"试图最终解决的问题悬而未决。的确,在《纽约时报》的刊登广告的人,事实上是一个怀有强烈同情心的勇士。针对《纽约时报》的法律诉讼,对民权运动是一个威胁;联邦最高法院显然意识到此点。但是,"沙利文案"触及到了更深沉的文化肌理。"沙利文案"保护的是有关公务员的报道,但是随后的案件则扩展到了保护所有对于"公众人物"的讨论——即一般意义上社会名流和著名人士。举例而言,如果你是"猫王的'头号绯闻女友'"——而且是演艺界的从业者,就足够算得上是个公众人物了。[188]甚至可能成为一个"不自愿"的公众人物;有些人一不留神撞上大运成了众人瞩目的焦点,简直就像是中了彩票大奖一样。

如同"尼尔案"所显示的,19 世纪末至 20 世纪早期的黄色新闻历史证实了野蛮生长的、不负责任的新闻业一点儿都不新奇。内容总是稍微随着时间而变换花样。超级市场的小报、《人物》(People)杂志以及有关名流的流言八卦的传播载体,在政治上保持中立并且没有显现什么种族的仇恨;他们借以"明星"的瑕疵与偏好为资源:包括舞台、银幕、广播、电视、音乐界的主角,运动名人,政治人物;而政治人物之所以被列入其中,只是因为他们姑且具备名流的资格。在 20 世纪晚期,名流新闻的市场早已经变得贪得无厌。在某种程度上,"纽约时报诉沙利文案"是一件冷峻般崇高的案件,是一个勇敢正直的人反抗白人至上主义及其他种族掠夺者的盾牌。本案对名流社会而言变成了一个大宪章(Magna Carta)——一个渴望任何点点滴滴有关名人的闲言恶语及肮脏绯闻的社会。今天,就法律而言,几乎所有的事情都行得通。有人告诉我们,公众有权(宪法上的)对任何事感兴趣——确实是如此,包括克林顿总统的性生活,还有他阴茎的形状;而公众知晓的权利,包括每个重要的人,甚至是不重要的人,只要他们的生活在出了名的那 15 分钟里被认为与"公众"有关。当然,"纽约时报诉沙利文案"并没有造成那种刺耳的、攻击性的和对"新闻"的舞弊性渴望;它并没有创造现实性电视节目或是"垃圾般的脱口秀节目";而且,如果这个案件的结局如果相反的话,它大概无法阻止病态般好奇心的爆发。这是一个昼夜兼程地被影像注满的社会所无法避免的——这些影像一方面提供了一个缩短普通人乔(Joe)和名人(Jane)之间社会距离的幻觉,另一方面也提供了名流社会珠光宝气的吸引力;它们模糊了事实与虚构、真实与幻想之间的界限。从而,"沙利文案"成为巨大发展潮流的 部分。

移　民

　　冷战深深地影响了移民政策。上百万人在第二次世界大战时被屠杀；在欧洲残墙断壁中，上百万的人们无家可归、忍饥挨饿、流离失所。即使在德国投降前，同盟国中的西方民主国家和他们那位有些怪异的临时伙伴斯大林之间，已经出现了裂痕。移民政策几乎是马上给共产主义受害者提供庇护，乃至优先于希特勒的被害者。即使1948年的法案准许"流离失所的人"进入美国，其中针对1948年1月1迫害发生后（当时共产党夺取了该国政权）的捷克斯洛伐克人民，还制定了特别条款。[189]该法案同时反映了战争后的另一种恐惧：失业。该法要求"保证"难民不会让美国人失去他们的工作，或者难民们成为"接受公共支出救济的人"，而且他们将有"安全卫生的住房，不会让其他人离开"。

　　立法机关在20世纪50年代继续反映着冷战的灼热气息。依据1950年的《国内安全法案》（Internal Security Act），一位属于"颠覆性"组织的外国人可能会被驱逐出境。[190]1952年的《麦卡伦-沃尔特斯法案》（McCarran-Walters Act）狭隘且不怀好意地修改了"美国移民法"，使得该法充满了对外国人的敌视以及政治上的不宽容。[191]这项法案持续配额的制度；虽然它移除了绝对禁止亚洲人移民的禁令，却极为荒唐地给予他们很低的配额——每年100个人左右。

　　杜鲁门总统对本法行使了否决权，但是本法仍旧超越他的否决权而被通过。不过，这项法律的种族主义纠结已经变成一种时代错误。《移民及国籍法案》（Immigration and Nationality Act.，1965）是政策和趋向的重要转变。[192]约翰逊总统郑重地在自由女神像——这个移民及"蜂拥而来渴望自由的众生"的象征前，签署了这项法案，使之成为法律。不过,这项新法律并没有为蜂拥而来的民众开启任何新的大门。它抛弃了对亚洲移民表面上的限制,并摆脱了配额制,却限制移民数量取而代之(每年17万移民)。而且它趋向于覆盖来自西半球的移民。依据这项新制度,什么样的人有资格进入这狭窄的移民名单中呢?该法列出了优先权:首先,公民的近亲;其次,有需求的技术劳工;第三,避难者;其他人则必须排队等待。1980年3月17日的《难民法案》(Refugee Act)严肃地提到"美国以往的政策会对那些在自己祖国遭受迫害者的紧急需要做出反应"。该法借鉴了联合国对难民的定义:所谓难民,是指那些因为"迫害,或基于种族、信仰、国籍、特定社会团体会员身份、政治观点怀有充分的恐惧",而不敢回家的人。[193]该法授权每年接纳5万名难民进入美国。一个相信自己将饥饿致死的充分理由,自然不属于这个法律的组成部分。

美国是个移民的国家(如同澳大利亚及智利),而且未来也将是如此。许多国家没有配额,他们根本没有准许外国人移入的政策。百万名美国公民——还有百万名住在美国的人,出生在其他地方;1990年,这样的人大约占总人口的8%,总共大概有2000万人;而且近年来,其数量及比例还在不断上升中。[194]这简直是一个对美国这块土地需求贪婪不止的世界。

美国并不是唯一的吸引移民的磁铁,数百万名世界上的贫穷的人们从过去到现在都极度渴望在任何发达国家(如德国、瑞典、意大利等)落脚。美国或许是最独特和最迷人的。尽管有排外主义、仇恨犯罪、带刺的藩篱等,它同时在许多方面也是最热情好客的。这是一个松散的、流动性的和没有什么固定模式的社会;与瑞典相比,不是那么很严格,也比较容易融入;与日本相比更是如此,日本是一个对非"日本人"进入该国极度恐惧的国家。美国是块巨大、变化万千的和充满无限可能性的土地。或者说,它看上去似乎如此。或许更重要的是:

到了 20 世纪末，几乎没有哪一种国籍的人，其人数少到无法在美国某些大都市中找到自己的同乡。一个汤加人或一个冰岛人、一个尼日利亚人能在多少国家中发现自己的同乡会，找到自己母语的报纸，熟悉的食物、教堂和生活方式呢？

贫穷、饥饿、战争和绝望是移民的强大动因。在 20 世纪，旅行已经变得越来越廉价和容易。第三世界人口的压力，迫使他们远离家园。比贫穷更有力的动因，是机会与文化的推力。传统社会的衰退，消除了许多移民的重大障碍。住在森林深处与世隔绝的农民与部落成员，这些没有意识到其村庄外部世界的人们，是不会移居到洛杉矶或斯德哥尔摩去的。如我们所见到的，在 20 世纪前半叶，保护美国不受西半球移民进入的真正障碍，其实是传统文化。没有什么比透过无所不在的电视荧光屏传播至世界各地的现代化主义和大众文化的讯息、消费商品和好莱坞浮华炫目的讯息、麦当劳及摇滚乐吉他的讯息，更能刺激向美国移民的了。[195]

各州宪法

联邦最高法院频频出现在头条新闻中，荣光尽显，而且它审理的或许都是最棘手和最重要的案件。但是还有 50 个州和 50 部州的宪法。对它们自己的权利来说，这些州宪法是重要的文件。例如，加利福尼亚州、得克萨斯州及纽约州拥有众多的人口：基于许多目的，州宪法是这些次第二等级的最高法律。这些州的高等州法院，依据州宪法裁决许多案件。毋庸讳言，对住在这些州的人而言，许多案件是极其重要的。

但是，法学界对于州宪法并没有予以关心。法学教育几乎完全忽略它们。公众也是如此。1991 年的一项研究发现，只有 52% 的受访者知道自己的州有一部州宪法；11%的人认为没有，37%的人不知道或者没有答案。[196]就法学教育和法律文化而言，州宪法及其判例法就像是坐在文化遗迹里的灰姑娘。法学者的借口（一个相当蹩脚的借口）是，很难以一般意义的措辞来谈论它们。没有两个州的法律是一样的。它们都有"权利法案"，它们全都与部分的联邦宪法相同；然而它们彼此之间，还有它们与联邦宪法间，也经常存有相当的不同。它们同时也非常容易变更。不过，联邦宪法向来只有一部。18世纪80年代，当詹姆斯·麦迪逊（James Madison）和其他身穿马裤、手持鹅毛笔的男人们聚集于费城之前，从未召开过国家层级的宪法会议。州政府对于改变有比较少的迟疑。有些州（大约有20个州）从开始到现在都是一部宪法。但是，其他州则像是蛇蜕皮一样，为宪法改头换面。显然，在这方面得冠军的是路易斯安那州；它变过11或12次，就看你怎么来计算这码事。这个州最后的宪法版本是在1974年被采用的。

制定宪法的步调在20世纪开始放缓。在这个世纪中，只有12州制定有新宪法。（包括俄克拉荷马州、亚利桑那州、新墨西哥州、夏威夷州，以及阿拉斯加州等其他5个州加入联盟，采用第一部宪法。）在20世纪共有64场宪法会议，连19世纪举行的会议数量的一半都不到；而且会议间隔时间也很长；1922年至1944年间，没有任何州采用新的宪法。[197]然而，64场宪法会议总比零场要多得多。例如在20世纪60年代，罗得岛州、纽约州、马里兰州、夏威夷州、新墨西哥州、阿肯色州及伊利诺伊州都曾举行宪法会议。[198]这些会议起草新的宪法，并将它介绍给公众。公民对新宪法的印象并不深刻，有七分之五被推翻。纽约州提议的宪法极为不幸：超过70%的选民对它说不。只有伊利诺伊州及夏威夷州的选民赞成了宪法会议的辛苦工作。罗得岛州在经历143年的旧宪法、约40个修正案和挫败不堪的宪法会议历史后，终于在1986年采用了一部新的宪法。

州政府同时也热衷于修正它们的宪法。在20世纪,联邦宪法只修正过12次;同时间,州宪法则历经无数次的修修补补。对于可以以公民投票来制定新宪法条款的州来说,更是如此。所以,加利福尼亚州在整个20世纪拥有一部"同样的"宪法(于1880年1月1日生效的宪法)。但是内容却并不相同。加利福尼亚州的宪法曾经被翻来覆去地修改;这个程序仍在持续进行中,每一次的选举都产生一大堆新的修正案。阿肯色州的宪法可以追溯至1867年,但是它被修正过76次,而且几乎全都发生在20世纪。堪萨斯州只有一部宪法(于1859年采用),但是,如同其他州,很难有永恒不变的内容。例如,第15条第3款禁止发行彩券,而它在1974年被修正,为教会的宾果游戏敞开了大门。1986年,另一项修正案授权那些经过投票后被允许以下赌博行为的郡——进行赛马、赛狗及"依照赌注分享利益的赌博";同年,则有其他修正案准许州政府去经营自己的博彩业。

依据20世纪60年代末的一项预估预测,50个州的宪法曾经被修改过4 883次——这是一个令人难以置信的数量。佐治亚州当了冠军,修改过654次。[199]结果,这些大部分是增加,而极少部分是删减的修正案——使得宪法变得非常冗长、非常膨胀,几乎事无巨细。路易斯安那州的宪法有254 000字,几乎像本书那样长。相反地,联邦宪法则清爽简洁。很多其他早期的州宪法也是如此。

为什么州宪法那么冗长?为什么它们经常被修改?首先,它们缺乏联邦宪法的魔力。它们并没有特别象征什么。没有人想到这些法条时就会感动得语无伦次。没有人将之保存在玻璃罩子的圣坛之中。一般的公民对联邦宪法的认识已经足够,如同我们所见,无论是乔,或者是玛丽,或者是史密斯,则是无忧无虑地忽视他们的州宪法。在以各种材料填充这些州宪法内容时,并没有结构性的或意识形态的阻碍在挡路:可以争辩的东西并不属于这里。不论如何,利益团体想要让立法机关介入州宪法。因为这些宪法一点也不神圣,它们也是很脆弱的:联邦宪法既有弹性又很崇高,随着时间在隐隐地被改变和弯折。但是随着时代的改变,抛弃整部宪法的诱惑对某些州(如路易斯安那州)来说,似乎是无法抵抗的;至于其他州,宪法在形式上虽然逐渐稳定,但是在内容上则变了模样。

成立于1894年的全国自治联盟(National Municipal League),是一个为改革州宪法而建立的团体。他们为创始制度而奔走游说;1902年至1918年间,有13个州采用这些制度。这是宪法变更方面丰富的资源。全国自治联盟同时在20世纪20年代出版了一部"州宪法模范"(Model State Constitution);它并没有被采用,但是随后的版本对夏威夷及阿拉斯加等新的州产生了影响。[200] 该联盟所倡议的许多改变及州宪法的修正案,目的使政府现代化,使之更合理和更有效率。对立法及行政权力的陈旧限制则被删除了。

然而尤其在最近几年,运动走向了另一个方向:增加了对立法权的限制。这在有公民投票过程的州比较容易。例如在加利福尼亚州,有钱的利益团体可以胡乱地找到足够数目的签名,就可以让他们貌似可爱的计划上了选票单,并成为提议的修正案。1978年的加利福尼亚州,通过公民投票通过的恶名昭彰的"第13号提案"(Proposition 13),大幅削减财产税,同时让提高此税率变得非常困难;在这个过程中,它让州政府的财务穿上了一件紧身衣。反赋税团体将减税法排入其他州的宪法议程;有些计划成功了,有些却失败了。赋税改革是一项保守的制动,与"政府天性是邪恶的"这一首罗纳德·里根以极大技巧高唱的歌曲有意识形态上的关联。关于任期限制的想法,来源同样也是一路货色:在几年后,将这些混蛋都赶出政府。这同样也赢得一些重要的胜利;加州再次成为领头羊的地位;1990年11月,它采用了州议员任期限制。

第十章 种族关系和民权

在20世纪中,这50个州的最高法院决定了上千件有关宪法的问题。因为,州法官生活在一个相同的社会里,而且他们也是相同世界的一部分,所以一点也不令人意外地,这些判例法大体上都代表了长期的趋势——只有少数明显的例外(在"布朗案"前那些在南方有关种族的争议)。例如,威廉·E.纳尔逊(William E. Nelson)在纽约高等法院看到"平等意义上的改变"。[201]整体而言,这些运动一直都是接近少数团体的权利及多元平等的。纽约的法院扩大了言论自由的概念,使之覆盖表达的行为,包括那些会使托马斯·杰斐逊恐惧的行为。在1967年的一件案子里,警方在美国阵亡将士纪念日(非常随机地)逮捕了一群在汤普金斯广场公园草地上聚集的民众——这群人敲打小手鼓,行为"不符合传统",穿着很"奇异古怪"。后来,对于他们无秩序行为的定罪指控被推翻了:纽约州法院不打算"拒绝法律对不洗澡的、赤脚的、蓬头垢面的或行为狂放不羁的人提供同等保护"。[202]这些是沃伦法院可以分享的意见,并反映出与联邦法院合作的态度。

19世纪末,许多最重要的宪法判决出自州法院,许多最有力的宪法原则是在州法院中设计构思、详尽阐述和反复锤炼出来的。到了20世纪,领导权转到联邦法院手中,更正确的说法是,到了联邦最高法院手中。不过,州法院对权力仍旧有极大的保留。其中有一个来源显得越来越重要,那就是各州的独立原则。如果州法院的判决基础是州宪法,那么联邦法院便不得推翻州法院的判决。毕竟,就这些宪法而言,州政府高等法院具有最终的和最有权威的解释权。[203]大部分的时候,各州倾向于追随联邦最高法院的引导。依据一项研究,从20世纪60年代至80年代末期,几乎有一种逾越底线的事实——州最高法院在刑事程序案件中,担任了追随联邦最高法院引导的角色。[204]

但是,州最高法院并不总是满足于扮演这种角色。例如在1980年"普鲁尼亚德购物中心诉罗宾斯案"(*Pruneyard Shopping Center v.*

Robins,1980)这个加州的案件中,在最典型的现代场所(购物中心)的言论自由问题,是本案的争议焦点。[205]位于加利福尼亚州坎贝尔(Campbell)的普鲁尼亚德购物中心是个普通的郊区购物中心,有65家商店、10家餐厅以及一间电影院。一群高中生在此摆了一张小桌子,散发手册,要求路人签署一份请愿书,反对一项联合国关于谴责犹太复国主义的决定。保安人员要求学生离开;他们离开了购物中心,却去了距离最近的法庭。

联邦最高法院绞尽脑汁地在解决购物中心的案件。像普鲁尼亚德这种大型购物中心,算是一种企业生活区吗?假设是如此,便不得限制其言论自由。或者这属于私人财产(那就表示可以限制言论自由)?经过反复考虑,联邦最高法院决定反对企业生活区的理论。购物中心不过是大量私人商店聚集的地方;如果购物中心的老板想要这么做,是可以将这群孩子或其他请愿者逐出普鲁尼亚德购物中心的。但是加利福尼亚州最高法院的裁定则别出心裁。不管联邦宪法或联邦最高法院怎么说,加利福尼亚州的宪法保护购物中心里的言论自由。一个州拥有"一种主权,即采用其本州宪法规范之个人权利的主权,这种权利甚至比联邦宪法所授予的还要宽泛一些"。而且,就是如此。

第十一章

赔偿责任的激增——20世纪的人身伤害法

349 "民事侵权行为法"(tort law)这个律师的用语,指的是有关民事过错的法律。当我们确实伤害到其他人时,这就是民事侵权行为。这是和刑事违法行为截然不同的民事违法行为。如果我在停车场里不小心倒车时撞倒了你的车,我可能就实施了一个侵权行为,我或许必须支付你的修车费,但是我绝对不会被关进监狱里。显然,这只不过是一起单纯的意外事故而已。

民事侵权行为法是行为的摸彩袋;诽谤是侵权行为,擅自进入别人的土地也是民事侵权行为。但是,民事侵权行为法的核心及灵魂,是有关人身伤害的法律。这根本上是19世纪的产物;更确切地说,它是铁路与工厂的产物。历史上第一次使机器造成的身体伤害成为重大的社会问题。如同大部分的革命那样,工业革命付出很多血的代价:工厂工人的血,铁路乘客的血,有时候甚至是一些局外人的血。社会献出他们脆弱不堪的身体来奉为机器之神的牺牲品。接踵而来的众多诉讼中,通过一件又一件的案子逐渐建立起了(主要是通过法院)一部全新的法律,即民事侵权行为法。

其实,19世纪的民事侵权行为法,是一部限定性的法律,它的目的在于设定企业赔偿责任的边界;这是一部让(尤其对劳工而言)争取人身伤害赔偿变得困难的法律。[1] 20世纪时,老旧的民事侵权行为制度已经完全被拆散,法院及立法机关限制并移除走了原告的路障;一套新的、有利于原告的法律建立起来了——抵达了人们称之为赔偿责任"激增"的程度。有些变化是缓慢增长的;有些则是富有戏剧性的。有些是法官的创新;有些则是复杂法规的具体化行为。

一般而言,在20世纪初,与50年前相比较,法院对于伤害的请求已经有了很多的回应,不过很难精确地来加以证明。在"卡柏尔诉波士顿与主要铁路公司案"(Kambour v. Boston & Main Railroad)这个新罕布什尔州于1913年作出判决的案子里,住在新罕布什尔州的布莱尔(Blair)、"年龄不满14岁"的爱德华·B.卡柏尔(Edward B. Kambour)坐火车到普利茅斯上学。[2] 在接近学校的十字路口,火车"通常会放慢速度";就在此时,爱德华和他的朋友会跳下车。这些男孩想必都知道这么做多少有点儿危险,而铁路公司也知道。有一天早上,当爱德华跳下车时跌落在一节车厢下面,并且受了伤。他把铁路公司告上了法庭。陪审团作出了支持他的裁决。

上诉时,铁路公司并非不合逻辑地争辩,这名男孩知道他在做什么(他对风险有预见);他的行为构成"原告过失行为"(contributory negligence);铁路公司主张他们并没有做错任何事。法院驳回所有的争辩——原告是名"男孩";做些有一点危险的事,并不足以让男孩的行为变成"违法者";而且不论如何,知道这些孩子们日常行为习惯的铁路公司,应该采取一些行动。精确的逻辑并不重要;法院的态度才是重要的。这预兆着一次革命,一个缓慢的改变——指向企业的赔偿责任。典型的侵权行为案件,通常是受伤的个人与企业(通常是大公司)相对峙。而公司很可能有保险。在这种情况下,法院失去了他们曾经通过法律诉讼来保护大公司资本流失的热心。

改变并不是在一夜之间发生的。站在2001年的视角来看,令人吃惊的是民事侵权行为制度提供给意外受害者的金钱实在是太少。商人(及部分法官)间普遍有一种看法,几乎可以说是一个信条,认为陪审团发钱像在发糖。但是,这大部分都只是传说。1910年在纽约,只有不到一半的原告在法庭上赢得人身伤害案,尽管当他们的被告是铁路公司时(胜诉率63%),会比其他被告的胜诉率高一些。这些胜诉者平均获得的赔偿金额是958美元——虽然铁路公司赔偿的金额也是最高的(平均4 200美元)。[3]在加利福尼亚州的阿拉米达郡,在法院审理的案子中,原告同样也只赢得一半的侵权行为案。[4]有必要记住的是,大部分的案子根本没有经过法院的审理;他们被陪审员驳回,或者在法庭外和解——通常只有很少的一点儿钱。

特别令人惊诧的是,这个制度对于重大灾害的被害者是何等吝啬。1904年,"斯洛克姆将军号"(General Slocum)游览船在纽约东河起火燃烧。全体船员抛弃了起火的船只,让乘客听天由命。虽然有救生设备,但是许多都状况极差,根本是无用的。很多人被淹死,或者被烧死。船长被关进监牢。死者的家属什么都没得到。另一场大灾难,是1911年三角女式衬衣工厂的大火。火灾从一团被油浸泡的抹布开始。救火的水管已经腐烂,而且没有被恰当连接。逃生门被锁上;火灾发生地点太高,救生梯无法到达。许多年轻女工被烧死;当上百名民众惊愕地在街上观望时,其他人则为了赶快逃离火场,从工厂的窗户跳下,绝望地就此一死了之。街上的排水沟里都流着血污。155名工人死亡;几乎全都是年轻的女性移民。只有少数民事案件来控告这栋大楼的所有人;但是他们还是一无所获。这家公司声称这些女性已经预知工作的风险,同时还提出了"雇员同伴责任规则"(fellow-servant rule)。最后,过失致死的请求以每人75美元了结。[5]

相同的故事也出现在其他大灾祸中。例如,1942年椰林夜总会(Coconut Grove nightclub)的火灾。在这场波士顿的大灾难中,491人死亡,被告破产,赔偿金大约是每名被害者160美元。"泰坦尼克号"于1912年触冰山而沉没,有超过1000人死亡——主要是因为救生艇不足。没有人获得超过50000美元的赔偿金,至于船上每个移民的价值只是1000美元。如同马克·加兰特(Marc Galanter)所说,我们发现了一个故事,这个故事讲述了"那些不幸的被害者,他们遭遇到了有时掠夺成性的无效律师、坚定的敌手、没有同情心的法律、冷酷无情的立法者以及广大冷淡漠然的大众"。[6]

为什么当赔偿责任如此明显时赔偿金却如此少呢?有时候是法律在挡路。即使当法律不是障碍时,法律制度实际上是个很大的障碍:企业被告人很富有,或者拥有很多关系,或者有好的律师,或三者兼而有之。他们可以延缓、操纵或让事实模糊不堪;被害者时常让步或放弃。但是,民事侵权行为法无疑地反映出更深刻的社会态度。毕竟,陪审团是由普通人组成的。显然人们认为,"意外事故"是生命中不可避免的一部分;这不是"任何人的过错"。如果有错,也不是系统性的过错,而是个人的"粗心大意"所致——通常就是被害者自己。

例如,煤矿主情绪激昂地相信,99%的矿场意外,都"完全是由于"矿工自己的偷懒、无知或"故意过失"(wilful, negligence)所致。[7]的确,这些指控有些部分是真实的。然而矿场及工厂里残忍的工作速度多少也该被归咎。劳工经常陷入进退两难的境地:究竟该选择可以保护他们身体的谨小慎微的步调,抑或选择能给予他们足够金钱继续谋生的快速、残酷的速度?凡是选择快捷方式而跨越铁路,或者跳上有轨电车,或者其他粗心大意的行为,也都不得不承担一部分的责任归咎。然而粗糙的法律及法律制度也在进化之中;如同我们应该期待的,归责议题将被重新诠释。

劳 工 赔 偿

在旧制度中第一个正式被剔除的规矩,就是所谓的"雇员同伴责任规则"。很少有法律原则如此让劳工们愤恨。依据雇员同伴责任规则,一名受伤的工人不得控告其雇主,如果他受伤的原因是其他员工(指受同一雇主雇用的雇员)的过失行为造成的。事实上,这意味着大部分工业革命的伤亡者,无法因为他们被压断的身体拿到一分钱。

早在19世纪时,州政府便开始缓慢地剔除"雇员同伴责任规则";到了20世纪早期,这种剔除不断增长。当他们能够这么做的时候,有些法院会让工人在有些特定的案件中胜诉。有些州,比如1902年的纽约,制定了一些限制"雇员同伴责任规则"的法律。依据纽约州的法律,雇主有义务避免任何"方法、操作、机器装置的瑕疵",而且必须为任何下级管理人员的过失承担责任。[8]

1906年的《联邦雇主责任法案》(Federal Employers' Liability Act)完全废除了铁路工人的"雇员同伴责任规则"。该规则被宣布违反宪法;但是国会于1908年又提出新的版本。1908年的这项法律规定,铁路公司必须为任何因为"任何员工……的过失,或者,任何因为……火车车厢、发动机、装置、机器设备、铁轨、路基、操作、轮船、飞轮或其他设施……的瑕疵或缺陷"导致的死亡和伤害承担责任。即使是工人本身不小心,也不"妨碍损害之赔偿";而只会按雇员疏忽大意的"比例"来降低赔偿金而已。[9]老板们则抨击这项法律,但是联邦最高法院于1912年支持了它。[10]美国国会于1920年接着制定一项法规,将相同的规则适用于"任何遭受人身伤害的水手"。[11]《联邦雇主责任法案》及其姊妹法至今仍旧有效。这些法律根本上包含旧式的民事侵权行为法,但是移除了横亘在工人们争取损害赔偿的路途上的阻碍。

不过,在各个州里,对绝大部分的工人而言,取代"雇员同伴责任规则"的是一个全新的制度;一个完全打破民事侵权行为传统的制度。那就是劳动者赔偿。这是一个摆脱所有侵权行为诉讼的计划,它直接地为在职场中发生意外的劳工提供保障。[12]英国于1897年废除了"雇员同伴责任规则"并采用了这个制度(俾斯麦建立的德国在此前也曾经采用过类似的计划)。1910年前,一些州通过了劳工赔偿的早期版本。纽约州便是这些先驱者之一。但纽约州的最高法院推翻了1911年的法规——法院公开指责这个计划"太过激进";立法机关"将某甲的钱,拿去给某乙",(法院如是说)"依据我们的宪法,这样做是不可以的"。[13]但是在其他州,法院比较能够接纳。纽约州修正了它的宪法,准许劳动者赔偿的计划;新法律通过了,而且成功地通过司法的全部审核程序。联邦最高法院于1917年支持该法。[14]到了1920年,大部分的州都有劳动者赔偿法。落伍的州都在南方。1930年,其中有些州(如佛罗里达州、南卡罗来纳州及阿肯色州)步入这一潮流。密西西比州坚持到了最后;1948年,它也屈服了。[15]

这些法律的背后有什么呢?当然,有组织的劳工痛恨"雇员同伴责任规则"。老板们一直在为它辩护着;不过他们也开始对此产生了怀疑。如同1911年一项俄亥俄州的报告指出,这个制度是如此"令人无法容忍的浪费"(原文如此)。它"迫使老板与受伤雇员的寡妇和子女进行战斗;导致受伤雇员家庭如此痛苦和不幸;完全缺乏一致性和连贯性;在只有极少数人得到一大笔终结赔偿金的状况下,此举无异于一场大的赌博,一些人获得了不值一提的赔偿金,但是大部分受伤的工人却什么也得不到"。[16]

有关工作意外以及它们如何被赔偿(或者不被赔偿)的研究,得出了这些结论。在宾夕法尼亚州匹兹堡的阿里根尼郡,1906年至1907年间,有235位已婚工人在意外中丧生,59个家庭什么也没得到;另外

65个家庭则得到100美元或少于这个数目;只有58个家庭获得超过500美元的赔偿(几乎是最低收入工人一年的薪水)。[17]依据这份报告,每年匹兹堡"从他们的磨坊厂、铁路车场、制造工厂、矿井中送出45名只剩下一条腿的人;100名无助的瘸腿者……45名一条手臂扭曲残废了的人;30名剩下一只胳膊的人;20名只剩下一只手的人。60名手掌只有半边的人;70名只剩下一只眼睛的人——总共有500名遭受严重损伤的人"。人类的伤亡人数是巨大的:"苦难、悲伤、苦涩,历尽挫败的希望难以数计。"[18]

尽管这些事实使法院及立法机关显示出对这个制度的不满意。判决及法规则对有利于雇主一方的规则展开消减。到了1911年,有23个州通过法律,限制雇主们的谋划抵抗。[19]雇主对于陪审团也同样抱持偏执的看法:他们相信,陪审团几乎总是对雇员报以同情,几乎每次都让有钱的主儿把钱掏出来。事实上,如同我们所看到的,这是头脑里虚构的想法:陪审团并未像大公司所想象的那样吸浸富人的钱财。但是,雇主们对此坚信不疑,而且这让他们感到焦虑不安,以至于不惜代价来避免诉讼。

劳工赔偿通常被视为劳工的一个重大胜利:20世纪早期,俄亥俄州大部分的雇主事实上还是赞成这个制度的。为什么呢?或许雇主顾忌到了需要支付给劳资双方间调停人的巨大开销。民事侵权行为制度是昂贵的:雇主必须支付百万美元给保险公司、律师和纠纷调解人。保险费(赔偿责任及意外事故)使得雇主花费上百万美元。[20]对双方当事人来说,为诉讼而拼争,是一笔极大的开支。上百万的金钱就这样"浪费"了。为什么不将这些钱省下来,在劳资双方之间折中妥协一下呢?双方或许会好自为之、就此收场;而且,或许会带来无形的收获——工人们心满意足,劳资间相安无事。

就某种意义来说,劳工赔偿在这里是个折中妥协方案。每一方都放弃了一些东西。工人们放弃了撞上大运的机会——即获得大笔赔偿金,这种事儿极为罕见,但也确有机会。雇主则放弃了他们的抗辩,不管是谁的错,都对每一个因工作意外伤亡的人给予赔偿。然而不论是资方或劳方,都(证明)在这场比赛里跑在了前面,因为新的制度并不是透过法院,而是透过行政部门运作的;这样速度应该比较快,几乎是自动的,没有任何混乱和争吵;这在理论上(实际上部分地)摆脱了老套式民事侵权行为制度的浪费和消耗。

每一个州都有各自版本的员工补偿;但是在结构和形式上,它们大多十分雷同,"雇员同伴责任规则"都被废止了。的确,整个过错责任制度(fault system)遵从委员会的裁定;而过失(negligence)不再是争议焦点。任何工作上的意外,不论是如何引发的,员工都有权索赔。1913年,康涅狄格州的法律的用语颇为典型,该法律适用于所有"在雇佣……过程中产生的"的伤害。粗心大意的员工获得的赔偿金和小心翼翼的员工一样多。唯一丧失其权利的员工,是那些因为自己"故意或有重大过错"或"醉酒"而引发的伤害。[21]

那么雇主得到的回报是什么呢?他获得了有限的责任。例如,当一名工人在工作岗位上死亡时,康涅狄格州的法律给予他的家人100美元丧葬费,并将他半周的薪水给予他受抚养的家属(但是每周不超过10美元,而且不超过6年);受伤的劳工依据他们是否"完全丧失工作能力",或者"丧失部分能力",赔偿金的数额可能有所不同。这些付款同样也是有金额限制和持续期间的限制(完全丧失能力工作者为10年)。此外,有一个令人感到不愉快的身体零部件分类表以及类似相对的价目表。例如,失去"一条腿或脚踝关节上部",可获得两年半的赔偿;失去"任何脚趾,除了大拇指以外",可获得13周的赔偿。[22]康涅狄格州设立了 个由5名委员组成的委员会来执行这一法案。

康涅狄格州的模式具有典型性。这个计划也很典型地涵盖了大部分的劳工——但并不是所有的人。一般而言,家庭帮工这类事情就没有这样的权利;在夫妻经营的小型商店工作的雇员也被排除在外;在许多州(例如南达科他州及明尼苏达州),农业工人也被排除在外。[23]换句话说,许多州的法律并没有把弱势劳动市场中最弱势的群体包括在内。每一州都有自己的例外。然而到了1950年,有超过四分之三的工人都有了一定的索赔权利。

产　品　责　任

　　劳工赔偿仅仅是一个开始。一般说来,尤其是在20世纪40年代后,民事侵权行为制度彻底被改变了;被发展出来的是马克·加兰特所称的"高度责任—高度补偿制度"(high accountability-high remedy system)。[24]抗辩被削弱了,而法院(及立法机关)已经将赔偿责任,扩张到了在19世纪时会将其视之为彻底疯狂的程度。事实上,赔偿责任的激增已经引起了相当大的激烈反应。

　　最重要的改变征兆之一,就是产品责任的出现。依据一般的侵权行为法,如果一个有瑕疵的产品损害了你,你就有某种权利,请求产品制造人予以赔偿;一向都是如此。不过只有在20世纪,法律界(和公众)才将此视为一个专门的和重要的类别。这个社会背景是大规模生产和大量产品的发展。一般说来,消费者越来越仰赖于这些产品;他们买罐头食品、药品、缝纫机及汽车,还有一架子的衣服。

　　纽约上诉法院1916年判决的"麦克弗森诉别克汽车公司案"(*MacPherson v. Buick Motor Company*),是一个里程碑式的案件。[25]这是卡多佐法官最著名的法律意见书之一。麦克弗森从一名汽车经销商那儿买了一辆别克汽车。其中一个轮子"是由有缺陷的木材制成的的,而且它的轮辐已经碎裂"。这辆车完全破损了,麦克弗森因而受伤。他起诉了别克汽车公司。依据古老的"默契"(privity)规则,买方可以控告任何卖他商品的人,除此之外没有其他人可以被控告。在本案中,这意味着控告贩卖汽车的经销商。"默契"规则不准许麦克弗森直接控告别克汽车公司。也许对手工艺制品而言,这个规则是有意义的,但对大批量生产的产品可就不同了。今天,如果你觉得自己因为吃了一个鸡汤罐头而中毒,很自然的倾向就是控告罐头公司,而不是控告卖给你鸡汤罐头的杂货店。卡多佐在他狡黠、微妙和小心谨慎的意见书中,解构了这项古老的规则,使它的存在变得没有意义。他建立了一个新的原则(尽管他否认这是新的原则)。剔除法律上的专有名词及婉转的遁词,这个原则意指购买者可以直接控诉产品生产制造者。契约当事人原则已经寿终正寝。其他州很快跟随上来;"麦克弗森案"成为普适案例。[26]

另一个重要的案子是"艾斯可拉诉福雷斯诺市可口可乐装瓶公司案"(*Escola v. Coca Cola Bottling Co. of Fresno*)。[27]格拉迪斯·艾斯可拉(Gladys Escola)是一名女服务员,在加利福尼亚州麦德拉的一家餐厅工作。因为可口可乐的瓶子爆炸,她受了重伤,右手遭到损伤。她赢得陪审团的裁决,加州的最高法院支持审判法院的判决。法院的判决意见并没有什么特别之处,但是罗杰·特雷诺法官撰写的一致意见书则颇为激进。特雷诺法官希望法院对制造商采用新的和严格的原则。当产品有瑕疵而且有人受伤时,制造商必须为此承担责任——而且不必计较"过失"的问题。制造商应该"承担完全的责任"。说到底,企业有比较好的条件来避免意外——相对那些无知的消费者——并且有比较好的条件来支付损失。

当时,特雷诺的想法造成些小小的风波。但是,风波中确实有些东西隐隐约约但又确定无疑地将较人的赔偿责任向前推进。"艾斯可拉案"两年后,在1946年的哥伦比亚特区的联邦案件"波布雷斯特诉孔兹案"(*Bonbrest v. Kotz*,1946)中,一名婴儿贝特·盖·波布雷斯特(Bette Gay Bonbrest)通过他的父亲,起诉J.孔兹(J. Kotz)和莫顿·S.考夫曼(Morton S. Kaufman)医师,控告他们"将婴儿从母亲子宫取出时的医疗过失,造成婴儿持久性的伤害"。[28]在此之前,没有任何一个儿童赢过一次在出生前遭受伤害的诉讼。这一次却大不一样。法院嘲笑"先前判例的短视和似是而非";为什么法律只因为"过时的"原则,便允许"白痴、低能儿、瘫痪儿、功能缺丧等,还有因为他人过失留下的遗物,被锁在无法被赔偿的灰色地带"。法院指出,习惯法"并不是一个荒芜的和贫瘠的东西,也不是静态和惰性的东西"。

事实上,习惯法从来也没有"荒芜"或"贫瘠"过。法院假定,现代的、进步的乃至不可避免的潮流,就是去扩张赔偿责任;就是要去拆除横亘在赔偿责任之路上的习惯法原则。最终,联邦最高法院做出的解读是正确的。在随后的20年内,各州确实改变了它们对这个特别争议的看法。得克萨斯州留在了最后,该州于1967年才接受了这个看法。一名怀孕的妇女在车祸中受伤,婴儿于生产后两天死亡。法院引用"令人注目的当代趋势"来准许她提起法律诉讼。[29]

1960年,在新泽西州"亨宁森诉布鲁姆菲尔德汽车公司案"(*Henningsen v. Bloomfield Motors, Inc.*)中,克劳斯·亨宁森(Claus Henningsen)购买了一部普利茅斯汽车作为母亲节礼物送给他的妻子海伦。[30]这辆车的转向机械装置有瑕疵,有一天它失去了控制。海伦受了伤。法院裁定,"依据现代市场情况",汽车公司给予购买者"默示保证",其制造的汽车应该是"合理地适合使用的"。它的销售合同规定(以小号印刷字体)汽车公司只为有瑕疵的部分负责——而且只有当瑕疵的部分被送回工厂,并且在运输费用已经预先支付的前提下,汽车公司才必须承担责任。这算是个什么销售合同?法院说,汽车的购买者并没有"真正选择的自由",也无法控制合同里使用小号印刷字体;如此轻浮低劣的保证书,只不过是一张要么接受或者要么放弃的建议。克莱斯勒在合同中的否定性规定,"对大众是有敌意的";法院拒绝赋予其任何效力。

因此,两条道路都打开了,每一条都让制造商必须为它们产品造成的伤害承担更多责任。第一个方法是像太妃糖一样伸展保证书的概念;第二个是特雷诺的想法——即,扩张严格的赔偿责任,以包含大部分传统侵权行为的领域。最后,特雷诺法官的方式被采用。部分是因它对法官及法学家有比较多的吸引力;另外则是因为由美国法律协会(American Law Institute)资助的《民事侵权行为法重述》(*Restatement of Torts*)指出了这一发展趋势,而且该《民事侵权行为法重述》被广泛引用。

如同我们所见到的,两条路都引导向相同的目的地。20世纪下半叶,几乎所有法律原则的改变,都扩张了被告的赔偿责任。在此举个例子:19世纪时,法院并不愿意让被告精神上(与身体伤害相对的)的痛苦受到赔偿。由于震惊、恐怖等而引起的疾病,只有在伴随和依赖着身体的伤害时,才能获得补偿。在20世纪,这个原则开始被解除了。在一件佐治亚州的案件中(1928年),原告是一名"未婚的白人女性",她坐在前排看马戏团表演。[31]一匹马"走过来表演舞蹈",后退过来并"在她的膝盖上排泄出粪便"。每个人都(很自然地)笑了;(她声称)这件事情使她蒙受严重的困窘,而且"心灵上的痛苦与折磨"可达500美元之多。

诚然,法院说,如果没有显示出"身体上的伤害",法律是不赔偿"精神伤害"的。但是,任何"非法的接触"或者"任何物质对身体上的沉落",都在法律上构成伤害。因为马匹曾经在原告身上"排泄粪便",所以的确有"伤害"。基于这个微小的线索,法院支持应给予金钱赔偿。

在此，我们看到习惯法的惯例依旧充满生机，它要么以不承认的方式来改变法律，或者以某种奇怪、添加式的乃至不声不响的方式改变着法律。或许法官觉得有迫切的需要来保护南方的白人女性——将她视为纤弱的花朵，容易受到粗野行为的伤害。但是，对于精神痛苦的态度在逐渐发生着改变。在"奥洛诉康涅狄格州公司案"（Orlo v. Connecticut Company, 1941）中，原告安吉洛·奥洛（Angelo Orlo）所乘坐的汽车尾随在一辆有轨电车之后。[32]电车的电杆意外接触到一团电线，因此发生故障，并使安吉洛乘坐的车遭遇可怕的危险。坐在车内的安吉洛惊恐万分，电线环绕着他的那台车，"闪烁着火光花，还嘶嘶作响"。显然，电并没有碰到他，他身上既没有伤痕，也没有青肿。但是，他还是声称属于严重伤害："紧张、震惊和严重惊吓。"这使他发抖，还使他的糖尿病情恶化，使得他在医院住上一个月等。审判法院指示陪审团不得对这其中的任何一项判给赔偿金，除非他可以证明"外伤性质的……身体伤害"。听到这项指示，陪审团什么也没有判给他。上诉审撤销本案，发回重审。法律对"夸大"因为"惊吓而造成的损害"显示了一个"明确的倾向"。这个"明确的倾向"同样出现在这个时期的许多其他案件中。

另一项消失的原则，是"慈善豁免"（charitable immunity）原则：没有任何民事侵权行为诉讼可以控告医院、教堂、学校及其他诸如此类的组织。在"施伦多夫诉纽约医院协会案"（Schloendorff v. Society of New York Hospital, 1914）这个典型的案件中，一名妇女因为胃痛入院。在未经她的同意下，一个肿瘤在麻醉状态下被切除（她是如此声称的）。后来局部皮肤出现毒疮，她的部分手指必须被切除，她因而忍受"强烈的"痛苦。她的官司输了。法院说，这是一个"固定的原则"，"医院不需要为医生或护士的过失承担责任"。任何其他的原则都将伤害医院的"慈善性工作"。

直到 1940 年,几乎所有的州都迷恋这个原则。只有少数的法院开始有所动摇:在俄克拉荷马州的一个案件中(1940 年),当一名工人在搭建属于"救世军"(Salvation Army)的建筑时,从脚手架上摔了下来,他的诉讼成功了。[33] 在纽约州,这个原则终结于 1957 年。伊莎贝尔·宾(Isabel Bing)前往圣约翰英国主教医院(St. John's Episcopal Hospital)"矫正肛门上的裂缝"。一名麻醉师以烷基二甲基苄基氯化铵化合物的酊剂涂抹他背部腰身的位置,这是一种淡红色并非常易燃的液体。当医师在裂缝上使用"炙热的电灼器"时,酊剂燃烧了起来,而伊莎贝尔·宾被严重烧伤。纽约法院推翻施伦多夫案的判决;这个判决"对于我们的生命是不协调的",而且"和现代的需要不符合"。[34] 依据侵权行为法专家威廉·L. 普罗瑟(William L. Prosser)的说法,到了 1964 年,"许多判决的洪水"已经消除了 19 个州、哥伦比亚特区及波多黎各的慈善豁免原则;而且它在其他许多州"完全撤销"——予以磨损或限制;只有 9 个州继续坚持这个原则。[35] 于 1980 年前,几乎所有的州都加入大多数的行列;今日,慈善豁免原则已经在根本上灭绝。

无抗辩理由

法院和立法机关并不是似乎积极想要扩张责任的范围,他们同时也渐渐剔除一些对被告最为有力的抗辩理由。其中之一便是"原告疏忽"的原则。这听起来其核心看法似乎是无害的——如果某 X 自己有过失,或者某 X 自己导致问题或意外的发生,某甲就不能告某 Y 过失。但是,这项原则被用到了极端的状态。如果某人被火车碾碎,即使他自身方面只有很轻微的过失,都足以让他的家人得不到分文赔偿。

改变早在 1908 年就开始了;覆盖了铁路工人的《联邦雇主责任法案》推翻了"原告疏忽"的原则,规定"原告疏忽"的原则再也不能够限制工人获得补偿的权利。如果铁路工人有过失,陪审团将依据可以归因于他的过失比例来"减少"他的损害赔偿数额。[36]这是所谓"比较过失原则"的核心观念。1910年,密西西比州采用了这种形式的原则。1920年,联邦政府依据所谓的《琼斯法案》,将海员也覆盖在其中。[37]20世纪80年代早期,有40个州采用类似版本的法律;到了20世纪末,几乎所有的州都采用了这个原则。在有些州,如果原告的过失超过一半,原告便败诉;不过,在其他州,即使原告有85%的过失,仍旧可以获得15%的损害赔偿。(当然,陪审团必须透过他们的老一套的戏法来决定谁应该负责、负什么责任以及责任的百分比。现在还没有人发明过衡量过失与损害的机器。)

因果关系的难题

如同我们已经说过的,20世纪侵权行为的故事,是一个赔偿责任不断扩张的故事。但是,并不是所有的原告都会胜诉。其中最有名的败诉者,是一名叫做海伦·帕斯格拉芙(Helen Palsgraf)的女人。海伦·帕斯格拉芙是一个移民而且很贫穷。她从长岛铁路公司买了一张票,打算到纽约的罗卡维海滩。她和子女站在月台上。火车靠站停下。一个男人手持一件用报纸包裹起来的物品,企图跳上车。看上去他似乎就要跌倒了。一个警卫人员从背后推了他一把。这个包裹掉到铁轨上。包裹里面有烟火并发生了爆炸。震动的冲击波及在月台上几英尺远的一些测量器。测量器倒下后砸到了帕斯格拉芙。这就是她请求权的基础。

这个案子一直诉到纽约州的最高法院。在此,帕斯格拉芙只差一票输了官司;首席法官本杰明·卡多佐负责撰写多数意见书。[38]卡多佐指出,或许铁路公司的员工有过失;尽管如此,他也不必为帕斯格拉芙的损伤负责——或许是因为(如同某些评论家建议的)这是一场极为特殊的意外。她的伤害是不可以被预见的。谁有可能猜到这个包裹会掉落在地上、会发生爆炸而且测量器会倒在帕斯格拉芙身上呢?

从某个角度来说,本案似乎在主张对赔偿责任应当加以限制的观点。如果你做错了什么,当伤害的范围无法预见地扩大到某一点上,赔偿责任便终止了。但是在本案中,卡多佐以优雅隐晦和细微表述来撰写意见书,这一观点或多或少地被表达出来了。无论如何,卡多佐的意见让几代法律专业的学生们感到茫然和恼怒。到底为什么这件案子会这么出名,这个问题本身也是个谜团。它已经成为著名的案件:因为其有名而有名。这同时也成为法学院传统的一部分。每一个法学院一年级的学生,无论在哪里读书,都曾经因为海伦·帕斯格拉芙和那个倒落的测量器而绞尽脑汁。没有任何一本侵权行为法教科书胆敢省略这个经典案例;没有人这么做过。

赔偿责任持续激增:员工赔偿

当侵权行为法中的赔偿责任逐渐扩张的时候,员工赔偿也趋向于相同的方向。依据劳工赔偿的法规,赔偿限制在"起因于雇佣期间发生的"意外事件或伤害:这句9个单词组成的话,来自英国的法规。其核心意义是很明显的:只有因为工作造成的伤害(起因于工作)才包括在内;而且它们必须发生在工作中(在雇佣期间)。但是,法院继续扩展了这些话的意义,让它覆盖了越来越多种类的伤害和事故。

所谓"玩闹剧"的案件就是一个好例子。在早期的案件中,如果工人在工作时间玩耍时受伤,法院是拒绝予以赔偿的。到了1940年,情况则有所不同。[39]法律甚至对爱玩耍、开玩笑、粗心大意、粗野和愚笨的员工予以保护。在一件威斯康星州著名的案件中,一卡车司机的助手

362 决定在移动中的卡车上向外撒尿——这并不是聪明之举。他从卡车上掉下来并且受了伤。威斯康星州的最高法院裁定他可以获得损害赔偿金。⁴⁰愚蠢是他受伤的原因;但是他并没有因此丧失损害赔偿金。原告疏忽责任在这个制度中并没有存在的空间。

州政府通过损害赔偿法,是为了处理"工业意外事件"。其背景则是劳工方和管理层双方长期艰苦的搏斗。争议是工厂、煤矿及铁路调车场;这些巨大、喧闹和危险的地方充满了致命性的机器——会让人粉身碎骨的机器;大量制造孤儿寡母的机器。按照字面的意思,这些法律与"意外事件"有关;没有人会想到一个员工会在卡车上的一侧撒尿,或是有员工会在玩闹时跌倒。

也没有人想到会有受慢性病痛折磨的员工们。朱利叶斯·J. 扬(Julius J. Young)是一名凿石匠,他在明尼苏达州圣克劳德的花岗岩工厂负责操作一台处理石头表面的机器。这份工作使他处于"极大的绷紧和噪音之下";他的肩膀和背部开始发生持续性的疼痛。在经年累月的工作后,渐渐地,他的肩膀变硬、肌肉萎缩、神经退化。明尼苏达州的法院(1922年)对此没有表示出同情:本案并没有"意外事件"。并没有什么事"突然地或强力般地压在原告身上"。赔偿金法案"在没有突然和强力断裂和坍塌的情况下,不是设计用来覆盖一般超时工作或持续造成的工作伤害"。⁴¹这是早期法院案例的典型态度。

不论是法院或公司,似乎都不在乎员工是否已经疲惫不堪。在2001年,这是令人无法忍受的冷酷无情。但是,这一明尼苏达州的案件发生在退休金制度之前,发生在福利国家产生之前;也发生在充分正义兴旺发达之前。法院及行政机关的态度缓慢地在改变。最早露头的,是爱达荷州1934年的案件。⁴²李·比佛(Lee Beaver)患有肺结核病,但是处于中止的状态(他的遗孀所称)。他从事岩石压碎机的工作,这一工作会释放许多"一团团密集的尘埃"。原告的理论是,他每天工作吸入肺部的这些尘埃,使他的病情突然发作。最后导致他的死亡。然而公司主张本案并没有"意外事件"发生。法院不同意公司的意见。如果一名工人开车开了好几年,"直到磨损到了内胎状态",然后轮胎突然爆胎,车子驶入壕沟中并造成他的死亡,每个人都会说这是意外事件;同样,"石英粉尘不断地磨损工人的肺好几个月",直到他因肺病爆发而死亡,这也是个意外事件。

总之,对于给予损害赔偿金,法院和行政机构变得越来越开明;由此,几乎任何工作时所导致的任何种类的医疗问题,都变成是可以赔偿的——扭伤脖子的秘书,在楼梯上跌倒的业务员,都可以获得赔偿。法院同时也扩展了工作的概念:员工打卡之前在更衣室换工作服时发生意外、出差中的业务员在汽车旅馆的火灾中死亡、在美国7月4日独立日的公司野餐郊游活动中打棒球跌伤的员工——全都可以获得损害赔偿。

当然也存在罕见和反常的案件。不过,在这个概念边缘还有更严重的情形:心脏病和压力引起的精神崩溃,以及职业病。这些都不是罕见的事。并不令人感到意外,心脏病的请求权在早期的大多数诉讼中都败诉了。法院寻找不寻常的压力——那些他们可以称之为"意外事件"的压力。每天的日常工作并不足以构成这一点。整体而言,后来发生的案件则完全抛弃了这个想法;或者愿意找出非常细微的证据来证明,原告的心脏病由工作所致。

早年的法规通常完全没有对职业病的损害赔偿。(伊利诺伊州是一个罕见的例外,不过这项法规后来被宣布违宪。)[43]毕竟,疾病并不是"意外事件"。的确,俄克拉荷马州首先将之限制在从事"危险工作"的工人。这些法规包含了一份目录:工厂、轧棉机、铸造厂、高温炉、煤气厂、伐木搬运业及蒸汽热力工厂等;而且这也只包括"手工或机械工作或劳作";"文职人员"(及农业工人)特别被排除在外。[44]有些州确实包含了几种职业疾病，并实实在在地详细列出。纽约州的法规（1920年）提到了23种疾病，从炭疽脓包和铅中毒，到鼻疽病，"急性肘部滑液囊炎"（矿工劳作时常用的肘部），到"玻璃工人的白内障"。每种疾病都与特定的工业程序有关：例如，炭疽病的赔偿只给予处理"羊毛、毛发、鬃毛、兽皮或皮肤"的工人；只有遭受"融化玻璃刺眼强光"的玻璃工，才可以提出损害赔偿的请求。[45]在大部分州，因为污染或其他工作条件而生病或死亡的工人，得到的赔偿金甚少，或者根本没有任何回应。例如有一群被雇来为手表的表盘上涂亮光漆的"镭女孩"，她们于20世纪20年代开始陆续死于癌症。[46]少数女孩从公司那儿获得赔偿金，其他人死亡后则一分钱也没拿到。不过，她们的案件起到了提升意识的作用。一个叫消费者联盟（Consumers' League）的女性改革团体，开始推行她们的理想；这个联盟在许多这些"镭女孩"曾经居住过的新泽西州竭力游说；新泽西州于1949年修正了他们的法律来涵盖"所有在雇佣过程中引起的疾病，这些疾病可以归因于特定或特有环境中的行业、职业、程序、雇佣行为"。[47]其他州也随后加入修改法律的行列；例如，路易斯安那州在1975年加入此列。[48]

赔偿责任的激增同时也影响到海商法。依据标准原则，船主有责任支付工作时受伤海员的"补偿费"及"薪水"。从历史上看来，这指的是发生在公海上的意外事件。但是，在1948年的一桩案子里，一艘美国船上的助理工程师在马尼拉休假时，（在喝完三瓶啤酒后）在联合海员服务俱乐部的游泳池跳水时受了伤。在同一年发生的另一桩案子里，一名水手在南斯拉夫斯普利特（Split）休假。他和一名妓女为了钱的事儿发生争斗，并且从妓院的窗户跳了出来（这样可以避免更糟糕的命运）。这两个男人倒是都获得了他们的"补偿费"。[49]

汽车轮子上的社会

铁路在19世纪的侵权行为法的许多方面都居于首要地位。作为先例援引的重要案子都是由于火车意外事件引起的。接着,火车渐渐消失在历史中,20世纪成为汽车的世纪。汽车很快取代了市内的有轨电车和铁路,成为美国人的首席杀手和残害者。1949年,汽车意外事件杀死了31 701人;铁路意外是19世纪侵权行为之王,也只杀死了2 119人。[50]意外死亡如此大规模地增加,使工厂意外事件的发展潜能受到阻碍。"人类因为汽车而受伤的数量及可见性……让残尸断臂进入了美国公共生活的中心。"[51]

大部分的汽车意外事故,即使是严重的事故,都从来不是在法院解决的;但是其中的确足够多地占据了法院的诉讼案件记录。依据1932年发布的一项有关这个问题的报告显示,纽约最高法院在1928年10月至1930年4月期间,有30%"开庭日程表的新纠纷"是"汽车意外事故案件";1932年,费城郡民事诉讼上诉法院的比例也大致相同。此时,全国不到三分之一的汽车有"公众责任保险";在都市中,比例数字稍微高些,而且大约二分之一到三分之二的受伤的人可以向一家保险公司提起诉讼。[52]1925年,马萨诸塞州开始实行强制保险。[53]1925年从康涅狄格州开始,许多州通过"财务责任法"——这项法律至少将保险责任加在某些驾驶人身上(例如,那些曾经违反道路交通规则的人)。[54]但是在随后的30年内,其他州并没有追随马萨诸塞州的方式——保险公司奋力抵抗,他们将此视为骆驼的鼻子伸进了帐篷里——因小失大,而政府就是骆驼。结果,保险公司还是输了。纽约州于1956年、北卡罗来纳州于1957年先后实施了强制保险。

仍旧有许多意外的被害者无法获得任何赔偿,另一方面,保险公司则在哭诉那些骗保费、非法勾当、伪造请求状以及以鸡血假装受伤的黑帮们等。[55]保险公司同时也相信,法院和陪审团都站在被害者那边。杜克大学法学院一名叫做理查德·M.尼克松(Richard M. Nixon)的学生(此人后来做大了,如果不算是什么好事儿的话),在1936年出版的一篇文章中发表一个意见。他主张,法院倾向于充分利用传统的原则,"以确保受伤的原告得到保险公司的赔偿"。[56]

但是到了20世纪末,法院的作为在许多方面都是不相干的。驾驶人和车主都有保险;强制法已经被广泛实施;真正的汽车意外事故法是一堆法规、原则、偶尔的陪审团审判以及保险公司实际运作的混合体。保险公司在法院外,依据惯例以及保险公司的指导原则,几乎就搞定了所有的案子。诉求案件的调解者是这个宏大领域里最重要的法律参与者。保险法"为已投保的被告,拔除了侵权行为的刺"。[57]保险、意外事故、酒醉驾车、驾驶人失去耐心的暴怒;当然,仍旧有许多的法律问题和汽车有关;但是正式的侵权行为法不再是中心舞台。

坏医术:法院里有位医生吗?

1953年,一名叫做马丁·萨尔苟(Martin Salgo)的男子,在加利福尼亚州的斯坦福大学医院找医生弗兰克·杰伯德(Frank Gerbode)看病。55岁的萨尔苟,诉说脚痉挛及身体各部分的疼痛。医师很明白,萨尔苟病情严重,他腹部的主动脉很可能被阻塞。萨尔苟进行一项被称为"主动脉X光摄影术"的治疗,必须将一根针插入他的主动脉,然后拍摄X光。这个微妙的程序似乎一切顺利;但是,后来萨尔苟发现"他的四肢末端"不能正常活动了;而且病情未见好转。他以医疗过失(medical malpractice)为由把医生和医院告上了法庭。[58]

萨尔苟的案子并不是独一无二的。大约自20世纪50年代开始,医疗过失成为民事侵权行为法中不断成长的次领域。就某种意义上说,控告医生医疗过失并不新鲜;一名粗心大意或漫不经心的医师,就和不小心的卡车驾驶人或不小心的罐头汤制造者一样,必须为他们的违法行为承担责任。事实上,医疗过失案在19世纪非常罕见,并且进入20世纪时也大致如此。依据1910年伦道夫·伯格斯特龙对纽约市法院的研究,确实有8件这类案件,或者说在728件民事侵权行为案中,占了1.1%。[59]

一份有关旧金山郡和库克郡(主要是芝加哥)1959年至1980年间的研究显示,医疗过失案的数量大大地增加,远超过伦道夫·伯格斯特龙的数字,尤其是在旧金山郡。有7%民事陪审团审判有关专业过失(大部分都是医疗过失);在库克郡,这个数字是3%,此外,其中有些案件带来了高额的补偿金。1960年至1964年间,在这些法院平均的损害赔偿金是89 000美元,而中位数是45 000美元;到了1975年至1979年间,平均是457 000美元,中位数是70 000美元。但是这些数字是那些最后实际上赢了诉讼的原告所得。在旧金山郡,只有35%的原告胜诉;库克郡的数字是33%。[60]这表明,陪审团对这些诉求中的大部分持有怀疑;不过,当他们被说服时,则倾向于判付慷慨的赔偿金。毕竟,其中许多原告都遭受可怕的伤害——现代医疗充满了未成熟的和神奇绝妙的机器与技巧;但是当它们一旦出错,结果的确可以令人胆战心惊。

至于萨尔苟,陪审团判给他25万美元。被告以各种理由提起上诉——主要是关于法官的指令。其中一个有争议的指示,与"公开"的责任有关——即医师有义务告诉他的病人所有的一切:医生计划采取的医疗行为,将产生什么副作用及风险。法院承认,有时候医生能给病人说很多:如果你提到一些微不足道的风险,可能会"导致一个已经过分恐慌的病人更加惊慌"。但是,基于"知情同意"(informed consent），医师必须告诉病人所有必要的任何事情。[61]

这是在1957年；到了20世纪60年代，"知情同意"这个词已经从文献中被挑出，而且很快地固化成为原则。处理"萨尔苟案件"的法院是谨慎的；后来的法院就不那么谨慎了。一名医师绝对必须告诉病人一切事情。"知情同意"成为医疗过失法中的关键要素。坏的医术并不仅仅是一种医疗过失而已，同时也是低劣的临床态度——不告诉病人风险或用替代方式等。

原则是来之不易的；它们需要依赖社会的认可。医疗变得越来越科学，但是也越来越没有人情味了。到府看病、坐在你床边的旧式家庭医师可以登门出诊，如今已经大致绝迹。他是个友善可爱的年长医生；当然，他从来也没有给任何人治好过病，但是，就像是起诉自己的一位忠实的老朋友一样，你无法想象可以把他告到法庭去。在高科技的医疗世界里，阻碍法律诉讼的障碍被瓦解了。"知情同意"原则也非常适合现代法律的其他潮流；这些都是一般意义上的知情权、选择权、独立行事权的一部分。这是20世纪后期文化的实质所在。

无疑，医师的确会犯错误，而且有时候是很可怕的错误。不断的研究显示，医疗过失是个客观事实，不是一种患者偏执、沮丧的幻觉。侵权行为法到底是不是处理医疗过失的有效方法，这是另一个问题。这确实让医师的保费变得很昂贵。结果，如我们所见，就这样促成了一个极大的反弹。

大规模有毒物质引起的侵权行为

克拉伦斯·博雷尔（Clarence Borel），这名濒临死亡的男子绝望的法律诉讼，开始了侵权行为法律的一个新阶段。博雷尔曾经于1936年担任"工业绝缘体的工人"。在这项工作中，他遭受着"大量绝缘体物质所产生的石棉灰尘"的污染。1969年,博雷尔因病住进医院里;肺切片检查发现,他罹患"肺石棉沉滞病",后来发展为肺癌。博雷尔当然获得劳工赔偿金;但是他并没有控告他的老板,而是制造导致他死亡的石棉公司。他胜诉了;上诉审时,法官也支持这项判决(1973年)。[62]那时,博雷尔已经离开人世。

事实上,证据显示,或许有25万人,甚至不止这个数字,死于石棉灰尘的污染。博雷尔的案件开始了一种趋势;20世纪80年代中期,有30 000件诉讼石棉制造商的损害赔偿案。依据1991年的估计,有115 000件石棉案的诉讼请求在等待法院审理或庭外和解。[63]这涉及上亿美元的金额;法律诉讼有效地摧毁了石棉产业。石棉公司已经破产——对他们而言,破产变成一种庇护所。[64]

石棉案是第一件大规模有毒物质引发的侵权行为(mass toxic torts)案件。在1970年至1980年间,它们像是罕见的、外来的植物一样大量繁衍。其中最有名的案子是"橘剂"(the Agent Orange)案件,该案的集体诉讼于1979年开始。被控告的对象是美国政府和曾经造成越战期间"许多接触过这种除草剂的越战退伍军人严重受伤或死亡"的一部分首要的化学企业。[65]越战期间,橘剂在越南被大量喷洒,以清除茂密的丛林,并摧毁越共使用的田地和农作物。许多退伍军人抗议橘剂导致癌症、胎儿畸形或其他悲剧;他们相信美国政府及化学厂商曾经有计划地欺骗了他们。大量的科学证据被展示出来;但是,事实上他们无法确定无疑地归罪于橘剂——最好的结果,是让这个案子始终难以结案;最糟糕的是,它证明原告其实是告错了。

另一个庞大的、有争议的法律诉讼,与达尔孔·谢尔德(Dalkon Shield)有关。A. H. 罗宾斯公司(A. H. Robins Company)从1971年开始,贩卖超过450组子宫内避孕装置。就避孕装置而言,它是不合格的;许多女性仍旧怀孕。真正的问题更严重;流产或者婴儿带有先天缺陷,有些骨盆感染,甚至不孕症;在少数案件中,甚至有人投诉它导致使用者丧生。食品药品监督管理局出面介入,1974 年该公司停止销售这项产品;但是诉讼波浪接踵发生。对于诉讼程序,出现了无休止的众声喧哗;例如,这些法律诉讼是否应该聚集起来,成为一个庞大的"集体诉讼"。一些个人同样也提起了诉讼。该公司时而有胜诉,时而又有败诉。接着,该公司被重组,且将几十亿美元转入一个信托基金,最后清理了大部分的债权。[66]

另一个大案与己烯雌酚有关,这种药被用来避免流产,但是被指责会导致某种癌症。由此产生了许多针对重要位置的制药厂的相当引人注目的诉讼案件。大部分的案件都没有进入法院的庭审。这些诉讼因为程序问题或其他处于赔偿责任初始阶段问题而停滞不前。争议拖延了数年。1992 年,礼来制药公司已经解决了 250 件这种案子,另外 350 件仍然悬而未决。[67]最后,这些公司似乎搞定了全部的案子。

20 世纪末,是烟草工业的拐点——被癌症受害者和州政府控告。这些案子牵涉的金额实在是天文数字。到了 2000 年,烟草公司已经成功地阻拦了这波潮流;但是他们的掌控力显然每况愈下。庞大的和解计划方兴未艾。团体和个人同样也提起诉讼控告枪支公司。在这些案件中,比涉及损害赔偿更多的,是为反对这个不得人心的产业的殊死搏斗。

隐私:一个侵权行为的诞生

几乎所有进入法院的侵权行为案,都涉及过失或严格赔偿责任;它们是意外案件——要么是人身伤害,要么就是财产损失。加上离婚和其他一些诉讼的原因,它们是民事诉讼的汪洋大海中的浮游生物。

其他的侵权行为一直都相当罕见,例如诽谤中伤、擅自闯入不动产、非法拘禁他人。

罕见并不总是等同于不重要。从统计意义上说,有一项20世纪特殊的侵权行为,数量并不多,却足以作为一种文化标记。这个侵权行为被称为侵犯隐私。

当官方提及这种侵权行为时,都会找出路易斯·布兰代斯和塞缪尔·沃伦于1890年在《哈佛法律评论》(Harvard Law Review)上发表的一篇著名论文。[68]布兰代斯和沃伦提出,习惯法可以同时也应该保护人们的隐私权。他们说,"报刊已经逾越了……正派体面……的明显界线。流言蜚语不再是无聊与恶毒的来源";它已经成为一种重要的生意。当然,这是"黄色报刊"的时代;而且如同罗伯特·门塞尔(Robert Mensel)指出的,这同样也是柯达(Kodak)的时代——第一部"用来偷拍的袖珍照相机"。在柯达出现前,没有人可以未经过你的同意,的确,或没有你的合作的话,便为你拍照。你必须安静地坐好并摆好姿势才行。现在,有了曝光快速的相机,就有可能"盗取"某个人的影像——被拍摄的人甚至可能完全不知道或没有意识到。[69]这对于"正派体面"的威胁是再明显不过了。

不过,法院在缓慢地为这个想法暖身。纽约州罗切斯特市的富兰克林面粉公司,以"家族的面粉"及一张年轻女子的相片作为他们的商标。年轻的女子名字叫阿比盖尔·罗伯森(Abigail Roberson),使用此照片未经她的同意。这家公司在罗切斯特地区散发了25 000张广告传单;当阿比盖尔发现此事时,她"遭受着严重震惊,而且只好闭门不出"。她起诉了这家公司;下级法院认为她有诉讼理由;但是,上诉法院在1902年以4比3的裁决驳回本案,法官认为本案缺乏法律依据。[70]

这并不是一个引人赞赏的结果,而且纽约州州议会于1903年制定法律"未经授权,禁止为贸易用途使用任何人的名字或照片"。违反这项规定虽然是轻罪名,然而更重要的是,原告可以请求损害赔偿(或者要求法院禁令)。[71]当然,这比一般隐私权的范围要狭窄。不过,两年后,佐治亚州最高法院接受了沃伦和布兰代斯的想法。这同样也是一件商业案:保罗·帕维斯基(Paolo Pavesich)在一份亚特兰大的报纸上,惊讶地看到自己的照片成为一则保险广告的一部分。他提起了诉讼并获得胜诉。[72]

红色和服:高雅的沉浮

盖布丽埃尔·达利(Gabrielle Darley),这个曾经拥有多彩多姿生活的女人,1931年在美国法律史上登台亮了一次相。她曾经当过妓女;她曾经被逮捕,并庭审被控犯有谋杀罪,不过她被陪审团判定无罪。1918年,她"抛弃了自己羞耻的生活",嫁给了伯纳德·梅尔文(Bernard Melvin),并过着"正直的"生活,在"可敬体面的社会中赢得了一席之地"。在她的新的社交圈子里,很多人对她变化万千的过去什么都不知道。但是在1925年,一部名叫《红色和服》(*The Red Kimono*)的电影出现了。这部电影以她的生活及时代为背景——而且使用她真名。她的面纱被揭开了,盖布丽埃尔·达利·梅尔文打起了官司。

加利福尼亚州上诉法院对此深表同情。破坏盖布丽埃尔·达利的名声和她的社会地位是错误的;没有其他理由,只为了"个人私利"而出版"她过去堕落生活的故事"也是不对的。法院说,社会的目标应该"拉她一把,安抚她的背运,而不是将她撕裂活剥"。被告的行为,"依据任何伦理和道德的标准,都是不正当的"。事实上,他们侵犯了盖布丽埃尔·达利被加利福尼亚州宪法保障的权利,即"追求并获得快乐"的权利。是否有人把她的主张称之为"隐私权",或者给它"其他的任何名称",都并不重要。[73]

这或许是侵权行为——在其初始上意义的高水位标志。保护"隐私"是基于名声、荣誉、悔悟及布尔乔亚的高雅。但是这些美德本身开始了一个长时间的后退;由此,"侵犯隐私"便丧失了其最大的力度。到了20世纪末,从摄影机的窥视眼、媒体的监视,到通俗小报中气喘吁吁的绯闻八卦,真正的隐私已经所剩寥寥。在一个上流的社会中,对任何一个知名人士(或者臭名昭著的人)而言,"隐私"一词已经毫无意义。毕竟,这是来自"纽约时报诉沙利文案"的讯息。在书上、电影中和互联网上,色情材料在野蛮流行;"高雅"遭遇痛殴。在千禧年的最后两年,最大的和最耸人听闻的新闻,就是有关威廉·杰斐逊·克林顿总统的性生活。这让他经历一连串曲曲折折的事件,甚至差一点被赶下台。人们在电视上、在"垃圾脱口秀"的节目中,公开谈论那些最肮脏的事情。[74]上百万观众很高兴地看他们做这类节目。保护普通人约翰或珍妮不被公开的理由,事实上在于没有什么人在乎他们的生活——除非他们自愿公开爆料自己。在一个对"新闻"和轰动事件充满饥渴的社会里,公众人物的私生活和私人的公众生活,边界该如何划定呢?

这是麦克·维吉尔(Mike Virgil)通过律师向法官提出的问题。维吉尔算不上是高贵的名流——他是世界级的冲浪运动员。《体育画报》(Sports Illustrated)发表了一篇关于他的故事——当然,详述了他冲浪的辉煌成就,但同时也揭露他"从来都不曾学会如何识字",他曾经倒立着下楼梯,"因为这很绝妙",可能会招引"小女孩们"的注意;他的妻子还说过,他吃"蜘蛛和其他昆虫"。1975年,一个联邦法院认为,虽然冲浪并不是"今日热门的新闻",但却是"一般大众感兴趣的事"。联邦法院承认,"病态的、耸人听闻地窥探他人私生活"的行为应该有所限制,即使对象是迈克·维吉尔这种名人;按照法院的看法,这个案件双方实力接近、势均力敌。本案被发回下级法院重审。[75]如果要是在20世纪的后四分之一时间里,盖布丽埃尔·达利胜诉的机会几乎微乎其微。

同时,如同我们所看到的,宪法上"隐私权"的权利已经被大幅度扩展。这里,已经不是布兰代斯和沃伦所指的隐私;隐私多少意味着某些人生的选择需要远离政府的干预。不过,这两种意义即便在法律上互不相干,在文化上却是有关联的。如果有购买保险套的权利,或者看色情出版品的权利,或者任何成年人之间彼此自愿发生性行为的权利——如果这些行为先丧失它们的刑事罪名,接下来去掉它们的耻辱之名,然后它们便会成为宪法上的一些权利——无数的人就可以从他们躲避的衣橱里走出来。有些人就会一路走上来表演脱口秀了。

所有这一切的原因和意义

20世纪侵权行为制度戏剧性的扩展,无疑是真实的。人们提起的诉讼,在19世纪,甚至20世纪初都是令人难以置信的。为什么他们可以赢得几十亿美元?证据也并不是那么清晰。有关陪审团审判的案件资料,几乎全都是民事侵权行为案件。1960年至1979年间,库克郡21 500件民事陪审团审判中,88%的原告的诉讼请求与人身伤害有关;4%控告过失致人于死。[76]然而,平均损害赔偿的赔偿金(由法官或陪审团判给),或许比大部分人想的还要适当得多。有少数几个非常令人吃惊的陪审团裁决——超级数额的裁决;但有些是例外。当然,这些裁决会制造新闻报道;败诉或只赢了2 000美元的赔偿金的这种案子,是不会让你的名字上报纸的。当然,集团侵权行为诉讼是一个非常非常重要的进展。

这些侵权行为法戏剧性改变的背后,原因何在?没有一个单一的理由可以说得清楚。的确,保险也在此贡献良多。企业有赔偿责任保险。驾驶人有汽车保险。一般人有人寿保险——曾经被人谴责为不道德的业务。[77] 1905年,三家全美最大的人寿保险公司,有效的保单将近价值50亿美元——40年前也只有15万美元。[78]一个保险的社会是一个乐于将损失分散的社会。这并不是一个宿命论的、耸肩冷漠的社会,也不是一个告诉受害者"祸从天降"和生命就是这么不公平的社会。这是个富足的社会,它是一个足以让普通人为他们心爱的人购买保障的社会。毕竟,死亡是自然的,但是意外事件是种断裂和袭击——所以需要保护被害者及其家人。经济的成长和(相对的)富足,以及受文化改变的影响,导致赔偿责任制更容易被社会接受。

至于什么是"公平"和"公正",不同的时期有不同的观念。19世纪过失制度的语言,听上去好像是与伦理有关。毕竟,过失是一个承受重负的词汇。或许这只是一种表象。侵权行为法会照顾企业,以维持经济成长和兴盛。[79]水涨船高,如果在船底下戳开个洞,不管是富人还是穷人,或者不管是老板还是工人等,大家都会沉下去。无疑地,态度在20世纪改变了。劳工赔偿就是其中一个明显的例子。工业意外法几乎完全排除了过失的因素。在产品责任上,过失也不被考虑。1941年,威廉·L.普罗瑟指出,法律经常强迫被告赔偿,不管他们"出于好意或者拥有完全符合道德合理的行为"。为什么呢?因为"这被视为良好的社会政策";也就是说,"企业必须为他们造成的损失肩负起责任"。[80]这本质上是保险的想法:企业在某种程度上为他们的劳工及其他受害者提供保障。而企业本身则可以相应地在开放市场上购买保险,以弥补他们的损失。

处理人身伤害的律师界应当被提及——这是些在赔偿责任剧增

时期丢炸弹的律师们。这确实是活生生的一群人。其中包括浮华的人士,像是"侵权行为之王"梅尔文·贝利(Melvin Belli)。贝利开创了许多计谋和手法,后来成为标准的程序规则。他将"展示性证据"(demonstrative evidence)带入法庭:在20世纪40年代一件案子中,一名年轻女子在一场意外事件中失去了她的腿。贝利走进法庭时,手里拿着一件"L型的包裹,外面用廉价的黄色纸张包着"。他缓缓地打开它。里面有一只人造脚:他告诉陪审团,他的委托人"在剩下的生命里都要穿着这个……代替上帝赐给她的肢体"。在另一件案子中,他的委托人是一名21岁的已婚水手。他因为有轨电车意外事件而受伤。贝利告诉陪审团,这名水手没有生殖能力,而且阳痿;他也向陪审团展示一根"细塑料棒",并告诉陪审团,他的委托人只要活着,"每十天"就不得不"将这根棒子穿进他的阴茎里"。[81]

像贝利这样的律师,无疑地在侵权行为激增的过程中扮演了某个角色。他们的表现是非常戏剧性的、一反常态的,但是却十分有效。贝利并不孤单,还有其他人也是如此,像斯图尔特·M.斯派泽(Stuart M. Speiser)专门对付飞机失事这码事儿,而且也撰写过这个主题的书。[82]贝利及其他人的戏剧性技巧把事实搞得扑朔迷离,使这些大型案件要花费大笔金钱和大量的精力。侵权行为的律师采取胜诉酬金来收费。当律师胜诉,他们可以赢得丰厚的一笔钱——约合赔偿金的四分之一或更多;当他们败诉时,他们则分文未获。

那些自我感觉良好的大牌律师们憎恨贝利,也憎恨那些像贝利一样的律师,进而严厉责骂这些律师,就像是20世纪早期斥责"救护车追逐者"一样。一名人身伤害案的律师不会有回头客重复上门的——也不可能有委托人预先来付款。没有人一年又一年地被巴士撞碰或者被火车碾压。一名人身伤害案律师的夸夸其谈是必要的。他靠名气来吃饭,他必须宣扬以确保有源源不断的客户。因此,华尔街苍白乏味的律师们是不一样的,他们是躲在上流社会那些匿名富人们背后的律师;人身伤害的律师圈子里,是一群古怪与张扬的律师所组成的世界。变得像梅尔文·贝利是有用的;他多次的婚姻、他的古怪姿态以及喧闹疯癫的办公室——这一切都成就了而不是妨碍了他那非同寻常的事业。

贝利及他的伙伴们赢得了报刊头条和公众的名气;他们因为显赫的胜诉而积累了名声;但是,法官和陪审团是他们沉默的共犯。如果贝利逆社会之流向而行,他是游不动的。事实并非如此。贝利一类的律师抓住了机会,但是机会来自社会的变革。他们这些律师是赔偿责任剧增的结果,并不是原因。

在此之后,是"完全正义"或"完全赔偿"的社会;一个有百万人期待司法正义,并将司法正义视为当灾难发生后可以用金钱来补偿的社会。[83]19世纪生活的动荡不安,是我们现在难以想象的。成千上万的女性死于分娩过程。霍乱、黄热病及其他流行性传染病夺走了无数男女和儿童的生命。医师对于骗人的医术、蚂蟥、各种酊剂,根本无计可施。"社会安全网"几乎不曾存在。在间歇发生的经济动荡和恐慌中,银行东倒西歪,许多小型企业、商人及众人的毕生积蓄都毁于一旦。干旱、暴雨、蝗虫可以毁灭农民的家庭。不管是都市人或乡下人,普通人根本没有任何保险。像这种社会,铁路灾祸或市内有轨电车意外,只不过是无常生命中的一部分内容而已。

所有这一切,在20世纪发生了改变。因为医学及社会安排(富足、福利国家),人们不再想当然地认为灾难是不可避免的,或者是无法补救的。如同我们提到过的,保险变得很普及。企业的钱袋子比以前更深。当灾难发生时,人们开始期待某种赔款和补偿。事实上,确实有若干灾难补偿的项目,像是地震、洪水或火灾等。这些社会现实极大地改变了法律文化。

这些因素也可以帮助我们解释，从石棉开始的——大规模有毒物质侵权行为案件。不可否认，程序改革让这些案件成为可能；而且它们敲开了法院倾听新奇的侵权行为案件的意愿。在"完全正义"的时代，人们乐意相信，而且也确实想要相信，如果某些人的健康遭到严重的危害，那一定是出于有些人的过错；而且重要的是，有人有义务赔偿他们的损失。许多案件主张（有时候相当令人信服），政府或产业说谎、欺骗、操控数据、压制真情，并在光天化日下使用各种手法规避责任。于是，像大规模有毒物质引起的侵权行为这类事情，也导致对政府失去了信心，对政府雇用的专家也失去了信心；而且，对包括大企业在内的其他机构，人们情愿相信他们最坏的一面。

前面刚刚提及的很多因素，在整个西方世界都是很普通的。现代医疗及意外保险在美国并不是什么特别的事情。然而关于赔偿责任激增，在美国也是有一点儿特别。没有任何一个国家，有类似我们的侵权行为制度。在某种程度上说，可能是美国社会福利制度在运作上还七零八散；至少，它留下许多由侵权行为法和赔偿法来填补的漏洞。另一个因素则是陪审团。但是，最终我们还是得回到美国法律文化这个链条上来，它支持（至少对某些人而言）那样一种想法——要把那些让我们遇到厄运的人告得灰头土脸。[84]

利维坦的介入

在19世纪，侵权行为法绝大部分是法官的创造；在20世纪，法官继续扮演重要的角色。但是，立法机关同样也提供极大的贡献。有些立法机关直接在侵权行为法上挖掘钻孔，或者取代它。我们提到过《联邦雇主责任法案》和劳工赔偿。或许更重要的，是避免意外发生的立法计划——健康及安全的法规。

19 世纪末,美国国会开始关注劳工及消费者的安全。1893 年,美国国会要求铁路公司使用各种安全装置:动力驱动轮、刹车闸、自动化车钩、用来联结或解脱火车车厢的铁铐和把手。[85]在 20 世纪初,美国国会通过食品和药品法,以及肉类检验法;同时也制定了更多有关铁路安全的法律。空气清净及水清洁法同样也是明显地属于公共卫生方面的法律。

在 20 世纪六七十年代,制定健康及安全法的步子猛然跃进。[86]国会于 1969 年通过《联邦煤矿矿工健康及安全法案》(Federal Coal Mine Health and Safety Law);这部详尽的法规,包括了长长的煤矿场内部的标准清单——顶棚部的支撑、通风设备、煤灰、易燃物、电力装备、电缆、防火、爆炸物、起重和通讯设备等。[87]1960 年,《联邦公害物质标示法案》(Federal Hazardous Substances Labeling Act)管制"有毒"和"具腐蚀性的"物质,以及"刺激性"和易燃物质;国会于 1969 年修正了这个法案,以便把其他东西包括进来,其中像玩具这类物品。[88]

1970 年,美国国会制定了《职业安全与健康法案》(Occupational Safety and Health Act)。[89]该法的前言依惯例敷衍地重申国会拥有高于州际贸易的权力:"因为工作环境引发的人身伤害和疾病",可以是"州际贸易的负担"。这项重要的新法提出了一个引人注目的目标:工作场所"不得存在可被识别的有害物"。劳工部长可以发布安全规则及标准,并要求企业遵守。同一天,国会通过了《蛋类产品检验法案》(Egg Products Inspection Act),该法赋予农业部长检验蛋类生产中心的权力,并扣押以次充好的蛋品。[90]而在 1972 年,国会制定了《消费性产品安全法案》(Consumer Product Safety Act)。[91]

至少在某种程度上,所有这些行动使得健康与安全受控于联邦。但是对州政府也不能视而不见。它们也一直在积极地立法。或许每一州都有其食品与药物法。例如,得州于 1945 年通过一项详尽的肉类检验法。[92]《职业安全与健康法案》被一些州所仿效;例如,田纳西州于1972年通过它自己版本的《职业安全与健康法案》。[93]到处都有关于火灾安全、学校建筑安全等的详细法律。城市建筑法制定了建筑承包商必须符合的标准。换句话说,联邦政府并没有真的垄断安全与健康的保护。截止到2001年,这都是各层各级政府所操心的事情。

第十二章

变革时代中的商法

新政在经济大萧条时期盛行。第二次世界大战之后(大概是20世纪的下半叶),尽管有一些起伏,但仍然是一段繁荣、经济增长的时期。这个时期的商法反映了此种扩张;同时也反映了受经济扩张影响的更广泛的社会运动。另外,商法也反映了一种声势强壮的消费者运动的发展。

新政也大大地增加联邦政府的权力,但州政府仍是保留"主权"的。所以,各州还是拥有自己的领地。另一方面,从一开始,美国就是一个规模庞大的自由贸易区域。并且,在20世纪,国家的文化与经济使得各州之间的界限变得无足轻重。无论是电视还是市场,都与州界无关。人们驾车在州际高速公路上行驶时,几乎无视州与州之间的地界,除非有类似标识提示——"欢迎来到内布拉斯加、请遵守行车限速",诸如此类。驾车行驶在各州之间不受任何海关和任何其他的阻碍。国内航班上的乘客也从来没意识到州界的存在。同时,整个国家看相同的电影、听相同的电台节目、看相同的电视节目。

国会有权管理州际贸易,州政府不能介入或使此类贸易添加负担。州政府可以管制州内贸易。尽管总是有某种强劲的运动试图使各州的法律趋于一致,契约法和有关契约的案件大多适用于州内法律,商法也无例外。而且管制州内的权力不可避免地会影响到其他州。这可能只是一个不大的麻烦,比如若干个令人烦恼的小规则或法令。但是有时小麻烦积少成多,就足以对州际贸易产生一定的负重。有些规则可能会侵犯到联邦政府"先占有"的领域——包括默认和声明的领域。

最高法院有很多次不得不解决州权力与联邦权力之间的冲突问题。判例法既很难满足并且又犹豫不定。州政府不能对来自本州外的商品实施差别对待。一件1951年的重要案件中,威斯康星州麦迪逊市的一条法令规定:牛奶必须在距国会大厦5英里的地方消毒,否则不得销售。这有效地阻碍了在距麦迪逊市中心区25英里以外的农场生产的牛奶的销售。伊利诺伊州的牛奶因此被禁售,最高法院拒绝承认此法令成立。[1]1970年新泽西州的一条法规:禁止任何人未经官方批准(从未批准过),从州外携带任何固体或液体的废弃物进入新泽西州。私人垃圾处理场的所有者对此提出了抗议并最终获得了胜利。最高法院对有关卫生和环境方面的动议并不看重;这个法规不加掩饰地导致歧视其他各州,因此该规则便不能得到支持。[2]1992年,当阿拉巴马州对州外送至州内加工的危险废弃物征收"处理费",而却未对本州的危险废弃物征收此费用时,法院给出了相同的结论。[3]

南卡罗来纳州可以要求在其高速公路上行使的卡车载重不得超过10吨,或者宽度不得超过90英寸吗?1938年,最高法院的回答是肯定的。但亚利桑那州的火车限制法(于1912通过),不允许火车承载超过14节载客车厢,或70节载货车厢的规定,对此法院认为,此举会给"州际贸易施加严重的负担"(1945),因而不被最高法院接受。1959年,法院以同样的理由推翻了一项伊利诺伊州针对卡车施加的挡泥板(mudflap)。[4]

当然,随便翻阅任何一州的成文法典,都能发现成百条的管制法规,其中的绝大多数都从未被法院所质疑。这意味着,政府的法规缺乏统一性。对于商业而言，这是危险的。如果它们的营业范围遍及全国，便会窒息于业务被分割为 50 个的小份。至少是，50 个不同的主权以及 50 个不同的商法制度，从而造成巨大的不便。

大一统的法典

尽管统一法律的运动在 20 世纪早期是成功的，但总的看来，法律学者们还是认为，商法是落后的、糟糕的、无标准化以及混沌的。商人们也大致同意此观点。

解决方法是什么？有人建议起草宏大贯通的法典来统一贯穿全国的商法，使其成为一个独立、合理的整体。国会能够制定一部令人信服的法典；这个主张在 1940 年流行，但却没有结果。如果不由国会制定，那么各州就必须制定法典，采取一个一个通过的形式来统一法律。这看起来是一件很困难的工作；但是最终，这项工作得到了基本的落实。

卡尔·卢埃林或许应该是美国最杰出、古怪、多产的法律思想家，他是法典背后专家智库的一员。统一是关键目标，但同时卢埃林也期望法律更为合理化。这意味着应当使法律符合实际商业惯例。法典的基础是"商人行为的规范"——即商人所遵循的不成文规则。法律应该是根据"商人的习惯"制定。按照卢埃林原本的计划，"商人陪审团制度"将是系统中最重要的一部分；它将由一些商人所组成，他们所负责决定的问题，是只能以其专业的知识和对商业环境的触觉来适当解决。[5]但这不意味着卢埃林将全部权力交给商人。他希望法典反映有道德的商人实践；他想保护消费者、销售者以及生产者；并且他希望有相应部分的司法监督。[6]

卢埃林领导的团队（其中包括他的夫人索伊娅·曼切科夫 [Soia

Mentschikoff]），于 1940 年为美国法律协会起草法典。此过程漫长且艰辛，期间，起草者不得不对于原本的想法采取放弃或是妥协。商人陪审团就是在妥协中的最早阵亡者。一般而言，就卢埃林所期待的而言，整个商界对卢埃林的动议则表现冷漠。商人代表不愿意将评判权给予某个机构，或商业合同受到管制和监督。他们也不喜欢那些保护消费者的条款。大约 1950 年完成的草案，远不及卢埃林与曼切科夫的期望值。不过，相较于现行的法律，仍旧颇有进步。

下一步工作是将这部《统一商法典》推销给各州。宾夕法尼亚州于 1953 年第一个承认了它，几年后，马萨诸塞州、肯塔基州也相继承认了此法典。进展比较缓慢。纽约是一个关键，但也勉强接受了。障碍一举被攻破了，至 1962 年已有 14 个州承认了法典，至 1967 年除了路易斯安那州外，各州都采用了此法典，其中也包括哥伦比亚特区以及维京群岛。1974 年，路易斯安那州不顾其民法传统，也大体上接受了这部法典。就在此时，美国（基本上）已经达到商法的统一。只存在较小的分歧，当然，没有人能够保证各州会采用统一的方式解释法典。这部法典能否对贸易产生真正的影响，或者能否促进国民生产，还不明确。但这对法律专家是一个金矿，给予他们一个可以无限创作的主题。这也使得一些商业惯例有所改变。

此法典分为九章。[7]它取代了有关销售、谈判、证券、提单方面的统一法律。显而易见，法典覆盖了"担保交易"（即基于抵押品和担保附属品而进行贸易交易），当然，也包括了美国最普遍的"分期付款"买车或买钢琴的习惯。它取代了有关附条件买卖、动产抵押以及类似设备方面混乱的地方性的法律。

在一定程度上，该法典是最新式的，为各州的紊乱带来了一些新秩序。但是新东西也会陈旧。该法典在有关消费者保护方面所涉及的规定较少。例如，在制定法典的过程中，有关要求商人公开其利率的规定就基本消失了。大体而言,消费者的利益在当时并不被重视。早期的草案中也是有一些实际的担保条约的。但在法典通过时都被砍掉了。

但在法典被采用之后,消费者运动就变得有力量促使其发生一点改变。国会于 1968 年通过《诚实借贷法案》。[8] 1975 年国会制定了一部《马格努森-莫斯担保促进法》(Magnuson-Moss Warranty Improvement Act)。[9] 该法赋予联邦贸易委员会就消费品的担保书制定联邦标准的权力。它为担保书所制定的是"最低标准",例如,企业必须对伪劣产品进行赔偿。州政府通过了他们自己的"伪劣商品赔偿法"("lemon" laws)*——例如,1970 年加利福尼亚州就制定了一部[10];其他有关担保与消费者的保护法紧随其后。这些法案适用于各种商品,尤其适用于汽车。更甚者,在加利福尼亚,汽车经销商对伪劣产品只采取收回产品,但汽车必须在收回后,在其本身的证明书上注明"伪劣商品购回"字样,从而一张载有鲜红字体的贴纸就会贴在汽车上。[11]

契约的一般法

理论上,契约法的规则可以支配协议——任何商品和服务的交换,无论是出售一车的木材,或是消费于交谊舞的课程,抑或是戒烟戒酒来换取叔伯的遗产。当然,实践中大部分的契约,以及有较大规模的契约,都来自贸易和商业领域。就很多方面而言,19 世纪是一个契约世纪。亨利·梅因(Henry Maine)爵士在他的著作《古代法》(1861)中,将契约放在进化的中心:"进步"社会的法律运动是由身份

---

* 又称柠檬法,是一种美国保护消费者的保护法,主要保障汽车买主的权益。——译注

走向契约的运动。在大部分前现代化社会中,权利和特权都是来自于家庭、部落,而不是个体。身份决定权利和责任:你是男人还是女人?是平民还是贵族?是商人还是农民?在现代社会,法律关系趋向个人、自愿,且基于契约自由。没有人一出生就是买家或是卖家(可能会有天生的购物者);男人和女人都可以担当买方、卖方、交易人或是商人的角色,他们担任或退出这些角色如同穿上或脱下衣服一样普普通通。

19世纪信奉梅因的命题。理论上,这是一个自由放任主义的时代,尽管实际上并非一贯如此。[12]意识形态上(实际上),这确实是一个崇尚自由契约的时代。法学教育赞扬契约制度。19世纪末,第一部以哈佛方法编撰的法学教科书是兰德尔(C. C. Langdell)编撰的契约判例。自兰德尔时期,每一个大一的法学院学生都要研究契约法。哈佛的塞缪尔·威利斯顿(1861—1963年)最先在1920年出版了一本有关契约的论文专著集,此专著影响了一代法学教师。威利斯顿的论文比较枯燥、形式主义,极其"法学",它强调了契约的一些概念,是法律系统里的中立部分,是逻辑上相关的原则彼此交织而形成的网络,而且不受政治、文化和社会结构的干预。这与法律应该支持自由市场的观点几乎不谋而合。契约法唯一的职责是履行建立在自愿基础上契约,而不是将这些规则强加给那些不能自我选择的人们。

亚瑟·科宾(Arthur Corbin,1874—1967年)是反对威利斯顿的重要人物,在哈佛大学的竞争堡垒——耶鲁大学——从事契约法研究。他的有关契约法的八卷论文集于1950年出版,吸取了一些法学现实运动的空气,更多关注于"具体法律规则背后的目的和政策"。与威利斯顿不同,科宾没有"假设一个永存的、与历史无关的、基于判例才发现原则的契约法"。[13]

科宾或许更接近现实。在很多方面,威利斯顿想象中的纯粹的、完美的"契约法"实体是不存在的;即便它存在,到了 20 世纪,也已经瓦解衰败了。[14]耶鲁大学的格兰特·吉尔摩(Grant Gilmore)在 1974 年出版的一本备受关注的著作中,宣布了"契约之死亡"。[15]在 19 世纪,契约法就已经向"缓和"或"父爱主义"(paternalism)方面在演变,至少 19 世纪的人们理解了这些术语。20 世纪中,法院更加不会强制人们履行片面的或不公正的契约。弗雷德里克·凯斯勒(Friedrich Kessler),一位欧洲难民学者,在 1943 年发表的文章中,提出了一个"附合契约"概念,[16]附合的契约是契约的一种形式——即要么接受,要么放弃的契约,通常由商事律师起草,被那些从来不读"契约中"小号字体(fine print)条款的顾客所签署。在 19 世纪,很多法院可能会说,如果你签了,那么你就得承担后果,但是这不符合 20 世纪的道德观。

一般而言,契约法变得缺乏严厉性,但是严厉需要通过社会加以裁断。19 世纪的法官在其行使权利时严格按照契约法条款(当他们实际这样做的时候),并不认为他们自己是冷酷无情的人。归结起来,他们认为他们所作的判决是有益于国家的。协议就是协议,必须强制执行。不然,经济生活就会变成什么样了?

20 世纪的法院更愿意查看案件的脉络,或是倾听有关不公平契约的争议。在某一案件中,法院所强制实施的承诺,在 19 世纪会被法院拒绝强制执行。契约法强调两个承诺而并非一个。例如,捐款者向医院捐献 100 万美元,协助其建立新大楼。财产代理人雇用承包商开始建造大楼,依古典契约理论,捐献者可以打退堂鼓不履行协议。而 20 世纪的法官则不这么想。这有一个"承诺之禁止反悔"(promissory estoppel)的案件:如果一个人有理由信赖一个承诺,那么法官就要强制执行它,即使严格的旧式契约法并不会这么做。这项原则出现在 1920 年起草的《契约法重述》第 90 条中,从而为这种主张添加了力量。

"显失公平"是另一个新原则。早期"金宝汤公司诉温茨案"

(Campbell Soup Co. v. Wentz, 1948)轰动一时。[17]温茨与其他农夫同意将"钱特内"(Chantenay)型红心胡萝卜以固定的价格供应给"金宝汤"公司。这显然是极好的汤煮胡萝卜。温茨试图退出该协议(或许是因为这种萝卜的市场价格不断上涨)。"金宝汤"公司欲维持与温茨和其他农夫之间的这项协议。可法院不同意,因为"'金宝汤'公司过去提出的价格过低"。契约自然是"金宝汤"公司的律师起草的,过于偏向一方:例如,"金宝汤"公司可以在某些情况下不接收萝卜,但未经"金宝汤"公司允许,温茨不能将萝卜出售给其他人。法院的结论如下:衡平法"不强制执行显失公平的契约"。

显失公平原则具体体现在《统一商法典》第二章第 305 条。佛罗里达州的一个案件——"沃克斯诉亚瑟·默里公司案"(Vokes v. Arthur Murray Inc., 1968)中,奥黛丽·沃克斯(Audrey Vokes)是一个五十多岁没有孩子的寡妇,来到佛罗里达州克利尔沃特(Clearwater)一间舞蹈教室学习。[18]舞蹈室哄骗并奉承她,告诉她,她可以成为一名"极好的舞者";最终她签下了一个 2 302 小时的舞蹈课程,价格超过 3 000 美元,她期望着能够赢得铜牌,然后是银牌,最后是金牌,获得旅游或其他奖励。最后,沃克斯终于清醒过来,意识到自己花了一大笔钱,签下了需要用一辈子的时间来学习的舞蹈课。她通过法院来摆脱她的契约。低层法院没有受理她的案子,但是被上诉法院推翻。法院说,一般来说,人们应该信守他们的契约,但本案不同。奥黛丽·沃克斯有权证明她被欺骗了。

佛罗里达州法院实际上不会使用"显失公平"这个词,但是他们同情受骗的女性,并表示厌恶那些含有玄机的商业手段。消费者保护运动无疑影响了法官,这确实在立法中留下印记。我们已经提到了一些消费者保护的法规。根据标准的契约原则,约定就是约定。一旦一方签订,就不能反悔。但是对于原则,加利福尼亚州法在 1971 年制定了一个例外。这项法规适用于挨家挨户推销的销售员(或者适用于任何"不能提供合理贸易前提"的买卖)。它给予消费者在签约后,于"第三个工作日的午夜前"取消协议的权利。[19]无疑,这项法规符合实际的社会规范。人们觉得他们应该有合理的机会更改他们的想法,在高度施压的推销员走出房门以后,可以重新做出决定。

在很多方面,市场本身就改变的规范做出了回应。人们有了期望,商人就不得不遵守,否则就会成为输家。大型企业或多或少是基于顾客永远是对的这一原则建立起来的。百货商店爽快地接受了退货。无论格兰特·吉尔摩怎么想怎么写,这并不意味着契约是"绝对呆板的"。确实,20世纪末的契约远比过去的富有弹性。这是一个庞大的,正在成长的经济,它依靠私人商业、私人企业和私人消费作为它稳定的基础。契约的制度得以存活下来,并且老当益壮。市场经济使契约得以运行。消灭的是对19世纪契约的印象,以及有关人们、公司、局势、事件不切实际的假设。

在法律上,对于一般的法律,越来越少的空间和余力可以让其覆盖所有的自由协议。取而代之,法律如同破碎的镜子般四分五裂,形成不同的子域:适用于各种契约的特别规定。每个子域都有一段历史,都早于20世纪——例如,保险法。法院(和立法机构)倾向于同情受保人,而不是保险公司。法院采用"弃权"(waiver)、"禁止反言"(estoppel)原则或其他类似手段,迫使不情愿的保险公司支付保险金。受保人用不说实话、不完全说实话或者完全在说谎的方式来骗取保险金的情况时常发生,例如,人寿保险,或是违背一部分的保险契约之类。如果法院认为那些谎言和错误都不重要的话,便会拒绝让保险公司免责。照此,像克拉伦斯·莫里斯(Clarence Morris)这样的法官就在1957年写道,将保险"从习惯制定性文件……转变为传销员向易信赖他人的众人们推销的有商标产品"。[20]保险公司的名誉不太好(他们应得的)——他们喜欢收取保险金,但却不愿支付赔偿金。通过法律,很多州开始坚持要求人身险中包含"不可争议性"条款。如果保单生效两年,就不得对本保单之合法性产生争议,即使受保人说了些谎。一些保险公司自动采用了这些条款。一般而言,州政府主张对保险契约和保险公司采用大量法规。威斯康星州立法机关在1906年至1959年间,针对保险领域,通过了不少于800项法条。[21]

新政时期的劳动法和一般的劳工法,促使劳务契约进入一个特殊次级领域。商法典覆盖了商法。民权法充斥各种各样的契约关系——老板与员工、旅馆主人与客人、房东与房客等关系。到了2000年,一项彻底的、严密的法规模式被调整、加固,从而成为契约法体制的基础。

再者,契约的有效规则无须是判例案件汇编中涉及的规则。商业有其本身的规则,有其本身的思考和行事方式。威斯康星大学法学院的斯图尔特·麦考利(Stewart Macaulay)在1963年的一项著名研究中,探究威斯康星州商人们的实际行为。[22]麦考利所研究的商人们不渴望彼此互相起诉。他们不急于要求他们所谓契约的正式法律规定的权利。人际网络与商业关系在公司间得到发展。人们彼此交易,互相依赖。一个人固执地恪守契约法,就会将有利的商业关系置于危险状态。一个关于公司法律顾问的后继研究,于1992年出版,支持麦考利的见解。[23]这些法律顾问被问道:假设一些商品的市场价格改变了,一个供应商要求你修改契约价格。你的公司会考虑吗?他们中的95%回答是会考虑。83%的人会要求解除契约义务。没有契约,交易无法进行,可是,没有诚信、了解和常识,契约也不能进行。契约行为的真正世界,远比法律书上建议的要复杂得多。

第二次机会

有关契约和商业行为方面,与19世纪的思想状况相比,20世纪的思想状况更易变动、更微妙——至少法律方面是这样的。不是人们比以前聪明善良了,抑或是温和了。而是,如同我们在侵权法中谈论的,随着社会的变化,人们对风险、机会、灾难的态度发生了转变。

福利国家其本身——社会安全网,就是这种转变的关键元素,无所谓你认为它是因还是果,关键是要保证人们安全、保障有钱养老、资助人们克服坎坷的生活(比如失业)。但是社会安全网也体现了一生中第二次机会的想法。这种文化不喜欢无法逆转的不幸。此文化的一个较好的例子是破产法的发展。

这些法律在信用扩大的时期变得特别重要。人们以分期付款方式购买贵重的商品。毕竟,商业渴望卖出尽可能多的商品,因此花费上亿做广告,从而诱导人们,刺激他们去买、买、买;不延迟人们的喜悦之情,立刻满足他们的渴望。他们通过报纸、杂志、电视,看到的这些美妙的事物,并且所有的事物也都围绕着他们——崭新的汽车、动力剪草机、满屋子的家具、一趟澳大利亚的旅游。

扩大信贷对一个市场社会、一个消费社会而言很重要。人们必须能够借款,他们必须能够"分期付款"购物。但是债权人也需要以固定的、有效的方式收回账款。否则,无赖们(deadbeats)就总会成为赢家。法律必须在扩大信贷与严格保障贷方权利之间建立微妙的平衡。《统一商法典》中,有关担保交易的条款,试图冲击这种平衡。汽车可以被收回,抵押品可以被取消赎回权。法院可以判定债务人败诉。但是,在商品已返还给卖方后,如果债务仍然存在,就只能诉诸破产法了。

正如我们所见,宪法授予联邦政府宣告破产的权利,但是直到

1898年,一项全国性的法律才被通过。这项经过诸多修改的法律仍然有强制力。正如我们所见,破产法有两个主要的特点。第一,对债权人公平——即尸体必须被均等地、诚实地分给每个等候的秃鹫。第二,对债务者而言是一个新的开始。1938年的《钱德勒法案》(Chandler Act)对破产法做了重要改变。[24]《钱德勒法案》的第十章和第十一章为破产企业提供了一个存活方式:他们可以被重组,被重构,从而留在商界中。在经济萧条的时代,这看起来是一个极好的主意。旧的破产法有一些相似规定,但是由于各种原因它并没发挥作用。新法案的第十章基本废弃不用,可是,第十一章获得了即刻的成功。适用于第十一章的企业,将拟定重组债务(经过法院许可)的计划。然后就可以重新上路。

《钱德勒法案》第十三章对雇佣劳动者建立了一个体系。这个曾被描述为,"因分期付款而造成的破产"。第十三章只针对人,而非企业。它允许债务人在恰当的时候偿还债务。债权人不得不同意该计划。债务人必须同意定期偿还债务。信托公司管理这些款项,他们给债务人发放生活补贴,然后把剩余部分发给债权人。1964年,一个威斯康星州的研究发现,较多的个人债务人更愿意直接破产:只有14%的债务人采用第十三章的规定——这更适合相对收入高的债务人,他们的债务负担相对比较低。[25]

当债务人无法担负起时,破产成为一种解决方法。在研究威斯康星州的期间,更多的人——十倍于选择直接宣告破产的人数,倾向于采用工资抵押(garnishment of wages)。一个饥渴的债权人可以采取法院宣布的命令来告诉他的债务人的雇主,扣留债务人的部分工资,直接支付给债权人。一项1933年发布的针对俄亥俄州5个城市的研究发现,抵押诉讼占民事案件总数的50.5%。服装店占四分之一;医疗设备、珠宝商和杂货店也是经常采取抵押的。[26]1968年6月30日年度终结时,洛杉矶地区公布,涉及工资扣押的命令有148 773件。[27]这些购买了汽车和其他昂贵的物品的工人拖欠了付款。许多债权人选择扣留工资而不是收回商品。债权人经常把问题交与代收欠款的托收公司,交由他们接管以及让他们向法院申请命令。这意味着债务人就得承担格外的费用:律师代理费、收款人手续费、利息和服务费用。[28]这些工人几乎从未争辩。雇主就他们的那部分,也不喜欢扣发工资,对管理者是个大麻烦,对工人的士气也有不好的影响。雇主倾向于解雇那些工资单上有很多滋生债务的工人。

《工资扣押法》很是复杂。债权人不能占有工人的一切。豁免情况各州不同:例如,伊利诺伊州,1947年规定,"一家之长"的工资每周可以免除扣押20美元。[29]一些州政府更慷慨——佛罗里达州1960年规定,"一家之长"的全部工资都可以免除扣押。工资扣押也不受政治的欢迎;它成了破产重生之美国式热心的受害者。1968年,国会严肃地使用"掠夺性信用扩张"(predatory extensions of credit)字眼,对州际贸易施加压力。工资扣押法的乱象已经破坏了破产法的统一性,应该对其加以全国性限制;工人的可支配工资中25%可以被扣押,这是最高限额。雇主不能因为员工的工资被扣押而随意解雇他。[30]

破产法仍是相当具有技术性和晦涩领域的法律。有人抱怨体制很缓慢、无效率、并且可能不公平。国会在1968年建立破产委员会,委员会举办听证会并依照对破产法的核查提出建议。[31]颁布于1978年的新法案,在每个司法管辖区设立了"美国破产法院",成为联邦法院下设的"附属法院"。总统(通过参议院常规的提名和同意)任命破产法官。通常法官任命是终身制,但是破产法官任期为14年。[32]破产分为自愿破产(债务人首先行动)和非自愿破产(债务人受债权人施压后被迫行动)。无可争议地,尽管在许多"自愿"行为背后都受到了债权人施加压力,但人们还是采取自愿破产。涉及破产的案子从在20世纪第一个十年里不足20 000件,升至经济大萧条时期的60 000件。1942年6月30日会计年度终结时,有52 109件破产案件备案:其中只有1 337件是非自愿破产。这个数字在战争时期迅速下降,1945年6月30日会计年度终结时,只有12 865件上诉申请。之后,数量又再次攀升,1954年到达54 136件。[33]近年来,破产变得非常流行。正如我们所见,统计资料反映了一个基于信用汪洋大海的社会,一个充满着信用卡、银行卡的社会。此外,这个社会里时不时的破产也不能被看做为污名。1990年9月30日前的一段时期,有1 436 949件破产请求,其中90%被界定为非商业请求,只有47 125件被界定为商业请求。

如我们所见,根据《钱德勒法案》,公司经过破产仍可以存活下来,并且获得"资产重组"。事实上,大部分使用《钱德勒法案》第十一章的公司并没有存活下来。1978年的法律,试图修改第十一章,以剔除过去困扰旧程序的问题。第十一章中的公司,可以提出自己的重组计划,债权人可以投票支持或反对其计划。新十一章背后的想法之一,就是让公司在"为时已晚""陷得太深"之前提出申请。这可能会"挽救"很多公司免于死亡。[34]

不过,企业(或者他们的律师)相当天才,他们以国会可能从未想过的方法,对第十一章加以使用。例如,1983年遭遇困境的美国大陆航空公司依据第十一章提出"保护"请求,要求飞行员和飞行服务员对工资和工作做出让步妥协。员工们拒绝了。这触发了第十一章的运用。[35]依照过去的原则,公司必须证明它们无支付能力。但新法并没有此要求。改变或许是为了避免小题大做和繁文缛节,也没有预料到有能力支付的公司会申请"保护"。但是,1983年曼维尔(Manville)公司在面对众多的石棉受害者时,也确实是这样如法炮制的。[36]

破产在经济中起着显而易见的作用,它是债权人和债务人循环的一个重要部分。但是,其中大部分重要的结果是难以确定的。破产是企业社会的精神和文化基础的一部分。美国人认为他们自己在商业上大胆,不畏惧承担风险,小型的企业和新企业的活力,得归功于很多独立、迎接挑战、"拥有你自己的企业"、不要老板的文化。但是也归功于社会安全网、破产法、限制赔偿。失败不是全部的悲剧结局。如果人们想到因债务坐牢或是终身受贫困是失败的代价的话,那么他们还会将他们的积蓄投资比萨店或网络初始公司吗?如果你想让很多人走在你的钢丝上,那么最好为他们提供安全网。

公 司 法

如我们所见,公司法进入到一个富有弹性、开放的无限度的体制中。它允许公司做他们想做的,购买他人公司,再卖掉它们,更改公司的名称,更改业务,更改经营核心,合并、解散公司,建立或重组——简而言之,做任何经理要求的"商业判断"。这与公司建立"特许经销权",并且特许权必须尽可能做狭窄解释的传统想法相距甚远。

与19世纪相比,公司的这种自由在管理上限制更多,这看起来有点讽刺。但是,正如我们所见,州政府放弃对这样的公司的管理。当然,新的管制法适用于公司——确实,大部分针对公司。但是他们是特定的——他们是关于某一类公司的法律(例如,保险),或者是关于公司发展的某一方面:劳动关系,处理有毒废弃物,是否雇用女性等。例如,公司法本身没有一般的规定来增加公司合并的难度。但是,反垄断法使得一些合并不合法。而且,有关股票和债券的重要新法,由证券交易委员会(SEC)掌管。

理论上,股东拥有公司,经理只是他们的代理人。而现实则相当不同。1933年的一本书引起了很多热烈的评论,阿道夫·伯利(Adolph Berle)和加德纳·米恩斯(Gardiner Means)认为现代公司能很清楚地区分所有权和实际控制权。[37]公司真正的老板——最有影响的所有者——是经理,而股权持有者是没有权力和惰性十足的。

伯利和明斯的理论曾遭受严厉的批评。股东可以用他们的脚来投票和发言;当股票下跌时他们可以抛售股票,而这时经理却会陷入深深的麻烦。不论伯利还是明斯都没有预见大型机构股东的权利:显然,养老金和共同基金拥有上百万。当然,他们在理论上有一个核心事实。学者们已经注意到,美国的大型商业公司与日本或是德国的公司相比,相当不同。这些国家的股东更像是拥有实际控制权,但是股东们可不是孤儿寡母,他们是大的银行和金融机构。戴维·斯凯尔(David Skeel)曾主张,应该对银行和其他金融机构加以立法限制,从而防止此情况在美国发生。1933年的《格拉斯-斯蒂格尔法案》区分了商业银行和投资银行。[38]1956年的《银行持股公司法案》(Bank Holding Company Act)规定,银行持股公司持有"任何非银行公司"的股份,是违法的。[39]州法律阻止保险公司拥有大量的其他公司的股票。这些限制——即平民主义的产物——和小型银行团体的游说成果,是为了"使金融机构的在公司运营中的角色最小化"。[40]

当然,公司也受限于仍然较为活跃的反垄断法。当然,政策倾向在行政机关之间摇摆不定,第二次世界大战结束后是行为活动发生的高发期,接下来是一连串的警示。20世纪50年代,当共和党重新取得政权时,他们没有放弃反垄断法,只有少数惊人的案件,包括反对通用电气公司和其他电力产业领域各个公司的固定价格案件。[41]随后,相对引人注目的案件是拆解IBM的战斗。1969年,政府起诉控告IBM垄断大型主机工业——它控制了60%的市场,并使用卑鄙的诡计阻挡和挤压竞争者。IBM利用一切实施全力反抗——争辩每一个观点,将政府掩埋在堆成山的证明、文件和证词中,提出无数的提议。实际的审判开始于1975年,蹒跚持续进行了几年,直到如同燃烧殆尽的蜡烛般才结束。政府于 1982 年放弃了本案。在初期,这项大型案件耗费了许多年轻律师的精力。代表 IBM 的律师为本案受尽煎熬,他们如同第一次世界大战凡尔登之役中的少尉那样投入战斗。这些年轻的律师在仓库里经历了几个月专注于文件及档案后,都筋疲力尽。另一方面,政府成功拆解了电话垄断企业。美国电话电报公司(AT&T)在和解中同意将本部分成八个部分。这个结果宣布时正是 IBM 撤诉时。事实上,旧电话垄断企业的拆分部分则兴旺发达。在 20 世纪 90 年代,这些部分开始呈现再生的迹象,如同原始的虫卵生成一个新的动物。在千禧年末,政府再次陷入大型的反垄断诉讼中,这一次的对手是趾高气扬的微软公司。

反垄断政策向来是经济学家和律师间激烈争论的焦点问题。反垄断法有多重要?一些人坚持认为市场本身就是最好的托拉斯,尤其在创新性和爆炸性的新技术出现的时代。政府以抱怨和逃跑的方式放弃与 IBM 的战斗,但是 IBM 被其竞争者彻底击败并控制。最后,无法保持它在市场上的强势性的局面。至少有一个经济学学者认为,倘若 IBM——像 AT&T 一样败诉了,结果可能会更好。[42]公众已经学会去适应大公司。他们不再是妖怪。在经济迅速增长中,这或许尤为真实。此外,无数的人为大公司工作,将他们的未来系于公司的健康上。1951 年,一项调查显示 76% 的人口认为有关大公司的"好事情要远多于坏事情"。[43]

但是不能就这些大型案子来判读反垄断法和政策。政府提起很多小型的本地案件,集合起来,即使不对整个经济有影响,那么也会对国家局部的商业有所影响。例如,1950 年政府控告金贝尔兄弟企业(Gimbel Brothers),称后者在费城锁定了百货公司的价格,金贝尔没有争辩,并支付了罚款。另一个价格固定的案子发生在同一年,针对阿拉斯加州安克雷奇一家干洗业公司和 7 个人。第三件是抨击旧金山地区香烟贩卖机所有者之间的反竞争行为。还有一垄断案件是一家东部制造金属衣架的公司,其规模占了全国的三分之二。[44]

反垄断的部门考虑到他们对竞争的影响,因而也监视合并行为。在20世纪的后三分之一,掀起了巨大的合并浪潮。一如往常,大鱼吃小鱼,但是大鱼似乎吃得比以往多。激烈的竞争让很多公司只能考虑以与竞争对手或互补公司合并方式存活下来。在20世纪80年代,向反垄断部门提出合并申请的有1万件。[45]一些是企业巨头——通用电气吞并RCA——其他则不是。反垄断部门对1万件中的28件案件质疑。政府明显感到企业必须合并或者死亡。在面对外国的跨国企业(他们自己做了很多次吞并)这点尤为正确。里根政府时期的反垄断部门主管威廉·巴克斯特(William Baxter)认为,合并是一件好事。没有什么被"写在天空中来告诉我们,如果只剩一百家公司,将不会是一个令人满意的世界"。关于"合并的狂热"争论持续到20世纪末,各行政部门总是反复踯躅。大型的合并继续发生,甚至跨越国界——德国戴姆勒汽车公司(Daimler)合并(或吞并)美国第三大汽车公司克莱斯勒(Chrysler)。(当然,美国公司也饥饿地吞并海外公司。)虽然一些合并被质疑,但他们必须被审查的事实可能不被鼓励,或者需要他们改变一定的其他形式。反垄断政策总能成为新闻头条(而实施的很少);现在它只有引起公众打呵欠,但是还是有真正的效果。如理查德·霍夫施塔特(Richard Hofatadter)在20世纪60年代所述,"美国从前有反垄断运动却没有反垄断诉讼"。现在是"有反垄断诉讼而没有反垄断运动"。反垄断离开高级政策的世界,转向经济学这个沉闷枯燥的科学领域。

税　　收

　　如我们所见,联邦所得税法是20世纪的产物。税收政策在这个新政时期是一项重要的政治议题。联邦政府需要钱来支持新项目。一些新政拥护者喜欢多多地向富人征税和重新分配收入;另一些人害怕杀死即使在经济大萧条时期也能下一两个金蛋的鹅。整个20世纪30年代都在与所得税和其原则作博弈。整体来说,税额为累进制的,这意味着有钱人赚得越多,支付的税率越高。但是,社会安全税额是逐渐降低制的——理论上说,这是社会保险,应由自己支付。[46]

　　所得税影响了大部分商人和富人。20世纪30年代,20个美国人中没有一个支付所得税。第二次世界大战彻底改变了这局面。收入上升,政府贪婪的欲望也随之上升。需要供给战争数十亿资金。税率急剧上升。有些提案完全被视而不见——罗斯福在1942年甚至很不认真考虑一个提案,即将所有收入限制在25 000美元,这在当时属于比较宽裕的收入,而剩余部分则全部上缴美国国税局。战时的税率包括附加税,从第一个2 000美元中征收13%,当净收入超过200 000美元时征收82%。[47]再有,战争带来很多就业机会,以及工厂里和商业中很好的工作。无数人在第一时间发现自己有义务支付所得税了。

　　1943年,财政部提出一项"随付随收"(pay-as-you go)的计划:税收必须从薪水源头中扣留。这能保证税收的均衡稳定,保持纳税人的金钱流量,并且避免在下一年税收时期拖延赋税。社会安全制度已经采用随付随收制度。对于这个计划有个尖锐的争论:正如纽约联邦储备银行的行长比尔兹利·拉姆尔(Beardsley Ruml)所建议的,1942年的税收应该免除吗?否则在1943年公民就要付两次税:一个是为前年付的,另一个则是以代扣的形式为今年预付。经过尖锐的争论后,拉姆尔的主张战胜了罗斯福,实质上,1943年的《现期纳税法案》(Current Tax Payment Act)免除了1942年或1943年75%的税收,要看哪个税更低。[48]更值得注意的是,法案自1943年7月1日起,把薪资族纳入征税的扣缴税款的基础中。农场工作者、家庭帮佣、士兵和海员不在此列。[49]

所得税不再是一个"社会等级税";正如一位作家所述的,现在它是一个"大众税"。在1940年700万美国人必须缴纳,到1945年数字达到4 500万。结果,所得税的社会意义发生戏剧性地转变。现在,一般大众在金钱和成就方面要面对复杂、困难、沉重的负担。政府发动一场大型宣传运动,将所得税作为战争工具出售。甚至唐老鸭都积极参与进来,迪士尼制作了卡通短片,被3 200万人次在12 000家影院观看。欧文·柏林(Irving Berlin)以不朽的文字创作了一首歌来赞扬纳税:

> 我对山姆大叔说
> "老兄,税,我在这……
> 我对此感到很自豪
> 我今天交了所得税……
> 我已和美国结清了账。"[50]

在战争时期,宣传可能是有效的;不久,纳税人习惯了从工资中扣留所得税;但是,由于更多的人必须交纳,税收公平成为一个问题。在1948年,国会允许已婚夫妇申请共同税单。国会支持这项变动,避免有钱人利用(无收入的)妻子,通过泡沫收入产生的资产而漏税。在财产共有制州(南部和西部),所有"共同"(丈夫和妻子)的收入被视为双方各一半。但是很多州不采用这种制度,为保持公平,加州和纽约的新制度在实际上让每一个婚姻都是"共同所有"。[51]

当税率上涨时,税法对商业来说,就变得越来越重要,就需要越来越多的计划。早期的法律足够复杂——它们展示了更多的功能。高税率激发人们去找寻途径逃税。税务欺诈可能是寻常的白领犯罪。甚至比直接诈骗更流行，这是找寻法律漏洞的游戏。有钱人和企业在处理资金转账时处处留神着税法。逃避纳税变成全国的娱乐活动，或许比篮球更流行，至少对大部分有钱、有投资、有资本收益的人来说是这样的。国税局和纳税人（更确切地，他们的聪明的律师或者会计师）被固定在逃避和反逃避的伦巴舞中。每次，在试图填补漏洞的法规、管制制定后，成百的律师和会计师便开始寻找新的鲜亮漏洞。这是一场没有胜利者、没有终结的战役，如同细菌和抗生素。在寻找方法逃避税法严格的限制的过程中，计谋、手段、方案和漏洞不断变化。国税局针对每一个新逃税项制定更多的规则、管制，甚至依法修改。例外、免除、漏洞，甚至反漏洞——他们将法变成一个膨胀的、成长过快的怪兽，变成这个国家里最大、最复杂、最繁琐的法规，成为最令人疯狂、最让人难以理解的，庞大的、极度的、偷工减料营造的结构，以及一堆令人疯狂的规则和反规则，仅以一种与标准英语关联含糊不清的语言表达。尽管《国内税收法典》（Internal Revenue Code）中有难以置信的细节，但仍需要用大量的规则、规定、意见书加以补充，如热带暴雨浇在纳税人和他们的顾问身上一样。

尽管《国内税收法典》试图简化和改良，可 2000 年仍然处于呆板扭曲的状态：难以使用的、膨胀的、被神秘塞满的、复杂的、难以理解的条款、分条款、分条款的分条款。例如，此处摘抄的一段 20 世纪末有关慈善性支出扣除的法典规定。该法典设定了每人每年因慈善可以扣除的限额。该限制是本人"捐献底数"（contribution base）的 50%，实际上也就是，本人的收入总额。如果捐得更多，还可以将额外的扣除移到另一年。该法典的内容是：

> 针对个人，如果慈善捐款的数额……超过 50% 的纳税人每年

的捐款底数,超出的部分被视为慈善扣除……可在随后 5 年的应纳税年,按时间顺序缴纳,但是,关于随后的应纳税年份,只使用以下两个数额中较小的范围:

一、纳税人捐款底数的 50%,超过后续纳税年的慈善捐款的总额……在后续纳税年纳税人所支付的税款(不考虑本条款)以及慈善捐款……在捐款年前的应纳税年所支付的税款,使用于本条款,视为在后续应纳税年的税款已支付;或

二、就第一个后续应纳税年而言,超过的数额,以及第二、第三、第四或第五个后续纳税年,超过数额的部分,不能适用本条款的慈善捐款……而被视为在任何慈善捐款年和后续应纳税年之间的应纳税年度的支付。[52]

整个法典差不多都是以这种形式撰写的,这给予律师、会计师和税务顾问们一份工作。但是一般人永远无法处理这类型的文字,最终还是很难被人们理解。"国内税收法典"由上百页类似内容组成。当然,其中大部分是回应寻找漏洞的税务专家的技术和敏感。除去法规和管制的这些麻烦后,一些基本原理仍然是完整的。所得税逐步上升,它如同在富人的钱包上咬了一个最大的口子。公司所得税是单一税(直到 1964 年还是 52%),但是在罗斯福时期,对富人实施高税率,更是一个赚钱的方式:他们是政策工具——重置分配的工具。在 20 世纪的最后十年,这个政策变得渐行渐远。

当一切都已发生,联邦所得税是国家最大的赚钱机器——也可能在世界上也是如此。在 1995 年联邦政府所收的个人所得税不少于 5 900 亿美元。另外,公司所得税为 1 570 亿美元。它们共占联邦资金的四分之三。房产税和赠与税另计,到达 147 亿美元。剩下的是关税和各种五花八门的税种。[53]

各州也大量地增加了他们的税收。许多州政府都有自己征收的

所得税。少数州政府在联邦税征税之前,就开始征税。但是经济大萧条触发了疯狂的征税行动,19 个州在 1929 年至 1939 年之间采用所得税法。一共 31 个州政府采取征收所得税。加利福尼亚在 1935 年通过了它的所得税法。作为经济大萧条时期的产物,越来越多的州逐渐对公司净收入征收所得税。罗得岛州在 20 世纪 40 年代开始这项行为,但是那个十年中,没有哪个州增加个人所得税。

20 世纪末,43 个州政府课征某些部分的个人所得税,46 个州政府课征某些部分的公司所得税。得克萨斯州是一个主要坚守力量。1995 年所得税给各州带来 125 亿美元。销售税和各种消费税占剩余的大部分。一些城市也征收所得税,但是当地政府还是继续主要依赖于财产税,在 1995 年,达 1 930 亿美元之多。[54]

在税法中,累进的原则已经被侵蚀多年。税率在第二次世界大战时达到最高,之后便逐渐降低。肯尼迪任总统时提出减税(在他去世后才被制定成法律),但里根总统做出了更令人吃惊的减税计划。1981 年的《经济复苏税收法案》(Economic Recovery Tax Act)将税率从 70% 减到 50%。[55] 即使如此,税额还是累进上涨的,分为 15 个税率等级。1986 年的《税收改革法案》(Tax Reform Act)使所得税变得比较均衡。[56] 最高税率降到 28%,分为两个等级(15% 和 28%)。国家日益趋近于税收保守主义者的翡翠城(Emerald City),所得税基本不变。

在里根时代,国家正面临庞大的赤字。赚钱机器不能生产足够的钱来填补行政机关所必须花费的款项。毕竟,里根没有遭遇他不喜欢的昂贵武器系统。里根离职后,税率开始逐渐增长:分三个等级,在 1990 年加入 31% 这一级。20 世纪末,最高税率达到 39.6%。减税的热度在里根时期也影响着各州。1978 年加州"第 13 号法律提案",是最臭名昭著的例子之一,其破坏了当地财产税。"第 13 号法律提案"

戏剧性地降低了财产税。另外,这些税率每年有不少于2%的涨幅。关于增加税率的立法被禁止,除非两院投票达到三分之二——这几乎是不可能成功的事情。[57]

向有钱人征重税,不再是一个招人喜欢的政策。当然,这相当容易理解,为什么加州人积极投票减税。位于城市里和城市郊区的中层阶级的税收不堪重负。当房产价格上涨,就带动估价和税收的上涨。财产税就变成大白鲨,每年大量吞食屋主的肉。但是在这场引人注目的运动中,其动机不能用来解释为什么加州要通过公民投票来废除政府的死神之税。这些是专门针对有钱人的。这也不能解释,不论在本地还是国家,为什么单一税率没有任何政治吸引力。

在20世纪90年代,没有人讨论"大富豪的罪恶"。我猜想,一个原因是,在这个名人绯闻不断和电视喋喋不休的时代,富人的概念改变了。财富的耀眼和诱惑力吸引着普通人。"富有"不在意味着冷酷的强盗贵族;不再幻想华尔街密谋者,或是一脸无趣的约翰·D.洛克菲勒,或是那些一毛不拔、拼命挤压竞争者的形象。现在富人可以是篮球选手、本垒打选手、摇滚歌手、说唱表演人、电影明星。这些人像我们一样,具有一般人所欣赏的天赋——这些天赋甚至是一般人渴望的。甚至连商人的形象也有了变化。现在有名的商人都是青年才俊、自制电脑的痴迷者,以及网络大亨。另外,令所有人惊奇的是,赤字在20世纪90年代消失,甚至转变成顺差。在新千禧年的开端,地平线出现灿烂光辉,比1 000个太阳还亮;梦想有许许多多的剩余美元,这些钱用来减税,用来支持社会安全,去支付国家债务,剩余的金钱足以为老人买处方药或者做其他新的事情。但这些钱是否会成为现实那是另一个问题了。

无论如何,美国如同一个在海上冲浪的人,它巨大的海洋般的财富令人兴奋。某种形式的减税貌似是不可避免的。富人似乎肯定会变得更富有。一些形式的单一税率仍然在议程中。关于逐步结束财产税和赠与税的议案被国会两院通过。但克林顿总统行使了否决权。这已经是个惊人的事实。事实上，在2001年，这已成为法律——尽管目前延缓实施。

第十三章

财产权法

美国最确定无疑地是一个自由市场国家；但是对大部分的人而言，不论是在商业或其他领域，一个完全没有管束的自由市场，对其他人或许是有利的；对个人自己而言，来自政府的帮助是受欢迎的、必要的，而且当然是完全应该的。

　　都市的区域划分、土地使用的限制，以及都市计划都是恰到好处的案例；它们是一个掺杂进了各种动机、文化品位、道德及经济的故事。19世纪，城市如杂草般生长。1800年时，还没有芝加哥、洛杉矶、西雅图和休斯敦。到了1900年，城市都很庞大；它们同时也是结构混杂、丑陋不堪、污秽、堕落频生之处。随着城市逐渐成熟，市议员们想要除了经济成长以外的其他东西：他们想要公园、交响乐团以及其他文化和优雅的东西。他们同时也想要摆脱工厂、屠宰场等，至少让这些工厂和屠宰场从他们的居住区中脱离开来。更高的社会意识则希望有房屋租赁法，以及更好的排水排污处理系统。这一切的热望鼓舞了一个全新的专业：都市计划。1893年的芝加哥世界博览会时常与"城市之美"的典范联结在一起；芝加哥在密歇根湖畔建立了一个"闪闪发亮的'洁白之城'"，一个与"其大门之外的肮脏工业城形成强烈对比"的社区。[1]洁白之城是辉煌城市未来的一抹亮色。

客厅里的猪:都市分区制度来到美国

城市之美的想象力,这个美学的动机具有催化、象征的重要性;都市计划的核心部分是经济和政治。尤其,都市区域划分与土地使用控制是保护财产价值的手段。这意味着,不要让低劣的人及低劣的建筑进入好的住宅区。纽约的本杰明·马什(Benjamin Marsh)于1909年,出版了一本有关都市计划的书;在同一年,全国都市计划会议在华盛顿召开。本杰明·马什走访了欧洲,参观德国的都市计划工程。在那里,都市被切割成不同的区域;建筑物的最高限制,取决于它所属的区域和地带。[2]

纽约市采用了第一部完整的都市分区法令。这项计划受到第五大道的商人、高级商店店主热情的支持;他们惊恐于衣衫褴褛的血汗工厂的工人以及制衣业浑身污垢的工人,缓慢地向北移到与他们相关联的区域。最新式的摩天大楼则是另一个问题;这些像是巨大的怪物般的高楼高耸入云,遮挡住了光线。纽约市想要做区域划分及高度限制。纽约的立法机关于1914年通过了一项授权法案。"建筑物区域及限制委员会"(Commission on Building Districts and Restrictions)于1916年发布了一份报告。依据这份报告,纽约市已经"到了若继续任由无计划成长,将发生社会与经济大灾难的状况"。[3]纽约市财政监察和分配局(Board of Estimate and Apportionment)于同年7月采纳了该委员会的建议。[4]

特定的问题和压力,导致纽约都市的分区规则。但是,分区规则不只是对第五大道上的高级商人有吸引力。屋主将分区制度视为一种保护他们家园的方法——特别是对投资而言。都市分区制度很快地在全美传播开来。立法机关通过授权法案;而市政府匆忙地采用这些法令。到了1920年,已经有35个城市有都市分区制度。[5]到了1930年,有都市分区制度的城市数量高达1 100个。以俄亥俄州哥伦布市为例,它于1923年采用都市分区计划,将城市区划分5个"使用地区"。最上层的类别,限定为独家式或两个家庭式房屋;另一个区域则允许公寓式住宅;其他区域允许商业大楼;另外则有:"第一工业区"(轻工业)及"第二工业区"(重工业)区域。较高级别可以存在于较低级别的区域中;反之则不可以。有其他规定来管制建筑物的高度及密度。[6]

当规则开始实施时,遭到许多州法院的质疑。毕竟,都市分区制度保护了某些价值,但也伤害到其他价值:如果一块土地的区域不是被划分成能盖公寓的类别,那么分区就既有了赢家,也有了输家。被划分为住宅区的土地,其价值比代理店或购物中心也可以运行的土地要低。不过,法院一般说来是相当支持都市分区制的。例如威斯康星州的最高法院,便肯认密尔沃基市(Milwaukee)1923年的法令。避免住宅区"恶化堕落",是属于政府的权力范围;"恶化堕落"可能导致"财产价值的损害"。此外,大众的"家庭本能地渴望新鲜空气、阳光,以及维护良好的草坪"。[7]当然,上百万人缺乏新鲜空气和草坪;但是密尔沃基市拥有这些舒适环境的中产阶级屋主,都愉快地赞同威斯康星州法院的决定。

在"欧几里得村诉安布勒案"(*Village of Euclid v. Ambler*,1926)中,分区制的争议诉讼到了联邦最高法院。[8]大法官们赞成克利夫兰市郊的区域划分的法令。他们同意专家们的意见,认为"隔离住宅区、商业区及工业区建筑物"是个好主意;这将"提高家庭生活的安全和防护",降低道路事故,减少噪音或其他"引起压力、混乱"的情况,为儿童们创造更好的生活环境等。公寓住宅(欧几里得村禁止在最高档的住宅区盖建公寓)将因为"私人住房的目的","破坏"整个地区;而且一座公寓通向另一座公寓,"将阻碍空气的自由循环,并垄断阳光";公寓带来交通拥堵,夺去儿童的游戏空间。在独栋家庭别墅区内的公寓住宅,简直就像是"寄生虫"一样,蚕食着"这个邻里开放和有魅力的空间"中的乐趣。在这种条件下,公寓"已经近似公害";法院指出,而公害,"简直就像是一个对的东西放在错的地方——像是一只猪跑进了客厅里,而不是进了猪圈"。

因此,依据联邦最高法院的意见,都市分区制度对社会是有益的;这将带来秩序与安全,避免混乱。如同一名作家后来指出的,都市分区制度是为"所有人的安康福利"而制定的;他说,我们必须"摒除基于各种目的,一个人有权任意持有、使用其财产而不顾其他人付出什么代价的陈旧观念"。[9]价格或许是个正确的词汇。都市分区制是对财产权的一种限制;不过,中产阶级从中获得惠顾。

都市分区制度受到人们的真诚欢迎。几乎每一个都市(休斯敦是个明显的例外),以及每一个有自尊的城市郊区,都采用了都市分区制度。都市分区制度也产生了大量的法律。分区法都不是无条件的。都市分区法时常准许"非相容使用"的继续存在;换言之,如果一只猪已经在客厅里了,可能就让它待在那儿。因此,依据20世纪40年代弗吉尼亚州的法律,每一个城市都有分区制度委员会;在此之上是分区制度的上诉委员会。上诉委员会有权在"特殊案件中"批准某些"改动",以避免"不必要的艰难状况";并实践"实质上的正义"。[10]显然,如果委员会选择实行这个权利的话,它的裁量权非同小可。

因此,都市分区制度让土地发展变得非常官僚化、非常政治化,而且非常复杂化。这成为任何人建筑、改建、装修装潢或改变其土地使用计划前,要求"建筑许可证"的标准;都市必须有一群建筑物检查员。与此紧密连接的,是州政府对都市细部区域划分的控制。发展商从此无法轻易购买土地和建筑房屋。他们需要地方行政部门的许可。依据1930年新泽西州的法律,城乡有权创设"规划委员会"。这些委员会可以为自己的城镇订定"主要规划";一旦规划被采用,重大的建筑案便必须符合这项规划。委员会在其权限内同样也可以实行"对下一级土地管理方面的法规"。而规划委员会可以"批准、修正、同意或不同意"任何这类下一级土地的区域划分。[11]

1938年,一个新泽西州的案子,就是体现这个新制度良莠表现的好例子。[12]"曼斯菲尔德及斯韦特"(Mansfield and Swett, Inc.)这家不动产公司在新泽西州西橘镇(West Orange)购买了一块4.5英亩的土地;西橘镇是北新泽西州的高尚地段。这家公司拆除了土地上的老房子,以及一些附属建筑物。它向镇上的委员会提出计划,预定将这块土地细分为19小块和两条街。不动产发展商甚至使用对当时来说相当奇特的名字,为这块区域命名为:"庇荫草坪"。规划委员会无情地拒绝了他们;"庇荫草坪"与西橘镇的风格不符,这将造成交通混乱,并且破坏城镇的安宁。但是,委员会的成员愚蠢之极,把实情揭露出来。高大上的西橘镇人坐在绿意盎然的草坪上,反对这项计划。这些拥有大额面积房子的人不希望那些只住得起小额面积公寓的人出现在他们的城镇中。这家公司向法院提起了诉讼。

建筑商失去了一场战役,但是赢得整个战争。失败的战役凌驾于法规之上。新泽西州最高法院大力支持土地细分控制、计划委员会,以及20世纪30年代的整个法规。但是他们不同意这个委员会做的事;他们的行为显然只是基于势利眼,只是基于有钱人、大地主的反对,而法律不允许依据这种根据来作判决。法院将本案发回重审;他们强烈暗示他们希望的结果是什么。对于他们花的钱来说,"庇荫草坪"一案值得被开发。

"庇荫草坪"的问题并没有消失。尤其,土地使用的控制是一种排他的工具;而排他状态在民权时代上并不是没有异议之处。有两个要素在后战争时期互相碰撞;第一个是大批涌入市郊的白领阶层对整洁的酷爱,对带有庭院、玫瑰花以及体面的邻居的安全独栋房屋的酷爱。第二个因素是多元平等的产生,以及各种形式的民权的浮现。

如我们所见到的,按照种族划分的约定于1948年的"谢莉诉克雷默案"中遭遇滑铁卢。都市区域划分及其他形式的土地使用管制,是让邻居小区保持纯白种人的及舒适中产阶级的一种较不公开的方法。第一件是新泽西州著名的"蒙特劳雷尔案"(Mount Laurel, 1975),本案攻击蒙特劳雷尔镇的土地使用政策。这是一个位于新泽西州南部地区,面积共有22平方英里,"平坦、杂乱无序的小镇"。当地的全国有色人种协进会分会向法院起诉。[13]蒙特劳雷尔镇曾经大部分是农村:一个养牛的乡镇。但是自20世纪60年代起,人口开始成长。地方法规有极度的限制:不能有公寓,不能有多层楼的连栋住宅、不能有可移动的活动房屋;大片土地上,除了一个家庭的独栋房屋外,不得有其他的住宅。新泽西州最高法院裁定这是不被接受的:蒙特劳雷尔镇就是想要"在它们四周盖起高墙",把那些对他们的税务基础没有帮助的"人或其他实体"排除在外。被排除的人当中,有许多是黑人;而且所有被排除的人都是低收入的人。州最高法院命令蒙特劳雷尔镇允许"为了包含那些中低收入的类别人群,使得住宅有适当多样性和选择性"。

新泽西州最高法院可能将"蒙特劳雷尔案"视为某种"布朗诉住宅委员会案"(Brown v. Board of housing)。呜呼哀哉,这样的类比实在太恰当了。"蒙特劳雷尔案"同样也遭到强烈的反抗。8年后,蒙特劳雷尔镇重返到法院:"审判法院最初的命令发布后10年,蒙特劳雷尔镇仍然承受着露骨的排他规则的煎熬……我们相信,对原本的判决意见的不服从现象是普遍存在的"。蒙特劳雷尔镇并不孤单:其他小区也在法院中博弈,以便将底层人群排挤出局。就像是"布朗案"后的南方各州一样,这意味着"浪费司法能源","不必要地浪费律师及专家们的才能",以及冗长、昂贵、"令人无法容忍"的审判。[14]州最高法院发布严格的命令。州政府通过公平住宅法。一切真的有什么改变吗?

一般而言,并没有什么改变。在美国的生活中,阶级和种族总是形影不离地绑在一起。种族主义促进对付穷人的毒性政策;对下层阶级有敌意和恐惧,并滋养了美国的种族主义。我们已经注意到它对公共住房带来的影响。在芝加哥的"高特罗诉芝加哥住宅局案"(Gautreaux v. Chicago Housing Authority)中,原告(都是黑人)控告安置每一个黑人社区项目的"芝加哥住宅局"。原告经过一年又一年的斗争,最后终于获得胜诉。(原告之一多萝西·高特罗逝世后,她的名字长期以来被作为本案案名的来源。)但是,像这样案件的判决造成的主要后果,最可能是不完整的、散乱的住宅项目。况且,作为一个住房中的重要因素,这些案件导致了公共住宅项目的死亡。[15]

有关种族和阶级的争论,并不只涉及公共住宅及都市分区制度的问题。其影响力渗透在整个都市更新计划的历史中。1949年,美国国会着手于庞大的新项目。1949年《住宅法案》(Housing Act)的前言便强调,要消除"严重的住宅短缺",并"透过清除贫民区及颓废的区域,以摆脱不符合标准及其他不适当的住宅"。目标是给每一个美国家庭一个"体面的住家及舒适的生活环境"。[16]

这个目标在踯躅中丧失。这项法律的核心,是一个贷款计划,以及对地方公共部门着手从事有关"分配、清除、准备、出售、租赁土地以供发展的授权"。"私营企业"必须尽一切努力"为总量需求提供大部分的服务"。该法案并不试图定义衰败地区或贫民窟。它不过将金钱分给明确的不良居民区,然后这些钱将会被转交给发展商,以建设良好的房屋(为了利润)。该法提到了被移走后重新安置的人们,但是它确实不希望让住房短缺变得更加严重。然而,都市更新计划似乎总是蜕化成"移走黑人"的措施:城市热切地拥抱都市更新计划,谋划着摆脱那些过于接近白人区的黑人区,还显露出扩大白人领地的迹象。[17]

如同分区制度本身一样,重新开发运动中也存在着美学及文化的要素;还有一个强烈的社会改革的冲刺。但是,其核心是贪婪及经济的利己主义。清除贫民区及向衰退荒芜地区开战这些事情,听起来好像是对贫穷作战中明智的组成部分。现实则非常不同;清除贫民区的结果是,将破败的市区改造为良好的居住区,或是为衰败的市中心注入新生命(及活力)。依据这项法律,更新理应"以居住使用为主的";但是国会于1954年规定,其中可以有10%的例外,1959年则提高到20%,1961年为30%。有宏大名字的项目(例如,旧金山的"金色大门"项目,克利夫兰的"伊利湖景"项目)[18]。像往常一样,穷人备受冷落。弱势群体遭到的打击尤其严重。

都市更新计划从来都不缺少批评的声音。其中最有力的是简·雅各布(Jane Jacob);她的经典研究《美国大城市的生与死》(*The Death and Life of Great American Cities*,1961)同时也是一支热爱旧式城市生活的歌曲,带着熙熙攘攘的人群、亲密无间的社群,丰富的声音、味道、景色及人口。不过,雅各布和她的拥护者,则面临心胸狭窄和个人主义的强大势力。依据她的(也许罗曼蒂克的)描述,城市是一个真正小社区的集合。但是美国人不想要社区。他们想要空间、隐私、自己的房子及花园;他们想要栅栏、围墙及花园。即使郊区景象无选择的一致性,无边无际,一排接一排的廉价房屋,看起来几乎千篇一律,对于中产阶级美国人来说,他们小巧玲珑的和与世隔绝的后院以及和他们模样类似的邻居,倒比这种千篇一律的同质性要重要得多。

当然,城市的确存在着许多问题:噪音、污秽以及犯罪。有些城市或许已经不可救药。而且,从政治上而言,中心城市会变得十分不堪,因为在很多场合里,他们是被黑人掌控的:例如底特律、亚特兰大、华盛顿特区。当然,即使在住房方面,种族关系有所进步。公平住宅法意味着黑人的脑部外科医师,以及西班牙裔的证券经理人们可以住在任何他们想居住的地方。但是,弱势族群大众们仍旧不受欢迎。如同查尔斯·艾布拉姆斯(Charles Abrams)在1965年所说,"只有穷人居住的城市是贫穷的城市"。[19]这是令人悲伤的,但却又是真实的。同时,政府花了十几亿美元,建立了使中心城市窒息的城郊外环带,让中心部分在那些被忽视的问题中苟延残喘。

一个重要的方面,就是开发与再开发的意识形态在20世纪末开始式微。人们不再想当然地认为,只有崭新的、闪闪发光的、与时俱进的东西天然就是好的。遗产及建筑自有其自身的价值。1931年,第一个"历史区"在南卡罗来纳州的查尔斯顿市建立。1936年,路易斯安那州的宪法授权新奥尔良市创立"法国式老城区委员会"(Vieux Carré Commission),很快,拉丁区(Latin Quarter)便赢得历史区的称号。到了1950年,大约有12个这类区域;1965年有差不多100个;到了1972年,至少有133个。1975年的一项调查发现,已经有了421处地标或历史区委员会。[20]到了20世纪末,或许有上千个。历史受到追捧。好建筑也是如此。像路易斯·沙利文(Louis Sullivan)在芝加哥建造的证券交易所,便曾经成为破碎机的阵亡者。(没有留下什么遗迹,除了一些碎片被保存在芝加哥的艺术学院中)这种破坏已经不再那么容易得逞了。

法院几乎一致支持保护历史及建筑的法令,即使它们让那些不幸或幸运地拥有这些历史区的人的风格(并伤害了其钱包)受到了压抑。但是,旅游业里财源滚滚:马萨诸塞州的大法官支持一项保存楠塔基特岛(Nantucket Island)的计划,该岛过去以捕鲸业闻名;大法官并赞美楠塔基特岛"平静和古色古香的景象",以及它"未遭受破坏"的自然环境;这些优点得以让楠塔基特岛"建立自己的夏季度假业",及其新的经济基础。[21]在20世纪50年代,"景观地役权"(scenic easement)

出现了,让保存变得更便宜和更普遍。政府及私人利益购买的不仅仅是岛屿本身,而是保留住它原始状态的权利。

同时,1949年,联邦政府创建了一个"全国历史古迹保存信托机构"(National Trust for Historic Preservation)。[22]政府授权这个组织接受民间保护名胜古迹的捐款。《全国历史古迹保护法案》(National Historic Preservation Act,1966)宣布,"一个国家的精神及方向,奠基并反映在他们以往的历史中"[23]。这项法律与旧的法律不同,它包含了金钱的内容;尤其是一项按比例补助州政府经费的计划。历史的议题已经日臻成熟。美国不再是一个把什么都夷为平地和轰轰烈烈、迅速发展的国家。有一股力量在运行中,它赋予古老和美丽的地方一种不同的社会与经济偏爱。它们同时也培育了环境运动。

我们的房子和你们的房子:房东与房客

房东与房客的法律是在农庄和农业时代发展起来的。中世纪没有公寓建筑或购物中心。甚至在19世纪时,租赁法实际上大部分都是关于农耕地的;法律也是强有力地支持房东的。例如,一个"延期"(超过租约的期限)的房客,哪怕只有一天,也自动欠房东一整个新租期的租金。习惯法要求房东对房客的责任很少,而房客也没有实力跟房东抗衡。

当然,20世纪占有权的形势发生变化。租约成为易变的文件。在大城市,市民和选民住在公寓里。大体上,房东比房客富裕。但是房东人数少。法律有压力偏向房客的一方。这种趋势在1970年尤为明显。在传统原则下,即使房东不履行修葺房屋的义务,房客也必须保持支付租金,否则就会被驱逐出去。1970年后,判例法及成文法推翻了这项原则,并增加了房东的严格义务。[24]

房屋是商品,但它是一种特殊的商品。公寓不仅仅是屋顶、浴缸、炉子和一些家具,它也是一个家。汽车被收回是个坏消息,被驱逐出屋子是一场灾难。侵权法重点突出"责任激增",这把房东和房客推往类似的方向——尤其"房东"常常是大公司,如同侵权行为案件中的被告那样。

1970 年的"詹文斯诉第一国民房地产公司案"(*Javins v. First National Realty Corporation*)是具有历史意义的案件。[25]第一国民房地产公司在哥伦比亚特区拥有公寓。本案的房客延期支付租金。他们说,房东没有遵守哥伦比亚特区的房屋法规。在旧的法律下,是没有理由不交租金的。但是时代变了。斯凯利·怀特(Skelly Wright)法官认为,租约只不过是房东和房客订立的契约。此契约表明房主应该保持房屋的良好环境。房客承诺支付租金是有条件的:如果租约没有履行协议,房客可以免除义务。

詹文斯的案子不是从天而降的。民权运动,立法服务运动——整个 1960 年的环境,促使房主与房客的法律改变。斯凯利·怀特自己也受"全国种族动乱的影响",事实上,住在贫民区的房客都是穷人和黑人,这儿的房东大多都是富人和白人。这些情况在我们脑海里起着潜意识作用,这是无疑的。[26]同时,相当不同的一群人——住在奢侈公寓里的家庭,发现旧规定仍然令人讨厌。两群人形成了强大的组合。

确实,在 1970 年后,法院在发现"适宜居住保证"(warranty of habitability)被隐藏在一系列的租约中,便对房东强制执行这种保证书。"统一州法律委员会全国会议"(National Conference of Commissioners of Uniform State Laws)于 1972 年起草了《统一住宅房东与房客法案》(Uniform Residential Landlord and Tenant Act)。法案要求房东遵守住宅法案,保证居住条件,提供热水和管道维修系统等。大约一半的州政府采用了此法案,其余的大部分通过了与其类似的条款。

住宅法典本身成为了限制房东权利的重要依据。这些法典的前身是租赁法,如同1901年复杂的《纽约法》(New York law of 1901)。1920年大约二十多个城市有住宅法典,但是这些法典只在20世纪50年代变得有重大意义,部分是对1949年至1954年的住宅法案的回应。事实上,20世纪60年代后期有将近五千个住宅法典。每两个都不一样,但是他们设定的都是有关空间、光线、通风的最低标准、管道维修和结构条件的处理,以及一般结构的维修。这些法典能被多严厉地执行则是另一个问题;但是房东所出租的地方没有"达到法典要求"的,就很容易遭到拒付租金或者另一种形式的房客行动。

另一个重要的案子,"爱德华兹诉哈比卜案"(*Edwards v. Habib*, 1968),也是出自哥伦比亚特区。[27] 房客伊冯娜·爱德华兹(Yvonne Edward)向许可证监督部门投诉房东在她住的房间里违反了卫生方面的法规。监督部门前来检查,发现40处违规地方。房主哈比卜告诉伊冯娜,她的租约是每月续租的,并让她这个月底离开。她向法院起诉,控告哈比卜因为她行使她的权利而惩罚她。哈比卜回答说,房主在租约期满时可以做任何他想做的事情,他可以任何理由,或无理由停止租约。这也是历史上比较有力的主张。但是哈比卜没有认真考虑到斯凯利·莱特(Skelly Wright)法官这个案例。该案作出了对承租人有利的判决;如果允许"报复的逐出",将使住宅法没有意义。房主在租约期满时必然会丢弃所有的投诉者。

大部分的州追随莱特法官的步履,不论是通过法院裁决还是成文法。新泽西州于1970年制定了一项反报复性驱逐的法律,随后在1974年又通过了更大胆的法律:在"正当理由"(Good cause)的条件下,房主不能将房客从公寓、住宅、或是活动房屋(mobile home)里赶出去。正当理由包括没有支付租金、破坏契约规定、或是有"破坏其他房客的安宁"这种妨碍治安的行为。[28]但是成文法至少会做出一个姿态,给予房客在承租时某种既定的权利,即一个在美国法律上不曾存在的权利。

20世纪60到70年代,在租金管理方面的关注也开始有所复苏。纽约市一直实施租金管理,现在其他城市(加利福尼亚州伯克利;马萨诸塞州剑桥;华盛顿特区),试图管理或稳定租赁。传统上,城市允许房东提高租金——没有完全冻结——但是每年只能提高一次,只能循序渐进。当然,房东讨厌租金限制。经济学家也讨厌它们。他们认为,租金管理扭曲了租赁市场,抑制了改革创新,以及使建筑商取消建造新楼的意愿。实施租金管理的大部分城市允许新房屋比旧房屋具有更大的灵活性。无论如何,租约管理可能对低收入住房的影响不大。似乎没有人能通过这种房屋赚到钱。实施租金管理的城市可能在这两个世界是很糟糕的:对钟情于旧式、雅致、宽敞公寓的纽约市民的保障,以及对生活在舒适公寓的老龄化雅皮士们的保障;而对穷人却没有保障。出现了一个类似的观点,是关于住宅法规、反报复性逐出等诸如此类的规则。这些很清楚地回应了承租人的压力及大社会的一般氛围和它们的外围。某种程度上,他们是一场骗局。没有一部住宅法规创造了一个体面的单元、负担得起的住宅。事实上,执法行为带来了反效果:这使得穷人能够负担起的地方的供应减少。这些法典缠住了那些坏蛋、恶劣房东——它们把所有责任从贫民窟苦难人身上移出,归结到恶劣的房东那里。当然,许多人确实应该被指责。但是,公共住宅计划项目滞后,并且几乎被人遗忘。政府从来不愿意出钱为那些被市场排挤出来的人们建造体面的房屋。

商业租约当然与住宅租约一样重要。20世纪后期,有一项改革是百分比租约(percentage lease)[29]。这可以适用于各种商业领域,从电影院到杂货店,但是主要集中在购物中心区域。在百分比租约中,承租人不是按每月固定租金,而是按店内销售额的一定百分比支付租金。(其中可以产生很多变动;通常,租约可以规定最低租金。)在20世纪早期的一些零散案件中就可以发现了,但是百分比租约在第二次世界大战后就消退了。这也是美国形成集中化购物的时期:许多购物中心、购物广场、"购物村",以及诸如此类迅速遍及郊区。

财产与空间

习惯法总是很明智,并且能够提供各种创造土地利益的方式。它用巧妙的方式将土地分割:切割空间、时间和物主。一些人可以在相同的时间对相同的一块土地享有利益(例如,共同合有者);在不同的时间对相同的土地享有利益(房主与承租人、有终生利益的人与"剩余"利益的人,也就是在终身承租人的继承人);他们有权穿过别人的土地,或者挖洞寻找煤炭,或者钻井寻找石油;他们有地下权,或是享有空间所有权(在地上建房子的权利)。或许最常见的财产方面的共同利益方式是抵押:一家人住在一个狭小的房子里,享有权益,但是,他们每月都有义务,去向握着它们的房屋抵押权的银行支付钱款。

1960年前后,共度公寓(condominium)进入不动产世界,加入到所有的这些老式的和众所熟悉的利益中来。一幢"共度式公寓"中,人们拥有整栋大楼的一小片而已;如果你买了B座公寓的10层,你的财产差不多就是漂浮的空间,你的公寓被9层的公寓支撑,而9层的公寓又是建立在8层的上面,以此类推。1961年,《全国住宅法案》规定,全国住宅法案保险业务可以扩及共度公寓(在多户家庭结构中个人拥有单元),这个决定给那些家庭又一个推动力。[30]

你拥有你的共度式公寓,或者合作式公寓;所有权是一种独立的形式——或是看起来像是这样。能够拥有一个家是每个美国人的梦想。这个梦想通过第二次世界大战后持久不衰的信念——房产的价格只会上涨——所充实。如我们所见，还有一个梦想就是逃离城市的噪音、脏乱，以及犯罪——当然，还包括远离令人厌烦的穷人。在20世纪的最后几十年，有各种大规模的盛世，曾被埃文·麦肯齐（Evan McKenzie）称为"私人乌托邦"（privatopia）——私人开发地、复合式建筑群、封闭式社区，等等。[31]"私人乌托邦"是一个矛盾体。在这些飞地上生活的家庭要对屋主协会签署放弃他们的灵魂；他们必须同意协会写在使用权状上的一系列的"契约、条件、限制"。

这些"契约、条约、限制"强迫产生了一种麻木的顺从。违背对多数人是一种威胁，或许，是对财产价值造物主的一种亵渎。法院强迫执行这些私人规定，除非他们"不合理"。在一个著名的加利福尼亚州案子中（1994年），纳多·纳里尔斯德特（Natore Nahrstedt）搬进了南加州的一个共度式公寓（有530个单元）。她带着3只猫。湖畔村共管公寓规定，猫是禁止入内的（狗和爬行类动物也是被禁止的；金鱼是被接受的）。共管协会根据规定，告诉她将猫带走。纳里尔斯德特为了她的猫，顽强地上诉到加州最高法院。她声称它们是待在室内的猫，不会打扰任何人。（她声称）这项规定是不合理的。法院并没有被说服。他们支持这项小型城郊的专制。纳里尔斯德特必须做出选择：她的公寓或是她的猫。不能两者兼得。[32]

市 政 府

19世纪和20世纪时期，没有任何发展比城市发展更重要。实际上，美国曾经依靠土地生存。但现在不是了。严格地说来，城市和其他管辖部门——例如，郡（counties），没有与生俱来的权力。他们只能做联邦允许他们做的事。这是"狄龙原则"（Dillon's rule）——由约翰·狄龙而得名,他于1987年出版了一本有关"市政公司"(Municipal Corporation)的专著。他说,市政公司是立法机构的产物;它只从立法机构中获得权力;仅此而已。[33]形式上,这多少是真实的。实际上,即使在狄龙时代,政府公司也变得衰弱。因"地方自治"而变得衰弱。这种模糊的局势下,各州以各种形式提高其下城市的权利和权力。通过成文法,或者(更普遍的)州宪法的修正案,城市获得自治。爱荷华州的宪法(1968年,第三章第38条第1款)赋予各城市和乡镇"地方自治的权力和管辖权……去决定他们本地的事务和政府";并且特别推翻了狄龙原则:"政府公司拥有和所能够实施的、按有关表述文规定的权力,不是本州法律的一部分。"

地方自治有时甚至被允许制定自己的章程;但是这并不意味着他们真正地从州中独立出来。一个地方自治的城市可以管理所有地方事务;但什么是"本地的"呢?在一些州,地方自治似乎没有什么不同;但在另一些州,乡镇和城市相比于19世纪,他们明显更有权力。

1911年加利福尼亚州将地方自治扩延到郡,任何一个郡都可以"制定政府宪章",并可以自行运作(在限制范围内)。它可以规定本地官员的选举;以及其他各类事务,如规定"钓鱼和狩猎警察……的报酬"。1947年华盛顿政府采取地方自治条款(宪法第十一章第四修正案)。在20世纪90年代,四十多个州有地方自治的条款;36个州允许郡地方自治。

与城市成长几乎同样重要的是城市在20世纪后期的衰退:城市权力流失,流到郊区和城外。很多中型城市的市中心变成了空壳——停车场、银行、旅店、空白地、文身店、快餐店的荒废,全都相当破旧,夜间死气沉沉。大城市不断成长。而中心城市,尤其是更古老的城市,则在萎缩。其中有些萎缩惨重。1950年,圣路易斯的人口有856 000人;到1990年则为334 000人。总之,更古老的城市受到其本身的历史边界的限制——受到它们周边郊区一带的抑制。依据法律,城市可以吞占空置的土地,从而向外扩展;但是城市周围有人居住,兼并就需要得到此区域居民的同意。西部的新城市似乎能胜利完成这项工作;而古老一点的城市则不能。加州在1951年至1957年间,86个城市完成1 876次兼并,增加了278 432人。兼并冠军是得克萨斯州,这些大城市实施兼并无须得到偏远地区(outlying areas)居民的同意。休斯敦和得克萨斯州的其他城市吞并了50万人口。同一时期,新泽西州的城市却没有兼并任何人,而纽约州的城市也几乎没怎么兼并。[34]

稍古老的中心城市有一些他们自己也很难解决的问题。郊区也帮不上忙。向大城市的政府提出了一个许多专家都喜欢的解决方案:将城市和郊区结合,形成单独的政治区域,但这就违背了美国人的意愿。中层阶级的美国人热爱这些飞地。乡村执意要自己独立、控制区域划分、特征、(当然还有)财产价值的权力。与封闭社区相比较,一些乡镇除了政府名称和一枚印鉴外,便没有更多的东西。

19世纪的城市,华盛顿无"城市政策"这类东西。这是州政府的问题。但是,大社会趋向直接地向城市或本地组织提供资金。有各种各样的计划避开州政府,而直接处理公共或私人事务。1996年纽约市从联邦政府接受了将近二十亿美元。这差不多是纽约市预算的4%(芝加哥占了7%)。这并不是决定性的。然而,钱就是钱。[35]

死　者

继承法——死后财产的转移,很少成为头条。虽然如此,这仍是非常重要的。巨额的私人财产代代相传。无论你多想,无论你怎样拖延,呜呼哀哉,真对不起了,你都不能把它带走。几世纪前,法老们试过,可他们没有成功过。

大体上,美国继承法赞成遗嘱自由。也就是,你可以按自己的愿望处置你的钱。但是在20世纪的法律中,对已结婚的人们有一个重要的例外:你不能完全剥夺幸存配偶的继承权。在比较典型的州,遗孀或鳏夫可以取得二分之一或三分之一的遗产。一般来说,近年来,配偶的权利和分配额有所提升;"血统"继承有所下降。例如,可以任意剥夺孩子的继承权;更甚者,遗嘱中的一两句话就可以办到,路易斯安那州却是个例外,此地仍然受大陆法系民法的影响。

实际上,"配偶"常常多指的是遗孀,而不是鳏夫;男人娶年轻的女人,而通常早死于妻子。很多人留下大部分或是全部财产给她们的妻子。一项宾夕法尼亚州巴克斯郡的研究发现,在20世纪80年代,小额遗产(少于7 000美元)中,少于三分之一的人会将所有遗产留给配偶。其中64%的人留给配偶少于一半的遗产。可是,在1979年,遗产少于12万美元(我们认为这些是相对适中的额度)的人,63.5%的人把所有遗产留给配偶;仅有四分之一的人留给配偶少于一半的遗产。[36]

现代的药物和营养延长了20世纪人的寿命。出生于2001年的孩子预计活得比其生于19世纪的曾曾祖父母们要长得多。长寿有社会和法律结果。在25岁时继承遗产,与在60岁时继承92岁母亲的遗产,意味着有很大的不同。对中层阶级来说,继承没有生前转移来得重要——留作孩子大学的礼物、购房首付款,等等。[37]长寿且富裕的人们有很多时间沉溺于遗产计划的运动中。死后转移遗产的有效文件曾经就是遗嘱。在20世纪,越来越多的人立遗嘱,事实上是为了确保他们死后"留有遗嘱"。可是,最富有的人则确保他们的钱部分或全部都绕过了遗嘱,这些遗嘱有时就是一个空壳子,没有什么遗产。

总之,遗产替代的方案在茂盛地生长着。许多人通过"托腾信托"(Totten trusts)的方式留下遗产。这些钱被储存到银行,建立为某某

("受益人")"代管"的账户。托腾信托的名称是由20世纪早期的一件法院案件得来的。[38](诉讼当事人有时因此而不朽,如以医生名字命名罕见的疾病,抑或用天文学家的名字命名恒星。)逻辑上,托腾信托不同于一般的信托。所谓的受益人没有任何权利,而且开户人可以取消它、将钱花掉、更改受益人,将钱转移到别的账户等。但是方式很便捷而且实用:法院很快就认可了这种形式的"穷人遗嘱"。

或许最值得注意的遗嘱替代品是生前信托。信托的创造者("托管财产者")转移部分或全部的财产给受托人。受托人在托管财产者生前管理其财产(通常付工资给托管财产者本人),当托管财产者死后,便按照订好的计划分配财产。生前信托是"可以撤回和可以被修改的"——也就是说,托管财产者可以变更期限和受益人,或甚至改变她的主意和将钱拿回。至少功能上,生前信托行为非常像遗嘱——或者,更确切地,像附带遗嘱的信托。它有一些实际的优点:其他人(例如,银行)有投资、管理这些财产的苦恼(需要收费);死后钱财平缓的转移,省掉了麻烦和遗嘱检验法院的花费。因此,生前信托是避免遗嘱检验方案的核心:这种方案创造了一个全新的商业行业,以及滋生了一个家庭手工业的使用手册。其中最著名的是诺曼·达西(Norman Dacey)的著作,第一次于1965年问世后,已经反复印刷了很多版了。[39]

信 托 法

在20世纪,各种信托变得更加普遍——大体而言,他们还是有钱人的工具;但是用得越来越多。银行和信托公司处理上千项协议。信托是习惯法一个古老手段,欧洲大陆却一无所知。它是一个管理财产的手段:受托人在技术上有所有权,财产由他操控,但是所做一切则是为了一个或更多的受益人。信托很普遍、很灵活,以及对各种理由来说都是有用的工具。受托人——如未成年人的监护人,或遗产的遗嘱执行人、抑或老年痴呆病人的监护人,是一个"被信托者",这意味着,除了别的之外,她受到忠诚和公平原则的严格限制。例如,受托人不能将自己的钱与信托财产混合;他们必须被严格地分开。

在经济大萧条时期,这些普遍的原则遭遇一些问题。银行——普遍作为有钱人的受托人,应该为每一份私人信托基金做好标记。但是银行在很长一段时间忽视了这项原则。1936年的一个案件,一家银行(在康涅狄格州的一个机构)以它自己的名义接受抵押;把这些抵押分成各种小额信托,仔细列出分配情况。严格地讲,这违反了原则;有些抵押在经济大萧条时期就是破产状态的,失去钱的受益人起诉银行。除了象征性的赔偿外,法院拒绝原告得到任何东西;这并不是银行的责任,而是经济大萧条偷了原告的钱。当然,任何其他的决定,将驱使银行和其他许多银行走向迷墙。[40] 显然地,法院勉强坚持旧的原则——这是另一个美国法官造法(American judge-made law)引起反应的例子。

20世纪税法对信托法影响尤为大。信托法可以使富人的世代遗产完整无缺,代代缩减税金。大部分的信托法,尤其是小额的,都是临时信托:如果年轻的父母去世了,信托是个很好的方法,使父母能为孩子留下一笔钱。极少出现但很重要的是我们所谓的世代信托(dynastic trust)。有钱的人以信托方式留下一笔钱(经常由银行管理),命令受托人支付收入给其子女、孙子女,或许还有曾孙子女,只要这些后代们还都活着。这保证了"遗产"本身的完整性;家庭可以得到钱生活,但是没有权利将老本浪费在疯狂的投资计划或诸如百老汇剧场、女朋友、男朋友上面。

这种信托能持续多久?死者能控制多长时间?通过所谓的反永久规则(rule against perpetuities)建立了限制,这是一个怪异和神秘的法律原则。大概的想法非常简单,但是恶魔藏在细节中。这些细节,极具技术性,充满了陷阱,使一代又一代律师和法学学生畏惧不已。可是,原则的真实影响是,限制信托不得超过90年或一世纪(大部分终止得更快些)。在20世纪,政府已经修改和改进了这项原则,删除了疯狂的子规则——这些规则往往有些绝妙的绰号,如"多产的八旬老者""准遗孀"(unborn widow)、"早熟的幼童"(precocious toddler)、"魔法采砾坑"。[41]但是,大部分州都保留了原则的本质。一段时间后,死者的手必须松开把手,交出它幽灵般的控制权。

1976年,针对隔代信托(generation-skipping trust)的赋税,作为税收改革法案的一部分,编入了法律。它是一堆令人畏惧的技术性规则。但是主旨很明确:穿过死亡的门槛,向世代信托的每一代征税。亿万富翁再也不能通过子孙的遗产迟延付税,直到信托最终消失为止。基本上,每一代都必须缴纳通行费以便获准进入坟墓。宽厚的免税额意味着税收只落到真正有钱的人身上。

慈善机构与法律

慈善基金的兴起是一个大社会具有重大意义的发展。少数信托和基金可以追溯到19世纪,但仅仅一点点。法律在当时是相当不友善的。在一些州,这种基金是完全不合法的。20世纪决然地颠覆了这种趋势。现在法律支持慈善事业。个人可以建立信托公司或是慈善机构——免税,永久设立,为了任何一项令人信服的教育或公共事业、或是解决贫困问题、或是推进宗教发展。法院几乎都会同意;但是会有一些限制。1951年弗吉尼亚州有一件众所周知的案件,一位死者设立了一个信托,在圣诞节和复活节时,发钱给温切斯特的"约翰·科尔学校"(John Kerr School)一、二、三年级的学生,无论他们贫富。法院说,这不是一个适当的慈善对象。[42]

20世纪的法院不是仅倾向慈善信托;即使人们原本目的已经失败、或是违法、或不可能实现,法院也愿意他们活着。这是所谓的"力求近似原则"。法院将调整信托,使其合法并能够继续实行,只要新目标接近原始的目标即可。例如,大学采用这项原则修改,类似的如限制对象为"白人"、或"绅士"、或"男生"的旧奖学金信托;学校主张,他们不能实施这样的信托,要求法院依照"力求近似原则"删除这项唐突的条件,并且学校最后几乎总会成功。[43]

依照遗产税法,遗产从事慈善事业就不用交税。这是一个重要的激励人们设立慈善基金的措施。也还有一些其他动机。福特基金会或许是20世纪末最大、最著名的私人基金会,是基于让福特家族保持对其汽车公司的掌控的目的。福特公司将股票分为两类:有表决权的股票(只占10%),和无表决权的股票(占90%)。早在1937年,家族开始将无表决权的股票转移到基金中。当亨利·福特和他的儿子埃兹尔·福特(Edsel Ford)过世时,大笔的这样的股票已转在基金里。家族维持了对有表决权股票的完好控制。[44]

1950年底国会在政治迫害的情绪中,发起了具有危险性的极端的大型基金会。1953年,由共和党人卡罗尔·里斯(Carroll Reece)主管的里斯委员会主持听证会。里斯想知道,该"大型基金会"的基金是否正在救援和鼓励美国的马克思主义倾向,还是正在消减美国人对其应有的生活方式的热爱,这一荒诞的想法。委员会的报告没有那么歇斯底里;它控告基金会的罪恶,例如推进"道德相对论"和"社会工程",而更糟的或许是,对联合国盲目的信仰。[45]20世纪60年代,有关限制和改革的建议被提出。1969年的《税收改革法》(Tax Reform Law of 1969)罗列了一些相当严格的规则。基金会必须每年基于慈善的目的,至少支出其资产价值5%;也有其他的条款,限制家族利用基金永远控制大公司。

正如事情结果那样,都是小问题;基金会已经兴盛增生了。1944年根据一项评估,有505家基金会,资产达到18亿美元;至1953年,有4029家,资产上升到45亿美元;1980年有22 000家,在1995年超过4万家;福特基金会单独一家就拥有81亿美元;而1995年基金会总资产已超过2 260亿美元。各基金会在1995年转让资产超过60亿美元。[46] 在这些盈利时期,基金会继续迅速地成长。据报道,1997年各基金会资产达到3 290亿美元,转让资产几乎达到160亿美元。[47] 在艺术、教育、讲卫生研究方面,基金会有明显的不同:至少对那些幸运获得资助的人们和机构来说。福特汽车公司公开上市很久了。福特基金会早就卖掉了它的福特股票。在基金运用期间,家族控制持续了一两代;然后机构落入了"慈善基金会管事"之手。在私人信托中,已故的创始人和他的幽灵最后必须放弃控制权。

监 护

监护是一项类似于信托的安排,但除了没有书面文件这一点,而且大部分监护都是短期的。20世纪相较以前,无论是否有钱,孤儿都很少;但是,另一方面,在生命的另一端所需要的帮助在大量增长。长寿意味着更多的人(有些钱的一些人)的健康缓慢变差,或突然地进入精神错乱的黑暗中去。这些成年人的监护,加州称为"监护管理"曾经跨进相当激烈的一步:法律剥夺了老人病房里能获得的所有权利。这种趋势开始不那么苛刻了;现在很多州的法律规定,只有在绝对需要时才会实行监护。将老人视为死人的监护不再合法。[48]

只有法院才能指定监护人。程序是很累赘繁琐的,有时有点昂贵。人数是庞大的,并且在增加。纽约州从1992年至1998年,法院指定监护人的人数从1.5万上升到3.2万。密歇根州的监护申请从

1981年到1998年翻了4倍。[49]因为人们(善意地)不喜欢上法院,便寻找替代方式。一个比较受欢迎的替代方案是任命持久的权利——你给予某人管理你的财产事务的权利。这项协议被拟定以便当你"失去它时"开始生效。也有人将这种手段视为"生前遗嘱";当选择"拔掉管子"时,怎样对待死者衰弱、受折磨和濒临死亡的身体,或在其死后如何处理死者的器官的一些指导。有一些对延长生命技术回应:即可以延长生命的医学技术,如同李尔王那样,体验痛苦的时光更长了。

退休金法

信托法几乎是为富人制定的。对一般人来说,退休金法、退休条款,比信托法乃至遗嘱法要迫在眉睫得多。除了社会保障法外,还有许多私人退休金条款。工会对退休金的游说是他们集合谈判的一部分。白领劳工和中层管理阶级,将额外福利(退休金、医疗保健、牙科福利)当做工资一样重视。

一些大型公司在《社会保障法案》出台前就有退休金计划——当然,这是一种全国性养老金计划。[50]铁路公司为其员工提供退休金。在经济大萧条时期,联邦政府必须保护铁路公司脱离因为不能实现他们的承诺所造成的困境。战后时期,有一些反复的抱怨,是有关私人退休金系统"滥用"。国会1958年通过了一项公开法案——《福利与退休金计划公开法案》(Welfare and Pension Plans Disclosure Act)。1963年,史蒂倍克(Studebaker)汽车公司因销售不佳而破产,从而使许多员工失去了他们的退休金。这些可恨的故事都是关于公司掠夺了员工的退休金基金,还有,有关公司喜欢解雇那些快要获得退休金的员工。

实际滥用了多少是不清楚的;但是,这些故事产生了政治上的影响。他们导致了一个大型、复杂的联邦法律——《员工退休收入保障法案》(Employee Retirement Income Security Act,1974),每个人都知道的一个英文缩写 ERISA。该法案的核心内容规定,员工在其工作 10 年(1986 年降低为 5 年)后必须享有退休金。联邦政府支持这项承诺,实际上提供了退休金保险。简而言之,ERISA 在意识形态上依赖了社会保障法案自身背后相同的社会保险的观念。

荒地、公共用地以及广大的美国西部

公共用地法是 19 世纪美国财产法的核心方面。它比较复杂,是东罗马帝国的法律分支(Byzantine branch of law)。其核心是,巨大的赠与计划——上百万英亩的土地被转让给州政府、铁路建造者及拓荒者。

一些赠与计划持续到 20 世纪。但是尽管赠与或卖出上百万英亩的土地,20 世纪联邦政府仍然是最大的地主。千禧年末,在这庞大的国家上,超过四分之一的土地仍然属于联邦政府——这是一个森林、沙漠以及山脉组成的帝国,大部分分布在西部。20 世纪末,联邦政府拥有新墨西哥州三分之一的土地,俄勒冈州超过二分之一的土地,爱达荷州 62% 的土地,犹他州 64% 的土地,以及内华达州异常大的 79% 的土地。[51]联邦政府在内华达州所拥巨大的荒芜土地,足以用来测试原子弹爆炸。另外,联邦政府在全国各地拥有国家公园、政府建筑物、军事基地等。

到了 19 世纪末,人们感觉边疆是在尽头。移民浪潮延伸至太平洋。这看起来像是自然发展的高潮,虽然本国的部落(也许是墨西哥)可能提出反对观点。在很多方面,边疆结束是一个隐喻,而不是一个事实表述。首先,海洋不是美国扩张的障碍——夏威夷、波多黎各、关岛和菲律宾可以证明。这里也不缺乏空地。阿拉斯加州,在1900年,是一个荒凉、极美丽的地区,它是得克萨斯州的两倍大,稀少的人口(6.4万人)——大约每人拥有10平方英里的面积。内华达州有4.2万人口(在拉斯维加斯人口暴涨前)。没有一个有山脉、沙漠,或太平洋沿岸的政府拥有超过100万的人口,除了有150万人口的加州;大部分西部城市都达不到此数。简而言之,一些西部地区,仍是一片大好的蓝天、开放的土地。20世纪人口集中区域平稳地向西部(或南部)转移;但是在1900年,这只是个愿望抑或梦想。

上百万英亩的土地在1900年都是公用地区。但总体上它们不是如同爱荷华州和印第安纳州那样的很肥沃、水分充足的土地。它们干燥、贫瘠并且不吸引人——至少对开荒者来说。它们是被"征服"的障碍、挑战、荒地。这是19世纪的态度,并且一直持续到20世纪。19世纪,人们相信(或行为上像是)资源是无限的。自然实际上是敌人。应该与之搏斗并将其征服。森林的命运就是被砍伐,转变成木材或是作为耕地。沼泽的命运就是被排空,种上植物,用作耕种。许多州花钱请人去屠杀狼群;当时没有《濒危物种法令》(endangered-species act)、没有地球日、没有谈论生态系统。甚至美丽的标准反映文化的兴旺、耕种、建设。"荒地"不是一个赞美;而恰恰是相反的意思。沙漠是丑陋的——和危险的;它阻挡了进步的脚步。大批衣着褴褛的定居者们,乘坐篷车穿过这个国家,面对渴死、饿死、病死或敌对部落,很难期望他们肯定这儿的风景——或很难期望去保留下来使之远离"文明"。住在新奥尔良的人们,遭受黄热病和其他有害的天灾,他们不懂得欣赏沼泽。花了一世纪的富裕、疫苗和抗生素,才使沼泽转变成"有价值的潮湿的土壤"。利用空调、国内高速公路系统,以及意识转变,使沙漠成为美丽具有旅游吸引力的地区;将死谷成为一个度假胜地,替代了一个死亡之谷。

1990年,西方政治学家(和市民)仍然渴望推进经济发展,从而开拓自然资源。水资源法、矿产法,以及有关石油和天然气的法规和管制,放牧权、修筑河坝、灌溉,这些都是议题。国会1902年通过了一项重要的《开拓法案》(Reclamation Act)。依照法律,西部的公用土地售卖进程中,需要附设"开拓基金",从而灌溉或开垦"干旱与半干旱的土地"。法案主张公共灌溉工程。一天8小时工作时间,不得雇用"蒙古的劳工"。[52]

"开垦"是一个有重大意义的词。将土地从干旱、无用中挽救回来。用作农场或牧场,或放牛的土地才是极好的地。沙漠化的土地是不好的地。自1862年著名的《宅地法案》(Homestead Act),超过40年,政府为拓荒者免费提供公共用地。1904年的法律提供内布拉斯加州西部一英里(640英亩)的贫瘠土地,让人们耕种5年,使其每英亩增值1.25美元。[53]这比"宅地法"所允许的土地大很多。1909年《扩大宅地法案》(Enlarged Homestead Act)适用于科罗拉多州、蒙大拿州、内华达州、俄勒冈州、犹他州、华盛顿州、怀俄明州,以及亚利桑那州和新墨西哥州,提供宅地320英亩。但是只有可被灌溉的土地才有资格被选中——目标仍是家庭农场,开垦者必须有两名"可信的证人"证明,至少八分之一的土地连续不断地耕种农作物,而不是生长杂草。[54](农作物是否能在这种干旱区域生长,则是另一问题。[55])国会定期给农业部拨款,以消除"虫害"。晚至1921年,当国会支持野牛区与国家公园时,它也分派基金给"研究、实验,以及合作消灭美洲狮、狼、郊狼、美洲野猫、草原土拨鼠、囊地鼠、地松鼠、长腿大野兔,以及其他有害的农业、园艺、林业、畜牧业和狩猎的动物"。[56]州一级政策也相似:1923年宾夕法尼亚州仍提供奖金,每杀一只猞猁奖励15美元,一只灰狐4美元,一只红狐2美元,以及一只黄鼬1美元。[57]1931年明尼苏达州法律准许各县提供灰狐奖金——每个获得奖金的人必须证明,"它没有放过一只灰狐的性命"。[58]

这似乎发生在好几代以前。今天没有人梦想着"迫害"美洲狮或狼。确实,上百万花在保护这些动物上——将其再次引入他们之前消失的地方。自然环境保护的第一缕阳光是来自19世纪末期。政府在1872年创建了黄石国家公园。哈里森总统和克利夫兰总统留出西部上百万英里土地作为森林保护区。当时只剩下少数可怜的野牛时,这种大型的动物暂时得到幸存。他们在黄石公园中建立安全措施;1908年国会在蒙大拿州弗拉特黑德印第安保留区建立了全国野牛区。[59]沉迷于狩猎的西奥多·罗斯福总统,扩延了国家森林,在1903年3月,他通过行政命令在佛罗里达州的鹈鹕岛设立了一个野生动物避难所。

对候鸽和卡罗来纳州小鹦鹉来说,已经太晚了,它们都已濒临灭绝。但是,意识已经转变,虽然很缓慢但确实已发生。1916年的一项协定,目的是保护从加拿大迁徙至美国的候鸟。[60]1918年的《鸟类迁徙条约法令》(Migratory Bird Treaty Act)规定,捕抓或捕杀被保护的鸟类是联邦犯罪行为;1929年国会通过《鸟类迁徙保护法案》(Migratory Bird Conservation Act),授予农业部长租赁或售卖土地的权利,为候鸟设立"不可侵犯的圣地"。[61]1916年协议宣布,这些鸟类中许多都是具有很高价值的,它们"作为食物的来源,或是用来消灭那些在公共土地上破坏森林、饲料植物,以及农作物的害虫"。法案列出了猎鸟(如,鸭和鹅),"食虫候鸟",从食米鸟到鹪鹩;还有一些各种各样受优待的鸟类,从海雀和小海雀到剪嘴鸥和燕鸥。简而言之,法律中没有太多的浪漫和土地崇拜;但是它是向那个方向迈进的。

20世纪末,荒野终于变得美丽,美洲狮和狼不再是贪婪、令人可怕的捕食者。它们成为高贵的猛兽和上帝的作品,和人类一样,是大地母亲衍生的生物;上百万花费在试图拯救鸣鹤和加州神鹰上,甚至没有人曾经吃过它们或者它们在田野上捕食昆虫。黑足鼬(美国最稀少

第十三章 财产权法

的哺乳动物),以及黑足鼬喜欢吃的肥胖的草原土拨鼠,都曾因为获得保护而免于灭绝。

奖励屠杀森林狼的行为已经成为历史。早在20世纪30和40年代,人们试图将保护范围扩展到灰宗熊和秃鹫;《秃鹫保护法案》(Bald Eagle Protection Act)在1940年通过。毕竟,这种鸟是美国的象征。1966年国会正式宣布"美国成长和发展的最不幸的结果之一就是一些本国鱼类和野生动物的消失";这造成"极大的损失",这些动物具有"教育的、历史的、娱乐的、科学的"价值。[62]1964年国会通过了《荒野法案》(Wilderness Act),将荒野视为"不朽的资源"加以保护;它保留了"不被开垦的区域,在此人们只能是观光者,而不能长久逗留",这儿的土地仍然要保持"原始的特征和影响"。一个世纪前,限制是全国性政策的全部观点。现在《荒野法案》禁止土地用于商业公司、建设永久性公路、机动设备、房屋等。荒野依然处于原始状态,没有被触摸过的——资本主义的汹涌浪潮席卷下依然高尚纯净的岛屿。[63]

1969年《濒危物种保护法案》(Endangered Species Conservation Act)颁布。现在进口、跨州售卖和运输濒临物种都是违法的。1971年国会通过《野生自由放养马和驴法案》(Wild Free-Roaming Horses and Burros Act)。前文所述,这些"迅速消失"的动物,是"历史的及西部开发者精神的鲜活的象征"。它们在"国内生命形式多样性和丰富美国人民生活方面起着促进作用"。[64]1972年国会将善举扩至海洋,此时通过了《海洋哺乳动物保护法案》(Marine Mammal Protection Act)。[65]此法案为海牛、鲸鱼、海豹、海獭以及北极熊提供避难所。它们被称为"国际间重要、雅致的、娱乐的同时也是经济的资源";而且"涉及海生生物系统的卫生与稳定"。

1973年,国会自己给自己拨款,真正迈出决定性的一步,通过了《濒危物种法案》(Endangered Species Act)。此法案对没有限制"经济增长和发展"从而造成的后果发出指责(这在 19 世纪属于异端邪说)。法案涵盖了哺乳动物、鱼和鸟类,也包含了两栖类、爬虫类、软体动物、甲壳纲动物、昆虫和蜘蛛,以及任何"部位、幼仔、所产的蛋,以及后裔"。列出了濒危物种的名单;一旦列入名单,此物种就必须受到重视;此物种不许在州际贸易中进口或出口,售卖或运输;更重要的是,试图"获取"("take")这些物种更是违法的。而试图"获取"一词被宽泛地定义为,"侵扰、伤害、追捕、猎取、射杀、受伤、杀死、捕获、或者集"这些物种。[66]

《濒危物种法案》不是完全的一帆风顺。很多美国人好像接受一般原则,尤其对那些大型的、性感的动物和鸟类如野牛、海牛、海象,或是巨大的鹤(这是所谓的"有魅力的动物群")。无疑,这正是国会情有独钟之处。[67]但是法案语言包括其他所有生物,甲虫、螃蟹、火蜥蜴;环境组织能抓住这项原则而无限地发挥。

运作这些法律需要某种力量的支持。从商业利益角度,这些法律很容易被取笑:为了保护蠕虫、蜗牛、舞动翅膀的蛾子、猫头鹰,而失业或是停止大型工程。如果本地经济依赖于砍伐森林,而一只蜥蜴出来阻碍,必然会有反抗的声音。《濒危物种法案》出台后,"蜗牛镖"——一种小鱼,之前没有人听说过——竟变成阻止田纳西河州管理局建设强大的泰利克水坝(Tellico Dam)的理由。水坝已经花费了上百万;在法案通过前就已经开始修筑了。环境团体一开始就不曾希望有水坝——经济团体以有力的主张提出反对意见。但是,"蜗牛镖"给水坝的敌人们一个明亮的新策略。战役在法庭上激烈地进行;最终,1978年,最高法院作出判决。尽管其中一位法官问道蜗牛镖是否是"合适的诱饵",但是法院明确地站在鱼这一边。[68]

这并不是故事的结尾。国会被激怒了。宾夕法尼亚州参议员斯科特引用比《濒危物种法案》更权威的《创世纪》(Genesis):上帝赋予人"统治权统治海洋中的鱼"。犹他州的参议员加恩(Garn)提醒人们,海狸能建水坝,而且有一些是"具有破坏性的。"[69]可怜的小鱼在国会,没有在法院的力量大;1978年《濒危物种法案》很快被修改,目的在于解救泰利克水坝和修整《濒危物种法案》。新法由濒危物种委员会创制,由7名委员组成(其中有3名内阁成员);如果5名委员同意,即使它对濒危物种将会造成危害,委员会也会亮出绿灯同意实施计划。国会预料濒危物种委员会能够解救泰利克水坝;但是,预期结果却没有发生。别名为"上帝委员会"看起来是去削弱濒危物种法案;但是事实上委员会授权遇到困难。最后,水坝建成——不是由于"上帝委员会"或是法院,而是因为国会中有权力的人支持它。水坝的"地方建设经费的拥护者"(pork-barrel proponents),没有无所作为,而是制定拨款议案,命令计划完成;不顾切罗基族群印第安人的反对,田纳西河州管理局完成了水坝工程,而洪水结束了长期、激烈的争论。[70]

在20世纪末,给《濒危物种法案》带来冲突和紧张的状况继续存在着。开发公共土地的传统占统治地位,使用公共土地作为一种经济资源,像是被挤出奶的乳房,是从不会真正死亡的;浪漫的保留区和环境热爱简单地并存不悖。平衡从一边转换到另一边。不会有最终的胜利。显然,环境本身的朋友拥有巨大的政治力量,但是,公众是易变的;(如国会)不明不白的植物和河蚌很难引起人们的焦虑。1990年一个大的前沿类争论:辩论有关挽救斑点猫头鹰——森林的夜行者,对它的保护(如果你相信某种宣传的话)会威胁到上千个伐木工人。

西部既是自然环境保护的要塞也是开拓资源的要塞。例如,西部牧场主感到,上帝赐予他们权利在公共土地放牛。理想上,他们想让政府给他们土地;他们所得到的是1934年的《泰勒放牧法案》。依照法律,政府以协商价出租土地给放牧者。这些土地仍然属于美国政府,但是,它们"被当做私人财产"进行管理;许可费非常低,政府以这些方式达到促进发展的目的。事实上,政府从这些土地中得不到一点收入;而放牧者可以得到他所需要的。[71]

在20世纪后期,州政府也通过了一些法律,保护农场和开放性空地。1956年,马里兰州是第一个如此运作的州。20世纪70年代,刮了一阵积极行动的疾风,基本上,每个州都跟上,通常运用各种税收计策。[72]法律背后还有一些浪漫和怀旧的因素;但是,也存在实在的利益。农夫强烈控诉财产税法。如果一个农场邻近城市,它的市场价就会飙升。这对想售卖的农夫是极好的,但是对那些不想卖的人则是灾难。蚕食土地的开发商们很容易怨恨,农场家庭可以被浪漫地看做是诺曼·罗克韦尔(Norman Rockwell)*画中的主角。毕竟,城市需要成长,这些农地保护法是做了一些好事——还是好事坏事都做了,是个悬而未决的问题。

知 识 产 权

知识产权法在20世纪发展过程中获得了相当重要的地位。美国工业帝国的成长和技术改革,实际上保证了这个领域的法律将会移到舞台的中心。

宪法专门地授予中央政府权力以处理知识产权。依据第一章第八节第八款,国会有权"在所限制的时间里,通过保护作者和发明家对各自著作或发明的排他权,从而提高科学和实用作品的进步"。

版权针对"著作"而言;专利法针对"发明"而言。两术语都在意思上有所延伸。宪法制定者当时没有照相机,更别提影印机和电脑软

---

* 美国在20世纪早期的重要画家及插画家,作品横跨商业宣传与爱国宣传领域。——译注

件了。20世纪的法院必须面对比立宪者当初所想到的更难对付的争议。[73]1903年的案件中,被告复制了3张马戏团的海报广告。这是侵犯版权的行为吗?旧的案例似乎这样说,广告不可能有版权;"著作"是书、文章、论文,但是最高法院则持有不同态度。奥利弗·温德尔·霍姆斯大法官所写的意见是:一张照片是"除了是一张照片外,其他什么也不是的这个东西……是著作权的客体",即使当它被用来宣传"肥皂剧、或是歌剧",就此事而论,或是马戏团。如此的照片就有了"商业价值"。[74]一张照片不必是艺术品,也可以被保护。不久,法院认为电影也适用于版权法;乐谱册、唱片也适用。

这是一项能够引起著作权战争的新技术。随着收音机的发明,引起了1913年发生在美国作曲家、作家和出版商协会(ASCAP)与广播电台之间有关音乐版税的战役。[75]影印机设备引发了另一场大战。也有一场战役由录像机(VCRs)和电视台触发开来;而且,在20世纪末,关于从互联网上免费"下载"音乐的争论也被激活。软件的版权保护是一个前沿问题,而且国际版权问题愈加严峻。现在美国是知识产权的主要出口国(如果说唱音乐或终结者2能被称作"智慧"的话),而扩展它的全球系统领域,显然是有一定利益的。亚洲盗版者们复制书籍、电影等,或是试图破解软件密码,这些人对于美国来说,或许比过去公海上的独眼海盗更危险。

专利是垄断权,这是政府在限定期间赋予发明者的权利。当然,垄断者们并不钟爱法律或政策。但是专利权则不同:如果商业豺狼可能偷取和盗用其他人的汗水和智慧的结晶并从而获利时,它就是一个很苛刻的障碍。当然,在20世纪,典型的发明者不再是那些在地下实验室里埋头苦干的古怪孤僻者。很多专利是大公司的;这些公司有策略地利用专利,从而控制市场的某部分。基于这个原因,法院严格地监视着专利。20世纪早期,专利持有者的侵权诉讼通常以败诉告终。

法院认为专利实际上没有被侵权;而是,从一开始专利就不够完善。

形式上,对专利的要求,在20世纪很少发生改变。1952年专利法被彻底革新;但是,法律没有触及基础系统。[76]造成不同的是1982年的法律,它创造了联邦巡回上诉法院。[77]此法将专利案件从联邦巡回法庭移出,废除关税与专利上诉法庭,授予新法庭专门受理专利上诉案件的权利。更令人惊异的是,新法庭似乎无偏见地看待专利。专利所有者开始享受更大的保护——有更大的机会赢得侵权案子。

在法律文化方面,结构性改变可能强化变革。在20世纪80年代至90年代,专利持有者的形象一再转换。专利不再是大企业集团的工具;现在它是一个法律盾牌,保护创业者、风险承担者和创业初期的公司。专利被视为赢得技术竞赛的关键。高技术是美国改变经济世界的希望和救世主。发明和创新对美国和它的生活标准来说,就像石油对沙特阿拉伯或是咖啡对巴西。而实际上专利法是否有转换后的功能则是另一个问题;在法官看来不同的东西,似乎没有什么两样。

人们通常将专利同新工具、新机器和新设备联系起来;但是各种其他的东西也可能被赋予专利。1930年《植物专利法案》(Plant Patent Act of 1930)允许将专利授予给那些"发现任何无性繁殖的、新类型植物"的个人。[78]1980年最高法院听审一个微生物的案子(更确切地说是它的雇主通用电气公司),有关从属假单胞菌类中得到基因改变的细菌的专利申请。这位生物学家已经发现改变细菌的方法,从而有可能吸收浮油。法院拒绝授予专利;但是最高法院的勉强够数的多数派则允许授予。这项新发明不是"自然的手工艺品",而是科学家的作品,"人类智慧和研究"的产物。[79]

商标和品牌在消费社会具有重大的意义;广告的成长扩大了它们的重要地位。媒体渗入到每一个美国家庭,首先是报纸和杂志,然后再通过收音机和电视,所有都充斥着广告,而他们的收入的确依赖于广告。品牌有其价值;而商标法保护这种价值。宪法没有提及商标（商标既不是"著作"，也不是"发明"）。但是国会管制州际贸易和国际贸易，1905年的商标法尤其依赖于这个基础。[80]著作权和专利是限制期限的，但是商标可以永久享有，或是只要它作为商标使用。1905年的法律固定了20年的期限;但是此期限可以被更新，而更新通过所用者申请实现。[81]

1905年的法案规定了所有者通过专利委员会注册其商标，费用需要10美元。其他人可以对注册提出异议，但是一旦注册成功，商标就被推定为有效的，值得被保护的。所有者可以起诉任何效仿者，要求损害赔偿，或是强令禁止效仿行为。任何标识都可以被注册，但有一些例外——美国国旗或活人的肖像（未经过他允许的情况下）；也有一些不受保护的标识，包括"个人公司、企业或社团的名称"标识，除非以特别的形式书写等。单纯的商品描述，或地理术语，也不能作为商标。当人们在极为流动的社会中更换工作，或作为游客漫游国家时，商标就变得更有价值。企业就会从曾经严格的本地式变成连锁式，或向全国销售商品。当然，这需要规模经济体系；但是，品牌也是一个有价值的资产。旅游者住在假日旅馆或是进入麦当劳餐厅时，她认为她知道正得到的是什么。当地人或许知道更好的旅馆，或更好更便宜的汉堡包在本地某廉价便利小吃店；但是，品牌在陌生人中是处于至高无上之地位的。与本地企业一样，"独立的"企业也会衰败和倒闭。Piggly-Wiggly食品杂货连锁店和A&P连锁店（都是相继于汉堡王和肯德基发展起来），然后是旅店和百货公司；再后来是全国性的律师事务所和会计师事务所，以及房地产经纪公司。在他们背后一定有某种相同的动力：即在社会不断运动中商标、品牌的力量。

《兰纳姆法案》（Lanham Act, 1946）编撰并强化了商标法。[82]其目的在于给商业更多的保护以防止侵权。商标法必定是有关于界限的。

仿效是最虔诚的奉承形式;它也是最普遍的市场战略。一家公司在试图抢夺一些著名商品的光环时,它能走多远？如果你称你的饮料为Koka-Kola,这是不是侵犯可口可乐的权利？或许是。但是,要是你制造的是鞋子,而称它们为"可口可乐鞋"(Coca-Cola shoes)又怎样呢？有一个关于消费者是否可能被混淆的测试:在1917年发生的案件,杰迈玛(Jemima)阿姨自动发酵面粉接到禁制令,因为有一家叫做杰迈玛阿姨的煎饼糖浆公司。面粉和糖浆是不同的;但是都是食物,糖浆购买者很可能认为面粉制造商扩大生产范围而生产糖浆。[83]在可口可乐鞋的案例中,问题是类似的:没有人会混淆鞋和饮料,但是人们可能会认为饮料公司现在也制造鞋子,无论其所造成的影响是好是坏。无论如何,在全球化竞争的世界中,如同土狼和秃鹫似的贸易,渴望啃咬市场的任何零星部分,此时的商标保护是法律中至关重要的部分。

第十四章

家庭法和家庭生活

430 20世纪的家庭法经历了相当大的变革。家庭本身发生了结构性和文化性的变迁。在旧式的家庭模式中(绝对不像描绘中的那样普遍),丈夫是一家之主,妻子留守在家负责烧饭,缝补着他的袜子,还有当孩子说脏话时用饭勺来惩罚他们的嘴巴。

但随着时间推移,越来越少的家庭仍保留着这样的模式。一方面,越来越多的女性必须工作或希望工作。尽管她们面临着偏见、歧视和微薄的薪资待遇,但仍有数以百万计的女性外出工作,维持生计。1932年经济大萧条情势最为严峻时,国会规定,如果夫妻两人同为政府工作,那么其中一人必须离开以实现"缩编"(reduction of personnel);如果夫妻中一人已经为政府工作,那么其配偶将失去申请政府工作的资格。[1]这一政策(正如大学采用的反裙带关系的政策一样)在现实中执行就意味着家庭中妻子将会失业。第二次世界大战中,百万计的男性加入了军队,这使得女性有机会替代男性在工厂和商业中的地位。许多妇女加入了工会,并且通过工会推动"同工同酬"原则。[2]然而,正如我们之前看到的,当约翰尼退伍开始寻找工作时,罗西必须放弃她铆工的工作。尽管如此,战争、社会变革和新技术一起推动了新型家庭的建构。特别是在20世纪下半叶,生育控制、女权主义和性革命同样推动了这些变化。社会力量建立了一种新型的家庭模式,家庭法律也因此受到了影响。

婚 姻 法

20世纪早期社会动荡不断,人民对于国家的未来充满了怀疑和担忧。移民使得美国的国家形象和行为都发生了改变。美国曾是精力充沛的新教徒农民国家,如今则由来自世界各地的没有土地的城市工人组成。在保守的美国公民中蔓延着一种文化和社会恐慌——他们为贫困、堕落及灵魂的普遍丧失而担忧。如我们看到的,这样的恐慌不只影响了移民法、刑法,也影响了有关结婚和离婚的法律。

婚姻是生育繁衍后代的前提和家庭生活的基石。它一度被人们认为或多或少是理所当然的权利,但如今因为关于"适者生存"的话题,必须对它加以重视。为了防止"不合要求"的人结婚生育,州政府开始制定愈发严格的婚姻法。1905年印第安纳州规定任何在5年内被县收容所或贫困人员之家收容过的男性都不能得到结婚证,除非他能证明他已经摆脱了那些"贫困的成因",并且有能力成家。这条法律针对贫困人员,因为在当时的大众眼中,贫穷和堕落退步有着密切的关系。其他婚姻法规则更直接针对关于生育的担忧。1909年一项华盛顿州的法令规定"酗酒者、惯犯、癫痫患者、低能痴傻者、精神病患者"或任何"患有遗传性精神病、晚期肺结核、传染性性病"的人均不得结婚。这一法令只适用于45岁以下的女性,但适用于所有年龄的男性。[3]

政府应该控制婚姻这一想法对于美国久已有之的习惯法婚姻制度构成了威胁。人们通常说的"习惯法"上的妻子或丈夫,是对同居男女一种充满讥讽的称谓,类似一种粗粝的俚语,但在法律上它的意义人为不同。习惯婚姻是合同的婚姻,一个没有仪式的婚姻:两人同意结婚,以夫妻名义共同生活,仅此而已。19世纪大多数州,习惯婚姻都被认同为有效的婚姻,即使没有见证人,没有牧师或法官,没有结婚证和仪式——仅仅只有双方口头的承诺就成立。[4]在法律上,他们的婚姻和那些在教堂和数十宾客见证下成婚的夫妇一样有效。在当时牧师数量少,而且记录不完全的情况下,习惯法婚姻是十分有效的。它使得数以千计的妇女和儿童在无法证明仪式婚姻的情况下获得遗产,也使许多孩子避免了私生子的污名。

上述情势在20世纪改变了方向。不再有人需要非正式的婚姻,正式婚姻的一套仪式不再昂贵,并且易得。在1935年得克萨斯州的法律案例中,法庭裁定习惯婚姻仍在得州有效,但是必须基于充分的证据。法庭有权力怀疑秘密的、不正式的婚姻,"不在附近的郡办公室里和教堂的钟声里完成的结婚"。[5]法院认为,当其他的婚姻形式已经十分便捷可行的情况下,哪还有人去使用这类习惯婚姻。渐渐地,各个州政府废除了习惯婚姻。例如1923年内布拉斯加州出台了法律,没有结婚证和仪式的婚姻一律视作无效。[6]20世纪20年代中期,大约一半的州承认习惯婚姻,另一半不予承认。这一趋势持续了下去,1994年俄克拉荷马州也废除了习惯婚姻。20世纪中,法庭和立法机构从习惯婚姻中闻到了敲诈勒索的味道——习惯婚姻是某些诡计多端的女性从那些和她们一起睡过觉的富有和死去的男性身上捞钱的途径。(通常关于非正式婚姻的索赔都是由女性提起的。)另外,就如一位法官所说的,"如果人们能够仅凭意愿就结婚的话,那么未成年人、智力低下者,以及患性病、淋病者的婚姻将毫无门槛"。[7]在优生优育盛行时期,习惯婚姻的存在是一个无法接受的漏洞。除此之外,习惯婚姻带来了一些产权方面的缺陷:尽管没有书面证明,它仍是土地和财产拥有权的基础;导致了不稳定的不动产以及疑问丛生的所有权。美国的法律倾向于反对这样的规则。

新政时期的到来给习惯婚姻带来了更大的压力。在那些仍然保留习惯婚姻的州里,20世纪30年代后的案例里绝大多数索赔都是关于社会保障或工人赔偿。习惯婚姻对于官僚机构是个大麻烦。绝大多数索赔都是虚假的(人们也这样认为),它们基于的并非真正的婚姻关系,而是"俗不可耐"(meretricious)的关系(换言之,是纯粹而简单的性关系)。当然,近年来,这样"俗不可耐"的关系再次强势地卷土重来。

心灵安抚议题

性道德观念发生转变的一大标志,就是违背婚约的索赔诉讼的命运转变。如果两人订婚,即两人互相承诺成婚,如果其中一人毁约,则另一人可以要求赔偿。这一类诉讼相当常见。原告几乎都是女性,而男性为被告。通常纠纷的本质不外乎性关系,常常为怀孕。女方相信了对方的承诺而放弃贞洁,但之后却被抛弃。1914年,在威斯康星州的一个案例中,"工人女孩"埃尔茜·卢瑟(Elsie Luther)以"违背承诺"为由起诉了"铁匠"(工厂老板的儿子)罗伊·肖(Roy Shaw)。最后她获得了3 000美元的赔偿(后来因某些原因减少了一定数量),这在当时是一大笔钱。但就算如此,正如法庭所说,被告根本不用长时间的计谋就利用承诺引诱原告放弃她的贞操。正因为她相信了对方的承诺,当对方背信弃义之时,她只能"独自承受痛苦,损失和耻辱"。[8]

严格来说,这些都是十分奇怪的案例,几乎算不得合同案件。正如20世纪30年代一位评论员所问的,当"受伤害的一方同意了"对方的背叛(即允许她自己被引诱),那这应该被算作哪门子违背合约?"尽管近代的理论支持性别平等和女性解放,在现实的婚约中不存在,也不可能实现这样的平等。"当一个女人给了一个男人她"全部的爱和信任"时,她便将"自己完全托付给了对方"。[9]如果对方离开,让她孤独一人,她就将丧失她的社会地位。在婚姻市场中,她成了带着私生子的残次品,再也无法重获新的家庭和社会地位。

1930年之际,这些过于维多利亚式的假设变得有些不合时宜。法律文献全面谴责上述类似的"心灵安慰"案例。原告被描述为诡计多端,希望利用性关系实行敲诈的女性。到1935年末,23个州在考虑立法改革这一局面。[10]包括纽约州和宾夕法尼亚州在内的7个州已经废除了这一法律。1935年印第安纳州废除了所有关于"违背婚约,爱情淡漠,私通,或引诱任何女性(假定她已经21岁以上)"的民事诉讼。[11](顺便提及,私通并不是指谈话,而是指行动,简而言之,即通奸。)科罗拉多州在1937年,加利福尼亚州在1938年,马萨诸塞州在1939年相继实施了上述举动。第二次世界大战结束后,15个州都加入了这一拒绝心灵安慰行列。尽管心灵安抚法令仍在其他地方实行,但是规模大不如前。

离 婚

434　　1942年,安娜·柯瑞林(Anna Kreyling)向她的丈夫丹尼尔(Daniel)提出了离婚。[12]离婚的申请基于遗弃,但并不是普通意义上丈夫离开家庭的遗弃。安娜抱怨丈夫在性行为中坚持使用避孕器具。他甚至不愿意要孩子,宁愿享受每年换一辆车的奢侈生活。三年来,"他们每周做两次爱",然而当她请求他自然性交,丹尼尔会拒绝。因此,安娜从她母亲的公寓中搬来一张床,和丈夫分房而睡。一年半以后,丹尼尔搬了出去。

法庭同意了这一离婚申请。法官对丹尼尔不愿进行"自然的"性行为而感到厌恶,很明显他认为"婚姻不过是合法的同居"。法庭承认避孕措施是"被广泛认可的",即使在法定禁止避孕器具的州,也有许多人这样做。如果夫妻双方都同意这样的行为,那这是他们"个人良知"的选择,无关其他。但在这个案例中,丈夫是自私的,这使得妻子想要成为母亲的"母性本能"和"诉求"被限制和打压。这会导致"身体、情感和精神上的伤害"。丹尼尔因此被裁定为"违反了人类和自然的法律"。

这个案例的情况和结果非常符合20世纪的特点。无论是2011年还是1940年,如果夫妻双方连在诸如要不要孩子这样的基本问题上都无法达成共识,婚姻的结果也可想而知。但是这个案例中法庭的用语、语气和思维方式是相当老式的。他们认为性行为只是上帝用来制造孩子的方式,从而使用避孕措施是"不自然的"。他们认为女性有做母亲的"天性"和"高声诉求",任何宁愿要新车而不要孩子的人都近乎是人类的叛徒。

在某种意义上,这个案例准确反映了正式的离婚法。离婚必须有足够的"根据"。法律意义上的婚姻是夫妻间的合约。但是与大多数合同不同的是,两人一旦进入婚姻就很难脱离。购买房屋或马匹的合同只需双方同意即可取消,但婚姻却没有这么简单。只有法庭才有权力解除婚姻,并且只有当婚姻中一方证明自己无辜而对方做出了背叛婚姻的行为时,才有足够的理由离婚。

每个州对于足以离婚的理由都有不同的定义。在南卡罗来纳州,任何情况下人们都不得完全离婚,直到1948年离婚才被允许。在其他州,通常足以离婚的理由是通奸、遗弃和施暴,但这在每个州都不同。在一些地方,酗酒、牢狱等理由同样可以离婚。在夏威夷,麻风病足以允许离婚;在弗吉尼亚州,丈夫如果发现他的妻子曾是妓女可以申请离婚。[13]暴力虐待在20世纪成为离婚的合理理由。1922年,通奸成了离婚的主要根据,而且到了1950年,这类离婚占了总数量的近五分之三。[14]除了纽约州之外,大多数州都承认暴力虐待构成合理的离婚理由。

是什么导致了婚姻暴力案件数量的增加?没有很好的答案。从一方面讲这是因为夫妻密谋协议的增多。大多数婚姻暴力的案例都是无异议的。原告(通常是妻子)提出离婚,丈夫没有异议,离婚通常就会被批准。密谋离婚在19世纪末期就开始出现,到了20世纪已经非常普遍。在法律意义上,协议离婚是无效的。夫妻二人没有权利自行同意离婚。但在现实中,协议是普遍的,而不是少数情况。法官也都知道这一点,他们私下(含蓄的)格言是:不问,也不说。

在不同的州,协议离婚的准确形式都不同。在各州不同的法律下,人们都在"钻法律的漏洞"。正如在大多数州,如在加利福尼亚州,家庭暴力是法庭最常见的理由。在一个接着一个的案例中,妻子控诉丈夫诅咒她,打了她,从而使她的生活十分悲惨,诸如此类。1912年在圣迭戈,茂德·柏克(Maude E. Burke)控诉丈夫约翰对她使用了侮辱性的恶毒语言,例如叫她"泼妇"和"妓女"。1917年同样在圣迭戈,玛丽·李·沙伊德(Mary Lee Scheider)指控她的丈夫有"残忍、无情、无法忍受的行为",她丈夫称她"笨蛋",还说她曾和"奇怪的男人"发生关系。他还曾猛推过她和打过她。玛丽·李称她是个非常敏感而健康的女性。他的行为使她遭受了"沉重的精神打击"。[15]1921年在旧金山,70%的离婚案件中原告都是妻子,40%的情况下她们都是因为家庭暴力而申请离婚。[16]到了1950年这个比例达到70%。[17]

在纽约州,准确来讲,只有通奸才构成离婚的理由。这是非常极端的,但是任何修改这一法律的尝试都失败了。不过在纽约州,人们对于离婚的需求和其他地方一样多。对此人们采取无效婚姻的规避手段,即宣布因为某些欺骗和妨碍,婚姻从来不曾有效。在大多数州,无效婚姻是少数的案例,通常不足全部解除婚姻案件的4%。但纽约州则是无效婚姻的麦加胜地(Mecca)。到1950年,纽约州有10个郡批准的无效婚姻多于离婚案件。就整个州而言,无效婚姻的数量是离婚数量的三分之二。[18]

纽约州甚至出现了一种奇怪的合谋通奸(collusive adultery),甚至有人称之为软性通奸(soft-core adultery)。一个男人会在旅店开房,然后一个女人,通常是个金发女郎会和一个摄影师一同出现。摄影师会拍摄两人穿着睡衣、内衣甚至赤裸的照片。这个女人会收到50美元的报酬,然后这就构成了通奸的证据。这类简易的伪装在1934年的一本杂志标题中很好地体现了出来:"我是纽约100起离婚案件中那个不为人知的金发女郎"。[19]

至今为止,合谋通奸是各州规避离婚法最流行和可行的方法。但是联邦系统提供了另一种可能:移居离婚(migratory divorce)。19世纪,一些州因为他们相对宽松的离婚法律,而成为了"离婚工厂"(divorce mills)——吸引那些因为离婚法路径宽松而飞来的鸟儿。牧师和有名望的人通常都拒绝这一庸俗的行为。因而,包括南达科他州在内的大多数"离婚工厂"很快就关门了。

内华达州是个例外。内华达是美国西部广阔得像月球一样荒芜的土地,但它拥有主权。它把离婚发展成了商业,就像它日后把赌博、宽松的婚姻或者其他形式的娱乐(或恶习)等发展成商业一样。"去雷诺"(going to Reno)几乎就是"离婚"的代名词。[20]内华达是最有名的离婚工厂,但也有夫妇尝试一些不同的地方:比如美属维京群岛(American Virgin Islands),甚至墨西哥。这些地方从不像内华达那样受欢迎,因为这些地方的离婚是否有效存在疑问。

关于移居离婚的争论在各个州都存在。当联邦最高法院分别在1942年和1944年两度判决了"威廉斯诉北卡罗来纳州案"(*Williams v. North Carolina*)之后,争论达到了高点(或低点)。[21]威廉斯(O. B.

Williams)和他的妻子和4个孩子住在北卡罗来纳州。1940年,他离开家人逃到了内华达州。而来自北卡罗来纳州的亨德里克斯女士也来到内华达州。两人都到了位于拉斯维加斯至洛杉矶公路沿途的阿拉莫AUTO法院,按照内华达州法律的要求——两人在那里待了刚好六周,各自提出了离婚的申请。在离婚的当天,这对爱侣就结了婚,然后回到了北卡罗来纳州。

毫无悬念,他们回来后引起了各自的前夫和前妻的愤怒。他们被逮捕,并被控告重婚罪。在被判有罪之后,他们又向美国最高法院上诉。最高法院站在了威廉斯一边,并撤销了有罪判决:因为北卡罗来纳州必须给予内华达州的判决"充分信用和信誉"(full faith and credit)。在美国宪法下,各个州必须尊重其他姊妹州的判决。但是威廉斯和亨德里克斯并没有就此脱离了麻烦。他们很快又因为不同的原因被重新被判有罪:首先北卡罗来纳州认为内华达州从不曾拥有司法管辖权,另外两人在内华达州的永久住所从一开始就是假的,因为他们从不曾打算住在那里。如果内华达州不拥有司法权,那么北卡罗来纳州就没有义务遵守内华达州颁发的离婚令。这一次最高法院批准了这一判决。看来,威廉斯和亨德里克斯就只好去坐牢了。

这个案件在司法界引起了轩然大波,使一些尝试移居离婚的人惴惴不安,也很可能使很多人对他们的婚姻感到紧张。但是在每个被争议的离婚案例背后,都有数百对夫妻顺利通过这个系统离婚。离婚率上升了。看似越来越多的人希望走出他们的婚姻,找到别人重新开始。这并不是上层社会的专属现象。工薪阶层的离婚也很普遍。印第安纳州曼西市(Muncie)的离婚率在1890年到1920年间上升了622%(这期间人口增长了87%)。如同在加利福尼亚州的情况,这些离婚案例的"封面故事"多以家庭暴力为借口。[22]

大多数道德家和宗教人士认为这样的趋势十分令人担忧。他们认为这是美国东部、西部,几乎每一个地方堕落的征兆。他们坚决反对放松离婚的条件,因此轻易的离婚是政治上的禁区。事实上在20世纪上半叶,离婚法的改动非常之小。离婚成为了所谓的"双重系统"的典型例子,即在正式法律系统和现实司法之间存在着巨大的分裂和鸿沟。当然,正式法律和现实操作从来都不曾完美一致过,但是在一个真正的双重系统里,两者完全分开,几乎是在两个完全不同的世界的操作。

离婚并不是唯一的双重系统,卖淫是另一个在一般意义上违反法律却在现实中被默许、甚至被规范的例子。双重系统产生的原因有许多。离婚是一个进退两难的问题。反对离婚的力量过于强大:罗马天主教完全禁止离婚,一些其他宗教允许离婚,但也相当勉强。离婚是一种耻辱。但同时离婚的需求又愈发高涨,人们发现仅用官方法律的狭窄途径根本无法控制这样的需求。于是,人们想要离婚的无法抗拒的力量(对离婚的大众化渴望),遭遇到了一个坚定不移的力量(反对轻易离婚)。

不过具有讽刺意味的是,离婚并不是婚姻破碎的标志,而且恰恰相反。离婚源于所谓的理想婚姻,即将婚姻当做一种真诚的伴侣的关系。当然男性是主导者,但妻子应该是他最好的朋友,是他的知己和伴侣。丈夫不去和男伴们出去打保龄球,而会和妻子一起去度假;妻子不会整天跟小姐妹和妈妈待在一起,而会分享丈夫生活的各个方面。这种伴侣婚姻比传统婚姻更难以为继。男性找到一个好厨师,为他的孩子们找到一个好母亲;而女性找到一个饮酒适度的供养人很容易,而找到一个灵魂伴侣和终生陪伴,就没有那么简单了。伴侣婚姻是很理想化的,但现实往往并不如意。如果婚姻的意义如此重大,期望如此之高,那么可想而知这样的预期很容易落空。一旦落空,很多男女便想分手并重新开始。离婚就成了一条明显的出路。[23]

当然,双重系统也会有代价。它华而不实并不受欢迎,而且还很昂贵;它使得所有参与的人降了身价。但是执著的改革呼唤也对这个系统做出了点滴推进。尽管它的核心早已腐烂,改变的尝试却屡屡受挫。一些变革者想要取消这种对抗制度,而换成更诚实、更"有疗效"、更关注人和家庭价值的制度。[24]类似的提案有很多,其中有些提议将离婚法庭改成"调解"法庭,如果可能的话,放下法律主义而是尝试去挽救破碎的婚姻。[25]婚姻就像人一样可能生病,所以就需要医生。法庭就如同一个治疗机构一样,借用社会科学家、精神病医师和其他专家的帮助承担婚姻医生的角色。

20世纪50年代,洛杉矶县的调解法庭在法官路易斯·柏克(Louis H. Burke)指导下颇为活跃。这是调解法庭的一种试验。法庭邀请夫妇提出自己的婚姻问题。尽管法庭的权力有限,但其中一些权力足以令人吃惊:因为法庭对"与家庭纠纷有联系的任何人都具有管辖权",他可以传唤"第三者之情妇或情夫"上庭并命令他们停止这种关系。在各方都签署了这样的协议的少数案例中,法庭将违反协议者以藐视法庭的罪名送进了监狱。[26]

调解法庭尝试让夫妻两人执行一个"和解协议"。就如柏克法官所指出的,一个典型的协议对于性别和婚姻的态度是相当保守的:丈夫要负责"从金钱上支撑家庭"并且主管"对外的事宜",而妻子要"管理家庭内的事宜",包括烧饭、洗衣服(不过如果妻子在外工作的话,丈夫也"必须承担更多的家庭内的工作")。人们普遍认为妻子应该在婚姻中"付出"更多,妻子的命运就是为家庭和丈夫"牺牲很多",但她是"乐于"这样做的。

在某些问题上,这类协议是非常具体的。双方都同意不会对对方"不理不睬"。丈夫承诺不会"经常晚归或加班"并且"每周至少带着妻子出去吃一次饭"。丈夫要有合理的"私房钱"用于打高尔夫球和买零食,而妻子也要有"零花钱"用于美容和化妆品。用餐时间应该是十分"和平与平静的"。如果可能的话,双方都要控制自己的脾气。在抚养孩子的问题上同样有严格的规定。性行为被认为是"释放激情的安全又健康的方式",但也应该"适可而止"。"在正常情况下",平均一周两次"并不过分"。在床上,夫妻双方都不应该自私。"调情"作为"性行为的第一步"是十分必要的。女性不会像男性那样很快兴奋起来。妻子应该"回应丈夫的努力而不应像等待健康检查的病人一样"。夫妻二人都应该关注自身的"个人形象",避免"肮脏、肥胖、粗俗或邋遢的穿着"。随着时间的推移,人自然会有诸如"谢顶、皱纹、咀嚼困难、关节炎"的种种问题,因此责怪对方是罪恶的。潜台词就是说,人们没有结束爱情的理由。[27]

以2001年人们的眼光来看,这些典型的协议是落后的,但就如柏克法官所理解的,它们确实在尝试达到某种意义上的平等。协议指出,当一个男人结婚的时候,"他不能再是个'男孩'了"。夫妻要成为"互相的朋友",并尝试分享对方的生活和爱好。除去治疗和调解的名称,这些协议的确反映了婚姻这一概念的转变。婚姻是一种合作,甚至是自我实现的一种途径。但这样的概念弱化了调解法庭和离婚法的角色。

到了20世纪60年代,改革的时机终于成熟了。尽管天主教依然坚决反对离婚,但普通的信教者已经不再遵守关于离婚和避孕的教规,其中不乏一些相当虔诚的教徒。1966年,纽约这个原本规定只有通奸才可离婚的州终于修改了法律,它增加了其他合理的离婚理由,最重要的是"被告实施了导致肉体或精神伤害的虐待和不人道行为"以及"遗弃对方两年及以上"。[28]

但最大的变化,也是最显著的改革,不出意外的起源于加利福尼亚州。1970年加州首个采用了所谓的无过错法令。新的法律扫荡了旧系统的残余：再也没有离婚的"理由"了。事实上，再也没有离婚的概念了，它被称之为"解除婚姻关系"。如果出现了"无法调和的差异"，使得"婚姻不可避免地破碎"，任何婚姻都可以被解除。[29]

无过错法令原本希望带来一个温和有益的改革。但就像很多革新一样，它并不是一盏省油的灯。在之前漫长的双重系统时期，人们互相同意离婚，然后借用一点善意的谎言达到目的。改革者意识到，这些谎言、欺诈和讨厌的双重系统必须被去除。他们想把双方同意的离婚合法化。在加州法律下，法庭不能自动批准离婚，他们要调查这桩婚姻是否的确破碎了。想来，破碎的婚姻需要放在手术台上，而且会有一批专家来进行查验。

事实上这种情形从未发生过。这些支持调查的机构从不曾成立或得到任何资助。人们只要离婚，法庭就会允许。因此，无过错法令几乎立刻发展成为人们不曾预想到的东西，它不再是双方同意的离婚，而成了单方面的离婚。只要丈夫和妻子中一方说，"我想从婚姻里出去了"，婚姻就这样解除了。没有任何防护措施。

虽然这看起来是巨大的革新，但早在新法令颁布的几十年前，一些州就出现了某些形式的无过错离婚。如果一对夫妻分隔数年，不论有没有正式的分离的协议，都会在没有"理据"的情况下被允许离婚。这在实际操作上就是无过错离婚。到1950年，二十个左右的州都有某些形式的无过错离婚条令。但这并不是个实际的解决办法，因为需要等待的时间相当漫长，在罗得岛要10年，在亚利桑那、肯塔基、马里兰和明尼苏达要5年。新墨西哥的另一革命性举动是把"合不来"（incompatibility）列为离婚的理由之一。两年之后，阿拉斯加也采取的相同的做法。紧接着是1953年的俄克拉荷马，以及之后的内华达、特拉华、堪萨斯。这些都和无过错离婚相当接近。[30]

尽管如此，1970年加州变革的影响仍然是巨大的。无过错法令的影响有如"星火燎原"，首先传到了爱荷华州，之后各个州都逐渐采用。到了 1974 年，45 个州都采取了这一法令，其余的州也在 10 年之内加入了这一行列。[31] 当然，在法令的细节上各个州都有不同。许多州并没有完全采用，他们仅仅把"无过错离婚"加入了离婚的理由中，或者仍采用一些其他形式的无过错离婚。但在许多地方，法令的执行效果是和加州相同的。1972 年对于爱荷华州法官的调查和对于 20 世纪 70 年代中期内布拉斯加州案例的调查都得到了同样的结果。无论法令以何种形势呈现，无过错离婚意味着婚姻中任意一方提出离婚就可以中止婚姻。这些州没有一位法官拒绝过离婚的请求。[32]

是什么带来了这一变革？有什么深层的原因？伴侣性质的婚姻是共识性离婚的基础：婚姻如同合伙人的关系。但是还存在一种更"先进的"甚至超越伴侣婚姻的概念：婚姻是人们自我实现的过程，是人们自我满足的道路上的一个阶段。人一生的任务就是选择一条令自己满意的道路。如果对个人发展有益的话，每个人都有权改变自己的人生道路。如果换一个伴侣能像蜥蜴蜕皮一样使人成长的话，就得顺其自然。

无过错法令在原则上是性别中立的，对男人和女人同样公平。女性是否在这一系统下受益呢？证据显示正负参半，有学者赞成，也有人反对。[33] 事实上预期这些法令带来性别平等是愚蠢的。通常来讲，女性离婚后的情况都会恶化：她们要照顾孩子；许多丈夫都游手好闲；女性比男性收入更低；以及两个家庭比一个家庭的开销更大。不过真正的问题在于她们的困境是不是无过错法令带来的？很可能不是，在旧系统下女性的生活同样悲惨，甚至更糟。

无过错法令从根本上解决了法律上"是否应该允许某人离婚"的问题。但离婚案件依然因为金钱和孩子的问题而受争议。无过错法令的推出绝不意味着家庭法律专家没有了饭碗。相反，对他们的需求愈发增加了。如果没有财产,无过错离婚会无比顺利,因为零一分为二依旧是零。但在一个富足的社会里,财产分割的争议通常更为普遍。

儿童监护权

离婚对孩子的打击是沉重的。不像"美好的过去",如今有几百万经历了父母离婚的孩子。尽管所谓美好的过去也并不如人们所设想的那样好:虽然很少有家庭因为离婚而"破碎",但是许多母亲死于生育的过程,许多父亲因为各种疾病而离世,以致有许多孤儿,或养父母、祖父母和姑姑们抚养孩子的现象。这又是另一种"破碎"家庭的帝国。当婚姻解除时,孩子应该去哪里?根据双方协议,一般来说孩子会由母亲抚养。有些女性会主动放弃监护权,也有些男性会奋力争取孩子并成功。但这都是少数情况。大多数情况下,妈妈抚养孩子们,爸爸星期天来看望,带他们去动物园。通常监护权和探视权的问题都能相对和平地解决,否则法庭有决定权,决定的标准是怎样最有利于这个孩子。一个非常模糊的标准难以想象。因此抚养权的纠纷往往非常麻烦,甚至刻薄。当夫妻双方都声称爱这个孩子的时候,"所罗门式的断案法"(judgment of Solomon)也难以为继。

在少数但十分有趣的案例中,孩子、母亲、父亲、家庭被赋予的新的定义为监护权纠纷增添了新的挑战。过去,父亲和母亲的概念都十分单纯。到19世纪50年代之后出现了孩童收养,于是也有了领养子女和被监护的未成年人的概念。这些类别划分在20世纪被持续使用。但20世纪末期出现了更复杂、更多类型的父亲和母亲:在体外受精的案例中,有委托母亲和代理孕母,有的孩子有两个母亲却没有父亲,或者相反有两个父亲却没有母亲,还有各种曾经十分简单的复杂情况。简单来说,有的父母认为他们的身份基于他们和孩子的血缘关系,即他们提供了基因、染色体、精子和卵子。在有争议的案例中,另一些人认为是他们帮孩子换尿布,推婴儿车,他们所付出的照顾、爱、感情和辛劳确定了他们和孩子的关系。谁的说法比较正确呢?

从某些角度来说,现代法律在不同情况下同时关注了感情上的和血缘上的关系。收养从本质上更偏向于情感联系。特别当孩子是从"不合适"的父母手中移交给养父母的情况下,法律对情感联系的维护更为明确。然后,血缘关系这方面仍然保持很强的影响。曾经存在对被收养的孩子寻找亲生父母的禁忌。因此实际上孩子们几乎不可能解开他们的身世之谜。到了 20 世纪末,人们对这一问题的态度和政策都发生了很大的改变:孩子有知道自己身世——关于自己是谁的问题——的"权利"。在下面这个案例中,血缘关系相比情感关系显得更有说服力。

不出意外的,新型的家庭纠纷开始在法庭出现。1988 年的"M 宝贝"案例就一度引起轰动。[34] 玛丽·贝思·怀特海(Mary Beth Whitehead)同意为威廉·斯特恩和伊丽莎白·斯特恩(William and Elizabeth Stern)夫妇做代孕妈妈,也就是说她愿意接受威廉的精子,为斯特恩夫妇孕育孩子,并在孩子诞生之后归还。某种意义上来说,斯特恩夫妻租用了怀特海的子宫,并为此支付了她一笔钱。但怀特海在孕育期间和她的孩子有了感情,在孩子出生后不愿意把孩子给斯特恩夫妇。紧接而来的就是一出令人不快的肥皂剧:情节包括抢夺孩子、飞往佛罗里达州、高度情绪化场面、扬言自杀,最后闹上了法庭。法庭判决站在了斯特恩夫妇的一边:协议就是协议,怀特海同意放弃她的权利就应该履行。新泽西州的最高法院却不这么认为。他们认为这个合约无异于孩童贩卖,是新泽西法律所禁止的。抽离关于卖孩子的这部分争议,这个案件就变成了一起典型的儿童监护权纠纷:生父和生母争执于他们各自的权利。最后，法庭把孩子判给了斯特恩夫妇，但是允许玛丽·贝思前往探望并保有一些其他权利。这个孩子仍然是她生养的。

在其他一些州，代孕妈妈的身份也产生了法律上的纠纷。纽约州的案例法不承认这样的行为。在肯塔基、亚利桑那和内布拉斯加，因为报酬而代孕是违法的。[35]在一些州，代孕在任何情况下都是违法的。[36]在另一些州，代孕是要么在法律中被认定为合法的，要么就没有相关的法令。在以佛罗里达州为代表的少数地方，代孕被允许但是有严格的限制和规定。[37]

收　养

在习惯法中，根本不存在收养的概念。许多州到了19世纪下半叶才开始实施收养法。马萨诸塞州在1851年首先出台的法令是这些收养法的模板。[38]归根结底，这些法律关注的焦点在于遗产问题。收养的重要法律问题是它推翻了原有的基于血缘的家庭关系。被领养的孩子属于他们的新父母。这些父母拥有所有普通父母享有的权利，因此法律上养子和亲生孩子一样都算作继承人。

领养有几个主要目的。在19世纪，时常会出现母亲产死，或者父母早早病逝的情况。许多孩子成了孤儿，孤儿院里人满为患。也有些孩子的父母健在，但他们的父母因为吸毒，虐待孩子，"不道德的"母亲等被法庭判定为"不合适"的父母。也有些未成年妈妈生下孩子之后就把孩子送给别人抚养。但是政府干预的收养制度可能是偏颇而具有侵犯性的。一方面，以美国印第安裔为代表的贫穷家庭和少数种族家庭受到社会的歧视，他们的孩子会被夺走并被交送给陌生人。另一方面，泛滥的儿童虐待事件会被效率陈旧低下的官僚体制所忽略。每当有孩子被父母杀害、饿死,或被养父母虐待时,公众就会群情激奋,责备摇摇欲坠的官僚体制并呼吁改革。[39]

在20世纪,关于收养的法律和实际操作都呈现了专业化的趋势,开始将待收养孩子和收养家庭匹配起来。20世纪前期的法令体现了人们关于优生学的推崇。1917年,明尼苏达州第一个要求在收养孩子前必须先进行调查,以确认这个孩子是否"合适的收养对象",以及目标家庭是否合适收养孩子。这就像是给待收养的孩子制定了一个"柠檬法"。如果在5年之内,孩子出现了"由收养之前的问题而导致的低能、癫痫、精神错乱或性传播疾病",并且养父母事先并"不知情或未留意"的话,他们可以请求法庭"废除收养关系"并将孩子重新移交给州管理委员会。[40]

这个归还选择的另一面是孩子的亲生父母希望领回被政府夺走的孩子。这有时候并不容易,在很多案例中都出现了阶级偏见。在1932年纽约州的一个案例中,法庭形容孩子的亲生父亲为"公认的通奸者和骗子";法庭认为他想要回孩子的唯一原因是"孩子已经足够大,可以帮他推车当小贩了"。相反,养父母生活在"装修精致的公寓里"并具有"充足的财产"。孩子的归属显而易见。[41]

领养还有许多保密措施,它不仅剥夺了亲生父母的名义,更从法律上删除了他们的记录,他们成了没有身份出处的人。1917年明尼苏达州法律要求封存记录,之后从20世纪30年代到50年代,许多州陆续都采取了相同的措施。20世纪20年代在伊利诺伊州,收养的家庭可以要求用他们的名字替代亲生父母的名字,并获得一张全新的出生证明。不仅如此,没有一张伊利诺伊州的出生证明上注明"孩子是被收养的"或"并非亲生"。[42]这些保密措施是普遍的操作标准。

"二战"之后,收养比例迅速上升。1944年的收养请求是1934年的三倍。[43]1951年有72 000起收养请求,到1982年这个数字翻了一番。⁴⁴对于刚出生的婴儿的需求急剧增长。性革命直接或间接地给收养法带来了巨大的影响。私生子和"未婚妈妈"不再是巨大的耻辱,毕竟当时存在着数百万的未婚妈妈。她们之中越来越多选择留下自己的孩子。这个情况大大减少了待领养的孩子的数量。

然而,是谁控制了供给的数量呢?有时是州政府机构,或者私人的非营利性慈善机构。有的是"私人的"或"独立的"。事实上,还有买卖孩子的黑市交易。主要的来源多是来自体面家庭里的十几岁的"问题女孩"。1950年以前,一些州尝试宣布所有不经过认证机构的收养行为都是非法的。偶尔会有些打击行动:比如1949年纽约州的两个律师和一个家庭主妇从事"来钱最快的生意"——被控从佛罗里达州带出孩子并以2 000美元的价格出售。⁴⁵但总的来说,这一法律并不见效。⁴⁶当然,家庭内非正式的收养是十分普遍的:如果孩子的父母离世或坐牢或无力抚养子女,人们无法阻止孩子的叔叔婶婶、祖母或堂兄弟姐妹收养孩子。

跨宗教的收养是一个难以处理的问题。严格来说,一个新生儿是没有宗教信仰的,因为从生物学的角度人们无法遗传宗教。但尽管如此,很多法令坚持同宗教匹配:如果母亲是天主教徒,孩子要由天主教家庭收养,等等。20世纪50年代以前的跨种族收养是十分少见的。20世纪初,当一个(天主教徒)的孩子被亚利桑那州一个美国墨西哥裔家庭收养时,公众哗然,孩子被一个自发的组织夺走,然后被送到了一个"善良的白人家庭"中。法庭也允许了这样的行为。⁴⁷之后几个州同时禁止了跨种族的收养行为。

但是在韩鲜战争之后,美国人收养了成千上万的战争孤儿和被抛弃的朝鲜孩子。许多美国印第安裔孩子被白人家庭收养。20世纪60年代,白人收养黑人孩子也越来越普遍。⁴⁸这两个行为引起了很多争议。收养印第安人被谴责为某种意义上的种族屠杀。20世纪70年代,全国黑人社会工作者协会同样因为这个原因谴责了白人家庭收养黑人孩子的行为。事实上,当时美国印第安人的处境堪忧——一项调查显示,四分之一的印第安孩子会在印第安事务局安排的寄宿家庭或领养家庭中生活。部落首领认为这就是赤裸裸的偷窃孩子的行为。作为回应,国会在1978年通过一项《印第安儿童福利法案》。这一法案的目的之一就是防止破坏印第安家庭。[49]部落有权力处置涉及部落成员的监护权问题。这一法令防止了孩子被从印第安家庭中夺走。如果一个印第安孩子需要被领养的话,他的其他家庭成员有第一选择权,之后是部落成员,再后是"其他印第安家庭选择"。

最后的一条规定值得被注意。为什么一个切罗基族人比一个意大利裔美国人更有权利收养一个纳瓦霍族的孩子?这背后的是泛种族的概念;原住民内的各个种族尽管有不同的文化、宗教、语言和生活方式,但依然会有广泛的一致性。随即,"被同化"的偏见不再局限于发生在单独的部落,而扩大到了整个印第安民族。这导致了对于多元平等、种族和"根"的强调。

被收养的孩子也希望找到他们的"根"。正如我们所看到的,他们想知道自己是谁,从哪里来,想找到自己的亲生父母。他们同样认为自己有权利知道自己的基因和病史。(这一点他们的养父母可能也同意。)因为私生子的概念已经失去了一些痛楚,在解开每个人身世的秘密这一问题上并没有太大阻碍。对以前的人来说,唯一比是一个私生子更糟糕的事就是生了一个私生子。但是在20世纪,这些观点都被颠覆了。1921年亚利桑那州首先通过法令,宣布每个孩子都是"他的亲生父母的合法的孩子",他有权获得支持和教育,也和"合法婚姻"诞生的孩子同样有权利继承遗产。[50]这在当时是十分超前的,但从第二次世界大战并始类似的法令就开始出现,例如1969年在北达科他州就出现了措辞和亚利桑那州十分相似的法令。[51]

第十四章 家庭法和家庭生活

最高法院判决的"利维诉路易斯安那州案"(Levy v. Louisiana)中为这一趋势提供了宪法支持。[52]路易丝·利维(Louise Levy)与5个私生子生活在一起。为了抚养他们，她像一个"家庭女佣"一样。她带他们去教堂，自掏腰包送他们去私立学校。那么这些孩子是否有权获得利维非正常死亡后的赔偿金呢？路易斯安那州的法律认为因为他们是私生子，他们没有权利这么做。但代表最高法院的威廉·道格拉斯认为"非婚生者并不是'没有合法地位的人'，他们也是人"。他们在生理上和精神上都是路易丝·利维的孩子，根据第十四条修正案，州政府没有权力歧视他们。哈伦大法官并不同意，他认为法庭完全有权力不承认不基于婚姻的"家庭关系"。[53]但是正统和非正统家庭的界限已不再明确。普遍的同居使得许多非法活动被法律默认。到了1985年22%的孩子的母亲都是未婚妈妈。到1997年这个数字上升到了32%。白人母亲中超过四分之一都是未婚，黑人母亲中这一数字是69%。[54]当然，有些孩子的父母长期稳定地生活在一起。他们是传统的中产阶级一对伴侣，只不过懒得举行仪式罢了。

同居和相关法律

从表面上看，婚姻法在"二战"之后的几年内没有经历太大的改变。正如我们看到的，一个重要的变革是法律不再禁止跨种族的婚姻。但是婚姻，特别是离婚的社会意义却发生了重大改变，在这背后就是所谓的性革命。这导致了许多性行为反歧视化，"同居"现象大幅增加。

曾经同居被定义为通奸的违法行为(现在在某些州仍旧如此)。例如1912年圣迭戈的一个已婚男性汉密尔顿(C. H. Hamilton)就因为"与未婚女性玛丽·多伊(Mary Doe)同居并通奸"的罪名入狱一年。[55]

汉密尔顿的行为是超前于他的时代的,在20世纪末期这样做的人多如牛毛,根本不值一提。

在1976年"马文诉马文案"(Marvin v. Marvin)的知名案例中,同居行为就挑战了法律权威。[56]被告李·马文(Lee Marvin)是一个电影明星。原告米歇尔·马文(Michelle Triola Marvin)声称她和被告达成了一项"口头协议":即他们共同生活,共享收入(男方收入不菲),而女方会提供作为"伴侣、家庭主妇、管家和厨师"的"服务"。尽管性行为并不在上述服务中,但是大家都默认它的存在。他们一起生活了一阵,似乎很快乐;但很快就出了问题,李·马文把女方赶了出去。米歇尔·马文因此提出诉讼想拿回她的那份钱。

李·马文认为他有充分的理由这么做。通常法庭不会执行涉及"俗不可耐的性服务的"和"不道德的"合同。所以初审法庭同样没有理会这一案件。但是加州最高法院并不同意,要求重审。法庭表示"我们意识到现在有许多年轻人在没有结婚仪式的情况下同居"。法庭同样承认"社会风俗已经发生了巨大的改变"。旧规则必须被废除,因为它们已经不再合适了。

这个案例中也有许多比较无趣的技术性因素,比如按劳计酬、默认契约、关于"合作伙伴和联合经营"的默示协定之类难以理解的离奇概念。但这个案件的推动作用是十分明显的:婚姻外的性行为不再是违法的禁忌,同居者同样享有权利。一些富裕的同居者(通常是男性)偶尔会在同居关系结束时吃上官司。社论、笑话、评论、卡通——媒体十分热衷于报道这些案件,一个新的词汇应运而生:赡养费。一时间,此类案件非常之多。当同居的伴侣感到被不公平地"抛弃"时,出于愤怒和失望他们会提出诉讼或威胁进行诉讼。不过很快,情况回归正常,只是偶尔会出现几起案件。1979年伊利诺伊州最高法院否定了马文案的做法。[57]在像密西西比州这样同居依然违法的州,法庭通常不会给出"支付赡养费"的判决。[58]明尼苏达州一项 1980 年通过的法令很大限度上限制了类似马文案的行为。该法令宣布：一男一女在没有婚姻关系的情况下同居并不违法，就算存在"有计划的性关系"也是如此。但是除非具有"双方签名的书面合同"，这样的行为不能被强制执行。[59]但是在大多数审判中，法庭都以各种形式接受了马文案背后的逻辑。

教　　育

家庭生活远不止结婚和离婚。孩子同样是家庭生活的一个重要内容。孩子在监护权战争或托管护理等法律议题上频频出现。大多数幸运的孩子并不面临这样的问题。但是几乎每个孩子、每个家庭，都需面对教育系统。对于新生儿来说，家就是整个世界。但对这个国家大多数孩子而言，从五六岁开始他们的大部分醒着的时间都在学校里度过，学校和家庭一样成为权威和学习的中心。

教育是一项有严格规定的州政府事务。整个 20 世纪，每个州都有关于教育和学校的翔实、冗长、精心的法律规定。以 1920 年佛罗里达州为例，该州法令条文中有整整 80 页密密麻麻地写满了关于教育的法律规定，里面涵盖了教师资格证、强制出勤、学区制度、学校债券、税收等内容。还有关于学校安全中各种细节的条款，比如消防演习、安全出口，以及学校的门必须向外开等规定。佛罗里达还有一个"州教科书委员会"（State Text-book Commission），这个委员会有权对教科书展开竞标，并为全州各种课程制定"统一"的教科书，从读写到卫生学、记账、立体几何、拉丁文写作等无一不有，但规定教科书选择不可以"包含任何党派或宗教影响"。[60]

当然在佛罗里达这个传统的南方州，20 世纪 50 年代前的教育也是种族隔离的。学校的气质特征也和 2000 年的学校完全不同。学校不注重培养创新性,也没有质疑权威能力的概念。诸如"做自己的事"和对展示、表达的训练等概念还没有渗透到当时的校园。根据佛罗里达州法律,老师们应该"忠实认真地工作以促进孩子们的学习、行为和道德进步"。他们应该以"规则、例子、真理、诚实、爱国精神和基督教的美德"为标准教学。他们应该"要求"他们的学生做到整洁,遵守规定,准时和"有教养"。学生们应该学习"避免粗俗的行为和亵渎的言行,并养成勤俭节约的习惯"。至于老师们在这高尚的事业中有多大成就就很难说了。

正如这些法律所明确的,教育就应该培养出清一色品行良好,具有传统美德和价值观——比如爱国热情——的成年人的这种意识形态就像岩层里的化石一样被精心保护着。内华达州要求老师教会学生"节俭"。1921 年的法律规定教授关于"节俭的课",即勤劳、生产、收入、理智消费、定期储蓄、安全投资与节省时间和物资的重要性,是"公立学校所有老师的职责"。[61] 1930 年密西西比州的法律规定学生学习"道德准则"和"行为礼貌"。法令中说课程应该"包括摩西十诫",但之后法令又自相矛盾地表示"不允许任何教条性的或宗教性的教学"。[62] 学校还被要求教授公民意识、爱国主义、美国精神和个人卫生。1909 年的一项伊利诺伊州法律规定每个公立学校的老师都有"责任"教授学生"诚实、善良、公正和道德勇气",以及"人道地对待和保护鸟类和动物"。[63]

这些法令听起来陈旧,不是因为我们不再相信诚实、善良这些价值,或不再善待狗和鹦鹉,而是因为它们前提预设了一种对社会理念的集体性认同和单一的理解。现在这样的认同仍然能在某些州的法律语言中找到踪迹。路易斯安那州要求所有公立高中"教导自由企业制度的必要性和好处"(即"投资由私人而非政府决定的系统")。教学中必须"强调自由企业制度中的盈利和竞争的好处,以及在这一制度下个人价值和尊严的体现"。[64]该州的学校还可以(并不强制)"性教育",但是如果它们选择这么做的话,它们必须"把重点放在(除了已婚者之外的)性节制教育"上。学校不能分发避孕器具,更不能有任何"描绘男性或女性间同性恋行为的材料"。[65]很显然关于性行为,路易斯安那州的某些高中学生比老师了解得更多,只是也许并不在性节制这一方面。

生活本身和学校的环境比路易斯安那州的立法机构变化得更快,或许立法者们也知道这一点。学校仍然对于学生有巨大的影响;不论学校是否有意为之,它们使学生社会化(也可以说是给他们灌输各种思想)。教育的完全中立就和完全真空一样可望而不可得,但这种中立也同样令人憧憬。但是教育的重点已经从蓄意的社会化转移到了自我的发展;从品格到了个性。[66]道德教育让位给了自我展示,这一如此深刻的变革是法律语言难以体现的。

国家和州政府在教育上花了数十亿美元,这样的预算是很惊人的。金钱未必是万恶之源,但是几乎肯定是政治之源。传统上,本地学校会在州政府的监管下在当地以财产税的形式筹集资金。学校资金常常是高度敏感、一触即发的话题。州和州之间存在着巨大的不平等。富裕的地区就会有充分的学校资金,而贫穷的地区相反。不仅如此,大城市贫穷的区域往往是黑人和拉美裔美国人的聚集区,而富裕区域往往是白人的聚集区。当融合的进程步履蹒跚、停滞不前时,一些活动家发起了新一波关于学校经费的事件。在1971年"塞拉诺诉普利斯特案"(Serrano v. Priest)中,家长们在洛杉矶地区提起诉讼。他们认为各个区域学校所花在每个孩子身上的钱大相径庭。学校在每个小学生身上最少花407美元,最多的是2 586美元,中位数是672美元。这种资源不平等的现象在考虑上学校财产估计价值后更加扩大。最穷的区域每个孩子只用103美元,中位数是19 600美元,最富裕的是952 156美元。[67]加州法院认为这样的系统违反了宪法中"平等保护"的理念。

在1973年"圣安东尼奥市独立学区诉罗德里格斯案"(*San Antonio Independent School District v. Rodriguez*)中,联邦最高法院的判决延缓了塞拉诺(Serrona)系列案件的进程。[68]在这一案件中,得克萨斯州的教育系统受到了抨击,但是最高法院的多数法官认为这里并不存在国家宪政议题。然而事情就此还没结束——法院又把案件发回给了州政府,由州宪法进行决定。这一系列案件的结果是复杂多元的。1975年在爱达荷州的案件里,法院没有对教育资源悬殊采取任何行为。法院不希望僭越立法权威,也不认为钱就代表了一切。所花的钱多少并不意味着宪法权利受到挑战。[69]与之相反,肯塔基州的最高法院推翻了这整个系统,并指令肯塔基最高法院一次次尝试修改。在肯塔基州的宪法中有一条规定政府提供"一个有效率的公立学校系统"。正是基于这一空泛的措辞,肯塔基州最高法院作出了上述判决。[70]与此同时在加利福尼亚州,"第13号提案"取消了地方财产税对当地学校的责任,迫使州政府为学校提供更多资金。这个议题一直持续了下去。

教育历来都是州政府和地方政府的事情,至少对于地方学校董事会和家长来说是这样。联邦政府除了在19世纪政府赠地的事上帮了忙之外,很少插手教育。1867年教育办公室成立,但这并不是个权力很大的机构。直到1930年这个办公室才有了100万的拨款,但直到那个时候它四分之三的预算都用在了对阿拉斯加州因纽特人的教育上。[71]1917年《史密斯–休斯法案》(Smith-Hughes Act)让政府拨款支持职业教育(关于"农业课程、贸易、家政经济和工业课程"的培训)。[72]1946年国会通过了《全国学校午餐法案》(National School Lunch Act),

即要拨款为"无力支付全部费用的孩子"提供良好的午餐。[73] 1944 年《退伍军人权利法案》对高等教育产生了很大影响,它为数以百万计的退伍军人敞开了新人生的大门。[74] 1954 年《农业法案》(Agricultural Act of 1954)拨款为学生购买牛奶。[75] 1958 年《国防教育法案》(National Defense Education Act)为教育,特别是高等教育中的科学,数学和现代外语的教育提供款项支持。[76]

以上种种断断续续的变革都是对于特定游说和利益团体的回应。比如奶农自然希望联邦政府花钱给学生买牛奶,学校午餐计划也是解决农场剩余问题的好办法(该项目由农业部长监督执行)。1958 年《国防教育法案》是对人造地球卫星危机的回应:苏联率先发射卫星。使得美国看起来在科技上落后于这个邪恶的帝国,这是美国最害怕看到的。但是所有通过联邦补助金广泛地资助教育的尝试最后都失败了。保守派不予支持是因为他们拒绝任何可能将责任转移到华盛顿的做法。正如艾森豪威尔总统所说,给予中央政府"额外的权力""如果不完全是社会主义观念的话,也属于是家长式统治"的目标。[77] 而宗教和种族这一强大甚至致命的组合是最大的绊脚石:又应该怎样赞助支援种族隔离的学校,又该怎么帮助(以天主教学校为主的)私立学校呢?

《初等和中等教育法案》(Elementary and Secondary Education Act)给总体教育形势带来了巨大变革。[78] 它产生于约翰逊总统"伟大社会"的繁荣时期。1964 年的《民权法案》也多少缓和了种族矛盾。约翰逊总统的压倒性胜利使得极端保守派成了极少数。通过关注学生而非学校,这一法案也灵巧地处理了教会学校的问题。这一法案目的在于为"孩子多来自低收入家庭、常被剥夺教育权利"的地方学校的董事会提供"资金支持"。

就像罪案一样,教育(在某种程度上)成为联邦政府的一项责任。

刚开始的时候,州政府的权力就像受了伤的老虎,弱小却仍然很危险。这使得联邦政府不得不小心翼翼,谨慎行事。国家政府会支持学术研究(这个有谁会反对呢?),会帮助低收入学生聚集的区域和"受联邦政府影响的地区"(如大型军事区周边的区域),也会帮助残疾孩子的学习。[79]逐渐的,联邦政府起到了更大的作用。华盛顿在教育上花了越来越多的钱。1965年联邦政府对于教育的投入金额在54亿美元左右。1998年达到了1 070亿美元。教育依然是地方政府的主要责任之一,但联邦政府的作用也已不容忽视。

毕竟联邦政府不仅掌握了资金,在电视机的年代还有公众的关注。没有什么重要事务可以再被局限于地方了。那个时代的一大标志是1979年内阁级教育部的成立。建立这一部门的相关法律依然认为教育主要是州和地方政府的责任,但同时也要"保证教育问题在联邦政府受到合理的对待"。20世纪90年代的总统和候选人都会宣扬他们对于教育的投入、承诺和种种提案,并且宣传教育是政府的当务之急。

残疾儿童的权利也是一个关键问题。这个问题变得愈发显著,因为在公民权利和人人平等观念普及的时代,人们对于残疾人的态度在改变。早期的人们看法不一。许多州的确就失明和失聪的儿童制定了规定。比如1917年纽约州的一则法律赋予了学校董事会为失明、失聪和跛腿的孩子制定特殊规定。1949年夏威夷通过法律为"特殊学生"(即与"所谓的正常人"不同而需要额外关注的孩子)提供"指导、特殊器械和服务"。[80]1950年之后很多州都实行了这样的项目。

但是也存在着反例。1919年威斯康星州安蒂哥市(Antigo)的一学校董事会决定拒绝13岁的梅里特·贝蒂(Merritt Beattie)就读公立学校,因为贝蒂是一个"跛脚并有缺陷的"孩子,并有着"高亢、尖锐、令人烦扰的声音",会流口水和"无法控制面部抽搐"。总之,贝蒂"使老师和学校感到沮丧和厌恶"。[81]一个法庭认可学校的做法。在1971年"宾夕法尼亚州智障儿童协会诉宾夕法尼亚联邦案"(Pennsylvania Association for Retarded Children v. Commonwealth of Pennsylvania)中,最高法院认为宾州对于智障儿童有"义务",应该为他们提供"免费的公共教育和适合孩子水平的训练"。[82]这推翻了州法中允许学校拒绝"无法从公共教育中获益"的孩子这一法令。

1975年国会通过了《残疾儿童教育法》(All Handicapped Children Act)。[83]为了申请到联邦资金,除了其他要求外,地方机构被要求必须"在每学年初为残疾儿童建立定制的教育项目"。残疾儿童的学习环境应该受到尽量少的约束。这个被称为弱势群体回归"主流",即尽量没有任何不平等隔离。尽管"弱势群体回归主流"不受法律约束,但它是被强烈推荐的。

当然"弱势群体回归主流"的概念还有更深层次的意义。它与"相同化"不同的是,它打造了一个公平的竞争环境,是权利革命的重要组成部分。归根结底,如果不能"弱势群体回归主流",权利革命的意义又在哪里呢?"布朗诉教育委员会案"的目的是回归主流;反对性别歧视、年龄歧视等的法律也是要回归主流,残疾人坡道、扶梯和盲文都是回归主流的尝试。事实上,20世纪晚期,从法律的各个方面来说都是回归主流的时代。

我们的孩子在哪儿?

如果说20世纪的家庭和家庭法的历史中有一个持续趋势,那就是父母在不断失去对孩子的掌控。学校弱化了父母和孩子间的联系。是州政府,而不是父母决定了教学的内容和方式。大多数情况下父母会给予支持,但也并不总是如此。耶和华见证人教派拒绝向国旗敬礼,教徒父母反对达尔文,世俗主义父母反对孩子读圣经。有时父母会获胜,有时会落败。当然总的来说,父母乐于把孩子交给学校接受教育。他们也不得不把孩子交给一个更狡猾危险的敌人:通过电台、电视和电影传播的现代大众文化。同时,家庭本身看上去也在分裂:离婚和死亡造成了数以百万计的"破碎家庭"。正如我们所看到的,20世纪下半叶单亲家庭的比例大幅增加。

美国的文化和社会很大程度上削弱了移民父母的权威。这一点就算是在20世纪初也是显而易见的。震惊之余,一些手足无措的父母只能向少年法庭寻求帮助。同时,人们对于诱拐妇女为娼(多指白人)的行为感到恐慌:大城市中的坏人引诱无辜少女而使她们过上可怕的卖淫生活。这一道德恐慌造就了《曼恩法案》的诞生。害怕失控很大程度上推动了毒品法律的不断更新。社会中存在着太多潜在危险:毒贩、急于"招募"新人的同性恋者、性侵犯者,以及杀害孩子的恶魔。据说当时还有潜藏在幼儿园捕食小孩的身体的邪恶组织。以上的种种恐惧都转换成了法律的规定。父母在失去控制感,无力保护自己的孩子,他们需要政府的帮助。

在20世纪下半叶,以前的许多禁忌被打破。社会变得越来越放纵。性和色情描写随处可见。孩子必须被保护起来,但是至少对于家长来说难度却越来越大。而菲利普·詹金斯(Philip Jenkins)指出,保护本身这个词的出现,就意味着孩子们处在危险中,"他们需要被保护起来,保护的力度甚至需要超过通常家庭所给予的庇护"。但是保护同样意味着控制:孩子终究不是成年人,他们没有权利自主选择一个充满麻烦、罪恶或恶习的人生。[84]

人们也越来越意识到这个世界有许多不合格的家庭。有些父母和养父母会殴打、强暴、折磨甚至杀害孩子。见不得人的爱情不再是同性恋,而是乱伦。在20世纪的最后25年,乱伦、虐待儿童和相关的家庭犯罪已经从暗地里走出,成为媒体的头条。州政府通过法律要求人们必须举报这些违法行为。1976年到1986年,关于虐待和忽视儿童的案件从669 000起上升到了两百多万起,到1993年达到两百九十多万起。性虐待案件从1976年到1985年间翻了18倍。当然这类案件中许多都没有可靠的事实依据。[85]但毫无疑问的是大多数是真实存在的。恐惧,就像仁爱一样,常常都是从家里开始的。

第十五章

内部的法律文化

法 律 职 业

第二次世界大战后的时期是法律专业迅猛成长的时代。依据律师协会的一项调查,1951 年,全美有 221 605 名律师。到了 1991 年,即 40 年后,美国有八十多万名律师;1995 年的统计则将近九十万名。[1] 如果所有事都照着预定计划走,那么到了 20 世纪末,这个数字很容易就越过 100 万名的标记。1994 年至 1995 年间,全美法学院颁发了 39 349 个法律学位。[2] 就某种程度而言,律师就如同野兔子一样繁殖着;法学专业增长的速度远比国民人口快。只有少数人口成长得如此之快,比如电脑程序设计师,当然,还有被关在监狱里的那些人。

在 20 世纪末,律师职业人结构的改变也相当剧烈。19 世纪 70 年代开始,女性就已经成为律师协会的成员之一,当时有少数女性(勉强地)被批准入会;不过,几十年过去了,她们仍旧是很可怜的少数。在 1920 年宪法第十九修正案订定之前,女性不得担任公职,不得投票(除了在少数进步的社群里)。然而,女性的政治能力残缺并未因宪法第十九修正案而告终。该修正案并没有自动让女性成为陪审员(直到 20 世纪 40 年代,有些州仍旧反对这么做)——它本身也没有促进女性进入法律职场。事实上，在1955年，全美只有5036名女性律师，占全部律师的1.3%；在新墨西哥州，仅仅有4名女性律师（占了全部的6‰），特拉华州全部则只有3名女性律师。[3]

458 从19世纪始，有些法学院已经同意女性入学（名额总是很少），其他情况则被拒绝。哈佛法学院就是其中一个非常反对这种想法的法学院。1948年，索伊娅·曼切科夫担任哈佛法学院的客座教授，她是哈佛法学院第一位女性教授。两年后，哈佛法学院准许第一批女生入学。[4]这些进入法学院就读的少数女性，不时发现这是一段痛苦的经验。这些法学院是由社交上排他、冷漠的男性团体所组成。1992年，珍妮特·雷诺（Janet Reno）成为全美第一位女性司法部长，她是1960年进入哈佛法学院读书的。她的班上共有509名男学生，只有16名女学生。有些教授公然敌视女性。教授财产法的巴顿·利奇（W. Barton Leach）总是在课表中安排了特别的"淑女日"（Ladies' Day）；在这一天，女性学生必须坐在教室前面并回答尖刻的问题。雷诺的一个同班同学坦率地说：女性必须"忍受很多难以接受的鬼事"。[5]

不过，若干年后，像雪崩一样，大量的女性涌入法学院。在1965年，法学院有4%的学生是女性；1973年是16%，1979年是32%，1995年则是42%。1994年至1995年间，有16757名女性获得法律学位，和男性的22592名在数额上相差不远。[6]在20世纪90年代末期，有四分之一的律师是女性；而且随着年迈的男性律师逝世或者退休，律师职业中的"女性化"程度注定会极大提升。

一些女性也开始出现在法官的坐席之上，或者成为法学院教师。进展还是缓慢的。罗斯福总统只任命白人男性担任联邦法院法官。杜鲁门总统任命一名女性担任地区法院法官；艾森豪威尔总统则没有任命任何女性。直到卡特担任总统后，象征性主义（tokenism）成为规则。但是卡特总统任命的地区法院法官中，有14%（29名）是女性法官。[7]1981年,罗纳德·里根总统打破历史的障碍,任命桑德拉·戴·奥康纳(Sandra Day O'Connor)担任联邦最高法院大法官。这实现了他的选举承诺;但事实上,里根任命的女性法官人数比卡特总统还少——在他两届任期内,一共任命了24名女性法官。克林顿总统也承诺要任命女性担任法官;而他也在1993年任命露丝·巴德·金斯伯格(Ruth Bader Ginsburg)担任了联邦最高法院大法官;到20世纪末,已经有两位女性担任联邦最高法院的大法官。

女性同时也开始担任州法院的法官。20世纪70年代末至80年代初,罗丝·伯德(Rose Bird)是加州最高法院的首席大法官(而且也是最受争议的一位)。明尼苏达州在1991年跨越了一个重要的界线,成为第一个在州最高法院大法官中女性居多数的州。到了1999年,超过12个州的州最高法院首席大法官是女性:科罗拉多州、爱达荷州、堪萨斯州、明尼苏达州、密西西比州、蒙大拿州、新泽西州、纽约州、俄克拉荷马州、华盛顿州、西弗吉尼亚州及威斯康星州。[8]至少在性别平衡方面,法律界看上去越来越"像美国"了。

在种族代理人方面也富有进展,但是这比女性方面的进展要慢一些。1965年,黑人法学院学生占了1.3%;约有一半都成群地聚集在少数几家由黑人学生组成的法学院里,像是霍华德大学(Howard University)法学院。不过,就在此时,其他学校的大门也开放了。到了1977年,黑人学生在全国法学院里占了大约5%。许多法学院都有平权措施计划,尽管后来出现反对的声浪。[9]黑人法官也开始出现在法庭的席位上。在联邦的层级里,在肯尼迪担任总统前,没有黑人担任过地区法院的法官。[10]肯尼迪也任命得克萨斯州布朗斯维尔(Brownsville)的雷纳尔多·加尔扎(Reynaldo Garza)担任地区法院法官;他是第一位西班牙裔的联邦法官。加尔扎后来被卡特总统提升为联邦第五巡回法院的法官。[11]林登·约翰逊总统迈出了历史性的一步,任命瑟古德·马歇尔担任联邦最高法院的大法官。当马歇尔退休后，布什总统在 1991 年任命另一名黑人克拉伦斯·托马斯（Clarence Thomas）。托马斯是个极为保守的人，由此这个任命引发了令人烦恼和轰动性的争议。不过，最后托马斯的任命还是被确认了。到了 20 世纪末，州政府及联邦政府已经开始有了共识，即需要让亚裔美国人及西班牙裔美国人担任法官。然而人数甚少：1990 年，在各个级别上担任法官的亚裔美国人只有 114 名，而且几乎全部都在加州和夏威夷。[12]

由于对扩大基础的推动，以及律师数量的激增，对美国律师协会产生重大的影响，对地方性的律师协会也是如此。他们不再是精英阶层的俱乐部了，现在它们要对每个人开放——所有的种族、所有的性别、所有的族群。从前，加入纽约律师协会，跟加入"骷髅会"（Skull and Bones）或一些排外的大学兄弟会一样难。必须有 6 个会员推荐你。到了 1972 年，降到只要有一个会员推荐即可，甚至连这也不过是仅仅一种礼仪而已：如果你不认识任何会员，纽约市律师协会将会为你介绍一个。[13]到了 20 世纪后半叶，美国律师协会也对所有合格成为会员的律师们张开了臂膀。1951 年，有 43 000 名会员（19 万人有资格的律师），美国律师协会发动了吸收更多会员入会的"里程碑式"的战役。目标定为征募"至少 50% 的执业律师"。[14]但是，律师没有义务一定要加入美国律师协会，或是地方的律师协会；而美国律师协会也从来不曾达成 50% 的目标。不过，到了 20 世纪末，它拥有了将近 35 万名会员。这是个很大的数额，而且比起历史上的律师业显得多种多样；几乎在所有的议题上，都不太可能只表现出一种观点。

向"多样性"的迈进也波及律师事务所。直到 20 世纪 50 年代，大型华尔街事务所仍排斥女性、黑人及大部分的犹太人。（如我们所见到的，犹太人倾向建立自己拥有的律师事务所。）反犹太人的障碍首先崩溃,接下来是其他的障碍。因为女性在20世纪60年代及70年代涌入法学院,律师事务所勉强做出反应并改变供应渠道。但是到了20世纪90年代,在旧金山的大型律师事务所中,事实上绝大多数的助理律师是女性。这些女性最后将"晋身合伙人"吗?其中仍旧有许多"玻璃天花板"的说法。女性要升到大型事务所的顶层,似乎仍旧很困难。这对那些已经拥有子女而且重视母亲身份的女性而言,尤其如此。

  黑人在法律职场的高层始终十分罕见。但是,事务所不再胆敢公开歧视黑人;而从精英法学院毕业的黑人学生,享有的机会是他们祖父母辈的人简直不敢想象的。其他的少数种族群体仍旧勉强地在努力着:亚裔、西班牙裔、美国原住民。1998年,一份针对250家大型律师事务所的调查显示,3.4%的合伙人及13%的助理律师是出身自少数种族群体;其中几乎有一半的助理律师是亚裔,4%是黑人,3%是西班牙裔。[15]在1999年,《财富》杂志500强公司中,只有10家雇用非白人的法律总顾问;极少量的这些人里,包括1个亚裔,1个西班牙裔,及8名黑人。[16]

大鱼和小鱼

  法律专业很大,而且越来越大,同时也越来越多样化;执业的形式也是如此。许多律师仍旧独立执业,许多仍在小型事务所执业,然而却有越来越多律师加入大城市中的大型事务所,担任合伙人或助理律师。其他律师则为大企业工作(担任公司的"公司法律顾问"),或者进入各级的政府部门工作。律师似乎出现在社会中的每个角落里,他们对每项争议都很积极踊跃,似乎成了(一如既往而且更为努力)社会中的万事通。

  有很多关于律师背景的研究:谁是他们的父亲母亲,他们读什么学校,他们为哪一种事务所或企业工作?在这些产业或事务所里,律师到底做了些什么样的研究,却惊人地罕见。律师是臭名昭著并且难以研究的一群人。他们不喜欢被近距离地审视。他们也强调,自己为委托人做的任何事都必须保持机密。当然,这是个好理由,但是这也是个有用的掩盖。

当然,一般来说,律师们在做什么倒并没有什么神秘莫测。民众可能会把他们视为法庭上的勇士,但是商人们对他们倒是心知肚明。律师主要在为商人服务。他们协助建立企业,他们提供组织咨询,他们绞尽脑汁地处理各种官样文章;他们得跟联邦政府、州政府及地方政府打交道;他们也协助完成各种交易。大型律师事务所为大型企业工作,而小型律师事务所则为小型企业工作。企业委托人占去了他们大部分的时间。约翰·汉兹(John Heinz)及爱德华·劳曼(Edward Laumann)在他们针对20世纪70年代芝加哥律师的著名研究中,将律师(及他们的工作)分为两大部分,或者说是两大"半球"。"公司委托人部分"占了律师工作的53%;这些律师主要服务于大公司。另一个领域则是"个人/小型企业委托人部分",这占了40%的法律业务;其中几乎有一半是关于公司法的事务,只不过服务对象是一些小人物。只有22%的法律工作是与商业无关的,如:犯罪辩护工作、离婚及家事法、民权、原告人身伤害案。[17]这两大领域几乎没有重叠的地方。商业律师趋向于为律师事务所工作,有些事务所非常大;为个人工作的律师则多在小型律师事务所工作,或者自己执业拥有的律所。

私人执业的律师,表明了在20世纪最后几十年中法律职业的崛起。但是,律师业还膨胀到其他领域,为政府部门工作或在私人企业担任"公司法律顾问"的律师成长迅猛,虽然所占的比率并没有随之升高。1952年,在20万名律师中,有10%为政府工作(在各个级别上),有18 000名为私人企业工作。1960年,有27 000名政府律师,1980

年,几乎有54 000名,到了1995年,将近65 000名。公司内部的法律顾问则从1952年的18 000名,在1995年增加到超过80 000名。[18]

曾经,"独立执业"是大部分律师的选择。随着时间的演进,越来越多律师以合伙关系,在律师事务所工作。1935年,在威斯康星州有53%的律师独立执业;1955年,这个数字为49%;1975年则占了30%;1995年,恰好是26%。在律师事务所工作的律师,从1935年的37%,到1995年的51%;为政府机关工作的律师,从4%增加到12%;公司律师从1%增加到9%。[19]确切的百分比州与州各不相同,但是威斯康星州的历史应该是很有代表性的。当然,并非所有的律师事务所都是大型律师。大城市的郊区或城镇中也存有许多小型的普通事务所。有越来越多的律师为所谓"精品律师事务所"工作,这些律师事务所的规模虽然小,但是却对特定的法律业务高度专精,如知识产权、税法、不动产、食品与药物法,或者涉及其他利益方面的业务。

不过,大部分引人注目的成长现象都与大型事务所有关。曾经有过"向大型单位转变的普遍性趋势"。在20世纪50年代末的美国,律师数量超过50名的只有38家律师事务所;大部分都在纽约市。1985年,这种律师事务所超过500家。1968年,美国最大的律师事务所有169名律师;1988年,全美最大的律师事务所有962名律师。[20] 1 000名律师的界线很快就被突破了。1995年,全美最大的律师事务所,贝克·麦坚时国际律师事务所(Baker and McKenzie),拥有1 754名律师。在这个年度里,有702家律师事务所的律师超过50名,321家律师事务所的律师超过100名——在1980年时,只有87家这种超大型律师事务所。[21]

当然,最大型的律师事务所都存在于大城市里:纽约、洛杉矶、芝加哥、丹佛等城市。但是这类事务所的发展成长则到处可见。1935年,威斯康星州最大的律师事务所有14名律师,中型的律师事务所有

6名律师;1995年,最大型的律师事务所有210名律师(在一个办公室里),而中型的律师事务所发展为21名律师。[22]过去,律师事务所只是固定在一个地方发展,如纽约的律师事务所、克利夫兰的律师事务所、威奇托(Wichita)的律师事务所,等等。只有非常少数的大型的或国际类的律师事务所,可能会在华盛顿设有分所;但是在地理上的扩展很难走得很远。然而在20世纪90年代,超大型的律师事务所到处设立分支机构。虽然他们和麦当劳或GAP相比还差得有点儿远,但是正朝这个方向努力。典型的超大型律师事务所会在几个大城市设有分所,有些甚至在海外也设有分所。贝克·麦坚时这个巨人在全世界超过50个城市设有分部(仅仅香港分部就有146名律师;在河内有1名律师)。沙利文与克伦威尔律师事务所总部设在华尔街,它在华盛顿、伦敦、巴黎、墨尔本和法兰克福等地设有分支机构。[23]

463　20世纪50年代的华尔街律师给人们的印象是沉着、苍白和不引人注目的人;他在幕后工作,努力地避免法庭诉讼。一个好的律师事务所会有良好和稳定的客户——比如大企业和大公司。律师事务所年复一年地为这些客户工作。资深的合伙人或许会参与这些公司的董事会中。大型的律师事务所有"值得羡慕的自主权",而它们中间发生的竞争也"非常讲究绅士风度"。[24]

所有的改变迅速发生在20世纪60年代之后。律师事务所开始扩张,大型律师事务所的规模及业务以惊人的速度在增加。而法律业务越来越不稳定并越来越具有竞争性。越来越多的人控告大公司——而当大公司并不试图吞并对方的时候,就经常彼此控告。合并、收购和高端并购就像是炸弹一般在市场上爆炸;他们需要的律师技能,是过去保守老成的律师事务所并不一定需要拥有的技能。20世纪50年代,乔伊·弗洛姆(Joe Flom),世达律师事务所(Skadden, Arps)的四位律师之一,就是"恶意收购的创始者";他借着那些"太傲慢或太矜持而不愿从事恶意并购的事务所留下的那些残渣"喂饱了自己。不过,在20世纪70年代,摩根·斯坦利(Morgan Stanley)便舍弃当初只与"'盎格鲁-撒克逊白人清教徒'白手套律师事务所"(Wasp white-glove firm)合作的原则,转而雇请弗洛姆负责收购法律事务。[25]到了20世纪末,世达成为华尔街的巨人,共有大约1 500名律师。

在大型律师事务所中的大部分律师都觉得,律师事务所之间的竞争在20世纪后期愈发紧张。律师事务所变得"更加公开地商业化,并以盈利为目标";他们雇用"职业经理人及咨询顾问"。他们在修剪朽木败叶时越来越冷酷无情,即使当朽木拥有合伙人利益时也是如此。合伙人的收入取决于他能带来多少业务;如同谚语所说,"你打了多少猎,你就吃多少"。各项开支也迅速增长;律师事务所支付更多的薪水给助理律师,大型律师事务所的新来的律师,年薪超过10万美金——律师事务所必须赚进更多钱以覆盖这些支出。庞大的、空前绝后的一大笔生意以及大型案件变得成就卓著。横向雇用的情形也多于20世纪50年代,引起更多律师事务所的分裂和解散。[26]

像是平原上的金钱豹一样,大型律师事务所现在更加积极地到处猎取商机。他们向客户做陈述时,就像是个广告公司一样,他们顾忌自己的公共关系。重要的合伙人成为法律"明星",法律世界的"名流"。这都曾经是人身伤害律师、离婚律师、刑事律师保持的风格。这种律师(高级的华尔街律师看不起他们)的客户都是一次性的;他们需要不断有新的客源,因此必须以各种方式做广告宣传。因为过去做广告宣传是不被准许的,所以让自己臭名昭著地出现在报纸上,成为唯一的替换方式。但是,在这个一次性大型业务的世界中,即使是世达的合伙人,也是需要做宣传的。

事实上,禁止广告宣传的规定在1977年末就狼狈地被中止了。这个规定曾经是联邦最高法院在"贝茨诉亚利桑那州律师协会案"

(*Bates v. State Bar of Arizona*)中作出的残忍判决。[27] 依据律师的伦理法典，广告宣传是个肮脏的字眼。约翰·贝茨（John Bates）和凡·欧斯迪恩（Van O'Steen）这两个资历不深的律师，对这项道德标准发动挑战。他们在《亚利桑那共和报》(*Arizona Republic*)上刊登广告，宣传他们的"法律诊所"。"你需要律师吗？我们提供价钱合理的法律服务。"这项严重的冒犯行为，使得亚利桑那州律师协会的理事会建议把他们的执照暂停。但是，贝茨和欧斯迪恩一路诉到联邦最高法院，而联邦最高法院站在他们这一方：民众有权利听到他们的讯息，他们有宪法第一修正案赋予的权利。亚利桑那州律师协会辩称，广告宣传可能将"玷污法律专业的公共形象"。法院说，银行业也是高贵的，他们也会做广告宣传。每个人都知道律师和其他人一样努力谋生，为什么不能让他们把服务费告诉客户们呢？对"专业精神"的威胁（依据联邦最高法院的判断），不过是一个想转移话题的理由而已。

很重要的一点是，贝茨和欧斯迪恩的广告提到了"非常合理的收费"。收费打折让法律精英感到厌烦。"道德准则"特别提到最低收费价格目录——依据"道德准则"第 12 条，律师不应该"低估"他们的服务。律师协会时常会制订最低收费价格目录。例如在 20 世纪 60 年代早期，伊利诺伊州的律师协会，就有一份详尽的收费价格目录；只要收费低于价格目录上的建议价格，则有"不道德的"之嫌。归根结底，"所有的律师都必须出售他们的时间"；收费是"任何法律实务的生命线"，而律师不应该"把他的时间免费送出"。最低收费是每个小时 25 美元，而各种业务的最低收费是固定的——处理一个无争议收养是 150 美元，设立公司是 250 美元，简单的遗嘱是 25 美元（但是，对一个附有"婚姻信托及家庭信托"的"婚姻扣除遗嘱"则需要 150 美元）。[28] 1943 年 12 月，沃斯堡市（Fort Worth）律师协会收费价格目录列出了"法律服务收费的建议价格"。关于法律咨询的建议价格，如果是简单的问题,可以用电话或在办公室里回答的,收取 5 美元;如果律师必须离开办公室去寻找答案的,则需要收取 10 美元。一份简单的遗嘱是 25 美元,没有争议的离婚是 50 美元,地区法院简单的民事诉讼是 150 美元。[29]1975 年,联邦最高法院在"戈德法布诉弗吉尼亚州律师协会案"(*Goldfarb v. Virginia State Bar*)中,否决了律师最低收费价格目录。[30]联邦最高法院认为,这是反竞争的行为——是对《谢尔曼法案》的违反。

当然,古老淡定的华尔街律师事务所从来也没有想要做广告或需要广告宣传,对最低收费价格目录这码事儿也没有什么特别的兴趣。他们透过商业网络或人际关系获得律师业务。他们对折价吸引业务数量也没兴趣。他们对追赶贝茨和欧斯迪恩这类卑微的赚钱方式也兴趣索然。即使在联邦最高法院说他们可以做广告宣传以后,他们也不愿意做广告。那些需要在电视上做广告或是买下黄页电话本上整版广告的律师,是那些寻找一次性上门客户的律师,这些委托人通常是穷人和弱势者;这些广告针对的是对那些在工作中,或者在街道上发生意外的人,或者因为醉酒驾车而被捕的人,或者有破产、家庭法、移民问题的人。1998 年,一家律师事务所的广告写道(在西雅图、华盛顿的黄页电话书中):"如果有人欠你钱,我们会帮你讨回来。大型的保险公司累不垮我,他们赢不了我。"另一个在相同电话簿上刊登广告的律师,同时也是一名注册的护士:"受伤严重是吗?大部分律师是不懂这事儿的……我既是护士也是律师,我懂。"律师在这本电话簿上高呼,他们是"争强好斗之士",而且可以得到"结果"。一家律师事务所承诺"立即的回应……24 小时服务"。"被控犯罪?获得积极、有效的法律辩护,应该是你最优先的考虑。"1998 年,旧金山市一家律师事务所在《旧金山周刊》(*SF Weekly*)的封底刊登了一则标题广告:"奇奇怪怪的法律:我们处理各种法律案件,通常涉及各级政府的法律争议,或者涉及一些风流韵事。"就在这则广告下面,是一个"安全性行为,一个星期赚1000美金"的广告;就在这则广告上方,是免费检验怀孕的广告。[31]为奇怪的同床者制定的奇怪法律。你可以想象,一个旧金山的优雅体面的律师,位于蒙哥马利街道芸芸众生之上的律师,会想到去当一个从事"奇奇怪怪法律"业务的律师吗?

其实,如我们所看到的,大型的律师事务所也开始了广告宣传,尽管并不是那么大张旗鼓地做。他们在广告宣传面前低下了头。这个时代的一个象征,就是法律新闻业的兴起。史蒂文·布里尔(Steven Brill),一名纽约的律师,在20世纪80年代早期创办《美国律师》(*American Lawyer*)杂志。后来则诞生了《全国法律期刊》(*National Law Journal*),这是一份法律专业周报。针对律师出版杂志的想法并不是什么新鲜事——一份名叫《案例与评论》(*Case and Comment*)杂志的出版,可以追溯到1894年。但这些新杂志是不一样的;它们轻松活泼、闲言漫语,充满了内幕消息和人情世故。典型的华尔街律师,像是波士顿·布拉明斯(Boston Brahmins)这样的人,他们相信绅士的名字绝不会出现在报纸上,除非他当时已经结婚或去世。新一代的大型律师事务所律师、名流律师、男性和女性律师,并不这么想。在这个变化无常、一锤子买卖的世界中,在一个"交易"法律的世界中,对一家律师事务所忠心耿耿,已经不如以前那么重要了;广告宣传是好事,而非坏事。负责大型合并、收购的律师似乎需要传播他们的话语,就像梅尔文·贝利做的那样。

变化的时代(以及如我们所看到的,一些来源于联邦最高法院的推动)也改变了律师的道德规范。1970年,美国律师协会以《专业责任标准法典》(Model Code of Professional Responsibility)取代了"道德准则"。每一州都很快地采用了这部法典,尽管有些变动。1977年,美国律师协会任命由奥马哈市的罗伯特·J.库塔克(Robert J. Kutak)所主导的委员会起草一套新的规则。美国律师协会赞成库塔克委员会于1983年提出的《专业行为典型规则》(Model Rules of Professional Conduct)。大部分的州都采用这些典型规则。然而这些规则是否真的能起作用——或者是否符合公众利益——还存在悬念。毕竟是美国律师协会自己在规训律师,大部分公民的抱怨都不了了之了。

尽管有组织的律师协会看上去缺乏对自律方面的热忱,但是对于反对"未经授权的执业"的暧昧战争,则满怀热情。这场战争进行的动机相当复杂。一方面,美国律师协会积极地追捕假装自己是律师的骗子,或者不够格提供法律咨询建议的人。另一方面,美国律师协会则为保护自身的垄断权而反对其他的敌手。这些专家是谁呢?他们是专利专家、租税专家、提供不动产计划服务的信托公司、提供税务及证券投资建议的会计师,等等。为了强迫这些专家停止提供"法律"建议,律师协会采取了一种文雅的"额外雇用"做法,这和过去工会坚持聘用额外铁路员工并无很大的不同。无疑地,许多曾经谴责铁路工会这么做的律师,如今却全心全意都支持律师协会的行动。威胁似乎很大。"田纳西州律师协会未经许可执业委员会"(Committee on Unauthorized Practice of the Tennessee Bar Association)在1958年警告它的会员,除非他们动员起来并且实施反击,否则"法律业务将很快只剩下法庭内的那些业务了"。[32]

地方律师协会提起了许多违反"未经授权的执业"的法律诉讼。除了常见的可疑分子(如银行、信托公司及不动产代理商)外,例如,俄亥俄州法院于1958年判令奥斯汀·希尔兹(Austin Shields)停止以"全国发明家学会"(National Inventors Institute)的身份从事"未经许可的业务"。希尔兹被禁止主张自己能够为委托人提供"如何准备、填写并贯彻专利申请"的服务。西弗吉尼亚州的法院禁止地方的10 89机构(Local 10-89)、美国化学及原子工人协会(Chemical and Atomic

Workers of America)、美国产业工业联合会等单位,"代表其当地会员……向州政府的赔偿委员会提起人身伤害的劳工赔偿诉讼"。[33]当一个受人欢迎的广播节目"善意法院"(Good Will Court)于1935年在广播中为普通人提供法律建议时,遭到美国律师协会的猛烈攻击。纽约上诉法院颁发了一项判令,实际上禁止了地方律师为"善意法院"制作节目。广播电台不可避免地屈从并最后取消了这个节目。[34]

按小时收费的兴起

在法律节日(Law Day)的演讲中,律师喜欢赞美自己是献身于正义、法治、公共利益以及一切美好事物的男女。但是他们毕竟还是要维持生存。他们大部分比较喜欢优越的生活。当然,有些人赚得比其他人要多一些。华尔街的律师、拉萨尔街的律师,或者在其他类似城市的律师,通常都很富有;其中还有那些赢得上百万美金的案件并取得部分分成的知名人身伤害律师。许许多多其他的律师,做得并不是太好。在所有重要的职业中,法律职业"收入不平衡是最高的";有证据显示,这种不平衡正在日趋严重。[35]20世纪末,大型律师事务所的合伙人年收入超过50万美金;他们的最优秀的新聘用的律师,年薪也超过10万美金;其他律师则只能勉强糊口度日。

人身伤害律师使用胜诉分成来收费,其他律师则倾向按具体业务来收费;设立遗嘱多少钱,为成立公司完成一切文案工作多少钱。开具账单收费的出现是相当偶然的事情。依据西蒙·里夫金德(Simon Rifkind)的话说,华尔街在20世纪30年代的开具账单收费,是一种"上等艺术"。律师只要自己问自己"我们已经为客户完成了什么",而后就可以据此收费了。[36]

如我们所看到的,美国律师协会提出的收费价格目录,是算出应该如何收费的比较系统化的方法。这些价格目录在联邦最高法院禁止前,还相当通用。20世纪50年代,另一个制度开始对此发起挑战。这是以时间为基础的计费方式,也就是臭名昭著的按小时收费(billable hour)。在20世纪60年代,有越来越多的律师采取了这种制度;例如,到1965年,宾夕法尼亚州的阿利盖尼郡(Allegheny County)就有四分之三的律师采用了这种计费方式。按小时计费成为律师职业的标准收费方式,这也是计算应该压榨年轻入职律师多少时间的标准方法。现在,他们成了按小时收费被镀了金的囚徒。年轻律师工作时数缓慢地增加;20世纪60年代早期的研究显示,年轻律师每年平均工时是1 200小时;1965年的研究则显示,这些律师每年被期待的工时约为1 400至1 600小时。数字还在继续不停地上升,有时候高达2 000小时。[37]

当联邦最高法院于1975年消灭最低收费的价格目录时,可能也推动了按小时收费制度;不过,按小时收费已经是许多律师事务所的标准收费方式。赫伯特·克利哲(Herbert Kritzer)将这种制度归因于"精英商学院产生出来的会计文化"。企业客户已经开始要求律师事务所提供一个详细时数项目单及费率。[38]无疑地,另一个因素是"薪水之战"。律师事务所不断提高起薪以吸引年轻的入职律师,希望能借此收获精英人士。青年才俊们薪资确实很高,但这是浮士德的交易(Faustian bargain)。他们不得不长时间工作。埃本·摩格林(Eben Moglen)如今是哥伦比亚大学法学院教授(一份节奏比较缓慢的工作),他说,1984年他在凯威律师事务所(Cravath firm)工作时,曾经有一天被支付了27小时的时薪。这是一个没日没夜地工作再加上"从纽约飞行至加利福尼亚州"的时差把戏。[39]按小时收费的压力,最后使许多年轻的律师去做了公司法律顾问的工作,或者去了小型律师事务所,或者径直淡出这个行业。

律师及经济

很多人觉得律师过多了,而且律师实质上是些寄生虫。如果他们确实是寄生虫,那么他们倒是发现了许多能被劫掠的肥硕寄生所。1960—1985年间,法律服务占国民收入的份额正好翻了一倍——换言之,1985年,美国花在律师身上的钱,是1960年的两倍。[40]这个趋势还在继续。据预估,在20世纪90年代,美国每年花在法律服务上的钱将近1 000亿美元,这是个庞大的数目。1970年,花在法律服务上的费用,按定值美元计,可能不到这个数目的三分之一。[41]

我们已经注意到赔偿责任激增的恐慌。许多人,甚至经济学家,都认为律师是吸血鬼,是伤害经济的趁火打劫者——抑制经济成长并窒息企业。律师确实不是天使,但是反对他们的一般案例,大多没有得到真凭实据。[42]有些律师的确提起过无根据的诉讼,有些律师欺骗过他们的委托人,也有些以挑起纠纷为生。然而究竟有多少人这么做了,则是另一个问题。事实上,也很难说到底诉讼的麻烦是否伤害了经济。当然,我们可以径直用金钱来衡量一场诉讼的代价。麻烦在于,律师提起诉讼带来的好处,是很难用金钱来换算的。如果一家大公司打输了一场性别歧视的诉讼,我们可以合计一下罚金和律师费等,但是我们如何估算这一官司胜诉所得到的价值呢?律师惊人的数量及他们衣食无忧的事实(有些律师可以挣到数百万美金)——意味着他们在发挥着某些功能;没有一个社会会忍受百万只无用的吸血鬼。事实是,法律制度如此复杂、如此无所不在,以至于律师成为绝对必要的。遭遇麻烦的人显然需要律师。其他人则需要律师以避开麻烦。企业需要律师为他们处理政府的规定。事实上,罗纳德·吉尔森(Ronald Gilson)曾经主张,商业律师能增加价值,通过扮演"交易成本工程师"的角色,"让整块大饼变大"——也就是,他们找到了构成交易以便让交易最有效率、花费最低的路径。这让交易双方都从中获得利益。[43]

20世纪末期,加利福尼亚州硅谷的发展是美国经济发展的一个奇迹景观。硅谷位于旧金山市南边,曾经是圣克拉拉谷地,以多汁的水果西梅而闻名于世。梅子果园如今几乎不见踪影,它们都已经被购物中心、住宅以及新启动的高科技公司所替代。每个人都知道硅谷在经济上的繁荣。对法律专业如雨后春笋般成长的事情却鲜为人知。1950年,在硅谷的中心,小城帕洛阿尔托市(Palo Alto),有大约40名律师;1960年,当地人口达到将近50 000人时,在帕洛阿尔托市也只有不超过100名律师在执业。但是到了1999年,成立于1961年并在帕洛阿尔托市首屈一指的威尔逊及桑西尼律师事务所(Wilson, Soncini)就有500多名律师。[44]在加利福尼亚州律师协会注册并在帕洛阿尔托市执业的律师有2 400名,而该市的人口大约仍然只有50 000人。除了华盛顿特区之外,不论是城镇或都市,这里或许是律师人口最稠密的地方;相对于这个城市的规模,这个数量极为离奇。

这些律师都能做些什么呢?帕洛阿尔托市有人身伤害律师、不动产规划律师,以及离婚律师;大部分的律师都在为高科技产业服务。如果这些律师是寄生虫,它们也不是能致命的一群寄生虫。他们更有可能是在从事一些有利益之事:在新兴科技公司、新上市公司、商业机密、商标、专利权、版权的世界中,律师无疑能引导他们的客户安全地跨越危险的法律雷区。在这过程中,他们也随之发家致富。

并不是所有成千上万地从法学院毕业后参加律师考试的人,都实际上去执业。许多律师协会的会员离开了执业岗位。有些执业了一阵了,然后就去做其他事情了。当然,这并不是什么新鲜事。西北大学调查了将近1 000名于20世纪20年代毕业的法学院校友;其中有

第十五章 内部的法律文化

82%在执业,但其余的都离开了这个行业。[45]他们都去哪里了呢?当然,有些律师试图从政,这似乎是个很自然的发展(而且根本就没有必要离开法律界)。在美国国会及州议会有许多律师:1966年时,有26%的州议员是律师;在历史上,美国国会议员有超过二分之一是律师。这个百分比正逐渐下降,但是仍旧如故;1986年时,有16%的州议员是律师;1996年时,则有43%的国会议员是律师。富兰克林·罗斯福、理查德·尼克松和比尔·克林顿都是律师。在克林顿的第一届总统任期里,他的内阁中,律师占了75%,超过三分之一是关键的非正式顾问团。[46]许多其他律师进入商界,这种转换似乎是十分容易的。(依据西北大学的研究,这是大部分退学的学生们正在做的事情。)

从法律迈向商业或者政坛,似乎是简单的一步。转向其他职业就比较没有那么简单,但是机会无限。这就是为什么法律是一个诱人研读的领域。1994年,琳达·萨瑟兰(Linda Sutherland)举办了一场研讨会,探讨除了执业当律师外,一个法律文凭可以做的"其他400种以上的事情"。只要145美金,萨瑟兰就可以帮助可能退学的学生们从这400种职业中找到一份工作。[47]的确,有许多前律师们表现卓越。历史学家丹尼尔·布尔斯廷(Daniel Boorstin)及社会学家戴维·瑞斯曼(David Riesman)都曾经被训练为律师。斯坦福大学法学院的毕业生,可能是大学教师、服装设计师,或者好莱坞剧本写手。毕业于麦克乔治法学院(McGeorge Law School)的凯西·亨斯利(Kathy Hensley),曾经在旧金山市的一家大型律师事务所工作了6年,后来在1993年辞职,成为一名雕刻家;她在艺术学院完成的作品之一,是一支放在枕头上的钥匙,"被放在锁住的木质及树脂玻璃箱子里"。这个箱子"无需钥匙就能打开,但钥匙却打不开箱子"。她说,这意味着人们想出各种理由,逃避去做那些他们真正想做的事,但是他们最终还是会透过"其他路径"去做这些事。[48]对亨斯利而言,这个"三维空间的艺术形式"可能具有自传的意味。

从统计意义上说,很难在地图上找到公益律师的位置,但是他们为世界带来了很大的影响。这些律师的工作对象是山峦协会(Sierra Club)、全国有色人种协进会、同性恋权利团体,或者墨西哥裔美国人团体;他们也会为一般的穷人处理法律事务。律师一向都会为慈善机构和穷人提供免费的专业服务,但时常只是业余兼职的。公益律师是相当近期的现象。全国有色人种协进会是一个先驱,全国有色人种协进会法律辩护基金会创立于1938年。美国公民自由联盟则于1941年雇用了内部法律顾问。[49]1973年的一项研究估计,全美大约有45家公益的律师事务所,平均每家有10名律师。[50]这一小群男女们抗拒着官僚和大企业,为受压迫者、被践踏者而战,也为那些荒山野草而战。他们在法律上赢得一些著名的胜利。例如,美国公民自由联盟和全国有色人种协进会的律师所带来的影响,和他们的人数是不成比例的。他们成功的一个迹象,是保守派敌对者的出现。例如由詹姆士·G.瓦特(James G. Watt)所领导的丹佛的"山州法律基金会"(Mountain States Legal Foundation),瓦特后来成为里根总统任期的内政部长;该基金会的目标在于保护"自由企业",不受环境保护人士的攻击。[51]如果罪犯可以有他们的代言人,为什么有钱的大牧场主不能有呢?如果黑人可以寻得律师的支持,为什么"平权措施"下的白人"受害者"不能呢?[52]

公益律师中的一个特别群体组成了协助贫困者的律师。直到20世纪60年代,只有大约百十个的律师为法律援助协会工作。如我们所见到的,贫穷的战争包括了法律的成分。到了1971年,为贫民服务的律师增加到了2 500名。他们并不是什么都不干的律师:在1965年至1974年间,这些律师向联邦最高法院提起了164起案件。在其核心,是一小群富有献身精神的男女律师。例如,这些律师抨击州政府或地方政府福利机构无情和歧视的行为——这些机构将贫穷女性从名册中删除得很快,或者慢慢地将她们重新登记上去。然而最后,福利权利的诉讼及为贫民服务的律师的努力以某种程度的失败告终。"对于穷人采取社会隔绝手段以及描述",使得他们在劫难逃;或者从另一种观点来说,美国中产阶级白人对城市贫民的深深厌恶,也是一个极大的障碍。[53]即使公共利益律师憋足了气,也只能吹倒那些用茅草造的房子。

整体上说,律师是一个相当小心、保守的团体。但是,在其中也可以发现自由主义者和彻头彻尾的叛逆者。丹诺以从事不招人喜欢的案件闻名。在20世纪后半期,像是查尔斯·加利(Charles Garry)、阿瑟·肯诺伊(Arthur Kinoy),以及"全美最受人憎恨的律师"威廉·M.孔斯特勒(William M. Kunstler)等激进律师,在口碑上臭名昭著。[53]孔斯特勒代表"芝加哥七君子",为1971年阿提卡监狱暴动的囚犯辩护,他为美国印第安人运动的领导人辩护,他接受黑人激进分子的案件,也接受黑人被控告杀害警察的案件,以及被控参与恐怖行动的阿拉伯人的案件。他甚至接受一些知名帮派的案件;他争辩说,美国"长期以来存在有对意大利裔美国人的歧视传统"。(他也承认,对他而言,帮派分子"的民间英雄气质带有一点罗曼蒂克的诱惑力"。)[54]孔斯特勒一生都在为了他所认为的腐败、种族主义的社会,以及贿赂操作、充满偏见的法律制度而战斗。然而他大体上也是一个相当精明的律师;他甚至赢得了有些曾经被他抨击的法官的敬佩。

大众文化中的律师和法官

律师作为一个群体的名声向来不是最高的。在美国历史上,社会总是对律师带有强烈的敌意。然而,也有像亚伯拉罕·林肯(Abraham Lincoln)一样的律师英雄。按照一些描述,20世纪50年代及60年代

"是公众尊重法律及律师的历史最高点"。[55]在哈珀·李(Harper Lee)的小说《杀死一只知更鸟》(*To Kill a Mockingbird*,在1962年被拍成电影)中,阿提克斯·芬奇(Atticus Finch)是个南方小镇律师,为一名被控犯罪的黑人辩护(并不成功);芬奇被描绘成一个拥有正直灵魂的人,一个完全献身于公平与正义的律师。在阿提克斯·芬奇之后,律师在文学及大众文化里的形象一路下跌。我们仍旧可以在书本中发现律师英雄,然而它们可能大大少于恶棍律师们的数量。的确,在1997年的电影《魔鬼代言人》(*The Devil's Advocate*)一片中,由阿尔·帕西诺(Al Pacino)主演的一个华尔街富裕律师不仅为魔鬼工作,他自己就是魔鬼。

有关律师说了什么的笑话,或者在普罗文化中,有关律师职位的笑话(并且恶毒的)数量惊人。这样的笑话大概有上千则——远比其他任何专业或职业多得多。比起电影和电视节目(肯定还有律师协会的演讲),笑话更能叙说律师在大众心目中的地位。这些笑话将律师描述成一贯操作阴谋的和寄生的人;是一些毫无伦理标准的惯骗。这些笑话暗示,如果可以去除这帮律师,这个世界或许会更为美好。有一则笑话是这么说的:两名律师合伙人共进午餐,其中一个突然跳起来说道:"我一定得回办公室,我忘记锁保险柜了。"另一名律师则让他冷静下来,说:"你有什么可担心的?我们两个都在这里啊。"[56]

其实,这并不是一个新笑话,它在1922年就有了——只是当时这并不是一则有关律师的笑话,而是一则有关两名商业合伙人的笑话(在大部分的版本里是两名犹太人的笑话)。1989年,它被作为律师的笑话而浮出水面;被重新套用在律师身上的,还有其他一些原本谈论丈母娘、犹太人及其他传统嘲弄笑料的再循环笑话。[57]

不过,在电视上,律师的形象还很不错。自1957年到20世纪60年代中期,厄尔·斯坦利·加德纳(Erie Stanley Gardner)虚构的律师佩里·梅森(Perry Mason),是哥伦比亚广播公司(CBS)电视系列剧中的英雄。每一集都以戏剧性的法庭审判场景作结局——梅森设法解救他的委托人(他的委托人总是无辜的)并能揭穿真凶的真相。后来在1986年至1994年间播出的《洛城法网》(*LA Law*),则是一部非常成功的电视系列剧;重新播出使得这两部系列剧始终鲜活。直到2001年,仍有其他关于律师的节目正在播映,而它们似乎都相当招人喜爱。

在政治修辞学上,律师的口碑很坏。许多选举的恶言谩骂都是朝向律师而去,特别是那些著名的共和党员。习惯的主题是诉讼太多;律师被指责挑词架讼。乔治·布什总统就说:"让我们停止美国和诉讼的风流韵事吧!"而副总统丹·奎尔(Dan Quayle)对批评司法界总是乐此不疲。[58]痛斥律师,特别是诉讼律师,似乎是很好的政见。例如在1999年,亚利桑那州州议员约翰·沙德格(John Shadegg)在一场有关允许民众控告健康维护组织(HMOs)的辩论中,提到侵权行为律师"发家致富、开凯迪拉克和雷克萨斯";在美国健康计划协会(American Association of Health Plans)的一个30秒电视广告中显示,一头正在游泳的鲨鱼,正在吞下血淋淋的鱼饵:解说词说道:"美国最有钱的诉讼律师正在迂回盘旋——你的健康计划就是这个鱼饵……保护你家人的健康吧,可别让诉讼律师们狼吞虎咽。"[59]在这些例子中,律师都是便利的替罪羊。真正的敌人其实是赔偿责任的激增。这些"激增"的真正原因,如我们所看到的,深深埋藏在美国的法律与社会文化之中,但是没有一个政治家会去责备选民和一般公民,归罪于法律吸血虫是再好不过了。

大众文化较少对法官这个角色给予注意。关于法官的笑话也很少。当然,法官确实出现在审判电影中,但是通常是个被动的或中立的角色——电影中的法官甚少表现得像是个有家庭、有性生活和七情六欲的人类。在虚构的电视节目中,法官"惯例上是单一维度的角色,只比讽刺性漫画中的人物稍微好一点而已"。[60]

从某方面来说,这是似是而非的现象。普通法文化中的法官,其面目比大陆法文化中的法官要清晰得多。联邦最高法院的大法官尽管自己避免引人注目,但是他们都是知名人士。近来,电视也开始创造另一种名流法官。洛杉矶法官兰斯·伊藤(Lance Ito)主持了辛普森案的审判,透过电视新闻报道,伊藤法官一时间成为全美国最有名的法官——或许是全世界最有名的法官。百万名美国民众可能会尴尬地承认,自己并不知道联邦最高法院首席大法官的名字,但是他们对伊藤法官却相当熟悉:他是谁,他长得什么样子,他的声音怎样。在加利福尼亚州,几乎没有人知道加州最高法院首席大法官的名字——他比伊藤法官要高上两级。

法庭电视节目(Court TV)是一个专心打造审判实况的有线电视频道,它在1991年7月1日开播。这是司法如何成为娱乐业一部分的一个预兆。就某种意义上说,这并不是什么新鲜事。在19世纪早期的农村中,人们就渴望娱乐消遣,法院开庭日就是一种娱乐的来源。19世纪末期起,为了大众化的收益,黄色新闻大量抛售那些有轰动效应的审判。如今,法庭节目电视台提供法庭上的真人真事。更引人注目的是,20世纪90年代派生出来的"法官"节目,包括《华普纳法官》《朱迪法官》《布朗法官》,等等。依据《财富》杂志于1999年5月的报道,最热辣的电视节目是《朱迪法官》。该节目由前家庭法庭法官朱迪斯·沙因德林(Judith Sheindlin)主持,她是"一个来自曼哈顿,令人厌烦的犹太外婆",一个"踹踢奥普拉的小法官"——她的观众竟然比奥普拉·温弗瑞(Oprah Winfrey)的节目还要多。[61]

这些电视法官并不是真正的法官,他们在演播室里而并非在真正的法庭上工作。但是他们看起来像是法官,他们穿得也像是法官,他们的做派(或多或少地)像是观众所认为的法官的做派。而且在他们面前的案件都出自真实的纠纷。当事人所提出的诉讼只能是些小额诉讼案件,要么显得非常荒诞可笑,要么就是当事人贪婪地渴望在15分钟内一举成名;他们愿意公开自己的隐私,然后让虚拟的法官来裁判他们的案件。自然温和的用语、端庄得体、斟字酌句以及和谐衡平的判决,在这些电视法庭中是派不上用场的;这些法官高谈阔论、妙语连珠、声嘶力竭、装腔作势,以吸引那些正在看节目的百万名观众。演播室里外的观众都被这些炫目的诉讼娱得一发不可收拾:好争吵的邻居、可怜又可鄙的失败者、呆头呆脑的前男友以及赖账不还的父亲;这群被人们围观的人已经分不清楚娱乐与私人生活的界限,分不清真实生活与电视电影中生活的界限。或许,整个社会也都没分清楚。[62]

法官和诉讼当事人

自19世纪中叶以来,大部分州的法官和州长或市长一样,都是被选举出来的——通常从州最高法院到最低的交通法庭都是如此。只有少数州例外(马萨诸塞州就是其中之一)。而最大的例外,是联邦的司法制度;依据宪法的设计,联邦法院的法官是被任命的,并且是终身的。他们坐在那个位子上可以直到过世或者辞职为止。

许多外国人都觉得美国人投票选举法官这件事有些奇怪。不过,总的来说,美国人对选举十分热衷;比如选民们选举检察官、大学理事会、地区的污水处理董事会等。但是,选举法官则并不寻常。法官不应该是政治家。他们应该是中立、公正的职业。1965年,一份阿肯色州司法委员会的研究是这么说的:"没有人会想到用公民投票的方式选举医师、建筑师、飞行员、铁路机车工程师或其他专业人士。"委员会补充说,政治竞选会包括"电视节目、报纸广告、'热情握手''拍肩勾背'、亲吻婴孩'、参加购物中心的开张仪式"等,这些会"降低了司法的地位……并摧毁了传统上对法官的尊敬"。竞选活动让高尚的人对竞聘司法体系的职务感到沮丧不已;阿肯色州于1965年的一项调查显示,大约有一半的律师至少都"考虑"过去担任法官;但是只有三分之一的律师愿意在选举制度下去竞聘,如果能避免选举制度中最糟糕的那些元素,有61%的律师愿意通过其他途径成为一名法官。[63]

尽管存在所有种种不合,美国司法制度的确承认一个事实:法官拥有权力,也能行使权力;而且他们如此行事的方式带有政治意义。除了透过选举外,你还能用什么方法控制你的法官呢?因此在19世纪时,选举制度遍及整个国家。并不是没有异议的声音存在,而且到了20世纪末,尤其是当大城市这台机器被制造出来,也就是城市法官堕落的证据暴露出来的时候,这些声音变得更加响亮。到了20世纪,来自反对司法选举制度的精英们的反应变得更为强烈。具体来说,一些州采用了所谓的密苏里计划(Missouri plan)。依据这项计划,州法官由州长任命。不过,州长并不是可以不受约束。一个由公民、律师组成的委员会,将会起草一份候选名单;而州长必须从名单当中加以选择。接着,这位法官就会任职到下一届州长选举为止;届时这位法官将依其工作记录,再次参与选举。也就是说,法官不需要打败任何人,而民众不过是投票决定他的去留。因为你没有什么对手需要去攻击,所以密苏里计划下的在任法官很少连任失败。只有强烈和孤注一掷的反对力量,才能推翻现任的法官。但是这确实偶尔也会发生——至少在20世纪末就有过一次。1987年,加利福尼亚州选民投票免除该州最高法院首席大法官罗丝·伯德的职位;另外两名大法官也被她拖累下台。

在其他州,法官以通常的方法进行选举,通常他们都被贴上某某政党的标签。一般说来,司法选举原本是阴沉且低调的事务。1916—1973年间的纽约州,在选举上诉法院首席法官时,从未发生真正的竞争。候选人在"共和党员与民主党员亲切地交互背书"的状态下被选定了。[64]但是在1973年,雅各布·弗切斯伯格(Jacob Fuchsberg)与现任的法官查尔斯·布赖特尔(Charles Breitel)之间则出现了相互竞争。弗切斯伯格败选了;但是他在1974年又试了一次,并赢得州最高法院联席法官的职位。这些选战非常艰辛,产生出大量的宣传效果。有些观察家认为他们看到一些征兆,也就是到了20世纪末,州法院的法官比起从前更容易受到政治上的批评。选举的过程似乎更为尖刻并更加带有政党倾向。然而统计数字显示,大部分的法官仍旧一路顺风,也没有遇到太大的麻烦。1964年至1999年间,在4 588场连任选举中,只有52名法官选举失败。1998年,没有一名法官因为选民说不而丢了工作。[65]

联邦法官是被任命的,而且是终身职位;然而任命的程序极度政治化——或许比州法官的任命要严重许多。谢尔登·高曼(Sheldon Goldman)研究从富兰克林·罗斯福总统以来的法官任命策略。他发现有三种基本策略,或者如他所称的三种"议程"(agendas):政策议程、党派议程,以及个人议程。换句话说,有些法官被任命,是为了促进政策推动(例如,支持新政或同情劳工);其余则是"总统或其政党的政治支持"(例如,选择一些有力量的参议员密友,或者任命亚裔美国人,以争取该选区的选民)。当然,还有其他一些"个人赞助"(更确切地说,奖励一位总统的密友)。[66]

罗斯福总统对法官的任命报以很大的个人关切。有关他的那些文献表明他何等关心选举的程序,以及他介入得有多深。他使得法官的任命符合所有这三项议程。他的继任者杜鲁门总统,把这个程序更视为一种私人赞助。在杜鲁门的领导下,美国律师协会开始对法官选举发挥作用。1946年,美国律师协会在联邦司法制度上建立了一个常务委员会,调查法官的任命。在民主党主政了20年后,艾森豪威尔于1952年被选为总统;他足够自然地抓住这个机会任命共和党员担任法官。在艾森豪威尔总统任内,美国律师协会的地位被强化;它为法官进行"评估",也就是将法官归类为合格或不合格的,后来这成为一种被接受的、影响深远的惯例;在20世纪剩余的时间里都是如此。的确,当约翰·肯尼迪继艾森豪威尔之后担任总统时,他明确地表示,会让美国律师协会继续扮演这个角色。[67]

随着时间演进,任命被公认为越来越带有政治意义。在像是"布朗案"或是"罗伊诉韦德案"后,人们更清楚地意识到,法官能导致的差异有多大。任命的权力提升到总统的重要议程。这已经有了一些具体的结果。例如,总统实际上不再任命较年长的男女。这种任命将会使年长者担任法官的时间相当短暂;对于想要在这些法官任期内扣紧政策的总统而言,这些人并没有多少用处。

高等州法院开庭审理的案件比联邦法院听审的案件要纷繁复杂得多。这种繁杂随着时间在改变。在20世纪,这些法院审理越来越多的刑事与宪法案件。一项有关16个州的最高法院的研究发现,1905年至1935年间,公法案件占了13%,1940年至1970年间,则占了19%;刑事案件从11%增加到18%;在有些州,增加的速度更是引人注目:伊利诺伊州将近有三分之一的案件是刑事案件,比加利福尼亚州多出四分之一。侵权行为法则是另一个增长的领域。一般而言,增长放慢的领域包括不动产和普通商事法:借款与合同案件在1905年至1935年间占了29%,1940年至1970年间则只占了15%。[68]

随着重心从州法院移转到联邦法院的时候(相对来说),联邦法院的案件量负荷在急剧增加。1940年6月30日,这一年里联邦地方法院有34 734件民事案;1961年的会计年度里,数量增加到58 293件;20

世纪70年代超过10万件；1992年的数量是230 509件。刑事案件量增加得相当缓慢：从1939年至1940年间的33 401件，增加到1992年的47 123件——比人口成长还缓慢。[69]到了20世纪末，大部分的案件仍旧是从州法院开始，到州法院告终；但是许多最大的和最重要的案件，都是由联邦法院审理的。

联邦最高法院独自端坐在联邦法院金字塔的顶端。如果20世纪的通讯革命创造了名声显赫的总统，收缩了州长和地方官员的权力（相对而言），那么在法院体系上也不例外。联邦最高法院的所作所为成了新闻，怀俄明州最高法院的作为则属于小事一桩，即使在怀俄明州内，甚至都鲜为人知，至于其他地方，则更是毫无反响。

在20世纪，联邦最高法院本身在各方面都发生了改变。如我们所见到的，1925年的《法院法案》(Judiciary Act)是个重要的里程碑，它几乎赋予联邦最高法院完全的审理案件的权力。联邦最高法院可以"拒绝所有的请求"，除了少数极其重要的案件（或者至少是法院认为极其重要的案件）。但是，希望联邦最高法院听审他们案件的数量不断增加。这些人大部分都注定失望而归。1900年，向联邦最高法院提起的案件大约有400件；1989年有4 895件。联邦最高法院只审理了其中很少一部分。在1968年，联邦最高法院发布了120件法律书面意见书，以及104件简短的法庭判决(*per curiam* opinions)，被拒绝的诉讼文件移送令(*certiorari*)不少于2 586件。[70]最近这十几年，联邦最高法院每年以书面意见发回重审的案件，通常介于100件至150件。[71]在20世纪90年代末，基于若干诡秘的理由，这个数字下滑到平均大约75件。

在20世纪初，联邦最高法院依然判决过不少普通的案件——来自州际诉讼(diversity appeal)的侵权案件或契约案件，来自领地法院

(territorial courts)*的上诉案,或是单纯的海事案件。当联邦最高法院变得越来越全神贯注于宪法问题与联邦事务后,这些案件都销声匿迹了。少数在1925年的转折点时幸存下来。在1928年"威尔逊诉太平洋轮船公司案"(*Wilson v. Pacific Mail Steamship Co.*, 1928)中,一件公海上的意外是争议所在。该案发生在距离加州12英里的外海,当时"天气晴朗、海浪持续温和"。一艘大型"钢铁客轮'纽波特号'",撞上一艘小型"木制蒸汽帆船'斯维雅号'(Svea)"。联邦最高法院裁定"纽波特号"必须为此负担全部的责任:"大型船只不应不可一世地漠视小船;超大型船只没有权利耀武扬威。"[72]实际生活中当然并非如此运作;就这个案子而言,在法律上就是如此。

但是,联邦最高法院很快就不再有时间理会这些"普通的"案件。"伊利铁路公司诉汤普金斯案"(*Erie Railroad v. Tompkins*)的判决,告知联邦法院在"州际案件"中应该遵循州法律。联邦最高法院不再受理州际上诉案。联邦最高法院对其自身所用的理解——什么是重要的概念,什么是需要加以注意的,也发生了改变。联邦税法的案件,占了1933年至1937年间案件的18%,1983年至1987年间则收缩到了3%。有关联邦法规的案件在新政时期有所增加,但在20世纪60年代则开始下降;公民自由权的案件在民权领域有所增加,并在20世纪80年代成为联邦最高法院的主要受理案件。[73]沃伦法院积极改革刑事司法制度,伦奎斯特法院则没有这类作为。

---

* 目前在美国的50个州中一共有89个联邦地区法院,另外,一个在首都哥伦比亚特区,一个在波多黎各,这91个联邦地区法院都只拥有联邦管辖权;另外在关岛、维京群岛和北马里亚纳群岛也各有一个联邦地区法院,这3个法院则同时拥有联邦和地方管辖权,因此在所有美国领地中一共有94个联邦地区法院。值得一提的是,最后提及的这3个法院虽然名称上都是联邦地区法院,但技术上却是根据美国宪法第4条第3款而设立的,其上任法官的任期也只有10年,而不像其他法院法官那样可以终身任职。——译注

第十五章 内部的法律文化

所谓的诉讼激增

难道20世纪的美国人已经变成不可救药的好打官司的一群人了吗？特别是在第二次世界大战以后，有很多人谈论所谓的"诉讼激增"。20世纪80年代，一篇文章声称"每个人都在起诉每个人"，并论及"诉讼的时代"。[74]但是，这个"激增"到底有多少符合真实呢？"激增"表示诉讼增长比率比人口的增长比率明显是突飞猛进。然而，从法院的纵向发展研究显示，晚至20世纪80年代，并没有多少可靠的证据证明这个趋势。[75]当然，有些证据显示，在20世纪的最后20年中，诉讼比率有增加。无论如何，某些类别的案件确实在20世纪后半叶快速增加；不过，其他类别的案件则在缩减之中。法律的改变会影响诉讼——这是明显的事情。产权保险及其他因素，让有关谁拥有土地所有权的案件变得罕见。联邦储蓄保险制度和其他使得货币、银行稳定的措施，除去了原本簇拥在法院里的许许多多的案件。

不可否认，联邦诉讼率随着20世纪的进展而戏剧性地快速增加。民权法给了人们机会，可以争讼过去根本无法去法院提起的问题。一般说来，问题不在于有多少案件，而是在于有什么样的案件。大型侵权行为诉讼，可能引起大麻烦。一些大型环保案件，可以将整整一个产业搞得焦头烂额。实际上，没有人真的关心或者可能关心案件的数量：人们关心的是哪些牛被宰割了。"诉讼激增"的喧哗，淹没了来自反面的抱怨：司法制度太昂贵、太循规蹈矩、太多偏见以至于漠视了普通人的利益。如同一名诉讼律师格里·斯彭斯（Gerry Spence）所说的，司法"就像是鱼子酱，味道恶臭，而且通常只有富人才吃得起"。[76]如同我们所看见的，在约翰逊总统对贫困宣战的过程中，这种想法激发了法律服务的出现。商人则有他们自己的一连串的抱怨，这些都刺激着替代性争议解决方案运动的运行;替代性争议解决方案在20世纪的最后一个季度被广泛讨论,并鼓舞了该解决方案本身和一些法院制度的改革及实验。

法学院及律师执照

到了20世纪中期时,学徒制实际上已经寿终正寝了;法学院是成为一名律师的唯一途径。1948年2月,康涅狄格州正式规定:只有法学院毕业生才可以担任律师。事实上,这个规定几乎并不必要;显然,纽黑文郡在25年中只有8个人在担任法律学徒后,申请参加律师考试。其中有6个人没有考中。[77]到了20世纪末,仍旧有少数州允许这种惯例。加利福尼亚州就是其中之一。如果你在"一个加州律师"或者"一个加州法官的监督下"于律师事务所或法院中"勤勉而且真诚地学习"至少4年,就可以被容许参加律师考试,而无需经过法学院的学习。很少人从这种选择中获得好处。共有7716名怀抱希望的人参加1997年加州律师考试,只有9个没有经过法学院的训练。这9人中有7人是重考生。他们至少有一次考试没有通过的经历。这7人又再次失败了。只有1个不是由法学院毕业的人通过了考试。1998年2月的律师考试中,有4个考生有学徒的背景;这4个人都是重考生,而且无一通过考试。[78]

并不像大部分国家的法学院那样,所有的美国法学院是研究生院。然而,并不是一向都是如此。在20世纪,法学院逐渐提高他们的标准。1932年,有17个州要求法学院学生先受过两年的法律预科学院的训练;到了1938年,只有8个州还没有这种规定。[79]有些高尚的或可能属于高尚的法学院,则要求学生必须有大学文凭才能被录取;20世纪20年代时,这包括了哈佛大学、宾夕法尼亚州立大学和斯坦福大学。斯坦福大学法学院于1924年决定,"让法学院变成纯粹是研究生课程的时候已经到来了"。"法律变得越来越复杂",学生的通常教育要"非常坚实"。该校董事会同意这个看法,并在1924年6月27日核准了这项新的要求。[80]1935年,乔治·华盛顿大学加入要求本科大学文凭的行列,他们解释:"我们采取这样的行动,是为了加入其他声誉卓越的法学院的行列。"这并不是完全自私的行为:"未来的律师业"要求律师有良好的教育背景。在美国律师协会及美国法学院协会的压力下,3年的大学教育成为20世纪50年代进入法学院的一般标准;到了20世纪60年代,则需要4年的大学教育。[81]

在第二次世界大战期间,许多法学院几乎都停办了。1941年9月,哈佛大学法学院注册的学生只有1 250名,到了1944年夏天,则只有58名。许多教职员,包括法学院院长詹姆斯·兰迪斯,都必须去军队或政府部门服务。[82]当战争结束,法学教育方面则累积了许多需求;而政府将许多钱投给了退伍军人,以便使得他们用来继续读书。总的来说,《退伍军人权利法案》对法学教育及高等教育是个大的变革。像哈佛这类昂贵学校的大门,已经向没钱和没有关系的聪颖年轻人们敞开(但是它对女性仍旧是关闭的)。《退伍军人权利法案》提供学费、书籍费及津贴。这是一个非常美妙的平衡器。

在此之前,对精英法学院而言,阶级、金钱及背景像是(非正式)的过滤器一样在运行。这回可不再是这样了。在哈佛法学院1947年这一届,退伍军人占了93%。他们的平均年龄是26岁至27岁;其中40%都已经结婚了。这完全是另一种学生成分。像哈佛或耶鲁这样的精英法学院,现在也面临"巨大的挑选责任";耶鲁大学1949年秋季班招生时,有931人针对约150个名额提出申请。[83]"几所位居前列地位的法学院"派出代表,向"教育测验服务社"(Educational Testing Service)要求协助;结果产生了"法学院入学测验"(Law School Admission Test，LSAT）。[84]这后来实际上成了所有法学院的入学标准之一。他们利用这些测验及大学文凭，作为从大量申请人当中选择合适人选的途径。LSAT 使得成千上万名年轻学子感到惊恐不已，这也喂饱了那些考试补习班的公司。在 LSAT 中获得低分，就彻底失去了进入法学院的机会；如果除了有 LSAT 的高分，其他什么都没有，也绝对进不了最顶尖的法学院。LSAT 带来的失望，迫使无数年轻人去进入那些接受名声、市场竞争力比较低的法学院就读。关于 LSAT，有无数的争议：它到底测验出什么真东西呢？当然，在 LSAT 中获得低分的人，在法学院成功的可能性也不大。但是，这些测验是否带有文化的偏执呢？它是否偏袒有良好背景以及能够支付昂贵课程学费的人呢？

也许是这样。但是，比起它所替代下来的制度，LSAT 的偏差会小一些。它同时也帮助法学院摆脱另一个咒语：极高的不及格率。1926 年 6 月，37% 的哈佛法学院学生考试不及格。根据一则著名的和被反复流传的关于哈佛法学院教授、恶名昭彰的"公牛"爱德华·沃伦（Edward Warren）的故事。沃伦经常在课堂上告诉刚刚入学的新生："看看你的右边，看看你的左边。你们三个其中一个，在一年内就会离开这里了。"[85]

这个令人沮丧的预言并不是只出现在哈佛大学。年轻的格里·斯彭斯于 1949 年进入怀俄明大学就读——"这或许是大学法学院中最偏僻的、最小的和最没有声誉的一个法学院。"9 月入学的第一天，法学院院长就强调说："这里有 35 个呆头呆脑、叽叽歪歪的白痴新生。"他咆哮道："看看你们，等第一个学期结束后……你们之间有一半都会诡秘地消失。"[86]20 世纪 50 年代初，29 岁的伊夫琳·威廉斯（Evelyn Williams）进入布鲁克林的圣约翰大学法学院夜校就读。她进入的 500 个人的班上，"已经被预先认定为是一个不及格的班，而学校也真的如此履行诺言"。全班只有 154 名学生顺利毕业——而她是两个黑人中的一个。[87]但是在 1964 年至 1965 年间，LSAT 考试制已经施行了很长一段时间，而哈佛法学院 550 名学生当中，只有 4 人不及格。

LSAT 无疑地导致了其中的不同。[88]法学院已经先排除了那些注定会不及格的学生。如今精挑细选的法学院，不太可能还有人被驱逐退学。除了使人神经崩溃，其他都不会达到这个效果。在哈佛，由于学术因素而造成精神耗损的人数为零。在怀俄明大学法学院，与斯宾塞入学时早就很不一样了——它有了新大楼，以及年轻和聪慧的教师，第一年退学的比例只有 10%。与因为个人或感情因素退学的数量相比，至多只有一两名学生因为"学业"因素而被退学。[89]

第二次世界大战后的数年里，位于东海岸的法学院的尊贵和垄断的状态被打破了。哈佛大学及耶鲁大学仍旧享有令人敬畏的声誉，但却不得不与其他"常春藤法学院"以及芝加哥大学、斯坦福大学和加州大学伯克利分校等崛起的新星分享盛名。法学教育的需求导致法学院的建立，有些老牌的法学院则扩充了规模。对律师的迫切需求，也意味着求贤若渴的律师事务所常常不得不招收一些来自不太出名的法学院的毕业生。

不过，法律教育的等级划分仍旧非常分明。一个学生之所以选择耶鲁或者芝加哥大学，并不是因为他渴望要在某个特定教授的指导下学习。[90]他选择进入一个"好的"法学院，是因为这是一张进入高阶层和高薪酬工作的门票。因此，学生大部分都被威望、地位、排名而诱惑着。1990 年，《美国新闻及世界报道》（*U. S. News and World Report*）开始为各大法学院排名。这一年，它排列出了前 25 名的法学院。接下来，这份杂志开始为所有的法学院排名。前 50 名依据名次排列；其余则被分为三个等级，在各等级中，依据学校字母顺序排列。一个偏低的排名，对学校是重大的打击。[91]这影响法学院吸引学生以及教师的能力。这让毕业校友们也感到沮丧。这可能是件非常不太公平的事情。

哈佛法学院过去是、现在也仍然是法学教授的丰产者。曾几何时,4个法学教师中就有一个拥有哈佛的文凭;不过,在1975年至1976年间,哈佛所占比例只有14%,在1990年只有13%。耶鲁大学——一个比哈佛小很多的学校,却成为哈佛的强大竞争者:1975年至1976年间,占了7%,1990年则占了8%。没有其他学校的占有率超过5%以上;但是前20名的法学院所产生的法学教授,总共占了全美法学教授的60%。[92]就像整个律师业一样,教授的背景变得更加多元化了。20世纪30年代时,犹太籍教授在法学教育中相当鲜见;当时反犹太主义甚嚣尘上。哈佛大学的费利克斯·法兰克福特是一个罕见的例外。1919年,他成为哈佛法学院的教授;邀请他加入哈佛法学院教职的信件是件令人震惊的事情:"如果我收到一封印度公主要求我娶她为妻的信,都不会比这封信令我惊奇。"[93]但是,当哈佛法学院试图在1928年提供教职给另一名犹太籍候选人内森·马戈德(Nathan Margold)时,学校行政部门则否决了这个建议。[94]在20世纪30年代初,哈里·舒尔曼(Harry Shulman)被耶鲁法学院聘用;但是当他极有可能进入法学院领导层时,法学院里的元老阿瑟·科宾写道:"选择任何一个犹太族裔的人担任院长,都是不明智的。"[95]1933年希特勒掌握政权后,德国法学教授如果是犹太人的,或者有污点的,都被迫流放。许多人来到美国。他们对法学教育带来影响——特别是他们主导了比较法学的研究。到了20世纪60年代,法学院的反犹太主义似乎已经大部分地不复存在。精英学校开始招募许多犹太族裔的教授;在有些学校,这些人占全体教师的数量的三分之一甚至二分之一。反对犹太籍法学院院长的禁忌早就被抛弃了。

法学院在欢迎女性及其他少数族裔担任教职方面,进展十分迟缓。晚至1975年至1976年间,法学院教授的组成中有93%是男性,96%是白人。[96]自此之后,女性教授的数量开始缓慢和稳定地增加。20

世纪70年代,新聘教授中,将近有19%是女性。20世纪80年代,百分比上升到35%。[97]女性也开始担任院长——索伊娅·曼切科夫在1974年成为迈阿密大学法学院院长,或许是全美第一位女性法学院院长。自此之后,还有其他一些女性担任院长的例子。1992年,芭芭拉·布莱克(Barbara Black)成为哥伦比亚大学法学院院长,而且在这个职位上服务了5年。1992年,赫尼娅·希尔·凯(Hernia Hill Kay)成为伯克利法学院院长;1999年,凯瑟琳·沙利文(Kathleen Sullivan)成为斯坦福法学院院长。

不过,少数族裔在法学院里仍旧是相当罕见的,只是像霍华德大学这种历史上全是黑人的学校除外。理查德·楚斯德(Richard Chused)在研究了20世纪80年代大学教职问题后发现,装点门面的象征性主义仍然在独善其身。在1980年至1981年间,"多数"法学院(也就是说,那些历史上不是黑人学校的法学院)的教授,只有2.8%是黑人;1986年至1987年间,上升到3.7%。但是有三分之一的法学院完全没有黑人教师;另外三分之一的每一所,也刚好有一名黑人教师。西班牙裔的教师则更为稀罕。1986年至1987年间,在这些"白人"机构中,只有12名西班牙裔教授获得终身教职。[98]这个数量后来稍微有一些进展。1999年,大约有800名左右的学院教授认为自己是"少数族裔",然而这其中包括了亚裔、黑人、西班牙裔及美国原住民。

如同预期的那样,法学院学生的实际数量在经济大萧条时期稍微有了回升。在1929年至1930年间,有超过46 000名法学院学生;在1937年,只有39 255名学生。[99]战后,数量开始增加。在1950年至1951年间,鉴定认可的法学院中,有39 626名学生(其中四分之三是全日制的学生);未鉴定认可的法学院中另有约8 000名学生。[100]如同我们所看到的,在某种程度上,法学院学生数的激增,是因为回家的退伍军人接受《退伍军人权利法案》资助就学后所造成的。接着,数量再次开始下降,到了20世纪60年代才引人注目地上升。1965年,有65 000名法学院学生,1970年,人数高于86 000名;除了4 000名学生外,其余都就读于美国律师协会鉴定认可的法学院。[101]

法学院的数量在战后获得了增加。1949年,加州大学在洛杉矶市成立一所新的法学院;加州大学戴维斯分校(U. C. Davis)的法学院则于1965年开张。1979年,弗吉尼亚州的乔治·梅森大学法学院开始运营。1971年,夏威夷州州议会颁布法令说:"在夏威夷应该要有一所法学院",这所法学院随之设立并于1973年开始招生。直到1972年,在佛蒙特法学院成立前,佛蒙特州还没有一所法学院。内华达州是少数没有法学院的州,最后它也有了属于自己的法学院:威廉·博伊德法学院(William S. Boyd School of Law),该法学院附属于拉斯维加斯的内华达大学;它在20世纪末正式开张运营。现有的法学院在扩充着它们的规模,教授法律专业这码事儿,也成了一个发展中的产业。一本于1922年出版的人名录中,在附属于美国法学院协会的法学院任教的教授,有45页之多,大约有500名教师(许多是兼任教师)在册。[102]在1998年至1999年的人名录中,以小号字体列出的名单超过800页;在182所法学院中,共有8 719名全职教师。[103]

到了1999年,除了阿拉斯加州外,每一州至少都有一所法学院。大部分州都拥有不只一所法学院。最大的州——加利福尼亚州,是其中的冠军,有将近70所法学院。加利福尼亚州有19所美国律师协会认可的法学院;20所"加州鉴定认可"的法学院;17所未通过鉴定认可的法学院,12所函授学校,包括世界上第一所,也是唯一的网上远程法学院(online law school)。[104]

从法学院毕业后,年轻学子如果想成为律师,仍旧必须参加律师资格考试(Bar)。这通常意味着一堆死记硬背的课程;想要依赖你在法学院里学到的东西来谋生是愚笨的。20世纪末,威斯康星州是唯一的例外:它仍旧有所谓"文凭特权"(diploma privilege)。凡是威斯康星大学或马奎特法学院(Marquette Law School)的毕业生,便能自动成为律师;其他人或者其他学校的法学院毕业生,都必须参加律师资格考试。有些州的律师考试障碍还比其他州要多。1997年至1998年间,新墨西哥州及犹他州的法学院毕业生,第一次参加考试便通过的人数,占了93%;比例最低的是路易斯安那州,只有61%。[105]

每一所法学院几乎都是雷同的。当然,有些法学院,像哈佛法学院相当富有;而有些则相当贫困。有些法学院对所收的学生精挑细选,像耶鲁大学;有些法学院则接受所有提出申请的学生。最大的差异是费用。公立大学法学院廉价一些,而私立大学法学院则是昂贵的。1957年,私立大学法学院的收费每年平均为2 500美元,公立大学(州立)平均为780美元;1994年,私立学校的一年学费是19 000美元,即使是公立大学,也要6 000美元。[106]而且这些学费还在继续上升中——公立学校也是如此。学生通常在开始他们的法律生涯的时候,都背负着沉重的债务。

诚然,每一所法学院的课程并不一样,但是第一年的训练课程则不谋而合地大同小异。多少年过来后也改变不大。在美国,法学院学生都会上契约法、侵权法、财产法以及民事诉讼法等课程。大部分也都会上刑法和宪法的课程。而且几乎都有某种搜集资料及写作的课程和相关训练。

学生实际上从课程中学到了些什么呢?当然,他们学的是"法律"——他们学习法律规章、法律学说,以及如何运用法律;他们也学习"如何像法律人般思考"(先不管这到底是什么意思)。在有些法学院,他们会接受法律诊所训练——与真正的委托人(通常是贫困的人们)或虚拟的委托人在一起工作。法学院的学生努力在律师事务所里做暑期实习生。这种实践开始于20世纪70年代,显然地,如今这已经成了标准惯例。律师事务所已经"习惯依赖法学院学生的实习计划，以填补他们对新进律师的需求"。[107]几乎从入学的第一天开始，法学院学生就在为找工作而苦恼。纽约大学、哥伦比亚大学或者哈佛大学的幸运儿或奇才们，倒是不用怎么太担心；20世纪80年代末，有950家律师事务所向哈佛法学院发出招募。在顶尖的法学院，没有毕业生会找不到工作。这些法学院将学生送到华尔街，或华盛顿的大型律师事务所，或是其他城市顶尖的律师事务所去工作。许多法学院学生毕业后第一年就担任法官助理——20世纪80年代末期，担任法官助理的耶鲁法学院毕业生，居然高达50%。不过，这还是有些很特别的。担任法官助理的哈佛法学院毕业生只有22%；担任法官助理的密歇根大学的毕业生有9%；担任法官助理的康奈尔大学毕业生有7%。[108]

至于其他法学院的毕业生，则对找工作气喘吁吁、忧心忡忡。工作机会时好时差。没有社会关系又不是学校明星（如法律评论的编辑或成绩顶尖者）的毕业生，极少能挤进华尔街的律师事务所。不过，对于这些年轻律师的最后生涯路途，我们所知不多。毕业20年后，1980年班的斯坦福法学院毕业生（指那些有信息资料的学生），大部分都还是自己独立执业（将近60%）；其他四分之一则在企业担任内部律师或经理；另外一小部分则在政府部门或公共服务部门工作（6%）。1990年班级毕业生的情况则有些不同，毕业9年后，更多人在政府部门或公共部门工作（17%），更多人担任教职（12%）；只有一半在律师事务所工作，或者在独立执业。[109]

法律思想以及有关法律(和研究)的学说

在20世纪的大部分时间里，法学研究是相当枯燥和浅薄的，至少依据现代标准看来是如此。仔细分析法律原则是法学学术的核心。

在法学界中,著有重要论文的教授是最有相匹配之威望的。这些论著非常庞大而沉闷,像百科全书一样无所不包,对法学专业大概是有用的;但是整体而言,它们完全缺乏任何可以称之为文学的价值。不过,它们是综合体的杰作。它们将许多案件堆积在一起,让它们具有某种相关性,无论是真的还是虚构的。

其中最有名的,是下列大师的巨著:哈佛大学塞缪尔·威利斯顿及其竞争对手,耶鲁大学亚瑟·科宾的契约法论;或是哈佛大学奥斯汀·魏克曼·斯科特的信托法论;或者威廉·L. 普罗瑟的侵权行为法论。约翰·亨利·威格莫尔论证据法的厚重论文显得鹤立鸡群,因为它和其他论文不同,它具有个人的、奇特的和与众不同的风格;每一项主题都掺杂进了威格莫尔自己的观点。

另一项计划是由论文作家所主导的、富有英雄气概的(或许有点愚蠢的)对"重述"(restate)普通法的尝试。这是1923年创立的美国法律协会的目标。普通法令人困惑、复杂而且无常态。如同论文专著旨在试图解开经年累月、各州各地习惯法、判例法的一团乱麻,"重述"的目的也就在于,透过降低这些混乱状态,以便清楚、一致、条理化地叙述各种规范、原则和标准。[110] 1923年,《契约法重述》(*Restatement of the Law of Contracts*)问世,而《代理法重述》(*Restatement of Agency*)则于1933年问世。侵权行为法、法律冲突和信托法的重述,很快就陆续跟了上来。该协会期望法院能引用这些重述,采用它的原则,让惯法更切实可行、更统一。但是,就绝大部分而言,起草人们都忽略了现行普通法的社会与经济意义。他们让习惯法变得更符合逻辑、更井然有序,但是其代价却是竭力去销蚀现存制度的勃勃生机。然而,重述(仍旧存在,仍在不断改版中)占用了一大群律师和法学教授的所有精力。而且它们确实经常被法院引用,尽管它们对法律程序到底有没有影响还难以被证明。

论文作者们在积极地参与重述的工作,他们也是大型案例汇编的编辑者:威利斯顿、科宾、普罗瑟和斯科特。其他许多教授则主要以案例汇编而出名。这说明了这样的一个领域(而且是某些令人不太恭维的领域):一个教授可以靠着将教学素材汇整在一起,而且(时常)很少做什么其他的事情,就能获得威望和名声。20世纪80年代及90年代,法律学术的领域扩大了——有一些法学教授确实着手撰写真正的书籍。但是案例汇编的鼎盛时光并没有由此告别。首先,重要的案例汇编可以赚钱,有时候是财源滚滚。而且案例汇编也比过去宽泛多了。兰德尔最初的案例选辑(1870年),确实是一本货真价实的案例汇编,其中绝对没有其他任何内容。到了20世纪30年代,少数居先锋位置的案例汇编的内容已经比较宽泛了。1933年,哥伦比亚大学的艾伯特·C.雅各布(Albert C. Jacobs)出版了一本《亲属法案例与资料》(*Cases and Materials on Domestic Relations*)。该书毫不吝啬地填充了成文法、历史学及社会学的大量佐料。12页的序言,竟然还包含有关于"当代苏联的家庭"的两页内容。另一个打破惯例的案例汇编(极其冗长)是由耶鲁大学麦尔斯·麦克杜格尔(Myres McDougal)和戴维·哈伯(David Haber)1948年编辑的《资产、财富、土地:分配、计划和发展》(*Property, Wealth, Land: Allocation, Planning, and Development*)。

一般说来,20世纪90年代的案例汇编,涵盖了比案例更多的内容。其中通常会填满不少注释和问题;它们有时候会包括一些来自法律评论中的文章,间或加入一些历史、哲学、经济或社会学方面的资料。因此,由马克·A.富兰克林(Marc A. Franklin)和罗伯特·L.拉宾(Robert L. Rabin)编辑的第六版《侵权行为法及其他选择:案例及素材》(*Tort Law and Alternatives: Cases and Materials*, 1996),给学生们摘录了一些理查德·波斯纳、吉多·卡拉布雷西(Guido Calabresi)、理查德·爱泼斯坦(Richard Epstein)、小奥利弗·温德尔·霍姆斯的短篇文章。其他案例汇编，离兰德尔一丝不苟的规范显然相距甚远。由马克·A. 罗斯坦（Mark A. Rothstein）及兰斯·利布曼（Lance Liebman）编辑的第四版《雇佣法》（*Employment Law*, 1998），在该书第 4 页摘录了教宗约翰·保罗二世有关人造物的一个通谕（encyclical），在第 7 页则摘录了斯塔德斯·特克尔（Studs Terkel）的著作《工作着》（*Working*）。相对通常的案例汇编而言，1992 年出版的两卷本《契约：行动中的法律》（*Contracts: Law in Action*）是个杰出的例外；该书共有两卷，这是由威斯康星大学的斯图尔特·麦考利所领导的一个团队编辑出版的，十分重视其主题的环境以及社会意义。不过，坦诚地说，大部分的案例选辑仍旧是相当传统的，学生们浏览这些东西可能也只比浏览"其他的东西"多一点点而已。如果它不是真的"法律"，为什么要过多地关注它？如果在考试时不会有机会考到这些，为什么要阅读它们呢？

美国的法律思潮

法律哲学从来都不是美国法理学家们的长项。20 世纪中确实出现了一些名人；20 世纪末，在所有仍然在世的哲学家中，罗纳德·德沃金（Ronald Dworkin）或许是最有名的；尤其是他在 1977 年的著作《认真对待权利》（*Taking Rights Seriously*）。罗斯科·庞德（Roscoe Pound，1870—1964 年）可能是美国法理学领域最多产、最著名的人物；他也是一名教育家，担任哈佛法学院院长多年，是学术界居高临下的大人物。庞德出生于堪萨斯州，在家接受母亲的教育，后来在内布拉斯加大学就学，在那里他研读的是植物学。他的学位论文是论"内布拉斯加州的植物地理学"，是对他故乡的真菌类植物进行透彻的研究。庞德曾经在法律与菌类植物间摇摆不定。因为植物学的就业限额，庞德便前往哈佛法学院就读一年。回到内布拉斯加州后，他和父亲一同工作，并获得了内布拉斯加州的律师资格。他先是担任内布拉斯加州最高法院的委员——一种临时的法官——后来成为内布拉斯加大学法学院院长(1903年)。几乎就在这一刻,他开始疯狂地写作。稍后,他从内布拉斯加大学转往西北大学(1907年),接着去了芝加哥大学,然后是哈佛大学(1910年);他在哈佛任教直到退休。1916年,他成为哈佛法学院院长,并在这个位子上服务了20年。

庞德早期的著作是公然的改良主义者。在20世纪初,他批评"洛克纳时代"形式主义者的判决。在1906年一场著名的演讲中,庞德公开指责"民众对司法行政部门不满的原因,是法律规则的机械化运用"。[111]在庞德后来的著作中,他提出的诊治方案就被称为"社会学上的法理学"(sociological jurisprudence),尽管其中可以称之为社会学的内容非常稀有。在哈佛法学院担任院长时,庞德的记录是混杂的:他为学术自由辩护,并任用具远见的教师。但是随着时间的移转,他变得越来越保守。他是个改良者,但是他基本上是个技术面的改良者:对庞德而言,法律的缺点是技术的缺点,以及想象力上的不足。他似乎从未想过,法官可能有政治偏见,或者规则可能被扭曲。

庞德也是著名的反现实主义者——他辛辣地批评20世纪20年代骤然出现的法律现实主义运动。[112]很难说法律现实主义到底包括什么内容,说它不是什么,可能更容易一些。它不是形式主义、它拒绝兰德尔冷漠和演绎的风格。"现实主义者"是一个色彩斑斓的大杂烩,他们共同的想法是:法律需要修订;它与现实格格不入,在变迁的世界中,法律落在社会之后踯躅而行。法律现实主义或许是另一股美国社会思潮的一部分:热衷怀疑,倾向于为社会局势寻求社会解释,对旧时代的正统持批判态度。[113]

此外,现实主义落入许多类型。有些人相信实证性研究,这些研究试图找出法律实际上是如何运作的——有些人的确做了一些这类研究。其他大部分的人则是"法律原则怀疑论者"(rule-skeptics),也就是说,他们怀疑法官以恪守形式上的法律推理为基础所作出的判决。他们嘲笑兰德尔的"法律科学"的想法。他们认为,法律的逻辑能说明的东西甚少。一些更微妙的因素在其中起着作用:经济因素、法官的偏见与个性、政治的风云以及一般意义上的文化。

1930年,专长于枯燥的企业重组的纽约"查德贝尔、斯坦彻菲尔德及利维律师事务所"(Chadbourne, Stanchfield, and Levy)的律师杰罗姆·弗兰克(Jerome Frank,1889—1957年)出版了《法律与现代精神》(Law and the Modern Mind)一书。这本书的一部分,是弗兰克利用每天从位于哈德逊河畔的克罗顿家中前往纽约上班时在市郊火车上完成的。本书相当引人注目,它让"弗兰克从朦胧晦涩的公司法领域弹入了……法律现实主义的前沿阵地"。[114]弗兰克后来成为新政时期的律师、证券交易管理委员会的主席,后来自1941年起,成为联邦第二巡回上诉法院的法官。

弗兰克是个失眠患者和一个典型的书呆子,也是一个身怀奇才的作家。《法律与现代精神》是他所有著作中最著名或者说是最臭名昭著的一本。这是一本奇怪的书,是受西格蒙德·弗洛伊德催眠术影响下的正统法律现实主义。弗兰克攻击法律形式主义——该主义以为法律由已知的规范组成并可以机械式地适用,这简直是个神话。他说,这是"法律确定性的幻象与教条"。弗兰克又说,法律"并不是一台机器,法官不是机器的监护人。过去没有而且将来也不会有一个固定和预先已经裁定的规则实体"。案件并不是由规则决定的,规则不过是在上面套上了法官思想的"夜礼服"而已。换言之,法律确定性是个神话。弗兰克认为,人们想要神话。他们想要信仰一个舒适的和可控制的世界,就像是当他们非常年幼时,应该相信他们的父亲一样。法律"几乎取代了那个父亲,作为一个无瑕疵的信仰,一个对每个年幼生命都是必要的"。[115]

瑟曼·阿诺德(1891—1969年)则是另一个重要的现实主义者。阿诺德出生于怀俄明州,拥有长久和卓越的人生经历,他担任过律师、法学教授、新政时期华盛顿的"联邦反托拉斯检察官";哥伦比亚特区上诉法院法官(1943—1945年);华盛顿"阿诺德、福塔斯和波特律师事务所"(Arnold, Fortas, and Porter)的创始人和合伙人。阿诺德是个高产的作家,最出名的著作包括《政府的象征》(The Symbols of Government, 1935),《资本主义的民间传说》(The Folklore of Capitalism, 1937)。阿诺德以刻薄和讥讽的笔调,痛斥那些主宰着(他认为的)法律、政府以及经济生活的"神话""教条""迷信"及"民间传说"。不过,这些信仰是一股"结合起来的力量",和"引力定律一样神秘莫测"。阿诺德对正规的法律原则感到没有耐心;他说美国法律协会(忙于"重述"法律)的会员,是"一群坐成一圈,正在照本宣科轮流阅读法律的一伙人"。他说,"宪法的用语无足轻重,因为它展现了当前的虚妄以及民间传说,而不是规则"。[116]

第三位重要的法律现实主义者,也是20世纪法学界最令人神魂颠倒的思想家和作家,就是卡尔·卢埃林(1893—1962年)。一个同事称他"是法学院的世界里离奇的外国放射性物质"。[117]卢埃林出生于西雅图,毕业于耶鲁大学法学院。他在德国读书,用德文写作,第一次世界大战时他为德国一方战斗(还获颁铁十字勋章);一种日耳曼语的病毒感染了他的写作风格(指坏的那一面),但是他不曾想对此加以剔除。他是一个兴趣广泛和聪明的人,还是一个业余的诗人(而且还不算糟糕),一个结婚多次的男人,一个严重的嗜酒者(或许是个酗酒者),还是一名卓越的法学教授,大部分时候待在哥伦比亚大学,最后几年则在芝加哥大学。

卢埃林撰写了一些关键的论文,有助于给法律现实主义下定义。

对卢埃林而言,法律现实主义(他坚持,这并不是一个学派,而是个人的"运动")同意一些核心性想法:法律是"社会的结果……而不是结果本身";"不相信传统法律的原则及概念"能成为法律制度的实际运作;并坚持以法律产生的结果来对任何部分的法律加以评估。[118]或许,关键就在于反对形式主义:原则的自治性概念、社会意义的独立性概念,以及确实是由原则决定具体案件的概念。卢埃林也撰写了《荆棘丛》(*The Bramble Bush*,1930),以活泼机智的方式为法学院学生介绍法律。他与人类学者亚当森·霍贝尔(E. Adamson Hoebel)合著《夏安族之路》(*The Cheyenne Way*,1941),成为有关非西方社会法律研究的先驱性著作。而且如同我们所看到的,他是"统一商事法典"背后重要的推动者之一。

法律现实主义运动其本身并没有任何明显的政治倾向。但是,许多现实主义者至少都有一些轻微的左倾。许多成为新政实行者。如同芭芭拉·弗莱德(Barbara Fried)指出的,"形式主义的方法学批判"背后,事实上是一个"实质的议程"(substantive agenda)。现实主义者渴望去"揭露"关于"独立、自我调节之市场"的神话。他们想要表述,市场事实上"必然是由运作市场的法律制度构成的"。[119]毕竟,形式主义充当了一个外表、一个屏风,表面上在为判决辩护,实质上是反对进步的,如同今天的"严格的结构主义者"(strict constructionism)就是保守目标的编码。这些想要揭穿形式主义面纱的人,确实希望法院可以响应某种进步的改革;在最坏的状况下,能保持中立并且不制造伤害。

在一个重要的意义上说,法律现实主义最后几乎完全地击败了它的敌人。今天,假如你告诉一群法律教授(或者律师),你认为政治对法律制度有重要的影响;原则在法律制度中很有弹性,并不如其外表看上去那样稳固;你相信法律并不是也完全不能是中立的,以及其他类似的观点,他们大概会打着呵欠并赞同你的说法。(许多19世纪聪明的律师和法学家也会接受这种温和的一般性观点。)至于他们怎么对待这些乏味的想法,则是另一个问题了。就学术而言,即使在现实主义横扫整个学术界后,大部分被称之为法律的"研究"仍旧属于落后于时代的东西而已。不过,还是有越来越多(不同的)例外的。

法律现实主义是20世纪20年代及30年代的产物。所谓的法律过程学派(legal process school)则在20世纪50年代高调风行;它的孕育中心是哈佛大学。在某种程度上,这个"学派"试图穿越两峰间的狭路:一边是法律现实主义,一边是法律形式主义。法律程序学派的学者都相当愿意承认,形式主义是已经死去的干尸。但是,当他们读到现实主义者最后的消息时,不禁惊恐地退缩:法律只是政治学、经济学,或者个人的幻想,或其他此类的事情。像是朗·富勒(Lon Fuller)这样的法律程序学派人士认为,他们已经发现两者之间难以捉摸的基础:一种"程序的道德"可以成为"独立的结果"。[120]他们退一步承认,法官确实拥有权力,但是法官也有义务去抑制其自身。应该去问的是:什么是最佳的制度化方法来处理特殊的议题?立法机关、法院,或者行政机关是最适合的机构吗?或者这些议题应该留待"私人秩序"(private ordering)来处理?如果你能准确地回答这些问题,你就会找到一种理性的法律秩序,如果它并不永远是公正的话。如果争议不适合由法院解决,那么法院就不应该插足那些该由国会、总统或市政府决定的事。

在第二次世界大战后,大部分的法学者都有些左倾,当然有些节制:总的说来,新政的民主党人都是左倾的。他们发现自己的世界立刻遭逢来自左右两派的攻击。左派的攻击,即批判法学研究,在1977年第一场会议后像发射火箭一样不期而至。[121]哈佛法学院的邓肯·肯尼迪(Duncan Kennedy)和罗伯托·昂格尔(Roberto Unger)是主要人物。粗糙而且人性的"批判",让当权者深感恐惧,好像这些人是投掷

494 炸弹的激进分子一样。他们真实的讯息很难被证实;他们分享某种野蛮、无政府的失礼;但是他们从来也没有受到敬仰,也不曾取得过一致的意见。他们攻击依旧幸存的形式主义领导者;然而他们同时也与主导法学院的空洞无趣的自由派结仇。总之,有关限制性、合理性以及"合理的推论"等,都是无稽之谈。法律天然地带有政治性;它不曾是中立的,也从来不仅仅只是程序或过程;相反地,法律总是站在有钱和有权的那一方;法律应该被废弃、被揭露和被解构。批判法学者"讥笑"那种认为法律可以是"中立、客观或无政治意义的"观点。[122]

当然,法律现实主义传播的信息版本还是比较温和的;而将法律放在显微镜底下仔细检验的社会学家,他们传递出的信息则是属于他们自己的那种较严苛的版本(没有规范的阐述)。但是这些批评者之间产生了杂音;他们愤怒,而且在口头上有分歧;他们有时也喧闹、机敏,甚至喜欢戏谑。对公共关系的技巧,他们并不陌生;而且许多年轻的学者认为,至少和他们枯燥阴沉、自命不凡但又无可救药的竞争者比起来,他们相当具有持久的诱惑力。很多年轻的学者开始行进在这个颇受欢迎的旗帜之下。

批判法学的研究是喧闹的,但是它有关话语与概念的战斗本身,并不是法学学术;整体说来,批判并没有探究任何问题;许多"批判"(尽管并非全部)对实证研究和资料来说,用处甚微或者说毫无用处。但是,无论如何,这个运动对学术界产生了影响。尤其是它催生了"批判理论"的附带形式——明显是在20世纪80年代,由德里克·贝尔(Derrick Bell)等学者以及哈佛法学院教师们所领导的"批判种族理论"(critical race theory)。[123]批判种族理论家们同意,法律确实由社会、经济、政治精英所主宰牵引。但是,它们从批判法学学派分离出来,强化了种族关系正在败坏的国家;种族而不是阶级,是他们分析的重点。马瑞·马特苏达(Mari Matsuda)和帕特丽夏·威廉斯(Patricia Williams)是这个学派的杰出者。批判种族理论从而产生附属理论,锁定拉丁裔及亚裔,而不是黑人。[124]"批判"法学运动的命运,是美国左派一般命运的症状。他们始于对阶级的广泛攻击,结果碎裂成为不同的运动,而每一个都相当坚守自身的个性、自我牺牲的感受以及自身的工作计划。

来自右翼对旧秩序的攻击,是"法律与经济运动"(law and economics movement)。它是硬性科学与软性意识形态的古怪结合体。它在学术界获得令人吃惊的成功。一些思潮共同促生了这个运动。最后它带来庞大的文献;它对学术、学校课程以及对法律的态度产生了实际上的冲击。本质上,这个运动将经济思想运用到了法律问题上来。哪一个原则有效率,哪一个原则没效率?经济上的冲击对某个领域、对那些原则、法律机构意味着什么?使法律与经济运动引起争议——并且也同时提供它许多强心剂,是它的政治意义。整体而言,法律与政治都是极度保守的。基本上,它的"经济"是米尔顿·弗里德曼(Milton Friedman)的自由市场经济——而非凯恩斯的经济学或其他自由劳动经济学家的经济学。"法律与经济运动"成功的原因之一,是它填补了一个空白。这个空白是在向内生长的、脱离世俗的、枯燥无味的正统法学丧失了它大部分的光泽及合法性时所遗留下的真空。守旧的法律教授认为,法律问题的答案非对即错。如果你从有效的法律原则开始,适用有效的推理,就能得到合理的和正确的答案。法律现实主义者要彻底击溃这种信仰,但是经济学家拒绝走得太远:承认法律问题没有有效的答案。的确,许多法律经济学家都说:如果你问对问题——就存在对的答案。无怪乎有些规则或布局在逻辑上是"正确的"——那是又老又差的方法,而它在经济上是有意义的。而且只有经济学家可以告诉你,它们到底是否有意义。

早在20世纪40年代末期,就有一位经济学家在芝加哥法学院任教。[125]自从芝加哥大学在20世纪50年代起开始兴盛后,它就一直在提供法律与经济方面很强的知识基础。此外,芝加哥大学在法律与经济运动领域的居功至伟,和一个名叫理查德·波斯纳的学者有关;此人后来被里根总统任命为联邦法官(第七巡回上诉法院)。波斯纳出版过一本《法律的经济分析》(Economic Analysis of Law, 1972),后来被再版过若干次。波斯纳在他的书中主张,经济是分析法律问题"有力的工具"。他分析法律的"基础假设是,人在追求生活的终极目标方面,是一个理性的最大化者";人们的行为"可以透过改变他们的动机而有所改变"。[126]他同时也写出大量有乐趣的、多姿多彩的学术作品,从性到原始人类到克林顿总统弹劾案的审判。[127]这部作品的有些部分相当轻松愉悦,有些令人恼怒,有些具有大胆的洞察力,有些带有粗糙和焦虑;但是整体而言,这是一项令人好奇的成就——而且波斯纳法官一边写着著作,一边还在撰写法律意见书;到了20世纪末,他仍旧相当强健——他或许是美国国内最多产的,著作被引用率最高的(有数据可以证明)法律学者。

事实上,波斯纳并没有经济学博士学位;他其实是个才华横溢的业余经济学家。但是,经常——虽然不总是如此——法学院在20世纪80年代及90年代开始聘用同时拥有经济学学位和法律学位的男性(偶尔会雇用女性)。在某些学校,经济学家被看重的程度远远不是象征性主义的意味:有些精英法学院聘请了三位、四位,或甚至五位的经济学家担任教职。没有其他社会科学曾达到如此代表性的段位;其他社会科学都不曾打破法学院孤立冷漠的围墙。如今,在一些显而易见的和经济议题敏感的领域,如反垄断法领域,都需要这些有经济学背景的教师去上课。不过,经济学的思考渗透到其他各个领域:契约、侵权行为、商业合作,只不过在名字上看是几个最显而易见的。因为经济思想整体而言是保守的,法律与经济吸引来的经费,远比法律社会学要容易得多。

而且,经济是一门科学;或者曾经是如此声称的。它最有力的主张是,它毕竟是不受价值影响的。作为见证者,波斯纳在讨论《瓦格纳法案》时,他说这是"赞同垄断劳力政策"的"决定性的一步"。他说,在谈到工会时,如果使用垄断这个字眼,有些读者可能会"感到愤慨"。但是"这个用语是很精确的,并没有任何轻蔑的意思隐含其中"。经济是"一种积极的科学,并不是规范科学"。因此,一个经济学家"若在任何语境下谴责垄断的话,就偏离了其专业领域"。[128]但是,显然大众都认为"垄断"是一种罪恶;而且这个词汇充满了"贬损的寓意",即便它穿上了科学的万圣节服饰。

自兰德尔以来,法律学者都倾向以自我为中心,唯我独尊,对法律以外的学科漠不关心或者欠缺观察意识。到了20世纪末,法学院变得更具有渗透性。在很大程度上,它们反映出大学及社会的其他方面。一个征兆就是"女性主义法理学"(feminist jurisprudence)的兴起。20世纪60年代以前,法学界很少谈论女性问题。但是接着女性开始成群结队地进入这个专业,她们中有学生、老师、院长、律师,甚至是法官。女性在法学院里撰写与男性一样的课题——特别是,但她们同时也开始生产女权主义的著作。

"女性主义法理学"是个意义相当宽泛的词语,包括各类趋势、各种形式与规模。其中一个最没有争议的目标,就是揭开被掩盖的城市面目:强调男性向来忽视、搪塞的那些有关女性的法律生命与法律利益。有些思潮是比较激进的。凯瑟琳·麦金农把性骚扰推至舞台的中心点,开展了反色情的运动,提出一个相当坚定、"不可改变"的女性主义。她的语言总是那么尖锐、辛辣和大胆,尽管有时候会有些固执。[129]

第十五章　内部的法律文化

法律评论期刊

所有这些法学者的真实文献——正统的、保守的或改革的,大部分都会首先出现在那些相当特殊的期刊中,即"法律评论"期刊。这可以追溯到19世纪末,当时首次出现了《哈佛法律评论》。关于这些期刊最特别之处,就在于他们几乎完全是由学生们操办的。典型的法律评论期刊分为两个部分:前半部是由法学教授撰写的文章,后半部的"判例注释"或者(最近才出现的)由学生们撰写的短篇文章。大部分法学院也让学生自行决定哪些文章可以刊登在期刊的前半部,而不经过任何异地同领域行家的审阅。换句话说,在大部分法学院中,教授的著作是由学生来评判的。(创刊于1906年的西北大学《伊利诺伊法律评论》[The Illinois Law Review]是个例外,该刊由教授自己编辑的。)[130]通常,这些学生也会编辑这些教师们作为投稿人的著作,而且是以一种报复的心态在评头论足、横批竖砍,要求引文的完全正确性,有时候甚至破坏般地重组、改写乃至冠履倒易,让哭笑不得的作者发现自己的作品已经面目全非。

有人可能会认为,法学教授作为一个群体应该会站起身捣毁这个让学术阶层上下颠倒的制度。相反地,大部分的法学教授似乎(或曾经好像)都很珍视它。部分是因为这是一个传统;更重要的是,教授自己也大致是这个制度的毕业生——当他们还在学时,都是法律评论期刊的编辑,而且他们从中学会如何从前辈的作品里获取有用知识的艰难路径。只有法学院的精英们,才可以"参与编辑法律评论期刊"——这些男人(还有后来加入的女人)的成绩必须非常好;最好的律师事务所会从法律评论期刊的编辑排名中来招募新的入职律师;招募新教授的法学院也是从这个群体中寻找。如此看来,这个制度被包裹上了荣誉、传承和声望的外衣。它变得坚不可摧——更重要的因素是,法学院里真正的学术研究是如此虚弱和可疑。

在1900年,全美只有7所大学有法律评论期刊。到了20世纪中期,所有想获得卓著声誉的法学院都有了法律评论期刊,而且数量大幅升至70种左右,大部分是冗长、枯燥和无趣的法律原则的阐述。在"饱和的市场上",大部分法律评论期刊"只有有限的传播";而他们"即刻的影响力"是"令人失望的",因为它们"主要的读者是法学教师们"。[131]即使如此,仍旧没有学校胆敢改变这个制度。

在20世纪50年代,70种期刊看起来似乎已经很多了;不过真正的数量爆炸倒还没有到来。终于,几乎所有的法学院都将精力和金钱投注于法律评论期刊的出版上。1985年,共有超过300种期刊;到了20世纪90年代末期,则超过400种。没有节制生育的药品来抑制法律评论期刊的繁殖。因为,事实上每所法学院都会出版一本,至于更有野心的和调门很高的法学院还不止出版了一本。哈佛法学院显然就出版了9本或10本;而杜兰大学法学院有6本、圣母大学法学院有5本、天普大学法学院有4本。[132]在大部分的其他学术领域,如经济、哲学等,只有为数不多的领衔期刊;文章必须简明扼要。但是,在法学院的世界里却不是如此。长篇文章是常态——并且受到欢迎;依据一项估计,每年有15万页需要被填满,有15万张嘴要填饱。1985年,法律评论期刊中,每篇文章的平均长度为41.83页。[133]不过,70页或者100页的文章并不是什么特殊的事。《弗吉尼亚州法律评论》第82卷有一篇文章长达229页,附带有769个注释。这绝对不是最长纪录。

这些期刊不仅在数量上令人苦闷,而且也冗长得令人烦恼;即便放在图书馆的书架上,也是相当拥挤。《哈佛法律评论》每年出版8期,每年的总页数都超过2 000页。1997年的《密歇根法律评论》(*Michigan Law Review*)第95卷共有2 658页。《罗格斯法律评论》

(*Rutgers Law Review*)第95卷共有2 658页。《罗格斯法律评论》第50卷共有2 321页。这些都是其中最厚重的法律评论期刊。每年1 000页或许是常态。

499 　　名列前茅的此类出版物是泛泛的法律通论,它们是法律评论中的旗舰,但依旧是综合意义上的评论;它们刊载有关各种法律主题的文章。无论其他学校出版了多少法律评论期刊,《哈佛法律评论》仅仅只有一本。哈佛的其他刊物则比较专业化。其他法学院大致如此。专门的期刊也都有它们自己的历史。西北大学的《美国刑法及犯罪学协会期刊》(*Journal of the American Institute of Criminal Law and Criminology*)是在1910年首次创刊的。[134]其他则大多在20世纪30年代及40年代创刊,像名声显赫的《法律与当代问题》(*Law and Contemporary Problems*),便是在杜克大学法学院诞生的。第二次世界大战后,新期刊源源不断地涌现出来:20世纪50年代出现10种新期刊,包括《法律与经济学杂志》(*Journal of Law and Economics*,1958);20世纪60年代有26种,70年代有60种,80年代有90种,90年代有超过135种。国际法是特别迷人的主题:将近有一半的法学院都出版某种已经全球化了或者正在全球化之中的期刊。当然,许多专门的期刊设置了很高的标准,而且还真的有些贡献;但不少期刊则是什么都没有。有些逃出了法学院学生的魔掌;它们使用同行审阅制度。当然,同行们可能和学生一样追求时髦并身怀偏见,不过至少他们还可以预知自己正在说些什么。

　　很多年来,法律评论期刊的标准和内容已经有所改变。在19世纪和20世纪交汇时,从非常传统的意义来说,它们是有关法律(主要是判例法)的评论。到了20世纪末,它们像令人迷惑的万花筒,在学术方面有各种多样的形式和突变。你可以发现批判理论、经济分析、法律与文学、女性主义法理学、批判种族理论,有关哲学、社会建构及解构的资料乃至规范的社会科学；随着教义被拆解和替代，你可以发现回归方程式、"叙述体"（narrative）、博弈论，以及任何当前知识界从最坚硬到最柔软的各种东西。的确，在20世纪90年代，你很有可能看到涉及福柯（Michael Foucault）、哈贝马斯（Jürgen Habermas）、罗蒂（Richard Rorty）或是凯瑟琳·麦金农，而不是布莱克斯通（William Blackstone），或者那些已故的白种人所写的论著。

　　这种改变是逐渐发生的。以1904年《哥伦比亚法律评论》（*Columbia Law Review*）为例，我发现没有哪一条参考数据的出处可以说是非法律专业的，而注释也几乎都是案例及成文法规。其间，例如1950年的法律评论期刊，内容大部分还是法律专业的——案例、成文法和论文，不过也有文章会引用法律评论期刊，或是一点点其他的材料。但是，到了20世纪末，情况就大不一样了。我随意地从斯坦福大学图书馆书架上拿了一本1999年《北卡罗来纳法律评论》（*North Carolina Law Review*）。我发现注释的出处从埃德蒙·柏克（Edmund Burke）、哈耶克（F. A. Hayek）、路德维希·冯·米塞斯（Ludwig von Mises）、詹姆斯·M. 布坎南（James M. Buchanan）、迈克尔和卡尔·波兰尼（Michael and Karl Polanyi）、戈登·伍德（Gordon Wood）、亚历克西·德·托克维尔（Alexis de Tocqueville）、黑格尔（Hegel）、克劳德-李维-施特劳斯（Claude Lévi-Strauss）、布洛尼斯拉夫·马林诺夫斯基（Bronislaw Malinowsky）、马塞尔·莫斯（Marcel Mauss）、欧文·戈夫曼（Erving Goffman）、加里·贝克尔（Gary Becker），一直到理查德·蒂特马斯（Richard Titmuss）——我这里提及的只不过是其中很少的一些著名人士而已。这些伟人中大概没有哪一个是美国律师协会的会员。

　　从而，法律评论期刊开始追求时髦。这些投稿作品是为谁而写的呢？大部分是为他们自己和学术界。法院确实比过去更常引用法律评论期刊。在1900年10月的会期，联邦最高法院引用了1篇法律评论期刊的文章;在1978年的会期,则引用了286篇文章(《哈佛法律评论》被引用过40次,是最大赢家)。[135]联邦最高法院或其他法院,偶尔也会采用来自法律评论期刊文章中的想法或学说。然而这是否反映了任何我们可以称之为"影响"的东西,则是另一个问题。在真实世界中的律师真的会阅读法律评论期刊吗?非常令人怀疑。但是,他们应该阅读吗?很难从法律评论期刊中找到实际的指导方针。论及福柯或者凯瑟琳·麦金农的文章,对一般的执业律师是无用的。律师需要的,是针对他们写的书,可以帮助他们的书;有关律师工作实务的书。这种书数量众多,通常会以袖珍本或活页附录不断更新。20世纪90年代的律师从计算机数据库上学得的事也越来越多;像是Lexis及Westlaw的法律数据库,它们提供法条全部内容,让检索权威性资料的工作变得容易许多。法律图书馆也充斥着许多电脑设备,甚至威胁到书架的存在;学生越来越仰赖电脑,"上网"找数据,寄电子邮件给朋友,或是玩扑克牌游戏。

即使法律评论期刊对外部世界的用处并不大,但是它们对法学院的文化却是一个重要的窗口;它们可能会告诉我们律师的想法,因为许多作者都会穿过这道门进入法律职业。1900年,法律评论期刊比较关注与详细说明法律。2000年,它们大部分都在关注对法律的批评,或者建议改革。整体而言,法律评论期刊的文章的作者们对法院并不很重视;他们对立法机关或行政体系也不会给予特别尊重。他们全都是现实主义者,或者都是后现实主义者;他们不相信"法律科学",尽管法律科学已经在欧洲获得承认(而且是早在兰德尔的时代)——法律科学是条理分明的和有系统有序的规则组合,几乎是数学之美的组合。然而在美国,法律是一套混杂的和人为制作的工具、装置与设施。为了经济和社会的目的,你使用法律和操纵法律。制定法律有点像制作手工艺品,而作者们最高的目标就是去打磨一个争论,把它修饰成精美的成品,使其达到他们可以赞美的服务功能。他们撰写的内容大部分是规范性的;而且他们相当聪明、"博学"并孤芳自赏。

法律史的兴起

在相当程度上,现代的美国法律史研究应当归功于一个人的创造——威拉德·赫斯特(1910—1997年)。威拉德·赫斯特出生于伊利诺伊州的罗克福德(Rockford);他就读于哈佛法学院,但是整个学术生涯都萦绕于威斯康星大学法学院。1950年,赫斯特出版了《美国法律的成长:立法者》(The Growth of American Law:The Lawmakers);1956年出版了《法律及自由的条件》(Law and the Conditions of Freedom),这是一篇简短但才华横溢的论文,探讨了19世纪美国法律的本质。他的代表作是1964年出版的《法律与经济的成长:威斯康星州木材工业法律史,1836-1915年》(Law and Economic Growth:The Legal History of the Lumber Industry in Wisconsin,1836-1915)。他事无巨细地探索了法律与木材工业间的"互动":它们如何相互作用和如何彼此影响。[136]在写作这些书籍前的黑暗时代,美国法律史是非常形式主义的;法律被视为狭隘的自给自足的小岛。法律为何成长和改变是神秘莫测的:或许存在一些未知的内部计划的指令。赫斯特撬开深锁的大门,将法律带回社会,作为社会的一部分,连同它的骨肉一起。他打破了法律史与一般社会史或经济史的屏障。

赫斯特也是一个天赐的良师益友,他建立了法律史的"威斯康星学派"(Wisconsin school),但他的影响则远远大于这个词语的意味。他的方法影响了下一代的法律史学家,像是加州大学伯克利分校的哈里·谢伯(Harry Scheiber)以及本书的作者;他的影响力甚至及于诸如莫顿·霍维茨(Morton Horwitz)这样的学者,尽管霍维茨和赫斯特在私人接触上甚少。事实上,自赫斯特出现以后的所有法律史学,即使在尽力修正赫斯特的启示,但都不可避免地属于"赫斯特学派"。的确,年轻法律史学家试图对抗赫斯特的影响,这样的反应,或许倒是赫斯特思想持续性力量的最大见证。

法律与社会

当然,"赫斯特学派"的观点超越了法律历史。的确,"赫斯特学派"对"法律与社会运动"有所影响。20 世纪 20 年代,有相当多法律社会研究的活动,这是法律现实主义运动自然发展的结果。[137]有些现实主义者对空谈(或者"说废话")没有兴趣,他们还想要探究法律世界到底发生了什么事。巴尔的摩的约翰·霍普金斯法律协会(Johns Hopkins Institute of Law)是 20 世纪 30 年代的一个研究机构,主要专注于法律制度的科学研究。这个机构存续的时间很短暂。它确实出版了一些研究成果,例如两卷本充满实事陈述和表格的有关马里兰州离婚法的研究。[138]但是,经济大萧条毁灭了这个研究机构。也有一些个体学者的著作,例如耶鲁大学的安德海尔·摩尔(Underhill Moor)对商业交易作了很多研究。而卡尔·卢埃林,如我们所看到的,与人类学家亚当森·霍贝尔一同合作研究夏安族部落的"法律方法"。[139]

第二次世界大战后,人们对社会科学突破性发展产生了强烈的期望。生物学及物理学都迈出了相当大的步履,社会科学为什么不是如此呢?社会学家发现(或重新发现)法律,似乎是合乎情理的事情;如果有医疗社会学、运动社会学和宗教社会学,为什么没有法律社会学呢?更何况还有一些经费可以使用。20 世纪 50 年代初期,福特基金会在芝加哥大学法学院资助法律的观察和实验方面的研究;这项研究的成果之一,就是哈里·凯尔文和汉斯·蔡瑟尔(Hans Zeisel)的著名调查《美国陪审团》(*The American Jury*, 1964)。布朗案的判决是一个触发因素。从历史上说,社会学对法律总是持有怀疑;"习俗"——也就是不属于法定结构部分的习惯及规范,似乎也具有极大的重要性。法律是正规的、无生命力的和虚饰的,它把社会真实的运作遮蔽了。然而,这里有个革命性的鲜活例证,法律在种族关系大变革中,似乎扮演了极为重要的角色。一群年轻的社会学家对这种安排并不满意,于是他们设立了一个"法律与社会协会"(Law and Society Association)。[140] 1964年8月在蒙特利尔,他们在"美国社会学协会"(American Sociological Association)举办的一次会议的早餐会中非正式地聚集在一起。他们创设了一个松散的委员会来推动法律的社会研究。早期的领导人包括威斯康星大学教授哈里·波尔(Harry Ball),以及丹佛大学教授罗伯特·耶格(Robert Yegge)。1964年11月,作为一个非营利的法人,"法律与社会协会"在科罗拉多州正式成立。其他学科的成员很快便纷纷加入;其中有一个从威斯康星大学发展出来的团体特别重要,在那个法学院里,赫斯特的影响力极强;威斯康星大学也有一群来自不同学科的社会科学批评家,这些人对法律秩序怀有兴趣。其他大学,包括丹佛大学、加州大学伯克利分校、西北大学也有类似的兴趣。这个协会出版时事通讯,自1966年开始,出版了《法律与社会评论》(*Law and Society Review*)期刊。第一位主编是一名社会学家,理查德·施瓦茨(Richard D. Schowartz)。施瓦茨谈及在律师与社会学家之间这类"跨学科间对话"的"逐渐增加之需求"。法律政策"影响着整个社会";它是社会里各种制度要素同时流动的导管。这本评论期刊的目标在于促进"专业核心"的形成,人们可以"自由地从原来的学科基地进入相关的领域"。[141]

事实上,如同施瓦茨的话所提示的,大部分"法律与社会协会"的会员,并不是律师或法律专家,而是来自政治学界、心理学界、社会学界、人类学界等相关学科。不过,一小群法律学者也登上了这班列车。法学教授曾经是这个协会的会长或委员会的委员;不少人作出了许多贡献。[142]不论是不是律师,协会的成员都试图建立一个检验法律制度实际运作的组织;试图钻进表象之下,以及超越主导法学教育及正统法律学研究的上诉案件之外。或许并没有相当大的突破;没有什么值得被颁发诺贝尔奖的发现。但是,资料搜集、中档品质的理论以及耐心地去挖掘那些被埋葬的繁华,并不会被讥笑。有一些作品相当引人注目:斯图尔特·麦考利的经典文章(1963年),论述威斯康星州商人使用及未使用契约法的方法;以及马克·加兰特的一些论文,尤其是针对"有钱人"为什么常赢得诉讼的研究,这是一篇非常令人钦佩、大量被引用的文章。[143]

504 "法律与社会协会"是一个综合性伞形组织。逐年来它稳定地发展。20世纪90年代,其会员数已经超过1000人;而年度会议吸引了上百名学者来阅读和点评论文,或是对家长里短来说三道四,寻找志趣相投者和共同研究者。在法律心理学和其他领域周围,更小型的并且相似的组织发展起来了,例如,法律人类学。研究法院与法律的政治学家已经组织了"美国政治学协会"(American Political Science Association)的特别机构;这些会员们在"美国政治学协会"的年度会议里谈论自己感兴趣的话题并交换论文。还出现了一些有趣的法律与社会运动的次级专业领域,例如,陪审团研究便吸引了不少心理学家的注意。[144]

只有在法学院,传统的学术秩序被明镜高悬。虽然边缘有点破旧和磨损,不过核心部分仍是完整无缺。如同约翰·施莱格尔(John Schlegel)所说,学生仍旧觉得"法律就是有关规则的知识"。教授仍旧给他们"一大堆上诉案件去细嚼慢咽"。在法学院,"法律是规则的概念仍是压倒一切的,就像比利时原产的林堡干酪气味一般"。[145]然而并不是每个人都会被这种气味所诱惑。

第十六章

20 世纪的美国法律文化

前一章主要针对的是可称之为内部的法律文化,即涉及法官、律师、陪审员的法律专业世界。

当然,内部的法律文化并不是在真空中存在,它有其内在的动力;但是它连接了许多不同的渠道并与一般意义的法律文化相互关联:普通人群的态度、意见和观点;不管是投资银行业者、工厂工人、护士、公交车驾驶员等。两种文化彼此联结的方式,一直是本书的中心议题——或许是本书的中心议题:像是多元平等的兴起的议题;导致赔偿责任激增的态度转变的议题;将刑法典中一系列犯罪行为清扫掉的性革命议题;以及对于这些改变的反击和反应的议题。

任何一本类似本书一样内容庞大宽泛的书籍,都不得不做出概括性的归纳内容。美国是一个非常复杂的国家。很明显地,民权运动似乎引发了一种连锁反应;到了 2000 年,美国白人对美国黑人的态度,或者美国黑人对美国白人的态度,已经不是 20 世纪 50 年代的模样了——也绝对不是 1900 年时的样子了。但是改变有多大?有多深?有多少人被改变?截至目前,大家已经达成一个共识,那就是美国的种族隔离政策是错误的,而且必须永远也不要被重演。但是这个共识以及其他的"共识"都只是相对的。重大的法律改变总是意味着存在有某种共识,不过这必然也意味着某种程度的冲突。没有人需要法律来迫使他们做那些即使没有法律规定，他们也已经在做或将会去做的事。每一处发生改变的地方，都是或大或小冲突产生的地方。不管表面看起来多平静，许多事情都在暗中运行。法律命令通常只会向我们展示单调无趣的指令；有时候只有在显微镜下，我们才能看到有锯齿的边缘、粗糙的外形和充满微生物的世界。

多元平等在20世纪中发展迅速。到了20世纪末，大街上美国人的面孔已经和以往截然不同——美国的种族更多样，白人的领地越来越小了。人们的穿着不同，思想不同，吃不同的食物；确切地说，生活在不同的世界。但是并不是每个人都对社会的改变感到高兴。多元平等无法摆脱强烈的排外主义倾向以及美国生活的偏执。快速并且令人烦恼的变化，给某些人带来了极度的不满。他们寻找代罪羔羊，寻找敌人。他们认为自己看见的敌人是阴险狡猾和不可信任的，他们发自内心地厌恶这些人。敌人的名单包括世界产业劳工联盟（IWW）、赤色共产党人、无神论者、激进的同性恋者；或是中央情报局、联邦调查局、一般意义上的"政府"；甚至是撒旦和他的代表。美国是一个情感强烈、信念深刻的国家，并非所有人都温和可亲。

宗教及法律：一个案件研究

美国过去是而且现在也是一个对宗教信仰十分热情的国家。民意测验显示，大多数的美国人经常去做礼拜并且是虔诚的教徒。然而在20世纪的最后20年，没有比基督教右翼作为一个政治力量突然地出现更让都市的自由主义者们感到惊讶的了。到了20世纪末，这种影响似乎有些衰退；出现了否定之否定的反击力量。真正的问题并不是为什么基督教基本教义派会拥有政治力量，而是这一大群人如何、在什么时候、为什么发出声音并被组织了起来。基督教右翼的行动，在许多方面可以和民权运动相对比。他们似乎像是阴阳对立的两极。但是在它们背后隐藏着的,同样都是美国文化中的东西:拒绝服从专家意见,拒绝设定权威。

表面上看来,这似乎是矛盾的,或者明白无误就是错的。保守的基督教徒似乎迷恋于攀附传统的权威。然而,他们同时对权威既遵从又不遵从。他们将《圣经》当做上帝的原意,并坚持他们要完全遵从于它。但是他们断然拒绝遵从科学专家或接受过教育的精英们——另一种既定的权威。

一个能加以阐明的案件是1925年田纳西州著名的"猴子"审判案。[1]如同其他南方各州,田纳西州曾经通过法律,禁止在公立学校教授达尔文的进化论。24岁的约翰·T.斯科普斯(John T. Scopes),是田纳西州代顿市(Dayton)一所高中的科学教师及兼职足球教练;他在这个经受考验的案件中,扮演牺牲的羔羊。这个庭审案在科学与旧时代宗教之间引发了戏剧性的对质,并带有(如同在美国经常有的)兜售的意味。代顿市当地的神父们将本案视为让自己城镇曝光的方法。这个宣传价值上百万美元,而且能免费地把游客们吸引过来。代顿市确实引起注目(并不只是它想要的东西),不过游客带来的钱并不多,还是有点令人失望。这个案件本身绝对是个敏感的案件。记者们涌入代顿市,大量有关此案件的讯息透过电报向全国各地及国外媒体发出。在审判中,知名的两方律师拉开架势相互攻防。威廉·詹宁斯·布莱恩为旧时代的宗教辩护。布莱恩,这位"伟大的平民",曾经三次出马竞选民主党总统候选人(全都失败了)。克莱伦斯·丹诺则为达尔文、现代性和自由思想而发声,他曾是美国最有名的庭审律师。

本案实际的结果从来没有引起太多争议;无论如何,斯科普斯确实违反了法律。丹诺的目标是让这部法律、这桩诉讼案件以及布莱恩这个人显得荒谬不堪。对他而言,最高的得分发生在如此热点的议题的争辩中他对布莱恩的反问:比如,一头鲸鱼真的可以吞下约拿(Jonah),或者该隐(Cain)的妻子是从哪儿来的,以及此类有关圣经的问题。²没有人关心斯科普斯实际上发生了什么事;这名学校老师在审判上几乎难以引人注目。双方都声称自己赢了。审判结束后不久,布莱恩在一个午睡中与世长辞。在斯科普斯审判的神话中,他是一个失败者,他为一个失败的理由进行了辩护。但这个理由完全是虚幻的。

斯科普斯的审判实际上是什么?很多方面:当然指的是宗教的基本要义。然而,这也是一个在逐渐多元化的社会中的民主问题:关于州政府(以及大众)决定学校应该或不应该教授什么课程的权力。所有的科学家都相信进化论,但许多完全没有受过科学训练的人,想法会截然不同。谁能说服谁呢?

在斯科普斯审判的传奇里,这个案件成为一个转折点;斯科普斯失败了,但是科学和现代性取胜了,丹诺取胜了。然而,斯科普斯案中的争议不曾真正逝去,不论是特定争议(进化论),或是另外两个更宽泛的争议:首先是宗教在美国公共生活中的角色;第二(与前者有关),在此角色中谁有控制权和决定权?阿肯色州也有反进化论法,该法律在1928年由公民投票制定(在斯科普斯的审判后)。该法律禁止任何公立学校(包括大学!)教授"任何有关人类出自或演化来自低等动物的理论或学说"。学校大都不理会这项法律;但是在20世纪60年代,阿肯色州的教师协会决定对它发出挑战。一个年轻的生物老师,苏珊·爱普森(Susan Epperson)出面担任原告。³联邦最高法院宣布该法律无效。因为该法律规定教授进化论违法的唯一理由"只因为这与《创世记》提供的特定解释相矛盾",该法律是一种"设立国教"的法律,这是被宪法第一修正案所禁止的事情。⁴1987年,联邦最高法院也推翻了路易斯安那州的《神创论法案》(Creationism Act);该法律错误地规定,公立学校教授进化论是违法的,除非它们附加教授"创世科学"(creation science),并给予两者"平衡的对待"。联邦最高法院认为这同样也是"设立国教"。[5]

然而,即便如此,这件事情还是没有结束。晚至 1999 年,这个争议又被重新提起,这一次是在堪萨斯州。堪萨斯州的教育委员会投票"删除所有本州公立学校提及进化论的科学课程"。如果学校愿意,也可以教授进化论;但是,该委员会实际上要求地方学校委员会完全忽略进化论。堪萨斯州的投票人后来把保守派从教育委员会驱逐了出去;不过,这场小型的事件发生的时间和地点依然令人惊讶不已。[6]

在欧洲,教导神创论(或者不教导进化论)的想法是不可想象的。当然,如此差异的一个理由是因为美国的宗教狂热。这多是对源自缺乏想象力的、圣经上的旧日宗教的热情。这种宗教的烙印在欧洲似乎是罕见的。不过,这只是故事的一部分,而且是很没有趣味的一部分。另一个部分则催生了非中央化。美国的政府是个混合体,而学校事务特别具有地方性。一个由华盛顿经营的单一的、中央集中系统的教育制度,也许和现行的制度有很大的不同,而在现行的制度中,教育系统则是分散和独立的。第三点或许是最具有决定性意义的。欧洲国家之所以无法忍受神创论,是因为那些笃信科学的男男女女们的反对。在如何去经营学校、如何去管理社会的问题上,欧洲精英、知识分子、专家比美国同行们拥有更多的发言权。

尽管存在狂热,但是美国的宗教信仰随着时间的推移有了完全的改变。20 世纪末,美国人深受美国多元主义的影响。信仰也反映了现代的权力以及富有表现力的个人主义。对美国人来说,信仰是一桩极为私人的事务。许多美国人不再相信只有一种真实的信仰(在旧式观念中的);他们认为每个人都有自己真正的信仰,而所有人都不得不自行选择自己的信仰。就某种意义而言,所有的信仰都是正当的。对于非天主教徒或非浸信会教徒会直接下地狱的想法,大部分的美国人简直接受不了。当一个美国天主教家庭的隔壁邻居是新教徒,而女儿可能会嫁给犹太人或者路德教派,他们年轻的、留着胡子的儿子刚刚成了佛教徒时,他们到底会怎么想呢?

当然,许多宗教的正式教义与这种宽容是背道而驰的。但是,美国人一般都很少注重或根本就不注重这种教义。他们对个人救赎和个人的精神世界感兴趣;这是心灵的情感,并不是神学教义。换句话说,宗教是个人对救世主的追求;每个人都走在自己的路上。

宗教的社会意义的改变,是导致许多宗教与州政府案件发生的基础。其中最著名的,就是"威斯康星州诉尤德案"(*Wisconsin v. Yoder*, 1972)。[7]被告是"旧式阿米什教派"(Old Order Amish)与"阿米什保守派门诺教会"(Conservative Amish Mennonite Church)的成员。他们住在威斯康星州格林郡。本质上,他们的宗教使他们转身背对着现代世界。威斯康星州的法律要求,儿童必须进入学校,接受义务教育直至16岁;阿米什人则希望他们的子女在接受完初等小学教育并通晓读写算的基础知识后,就可以离开学校。被告主张,中学与"阿米什人的宗教与生活方式是相违背的"。事实上,让他们的子女进中学就读,可能会"使他们自己及其子女的救赎蒙受危难"。阿米什人主张,这些学校教导的价值,与阿米什教派的价值"不一致":学校重视成功的价值、社会生活的价值、竞争的价值和追求自我卓越的价值。阿米什教派拒绝所有这些价值。中学将威胁阿米什教派社会的核心价值。

联邦最高法院同意了阿米什教派这些主张。阿米什教派的权利——他们宗教信仰的自由,已经危在旦夕;威斯康星州和其学校法必须做出妥协。当然,这是一桩有关旧时宗教的案件,有关一个最保守、最基本的宗教的案件。然而吊诡的是,本案自身散发着浓厚的现代性气息:在一个多元的社会中,多数族群可以忍受——甚至可以授权或赞赏那些拒绝这个社会及其多元主义的人。尘世的最高法院对超脱世俗的阿米什教派的旧秩序给予了保释(bailed out)。

宗教与法律

《权利法案》用来处理宗教问题的是宪法第一修正案:美国国会"不得制定法律确立国教或禁止信仰自由"。"确立"条款及"自由行使"条款有些不一致的地方,而且在处理这两者上,都曾遭遇麻烦。确立条款使宗教与州政府间形成有名的"分隔墙"(wall of separation);不过,自由行使的条款则告诉州政府不得妨碍或干预宗教或宗教崇拜。

如同我们所看到的,联邦最高法院原本将《权利法案》限缩适用于联邦政府上(而且引入美国国会,使得这个解释貌似特别符合宪法第一修正案);后来,联邦最高法院使用"并入原则"(incorporation doctrine),裁定大部分(并非全部)的《权利法案》适用于州政府,因为宪法第十四修正案"神秘地"将它们包括在内。对于《权利法案》这些部分而言,确确实实是非常基础性的部分。宗教条款达到这个标准并不难。

因为美国的宗教多元主义以及少数宗教团体的选举投票实力,使得宗教议题成为舞台焦点。例如在20世纪末时,美国天主教徒占全部人口的四分之一。1925年,在"皮尔斯诉姊妹会案"(Pierce v. Society of Sisters)中,联邦最高法院推翻了一项俄勒冈州的法律(是透过倡议权制定的),该法律规定私立学校是不合法的。[8]这是"三K党"宠爱的计划,而且露骨地反对天主教。到了20世纪40年代末,教会学校并不是个问题。的确,在有大量天主教人口及大型教会学校系统的州内,天主教徒的投票人对自己为孩子上学需要支付两倍学费的事实表示愤恨:一次是作为纳税人角色,然后再一次是支付学费的父母角色。毕竟他们将孩子送往私立学校读书后,会帮助州政府节省下一笔钱。

他们应该得到一些经济利益,这样似乎才公平合理。

1947年的"埃弗森诉教育委员会案"(Everson v. Board of Education),对新泽西州的一则法律发出了挑战。该法允许地方教育委员会补偿孩童乘坐校车的费用,包括乘坐校车到教会学校就读的费用。[9]联邦最高法院高调宣布,"不论是州政府或联邦政府,都不得确立教派,也不得通过法律资助任何一个特定的宗教或所有的宗教,或者偏护某一个宗教"。宗教及州政府间的隔离之墙必须坚固、高大和坚不可摧。尽管这是一段鼓舞人心的话语,不过联邦最高法院最后还是以微弱多数裁定新泽西州的法律可以被接受。它并没有推翻这道墙,或"确立"一个宗教信仰。它仅仅是帮助孩子们——所有的学童——安全地去上学了。4位大法官对此持不同意见。

在"恩格尔诉瓦伊塔尔案"(Engel v. Vitale,1962)中,联邦最高法院必须决定公立学校可以在助长宗教方面走多远。[10]对于宗教,学校曾经完全不会感到手足无措;从带领学生阅读《圣经》到在学校进行祷告。但是到了20世纪60年代,多元平等在文化上已经有了强势的涉足。"恩格尔案"关切的是所谓"评议委员会的祈祷文"(Regents prayer)。纽约州评议委员会制作了一篇祈祷文,他们认为这些内容相当平和,而且无涉宗教的教派,足以用来在课堂上朗读:"全能的上帝,我们懂得依赖您,祈求您赐福给我们、我们的父母、我们的老师和我们的国家。"对于美国公民自由联盟、美国犹太人委员会(American Jewish Committee)及联邦最高法院本身来说,还不够平和。联邦最高法院说,"制定法定祈祷文不是政府事务的组成部分"。一年后,联邦最高法院推翻了宾夕法尼亚州的一项法律,该法规定公立学校每天需要在课堂上高声朗读十节《圣经》。这倒也算是"设立宗教"的行为了,因此是"违宪的"。[11]

在联邦最高法院作过的所有判决中,恐怕很难找到比有关学校祈祷文的判决更不受欢迎的了。国会议员愤怒地斥责联邦最高法院,称他们的禁令是共产主义的;而且如果你相信民意调查的话,大部分的美国民众都同意类似看法。不过,联邦最高法院对于此案在原则上绝不动摇;也不曾犹豫过,而且还曾经推展这个原则。阿拉巴马州授权学校在每天第一节上课前,"默想或自愿祈祷"一分钟,即便如此温和的规定也遭到推翻;联邦最高法院说,该法没有"当今世界的目的",这是伪装下的祈祷法规,必须被去除(1985年)。[12]有关修改宪法以便允许在学校祈祷的提案总是层出不穷——罗纳德·里根总统就是提案人之一——不过这些提案在出发点上就都通不过。

为什么这些规定能如此强壮?或许是因为大多数的国会议员都知道,要改变它太困难了,太有争议性了。千百万名虔诚信奉宗教的美国人简直不能理解,为什么学校的儿童不可以被鼓励去祷告?那份纽约州的祈祷文何错之有?然而,如何处理少数人的宗教,如何处理无信仰的人,如何避免冒犯到某些人——这些结构性的问题是如此根深蒂固,以至于在这个有许许多多不同宗教的社会里,在这个犹太教徒、穆斯林教徒、佛教徒以及无信仰者的数目不断成长的社会里——在学校集体祈祷就是不可行,除非是在同构型非常高的社群里,也许甚至连那里也未必能行。律师懂得,法官懂得,学校官员也明白。[13]但是,一般的普罗大众未曾想到过这些结构性问题,他们还没有被说服。

当然,有关学校祈祷的决定有更深沉的意义。有一些关于多元平等的案件。宗教宽容在美国有过一段相当长期的和高尚的历史(除了少数极糟糕的例外)。没有人因为宗教因素被烧死,除了19世纪的暴民确实曾烧毁了一两个女修道院,还有摩门教曾遭受到严酷的迫害。20世纪20年代的"三K党"激烈地反对天主教。另外在种族大熔炉里,总是多多少少有些上流社会的反犹人主义者在煲炖着什么;在整个20世纪50年代,许多俱乐部、某些城郊社区、许多法律事务所以及不少产业都不欢迎犹太人。另一方面,清真寺、教堂、寺庙和犹太会堂则照常开放并且和平地在运行。不过,在19世纪,宽容这些宗教根本不成问题。他们不曾主张象征性的价值对等。规范地说来,大权由美国新教徒在握。

整个学校课程都浸透了新教的气质。如我们所见到的,天主教花了很多金钱,建立了他们自己的学校制度,这有一部分是对不加掩饰的公立学校的新教色彩的回应。被联邦最高法院推翻的宾夕法尼亚州法规下令教师(在被解雇的痛苦中)"每天上课前至少朗读十节《圣经》……不附任何评论"。这样的规定绝非唯一的案例。[14]1911年北达科他州正式宣布,《圣经》"不是……一本宗教书籍"。因此,"它不应当被任何公立学校剔除"。至少,北达科他州的法律,让阅读《圣经》成为可选择性的;并补充规定,没有学生"在违背其父母的意愿的情况下,被要求阅读《圣经》,或者在课堂上朗读《圣经》"。[15]

513 因为某种原因,在其他州,尤其是中西部,世俗的势力跃跃欲试,并且严格强调州政府与教会的分离。自19世纪开始,内布拉斯加州州宪法就已经规定(第七章第11条)"任何学校或机构,都不得以全部或部分公共基金资助宗教教学";任何州的土地或经费,都不得资助"任何宗教的或被教派控制的学校"。在1902年的一件案子中,内布拉斯加州最高法院解释州宪法,主张学校内不得朗读《圣经》或唱圣歌。[16]有趣的是,两名罗马天主教徒提出一个支持这个立场的陈述书,他们说:"我们不打算乖乖地让自己的喉咙被强制地灌入新教徒的《圣经》版本。"

联邦最高法院在20世纪60年代的判决很重要,尽管这些判决强化了原本已经在路途中的一种趋势。祈祷被赶出学校,因为多元主义使得它越来越不具备可操作性。已经越来越难找到任何宗教的公分母。最终,如果想要不冒犯到任何人,实在难以包装宗教,学校(和法院)就完全放弃了努力。宗教则委婉地做了妥协。

的确,许多有虔诚信仰的父母深感困扰,因为学校现在完全属于无神论的领地。学校在教授进化论。他们禁止祈祷和阅读《圣经》。他们不教导任何有关宗教的内容。这样便使得学校成了宗教的敌对者。当然,父母有他们的观点。严格说来,中立是个幻觉。即使沉默,也是意识形态的一种。2001年时,公立学校都忽视宗教这个世界上最有力的社会力量。但是,或许很恰当地说,谴责这种沉默的父母们,同时也会不赞成纯粹"客观"地研究宗教,或者在社会的、历史的或比较意义上的宗教课程。最后,沉默似乎是最安全的课程。

联邦最高法院继续与资助教会学校的州政府博弈。1969年,罗得岛州通过一项"薪酬补助"法案。州政府可以资助教授非宗教课程的私立学校教师,补助金额最多可达其现在薪水的15%。私立学校发现支付竞争性的薪酬很困难。在罗得岛州,"私立学校"与"天主教学校"实际上是同义词。在本案判决时,有250名教师申请补助,他们全都在天主教学校工作。

在"雷蒙诉库兹曼案"(*Lemon v. Kurtzman*, 1971)中,联邦最高法院宣告罗得岛州的计划无效。[17]首席大法官沃伦·伯格建立了三个检验州法律的标准,只要一构成"设立宗教",就必须忍受检验。首先,该法规必须有"非宗教的立法目的";第二,"其主要的效用既不是促进宗教也不能是抑制宗教";第三,"其不得促使州政府与宗教产生多度的牵连"。在罗得岛州的案件中,联邦最高法院裁定,州政府与宗教"牵连"太过深了。

联邦最高法院至今尚未否决这些"雷蒙案"检验标准;但是许多评论家认为这些检验标准的"雷蒙"实在是太多。大部分是因为它们太模糊不定以至于难以适用。罗得岛州是1984年另一件案子的焦点;这一次的争议是波塔基特市(Pawtucket)的圣诞节装饰。这个城市与地方零售商合作,在公共场地上放置圣诞装饰品。包括有圣诞老人的房子、拉着雪橇的驯鹿、白底有条纹图案的立杆、圣诞树、"小丑、大象和泰迪熊"的图案,还有一个耶稣诞生的塑像。争议就在于耶稣诞生的塑像:这宗教意味太过分了?联邦最高法院微弱的多数认为,耶稣诞生塑像不违背"雷蒙案"检验标准;如果主张这些"标志"将造成"创立州教"的威胁,实在过于牵强。[18]

有太多说法可以支持这个结果(也有许多说法可以反对这个结果);双方都可以轻松地援引"雷蒙案"——这就是这个"检验标准"的问题之一。斯卡利亚大法官特别讨厌这套"雷蒙案"检验标准。在一个经典和有趣的文章段落里,他将这套标准比喻为"深夜恐怖电影中的食尸鬼,在反复被杀死并埋葬后,一而再再而三地从自己的坟墓中坐起,并来回游荡"。[19]或许真是如此;不过在找到更好的东西之前,"雷蒙案"检验标准像是个仍旧存活着的死者进入了新的千禧年。

从某种意义上说,在"鲍勃·琼斯大学诉美国案"(*Bob Jones University v. U. S.*,1983)中的问题,就是协助宗教问题的反转。[20]鲍勃·琼斯大学是南卡罗来纳州格林威尔市的一所学校,该校的老师都必须是"虔诚的基督教徒",而且在这个学校里全部的课程都必须"依据《圣经》来授课"。依据该校规定,任何学生如果有"异族通婚",或者与"其他种族的人谈恋爱"的情形,便会遭到立即开除。国内税务局取消了该校的免税额度,因为该校的种族类规定违反了"国家政策"。该校主张,这些规定是基于"虔诚的宗教信仰"。但是联邦最高法院站在了国内税务局一边。此处,多元平等胜过了宗教。本案增强了宗教保守主义者视自己为无神论和自由主义当权派牺牲者的意识。此案刺激了基督教右翼;20世纪80年代以后,基督教右翼在政治上扮演了重要的角色,尤其在美国南方。

包容与感应

20世纪末教会与州政府的争议,比较巧合地发生在"李诉威斯曼案"(*Lee v. Weisman*,1992)中——这是另外一件罗得岛州的案件。[21] 当时14岁的黛博拉·威斯曼(Deborah Weisman)毕业于普罗维登斯(Providence)的内森主教中学。在毕业典礼上祈祷是该校的惯例。在黛博拉毕业那年,校长邀请犹太教拉比莱斯利·格特曼(Leslie Gutterman)来发表祈祷文。校长交给格特曼拉比一本手册《不同场合之市民指南》,该手册是由全国基督徒与犹太教徒会议(National Conference of Christians and Jews)所准备的。该手册协助提供在何种场合应该祈祷什么内容的建议——基本上是无宗教性的祈祷文,以及"包容与感应"的祈祷文。

格特曼拉比这样做了。在祈祷中,他提到"在美国的遗产中被颂扬的多样性,并被保护的少数民族权利"。他的祷告是温和并且虔诚的:他表达对神的感激,"赋予我们学习的能力""让我们活着,支持我们,允许我们达到这个特别的和快乐的场景。"[22]

尽管如此温和,黛博拉·威斯曼和她的父亲仍旧觉得格特曼拉比的祷告是具有冒犯性的。他们反对任何祈祷。他们到联邦法院,得到一项命令,告知该学区未来停止这种祈祷。联邦最高法院受理本案,肯认下级法院的判决,但是票数属于短兵相接(5比4)。多数派将这个活动列为"设立国教"。事实上,没有人被迫参加毕业典礼;但是,当然大部分的学生希望可以参加,也确实都去参加了;因此这种为校方鼓励的毕业典礼,发挥了(法院所说)"敏感的强制性压力"。

斯卡利亚大法官代表4名持不同意见的大法官发言;表示不同意并且态度相当暴烈。依据斯卡利亚大法官这个夸张大师的说法,多数派的意见"损毁了与公立学校自身一样古老的毕业典礼传统"。他指控大多数的"社会工程"显然是非常糟糕的。依据斯卡利亚大法官的说法,宪法不能寄托在"大法官们易变的哲学偏好"之上。宪法必须以"我们人民的历史实践"来加以解释。他以一个小型的专题演讲为结尾,其中涉及人们自愿一同祈祷的奇妙效果。格特曼拉比的"单纯、激励人心的祈祷",事实上将会预防听众的"宗教的固执和偏见"。就此理由而言,禁止这种活动是"没有意义的"。

斯卡利亚的争辩自有其价值。但是,他对于"历史"及"传统"的看法有致命的错误。在19世纪,任何一所公立学校做梦都不敢想象去邀请一位拉比来主持祈祷;不论它们邀请谁——确定无疑是位新教牧师,而且他绝对会比格特曼拉比更能代表宗教派系。在斯卡利亚大法官所指的"传统"繁荣的时期,绝对不会有人在祈祷中提到"多样性"或者"少数人的权利"。如我们所看到的,公立学校事实上是非常褊狭的:褊狭到足以将天主教排除出局。

普罗维登斯的学校和格特曼拉比一样,无疑地衷心希望能是包容与有感应的。在一个深深地恪守(宗教)多元论的社会中,这样的包容与感应到底是否足够,则是另一个问题——而且是一个会让联邦最高法院分裂为两部分的问题。然而斯卡利亚大法官带有怒气的异见,掩盖住一个更广阔的共识领域。斯卡利亚大法官是名天主教徒,如果学校强迫学生聆听祈祷,或者参加祈祷,或者祈祷人公然地突出教派,他无疑会加入法院的多数意见。联邦最高法院的多数派,将"设立国教"的条款解读为一个多元中立的纲领;而且,最后,联邦最高法院的其他大法官原则上并没有反对。

个人主义的胜利

宗教的讨论带来20世纪普通文化的重要变化:个人的胜利,自我的得意。这个世纪被罗伯特·贝拉(Robert Bellah)称之为"有表现力的个人主义"(expressive individualism)的世纪:是指一个人最高的需求及目标,就是发展、实现自我;形成一个独特的、令人满意的生活及生活方式,实现个人成功、拯救、成就和快乐。[23]个人权利的想法,暗示着一种拥有自己的文化或反文化的权利——包括移动、改变、修改文化的权利。"有表现力的个人主义"的时代,是一个容忍各种宗教,包括那些许多人过去会认为是愚昧之极的信仰。它允许反对个人价值的阿米什教派——即使他们继续存活在与外界封闭隔绝的世界中。(至于阿米什教派的生活方式在电视与网络的世界中是否可以存活下来,则是另一个问题。)

表面上,20世纪末的法律与社会似乎赞扬团体的权利——如黑人的权利、华裔的权利、同性恋的权利、女性的权利、残疾人的权利,等等。然而,很重要的是,这些团体的权利,其实是个人的权利。授权给予女性,意味着让女性选择她们所想要得到的东西——这是非常个人的选择。如同我们所说的,摒除偏见和歧视使得游戏场变得平坦;但是,这是为了谁呢?是为了个人。由此扩张成为选择权的菜单。盲人可以在工厂工作。同性恋可以竞选议员。黑人可以担任法官。女性可以烹饪、缝纫,或者打棒球,或者驾驶飞机。"团体的权利"不过是主流趋势的别名。

文化和背景

本书的主题是:法律是社会的产物。或许法律有其独自享有的生命,但即便如此,它的生命也是非常有限的。法律确实有自己的语言。它有自己的惯例和仪式。本书讨论的每件案子,都展现出一个法律议题;每一个都被律师用绳弦与胶水包扎在专业术语的披风之中。但是每件案件——每个成文法,每个实施细则——都有其各自的来龙去脉。是这个背景首先让这个问题成为问题——定义它、构建它,并协助控制、影响最终解决问题的制度(或者无法解决问题)路径。

我们已经讨论过乔·卡罗尔·拉弗勒的案子(1974年)。[24]她是克利夫兰市市中心的公立学校——帕特里克亨利初中三年级的一名教师;她因为怀孕而被解雇。拉弗勒是个斗士。她向她的教师工会寻求帮助,但是教师工会的首脑告诉她:"就回家去把孩子生下来吧。"拉弗勒只好"孤注一掷",转向美国公民自由联盟寻求协助;他们也拒绝帮助她。但是,一个女性团体接了这个案子,并请一位名叫简·皮克尔(Jane Picker)的法学教授承担本案的诉讼责任。

在这场拉弗勒最后败诉的审判中,克利夫兰学校委员会为它们的政策辩护。课堂上有一个怀孕的教师,是"令人尴尬的";学生时常"对此止不住地进行讥笑"。另外也有法庭上的作证有关怀孕女性的健康问题,以及有虐待倾向的学生对这些女性教师造成的危险。本案最后到了联邦最高法院;在此,拉弗勒赢得了非同小可的胜利。宪法第十四修正案保护"个人选择的自由",这包括怀孕的权利。克利夫兰学校的政策对这个权利附加了很大的负担。如我们所看到的,拉弗勒的案子迈出了性别平等的一步。

法律争议是相当复杂的,包括州政府是否可以或者什么时候可以专注于"无可辩驳的推定"。后来,联邦最高法院从本案的某些部分退却。就法律上而言,这只是联邦最高法院历史上的一个注脚。但是,这个案件总体而言相当符合20世纪法律文化的趋势。

最初是由拉弗勒自己引起的。如同她讲述的自己的故事,与学校规则的最初战斗部分地"激怒"了她。当时,在她学校的女性"还不准许穿着裤子……我最后成为这群的其中一分子……这实在太荒谬了,当时是冬天,非常冷,我们明天全都要穿裤子到校"。[25]她们赢得了这场斗争。拉弗勒开始有了权利意识,开始成为女性平等主义者,开始成为一个有表现力的个人主义者。事实上,她已经成为20世纪末法律诉讼的典型。

本案也有关性别革命。首先,这个法规的要点究竟是什么?健康的理由散发着伪善的气味。如我们所看到的,这些规定事实上反映了残存的维多利亚式道德。一个怀孕妇女通过她的凸显的身体,展现的是人类性行为的事实。基于类似的理由,有些学校拒绝让已婚的学生(合法结婚的学生)参与课外活动。他们可以去学校,不过仅此而已。1972年,一个想要打棒球的已婚学生挑战这项规定,并获得胜诉。[26]在一件印第安纳州的案子中(1975年),中学教育官员是这样解释这些规定背后的政策的:已婚的学生是"坏的"榜样;他们可能和其他学生讨论"婚姻的亲昵行为",沉溺于堕落的"更衣室谈话"。[27]

当然,这看上去太幼稚了。比起其他未婚但爱模仿的同学来说,已婚的学生或许没那么喜欢喋喋不休地谈论他们的性生活。另一方面,已婚的学生如同怀孕的教师,就像是一个会行走的禁忌广告牌。到了20世纪70年代,这些理念已经全军覆没。它们被一种粗粝的性欲现实超越了。如同拉弗勒自己指出的,在她的学校里,怀孕并不是什么新鲜事;她班上一名"才12岁的女生就已经怀孕了"。拉弗勒认为自己并不是什么耻辱尴尬的人,而是一个"好的榜样",是家庭生活与产前护理的榜样。

519 　　最后,本案表明了组织机构面临新文化、新社会规范而挣扎的角色。拉弗勒先是向自己所属的教师工会寻求帮助,然后是美国公民自由联盟,然后是女性团体。她需要有组织机构协助她走完所有的路途,直到实现目的。对着联邦最高法院呐喊,需要花费很多钱。美国公民自由联盟、全国有色人种协进会、公益性法律事务所(有些议题的两方面的代理人)——若没有这些机构存在,20世纪的法律将会面目全非。

第三部

现在的生活方式：里根和后里根时代

第十七章

后退和进步:反对改革和它的余悸

描述(如同本书)结束于最近时间的事情,是有特殊风险的。近期的历史难以总结概括。像陈年的美酒一样,历史需要时间去沉淀。近期历史总是充满争议。并不是很多人对拜占庭的希腊有自己的看法;而只有少数人对美国内战有自己的看法;但是每个人都认为自己是自己那个时代的专家。

20世纪的最后20年,是保守主义的20年。1980年当选美国总统的罗纳德·里根,在很多方面都非常平庸:有些懒散,在大部分议题上出奇地无知,有时甚至非常愚蠢且头脑简单。然而他的确有从事政治的天赋。通过某种方式,他成功地在那个时代打下了自己的烙印。在某种程度上,这是因为他的个人品格囊括了普通的美国白人如此多的潜在需求、偏见和意向,而且因为他是个经验丰富的演员,他可以凭借其不可思议的演技,将这些东西展现在国家舞台上。并不是从富兰克林·罗斯福开始,美国总统才拥有同公众沟通的才能,里根才是名副其实的"最伟大的沟通者"。而且,与以往的时代不同的是,20世纪末,沟通便是全部。托马斯·杰斐逊是一位优秀的沟通者吗?有人在乎吗?

里根的继任者是乔治·布什,再其次是民主党人威廉·杰斐逊·克林顿,他两次入主白宫,但是克林顿是"新民主党人",那就是说,他在某些议题上相当保守;无论如何,在1994年之后,他不得不忍耐极其保守的国会;1996年,共和党在国会里丢掉了一些席位,但是仍然控制着国会,甚至在参议院里还增加了不少席位。在20世纪末,他们仍然控制着国会。

里根和布什政府,以及在1994年被选举出来的共和党议会致力于滞后福利国家,遏制司法行动主义,缓和"赔偿责任的膨胀",打击犯罪,并且支持传统宗教和家庭价值观。他们反对政府对商业的监管,希望更少的政府管理,给商业企业一只"自由的手"。总之,他们持有一种反对改革的立场。

但是反对改革是有限度的。里根和他的支持者们反对"过度的"规则,也就是自1965年以来的立法上的太多的反商业偏见。他们不敢触碰社会保障、医疗和公民权利改革的实质。他们只是进行枝枝叶叶的修剪,而不敢将之砍下。或许他们有更远大的目标,但是他们的谨慎性将决定他们能够走多远。

在某些方面,他们比那些连希望都不敢有的人要成功许多。许多事项被提上议程,得到充分的讨论,这些在以前是完全不敢想象的,统一税率和社会保障私有化便是例子。里根政府时期,大幅度的税收缩减,伴随国防开支的增加,引发了巨额的财政赤字。除了其他事务,这使得新的社会启动变得不可能。克林顿的卫生医疗改革处处碰壁,或者说比处处碰壁更糟,因为他的政党在1994年失去了对国会的控制权。在2000年,里根依然活着,尽管一直被老年痴呆症困扰,但是他依然在美国政治中投下戏剧性的阴影。

"后沃伦时代"的司法体系

里根和布什尝试着在联邦最高法院和联邦司法系统中留下自己的足迹,正如他们之前的尼克松曾做过的那样。他们希望任命保守的法官,而不是"激进派"或者"自由派"的法官。他们在很大程度上是成功了。

当厄尔·沃伦辞职的时候,尼克松总统(1969年)任命沃伦·伯格代替他。伯格曾经是一个联邦上诉法院的法官。他比厄尔·沃伦要保守得多。但是伯格仅仅是一位法官,伯格法院简单地保守着这些方式,它并没有对沃伦法院的做法进行革新,但是沃伦法院的大部分遗产被或多或少地保留了下来。伯格法院对"罗伊诉韦德案"进行了判决。[1]的确,伯格是多数派中的一员。

当伯格退休后,里根总统任命最为保守的法官威廉·伦奎斯特代替伯格成为首席人法官(1986年)。尽管克林顿总统任命的两位法官露丝·巴德·金斯伯格和斯蒂芬·布雷耶(Stephen Breyer)在某种程度上矫正了法院的平衡,但是伦奎斯特法院甚至比伯格法院更加保守。

一些任命(不是全部的)在20世纪的后期是头版新闻。1987年里根总统任命罗伯特·博克为大法官,随后便引来了数不清的抗议活动。民主党人控制了参议院。博克极端保守,他公开反对"罗伊诉韦德案"的判决,他认为在宪法文本中没有找到有关如何处理隐私权案件的任何正当理由。在一番激烈的斗争之后,他的任命在一片火药味中被否决了。

博克是一位杰出的法学家,他的私人生活没有任何瑕疵。他的唯一的罪过,就是他的观点。对于大多数人来说,那都是可以进行攻击的目标。然而,他的支持者们认为自由派在诽谤他、中伤他,将他抹黑,换句话说,他真的是"被诋毁和被阻挠住"了。1991年克拉伦斯·托马斯的上任引发了一场更加酸腐和尖刻的过程,不过,比起托马斯的极端保守观点,人们更关注他的人格问题,他到底有没有对安妮塔·希尔(Anita Hill)说过脏话呢?他是色情作品的隐秘粉丝吗?他大声疾呼到,所有的这些都相当于一种"高科技手段的私刑";最后,尽管以非常微弱的优势,他还是赢得了他的职位。[2]

在20世纪末,伦奎斯特法院有个坚固的保守核心:伦奎斯特自己,大法官斯卡利亚和托马斯,以及其他两位保守主义者肯尼迪和奥康纳,他们有时候会持中间立场。另外4名大法官组成了自由派阵营,包括戴维·苏特(David Souter),他是由布什总统任命的"隐形法官"。苏特曾经是新罕布什尔州最高法院的法官,并不是什么名人,人们对他所知甚少。而这恰好是他的优点所在,几乎没有文件记录将他和关键性的议题联系起来,在博克的任命之后,这些看起来似乎是件极好的事情。[3]无论这4位"自由主义者"的思想是否有20世纪50年代或60年代那样的开放自由,这都是公开辩论的话题。然而,在20世纪末,他们是自由主义者能提供的最棒的人选。

因此,在2000年,联邦最高法院的一般性口碑属于非常保守的法院。然而尽管有许多的噪声和不少的攻击,这个老旧系统的核心,总的来说还是出人意料地平衡得很出色:联邦最高法院曾经作出的大部分判决,至少到现在看来似乎是不可逆转的。当然,最高法院也曾做出一些带有保守色彩的而意义又非常重大的判决。忽视里根在任的20年和这20年所留下的遗产,可能是错误的。但是,里根和布什在任期间所制定的法律的正确性,也正验证了他们的法院工作的正确性。从历史的广泛性角度来看,他们做出的改变似乎是微不足道的,不是根本性的;更像是一个人奔跑途中停下来喘口气,而不是像一个人尽可能快地朝着相反的方向在奔跑。

为什么会出现这样的情况?一方面,不会再有可以和新政时期相比的压倒性优势,那个时候共和党很小,是叽叽喳喳的少数派。里根在选民中是相当受欢迎的,但是在很大程度上他必须去面对一个民主党国会。共和党国会在1994年和1996年仅有微弱的优势,但是他们必须去面对一位非常受欢迎而且老谋深算的总统克林顿。更重要的是,美国人的生活结构和美国社会实难改弦更张。人们会渴望那些美好的旧时代,或者怀念旧有的好日子;但是无论是好是坏,那些日子已经一去不复返了。社会结构已经发生了根本性的变化,人们的观念、想法、价值观和习惯也已经发生了根本性的变化。过去的已经过去了,没有人可以将过去的东西重新找回来。而且实际上没有人希望那样,无论他们会说什么。

例如,以种族关系为例。从20世纪50年代开始,少数人群行使权利似乎很顺利;官方的种族隔离被拆除,关键性的市民权利法律得到通过。在里根在任时期,这些进程突然停了下来。从法律上讲,在某些方面开始发生逆转。直接的、公然的、无羞耻的种族歧视现在在法律上是不可能的。但是,种族问题依然是美国社会和政治生活中的一个要素。平权措施是一项点燃激情的议题。它从未真正受到过欢迎;但是,所有的政党都理解,这种行动是必须的。的确,理查德·尼克松总统制定出一份所谓的"费城计划"(Philadelphia plan),它规定与政府签有价值5万或更多美元合同的承包商,必须雇用一定数量的黑人工人。[4]

尼克松的动机受到广泛质疑,而且并不清楚这项计划效果如何。[5]或者,对于任何计划都是这样的。行业工会抵制平权措施。警察局和消防局拒绝雇用黑人,任何形式的平权措施都受到极大的敌意。但是平权措施的案例是非常有力量的。毕竟,奴隶制和种族隔离造成的伤痛太深了,如果你仅仅是摆脱了旧有的障碍,几乎就是在原地踏步而已——这也是某种白人至尊,肯定更加彬彬有礼,而且也不会有施用私刑的暴民;但仍然是一种白人至尊。对于黑人和他们的自由主义盟友而言,教训是很明显的;那就是要采取更有力量的行动。

里根政府和联邦最高法院开始放弃 致的立场。政府反对有关种族和性别的平权措施。这些斗争寻求解决途径到了最高法院。"约翰逊诉圣克拉拉县案"(1987)是一起关于争夺圣克拉拉县高速公路调度员工作的案件。[6]保罗·约翰逊(Paul Johnson)想要得到这份工作而且他认为他是这份工作的最好人选,戴安娜·乔伊斯(Diane Joyce)也想得到这份工作,而从未有女性获得过这份工作。两个人都可以胜任,而约翰逊可能会更好一点。最终乔伊斯得到了这份工作,约翰逊非常愤怒,他用各种方式抗争,一直闹到最高法院。最高法院以6比3的结果小心翼翼地支持平权措施,戴安娜·乔伊斯保住了她的工作。

在1980年的"福利拉夫诉克鲁兹尼克案"(*Fullilove v. Klutznick*)中,平权措施赢得了一场重大的胜利。[7]国会通过一项法律,让少数民族企业在政府合同投标中占有一点优势。联邦最高法院支持这项法律。但是在1995年的"阿达兰德建筑公司诉佩纳案"(*Adarand Constructors, Inc., v. Pena*)中,最高法院似乎改变了想法。[8]交通部已经在科罗拉多州订立了高速公路工作的合同。主要的承包商要求通过招标来供应栏杆。阿达兰德公司是低价的竞标者,但是冈萨雷斯建筑公司赢得了这项转包合同。这是因为如果承包商雇用那些"社会和经济条件有困难的人"(这里指的是西班牙裔美洲人)做替工的话,主合同会提供额外的资金。这是在《小型企业法》(Small Business Act)下的政府政策。联邦最高法院以5比4的微弱多数站在阿达兰德公司这边。任何基于"种族级别"的政府行动都将会受到"最严厉的司法审查"。[9]没有什么可以在这种审查下存活下来。

一年之后,联邦法院规定,在公共法律学校的招生中进行平权措施是违法的。法院认为,宪法一直在重复着一个现代的谏言,那就是肤色无差别,即没有种族特权,白人没有,黑人也没有。[10]这种情况出现在得克萨斯州,无论出于什么原因,最高法院都不受理,而法律在得州和它附近的两个州内继续施行,其他的州则没有施行。在加利福尼亚州,反对平权措施的力量迫使第209号提案(Proposition 209)出现在选票上;这是一种主动积极的方法,在1996年的11月5日,相当大规模的选民赞成此修正案。第209号法律修正案为加州宪法增加了一项条款:本州内在公共求职、教育、合约等领域,不允许对任何人进行差别对待,无论他是什么种族、性别、肤色、人种或国籍。[11]第209号法律修正案的最初结果似乎是非常剧烈的。1997年的秋天,加州大学伯克利分校法学院允许14位黑人学生入学(这是它自身在接受学生数量上的减少),但是他们中没有人来上学;在洛杉矶加州大学(UCLA)法学院,也有这样灾难性的尝试,至少最初是这样的。[12]1997年的秋天,得克萨斯州法学院只招收了4位黑人学生。另一方面,在大学本科生的层面上,这种戏剧性的结果则少很多。

尤其是在20世纪90年代,所有的这一切都可以解读为反对社会变动的强有力的证据。毕竟,这些情况的出现并不是毫无根据的。利益群体和保守派智库扮演了重要的角色。加州大学行政理事会支持第209号法律修正案;而且早在1995年它就开始采取行动反对平权措施了。[13]白人群体是反对赋予黑人和西班牙裔美洲人"特权"的主要群体。"平权措施"无论何时登上选票,它都将受到大众的厌恶。

但是实事求是是很重要的。美国的种族隔离已经灭亡,成了遥不可及的回忆。只有很少数的疯子,在蒙大拿州的帐篷里或在网站上散布一些恶毒的言论,仍然希望建立一个只有白人的共和国。黑人中产阶级正在逐步形成。即使在美国南方,美国白人也接受黑人在政治、职业运动或者电视节目中的角色;他们也接受在餐馆、工作场所、宾馆里取消种族隔离而实现种族融合。旧时代的人或许依然满腹牢骚或者内心深处包含了太多愤恨;但是年轻人认为某种程度的公平是很自然的。20世纪90年代,黑人在总统的内阁中任职。1990年,弗吉尼亚州选举了一位黑人州长,道格拉斯·威尔德(Douglas Wilder),令南方各州大吃一惊。1991年,南方各州的旧民主党员和种族隔离主义者在反对克拉伦斯·托马斯进入联邦最高法院的斗争中,俨然成了领导者,而这位黑人那时和一位白人女性结了婚。可以肯定地说,世界已经变了。

而且,就连平权措施的敌人们也强调说他们也不希望有由纯种白人组成的学校和政府。他们挣扎着去采取各种方法来招收更多的少数民族学生。并不是说种族主义已经灭绝了,远远不是那样的,它仍旧存活着,但是它的特征已经有了非常大的变化。白人反对派运动称自己是一场毫无争议的反对"特殊权利""平等"(无论它是什么意思)的战争。整个国家的人口统计方法也改变了,这也产生了很大的差异。20世纪80年代和90年代成千上万的涌入美国的移民主要是亚洲人和西班牙裔美洲人。美国和以前相比也变得大不一样。你可以在纽约和旧金山的街头上看见各种种族的人或者各族的混血人,而在威奇托和亚特兰大的街头上会看见更多这样的人。所有的这一切都带来了变化。黄金时段的电视节目上、广告上和日常的节目中,到处播放着黑人、华裔、同性恋者、坐在轮椅上的人、西班牙裔美洲人。这些影像甚至渗透到美国最偏远的居民点里。如果仅仅从影响了人们自然和正常的预期的意义上说,它们可能是有一定影响的。

男女之间联系的方式,无论是社会上的还是法律上的,都已经发生了剧烈的变化;而且这些变化似乎是不可逆转的。没有什么方法可以让性别之间的怪物回到装它的魔瓶里。女权主义作为一种意识形态是伤痕累累和危机四伏的,在很多圈子里,对它都有很深的怨恨。但是事实上女权主义已经正式获得确认了。毫无疑问,很多男性非常怀念旧时的好日子,那是一个由男人主导的世界,女人是迷人的,唯命是从的。但是他们在内心深处非常渴望他们的妻子带回家的薪金,有了这些薪金,他们就可以享受更多和更加奢华,或者仅仅是希望通过这些薪金达到家庭收支平衡。正是这位保守分子里根,将第一位女性——桑德拉·戴·奥康纳带进了联邦最高法院。尽管关于堕胎权的斗争依旧在进行着,似乎也应该在这里提一下堕胎权,至少在不久的将来它也应被提到。甚至像同性恋权利这样具有爆炸性的议题,国家也是几番改变立场,或许这是好事:据20世纪90年代的一份调查显示,几乎三分之二的民众认为两个成年人之间自愿达成的男同性恋关系是不违法的。[14]但是,对于大多数人来说,同性恋结婚依然是非常令人厌恶的。有些人声称他们对同性恋的"权利"感到非常满意,尽管他们反对和拒绝他们所说的"特殊权利"。

联邦最高法院对同性关系一直是小心谨慎的。在1986年的鲍尔斯诉哈德维克案(Bowers v. Hardwick)中,迈克尔·哈德维克(Michael Hardwick)被逮捕并被指控违反了佐治亚州鸡奸条例。[15]一位警官闯入他的卧室发现他正在和另一个男人做爱。佐治亚州法律规定,"一个人的生殖器官和另一个人的嘴或者肛门之间的性交行为"是违法的。这项条例的所有条款适用于任何人,不仅仅包括同性恋。最高法院中的5位法官似乎忽略法律的这条规定。他们认为这项条例是完全合法的,他们认为"隐私权"不可以扩大到"同性鸡奸";而另外4位法官持不同意见。

同性权利的有限挫败使得开始于格里斯沃尔德的一系列案件停了下来,但是在"罗伊诉韦德案"中又继续了下来。在外部世界,有很多的反改革主义的证据。1992年科罗拉多州的选民们以54%对46%的微弱优势,通过了一项反同性恋权利的宪法修正案。整个州,包括它的政府机构,各个城市或者学区都不得采用规定"同性恋者、双性恋者的行为或他们之间的关系应该认为是使任何人或任何阶层有权利宣称任何少数派法律、限额偏好、保护性条例或宣称歧视性的基础"的那些法律、条例或者政策。和平常一样,这些措施的捍卫者们认为,这些规定不过是杜绝了少数派本不该享有的"特权"而已。

令人奇怪的是,科罗拉多州最高法院因为违背宪法而取消了这项修正案,而更令人惊奇的是,联邦最高法院竟然以 6 比 3 的结果同意了。[16]科罗拉多州没有权利去挑选同性恋者并使他们屈从于这些障碍。斯卡利亚大法官写出了他的典型的严厉而冷酷的不同意见。他很清晰地表达他对同性恋权利的不满,指出同性恋者是富有的而有权利的精英,他们有着与之"不相称的政治权利"(disproportionate political power)。[17]这种观点(或者说是空想)假设社会环境已经在很短的一代人的时间里彻底颠覆了。很久以前,到处都有种族主义、性别歧视和对同性恋者的厌恶和恐惧,但是现在这些"少数派"得到了法律的宠爱,它们有"特殊权利",而现在它们却成了遭受不利的痛苦的大多数。因此世界就变成斯卡利亚看到的样子了。

正如我们已经看到的那样,关于刑事法律和刑事法律正义的问题,伦奎斯特法院面对死刑是非常严肃的,一些坚定的多数派似乎是近乎残忍地热衷于这些问题。伦奎斯特、托马斯和斯卡利亚大法官恨不得快速地清空死囚室。他们可能会有大量的公众支持。另一方面,在堕胎和同性恋权利的问题上,整个国家都有很深的分歧,最高法院也是如此。

伦奎斯特法院在法律上是保守的,但是法律保守主义与法律专业以外的公众保守主义是不同的。最高法院面对公众舆论悍然不顾的案例,就是很清晰的例子。一个最典型的例子就是 1989 年的焚烧国旗案。[18]根据得克萨斯州的法律,如果你的行为很可能严重冒犯"一个人或更多的发现你的亵渎行为"的人,那么你的毁坏国旗的行为就是违法的。在 1897 年到 1905 年间,31 个州通过了类似的法律。[19]南方各州在施行这些法律上是最缓慢的,内战在很多人的脑海中是依旧鲜明的,并且降低了他们对星条旗的热情,因此他们就更迟地回归到法律的框架中来。

焚烧国旗案中的被告是乔治·李·约翰逊（Gregory Lee Johnson）。他每天穿着一件写着"革命共产主义青年旅"（Revolutionary Communist Youth Brigade）的T恤，拿着一张图画进法院，画上画着一个人拿着来福枪。他被判有罪，但是联邦最高法院根据言论自由以5比4的微弱优势为他翻案。这条新闻像炸弹一样在群众中爆炸了。国会被大量的信件、海报、国家立法决议埋没了。群情激昂、大吹大擂、挥舞的旗帜横扫国会。根据民意调查，85%的人认为最高法院的判决是违背民意的。[20]国会迅速通过了一部《国旗保护法案》。而在1990年，最高法院仍然以5比4的微弱优势推翻了这项法案。[21]很明显，只有宪法修正案才可以保护国旗，但是修正案的提议没有在众议院通过（它得到了大多数，但是不够三分之二），然后这整项议题就似乎从大屏幕中消失了。显然，公众希望有一项修正案，但是他们的高支持率的作用是非常低的。公众很快就失去了兴趣，或许他们仅仅是感到无聊，焚烧国旗变得像夏天重复播放的电视节目一样无趣，成为一种臭名昭著的扼杀公众兴趣的方式。[22]

可以肯定的是，最高法院根本想不到这个议题将会以一种自然的方式平静下来，而不是像原来猜想的，"罗伊诉韦德案"将不会归于平静。法官们知道，某件或者某些案件的判决只会临时性地把水搅浑。焚烧国旗会暂时性地激发公共的激情，但是不会引起人们最大的兴趣。在一段时期的爆发后，焚烧国旗的事件便重归于平静了。

堕 胎 之 战

大法官哈里·布莱克门将多数人的意见写在了"罗伊诉韦德案"的判决中，他很肯定地认为已经达了一项明智的妥协。或许他期望这些喧闹平静下来，正如后来发生的焚烧国旗案那样。就连"布朗诉教育委员会案"最终也得到了普遍接受,当然,那是需要时间的。而"罗伊诉韦德案"可能不同。在 2000 年,距第一次判决的作出已经有 25 年了,这个议题仍然是存有广泛争议的,甚至是极度突出的。自第一次的判决以来,有很多人试图通过修改宪法、暴力以及各种手段来推翻它。宪法修正运动没有发生,但是立法者确实是尽可能地减少这些决定。正如我们所见,《海德修正案》已经关上了联邦基金会救助贫穷妇女堕胎的大门,而且联邦最高法院也以微弱的优势支持了这项限制性的法案。

与此同时,这些情况仍然有抬头的趋势,很多州的立法机关机械性地出台法律,尽他们所能来限制堕胎权。这种斗争在 1992 年达到高潮。随着新的保守派成员上任联邦最高法院,到最后会有 5 人同意推翻"罗伊诉韦德案"吗?看起来是可能的,但是最高法院的一些成员一直在这个峭壁的边缘审视,而不敢跳过去。在"东南宾夕法尼亚州计划生育协会诉凯西案"(*Planned Parenthood of South-eastern Pennsylvania v. Casey*)中,发生了极不寻常的举动,联邦最高法院的 3 位法官:奥康纳、肯尼迪和苏特,提出了共同的观点,他们认为在本质上,"罗伊诉韦德案"的判决应该保留下来而且应该被再次肯定。[23] 他们拒绝"在气头上更改判决"。如果他们这么做了,他们可能"颠覆最高法院的正统性"。对这些法官而言,这个议题关系到最高法院的机构的"完整性"。4 位法官持反对意见,大法官斯卡利亚的反对意见尤其犀利且带有责骂性质,他用近乎蛮横骇人的语言来描述这个共同观点,他认为"罗伊诉韦德案"是引起纷争的原因,这就将生命问题煽动成激怒国家政治的问题。在其意见书的最后,他援引了"蓄奴案"(Dred Scott case),最高法院历史上最为错误和不幸的判决。斯卡利亚描绘了当时的首席大法官罗杰·布鲁克·托尼(Roger Brooke Taney)退休后的肖像——此人写下了"蓄奴案"的判决——他坐在椅子上,右手瘫软无力,毫无生气,眼睛是悲伤的,空洞而失去希望。现在最高法院正在犯和托尼一样愚蠢的错误,"我们应当从堕胎这个问题中摆脱出来,我们没有权利再去解决这个问题,仍然纠结于这个问题对我们自己和整个国家都没有好处"。但是没人听信这些话,而克林顿任命的两位新法官至少在最低限度上给了"罗伊诉韦德案"些许喘息的空间。

9 个蝎子般的人

最高法院在政治上是分裂的,或许在更深层面上,在其他方面它也是分裂的。作为一个机构,最高法院在 20 世纪改变了很多。比起作为合议庭而言,它更是一个九人独立的法律办公室。小奥利弗·温德尔·霍姆斯曾将最高法院描述成为一个瓶子里装的 9 只蝎子。现在它更像是在 9 个瓶子里的 9 只蝎子。每位法官都有自己的风格。

局部意义上说,这反映了最高法院在组织方式上的变化。直到 20 世纪,法官们都是在助理的协助下撰写自己的案件评论。助理们大部分情况下仅仅就是助理。每份评论都带有书写它的法官的个人印记。很难想象让一位助理去模仿或者创作小奥利弗·温德尔·霍姆斯的紧张而又优雅的散文。20 世纪 20 年代后,一些法官就开始更多地依赖他们的助理,有些助理甚至直接起草案件评论。传统上是雇用聪明的年轻男人(后来,聪明的年轻女人),他们都是法学院的毕业生,当法官助理一年然后进行提拔。年轻的威廉·伦奎斯特在 1952 年到 1953 年间给大法官罗伯特·杰克逊(Robert Jackson)当法官助理,那个时候,每位大法官都有两位助理(首席大法官有 3 个助理,而大法官道格拉斯只要了一个助理)。助理帮助筛选调卷令。真的是他们写案件评论吗?伦奎斯特否认法官助理是某种"法律上的魔僧"(legal Rasputin),但是他认为法官助理作为一个整体有"自由派"偏向,"他们极度关注共产党人和其他刑事被告人的声明,关注联邦权力的膨胀……同情政府对商业的各种监管",总之,"政治哲学得到了以首席大法官沃伦为首的最高法院的拥护和赞成"。伦奎斯特认为法官助理可以用带有偏见的资料影响最高法院。[24]

伦奎斯特的思索引起一阵关注这个问题的风潮,密西西比州的一位参议员斯坦尼斯(Stennis)要求进行调查。[25]而调查没有任何结果,法官助理变得越来越重要。现在,每位大法官可以拥有4位法官助理。很肯定的是由他们来写案件评议。当年轻的拜伦·怀特(Byron White)在1946年到1947年给首席大法官文森当助理的时候,7位大法官仍然是自己写案件评论,大法官文森和墨菲是例外。[26]到底法官留给助理的工作有多少,这是因法官而异的。毫无疑问地说,在很大程度上,至少第一份草稿是由助理写的。在整个联邦系统里都是这样的。从1936年开始,甚至联邦系统里的美国地方法院的法官也有助理,现在这些法官更多的是为案件评论提供思路,而不亲自撰写。太多的事务压力导致亲自撰写案件评论是不可能的,至少法官们是这么认为的。[27]理查德·波斯纳是联邦系统里少有的几个自己写案件评论的法官之一。

534　　一位大法官身边有4位助理,这些助理聪明能干,即便不涉及电脑和电子数据库这些事情,大法官也不可能是自己在写简要的案件评论。有亲和力的组织和得力科技的组合,产生较长的案件评论——相同的或者不同的意见更加迅速和便捷。联邦最高法院已经发表的案件评论显示出这是一个分裂的法院,有着极不协调而且傲慢的案件评论。有时每位大法官自己的立场都摇摆不定,而且经常是"多数派"大部分是代表"多数人"的观点。并不是每起案件都有这样的问题,但是这确实是经常发生的。

这里就有个例子:1993年的"沙特阿拉伯诉纳尔逊案"(*Saudia*

Arabia v. Nelson)本身不是一件具有地震效应的案件。[28]斯科特·纳尔逊(Scott Nelson)在利雅得的"费萨尔国王专家医院"(King Faisal Specialist Hospital)里工作,他声称自己经常吹警笛,沙特王室成员就逮捕了他。他被虐待、拷打,还被戴上手铐脚链,然后被关进老鼠遍布的牢房里。当他得到释放并回到家后,他以虐待为由起诉沙特阿拉伯。被告人具有至高无上的豁免权。大法官苏特撰写了法院判决书,有4位法官支持他。怀特写了一份赞成的评论,布莱克门也表示赞成,但是后来他又写了一份评论表示"一部分赞成判决另一部分不赞成"。大法官肯尼迪赞成一部分反对一部分,他反对"第二部分的最后一段"。布莱克门和史蒂文斯同意肯尼迪的"部分赞同说"。史蒂文斯独自写了一份反对性评论。结果,纳尔逊败诉了。

类似这样的事情是很正常的。大法官们经常在零碎问题上或者部分性地同意或反对。当然,如此便很难确定最高法院到底判决了什么。大法官们彼此相差不大,他们不太关心评论的草稿,他们可以一起将某种共识铲除掉。每位法官似乎都关心建立或者保持自己独立的立场、观点,关注评论的内容。每一项行动都像是独立的而且是至高无上的。

州 法 院

联邦最高法院的很多变化同样也在州法院里发生过。正如我们所见,大部分州都有三级系统,比如加利福尼亚州最高法院几乎一样自由选择作为美国联邦最高法院。各州的最高法院也开始使用法官助理,有些州早在20世纪30年代就开始了。例如,到1949年,华盛顿州最高法院的每位法官都有自己的助理,在20世纪80年代,每位法官有两位助理。[29]没有哪个州的最高法院像联邦最高法院一样分裂,但是比起20世纪初，反对和赞同的分歧变得更平常了。

在里根总统和布什总统之间有12年的时间来弥补联邦法院的空隙。他们试图任命保守派的法官，总体上来说他们成功了。自由派痛苦地意识到，在联邦法院系统里，他们已经被排挤得太多了。沮丧之下，他们转而关注州法院和各州的宪法性法律。我们已经提到过独立州所信奉的原则，如果一个州决定保留它自己的宪法，联邦法院便无权干涉。

一些州法院表达了强烈的独立性。尽管有"鲍尔斯诉哈德维克案"，肯塔基州最高法院还是在1993年推翻了州法律关于"和另一个人或者同性出轨性交"的规定。在"联邦诉瓦森案"(*Commonwealth v. Wasson*)中，被告杰弗里·瓦森犯了一个大错，在一个停车场里，他向一个男子求欢，此男子竟是个便衣警察。但是肯塔基州最高法院推翻了对他的判决。法院援引了肯塔基州的"隐私权"，根据法院的解释，"隐私权"作为"丰富而有强制力的传统"的一部分，比联邦权利更加广泛。[30]肯塔基州是否有这种"丰富而有强制力的传统"似乎存有疑惑，但是无论如何，这项规定是死掉了。更令人奇怪的是，联邦最高法院在"鲍尔斯诉哈德维克案"中支持过这项规定；而在1998年11月，佐治亚州最高法院推翻了这项规定。显然，佐治亚州也有自己默许的丰富而有强制力的传统，并且有更广泛的隐私权的规定，比联邦权利更加广泛。[31]佐治亚州大多数人的意见并不影响提及"鲍尔斯诉哈德维克案"。

对于"罗伊诉韦德案"在联邦层面上的斗争在各州也引起了反响。有些州的最高法院表示在他们的宪法中有堕胎权的规定，这些州包括佛罗里达州、加利福尼亚州、康涅狄格州、密歇根州、马萨诸塞州和新泽西州。因此，在这些州，无论联邦最高法院做了什么，也不管他们的立法机关做了什么，"罗伊诉韦德案"或者它的类似案件都没有受到法律的涉及。[32]

在国内方面

在他的第一任期内,里根总统大幅度减税。(国会并没有过于反对。)里根政府同时提高国防开支。这就产生了巨大的财政赤字。当然,不会有人认为过大的财政赤字是什么好事。但是能做什么呢?提高税率是最明显的解决办法。然而,过多地提高税率是一种政治风险。消减开支是唯一的途径。一些反保守主义者堕落到摆脱福利国家待遇的幻想中。但是人们还是喜欢福利国家,至少他们会得到部分帮助。财政赤字依然抑制了国家福利待遇的提高,而且它已经走到了极限。

财政赤字一直持续到20世纪90年代,这时候,经济的繁荣产生了巨大的财政收益,财政赤字得到收缩,最后一并消失了。在20世纪末,国会和政府行政部门为堆积如山般的剩余金钱而争吵不休。这些钱并不是手头上的,它们全是未来的,而且会如沙漠中的海市蜃楼一样消失掉。但即使是想象中的钱似乎也会在国会成员的口袋上烧一个大洞,正如它在普通公民身上做的一样。减税,新的教育开支,偿付国家债务,所有的这一切现在已经被提上了议程。

很多人认为医疗和社会保障也会处于麻烦中。这不是政治困难,无疑地,运行政府办公室的这些人没人敢建议废除它们。在某种程度上,这些计划成了它们自己的成功的受害者。人们的寿命更长而且更早退休,现代医学是令人不可思议的,而且非常昂贵。比起花钱人的数量,赚钱的人很少,养活越来越多的一直活着的老人需要大笔的金钱。这个系统会崩溃吗(无论那意味着什么)?可能会,这的确是广泛讨论的话题。已经可以听到紧迫的警告声了。[33]很多人都确信,这个体系是在崩溃的路上。但是到了年轻人需要它们的时候,医疗和社会保

第十七章 后退和进步:反对改革和它的余悸

障体系将会变得步履蹒跚或者被耗尽或者消失掉。

一些人将这个问题定义成年轻人和老年人之间的斗争。但是正如我们所见,医疗和社会保障体系不仅仅是为了老年人,实际的受益群体包括成千上万的年龄在 65 岁以下的人,这些人不再需要去考虑抵押自己的房子来养活他们的奶奶,或者为他们的奶奶支付髋关节置换手术的费用。改革,而不是废除,正是每个人想要的东西,也是每位政治家所承诺的东西。但是这些许诺之间在相互矛盾和抵触。20 世纪结束的时候,这个问题仍然没有得到解决。

福利国家的其他方面也是不幸的:"抚养儿童家庭补助计划"(Aid to Families with Dependent Children)便是一个例子。克林顿总统向公众许诺"结束我们所了解的福利"。这项许诺受到极端的欢迎。他和公众都认为,"福利"从某种意义上说是给穷人的钱。另一方面,社会保障和医疗不是"福利",至少在心理上,人们认为它们是社会保险,而且人们感觉用上了他们自己的钱。

帮助穷人是不会有收获的,而且非常不受欢迎,也是无效的。(纳税人也是这么认为的。)想要钱的人必须自己去赚钱,他们必须去工作。在一个不稳定的社会状况里,自家门前的狼仅仅两步之遥,他们很容易厌恶那些降低身份搭便车的人。如此,援助家庭便开始循环往复。起初,抚养儿童家庭补助计划认为小孩子的母亲不需要为了生活而去工作,他们待在家里照顾孩子会更好一些。人们以前的观念是一位寡妇围着围裙,极其艰难地把饭放在餐桌上,她的孩子衣衫褴褛但又合乎情理。新的观念,无论它是否符合实际,都是极其不同的。接受福利的母亲是懒惰而得过且过的。她可以和任何敲她房门的男人睡觉,有些人连门也用不敲;她吸毒成瘾,她是社会中不负责任的累赘。她会随意地把孩子生出来,她确信会有支票送上门来的。很多情况下,她是黑人。福利成了对工作、收入、家庭和未来焦虑的美国人的

"避雷针",福利之下的寄生虫成了啃噬美国梦的腐蚀品。[34]

解决方法是让这些社会寄生虫去工作,强迫她行动起来。这将会节省很多钱并有助于社会。克林顿在1991年的一次讲话中做出许诺要"结束我们所知的福利",暂时性的福利是可以接受的,但是那之后,你必须自己养活自己。福利金在很多州是低得可怜的,实际投入的会更低。各州正在穷人身上减少开支。各州也开始试验"工作福利制"。[35]威斯康星州便是先驱者之一,它的"工作福利制"得到了许多媒体的欣赏和关注。

1996年国会通过了猛犸象般庞大的"福利改革"法案,它的官方名称是1996年《个人责任与工作机会协调法案》(Personal Responsibility and Work Opportunity Reconciliation Act,双重概念在立法主题上非常时髦),总统签署了它。[36]这是一项大规模的、复杂的立法,法案文本有250页纸那么长。在其他方面,它结束了一项长达60年的联邦项目。联邦政府不再保证为穷人提供现金援助。政府医疗补助计划代替了"抚养儿童家庭补助计划"。现在州政府可以将它自己的福利计划或者工作福利计划统一起来。在这项法案的规定下,一个人可以享受两年的福利,然后就停止。一个人一生限定只能有5年的福利。然而,国家可能会做出一些严苛的免税额度。法案也包含了一些严厉的条款旨在减少对外国人的福利。

试着使人们摆脱福利当然是非常好的主意。享受福利待遇的大部分人希望摆脱福利,希望去工作,希望改善自己的生活。但是他们需要帮助,而帮助又得花钱。联邦法案不仅仅是"改革"福利的法案,它同时也是一项减少福利费用的法案。[37]但是减少福利开支并不是出路。如果一位单身妈妈必须去做一份艰难的、令人难以忍受的、工资又低的工作,她如何来照顾她的3个孩子?有一些局部性的答案来回答这些问题,比如,托儿所,但是它们也是非常昂贵的,而这些钱也不是唾手可得。无论如何,在 2001 年,很难概括这些新法律产生的影响——尤其困难的是,因为它赋予各州太多的权力,有 50 种不同的情况需要加以考虑。[38]

关于侵权行为的反改革运动

侵权行为的责任激增是反改革的又一主题。很多人(特别是很多的商人)认为法律近乎疯狂了。近乎疯狂的诉讼案件的原告人数越来越多。他们正在扼杀下金蛋的鹅。一项积极的运动开始抑制侵权行为法律的泛滥。1986 年成立的"美国侵权法改革协会"(American Tort Reform Association)就是来游说这些问题的。它的成员都是大型企业,包括保险公司。他们散布有关于离奇案件的恐怖故事。在这些离奇案件中,原告们都是些满腹牢骚、神经质、淡漠或者说谎的人,他们在失控的陪审团的煽动下,从诚实的公司中诈骗了成千上万的美元。报纸兴高采烈地报道这些愚蠢的行为,设想一位妇女因为计算机 X 射线轴向分层造影扫描而夺取了她的超自然能力,结果赢得了 100 万美元;一位入室盗窃的小偷起诉房主,因为他从屋顶的天窗里掉了下来;一位老妇人赢得成千上万的美元,因为她在麦当劳喝咖啡时烫伤了自己。[39]共和党经常抨击贪婪的律师们。侵权案件扼杀了经济,逼疯了医生,把企业搞得破产。

当然,这些故事是大城市的传奇,或者伴随着传媒的偏见,看起来滑稽可笑。[40]那个被计算机 X 射线扫描过的女人从未没有获得赔偿,法院撤销了判决。在第二次审讯中她彻底失败了。[41]这位入室盗窃者也是虚构出来的,在实际案件中,原告是个高中生,而不是窃贼。他爬到学校屋顶上去取一个照明灯,从天窗里掉了下来,天窗被焦油覆盖了,所以很难看见。[42]但是这些故事的确是让公众大喘气,如果不是急不可耐的,公众还是愿意相信司法系统疯了。首先,这些不平常的、令人讨厌的事是很有趣的,而不像每天发生的无聊的高效率的案件。商业界和保守主义者认为这些智囊们在添油加醋。他们坚持通过他们的所作所为从责任的界限中获得利益。难道不是侵权的权利请求使得美国人失业的吗?这些故事也产生了某种模糊的、阴沉的不满,美国人感觉自己丢了魂,或者丢了其中的一部分。在某些方面,那个从麦当劳赚取了百万美元的贪婪的老妇人,她的困境是由自己的愚蠢引起的,她实际上是福利女王的姐妹,她们都是不道德的人,她们是寄生虫,欺骗公共和诚实的企业。那个在侵权中获利的窃贼,靠着幻想维持生计,幻想着美国的法官们娇养那些罪犯们。在美国人的文化和生活中,有很多旧有的观念,很多的模糊不清和矛盾性,它们加剧了减少责任的运动。

毫不奇怪这项行动获得了巨大的成功,很多州都严格限制惩罚性的损害赔偿。在佐治亚州,如果陪审团允许一项惩罚性的损害赔偿,其中75%的钱归州政府,而不是原告。而且,除非是产品责任案件,惩罚性损害赔偿不得超过25万美元。[43]事实上,很少有原告真正获得惩罚性赔偿,只有非常少的人获得巨额收益。[44]成文法规的解决方案没有问题。但是超过30个州在20世纪的最后20年,通过了法律限制侵权案件的"滥用"。这些法律很多已经取得了效果:在得克萨斯州个人伤害案件明显减少了,而且以前可能会遭受巨大损失的原告,现在已经变得很少或者没有了。或许,得克萨斯州走得太远了。[45]

在劳工赔偿制度里,正如我们所见,法院在过去几年里极度膨胀了赔偿责任。自然地,雇主们是不高兴的;当工人们声称他们遭受精神损害的时候,他们就非常恐慌。在大多数类似由于工作将某些人逼疯的早期案件,都很少获得救济。随后法官和陪审团也很少持有怀疑。在1985年马萨诸塞州的一起案件中,海伦·J.凯莉(Helen J.

Kelly)已经为雷神(Raytheon)公司工作了22年,随后雷神公司通知她可能会解雇她。她立即就"开始哭诉"并且"不能使自己平静下来"。几天之后,公司将她调到另一个部门里,但是在那个部门里,她变得"抑郁、胸痛",她被送往医院,并最终宣布她残疾了。尽管保险公司的反对,她请求并得到了的劳工赔偿。[46]在1987年阿拉斯加州的"韦德诉安克雷奇学区案"(Wade v. Anchorage School District)中,工人杰拉尔德·韦德(Gerald Wade)被称为"易碎"的原告——极端的脆弱[47],而不是身体上的脆弱。韦德,这位黑人男性,曾经是阿拉斯加先生,浑身上下布满肌肉,而他的性格则是另一个问题了。韦德有一份安稳的工作,但他经常抱怨那些令人厌烦的事件,种族歧视,甚至有性骚扰(一位教练拍他的屁股)。韦德是一个麻烦不断的人,最后他被确诊为拥有"妄想狂人格"。政府部门拒绝他的补贴请求,但是阿拉斯加法院则推翻了这项决定。法院认为,韦德有资格获得补偿,工作不是引起他心理疾病的原因,但是它确实有催化的作用。

类似的事件将雇主吓得要死,特别是请求开始多元化的时候。到1987年,心理压力占据加利福尼亚州公布的职业病的四分之一。法院的判决总数也极度膨胀。于是雇主们就开始反击了,他们游说议员在法律上做出改变。加利福尼亚州在1989年通过了一项法律修正案旨在规定一个"对于心理伤害的新的更高的门槛"。当州长签署这项修正案的时候,他指出了这个漏洞百出的工人补贴系统,他说它一年削减了本州6万个工作岗位。在新的规定下,如果心理伤害大部分是由合法的、一视同仁的、具有善意信念的个人行为所引起的,那么这种"心理伤害"就得不到补贴。[48]加利福尼亚州的改革造成很大的变化,工人赔偿的花费,已经从1976年的20亿美元提高到1993年的110亿美元,然后在1995年降到了80亿美元。[49]不仅仅是加利福尼亚州做出了这些"改革"。爱达荷州修改它的法律来阻止任何的起因于"普遍认为在所有工作环境中都存在的或者与个人行为相关的"情况的赔偿申请,包括"岗位、工作评估的变化或者雇佣关系的结束"。[50]海伦·凯莉在爱达荷州将没有任何机会获得工作赔偿。

我们中的陌生人

除了原住民以外,所有的美国人都是从别处而来的移民的后裔,无论他们是否自愿来的。然而反移民或者排外主义一直是一种强大的政治力量。为什么如此多的美国人对现在的外来移民没有同情心?或许一些人认为,现在我们住在这里,是时候拆除外来移民的吊桥了。有太多人担忧工作,有太多因素的种族主义。新的移民来自中国、韩国和萨尔瓦多。同样有种模糊的恐惧感,那就是美国文化正在遭受攻击;新来的人们古怪地与我们不同,他们不能分享那种传统的价值观。

早在20世纪初期,类似的观念引发了对移民的限制和数量控制,这些观念影响到纯白人的圣战和禁酒令的横空出世。随后而来的是红色恐怖主义和反对无政府主义和其他外国人的运动。在20世纪20年代,新"三K党"要求"美国人的美国"。这样看来,排外主义似乎一直伴随着我们。

在20世纪的最后20年,语言问题一度非常突出。人们认为最大的危险来自成千上万的说西班牙语的人。一场"独尊英语"(English-only)的运动取得了胜利。在第一次世界大战期间,德语成了语言的替罪羊,有些人甚至将德国酸泡菜(sauerkraut)说成"自由的白菜"。说德语(或者在学校讲授德语)几乎是一种不忠诚的行为;极端分子中的一些人认为任何的外国语都是可疑的,学校必须独尊英语。倒回到1920年,内布拉斯加州宣称英语是"官方语言"。伊利诺伊州在1923年将"美国语"(无论它是什么意思)定为"官方语言"。(后来,又将其改成"英语"。)在这两种情况下,法律似乎没有什么不同。在伊利诺伊州,"方块舞"(square dance)是官方规定的民族舞蹈,在加利福尼亚州,官方规定的软体动物是香蕉蛞蝓。为什么不能有一种官方语言呢?

尽管如此,独尊英语运动含有政治意义,赢得了一些政治胜利。例如,在加利福尼亚,1986年选民们以巨大的优势将英语定义为州的官方语言。加州成千上万的人在家中说西班牙语,但是,那种认为这对国家对英语或者对美国的制度是一个威胁的想法,简直是滑稽可笑的。当然不仅是英语,少数民族的语言,特别是美国土著民族的语言,也受到威胁。在任何情况下,尽管英语在加利福尼亚州是官方语言,但是没有其他语言享受这个位置;加州用西班牙语和英语印制选票,机动车辆管理部门的官员们给任何请求使用西班牙语的司机用西班牙语进行驾照笔试(而且很多人也是这么要求的)。

独尊英语运动不仅局限于加利福尼亚州。各州接连决定赋予英语官方语言的地位,包括北达科他州这个说西班牙语的人不是特别普遍的州。在加利福尼亚州,在语言上的大部分作秀没有实际意义。法律都被看成是浮夸的具有象征意义的。而且,实际上有一个州里有两种官方语言。那就是夏威夷州,该州的宪法规定英语和夏威夷语是官方语言。这也是象征性的,但是它和象征主义则不同,这是多元平等的象征。事实上,如蜜一般甜美的夏威夷语,在如海洋般温和的元音和颤音中,有丰富的辅音,它们像本地花朵和岛上的蜜旋木雀一样,正在濒临绝迹之中。

我们应该站在何处?

正如我们所见,反改革主义产生了某些结果,总体上来说,它们是温和的。当然,对于在里根时期被剔除在福利券之外的瘫痪者、对于那些为了一些伸手索要面包屑的没有证明文件的外国人、对于那些伯克利校区的大门对他们快速关闭的黑人学生、对于一个不能让法院看到他的法律文书和上诉状的死囚而言——所有的这些人,这些温和很大程度上变得赫然醒目。我们每个人都生活在自己的生活里,一个人只有一次生命。生活在钟形曲线的底尾部,是非常糟糕的事情,即使生命曲线的脂肪部分比以往任何时候都好一些。

而且,反改革主义产生了抵制效应,像一个弹跳中的球一样永远不会停下来。到2001年,很难对国家的现状进行估量。对于种族问题,自"布朗诉教育委员会案"到2001年已经过去四十多年了。尽管存在各种矛盾和倒退,种族关系已经发生了巨大的变化。到20世纪末,黑人不再是贱民身份,不再没有政治权利。他们进行选举,他们有自己的职位,他们将自己的声音公布于众。黑人中产阶级,从以往的壁垒中解放出来,重新振作并取得了巨大的成就。或许,在哈佛大学或者弗吉尼亚大学的食堂中,还是黑人学生们坐在一起,但是至少他们已经坐在那里了。很多黑人依然极度贫穷。无论收入高低,所有黑人都会意识到那些令人郁闷敌意的残渣,就像背景中的嗡嗡作响的噪音;他们有时也会意识到一些更坏的东西。黑人的愤怒和沮丧加剧了白人对黑人民权运动的强烈抵制;而白人的强烈抵制,反过来又导致了更多的愤怒和沮丧。

黑人分离主义在美国也有一定的历史。一位牙买加人马库斯·加维(Marcus Garvey)1914年在牙买加建立了"全球黑人进步协会"(Universal Negro Improvement Association),在1916年将它转移到了纽约。加维鼓吹黑人团结。他鼓吹移民到非洲,他认为黑人们应该有自己的企业,而他自己就建立了为数众多的企业,包括一家蒸汽轮船公司。加维分离主义在自然发展着,但是黑人分裂主义却在20世纪60年代再一次突然出现。很多黑人知识分子和思想家都摒弃了种族融合的理想。20世纪50年代的布朗案已经道出了种族融合的语言:需要将黑人带回主流社会。首席大法官沃伦写道,"许多黑人在艺术和科学领域取得了和在商业和职业领域一样巨大的成就"。换句话说,他们正在为主流的文化和生活做着贡献。沃伦并没有把黑人看成是一个"民族",或有独立的实体、文化或身份。公民权利运动的领导者们也是这么认为的。他们没有能力负担这一切。黑人们想要权利,想要和白人一样坐在午餐餐桌前,想要把他们的孩子送往同样的大学,想要在同样的商店里买东西,想要在同样的工厂里工作……总之,他们想要结束所有的隔离形式。而且他们想要去法院,想要选举权,想要黑人法官和警长,想要黑人市长和市议会成员,想要结束白人霸权,这样,连同这个国家的其他方面,他们可以找到自己的席位。

只有在以后,我们才听说黑人是美丽的说法。才有了著名的黑人穆斯林运动(还有"伊斯兰之国[Nation of Islam]")。很多黑人实际上认为他们是另一个民族。种族融合似乎仅仅是表面的。哪里会有种族融合?如果种族融合意味着真正的和谐,"没有肤色差别",人们不分种族地工作、娱乐、生活在一起,可能世界上找不到这样的地方。西裔美洲人越来越赞同这种观念。而且,黑人和白人之间收入水平的差距,白人和西班牙裔美洲人之间收入水平的差距比预期的更难解决,或许在白人社会里他们根本就没有真正的未来。

女权主义运动是另一项少数派——也被称为性别少数派(sexual minorities)的运动,它也经历了同样的历程。它最早来源于对权利的诉求和融合到主流社会中的诉求。然后,尽管在增加权利上获得了成功,但是在主流社会里没有像她们希望的那样受欢迎。这就鼓励了反抗和分裂主义的形成。这就产生了"同性恋自豪日"和"同性恋邻里"。每一次运动都会促成某种极端化的边缘——一种公开反对大多数的附属运动,会产生它的观念、它的意识形态,以及对标准和权利的定义。而且每一次运动都会产生强烈的对抗反应。那些烧掉了胸罩并痛恨男人的女人们,见证了对于"极端女权主义"的反抗。

《平等权利修正案》(Equal Rights Amendment)的命运给了对抗者们至少是象征意义上的胜利。《平等权利修正案》简单地规定,"权利的平等是在法律之下的平等",它不会被联邦或州政府因为"性别"的问题而否定或者削减。《平等权利修正案》最早是在20世纪20年代被提议的,逐渐获得支持。参议院在1972年以84比2的比率通过了它。该修正案需要得到38个州的批准。起初,各州拒绝批准,但是后来对抗主义来了。修正案在35个州被冷落而停止,最后在1982年自然死亡了。一项诽谤活动的工程师们公然控告修正案:它将迫使男人和女人进同一个厕所,允许女人裸胸,是因为男人可以裸胸;说它是共产主义的阴谋、女同性恋的阴谋等。成千上万的宗教信仰浓厚的女性相信"是上帝让我们与众不同",《圣经》里说"女生应当屈从与她们的丈夫",而这项修正案将会结束这一切。修正案的失败也是一次徒有虚名的胜利:女性的权利和女性新的社会角色仍在进步。

到20世纪末,无论你在什么地方审视政治,你都会发现身份政治。那是黑人的政治、西班牙裔美洲人的政治、同性恋的政治"灰豹组织"(Gray Panthers)*、女权主义者的政治,似乎不再有国家身份,没有国家认同感,国家魔镜已经碎裂成上千块。也不再有"美国人",有的仅仅是黑人美国人、同性恋美国人、女权主义美国人和瑞典美国人,以及很多其他的零碎的东西。

人们很迟疑:美国人生活和想法的统一性到底发生了什么事?似乎随风而逝了。再也没有美国文化,取而代之的是多元文化。有些人认为这是很恐怖的。这种趋势使得保守主义者非常恐惧,甚至还有一些不是特别保守的人也感到非常恐惧。另一些人则认为这种多样性

---

* 也译为"灰豹党",是美国著名的维护老年人权利的全国性组织。——译注

是令人愉快的。一些人认为的社会准则的崩溃,在另一些人看来则是一种多元化;像是富有意义的民主正在灿烂绽放。

545　　让人感到惊奇的是,对差异性的反驳,无论对差异性的喜悦和谴责,都出现在国家文化或许比以往更统一时刻:紧密联系在一起,而且只有一种单一的文化——这种文化通过广播、电影、电视传播,刺激着美国人的生活习惯,在这个国家里穿梭往复于一份工作到另一份工作,一个家庭到另一个家庭之间。孤立的小块地区越来越少,与世隔绝的群体也越来越少。真正有差别的少数民族,像阿米什人,宾夕法尼亚荷兰人,路易斯安那沼泽区讲法语的人,信奉当地的宗教、讲当地的语言的原住民,他们都在文化的围困之下。拒绝拉链和电力,变得越来越难,更别说是摇滚音乐和互联网了。对"差异性"的颂扬,发生在对文化背景的巨大相似性相对抗的场合。

我们也可以提出这样的问题,曾经存在过统一和有共识的时代吗?有那样的黄金年代吗?或许没有。看起来是有共识的东西都被控制了,就是说,在一个国家里有不同层级的价值观和准则。白人、男人、新教美德和观念是城市中仅有的或主要的游戏。仍然有很多人虔诚地相信,在美国正在发生很多可怕的事情:标准的缺失、道德价值的降低、文明礼貌的降低、文化本身的降低。过快的变化是令人不安的,而且通常是有害的。那些对变化感到沮丧的人正是将对抗主义带到政治地图上的人。他们想要为英语进行民意调查和投票;他们想要投票摆脱平权措施。他们想要投票剥夺非法移民的权利;他们想要投票反对同性恋的"特殊"权利。

正如我们所见,这些选民并不是总能得逞,当他们占上风的时候,法院通常会禁止他们的工作并且挫败他们的野心。记住这些人并不是真的想要时光倒流,这是很重要的。没有人(或者说几乎没有什么人)希望种族隔离,没有人希望在法律实践中将妇女排除在选举权之外。多元平等似乎依然存在——在身份政治中也存在。

政府是问题吗?

自新政以来,有很多抑制政府权力的尝试;但是总体上,那从来没有发生过。事实上,调控和政府的干预一直在增加。在里根的时代,政府抬起了它的手说,停。但是,即使是这样的政府行政机构,除了给政府这个怪兽造成一点轻伤外,恐怕别无所能。

新政转移了注意力,而不是用原始的、深怀恶意的方式关注"个人主义"和"契约自由",这都是洛克纳时代的主要特征。新政起初轻率地对待社团主义。更成熟的新政通过法律(《国家劳工关系法案》),试图通过工会给予工人们集体力量。为了自己的利益,个人被公共机构淹没了。

自新政以来的进步拓宽或者改变了对于个人的整个概念。"个人"在洛克纳的时代是人类经济学的概念。现在的个人仍然有着类似的特征,但是它更丰满。今天的个人是独一无二的,它是一个独立的灵魂,在生活中挣扎着寻找自己的天职。对于很多这种新类型的个人而言,工会是荒谬可笑的;政府本身就是个问题,而不是解决方案。这不是简单的右翼对抗主义。尽管有不同的理由,没有人会像左翼分子一样不信任政府。

民调显示对政府的信任水平是很低的,而且会变得更低。或许这是更多的普遍性的下降的一部分——指对专家和权威的信任的缺失。名人丑闻揭发便是其中一部分。有太多的丑闻有待揭发。有很充足的证据证明政府在进行公然的、频繁的、露骨的欺骗。当然这并不是什么新鲜事了。在信息时代,欺骗变得更精确,而且更有必要。杰斐逊曾经担忧公众的意见,但不是一贯地担忧,上帝保佑他,当时并没有足够的民意调查做依据。在被媒体驱使、被民调驱使的时代,欺骗的诱惑变得几乎难以阻挡。媒体也渴望揭露谎言。越南战争或许是个转折点;关于越南北部的东京湾(Tonkin Bay),或者几乎在所有有关的事情上,成千上万原来相信政府的人们,后来发现政府都一直在欺骗、欺骗、欺骗。更多的丑闻——比如"水门事件""伊朗门事件",甚至克林顿的"拉链门事件",都难以恢复公共对政府的信心。真相,所有的真相,绝无仅有的真相,都不能从官方渠道获得。

这种新型怀疑的征兆——以及对其进行处理的要求——是1966年通过的《信息自由法案》(Freedom of Information Act)。每个人都有权看政府的报告,特别是有关他们自己的记录。《信息自由法》允许市民查看曾经是秘密的档案。可以肯定的是,这项法案规定了一长串的例外条款和豁免条款(国家安全就是很大的一项)。起初,行政机构并不配合并隐藏在豁免权的后面,但是后来的修正案极大地增强了法案的力度。在20世纪70年代,要求信息自由的请求猛涨,成千上万的人决定查看FBI有关自己的文件。豁免权仍然很重要,想从CIA压榨出信息几乎是不可能的,而且,一些商业企业试图利用信息自由法千方百计地从竞争中获取商业秘密(通过索要报告或者要求调查竞争者)。"机密的商业或财政信息"是豁免信息中的一部分,但是它们是很难解释的问题。《信息自由法案》并不完美,但是它已经产生了冲击力——它使得人们掀开很多石头,并且看见什么东西会蠢蠢欲出。法案的原则是意义重大的,随着政府的权力越来越大,公开的文件和卷宗就是某种能让人宽慰的事情。很多州都通过了他们自己版本的信息自由法,例如,1967年,在联邦法律通过一年后,阿肯色州通过了自己的《信息自由法》。阿肯色州的所有政府报告(包括税收、学校、医疗报告)都必须被"公开审查和复印",而且所有的政府会议、政府的延伸部门和代理机构的会议都对公众开放。

当然,对隐私权和政府的窥探的担忧,随着时间的流逝而增加,有时达到偏执狂的边缘。但是正如某句名言所说,即使是偏执狂也有敌人。在间谍卫星的时代,在窃听设备可以听到另一个大陆的蟋蟀的叫声的时代,在一个可以存储和分辨个人生活每个细节的大规模数据库的时代,偏执可能是有理由的。当然,政府并不是拥有这些能力的唯一实体,大的企业也有这些能力。只有政府有CIA和一批黑色直升机;但是,出于各种实际的目的,大型企业拥有存储能力无限的巨型电脑。在信用卡和电子商务的时代,一个人或一个家庭的所有数据都可以汇集在一个单独的卷宗中。商业企业可以将它们的清单和卷宗卖给其他的企业。政府因此同时也是其中的一个敌人,而且是唯一有足够力量将其他敌人逼入绝境的力量。社会如何平衡政府的这两个方面呢?至今没有人找到一个解决方案,至少没有令公众满意的方案。

第十八章

讯息传遍世界

548　这本书的一个主题是科技改变我们所生存世界的方式,以及我们在这个世界上的生存方式。如果你改变了这个世界,那么你同时也改变了这个世界的法律。任何科学、医疗和科技的进步都会在法律上表现出来。例如,我们所关注的"口服避孕药",它是如何改变性行为、性态度和家庭生活的,也包括家庭法律和刑法典。这些并不是仅仅由"口服避孕药"自己造成的,在某种程度上,它既是结果也是原因。对我们而言,不必去破解原因和结果之谜,知道它既是原因又是结果就足够了。

"口服避孕药"仅仅是众多例子中的一个。追踪抗生素、空调和冷冻食品在法律和社会中的影响可能会更加困难。但是只要你知道怎样去读法典,你就会发现它们之间确实是有联系的,这些联系的影响可能是间接的。空调系统使得亚利桑那州凤凰城变得适宜生存,拉斯维加斯也是如此。这也影响人口统计学和政治。和其他发展联系起来,举两个显著的例子来说,拉斯维加斯影响了赌博法律和结婚离婚法律。迟早地,它一定会以一种或其他方式渗透到法律秩序中,无论会使社会变得多么不同。

科技在两个领域内真实性地、深刻而确凿地使美国人的生活发生了翻天覆地的变化,因此法律也发生了翻天覆地的变化。这两个领域是交通和交流,也就是运送人和货物的方式、人口迁移和上下班以及旅行的方式、传播思想和语言的方式。因此,这两个方面在这本书里值得进行特别的论述。

汽车的世纪

在本书的序言里,我称20世纪是汽车的世纪。汽车直到19世纪末才发明出来,但是在1900年前它还是一个稀奇品,是有钱人的玩具。那时候汽车是昂贵的、新奇的,也是危险的。它们为街道和道路增添了新的东西。很快人们就意识到必须为这些新工具制定运行规则,因为任何移动得如此之快的东西都可能造成破坏,需要得到限制和控制。

汽车法规很快地诞生了。到1910年,很多州要求对汽车进行登记,要求司机有驾驶执照。随后对汽车进行限速。1910年在纽约,要求司机以一种"仔细和谨慎的方式"开始,并且要保持安全速度;超过每小时30英里,超速行驶超过四分之一英里或者更多,就属于有过失的"推定证据"。交通肇事作为一种严重的犯罪引入刑法典。[1] 1918年在肯塔基州,最高时速为每小时25英里,但是那是在开放道路上:在城市里的最高时速为每小时10英里。[2] 在1925年的华盛顿特区,时速限制在每小时22英里。[3]

同时,汽车的社会地位也发生了剧烈的变化。汽车不再是奢侈品,拥有汽车越来越多地渗入到普通人社会中。在1910年,卖出超过181 000辆汽车,10年以后,卖出190万辆;在1920年,超过800万的汽车在美国登记;20世纪最后的10年,超过一半的美国家庭拥有一辆汽车。在大萧条时期汽车销量锐减并不奇怪;在"二战"期间私人汽车停产。"二战"以后,没有人能阻止汽车社会的前进。到1950年,有

4 000万辆汽车在美国登记,新车的销售数量以百万计。到1970年,有8 900万辆汽车登记。[4]有两辆汽车和两个车库的家庭变得非常普遍。在1949年,300万个家庭有两辆或更多辆汽车;到1970年,2 800万个家庭有两辆或更多辆汽车。[5]到1990年,有两辆或更多辆汽车的家庭的数量是5 000万个,其数量超过了仅有一辆汽车的3 100万个家庭;在美国使用中的汽车数量是1.23亿辆。[6]

开车去郊外

550 汽车需要燃料和公路。毫无疑问,美国的公路不能满足这些新机器的需求。修公路耗资巨额,但是越来越多的司机需要它们。1916年通过了一项《道路援助法案》(Road Aid Act),另一项则在1921年通过,这些法案给各州资金去修路,如果各州想从这些资金中分一杯羹的话,那么它们必须建立高速公路佣金。即使是最穷的州密西西比州也响应了,尽管直到1923年南北之间也没有称得上这个名字的公路,而且只有3个最大的城市默里迪恩、维克斯堡和杰克逊通过修建高速公路而相互连接。[7]然而,出于联邦法律,已经有1号公路贯穿南北,40号和60号公路横跨东西。在20世纪30年代,修建了新的封闭式道路,即纽约西郊高速公路和宾夕法尼亚多线道高速公路。[8]随着时间的推移,各州的公路都在稳步改善中。

在"二战"后期,存在着对汽车的压抑已久的巨大需求,大量的金钱都用来购买汽车。在战后时期,汽车简直改造了美国。美国政府促进了这个进程。在1956年,联邦政府掀起了雄心勃勃的公路建设热潮,花在每加仑汽油上的几分钱被纳入高速公路信托基金,这些钱用来建设州际公路网络,贯穿南北,横跨东西,整个国家就是一个交织在一起的公路网。[9]各州和地方的金钱也倾注到高速公路上;在一些城市,公共交通萎缩或者是消失了;在其他的城市,它被大幅度地削减。

汽车是最重要的美国机器。富人用大而时尚的汽车,穷人用二手的、小的、老旧的、锈迹斑斑的汽车,只要它能动就行。汽车在很多方面变成美国文化的关键。汽车是美国个人主义的发动机;如果每个家庭都是它的汽车的奴隶,完全依赖汽车,那么同时会摆脱时间和空间的枷锁,这些枷锁将他们的祖父母们束缚在一个特定的地方。公路系统的道路一直建设到郊外。在"二战"后的时期,政府也借钱给"二战"老兵买房子。像莱维顿这样的郊外地带几乎是在一夜之间出现了。成千上万的家庭(大部分是白人家庭)遗弃了城市而来到了郊区,那里人们有自己的院子和烧烤炉。那些要养家糊口的人并不经常在郊区工作(随后,工厂和总部大楼跟随着人群迁出了城市);但是他们的家人在那里生活,他们修剪自己的草坪,养一些花,他们在新的商场和购物中心购物,这些购物中心就像是漂浮在停放的汽车海洋上的小岛。旧有的中心城市停止了成长。未来人们生活在城市的郊区和购物中心中。他们开着车上班,开着车购物,再开着车回家。

现在汽车成了人们的生命线,是人们联系他们自己和他们居住、购物、工作的地方,联系他们想拜访的人、他们的远方亲戚住的地方,联系他们享受业余活动的地方的唯一方式。汽车改变了生活的方方面面,它带领人们通往一个新的消费型社会,一个郊区社会,一个娱乐休闲型的社会。它诞生了一个不用下车就会得到服务的社会。比如,你可以不下车观看电影,"二战"后的时期是汽车电影院(drive-in movie)的全盛时期。到1951年,15%的剧院是汽车剧院,它们的收入额在全部剧院收入中占了20%。[10]青少年称这些华丽的设施为"激情后座椅"(passion pits);年轻的家庭利用它们来避免看电影时需要找保姆照看婴儿的问题。汽车电影现在几乎是灭绝了;但是汽车银行和汽车汉堡店,甚至是汽车咖啡吧,现在则非常的活跃。

第十八章　讯息传遍世界

随着汽车的独占鳌头,旧式的交通方式逐渐消失了。当然,最先消失的是骡马、手推车、翻斗车和四轮马车,总的来说,这是件好事。到20世纪末,人们曾经会以为汽车会使城市窒息死亡。在20世纪30年代,这个问题看上去却截然不同。伊迪丝·艾博特(Edith Abbott)在她的芝加哥贫民窟的研究中,认为汽车是天赐之物。它将骡马驱赶出去,也清除了"肮脏的马厩和成堆的粪便"。曾经的巷道是无法形容的肮脏和令人作呕,这种情况不会再有了。汽车同时也使小镇变得"开放、敞亮,一些以前无人问津的小镇地方的道路也得以重新铺设"。[11]在其他城市也是这种情况。根据调查显示,在纽约,骡马每天在街道上排出250万磅粪便和6万加仑尿液;城市每年不得不搬走1.5万匹死马。[12]当然,汽车不久就失去了城市救世主的作用。最后交通变得越来越差,而且成千上万辆汽车的尾气污染取代了骡马的污染。至少在部分上,空气清净法是对汽车带来的挑战的回应。

骡马比不上汽车,旅客列车也比不上汽车。小小的发动机做到了以前做不到的事情,客运铁路旅行便逐渐地消亡了。在20世纪末,大多数更年轻的美国人从来没有真正意义上坐过火车旅行,至少在美国是这样的。他们顶多在迪士尼乐园里坐过小火车,或者坐过上下班的通勤列车。1887年成立的州际商务委员会这个大型的联邦监管机构,旨在驯服强有力的铁路行业,而它1995年在呜咽声中垮掉了。[13]火车仍然运送很多的货物,路面运输委员会(Surface Transportation Board)某种程度上依然对它进行监管。但是城际客运旅游业务仅仅在一些密集的地带里开展,就像在波士顿和华盛顿之间的那样。

汽车甚至影响到犯罪和与犯罪的斗争。20世纪20年代和30年代著名的盗贼团伙,像他们中的邦妮和克莱德(Bonnie and Clyde),就是通过飞速行驶的汽车来从事他们快速的犯罪和紧促的生活方式。1924年一位作家谴责汽车和良好的道路导致了"盗贼行为"的增加。[14]

通过汽车,犯罪已经变得州际化。跨州际犯罪反过来增强了同跨州际犯罪作斗争的组织,例如 FBI。汽车帮助美国刑事司法弱化了边界的影响,而这个影响曾经是刑事司法的最主要的特征。

撞击历史

铁路事故曾经创造了巨大的法律体系,在 20 世纪,汽车也是一样:汽车造成了如此严重的破坏,死伤如此多的人,围绕着汽车事故产生了一些大部头的法律。我们已经看到了侵权法的成效。交通法律基本上与交通事故相关:怎样避免它们以及怎样处理它们。交通违法是犯罪行为的缘由。在加利福尼亚,在 1950 年的上半年,汽车违规产生了 6 407 起有期徒刑判决;2 377 起罚款和监禁的组合判决;232 079 起罚款和 299 214 起"没收财产"(forfeiture)(基本上都是小额的)。[15]在北卡罗来纳州,在 1989 年到 1990 年的 12 个月的时间里,区法院审判了 120 万起汽车犯罪和违法行为。[16]市法院、治安法庭和基层法院处理了数以万计的轻微交通犯罪;在较大的城市里有特别的交通法庭。大多数人都没有将轻微交通犯罪当回事;至少有些法官也是这样的。交通法庭非常不庄严;乔治·沃伦(George Warren)大约在 1940 年研究了交通法庭,他发现法官和被告开玩笑,甚至交互进行某些"温厚的亵渎语言"。[17]来交通法庭的司机们没有感觉到法律的威严。

但是他们为什么会这样呢?交通罚款和罚单夹带了很少的道德污点。它们增加了开车的成本,就像是司机的执照费。每个开车的人都会偶尔或经常地破坏法律。没有人会为自己的超时间泊车而感到羞愧;甚至还做非法的 U 形转弯。当然,有更严重的交通违法:例如,危险驾驶和酒后驾驶(reckless driving, drunk driving)、"车祸致死"(Vehicular homicide)和"车祸过失杀人"(vehicular manslaughter),这些都是独立的和非常严重的犯罪。[18]

追溯法律禁止"醉酒"驾驶的历史是非常有意思的。在很长一段时间里"醉酒"驾驶都是一项犯罪;但是反对醉酒驾驶的运动在20世纪70年代和80年代得到升温。20世纪70年代晚期,一位醉驾司机撞死一位年轻人的悲剧发生后,多丽丝·艾肯(Doris Aiken)在纽约州的斯克内克塔迪创立了民间组织"消除醉驾司机"(Remove Intoxicated Drivers)。另一个醉驾司机导致13岁的女孩卡丽·莱特纳(Cari Lightner)的死亡,她的妈妈坎迪·莱特纳(Candy Lightner)在1980年创立了民间组织"反醉驾母亲协会"(Mothers Against Drunk Driving)。到1982年后期,这个组织有93个分会;到1985年,在47个州中有320个分会,会员成千上万。[19]

这些草根运动"将醉酒驾驶提到了社会问题议程的顶端";他们的宣传活动已经遍布各州和整个联邦。随后出现了"纷至沓来的新反醉驾法律"旨在严格法律。[20]在历史上,法院和法官们都不情愿地过于严重地惩罚醉驾者;一般人不会把自己描述成一个窃贼或者拦路抢劫的强盗,但是可以想象自己喝了太多酒后还在开着车。这种"要不是上帝恩赐,我也会去坐牢的"的态度使得法官都特别仁慈。[21]这些态度毫无疑问地阴魂不散;但是改革运动已经在法律和法律执行中打上了烙印。

汽车管制

随着越来越多的人购买汽车,汽车行业已经变成了最大、最富有、最有权势的行业之一。它也是高度集中的行业。从1950年开始,三个行业巨头控制了几乎整个国内市场;它们也在海外进行重要的投资。这个巨大的行业实际上是没有管制的。在1965年,一位名叫拉尔夫·奈德(Ralph Nader)的律师出版了一本书《任何速度都不安全》(*Unsafe at Any Speed*),它对汽车行业发起了无情的攻击。奈德指责汽车行业无视安全,设计出危险的汽车,只会责备造成事故的汽车司机,或汽车行业不考虑安全地升级汽车的款式。他用一个又一个被设计出来的劣质汽车杀死、撞死、撞成重伤的人的故事,来证明他的观点。他强调,汽车行业知道这些情况,但是都选择忽视它们。例如,像花哨的科威尔牌汽车(Corvair),可以突然地出人意料地失去控制。奈德称科威尔是20世纪行业不负责的最重大行动之一。[22]

科威尔的设计者通用汽车公司自然非常担忧。它打算反击,甚至采取肮脏的方式。通用公司雇用了私家侦探文斯·吉伦(Vince Gillen),跟踪奈德并且揭露他的丑闻。他们没有发现什么,但是他们不间断地努力,或许甚至想要"设圈套除掉他"。但是强制手段的结果却适得其反,他们的阴谋败露了,通用汽车公司的总裁詹姆斯·罗奇(James Roche)不得不向公众认错。奈德起诉了通用汽车公司并获得胜利,伴随他的胜利,他建立了"公共利益研究组织"(Public Interest Research Group)。

与此同时,1966年,国会通过了《国家交通与机动车安全法案》(National Traffic and Motor Vehicle Safety Act),设置在交通部内部的国家公路交通安全管理局有权对于汽车安全制定规章制度,以减少高速公路上的安全事故。不久出台了一项规定,要求所有的新车都必须安装安全带。随后,管理局要求汽车安装安全气囊或者安装"点火连锁系统"(ignition interlock)以阻止司机在没有系紧安全带的情况下就发动汽车。对许多驾驶汽车的人而言,的确有些霸道。很明显的,就算是大丈夫们都非常不喜欢系安全带(或者带摩托车头盔)。首先,连锁装置经常发生故障。而且气囊中允满了"恐怖故事";一位参议员表示他花了半个小时的时间才把他的车发动起来,因为他在司机旁边的座位上放了一磅奶酪和一条面包。一位国会议员说,连锁装置是"非美国化的"。[24]在1974年,国会废除了连锁装置的规定。但是在1984年,交通部又出台了一项新的规定:汽车制造商必须在1989年前在车内安装安全气囊或者自动安全带。如果各州在那一年的4月1日前,有三分之二的人投票通过了安全带法律,那么这项规定就会自动失效。这些法律必须制定一些标准,包括对违规者至少罚款25美元。最后,各州没有满足最后期限;这项法规得以生效。时间是有其魔力的,就连开始不喜欢系安全带的大丈夫们也习惯于系安全带了;而且到20世纪末,所有的新车都安装了安全带和安全气囊。

这些规定暗示人们在这片土地上必须谨慎地遵守规则、制度和法律,这些法律威胁了美国人对汽车的喜爱,也威胁了美国人对他们将之定义为自由的东西的喜爱。每个人都有汽车(几乎所有人);司机是选民,而且驾驶汽车对这些选民而言很重要。用于道路的金钱是受欢迎的。但是油气税却不是;公共交通的补贴也不是。美国人接受某些限制(司机驾驶执照),或许这是出于习惯;但是也有一些限制他们是不愿意去接受的,即必须是缓慢的、逐渐的、一点一点地做出改变。大多数人接受交通规则,包括限速。当然,每个人也是偶尔会违反这些特别的法律,有些人则频繁地破坏这些法律。

在1974年国会强制规定在全国的最高时速限制为每小时55英里,起初这只是一项紧急措施。[25]这项法规规定,如果各州不接受这项限速规定,那么它们就得不到联邦的高速公路资金。这项规定也旨在保存石油,这一年是阿拉伯石油禁运后的一年,石油价格一涨再涨,导致石油紧缺和加油站外的长队。然而,这项限速不仅仅是应对紧急情况;国会在1975年将它确定为永久性的规则。[26]事实证明,在高速公路上低速行驶,保护生命也节省了汽油。但是国家限速规定则惹恼了成千上万的经常用车的人,特别是在地域辽阔空旷的州,像是蒙大拿州的经常用车的人。后来在农村道路和州际高速公路上的限速提高为每小时 65 英里。在 1995 年,国会撤销了国家限速规定和摩托车头盔法律。[27] 并不是每个州都能利用这个机会来提高它们的限定时速,蒙大拿州就是这样。事实上,在 1995 年,蒙大拿州完全清除了限速的规定,它采取的是"基本规则",司机在白天必须以一个"合理谨慎的"速度行驶。[28] 而在乡间的司机对"合理谨慎"的理解,可能和同样有"合理谨慎"规定的罗得岛州首府普罗维登斯司机对"合理谨慎"的理解不一样。

在理论上,汽油的合理利用是非常好的主意,而在实际上,它的分量是很小的。汽车行业误判了美国人的口味,遭到了日本和德国竞争者的猛烈打击。美国的汽车行业错失了小型汽车市场。汽车生产商们起初举步维艰;后来尝试追赶竞争者。但是后来消费者的口味又再一次转变了。在 20 世纪末,小货车、巨大笨拙的汽车,像是名声不佳的运动型多功能汽车(SUV),在财政上挽救了汽车公司,但是消耗了所有的大海汪洋般的进口石油。喊环境口号是很受欢迎的,但是采取行动却并非如此。

在天空和任何地方

当汽车兴起的时候,喷气式飞机仍然存在:在 20 世纪 90 年代,只有很少的人真正乘火车旅行过,但是成千上万的人乘坐过飞机,就此而言,喷气式飞机使得贯通大西洋的铁路线遭遇失败。一座冰山将泰坦尼克号撞沉;波音 747 和它的竞争者们则撞沉了泰坦尼克号的后继者们。轮船仅仅被用为游轮、海上漂浮宾馆和赌场而存在下来,对于真正的长途旅行而言,那是现代飞机自己的事情。

20 世纪是汽车的世纪也是飞机的世纪。在 1903 年的 12 月,莱特兄弟在北卡罗来纳州的基蒂霍克(Kitty Hawk)进行了他们历史性的飞行。直到第一次世界大战时期,飞行也是新颖事物,是不怕死的人的游戏,是国家展销会上的主角,是吸引观众眼球的特技表演。对于飞行只有很少的或者说根本就没有规章制度。1911年,康涅狄格州首次要求飞行员要有自己的执照和将他们的飞机登记。[29]另一项早期的规定来自于1913年的马萨诸塞州。它要求飞行员有执照,而且对飞机进行登记和检查。这项法规也同时试图建立航线法规:例如,"当两架飞机成一定角度相互威胁时,左面的飞机有权通过"。当飞机经过村庄的时候,它的飞行高度不得低于500英尺,当它飞过城市的时候,它的飞行高度不得低于3 000英尺;飞行员不得试图从飞机上扔导弹或者其他物品……除了地面是飞行专属区或是开放的水面。飞行员要对任何的来自于自己飞机导致的损害负责,除非他已经"采取了合理的预防措施来避免这些损害"。[30]

第一次世界大战大大促进了飞机制造行业;在1916年美国生产了大约400架飞机,在1918年,14 000架,这些都用于军事目的。所有的这些都刺激了飞机的设计工作,也产生了很多技术娴熟的飞行员。在"一战"后,飞机首次迎来了它们商业上的繁荣,它们被用来运输信件和货物。1918年,在纽约、费城和华盛顿之间开展了航空邮件服务;后来芝加哥也开设了此服务,最后旧金山也开展了这项服务。1925年的一项法案授权邮政局长与航空公司签署合约来进行航空邮件服务。重量在一盎司或更轻的信件,它的一枚航空邮件的邮票值十美分。[31]

1926年的《航空商业法案》(Air Commerce Act)是一个里程碑。[32]它授权商务部长制定"航空适航性"(airworthiness)的相关准则,这是一项新的项目(从海事法律的海上适航性——*seaworthiness* 类推而来)。商务部长还有权力针对飞机的导航、保护和识别制定空中交通规则,也有权力建立民用航线和机场。随后出现了一波立法的浪潮,这些法律是关于飞行员和飞机的执照以及机场的建设的。航空公司现在依照规定在城市间运送乘客。查尔斯·林白(Charles Lindbergh)在1927年驾驶飞机横越大西洋,成为英雄;在1931年,威利·波斯特(Wiley Post)在一个星期零两天的时间内驾驶飞机环游了世界。在1935年,泛美航空公司开通了从洛杉矶到马尼拉的航线(中途停靠檀香山、中途岛、威克岛和关岛);它的大型远程客机可以搭载48名乘客穿越太平洋;这项旅行是非常昂贵的,在它的一等舱里,有躺椅、亚麻细布、银器和瓷器餐具。[33]从20世纪30年代开始,空中航行中途没有停顿。在1932年,有少于50万的人乘坐飞机旅行;到1941年,这个数量达到400万。[34]

1938年的《民用航空法案》(Civil Aeronautics Act)是另一项重要的法律。[35]它成立了民用航空局(Civil Aeronautics Authority),有5位成员,他们在得到总统和参议院的同意后,由总统任命。民用航空局拥有广泛的权力。在这五人中,由三人组成一个航空安全委员会(Air Safety Board)。民用航空局有"设立费率"和"审查费率"的权力。航空公司不得收取"不公平和不合理的"费用。每个航空公司都有固定的航线,比如从得梅因到丹佛,不可以因为没有利润而擅自改变航线;要想改变航线必须举行听证会,证明放弃原来的航线"符合公共利益"。

在20世纪50年代不定期航线迎来了它们的全盛期。它们提供更便宜的空中旅行,而它们中的很多不定期是理论上的。民用航空局将它们赶出了商业系统;因为它们严重威胁了常规航班。但是不定期航线在航空业中留下了自己的足迹;它们迫使常规航班提供经济舱位,并使得航空旅行面向更广阔的大众群体。[36]第一架喷气式飞机波音707,在1958年首飞。到此刻,大多数美国人从来没有坐过飞机。现在坐飞机变得很便宜;甚至比乘坐灰狗巴士更普遍。结果,正如我们所见的,飞机几乎完全扼杀了乘客列车。在2001年,整个国家的人都成了"飞行常客"。

飞机可能比汽车的影响要小,但是尽管如此,它的影响力也是巨大的。它甚至比汽车缩减了更多的距离。它使得家人更容易团聚,也使得家人更容易分散。它是旅游行业的血肉和骨架。从经济上来说,如果没有喷气式飞机,那么夏威夷在哪?如果没有喷气式飞机,那么海外旅游贸易就会仅仅局限在游轮上。从更低层面上说,对于拉斯维加斯也是一样的;如果没有喷气式飞机,它的消费者可能主要就是加利福尼亚州的赌徒了。简而言之,快速的旅行削减了边界的影响;它是又一架促使社会、地理、文化发展的强劲发动机。

1978年的《空运解除管制法》(Airline Deregulation Act)废止了民用航空局。它允许航空公司按照它们的意愿收取或多或少的费用,也可以建立他们想去的方向的航线。结果是机票的价格更低,但是这需要一个总体定价体系;这个体系是非常复杂的,只有高速计算机才可以处理。在从纽约到西雅图的航班上,没有两个人的机票价格是相同的,这是完全可能的事,而且比起坐在左边的乘客而言,一位乘客要支付4倍的价格,而坐在他右边的乘客是免费的。这3个人坐在同样的狭窄得使人精疲力竭的座椅上,吃着同样的像橡胶一样的鸡肉或者稀奇古怪的菜肴,津津有味地咀嚼着同样的椒盐脆饼干。《空运解除管制法》允许飞机在任何大小城市取消航班,而无需付费。它是自由市场经济的胜利。当然,安全问题并没有解除管制;政府的管控依然在航空公司的运行和飞机的保养方面起到重要的作用。

传 递 信 息

在19世纪有非常多的先进的交流方式。在20世纪初,信息传递如蜗牛一样慢。一条信息要穿越大洋,或者从一个国家的一端到另一端,需要几个月的时间。电报和电话则完全改变了这种情况。在这个层面上,也在其他层面上,20世纪要胜过19世纪。这是收音机和电视机的世纪;随后,成了电子邮件和互联网的世纪。在19世纪晚期,伽利尔摩·马可尼(Guglielmo Marconi)发明了"无线电"。他的无线电曾经大部分是被用来传递电报信息。在20世纪,人们发现了各种方式在更远的距离上来传递声音。早期的规则主要是关注来自海上船舶的求救信号,也是无线电广播的主要用途之一。对于信号和广播波带没有任何的管控,根据当代的评论家所说的,结果是空中领域的"一片混乱"[37],一座混乱的零星的"20世纪'通天塔'(Tower of Babel)"。像高速公路一样,在天空中的无形的道路也迫切需要交通规则。

1910年的《无线电船舶法案》(Wireless Ship Act)要求所有在海上航行的客运轮船必须安装无线电交流装置。[38]在1912年,当泰坦尼克号在北大西洋沉没的时候,无线电求救信号招来了附近的一艘船,同时将这个灾难的信息传递到美国的报纸上。业余的无线电话务员用他们的信息堵塞了电视广播。混乱就会引发规则;海军里也出现了很多抱怨的声音。[39]结果就是1912年的《无线电法案》(Radio Act)。[40]这项法案规定,广播员必须要有执照,商务部长和劳动部有权发布执照。法规的起草者们试图限量或分配无线电频谱。根据这项法案,每一座电台都必须设定一种特定的波长,作为电台平时收发信息的波长。[41]

从商业上讲,收音机是在20世纪20年代出现的。在1920年,只有三家无线电广播电台在美国定期广播；在1925年，有将近600家。一项1927年的法案创建了一个500成员的联邦无线电委员会（Federal Radio Commission）。[42]像它的前身一样，这项法案也有很多关于海上求救信号的规定。但是它也试图对有执照的商业电台进行规定。如果"公众的利益、便利和需求通过申请人能得到满足"这个申请人就会得到执照。模糊的语言令人难以想象。后来，实际上，国会给予了行政人员几乎所有的决定权，去制定他们自己的规则，对于销售执照的事则一字未提。

这部法律并不是所有方面都是模糊和乏味的。根据这项法案的第十八章，如果一个公职的候选人做了一场政治广播，那么那个电台必须为其他的那个职位的候选人提供平等的做广播的权利。[43]这项规定保留在了后来的1934年的《通信法》（Communications Act）中，它用由7位成员组成的联邦通讯委员会（Federal Communications Commission）取代了联邦广播委员会。[44]联邦通讯委员会（后来对电视业也有管辖权）和它的前身一样，拥有不受限制的决定权，以及同样的绝对权力把广播电台给予私人利益。

在这个时代，收音机是美国文化的重要组成部分；收音机节目为整个国家带来欢乐。大部分家庭都有一台或两台收音机；人们围坐在收音机旁收听喜剧演出、新闻、肥皂剧、戏剧表演。收音机同时也有很重要的政治地位。富兰克林·德拉诺·罗斯福拥有流畅而甜美的声音，他是一位交流大师。他的"炉边谈话"（fireside chats）帮助他成为帝王总统；他通过收音机几乎进入了美国的每个家庭。在新政的最初10个月里，整个国家听到了总统的广播二十多次，广播里发送着他的信息；埃莉诺·罗斯福（Eleanor Roosevelt）的广播不少于17次，内阁成员的广播107次。[45]瞬时间，整个国家到处都飘荡着广播的声音。

罗斯福并不是唯一一个通过广播造势的政治人物。查尔斯·E.

库格林(Charles E. Coughlin)神父,这位"电台牧师",起初是新政的支持者,后来成了不可安抚的敌人,他拥有成千上万的听众。随着时间的推移,库格林的消息变得越来越黑暗和阴险,天主教会最后封杀了他;但是正如一位作家指出的,他是"第一个消除政治、宗教和大众娱乐传媒之间区别的公众人物"。[46]如果新的媒体奖励口齿伶俐的演讲者,那么它就惩罚了口齿不太伶俐的人。不像罗斯福,赫伯特·胡佛是个不太会演讲的人;他的羞涩几乎接近于冷漠。H. L. 门肯(H. L. Mencken)这样描述他:"如果要他复述第二十三篇赞美诗,"他可能"会将它讲成依据禁酒法案出示搜查证"。[47]收音机和后来迅猛发展的电视机,使得影像和语言描述在政治生活中都变得非常重要。

联邦通讯委员会根据什么授予操作执照呢?有一些很具体的要求,例如,外国人不需要申请。按照"公共便利、利益和需求"的字面要求,联邦通讯委员会本可以进行非常多的管控,本可以制定各种形式的规章;关于内容和风格、教育广播、文化,等等。而实际上,联邦通讯委员会没有进行任何的管控。你可以认为无线电频率是公共财产,是一种应该像对待国家公园或者通行水域那样来对待的资源。但是广播电台事实上被当做是公共领域,被私人事务所取代。

联邦通讯委员会因此自愿放弃了所有的职责。用联邦通讯委员会的主席牛顿·米诺(Newton Minow)的话说,它从没有采取措施以免广播电台或电视节目变成一块"无用的废墟"。[48]但是这本是可以推测出来的。美国并不是一个知识分子的国家。没有高尚文化和教育的承诺。欧洲国家可能会试图通过媒体来传播这些东西,但是在美国,那是不可想象的。

联邦通讯委员会最后终于开始管控了:在一些脏字眼的问题上进行管控。起初,广播行业试图自己进行管控。例如,在1935年,哥伦比亚广播公司向公众展示了一些"政策计划"来管理广告行业:禁止对人体机能进行不愉快的讨论,禁止为"泻药、脱毛剂、除臭剂"做广告,禁止做"诽谤性的、淫秽性的、带有亵渎性质的"广告。全美广播电视协会(National Association of Broadcasters)从1929年开始实施一项伦理广播的行为守则,经常对它进行修订。[49]在1946年,广播公司的守则包括了那些旧有的限制和很多其他的限制:不可以为酒、占卜和星相业做广告,不可以为婚介所做广告,或者为"职业群体"做广告(医生、牙医、律师)。[50]在1948年,国会很明智地将"通过无线电散布任何淫秽、下流、亵渎语言"的行为定为犯罪[51],而对这些术语则没有明确的定义。

联邦通讯委员会的标准是维多利亚时代的。一位电台音乐节目主持人查理·沃克(Charlie Walker)在南卡罗来纳州金斯特里的WDKD电台工作,因为他的下流粗俗的幽默和不拘小节的表达得罪了官方。联邦通讯委员会在1961年拒绝给他的电台的执照续期。依照委员会的观点,收音机不像书或图画,它是老少皆宜的,无论是敏感的人还是冷漠的人,无论是精明世故的人还是单纯幼稚的人。[52]可以推测出来,那意味着广播是非常圣洁的。国会完全赞同。在20世纪90年代,早播节目"惊世骇俗"的主持人霍华德·斯特恩(Howard Stern),和联邦通讯委员会产生了严重的冲突,冲突导致了巨额的罚款。当斯特恩在广播中描述一位客人是如何在聚会中用他的生殖器弹钢琴的时候,联邦通讯委员会发出了吊销执照的严重威胁。[53]显然地,这个放纵的社会在电视广播的大门前被遏制了。

委员会干涉这个事项有一个很简单的原因:它可能会将一些民众带入亢奋中。委员会可以吊销某些电台的执照,这些电台播放"含有亵渎性的、淫秽性的文字或语言的交谈节目"。正如我们所见,这些交谈节目本身就是一种犯罪。规章、法规和法院的案件在这些敏感问题上大幅度地摇摆不定。[54]毕竟,这关系到自由言论的问题。联邦通讯委员会曾经发布过"安全港"规则,脏字眼在半夜时分是可以使用的,因为推断那时候孩子们都睡着了。在 1988 年,国会命令联邦通讯委员会延长这项禁令的时间——每天 24 小时都不允许使用肮脏的语言,尽管这项禁令在后来被废止了。总体上说,对这个议题仍然是莫衷一是。

银　　幕

电影是 19 世纪晚期的产物;但是它们的历史真正是属于 20 世纪的。《火车大劫案》(*The Great Train Robbery*)是最早的电影,它可以用"联系在一起的叙事"来描述。[56]在短短几年内,电影变得非常受欢迎;5 美分电影院在大城市中如蘑菇般迅速增长。

最初,电影是一种大众传媒,它吸引了大量的观众;它便宜、生动而有激情。那些把自己想象成民族道德保护者的人发现这种情况是令人不安的。很快,各个城市和各州开始实行审查制度。它们知道这种媒体的力量。廉价的小说和苍白的报纸是最倒霉的,电影是有视觉效应的,凭借它影像的力量,它是纯粹的戏剧影响的巨大突破。

1907 年芝加哥的一项法令规定没有经过警察局长的允许而播放电影是违法的;警察局长被认为有权阻止播放任何"淫秽或者不道德的电影"。警察局长反对两部这样的电影,一部叫《詹姆斯男孩》(*James Boys*),另一部叫《黑夜骑士》(*Night Riders*)。在 1909 年的"布洛克诉芝加哥市案"(*Block v. City of Chicago*)中,伊利诺伊州最高法院支持了这项法令。[57]对抗这项法令的电影公司在操作"5 美分或者 10 美分的电影院,电影通过电影设备而得以展现"。因为这些电影院太便宜了,它们吸引了孩子们和那些不到普通电影院看电影的人。这些在年龄、教育和生活状况方面比较特别的人们,出于抵制淫秽和不道德电影的不良影响,对他们需要特别的保护。(这些人是否要求过如此的保护,或者认为他们需要这些保护,法院从没有提到过。)

法院拒绝了任何的反对这项法令的争论。这项法令是模糊的吗?一点也不。每个"健康而且心智健全的人"都能分辨出什么是不道德的或是淫秽的,而且他能够聪明地测试任何为他播放的电影。这些电影都是关于什么的呢?它们描绘了"各种各样的犯罪表现",《黑夜骑士》表现了"随意破坏,纵火和谋杀。"所有的这些电影的"不道德和它们的犯罪表现必然会对青少年群体产生不良的影响"。

芝加哥并不是唯一有意愿要保护下层社会的一个州。宾夕法尼亚州在1911年创建了宾州审查委员会(State Board of Censors),并规定没有事先得到委员会的许可而播放任何"移动画面的电影或投影电影"的行为是违法的。审查委员会由两人组成,由州长任命,其中,一位男性"主监察官",一位女性"副监察官"。他们必须看遍所有的电影,并"阻止播放那些可能会有损社会道德的电影"。[58]随后不久,俄亥俄州、堪萨斯州和马里兰州也通过了类似的法律;纽约州在1921年设立了许可证系统。俄亥俄州审查委员会仅仅允许播放"在审查委员会的判定和裁量之下的、带有良好道德的、有教育意义的或者有趣无害特征的"电影。[59]另外,在芝加哥市的带领下,底特律、孟菲斯、亚特兰大和波士顿也采取了类似的行动。[60]

布洛克案表现了一种单一的、占主导地位的道德标准;它表明,受尊重的人能够区分道德和不道德,这仿佛是自然界的事实;大众就像孩子一样,很容易堕落,而且不被信任。这曾经是一种相同的、被允许的心态;比方说,允许一个出版商出版萨德侯爵(Marquis de Sade)的作品,只要它里面的色情情节由法语来呈现就可以;佩特洛尼乌斯在晚期罗马时代托名阿尔比特(Petronius Arbiter)所著的热辣之作《萨蒂利孔》(Satyricon),只要其中的香艳段落用原始的拉丁语来呈现,也能获许出版。在 X 级情色电影的当今时代,阻挡(Block)哲学似乎就特别的古怪了,而且是非常不民主的。

但是普遍的审查制度还是延续了下来。芝加哥的审查官在 1925 年拒绝为一部叫做《朽木教练》(*Deadwood Coach*)的电影颁发许可证,因为它里面太多的"枪戏"使得它"不道德"。一些电影在当地禁播,因为它们是种族主义的,或者是太普通的,尤其是在南部地区,因为那里的人们是有种族主义的。亚特兰大禁止播放《失落的边界》(*Lost Boundaries*),一部讲述一个黑人家庭被误认为是白人的电影;这部电影对这个城市的"和平、道德和良好秩序"有不利的影响。[61]

在 1915 年,当决定俄亥俄州的审查制度是否合法的时候,联邦最高法院也加入了进来。[62] 联邦最高法院和伊利诺伊州法院对待电影的态度是一样的:电影是危险的、诱人的;它们可以被邪恶利用,毕竟它们的表演是广泛的,它们的观众群体有男人、女人和孩子。如果它们假装有"有价值的目的"而且是令人兴奋的,而且呼吁"色欲",那么它们就可能更加的"潜在的堕落"。很多的议题是不应该"在公共场合以生动的形式传播给所有的观众"。如此说来,联邦最高法院是明显地支持这项法令的。

法院和地方的监察官委员会很自信地认为电影是危险的,它们在很大程度上对于公众来说是强有力的、感动人的和形象生动的。电影行业通过屈服来进行防御。电影行业雇用前邮政部长(哈定总统时期)威尔·海斯(Will Hays)担任一个被称为美国电影生产商和分销商组织(也别称为海斯办公室)的首脑。海斯办公室开始是谨慎的,并且秉着自愿的方针,但是收效甚微。民间组织扮演了更积极的角色,最著名的就是天主教会;在 1934 年,美国天主教会的主教们组织了一个"文雅生活之旅"(Legion of Decency),检查电影所蕴含的道德并且为普通大众做电影评估。作为回应(对于抵制的恐惧),海斯办公室组建了产品规则机构来确保电影行业的规则得到切实贯彻。[63]

基本上,这项规则体现了布洛克案件和当地的审查官委员会的观点。任何"肮脏的"或者公然的性行为都是禁忌的,这是起初的规则,它包括"色情和张开嘴的亲吻、挑逗性的姿势"。在舞蹈中不准有"不体面的举止",婚姻的"圣洁"是要保持的。当然,骂人的话是违法的。或许最重要的是,"邪恶、犯罪和错误的举止"是从来不会合法化的。犯罪就必须被惩罚。通常,电影不能"降低我们能看得见的道德标准";电影更应该表现"正确的生活标准"。电影不可以取笑任何的宗教信仰;传教士不能被作为"丑角儿"或者坏人。甚至不得在电影中提及某些话题:如"性变态"、非法的毒品买卖和"拐卖妇女为娼"。[64]

除了强有力的沃利策琴(Wurlitzer organ)在20世纪20年代新的"电影殿堂"里演奏背景音乐,电影在20世纪20年代都是无声的。这些"电影殿堂"是宏伟的、豪华的建筑,拥有华而不实的装饰、空荡的环形楼梯和豪华的钢琴。电影开始说话了;起初,它是开始演唱的。第一部达到正片长度的有声电影,《爵士歌手》(The Jazz Singer),在1927年的纽约开始上映;它其实是一部无声电影,不过是插入了一些歌曲,而且还有一些舞台剧的风格。不久有声电影就开始正常化了。[65]但是当然,必须是有教养的对白、被设过限的对白,而且不能有构成"冒犯"的对白。

这套安逸的体系在20世纪50年代开始瓦解。在战后时期,正如我们所见,联邦最高法院正面地面对淫秽问题。旧有的禁忌受到挑战。主要的案件关注的是淫秽书刊;但是相同的原则也适用于电影。毕竟,它是一个不同的时代,那是一个金赛性学报告的时代,那是一个公民权利和公民自由意识得到提高的时代,那是一个更开放的时代。最主要的案件(1952年)关注的是一部意大利电影《奇迹》(The Miracle)。它讲述了这样一个故事:一位妇女想象她的私生子是婴儿耶稣。

天主教团体将在纽约播放这部电影的影院围住,说有炸弹威胁。州评议委员会废除了电影许可证,理由是,这部电影"亵渎神明"。纽约法院支持了这项决定。但是联邦最高法院推翻了它。最高法院认为,根据某项宗教教义来抑制真实的或是想象的攻击,不是政府的职责。这个案件结果破坏了审查制度在任何领域的法律基础,而不仅仅在杜绝淫秽的领域。[66]

在一段时间后,所有的审查制度都被废止了。裸体、暴力、犯罪还有通奸,这些都很卖座,这些东西不仅变得可接受了,而且几乎可以在任何一部成人电影里找到更多的这些东西。事实上,在国家的大部分地方,对于电影是没有任何限制的。脏话不再被禁止;充满脏话的电影几乎无所不在,而且主流电影都含有脏话甚至更差的词语。电影规则不再有任何意义,它在1967年就被废除了。取代它的是一个新的、自动分级的系统——一个给电影行业粘贴标签的系统。每个人都可以安全地观看 G 级电影,没有性、裸体、暴力、毒品和下流的语言。从这里开始,电影开始分级,从 PG 级(建议在父母指导下观看)、PG-13级(不适宜儿童)到 R 级(17 岁以下的没有父母陪伴的不得观看),甚至到 X 级(后来被 NC-17 级取代,作为普通的好莱坞电影,仅限于成年人观看)。一个设立在洛杉矶的委员会来决定这些层级,委员会为电影行业服务,由电影行业提供费用。很难说它是一个专家委员会;从 1997 年开始,它里面有一个微生物学家、一个美发师、一个饭店老板,还有其他人。电影制造商要是不满它的电影的分级可以申诉。这个民间的、非官方的系统将审查制度的要求中立化,它将警告和信息混合起来的做法,看起来非常奏效。[67]到 20 世纪末,对电影中关于性的抱怨平息了,"肮脏的"话已经非常普遍,甚至在谈论这个话题的时候它也不是重点了。常规的电影都避免了硬性色情,但是在特殊的电影院和出租录影带的商店里则不存在障碍。在电影或电视中,暴力是非常流行的,而且也引来了非常多的批评。国会已经对这个议题进行了一次又一次的讨论,并且考虑这样或那样的立法;最后,关于这个议题没有任何结论。[68]这个议题在爆发了一些惊人的暴力事件后,比如在高校里的大规模屠杀或枪击射杀,像玩偶盒里蹦出玩偶一样突然地出现。但是至今为止,这个议题都没有具体的结果。

566 在媒体的早年时期,电影一直是个产业;通常具有非常高的利润收益。然而,一百多家大型的电影制片公司开始主宰这个行业。它们控制了影星,它们控制了电影的生产,它们控制了电影的发行。这些大的工作室拥有一系列的电影院;它们有能力排挤独立的电影制造商或者小的、独立的电影院;或者将它们挤在非常小的市场份额里。[69]它们使用的一种技术叫"打包预订"(block booking)。为了得到可以赚钱的"A"级电影,电影院必须同意购买并播放大量的"B"级电影。否则,这些小小的影院还没出生可能就已经被扼杀了。司法部门的反垄断局和这些行为作斗争,同时也反对电影制片厂和它们的电影院之间的紧密联系。在许多的小冲突后,在1948年的"派拉蒙案"(*Paramount case*)中,政府取得了决定性的胜利。[70]工作室必须甩掉它们的电影院,而且它们光荣与梦想中对电影业的掌控力破灭了。

或许,尽管电影厂商可能并不知道,但结果已经是可预见到的。去电影院看电影的人数在1946年达到顶峰;在那一年,估计每星期看电影的人超过了7900万;在1957年,仅仅在11年之后,去影院看电影的人减少了超过一半。[71]当然,这是电视带来的问题。然而,好莱坞没有死亡,甚至在某种程度上东山再起。它发现市场上还是有利可图的,而且市场非常繁荣,它在同世界上剩余的娱乐方式的竞争中保有自己的位置。在最近的几年,电影已经成为美国最主要的出口项目之一。特别是在20世纪90年代,美国的电影烂片(top-grossing film)实际上是占领了世界。在1991年,在阿根廷票房最高的电影是《终结者

2)》(Terminator 2),在埃及票房最高的电影是《与狼共舞》(Dances with Wolves),在瑞典是《风月俏佳人》(Pretty Woman)。[72]即使在法国,精英们激情四射地抵制美国文化帝国主义;事实证明,比起任何法国可以自己制作的电影,美国的电影更受普通法国人的欢迎。

伟大的蓝盒子——电视机

电影历史上最大的危机是出现了巨大的竞争对手:电视。电视将画面、影像和故事——所有的电影的戏法带到了每一个人的客厅里。无需买票,你就可以在你家里,坐在你自己的长椅上,吃着比萨,随心所欲地穿着内衣,痴迷于由这些电子管带来的奇迹。

实际上来说,电视是在20世纪30年代被发明出来的。[73]联邦通讯委员会在1934年以后开始对电视广播进行许可证的试验;到1939年,很多的试验电台在运作着。存在着关于广播频率的分配和电视机的技术标准的竞争和暗战。真正意义上的广播开始于1941年;在1941年末,有大概32家电视台在运作。但是第二次世界大战阻止了作为娱乐、启蒙和赚钱媒体的电视的发展。

在1945年,当战争结束的时候,水坝决堤了;电视像火箭一样飞速发展起来。公众对这个神奇的小盒子产生了无穷的欲望。联邦通讯委员会进行管控,和对收音机所做的一样,有一些相似的基本准则:电视广播是公共财产,但是政府部门(通过许可证的形式)免费送出。理论上讲,这是在竞争的基础上进行的,而且是以公众的利益为核心的。实际上,一些大型的网络垄断了可利用的频率。它们强制逐出了它们所有的竞争对手。

起初电视机是黑白屏的;在20世纪50年代,彩色电视机出现了,公众对这些在家中闪烁的引人注目的色彩更加着迷了。彩色电视机很快就成了一种时尚的标准。到1970年的时候,95%的家庭都有电视机;在1996年的时候有2.23亿台电视在运作着;几乎每个人都有台电视机,实际上,平均每个家庭拥有2.3台。[74]

在林登·约翰逊总统在任时期,是一个政府机构积极启动的时期;国会通过了《公共广播法案》(Public Broadcasting Act)。[75]这项法案成立了公共广播公司来播放非商业性节目;根据法律,这个公司是完全独立的,不承受来自各方的任何压力,也绝不是美国政府的一个机关或组成部分。然而从一开始,保守主义者就开始猛烈地攻击公共广播;他们称它是精英分子的、不切实际的(最差劲的)极端自由派。[76]他们也认为它是不必要的:自由市场和数不胜数的电台(特别是有线和数字电视的出现)使得公共电视成为累赘。里根政府在1981年建议大幅度削减公共传播;里根实际上在1984年否决了一项拨款提案。[77]尽管如此,尽管有着将一切都私有化的热情,公共电视还是在20世纪末成功地伴随着人们的生活。

公共电视有很少的观众;而商业性的电视节目有巨大的观众群体。在很多家庭里,电视机似乎从早上就被打开直到家庭成员到了晚上睡觉的时候才关上;更有甚者,很多人到了夜里接着看,直到眼皮下垂的时候,才用遥控器将电视关上。电视对美国人生活(或者说,全球生活)的方方面面都有广泛的影响。它的力量,它的生动活泼,它的即时性,它的诱惑力,使得收音机的力量相形见绌。年轻人很难想象以前没有电视的生活。对他们而言,那样的世界一定是荒凉的、空洞的、苍白的;而且最糟糕的是——极度无聊的。

在某种程度上,电视是一种起交互作用的工具,尽管观众是被动地坐着观看的。电视也刺激产生了一种反作用。它有独一无二的能力去影响和操控它的观众。它也有强大的政治力量。它产生了巨大的区别;它在很多方面塑造了美国的法律,从基福弗听证会(Kefauver hearings)上对有组织犯罪的听证调查的画面,到那些公民权利运动和南方的警长用的狗和消防水龙头的画面,再到越南战场、"水门事件"、O.J.辛普森案和弹劾克林顿的审判画面。电视也向它的观众传递了许多不为人知的信息。特别是关于个人主义、消费主义、选择。电视给我们带来了一个悠闲的、魅力十足的、激情四射的世界;它是打开世界的一扇窗户,它是有着独一无二能量的潜在教育家;但是大多数情况下,它都放弃了这些角色,而是给人带来一些单调乏味的乐趣;但是这些乐趣也是一种意识形态。

电视用它的方式掌控了整个世界;但是同时,在一个开放的社会里,电视的十足力量和它显而易见的存在,使它出乎寻常地遭遇到公众观点的夹击。电视节目也在"收视率"的基础上来回变动。电视系统和电视台控制了电视的内容;但是还是由公众做出选择,一个电视节目失掉了它的观众,也就失去了它的生命。电视也赤裸裸地暴露在公众的愤怒中。人人都看电视,人人都有自己的观点。从电视开始出现,就有很多呼声要求抵制它的过分的东西,包括性、暴力、愚昧或者任何违背观众意愿的东西(或许,从更有力度的角度来说,是任何违背广告商的东西)。电视行业对于这些不同形式的压力非常敏感。

电视行业对于政府的监管也是非常机警的。为了避免政府在电视节目的形式、语言和内容方面的监管,电视行业采取"自我管理"。在1952年,正当电视行业处于幼儿时期的时候,国家广播协会对电视业采取了一项自愿性的准则标准。整个国家三分之二的电视台很快就赞成这项准则。在1956年,根据一项研究表明,一个广播网络125次采取行动来对某些电视节目的内容进行评论,或者进行改变,或者删除某些不符合规则的节目。涉及性的节目是不允许播放的,同时还有粗俗的、很坏的语言和诋毁种族的节目(例如,涉及"愚蠢的波兰人"的节目)。另一些行动显示了全国性怯懦的深度:"因为暴徒使用了皮夹克,遭到了制革工人和夹克生产商的抵制",或者因为有关"冷酷牙医的暗示"而遭到的抵制。[78]

审查制度和自我审查依然是广播和电视共同的问题。不用说,电视台不可以用"脏字眼"来污染良好的环境。特别是人们所知的"7 个脏字眼"的禁令:"shit"是这 7 个词中算是比较温和的。在 1973 年的 10 月 3 日的下午 2 点,一个庆祝自由的伟大的一天,如果你愿意,你也可以把那一天当成是西方堕落的一天——纽约的 WBAI 电台广播了一个关于喜剧演员乔治·卡林(George Carlin)一段独白的节目,在这个独白里,他重复地用这些词,"这些词会让你的脊柱变形"或者"手上长毛"。一个男人和他年轻的儿子开车时听到这段糟糕的独白后提出了抱怨。联邦通讯委员会给了这个电台一记惩罚并威胁说,如果在同样的频道里有"持续的抱怨",那么就会吊销它的执照。这个案件通过各种途径上诉到联邦最高法院,最高法院支持了联邦通讯委员会。[79]

关于这项判决,有趣甚至离谱的是,审查这些使用脏字眼的印刷媒体是根本不可能的。事实上,这 7 个脏词或者更脏的词在印刷品里是非常普遍的。为什么广播媒体就不同呢?因为,正如大法官史蒂文斯所说,它们是"极端的普遍的";而且是"非常容易接近孩子们的"。[80]当然,家庭里的色情文学可能会更容易接近孩子们,而印刷品在某种程度上仅仅是普遍的。但是史蒂文斯的直觉告诉他一些真实、深入而正确的东西:广播媒体的力量,特别是电视——它的戏剧性、它的生动性、它的富有魅力性——这些都是社会因素。电视不仅仅是在每一个家庭里;它几乎是在每一个房间里,比起控制印刷品,孩子们更多地控制电视。比起将电视从屋里拿出去,将色情书刊从家里拿走更容易些。在任何程度上,无论正确与否,出版商每一天每时每刻都可以说和做的事情,电视网就不能说和做。

很长时间以来,电视被三家大型的广播电视网操控。在 20 世纪

70年代后,它们对观众的束缚被打破了;有线电视和其他新的科技为大众带来了很多新的选择。里根政府非常喜欢放松管制。联邦通讯委员会甚至放弃了它的最微弱的尝试来保持一个分量最轻的教育性节目。大部分的有线电视台通过给公众提供垃圾节目的方式来和整个电视系统抗争。但是电视频道太多了,依然有空间留给新闻频道、天气频道和艺术频道来进行宗教性的和教育性的广播。电视的未来似乎是无限的。但是它现在也有一个正在成长的竞争对手——从长远看来,它也是电视的威胁,正如电视曾经是电影的威胁一样。

国际互联网

这个对手就是互联网。在20世纪90年代,互联网、电子邮件和国际互联网获得了令人眼花缭乱的发展——它们都是这个新奇的"网络空间"世界的产物。在很短的几年里,"互联网"从无到有发展成为一种令人惊讶的工具,一种进行交流的力量。成千上万的人通过电子邮件进行交流。成千上万笔买卖交易、从事科学研究、从事股票市场上交易、查看塔斯卡卢萨*或北京的天气,或者是美国内战时期的一把剑的拍卖,都是通过互联网进行的。其他一些人关上他们房间的门,在私密的网络空间里浏览色情图片来满足他们的心理需求。互联网在将来会如何变化很难说。但是可以肯定的是到2001年,互联网已经有能力改变人们的生活方式、工作方式和买卖方式,几乎改变了除吃饭和做爱以外的所有行为;而且即使是在这两个方面它也必然会受到互联网的影响。

的确,在1999年,世界"第一所互联网法学院"出现了。这所学校

---

* Tuscaloosa,亚拉巴马州西部城市。——译注

"隐藏"在没有明确空间的办公场所,它没有长满常青藤的高墙——实际上,它没有墙——它的180个学生生活在从阿拉斯加到瑞士的任何地方;事实上,学生们的班主任生活在波士顿,而教职工的主任和他的家庭生活在丹佛。根据报纸的报道,这所学校"正在拖着喊着地把法学教育推入网络的世界"。[81]很多人相信在网上游弋和冲浪就是未来;而不仅仅在法学教育方面。

互联网是信息的巨大仓库。每一个机构、每一所学校、商业企业、任何规模的俱乐部,到20世纪末,都有自己的网页。互联网使得那些有些共性(或所有共同点的)人们相互交谈、彼此交流一些信息(或者错误的信息)或者交换一些想法成为可能。一个女人生了一个两磅重的孩子,一个男人收集到了一件德国的瓷器,简·奥斯汀或者"猫王"埃尔维斯·普雷斯利的粉丝,或者患结肠癌的人——所有的这一切都可以通过互联网找到同类,学到很多东西。这些网络大部分都是免费的(一旦你支付了链接的钱);但是这样的情形能够持续多久?如果人们可以免费上网获得信息,谁还会去买报纸呢?如果你可以在网上买到更便宜的书,谁还会去书店买书呢?未来将会给互联网带来什么?它还会如此大众化吗?它会被"商品化",变成赚钱的工具吗?谁会控制它?法律的权威和力量会扮演一个什么角色?在世纪末,这些问题仍然没有得到回答。

但是更加清楚的是:总体上,沟通交流的新科技,对社会影响是不可估量的。尤其是,它形成了我们生存的这个世界。它们通过很多不同的方式来达到这一点。它们实际上也是我所说的"平行社会"的基本理由:它是一个关系松散的社会,一个大众传媒的社会,一个被大众媒体紧密联系起来的社会。[82]一个交流者的社会可以形成,而且也确实形成了群组、部落、氏族和压力点,它由分享同样的利益、从事同样的事业但是并不在身体上相互接触的人组成。平行社会使得多元平等、公民权利运动、利益群体政治乃至民族主义本身成为可能。

平行社会从长远来讲也会影响权力本质。曾经,人和人之间面对面的交流,几乎是唯一的影响一个儿童的方式:父母、祖父母、其他的亲戚,然后是学校的老师、神父、邻居和其他的当地人。所有权力的形式都根植于邻里之间。现在,所有的这一切都改变了。几乎从一开始,孩子就被来自广大的外部世界的影像所包围。电视荧幕是这些影像的最有力的来源。家庭和当地的名人曾经扮演着外部世界的过滤器和监察官的角色。情形不再是这样了。电视里的令人眼花缭乱的、闪闪发光的世界和电影是强有力的对手;现在,互联网也是。

电影、电视和休闲:所有的这一切都把娱乐带进了每个人生活的核心中。[83]它们创造了一个名流社会。名流不仅是一个著名的人;名流是一个著名的而且熟悉的人,一个我们通过电视或其他大众媒体能看到、听到和认识的人。这些东西对总统、法律体系和权力结果意味着什么,我们会在最后一个章节来论述。

第十九章

法律:一个美国的输出品

572 　　在20世纪初,美国已经是一个富有而强盛的国家,并且伸展开它的肌肉,成为一个海外帝国。到20世纪末,它变得更加富有和更加强大,成为世界独一无二的超级强国。它在两次世界大战中已经出类拔萃(而在一些小型的、不太耀眼的战争中,结果往往模糊不清)。它的大部分对手都没落了。在1901年,当维多利亚女王逝世时,太阳从来没有在大英帝国落下,这个庞大的帝国控制了四分之一个世界。到2000年,大英帝国已经变成了一个令人同情的巴掌大小的岛国,而中国在1997年收回帝国最后一块重要的殖民地香港。帝国时代仅存的几块殖民地(百慕大群岛、直布罗陀、福克兰群岛等)上的人口加起来,还坐不满一个足球场。

　　所有其他的帝国也都在烟尘中分崩离析。两次世界大战和趋势的风云变幻,剥夺了法国荣耀,她的非洲和亚洲殖民地早已不复存在。她仍然有一些零星的岛屿,在非洲的法语区仍然有新殖民主义的残余。德国在"一战"之后就失去了帝国的地位,而且在"二战"后被迫交出了它侵占的地方。第一次世界大战让奥匈帝国解体,第二次世界大战使日本帝国付出了终结的代价。荷兰和葡萄牙的殖民地在"二战"后纷纷独立,葡萄牙的最后一块殖民地澳门,在1999年的年末交

573 回给中国。最近期的帝国是苏联,但是它从来也不承认自己是一个帝

国；它在1989年像一个纸牌屋一样崩溃了。在20世纪末,北极熊俄罗斯也是疾病交加,行动迟缓,乱成一团。中国就像在地平线上隐隐约约并崭露头角,它幅员辽阔,人口膨胀,但是迄今它都不是美国统治世界的对手。

在经济上,美国也是世界上独一无二的强国。一些国家就人均美元而言,也很富有,或者更富有,但是这些地方都很小,它们很幸运,富含石油,比如文莱、科威特;或者精干的小国,比如新加坡。即使像德国和日本这样的既大又富有的国家,在国民生产总值上也远远落后于美国。美国拥有数以兆亿的国民生产总值,美国的绝对财富比与他最接近的竞争对手可能还要多两倍,而且在军事和文化方面,其他国家更是望尘莫及。

这就使得美国在世界上遥遥领先,它比其他任何国家都消费得多,而且它的电影、电视事业,它的大众文化,甚至是它的语言,都得到了全世界的共鸣。从北极到南极,几乎每个人都知道美国,它的蓝色牛仔裤,它的影星,它的摇滚音乐,它的汉堡包和可口可乐。美国语是大众文化的语言,它被人轻视、厌恶、赞美、模仿,它令人害怕,但又被人喜爱,所有的这些有时是同时发生的,或者是发生在同一些人身上。美国的政治家们昂首阔步,祝贺在美国取得的成就。无论美国的卓越来自于上帝、美德,还是经济政策,抑或是像中彩票或者发现石油那么意外,它在世界上的地位毋庸置疑。美国的霸权会持续到2100年吗？或许不会。那它会像大英帝国一样衰落吗？只有时间会告诉我们答案,但是,时间在此时此刻默默无言。

无论如何,美国的观念、印象和物品随处可见,无论是高尚的文化(美国的科技、艺术)还是通俗文化(黑帮电影、快餐店、摇滚音乐)。在英国,很难找到英国人的电影;在德国,很难找到德国人的电影。在法国,存在对文化帝国主义的恐惧;而在它的人口中心很危险地靠近美国边界的加拿大,已经赤身裸体地暴露在美国媒体之下。讲英语的多伦多和讲法语的魁北克市都可能赞同,美国的文化整合是一种威胁。另一方面,加拿大民众和世界上的其他人一样,似乎都在为接受美国的文化垃圾而窃喜。

但是,当然并不是美国社会的每一个方面都广为流传,或者遍布全球。每个人都喝可口可乐,但是除了美国人外,没有人喝根汁啤酒(root beer),大部分的外国人都会觉得这种饮料很恶心很难喝。美国的法律是可口可乐还是根汁啤酒呢?随着美国的文化、产品和行为方式传播到世界各地,美国的法律文化呢?或者说美国自己的法律呢?它们会随着一起传播吗?

在某种程度上,期盼的答案是:不是很多。法律是最具有地区性的规则。化学工程在洪都拉斯、老挝、希腊和在美国是一样的。甚至是社会科学也或多或少有些世界性。科学就是科学。艺术,无论是高尚的还是通俗的,也已经变得越来越国际化。建筑学也是一样的,高的建筑在全世界看起来都是一样的。电影《侏罗纪公园》和《泰坦尼克号》——假设这些是艺术的话——在每个国家都很卖座。但是法律作为一种规则,是和司法权的绳索绑在一起的。它受制于一定的国界。

当然,联邦体制也受限于州领土的边界。或者说它曾经是这样一种体系。正如我们所见,20世纪美国法律的一个最引人注目的方面是联邦的成长,以及它的法律秩序全国化。现在,在21世纪的黎明之际,或许我们越来越向着某些大致相似的、国际化的东西前进。两个国家之间的边界变得淡化:在某种程度上,这就逐渐形成一个经济一体化、文化一体化的世界。法律的边界也弱化了吗?某种潜在的世界联邦主义在形成吗?既是肯定的,又是否定的。国家主权依然是强大的力量,特别是对于大国而言。法律实践在很多方面仍然是地域性的。大部分的律师都像是浮在岩石上的甲壳动物一样,都是非常本土化的。然而,在另一方面,也存在着某种形式的全球性法律。有些事情也正在酝酿发生。如果文化和贸易全球化了,法律也几乎不可避免地随之仿效。而新兴的全球化法律开口说话时,越来越多地带着美国的口音。

出借者和借鉴者

在我们的历史上,美国不是法律的出借者,而是借鉴者。美国是一个普通法国家;从起源来说,普通法是英国法。在19世纪初,美国法院从英国法、英国的法官和专著作家那里寻找灵丹妙药。判例法也是援引的英国判例。著名的法律学者型法官,像詹姆斯·肯特和约瑟夫·斯托里(Joseph Story)也阅读、吸收欧洲的法律思想观念,并试图将它们引入美国法律的重要方面。

英国的影响在整个19世纪日趋减弱,在20世纪便归于消亡。美国的判例很少引进外国的案例。法院偶尔会援引英国一两个经典著名的案例,或者借鉴于布莱克斯通;但是现代英国法律几乎没有被提及过。在20世纪,德国哲学也还有些残存的影响;卡尔·卢埃林便吸收了很多德国法律文化。然而,可以公平地说,美国的律师和法官在整体上是极端有地域性的。

在一些关键问题上,学者和政府官员们确实是借鉴了外国的东西。英国法律影响了工人补偿法律的态势,关键性的条款几乎是逐字地从英国法律搭便车而来。英国法律又应当归功于对早期俾斯麦时代的德国法律的借鉴。英国1929年的公司法和1933年的证券法确实对美国的《证券交易法》(Securities and Exchange Act)有所影响。商业法律,起初是20世纪早期的"统一"法案,它们几乎也是来自英国法律的恩惠。

在20世纪30年代,希特勒在德国的愚蠢行为驱逐了成千上万的学者,他们中很多是犹太人。他们中的幸运者来到美国。对于这些学者来说,这个过渡阶段是非常孤独和艰难的:他们要撕裂自己的根,被迫去学习新的语言和新的法律文化。然而,他们竟有为数不少的人最终能在美国立住脚并能重新开始。他们极大地丰富了学术界。欧洲最著名的法律哲学家汉斯·凯尔森(Hans Kelsen)把自己的学术生涯都交给了加州大学伯克利分校。德国和奥地利的难民在比较法的学习中获得了新的生命,他们主宰了这个领域几十年。一些学者,像耶鲁大学的弗里德里克·凯斯勒,帮助将欧洲的法律概念引入美国的法律思想中。一些学者在"二战"后又返回了德国和奥地利,但是很多人留了下来。在学术生命力方面,很难去衡量他们的影响力;不过,毋庸置疑,他们是重要的因素。[1]

因为到1900年的时候,美国很明显地成了世界强权,所以就毫不奇怪地,在20世纪它的影响力的流动或多或少地也改变了它自己。在拉丁美洲,法国和西班牙仍然是法律知识生活的主要影响;但是,没有什么办法能拒绝北方的这个巨人。普通法原则在边界的南部取得成功。例如,巴拿马在1924年通过了一项法律将英美信托法引入到了它的法律肌体之中。在1950年前,巴拿马和哥伦比亚都采用了可转让票据法。古巴的铁路公司法被认为是"基本上翻译的纽约法律",巴拿马和墨西哥也从美国借鉴了公司法。[2]在1923年到1931年间,普林斯顿大学的经济学教授埃德温·甘末尔(Edwin Kemmerer)博士访问了拉丁美洲的许多国家,推行经济改革——介绍美国的银行法和银行机构。[3]这些举动到底多大程度上深入到法律生命中,仍然是个众说纷纭的问题。

宪法安排

美国的宪法观念是主要的出口品。美国宪法在很多方面是拉丁美洲宪法的模板。在文本内容上就是个样本。在相信寡头政治的一些地方,现行宪法体系运作得并不好。当然美国法律以征服者的姿态得到传播:它取代了美洲大陆原住民民族的法律(尽管也不是全部的),而且在现存的法律体系中仍然有巨大的影响力。它也取代了夏威夷群岛的土生土长的法律。

在20世纪,美国的法律也部分上强加给了菲律宾和波多黎各,在西班牙和美国的战争后,它们也归入了美国的势力范围。美国法律的早期膨胀是征服的结果。1935年的菲律宾宪法宣布菲律宾独立,它的文本借鉴了权利法案和南北内战后的修正案。另一方面,这份宪法很接近地仿效美国的模式。在菲律宾最现代的1987年宪法中也是如此。[4]

美国1915年入侵海地,并迫使海地签署条约,实际上承认自己是美国的一个保护国。海地人不得不接受一个新的宪法。美国人直到1934年才离开。当然,海地并不是唯一一个在西半球感受到它的北方邻居强大力量的国家。

"二战"后,美国军队占领了日本、韩国、德国的一部分,包括被分割的柏林部分区域。美国占领的法律影响是巨大的。德国基本法很明确地基于美国模式,但是它通过权力法案建立了联邦体系,这里面包含了很多的美国例子。可以肯定的是,联邦主义在德国历史上并不是全新的。美国政府的模式甚至在19世纪德国魏玛共和国时期,便已经开始影响德国政府。[5]但是"二战"后的影响更深远、更持久。

1945年日本投降后,道格拉斯·麦克阿瑟(Douglas MacArthur)将军成为日本事实上的皇帝。1945年10月11日,他命令日本人起草民主宪法。在反复修改、探讨和劝诱后——以及在占领者的压力下——日本人实际上是采取了这部宪法。它含有司法审查的条款,司法审查是非常美国化的规定。宪法甚至部分是由美国人起草的,然后翻译成日文。[6]在德国和日本,新的宪政体制在很多方面取得了惊人的成功。可以确定的是,德国的宪法法院比它的难兄难弟日本的宪法法院更活跃;德国人的司法审查运行得如鸭得水(like a duck to water)。日本的世俗政府的传统比德国少,但是它很快就变成了一个高效率的民主国家,人们有充分的言论自由、出版权和宗教自由。另一个"二战"的战败国意大利,在1948年也通过了新的宪法,它也包含了司法审查。然而无论是意大利还是德国,他们都没有采纳美国的司法系统,比如将宪法问题交予普通法院审理;它们建立了独立的特别的宪法法院。[7]

在韩国,美国的影响是巨大的。日本曾经占领过朝鲜,将它变成殖民地,它的法律是非常日本化的;绝对没有司法审查的传统。1948年军事政府发布了基本权利条令,基本上是仿效了美国的权利法案。从20世纪60年代开始,韩国法院越来越多地借鉴美国宪法和宪法原则作为指导。另一方面,直到20世纪80年代,韩国都是在专制政府的统治之下,很多的关于公民权利和自由的讨论都是学术性的。1988年,作为迅速演变的民主政体的一个礼品,韩国为自己建立了宪法法院。从那以后,很多的"美国式的"习惯出现在司法制度中:比如说不同的意见书。年轻的法官大多都有美国经验,他们急切地去品尝令人陶醉的激进主义烈酒。在1997年,在一项引起强烈反响的判决里,宪法法院废除了韩国民法中的一个规定:"禁止同宗同姓氏的男女结婚"。女性群体无法接受这种立法,它会改变"这种最能象征韩国版的古老儒家礼教的传统",但是宪法法院将它们一扫而空。[8]

通常,在20世纪下半叶,出现了一种编写宪法的积极风气。一个接着一个的国家重新改组它的政府体系,在这个过程中采取了宪法审查。民主已经在以各种方式前进。美国就成了一个古老强大而很显然的学习范本。但是从更深层次说,欧洲的宪法不是美国一手培植的,它们的宪法和美国的并行不悖。它们和美国宪法主义一样,共饮同一口深井里的泉水。

无论是否被借鉴,词汇形式和文本并非至关重要。生动的实践才是一切。毕竟,无论它们的宪法如何规定,对于欧洲法官来说,司法审查并不是自然而然产生的。正如莫罗·卡佩莱蒂(Mauro Cappelletti)在1971年写到的那样,欧洲的法官"在涉及司法审查中缺乏价值导向和准政治功能的心理能力"。[9]在某种程度上,这也是对的。例如,在丹麦,司法审查在理论上是可行的,但是丹麦最高法院直到1990年,仍然没有宣布一项法律条款违宪。[10]在很多其他的国家,如我们所见,在德国,还有西班牙新的宪法法院是出奇的激进。正如亚力克·斯通·斯威特(Alec Stone Sweet)所说,欧盟法院实际上已经创造了某种"超国家宪法",它的影响力甚至已经渗入到英国寒冷的气候中,这可是个在传统上敌视一切遥远的类似宪法和司法审查这些东西的国度。[11]

尽管形式各异,而且结果也不同,但是基本的框架,如权利法案、宪法法院、司法审查,在全世界变得越来越普遍。安东尼·莱斯特(Anthony Lester)称赞权利法案的"海外贸易"。[12]他看到了美国在国际人权公约中的操作影响力。这些公约在"二战"后激增。在以色列这个没有成文宪法的国家,它最有影响力的首席大法官西蒙·阿格拉纳特(Simon Agranat)大胆地将美国的宪法原则移植到以色列的法律之中。阿格拉纳特自己也是个美国人,他1906年出生于肯塔基州的路易斯维尔(Louisville, Kentucky),毕业于芝加哥大学法学院。他对美国法律的欣赏是自然而然的。[13]

有意识的输出

特别是在20世纪50年代到60年代的冷战时期,美国的决策者们自觉地向世界发出自己的声音。他们尽最大可能同共产主义作斗争;有些斗争是相当肮脏的。美国训练了整整一代戴着墨镜的阴险之人,他们在众多的拉丁美洲国家去除共产主义者(当然,还有很多别的什么人)。通常在这个过程中,他们也足以扼杀了民主。其中有益无害的是所谓的法律和发展运动。国际开发总署提供资金,美国的律师们分散进入新独立的第三世界国家里,拉丁美洲再一次成了受欢迎的地方。这个想法就是,用美国式的法治同共产主义进行博弈。

加入到这个运动中的学者们没有意识到他们正在试图出口美国的普通法。但是他们没有那么幼稚,他们的确意识到美国有太多的东西可以提供。在法学教育的形式上,例如(案例教材、苏格拉底式诘问)看起来是鼓励开放自由的辩论,它比枯燥干涸的说教要好很多。律师是社会工程师,它的美国模板也是适合出口的。[14]这项运动有个不光彩的结尾,因为出现了财政丑闻,而且还有间谍活动的指控。后来加入的一些学者放弃参加并承认法律帝国主义的罪恶。[15]资金枯竭了——包括政府的资金和基金会的资金。这项运动似乎也彻底销声匿迹了。

但是好景不长,在20世纪90年代,苏联解体后,美国的智囊们(也包括欧洲的)帮助着起草新的宪法和新的法典。[16]苏联的所有的地方政府,包括俄罗斯自己以及苏联同盟的前成员国们,都开始了起草基本法律的过程。[17]他们很自然地以西方为蓝本,这项工作在美国和其他西方国家的专家(虽然价值有限)帮助下进行。一位来自伯克利校区的美国政治社会学家马丁·夏皮罗(Martin Shapiro),在乌兰巴托帮助蒙古共和国制定新的宪法。蒙古的新宪法和美国宪法有很多共同之处——权力制衡、司法审查（最大的部分）和权利法案。或许，总体上说欧洲的影响比美国要大：大部分这些宪法（像德国的和意大利的）都提供了特殊的宪法法院和法庭。匈牙利就是个例子。[18]

新宪法里的权利法案变得比美国模式更加宽泛和具体，也包含了所谓的"社会权利"，像受教育的权利、社会保障和社会救助、组建工会的权利以及"工作的权利"——1991年的保加利亚宪法中就有很多这样的例子。[19]而在美国宪法中则找不到这些内容。

美国的官方政策鼓励促进像俄罗斯和中国这样的国家的"法治"。在美国人的眼中（至少从20世纪晚期起），法治也需要一个自由市场体系。美国律师协会和其他的组织已经制定资助计划以美国人的方式训练俄罗斯律师。从20世纪末开始，最终结果似乎并不显赫。俄国人急切地拥抱资本主义随心所欲的那一套；新的精英们从美国学到他们想得到的东西，寻找到了自身致富之路；但是美国法律至上主义中更多值得称赞的方面，一路劳顿到了莫斯科后，没有幸存太长的时间。[20]

除了韩国的很明显的例子之外，美国法律对其他国家的法律和实践到底有多大的影响呢？影响是一个微妙的词语，它同洗脑不同，也不同于帝国主义。另一方面，说美国"影响"了波多黎各是不恰当的，美国的法律部门实际上是将法律塞进了波多黎各人的喉咙。"影响"在更广义的层面上像是电视转播，只有当有人打开它或者听的时候它才有效果。而且，当有人们不想被影响的时候，它是没有效果的。我们看到的来自美国的影响，实际上是聚合式的——即在特定方向上塑造美国法律的全球化力量，也在塑造着其他国家的法律。因此，例如，一个接一个的拉美国家已经改革了它们的刑事司法体系（至少在纸面上是这样的），朝着更像美国的方向发展；比如，它们使审判更像美国式的审判,它们引进证言和交互讯问,甚至进行陪审团的试验。但是大部分的这些"影响"都来自于更现代的欧洲法律准则——即这个时代的精神,而不是美国的精神,使得这些法律成为它们本来的面目。[21]

在那些有意愿、也有能力接受这些建议的国家里,它们的领导者们知道它们想要什么,而且在这些国家里有支持创新的机构,使得西方的法律,包括美国的法律能够在那里找到生存的空间。技术性法律尤其如此,比如股票交易法律和知识产权保护法律。证券交易委员会迫切地在保加利亚、匈牙利和波兰以及其他国家里,为它们提供有关证券交易法律和法规的建议。总体而言,这都是些拥有受教育人口众多的成熟国家。而在其他的地方,法律出口几乎完全是徒劳的。蒙古共和国的一件趣闻说明了这种极端。一位年轻的蒙古官员"感激地接受来蒙古访问的美国专家提供的一摞详细介绍美国证券交易法律的文件",事实上他曾要求从美国寄来很多类似的文件。他向另一位美国顾问解释说,当然,这些文本在他的国家用处不大,"但是这些纸张的空白页会帮助他的办公室减缓长期的高级纸张的紧缺"。[22]因此,美国法律在走向全球化的途中,也遭遇到意想不到的对待方式。

法 网 恢 恢

强大的力量可以欺凌弱小的力量;而忽视他们的抱怨。美国是20世纪晚期最强大的力量并经常采取相应的行动。如果一个像尼加拉瓜这样的国家认为它可以将美国拖入国际法庭,进行正义的审判,那就是想入非非了。美国可以不受惩罚地入侵格林纳达或者巴拿马。美国曾经有过将毒品战争带入其他国家的笨拙尝试,主要是在拉美国家。国会也发现很难抗拒美国这个国家无处不在的沉重影响力。如果在国内有丰厚的政治回报,那么用法律来告诉外国去做什么,就难以避免。所谓的1974年贸易法案的《杰克逊-瓦尼克修正案》(Jackson-Vanik Amendment)将"最惠国待遇"和移民政策联系起来,其目的是让苏联允许俄裔犹太人去其他国家。[23]1996年的《赫尔姆斯-伯顿法案》(Helms-Burton Act)试图禁止其他国家同古巴进行贸易;那些胆敢违背美国禁运规定的国家将会面临制裁。[24]当然,比起针对古巴,这项法案更多的是针对南佛罗里达州狂热的反卡斯特罗的选民。

国际条约

和其他国家一样,美国也是更大的世界中的一部分,而世界正在逐渐变小。和其他国家一样,美国也加入了众多的条约、合约和协议。这是一个庞大的法律体系,它能和庞大的联邦法律相较量。在这本书里我们没有对它进行论述,但是这是个有巨大和深远意义的主题。

条约法涵盖了可以想象到的每个方面,它关注外交官和外交豁免权;但是,这仅仅是个起点。假设一位美国作者(如同本书的作者),他的一本被译成意大利语的书获得了版税,或者是一位意大利作家,比如翁贝托·艾科(Umberto Eco),在美国获得版税,由谁来缴税?向哪个国家缴税和缴多少税?这是由不同国家的税收条约来规定的。例如,《美国政府和墨西哥政府之间就避免双重课税和预防收入税方面的财务逃税之协定》(United States of America and the Government of the United Mexican States for the Avoidance of Double Taxation and the Prevention of Fiscal Evasion with Respect to Taxes on Income)。[25]1916年和加拿大签署的一份条约旨在保护濒危的候鸟免遭"不加选择的屠杀"。[26]贸易条约、关税协议以及类似的条约,在当今世界是极其重要的。自由贸易的信念就依赖于这些双边的和多边的条约。国家主权——即使像美国这样的超级大国也是一样——被丛林般密布的条约所侵蚀,这些条约将本国的经济和其他国家的经济体紧密联系起来。这似乎已经别无选择。

关税作为一种税收,有时候对进口产品十分沉重。以往,关税清单是非常详细的。1930年著名的关税法案有173页,基本上是涵盖了阳光下的所有的商品和产品,包括乙酸、各种各样的化学产品、油墨和油墨产品、锰和其他材料、工业制成品、食品、汽车和自行车、雨伞、钢笔、松露和乌龟。[27]现在,关税是臭名昭著的,自由市场理论正春风得意,对这种理论而言,关税则面目可憎。然而,关税依然以一种微弱的和受限制的形式存在。反倾销法也是一样,它们旨在避免来自国外的竞争对美国企业的重创。最早的反倾销法在1916年通过;另一个在1921年通过,旨在使在美国境内商品的价格"绝不低于……公平价格";但是这些法律被关税法律的阴影所掩盖,而且只是昙花一现,到20世纪70年代就被废除了。[28]

583　美国越来越成为世界经济的一部分。这样的经济使得美国变得富有,但是也使其遭受危险。资本和商品是可以跨越国界自由流通的,但是劳动力却完全是另一个问题。移民法律的全部症结在于,除了我们需要的和想要的以外,要把这些生产要素排除在外。美国也有其他的需要保护的切身利益,这些利益需要全球性保护。知识产权法律,如版权、专利权和商标权法律都需要全球保护。越来越多的现代海盗偷取摇滚唱片和软件程序,而不再是用海船来偷运。问题是现实存在的。根据一项调查显示,在20世纪90年代早期,在墨西哥使用的软件中,有82%是盗版的——即被拷贝,偷取或者以任何你想获得它们的方式。[29]美国已经同其他国家进行了艰难的斗争,目的是至少是法律的核心概念得到尊重。例如,1988年通过的一项法律,旨在提供"更有效的补救措施"(包括制裁)来对抗侵犯美国知识产权的外国公司。[30]

律师行业的全球化

在欧洲和其他地方,律师至今仍然是单独执业或者组成小型的律所开展业务。然而,在最近几年,美国体制——大律所体制——开始在其他国家流行起来。事实上,1999年世界上最大的律师事务所不是美国的律所,而来自英国——富而德(Freshfields)律师事务所。在一个接一个国家里,大的律师事务所都以美国的模式组建起来。而且,美国的律所通常都有海外分支机构。1952年,在纽约的律所里,即使是美国最具世界性的律所,也只有很少的海外分支机构:三个在伦敦和巴黎,一个在墨西哥城,在苏黎世仍然保留着一个单独执业的办公室而已。[31]正如我们所见,到1999年,主要的律所都已经全球化了。美国世达律师事务所(Skadden, Arps, Slate, Meagher and Flom)在东京、伦敦、香港、悉尼、多伦多、布鲁塞尔、法兰克福、巴黎、北京、莫斯科和新加坡都有分支机构。[32]这是超乎寻常的,但其他的律所在海外至少也有一个分支机构。芝加哥的迈耶、布朗和普莱特律所(Mayer, Brown and Platt)在柏林、科隆和伦敦有自己的办公室,在土库曼斯坦、吉尔吉斯共和国、乌兹别克斯坦和俄罗斯有代表处,在墨西哥城和巴黎,也有异国情调不够浓厚的场所。外国的律师在美国有分支机构的不多,但是很多最著名的律所在纽约和华盛顿都有自己的代表处。毫无疑问,律所之间有各种正式的或非正式的跨越国界的协议。至少在这些比较高的层面上,法律的实践变得越来越跨越国界。但是这种跨越国界经常是带有美国风味的——派驻海外的美国律师,无论他们变得多么国际化,他们都带上了自己的文化和习惯。伴随着法律实践的国际化,法律替代品的实践也国际化了,例如,商事仲裁。[33]在伦敦和其他地方,美国都有很重要的竞争对手,不过,美国律师们还是有自己能够掌控的立足之地。

这种国际化的结果便是某些学者所称的法律的美国化;特别是在欧洲,我们甚至听说过对美国法律的"继受"。[34]像英语一样,在法律事务上,英美法系已经变成最现成的候选者;而且在"英美法系"这个词语中,在比重上美国越来越超过了英国。这在商事法律上的影响(自然地足以)十分明显。1994年的德国破产法深受美国法律概念的影响,例如,"重组(reorganization)的全新概念"的解释可以在1978年美国破产法的第十一章中找到。[35]这种影响并不仅限于欧洲,美国的法律和美国模式也影响了亚洲和拉丁美洲。

美国法律传播的真谛是什么呢？很明显,美国的力量和财富是重要的因素。另一个因素是无处不在的美国律师们自身——在巴黎和北京也少不了这些人。但是,一种全球化的经济、全球化的大众文化,需要一种普适性的语言——一种买方、卖方、贸易者、交易缔结商相互之间交流的方式。同样的,空中交通指挥员要能够和飞行员交流,如果一架巴西飞机要降落在伊斯坦布尔,使用葡萄牙语还是土耳其语,这实在不好确定。无论如何,下一架即将降落的飞机可能来自日本或法国或印度尼西亚。解决方式是任何人都说英语——它是全球通用的。

当然,商品交易并不像是降落一架飞机,它可以通过翻译进行,但这是很笨拙而且不准确的,有时甚至是不可能的。有多少人能将爱沙尼亚语翻译成塔加路族语(Tagalog)*？因此,在交易中,英语就变成了新的通用语言;它没有竞争对手。这个进程建立在其自身的基础之上。随着英语变得不可或缺,律师、会计师和商人都感觉到自己必须

---

* 主要用于菲律宾。被当成是菲律宾国语及官方语言之一的所谓"菲律宾语"(Filipino),正是以塔加路族语为主体而发展出来的。——译注

掌握英语,才能变成一位"参赛玩家"。在20世纪末,在波兰华沙的一个著名律所里,29位律师中的26位表示自己的英语很流利。事实上,在韩国最大的律师事务所里的150位律师也如此声称。[36]大部分律师在学校里学习英语,或者通过旅行学习,或者干脆就在美国住一段时间(或者有少数人住在英国)。从外国来的聪明而且野心勃勃的年轻法学家,通常会选择在美国待上一年或更多的时间,来完成自己的法学教育。大多数精锐顶级的法学院都有某种形式的研究生课程,来满足外国学生的需求,例如,哈佛大学每年都会招来这样的一群学生。这些课程吸引了亚洲人、欧洲人、拉丁美洲人——总之,对所有人都有吸引力。斯坦福大学法学院在1997年到1998年的人名录上,直接列出了57个名额可以获得高级学位的候选人,其中11位是美国人,其他的来自世界各地——其中分别代表着如下国家或地区:德国、西班牙、意大利、以色列、韩国、中国台湾、印度尼西亚、墨西哥、肯尼亚和尼日利亚。[37]在20世纪90年代早期,哈佛大学法学院宣布它的150个左右名额的法学硕士学位(LL.M)中,有来自57个国家的学生;哥伦比亚的法学研究生来自41个国家。[38]这些外国学生不可避免地学会很多美国法律,而且他们也接受了美国法律文化的洗礼。他们都学会了说英语,或多或少比较流利。(他们中的很多人在来之前就已经懂英语,尽管不是那么流利),而这些学位本身也为他们在自己的祖国带来优越感。可能也有一些反向的交换——美国人去国外学法律——但是如果是这样,数量则相对稀少。[39]

在某种程度上,与其说是法律在全球范围内变得美国化,倒不如说法律简直是在变得全球化,或者说,美国的法律正在和世界上其他地方的法律和睦相处。经常被忽视的是,经济的发展本身就是全球化的,至少在这些时代里是这样的。"发展"意味着生产、制造和贸易。一个靠着增加理发业或者整形外科业,或者创造国家公园的国家是不会得到发展的。如果你制造并销售的是本地的手工艺品,那么你也不会成为一个"发达国家"。实际上,发展意味着为你的国家或者其他人制造和销售消费品。一些坐拥丰富石油资源的国家,它们通过原材料致富,它们向国外销售石油,来换取消费品。消费品生产者在全世界都是一样的。发达国家制造汽车、电视机、电脑、空调和其他现代玩具;或者它们制造一些东西,通过向国外销售它们来购买汽车、电视、电脑、空调。一个国家既生产也消费,一个想要消费的国家必须先生产,因此,经济的发展意味着加入到消费文化的全球游戏中。实际上,这也意味着加入到全球化的法律秩序中——不用说,那就是一个讲英语的和美国法律规范的世界。

贸易是跨越国界自由流通的,由此也产生了很多问题。2000年的世界是乌尔里克·贝克(Ulrich Beck)称之为"风险社会"的世界。[40]全球气候变暖并不会尊重国家的边界,臭氧层空洞也是如此。印度尼西亚的森林大火污染了邻近国家的空气。没有一个男人(或女人)是一个孤岛;没有一个国家,甚至一个岛国是一个孤岛。有人会认为,为了象牙而在非洲屠杀大象仅仅是非洲人的生意,但是世界上的其他人会不这么认为。关注环境问题也是无国界的。国家主权似乎是对地球进行残忍掠夺的一个不充分的理由。美国人可以保护黑脚雪貂和加州秃鹰,但是美国人也关心大熊猫、大象和东北虎——它们都不是生活在美国本土上的。在很多方面都是狭隘的、地方性的、带有沙文主义的国会在1988年通过了一项详细的《非洲象保护法案》(African Elephant Conservation Act)。[41]一项委员会的发现宣称,非洲象(特殊的非洲象物种)从20世纪70年代中期以来已经减少到危机的数量。这项法案为非洲象保护提供资金,并禁止象牙进口。

越来越多的国家不仅仅要解决国界外的问题,而且要解决它们的法律和其他国家的法律之间的冲突问题。随着人们旅行的增加,以及他们在国家间来回迁移,这些冲突也就多样化了。家庭法律被认为是在所有的法律领域中最不国际化的,它是最保守的,最被文化所限的。在有些方面,它就是如此。但是全球化趋势也使家庭法律处于巨大的压力之下。甚至是在"很传统"的国家,现代化导致了家庭结构的变化,它渐渐破坏家庭法律的文化预设。而"传统"的人们不再做待在家里并把自己的女儿嫁给隔壁的邻居这类事儿了。一位美国人去了意大利和一位意大利女人结婚,一个尼日亚男人到美国并娶了一位美国新娘。假设这些婚姻破裂了,假设他们还有一个小孩,而且其中的一方打算"回老家"。谁能得到这个孩子?他们应该在哪个国家生活?由谁来决定这些?有很多的条约和协议来解决这些纠纷,但是鲜有奏效。[42]

事实上,美国没有加入《国际监护权协议》(International Custody Treaty)。在很多问题上,美国都是典型的拒绝签字者。一个超级大国不必去关心世界的看法。有关一项禁止埋设地雷条约?不要,谢谢了。国际法庭有权力审判战犯吗?那是对美国主权的威胁。在美国,每当提到"联合国"这个词的时候,都会有人勃然大怒。

但是美国不能脱离世界,它曾经选择性地尝试过,但是孤立不再是个好的选择,即使美国也失去了一些珍爱的主权。炮舰外交的年代已经一去不复返了。从经济上讲,美国是全球体系的一部分。1948年《关税和贸易总协定》(General Agreement on Tariffs and Trade, GATT)生效。关贸总协定导致了一系列的"谈判回合"和"贸易协商"。目的在于在全球范围内关税消减和自由贸易。到1967年,关贸总协定有75个成员,到1994年有128个成员国。1995年"世界贸易组织"(World Trade Organization, 即WTO)成立,它的主要文件,被称为"最后议定书"(Final Act),有26 000页。作为世贸组织的成员国,美国承诺理应接受世贸组织的约束力和强制性。如果两个国家A和B都是世贸组织的成员,美国不能在它们中间有所歧视,也不能在进口商品和国内商品中有所歧视——不能歧视,就是说不能在意大利鞋子和美国鞋子中有所歧视。[43]当然,协定中有太多的如果和但是(它们潜伏在26 000页里);但是基本的推进趋向是明晰的。在1992年10月,美国也和墨西哥、加拿大签署了《北美自由贸易区协议》(North American Free Trade Agreement,即NAFTA)。这也使美国丧失了某些谋划方面的自由度,同时也带来了风险。总统候选人罗斯·佩罗(Ross Perot)预言过,在美国南方会有一个工作机会向南方转移的"巨大的吸收声响"。[44]他并不是唯一一个害怕北美自由贸易协议后果的人。

但是佩罗和其他人最可怕的噩梦并没有发生。世界不能忽视这个超级大国的愿望。美国对世界银行和世贸组织乃至北美自由贸易区的政策有更多的指手画脚。美国的国旗依然在高高飘扬,随着时间的推移,越来越多的权力将会悄悄地落到那些没有真正国籍的大型组织手里。它们是世界公民和全球的机构。因此,即使是国王,权力中的权力,也会发现它会被几十条条大大小小的绳索和绷带捆绑:就像被小人国的侏儒们(Lilliputians)捆绑在大地上的格列佛(Gulliver)。

第二十章

概括和总结

最后的这一章是用来总结的。20世纪末,在联邦和州的法律中,在美国的我们的位置在何处?——它涉及联邦和州的法律?涉及美国社会中法律的位置?涉及法律在各个方面的进步和衰退?涉及法律职业的地位和角色的问题吗?当然,这些都不是简单的问题。我希望这些章节都讲到了这些问题,至少是给出了一些普适性的原则和答案。

这本书的中心论题是法律与社会的关系以及法律与文化的关系。在20世纪的进程中,社会变化是巨大的。我们几乎可以在每一页上看到这些变化。科技使世界发生了翻天覆地的变化;社会结构也随之一起变化。在一个流动的开放的社会里,这些巨大的变化自然而然地转变到法律和法律秩序中。

人们有时候认为法律是缓慢的、迟钝的、死板的、很难改变的——充满了古代的残留物;就和刑具一样。但这很大程度上是一种幻觉。就像2000年的法律和1900年的法律差别极大,2000年的社会和1900年的社会也已经截然不同。有什么是比法律更迟钝的吗?在某种意义上说,是没有的。无论什么时候指责法律是迟钝的,它都不是那种阻碍进步的抽象的"法律",而是现实的强制力、现实的利益群体,反对因某种具体原因而改变的现实的激情。但人们说法律或者法律的某一个方面是"古老的"时,那就表示他们并不接受它(或许是对的);但是,除非一些活生生的现代人去坚守这些规则,古老的规则才能存活下来。

589　　法律是社会的创造物的说法平淡无奇,没有人会有异议。所有的法律学者——还有法官和律师——在某种意义上都是法律现实主义者(然而,大多数的学者,至少是含蓄地忽略了法律现实主义的课程和社会科学的课程)。真正的问题是社会中的哪个方面使得法律体系运行起来,还有如何运行;而且是以什么样的步履和以什么样的理由来运行。社会的变化导致了法律的变化;但不是自主性的。拿科技来说:汽车使社会发生了翻天覆地的变化,在这个过程中,它又创造了非常多的法律。但是这个过程是微妙和潜移默化的。法律最直接的来源不是社会,而是我们称之为法律文化的东西。[1]我是指人们关于法律的观念、态度、价值观和期望。如果我们有交通法规,是的,我们有,那是因为有汽车的存在;但是法律的出现是人们对组织和利益的需求的反应,引导着人们索要或期待某些东西,而这恰恰是因为汽车改变了他们的生活;或者说因为他们自身认为汽车改变了他们的生活。

　　但是什么创造了法律文化?是什么使得人们以一种特殊的方式来应对科技的变化或者任何的社会状况的变化?很明显,没有快捷的答案。我们完全可以将那些发生的东西描述成一种化学反应。一些社会条件的改变——新的科技或者这个世界的某些特征的大幅度的改变。这些就会对人们的感觉、思考和行为带来影响;并且影响他们的日常生活。当然,在这些变化发生前,人们的思想如何改变,依赖于人们如何感觉、思考和行为,以及他们日常生活的运行。它也依赖于一直存在在那里的结构:它们是一个体系的骨架,它们看起来是很平常的,因此它们是正常和自然的。当然,没有一成不变的东西。但是这些新东西——喷气式飞机、抗生素和第二次世界大战——并没有记录在空白的思想版面上。它也没有进入结构性的真空里。它将它的印记刻在了一个复杂的、现存的系统里,这个系统是横向的、相互关联的,是一个价值和标准的网络。

事实上,我提到和强调的是科技的变化。正如我们所知,20世纪是一个技术突飞猛进的时代——"变革"这个词不算太过分。它是汽车、收音机、电视、心脏移植、基因剪接和电脑的世纪。在社会关系、性行为和家庭生活、身份和权利意识、经济秩序方面,一些社会关系与这些变化相匹配。这些也导致了法律的变革——民权、赔偿责任激增、无过错离婚,我们只是提到其中的一部分而已。

对于科技的变化,或许对我们的目标最有意义的应该是通讯和交通的变化。在21世纪初,媒体对社会的影响似乎是不可想象的巨大的。电视至少将法律的某些方面暴露于光彩夺目的公开宣传之下。它表达了一种强有力的最终会影响法律的意识形态。它强调了丑闻和事件的突发性趋势,创造了一种重大的影响,而且影响了法律的制定过程。

当然,这并不是一个新的现象。在某种程度上,在20世纪前期,有些现象还处于萌芽状态,到了20世纪后期才变得更为显著。例如,丑闻和事件,都一直有重要意义。第一部食品和药品规则进入法律,部分是因为厄普顿·辛克莱的小说《屠场》。在20世纪30年代,万能药的磺胺丑闻导致了食品和药品法律的加强。20世纪30年代的"性犯罪"产生了性精神病者的法律。[2] 拉尔夫·奈德和《任何速度都不安全》唤醒了人们关于汽车的安全和设计缺陷的意识,并在消费者安全法律上有所表示。蕾切尔·卡森和《寂静的春天》对于农药和有毒物质也有类似的作用。大众传媒引起了对于侵权法律中责任激增的强烈抵制。丑闻、事件和公众示威的爆发已经变得很普遍,几乎习以为常。这是因为有电视巨大的、无限的力量和即时性的存在,因为可以立即进行交流和反馈。"调查报告"和它的邪恶的双胞胎兄弟黄色新闻,满足了丑闻的胃口。在20世纪70年代的水门事件后,舆论氛围便变得更加紧张——在这个丑闻里,从事圣战的记者们获得了爆料丑闻的诸多信用。

丑闻和事件的力量是巨大的。如果没有媒体关注的白热化,水门事件会成为一件将总统赶出办公室的巨大事件吗?克林顿总统会深陷于他的"桃色事件的曝光"中吗?媒体没有发明丑闻,但是电视却有一双神奇的眼睛,一种超凡的力量;它可以改变任何它见到的东西,然后再将这些经过加工的影响传递给成千上万的观众。公众宣传甚至在自己养活自己。推理作家厄尔·斯坦利·加德纳,在谈及罗卜-利奥波德案(Loeb-Leopold case)时说,"一些案件突然间就达到了一个燃点,就像森林大火产生了自己的烈风一样,产生着自己的热度。"[3]喋喋不休的谈资,无非是现代的丑闻、审判、上诉、事件和平常的骚乱,还有报纸标题的材料和电视里的戏剧化的"亮点"。我们生活在一个自我制造风暴的时代里。

耸人听闻的东西总是有额外的补救。当黄色报刊开始出现的时候,收音机、电影,特别是电视,就已经在无限地强化它们了。丑闻是扣人心弦和激动人心的;它给人们带来了极度的乐趣;它一直非常卖座。对于媒体而言,广告的收益和评级,不仅仅是最低的生命线,实际上是唯一的生命线。

或许,刑事司法对一些骇人听闻的标题和电视新闻的反应空前,其涉及有关暴力犯罪、强奸、骇人的谋杀、虐待等事件。"梅根法案"(Megan's law)就是来自一项惊人犯罪的新近发明。新泽西州的小梅根·坎卡(Megan Kanka)被住在她家所在的街道上的一个男人强奸后掐死。他先前有两起性侵的前科。邻居们,包括坎卡的父母在内,都不知道他肮脏的过去。当杀人犯被逮捕的时候,引发群情激奋。这个男人被判死刑;新泽西州在1994年很快地就通过一项法案确保这样的事情不会再发生。根据梅根法案,性犯罪的人被从监狱里释放后,必须向当局登记,从此以后他们就是被标记的人。无论他们去哪儿,住在哪儿,这项法案都会跟随他们;对于那些犯罪的人,当局有责任去通知任何包括邻居在内的"可能会遭遇这些被注册的罪犯"的人。[4]这些已被定过罪的性犯罪的人,不可能像新邻居那样受到欢迎。在1994年后,"梅根法案"迅速地在各州之间传播。到了20世纪末,21个州将这些被登记的人公布在网上;如此,现在就可能在网上找到这些恋童癖者(pedophiles)。[5]

在20世纪90年代早期,住在加利福尼亚州的小波利·克拉斯(Polly Klaas)是另一起骇人犯罪的受害人:她在自己家的卧室里被诱拐,后来被残忍地杀害。这起犯罪对某些严厉的立法而言是一种强大的刺激力。在1982年,加利福尼亚州采取了由公民投票的"三振出局法"(three-strikes)。这项法律有复杂的分层。然而,公众仅仅听到了欺骗性的标语——"三振你就出局"——非常吸引人而且容易理解。它是传统的"惯犯"法律的变种。但是魔鬼藏在细节中。如果一个被告有两个或两个以上的"重罪"(不一定是暴力犯罪)的前科记录,而现在被判的罪也是重罪,那么他就会被判无期徒刑,必须被关在监狱里不少于25年。[6]理论上——而且经常在实践中——在新的系统里无论什么都是没有灵活性的,没有自由裁量权的空间,没有辩诉交易的空间;没有仁慈的余地。加利福尼亚州的法律是最严厉的——或许在操作上,是最悲剧的——但是其他的州也有自己的类似种类的法律。

另一个例子,1998年,一个年轻的同性恋男人马修·谢巴德(Matthew Shepard)在怀俄明州被殴打并被捆绑在栏杆上,最后被冻死,就像一只掉进陷阱的动物。这项骇人听闻的犯罪刺激了新的反犯罪法律的诞生。[7]1999年,在科罗拉多州的利特尔顿(Littleton),两个精神不正常的高中男孩在他们的学校里开枪,杀死了12名学生和1名老师,然后自杀了。[8]被震惊的公众(或者是一部分)需要更多的枪支管控法律。当然,大声地呼喊并不总是有效果;这些狂热经常随着时间的流逝而消亡。大多数的这种危机就像一支罗马蜡烛(Roman candle)一样,很快就熄灭了;其他的会留下一些印记,但是可能都很微弱。大量的"三振出局"法律对于刑事司法体系的运作只有一点或者根本没有多大影响(加利福尼亚州可能是个例外)。但是这些令人毛骨悚然的丑闻的影响,似乎注定要扩大,仅仅是因为媒体帝国的不断发展。丑闻和事件因此是法律的最有说服力的来源。媒体不仅仅在做报道;它们经常修饰、夸张和影射。媒体可能不是信息,但是它们创造了各种层级的信息;或者帮助制造各种层级的信息。

媒体也至少为所谓的帝国的总统制(imperial presidency)承担部分的责任。有很多其他的因素;但是媒体值得为它的地位自豪。美国总统是个名副其实的名人。在收音机或电视问世之前,有多少人亲眼见到过美国总统呢? 最多上百人。现在我们可以天天见到他。1998年,在电影《楚门的世界》(*The Truman Show*)里,一个名叫楚门·伯班克(Truman Burbank)的人一生都生活在电视屏幕里。他的一生就是一个电视节目。他生活里的其他人不是男演员就是女演员;所有人都知道,但是只有楚门自己不知道。美国总统就是过着类似的生活,但是有着明显的不同:他知道自己的生活就是一个电视节目;他知道他自己是个名人,他知道他的面容、他的声音、他的家庭、他的狗和猫对于成千上万的人来说都非常熟悉;成千上万的人天天见到他;他们关注他的头发、衣服以及声音的抑扬起伏。媒体塑造并充斥了他的生活。总统真正的隐私,无论它是什么都被收缩成很小的一块。1998年,声名狼藉的莫妮卡·莱温斯基危机就使得这些非常明显。但是有谁能想象,在杰斐逊的时代里,或者甚至是罗斯福或肯尼迪的时代里,总统的生殖器成为全国性的话题呢?

整个世界都会在电视上注视着自己的政府。政府也知道此种情形。结果就是我们可能所称的公众舆论状态。政府总是尝试着操控公众舆论;但是它同时也成了公众舆论的奴隶。如果它不去咨询现代巫医——民意调查人、焦点团体操作人和任何自称擅长感受公众脉搏的人,政府几乎就会无所作为。另一方面,政府仅仅是为了它自己的目的来部署这些巫医——那些斡旋专家、有推诿搪塞技能的专家、公众关系黑暗技艺的执业者。因此,统治者和被统治者受困于一种共生共存的关系。没有得到被统治者的同意,统治者就不能实施统治;然而,构成被统治者的同意行为,则至少依赖于一些来自统治者准许提供的原始材料。

法律和大众文化

法律和立法机构不仅仅是受到媒体的影响;它们也是媒体关注的目标。每天打开电视机,刑事司法体制就会扑面而来;黄金时间段充斥着政策、审判、法庭、法官、罪犯和其他的法律系统。当然,所有的这一切扭曲了人们关于刑事司法系统如何运作的观点。例如,公众从未见过灰头土脸的、枯燥无聊的例行程序;也从未见过辩诉交易。电视和电影讲得都是有关好人和坏人的事情。银幕上没有空间留给那些模糊不清的东西。在侦探案件的故事里,通常我们在最后都会发现"是谁做了";犯罪者会(或应该)逃离惩罚,因为一位执法者在程序上出了差错——我们从未看见或读到这些;或者,如果我们这么做了,我们会极端反对。

在文学作品(如果我们可以这么称呼它们的话)、电视和电影里,律师的形象已经变得更黑暗、更有讽刺意味。对于执法者也是一样的。曾经,警察、侦探和其他的类似的形象通常被刻画得很值得人们同情。在老式的无声电影《吉斯东警察》(Keystone Kops)里,警察偶尔被刻画成装模作样的傻瓜。在大多数的"私家侦探"小说和电影里,不是警察,而是私家侦探破了案。这个传统至少可以追溯到夏洛克·福尔摩斯(Sherlock Holmes),他的直觉总是比可怜的探长雷斯垂德(Lestrade)的灵敏。但是在夏洛克·福尔摩斯的故事里,或者在大多数的私家侦探小说里,警察都是无能的,他们的敏锐性比诸如马普尔小姐(Miss Marple)、赫尔克里·波洛(Hercule Poirot)、西尔弗小姐(Miss Silver)*或者其他的业余的人要低。但是他们很少残忍粗俗或是凶狠恶毒。

直到接近20世纪60年代,FBI和CIA里的人还一直是好人的形象——他们是犯罪的克星,在节目《战争与和平中的FBI》(*FBI in Peace and War*)里就表现了他们这样的形象。但是情况断然不再是这样的了。在20世纪的最后几十年里,警察、CIA、FBI的形象是负面的,要么就是完全偏执的形象。通常,政府的形象也是这样的:特别是,电影兜售最极端的阴谋理论:关于肯尼迪遇刺或者CIA的阴谋诡计。在电影《谍网迷魂》(*The Manchurian Candidate*)中,共产党人洗脑了一个人并训练他执行一项刺杀活动,以便将政府移交到邪恶的阴谋者手里。(计划最后是失败了)。总统逃脱不了这些阴暗的影像。在电影《空军一号》(*Air Force One*)里,总统(由哈里森福特[Harrison Ford]扮演的一个帅哥)成了人们可以想象到的英雄。然而,在20世纪90年

---

* 马普尔小姐即简·马普尔(Jane Marple),是一名女侦探,她与知名侦探赫尔克里·波洛都是英国著名侦探小说家阿加莎·克里斯蒂(Agatha Christie,1890—1976年)笔下的经典人物。西尔弗小姐是英国著名侦探小说家帕特丽夏·温特伍斯(Patricia Wentworth)塑造的角色。——译注

代的其他的电影里,总统变成了一个坏人;或者甚至成了一个彻底的罪犯。在电影《奇爱博士》(*Dr. Strangelove*)里,总统早先是一个非常明智的人,但是他被各种危险的傻子包围,空军中的一个疯子要进行核武器屠杀;这确实是一种黑色喜剧。大众文化在描绘法外之人、枪手、黑手党的方式上也是模糊不清的,而这些人都是法律对立面的人。海斯规则(Hays office rules)坚持犯罪行为不应获得回报,罪犯必须被审判。但是在20世纪30年代和40年代,由诸如吉米·卡格尼(Jimmy Cagney)和爱德华·G.罗宾逊(Edward G. Robinson)这样的人扮演的黑帮成员,对于观众来说都有生动而高尚的道德,而且有蛇一般的魅力。再后来是电影《雌雄大盗》(*Bonnie and Clyde*)和三部《教父》(*Godfather*)电影——它们都票房大红。而它们绝不是绝唱。那些以有组织或无组织犯罪方式为生的人,似乎既吸引观众又排斥观众。官方的或者非官方的审查制度已经完全崩溃了;如果她愿意,一个电影制片人或者电视节目导演可以将罪犯制作成英雄,可以将总统描绘成说谎的人或者小偷,可以以任何吸引观众的方式将保守的道德观彻底颠覆。毕竟,高超的罪犯也是名人。大多数人都是过着单调乏味的生活,电影里危险的和魅力十足的生活会给他们带来一种身临其境的享受,几乎和性刺激一样。政府信誉的降低(很多政府的确是自食其果)和对当局权威的普遍性怀疑,将好人和坏人的界限变得模糊。而且,在美国社会,娱乐为王——它见证了是如何通过法官电视节目、法庭频道或者通过法庭里的摄像机,将公正和娱乐结合为一体。

  法律秩序深入到文化内部中去。法律、法律问题和法律行为不仅仅在电视中,它是普遍存在的——它通常像我们呼吸的空气一样,不太引起我们的注意。美国社会被认为是一个偏好打官司的社会,一个迷恋于法律的社会,一个独一无二的"争辩"社会; 个可以立即起诉的社会。这肯定是被夸大了。但是美国人的确不像某些其他国家的人那样羞于使用法律工具。可以肯定的是,法律制度在金钱上、人力上和重要性上,都是付出巨大的;而且同样可以肯定的是,自2000年开始,它似乎还在变得更大。它触及到了美国人生活中的所有方面。

联邦体系

本书的一个主题就是法律或法律秩序在向中心即首都华盛顿移动。这种趋势的确是不可避免的。从经济上和文化上,国家是一个整体;如果没有其他东西的话,这是得益于电视和喷气式飞机。在2000年,肯定的是,美国依然是一个由50个自治体组成的国家,一头联邦的大象坐在顶部。在某些绝对的(尽管是不相干的)问题上,2000年州政府和州法律体系实际上比1900年的更重要。比起1900年,各州政府变得更大,做了更多的事情,税收更多,花费也更多。尽管如此,对于联邦政府而言,各州政府是居于次要地位的,就像在管弦乐队中演奏一样,而它们比一个世纪以前的管弦乐队的规模要大100倍。

即使在总统皇权和联邦权力巨大的时代,各州和国家权威的组合体依然存活着。州长的权力比他(或她)在1900年的时候更大(而且最终有了女性州长)。各州的最高法院通过收紧肌肉的方式,使得它们的工作和联邦最高法院的工作保持一致。地方政府制定了非常多的法律、规章和标准——关于学校、土地使用、交通、安全等。州议会拥有极大的权力并制定了大量的法律。他们也比20世纪初的时候更加专业。他们有研究员、立法分析师和职员。1979年,阿拉巴马州立法机关有隶属于它的200个永久性职员;1996年有316个。1996年,加利福尼亚州立法机构有2 506个永久性职员,密歇根州1 357个,纽约州3 461个。当然,小的州有更少的职员,其中有些的数量不再增加:1979年,怀俄明州有18个,在1996年还是18个。通常,立法机关经常开会并通过法律——1994年加利福尼亚州通过了3 422项法律，这些法律是由全职的立法者起草的，他们每年的薪金是72 000美元。（通过对照，1905年，那时立法机关每隔一年开一次会，通过了600项法律。）当然，各州的情况都是非常不同的：爱达荷州的非全职立法者在1994年获得12 360美元，而通过了456项法律；路易斯安那州的非全职立法者每年赚16 800美元，为此他们只通过了少得可怜的152项新法律。[9]当然，数量不能说明一切；但是在重要的大州里，人们依然认为他们有活力、富于行动力，而且为立法工作付出了艰苦的努力。

权力分置依然是一个现实存在。国会和各州议会一样，很多权力在总统皇权之下或在数目巨大的公务员中流失。如果我们提问，谁在掌权？正确的回答可能是：公务员。它确实是比法院或总统本身（战争除外）对于日常生活更加重要。但这并不是说国会不重要。它通常分享着垂直型政府的张力。一方面，它拥有更丰富的资源进行管控。直到20世纪20年代国会除了有一些小职员外，基本上也没有专业的职员。1946年的一项法律规定每个国会委员会要雇用4位专业的职员。在1947年，参众两院委员会有399个助理；在1982年有3 278个。众议院成员的职员从1957年的2 441人增加到1991年的7 278人；在参议院人数从1 115人增加到4 294人。从1919年开始国会已经有立法起草服务（立法咨询办公室）来帮助起草法律。比起20世纪初的国会，现在的国会很明显的是一个拥有更多的肌肉、骨骼和组织的机构。[10]

联邦主义依旧是个现实存在。州政府在它们的领域里是个小型的自治体。这就形成了某种形式的法律竞争市场。特拉华州变成了公司的母港，因为它在公司登记注册方面的招人喜欢——特拉华州有很友好和简易的法律。移居离婚是运行中的法律自由市场的另一个例子。这里，存在着法律严格州和法律宽松州之间长期的竞争，但是内华达州获胜了,它的法律是最宽松的。

内华达州也是联邦主义运行中的另一个很有启发性的(或可怕的)例子。一位历史学家称内华达州是"腐烂大区"。[11]内华达州本质上是贫瘠的沙漠地区,它不适宜大多数的生命生存,也包括不适合人类居住。那里没有真正意义上的农作物。1900年,它的人口非常少——在所有的州当中它是最瘦弱的,而且它的人口在缩减,而不再增加。然后,内华达州一鸣惊人,它通过出卖自己的主权来建构自己的经济。它的策略就是:使加利福尼亚州非法的东西,在自己这里合法化——它的邻居加利福尼亚州,有广大的人口和众多的汽车。在规定简易离婚后,出现了简易结婚和赌博业务。在内华达州甚至卖淫都是合法的,在很多郡里可以自行决定。内华达州内相当多的郡都允许合法卖淫。

正如我们所见,内华达州要求学校教育学生们"节俭"。这在20世纪后期,当数十亿美元流过老虎机和赌场的轮盘表的时候,这似乎是非常滑稽的。然而,赌博直到第二次世界大战后才在内华达州兴起;每个人似乎都有一辆车,出行和娱乐甚嚣尘上。在20世纪末,内华达州开始努力地加快竞争的步伐;而整个国家则在放纵和乐趣崇拜方面,已经追上了内华达州的步伐。

因此联邦主义在很多方面都存活得很好;联邦法律依然控制着大部分的侵权法、合同和商业法、家庭关系和犯罪法。各州和它们的下辖地区开设学校、收集垃圾、许可建筑事项、管理区域法律、雇用警察、逮捕超速者和处理盗贼案件。你可以向当地政府申请证件结婚;也可以去当地法院离婚。各州授予狗证和狩猎证,他们也为律师、医生、护士、药剂师、建筑师和会计人员颁发证件。它们是美国的法律世界里的重要组成部分。

2000年的联邦主义也不是1900年的联邦主义,更不是1800年的联邦主义。联邦政府几乎可以选择在任何时间、任何地点进行干涉。联邦法院大致放弃了限制联邦权力、划定联邦主义的界限的权力。正是在20世纪末的时候存在一些信条上的扭曲。1995年,联邦最高法院在"美国诉洛佩斯案"(United States v. Lopez)中,废除了《校园无枪法案》(Gun-Free School Zones Act),该法案规定带枪进入学校是违法的;通过这项举措,它推翻了对阿方索·洛佩斯(Alfonso Lopez)的有罪判决;洛佩斯是一位得克萨斯州的圣安东尼奥市(San Antonio)爱迪生高中的高年级学生,他将一把点38口径的手枪和五发子弹带入学校。[12]联邦最高法院中微弱的多数派,通过首席大法官伦奎斯特的发言,认为这项法律超过了国会的权力。如果国会可以管控校园的枪支,并且以商业权力作为借口,那么国会能履行的权力就真的没有限制了。

洛佩斯案在法律评论杂志上引发了轰动。他们的反应就像死人复活,就像一位生物学家在亚马逊丛林中发现了真正的恐龙那样强烈。说这个案件是个转折点还为时尚早。毫无疑问的是,某些法官将会在这条路上走更远;他们打算在州权力的残墙断壁再重塑一些东西。总体而言,似乎洛佩斯案和以后的案件不会走得更远,不会产生什么不同。大多数的将权力归还各州的说法也仅仅是说法。联邦最高法院可以为这个体制制造几个"妨碍因素"(monkey wrench)*;但是它的作用必定是次要的。可以很肯定地说,时光不可能倒流。

比起英国和法国,美国的确是分权主义的。没有人希望华盛顿来处理整个社会的方方面面的事务。地方自治在很多领域和情形下都是个好主意。但是决定权归地方还是国家,现在是一项政策性的决

---

* monkey wrench 指一种活动扳手;在美国俚语中也意指引起破坏的东西。如:throw a monkey into(把活动扳手丢进机器里使之不能转动,导致妨碍和破坏)。——译注

定。它是一个很现实的决定,不是一个已故的联邦宪法起草人的要求了。的确存在这样的要求;但是从这个宪法问世后,两个世纪已经过去了。现在,没有什么人会认可这个要求。如果国会真的有所意愿,那么它可以制定它想要的任何法律规则。我非常怀疑联邦最高法院是否有意愿或者敢说个不字——至少在很多方面都是这样的。当然,21世纪早期可能会带来一些变化。这可能会是一个大的惊喜;毕竟生命本来就是充满惊喜的。

很多年来,有一种关于新形式联邦主义的论调,这种新式的联邦主义是各州和联邦政府之间的新的关系;有很多关于将本属于各州的工作放回各州的议论。在法律的某些领域里,变化的确是已经产生了。当然,和最近的以往比较,联邦政府在一揽子拨款方面已经做得很多:例如,在福利法律方面。但是真正的现实还是一样:权力已经集中化。在20世纪,华盛顿变成了一座伟大的首都,一座真正意义上的首都。这个过程似乎是不可逆转的。而且,说将政府权力移交给各州的人,当有些议题适合他们的时候,他们更希望联邦的干预,当涉及诸如网际色情、侵权法改革或者阻止各州承认同性婚姻有效的问题时,他们就忘记了所有的州权力和地方的法规。

巨兽利维坦

我一直在使用"联邦政府"这个短语;但是当然,这两个平淡的单词,隐藏了大量的复杂性。20世纪的法律的部分故事也是行政国家这种官僚主义扩展的故事。联邦政府是一只巨大无比的野兽。它是指国会和最高法院;但是越来越多的行政部门是联邦政府。

但是即使是"行政机构"这个词也是非常温和的。成千上万的独立的机构组成了行政机构,它们中的很多部门,几乎自身就是法律。

它们多得数不胜数。国会几乎不会废止它们中任何的一个。(后来的无人表示遗憾的州际商务委员会是个罕见的例外。)总统自己也是一个。在很多方面,这成了20世纪的政府的发展元素。总统不仅仅是名人中的名人,他也是一个拥有巨大的和不断增长权力的男人。(当然,至今为止,所有的总统都是男性。)20世纪最有影响力的发展之一,便是20世纪30年代的总统行政办公室(Executive Office of the President)的建立,以及它为自己赋予的广泛的权力,这是经常被忽视和遗忘的一点。[13]总统的职员们,除了内阁的人员、行政机构的人员,现在仅仅为白宫服务的人有上千人之多。实际上,总统所掌管的是一个平行的政府。谁为总统提供外交政策上的建议?并不仅仅是国务卿;甚至有时并不主要是国务卿。而是"白宫里的"外交政策顾问;在理论上,他们通常比推行外交政策并为总统提供意见的内阁部门更有发言权。在很多意义上,总统的经济顾问、社会顾问和普通的职员们才是政府的核心。

总统到底有多少权力呢?非常巨大的权力。在外交事务上,他基本上就是被选举出来的独裁者。特别是自冷战开始,在第二次世界大战的后期,总统和他的下属们已经管辖了一个巨大的、秘密的影子政府——一个政府中的政府。部分是因为与共产主义的斗争而播下了邪恶的种子,所以一个巨大而傲慢的组织就出现了,并深深地扎根于民主社会的土壤中:这个组织是国家安全和情报机构,包括CIA和它的秘密行动,所有的这些行动几乎是不受约束的,也是不平衡的,而且有着充足的经费供其使用。公众从未见过它,也从来不想去见它;国会提供资金(这些资金隐藏在预算的各种缝隙和角落中)或者隐藏在资金背后,或者指派或批准,或者根本就不在意。理论上,所有的这些地下政府活动,都要对总统负责。毫无疑问,实际行动起来就更加复杂了。

根据宪法,国会有权力宣布战争——总统没有这项权力。但现在这仅仅是理论上的了。实际上,现在总统总是开第一枪。在20世纪下半叶,总统是宣布战争的人,他决定战争与和平。在1950年,朝韩开战。这是一个巨大的危机,当时的总统杜鲁门立即而强有力地进行回应。随后而来的是一场真正的战争,一场流血的战争;真正地死了人,军队真正地发生冲突;但是国会从未"宣布"它是一场战争。从那以后,美国就经常性地部署军队——在越南、格林纳达、波斯湾、南斯拉夫。国会从来没有第一时间行动;它从来没有投票宣布一场战争。肯尼迪总统支持不幸的入侵古巴行动,在猪湾遭受挫折。这仅仅是许多最臭名昭著的行动之一,这些行动都是在冷战时期总统策划、纵容或者部署的——所有的这些行动都是肮脏的、隐蔽的、好战的,它们中的很多都相当于战争行为。在1973年,国会的确颁布了《战争权力决议案》(War Powers Resolution),强调如果有可能,在派遣部队进入"敌对"势力范围前,总统必须"咨询国会"。[14]但是这大部分只是个响声和愤怒之举,没有任何意义。大多数情况下,国会和公众在对外事务上都接受了王权般的总统制。

当然,即使是独裁者也要考虑公众的意见;总统的确也是这么做的。在这个国家里,公众想的什么,感觉的什么和希望什么会是对总统权力的强有力的制约。它关乎人们在街上、在理发店、在给编辑的信里说的什么,也关乎静坐罢工、暴乱、游行和其他的公民抗命活动。是公众的意愿,而不是法律让林登·约翰逊总统下台并结束了在越南的战争,而正式的法律是软弱和无效的。

总统在国内事务上也有着巨大的权力;但是他完全无法凌驾于法律之上。一个最具启发性的例子便是著名的钢铁没收案(steel seizure case)。[15]杜鲁门总统将整个国家带进了韩鲜战争———这是一次很少有人真正质疑的行动。1951年,在韩鲜战争中期,钢铁公司和它的工会由于一份工作合同而相持不下。对这个冲突进行的调解尝试失败了。在1952年的4月,美国钢铁工人联合会宣布打算进行罢工。总统命令商务部长没收钢铁厂。在总统的管制下,要求管理部门继续进行钢铁生产。杜鲁门将他所做的事告诉了国会,但是国会无动于衷。

钢铁行业向法院提起诉讼。没有任何一项法规规定总统可以没收钢铁厂。但是可以肯定的是,一场战争正在进行——的确,这是一场没有宣布的战争。杜鲁门强调这场战争给他带来的权威,赋予他固有的权力去做他已经做过的事。联邦最高法院的6位大法官都反对。杜鲁门已经超越了权力的界限,只有国会可以下令或者有权力进行没收;而国会已经特别地拒绝采取行动。又经过了一代人的时间,在1974年美国诉尼克松案(*United States v. Nixon*)中,在水门事件的中期,联邦最高法院再一次庄严地宣告(这一次是全体一致同意)总统不可以凌驾于法律之上。[16]总统必须回应传票的要求,交出在他办公室进行的那些谈话的磁带录音。在葆拉·琼斯(Paula Jones)案中,联邦最高法院(再一次全体一致地)允许进行对克林顿总统(有关性骚扰)的诉讼。这起事件在克林顿当选总统前很久就已经发生了(如果确有其事的话)。联邦最高法院认为,只要不是源于其公务行为,现任总统就必须对索赔负责。[17]

当然,美国可以为这些案件感到自豪。没有人可以凌驾于法律之上,无论他是在白宫里的那个人,还是那个将原子弹按钮放在他的手指下面的人,还是拥有那个有红色电话热线的人,还是那个自由世界的领导者。这些案件是对法治的背书。但是这些案件都是非典型和极为特殊的——即使是在国内事务方面,也是如此。依据法律并通过法律,总统的权力行使是令人敬畏和极为厚重的。20世纪的大多数主要法规仅仅是简单地让与权力,几乎没有对总统的权力(事实上,是让与给行政机构)进行限制或制约。例如,当一个灾难出现的时候,是总统,而不是别人宣布紧急状态,是总统调度政府资源来应对这个灾难。[18]

媒体帮助创造至高无上的名人总统。但是他的大部分权力都是纯粹而必要的。国会没有时间、知识或者欲望去处理很小的事务,不希望去决定每个项目的细节;到底要给俄克拉荷马州的塔尔萨(Tulsa)多少拨款?给缅因州的班戈(Bangor)多少拨款;哪些化学元素不能用来把黄瓜变得更绿一些?当然,总统也不能做这些事。这些都是行政机构的事,简言之,就是通过它的名字——"官僚机构"来进行。现在,似乎没有其他的方式更实际可行。

联邦文职雇员的数量反映了政府这个巨兽的成长方式。可以肯定的是,这包括了每个人,从邮递员和文件职员到各大部门的首脑。但是数据显示了一切:1901 年,239 476 人;1916 年大约 40 万人;1940 年超过了 110 万人;1970 年接近 290 万人。自那以后数量或多或少地趋于平稳。同时,联邦政府和地方政府已经非常显著地增加了人员。在 1940 年,它们有大约 330 万雇员,在 1970 年超过了 1 000 万;在 1997 年,差不多有 1 670 万。在这个庞大的族群中,大约有一半人是教师和其他的教育工作者。[19]

这支庞大的公务员大军是官僚机构的士兵,是巨大的行政国家的部队。政府是如何成长和繁荣,是这本书的一个主题。它是整个西方世界反复重复的故事。每个发达国家都多多少少地经历过相同的过程。它们都进行管理和控制;它们产生效益;这些功能在 1900 年到 2000 年间极度膨胀。

当然,每个国家都有自己特殊的模式。在很大程度上,美国的行政模式是非常与众不同的。比起它的某些对手,在很多方面,它更加尊重法律,很官僚化——缓慢、效率低下。戴维·沃格尔(David Vogel)指出美国食品药品监督管理局批准新药的程序比英国批准新药的程序要"更加繁琐";英国在两个月内批准一种治疗溃疡的药物泰胃美（Tagamet），而美国食品药品监督管理局则需要13个月。在20世纪70年代，很多新药在美国得到许可之前已经在英国得到许可。[20] 1980年左右，史蒂文·凯尔曼（Steven Kelman）将美国和瑞典的职业安全与健康管理局进行对比。美国的检查员会毫无征兆地突然袭击工厂和企业；他们是冷酷而正式的，他们的主要工作就是查找违规（他们经常查找得到）。和他们相对应的瑞典的检查员就是非正式的，提前会通知，而且注重建议、合作，然后解决问题。[21] 毫无疑问地，美国体系导致了很多的抱怨、愤恨，很多的质询信件涌入国会。

在某种程度上，在行政模式上的差异看起来不乏混乱。美国人理所当然是狂热的个人主义者；他们不相信政府；他们有着根深蒂固的自由主义倾向。恐怕，他们对错误的东西具有权利的意识。那么为什么行政国家如此具有干涉性呢？或许是因为美国的文化。凯尔曼推测瑞典和美国之间的不同，指出它们有不同的"主导价值观"。瑞典的价值是鼓励人们"接受政府的意愿"。美国的传统更多的是"自作主张"。[22] 美国的传统创造了它独有的官僚模式，这个模式是由规则束缚的，官僚形式上的，因为它害怕诉讼，因为它不能期盼或不会期盼一种合作、顺从和尊重。对政府监管的憎恶可能会孕育出某种人们乐于厌恶的政府监管。

当然，美国的法律文化不可能用一个单独的标语去总结，或者用一些精雕细琢的语句去概括。它充满了矛盾。它必须反映一个广大的、复杂多样的国家。和所有的现代国家一样，它也享有特殊的现代主义文化；但是同时，它也有自己的特色。罗伯特·卡根谈到"对抗的法律主义"（adversarial legalism），他将它定义成"通过律师主导诉讼的方式来制定政策、实施政策、解决争议"。[23] 对抗的法律主义各有利弊。它孕育了公正，但是代价是巨大的。

第二十章　概括和总结

卡根认为,对抗的法律主义既有文化的层面又有结构的层面。结构层面由联邦主义构成,包括陪审制度和美国其他的零碎的、分散的、私有化的机构。他还感觉到对抗的法律主义在20世纪的后半段成长得更加强大。这是一个多元平等的时代——一个公民权利和公民自由的时代;一个充分正义的时代。如果你将完全正义的文化注入分散政府的容器中,你得到的,会是一个在20世纪后半叶兴盛起来权利和诉讼的系统。

展望未来

当然,预测是非常危险的行动。下个世纪将会带来什么?没有人知道。世界上是没有水晶球的。假设我们去问一个1900年的人,让他展望2000年并做些预测,几乎可以肯定的是,大部分的猜想都将会是错误的,大部分的预测都会南辕北辙。

举一个例子:1900年的一位体面正直的中产阶级成员可能会对抗击邪恶势力的斗争持乐观的态度。进步是实实在在的。或许这个趋势会继续下去。禁酒运动(temperance movement)就是这个趋势的一个很好的例子。酒吧的好时日或许是有限的。实际上,禁酒运动在国家禁止运动中的确取得了了不起的胜利。野蛮和退步是必定要消亡的。优生学承诺会有更好的未来;很可能会产生一群有资产阶级伦理家的品种。历史就是一个稳步的进化过程,摆脱了所有的野蛮和动物习性,通往更先进的文明。淫秽和堕落性欲是退化、返祖和变坏的象征。最终,美德必定会取得胜利,会战胜卖淫、赌博和酗酒,而法律会在带来这些的过程中扮演重要的角色。

看到这些故事到底是如何发展的时候,一些好人们会感到奇怪并非常恐惧。到2000年,不仅仅是"邪恶"取得了成功,而且已经不像从前那样（在很大程度上）去定义所谓邪恶了。赌博是一项巨大的国家产业，基本上是完全合法的，它已经从内华达州传播到了任何地方。色情文学的媚眼无处不在。《牛津英语词典》(Oxford English Dictionary)第二版最终允许以 F 开头的下流词汇的存在——这些词是每个人都知道的，而且大部分人都会使用。19 世纪末的第一版，仅仅是将这些词剔除出去了。在 2000 年，它几乎没有震惊任何人。很多州已经废除了反对鸡奸(sodomy)的法律；从法律上讲，除了在圣经地带（即使在那里也几乎不能施行），这项"臭名昭著的反自然的犯罪"不再是反自然或者反对任何人的犯罪。那些公开承认"不敢讲出爱之名义"的人举行游行，庆祝同性恋自豪日，甚至担任要职。所有的这一切在 1900 年是完全难以预料的。

  1900 年的美国是白种男人的世界；是仇视黑人的高潮时期；黑人就是个"问题"，但是南方的白人有解决方案：那就是白人优越主义和严格的种族隔离。无论是北方还是南方，很少有白人真正相信种族平等。谁预测到了民权革命？在 1900 年，人们谈论"熔炉"；但是实际上，谁预测了帝国的灭亡，或者说白人垄断合法性的终结，或者拒绝同化是多元文化社会，以及它对同化的抵制？谁研究了循序渐进的过程并看到了女权主义革命；或者禁止年龄歧视的法律；或者残疾人权利，或者美国印第安人运动？就此而言，谁会预测到电视，或者喷气式飞机，或者抗生素，或者电脑的发明，以及所有这些的影响？谁会预测到有 100 万的律师——他们中的四分之一是女性？谁会预测到有 200 万人进了监狱？等等。对于地质学家或者天体物理学家而言，100 年并不算什么，但是对于社会生活而言，对于现代历史而言，100 年就是永远，已经超越了预测的力量。甚至对于最粗糙的和已有准备的预测而言，20 年也是太长远了。在 20 世纪，在各个方面，都有非常巨大的变化，而且变化的速率看起来是增加的。在本书的开始我提到过塞缪尔·沃克,他19世纪晚期出版的一本"权利革命"的书中,请求我们想象一个叫莱茨·冯·温克尔(Reitz van Winkle)的人,他是一个"古老的亚特兰大家庭的不成器的儿子",1956年,他喝醉酒后陷入了深深的睡眠,40年没有醒过来。[24]当可怜的冯·温克尔入睡的时候,佐治亚州的白人和黑人依然被隔离,民权运动还处于幼儿阶段,在文明社会里同性恋的权利根本没有被提及,堕胎大多数是违法的,妇女权利还处于萌芽状态。冯·温克尔在一个发生了翻天覆地变化的世界里醒来了,眼前的一切几乎难以置信。

沃克的书是关于权利革命的。他的冯·温克尔也沉睡着度过了越南战争和里根的时代。他沉睡在这样一个世界里,在这个世界里没有人听说过计算机,甚至连科学家都很难想象计算机在社会里能做什么。他正好沉睡在电视开始兴起的时代。当他恍恍惚惚进入梦乡的时候,"网络空间"这个词还没有写进字典;没有人谈论金融衍生品、对冲基金等类似的东西。如果冯·温克尔曾经是个律师,他也会在一个陌生的世界里醒来。在他沉睡的时候,律师是不打广告的。而且几乎所有的律师都是白人男性。联邦最高法院里没有女人;或者在很大程度上,在任何法院里都没有女人。和1996年最大的律所相比,他那个年代的最大的律所简直就像侏儒一般。

如果一个新的冯·温克尔在2000年的1月1日入睡,在40年、60年或者100年后醒来,他会发现什么?比如,在2100年(如果那时还有人类的话)人们想些什么做些什么?没有人知道。正如我们的那些19世纪的曾曾祖父们那样,我们的预期都将会被证明是错误的。

例如,拿未来的联邦主义来说。州一级主权已经缩减了100年了。但是现在我们处在网络空间的时代。互联网无处不在。现在它还是个婴儿,但是谁知道它将长成什么样?所有的司法管辖权的观点,法律在边界和明确的空间上的独立性,这些都会像走向垃圾场一样消亡吗？会有一个全球网络中央权威的存在吗——或者实际上，它会恰恰相反？

一只羊被克隆出来了，这在1997年可是个大新闻。到了2100年的时候我们能克隆人吗？科学家可以找到将人的寿命延续到160岁的方法吗？我们会有试管婴儿、火星殖民地吗？会和来自其他星系的外星人进行交流吗？没有人会知道。最有可能的是，会出现我们现在无法想象的东西。但很可能的是(我不敢说得太肯定)：对于我们来说无论发生什么都会影响法律秩序；的确，它会通过某种方法来运行法律秩序，并且以一种深刻而深远的方式来影响法律秩序(和我们)。

1999年的12月31日。对于这个国家的大多数地方来说，都是寒冷的一天；当然，在阿拉斯加是最寒冷的；在夏威夷和南佛罗里达是最温暖的一天，就天气而言，在那里冬天是没有意义的。在加利福尼亚，空气是清新的、温暖的，而且经常是干燥的。冷或热，在空气中都是令人兴奋的。20世纪的末期就是千禧年(millennium)的末期。有恐惧，也有一种戏剧性的感觉。世界处于一个新时代的边缘(至少是一个新的纪元)。在纽约，人们开始在下午的时候聚在时代广场。千禧年实际上在到达美国之前就已经开始了——几乎是一天前，在国际日期变更线上开始的。它一个小时接一个小时地，向着西方匍匐前行。

在很多方面，这和1900年是不同的。那个时候没有电视。现在纽约人或加利福尼亚人可以在电视上看到北京的烟火表演，以及悉尼的庆典活动；随着那个重要的时刻到达美国，它几乎是一种令人扫兴的结尾。随着时间的无形的影子掠过世界，人们开始安静地或者是喧哗地庆祝；在大城市的广场上，成千上万的人(大多数是年轻人)彻夜欢呼着、尖叫着、计数着、舞蹈着，还有彻夜的派对。一些人期盼着某种形式的天启，一件巨大的宇宙事件，或者某位或年轻或年长的救世主；另一些人则担心巨型计算机的崩溃，会引发撞机、停电或者电源故障。大多数人既不期待世界末日的疯狂,也不希望出现技术崩溃的大灾变。在富裕的国家里,包括美国,大多数人都仅仅是在寻找昔日恢弘的时光。

相比其他事情,对于执法人员而言,那是一个忙碌的夜晚。紧急服务、救灾机构昼夜不停地工作,防止悲剧的发生。警察在大街上巡逻,以防有醉驾、失控的派对和小的骚乱。在其他方面,法律就像在度假。2000年的1月1日,商店和办公室仍然是关着门,法院也没有开庭。能睡得着的人们都在睡觉。但是法律的进程是没有沉睡的。它们从未沉睡过去。它们就像警察在大街上巡逻一样,在巡视着社会空间;但是更加安静和敏锐。在我们的时代里,我们的社会里,法律无处不在。在一年或者一个世纪的结尾,千禧年并没有打断法律的工作。它的故事还会继续在行进中。

607 从现在开始的一个世纪,某个人,不是我,可能会写一本关于21世纪美国法律史的书(如果那时书这种东西还存在的话)。现在,我非常肯定的是,那本书将讲述一个发展、改革和适应的故事——一个关于变化的故事。更多的东西就不可能说什么了。未来是一个未知的国度——一个广大的空间,一个黑洞,一个虚空。我们可以少许展望一些前路,向着前方走几步,就好像在一个没有月亮的夜晚走进一片黑暗森林——仅仅是几步,仅此而已。除此之外便是完全的空白、终极的黑暗。未来是一个在另一个星系的国度,一个神秘而遥远的国度,一个从地球难以接近的国度。

注　释

1 The account of New Year's Day 1900 is taken from Judy Crichton, *America 1900: The Turning Point* (1998), pp. 3-19.
2 For an overview, see Lawrence M. Friedman, *A History of American Law* (2d ed., 1985).
3 Samuel Walker, *The Rights Revolution: Rights and Community in Modern America* (1998), introduction, viii-x.
4 See William J. Novak, *The People's Welfare: Law and Regulation in Nineteenth-Century America* (1996).
5 Lawrence M. Friedman, *Total Justice* (1985).
6 First Biennial Report, Cal. State Division of Motor Vehicles (period ending Feb. 1, 1925), pp. 1-2.
7 Marc Galanter, "Reading the Landscape of Disputes: What We Know and Don't Know (and Think We Know) About our Allegedly Contentious and Litigious Society," *UCLA Law Review* 31:4 (1983).
8 163 U.S. 537 (1896).

1.
Structure, Power, and Form

1 198 U.S. 45 (1905). See Howard Gillman, *The Constitution Besieged: The Rise and Demise of Lochner Era Police Powers Jurisprudence* (1993).
2 Laws N.Y. 1897, ch. 415, §§110 ff.
3 208 U.S. 1 (1908).
4 The so-called Erdman Act, 30 Stat. 424 (1898).
5 In *Coppage v. Kansas*, 236 U.S. 1 (1915), the Supreme Court followed Adair, and struck down a Kansas statute which outlawed yellow dog contracts, as repugnant to the due process clause of the Fourteenth Amendment.
6 236 U.S. 1 (1914). Two justices dissented.
7 Ibid., at 17.
8 In general, on the child-labor reform movement, see Stephen B. Wood, *Constitutional Politics in the Progressive Era: Child Labor and the Law* (1968).
9 39 Stat. 675 (act of Sept. 1, 1916).
10 William F. Swindler, *Court and Constitution in the Twentieth Century: The Old Legality, 1889-1932* (1969), pp. 206-208. A court "enjoins" an action (issues an injunction) when it issues an order directly commanding somebody, or some group, to do a certain act, or refrain from doing something else.

11 *Hammer v. Dagenhart,* 247 U.S. 259, 62 L. Ed. 1101 (1918). Hammer was the United States attorney for the area where Dagenhart lived.
12 40 Stat. 1057, at 1138 (Title XII of the general revenue act) (act of Feb. 24, 1919).
13 Child Labor Tax Case *(Bailey v. Drexel Furniture Co.),* 259 U.S. 20 (1922).
14 *Hoke v. United States,* 227 U.S. 308 (1913).
15 Lottery Case *(Champion v. Ames),* 188 U.S. 321 (1903) (interstate or mail transport of lottery tickets). In *Hoke* the Court referred to the power of Congress over the "demoralization of lotteries, the debasement of obscene literature . . . debauchery of women, and . . . girls," at 322.
16 This was the famous doctrine enunciated in *Munn v. Illinois,* 94 U.S. 113 (1877).
17 On this general subject, see Barry Cushman, *Rethinking the New Deal Court: The Structure of a Constitutional Revolution* (1998).
18 208 U.S. 412 (1908).
19 *Sturges & Burn Mfg. Co v. Beauchamp,* 231 U.S. 320 (1913). This was actually a personal-injury case. Arthur Beauchamp, who was under sixteen, worked for a company that made tinware and other metal products. He operated a "punch press used in stamping sheet metal," and was injured. Illinois law prohibited the employment of children under sixteen in such jobs. The Supreme Court ruled that the statute was constitutional.
20 243 U.S. 426 (1917).
21 279 U.S. 392, 49 S. Ct. 372 (1929).
22 208 U.S. at 421, 422.
23 214 U.S. 91 (1909).
24 239 U.S. 394 (1915).
25 Similarly, *Laurel Hill Cemetery v. San Francisco,* 216 U.S. 358 (1910): here too the expanding city engulfed the cemetery, which then became illegal. No recovery.
26 For a more moderate assessment of the work of the Court in the first decade of the century, see James W. Ely, Jr., *The Chief Justiceship of Melville W. Fuller, 1888-1910* (1995).
27 264 U.S. 504 (1924).
28 238 U.S. 491 (1915).
29 Ernst Freund, *The Police Power: Public Policy and Constitutional Rights* (1904), p. 109.
30 See, in general, Lawrence M. Friedman, "Freedom of Contract and Occupational Licensing, 1890-1910: A Legal and Social Study," *Cal. L. Rev.* 53:487.
31 Laws N.H. 1917, ch. 118, p. 603.
32 Laws Texas 1907, pp. 273, 275.
33 *State v. Walker,* 48 Wash. 8, 92 Pac. 775 (1907).
34 *Commonwealth v. Boston Advertising Co.,* 188 Mass. 348, 74 N.E. 601 (1905). The precise holding was that the commissions' rules were so gross an interference with the property that they amounted to a "taking," forbidden under the Fifth Amendment.
35 Maine Laws 1913, ch. 129, sec. 10.

36 Edward C. Bailly, "The Legal Basis of Rate Regulation: Fair Return on the Value Employed for the Public Service," *Columbia L. Rev.* 11:532 (1911).
37 *Bluefield Waterworks & Improvement Co. v. Public Service Commission of West Virginia,* 262 U.S. 679 (1923); in this case, the company successfully attacked the rates which the West Virginia Public Service Commission had set.
38 *Spring Valley Water Co. v. City and County of San Francisco,* 165 Fed. R. 667, 711 (C.C. N.D. Cal., 1908).
39 *Wenham v. State,* 65 Neb. 394 (1902).
40 244 Ill. 509, 520, 91 N.E. 695 (1910).
41 Ibid., at 520.
42 *Ritchie v. People,* 155 Ill. 98, 40 N.E. 454 (1895). Freund felt this decision was not "justified either in the light of reason or authority." Freund, *Police Power,* at 520.

2.
The Legal Profession in the Early Twentieth Century

1 *Historical Statistics of the United States,* part I, p. 140 (1975).
2 Ken Dornstein, *Accidentally on Purpose: The Making of a Personal Injury Underworld in America* (1996), p. 87.
3 Robert R. Bell, *The Philadelphia Lawyer: A History, 1735-1945* (1992), p. 206.
4 *Martindale's American Law Directory* (1930), p. 1316.
5 Harold M. Hyman, *Craftsmanship and Character: A History of the Vinson & Elkins Law Firm of Houston, 1917-1997* (1998), p. 93.
6 *Martindale's American Law Directory* (1931), p. 716.
7 Robert T. Swaine, *The Cravath Firm and Its Predecessors, 1819-1948* (vol. 2, 1948), pp. 1-13.
8 Ellen D. Langill, *Foley & Lardner, Attorneys at Law, 1842-1992* (1992), p. 126.
9 *Hubbell's Legal Directory* (1919), appendix, pp. 140-141, 152, 153, 270.
10 William G. Thomas, *Lawyering for the Railroad: Business, Law, and Power in the New South* (1999), pp. 138-139.
11 Richard O. Boyer, *Max Steuer, Magician of the Law* (1932), p. 16.
12 On Darrow's life see Kevin Tierney, *Darrow: A Biography* (1979).
13 Patrick T. Conley, *Liberty and Justice: A History of Law and Lawyers in Rhode Island, 1636-1998* (1999), p. 465.
14 Theron G. Strong, *Landmarks of a Lawyer's Lifetime* (1914), p. 414.
15 Bell, *Philadelphia Lawyer,* pp. 226-227.
16 Michael E. Parrish, *Felix Frankfurter and His Times: The Reform Years* (1982), p. 157.
17 *Martindale's American Law Directory,* 1924, pp. 1147-1148, 1208-1209.
18 Richard L. Abel, *American Lawyers* (1989), p. 86.
19 Arthur L. Liman, *Lawyer: A Life of Counsel and Controversy* (1998), pp. 17-18.
20 Bell, *Philadelphia Lawyer,* p. 237.

21 The standard treatment of the history of legal education is Robert Stevens, *Law School: Legal Education in America from the 1850s to the 1980s* (1983).
22 William P. LaPiana, *Logic and Experience: The Origin of Modern American Legal Education* (1994), p. 145.
23 Stevens, *Law School*, p. 116.
24 Frank L. Ellsworth, *Law on the Midway: The Founding of the University of Chicago Law School* (1977), pp. 68-69. Beale clashed at first with Ernst Freund of the university—a German-born and law-trained political scientist. Freund's plans to enrich the curriculum with courses in political science and the like were vetoed by Beale, but the two men eventually reached an accommodation.
25 Alfred Z. Reed, *Present-Day Law Schools in the United States* (1928), p. 25.
26 Quotation: *Proceedings, 12th Ann. Meeting, Association of American Law Schools* (1912), p. 45.
27 *Harvard Law School Bulletin*, no. 2, July 1948, p. 7.
28 "Ten Largest Law Schools, 1901-1902," *American Law School Review* 1:21 (1903).
29 Jerold S. Auerbach, *Unequal Justice: Lawyers and Social Change in Modern America* (1976), p. 94.
30 Abel, *American Lawyers*, p. 42.
31 Robert W. Gordon, "Legal Thought and Legal Practice in the Age of American Enterprise, 1870-1920," in Gerald L. Geison, ed., *Professions and Professional Ideologies in America* (1983). For "legal science," see the fine discussion on p. 70.
32 Auerbach, *Unequal Justice*, p. 95.
33 Alfred Zantzinger Reed, *Present-Day Law Schools in the United States and Canada* (1928), p. 310.
34 John H. Wigmore, "Should the Standard of Admission to the Bar Be Based on Two Years or More of College-Grade Education? It Should," *American Law School Review* 4:30 (1915).
35 These remarks were made in 1931, at a meeting of the Section on Legal Education and Admissions to the Bar of the American Bar Association, reprinted in *American Law School Review* 7:320, 323 (1931).
36 Lee's remarks too were at a meeting of the Section on Legal Education and Admissions to the Bar of the American Bar Association, this time in 1932, reprinted in *American Law School Review* 7:609, 616 (1932).
37 Edward T. Lee, "The Evening Law School," *American Law School Review* 1:290, 292-293 (1905).
38 Yet more comments of Lee at the meeting of the Section on Legal Education and Admission to the Bar of the American Bar Association, this time in 1933, reprinted in *American Law School Review* 7:938, 947 (1933).
39 Alfred Z. Reed, *Training for the Public Profession of the Law* (1921), p. 393.
40 Robert Schaus and James Arnone, *University at Buffalo Law School: 100 Years, 1887-1987* (1992), pp. 42-43.

41 Herbert Harley, "Organization of the Bar," in *Reform in Administration of Justice,* annals, vol. 52 (March 1914), pp. 77-79.
42 Reed, *Training,* p. 103.
43 Abel, *American Lawyers,* pp. 62-65.
44 Herbert F. Goodrich, "Bar Examinations and Legal Education," *American Law School Review* 7:307 (1931).
45 Stevens, *Law School,* pp. 98-99; Abel, *American Lawyers,* p. 62.
46 Quoted in Auerbach, *Unequal Justice,* p. 41.
47 But the Committee on Professional Ethics of the American Bar Association voiced the opinion in May 1930 that a *mandatory* fee schedule was a violation of canon 12, because lawyers were supposed to consider all the circumstances in setting a fee. An obligatory fee schedule, said the committee, would "necessarily conflict with that independence of thought and action which is necessary to professional existence," and put lawyers' pay on a kind of "labor union" basis, an idea which no doubt filled the committee with horror. American Bar Association, *Opinions of the Committee on Professional Ethics and Grievances* (n.d., circa 1936), pp. 92-93. Needless to say, even if minimum fee schedules were not formally mandatory, they were widespread in practice.
48 In 1933 the canon was amended; such fees were to be "reasonable" under all the circumstances, and were still subject on this score to the "supervision" of the court.
49 Abel, *American Lawyers,* pp. 45, 46.
50 Auerbach, *Unequal Justice,* p. 120.
51 Ibid., p. 66.
52 Abel, *American Lawyers,* p. 90.
53 Michael J. Powell, *From Patrician to Professional Elite: The Transformation of the New York City Bar Association* (1988), pp. 48, 72.
54 *Atchison, Topeka & Santa Fe Rr. Co. v. Calhoun,* 213 U.S. 1 (1909); *Equitable Life Assurance Society v. Brown,* 213 U.S. 25 (1909); *Sand Filtration Corp. v. Cowardin,* 213 U.S. 360 (1909).
55 On the early jurisdiction of the Court, through the 1925 reforms, the classic work of Felix Frankfurter and James M. Landis, *The Business of the Supreme Court: A Study in the Federal Judicial System* (1927), is still crucial.
56 39 Stat. 726 (act of Sept. 6, 1916).
57 43 Stat. 936 (act of Feb. 13, 1925).
58 Frankfurter and Landis, *Business of the Supreme Court,* p. 295.
59 Frankfurter and Landis, "The Business of the Supreme Court at October Term, 1929," *Harvard L. Rev.* 44:1, 7 (1930).
60 Walter W. Manley II, *The Supreme Court of Florida and Its Predecessor Courts, 1821-1917* (1997), p. 331. The court could also sit "en banc" (that is, all the judges together) in some cases.
61 Laws Calif. 1903, p. 737.

3.
The Law of Business and Commerce

1 *Historical Statistics of the United States*, vol. 1 (1975), pp. 140–145.
2 Alfred D. Chandler, Jr., *The Visible Hand: The Managerial Revolution in American Business* (1977), p. 368.
3 Samuel Williston, *Life and Law* (1940), pp. 217–219.
4 Samuel Williston, *The Law Governing the Sale of Goods* (rev. ed., 1948, vol. 1) p. 2.
5 39 Stat. 538 (act of Aug. 29, 1916).
6 This account is taken largely from Grant Gilmore, *Security Interests in Personal Property*, vol. 1 (1965), chap. 4, pp. 86–119.
7 *Annual Report of the Attorney-General of the United States for the Year, 1904* (1904), p. 155.
8 47 Stat. 1474 (act of Mar. 3, 1933).
9 Warner Fuller, "The Background and Techniques of Equity and Bankruptcy Railroad Reorganizations: A Survey," *Law and Contemporary Problems* 7:377 (1940).
10 See Lawrence M. Friedman, *A History of American Law* (2d ed., 1985), pp. 188–201, 511–525.
11 Morton Keller, *Regulating a New Economy: Public Policy and Economic Change in America, 1900–1933* (1990), p. 86.
12 See, in general, Christopher Grandy, *New Jersey and the Fiscal Origins of Modern American Corporation Law* (1993).
13 Russell C. Larcom, *The Delaware Corporation* (1937), p. 167.
14 Joel Seligman, *The Transformation of Wall Street* (rev. ed., 1995), p. 43; Laws N.Y. 1912, ch. 351, p. 687 (on issuance of stock without any nominal or par value).
15 Laws Del. 1917, ch. 113, sec. 3; Larcom, *The Delaware Corporation*, pp. 95–113.
16 Grandy, *New Jersey and the Fiscal Origins*, pp. 61–68; Keller, *Regulating a New Economy*, p. 89.
17 Larcom, *The Delaware Corporation*, p. 177.
18 James Willard Hurst, *The Legitimacy of the Business Corporation* (1970), p. 152.
19 Laws Ill. 1919, p. 316.
20 23 Del. Ch. 255, 5 Atl. 2d 503 (1939).
21 24 Stat. 379 (act of Feb. 4, 1887).
22 See, on this point, Stephen Skowronek, *Building a New American State: The Expansion of National Administrative Capacity* (1982).
23 32 Stat. 847 (act of Feb. 19, 1903).
24 Neil Fligstein, *The Transformation of Corporate Control* (1990), p. 87.
25 34 Stat. 584 (act of June 29, 1906).
26 Richard D. Stone, *The Interstate Commerce Commission and the Railroad Industry: A History of Regulatory Policy* (1991), p. 13; I. L. Sharfman, *The Interstate Commerce Commission: A Study in Administrative Law and Procedure* (part 1, 1931), pp. 40–52.

27 Joseph H. Beale and Bruce Wyman, *Railroad Rate Regulation* (2d ed., 1915), p. 31.
28 36 Stat. 539, 547-549 (act of June 8, 1910).
29 The Sherman Act is 26 Stat. 209 (act of July 2, 1890); see William Letwin, *Law and Economic Policy in America: The Evolution of the Sherman Antitrust Act* (1965).
30 Herbert Hovenkamp, *Enterprise and American Law, 1836-1937* (1991), p. 351.
31 See, on the early period, Hans B. Thorelli, *The Federal Antitrust Policy: Origination of an American Tradition* (1955).
32 193 U.S. 197 (1904). On this case, see Hovemkamp, *Enterprise and American Law*, pp. 264-266; Martin J. Sklar, *The Corporate Reconstruction of American Capitalism, 1890-1916: The Market, the Law, and Politics* (1988), pp. 138-141.
33 193 U.S. 197, at 327-328.
34 C. C. Langdell, "The Northern Securities Case and the Sherman Anti-Trust Act," *Harv. L. Rev.* 16:539, 545 (1903). Langdell was actually commenting on the lower-court decision in this case.
35 193 U.S., at 407, 409.
36 Thorelli, *Federal Antitrust Policy*, p. 427.
37 *United States v. Swift & Co.*, 193 U.S. 391 (1905).
38 *Standard Oil v. United States*, 221 U.S. 1 (1911).
39 See, in general, Sklar, *Corporate Reconstruction;* Tony Freyer, *Regulating Big Business: Antitrust in Great Britain and America, 1880-1990* (1992), pp. 116-117; Rudolph J. R. Peritz, *Competition Policy in America, 1888-1992: History, Rhetoric, Law* (1996), pp. 50-52.
40 *American Tobacco Co. v. U.S.*, 221 U.S. 106 (1911).
41 251 U.S. 417 (1920). The case was a close one: only seven justices took part in the decision, and they divided 4-3. See Freyer, *Regulating Big Business*, p. 189.
42 See, in general, Sklar, *Corporate Reconstruction*.
43 Herbert R. Dorau, "The Rise and Decline of Municipal Ownership in the Electric Light and Power Industry of Wisconsin," *J. Land and Public Utility Economics* 3:172 (1927).
44 32 Stat. 827 (act of Feb. 14, 1903), §6.
45 38 Stat. 718 (act of Sept. 16, 1914).
46 Sklar, *Corporate Reconstruction*, p. 330.
47 38 Stat. 730 (act of Oct. 15, 1914).
48 *Annual Report of the Attorney-General of the United States for the Year 1905* (1905), p. 19.
49 *Standard Oil*, 221 U.S. 1, at 30-31.
50 See Stewart Macaulay, Lawrence M. Friedman, and John Stookey, *Law and Society: Readings on the Social Study of Law* (1995), pp. 233-235.
51 Mo. Stats. 1906, §§2266, 2269, pp. 1427-1428.
52 Quoted in Macaulay, Friedman, and Stookey, *Law and Society*, p. 235.
53 Upton Sinclair, *American Outpost: A Book of Reminiscences* (1932), p. 175.

54 Mark Aldrich, *Safety First: Technology, Labor, and Business in the Building of American Work Safety, 1870-1939* (1997), preface.
55 Roosevelt quoted in W. L. Hsieh, *Railroad Safety Problems: Federal Safety Legislation and Administration* (1930), p. 92. 34 Stat. 1415 (act of Mar. 4, 1907).
56 27 Stat. 531 (act of Mar. 2, 1893).
57 35 Stat. 476 (act of May 30, 1908).
58 36 Stat. 350 (act of May 6, 1910). But ICC reports were not to be "admitted as evidence" or used in any way in personal injury cases.
59 36 Stat. 913 (act of Feb. 17, 1911).
60 Aldrich, *Safety First*, p. 41.
61 36 Stat. 369 (act of May 16, 1910).
62 24 Stat. 379 (act of Feb. 4, 1887).
63 Gen. Stats. Minn. 1913, §4171.
64 Ky. Rev. Stats. 1915, ch. 32 §830.
65 Mass. Rev. Stats. 1921, ch. 160, §§163, 166, p. 1736.
66 Laws Neb. 1909, chs. 1, 4, 5, 6; pp. 53, 55-62.
67 Laws Neb. 1909, ch. 89, p. 359.
68 Laws Neb. 308, ch. 67, pp. 308-309.
69 Laws Neb. 1909, ch. 68, pp. 311, 313, 314-315.
70 Laws Vt. 1915, no. 165, p. 292.
71 Laws Ariz. 1929, ch. 95, §24, pp. 306, 319-321; there were also special provisions for head lettuce, ibid., §25, p. 321.
72 Rev. Civil Stats. Texas, vol. 1 (1925), pp. 20-45.
73 Rev. Civil Stats. Texas, vol. 1 (1925), art. 4477, pp. 1198-1216.
74 Laws Ill. 1919, p. 570.
75 Pa. Stats. 1920, §§13591, 13592.
76 E.g., Ohio Stats. 1926, §926.
77 Laws Texas 1907, ch. 178, p. 331.
78 City of Fresno, ord. no. 607, in effect Feb. 11, 1911, in *Charter and Ordinances of the City of Fresno, California* (1911), p. 148.
79 William Graebner, *Coal-Mining Safety in the Progressive Period: The Political Economy of Reform* (1976), pp. 87-88.
80 See Compiled Okla. Stats. Ann., 1921, ch. 24, art. III, §4162, p. 1727.
81 Keller, *Regulating a New Economy*, pp. 201-204.
82 38 Stat. 251 (act of Dec. 23, 1913).
83 Keller, *Regulating a New Economy*, p. 203.
84 Ga. Code 1926, §3436.
85 See, in general, David J. Gallert, Walter S. Hilborn, Geoffrey May, *Small Loan Legislation* (1932).
86 For a description, see Victor K. Meador, *Loan Sharks in Georgia* (1948) (a report published by the Junior Bar Conference of the American Bar Association).
87 Thomas Plate, *Crime Pays* (1975), pp. 145-146.

88 This information, and much of the surrounding material in the text, is drawn from Mark J. Roe, "Foundations of Corporate Finance: The 1906 Pacification of the Insurance Industry," *Columbia L. Rev.* 93:639 (1993).
89 Spencer L. Kimball, *Insurance and Public Policy* (1960); this is a study of insurance regulation in Wisconsin between 1835 and 1959.
90 Edwin W. Patterson, *The Insurance Commissioners in the United States: A Study in Administrative Law and Practice* (1927), p. 29.
91 Laws N.Y. 1906, ch. 3267, p. 763.
92 See Morton Keller, *The Life Insurance Enterprise, 1885-1910: A Study in the Limits of Corporate Power* (1963), pp. 254-259.
93 H. Roger Grant, *Insurance Reform: Consumer Action in the Progressive Era* (1979), pp. 61-63.
94 *Historical Statistics of the United States*, part 2 (1975), p. 1122.
95 157 U.S. 429; 158 U.S. 601 (1895).
96 See Robert Stanley, *Dimensions of Law in the Service of Order: Origins of the Federal Income Tax, 1861-1913* (1993), p. 211.
97 38 Stat. 166 (act of Oct. 3, 1913).
98 John F. Witte, *The Politics and Development of the Federal Income Tax* (1985), pp. 78-79.
99 39 Stat. 756 (act of Sept. 8, 1916).
100 Witte, *Politics and Development*, p. 79.
101 Elliott Brownlee, *Federal Taxation in America: A Short History* (1996), pp. 60, 61.
102 39 Stat. 756, Title II, at 777 (act of Sept. 8, 1916); upheld in *New York Trust Co. v. Eisner*, 256 U.S. 345 (1921).
103 Stanley, *Dimensions of Law*, p. 205.
104 Carroll's Ky. Stats. (6th ed., 1922), chap. 108, §§4019, 4020, pp. 1897, 1904. Of the forty cents, fifteen was to go for ordinary expenses of the state, eighteen to support the schools, three for the state road fund, and the rest to support higher education and contribute to the "sinking fund."
105 Iowa Rev. Stats. 1919, Title XIV, §4482, p. 1345.
106 Glenn W. Fisher, *The Worst Tax? A History of the Property Tax in America* (1996), p. 142.
107 Fla. Stats. 1920, §§803, 819, 829, 830, 858, 942, 956. Florida mellowed on the subject of clairvoyants and the like over the years. Thirty years later, the license fee for "every fortune teller, clairvoyant, palmist, spirit medium, absent treatment healer or mental healer" was only one hundred dollars.
108 A professor, Louis Levine, was fired from the state university in 1919 for writing a scholarly monograph on the taxation of mining properties—though he was later reinstated. Arnon Gutfeld, *Montana's Agony: Years of War and Hysteria, 1917-1921* (1979), chap. 10.
109 California State Government, Financial Statement, 1915-1917, p. 2.
110 John H. Sears, *Minimizing Taxes* (1922), preface, iii-v.

111 Melvyn Dubofsky, *The State and Labor in Modern America* (1994), pp. 40-43.
112 Ernst Freund, *The Police Power: Public Policy and Constitutional Rights* (1904), p. 322.
113 On the origins and early use of the injunction, see the classic work of Felix Frankfurter and Nathan Greene, *The Labor Injunction* (1930), and William E. Forbath, *Law and the Shaping of the American Labor Movement* (1989).
114 Forbath, *Law and the Shaping*, p. 193.
115 38 Stat. 730 (act of Oct. 15, 1914), §§6, 20.
116 Forbath, *Law and the Shaping*, pp. 106-107.
117 *Duplex Printing Press Co. v. Deering*, 254 U.S. 433 (1921); see Hovenkamp, *Enterprise and American Law*, pp. 237-238.
118 Frankfurter and Greene, *Labor Injunction*, p. 176.
119 257 U.S. 312 (1921).
120 Forbath, *Law and the Shaping*, p. 152.
121 Irving Bernstein, *The Lean Years: A History of the American Worker, 1920-1933* (1960), chap. 11, "The Anti-Injunction Movement."
122 On this thesis, see Forbath, *Law and the Shaping*, especially p. 7.
123 Colin Gordon, *New Deals: Business, Labor, and Politics in America, 1920-1935* (1994), p. 90.
124 Gen. Stats. Minn. 1913, §8890.
125 Wis. Laws 1907, ch. 402.
126 40 Stat. 506 (act of Apr. 5, 1918).
127 40 Stat. 276 (act of Aug. 10, 1917).
128 40 Stat. 451 (act of Mar. 21, 1918); Christopher N. May, *In the Name of War: Judicial Review and the War Powers Since 1918* (1989), p. 27.
129 May, *In the Name of War*, pp. 37-54.
130 See 40 Stat. 440 (act of Mar. 8, 1918).
131 40 Stat. 593 (act of May 31, 1918).
132 Dubofsky, *State and Labor*, p. 62.
133 Ibid., p. 74.

4.
Crime and Punishment in the New Century

1 *U.S. Compiled Statutes* (1901), §§5473, 5369, 5368.
2 *Annual Report, Att'y General of the United States for the Year 1905* (1905), p. 121.
3 See, in general, Lawrence M. Friedman, *Crime and Punishment in American History* (1993), chap. 12.
4 Pure Food Act: 34 Stat. 768 (act of June 30, 1906); Alaska Game Act: 43 Stat. 739 (act of Jan. 13, 1925).
5 Lawrence M. Friedman and Robert V. Percival, *The Roots of Justice: Crime and Punishment in Alameda County, California, 1870-1910* (1981), p. 300.
6 Friedman, *Crime and Punishment,*, p. 269.

7 Paul W. Keve, *Prisons and the American Conscience: A History of U.S. Federal Corrections* (1991), p. 53.
8 Friedman, *Crime and Punishment*, p. 270.
9 41 Stat. 324 (act of Oct. 29, 1919).
10 John A. Noakes, "A 'New Breed of Detective': The Rise of the FBI Special Agent," in Susan S. Silbey and Austin Sarat, eds., *Studies in Law, Politics, and Society* 14:25 (1994).
11 Samuel Walker, *Popular Justice: A History of American Criminal Justice* (1980), pp. 183–189.
12 See Claire Bond Potter, *War on Crime: Bandits, G-Men, and the Politics of Mass Culture* (1998).
13 The right to trial by jury is guaranteed by the Sixth Amendment to the United States Constitution; see also, for example, Del. Const. 1897, art. 1, §7.
14 Quoted in Friedman, *Crime and Punishment*, p. 384.
15 Sam Bass Warner and Henry B. Cabot, *Judges and Law Reform* (1936), pp. 33–34.
16 Roscoe Pound and Felix Frankfurter, eds., *Criminal Justice in Cleveland* (1922), pp. v, vii.
17 *Annual Report, Director of Administrative Office of the U.S. Courts, 1940* (1940), p. 15.
18 Note, "R.I. Statistics," *J. American Inst. of Criminal Law and Criminology* 31:475 (1941).
19 Charles E. Clark and Harry Shulman, *A Study of Law Administration in Connecticut* (1937), table 112, p. 188.
20 Laws Mich. 1927, act no. 175, pp. 281, 284.
21 Eli Frank, "Trying Criminal Cases Without Juries in Maryland," *Virginia Law Review* 17:253, 258, 259, 263 (1930).
22 William J. Blackburn, *The Administration of Criminal Justice in Franklin County, Ohio* (1935), p. 62.
23 *Patten v. U.S.*, 281 U.S. 276 (1930).
24 Sean Doran Joan et al., "Rethinking Adversariness in Nonjury Criminal Trials," *American J. of Criminal Law* 23:1 (1995).
25 On the history of plea bargaining, see Lawrence M. Friedman, "Plea Bargaining in Historical Perspective," *Law and Society Review* 13:247 (1949); George Fisher, "Plea Bargaining's Triumph," *Yale L.J.* 109:855 (2000).
26 Friedman and Percival, *Roots of Justice*, pp. 177–178.
27 Sam Bass Warner and Henry B. Cabot, *Judges and Law Reform* (1936), p. 127.
28 *Illinois Crime Survey* (1929), p. 241.
29 On this famous trial, see Friedman, *Crime and Punishment*, pp. 397–8.
30 Irvin S. Cobb, *Exit Laughing* (1942), p. 198.
31 Leon Green, *Judge and Jury* (1930), p. 403.
32 Some jurors today, in rare cases that hold the public's attention, will kiss and tell; or even write a book about their experiences. Before the TV era, this was almost unknown. And nobody can *require* a juror to explain what she did.

33 Thomas J. Kernan, "The Jurisprudence of Lawlessness," *Green Bag* 18:588 (1906).
34 Marvin J. Wolf and Katherine Mader, *Fallen Angels: Chronicles of L.A. Crime and Mystery* (1986), pp. 143-147.
35 Jerry Giesler, as told to Pete Martin, *The Jerry Giesler Story* (1960), p. 174.
36 Nathan F. Leopold, Jr., *Life Plus 99 Years* (1958), p. 78.
37 Hal Higdon, *The Crime of the Century: The Leopold and Loeb Case* (1975); Paula S. Fass, "Making and Remaking an Event: The Leopold and Loeb Case in American Culture," *J. American History* 80:919 (1993).
38 "The Indeterminate Sentence," by "A Prisoner," *Atlantic Monthly* 108:330 (1911).
39 Laws N.Y. 1901, vol. 2, chap. 428, pp. 115-116; Laws Cal. 1903, chap. 34, pp. 34-35.
40 Keve, *Prisons and the American Conscience*, pp. 65-66.
41 Friedman and Percival, *Roots of Justice*, pp. 232-233.
42 Hans von Hentig, "Degrees of Parole Violation and Graded Remedial Measures," *Journal of Criminal Law and Criminology* 33:363 (1943).
43 Jonathan Simon, *Poor Discipline: Parole and the Social Control of the Underclass, 1890-1990* (1993), p. 49.
44 Herbert H. Lou, *Juvenile Courts in the United States* (1927), p. 24.
45 *Commonwealth v. Fisher*, 213 Pa. 48 (1905).
46 Ala. Code 1907, vol. 2, chap. 185, sec. 6450, 6453.
47 Emory S. Bogardus, "A Study of Juvenile Delinquency and Dependency in Los Angeles County for the Year 1912," *J. of the American Institute of Criminal Law and Criminology* 5:327 (1914).
48 Anthony Platt, *The Child Savers: The Invention of Delinquency* (1969).
49 Friedman, *Crime and Punishment*, p. 214.
50 David Rothman, *Conscience and Convenience: The Asylum and Its Alternatives in Progressive America* (1980), p. 230.
51 Friedman and Percival, *Roots of Justice*, p. 224.
52 Martha Sonntag Bradley, "Reclamation of Young Citizens: Reform of Utah's Juvenile Legal System, 1888-1910," *Utah Historical Q.* 51:328, 342 (1983).
53 On Van Waters's career, see Estelle B. Freedman, *Maternal Justice: Miriam Van Waters and the Female Reform Tradition* (1996).
54 Scott Christianson, *With Liberty for Some: 500 Years of Imprisonment in America* (1998), pp. 239-240.
55 Quoted in Frank Tannenbaum, *Osborne of Sing Sing* (1933), pp. 6-7.
56 Joseph F. Fishman, *Crucibles of Crime: The Shocking Story of the American Jail* (1923), pp. 15, 21, 101.
57 Thomas Mott Osborne, *Society and Prisons* (1916), pp. 134-135.
58 Lewis E. Lawes, *Twenty Thousand Years in Sing Sing* (1932), p. 107.
59 Oscar Dowling, "The Hygiene of Jails, Lock-Ups, and Police Stations," *Journal of the American Institute of Criminal Law* 5:695, 697, 698 (1915).
60 Robert E. Burns, *I Am a Fugitive from a Georgia Chain Gang* (1932), p. 5.
61 Ibid., p. 48.

62 Friedman, *Crime and Punishment*, p. 311.
63 Friedman, *Crime and Punishment*, pp. 311, 313.
64 Keve, *Prisons and the American Conscience*, pp. 68-69.
65 Leopold, *Life Plus 99 Years*, p. 135.
66 Laws Texas 1907, pp. 246, 248; see Barbara Meil Hobson, *Uneasy Virtue: The Politics of Prostitution and the American Reform Tradition* (1987), pp. 148-149.
67 Friedman, *Crime and Punishment*, pp. 328-332.
68 Reprinted in Vice Commission of Chicago, *The Social Evil in Chicago* (1911), pp. 329-330.
69 Ibid., p. 25.
70 Report, *Vice Commission of Philadelphia* (1913), pp. 9, 10.
71 *Report of the Minneapolis Vice Commission* (1911), pp. 64-65.
72 *San Francisco Examiner*, Mar. 17, 1937, p. A1. I am indebted to Paul Schrecongost for this reference.
73 David J. Langum, *Crossing over the Line: Legislating Morality and the Mann Act* (1994), pp. 27-28. This fascinating book is the source of much of the material in this chapter on the Mann Act and its enforcement. See also Hobson, *Uneasy Virtue*, pp. 141-147.
74 Laws Ill. 1908, ch. 47.
75 I am indebted for this reference to a paper by David H. Orozco, Stanford Law School, 1999.
76 36 Stat. 263 (act of Mar. 26, 1910).
77 Langum, *Crossing over the Line,* chapter 5, deals with the Caminetti case.
78 Ibid., pp. 142, 148.
79 Marlene D. Beckman, "The White Slave Traffic Act: The Historical Impact of a Criminal Law Policy on Women," *Georgetown L. Rev.* 72:1111 (1984).
80 Langum, *Crossing Over the Line*, pp. 180-194.
81 "Blackmail Rich Men by White Slave Act," *New York Times,* Jan. 13, 1916, p. 1. See also John C. Knox, *Order in the Court* (1943), p. 191.
82 Gen. Stats. Conn. 1918, §6399, p. 1750.
83 Gen. Stats. Conn. 1918, §6398, p. 1750.
84 Ky. Rev. Stats. 1946, §436.130, p. 3057.
85 The source of these data is Mary E. Odem, *Delinquent Daughters: Protecting and Policing Adolescent Female Sexuality in the United States, 1885-1920* (1995).
86 Ibid., pp. 49, 53, 76-77.
87 Philip Jenkins, *Moral Panic: Changing Concepts of the Child Molester in Modern America* (1998), p. 67.
88 I am indebted for this reference to Andrea Tone, *Devices and Desires: A History of Contraceptives in America* (2001).
89 Philip Jenkins, *Moral Panic*, pp. 67-69.
90 The Jane Addams quotation, and the discussion of it, is from Barbara Meil Hobson, *Uneasy Virtue: The Politics of Prostitution and the American Reform Tradition* (1987), pp. 154-155.

91 See, in general, Richard F. Hamm, *Shaping the 18th Amendment: Temperance Reform, Legal Culture, and the Polity, 1880–1920* (1995).
92 Ibid., p. 211. The discussion of the Webb-Kenyon bill is drawn from Hamm as well.
93 Ibid., pp. 218–19.
94 Laws Miss. 1918, ch. 189, p. 210 ff.
95 Laws Kans. 1917, ch. 215, p. 283.
96 Ark. Stats. 1916, §6035, p. 1437.
97 Hamm, *Shaping the 18th Amendment*, p. 240.
98 National Prohibition Act, 41 Stat. 305 (act of Oct. 28, 1919).
99 The statute was Laws Cal. 1921, ch. 80, p. 77; but it did not go into effect until the referendum of 1922.
100 Herbert Asbury, *The Great Illusion: An Informal History of Prohibition* (1950), pp. 280–286.
101 Joseph Gusfield, *Symbolic Crusade: Status Politics and the American Temperance Movement* (1963), p. 122.
102 Charles L. Zelden, *Justice Lies in the District: The U.S. District Court, Southern District of Texas, 1902–1960* (1993), pp. 68–70.
103 Asbury, *Great Illusion*, p. 167.
104 For much of the history of drug laws, see David F. Musto, *The American Disease: Origins of Narcotics Control* (1973).
105 35 Stat. 614 (act of Feb. 9, 1909).
106 38 Stat. 785 (act of Dec. 17, 1914).
107 249 U.S. 96 (1919).
108 Musto, *American Disease*, p. 140.
109 Troy Duster, *The Legislation of Morality: Law, Drugs, and Moral Judgment* (1970), p. 19.
110 Rufus G. King, "The Narcotics Bureau and the Harrison Act: Jailing the Healers and the Sick," *Yale L.J.* 62:736 (1953).
111 Musto, *American Disease*, pp. 210–229.
112 Okla. Laws 1919, ch. 60, p. 95.
113 Laws Ore. 1923, ch. 27, p. 35, §2.
114 Code So. Car. 1942, §§5129–1, 5128–2, 5128–3, 5128–6, 5129–12, 5128–19. The act was passed in 1934.
115 See, in general, Ysabel Rennie, *The Search for Criminal Man: A Conceptual History of the Dangerous Offender* (1978).
116 Henry Herbert Goddard, *The Kallikak Family: A Study in the Heredity of Feeble-Mindedness* (1912); see Lawrence M. Friedman, *Crime and Punishment*, pp. 335–339.
117 15th Ann. Rpt., Municipal Court of Chicago (1921), pp. 182–183, 187.
118 Earnest Albert Hooton, *Crime and the Man* (1939), pp. 239–240.
119 Thomas Mott Osborne, *Society and Prisons*, p. 25.
120 Friedman, *Crime and Punishment*, p. 338.

121 George T. Skinner, "A Sterilization Statute for Kentucky?" *Kentucky Law Journal* 33:168, 174 (1934).
122 Laws Ind. 1907, ch. 215; see Philip R. Reilly, *The Surgical Solution: A History of Involuntary Sterilization in the United States* (1991).
123 Laws Cal. 1913, ch. 720, p. 109. An amendment to the penal code in 1923 authorized a judge to order an "operation . . . for the prevention of procreation" to be performed on men found guilty of "carnal abuse of a female person under the age of ten years."
124 Friedman, *Crime and Punishment*, p. 336.
125 Laws Wash. 1921, p. 162.
126 J. H. Landman, "The History of Human Sterilization in the United States: Theory, Statutes, Adjudication," *Illinois L. Rev.* 23:463, 473 (1929).
127 *Smith v. Board of Examiners*, 85 N.J. L. 46, 88 Atl. 963 (1913). The court rested its case on the equal-protection clause; it was an irrational classification to single out epileptics who, because they were poor, were in state institutions. But the opinion makes clear that the court found the statute distasteful as a whole.
128 274 U.S. 200 (1927).
129 Robert Reinhold, "Virginia Hospital's Chief Traces 50 Years of Sterilizing the 'Retarded,'" *New York Times*, Feb. 23, 1980; "Sterilization of Teen-Age Woman Haunting Virginia Decades Later," *New York Times*, Mar. 7, 1980.

5.
Race Relations and Civil Liberties

1 Laws Va. 1924, ch. 371 (an act to preserve "racial integrity"); Va. Code 1924, §5099(a)(5). Under this statute, a white was allowed to marry someone whose bad blood was American Indian, provided that the blood was "one-sixteenth or less"; see, in general, Peggy Pascoe, "Miscegenation Law, Court Cases, and Ideologies of 'Race' in Twentieth-Century America," *J. of American History* 83:44 (1996).
2 *Moreau v. Grandich*, 114 Miss. 560, 75 So. 434 (1917). The Grandich family pointed out that under the marriage laws of Mississippi, whites could not marry blacks, but black was defined in terms of one-eighth or more of "negro blood," which their children, under any theory, did not have. The court brushed this argument aside. The marriage statute dealt with marriages only, and had no bearing on this school case.
3 Pascoe, "Miscegenation Law" at 55, 56; *Estate of Monks*, 48 Calif. App. 2d 603, 120 P. 2d 167 (1941).
4 The rule did not apply to other races—neither legally nor socially. But see *Gong Lum v. Rice*, 275 U.S. 78 (1927), in which the Supreme Court upheld a decision that a Chinese child living in Mississippi (not a numerous class) had to go to the colored school.
5 Ga. Code 1911, §§1484, 2718, 2724, pp. 382-383, 721-722.
6 Laws. Ark. 1903, p. 160.
7 Laws No. Car. 1913, ch. 831, pp. 127-128.

8 Laws No. Car. 1935, ch. 422, pp. 716-717.
9 Cited in *Strauss v. State,* 173 S.W. 663 (Tex., 1915). The ordinance called for a fine of up to two hundred dollars. Each act of intercourse was a separate offense.
10 Laws Texas 1933, ch. 241, §11 (f), p. 843.
11 John R. Howard, *The Shifting Wind: The Supreme Court and Civil Rights from Reconstruction to Brown* (1999), p. 178.
12 211 U.S. 45 (1908).
13 218 U.S. 71 (1910).
14 So. Car. Const. 1895, art. II, §4, as amended; see *Franklin v. South Carolina,* 218 U.S. 162 (1910).
15 Quoted in Leon F. Litwack, *Trouble in Mind: Black Southerners in the Age of Jim Crow* (1998), p. 227.
16 Ibid., pp. 225-226.
17 See *Giles v. Harris,* 189 U.S. 475 (1903).
18 *Guinn v. U.S.,* 238 U.S. 347 (1915). A companion case, *Myers v. Anderson,* 238 U.S. 368 (1915), struck down a similar arrangement from Annapolis, Maryland.
19 David M. Oshinsky, *"Worse Than Slavery": Parchman Farm and the Ordeal of Jim Crow Justice* (1996), p. 116.
20 219 U.S. 231 (1911).
21 3 Code Ala. 1907, §6845.
22 14 Stat. 546 (act of Mar. 2, 1867). The statute was chiefly aimed at the labor system of the Territory of New Mexico, but applied also to "any other Territory or State" in which there were in fact "peons."
23 See William Cohen, "Negro Involuntary Servitude in the South, 1865-1940: A Preliminary Analysis," *J. Southern History* 42:31 (1976).
24 3 Ala. Code 1907, §§6849, 6850.
25 3 Code Ala. 1907, §7843 (13).
26 John M. Barry, *Rising Tide: The Great Mississippi Flood of 1927 and How It Changed America* (1997), pp. 314-320.
27 George C. Wright, *Racial Violence in Kentucky, 1865-1940: Lynchings, Mob Rule, and "Legal Lynchings"* (1990), pp. 112-113, 123-124.
28 Lawrence M. Friedman, *Crime and Punishment in American History* (1993) pp. 190-191.
29 Arthur F. Raper, *The Tragedy of Lynching* (1933), pp. 1, 3, 7.
30 Litwack, *Trouble in Mind,* p. 289.
31 Oshinsky, *"Worse Than Slavery,"* p. 105.
32 Ala. Code, 1928, §§4939, 4940.
33 James H. Chadbourn, *Lynching and the Law* (1933), p. 118.
34 Quoted in Litwack, *Trouble in Mind,* p. 265.
35 Oshinsky, *"Worse Than Slavery,"* chapter 3, p. 149.
36 See, in general, Dan T. Carter, *Scottsboro: A Tragedy of the American South* (1969).

37 *Powell v. Alabama*, 287 U.S. 45 (1932).
38 Joel Williamson, *The Crucible of Race: Black-White Relations in the American South Since Emancipation* (1984).
39 David Delaney, *Race, Place, and the Law* (1998), p. 105.
40 245 U.S. 60 (1917).
41 On the early years, see Charles Flint Kellogg, *NAACP* (vol. 1, 1909-1920) (1967).
42 For an account of the administration of the laws, see Lucy E. Salyer, *Laws Harsh as Tigers: Chinese Immigrants and the Shaping of Modern Immigration Law* (1995). To be fair, it seems pretty clear that many of the claims of citizenship *were* fraudulent. Chinese immigrants, in other words, were cheating: but of course this does not excuse the laws themselves, which were frankly and openly racist.
43 Charles Wollenberg, *All Deliberate Speed: Segregation and Exclusion in California Schools, 1855-1975* (1976), pp. 44-45.
44 Angelo N. Ancheta, *Race, Rights, and the Asian-American Experience* (1998), p. 26.
45 Quoted in Wollenberg, *All Deliberate Speed*, p. 73.
46 Ronald T. Takaki, *Strangers from a Different Shore: A History of Asian Americans* (1998), p. 204.
47 Ore. Code Ann. 1930, §33-102.
48 Laws Cal. 1913, ch. 113, p. 206. A casual reader of the text would probably not guess that this was the aim of the law. The statute began by saying that aliens "eligible to citizenship" (which Asians were not) had the same land rights as citizens; but all the others (that is, the ineligible ones) had only whatever land rights they were guaranteed by treaty, which was basically nothing.
49 Wash. Const. Art. 2, §33; Wash. Rev. Stats. 1922, §10582. The constitution forbade ownership of land by aliens other than those who "in good faith have declared their intention to become citizens," which of course excluded Asians. The Arizona law is Laws Ariz. 1921, ch. 29, p. 26.
50 Quoted in Milton M. Gordon, *Assimilation in American Life: The Role of Race, Religion, and National Origins* (1964), p. 120.
51 Huntington Wilson, "Our National Fences," *North American Review* 199:383, 387 (1914).
52 260 U.S. 178 (1922). On this case and the *Thind* case, discussed below, see Donald Braman, "Of Race and Immutability," *UCLA Law Review* 46:1375 (1999), quotations at 185.
53 *In re Najour*, 174 Fed. 735 (1909).
54 *In re Shahid*, 205 Fed. 812 (E.D. So. Car. 1913).
55 *United States v. Thind*, 261 U.S. 204 (1922).
56 The quotation is from Justice Sutherland's opinion in *Thind*, at p. 13.
57 Laws Utah 1917, ch. 93, p. 285.
58 For a description of how the laws were administered around 1930, see William C. Van Vleck, *The Administrative Control of Aliens* (1932).

59 198 U.S. 253 (1905).
60 See *Ng Fung Ho v. White,* 259 U.S. 276 (1921).
61 *Compagnie Française de Navigation à Vapeur v. Louisiana State Board of Health,* 186 U.S. 380 (1902). Federal immigration laws "do not purport to abrogate the quarantine laws of the several States," the Court said.
62 32 Stat. 1213 (act of Mar. 3, 1903).
63 34 Stat. 898 (act of Feb. 20, 1907).
64 39 Stat. 874 (act of Feb. 5, 1917).
65 42 Stat. 5 (act of May 19, 1921).
66 Elliott Robert Barkan, *And Still They Come: Immigrants and American Society, 1920 to the 1990s* (1996), pp. 11, 14.
67 43 Stat. 153 (act of May 26, 1924).
68 Abraham Hoffman, *Unwanted Mexican Americans in the Great Depression: Repatriation Pressures, 1929–1939* (1974), p. 7.
69 Ibid., p. 10.
70 Ibid., pp. 31, 32.
71 "St. Paul's Bureau of Welfare paid the way of one hundred Mexicans on 4 November 1932, and in 1934 over three hundred more left. . . . Ohio paid an average of $15 to repatriate 300 Mexicans from Lucas County." Ibid., p. 120. On the tapering off of repatriation, ibid., p. 164.
72 The defendants, after spending nearly two years in San Quentin, were released when the court of appeals reversed the trial court. See Robin F. Scott, "The Sleepy Lagoon Case and the Grand Jury Investigation," in Manuel P. Servín, *The Mexican-Americans: An Awakening Minority* (1970), pp. 105–115.
73 See Janis Appier, "Juvenile Crime Control: Los Angeles Law Enforcement and the Zoot-Suit Riots," in *Criminal Justice History: An International Annual* 11:147 (1990).
74 Michael C. LeMay, *From Open Door to Dutch Door: An Analysis of United States Immigration Policy Since 1820* (1987), pp. 109–114.
75 24 Stat. 388 (act of Feb. 8, 1887).
76 *Lone Wolf v. Hitchcock,* 187 U.S. 553 (1903); discussed in Blue Clark, *Lone Wolf v. Hitchcock: Treaty Rights and Indian Law at the End of the Nineteenth Century* (1994).
77 John R. Wunder, *"Retained by the People": A History of American Indians and the Bill of Rights* (1994), pp. 40–41.
78 231 U.S. 28 (1913).
79 Wunder, *"Retained by the People,"* pp. 44–47.
80 34 Stat. 182 (act of May 8, 1906).
81 198 U.S. 371 (1905). I am indebted to a paper by Melissa Schatzberg (Stanford Law School, 2000) for this reference and the material on the Yakama Indians and their salmon rights.
82 The United States acquired more islands: it acquired, from the native chiefs, American

Samoa from 1900 on; and in 1916 it picked up the Virgin Islands, formerly owned by Denmark.
83 On these cases, see James E. Kerr, *The Insular Cases: The Role of the Judiciary in American Expansionism* (1982).
84 182 U.S. 244 (1901).
85 *Downes v. Bidwell*, at 287.
86 Harlan, J., dissenting in *Downes v. Bidwell*, 182 U.S. 244 (1901), at 380, 384.
87 32 Stat. 691 (act of July 1, 1902).
88 Winfred Lee Thompson, *The Introduction of American Law in the Philippines and Puerto Rico, 1898-1905* (1989), p. 95.
89 39 Stat. 545 (act of Aug. 29, 1916).
90 39 Stat. 351 (act of Mar. 2, 1917).
91 *Balzac v. People of Porto Rico*, 258 U.S. 298 (1922).
92 *Fornaris v. Ridge Tool Co.*, 400 U.S. 41, 42-43 (1970). The question in the case was whether a law of 1964, passed by the legislature of Puerto Rico, was constitutional. The Supreme Court of Puerto Rico had never construed the statute. The United States Supreme Court sent the case back to the district court, and instructed the court to "stay its hand" until the Supreme Court of Puerto Rico had "authoritatively ruled on the local law question."
93 Lizabeth A. McKibben, "The Political Relationship Between the United States and Pacific Islands Entities: The Path to Self-Government in the Northern Mariana Islands, Palau, and Guam," *Harvard International Law Journal* 31:257, 287-289 (1990).
94 The Comstock law was 17 Stat. 598 (act of Mar. 3, 1873).
95 See, in general, David M. Rabban, *Free Speech in Its Forgotten Years* (1997).
96 Dennis Baron, *The English-Only Question* (1990), p. 109. *New York Times* quotation, p. 110.
97 Chris Richardson, "With Liberty and Justice for All? The Suppression of German-American Culture During World War I," *Missouri Historical Review* 90:79, 85, 87 (1995).
98 40 Stat. 217 (act of June 15, 1917).
99 40 Stat. 411, 425 (act of Oct. 6, 1917).
100 Rabban, *Free Speech*, pp. 254-269.
101 40 Stat. 553 (act of May 16, 1918).
102 La Vern J. Rippley, "Conrad Kornmann, German-Language Editor: A Case-Study of Anti-German Enthusiasm During World War I," *So. Dak. History* 27:107 (1997).
103 For details, see Arnon Gutfeld, *Montana's Agony: Years of War and Hysteria, 1917-1921* (1979).
104 Shirley K. Burton, "The Espionage and Sedition Acts of 1917 and 1918: Sectional Interpretation in the United States District Courts of Illinois," *Ill. Hist. J.* 87:48 (1994).
105 These accounts are drawn from *American State Trials* (vol. 12, 1919), pp. 897-961, 943, and 960-961, respectively.

106 The account of this incident, and the trial of Harry E. Wootton, come from *American State Trials* (vol. 17, 1936), pp. 1-175.
107 Ibid., pp. 153, 155.
108 See William Preston, Jr., *Aliens and Dissenters: Federal Suppression of Radicals, 1903-1933* (1963); Robert K. Murray, *Red Scare: A Study in National Hysteria, 1919-1920* (1955).
109 Rabban, *Free Speech*, p. 175.
110 On this see Michael Kent Curtis, *Free Speech, "The People's Darling Privilege": Struggles for Freedom of Expression in American History* (2000).
111 249 U.S. 47 (1919).
112 250 U.S. 616 (1919). The case, its people, and its background are discussed in Richard Polenberg, *Fighting Faiths: The Abrams Case, the Supreme Court, and Free Speech* (1987).
113 Polenberg, *Fighting Faiths*, p. 142.
114 Felix Frankfurter, *The Case of Sacco and Vanzetti* (1927), p. 59.
115 See Francis Russell, *Sacco and Vanzetti: The Case Resolved* (1986).
116 See Wyn Craig Wade, *The Fiery Cross: The Ku Klux Klan in America* (1987), chap. 5.
117 Ibid., pp. 180, 227.
118 41 Stat. 1008 (act of June 5, 1920).
119 Friedman, *Crime and Punishment*, p. 367.
120 *Gitlow v. New York*, 268 U.S. 652 (1925).
121 *Whitney v. California*, 274 U.S. 357 (1927).
122 Brandeis wrote a stirring and eloquent concurrence, protesting against the repression of free speech. It was a concurrence, not a dissent, because Brandeis felt that Whitney had not raised the issue at the right time and in the right forum. Holmes joined in Brandeis's opinion. Charlotte Whitney never went to prison, however; she was released on bail during the long period of her appeal. She received a pardon in 1927. Kevin Starr, *Endangered Dreams: The Great Depression in California* (1996), pp. 54-57.
123 William G. Ross, *Forging New Freedoms: Nativism, Education, and the Constitution, 1917-1927* (1994), p. 61.
124 262 U.S. 390 (1923). On the background of the case, see Ross, *Forging New Freedoms*, chap. 4.
125 *Meyer v. Nebraska*, at 395 (argument for the state).
126 Ross, *Forging New Freedoms*, p. 87.
127 In *Bartels v. Iowa*, 262 U.S. 404 (1923), decided the same day, the Court, on the strength of *Meyer v. Nebraska*, consigned the restrictive statutes of Iowa and Ohio to the ash heap. Holmes dissented, in his usual stance of weary resignation: let the legislatures do what they please.
128 *Farrington v. Tokushige*, 273 U.S. 284 (1927); for a discussion of the case and its background, see Ross, *Forging New Freedoms*, chap. 9.

6.
The Roosevelt Revolution

1 47 Stat. 709 (act of July 21, 1932).
2 Maxwell Bloomfield, *Peaceful Revolution: Constitutional Change and American Culture from Progressivism to the New Deal* (2000), p. 104.
3 *Historical Statistics of the United States*, pp. 1102-1103.
4 See, in general, Peter H. Irons, *The New Deal Lawyers* (1982).
5 48 Stat. 128 (act of June 13, 1933).
6 48 Stat. 162, 168 (act of June 16, 1933).
7 See, in general, Donald S. Howard, *The WPA and Federal Relief Policy* (1943), a comprehensive study under the auspices of the Russell Sage Foundation.
8 Ibid., pp. 139, 229.
9 David M. Kennedy, *Freedom from Fear* (1999), p. 364.
10 Franklin D. Roosevelt, quoted in Howard, *WPA and Federal Relief Policy*, p. 228.
11 Howard, *WPA and Federal Relief Policy*, p. 229.
12 Lawrence M. Friedman, *Government and Slum Housing: A Century of Frustration* (1968), pp. 94-115.
13 See Marguerite Owen, *The Tennessee Valley Authority* (1973), p. 19 and passim.
14 48 Stat. 195 (act of June 16, 1933); see Ellis W. Hawley, *The New Deal and the Problem of Monopoly* (1966).
15 Melvyn Dubofsky, *The State and Labor in Modern America* (1994), p. 112.
16 *Federal Trade and Industry Service*, vol. 1, paragraphs 10,052, 10,089, 10,189.
17 Hawley, *New Deal*, p. 27.
18 48 Stat. 31 (act of May 12, 1933).
19 Thomas W. Ross, "Winners and Losers Under the Robinson-Patman Act," *J. Law and Economics* 27:243, 246 (1984).
20 Thomas W. Ross, "Store Wars: The Chain Tax Movement," *J. Law & Economics* 29:125 (1986).
21 *State Board v. Jackson*, 283 U.S. 527 (1931).
22 Laws Texas 1935, p. 1589.
23 49 Stat. 1526 (act of June 19, 1936).
24 Frederick M. Rowe, *Price Discrimination Under the Robinson-Patman Act* (1962), p. 5.
25 *Dr. Miles Medical Co. v. John D. Park & Sons*, 220 U.S. 373 (1911).
26 50 Stat. 693 (act of Aug. 17, 1937).
27 Robert H. Bork, *The Antitrust Paradox: A Policy at War with Itself* (1993), p. 382.
28 William E. Leuchtenburg, *The Supreme Court Reborn: The Constitutional Revolution in the Age of Roosevelt* (1995), p. 89.
29 295 U.S. 495 (1935).
30 297 U.S. 1 (1936).
31 Leuchtenburg, *The Supreme Court Reborn*, chapter 5.

32 301 U.S. 1 (1937).
33 The doctrinal story is told in detail, and argued forcefully, by Barry Cushman in *Rethinking the New Deal: The Structure of a Constitutional Revolution* (1998); Cushman places great emphasis on the *Nebbia* case as a more significant turning point.
34 291 U.S. 502 (1934).
35 317 U.S. 111 (1942).
36 348 U.S. 483 (1955).
37 304 U.S. 144 (1938).
38 Jonathan R. Macey and Geoffrey P. Miller, "Origin of the Blue Sky Laws," *Texas L. Rev.* 70:348 (1991).
39 Ibid., p. 369.
40 Joel Seligman, *The Transformation of Wall Street: A History of the Securities and Exchange Commission and Modern Corporate Finance* (rev. ed., 1995), p. 46.
41 48 Stat. 74 (act of May 27, 1933). For an account of the history and scope of the law, see Seligman, *Transformation of Wall Street*.
42 73d Cong., 1st sess., H.R. report no. 85, "Federal Supervision of Traffic in Investment Securities in Interstate Commerce," May 4, 1933, pp. 2–3.
43 Quoted in Seligman, *Transformation of Wall Street*, p. 100.
44 Ibid., pp. 101–112.
45 48 Stat. 163 (act of June 16, 1933).
46 49 Stat. 803 (act of Aug. 26, 1935).
47 Neil Fligstein, *The Transformation of Corporate Control* (1990), pp. 164–167.
48 Quoted ibid., p. 165.
49 49 Stat. 449 (act of July 5, 1935).
50 *National Labor Relations Board v. Jones & Laughlin Steel Corp.*, 301 U.S. 1 (1937).
51 Sidney Fine, "The General Motors Sit-Down Strike: A Re-Examination," *American Historical Review* 70:691 (1965).
52 Dubofsky, *State and Labor*, pp. 137–142.
53 52 Stat. 1060 (act of June 25, 1938).
54 312 U.S. 100 (1941).
55 *Hammer v. Dagenhart*: 247 U.S. 251 (1918).
56 *Historical Statistics of the United States* (1975), part 1, pp. 176–177.
57 *National Labor Relations Board v. Jones & Laughlin Steel Corp.*, at 26–27.
58 Stephen Skowronek, *Building a New American State: The Expansion of National Administrative Capacities, 1877–1920* (1982), p. 290.
59 For this, and much of the following discussion, see George B. Shepherd, "Fierce Compromise: The Administrative Procedure Act Emerges from New Deal Politics," *Northwestern U. L. Rev* 90:1557 (1996).
60 See Robert M. Cooper, "The Proposed Administrative Court," *Mich. L. Rev.* 35:193 (1936).
61 49 Stat. 500 (act of July 26, 1935).
62 60 Stat. 237 (act of July 11, 1946).

63 On the legislative history, see John Dickinson, "Administrative Procedure Act: Scope and Grounds of Broadened Judicial Review," *American Bar Association Journal* 33:434, 513 (1947).
64 12 Fed. Reg. 8207 (Dec. 3, 1947).
65 13 Fed. Reg. 8313 (Dec. 24, 1948).
66 *Leach v. Carlile,* 258 U.S. 138 (1922).
67 James M. Landis, *The Administrative Process* (1938), pp. 1, 155.
68 See, in general, James T. Patterson, *The New Deal and the States: Federalism in Transition* (1969).
69 Laws Md. 1935, ch. 574.
70 Patterson, *New Deal and the States,* pp. 102–103.
71 Edith Abbott, *The Tenements of Chicago, 1908–1935* (1936), pp. 441, 449.
72 Laws Minn. ch. 339, p. 514.
73 Laws Texas, 1933, ch. 92, p. 198.
74 *Langever v. Miller,* 79 S.W. 2d 634 (Ct. Civ. App. Texas, 1934).
75 290 U.S. 398 (1934).
76 *Grandin Farmers' Co-op. Elevator Co. v. Langer,* 5 F. Supp. 425 (D.C. D. No. Dak., 1934); the Supreme Court affirmed this case, summarily, in one paragraph, *Langer v. Grandin Farmers' Co-op. Elevator Co.,* 292 U.S. 605 (1934). See Catherine McNicol Stock, *The Great Depression and the Old Middle Class on the Northern Plains* (1992), pp. 139–141; on Langer and the moratorium, see Walter C. Anhalt and Glenn H. Smith, "He Saved the Farm? Governor Langer and the Mortgage Moratoria," *North Dakota Quarterly* 44, no. 4, p. 5 (1976).
77 See Irons, *New Deal Lawyers* (1982); for a discussion of the ideology of the lawyers on the conservative side as well, see Ronen Shamir, *Managing Legal Uncertainty: Elite Lawyers in the New Deal* (1995).
78 49 Stat. 620 (act of Aug. 14, 1935).
79 R.I. Rev. Stats. 1923, ch. 106; So. Dak. Rev. Stats. 1929, §10065.
80 Ohio Code 1930, §§2526 ff.
81 Michael B. Katz, *In the Shadow of the Poorhouse: A Social History of Welfare in America* (rev. ed., 1996), p. 207.
82 Laws So. Car. 1921, No. 147, p. 204.
83 Code Ohio 1930, §§2930 ff, 2950.
84 Code Ohio 1930, §2965.
85 Molly Ladd-Taylor, *Mother-Work: Women, Child Welfare, and the State, 1890–1930* (1994), p. 76.
86 Ibid., p. 78.
87 Viviana A. Zelizer, *Pricing the Priceless Child: The Changing Social Value of Children* (1985), p. 210.
88 Theda Skocpol, *Protecting Soldiers and Mothers: The Political Origins of Social Policy in the United States* (1992), p. 424.
89 Laws Ill. 1913, p. 127.

90 Laws Ill. 1913, p. 128.
91 Skocpol, *Protecting Soldiers and Mothers*, p. 476.
92 Ladd-Taylor, *Mother-Work*, p. 149.
93 42 Stat. 224 (act of Nov. 23, 1921).
94 Skocpol, *Protecting Soldiers and Mothers*, p. 500.
95 Ladd-Taylor, *Mother-Work*, p. 167.
96 Kriste Lindenmeyer, "Saving Mothers and Babies: The Sheppard-Towner Act in Ohio, 1921-1929," *Ohio History* 99:105 (1990).
97 On the rise and fall of Sheppard-Towner, see Ladd-Taylor, *Mother-Work,* chap. 6.
98 Roy Lubove, *The Struggle for Social Security, 1900-1935* (1986), p. 136.
99 Laws Del. 1931, ch. 85, p. 331.
100 Blanche D. Coll, *Safety Net: Welfare and Social Security, 1929-1979* (1995), p. 42.
101 Jackson K. Putnam, *Old-Age Politics in California* (1970), chap. 4.
102 Robert Harrison, *State and Society in Twentieth-Century America* (1997), p. 262.
103 Ibid., p. 263.
104 49 Stat. 620, Title X, at 645 (act of Aug. 14, 1935).
105 William Haber and Merrill G. Murray, *Unemployment Insurance in the American Economy: An Historical Review and Analysis* (1966), pp. 63-65.

7.
War and Postwar

1 55 Stat. 838 (act of Dec. 18, 1941).
2 George Q. Flynn, *The Draft, 1940-1973* (1993), p. 22.
3 See the study (for a somewhat later period) by James W. Davis, Jr., and Kenneth M. Dolbeare, *Little Groups of Neighbors: The Selective Service System* (1968).
4 54 Stat. 1178 (act of Oct. 17, 1940).
5 56 Stat. 23 (act of Jan. 30, 1942); it was amended, 56 Stat. 765 (Oct. 2, 1942), to authorize the president "to issue a general order stabilizing prices, wages, and salaries, affecting the cost of living." The president was to do this, as far as practicable, on the basis of levels of prices as of September 15, 1942.
6 John W. Willis, "A Short History of Rent Control Laws," *Cornell L. Q.* 36:54 (1950).
7 Marshall B. Clinard, *The Black Market: A Study of White Collar Crime* (1952), pp. 10, 27, 33, 35.
8 Melvyn Dubofsky, *The State and Labor in Modern America* (1994), pp. 182-191.
9 Quoted by Rep. Robert F. Rich of Pennsylvania, in the House of Representatives; *Congressional Record* 95:A1469 (Mar. 13, 1949).
10 60 Stat. 23 (act of Feb. 20, 1946).
11 Alan Brinkley, *The End of Reform: New Deal Liberalism in Recession and War* (1995), pp. 260-264.
12 This was the Servicemen's Readjustment Act of 1944, 58 Stat. 284 (act of June 22, 1944).

13 This was a new suburb on Long Island, built by William Levitt, who sold tract houses for $7,500.
14 Milton Greenberg, *The GI Bill: The Law That Changed America* (1997), pp. 36-37.
15 Brinkley, *End of Reform*, p. 269.
16 61 Stat. 136 (act of June 23, 1947).
17 The Labor-Management Reporting and Disclosure Act, 73 Stat. 519 (act of Sept. 14, 1959).
18 Lawrence M. Friedman, *Government and Slum Housing: A Century of Frustration* (1968), pp. 116-118.
19 Ibid., p. 122.
20 "St. Louis Is Revising Housing Complex," *New York Times*, March 19, 1972.
21 Paul Starr, *The Social Transformation of American Medicine* (1982), pp. 280-289.
22 78 Stat. 508 (act of Aug. 20, 1964).
23 On this program, see Earl Johnson, Jr., *Justice and Reform: The Formative Years of the Legal Services Program* (1974). Johnson was at one time the director of the program.
24 *Ann. Rpt., American Bar Association*, vol. 90 (1966), p. 111 (resolution of Feb. 8, 1965).
25 79 Stat. 286 (act of July 30, 1965).
26 Benjamin Werne, "Medicaid: Has National Health Insurance Entered by the Back Door?" *Syracuse L. Rev.* 19:49 (1966).
27 78 Stat. 703 (act of Aug. 31, 1964).
28 See National Science Foundation, *An Analysis of Federal R & D Funding by Budget Function* (1971), for figures.
29 79 Stat. 845 (act of Sept. 29, 1965).
30 On these developments, see Gary C. Bryner, *Blue Skies, Green Politics: The Clean Air Act of 1990 and Its Implementation* (2d ed., 1995), p. 98.
31 "A Darkness in Donora," *New York Times*, Nov. 1, 1999.
32 69 Stat. 322 (act of July 14, 1955).
33 77 Stat. 392 (act of Dec. 17, 1963).
34 79 Stat. 992 (act of Oct. 20, 1965).
35 81 Stat. 485 (act of Nov. 21, 1967).
36 Bryner, *Blue Skies, Green Politics*.
37 Laws New York 1957, ch. 931.
38 Richard N. L. Andrews, *Managing the Environment, Managing Ourselves: A History of American Environmental Policy* (1999), p. 287.
39 Robert L. Rabin, "Federal Regulation in Historical Perspective," *Stanford L. Rev.* 38:1189, 1287 (1986).
40 Andrews, *Managing the Environment*.
41 Ibid., p. 243.
42 90 Stat. 2003 (act of Oct. 11, 1976).
43 86 Stat. 1207 (act of Oct. 27, 1972).
44 On this scandal, see Charles O. Jackson, *Food and Drug Legislation in the New Deal*

(1970), chap. 8; Paul M. Wax, "Elixirs, Diluents, and the Passage of the 1938 Federal Food, Drug and Cosmetic Act," *Annals of Internal Medicine* 122:456 (1995).
45 52 Stat. 1040, 1052 (act of June 25, 1938). To market a new drug, a company had to file an application with the agency for approval; and the agency had the power to deny or withhold this approval.
46 The statute is 83 Stat. 743 (act of Dec. 30, 1969); it was amended by the Federal Coal Mine Health and Safety Act of 1977, 91 Stat. 1290 (act of Nov. 9, 1977).
47 91 Stat. 447 (act of Aug. 3, 1977).
48 The report is *Smoking and Health: Report of the Advisory Committee to the Surgeon General of the Public Health Service* (U.S. Department of HEW, 1964). The quotation is from p. 29.
49 79 Stat. 282 (act of July 27, 1965).
50 Murray L. Weidenbaum, *Business and Government in the Global Marketplace* (6th ed., 1999), p. 33.
51 D. Harper Simms, *The Soil Conservation Service* (1970), pp. 55, 68.
52 Susan Wagner, *The Federal Trade Commission* (1971), chap. 4.
53 Ronald Brickman, Sheila Jasanoff, Thomas Ilgen, *Controlling Chemicals: The Politics of Regulation in Europe and the United States* (1985), pp. 158–159.
54 Laws Mich. 1974, pp. 7, 16.
55 Laws Mich. 1974, p. 49.
56 Laws Mich. 1974, p. 893.

8.
Crime and Criminal Justice in the Postwar World

1 These figures are taken from Roger Lane, *Murder in America: A History* (1997), pp. 306–309.
2 Lawrence M. Friedman, *Crime and Punishment in American History* (1993), pp. 274.
3 79 Stat. 828 (act of Sept. 22, 1965).
4 82 Stat. 197 (act of June 19, 1968).
5 *Barron v. Baltimore*, 7 Pet. (32 U.S) 243 (1833).
6 302 U.S. 319 (1937).
7 367 U.S. 643 (1961).
8 The case was *Benton v. Maryland*, 395 U.S. 784 (1969).
9 *Miranda*: 384 U.S. 436 (1966). See Liva Baker, *Miranda: Crime, Law and Politics* (1983). *Gideon*: 372 U.S. 335 (1963). See Anthony Lewis, *Gideon's Trumpet* (1964), which tells the story of this famous case.
10 Baker, *Miranda*, pp. 408–409.
11 316 U.S. 455 (1942).
12 Richard A. Leo, "Police Interrogation and Social Control," *Social and Legal Studies* 3:93 (1994).

13 See "Texas Lawyer's Death Row Record a Concern," *New York Times,* June 11, 2000.
14 Ernest Jerome Hopkins, *Our Lawless Police* (1931), p. 208.
15 Kagan et al., "The Business of State Supreme Courts, 1870-1970," *Stanford L. Rev.* 30:121, 148 (1977).
16 Angela B. Bartel, "Wisconsin Post Conviction Remedies—Habeas Corpus: Past, Present, and Future," *Wisc. L. Rev.* 1970:1145, 1151.
17 *People v. Jackson,* 391 Mich. 323, 217 N.W. 2d 22 (1974).
18 Marvin E. Frankel, *Criminal Sentences: Law Without Order* (1973), pp. 5, 89, 97.
19 Laws Maine 1975, ch. 499, pp. 1275, 1359; Criminal Code, ch. 51, §1251(2).
20 Laws Minn. 1978, ch. 723, p. 761; Lynne Goodstein and John Hepburn, *Determinate Sentencing and Imprisonment: A Failure of Reform* (1985), pp. 76-80.
21 Friedman, *Crime and Punishment,* p. 412.
22 108 Stat. 1796 (act of 1994).
23 See Richard S. Frase, "Sentencing Guidelines in Minnesota, Other States, and the Federal Courts: A Twenty-Year Retrospective," *Fed. Sent. R.* 12:69 (1999).
24 Simon L. Singer, *Recriminalizing Delinquency: Violent Juvenile Crime and Juvenile Justice Reform* (1996), pp. 38-39.
25 387 U.S. 1 (1967).
26 Frederick M. Thrasher, *The Gang: A Study of 1,313 Gangs in Chicago* (2d ed., 1936).
27 Quoted in Singer, *Recriminalizing Delinquency,* p. 47.
28 Ore. Rev. Stats. ch. 419, ch. 349, 352, ch. 422, sec. 58.
29 Nancy Mitford, *Kind and Usual Punishment* (1973), pp. 244-245.
30 309 F. Supp. 362 (E.D. Ark., 1970).
31 On this case and the prisoners' rights movement in general, see Malcolm M. Feeley and Edward L. Rubin, *Judicial Policy Making and the Modern State: How the Courts Reformed America's Prisons* (1998). The *Holt* cases are discussed at pp. 59-73.
32 Bureau of Justice Statistics, *Challenging the Conditions of Prisons and Jails: A Report on Section 1983 Litigation* (1995).
33 Feeley and Rubin, *Judicial Policy Making,* p. 363.
34 On this point, see ibid., pp. 369-375.
35 Donald Clemmer, *The Prison Community* (1940).
36 See Paige Heather Ralph, "Texas Prison Gangs," Ph.D. diss., Sam Houston State University, 1992.
37 David M. Oshinsky, *"Worse Than Slavery": Parchman Farm and the Ordeal of Jim Crow Justice* (1996), p. 153.
38 In Massachusetts's Framingham reformatory for women, accusations of same-sex practices, supposedly condoned by Miriam Van Waters, who ran the institution, led to a sensational attempt to remove Van Waters in the late 1940s—an attempt that ultimately failed. See Estelle B. Freedman, *Maternal Justice,* pp. 274-312.
39 Joseph F. Fishman, *Sex in Prison: Revealing Sex Conditions in American Prisons* (1934), pp. 156-157.

40 James Gilligan, *Violence: Our Deadly Epidemic and Its Causes* (1992), pp. 169, 174.
41 James B. Jacobs, "Prison Violence and Formal Organization," in Albert K. Cohen et al., *Prison Violence* (1976), p. 79.
42 Gilligan, *Violence,* pp. 163-185.
43 Bert Useem and Peter Kimball, *States of Siege: U.S. Prison Riots, 1971-1986* (1989), p. 10.
44 On the history of the death penalty, see Stuart Banner, *Dangling Between Heaven and Earth: A History of Capital Punishment in the United States* (forthcoming).
45 "Capitalizing Capital Punishment in Mississippi," *Literary Digest* 51:338 (1915). I am indebted to Stuart Banner for this reference.
46 The event is described in detail in Perry T. Ryan, *The Last Public Execution in America* (1992).
47 For these figures, and much of the material on methods of execution, see Deborah W. Denno, "Getting to Death: Are Executions Constitutional?" *Iowa L. Rev.* 82:321, 365, and appendixes (1997).
48 Laws Nev. 1921, ch. 246, p. 387.
49 Laws Colo. 1933, ch. 61, p. 420; in Arizona, the legislature proposed the matter as a constitutional amendment and put the question to a referendum, Laws Ariz. 1933, p. 588; the amendment, Ariz. Const. Art. 22, §22, went into effect Oct. 28, 1933.
50 Denno, "Getting to Death," pp. 401, 412-438.
51 Banner, *Dangling Between Heaven and Earth,* chap. 8.
52 Robert M. Bohm, "American Death Penalty Opinion, 1936-1986: A Critical Examination of the Gallup Polls," in Robert M. Bohm, ed., *The Death Penalty in America: Current Research* (1991), pp. 113, 116.
53 408 U.S. 238 (1972). On *Furman* and what followed, see Robert Weisberg, "Deregulating Death," *Supreme Court Review* (1983), p. 305.
54 428 U.S. 153 (1976).
55 For these figures, I have relied on information supplied by the Death Penalty Information Center Home Page, http://www.essential.org/dpic/dpicreg.html (visited Aug. 9, 1999).
56 Friedman, *Crime and Punishment,* p. 320.
57 See William M. Kunstler, *Beyond a Reasonable Doubt? The Original Trial of Caryl Chessman* (1961).
58 Weisberg, "Deregulating Death," pp. 305, 386.
59 U.S. Department of Justice, *Sourcebook of Criminal Justice Statistics,* table 6.76, http://www.albany.edu/sourcebook/1995/pdf/t676.pdf (visited Aug. 6, 1999).
60 The law is 110 Stat. 1214 (act of Apr. 24, 1996).
61 See *American Bar Association Journal* 83:26 (Apr. 1997).
62 See *Albany Times Union,* Aug. 15, 1999; *St. Louis Post-Dispatch,* Aug. 26, 1999.
63 102 Stat. 926 (act of Aug. 11, 1988).
64 Donald Cressey, *Other People's Money* (1953), p. 90.

65 For an assessment, see Stanton Wheeler, David Weisburd, and Nancy Bode, "Sentencing the White-Collar Offender: Rhetoric and Reality," *Am. Sociolog. Rev.* 47:641 (1982).
66 See Kitty Calavita, Henry N. Pontell, and Robert H. Tillman, *Big Money Crime: Fraud and Politics in the Savings and Loan Crisis* (1997).
67 Milken served twenty-two months, and then was released to a halfway house. *New York Times,* Jan. 5, 1993.
68 *New York Times,* July 4, 1988.
69 *New York Times,* Dec. 3, 1998.
70 Calavita, Pontell, and Tillman, *Big Money Crime,* p. 11.
71 Ga. Code 1933, §§26-901, 26-902, 26-904.
72 For an account of this case, see Charles H. Martin, *The Angelo Herndon Case and Southern Justice* (1976); a shorter account is Charles H. Martin, "The Angelo Herndon Case and Southern Justice," in Michal R. Belknap, ed., *American Political Trials* (1981), p. 177.
73 301 U.S. 242 (1937).
74 On this trial, see Leo P. Ribuffo, "*United States v. McWilliams:* The Roosevelt Administration and the Far Right," in Belknap, *American Political Trials,* p. 201.
75 For an account of the trial, see David J. Langum, *William M. Kunstler: The Most Hated Lawyer in America* (1999), pp. 100-128.
76 82 Stat. 73, 75 (act of Apr. 11, 1968).
77 Langum, *Kunstler,* p. 114.
78 David Dellinger, *From Yale to Jail: The Life Story of a Moral Dissenter* (1993), p. 361.
79 Tom Hayden, *Trial* (1970), pp. 34-35.
80 Laws W. Va. 1931, ch. 3, p. 10.
81 Laws N. Mex. 1981, ch. 259.
82 Genl. Laws Vt., 1917, §§7097, 7099, pp. 1209-1210. To be sure, the punishment for these offenses was mild: a fine, and only up to two dollars.
83 Miss. Code, 1927, §1159, p. 898.
84 Page's Ohio Gen. Code 1938, §§13048, 13049.
85 The referendum was held Nov. 7, 1916; see Laws Ore. 1917, ch. 1, p. 13.
86 Genl. Laws Vt., §8568, p. 1607.
87 Code Ala. 1975, §13A-12-1.
88 *State v. K-Mart Corporation,* 482 So. 2d 1270 (Ct. of Crim. Appeals of Ala., 1985).
89 Alfred C. Kinsey et al., *Sexual Behavior in the Human Male* (1948), pp. 230-231. There is a growing literature on Kinsey and his report; see Julia A. Ericksen, *Kiss and Tell: Surveying Sex in the Twentieth Century* (1999), especially pp. 48-61.
90 Kinsey et al., *Sexual Behavior in the Human Male,* p. 392; Alfred C. Kinsey et al., *Sexual Behavior in the Human Female* (1953).
91 Friedman, *Crime and Punishment,* pp. 346-347.
92 Langum, *Kunstler,* pp. 190-194.
93 Friedman, *Crime and Punishment,* p. 343; 92 Stat. 7 (act of Feb. 6, 1978); 100 Stat. 3511 (act of Nov. 7, 1986).

94　Friedman, *Crime and Punishment*, p. 350.
95　*United States v. One Book Called "Ulysses,"* 5 F. Supp. 182 (S.D.N.Y., 1933); this decision was upheld in *United States v. One Book Entitled Ulysses by James Joyce*, 72 Fed. 2d 705 (C.A. 2, 1934).
96　Friedman, *Crime and Punishment*, p. 351.
97　The statute is Pa. Stats. Ann. 1963, tit. 18 §3831.
98　354 U.S. 476 (1957).
99　*A Book Named "John Cleland's Memoirs of a Woman of Pleasure" et al. v. Attorney General of Massachusetts*, 383 U.S. 413, 419, 425-6 (1966).
100　Miss. Code 1972, §97-29-1.
101　*American Booksellers Ass'n v. Hudnut*, 771 Fed. 2d 323 (C.A. 7, 1985).
102　*Central Ave. News, Inc. v. City of Minot*, 631 F. 2d 565 (1981).
103　Posner, J., in *Miller v. Civil City of South Bend*, 904 Fed. 2d 1081, 1091 (7th Cir., 1990). The original case was *Barnes v. Glen Theatre*, 501 U.S. 560 (1991).
104　On the trial of Lenny Bruce, see Martin Garbus, with Stanley Cohen, *Tough Talk* (1998), chap. 2.
105　William N. Eskridge, Jr., "Privacy Jurisprudence and the Apartheid of the Closet, 1946-1961," *Florida St. University L. Rev.* 24:703, 814 (1997).
106　62 Stat. 346, 347 (act of June 9, 1948).
107　Leslie J. Reagan, *When Abortion Was a Crime: Women, Medicine, and Law in the United States, 1867-1973* (1997), pp. 197-199.
108　Ibid., p. 192.
109　651 F. 2d, at 571-2.
110　65 Stat. 767 (act of Nov. 2, 1951).
111　70 Stat. 567 (act of July 18, 1956).
112　79 Stat. 226 (act of July 15, 1965).
113　Quoted in United States Sentencing Commission, *Special Report to the Congress: Cocaine and Federal Sentencing Policy* (Feb. 1995), p. 114.
114　86 Stat. 67, 85 (act of Mar. 21, 1972).
115　100 Stat. 3207 (act of Oct. 27, 1986).
116　Drug Law Enforcement Statistics, http://www.usdoj.gov/dea/lawstats.htm (visited Dec. 15, 1999).
117　For the story of this drug law, see Malcolm M. Feeley, *Court Reform on Trial: Why Simple Solutions Fail* (1983), pp. 118-128.
118　Laws Mich. 1978, p. 975. The same punishment applied to anyone who even possessed that quantity of drugs, if the possession was with the intent to make or deliver and so on.
119　See for example, Col. Rev. Stats. §18-18-426.
120　*State v. Munson* 714 S.W. 2d 585 (Mo., 1986).
121　Eva Bertram et al., *Drug War Politics: The Price of Denial* (1996), p. 98.
122　*Cocaine and Federal Sentencing Policy*. p. 122 and table 12. Crack cocaine is a solid substance, derived from powder cocaine. The powder "is simply dissolved in a solution of sodium bicarbonate and water"; the solution is boiled and what comes out is a

solid, which is cut into "rocks." Ibid., p. 14. See Michael Tonry, *Malign Neglect: Race, Crime, and Punishment in America* (1995), pp. 188-190.

123 Friedman, *Crime and Punishment*, p. 357.
124 Bureau of Justice Statistics Bulletin, *Felony Sentences in the United States, 1996*, pp. 2, 5.
125 *Statistical Abstract of the United States* (1999), p. 323.
126 Laws Tex. 1907, pp. 479, 485; Laws Ore. 1913, ch. 256, p. 497. I am indebted for these references, and for much of the information in the text, to Michael A. Bellesiles and his paper "The Regulation of Firearms, 1865-1939," presented at the annual meeting of the American Society for Legal History, Toronto, Oct. 23, 1999.
127 Laws N.Y. 1905, ch. 92, pp. 129, 130.
128 Laws N.Y. 1911, ch. 195.
129 Laws Mich. 1925, no. 313, p. 473.
130 48 Stat. 1236 (act of June 26, 1934).
131 *U.S. v. Miller*, 307 U.S. 174 (1938).
132 See Michael Bellesiles, *Arming America: The Origins of a National Gun Culture* (2000).
133 107 Stat. 1539 (act of Nov. 30, 1993). Certain temporary aspects of the law were ruled unconstitutional by the Supreme Court in *Printz v. U.S.*, 521 U.S. 898 (1997).
134 See, in general, Thomas Meader, *Crime and Madness: The Origins and Evolution of the Insanity Defense* (1985).
135 *M'Naghten's Case*, 10 Cl. & F. 200, 8 Eng. Rep 718 (1843).
136 214 Fed. 2d 863 (D.C. Cir. 1954).
137 *United States v. Brawner*, 471 F. 2d 969 (D.C. Cir., 1972).
138 Cal. Pen. Code §25(b).
139 On the trial itself, see Richard J. Bonnie, John C. Jeffries, Jr., and Peter W. Low, *A Case Study in the Insanity Defense: The Trial of John W. Hinckley, Jr.* (2d ed., 2000).
140 Idaho: Laws Idaho 1982, ch. 368; Montana: Laws Mont. 1979, ch. 173, p. 1979.
141 Laws Idaho 1972, ch. 336.
142 Utah Crim. Code, §76-2-305. "It is a defense to a prosecution . . . that the defendant, as a result of mental illness, lacked the mental state required as an element of the offense charged." Mental illness is "not otherwise a defense," but might be evidence in mitigation of certain charges.
143 *San Francisco Examiner*, Oct. 22, 1985.
144 James B. Jacobs, *Gotham Unbound: How New York City Was Liberated from the Grip of Organized Crime* (1999), p. 8.
145 Victor S. Navasky, *Kennedy Justice* (1971), p. 49.
146 Jacobs, *Gotham Unbound*, pp. 130-131, 132.
147 See, in general, Ethan A. Nadelmann, *Cops Across Borders: The Internationalization of U.S. Criminal Law Enforcement* (1993).
148 Bulletin, Bureau of Justice Statistics, *Prison and Jail Inmates at Midyear 1998* (Mar. 1999), p. 4.
149 Friedman, *Crime and Punishment*, p. 422.

150 Deborah L. Rhode, *Justice and Gender* (1989), p. 239.
151 Angela Browne, *When Battered Women Kill* (1987), p. 10.
152 89 N.C. App. 384, 366 S.E. 2d 586 (1988).
153 Rhode, *Justice and Gender,* p. 246
154 Harry Kalven, Jr., and Hans Zeisel, *The American Jury* (1966), pp. 250-252.
155 See Mary E. Odem, "Cultural Representations and Social Contexts of Rape in the Early Twentieth Century," in Michael A. Bellesiles, *Lethal Imagination: Violence and Brutality in American History* (1999), p. 353.
156 So, for example, Arkansas: Ark. Rev. Stats. (1984), §16-42-101. The judge can admit this evidence if it is "relevant," and if its "probative value outweighs its inflammatory or prejudicial nature."
157 *People v. McIlwain,* 55 Cal. App. 2d 322, 130 P. 2d 131, 133 (1942).
158 Cal. Penal Code, §261.
159 Cal. Penal Code, §261.6.
160 *State ex rel. M.T.S.,* 129 N.J. 422, 609 A. 2d 1266 (1992).
161 California, for example, basically abolished the exemption by the beginning of the 1980s; see Cal. Penal Code §262.
162 Jeanne C. Marsh. Alison Geist, and Nathan Caplan, *Rape and the Limits of Law Reform* (1982).
163 Quoted ibid., p. 93.

9.
Courts, Trials, and Procedures in the Twentieth Century

1 Roscoe Pound, "The Causes of Popular Dissatisfaction with the Administration of Justice," *Rpts of American Bar Ass'n* 29:395 (1906).
2 William E. Nelson, "Civil Procedure in Twentieth-Century New York," *St. Louis University Law Journal* 41:1157, 1169 (1997).
3 Armistead M. Dobie, *Handbook of Federal Jurisdiction and Procedure* (1928), §148, p. 585.
4 Thomas W. Shelton, quoted in Stephen N. Subrin, "How Equity Conquered Common Law: The Federal Rules of Civil Procedure in Historical Perspective," *U. Penn. Law Rev.* 135:909, 959 (1987). I have drawn on the Subrin article for much of this account of the rise of the Federal Rules.
5 48 Stat. 1064 (act of June 19, 1934).
6 Subrin, "How Equity Conquered Common Law," p. 974.
7 On the history of the class action suit, see Stephen C. Yeazell, *From Medieval Group Litigation to the Modern Class Action* (1987), especially chaps. 8 and 9.
8 Ibid., p. 248.
9 Ibid., p. 249.
10 See Deborah R. Hensler et al., *Class Action Dilemmas: Pursuing Public Goals for Private Gains* (2000), p. 18.

11 See, in general, Robert A. Kagan, Bliss Cartwright, Lawrence M. Friedman, and Stanton Wheeler, "The Business of State Supreme Courts, 1870-1970," *Stanford L. Rev.* 30:121 (1977).
12 Roger D. Groot, "The Effects of an Intermediate Appellate Court on the Supreme Court Work Product: The North Carolina Experience," *Wake Forest L. Rev.* 7:548 (1971).
13 Arthur T. Vanderbilt II, *Changing Law: A Biography of Arthur T. Vanderbilt* (1976), p. 78.
14 On Vanderbilt's career, there is the biography by his son, ibid., and Eugene C. Gerhart, *Arthur T. Vanderbilt: The Compleat Counsellor* (1980).
15 Robert A. Kagan, *Adversarial Legalism: The American Way of Law* (forthcoming 2001).
16 28 U.S.C.A. §1332.
17 On this point, and generally on federal jurisdiction, see Edward Purcell, *Litigation and Inequality: Federal Diversity Jurisdiction in Industrial America, 1870-1958* (1992), especially chaps. 4, 5, and 6, on the "battle for forum control."
18 16 Pet. 1 (1842).
19 On this doctrine, and its demise, see Tony Freyer, *Harmony and Dissonance: The Swift and Erie Cases in American Federalism* (1981).
20 276 U.S. 518 (1928).
21 304 U.S. 64 (1938); the account of the case in Freyer, *Harmony and Dissonance,* is the source for the description of the facts of the case.
22 Edward A. Purcell, Jr., *Brandeis and the Progressive Constitution: Erie, the Judicial Power, and the Politics of the Federal Courts in Twentieth-Century America* (2000).
23 Administrative Office of the United States Courts, *Federal Judicial Workload Statistics* (1980), p. 29.
24 Administrative Office of the United States Courts, *Federal Judicial Caseload Statistics* (1999), p. 48.
25 Donald R. Songer, Reginald S. Sheehan, and Susan B. Haire, *Continuity and Change on the United States Courts of Appeals* (2000), p. 54.
26 Edson R. Sunderland, "The Inefficiency of the Jury," *Mich. L. Rev.* 13:302, 311 (1915).
27 See Randolph Bergstrom, *Courting Danger: Injury and Law in New York City, 1870-1910* (1992), p. 131.
28 Charles E. Clark and Harry Shulman, *A Study of Law Administration in Connecticut* (1937), p. 213.
29 Ibid., p. 28.
30 Ann. Rpt., Adm've Office of the Courts, No. Car., 1994-1995, p. 66; 1993 Ann. Rpt, Judicial Council of California, vol. 2 (Judicial Statistics), p. 56.
31 Ky. Stats. 1903, §2253.
32 Maine Stats. 1903, p. 860, ch. 180.
33 Conn. Stats. 1918, §5681.
34 Parker's *New York Code of Civil Procedure* (1904), §1079, p. 297. The juror had to be

under seventy years of age as well, and neither infirm nor "decrepit." And he had to know the English language.
35 *People v. M'Laughlin*, 2 App. Div. 419, 39 N.Y. Supp. 1005 (1896).
36 Ala. Code, 1923, §§8600, 8603.
37 *Fay v. New York*, 332 U.S. 261 (1947).
38 Ill. Rev. Stats. 1921, ch. 78 §4; Code No. Car. 1939 §2329, p. 1005; Va. Rev. Stats. 1919 §5985.
39 Iowa Code Ann. 607A5.
40 John Henry Wigmore, *A Treatise on the Anglo-American System of Evidence in Trials at Common Law* (vol. 1, 2d ed., 1923), p. 125.
41 Ibid., pp. 151-152.
42 John Henry Merryman, *The Civil Law Tradition* (2d ed., 1985), p. 114.
43 *Funk v. U.S.*, 290 U.S. 371 (1933).
44 *In re Contempt of Emil Swenson*, 183 Minn. 602, 237 N.W. 589 (1931). The precise legal question turned on the meaning of a statute which gave the privilege to a religious "confession"; the claim was that this referred only to the Catholic confessional. The court read the statute more broadly. Meanwhile, Minnesota broadened the statute to apply to clergymen of "any religion" and to "any communication . . . by any person seeking religious or spiritual advice, aid or comfort." Laws Minn. 1931, ch. 206, p. 343.
45 *Frye v. United States*, 293 Fed. 1013 (C.A. D.C., 1923).
46 Sheila Jasanoff, *Science at the Bar: Law, Science, and Technology in America* (1995), pp. 52-53.
47 509 U.S. 579 (1993).
48 Karl Llewellyn, *The Common Law Tradition: Deciding Appeals* (1960), pp. 36, 51, 140-141.
49 Saul Brenner and Harold J. Spaeth, *Stare Indecisis: The Alteration of Precedent on the Supreme Court, 1946-1992* (1995), p. 23.
50 Lawrence M. Friedman et al., "State Supreme Courts: A Century of Style and Citation," *Stanford L. Rev.* 33:773, 787, 790, 811-812 (1981).
51 John Henry Merryman, "Toward a Theory of Citations: An Empirical Study of the Citation Practice of the California Supreme Court in 1950, 1960, and 1970," *So. Cal. L. Rev.* 50:381, 405-407 (1977).
52 Henry R. Glick, *Supreme Courts in State Politics: An Investigation of the Judicial Role* (1971).
53 See, for example, J. Gillis Wetter, *The Styles of Appellate Judicial Opinions: A Case Study in Comparative Law* (1960).
54 I am indebted for these figures to the research of Iddo Porat.
55 There is a huge literature on Cardozo. See, in particular, Richard Polenberg, *The World of Benjamin Cardozo: Personal Values and the Judicial Process* (1997).
56 Gerald Gunther, *Learned Hand: The Man and the Judge* (1994).
57 On the work of Posner as a judge, see William Domnarski, *In the Opinion of the Court* (1996), chap. 6.

58 Gunther, *Learned Hand*, pp. 502-513; *United States v. Manton*, 107 Fed. 2d 834 (C.A. 2, 1938).
59 There is a huge literature on Warren; see especially G. Edward White, *Earl Warren: A Public Life* (1982).
60 There are many collections of Holmes's writings, and of his voluminous correspondence. On his life and career, see, in particular, G. Edward White, *Justice Oliver Wendell Holmes: Law and the Inner Self* (1993).
61 On this study, see Herbert M. Kritzer, "Studying Disputes: Learning from the CLRP Experience," *Law and Society Review* 15:503 (1980-1981); Richard E. Miller and Austin Sarat, "Grievances, Claims, and Disputes: Assessing the Adversary Culture," ibid. at 525; William L. F. Felstiner, Richard L. Abel, and Austin Sarat, "The Emergence and Transformation of Disputes: Naming, Blaming, Claiming . . .," ibid. at 631.
62 Curtis J. Berger and Patrick J. Rohan, "The Nassau County Study: An Empirical Look into the Practices of Condemnation," *Col. L. Rev.* 67:430, 440 (1967).
63 H. Laurence Ross, *Settled Out of Court: The Social Process of Insurance Claims Adjustments* (1970).
64 On the role of the conference, see Jerold Auerbach, *Justice Without Law? Resolving Disputes Without Lawyers* (1983), p. 123.
65 104 Stat. 5090 (act of Dec. 1, 1990).
66 104 Stat. 2736 (act of Nov. 15, 1990).
67 See, for example, Utah Laws 1994, ch. 228.
68 On this procedure, see Linda R. Singer, *Settling Disputes: Conflict Resolution in Business, Families, and the Legal System* (2d ed., 1994), pp. 57-58. The Singer book is a source of information, in general, on ADR.

10.
Race Relations and Civil Rights

1 Ed Cray, *Chief Justice: A Biography of Earl Warren* (1997), p. 121.
2 *Korematsu v. United States*, 323 U.S. 214 (1944); on the Japanese internment cases, see Peter Irons, *Justice at War* (1983).
3 Civil Rights Act of 1988, 102 Stat. 903 (act of Aug. 10, 1988). If the internee was dead, the spouse or children could claim the money.
4 Harry N. Scheiber and Jane L. Scheiber, "Bayonets in Paradise: A Half-Century Retrospect on Martial Law in Hawai'i, 1941-1946," *U. Hawai'i Law Review* 19:477, 483-484, 515 (1997).
5 327 U.S. 303 (1946).
6 310 U.S. 586 (1940). This case, and the whole issue of the persecution of the Witnesses, is treated in David R. Manwaring, *Render unto Caesar: The Flag-Salute Controversy* (1962), and in Shawn Francis Peters, *Judging Jehovah's Witnesses: Religious Persecution and the Dawn of the Rights Revolution* (2000).
7 Peters, *Judging Jehovah's Witnesses*, p. 95.

8 Ibid., p. 277.
9 391 U.S. 624 (1943).
10 Gunnar Myrdal, with the Assistance of Richard Sterner and Arnold Rose, *An American Dilemma: The Negro Problem and Modern Democracy* (1942).
11 Myrdal, *American Dilemma* (1962 ed.), p. 1021.
12 Ibid., pp. 483, 485, 540-541.
13 On this theme, see Mary L. Dudziak, *Cold War Civil Rights: Race and the Image of American Democracy* (2000), quotations from pp. 99, 100.
14 334 U.S. 1 (1948).
15 David Delaney, *Race, Place, and the Law, 1836-1948* (1998), p. 151.
16 On the Sipuel affair, see Melvin I. Urofsky, *Division and Discord: The Supreme Court Under Stone and Vinson, 1941-1953* (1997), pp. 250-253. Ultimately, Sipuel was admitted to the University of Oklahoma Law School, graduated from it, and in 1992 became a regent of the University of Oklahoma; ibid., p. 250n.
17 339 U.S. 637 (1950).
18 Urofsky, *Division and Discord*, pp. 253-254.
19 339 U.S. 629 (1950).
20 Urofsky, *Division and Discord*, p. 254.
21 345 U.S. 483 (1954). There is, of course, an enormous literature on this case. See Richard Kluger, *Simple Justice* (1975); Austin Sarat, ed., *Race, Law, and Culture: Reflections on Brown v. Board of Education* (1997).
22 William H. Harbaugh, *Lawyer's Lawyer: The Life of John W. Davis* (1973), p. 515.
23 He had also been instrumental in ensuring that Eisenhower won the nomination. Warren was the "favorite son" candidate of California's delegation. He had no hope of winning the nomination, but the California vote did prevent Robert A. Taft from becoming the choice of the Republican Party. See Ed Cray, *Chief Justice: A Biography of Earl Warren* (1997), pp. 241-245.
24 Kluger, *Simple Justice*, p. 702.
25 In an important companion case, *Bolling v. Sharpe*, 347 U.S. 497 (1954), decided the same day as *Brown*, the court struck down school segregation in the District of Columbia. The Fourteenth Amendment applied only to the states, not to the federal government; but it was "unthinkable" that the federal government should legally be able to continue to segregate its schools. The Court then pumped enough fresh meaning into the Fifth Amendment (the original due-process clause), which of course did apply to the federal government, to justify outlawing segregation.
26 *Brown v. Board of Education of Topeka*, 349 U.S. 294 (1955).
27 Michal R. Belknap, *Federal Law and Southern Order: Racial Violence and Constitutional Conflict in the Post-Brown South* (1987), p. 29.
28 Jack Bass, *Unlikely Heroes* (1981).
29 Steven J. Whitfield, *Death in the Delta: The Story of Emmett Till* (1988), p. 14.
30 Wyn Craig Wade, *The Fiery Cross: The Ku Klux Klan in America* (1987), p. 303.
31 Ibid., pp. 299, 300.

32 Kevin Sack, "Mississippi Reveals Dark Secrets of a Racist Time," *New York Times,* March 18, 1998; Kevin Sack, "The Nation: Pride and Prejudice; the South's History Rises, Again and Again," *New York Times,* March 22, 1998.
33 For an account of these judges, see Bass, *Unlikely Heroes.*
34 Belknap, *Federal Law and Southern Order,* pp. 44–52.
35 *Cooper v. Aaron,* 358 U.S. 1 (1958).
36 Gerald N. Rosenberg, *The Hollow Hope: Can Courts Bring About Social Change?* (1991), p. 52.
37 See the discussion in Michael J. Klarman, "How *Brown* Changed Race Relations: The Backlash Thesis," *J. American History* 81:81 (1994).
38 See Bruce Nelson, "Organized Labor and the Struggle for Black Equality in Mobile During World War II," *J. American History* 80:952 (1993).
39 Klarman, "How *Brown* Changed Race Relations," pp. 116, 118.
40 *Dawson v. Mayor and City Council of Baltimore City,* 220 Fed. 2d 386 (C.A. 4, 1955); *Mayor and City Council of Baltimore City v. Dawson,* 350 U.S. 877 (1955).
41 Herbert Wechsler, "Toward Neutral Principles of Constitutional Law," *Harv. L. Rev.* 73:1, 22–23 (1959).
42 388 U.S. 1 (1967). See Peggy Pascoe, "Miscegenation Law, Court Cases, and Ideologies of 'Race' in Twentieth-Century America," *J. Am. Hist.* 83:44 (1996).
43 377 U.S. 218 (1964).
44 Benjamin Muse, *Virginia's Massive Resistance* (1961).
45 402 U.S. 1 (1970).
46 See J. Anthony Lukas, *Common Ground: A Turbulent Decade in the Lives of Three American Families* (1985).
47 *Keyes v. School District No. 1, Denver, Colorado,* 413 U.S. 189 (1973).
48 *Milliken v. Bradley,* 418 U.S. 717 (1974); see the discussion in J. Harvie Wilkinson III, *From Brown to Bakke: The Supreme Court and School Integration, 1954–1978* (1979), pp. 216–249.
49 See the material in Robert D. Loevy, ed., *The Civil Rights Act of 1964* (1997).
50 78 Stat. 241 (act of July 2, 1964).
51 109 U.S. 3 (1883).
52 The cases: *Heart of Atlanta Motel v. United States,* 379 U.S. 241 (1964) (motel which served many interstate travelers); *Katzenbach v. McClung,* 379 U.S. 294 (1964) (Ollie's Barbecue).
53 *First Annual Report, Equal Employment Opportunity Commission* (1966), pp. 5, 58–59.
54 U.S. Equal Employment Opportunity Commission, http://www.eeoc.gov/stats/race.html (visited July 11, 2000).
55 401 U.S. 424 (1971).
56 71 Stat. 634, 637 (act of Sept. 9, 1957).
57 79 Stat. 437 (act of Aug. 6, 1965).
58 *United States Code and Administrative News,* 94th Cong., 1st Sess. (vol. 2, 1975), pp. 774, 778.

59 Kathryn Healy Hester, "Mississippi and the Voting Rights Act, 1965-1982," *Mississippi Law Journal* 52:803 (1982).
60 The Voting Rights Act had a time limit, but it was extended in 1982, 96 Stat. 131 (act of June 29, 1982).
61 392 U.S. 409 (1968).
62 42 U.S.C. §1982.
63 *Jones v. Mayer Co.,* at 443. Two justices dissented.
64 82 Stat. 73, 81 (act of Apr. 11, 1968).
65 For these figures, see *Historical Statistics of the United States,* vol. 1, pp. 129, 131.
66 Laws N.Y. 1912, p. 660, ch. 331.
67 Pa. Stats. 1920, §§13542-13551, pp. 1331-1332; §13580, p. 1334.
68 Pa. Stats. 1920, §11925, p. 1166.
69 Conn. Stats. 1949, §§4243, 4244, 4246, pp. 1580-1581.
70 Mich. Comp. Laws. 1929, §8340.
71 Pa. Stats. 1920, §21432, p. 2081.
72 77 Stat. 56 (act of June 10, 1963).
73 *Hoyt v. Florida,* 368 U.S. 57 (1961).
74 404 U.S. 71 (1971).
75 421 U.S. 7 (1975).
76 411 U.S. 677 (1973).
77 *Craig v. Boren,* 429 U.S. 190 (1976).
78 414 U.S. 632 (1974).
79 In *La Fleur,* the Court cited a line of cases which cast constitutional doubt on the use of "irrebuttable presumptions." But the Supreme Court, in *Weinberger v. Salfi,* 422 U.S. 749 (1975), rejected this particular doctrine of *La Fleur.*
80 417 U.S. 484 (1974).
81 92 Stat. 2076 (act of Oct. 31, 1978).
82 450 U.S. 464 (1981).
83 Cal. Pen. Code §261.5.
84 453 U.S. 57 (1981).
85 433 U.S. 321 (1977). The Court did find, however, that the male prisons were "jungles," full of sex offenders and the like, and the Court bought the argument that using women as guards would "pose a substantial security problem."
86 Information from website: eeoc.gov/stats/enforcement.html (visited July 12, 2000).
87 *Diaz v. Pan American World Airways, Inc.,* 311 F. Supp. 559 (D.C. S.D. Fla, 1970).
88 *Diaz v. Pan American World Airways,* 442 Fed. 2d 385 (C.A. 5, 1971).
89 Deborah L. Rhode, *Justice and Gender: Sex Discrimination and the Law* (1989), p. 94; the case is *Wilson v. Southwest Airlines,* 517 Fed. Supp. 292 (D.C. N.D. Texas, 1989).
90 *Mississippi University for Women v. Hogan,* 458 U.S. 718 (1982).
91 Rhode, *Justice and Gender,* p. 231.
92 Catharine MacKinnon, *Sexual Harassment of Working Women* (1979).
93 *Meritor Savings Bank v. Vinson,* 477 U.S. 57 (1986).

94 See Deborah L. Rhode, *Speaking of Sex: The Denial of Gender Equality* (1997), pp. 96-107.
95 EEOC website: eeoc.gov/stats/harass.html (visited July 12, 2000).
96 *Suttles v. Hollywood Turf Club*, 114 P. 2d 27 (1941).
97 Paul D. Moreno, *From Direct Action to Affirmative Action: Fair Employment Law and Policy in America, 1933-1972* (1997), p. 107.
98 Alfred W. Blumrosen, "Antidiscrimination Laws in Action in New Jersey: A Law-Sociology Study," *Rutgers Law Review* 19: 189, 216 (1965).
99 Laws No. Car. 1977, ch. 726.
100 Laws So. Car. 1989, ch. 72.
101 369 U.S. 186 (1962).
102 328 U.S. 549 (1946).
103 *Reynolds v. Sims*, 377 U.S. 533 (1964).
104 Lucas A. Powe, Jr., *The Warren Court and American Politics* (2000), pp. 239-255.
105 Pa. Laws 1920 (1928 Cum. Supp.), §§11563c-902, 11568a-240, pp. 490, 504.
106 432 U.S. 1 (1977).
107 *Sugarman v. Dougall*, 413 U.S. 634 (1973); *In re Griffiths*, 413 U.S. 717 (1973), respectively.
108 *Bernal v. Fainter*, 467 U.S. 216 (1984).
109 Rehnquist, dissenting in *Sugarman v. Dougall*, at 654.
110 *Cabell v. Chavez-Salido*, 435 U.S. 291 (1978).
111 393 U.S. 503 (1969). See John W. Johnson, *The Struggle for Student Rights: Tinker v. Des Moines and the 1960s* (1997).
112 *Valentine v. Independent School District of Casey*, 183 N.W. 434 (Iowa, 1921).
113 This portion of the text relies on Lawrence M. Friedman, "Limited Monarchy: The Rise and Fall of Student Rights," in David L. Kirp and Donald N. Jensen, eds., *School Days, Rule Days: The Legalization and Regulation of Education* (1986), p. 238.
114 *Stephenson v. Wheeler County Board of Education*, 306 F. Supp. 97 (DCSD Ga., 1969); aff'd, 426 F. 2d 1154, cert. den. 400 U.S. 957 (1970).
115 The Oklahoma case is *Eaton v. City of Tulsa*, 415 U.S. 697 (1974); the seat of the pants case is *Smith v. Goguen*, 415 U.S. 566 (1974). The jacket case is *Cohen v. California*, 403 U.S. 15 (1971). Paul Robert Cohen, the defendant, was charged with violating a section of the California Penal Code which prohibited disturbing the peace or quiet "of any neighborhood . . . by . . . offensive conduct," if done "maliciously and willfully." The canned music case is *Public Utilities Commission v. Pollak*, 343 U.S. 451 (1952).
116 430 U.S. 705 (1977).
117 304 U.S. 144 (1938).
118 It had always been standard practice to give a hobo (for example) a choice: pay a small fine, or work it off in jail at so many dollars a day. The Court has not stopped this practice. But it has set limits. In *Williams v. Illinois*, 399 U.S. 235 (1970), Williams was convicted of petty theft. He got the maximum penalty: a year in jail, and $500 fine. If he failed to pay up, he would get extra time in jail. This, the Court said, went too far,

because it meant that Williams would spend more than the statutory maximum in jail simply because he was too poor to pay off his fine.
119 401 U.S. 371 (1971).
120 *United States v. Kras,* 409 U.S. 434 (1973).
121 *Ortwein v. Schwab,* 410 U.S. 656 (1973).
122 The definitive work on the evolution of military justice is Jonathan Lurie, *Arming Military Justice,* vol. 1, *The Origins of the United States Court of Military Appeals, 1775–1950* (1992).
123 The story is told in Jonathan Lurie, *Pursuing Military Justice,* vol. 2, *The History of the United States Court of Appeals for the Armed Forces, 1951–1980* (1998).
124 John R. Wunder, *"Retained by the People": A History of American Indians and the Bill of Rights* (1994), pp. 62–63.
125 Quoted ibid., p. 65.
126 48 Stat. 984 (act of June 18, 1934).
127 25 CFR (1937), §§161.38 ff.
128 Felix Cohen, *Handbook of American Indian Law* (1942), p. 149.
129 Quoted in Robert J. McCarthy, "Civil Rights in Tribal Courts: The Indian Bill of Rights at Thirty Years," *Idaho Law Review* 34:466, 485 (1998).
130 67 Stat. 588 (act of Aug. 15, 1953).
131 Cohen, *Handbook* (1982 ed.), pp. 170–180.
132 Sharon O'Brien, *American Indian Tribal Governments* (1989), p. 242.
133 For an account of the trial, see John William Sayer, *Ghost Dancing the Law: The Wounded Knee Trials* (1997), from which much of the material in the text is taken.
134 88 Stat. 2203 (act of Jan. 4, 1975).
135 92 Stat. 469 (act of Aug. 11, 1978).
136 See, for example, *In the Matter of the Estate of Boyd Apachee, Navajo Reports* 4:178 (1983).
137 McCarthy, "Civil Rights"; the statute is 82 Stat. 73, 77 (act of Apr. 11, 1968).
138 Charles Wollenberg, *All Deliberate Speed: Segregation and Exclusion in California Schools, 1855–1975* (1976), p. 111.
139 *Lopez v. Seccombe,* 71 F. Supp. 769 (D.C. S.D., Cal., 1944).
140 See, on the Orange County case and its background, Christopher Arriola, "Knocking on the Schoolhouse Door: *Mendez v. Westminster:* Equal Protection, Public Education and Mexican Americans in the 1940's," *La Raza Law Journal* 8:166 (1995).
141 *Westminister School District of Orange County v. Mendez,* 161 Fed. 2d. 774 (C.A. 9, 1947).
142 *Mendez v. Westminister School District of Orange County,* 65 F. Supp. 544 (D.C. S.D. Cal., 1946).
143 Wollenberg, *All Deliberate Speed,* p. 132.
144 Joyce Kuo, "Excluded, Segregated, and Forgotten: A Historical View of the Discrimination of Chinese Americans in Public Schools," *Asian Law Journal* 5:181, 210 (1998).
145 *San Francisco Chronicle,* October 2, 1989; Apr. 9, 1993.

146 481 U.S. 604 (1987). The precise question was whether the plaintiff could invoke 42 U.S. C. §1981, an old post-Civil War statute, which gave all citizens a bundle of the same rights as are "enjoyed by white persons." The argument of the college was that the statute outlawed race discrimination; and what Al-Khazraji complained about, whatever it was, was not race discrimination.
147 *Shaare Tefila Congregation v. Cobb*, 481 U.S. 615 (1987).
148 On the background of the age discrimination laws, see Lawrence M. Friedman, *Your Time Will Come: The Law of Age Discrimination and Mandatory Retirement* (1984).
149 79 Stat. 218 (act of July 14, 1965).
150 81 Stat. 602 (act of Dec. 15, 1967).
151 College and university teachers had to wait seven more years, but they too are now covered—including the author of this book.
152 U.S. Equal Employment Opportunity Commission, eeoc.gov/stats/adea/html (site visited July 17, 2000).
153 104 Stat. 327 (act of July 26, 1990).
154 Robert E. Rains, "A Pre-History of the Americans with Disabilities Act and Some Initial Thoughts as to Its Constitutional Implications," *St. Louis U. Pub. L. Rev.* 11:85 (1992).
155 29 Code of Federal Regulations, §1630.2(i) (1998).
156 104 Stat. 327, at 376.
157 U.S. Equal Employment Opportunity Commission, eeoc.gov/stats/ada-charges.html (site visited July 17, 2000).
158 316 U.S. 535 (1942).
159 Stone wrote a concurrence; the idea that criminality is inherited, he said, had a weak basis in science, and it was a denial of due process to sterilize Skinner without any attempt to find out whether his form of criminality passed on through the genes.
160 381 U.S. 479 (1965). On the background of this case, see Mary L. Dudziak, "Just Say No: Birth Control in the Connecticut Supreme Court Before *Griswold v. Connecticut*," *Iowa L. Rev.* 75:915 (1990).
161 David J. Garrow, *Liberty and Sexuality: The Right to Privacy and the Making of Roe v. Wade* (1994), pp. 42-43.
162 Ibid., p. 128.
163 *Poe v. Ullman*, 367 U.S. 497 (1961).
164 410 U.S. 113 (1973).
165 See David J. Garrow, *Liberty and Sexuality*, for a general account of the background of this case; also Leslie J. Reagan, *When Abortion Was a Crime: Women, Medicine, and Law in the United States, 1867-1973* (1997).
166 Garrow, *Liberty and Sexuality*, pp. 285-289.
167 *Harris v. McRae*, 448 U.S. 297 (1980).
168 Reprinted in Ellen Schrecker, *The Age of McCarthyism: A Brief History with Documents* (1994), p. 213.

169 David Caute, *The Great Fear: the Anti-Communism Purge under Truman and Eisenhower* (1978), pp. 70, 75-76, 81.
170 See Samuel Walker, *In Defense of American Liberties: A History of the ACLU* (1990), pp. 173-214.
171 On the trial and the *Dennis* case, see Ellen Schrecker, *Many Are the Crimes: McCarthyism in America* (1998), pp. 190-200.
172 Ibid., p. 198.
173 341 U.S. 494 (1951).
174 *Garner v. Board of Public Works of Los Angeles*, 341 U.S. 716 (1951).
175 Caute, *The Great Fear*, p. 445.
176 *Rosenberg v. U.S.*, 344 U.S. 838 (1952); Justice Black dissented.
177 The New York case is *United States v. Coplon*, 185 Fed. 2d 629 (C.A. 2, 1950); the Washington case is *Coplon v. United States*, 191 Fed. 2d 749 (D.C. Circuit, 1951); cert. den. 342 U.S. 926 (1952).
178 See Sam Tanenhaus, *Whittaker Chambers: A Biography* (1997).
179 For an overview, see Lucas Powe, *Warren Court and American Politics*, pp. 75-103, 135-156.
180 On the events of this day, see Arthur J. Sabin, *In Calmer Times: The Supreme Court and Red Monday* (1999).
181 354 U.S. 298 (1957).
182 367 U.S. 1 (1961), at 96.
183 382 U.S. 70 (1965).
184 384 U.S. 11 (1966).
185 Quoted in Schrecker, *Age of McCarthyism*, pp. 211, 214.
186 376 U.S. 254 (1964).
187 283 U.S. 697 (1931).
188 *Brewer v. Memphis Publishing Co.*, 626 Fed. 2d 1238 (C.A. 5, 1980).
189 62 Stat. 1009 (act of June 25, 1948).
190 64 Stat. 987 (act of Sept. 23, 1950).
191 66 Stat. 163 (act of June 27, 1952).
192 79 Stat. 911 (act of Oct. 3, 1965).
193 94 Stat. 102 (act of Mar. 17, 1980).
194 Elliott Robert Barkan, *And Still They Come: Immigrants and American Society, 1920 to the 1990s* (1996), p. 179.
195 On this theme, see Lawrence M. Friedman, *The Horizontal Society* (1999).
196 G. Alan Tarr, *Understanding State Constitutions* (1998), p. 21.
197 Ibid., p. 136-137.
198 See Elmer E. Cornwell, Jr., Jay S. Goodman, and Wayne R. Swanson, *State Constitutional Conventions: The Politics of the Revision Process in Seven States* (1975).
199 Ibid., p. 5.
200 Tarr, *Understanding State Constitutions*, pp. 151-152.

201 William E. Nelson, "The Changing Meaning of Equality in Twentieth-Century Constitutional Law," *Washington & Lee Law Rev.* 52:3 (1995).
202 *People v. Wise*, 281 N.Y.S. 2d 539 (Crim. Ct. N.Y. County, 1967); see Nelson, "The Changing Meaning," pp. 82-83.
203 Cynthia L. Fountaine, "Article III and the Adequate and Independent State Grounds Doctrine," *Am. U. L. Rev.* 48:1053 (1999).
204 Tarr, *Understanding State Constitutions,* p. 168.
205 447 U.S. 74 (1980).

11.
The Liability Explosion

1 On this, see Lawrence M. Friedman, *A History of American Law* (2d ed., 1985), part 3, chap. 6.
2 77 N.H. 33 (1913).
3 Randolph E. Bergstrom, *Courting Danger: Injury and Law in New York City, 1870-1910* (1992), pp. 159, 163.
4 Lawrence M. Friedman and Thomas D. Russell, "More Civil Wrongs: Personal Injury Litigation, 1901-1910," *American J. of Legal History* 34:295, 308 (1990).
5 Arthur F. McEvoy, "The Triangle Shirtwaist Factory Fire of 1911: Social Change, Industrial Accidents, and the Evolution of Common-Sense Causality," *Law and Social Inquiry* 20:621 (1995); Marc Galanter, "The Transnational Traffic in Legal Remedies," in Sheila Jasanoff, ed., *Learning from Disaster: Risk Management After Bhopal* (1994), pp. 133, 140.
6 Galanter, "The Transnational Traffic," p. 141.
7 William Graebner, *Coal-Mining Safety in the Progressive Period: The Politics of Reform* (1976), p. 113.
8 Laws N.Y. 1902, vol. 2, ch. 600, p. 1748.
9 35 Stat. ch. 149, p. 65 (act of Apr. 22, 1908). Under the common-law rule, any "contributory negligence," however slight, cost a plaintiff his rights. FELA also provided that the employer could not wriggle out of the act by making employees sign a waiver. Any such contract was "void." Ibid., §21, p. 66.
10 Second Employers' Liability Cases, 223 U.S. 1 (1912).
11 41 Stat. 988, ch. 33, at 1007 (act of June 5, 1920).
12 On the rise of workers' compensation, see Lawrence M. Friedman and Jack Ladinsky, "Social Change and the Law of Industrial Accidents," *Columbia L. Rev.* 67:50 (1967).
13 *Ives v. South Buffalo Railway Co.*, 201 N.Y. 271, 94 N.E. 431 (1911).
14 *New York Central Rr. Co. v. White*, 243 U.S. 188 (1917).
15 Laws Miss. 1948, ch. 354, p. 507.
16 *Report to the Legislature of the State of Ohio of the Commission Appointed under Senate Bill No. 250 of the Laws of 1910,* part 1 (1911), p. lvi.

17 Crystal Eastman, *Work-Accidents and the Law* (1910), pp. 121-122.
18 Ibid., pp. 12, 13.
19 Price V. Fishback and Shawn Everett Kanton, "The Adoption of Workers' Compensation in the United States, 1900-1930," *J. of Law and Economics* 41:305, 316-317 (1998).
20 Ibid., pp. 337, 317. For the attitude about jury behavior see the letter to the Employees' Liability Commission of Ohio, in 1910, from the treasurer of the La Belle Iron Works. Quoted ibid., p. 339.
21 Laws Conn. 1913, ch. 138 is the general law; the sections quoted are from part B, §1.
22 Ibid., part B, §§9, 12. There were separate death-benefit provisions if the worker was survived only by family members who were "partially dependent"; and if someone died without any dependents, $750 was to go to the state treasury as a fund to help pay for the "lawful expenses of the commissioners."
23 So. Dak. Rev. Stats. 1929, §9443; Gen. Stats. Minn. 1913, §8202; "domestic servants" were excluded as well in both states.
24 Galanter, "The Transnational Traffic," p. 135.
25 217 N.Y. 382, 111 N.E. 1050 (1916).
26 Andrew L. Kaufman, *Cardozo* (1998), pp. 269-275; William L. Prosser, *Handbook of the Law of Torts* (1941), p. 678.
27 24 Cal. 2d 453, 105 P. 2d 436 (1944).
28 65 F. Supp. 138 (D.D.C. 1946).
29 *Leal v. C. C. Pitts Sand and Gravel, Inc.*, 419 S.W. 2d 820, 822 (Tex. S. Ct., 1967).
30 32 N.J. 358, 161 Atl. 2d 69 (1960).
31 *Christy Bros. Circus v. Turnage*, 38 Ga. App. 381, 144 S.E. 680 (1928).
32 128 Conn. 231, 21 A. 2d 402 (1941).
33 *Gable v. Salvation Army*, 186 Okla. 687, 100 P. 2d 244 (1940).
34 *Bing v. Thunig*, 2 N.Y. 2d 656, 143 N.E. 2d 3 (1957).
35 William Prosser, *The Law of Torts* (3d ed. 1964), pp. 1023-1024.
36 35 Stat. 65, 66 (act of Apr. 22, 1908).
37 41 Stat. 1007 (act of June 5, 1920).
38 248 N.Y. 339, 162 N.E. 99 (1928). On the background of the case, see John Noonan, *Persons and Masks in the Law* (1976), chap. 4.
39 Samuel B. Horovitz, "Assaults and Horseplay Under Workmen's Compensation Laws," 41 *Ill. L. Rev.* 311 (1946).
40 *Karlslyst v. Industrial Commission*, 243 Wis. 612, 11 N.W. 2d 179 (1943).
41 *Young v. Melrose Granite Company*, 152 Minn. 512, 189 N.W. 426 (1922).
42 *Beaver v. Morrison-Knudsen Co.*, 55 Ida. 275, 41 P. 2d 275 (1934).
43 Laws Ill. 1911, p. 330. The statute covered occupational diseases in general, and it also had specific provisions for employees who use lead, paris green, and similar substances—which were "especially dangerous to the health" of the workers. The law gave a private cause of action for damages, and was struck down in 1935, in *Boshuizen v.*

Thompson & Taylor Co., 360 Ill. 160, 195 N.E. 625 (1935). Gertrude Boshuizen was a worker in a spice, coffee, and tea import and packing company, and the complaint was about pepper and other "irritating and injurious dusts."

44 Okla. Comp. Stats. 1926, §§7283, 7284, pp. 662–663.
45 Laws N.Y. 1920, ch. 538, at 1366–1371.
46 See, for their story, Claudia Clark, *Radium Girls: Women and Industrial Health Reform, 1910–1935* (1997).
47 Laws N.J. 1949, ch. 29, p. 102.
48 La. Laws 1975, act. no. 583, pp. 1226, 1228.
49 The cases are *Ellis v. American Hawaiian S.S. Co.*, 165 Fed. 2d 999 (C.A. 9, 1948); and *Koistinen v. American Export Lines*, 83 N.Y. Supp. 2d 297 (City Ct. of N.Y., 1948); see also *Aguilar v. Standard Oil Co. of New York*, 318 U.S. 724 (1943).
50 Federal Security Agency, Vital Statistics—Special Reports, vol. 36, no. 19, *Accident Fatalities in the United States, 1949* (1952), pp. 366, 370.
51 Jonathan Simon, "Driving Governmentality: Automobile Accidents, Insurance, and the Challenge to the Social Order in the Inter-War Years, 1919 to 1941," *Connecticut Insurance L. J.* 4:521, 541 (1998).
52 *Report by the Committee to Study Compensation for Automobile Accidents to the Columbia University Council for Research in the Social Sciences* (1932), pp. 20, 56.
53 Laws Mass. 1925, ch. 346, p. 426.
54 Laws Conn. 1925, ch. 183.
55 Contrast Emma Corstvet, "The Uncompensated Accident and its Consequences," *Law and Contemporary Problems* 3:466 (1936), and Robert Monaghan, "The Liability Claim Racket," ibid., 491.
56 Richard M. Nixon, "Changing Rules of Liability in Automobile Accident Litigation," ibid., at 476, 490.
57 H. Laurence Ross, *Settled Out of Court: The Social Process of Insurance Claims Adjustment* (1970), p. 255.
58 The case is *Salgo v. Leland Stanford Jr. University Bd. of Trustees*, 317 P. 2d 170 (Cal. App., 1957).
59 Bergstrom, *Courting Danger*, p. 20.
60 Michael G. Shanley and Mark A. Peterson, *Comparative Justice: Civil Jury Verdicts in San Francisco and Cook Counties, 1959–1980* (1983), pp. 7, 11, 31.
61 Ibid., table, p. 31; *Salgo*, at 578.
62 *Borel v. Fibreboard Paper Products Corp.*, 493 Fed. 2d 1076 (C.A. 5, 1973).
63 Deborah R. Hensler, "Fashioning a National Resolution of Asbestos Personal Injury Litigation: A Reply to Professor Brickman," *Cardozo Law Review* 13:1967, 1970 (1992).
64 See, in general, Deborah R. Hensler et al., *Asbestos in the Courts: The Challenge of Mass Toxic Torts* (1985).
65 U.S. District Court, E.D. N.Y, *In re "Agent Orange" Product Liability Litigation*, Preliminary Memorandum and Order on Settlement, Sept. 25, 1984 (Weinstein, J.), p. 7.

66 See Georgene M. Vairo, "*Georgine,* the Dalkon Shield Claimants Trust, and the Rhetoric of Mass Tort Claims Resolution," *Loyola of Los Angeles Law Review* 31:79 (1997).
67 "Lilly in a DES Settlement," *New York Times,* May 19, 1992.
68 Samuel D. Warren and Louis D. Brandeis, "The Right of Privacy," *Harv. L. Rev.* 4:193 (1890).
69 Robert E. Mensel, " 'Kodakers Lying in Wait': Amateur Photography and the Right of Privacy in New York, 1885-1915," *American Quarterly* 43:24 (1991).
70 *Roberson v. Rochester Folding Box Co.,* 171 N.Y. 538, 64 N.E. 442 (1902); Mensel, " 'Kodakers Lying in Wait,' " pp. 36-39.
71 Laws N.Y. 1903, ch. 132.
72 *Pavesich v. New England Life Insurance Co.,* 122 Ga. 190, 50 S.E. 68 (1905).
73 *Melvin v. Reid,* 121 Cal. App. 285, 297 Pac. 91 (1931).
74 See Joshua Gamson, *Freaks Talk Back* (1998).
75 *Virgil v. Time Inc.,* 527 Fed. 2d 1122 (C.A. 9, 1975).
76 Mark A. Peterson, *Compensation of Injuries: Civil Jury Verdicts in Cook County* (1984), p. 4.
77 On this development, see Viviana A. R. Zelizer, *Morals and Markets: The Development of Life Insurance in the United States* (1979).
78 H. Roger Grant, *Insurance Reform: Consumer Action in the Progressive Era* (1979), p. 6.
79 This generalization has, however, been disputed; see Peter Karsten, *Heart versus Head: Judge-Made Law in Nineteenth-Century America* (1997).
80 Prosser, *Handbook,* p. 21.
81 These examples are from Melvin Belli, *My Life on Trial* (1976), pp. 108, 114.
82 See Stuart M. Speiser, *Lawsuit* (1980).
83 See Lawrence M. Friedman, *Total Justice* (1985).
84 For a discussion, see Robert A. Kagan, "How Much Do National Styles of Law Matter?" in Robert A. Kagan and Lee Axelrad, eds., *Regulatory Encounters: Multinational Corporations and American Adversarial Legalism* (2000), p. 1.
85 27 Stat. 531 (act of Mar. 2, 1893).
86 Eugene Bardach and Robert A. Kagan, *Going by the Book* (1982), p. 11.
87 83 Stat. 742 (act of Dec. 30, 1969).
88 Child Protection and Toy Safety Act of 1969, 83 Stat. 187 (act of Nov. 6, 1969), amending the Federal Hazardous Substances Labeling Act, 74 Stat. 372 (act of July 12, 1960). This law repealed the Federal Caustic Poison Act (44 Stat. 1406, act of Mar. 4, 1927), a labeling law for certain specific substances, such as sulphuric and hydrochloric acid.
89 84 Stat. 1590 (act of Dec. 29, 1970).
90 84 Stat. 1620 (act of Dec. 29, 1970).
91 86 Stat. 1207 (act of Oct. 27, 1972).
92 Laws Tex. 1945, ch. 339, p. 554.
93 Tenn. Laws 1972, ch. 561.

12.
Business Law in an Age of Change

1 *Dean Milk Co. v. Madison*, 340 U.S. 349 (1951).
2 *Philadelphia v. New Jersey*, 437 U.S. 617 (1978).
3 *Chemical Waste Management v. Hunt*, 504 U.S. 334 (1992).
4 These cases are *South Carolina Highway Department v. Barnwell Bros.*, 303 U.S. 177 (1938); *Southern Pacific Rr. Co. v. Arizona*, 325 U.S. 761 (1945); *Bib v. Navajo Freight Lines*, 359 U.S. 529 (1959).
5 Allen R. Kamp, "Uptown Act: A History of the Uniform Commercial Code, 1940–49," *Southern Methodist L. Rev.* 51:275, 283, 292 (1998).
6 Allen R. Kamp, "Downtown Act: A History of the Uniform Commercial Code, 1949–54," *Buffalo L. Rev.* 49:359 (2001).
7 A tenth article dealt with such technical details as the effective date of the law, and a list of the existing state laws which the code repealed.
8 Title I of the Consumer Credit Protection Act, 82 Stat. 146 (act of May 29, 1968).
9 88 Stat. 2183 (act of Jan. 4, 1975).
10 Laws Cal. 1970, ch. 1333, p. 2481.
11 Laws Cal. 1995, ch. 503.
12 For an important corrective, see William J. Novak, *The People's Welfare: Law and Regulation in Nineteenth-Century America* (1996).
13 Stewart Macaulay et al., eds., *Contracts in Action* (1995), p. 24.
14 See Lawrence M. Friedman, *Contract Law in America* (1965).
15 Grant Gilmore, *The Death of Contract* (1974).
16 Friedrich Kessler, "Contracts of Adhesion: Some Thoughts About Freedom of Contract," *Columbia L. Rev.* 43:629 (1943).
17 172 Fed. 2d 80 (C.A. 2, 1948).
18 212 So. 2d 906 (Fla., 1968).
19 Laws Cal. 1971, ch. 375; Civil Code §1689.6.
20 See Clarence Morris, "Waiver and Estoppel in Insurance Policy Litigation," *U. Pa. L. Rev.* 105:925 (1957).
21 Spencer L. Kimball, *Insurance and Public Policy* (1960), p. 301.
22 Stewart Macaulay, "Non-Contractual Relations in Business: A Preliminary Study," *American Sociological Review* 28:55 (1963).
23 Russell J. Weintraub, "A Survey of Contract Practice and Policy," *Wisc. L. Rev.* 1 (1992).
24 52 Stat. 840 (act of June 22, 1938).
25 Herbert Jacob, *Debtors in Court: The Consumption of Government Services* (1969), pp. 65–71. Quotation from p. 36.
26 L. H. Grinstead, *The Operation of the Ohio Wage Garnishment Law* (1933).
27 Neumeyer Foundation, *Wage Garnishment: Impact and Extent in Los Angeles County* (n.d.), p. 34.

28 "Wage Garnishment in Washington: An Empirical Study," *Washington Law Review* 43:743, 752 (1968).
29 Ill. Stats. 1947, ch. 62, §14, p. 1888.
30 82 Stat. 146, 163 (act of May 29, 1968).
31 On the law and its background, see Bruce G. Carruthers and Terence C. Halliday, *Rescuing Business: The Making of Corporate Bankruptcy Law in England and the United States* (1998), pp. 78–106.
32 92 Stat. 2549 (act of Nov. 6, 1978); on the creation of the new courts, ibid., at 2657.
33 Administrative Office of the United States Courts, *Tables of Bankruptcy Statistics*, fiscal year ended June 30, 1942, p. 13; ibid., fiscal year ended June 30, 1945, p. 7; ibid., fiscal year ended June 30, 1954, p. 1.
34 Carruthers and Halliday, *Rescuing Business*, p. 264.
35 *Monthly Labor Review*, no. 11 (1983), p. 73.
36 Mark S. Bever, "Manville Corporation and the 'Good Faith' Standard for Reorganization Under the Bankruptcy Code," *U. Toledo L. Rev.* 14:1467 (1983).
37 Adolph A. Berle and Gardiner C. Means, *The Modern Corporation and Private Property* (1933).
38 48 Stat. 162 (act of June 16, 1933).
39 70 Stat. 133 (act of May 9, 1956).
40 David A. Skeel, Jr., "An Evolutionary Theory of Corporate Law and Corporate Bankruptcy," *Vanderbilt L. Rev.* 51:1325, 1337 (1998).
41 On this case, see John Herling, *The Great Price Conspiracy: The Story of the Antitrust Violations in the Electrical Industry* (1962).
42 William G. Shepherd, "Antitrust Repelled, Inefficiency Endured: Lessons of IBM and General Motors for Future Antitrust Policies," *Antitrust Bulletin* 34:203 (1994).
43 Richard Hofstadter, "What Happened to the Antitrust Movement?" in *The Paranoid Style in American Politics and Other Essays* (1965), pp. 188, 213.
44 These examples are from CCH, *The Federal Antitrust Laws with Summary of Cases Instituted by the United States, 1890–1951* (1952), pp. 394, 400, 402, 404.
45 For this point, and the material in the rest of this paragraph, see Rudolph J. R. Peritz, *Competition Policy in America, 1888–1992* (rev. ed., 2000), pp. 278–282.
46 Elliott Brownlee, *Federal Taxation in America: A Short History* (1996), chap. 2.
47 Ibid., pp. 91, 94.
48 57 Stat. 126 (act of June 9, 1943).
49 Brownlee, *Federal Taxation in America*, pp. 94–96; Randolph Paul, *Taxation in the United States* (1954), p. 348.
50 Carolyn C. Jones, "Class Tax to Mass Tax: The Role of Propaganda in the Expansion of the Income Tax During World War II," *Buffalo L. Rev.* 37: 685 (1989).
51 Nancy F. Cott, *Public Vows: A History of Marriage and the Nation* (2000), pp. 191–193.
52 This gem is 26 U.S.C.A. §170 (d) (1) (A).
53 *Statistical Abstract of the United States* (1998), pp. 307–308.

54 Ibid.
55 95 Stat. 172 (act of Aug. 13, 1981).
56 100 Stat. 2085 (act of Oct. 22, 1986).
57 Art. 13A, Cal. Const., approved June 6, 1978. Prop 13 did not apply to new houses or commercial buildings; and to new buyers of old houses. A young couple that buys a house today in California may pay five times as much in property taxes as the family in an identical house across the street, which has been owned by the same people since the 1970s.

13.
The Law of Property

1 Patricia Burgess, *Planning for the Private Interest: Land Use Controls and Residential Patterns in Columbus, Ohio, 1900-1970* (1994), p. 61.
2 Seymour I. Toll, *Zoned American* (1969), p. 124.
3 Quoted in John Delafons, *Land-Use Controls in the United States* (1962), p. 21.
4 Edward M. Bassett, *Zoning* (1936), pp. 20-21.
5 Delafons, *Land-Use Controls*, p. 23.
6 Burgess, *Planning for the Private Interest*, pp. 80-83.
7 *State ex rel. Carter v. Harper*, Wis. 196 N.W. 451 (1923). I am indebted to Lesley Barnhorn for this citation.
8 272 U.S. 388 (1926).
9 E. C. Yokley, *Zoning Law and Practice* (1948), p. 33.
10 Va. Code 1942, §3091 (13).
11 Laws N.J. 1930, ch. 235, p. 1039.
12 *Mansfield & Swett, Inc. v. West Orange*, 120 N.J.L. 145, 198 Atl. 225 (1938).
13 *South Burlington County NAACP v. Township of Mount Laurel*, 67 N.J. 141, 336 Atl. 2d 713 (1975).
14 *South Burlington County NAACP v. Township of Mount Laurel*, 92 N.J. 158, 456 Atl. 2d 390 (1983).
15 See Douglas S. Massey and Nancy A. Denton, *American Apartheid: Segregation and the Making of the Underclass* (1993), pp. 190-191.
16 63 Stat. 413 (act of July 15, 1949).
17 Massey and Denton, *American Apartheid*, p. 56.
18 Charles Abrams, *The City Is the Frontier* (1965), pp. 168-169.
19 Ibid., p. 169.
20 Michael F. Wiedl III, "Historic District Ordinances," *Conn. L. Rev.* 8:209 (1975).
21 Opinion of the Justices, Mass., 128 N.E. 2d 557 (1955). The justices also gave their stamp of approval to a Beacon Hill historic district in Boston, 333 Mass. 783, 128 N.E. 2d 563 (1955).
22 63 Stat. 927 (act of Oct. 29, 1949);

23 80 Stat. 915 (act of Oct. 15, 1966).
24 Edward H. Rabin, "The Revolution in Residential Landlord-Tenant Law: Causes and Consequences," *Cornell L. Rev.* 69:517 (1984).
25 428 Fed. 2d 1071 (D.C., 1970).
26 Quoted in Edward H. Rabin, "The Revolution in Residential Landlord-Tenant Law: Causes and Consequences," *Cornell L. Rev.* 69:517, 549 (1984).
27 397 Fed 2d 698 (C.A. D.C., 1968).
28 The statutes are Laws N.J. 1970, ch. 210; Laws N.J. 1974, ch. 49.
29 See Richard W. Hemingway, "Selected Problems in Leases of Community and Regional Shopping Centers," *Baylor Law Review* 16:1 (1964).
30 75 Stat. 149, 160 (act of June 30, 1961).
31 Evan McKenzie, *Privatopia: Homeowner Associations and the Rise of Residential Private Government* (1994).
32 *Nahrstedt v. Lakeside Village Condominium Association*, 8 Cal. 4th 361, 878 P. 2d 1275 (1994).
33 John Dillon, *Commentaries on the Law of Municipal Corporations* (4th ed., vol. 1, 1890), §21, p. 40.
34 These figures are from Robert G. Dixon and John R. Kerstetter, *Adjusting Municipal Boundaries: The Law and Practice in 48 States* (1959).
35 *Statistical Abstract of the United States* (1999), p. 334.
36 Carole Shammas, Marylynn Salmon, and Michel Dahlin, *Inheritance in America: From Colonial Times to the Present* (1987), pp. 184-185. In the larger estates, in both periods, the spouse fared less well.
37 John H. Langbein, "The Twentieth-Century Revolution in Family Wealth Transmission," *Michigan L. Rev.* 86: 722 (1988).
38 *Matter of Totten*, 179 N.Y. 122, 71 N.E. 748 (1904).
39 Norman Dacey, *How to Avoid Probate* (1965).
40 *Chapter House Circle of the King's Daughters v. Hartford National Bank & Trust Co.*, 121 Conn. 558, 186 Atl. 543 (1936).
41 W. Barton Leach, "Perpetuities in a Nutshell," *Harv. L. Rev.* 51:638 (1938).
42 *Shenandoah Valley National Bank v. Taylor*, 192 Va. 135, 63 S.E. 2d 786 (1951).
43 See *Howard Savings Inst. v. Peep*, 34 N.J. 494, 170 A. 2d 39 (1961).
44 F. Emerson Andrews, *Philanthropic Foundations* (1956), p. 59.
45 B. Carroll Reece, preface to Rene A. Wormser, *Foundations: Their Power and Influence* (1958), pp. v-vi, 304-305. I am indebted to Margarete E. McGuinness for this reference.
46 Andrews, *Philanthropic Foundations*, p. 17; Evelyn Brody, "Charitable Endowments and the Democratization of Dynasty," *Arizona Law Review* 39:873, 927 (1997); *Statistical Abstract of the United States* (1997), p. 392, table 617.
47 *Statistical Abstract of the United States* (1999), p. 405.
48 Lawrence M. Friedman and Mark Savage, "Taking Care: The Law of Conservatorship

in California," *Southern Cal. L. Rev.* 61:273 (1988); Lawrence M. Friedman and June O. Starr, "Losing It in California: Conservatorship and the Social Organization of Aging," *Washington U.L.Q.* 73:1501 (1995).

49 Dean Starkman, "Guardians May Need Someone to Watch Over Them," *Wall Street Journal,* May 8, 1998. I am indebted to Anne M. Schneiderman for this reference.

50 Much of the material on pensions and ERISA is from John H. Langbein and Bruce A. Wolk, *Pension and Employee Benefit Law* (2d ed., 1995).

51 *Statistical Abstract of the United States* (1998), p. 236.

52 32 Stat. 388 (act of June 17, 1902).

53 33 Stat. 547 (act of Apr. 28, 1904).

54 35 Stat. 639 (act of Feb. 19, 1909).

55 John Opie, *The Law of the Land: Two Hundred Years of American Farmland Policy* (1987), p. 106.

56 61 Stat. 1315, 1335 (act of Mar. 3, 1921).

57 Laws Pa. 1923, ch. 228, art. X.

58 Laws Minn. 1931, ch. 309, p. 399.

59 35 Stat. 251, 267 (act of May 23, 1908).

60 39 Stat. 1702 (treaty signed Aug. 16, 1916; promulgated in December). The treaty was in fact with the United Kingdom, but with reference to Canada. It was upheld by the Supreme Court in *Missouri v. Holland,* 252 U.S. 416 (1920), against the claim that it interfered with the rights of the states.

61 40 Stat. 755 (act of July 3, 1918); 45 Stat. 1222 (act of Feb. 18, 1929).

62 80 Stat. 926 (act of Oct. 15, 1966).

63 78 Stat. 890 (act of Sept. 3, 1964). I am indebted to a student paper by Paul Logan (1999) for information on the origins and nature of the Wilderness Act.

64 85 Stat. 649 (act of Dec. 15, 1971).

65 86 Stat. 1027 (act of Oct. 21, 1972).

66 87 Stat. 884 (act of Dec. 28, 1973), sec. 3 (14), p. 886.

67 Shannon Peterson, "Congress and Charismatic Megafauna: A Legislative History of the Endangered Species Act," *Environmental Law* 29:463 (1999); Shannon Peterson, "Bison to Blue Whales: Protecting Endangered Species Before the Endangered Species Act of 1973," *Environs: Environmental Law and Policy Journal* 29:71 (1999).

68 *TVA v. Hill,* 437 U.S. 153 (1978); the justice in question, Justice Powell, is quoted in Zygmunt J. B. Plater, "In the Wake of the Snail Darter: An Environmental Law Paradigm and its Consequences," *U. Mich. J. Law Reform* 19:805, 848 (1986).

69 I am indebted to Shannon Peterson for these references.

70 Plater, "In the Wake of the Snail Darter," p. 814.

71 Christopher McGrory Klyza, *Who Controls Public Lands? Mining, Forestry, and Grazing Policies, 1870–1990* (1996), pp. 115–116.

72 Note, "Farmland and Open Space Preservation in Michigan: An Empirical Analysis," *U. Mich. J. Law Reform* 19:1107 (1986).

73 I am much indebted to Paul Goldstein's lucid exploration of copyright law, *Copyright's Highway: The Law and Lore of Copyright from Gutenberg to the Celestial Jukebox* (1994).
74 *Bleistein et al. v. Donaldson Lithographing Co.*, 188 U.S. 239 (1903).
75 Goldstein, *Copyright's Highway*, pp. 68–77.
76 66 Stat. 792 (act of July 15, 1952).
77 96 Stat. 25, 38 (act of Apr. 2, 1982).
78 46 Stat. 376 (act of May 23, 1930).
79 *Diamond v. Chakrabarty*, 447 U.S. 303 (1980).
80 33 Stat. 724 (act of Feb. 20, 1905).
81 Under the Lanham Act of 1946, 60 Stat. 431 (act of July 5, 1946), §8, trademark registration had a ten-year term, renewable forever.
82 60 Stat. 427 (act of July 5, 1946).
83 *Aunt Jemima Mills Co. v. Rigney & Co.*, 247 Fed. 407 (C.A. 2, 1917).

14.
Family Law and Family Life

1 47 Stat. 406 (act of June 30, 1932).
2 James B. Atleson, *Labor and the Wartime State: Labor Relations and Law During World War II* (1998), pp. 164–169.
3 Matthew J. Lindsay, "Reproducing a Fit Citizenry: Dependency, Eugenics, and the Law of Marriage in the United States, 1860–1920," *Law & Social Inquiry* 23:541, 578 (1998). Quotations at p. 572.
4 On the origin of this device, see Lawrence M. Friedman, *A History of American Law*, pp. 202–204.
5 *McChesney v. Johnson*, 79 S.W. 2d 658, 659 (Ct. Civ. Appeals, Texas, 1935). I am indebted to Cliff Z. Liu for this reference.
6 Laws Neb. 1923, ch. 40, p. 154.
7 Morris Ploscowe, *Sex and the Law* (1951), p. 23; I am indebted to Cliff Z. Liu for this reference.
8 *Luther v. Shaw*, 157 Wis. 231, 147 N.W. 17 (1914). Elsie's father also sued the hapless Shaw, to recover damages "for loss of services of a daughter, caused by her seduction and consequent sickness"; and he too was successful. An award of $1,500 was upheld. *Luther v. Shaw*, 157 Wis. 231, 234, 147 N.W. 17, 20 (1914).
9 Theodore W. Cousens, "The Law of Damages as Applied to Breach of Promise of Marriage," *Cornell L. Rev.* 17:367, 372 (1932).
10 Nathan P. Feinsinger, "Legislative Attack on 'Heart Balm,'" *Michigan Law Review* 33:979 (1935).
11 Laws Indiana 1935, ch. 208.
12 *Kreyling v. Kreyling*, 20 N.J. Misc. 52, 23 Atl. 2d 800 (1942).
13 Chester G. Vernier, *American Family Laws* (vol. 2, 1932), pp. 67, 69.

14 Paul H. Jacobson, *American Marriage and Divorce* (1959), p. 122.
15 These cases are San Diego Superior Court no. 17650, filed Jan. 13, 1912; and no. 28198, filed Nov. 9, 1917.
16 Sam B. Warner, "San Francisco Divorce Suits," *Cal. L. Rev.* 9:175 (1921).
17 Jacobson, *American Marriage and Divorce*, p. 123.
18 Ibid., p. 113.
19 Cited in Note, "Collusive and Consensual Divorce and the New York Anomaly," *Columbia L. Rev.* 36:1121, 1131n (1936).
20 Frank W. Ingram and G. A. Ballard, "The Business of Migratory Divorce in Nevada," *Law and Contemporary Problems* 2:302 (1935).
21 317 U.S. 287 (1942); 325 U.S. 226 (1944).
22 J. Herbie DiFonzo, *Beneath the Fault Line: The Popular and Legal Culture of Divorce in Twentieth-Century America* (1997), p. 61.
23 William O'Neill, *Divorce in the Progressive Era* (1967).
24 See Paul W. Alexander, foreword to Maxine B. Virtue, *Family Cases in Court* (1956), p. xxxi.
25 See DiFonzo, *Beneath the Fault Line*, pp. 114-120.
26 Louis H. Burke, "Conciliation: A New Approach to the Divorce Problem," *Journal of the State Bar of California* 30:199 (1955).
27 These typical agreements are found ibid., p. 207; Louis H. Burke, *With This Ring* (1958), pp. 270-280. For a discussion, see Di Fonzo, *Beneath the Fault Line*, p. 164.
28 Laws N.Y. 1966, ch. 254, p. 833.
29 On the background and spread of no-fault, see Herbert Jacob, *Silent Revolution: The Transformation of Divorce Law in the United States* (1988)
30 On these statutes, see DiFonzo, *Beneath the Fault Line*, pp. 69-70, 75-80.
31 Jacob, *Silent Revolution*, p. 80.
32 DiFonzo, *Beneath the Fault Line*, p. 172.
33 Allen M. Parkman, *No-Fault Divorce: What Went Wrong?* (1992), pp. 79-88.
34 *In the Matter of Baby M*, 109 N.J. 396, 537 A. 2d 1227 (1988).
35 Ky. Rev. Stat., §199.590 (1988); Ariz. Rev. Stat. Ann., §25-218 (1989); Neb. Rev. Stat., §25-21 (1988).
36 E.g., Mich. Comp. Laws, §§722.851 ff. (1988).
37 Fla. Stat. §63.212 (1) (1988).
38 Laws Mass. 1851, ch. 324, p. 815.
39 See, for example, Robert D. McFadden, "Girl, 4, Is Dead in Manhattan and Her Mother Is Charged," *New York Times*, Sept. 2, 1966.
40 Laws Minn. 1917, ch. 222, p. 335.
41 The case is described in William E. Nelson, "Patriarchy or Equality: Family Values or Individuality," *St. John's Law Review* 70:435, 473-475 (1996).
42 Laws Ill. 1931, p. 734; Laws Ill. 1937, p. 1006; Ill. Rev. Stat. 1939, ch. 111 1/2 §§48a, 57.6, pp. 2486, 2489.

43 Stuart W. Thayer, "Moppets on the Market: The Problem of Unregulated Adoption," *Yale L.J.* 50: 715 (1950).
44 *National Committee for Adoption, Adoption Factbook* (1985).
45 "3 Accused Here in Adoption Ring," *New York Times*, Dec. 6, 1949.
46 Thayer, "Moppets on the Market," pp. 734, 736.
47 Linda Gordon, *The Great Arizona Orphan Abduction* (2000).
48 See Ruth-Arlene W. Howe, "Adoption Practice, Issues, and Laws, 1958–1983," *Family Law Quarterly* 17:273 (1983).
49 92 Stat. 3069 (act of Nov. 8, 1978).
50 Laws Ariz. 1921, ch. 114, p. 248.
51 Laws No. Dak. 1969, ch. 466, p. 1002.
52 391 U.S. 68 (1968).
53 *Glona v. American Guarantee and Liability Insurance Company*, 369 U.S. 73 (1968), at 80. *Glona* struck down a statute which did not allow the mother of an illegitimate child to collect for its wrongful death. Harlan's dissent was to both *Glona* and *Levy*.
54 *Statistical Abstract of the United States* (1999), p. 79.
55 *People v. C. H. Hamilton*, San Diego Superior Court no. 17701 (January 1912).
56 18 Cal. 3d 660, 557 P. 2d 106, 134 Cal. R. 815 (1976).
57 *Hewitt v. Hewitt*, 394 N.E. 2d 1209 (Ill., 1979).
58 *Davis v. Davis*, 643 So. 2d 931 (Mississippi, 1994).
59 Laws Minn. 1980, ch. 553.
60 Fla. Rev. Stat. 1920, ch. 8, §668, p. 510.
61 Laws Nev. 1921, ch. 168, p. 255.
62 Miss. Code 1930, §6843, p. 2765.
63 Laws Ill. 1909, p. 415.
64 La. Rev. Stat. 17:274.
65 La. Rev. Stat. 17:281.
66 On this point, see Warren I. Susman, *Culture as History: The Transformation of American Society in the Twentieth Century* (1985), ch. 14.
67 487 P. 2d 1241 (Cal., 1971), at 1247.
68 411 U.S. 1 (1973).
69 *Thompson v. Engelking*, 96 Idaho 793, 537 P. 2d 635 (1975).
70 *Rose v. Council for Better Education*, 790 S.W. 2d 186 (1989).
71 Stephen K. Bailey and Edith Mosher, *ESEA: The Office of Education Administers a Law* (1968), pp. 17–18.
72 39 Stat. 929 (act of Feb. 23, 1917).
73 60 Stat. 230 (act of June 4, 1946).
74 58 Stat. 284 (act of June 22, 1944).
75 68 Stat. 897, 900 (act of Aug. 28, 1954).
76 72 Stat. 1580 (act of Sept. 2, 1958).
77 Quoted in *Congressional Quarterly, Congress, and the Nation, 1945–1964: A Review of*

Government and Politics in the Postwar Years (1965), p. 1203. I am indebted to Chris Glaros for this reference.
78 79 Stat. 27 (act of Apr. 11, 1965).
79 See 81 Stat. 804 (act of Jan. 2, 1968).
80 Laws Terr. Hawaii 1949, Act. 29, p. 98.
81 *State ex rel. Beattie v. Board of Education of Antigo,* 169 Wis. 231, 172 N.W. 153 (1919).
82 334 F. Supp. 1257 (D.C.E.D. Pa., 1971). Another important case was *Mills v. Board of Education of the District of Columbia,* 348 F. Supp. 866 (D.C.D.C., 1972).
83 89 Stat. 773 (act of Nov. 29, 1975).
84 Philip Jenkins, *Moral Panic: Changing Concepts of the Child Molester in Modern America* (1998), p. 225.
85 Ibid., p. 129.

15
Internal Legal Culture

1 Barbara A. Curran and Clara N. Carson, *The Lawyer Statistical Report: The U.S. Legal Profession in the 1990s* (1994), p. 1.
2 *Chronicle of Higher Education,* almanac issue, 44, no. 1, p. 26 (1998).
3 U.S. Department of Labor, *Employment Opportunities for Women in Legal Work,* Women's Bureau Bulletin, no. 265, p. 10 (1958).
4 Arthur E. Sutherland, *The Law at Harvard: A History of Ideas and Men, 1817-1967* (1967), pp. 319-320.
5 Paul Anderson, *Janet Reno: Doing the Right Thing* (1994), pp. 37-39.
6 *Chronicle of Higher Education,* 1998 almanac issue.
7 Sheldon Goldman, *Picking Federal Judges: Lower Court Selection from Roosevelt Through Reagan* (1997), p. 350.
8 *Lawyer's Almanac* (1999), pp. J-27-32.
9 Allan P. Sindler, *Bakke, DeFunis, and Minority Admissions: The Quest for Equal Opportunity* (1978), p. 141.
10 Goldman, *Picking Federal Judges,* p. 101.
11 On Garza's life and career, see Louise Ann Fisch, *All Rise: Reynaldo G. Garza, the First Mexican American Federal Judge* (1996).
12 Paul Marcotte, "Few Asian-American Judges," *American Bar Association Journal* 76:16 (1990).
13 Michael J. Powell, *From Patrician to Professional Elite: The Transformation of the New York City Bar Association* (1988), p. 49.
14 Ann. Rpt., American Bar Ass'n 76:224 (1951).
15 Michael D. Goldhaber, "Minorities Surge at Big Law Firms," *National Law Journal* 21, no. 14, p. A1 (1998).
16 Darryl Van Duch, "Minority GCs Are Few, Far Between: Only 10 Fortune 500 Firms Have Minority General Counsel," *National Law Journal* 22, no. 8, p. A1 (Oct. 18, 1999).

17 John P. Heinz and Edward O. Laumann, *Chicago Lawyers: The Social Structure of the Bar* (1982), p. 40. Eight percent of the legal effort was put in the category of "general, unspecified legal work."
18 Survey of the Legal Profession *The Second Statistical Report on the Lawyers of the United States* (1952), p. 2; Barbara Curran et al., *The Lawyer Statistical Report: A Statistical Profile of the U.S. Legal Profession in the 1980s* (1985), pp. 17, 19; Curran and Carson, *The Lawyer Statistical Report* (1994), p. 7; Clara N. Carson, *The Lawyer Statistical Report: The United States Legal Profession in 1995* (1999), p. 10.
19 Joseph A. Ranney, *Trusting Nothing to Providence: A History of Wisconsin's Legal System* (1999), p. 603.
20 Marc Galanter and Thomas Palay, *Tournament of Lawyers: The Transformation of the Big Law Firm* (1991), p. 46.
21 Carson, *The Lawyer Statistical Report* (1999), p. 17.
22 Ranney, *Trusting Nothing to Providence*, p. 603.
23 Lawrence M. Friedman, *American Law: An Introduction* (2d ed., 1998), p. 271.
24 Galanter and Palay, *Tournament of Lawyers*, p. 36.
25 Ron Chernow, *The House of Morgan* (1990), pp. 599-600.
26 Galanter and Palay, *Tournament of Lawyers*, chap. 4.
27 433 U.S. 350 (1977).
28 These are taken from Illinois State Bar Association, *Manual on Fees and Charges Including Suggested Minimum Fee Schedule of the Illinois State Bar Association* (1962).
29 Robert M. Rowland, "Lawyers' Fees," *Texas Bar Journal* 6:538 (1943).
30 421 U.S. 773 (1975).
31 *SF Weekly* vol. 17, no. 12, p. 112 (1998).
32 This report is reprinted in *Unauthorized Practice News* 34, no. 4, pp. 1, 17 (1958).
33 Ibid., pp. 22, 35 (1958).
34 The incident is related in Catherine J. Lanctot, "Attorney-Client Relationships in Cyberspace: The Peril and the Promise," *Duke L. Journal* 49:147, 198-218 (1999).
35 Robert L. Nelson, "The Futures of American Lawyers: A Demographic Profile of a Changing Profession in a Changing Society," *Case Western Reserve Law Review* 44:345, 373 (1994).
36 Quoted in Stephanie B. Goldberg, "Then and Now: 75 Years of Change," *ABA Journal* 76:56, 58 (1990).
37 William G. Ross, *The Honest Hour: The Ethics of Time-Based Billing by Attorneys* (1996), pp. 18, 20.
38 Herbert M. Kritzer, "Lawyers' Fees and the Holy Grail: Where Should Clients Search for Value?" *Judicature* 77:187 (1994).
39 Goldberg, "Then and Now," p. 60.
40 Galanter and Palay, *Tournament of Lawyers*, p. 40.
41 Marc Galanter, "Law Abounding: Legalization Around the North Atlantic," *Modern L. Rev.* 55:1 (1992); Richard H. Sander, "Elevating the Debate on Lawyers and Economic Growth," *Law and Social Inquiry* 17:659 (1992).

42 Charles P. Epp, "Do Lawyers Impair Economic Growth?" *Law & Social Inquiry* 17:585 (1992).
43 Ronald J. Gilson, "Value Creation by Business Lawyers: Legal Skills and Asset Pricing," *Yale L.J.* 94:239 (1984).
44 *San Francisco Recorder,* Dec. 20, 1999, p. 1.
45 Northwestern University School of Law, *Report of the Dean of the Faculty of Law* [John H. Wigmore] *on an Educational Survey, 1925* (1925), p. 258.
46 Friedman, *American Law,* pp. 285-286.
47 James Barron, "400 Jobs for Lawyers Who Don't Want to Be Lawyers," *New York Times,* Jan. 28, 1994.
48 L. Christina Valdes, "Former Big-Firm Lawyer Finds Happiness as an Artist," *San Jose Post-Record,* April 25, 1995.
49 Samuel Walker, *In Defense of American Liberties* (1990), p. 111.
50 Joel F. Handler, Ellen J. Hollingsworth, and Howard S. Erlanger, *Lawyers and the Pursuit of Legal Rights* (1978), p. 70.
51 Tamar Lewin, "Talking Business with Roger J. Marzulla of Mountain States Legal Foundation: Free Market Philosophy," *New York Times,* July 20, 1982; see Roger K. Newman, "Public-Interest Firms Crop Up on the Right," *National Law Journal* 18, no. 52, p. A1 (1996).
52 Martha F. Davis, *Brutal Need: Lawyers and the Welfare Rights Movement, 1960-1973* (1993), pp. 10, 144.
53 The quotation is the subtitle of David J. Langum's biography, *William M. Kunstler* (1999).
54 William M. Kunstler, with Sheila Isenberg, *My Life as a Radical Lawyer* (1994), pp. 340-341.
55 Marc Galanter, "The Faces of Mistrust: The Image of Lawyers in Public Opinion, Jokes, and Political Discourse," *U. of Cincinnati L. Rev.* 66:805, 811 (1998).
56 Ibid., p. 820.
57 Ibid.
58 "Bashing Lawyers. Also Justice," *New York Times,* Feb. 15, 1992.
59 David Rosenbaum, "House Hears Grim Tales About Managed Care," *New York Times,* October 8, 1999; Robin Toner, "The Ad Campaign: Health Plans Depict Lawyers as Threat," ibid.
60 David Ray Papke, "Conventional Wisdom: The Courtroom Trial in American Popular Culture," *Marquette L. Rev.* 82:471, 478 (1999).
61 Marc Gunther, "The Little Judge Who Kicked Oprah's Butt: Daytime Television's Hottest Property," *Fortune,* May 10, 1999, p. 32.
62 See Neal Gabler, *Life, the Movie: How Entertainment Conquered Reality* (1998).
63 Arkansas Judiciary Commission, *Report to 1965 General Assembly,* p. 124, appendix, n.p.
64 Cynthia O. Philip, Paul Nejelski, and Aric Press, *Where Do Judges Come From?* (1976), introduction, pp. i, ii.
65 Larry Aspin, "Trends in Judicial Retention Elections, 1964-1998," *Judicature* 83:79 (1999).

66 Sheldon Goldman, *Picking Federal Court Judges: Lower Court Selection from Roosevelt Through Reagan* (1997), p. 3; I have relied heavily on the Goldman book in this section.
67 Ibid., pp. 86-88, 177.
68 Robert A. Kagan et al., "The Business of State Supreme Courts, 1870-1970," *Stanford L. Rev.* 30:121 (1977).
69 These figures come from the Annual Reports of the Administrative Office of the United States Courts: 1940, pp. 68, 86; 1961, pp. 222-223; 1992, p. 31.
70 These figures are from table III, "The Supreme Court, 1968 Term," *Harvard Law Review* 83:282 (1969).
71 Jeffrey A. Segal and Harold J. Spaeth, *The Supreme Court and the Attitudinal Model* (1993), p. 186.
72 *Wilson v. Pacific Mail Steamship Co.*, 276 U.S. 454 (1928).
73 Richard L. Pacelle, Jr., *The Transformation of the Supreme Court's Agenda: From the New Deal to the Reagan Administration* (1991), pp. 56-57 and graph, p. 194.
74 Quoted in Lawrence M. Friedman, *Total Justice* (1985), p. 16.
75 See the account in Marc Galanter, "Reading the Landscape of Disputes: What We Know and Don't Know (and Think We Know) about our Allegedly Contentious and Litigious Society," *UCLA Law Review* 31:4 (1983).
76 Gerry Spence, *The Making of a Country Lawyer* (1996), p. 320.
77 Charles M. Lyman, "A Tradition Dies in Connecticut: Law Office Preparation for the Bar is Abolished," *American Bar Association Journal* 36:21 (1950). Lyman, a practicing lawyer in New Haven, regretted the passing of this "tradition."
78 State Bar of California, www.calbar.org/shared/2admst/797.htm; calbar.org/shared/2admst/298.htm (visited Aug. 19, 1999).
79 Robert Stevens, *Law School: Legal Education in America from the 1850s to the 1980s* (1983), pp. 177, 180.
80 Marion Rice Kirkwood and William Bowers, *A Brief History of the Stanford Law School, 1893-1946* (1961) (typescript, Stanford Law Library, pp. 40-41).
81 Stevens, *Law School*, pp. 197, 209.
82 Arthur E. Sutherland, *The Law at Harvard: A History of Ideas and Men, 1816-1967* (1967), pp. 308-309.
83 George D. Braden, "Use of the Law School Admission Test at the Yale Law School," *J. Legal Education* 3:202 (1950).
84 A. Pemberton Johnson, "The Development and Use of Law Aptitude Tests," *J. Legal Education* 3:192, 193 (1950).
85 Sutherland, *The Law at Harvard*, pp. 221, 322.
86 Spence, *The Making of a Country Lawyer*, pp. 222-223.
87 Evelyn Williams, *Inadmissible Evidence* (1993), p. 31.
88 Sutherland, *The Law at Harvard*, p. 320.
89 Attrition figures for 1991-1995 are from the annual reports of the American Bar Association, Section of Legal Education and Admissions to the Bar, *A Review of Legal Education in the United States*. Figures for 1998 are from American Bar Association, Section

of Legal Education and Admissions to the Bar, *ABA Approved Law Schools: Statistical Information on American Bar Association Approved Law Schools* (1998).
90 This was, in any event, not really possible; at least the first-year curriculum was fixed, and students did not choose their professors—they were assigned to them.
91 See David C. Yamada, "Same Old, Same Old: Law School Rankings and the Affirmation of Hierarchy," *Suffolk U. L. Rev.* 31:249 (1997).
92 Donna Fossum, "Law Professors: A Profile of the Teaching Branch of the Legal Profession," *American Bar Foundation Research Journal* 1980:501, 507; Robert J. Borthwick and Jordan R. Schau, "Gatekeepers of the Profession: An Empirical Profile of the Nation's Law Professors," *University of Mich. J. of Law Reform*, 25:191, 227 (1991).
93 Harlan B. Phillips, ed., *Felix Frankfurter Reminisces* (1960), p. 78.
94 Michael E. Parrish, *Felix Frankfurter and His Times: The Reform Years* (1982), p. 157.
95 Laura Kalman, *Legal Realism at Yale*, p. 143.
96 Fossum, "Law Professors," p. 506.
97 Borthwick and Schau, "Gatekeepers of the Profession," p. 199.
98 Richard H. Chused, "The Hiring and Retention of Minorities and Women on American Law School Faculties," *U. Pa. L. Rev.* 137:537, 539, 556 (1988).
99 American Bar Association, *Annual Review of Legal Education for 1937*, p. 63.
100 *Law Schools and Bar Admission Requirements in the United States*, 1951 Review of Legal Education, Section of Legal Education and Admissions to the Bar of the American Bar Association, p. 18.
101 American Bar Association, *Review of Legal Education: Law Schools and Bar Admission Requirements in the United States*, fall 1970, p. 46.
102 Association of American Law Schools, *Directory of Teachers in Member Schools*, 1922.
103 Figures from Richard A. White, *Association of American Law Schools Statistical Report on Law School Faculty*, www.aals.org/statistics/rpt9899w.html (visited in July 2000).
104 The figures are from the California State Bar Association, quoted in Howard Mintz, "Law School Online," *San Jose Mercury*, Nov. 15, 1999.
105 *Official ABA Guide to Approved Law Schools, 1999*, pp. 36-37.
106 Michael A. Olivas, "Paying for a Law Degree: Trends in Student Borrowing and the Ability to Repay Debt," *J. Legal Education* 49:335 (1999).
107 Mark Hansen, "The Party's Over for Summer Interns," *ABA Journal* 80:22 (1994).
108 Cynthia L. Cooper, *The Insider's Guide to the Top Fifteen Law Schools* (1990), pp. 396-397.
109 Information supplied by the Alumni Relations Office of Stanford Law School.
110 On the jurisprudence of the Restatements, see G. Edward White, "The American Law Institute and the Triumph of Modernist Jurisprudence," *Law and History Review* 15:1 (1997).
111 *American Bar Ass'n Rpts* 29:395 (1906).
112 On Pound and the realists, see N. E. H. Hull, *Roscoe Pound and Karl Llewellyn: Searching for an American Jurisprudence* (1997).

113 Morton J. Horwitz, *The Transformation of American Law, 1870-1960: The Crisis of Legal Orthodoxy* (1992), pp. 187-188.
114 Robert Jerome Glennon, *The Iconoclast as Reformer: Jerome Frank's Impact on American Law* (1985), p. 22.
115 Jerome Frank, *Law and the Modern Mind* (1930), pp. 118, 120, 131, 248.
116 Thurman Arnold, *Folklore of Capitalism* (1937), pp. 25, 29, 348.
117 Quoted in William Twining, *Karl Llewellyn and the Realist Movement* (1973), p. 126. The Twining book is an excellent study of Llewellyn's work and thought. On Llewellyn's relationship with Pound, and the polemics on the realist movement in the 1930s, see Hull, *Roscoe Pound and Karl Llewellyn*.
118 Karl N. Llewellyn, "Some Realism About Realism: Responding to Dean Pound," *Harv. L. Rev.* 44:1222, 1236-1237 (1930).
119 Barbara Fried, *The Progressive Assault on Laissez Faire: Robert Hale and the First Law and Economics Movement* (1998), p. 13.
120 Horwitz, *Transformation of American Law*, p. 253.
121 See, for a general account of the thought of this movement, Mark Kelman, *A Guide to Critical Legal Studies* (1987).
122 Laura Kalman, *The Strange Career of Legal Liberalism* (1996), p. 84.
123 One of Bell's major works was *And We Are Not Saved: The Elusive Quest for Racial Justice* (1987).
124 See, for example, Francisco Valdes, Foreword, "Under Construction: LatCrit Consciousness, Community, and Theory," *Cal. L. Rev.* 85:1089 (1997); Robert S. Chang, "Toward an Asian American Legal Scholarship: Critical Race Theory, Post-Structuralism, and Narrative Space," *Cal. L. Rev.* 81:1241 (1993).
125 Robert Hale, who had both a law degree and an economics degree, had been on the faculty of Columbia Law School from around 1920.
126 Richard A. Posner, *Economic Analysis of Law* (1952), p. 1.
127 Richard Posner, *Sex and Reason* (1992); *An Affair of State: The Investigation, Impeachment, and Trial of President Clinton* (1999).
128 Posner, *Economic Analysis*, pp. 134-135.
129 Catharine MacKinnon, *Feminism Unmodified: Discourses on Life and Law* (1987).
130 Northwestern University School of Law, *Report of the Dean of the Faculty of Law* [John H. Wigmore] *on an Educational Survey, 1925* (1925), p. 75.
131 Albert J. Harno, *Legal Education in the United States* (1953), pp. 193-194.
132 Bernard J. Hibbitts, "Last Writes? Reassessing the Law Review in the Age of Cyberspace," *New York U. L. Rev.* 71: 615, 638-639 (1996).
133 Michael L. Closen and Robert J. Dzielak, "The History and Influence of the Law Review Institution," *Akron L. Rev.* 30: 15, 38 (1996).
134 This journal, since 1931, has been called the *Journal of Criminal Law and Criminology*. For this and other information about the specialized law reviews, I have relied on Tracey E. George and Chris Guthrie, "An Empirical Evaluation of Specialized Law

Reviews," *Fla. St. U. L. Rev.* 26: 813 (1999).
135 Wes Daniels, " 'Far Beyond the Law Reports': Secondary Source Citations in United States Supreme Court Opinions; October Terms 1900, 1940, and 1978," *Law Library Journal* 76:1, 30 (1983).
136 J. Willard Hurst, *Law and Economic Growth* (1964), p. 4; a special issue of *Law and History Review,* vol. 18, no. 1 (spring 2000), was devoted to the life and work of Hurst.
137 John Henry Schlegel, *American Legal Realism and Empirical Social Science* (1995).
138 Leon C. Marshall and Geoffrey May, *The Divorce Court* (2 vols., 1932).
139 Karl N. Llewellyn and E. Adamson Hoebel, *The Cheyenne Way: Conflict and Caselaw in Primitive Jurisprudence* (1941).
140 On the history of the movement, see Bryant Garth and Joyce Sterling, "From Legal Realism to Law and Society: Reshaping Law for the Last Stages of the Social Activist State," *Law & Society Review* 32:409 (1998).
141 *Law and Society Review,* 1:3, 6–7 (1966).
142 I myself served a stint as president of the Law and Society Association, and have also been a member of its Board of Trustees. Other law-professor presidents have included Stewart Macaulay, Marc Galanter, and Joel Handler.
143 Stewart Macaulay, "Non-Contractual Relations in Business: A Preliminary Study," *American Sociological Review* 28:55 (1963); in 1985, the Wisconsin Law Review published a symposium on the occasion of the twentieth anniversary of this famous study, under the title "Symposium: Law, Private Governance, and Continuing Relationships." Marc Galanter, "Why the Haves Come Out Ahead: Speculation on the Limits of Legal Change," *Law & Society Review* 9:95 (1974).
144 See, for example, Valerie P. Hans and Neil Vidmar, *Judging the Jury* (1986).
145 Schlegel, *American Legal Realism,* p. 256.

16.
American Legal Culture in the Twentieth Century

1 The best account of this case is Edward J. Larson, *Summer for the Gods: The Scopes Trial and America's Continuing Debate over Science and Religion* (1997).
2 Ibid, pp. 188–189.
3 Ibid., p. 250.
4 *Epperson v. Arkansas,* 393 U.S. 97 (1968).
5 *Edwards v. Aguillard,* 482 U.S. 578 (1987). Scalia and Rehnquist dissented.
6 Pam Belluck, "Board for Kansas Deletes Evolution from Curriculum," *New York Times,* Aug. 12, 1999; the board of education also "deleted from its standards a description of the Big Bang theory of cosmic origins." *New York Times,* Oct. 10, 1999. The election in 2000, in which the conservative candidates for the Kansas Board of Education were defeated, turned largely on the controversy over evolution.
7 406 U.S. 205 (1972).

8 268 U.S. 510 (1925); on the background of this law, see William G. Ross, *Forging New Freedoms: Nativism, Education, and the Constitution, 1917-1927* (1994), chap. 8, "The Oregon School Law."
9 330 U.S. 1 (1947).
10 370 U.S. 421 (1962).
11 *Abington School District v. Schempp*, 374 U.S. 203 (1963).
12 *Wallace v. Jaffree*, 472 U.S. 38 (1985).
13 On this point, see Herbert McClosky and Alida Brill, *Dimensions of Tolerance: What Americans Believe About Civil Liberties* (1983); on school officials, see William K. Muir, Jr., *Prayer in the Public Schools: Law and Attitude Change* (1967).
14 Pa. Stats. 1920, §§5093, 5094.
15 Laws No. Dak. 1911, ch. 266, §276, p. 474.
16 *State ex rel. Freeman v. Scheve*, 65 Neb. 853, 91 N.W. 846 (1902).
17 403 U.S. 602 (1971). A Pennsylvania program of state aid to church-related schools for teachers' salaries, similar to the Rhode Island plan, was also struck down.
18 *Lynch v. Donnelly*, 465 U.S. 668 (1984). The dissent pointed out that the crèche had a "distinctively religious element," and was not just part of holiday and commercial cheer.
19 Scalia, J., concurring in *Lamb's Chapel v. Center Moriches School District*, 508 U.S. 384 (1993), at 398.
20 461 U.S. 574 (1983).
21 505 U.S. 577 (1992).
22 These last phrases are translations into English, with some changes, of a standard Hebrew prayer.
23 Robert Bellah et al., *Habits of the Heart: Individualism and Commitment in American Life* (1985); Lawrence M. Friedman, *The Republic of Choice: Law, Authority, and Culture* (1990).
24 414 U.S. 632 (1974); the account of the case is taken from Peter Irons, *The Courage of Their Convictions* (1988), chap. 13, pp. 307-329.
25 Irons, *Courage of Their Convictions*, p. 321.
26 *Davis v. Meek*, 462 Fed. 2d 960 (C.A. 5, 1972).
27 *Indiana High School Athletic Association v. Raike*, 329 N.E. 2d 66 (Ind. App. 1975).

17.
Backward and Forward

1 410 U.S. 113 (1973).
2 R. W. Apple, Jr., "The Thomas Confirmation," *New York Times*, Oct. 16, 1991.
3 George L. Watson and John A. Stookey, *Shaping America: The Politics of Supreme Court Appointments* (1995), p. 63.
4 See J. Larry Hood, "The Nixon Administration and the Revised Philadelphia Plan for Affirmative Action: A Study in Expanding Presidential Power and Divided Government," *Presidential Studies Quarterly* 23:145 (1993).

5 Bayard Rustin, "The Blacks and the Unions," *Harper's Magazine*, May 1971, p. 73.
6 480 U.S. 616 (1987); for an account of the case and its significance, see Melvin I. Urofsky, *Affirmative Action on Trial: Sex Discrimination in Johnson v. Santa Clara* (1997).
7 448 U.S. 448 (1980).
8 515 U.S. 200 (1995).
9 In *Richmond v. J. A. Croson Co.*, 488 U.S. 469 (1989), the city of Richmond, Virginia, decided that 30 percent of its contracting had to go to minority-owned businesses. The Supreme Court struck this arrangement down.
10 *Hopwood v. Texas*, 84 Fed. 3d 96 (C.A. 5, 1996); the denial of certiorari is *Texas v. Hopwood*, 518 U.S. 1033 (1996).
11 Cal. Const. Art. 1, §31.
12 "Minority Admissions Fall with Preferences Ban," *Washington Post*, May 19, 1997.
13 See, for example, "Tien's Alternative to Affirmative Action," *San Francisco Chronicle*, Jan. 2, 1996.
14 *The State of Disunion: 1996 Survey of American Political Culture* (vol. 2, summary tables, 1996), table 42F. A bare majority thought that homosexuals should be allowed to serve in the armed forces; but sizable majorities opposed gay marriage and adoption of children by gays. Ibid., tables 42B, 42C, 42D.
15 478 U.S. 186 (1986).
16 The Colorado decision was *Evans v. Romer*, 882 P. 2d 1335 (Colo., 1994); the Supreme Court decision was *Romer v. Evans*, 517 U.S. 620 (1996). The case, as one can imagine, evoked a great deal of comment. See, for example, Jane S. Schacter, "*Romer v. Evans* and Democracy's Domain," *Vanderbilt Law Review* 50:362 (1997).
17 *Romer v. Evans*, at 647.
18 *Texas v. Johnson*, 491 U.S. 397 (1989).
19 Robert Justin Goldstein, *Burning the Flag: The Great 1989-1990 American Flag Desecration Controversy* (1996), p. 5.
20 Ibid., pp. 40, 113-122.
21 *United States v. Eichman*, 486 U.S. 310 (1990).
22 Goldstein, *Burning the Flag*, p. 334.
23 505 U.S. 833 (1992).
24 William H. Rehnquist, "Who Writes Decisions of the Supreme Court?" *U.S. News and World Report*, Dec. 13, 1957, p. 74.
25 William Domnarski, *In the Opinion of the Court* (1996), p. 41.
26 Dennis J. Hutchinson, *The Man Who Once Was Whizzer White: A Portrait of Justice Byron R. White* (1998), p. 206.
27 Domnarski, *In the Opinion of the Court*, pp. 42-43.
28 507 U.S. 349 (1993).
29 Charles H. Sheldon, "The Evolution of Law Clerking with the Washington Supreme Court: From 'Elbow Clerks' to 'Puisne Judges,'" *Gonzaga Law Rev.* 25:45, 47 (1988).
30 *Commonwealth v. Wasson*, 842 S.W. 2d 487 (Ky. S. Ct., 1993). The Court also empha-

sized an equal-protection point: unlike the Georgia statute, the Kentucky statute was aimed only at same-sex behavior. Three justices dissented.
31 *Powell v. State,* 270 Ga. 327, 510 S.E. 2d 18 (1998).
32 Barbara H. Craig and David M. O'Brien, *Abortion and American Politics* (1993), pp. 348-349.
33 See Robert Pear, "Benefit Funds May Run Out of Cash Soon, Reports Warn," *New York Times,* Apr. 12, 1994.
34 Michael B. Katz, *In the Shadow of the Poorhouse: A Social History of Welfare in America* (rev. ed., 1996), p. 327.
35 Clinton quoted in Joel F. Handler, *The Poverty of Welfare Reform* (1995), p. 110; for a critique of workfare plans, ibid., pp. 113-124.
36 110 Stat. 2105 (act of Aug. 22, 1996).
37 Katz, *In the Shadow of the Poorhouse,* p. 330.
38 See, for example, Carol S. Weissert, ed., *Learning from Leaders: Welfare Reform Politics and Policy in Five Midwestern States* (2000). The states are Ohio, Kansas, Wisconsin, Minnesota, and Michigan.
39 See, in general, Robert M. Hayden, "The Cultural Logic of a Political Crisis: Common Sense, Hegemony, and the Great American Liability Insurance Famine of 1986," in *Studies in Law, Politics, and Society,* vol. 11, p. 95 (1991). On the McDonald's coffee incident and its coverage, see Mark B. Greenlee, "Kramer v. Java World: Images, Issues, and Idols in the Debate over Tort Reform," *Cap. U. L. Rev.* 26:701 (1997).
40 See, in general, Stephen Daniels and Joanne Martin, *Civil Juries and the Politics of Reform* (1995).
41 See Marc Galanter, "An Oil Strike in Hell: Contemporary Legends about the Civil Justice System," *Ariz. L. Rev.* 40:717, 726-727 (1998).
42 Carl T. Bogus, "Pistols, Politics, and Products Liability," *Univ. Cin. L. Rev.* 59:1103, 1158-1161 (1991).
43 Punitive damages are those that are in excess of actual losses—extra damages piled on as punishment or deterrence against defendants who were reckless or malicious.
44 See Stephen Daniels and Joanne Martin, "Myth and Reality in Punitive Damages," *Minn. L. Rev.* 75:1 (1990).
45 See William Glaberson, "Damage Control, a Special Report: Some Plaintiffs Losing Out in Texas' War on Lawsuits," *New York Times,* June 7, 1999.
46 *Helen J. Kelly's Case,* 394 Mass. 684, 477 N.E. 2d 582 (1985).
47 741 Pac. 2d 634 (Alaska, 1987).
48 Cal. Labor Code, §3208.3; Laws Cal. 1989, ch. 892, §25.
49 *California Department of Industrial Relations, 1996-1997 Biennial Report,* p. 14.
50 Idaho Code, Tit. 72, §72-451 (2). There were also to be no claims for psychological injuries without "accompanying physical injury."
51 See, in general, Dennis Baron, *The English-Only Question* (1990).
52 Lawrence M. Friedman, *The Horizontal Society* (1999), p. 186.

53 A map showing these laws, as of mid-1990, is in Baron, *The English-Only Question,* p. 201.
54 See E. Cronon, *Black Moses: The Story of Marcus Garvey and the Universal Negro Improvement Association* (1955); Gary Peller, "Race Consciousness," 1990 *Duke L.J.* 758, 785.
55 Jane J. Mansbridge, *Why We Lost the ERA* (1986), pp. 1, 175. The Mansbridge book is the source for most of this account of ERA.
56 William A. Galston, "Rethinking Progressive Politics," *New Democrat,* Sept.-Oct., 1996, p. 48: "As late as the mid-1960s, three-quarters of the American people trusted the federal government to do the right thing all or most of the time; today, that figure is below 25 percent." See also, Ronald Brownstein, "Clinton's Job One: Reversing the Anti-Government Tide," *The Public Perspective* 5, no. 4, p. 3.
57 80 Stat. 383 (act of Sept. 6, 1966).
58 See Charles J. Wichmann III, "Ridding FOIA of Those 'Unanticipated Consequences': Repaving a Necessary Road to Freedom," *Duke L. Journal* 47:1213 (1998).
59 Laws Ark. 1967, No. 93, p. 209.

18.
Getting Around and Spreading the Word

1 Laws N.Y. 1910, vol. 1, ch. 374, §§287, 290(3), pp. 681, 685.
2 Ky. Stats. 1915 (vol. 3, 1918 supp.), p. 610, §§2739g-9, 2739g-9a.
3 43 Stat. 1119 (act of Mar. 3, 1925).
4 *Historical Statistics of the United States,* vol. 2, p. 716 (1975); Jonathan Simon, "Driving Governmentality: Automobile Accidents, Insurance, and the Challenge to Social Order in the Inter-war Years, 1919-1941," *Conn. Ins. L. Journal* 4:521, 531-532 (1998).
5 *Historical Statistics of the United States,* vol. 2, p. 717.
6 *Statistical Abstract of the United States, 1998,* pp. 633, 635.
7 Corey T. Lesseig, "'Out of the Mud': The Good Roads Crusade and Social Change in Twentieth-Century Mississippi," *J. Mississippi History* 60:51, 59 (1998).
8 Ruth Schwartz Cowan, *A Social History of Technology* (1997), pp. 233-234.
9 The law was 20 Stat. 374, 378 (act of June 29, 1956). Earlier acts had supported road building with federal money: an act of 1916 aimed at helping states build "rural post roads," 39 Stat. 355 (act of July 11, 1916); see also 58 Stat. 838 (act of Dec. 20, 1944).
10 On this point, I am indebted to James Sweet and his unpublished paper (Stanford Law School, 1999), "Monopoly in the Motion Picture Industry: 1900-1950."
11 Edith Abbott, *The Tenements of Chicago* (1936), pp. 477-478.
12 Cowan, *Social History,* p. 234.
13 109 Stat. 803 (act of Dec. 29, 1995).
14 Quoted in Claire Bond Potter, *War on Crime: Bandits, G-Men, and the Politics of Mass Culture* (1998), p. 62.

15 Supplemental Report, Senate Interim Committee on Traffic and Motor Vehicle Violations, State of California (1950), p. 24.
16 Lawrence M. Friedman, *Crime and Punishment in American History* (1993), p. 279.
17 George Warren, *Traffic Courts* (1942) p. 114.
18 See, for example, Cal. Penal Code, §192 (c) (vehicular manslaughter); §191.5, on gross vehicular manslaughter while intoxicated.
19 Frank J. Weed, "Grass-Roots Activism and the Drunk Driving Issue: A Survey of MADD Chapters," *Law & Policy* 9:259 (1987); James B. Jacobs, *Drunk Driving: An American Dilemma* (1989).
20 Jacobs, *Drunk Driving*, p. xvii.
21 See, on this point, Harry Kalven, Jr., and Hans Zeisel, *The American Jury* (1966), pp. 294-296.
22 Ralph Nader, *Unsafe at Any Speed* (1965), pp. 4-5.
23 Giles Whittel, "The Outsider," *New York Times*, November 2, 1996.
24 Jerry L. Mashaw and David L. Harfst, *The Struggle for Auto Safety* (1990), pp. 137-138.
25 87 Stat. 1046 (act of Jan. 2, 1974).
26 88 Stat. 2286 (act of Jan. 4, 1975).
27 109 Stat. 568 (law of Nov. 28, 1995).
28 This had been the law in Montana since 1955—but the national speed limit, of course, did away with it. See Robert E. King and Cass R. Sunstein, "Doing Without Speed Limits," *Boston University L. Rev.* 79:155 (1999).
29 Laws Conn. 191, ch. 86, p. 1348.
30 Laws Mass. 1913, ch. 663, p. 609.
31 43 Stat. 805 (act of Feb. 2, 1925).
32 44 Stat. 568 (act of May 20, 1926).
33 Kevin Starr, *Endangered Dreams: The Great Depression in California* (1996), p. 353.
34 Cowan, *Social History*, p. 256.
35 52 Stat. 973 (act of June 23, 1938).
36 Michael E. Levine, "Airline Competition in Deregulated Markets: Theory, Firm Strategy, and Public Policy," *Yale J. on Reg.* 4:393, 402 (1987).
37 Francis S. Chase, *Sound and Fury* (1942), p. 21, quoted in Steven J. Simmons, *The Fairness Doctrine and the Media*, (1978), p. 18.
38 36 Stat. 629 (act of June 24, 1910).
39 Cowan, *Social History*, p. 279.
40 37 Stat. 302 (act of Aug. 13, 1912).
41 Simmons, *Fairness Doctrine*, p. 16.
42 44 Stat. 1162 (act of Feb. 23, 1927).
43 Ibid., §18, at 1170.
44 48 Stat. 1064 (act of June 19, 1934).
45 Richard W. Steele, *Propaganda in an Open Society: The Roosevelt Administration and the Media, 1933-1941* (1985), pp. 22-23.

46 Donald I. Warren, *Radio Priest: Charles Coughlin, the Father of Hate Radio* (1996), p. 6.
47 Quoted in Maxwell Bloomfield, *Peaceful Revolution: Constitutional Change and American Culture from Progressivism to the New Deal* (2000), p. 104.
48 Quotation is from an address before the National Association of Broadcasters, May 9, 1961, rpt. in Newton N. Minow and Craig L. LaMay, *Abandoned in the Wasteland: Children, Television, and the First Amendment* (1995), pp. 185, 188.
49 Douglas B. Craig, *Fireside Politics: Radio and Political Culture in the United States, 1920-1940* (2000), p. 264.
50 Quoted in Harry P. Warner, *Radio and Television Law* (1948), pp. 420-421.
51 62 Stat. 769 (act of June 25, 1948).
52 In re Applications of E. G. Robinson, Jr., for Renewal of Licence, *FCC Reports* 33: 265, 298 (1961).
53 See Seth T. Goldsamt, "'Crucified by the FCC'? Howard Stern, the FCC, and Selective Prosecution," *Colum. J. L. & Soc. Probs.* 28:203 (1995).
54 See F. Leslie Smith, Milan Meeske, and John W. Wright II, *Electronic Media and Government* (1995), pp. 356-369.
55 102 Stat. 2186, 2228 (act of Oct. 1, 1988)
56 Richard S. Randall, *Censorship of the Movies: The Social and Political Control of a Mass Medium* (1968), p. 10.
57 239 Ill. 251, 87 N.E. 1011 (1909).
58 Laws Pa. 1911, p. 1067.
59 Ohio Stats. 1926, §871-49.
60 Randall, *Censorship of the Movies*, p. 17.
61 Ibid., p. 24.
62 Laws Ohio 1913, p. 399; *Mutual Film Corporation v. Ohio Industrial Commission*, 236 U.S. 230 (1915).
63 Randall, *Censorship of the Movies*, pp. 16, 200.
64 Quoted ibid., pp. 201-202.
65 Andrew Sarris, *"You Ain't Heard Nothin' Yet"* (1998), pp. 31-32.
66 Randall, *Censorship of the Movies*, pp. 27-32; *Joseph Burstyn, Inc., v. Wilson*, 343 U.S. 495 (1952).
67 Richard M. Mosk, "Motion Picture Rating in the United States," *Cardozo Arts & Ent. L.J.* 15:135 (1997).
68 See, for example, the statement of Senator Kent Conrad in *Hearings on Television Violence Before the Senate Committee on Commerce, Science, and Transportation*, July 12, 1995, pp. 66-70.
69 See, in general, Michael Conant, *Antitrust in the Motion Picture Industry: Economic and Legal Analysis* (1960).
70 *U.S. v. Paramount Pictures*, 334 U.S. 131 (1948).
71 Conant, *Antitrust*, p. 4.
72 Benjamin R. Barber, *Jihad vs. McWorld* (1995), pp. 299-300.

73 I am indebted to Vladimir Jevremovic, a student at Stanford Law School for information about the early history of television broadcast regulation.
74 *Statistical Abstract of the United States, 1998*, table 915, p. 573.
75 81 Stat. 365, 367 (act of Nov. 7, 1967).
76 Meredith C. Hightower, "Beyond Lights and Wires in a Box: Ensuring the Existence of Public Television," *Journal of Law and Policy* 3:133 (1994).
77 Jeremy Tunstall, *Communications Deregulation: The Unleashing of America's Communication Industry* (1986), p. 157.
78 Charles Winick, "Censor and Sensibility: A Content Analysis of the Television Censor's Comments," *J. of Broadcasting* 5:117, 125 (1960).
79 *FCC v. Pacific Foundation*, 438 U.S. 726 (1978); see Jeff Deman, "Seven Dirty Words: Did They Help Define Indecency?" *Communications and the Law* 20:39 (1998); Matthew L. Spitzer, *Seven Dirty Words and Six Other Stories* (1986), chap. 7.
80 Spitzer, *Seven Dirty Words*, pp. 119–125.
81 Howard Mintz, "Law School Online," *San Jose Mercury*, Nov. 15, 1999. The school is the Concord University School of Law.
82 Lawrence M. Friedman, *The Horizontal Society* (1999).
83 See on this point, Neil Gabler, *Life the Movie: How Entertainment Conquered Reality* (1998).

19.
Law: An American Export

1 See the essays collected in Marcus Lutter, Ernst C. Stiefel, and Michael H. Hoeflich, *Der Einfluss deutscher Emigranten auf die Rechtstentwicklung in den USA und in Deutschland* (1993).
2 Phanor J. Eder, "The Impact of the Common Law on Latin America," *Miami Law Quarterly* 4:435 (1950).
3 Paul W. Drake, *The Money Doctor in the Andes: The Kemmerer Missions, 1923–1933* (1989).
4 A. Caesar Espiritu, "Constitutional Development in the Philippines," in Louis Henkin and Albert J. Rosenthal, eds., *Constitutionalism and Rights: The Influence of the United States Constitution Abroad* (1990), p. 260.
5 See Helmut Steinberg, "Historic Influences of American Constitutionalism upon German Constitutional Development: Federalism and Judicial Review," *Columbia J. Transnational Law* 36:189 (1997).
6 Hiroshi Itoh, *The Japanese Supreme Court: Constitutional Policies* (1989), pp. 12–19; Lawrence W. Beer, "Constitutionalism and Rights in Japan and Korea," in Henkin and Rosenthal, *Constitutionalism and Rights*.
7 Mauro Cappelletti, John Henry Merryman, and Joseph M. Perillo, *The Italian Legal System: An Introduction* (1967), pp. 75–79.

8　Kyong Whan Ahn, "The Influence of American Constitutionalism on South Korea," *Southern Ill. U. L. J.* 22:71, 105 (1997).
9　Mauro Cappelletti, *Judicial Review in the Contemporary World* (1971), p. 45.
10　Louis Favoreu, "Constitutional Review in Europe," in Henkin and Rosenthal, *Constitutionalism and Rights*, pp. 38, 47.
11　For later developments, see Jaako Husa, "Guarding the Constitutionality of Laws in the Nordic Countries: A Comparative Perspective," *American J. Comparative Law* 48:345, 372 (2000). See, in general, Alec Stone Sweet, *Governing with Judges: Constitutional Politics in Europe* (2000).
12　Anthony Lester, "The Overseas Trade in the American Bill of Rights," *Columbia L. Rev.* 88:537 (1988).
13　See Pnina Lahav, *Judgment in Jerusalem: Chief Justice Simon Agranat and the Zionist Century* (1997).
14　On the law and development movement, see James A. Gardner, *Legal Imperialism: American Lawyers and Foreign Aid in Latin America* (1980); Lawrence M. Friedman, "On Legal Development," *Rutgers L. Rev.* 24:11 (1969); John H. Merryman, "Comparative Law and Social Change: On the Origins, Style, Decline and Revival of the Law and Development Movement," *American J. Comparative Law* 25:457 (1977).
15　See David M. Trubek and Marc Galanter, "Scholars in Self-Estrangement: Some Reflections on the Crisis in Law and Development Studies in the United States," *Wisconsin L. Rev.* 1974: 1062.
16　See, in general, Jacques DeLisle, "Lex Americana?: United States Legal Assistance, American Legal Models and Legal Change in the Post-Communist World and Beyond," *U. Pa. J. of International Economic Law* 20:179 (1999).
17　See, in general, Rett R. Ludwikowski, *Constitution-Making in the Region of Former Soviet Dominance* (1996).
18　Constitution of the Republic of Hungary, chapter IV, article 32/A, reprinted ibid., p. 424.
19　Reprinted ibid., pp. 356–357.
20　See David Lempert, "Pepsi-Stroika: American Cultural Influence on the Russian Political and Legal System," *Legal Studies Forum* 20:345 (1996).
21　I am indebted for information about Latin America to Mauricio Duce.
22　DeLisle, "Lex Americana?" pp. 180, 233.
23　88 Stat. 2056 (act of Jan. 3, 1975).
24　110 Stat. 785 (act of Mar. 12, 1996).
25　Reprinted in *Tax Notes International* 93:211–228 (1993).
26　Convention for the Protection of Migratory Birds, 39 Stat. 1702 (Aug. 16, 1916).
27　46 Stat. 590 (act of June 17, 1930).
28　42 Stat. 9, 11 (act of May 27, 1921).
29　Amy R. Edge, "Preventing Software Piracy Through Regional Trade Agreements: The Mexican Example," *No. Car. J. Int'l Law and Commercial Regulation* 20:175, 198 (1994).

30 102 Stat. 1107, 1212 (act of Aug. 23, 1988). See Edge, "Preventing Software Piracy," p. 187.
31 *Martindale-Hubbell Law Directory*, vol. 2, pp. 3630-3633, 3639-3643, 3650 (1952).
32 *Martindale-Hubbell Law Directory*, vol. 13, p. NYC411P (1999).
33 See, in general, Yves Dezalay and Bryant G. Garth, *Dealing in Virtue: International Commercial Arbitration and the Construction of a Transnational Legal Order* (1996).
34 Wolfgang Wiegand, "Reception of American Law in Europe," *Am. J. Comp. Law* 39:229 (1991).
35 Wolfgang Wiegand, "Americanization of Law: Reception or Convergence?" in Lawrence M. Friedman and Harry N. Scheiber, eds., *Legal Culture and the Legal Profession* (1996), pp. 137, 140.
36 *Martindale-Hubbell International Law Directory*, vol. 1, EU1445B-EU 1447B, AS271B-AS281B (1998).
37 *Stanford Law School Photo Directory*, 1997-1998, pp. 18-20.
38 *Official Guide to U.S. Law Schools* (1994).
39 There are, however, many American law schools which operate overseas campuses, often in summer. The students are mostly Americans studying American law, and enjoying some tourism; but a few such programs enroll foreign students, and a few schools run overseas programs to teach American law to foreign students. DeLisle, "Lex Americana?" p. 206. But American students rarely study laws in non-English-speaking countries. On the insignificant number of Americans studying for an advanced law degree in Germany, see Otto Sandrock, "Über das Ansehen des deutschen Zivilrecht in der Welt," *Zeitschrift für Vergleichenden Rechtswissenschaft* 100:3, 27 (2001).
40 Ulrich Beck, *Risikogesellschaft: Auf dem Weg in eine andere Moderne* (1986).
41 102 Stat. 2318 (act of Oct. 7, 1988).
42 For example, the Hague Convention on the Civil Aspects of International Child Abduction. See June Starr, "The Global Battlefield: Culture and International Child Custody Disputes at Century's End," *Arizona J. of Int'l and Comparative Law* 15:791 (1998).
43 Jeffrey S. Thomas and Michael A. Meyer, *The New Rules of Global Trade: A Guide to the World Trade Organization* (1997), p. 56.
44 William A. Lovett, Alfred E. Eckes, Jr., and Richard L. Brinkman, *U.S. Trade Policy: History, Theory, and the WTO* (1999), p. 98.

20.
Taking Stock

1 On legal culture see Lawrence M. Friedman, *The Legal System: A Social Science Perspective* (1975), pp. 193-194.
2 Deborah W. Denno, "Life Before the Modern Sex Offender Statutes," *Northwestern U. L. Rev.* 92:1317 (1998).
3 Erle Stanley Gardner, introduction to Nathan F. Leopold, Jr., *Life Plus 99 Years* (1958), p. 14.

4 Laws N.J. 1994, cc. 128, 133. Even for those with a small likelihood of repeat performances, law enforcement agencies have to be notified; for "moderate" risks, schools, religious and youth organizations have to be told.
5 Paul Zielbauer, "Posting of Sex Offender Registries on Web Sets Off Both Praise and Criticism," *New York Times,* May 22, 2000.
6 Cal. Penal Code, §667 (adopted by initiative of June 8, 1982). For a careful and devastating critique of this law in action, see Franklin E. Zimring, Gordon Hawkins, and Sam Kamin, *Punishment and Democracy: Three Strikes and You're Out in California* (2000).
7 See "Reno Urges Expansion of Hate-Crime Laws," *New York Times,* Oct. 19, 1998; James Brooke, "Witnesses Trace Brutal Killing of Gay Student," Nov. 21, 1998.
8 "Terror in Littleton," *New York Times,* Apr. 24, 1999.
9 National Conference of State Legislatures, http://www.ncsl.org/programs/legman/about/stfi.htm (visited Jan. 2001).
10 Congressional Quarterly, *How Congress Works* (1983), p. 106; William J. Keefe and Morris S. Ogul, *The American Legislative Process* (9th ed., 1997), p. 204.
11 Gilman M. Ostrander, *Nevada: The Great Rotten Borough, 1859–1964* (1966).
12 514 U.S. 549 (1995).
13 See for example, Reorganization Plan no. 1, 53 Stat. 1423 (effective July 1, 1939), transferring the Bureau of the Budget to the Executive Office of the President.
14 87 Stat. 555 (act of Nov. 7, 1973). Within forty-eight hours of any warlike action of the president, he has to report to Congress; unless Congress agreed to declare war within a certain period, or extended the deadline, the president has to withdraw the troops.
15 *Youngstown Sheet & Tube Co. v. Sawyer,* 343 U.S. 579 (1952); for a discussion of the case, see Maeva Marcus, *Truman and the Steel Seizure Case: The Limits of Presidential Power* (1977).
16 418 U.S. 683 (1974).
17 *Clinton v. Jones,* 520 U.S. 681 (1997).
18 See 42 U.S.C.A. §§5122, 5170.
19 These figures are from *Historical Statistics of the United States,* vol. 2, pp. 1100, 1102; *Statistical Abstract of the United States, 1999,* p. 338.
20 David Vogel, *National Styles of Regulation: Environmental Policy in Britain and the United States* (1986), p. 213.
21 Steven Kelman, *Regulating America, Regulating Sweden: A Comparative Study of Occupational Safety* and Health Policy (1981), p. 203.
22 Ibid., p. 221.
23 Robert A. Kagan, *Adversarial Legalism: The American Way of Life* (forthcoming, 2001).
24 Samuel Walker, *The Rights Revolution: Rights and Community in Modern America* (1998), p. viii.

文献说明

就某种意义而言,20世纪的美国法律史有太多的内容可以撰写,以至于没有人能把它们全部收入,除非你能有百岁人生。哈佛法学院图书馆里的书籍有百万卷,大部分都是有关美国法律的书籍;大部分都出版于20世纪内;在某种程度上,它们几乎都是有些人撰写美国法律史这种书可以参考的来源。有上百种法学评论杂志,有百万页关于20世纪美国法律的资料;法院的记录、律师的文件浩如烟海;这些堆积如山材料都储存在各郡的法庭及历史学会。在最近几年,你可以在几乎没有限制的法律信息网的空间中,补充这些书籍、文章和档案的内容,这是一个电子资料的神秘莫测的科幻世界,而且还在无边无际地不断成长扩充中。

此外,次级文献与原始文献之间的界限,近来也变得有些模糊不清。像是 *Illinois Crime Survey*(1929)的20世纪20年代犯罪研究,和 Kalven 与 Zeisel 合著的经典之作 *The American Jury*(1966),这些年代较远的研究都是学术作品,但同时又是真正的历史文献。在大多数场合,我将会忽略它们,而聚焦于为期不太久远的书籍。

尽管存在着太多人们无法吸收的文献,但是有关20世纪美国法律史的一般性叙述,事实上是非常缺乏,甚至是个空白。我自己的书,*A History of American Law*(2d ed.,1985),尽管书名看上去包罗万象,但本质上是在谈论 1900 年以前的事情,只有结尾的 40 页论及 20 世纪的法律。但是,我只能诚恳地说,那是对少数几个重要主题的速描。Kermit Hall 的著作 *The Magic Mirror: Law in American History* (1989) 事实上包括 20 世纪。Hall 的这本书有 336 页,而 20 世纪占到了约三分之一的篇幅。Hall 对于 20 世纪做了很好的处理,但是毕竟它十分简短,实在不能称其为够经典的书籍。Gerald L. Fetner, *Ordered Liberty: Legal Reform in the Twentieth Century* (1983),只有 96 页长,还附上了一些诉讼案卷;它略去了刑法及大部分私法部分的主题。有些人试图总结或描述 20 世纪的美国法律文化,我尝试出版了《完全的正义》(*Total Justice*)(1985)和《政体的选择:法律、权威和文化》(*The Republic of Choice: Law, Authority, and Culture*)(1990)。对 20 世纪后半叶提出了重要的解释的是 Robert A. Kagan 的一本书: *Adversarial Legalism: The American Way of Law* (forthcoming, 2001)。

也有许多加了注释的诉讼案卷选辑(类似案例选辑),比如 Stephen B. Presser and Jamil S. Zainaldin, *Law and Jurisprudence in American History: Cases and Materials* (3d edition, 1995);其中有 200 页论及 20 世纪,但是大部分内容涉及的是法学思想的学说派别、宪法原则以及一些契约及侵权行为法。另一部选辑是 Kermit L. Hall, William M. Wiecek, and Paul Finkelman, *American Legal History: Cases and Materials* (2d edition, 1996);该书中有关 20 世纪的分量不多,但它搜集的主题及强调的重点和 Presser 与 Zainaldin 合著的书类似。换言之,某种综合性的概述是非常急需的。至于本书是否填补了这一空白,或者至少是某一部分的空白——我得留给读者们去做评判。

我也必须指出,法律对 20 世纪的美国如此之重要,以至于几乎每一个有关美国历史、政治或文化的重要记录,都与法律息息相关。例如,你不可能撰写新政的历史,却不谈论新政的大规模的立法计划。

因此在 1999 年出版的 David M. Kennedy 的《免于恐惧的自由：1929—1945，在大萧条和战争中的美国人》(*Freedom from Fear*：*The American People in Depression and War*, *1929-1945*)一书中，确实提及了大量的法律史。一个类似的观点可以在任何有关 20 世纪的重要研究中得到发现。

到此为止，我一直在谈论法律史的一般文献。很少有书籍谈论特定州的法律史。1999 年，Joseph A. Ranney 撰写的 *Trusting Nothing to Providence*：*A History of Wisconsin's Legal System* 是一个例外。不幸地，法官及律师的历史很少有什么真正价值，这些书的作者绝不会在任何有声誉的大学里获取终身教职，但是它们有时能提供一点点有用的信息。

当然，在某些特定的领域里，情形有所不同。比如，关于 20 世纪的宪法史和联邦最高法院判决的文献浩如烟海；确实，这是个一眼望不到底的深井。我只能提及其中一小部分，那些我觉得特别有用的部分，或者由于各种原因非常引人入胜的部分。1988 年 Melvin I. Urofsky 的 *A March of Liberty*：*A Constitutional History of the United States*，一书用了几百页的篇幅谈及 20 世纪，而且时常逾越了宪法史；这是一部有价值的著作。William F. Swindler 撰写的三卷本 *Court and Constitution in the 20th Century*，包括了 20 世纪前面三分之二的历史，三卷标题分别为：*The Old Legality*, *1889-1932*（1969）；*The New Legality*, *1932-1968*（1970）；*The Modern Interpretation*（1974）。有关 the Fuller Court，参看 James W. Ely, Jr., *The Chief Justiceship of Melville W. Fuller*, *1888-1910*（1995）；亦见，on the Fuller and White Courts, John E. Semonche, *Charting the Future*：*The Supreme Court Responds to a Changing Society*, *1890-1910*（1978）；一个最近的文献和创新的补允参看 Maxwell Bloomfield, *Peaceful Revolution*：*Constitutional Change and American*

Culture from Progressivism to the New Deal（2000）。有关 the Stone and Vinson Courts，参看 Melvin I. Urofsky, *Division and Discord: The Supreme Court Under Stone and Vinson, 1941-1953*（1997）；有关 the Warren Court，有相当多的文献，包括 Lucas A. Powe, Jr. , *The Warren Court and American Politics*（2000）, and Morton J. Horwitz, *The Warren Court and the Pursuit of Justice*（1998）。有关更为特别的题目,参看: Howard Gillman, *The Constitution Besieged: The Rise and Demise of Lochner Era Police Powers Jurisprudence*（1993）；有关 Roosevelt's court-packing plan，参看 William E. Leuchtenburg, *The Supreme Court Reborn: The Constitutional Revolution in the Age of Roosevelt*（1995）；有关 the New Deal developments on the Court, and what led up to them, 参看 Barry Cushman, *Rethinking the New Deal Court: The Structure of a Constitutional Revolution*（1998）。有关 the Burger Court，有一本有用途但不甚完整的论文集：collection of essays: Bernard Schwartz, ed. , *The Burger Court: Counter-Revolution or Confirmation?*（1998）。1998 年，Edward Lazarus 的 *Closed Chambers* 是一个法院书记官对法庭工作栩栩如生的描述，其副标题为 *The First Eyewitness Account of the Epic Struggles Inside the Supreme Court*。关于选择联邦法院的法官，有一本精致和通彻的专论：Sheldon Goldman, *Picking Federal Judges: Lower Court Selection from Roosevelt Through Reagan*（1997）。有关上诉法院，参看 Donald R. Songer, Reginald S. Sheehan, and Susan B. Haire, *Continuity and Change on the United States Courts of Appeals*（2000）。Alexander Keyssar, *The Right to Vote: The Contested History of Democracy in the United States*（2000），此书对选举权的历史颇具创见。

有关最高法院法官们的传记数不胜数。特别是关于霍姆斯大法官的传记尤其多。写得不错的有:G. Edward White, *Justice Oliver Wen-*

dell Holmes: Law and the Inner Self (1993)。Richard Polenberg, *The World of Benjamin Cardozo: Personal Values and the Judicial Process* (1997)是一本研究卡多佐法官的好书。另外一部研究卡多佐的传记是 Andrew L. Kaufman, *Cardozo* (1998)。Alpheus Thomas Mason 的经典传记值得一看,参看 *Brandeis: A Free Man's Life* (1946)。有关 Felix Frankfurter's career before the Court,参看 Michael E. Parrish, *Felix Frankfurter and His Times: The Reform Years* (1982)。一点儿也不奇怪,有关厄尔·沃伦大法官的传记数不胜数,值得一读的是:G. Edward White, *Earl Warren: A Public Life* (1982)。Howard Ball 关于瑟古德·马歇尔的传记, *A Defiant Life: Thurgood Marshall and the Persistence of Racism in America* (1998),对于马歇尔入主最高法院前在民权运动中的经历着墨详尽。其他好的最高法院大法官的传记还包括 Dennis J. Hutchinson, *The Man Who Once Was Whizzer White: A Portrait of Justice Byron R. White* (1998),以及 Laura Kalman, *Abe Fortas: A Biography* (1990)。下一级联邦法官们传记自然很不足够,这里有必要提及的是:Gerald Gunther, *Learned Hand: The Man and the Judge* (1994),以及 Robert Jerome Glennon, *The Iconoclast as Reformer: Jerome Frank's Impact on American Law* (1985)。州法院的法官甚至更容易被忽略;但是卡多佐的传记是个例外,因为他最出色的工作都是在纽约(而不是在华盛顿)完成的。

杰罗姆·弗兰克作为一个法律思想家的声誉,超过了他作为一个法官的声誉。法律思想和法律思想家分享着文字的表述方式。有关卡尔·卢埃林,参看 William Twining, *Karl Llewellyn and the Realist Movement* (1973);自从此书问世后,有关于卢埃林案件的文献大量增加。参看 N. E. H. Hull, *Roscoe Pound and Karl Llewellyn: Searching for an American Jurisprudence* (1997)。有关法律现实主义运动,参看 Laura

Kalman, *Legal Realism at Yale*, *1927-1960*（1986）；Kalman 对于法律现实主义运动后来的发展亦有研究,见其作品 *The Strange Career of Legal Liberalism*（1996）；亦见 John Henry Schlegel, *American Legal Realism and Empirical Social Science*（1995）。Morton Horwitz, *The Transformation of American Law*, *1870-1960*: *The Crisis of Legal Orthodoxy*（1992）,此书对美国法律制度思想史进行了总体上的论述。

有关联邦最高法院的个别判决以及判决的个别领域,相关的文献也是浩如烟海。有关布朗案发生前后的文献,可以填满一整个房间。不过,需要提及的是,Richard Kluger, *Simple Justice*（1976）,此书对该案的背景分析至详。同样有所助益的是 Mary L. Dudziak, *Cold War Civil Rights*: *Race and the Image of American Democracy*（2000）。关于对布朗案的反应以及该案的影响,研究数不胜数。有关南方种族融合方面的法官以及评述,参看 Jack Bass, *Unlikely Heroes*（1981）；亦见 Michal Belknap, *Federal Law and Southern Order*: *Racial Violence and Constitutional Conflict in the Post-Brown South*（1995）。有关第二次世界大战期间拘留在美国的日本人案件,参看 Peter Irons, *Justice at War*（1983）, tells the story of the Japanese internment cases in World War II; 以及 in *The Courage of Their Convictions*（1988）, Irons 在书中提供了第一人称的视角。最高法院案件编辑方面,下面这本书简要、实用并富有启发性: *The Oxford Guide to United States Supreme Court Decisions*（1999）, edited by Kermit Hall。

有关探讨早期言论自由方面的书籍,参看 Richard Polenberg, *Fighting Faiths*: *The Abrams Case*, *the Supreme Court*, *and Free Speech*（1987）；有关堕胎案件以及先驱者们的事件,参看 David J. Garrow, *Liberty and Sexuality*: *The Right to Privacy and the Making of Roe v. Wade*（1994）；Barbara Hinkson Craig and David M. O'Brien, *Abortion and*

American Politics（1993）。有关个别案件的著作，请留意 Melvin I. Urofsky, *Affirmative Action on Trial: Sex Discrimination in Johnson v. Santa Clara* (1997); Christopher P. Manfredi, *The Supreme Court and Juvenile Justice* (1998); Maeva Marcus, *Truman and the Steel Seizure Case: The Limits of Presidential Power* (1994)。有关宪法以及社会变化的清晰综述，参看 Samuel Walker's book, *The Rights Revolution: Rights and Community in Modern America* (1998)。

有关法律职业的文献甚多，参看 Richard L. Abel 的著作，*American Lawyers* (1989), contains a great deal of historical material. See also Jerold S. Auerbach, *Unequal Justice: Lawyers and Social Change in Modern America* (1976); 从政府律师的视角观察罗斯福新政，参看 Peter H. Irons, *The New Deal Lawyers* (1982), 亦见 Ronen Shamir, *Managing Legal Uncertainty: Elite Lawyers in the New Deal* (1995)。有关公益律师，参看 Martha F. Davis, *Brutal Need: Lawyers and the Welfare Rights Movement, 1960-1973* (1993)。有关一般性法律教育和标准，参看 Robert B. Stevens, *Law School: Legal Education in America from the 1850s to the 1980s* (1983); 有关法律事务所的历史文献触手可及，但是大多数都不乏枯燥无味和自我吹嘘(bland and self-congratulatory)。参看 Harold Hyman, *Craftsmanship and Character: A History of the Vinson and Elkins Law Firm of Houston, 1917-1997* (1998)。关于律师的传记数不胜数，很多都属于自传，大多把传记把自己描述成英雄人物，好的作品鲜见。但是，由诚实、善意的历史学家撰写的律师传记当然也是有的，参看 William H. Harbaugh, *Lawyer's Lawyer: The Life of John W. Davis* (1973)。克莱伦斯·丹诺之光辉一生，足以让不少传记作家分享，参看 Kevin Tierney, *Darrow: A Biography* (1979)。David J. Langum 的传记作品也十分迷人，参看 *William M. Kunstler: The Most Hated Lawyer in*

America（1999）。

有关权利和侵犯权利方面的文献也非常之多。言论自由议题，参看 Polenberg, *Fighting Faiths*; David Rabban, *Free Speech in Its Forgotten Years* (1997). Samuel Walker, *In Defense of American Liberties: A History of the ACLU* (1990). Shawn Francis Peters, *Judging Jehovah's Witnesses: Religious Persecution and the Dawn of the Rights Revolution* (2000)。有关20世纪20年代的民权案件，参看 William G. Ross, *Forging New Freedoms: Nativism, Education, and the Constitution, 1917-1927* (1994)。有关麦卡锡时代的苦痛，充满了太多的争议，参看 David Caute, *The Great Fear: The Anti-Communist Purge Under Truman and Eisenhower* (1978); Arthur L. Sabin, *Red Scare in Court: New York Versus the International Workers Order* (1993), 以及 *In Calmer Times: The Supreme Court and Red Monday* (1999); Ellen Schrecker, *Many Are the Crimes: McCarthyism in America* (1998)。有关移民的议题，参看 Elliott Robert Barkan, *And Still They Come: Immigrants and American Society, 1920 to the 1990s* (1996)。

美国人对法庭审判十分着迷（大部分都是刑事案件），提及审判的书籍相当多。我挑选了两部极为有趣和犀利的书：Edward J. Larson, *Summer for the Gods: The Scopes Trial and America's Continuing Debate over Science and Religion* (1997); Dan Carter, *Scottsboro: A Tragedy of the American South* (1971)。

有关特定领域的文献参差不齐。刑事司法方面，我不揣冒昧地推出我自己的著作 *Crime and Punishment in American History* (1993)；还有 Roger Lane, *Murder in America: A History* (1997)。这两本书都用很多篇幅谈及了20世纪；同时还有 Samuel Walker, *Popular Justice: A History of American Criminal Justice* (2d ed., 1998)。有关监狱和监狱生活的文字也十分丰富，例如 James B. Jacobs, *Stateville: The Peniten-*

tiary in Mass Society（1977），以及 David M. Oshinsky,"*Worse Than Slavery*"：*Parchman Farm and the Ordeal of Jim Crow Justice*（1996）。有一些领域出现了很不错的专著,例如 Leslie J. Reagan, *When Abortion Was a Crime*：*Women, Medicine and Law in the United States, 1867-1973*（1997），以及 David J. Langum, *Crossing Over the Line*：*Legislating Morality and the Mann Act*（1994）；Mary Odem, *Delinquent Daughters*：*Protecting and Policing Adolescent Female Sexuality in the United States, 1885-1920*（1995）；研究 1890 年至 1990 年假释制度的有：Jonathan Simon, *Poor Discipline*（1993）。研究 20 世纪性变态、虐待儿童等现象的有：Philip Jenkins, *Moral Panic*：*Changing Concepts of the Child Molester in Modern America*（1998）。

有关 20 世纪家庭法的书籍比较匮乏,不过可以参看的是：Herbert Jacob, *Silent Revolution*：*The Transformation of Divorce Law in the United States*（1988）；J. Herbie DiFonzo, *Beneath the Fault Line*：*The Popular and Legal Culture of Divorce in Twentieth-Century America*（1997）；以及 E. Wayne Carp, *Family Matters*：*Secrecy and Disclosure in the History of Adoption*（1998）。有关州政府监管的议题,有两本重要的书籍：Morton Keller, *Regulating a New Economy*：*Public Policy and Economic Change in America, 1900-1933*（1990），以及 *Regulating a New Society*：*Public Policy and Social Change in America, 1900-1933*（1994）。Robert Harrison, *State and Society in Twentieth Century America*（1997），此书的概述颇具参考价值。另请见 Joel Seligman 的 *The Transformation of Wall Street*：*A History of the Securities and Exchange Commission and Modern Corporate Finance*（rev. ed., 1995）。农业法律史类别的文献是缺乏的,但还是有可敬的研究,比如 Victoria Saker Woeste, *The Farmer's Benevolent Trust*：*Law and Agricultural Cooperation in Industrial America, 1865—*

1945 (1998), 以及 Arthur McEvoy, *The Fisherman's Problem: Ecology and Law in the California Fisheries, 1850-1980* (1986)。

有关福利和福利历史方面的文献,参看 Molly Ladd-Taylor, *Mother-Work: Women, Child Welfare, and the State, 1890-1930* (1994); Michael B. Katz, *In the Shadow of the Poorhouse: A Social History of Welfare in America* (revised ed., 1996), 此书关于20世纪的材料非常丰富。James T. Patterson, *America's Struggle Against Poverty in the Twentieth Century* (2000), 此书提供了上佳的概述。劳动法方面的作品产量令人印象深刻,可以参看 William E. Forbath, *Law and the Shaping of the American Labor Movement* (1989); Melvyn Dubofsky, *The State and Labor in Modern America* (1994); and Daniel R. Ernst, *Lawyers Against Labor: From Individual Rights to Corporate Liberalism* (1995)。

有关军事司法方面,这是一个几乎被遗忘了的角落,现在已经有了实质的研究成果,可以参看 Jonathan Lurie, *Arming Military Justice*, vol. 1, *The Origins of the United States Court of Military Appeals, 1775-1950* (1992), 以及 *Pursuing Military Justice*, vol. 2, *The History of the United States Court of Appeals for the Armed Forces, 1951-1980* (1998)。行政法是另一个容易被遗忘的重要领域,不错的文献包括 Robert L. Rabin 的长文"Federal Regulation in Historical Perspective", 载 *Stanford Law Review* 38:1189 (1986)。

不足为怪,有关程序、上诉过程以及联邦管辖权方面严谨的历史研究文献,仍然不足,也有些值得欣赏的书籍,可以参看 Edward A. Purcell, Jr., *Litigation and Inequality: Federal Diversity Jurisdiction in Industrial America, 1870-1958* (1992), 以及 *Brandeis and the Progressive Constitution: Erie, the Judicial Power, and the Politics of the Federal Courts in Twentieth-Century America* (2000)。如下这本书,主要提及20

世纪的过程,但是对 19 世纪的过程也不乏参看价值:Stephen C. Yeazell, *From Medieval Group Litigation to the Modern Class Action* (1987)。

有关商业法、贸易法、反托拉斯法、土地法、知识产权法等方面,实务和学术方面研究文献堆积如山,但是它们大多不具有历史的研究视角,并且大多数都枯燥并形式化。一个例外的例子是 Paul Goldstein, *Copyright's Highway: The Law and Lore of Copyright from Gutenberg to the Celestial Jukebox* (1994);亦见 Joel Seligman 前述作品,以及 Herbert Hovenkamp, *Enterprise and American Law, 1836-1937* (1991). 的确,在此还有很多的工作需要完成。但是阐述过去历史的整个事业是实实在在的。这项工作永远都不会被放弃。它总是处于未完成时,总是刚刚开始,总是正在进行时;这是一个永远都不会完成的工作。

索 引

（原著页码）

Abbott, Edith, 伊迪丝·艾伯特, 551

Abortion, 堕胎, 236-237, 329-330, 531-532, 605, 685; rights, 堕胎权, 529, 535

Abrams, Charles, 查尔斯·艾布拉姆斯, 405

Abrams v. United States, 艾布拉姆斯诉美国案, 142-143

Accidents, 意外事故, 61-62, 278, 349-355, 363, 372; concept of, 意外事故的概念, 351-352

Acheson, Dean, 迪恩·艾奇逊, 285, 339

Activism, judicial, 司法能动主义。See Judicial activism, 参见司法能动主义

Adair v. United States, 阿代尔诉美国案 18, 19, 609

Adarand Constructors, Inc., v. Pena, 阿达兰德建筑公司诉佩娜案, 527

Addams, Jane, 简·亚当斯, 102

Administrative Dispute Resolution Act, 《行政争议解决法案》, 279

Administrative law, 行政法, 172, 688

Administrative Procedure Act, 《行政程序法案》, 171-172

Administrative reform, 行政改革, 171

Administrative state, 行政国家, x, 602

Adoption, 收养, 443-448

Advertising, 广告, 428, 464

Affirmative action, 平权措施, 12, 323, 526-527, 545

Africa, 非洲, 572, 586

African Elephant Conservation Act, 《非洲象保护法案》, 586

Age discrimination, 年龄歧视, 324-325, 604

Age Discrimination in Employment Act, 《反就业年龄歧视法案》, 324

Agency for International Development, 国际开发总署, 579

Agent Orange, 橘剂, 368

Age of consent, 法定承诺年龄, 100

Agranat, Simon, 西蒙·阿格拉纳特, 579

Agricultural Act, 农业法案, 452

Agricultural Adjustment Act, 《农业调整法案》, 156, 159, 161

A. H. Robins Company, A. H. 罗宾斯公司, 368

Aid to Dependent Children, 儿童援助计划, 182

Aid to Families with Dependent Children, 抚养儿童家庭补助计划, 536-537

Aiken, Doris, 多丽丝·艾肯, 553

Air Commerce Act, 《航空商业法案》, 556

Air Force One (film), 《空军一号》(电影), 594

Airline Deregulation Act, 《航空公司解除管制法案》, 558

Airlines, 航空公司, 308, 556

Air Quality Act, 《空气质量法案》, 197

Air Safety Board, 航空安全委员会, 557

Alabama: anti-lynching law, 阿拉巴马州:反私刑法律, 119; black workers, 黑人工人, 116; blue laws, 蓝色法案, 230; convict miners, 罪犯矿工, 119; death row, 死囚, 221; delinquency law, 犯罪法, 91; hazardous waste law, 危险废弃物法, 378; juries, 陪审团, 265; legislature, 立法机关, 595; prison rapes, 监狱强奸, 216; school prayer, 学校祈祷, 511; Scottsboro case, 斯科茨伯勒案, 120; state association, 州内协会, 41; voting, 表决, 114; voting rights, 投票权, 301, 311

Alameda County, Calif., 阿拉米达郡, 加利福尼亚州, 350

Alaska, 阿拉斯加州, 420; constitution, 宪法, 344, 346; divorce, 离婚, 441; Inuit, 因纽特人, 452; law school, 法学院, 485; pension law, 养老金法, 180; voting rights, 投票权, 301; workers' compensation, 工人赔偿金, 540

Alaska Game Act, 《阿拉斯加狩猎法》, 81

Albertson v. Subversive Activities Control Board,艾伯森诉破坏行动控制委员会案,337

Alcatraz Island,恶魔岛,319

Alexander, Sadie Tabbler Massell,萨迪·泰伯勒·马塞尔·亚历山大,33

Alien Land Law,外国人土地法,123

Aliens,外国人,313,538;illegal,非法的,130

Aliquippa and Southern Railroad Company,阿里奎帕和南方铁路公司,169

Alternative dispute resolution,替代性纠纷解决,480

Ambulance chaser,救护车追逐者,29-30

American Association for Retired People,美国退休人士协会,324

American Association of Health Plans,美国健康计划协会,473

American Bar Association,美国律师协会,34,37,39,41,49,193,223,258,459-460,466,481,580,611,612,616;judicial selection,法官选任,477

American Civil Liberties Union,美国公民自由联盟,283,284,333,471,511,517,519

American Dilemma, An(Myrdal),《一个美国的困境》(缪达尔),284-285

American Federation of Labor,美国劳工联合会,76,78,79

American Indian Movement,美国印第安人运动,319,472,604

American Indians,美国印第安人。Scc Native Americans,参见美国原住民

American Jewish Committee,美国犹太人委员会,511

American Judicature Society,美国司法学会,38,41

American Jury, The(Kalven and Zeisel),《美国陪审团》(哈里·凯尔文和汉斯·塞瑟尔),502,681

American Law Institute,美国法律协会,358,379,488,491

American Lawyer(periodical),《美国律师》(期刊),465

American Legion,美国退伍军人协会,283

American Medical Association,美国医学协会,180,193

American Political Science Association,美国政治学协会,504

American Society of Composers, Authors, and Publishers, 美国作曲家、作家和出版商协会, 427

American Sociological Association, 美国社会学协会, 503

Americans with Disabilities Act, 《美国残障人士法案》, 325

American Telephone and Telegraph, 美国电话电报公司, 59, 391

American Tobacco case, 美国烟草公司案, 57

American Tort Reform Association, 美国侵权法改革协会, 538

Amish, 阿米什人, 509, 516, 545

Anaconda (mining company), 森蚺（矿业公司）, 73

Anarchists, 无政府主义者, 143, 144

Ancient Law (Maine), 《古代法》(梅因), 381

Andrus, Ethel Percy, 埃塞尔·珀西·安德鲁斯, 324

Anslinger, Harry, 哈里·安斯林格, 107, 239

Anti-Drug Abuse Act, 《反毒品滥用法案》, 238, 240

Antidumping laws, 反倾销法, 582

Anti-Saloon League, 反酒馆联盟, 102

Anti-Semitism, 反犹太主义, 144

Antiterrorism and Effective Death Penalty Act, 《反恐怖主义和有效死刑法案》, 223

Antitrust, 反垄断, 54-59, 166; law, 法律, 390-393; policy, 政策, 391

Antiwar movement, 反战运动, 293

Apartheid, 种族隔离, 9, 111, 280, 285, 286, 505, 528

Arabs, 阿拉伯人, 322, 472

Arizona: abortion, 亚利桑那州：流产, 329; adoption, 收养, 446; agricultural laws, 农业法, 65; amendment, 修正案, 636; bar association, 律师协会, 464; constitution, 宪法, 344; dead man's statute, 死者条例, 268; divorce, 亚利桑那州离婚, 441; federal rules of procedure, 联邦法规程序, 256; flag law, 旗帜法, 145; gas chamber, 毒气室, 218; homesteads, 家园, 421; illegitimacy, 非法性, 447; intermarriage law, 通婚法, 123; juvenile justice, 少年司法, 212-213; loyalty oath, 宣誓效忠, 337; Mexicans, 墨西哥人, 130-131; mine strike, 矿山罢工, 74; pension law, 养老金法, 180; strikes, 州大罢工, 76, 140; surrogacy, 代孕, 444; train limit law,火车限制法,378

Arkansas antievolution law,阿肯色州反进化论法,508;constitution,宪法,344,345;freedom of information act,信息自由法,547;judiciary commission,阿肯色州司法委员会,475;prisons,监狱,214-215;segregation,隔离,112;worker's compensation,工人赔偿金,353

Armstrong Committee,阿姆斯特朗委员会,69

Army Corps of Engineers,美国陆军工程兵团,259

Arnold, Fortas, and Porter (law firm),阿诺德、福塔斯和波特(律师事务所),491

Arnold, Thurman,瑟曼·阿诺德,166,491

Articles of War,战争条款,317

Asia,亚洲,128,129,584

Asians,亚洲人,11,321-322,585;critical race theory,批判种族理论,494;immigration,移民,124-125,342,529;judges,法官,459;land ownership,土地所有权,313,625;law firms,律师事务所,460

Assimilation,同化,11,604

Association of American Law Schools,美国法学院协会,34,37,39,481,485

Association of the Bar of the City of New York,纽约律师协会,41-42,459

Atlanta,亚特兰大,81,405;movie censors,电影审查,563

Atlantic and Pacific Tea Company,大西洋与太平洋食品商社,157

Atlantic City, N.J.,新泽西州大西洋城,229

Atomic Energy Commission,原子能委员会,336

Attica prison,阿提卡监狱,217,472

Automobile,汽车,7,83,278,364,549-555,589

Automobile accidents,汽车事故,552-553

Backlash,反弹,11,356,523-524,529,543,545

Bailey, Lonzo,伦佐·贝利,116

Bailey v. Alabama,贝利诉阿拉巴马州案,116,117

Baker and McKenzie (law firm),贝克·麦坚时(律师事务所),462

Bakeries,面包店,17,24

Baker v. Carr,贝克诉卡尔案,311

Bald Eagle Protection Act,《秃鹰保护法案》,423

Baldwin, Brian Keith, 布莱恩·凯斯·鲍德温,221

Ball, Harry, 哈里·波尔,503

Baltimore, 巴尔的摩,190

Bank Holding Company Act,《银行控股公司法案》,390

Banking laws, 银行法,67-69, 576

Bankruptcy, 破产,316, 385-389, 584

Banks, 银行, 163, 176, 415

Bar associations, 律师协会, 39-42. See American Bar Association, National Bar Association, 参见美国律师协会,全国律师协会

Bar examination, 律师资格考试,35, 38, 486

Barnard, Kate, 凯特·巴纳德, 94

Barnett, Ross, 罗斯·巴尼特,290

Barry, Joan, 琼·巴里, 232

Bates, John, 约翰·贝茨,464

Bates v. State Bar of Arizona, 贝茨诉亚利桑那州律师协会案,464

Battered woman defense, 受虐妇女防御,247-248

Baxter, William, 威廉·巴克斯特,392

Bazelon, David L., 戴维·L.贝兹伦,243

Beale, Joseph Henry, Jr., 小约瑟夫·亨利·比尔,34

Beattie, Merritt, 梅里特·贝蒂,454

Beauchamp, Arthur, 亚瑟·比彻姆,610

Beck, Ulrich, 乌尔里克·贝克,586

Becker, Gary, 加里·贝克尔,500

Beef Trust, 牛肉托拉斯,57

Bell, Derrick, 德里克·贝尔,494

Bellah, Robert, 罗伯特·贝拉,516

Belli, Melvin, 梅尔文·贝利,373-374, 466

Bench trials, 无陪审团审判,85

Berea College v. Kentucky, 贝瑞亚学院诉肯塔基州案,113

Berger, Curtis J., 柯蒂斯·J.伯杰,278

Bergstrom, Randolph, 伦道夫·伯格斯特龙,264, 366

Berle, Adolph, 阿道夫·伯利,390

Berlin, Irving, 欧文·柏林,394

Berne, Eric, 埃里克·伯尔尼,308

Berry, Chuck, 查克·贝瑞,99

Bethea, Rainey, 雷尼·贝西娅, 218

Betts v. Brady, 贝茨诉布雷迪案,208

Bible, 圣经,512-514, 544

Billing, lawyers', 律师收费,467-468

Bill of Rights,《权利法案》,9, 135,

136，138，206，207，213，320，328，510，576，577，578，580

Bing, Isabel，伊莎贝尔·宾，359

Bird, Rose，罗丝·伯德，458，476

Birmingham, Ala.，阿拉巴马州伯明翰市，291，297

Birth control，计划生育，327，430

Birth of a Nation（film），《一个国家的诞生》（电影），144

Bismarck, Otto von，奥托·冯·俾斯麦，575

Black, Barbara，芭芭拉·布莱克，484

Black, Hugo，雨果·布莱克，161，275，276，314

Black and White Taxicab and Transfer Company v. Brown and Yellow Taxicab and Transfer Company，黑白出租转运公司诉棕黄出租转运公司，261

Blacklisting，黑名单，57

Blackmail，勒索，433

Blackmun, Harry，哈里·布莱克门，329，330，531，534

Blacks，黑人，505，542，604-605；adoption，收养，446；affirmative action，平权措施，527；apartheid，种族隔离，280；bench trials，无陪审团审判，85；changes since 1950，自1950年起的改变，302；critical race theory，批判种族理论，494；drugs，239，240，毒品；EEOC，就业机会平等委员会，298-299；factory labor，工厂劳工，187；gangs，帮派，214；housing，住房，121-122；juries，陪审团，264，265；justice system，司法系统，284；law firms，律师事务所，460；law professors，法学教授，484；law students，法学学生，459，528；in legal profession，在律师职业中，32，41；mothers' aid，援助母亲，179；movies，电影，563；political power，政治权利，114，119；In prison，在监狱里，93；radicals，激进分子，472；rights，权利，517；separatism，分裂主义，543；in South，在南方，2，120；state civil rights，各州民事权利，310-311；on television，在电视上，529；Voting rights，投票权，311-312；welfare mothers，福利母亲（有孩子但无丈夫夫供养而接受社会福利救济的妇女），537

Blackstone, William，威廉·布莱克斯通，499，575

Blake, James B.，詹姆斯·B.布莱克，31

Bleak House（Dickens），《荒凉山庄》（狄更斯），253

Blease, Cole，科尔·布利兹，119

Block v. City of Chicago，布洛克诉芝加哥市案，562，563，564

Blue laws，蓝色法案，229-230

Blue sky laws，蓝天法，163-164

Board of Statutory Consolidation，法规整合委员会，252

Bob Jones University v. U. S.，鲍勃·琼斯大学诉美国案，514

Boddie v. Connecticut，博迪诉康涅狄格州案，316

Boesky, Ivan，伊凡·博斯基，224

Boggs Act，《博格斯法案》，237

Bolsheviks，布尔什维克，140，141，158，166，252

Bonaparte, Charles I.，查理·波拿巴，82

Bonbrest, Bette Gay，贝特·盖·波布雷斯特，357

Bonbrest v. Kotz，波布雷斯特诉孔兹案，357

Bonnie and Clyde（film）《雌雄大盗》（电影），594

Boorstin, Daniel，丹尼尔·布尔斯廷，471

Border Patrol，边境巡逻队，130

Borel, Clarence，克拉伦斯·博雷尔，367

Bork, Robert，罗伯特·博克，158，525；busing，波士顿：用校车接送学童，295；catastrophes，大灾难，351；gangsters，黑帮，245；movie censors，波士顿的电影审查，563；rail service，波士顿的铁路服务，543

Bowers v. Hardwick，鲍尔斯诉哈德维克案，529，535

Brady, James，詹姆斯·布雷迪，242

Brady, Sarah，莎拉·布雷迪，242

Brady bill，《布雷迪法案》，242

Bramble Bush, The（Llewellyn），《荆棘丛》（卢埃林），492

Brandeis, Louis D. 路易斯·D. 布兰代斯，57，143，156，166，262，275，369-371，628，684

Breach of promise，违背合约，433

Breitel, Charles，查尔斯·布赖特尔，476

Brennan, William J.，威廉·J. 布伦南，275，276

Brewer, David，戴维·布鲁尔，127

Breyer, Stephen，斯蒂芬·布雷耶，525

Brill, Steven，史蒂文·布里尔，465

Brooks, Charles, 查尔斯·布鲁克斯, 220

Brown, Henry B., 亨利·B.布朗, 135

Brown, Joe, 乔·布朗, 474

Brown v. Board of Education, 布朗诉教育委员会案, x-xi, 122, 288-297, 322, 328, 347, 403, 477, 502, 543, 685; acceptance, 接纳, 531, 542; enforcement, 执行, 274, 310; mainstreaming, 弱势群体回归主流, 455; resistance, 阻力, 145, 274

Brown v. Board of Education II, 布朗第二案, 289

Bruce, Lenny, 伦尼·布鲁斯, 236

Bryan, William Jennings, 威廉·詹宁斯·布莱恩, 32, 507

Buchanan, James M., 詹姆斯·M.布坎南, 500

Buchanan v. Warley, 布坎南诉沃利案, 121

Buck, Carrie, 凯莉·巴克, 110

Buck v. Bell, 巴克诉贝尔案, 110

Bulgarian constitution, 保加利亚宪法, 580

Bunting v. Oregon, 邦廷诉俄勒冈州案, 22

Bureaucracy, 官僚主义, 3, 133, 152, 170, 172, 198, 202, 598, 601, 602

Bureau of Corporations, 公司署, 58

Bureau of Indian Affairs, 印第安事务局, 318, 319

Bureau of Mines, 矿务局, 62

Bureau of Narcotics, 毒品管理局, 107

Burger, Warren, 沃伦·伯格, 305, 513, 524, 525, 683

Burger Court, 伯格法院, 271

Burke, Edmund, 埃德蒙·柏克, 500

Burke, Louis H., 路易斯·H.柏克, 439, 440

Burke Act, 柏克法案, 133

Burns, Robert E., 罗伯特·E.伯恩斯, 94

Bush, George, 乔治·布什, 459, 473, 523-526

Business, 商业, 44-45; e-commerce, 电子商务, 547; job discrimination, 就业歧视, 300; labor, 劳动, 189; lawyers, 律师, 35, 461; litigation, 诉讼, 480; mergers, 兼并, 392; New Deal, 新政, 154-170; patents, 专利权, 427-428; regulation, 规则,规章, 21, 201, 203; rule of reason, 合理规则, 57; taxes, 税收, 394; torts, 侵权行为, 350, 375,

538-539；unemployment insurance，失业保险,183；uniform laws, 统一的法律,378-380

Business law, 商法,44-70, 377-398

Busing, 校车接送,295, 322

Calabresi, Guido, 吉多·卡拉布雷西,489

California：abortion rights, 加尼福尼亚州：堕胎权,535；age of consent, 法定承诺年龄,100；aliens, 外国人,313；appellate courts, 上诉法院,257；automobiles, 汽车,7；bar admission, 律师执业许可,480；Bar association, 律师协会,41；bar exam, 律师考试,39, 481；Breach of promise, 毁约,433；capital cases, 死刑案件,219-220；civil rights, 民权,310；Coastal Commission, 海岸委员会,259；constitution, 宪法,346；consumer protection, 消费者保护,383-384；courts, 法院,43；criminal syndicalism law,《工团主义犯罪法》,146；death row, 死囚牢房,221, 222；death tax, 遗产税,398；disability program, 伤残补助计划,307；divorce, 离婚,435, 440, 441；drug prisoners, 毒品犯,240；education, 教育452；English only, 独尊英语,542；free lawyers, 免费律师,208；free speech in malls, 在商场言论自由,347-348；Fresno building laws, 弗雷斯诺建筑法,67；grape growers, 葡萄栽种者,202；home rule, 地方自治,412；illegal activities, 非法活动,597；income tax, 所得税,397；insanity rule, 精神疾病规定,244；intermarriage, 联姻,112；jails, 监狱,215；Japanese, 日本人,281；Japanese immigrants, 日本移民,122-123；judges, 法官,459；Jury trials, 陪审团审判,264；law schools, 法学院,485；legislature, 立法机关,595, 596；lemon law, 伪劣商品赔偿法,381；liquor laws, 酒法,103-104；loyalty oaths, 效忠的誓言,334；Mexicans, 墨西哥人,130-131, 321；occupational disease, 职业病,540；official mollusk, 官方规定的软体动物,541；parole laws, 假释法,90；population, 人口,420；privacy, 隐私,370；property tax, 财产税,657；Proposition, 提议,13, 346, 397, 452；Proposition 提观点,209, 527-528；railroad tax，

铁路税,73; rape and violence,强奸和暴力,249; Republican delegation,共和党人代表团,644; rules of evidence,证据法规,268; school segregation,学校种族隔离,322; Sex laws,性法,232; sterilization law,绝育法令,109; subversives,颠覆分子,332; supreme court,最高法院,271, 274, 348, 356, 411, 448, 458, 476, 478; three-strikes law,三振出局法,591-592; traffic offenses,交通违法,552; women prisoners,女性因犯,247

Caminetti, Drew,德鲁·卡密内提,98

Campbell Soup Co. v. Wentz,金宝汤公司诉温茨案,383

Canada,加拿大,105, 140, 573, 582, 587, 659

Canon of Professional Ethics,专业伦理准则,40, 464

Capitalism,资本主义,18-19, 166, 189, 191, 275, 316, 354, 580

Capital punishment,死刑。See Death penalty,参见死刑

Capone, Al,阿尔·卡彭,245

Cappelletti, Mauro,莫罗·卡佩莱蒂,578

Cardozo, Benjamin Nathan,本杰明·内森·卡多佐,274, 356, 361, 684

Carlin, George,乔治·卡林,569

Carnegie Corporation,卡内基公司,284

Carnegie Endowment for International Peace,卡内基国际和平基金会,335

Carson, Rachel,蕾切尔·卡森,198, 199, 590

Carter, James,詹姆斯·卡特,458, 459

Case and Comment (periodical),《案例与评论》(期刊),466

Casebooks,案例汇编,488

Cases and Materials on Domestic Relations (Jacobs),《亲属法案例与资料》(雅各布),488

Caste system,种姓制度,117

Catholics,天主教徒,105, 327, 330, 510-513, 560, 564-565, 642; adoption,收养,446; anti-Catholics,反天主教,144; divorce,离婚,438, 440

CBS,哥伦比亚广播公司,561

Celebrities,名人,340-341, 398

Celebrity society,名流社会,8, 571, 592, 599, 601

Censorship,审查制度,9,562-565,569,594

Central Intelligence Agency,美国中央情报局,506,547,594,599

Cermak,Anton,安东·塞马克,221

Chain gangs,锁链囚犯群,94,119-120

Chain stores,连锁商店,156-158

Chambers,Wittaker,惠塔克·钱伯斯,335

Chandler Act,《钱德勒法案》,386-388

Chaplin,Charles,查理·卓别林,99,232

Charitable foundations,慈善基金,416-417

Charitable immunity,慈善豁免,359

Charleston,S. C.,南卡罗来纳州查尔斯顿市,405

Charlotte,N. C.,北卡罗来纳州夏洛特市,295

Cherokee,切罗基族,320,425

Chessman,Caryl,卡里尔·切斯曼,221

Cheyenne Way, The(Llewellyn and Hoebel),《夏安族之路》(卢埃林与霍贝尔),492

Chicago:airmail,芝加哥:航空邮件,556; automobiles,汽车,551; Black market,黑市,186; Democratic convention,民主党大会,226; federal funding,联邦资金,413; gangsters,黑帮,104; Housing Authority,房屋委员会,404; immigrants,移民,2; jail rapes,监狱强奸,216; Jewish lawyers,犹太律师,33; in *The Jungle*(Sinclair),《屠场》(辛克莱),60; labor injunctions,劳动禁令,75; law firms,律师事务所,462,583; Leopold and Loeb trial,利奥波德和罗卜审判,88; malpractice,医疗过失,366; movie censors,电影审查,563; movie ordinance,电影法令,562; Municipal court,市法院,83; personal injury cases,人身损害赔偿案件,372; Racial covenants,种族契约,286; regulating prostitution,规制卖淫,96; rent riot,暴乱,174; segregation,隔离,280; Stock exchange,证券交易所,406; vice commission,对抗邪恶委员会,96; warehouses,仓库,169; World's Fair,世界博览会,399; youth gangs,学生帮派,213

Chicago, Milwaukee and St. Paul Railroad Company v. Wisconsin,芝

加哥、密尔沃基及圣保罗铁路公司诉威斯康星州案,24

Chicago Seven,芝加哥七君子案,226-227,472

Children:abuse,儿童:虐待,456;drugs,毒品,239;labor,劳动,19-20,22,168,178;obscenity,猥亵,233;welfare,福利,178

Children's Bureau,儿童局,178,179

Chiles v. Chesapeake and Ohio Railway Company,切利斯诉切萨皮克与俄亥俄铁路公司案,113-114

China,中国,331,541,572,573,580

Chinese,中国人,122-124,172,322,623,625;drugs,毒品,239;rights,权利,517

Christian Right,基督教右翼,12,506,514

Chrysler,克莱斯勒(美国轿车品牌名),358,392

Cigarette regulation,香烟监管,201

Cities,城市,174,399,411,551

Citizenship,公民权利(或资格)。See Immigration,参见移民

Civil Aeronautics Act,《民用航空法案》,557

Civil Aeronautics Board,民用航空局,8

Civilian Conservation Corps,美国地方资源保护队,152

Civil Justice Reform Act,《民事司法改革法案》,279

Civil liberties,公民自由,138,144,332,337,603

Civil Litigation Research Project,民事诉讼研究项目,277-278

Civil procedure,民事诉讼,251-260,300

Civil rights,民权,195,306,524,589,603-605,686;adversarial legalism,对抗的法律主义,603;awareness,意识,564;Eisenhower,艾森豪威尔,288;Korea,韩国,577;Japanese internment,日本人拘留,281;laws,法律,191,192,195,306,526;litigation,诉讼,480;Ronald Reagan,罗纳德·里根,524;social revolution,社会变革,589;states,州,310-311;in 1920s,在20世纪20年代

Civil Rights Act,《民权法案》,293,297-300,302,304,453

Civil Rights Cases,民权案件,255,298,479

Civil rights movement,民权运动(20世纪50年代和60年代非裔美国

人争取平等权利的运动），xi；Christian Right，基督教右翼，506；courts，法院，214；death penalty，死刑，218；downtrodden，受压迫的，210；Eisenhower，艾森豪威尔，291；group consciousness，群体意识，322-323，543；guns，枪，242；horizontal society，平行社会，571；housing，房屋，403；landlord-tenant，房租纠纷，407；Thurgood Marshall，瑟古德·马歇尔，684；Native Americans，美洲原住民，319；Supreme Court，最高法院，11，293，330，340；television，电视，568；Emmet Till，埃米特·提尔，290；in 1956，1956年

Civil War，内战，185，53

Civil Works Administration，土木工程局，153

Claims-consciousness，索赔意识，299

Clark, Charles E.，查尔斯·E. 克拉克，253，254，264

Clark, Ramsey，拉姆齐·克拉克，227

Class action，集团诉讼，255-256

Class and class-consciousness，阶级和阶级意识，176，180，182，183，185，192，228，265，312，398，401，404，412，413，472，603

Clayton, Henry DeLamar, Jr.，小亨利·德拉玛尔·克莱顿，142

Clayton Act，《克莱顿法案》，58，75，157，163

Clean Air Act，《空气清净法案》，197

Clean air laws，空气清净法，196-198，551

Clean Water Act，《水清洁法案》，198

Cleland, John，约翰·克莱兰德，234

Clemmer, Donald，唐纳德·克莱默，215

Cleveland，克利夫兰，306；felony trials，重罪案件，84；police raid，警方突袭，207；pregnancy case，怀孕案件，517-518；Urban renewal，都市更新，405；zoning，分区制，401

Cleveland, Grover，格罗夫·克利夫兰（美国第22任与第24任总统），74，422

Cleveland v. La Fleur，克利夫兰诉拉弗勒案，306，307，517-519

Clinton, William Jefferson，威廉·杰斐逊·克林顿（美国第42任总统），470，523-526，601；appointments，任命，525，532；estate tax，财产税，398；scandals，丑闻，225，341，371，495，568，590；welfare，福利，536-537

Coal mines, 煤矿, 61, 62, 67

Coca-Cola Company, 可口可乐公司, 52, 429, 573, 574

Coconut Grove nightclub fire, 椰林夜总会的火灾, 351

Code of Indian Tribal Offenses, 《印第安部落违法行为法典》, 318

Cohabitation, 同居, 448-449

Cohen, Paul Robert, 保罗·罗伯特·科恩, 647

Cold war, 冷战, 189, 285, 330-335, 338, 341, 579, 599

Colegrove v. Green, 克雷格洛夫诉格林案, 311

Collier, John, 约翰·科利尔, 318

Collusion, in divorce law, 协议离婚, 435-436

Colombia, 哥伦比亚, 576

Colorado: affirmative action, 科罗拉多州: 平权措施, 527; breach of promise, 违背合约, 433; chief justice, 首席法官, 459; executions, 处决, 220; federal rules of procedure, 联邦诉讼规则, 256; Gas chamber, 毒气室, 218; gay rights, 同性恋权利, 530; gun laws, 枪支法, 592; homesteads, 宅地, 421; voting rights, 投票权, 311

Columbia Law Review, 《哥伦比亚法律评论》, 499

Columbia University Law School, 哥伦比亚大学法学院, 468, 484, 487, 488, 492

Columbus, Ohio, zoning law, 美国俄亥俄州哥伦布市, 区划法, 400

Commerce power, 贸易权, 159-160, 168, 428, 597

Commercial arbitration, 商业仲裁, 584

Commercial law, 商法, 46, 48, 377-380, 575, 584, 597

Committee on Professional Ethics, 专业伦理委员会, 612

Common law, 习惯法, 1, 4; adoption, 收养, 444; English origin, 英国根源, 574; equity, 衡平法, 253; export, 出口, 576, 579; judges, 法官, 273, 474; land, 土地, 410; landlords, 房东, 406; marital rape, 婚内强奸, 249-250; marriage, 婚姻, 431; negligence, 疏忽, 651; pre-birth torts, 出生前侵权, 357; privacy, 隐私, 369; procedure, 程序, 251; restatement, 重述, 488; spouse testimony, 夫妻证言, 268; Swift doctrine, 斯威夫特主义, 261-263; trials, 审判, 267; trusts, 信托, 415

Commonwealth v. Wasson,联邦诉瓦森案,535

Communications Act,《通信法案》,559

Communist Party,共产党,226,332-334,337

Communist Party v. Subversive Activities Control Board,共产党诉破坏行动控制委员会案,337

Communists,共产主义者,120,141,153,154,180,187,236,285,316,331,335-336,338,342,511,533,544,579,594,599

Companies Law,公司法,575

Competency to testify,作证能力,268

Comprehensive Drug Abuse Prevention and Control Act,《全面毒品滥用预防与管制法案》,237

Comstock, Anthony,安东尼·康斯托克,138,237

Comstock Law,《康斯托克法》,138

Condominiums,共度公寓,410

Conformity Act,"一致性法案",252

Congress,国会,2,4,599; abortion,堕胎,330; administrative reform,行政改革,171; adoption,收养,446; age discrimination,年龄歧视,324; air pollution,空气污染,197; anticommunists,反共产主义,333-334; automobile safety,汽车安全,554; bankruptcy commission,破产委员会,388; bankruptcy law,《破产法》,48-49; bird sanctuaries,候鸟保护区,422; bison range,野牛区,422; blacks,黑人,301; Border Patrol,边境巡逻,130; Brown declaration,布朗声明,289-290; budget surplus,剩余金钱(预算盈余),536; business regulation,行业管制,53-55; child labor,童工,20; Children's Bureau,儿童局,178; cigarettes,香烟,201; civil procedure,民事诉讼,252; civil rights,民权,297-298; colonialism,殖民主义,135-137; commerce power,贸易权,159,161,168,377,428,597; conservatives,保守党,192-193,523-524; control of business,企业管制,58; crack laws,纯可卡因法,240; D. C. sodomy laws,特区鸡奸法,236; delegation,代表团,172; Democrats,民主党员,292,526; Depression,萧条,151; disabilities,残疾人,325-326; discretion,自由裁量权,337; education,教育,452; endangered species,濒危物种,424-

425；environment，环境，197；equal pay，同工同酬，304；estate tax，财产税，398；farm labor and Social Security，农场工人和社会保障部，182；First Amendment，第一修正案，510；flag burning，焚烧国旗，531；food laws，食品法，60；free speech，言论自由，138；garnishments，抵押，388；Hours of Service Act，《工时法案》，62；immigration，移民，127-129；income tax，所得税，70-71；incorporation laws，公司法，51；insanity defense，精神疾病抗辩，244；intellectual property，知识产权，426；International conservation，国际保护，586；international relations，国际关系，581；Japanese internment，日本人拘留，281；joint tax returns，共同报税，394；Korean War，韩鲜战争，600；labor laws，劳工法，189；lawyers，律师，470；liability acts，行为责任，352；loss of power，丧失权利，596；Mann Act，《曼恩法案》，98；minority businesses，少数民族企业，527；movie violence，暴力电影，565；Narcotics laws，禁毒法，237-238；Native Americans，美国原住民，132-133，318-319；New Deal legislation，新政立法，152；Opium Exclusion Act，《鸦片杜绝法案》，106；OSHA protests，抗议职业安全与卫生条例，602；pensions，养老金，419；peonage，劳务偿债，116；pesticides，杀虫剂，199；pregnancy Act，《怀孕法案》，307；Prohibition，禁止，102，103；public broadcasting，公共广播，567；public lands，公共土地，421；radio commission，广播委员会，559；radio profanity，通过无线电散播脏话，561；railroads seizure，夺取铁路，78；Reece Committee，里斯委员会，417；regulatory policies，监管政策，203，598；rules of evidence，证据规则，268；savings and loan scandal，储蓄和信贷丑闻，225；school prayer，学校祈祷，512；Sentencing Commission，量刑委员会，211；Sheppard-Towner，《谢帕德-唐纳法案》，180；social legislation，社会立法，194；southern congressmen，南部国会议员，302；southern Democrats，南方民主党人，286；special education，特殊教育，454；Speed Limit，限速，555；steel mills，轧钢

厂,601；Supreme Court，最高法院,42, 316；taxes，税收,535；uniform commercial laws，统一商法典,379；urban renewal，市区改造,404；utilities regulation，公共事业监管,166；war，战争,139, 184-188, 599, 679；war on crime，战争犯罪,205, 206；Webb-Kenyon bill，《韦伯-凯尼恩法案》,102；welfare reform，福利改革,537；wilderness policy，荒野政策,423；women，妇女 303, 430；worker safety，劳工安全,375-376；WPA，公共事业振兴署,153. See also House of Representatives, U.S；Senate, U.S.，另见美国众议院；美国参议院

Connecticut：abortion rights，康涅狄格州：堕胎权,535；aliens，外国人,313；automobile insurance，汽车保险,365；bank laws，银行法,68；bar admission，律师考试,480；birth control，避孕,327-328；contraception law，避孕法,100；double jeopardy，一罪二审,206-207；jury cases，陪审案件,264；no executions，没有死刑,220；pilot licenses，引航员执照,556；women's rights，妇女权利,303, 304；

worker's compensation，工人赔偿金,355

Conrad, Kent，肯特·康拉德,675

Conservatives：administrative reform，保守党：行政改革,170；Christian Right，基督教右翼,514；cold war，冷战,332；in Congress，国会上,182, 187, 192；diversity，多样性,544；education，教育,453；employment act，《雇佣法案》,187；Fair Deal，公平政策,192；judges，法官,272；law and economics movement，法律与经济运动,494-496；McCarthyism，麦卡锡主义,336；Public broadcasting，公共广播,567；public interest lawyers，公益律师,471, 528, 539；Reagan counterrevolution，里根反变革,523-524；strict constructionism，严格解释主义,492；Tax revolution，税务革命,346, 397；WPA，公共事业振兴局,153

Conservativism，保守主义,17, 262, 523

Constitution，宪法,1, 2, 4, 9, 344；abortion amendment，堕胎修正案,532；amendments，修正案,345；American export，美国的出口,576-

580；bankruptcy，破产，48，386；Bill of Rights,《权利法案》,9；commerce power，贸易权，161；contracts，合同，175；duties，责任，135；economic theory，经济理论，18；federal courts，联邦法院,260；federalism，联邦制,598；flag burning amendment，焚烧国旗修正案，531；flexibility，弹性，346；free speech，言论自由，137-138，143；inequalities，不平等,316；intellectual property，知识产权,426；legal realism，法律现实主义,491；libel protection，诽谤保护，340；and New Deal，新政,159-160；poll tax，人头税，300；prayers，祷告者，515；privacy，隐私，326，328，525；racial preferences，种族偏好，527；rights，权利，283；right to bear arms，拥有武权利器的，242；School prayer amendments，学校祈祷修正案,511；segregation，隔离，289；Sixteenth Amendment，第十六条修正案，70；states，州，437；Supreme Court，最高法院，305；system，系统，15；trademarks，商标，428；war powers，宣战权，599. See also Bill of Rights；另见《权利法案》；Commerce power；贸易权；Due process clause；正当程序条款；Eighteenth Amendment；第十八修正案；Eight Amendment；第八修正案；Equal protection clause；平等保护条款；Fifteenth Amendment 第十五修正案；Fifth Amendment；第五修正案；First Amendment；第一修正案；Fourteenth Amendment；第十四修正案；Incorporation doctrine；合并原则；Nineteenth Amendment；第十九修正案；Sixth Amendment；第六修正案；Thirteenth Amendment；第十三修正案；Twenty-First Amendment；第二十一修正案；Twenty-Fourth Amendment；第二十四修正案

Constitutional rights, Warren Court expansion，宪法权利，沃伦法院扩张,206

Constitutions, state，各州的宪法,16，343-348，529

Consumer Product Safety Act,《消费性产品安全法案》,376

Consumer Products Safety Commission，消费品安全委员会,199

Consumers，消费者,379；movement，运动,199，377；protection，保护，

3,80,383;rights,权利,189;safety laws,安全法规,201,590

Consumers' League,消费者联盟,364

Continental Airlines,美国大陆航空公司,389

Contraception,避孕,99-100,434,451

Contract, liberty of,合同的自由,18,25

Contract law,合同法,175,377,381-385,597

Contract of adhesion,附从合同,382

Contracts: Law in Action（Macaulay et al.）,《契约:行动中的法律》(斯图尔特·麦考利等),489

Contributory negligence,原告一方自己疏忽,360,651

Coolidge, Calvin,卡尔文·柯立芝（美国第30任总统）,44,169

Coplon, Judith,朱迪斯·卡普隆,335

Coppage v. Kansas,科皮奇诉堪萨斯州案,19,609

Corbin, Arthur,亚瑟·科宾,34,382,484,487,488

Cornell University Law School,康奈尔大学法学院,487

Corporation for Public Broadcasting,公共广播公司,567

Corporation law,公司法,2,46,50-54,389-393,576

Corset and Brassiere Association of America,美国胸衣和胸罩协会,156

Coughlin, Charles E.,查尔斯·E.库格林,560

Council of Economic Advisers,经济顾问委员会,187

Countryman, Vern,弗恩·康特里曼,328

Court of Appeals for the Federal Circuit,联邦巡回上诉法院,427

Court of Conciliation（Los Angeles）,法院调解(洛杉矶),439-440

Court of Customs and Patent Appeals,关税与专利上诉法庭,427

Court-packing plan,填塞法院计划,159-160,683

Courts: federal,法院:联邦,206,597;caseload,工作量478;jurisdiction,管辖权,16,42,260;law and equity,普通法与衡平法,253-254;system,系统,2

Courts of Appeals,上诉法院,683

Court TV,法庭电视栏目,474,594

Covenants,契约,286,403

Cox, Harold,哈罗德·考克斯,292

Crack cocaine,纯可卡因,638-639

Cravath, Paul, 保罗·凯威, 30

Cressey, Donald, 唐纳德·克雷西, 224

Crime, 犯罪, 524, 597; automobiles, 汽车, 552; policy 政策, 80-82, 95-102, 106-108, 205-206, 237-241, 245-246.

Criminal anthropology, 犯罪人类学, 108

Criminal defendants, 刑事被告, 533

Criminal justice, 刑事司法, 82-85, 205-251, 687

Criminal Syndicalism Act,《工团主义犯罪法案》, 146

Critical legal studies, 批判法学研究, 494

Critical race theory, 批判种族理论, 494

Cuba, 古巴, 576, 581, 600

Current Tax Payment Act,《现期纳税法案》, 394

Custody, 监护权, 442-444

Customs Department, 海关, 233

Cy pres, doctrine of, 力求近似原则（源自法文的一个词语）, 416-417

Czechoslovakia, 捷克斯洛伐克, 342

Dacey, Norman, 诺曼·达西, 414

Dagenhart, Roland H., 罗兰·H. 达根哈特, 20

Daimler, 戴姆勒（德国汽车制造商）, 392

Dalkon Shield, 达尔孔·谢尔德, 368

Darley, Gabrielle, 盖布丽埃尔·达利, 370

Darrow, Clarence, 克莱伦斯·丹诺, 32, 88, 472, 507-508, 686

Daubert, Jason, 詹森·多伯特, 269-270

Daubert v. Merrell Dow, 多伯特诉梅里尔·道制药公司案, 269-270

Davis, John W., 约翰·W. 戴维斯, 288

Dawes Act,《道斯法案》, 132, 318

Day, William Rufus, 威廉·鲁弗斯·戴, 20

Deadwood Coach (film),《朽木教练》（电影）, 563

Death and Life of Great American Cities, The (Jacobs),《美国大城市的生与死》（雅各布）, 405

Death penalty, 死刑, 4, 209, 217-223, 334-335, 530

Death tax, 遗产税, 72

Delaware: chancery court, 特拉华州：衡平法院, 256-257; corporations,

公司,50-51,52,596;divorce,离婚,441;Pension law,养老金法,181;Sixteenth Amendment,第十六条修正案,70;Voting rights,投票权,311;women lawyers,女性律师,457

Delinquents, juvenile,青少年犯罪,91

Dellinger, David,戴维·德林杰,227

Democracy,民主,578,579

Democratic Party: Bork nomination,民主党:博克的提名,525;Clinton,克林顿,523;Congress,国会,526;convention of 1968,1968年大会,226;GM strike,通用汽车厂罢工,168;judicial elections,司法选举,476;law professors,法学教授,493;Prohibition repeal,废除禁酒令,105;Roosevelt's dominance,罗斯福的支配地位,151-152,173,188,477;southerners in Congress,国会里的南方人,286,292;Wilson,威尔逊,71

Denmark,丹麦,578,627

Dennison Manufacturing Company,丹尼森制造公司,183

Dennis v. United States,丹尼斯诉美国案,333-334

Department of Agriculture,农业部,171,202,421

Department of Commerce and Labor,商务与劳工部,58,178

Department of Defense,国防部,317

Department of Education,教育部,454

Department of Health, Education, and Welfare,卫生,教育和福利部,197,324

Department of Housing and Urban Development,住房与城市发展部,194

Department of Justice,司法部,56,59,81-82,99,141,144,166,237,246,301,335,566

Department of State,国务院,331,335

Department of the Interior,内政部,62

Department of the Navy,海军部,137

Department of the Treasury,财政部,81

Department of Transportation,运输部,527,554

Depression: automobile sales,萧条:汽车销售,549;bankruptcy,破产,49,386,388;centralization of power,集权制,5,162;Hoover,胡佛,151;labor relations,劳动关系,169;law students,法学院学生,485,Mexican immigrants,墨西哥移民,130;Native Americans,美国

原住民,318; pensions,养老金,419; securities regulation,证券监管,162-165; state income tax,州所得税,397; submerged middle class,没落的中产阶级,174,180; trusts,信托,415; welfare state,福利国家,183; working women,工作女性,430; World War II,第二次世界大战,185,187

Deregulation,解除管制(商务领域),569

Detroit,底特律,405; busing,以公共汽车接送,296; movie censors,电影审查,563; public housing,公共住房,192; segregation,隔离,280; warehouses,仓库,169

Deutscher Herold(newspaper),《德意志先锋报》(报纸),139

Devil's Advocate, The(film),《魔鬼代言人》(电影),472

Dewey, Thomas E.,托马斯·E.杜威,275

Díaz, Celio, Jr.,小赛罗·迪亚兹,308

Diaz v. Pan American,迪亚兹诉泛美航公司空案,308

Diethylstilbestrol(DES),己烯雌粉,368

Diggs, Maury,莫里·迪格斯,98

Dillon, John,约翰·狄龙,411

Diploma privilege,文凭特权(指不用通过律师资格考试也能进行律师工作),39

Discovery rule,罪证发现规则,254

Disney,迪士尼,394

Dissents,异议,20,271,314,447,530,532,534,535,578,662

District of Columbia,哥伦比亚特区,42,80,244,407,408; expert testimony,专家证词,269; tort case,侵权案例,357

Diversity,多样性,459-461,544

Divorce law,离婚法,2,431,434-442,597; no-fault,无过错,440-442,589

Dixiecrats,南部各州的民主党党员,528

Dr. Miles Medical Company,迈尔斯医生医疗公司,157-158

Dr. Strangelove(film),《奇爱博士》(电影),594

Dolley, J. N.,J. N.多利,163

Domestic violence,家庭暴力,247

Double jeopardy,一罪二审,207

Douglas, William O.,威廉·奥威尔·道格拉斯 161,162,234,

276,327,334,447,533

Dowling, Oscar,奥斯卡·道林,93-94

Downes v. Bidwell,道恩斯诉毕德尼尔案,134

Draft laws,法律草案,283

Dred Scott v. Sandford,斯科特诉桑福德案,2,532

Drug Abuse Control Amendments,毒品滥用管制修正案,237

Drug Enforcement Administration,毒品执行管理局,238

Drugs,毒品,药物,107,200,213,237-241,246,564,581,638;laws,法律3,81,106-108,455

Drunken driving,酒驾,553

Dubinsky, David,戴维·杜宾斯基,77

Due process clause,正当程序条款,25,27,83,206,609,649

Duke University Law School,杜克大学法学院,365,499

Duncan v. Kahanamoku,邓肯诉卡哈纳莫库案,282

Dunne, Finley Peter,芬利·彼得·邓恩,135

Durham v. United States,杜尔汉诉美国案,243

Dworkin, Ronald,罗纳德·德沃金,489

Dynastic trusts,世代信托,415

Earth Day,地球日,199

Eaton, Terry Dean,泰瑞·迪恩·伊顿,315

Economic Opportunity Act,《经济机会法案》,193

Economic Recovery Tax Act,《经济复苏税收法案》,397

Edgerton, John W.,约翰·W.埃杰顿,34

Education,教育,449-456,560;GI Bill,《退伍军人权利法案》,187-188;government workers,政府工作人员,602;guaranteed right,权利保障,580;religion in,宗教信仰,507-514;school segregation,学校种族隔离,113,287. See also Legal education,另见合法教育

Educational Testing Service,教育测验服务社,482

Education for All Handicapped Children Act,《残疾儿童教育法》,454

Edwards, Yvonne,伊冯娜·爱德华兹,408

Edwards v. Habib,爱德华兹诉哈比卜案,408

Egg Products Inspection Act,《蛋类产品检验法案》,376

Eighteenth Amendment, 第十八修正案,102,103,106

Eighth Amendment, 第八修正案,215,219

Eisenhower, Dwight D.：civil rights,德怀特·D. 艾森豪威尔：《民权法案》;federal aid to education, 联邦教育援助,453; judicial appointments, 司法任命,276,288,291-292,458,477; nomination, 提名,644

Electric chair, 电椅死刑,218

Elementary and Secondary Education Act,《初等和中等教育法案》,453

Elfbrand v. Russell, 爱尔勃兰特诉罗素案,337

Eli Lilly, 礼来公司,368-369

Elkins, Stephen, 史蒂芬·埃尔金斯,53

Elkins Act,《埃尔金斯法案》,53

Emergency Livestock Feed Assistance Act,《紧急家畜饲料协助法案》,224

Emergency Price Control Act,《紧急价格管制法案》,185

Emergency Relief Acts,《紧急救援法案》,153

Employee Retirement Income Security Act,《员工退休收入保障法案》,419

Employment Act,《雇佣法案》,187

Employment Law（Rothstein and Liebman, eds.）,《雇佣法》（罗斯坦和利伯曼合编）,489

Endangered Species Act,《濒危物种法案》,424

Endangered Species Conservation Act,《濒危物种保护法案》,423

Engel v. Vitale, 恩格尔诉瓦伊塔尔案,511

England,英格兰。See Great Britain,参见英国

English language, 英语,126,128,545,584,585,586; English-only movement,独尊英语运动,541-542

Enlarged Homestead Act,《扩大宅地法案》,421

Entertainment,娱乐,8,474. See also Hollywood,另见好莱坞 Movies; Radio; Television,电影;收音机;电视

Environment, 环境,196-199,201

Environmental movement, 环境运动,199,406,555,586

Environmental Protection Agency, 环境保护局, 198, 199

Epperson, Susan, 苏珊·爱普森, 508

Epstein, Richard, 理查德·爱泼斯坦, 489

Equal Employment Opportunity Commission, 就业机会平等委员会, 298-299, 308-310, 325

Equal protection clause, 平等保护条款, 22, 162, 289, 312, 452, 623, 672

Equal Rights Amendment, 《平等权利修正案》, 544

Equitable Life Assurance Company, 公平人寿保险公司, 69

Equity, 衡平法, 253, 257

Erdman Act, 《艾尔德曼法案》, 609

Erie Railroad Co. v. Tompkins, 伊利铁路公司诉汤普金斯案, 261-263, 479

Escola, Gladys, 格拉迪斯·艾斯可拉, 356

Escola v. Coca Cola Bottling Co. of Fresno, 艾斯科拉诉福雷斯诺市可口可乐装瓶公司案, 356-357

Espionage Act, 《间谍法案》, 139, 140, 142

Espy, Mike, 迈克·埃斯比, 225

Establishment clause (First Amendment), 建立条款(第一修正案), 513-514

Estate and gift taxes, 赠与税, 71, 398, 417

Ethics, legal, 伦理, 法律, 39-42

Europe, 欧洲, 18, 77, 96, 101, 124, 129, 184, 191, 205, 267, 339, 341, 415, 501, 508, 560, 578, 580, 581, 583, 584

European Union, 欧盟, 578

Evans v. Romer, 罗默诉埃文斯案, 671

Everson v. Board of Education, 埃弗森诉教育委员会案, 510

Evidence law, 证据法, 266-270, 300

Evolution, 进化, 455, 507

Expert testimony, 专家证词, 269

Fair Deal, 公平政策, 192

Fair Housing Act, 《公平住宅法案》, 302

Fair housing laws, 公平住房法, 405

Fair Labor Standards Act, 《公平标准劳工法案》, 168, 304

Fall, Albert, 艾伯特·福尔, 224

Family law, 家庭法, 430-456, 548, 586

Farms,农场,44-45

Faubus, Orval,奥瓦尔·福伯斯,292

Fault,过错,352

FBI in Peace and War(TV series),《战争与和平中的FBI》(电视剧),594

Federal Bureau of Investigation,联邦调查局,82,99,245-246,334,337,506,552,594

Federal Bureau of Narcotics,联邦毒品局,237

Federal Coal Mine Health and Safety Act,《联邦煤矿矿工健康及安全法案》,200

Federal Communications Commission,联邦通讯委员会,559,560,561,566,567,569

Federal courts,联邦法院。See Courts, federal,参见联邦法院

Federal Deposit Insurance Act,《联邦储蓄保险法案》,166

Federal Deposit Insurance Corporation,联邦存款保险公司(FDIC),152

Federal Emergency Relief Act,《联邦紧急救济法案》,173

Federal Employers' Liability Act (FELA),《联邦雇主责任法案》(FELA),352,360,375,651

Federal Equity Rules,联邦衡平法院规则,254

Federal government,联邦政府,81,151,169,173-174,177,181,195,229,260,292,377,598-599;air pollution,空气污染,196;bankruptcy power,破产权利,386;Bill of Rights,《权利法案》,510;criminal justice,刑事司法,206;education,教育,452-453;gun control,枪支管制,242;land owner,土地所有者,420;power,权利,162;regulation,管制,203;taxation,税务,396;water pollution,水污染,198

Federal Hazardous Substances Labeling Act,《联邦公害物质标示法案》,376

Federalism,联邦主义,2,4,63,102,160,162,197,595-598,603,605

Federal Radio Commission,联邦无线电委员会,559

Federal Register,《联邦政府公报》,7,171

Federal Reserve Act,《联邦储蓄法案》,68

Federal Reserve Bank,联邦储备银行,ix,393

索 引 851

Federal Rules of Civil Procedure，联邦民事诉讼法规，252，254

Federal system，联邦制度，16，20，170，574

Federal Trade Commission，联邦贸易委员会，58，157，164，202，380

Fees, lawyers'，律师费，464-465

Fellow-servant rule，雇员同伴责任规则，352-355

Feminism，女权主义，180，430，529，543-544，604

Feminist jurisprudence，女性主义法理学，496-497

Field Code，《菲尔德法典》，251，253，254，257

Fifteenth Amendment，第十五修正案，115

Fifth Amendment，第五修正案，207，337，610，644

Filburn, Roscoe C.，罗斯科·C.费尔伯恩，161

Finance companies，金融公司，47-48

Finkbine, Sherri，雪莉·芬克宾内，329

First Amendment，第一修正案，207，273，339，340，464，508，510

Fishman, Joseph，约瑟夫·菲什曼，92，216

Flag burning，焚烧国旗，530

Flag Protection Act，《国旗保护法案》，531

Flag salute，向旗帜敬礼，282-283

Flathead Indian Reservation，弗拉特黑德印第安保留区，422

Flom, Joe，乔伊·弗洛姆，463

Florida: abortion rights，佛罗里达州：堕胎权，535; age of consent，法定承诺年龄，100; anti-Castro voters，反卡斯特罗选民，581; Clairvoyants licenses，透视者许可证，617; code，法典，50; dance lessons，舞蹈课，383; death row inmates，死囚犯，222; education，教育，449-450; executions，处决，220-221; garnishments，抵押，387; *Gideon v. Wainwright*，吉迪恩诉温赖特案，208; jury law，陪审团法律，304; leased prisoners，租赁囚犯，119; licenses，许可证，73; supreme court，最高法院，43; surrogacy，代孕行为，444; wildlife refuge，野生动物保护区，422; worker's compensation，工人赔偿金，353

Folklore of Capitalism, The (Arnold)，《资本主义的民间传说》（阿诺德），491

Fontana, John, 约翰·丰塔纳, 140

Food and Drug Act,《食品和药品法案》, 61

Food and Drug Administration, 食品药品监督管理局, 3, 4, 200, 203, 329, 368, 602

Food and drug laws, 食品和药品法, 199, 375, 590

Food Stamp Act,《食品券法案》, 194

Foraker Act,《福勒克决案》, 134

Forbath, William E., 威廉·E. 福贝斯, 76

Ford, Edsel, 埃兹尔·福特, 417

Ford, Henry, 亨利·福特, 47, 417

Ford Foundation, 福特基金会, 417, 418, 502

Fordham University Law School, 福特汉姆大学法学院, 36

Ford Motor Company, 福特汽车公司, 418

Formalism, 形式主义, 252, 271, 493

Fortas, Abe, 阿贝·福塔斯, 208, 210, 684

Fort Leavenworth, federal prison, 莱文沃斯堡, 联邦监狱, 81

Fortune（periodical）,《财富》（期刊）, 474

Foster, Jodie, 朱迪·福斯特, 243

Foucault, Michel, 米歇尔·福柯, 499, 500

Foundations, 基金会, 416

Fourteen Diamond Rings v. United States, 十四钻戒诉美国案, 134

Fourteenth Amendment, 第十四修正案, 17-18, 22, 24, 27, 121, 145, 206-208, 286, 289, 298, 304-305, 312, 510, 517, 576, 609, 644

Framingham（Mass.）reformatory, 弗雷明汉（马萨诸塞州）少年犯管教所, 635

France, 法国, 15, 77, 566, 572, 573, 575, 598

Frank, Jerome, 杰罗姆·弗兰克, 490, 684

Frankel, Marvin, 马文·弗兰克尔, 211

Frankfurter, Felix, 费利克斯·法兰克福特, 32-33, 76, 144, 275, 282-283, 311, 328, 484, 684

Franklin, Marc A., 马克·A. 富兰克林, 489

Frazier-Lemke Act,《弗雷泽-莱姆克法案》, 159

Freedom, 自由, 555; of press, 出版自由, 577; of religion, 宗教自由,

577;of speech,言论自由,9,137-145,207,232-235,277,314,331,339-340,348,531,561,577,685,686. See also First Amendment,另见第一修正案

Freedom of Information Act,《信息自由法案》,546-547

Freshfields（law firm）,富而德（律师事务所）,583

Freud, Sigmund,西格蒙德·弗洛伊德,491

Freund, Ernst,恩斯特·弗罗因德,25,74-75,611

Fried, Barbara,芭芭拉·弗莱德,492

Friedman, Milton,米尔顿·弗里德曼,495

*Frontiero v. Richardso*n,佛朗第罗诉理查森案,305

Frye, James Alphonso,詹姆斯·阿方索·弗赖伊,269

Frye v. United States,弗赖伊诉美国案,269-270

Fuhr, Irving,欧文·富尔,29

Fuller, Lon,朗·富勒,493

Fuller, Melville Weston,梅尔维尔·韦斯顿·富勒,683

Fullilove v. Klutznick,福利拉夫诉克鲁兹尼克案,527

Furman v. Georgia,弗曼诉佐治亚州案,219,221

Galanter, Marc,马克·加兰特,351,355-356,503,669

Gallup poll,盖洛普民意调查,219

Gambling,赌博,228-229,548,597,604

Gangs,黑帮,213-214,215-216

Gardner, Erle Stanley,厄尔·斯坦利·加德纳,473,590

Garn, E. J.,E. J. 加恩,424

Garnishments,抵押,387-388

Garry, Charles,查尔斯·加利,472

Garvey, Marcus,马库斯·加维,543

Garza, Reynaldo,雷纳尔多·加尔扎,459

Gas chamber,毒气室,218

Gault, Gerald,杰拉尔德·高尔特,212-213

Gault, In Re,高尔特案,212-213

Gautreaux, Dorothy,多萝西·高特罗,404

Gautreaux v. Chicago Housing Authority,高特罗诉芝加哥住宅局案,404

Gaynor, William J.,威廉·J.盖诺,241;Gays,同性恋者,11,93,216,236,237,336,455,506,530,

535,544,604；rights,权利,517,605；on television,在电视上,529

Geduldig v. Aiello,格多迪格诉埃洛案,307

Gemmill, William N.,威廉·N.杰米尔,83

Gender relations,两性关系,306,518

General Agreement on Tariffs and Trade,《关税和贸易总协定》,587

General Electric,通用电气公司,183,391,392,428

General Motors,通用汽车公司,168；Corvair,科威尔牌汽车,554

General Slocum（boat）,斯洛克姆将军号（船）,351

Generation-skipping trusts, tax on,税务上的隔代信托,416

George Mason University Law School,乔治·梅森大学法学院,485

George Washington University Law School,乔治·华盛顿大学法学院,481

Georgia：age of consent,格鲁吉亚：法定承诺年龄,100；chain gangs,锁链囚犯群,94；chain store taxes,连锁税店,157；constitution,宪法,345；death penalty appeals,死刑上诉,219；liability,责任,358；political trial,政治审判,226；privacy law,隐私法,370；punitive damages,惩罚性的损害赔偿,539；segregation,种族隔离,112；Sodomy law,鸡奸法,529,535；supreme court,最高法院,535；usury law,高利贷法律,68-69；voting rights,投票权,301

Gerbode, Frank,弗兰克·杰伯德,365

German language,德语,138,146,541

Germany,德国,15,341,353,390,572-575,578,580；bankruptcy,破产,584；Grundgesetz,德国基本法,577；law students,法学院学生,678

GI Bill of Rights,《退伍军人权利法案》,187-188,191,452,481,485

Gideon, Clarence,克拉伦斯·吉迪恩,208,210

Gideon v. Wainwright,吉迪恩诉温赖特,207-208,209,210,316

Giesler, Jerry,杰里·吉斯勒,88

Giles v. Harris,吉尔斯诉哈里斯案,114

Gillen, Vince,文斯·吉伦,554

Gilmore, Gary,加里·吉尔摩,220

Gilmore, Grant, 格兰特·吉尔摩, 382, 384

Gilson, Ronald, 罗纳德·吉尔森, 469

Gimbel Brothers, 金贝尔兄弟企业, 392

Ginsburg, Ruth Bader, 露丝·巴德·金斯伯格, 458, 525

Gitlow, Benjamin, 本杰明·吉特洛, 145

Glass-Steagall Act,《格拉斯-斯蒂格尔法案》, 166, 390

Glen Theatre, 格伦剧院, 235

Glick, Henry R., 亨利·R. 格利克, 272

Globalization, 全球化, 566, 573-574, 583-587

Glona v. American Guarantee and Liability Insurance Company, 哥罗纳诉美国保证和责任保险公司, 662

Goddard, Henry, 亨利·戈达德, 108

Godfather, The (film),《教父》(电影), 594

Goffman, Erving, 欧文·戈夫曼, 500

Goldfarb v. Virginia State Bar, 戈德法布诉弗吉尼亚州律师协会案, 465

Goldman, Sheldon, 谢尔登·高曼, 477

Goldwater, Barry, 巴里·戈德华特, 205

Goodrich, Herbert, 赫伯特·古德里奇, 39

Good Will Court, 善意法院, 467

Grandfather clause, 祖父条款, 115

Grandich, Antonio, 安东尼·格兰迪什, 111-112

Granger laws, 格兰杰法, 63

Great Britain, 英国, 77, 129, 134, 192, 251, 253, 317, 339, 353, 361, 572-574, 598, 602, 659; constitution, 宪法, 578; legal model, 法律模式, 47

Great Northern Railroad, 大北方铁路, 55

Great Society, 大社会, 3, 194, 195, 409, 412

Great Train Robbery, The (film),《火车大劫案》(电影), 562

Green, Leon, 里昂·格林, 87

Green, Richard, 理查德·格林, 232

Greene, Nathan, 内森·格林, 76

Gregg v. Georgia, 格雷格诉佐治亚州案, 246

Grenada, 格林纳达, 581, 600

Griffin v. County School Board, 格里芬诉郡学校委员会案, 295, 296

Griffith, D. W., D.W.大卫·格里菲斯, 144

Griggs v. Duke Power Co., 格里格斯诉杜克电厂案, 299-300, 308

Griswold, Estelle, 埃丝特尔·格里斯沃尔德, 328

Griswold v. Connecticut, 格里斯沃德诉康涅狄格州案, 327, 328, 530

Growth of American Law, The (Hurst),《美国法律的成长》(赫斯特), 501

Guam, 关岛, 134-137, 420

Guardianship, 监护, 418

Gubichev, Valentine A., 瓦伦丁·A.古比切夫, 335

Quinn v. United States, 吉恩诉美国案, 117

Gun-Free School Zones Act,《校园无枪法案》, 597

Guns and gun laws, 枪支和枪支法, 213, 241-243, 597

Guth v. Loft, 古斯诉洛夫特案, 52

Gutterman, Leslie, 莱斯利·格特曼, 515-516

Gypsies, 吉普赛人, 280

Habeas corpus, 人身保护令, 223

Haber, David, 戴维·哈伯, 489

Habermas, Jurgen, 尤尔根·哈贝马斯, 499

Habitual offender laws, 惯犯法, 591

Hadacheck v. Sebastian, Chief of Police of Los Angeles, 哈达切克诉洛杉矶警察局局长塞巴斯蒂安案, 23

Haiti, 海地, 576

Half Moon Bay Fishermen's Marketing Association, 半月湾渔夫市场协会, 259

Hall, Grover, 格罗弗·霍尔, 291

Hammer v. Dagenhart, 哈默诉达根哈特案, 21, 22, 168

Handicapped, rights, 残疾人权利, 517, 604; on television, 电视节目上, 529

Handler, Joel, 乔尔·汉德勒, 669

Harding, Warren, 沃伦·哈定(美国第29任总统), 71, 224, 275, 564

Hardwick, Michael, 迈克尔·哈德维克, 529

Harlan, John Marshall, 约翰·马歇尔·哈伦, 17, 56, 135, 275, 447, 662

Harley, Herbert, 赫伯特·哈利, 38, 41

Harrison, Benjamin, 本杰明·哈里森(美国第23任总统), 422

Harrison Narcotic Drug Act,《哈里森麻醉药品法案》,106

Harvard Law Review,《哈佛法律评论》,369,497-500

Harvard method,哈佛教学法,34-35,381

Harvard University,哈佛大学,542; Law School,法学院,33,35,38,47,275,381,458,481-484,486,487,489,490,493,494,498,585

Hawaii,夏威夷,122,134,147,420,576; air travel,航空旅行,558; constitution,宪法,344-345,346; divorce,离婚,435; judges,法官,459; law school,法学院,485; natives,当地人,319; no death penalty,无死刑,220; official languages,官方语言,542; special education,特殊教育,454; voting rights,投票权,301; World War II,第二次世界大战,281

Hayden, Tom,汤姆·海登,227

Hayek, F. A.,F. A. 哈耶克,500

Hays, Will,威尔·海斯,564

Hays office,海斯办公室,594

Head shops,毒品配备专卖店,239

Head Start,智力启蒙,193

Health and safety laws,健康和安全法律,21,25,189,200-201,204,375; states,州,65-67,376

Health insurance,健康保险,192-193

Hearsay rule,传闻证据规则,267

Hearst, William R.,威廉·R. 赫斯特,86

Hegel, G. W. F.,G. W. F. 黑格尔,500

Heinz, John,约翰·汉兹,461

Helms-Burton Act,《赫尔姆斯-伯顿法案》,581

Helmsley, Leona,利昂娜·赫尔姆斯利,224

Henley, Brock,布洛克·亨利,117

Henley, J. Smith,J. 史密斯·亨利,214

Henningsen, Claus,克劳斯·亨宁森,357

Henningsen v. Bloomfield Motors, Inc.,亨宁森诉布鲁姆菲尔德汽车公司案,357

Hensley, Kathy,凯西·亨斯利,471

Hepburn Act,《赫伯恩法案》,53

Herndon, Angelo,安吉洛·赫恩登,226

Herndon v. Lowry,赫恩登诉劳利案,226

Hickens, William J.,威廉·J. 海肯斯,108

Highway Trust Fund,高速公路信托基金,550

Hill, Anita,安妮塔·希尔,525

Hill, James J.,詹姆士·J.希尔,55

Hinckley, John W., Jr.,小约翰·W.欣克利,242,243,244

Hippies,嬉皮士,239

Hispanics,西班牙裔,11,321-322,459,460,529; affirmative action,平权措施,528; drugs,毒品,239,240; law professors,法学教授,485; on television,电视节目上,529

Hiss, Alger,艾尔格·希斯,331,335,338

Historic districts,历史区,405

Hitler, Adolf,阿道夫·希特勒,184,227,280,327,342,484

HMOs,健康维护组织,473

Hobbes, Thomas,托马斯·霍布斯,83

Hoebel, E. Adamson,亚当森·霍贝尔,492,502

Hoffman, Julius,朱利叶斯·霍夫曼,227

Hofstadter, Richard,理查德·霍夫施塔特,393

Hoke v. United States,霍克诉美国案,21

Hollywood,好莱坞,331,565-570

Hollywood Turf Club,好莱坞赛马场俱乐部,310

Holmes, Oliver Wendell, Jr.,小奥利弗·温德尔·霍姆斯,277,489,532-533,684; *Abrams v. United States* dissent (free speech),艾布拉姆斯案(言论自由案件)142-143; *Bailey v. Alabama* dissent (black peonage),贝利诉阿拉巴马州案(黑人以劳役偿债),116; Brandeis,布兰代斯,275,628; *Buck v. Bell* opinion (sterilization),巴克诉贝尔案(绝育),110; copyright,著作权,426; *Giles v. Harris* opinion (*voting rights*),吉尔斯诉哈里斯案(投票权),114; *Hammer v. Dagenhart* dissent (child labor),哈默诉达特哈特案(童工),20; *Lochner v. New York* dissent (regulation),洛克纳诉纽约州案(监管),17,18; Northern Securities dissent (antitrust),北方证券公司案(反垄断),56; *United States v. Ju Toy* opinion (immigration procedures),朱托义案(入境程序),126

Holt v. Sarver,霍尔特诉萨维尔案,214

Home Building & Loan Association v. Blaisdell,房屋建筑公司与贷款委员会诉布莱斯德尔案,175

Home Owners Loan Corporation,房主贷款公司,152

Home rule,地方自治,411

Homestead Act,《宅地法案》,421

Hong Kong,香港,572

Hooton, Earnest,恩尼斯特·胡顿,108

Hoover, Herbert: Depression,赫伯特·胡佛:萧条,151,169;Labor injunctions,劳工禁令,76;Mexican immigrants,墨西哥移民,130;Parker nomination,帕克任命,76;radio,收音机,560;Wickersham Commission,威克沙姆委员会,105

Hoover, J. Edgar, J. 埃德加·胡佛,82,144,232,245,333,336,337

Hopkins, Ernest Jerome,欧内斯特·杰罗姆·霍普金斯,209

Horizontal society,平行社会,571

Horwitz, Morton,莫顿·霍维茨,501

Hours of Service Act,《工时法案》,62

House of Representatives, U.S.: commerce committee,美国众议院:贸易委员会,164;Dyer bill,戴尔议案,119;legal reform,法律改革,

252;staffs,职员,596;Un-American Activities Committee,反美行动委员会

Housing,住宅,121-122,286-287

Housing Act,《住宅法案》,404

Houston,休斯敦,401,412;liquor cases,酒箱,105;red-light abatement,铲除红灯区,97

Hovenkamp, Herbert,赫伯特·赫文坎波,55

Howard University Law School,霍华德大学法学院,459,484

Hughes, Charles Evans,查尔斯·埃文斯·休斯,70,167,175,275,340

Human rights, international conventions,国际人权公约,578

Hume, James C.,詹姆斯·C.休谟,31

Hungarian constitution,匈牙利宪法,580

Hurst, J. Willard,威拉德·赫斯特,52,501-503

Hyde Amendment,《海德修正案》,330,532

I Am a Fugitive from a Georgia Chain Gang(Burns),《我是来自佐治亚

州链条囚犯群中的一个亡命天涯者》(伯恩斯),94

IBM,国际商业机器公司,59,391

Idaho: chief justice, 爱达荷州:首席法官,459; criminal syndicalism law, 工团主义犯罪法,146; education, 教育,452; federal lands, 联邦土地,420; firing squad, 死刑执法队,218; insanity plea, 精神疾病抗辩,244; integrated bar, 整合的协会,41; legislature, 立法机构,596; Succession laws, 继承法,305; voting rights, 投票权,301; workers' compensation, 工人赔偿金,362,540

Illinois: abolishes parole, 伊利诺伊州:废除假释,212; adoption, 收养,445; bar association, 律师协会,464; congressional districts, 国会选区,311; constitution, 宪法,344-345; DNA evidence, DNA 证据,223; education, 教育,450; garnishments, 抵押,387; General Corporation Act,《普通公司法案》,52; jurors, 陪审员,86; legal reform, 法律改革,253; Mexicans, 墨西哥人,131; milk ban, 牛奶禁令,378; occupational diseases, 职业病,363;

official language, 官方语言,541; pandering, 拉皮条,98; Parole laws, 假释法,90; prison gangs, 监狱帮派,216; safety laws, 安全法,66; sex laws, 性法,232; subversives, 颠覆分子,332; supreme court, 最高法院,28, 210, 449, 478, 562, 563; widows' pension, 丧偶妇女补贴,179

Illinois Crime Survey, 伊利诺伊犯罪调查,681

Illinois Law Review,《伊利诺伊法律评论》,497

Immigrants, 移民,9, 96, 107, 126, 178, 455, 529, 540-542; at bar, 律师界,38, 39; Chinese, 中国人,625; In cities, 在城市,2; illegal, 非法的,1, 22; Jews, 犹太人,123

Immigration, 移民,101, 123-132, 172, 341-343, 431; laws, 法律,12, 145, 583

Immigration Act of 1917, 1917 年《移民法案》,128

Immigration act,《移民法案》,10

Immigration and Nationality Act,《移民及国籍法案》,342

Imperial presidency, 帝国总统制,5-7, 592, 595, 596, 600, 601

Imperialism,帝国主义,135-137,572;legal,法律的,579

Incest,乱伦,456

Income tax,所得税,3,70,393-394,396

Incorporation doctrine,结合性原则,206,510

Indiana:admission to practice law,印第安纳州:从事法律职业,38-39;breach of promise,毁约,433;chain store taxes,连锁店税,157;Ku Klux Klan,三K党,145;marriage laws,婚姻法,431;public nudity law,公开裸体法,235;sterilization law,绝育法,109

Indian Child Welfare Act,《印第安儿童福利法案》,320,446

Indian Civil Rights Act,《印第安民权法案》,320

Indian Reorganization Act,《印第安人重整法案》,318

Indian Self-Determination and Education Assistance Act,《印第安民族自决及教育援助法案》,319

Indians,印第安人。See Native Americans,参见美国原住民

Individualism,个人主义,166,241,256,509,516-519,546,550,568,602

Indonesia,印度尼西亚,586

Influence,concept of,观念的影响,580

Informed consent,知情同意,366-367

Injunctions,labor,劳工禁令,75-77,173

In Re Gault,高尔特案,212-213

Insanity defense,精神疾病抗辩,86-88,243-245

Insanity Defense Reform Act,《精神疾病抗辩改革法案》,244

Insular cases,海岛案件,134

Insull,Samuel,塞缪尔·英萨尔,224

Insurance:companies,保险:公司,53,69,365,372,384,540;national health,国家卫生,192-193;tort reform,侵权法改革,538

Integration,整合,11;accommodations law,住宿法,302;armed forces,暴力行为,293;declaration by members of Congress,国会成员发出的宣言,289-290;deliberate speed,慎重的速度,295;Little Rock,小石城,292;*Milliken v. Bradley*,米里肯诉布兰德利案,296;national issue,种族问题,296;schools,学校,295;Show business and sports,演艺行业和体育运动行业,293;

southern universities,南方学校,290。See also Segregation,另见隔离

Intellectual property,知识产权,426-429,581,583

Internal legal culture,内部的法律文化,457-504

Internal Revenue Code,国内税收法典,395-396

Internal Revenue Service,国税局,74,393,395,514

Internal Security Act,《国内安全法案》,342

International Custody Treaty,《国际监护权协议》,586

International Ladies Garment Workers Union,国际女士服装工人工会,77

International Workers of the World,世界产业劳工联盟,32,78,140,144,506

Interpol,国际刑警组织,246

Interracial marriage,异族通婚,111-113,294,448

Interstate commerce,州际贸易,20,103,159,167,168,377,428,597。See also Commerce power,另见贸易权

Interstate Commerce Act,《州际商务法案》,53,172

Interstate Commerce Commission,州际商务委员会,53,54,60,62,63,203,542,599,616

Iowa:divorce,爱荷华州:离婚441;dry state,实施禁酒法的州,102;home rule,地方自治,411-412;jury exemptions,陪审团豁免,265;Restrictive statute,限制性法规,628;school protests,学校抗议,313-314;taxes,税收,72

Iran-Contra,伊朗门事件,546

Ireland,爱尔兰,129

Isolationism,孤立主义,9

Israel,以色列,578-579

Italians,意大利人,241,245

Italy,意大利,15,577,580

Ito, Lance,兰斯·伊藤,474

Jackson, James,詹姆斯·杰克逊,211

Jackson, Robert H.,罗伯特·H.杰克逊,283-284,533

Jackson-Vanik Amendment,《杰克逊-瓦尼科修正案》,581

Jacobs, Albert C.,艾伯特·C.雅各布,488

Jacobs, Jane,简·雅各布,405

James Boys(film),《詹姆斯男孩》(电影),562

Japan, 日本, 7, 8, 12, 184, 205, 343, 390, 573, 577

Japanese, 日本人, 122-124, 276, 313, 322; internment, 拘留, 281-282, 685

Javins v. First National Realty Corporation, 詹文斯诉第一国民房地产公司案, 407

Jay Burns Baking Company v. Bryan, 杰伊·伯恩斯面包公司诉布莱恩案, 24

Jazz Singer, The (film), 《爵士歌手》(电影), 564

Jefferson, Thomas, 托马斯·杰斐逊, 347, 546, 592

Jeffries, Jim, 吉姆·杰夫里斯, 113

Jehovah's Witnesses, 耶和华见证人, 282-284, 315, 455

Jenkins, Philip, 菲利普·詹金斯, 456

Jerome, David, 戴维·杰罗姆, 132

Jews, 犹太人, 105, 123, 275, 280, 323, 338, 340; jokes, 笑话, 473; law firms, 法律电影, 460; law professors, 法学教授, 484; In legal profession, 在法律界, 32-33, 42

Jim Crow laws, 黑人法, 111, 293, 604

Job Corps, 职业培训团体, 193

Job discrimination, 工作歧视, 300

John Marshall Law School, 约翰·马歇尔法学院, 37

John Paul II, 约翰·保罗二世, 489

Johns Hopkins Institute of Law, 约翰·霍普金斯法律协会, 502

Johnson, Earl, Jr., 小厄尔·约翰逊, 633

Johnson, Gregory Lee, 乔治·李·约翰逊, 531

Johnson, Jack, 杰克·约翰逊, 99, 113

Johnson, Lyndon: Chicago Seven trial, 林登·约翰逊: 芝加哥七君子案, 227; Civil Rights Act, 《民权法案》, 297; crime policy, 犯罪政策, 205; education policy, 教育政策, 453; federal activism, 联邦激进主义, 195; Great Society, 大社会, 194; immigration law, 移民法, 342; judicial appointments, 司法任命, 459; Medicare, 医疗保障, 324; public broadcasting, 公共广播, 567; public opinion, 公众的意见, 600; War on Poverty, 向贫穷宣战, 193, 480

Johnson, Paul, 保罗·约翰逊, 527

Johnson v. Santa Clara County, 约翰

逊诉圣克拉拉县案,527

Jon, Gee, 吉·乔恩,218

Jones, Joseph Lee, 约瑟夫·李·琼斯,301

Jones, Paula, 葆拉·琼斯,601

Jones Act,《琼斯法案》,360

Jones and Laughlin Steel Corporation, 琼斯和拉福林钢铁公司,169

Jones v. Alfred H. Mayer Co., 琼斯诉阿尔弗雷德·II.梅尔公司案,301

Journal of Law and Economics,《法律与经济学杂志》,499

Journal of the American Institute of Criminal Law and Criminology,《美国刑法及犯罪学协会期刊》,499

Joyce, Diane, 戴安娜·乔伊斯,527

Joyce, James, 詹姆斯·乔伊斯,233, 638

Judges and judging, 法官与审判,21, 24, 211, 264, 270-274; elections, 选举,475; federal, 联邦,475; in popular culture, 在流行文化中, 474-475

Judicial activism, 司法能动主义, 20, 215, 312, 524, 578

Judicial review, 司法审查,4, 16, 172, 577, 578, 580. See also Constitution; Constitutions, state, 另见宪法;各州的宪法

Judiciary Act,《法院法案》,478

Jungle, The (Sinclair),《屠场》(辛克莱),60, 590

Juries, 陪审团,83, 87, 263-267, 304, 354, 365, 372, 375, 580, 603, 619

Justice Department, 司法部。See Department of Justice,参见司法部

Juvenile justice, 少年司法,90-92, 212-214, 279

Kagan, Robert, 罗伯特·卡根,259, 603

Kalven, Harry, 哈里·凯尔文,248, 502

Kambour, Edward B., 爱德华·B.卡柏尔,350

Kambour v. Boston & Maine Railroad, 卡柏尔诉波士顿与主要铁路公司案,350

Kanka, Megan, 梅根·坎卡,591

Kansas, 堪萨斯州,19; bar exam, 律师资格考试,39; blue sky law, 蓝天法,163; chief justice, 首席法官,459; constitution, 宪法,345; divorce, 离婚,441; dry state, 实施禁酒法的州,102, 103; evolution,

演化,508; movie censors, 电影审查,563; no executions, 没有死刑,220; prisons, 监狱,94; taxes, 税收,72; Topeka, 托皮卡,31

Kaufman, Irving, 欧文·考夫曼,334

Kaufman, Morton S., 莫顿·S. 考夫曼,357

Kay, Herma Hill, 赫尼娅·希尔·凯,484

Kefauver, Estes, 埃斯特斯·基福弗,245,568

Kefauver Committee, 基福弗委员会,245

Kelley, Florence, 弗洛伦斯·凯利,178

Kelly, Helen J., 海伦·J.凯莉,539-540

Kelman, Steven 史蒂文·凯尔曼,602

Kelsen, Hans, 汉斯·凯尔森,575

Kemmerer, Edwin, 埃德温·甘末尔,576

Kennedy, Anthony, 安东尼·肯尼迪,525,532,534

Kennedy, Duncan, 邓肯·肯尼迪,493

Kennedy, John F.: ABA, 约翰·F.肯尼迪:美国律师协会,477; assassination, 刺杀,594; celebrity, 名人,593; Cuba, 古巴,600; Food stamps,《食品券法案》,194; immigration, 移民,131; Judicial appointments, 司法任命,292,459,477; social legislation, 社会立法,193; southern congressmen, 南方国会议员,297; Tax cut, 减税,397

Kennedy, Joseph P., 约瑟夫·P.肯尼迪,165

Kennedy, Robert, 罗伯特·肯尼迪,245-246

Kent, James, 詹姆斯·肯特,271,575

Kentucky: commercial code, 肯塔基州:商法典,380; constitution, 宪法,452; divorce, 离婚,441; jurors, 陪审员,264; Louisville ordinance, 路易斯维尔市法规,121; lynching, 私刑,117; obscenity law, 猥亵法,100; public execution, 公开处以死刑,218; safety laws, 安全法,63,67; segregation, 隔离,113-114; speed limit, 限速,549; supreme court, 最高法院,452,535; surrogacy, 代孕,444; taxes, 税收,72; taxicab case, 出租车案例,261

Kessler, Friedrich, 弗里德里克·凯斯勒,382,575

Keynes, John Maynard, 约翰·梅纳德·凯恩斯, 495

King, Martin Luther, Jr., 马丁·路德·金, 82, 291, 297, 337, 339

Kinsey, Alfred C., 阿尔弗雷德·C.金赛, 231, 564

Kiowas, 基奥瓦族, 132

Kitty Kat Lounge, 凯蒂·凯特酒吧, 235

Klaas, Polly, 波利·克拉斯, 591

Klarman, Michael, 迈克尔·克拉曼, 293

Kmart, 凯玛特, 230

Kodak camera, 柯达相机, 369

Korea, 韩国, 331, 541, 577, 580, 600

Korean War, 韩鲜战争, 187, 333

Kornmann, Conrad, 康拉德·孔恩曼, 139

Kreyling, Anna, 安娜·柯瑞林, 434

Kritzer, Herbert, 赫伯特·克利哲, 468

Ku Klux Klan, 三K党, 10, 144-145, 291, 338, 510, 512, 541

Kunstler, M. William, 威廉·M.孔斯特勒, 472

Kutak, Robert J., 罗伯·J.库塔克, 466

Labor and labor law, 劳动工与劳工法, 17, 27, 74-77, 117, 120, 129-130, 173, 185, 190, 385, 583, 624, 688; blacks, 黑人, 115-116; child, 孩子, 19; individual rights of workers, 劳工的权利, 189, 191; and New Deal, 新政, 167-169; organized, 组织, 18; prison, 监狱, 119; workers' compensation, 工人赔偿金, 362

Labor injunctions, 劳工禁令. see Injunctions, labor, 劳工禁令

Labor Relations Act, 《劳资关系法案》, 189

Labor unions, 劳工工会, 26, 60, 79, 129, 155-156, 167-169, 173, 179, 183, 186, 189-191, 353-354, 519, 526, 546, 580, 600

La Fleur, Jo Carol, 乔·卡罗尔·拉弗勒, 306, 517-518

La Guardia, Fiorello, 菲奥雷拉·拉瓜迪亚, 129

Laissez-faire, 自由放任主义, 3, 18, 277, 381, 558, 580, 582

LA Law (TV series), 《洛城法网》(电视剧), 473

Lamm, Steven, 史蒂文·拉姆, 270

Landis, James, 詹姆斯·兰迪斯, 173, 481

Land law, 土地法, 26, 399-411. See also Public lands and land law, 另见公共土地与土地法

Landlord and tenant laws, 房东与房客的法律, 406-409

Landrum-Griffin Act,《兰德伦-格里芬法案》, 189

Langdell, Christopher Columbus, 克里斯多弗·哥伦布·兰德尔, 33-34, 36, 56, 381, 488, 490, 496, 501

Langer, William, 威廉·兰格, 176

Language laws, 语言法, 146-147, 541-542

Lanham Act,《兰纳姆法案》, 429, 660

Lansky, Meyer, 梅耶·兰斯基, 245

Larimer, J. B., J.B.拉里默, 31

Las Vegas, 拉斯维加斯, 228-229, 420, 548, 558

Lathrop, Julia, 茱莉亚·莱斯洛普, 178

Latin America, 拉丁美洲, 575-576, 579-581, 584

Latinos, critical race theory, 拉丁裔, 批判种族理论, 494

Laumann, Edward, 爱德华·劳曼, 461

Law, definition of, 法律的定义, ix-x, 253

Law and Contemporary Problems (periodical),《法律与当代问题》(杂志), 499

Law and Economic Growth (Hurst),《法律与经济的成长》(赫斯特), 501

Law and economics movement, 法律与经济运动, 494-496

Law and Society Association, 法律与社会协会, 503

Law and Society Review,《法律与社会评论》, 503

Law and the Conditions of Freedom (Hurst),《法律及自由的条件》(赫斯特), 501

Law and the Modern Mind (Frank),《法律与现代精神》(弗兰克), 491

Law clerks, 法律助理, 533

Law Enforcement Assistance Act,《强制执法援助法案》, 205

Lawes, Lewis, 刘易斯·劳斯, 93

Law firms, 法律电影, 9, 30, 462-463, 583, 605

Law professors, 法学教授, 380, 483, 493, 497, 517

Law reviews, 法律评论, 271, 497-501

Law School Admission Test, 法学院入学测验(LSAT), 482, 483

Law schools, 法学院, 33-38, 188, 287, 381, 457-459, 480-487, 497-498, 504, 527, 585, 678, 686; internet, 互联网, 570. See also Legal education, 另见法律教育

Law students, 法学院学生, 485-487, 585

Lawyers, 律师, 176; advertising, 广告, 464; billing, 收费, 467-468; business, 商业, 45; canons, 准则, 40; class-action cases, 集团诉讼案件, 256; diversity, 多样性, 459-461; government, 政府, 461; groups, 团体, 170; in popular culture, 在流行文化中, 593-595; jokes, 笑话, 473; liberal, 自由主义, 152; numbers, 数目, 8, 457; personal injury, 人身伤害, 373-374, 467; popular culture, 流行文化, 472-475; poverty, 贫穷, 471; profession, 专业, 686; public interest, 公益, 471; Sixth Amendment right, 第六修正案的权利, 207-209; Wall Street, 华尔街, 73, 466; women, 妇女, 247. See also Law firms, 另见律师事务所

Leach, W. Barton, W. 巴顿·利奇, 458

Lee, Edward T., 爱德华·T. 李, 37

Lee, Harper, 哈珀·李, 472

Lee v. Weisman, 李诉威斯曼案, 515

Legal aid, 法律协助, 193

Legal culture, 法律文化, 7, 259, 505, 574, 589, 603

Legal education, 法律教育, 33-39, 381, 480-487

Legal history, 法律史, 501-502

Legal process school, 法律程序学派, 493

Legal realism, 法律现实主义, 490-494, 502, 589

Legal science, concept of, 法律科学理念, 34-36, 501

Legal Services program, 法律服务项目, 193-194, 407

Legion of Decency, 文雅生活之旅, 564

Leibowitz, Samuel, 塞缪尔·莱博维茨, 32

Lemon laws, 伪劣商品赔偿法, 381

Lemon v. Kurtzman, 雷蒙诉库兹曼案, 513-514

Leonard & Leonard v. Earle, 伦纳德与伦纳德诉厄尔案, 22

Leopold, Nathan, 内森·利奥波德, 32, 88, 95, 590

Lester, Anthony, 安东尼·莱斯特, 578

Lethal injection, 注射死刑, 218

Lever Act, 《杠杆法案》, 78

Levine, Louis, 路易斯·莱文, 617

Levinson, Becker, Schwartz, and Frank (law firm), 莱文森、贝克、施瓦兹与弗兰克(律师事务所), 33

Lévi-Strauss, Claude, 克劳德·李维-施特劳斯, 500

Levitt, William, 威廉·莱维特, 633

Levittown, N.Y., 纽约莱维顿, 188, 550

Levy, Louise, 路易丝·利维, 447

Levy v. Louisiana, 利维诉路易斯安那州案, 447, 662

Lewinsky, Monica, 莫妮卡·莱温斯基, 546, 592

Lewis, John L., 约翰·L. 刘易斯, 186

Liability explosion, 责任激增, 8, 469, 474, 505, 524, 538, 589

Libel laws, 诽谤法, 340

Liberalism, 自由主义, 236

Liberals: affirmative action, 自由主义者: 平权措施, 527; Robert Bork, 罗伯特·博克, 525; Christian Right, 基督教右翼, 506, 514; Corporate capitalism, 企业化资本主义, 189; enlightenment, 启蒙, 330-331; Alger Hiss, 艾尔格·希斯, 335; judges, 法官, 272; law clerks, 法官助理, 533; New Deal lawyers, 新政律师, 152; public broadcasting, 公共广播, 567; Earl Warren, 厄尔·沃伦, 276

Libertarians, 自由论者, 602

Liberty of contract, 契约自由, 18, 25, 167, 173

Licensing laws, 执照法, 25, 617

Liebman, Lance, 兰斯·利布曼, 489

Lightner, Candy, 坎迪·莱特纳, 553

Lincoln, Abraham, 亚伯拉罕·林肯, 472

Lindbergh, Charles, 查尔斯·林白, 557

Lindsey, Ben, 本·林赛, 90, 92

Litigation, 诉讼, 255-256, 278-279, 298, 603

Litigiousness, 好打官司的, 479-480, 595

Little Rock, 小石城, 292

Living trusts, 生前信托, 414

Llewellyn, Karl, 卡尔·卢埃林, 270-271, 379, 492, 502, 575, 684

Loan sharks, 高利贷, 69

Local government, 地方政府, 67, 157, 204, 332, 411-413, 595, 597; employees, 员工, 602

Lochner v. New York, 洛克纳诉纽约州案, 17-18, 22, 65, 77, 161, 490, 546

Loeb, Richard, 理查德·罗卜, 32, 88, 590

Lombroso, Cesare, 西泽·龙勃罗梭, 108

Lone Wolf v. Hitchcock, 独狼诉希契科克案, 132

Long Island Railroad Company, 长岛铁路公司, 360

Lopez, Alfonso, Jr., 小阿方索·洛佩斯, 597

Los Angeles, 洛杉矶 23; garnishments, 抵押, 387; law firms, 律师事务所, 462; Mexicans, 墨西哥人, 131; movie industry, 电影行业, 565; reformers, 改革家, 92; school districts, 学区, 451-452; smog, 烟雾, 196; statutory rape, 法定强奸罪, 100-101

Los Angeles Times, 《洛杉矶时报》, 32, 146

Lost Boundaries (film), 《失落的边界》(电影) 563

Lottery, 彩票, 229

Louisiana, bar examination, 路易斯安那州, 律师资格考试, 486; civil-law tradition, 大陆法系传统, 413; commercial code, 商法典, 380; constitution, 宪法, 344, 345, 405; creationism act, 《神创论法案》, 508; education, 教育, 451; French speakers, 讲法语的人, 545; grandfather clause, 祖父条款, 115; immigrants, 移民, 127; judges, 法官, 272; legislature, 立法机构, 596; Occupational diseases, 职业病, 363; pepper growers, 辣椒栽种者, 202; State Board of Health, 州卫生局, 93; voting rights, 投票权, 301

Loving v. Virginia, 拉文诉弗吉尼亚州案, 294

Loyalty oaths, 效忠的誓言, 334

Lucy, Autherine, 奥瑟琳·露茜, 290

Lumber Code Authority, 木材管理办法管理部门, 156

Luther, Elsie, 埃尔茜·卢瑟, 433

Lynch law, 私刑法, 117-120

MacArthur, Douglas, 道格拉斯·麦克阿瑟, 577

Macaulay, Stewart, 斯图尔特·麦考

利,385,489,503,669

Mack, Will, 威尔·马克,118

MacKinnon, Catharine, 凯瑟琳·麦金农,234,309,497,499,500

MacPherson v. Buick Motor Company, 麦克弗森诉别克汽车公司案,356

Madison, James, 詹姆斯·麦迪逊,344

Madison Square Garden, 麦迪逊广场花园,86

Mafia, 黑手党,245,594

Magnuson-Moss Warranty Improvement Act,《马格努森-莫斯担保促进法》,380

Maine: criminal code, 缅因州:刑法,211; dry state, 实行禁酒法令的州,102; jury lists, 陪审团名单,264; Murder rate, 谋杀率,222; public utilities, 公共事业,27; Supreme court, 最高法院,271

Maine, Sir Henry, 亨利·梅因爵士,381

Mainstreaming, 主流,454-455,517,543

Malinowsky, Bronislaw, 布洛尼斯拉夫·马林诺夫斯基,500

Malls, 商场,409

Manchurian Candidate, The（film,《谍网迷魂》(电影),594

Mann, James, 詹姆斯·曼恩,98

Mann Act, 曼恩法案,21,22,81,98-99,232,455,687

Mann-Elkins Act,《曼恩-埃尔金斯法案》,53-54

Mansfield and Swett, Inc.（real estate firm）, 曼斯菲尔德及斯韦特有限公司(房地产公司),402

Manton, Martin, 马丁·曼顿,275

Manville Corporation, 曼维尔公司,389

Mapp, Dolly, 多莉·马普,207

Mapp v. Ohio, 马普诉俄亥俄州案,207

Marbury v. Madison, 马伯里诉麦迪逊案,2

Marconi, Guglielmo, 伽利尔摩·马可尼,558

Margold, Nathan, 内森·马戈德,484

Marihuana Tax Act,《大麻征税法》,107

Marine Mammal Protection Act,《海洋哺乳动物保护法案》,423

Maritime cases, 海事案件,479

Maritime law, 海商法,364

Marquette Law School, 马奎特法学院,486

Marriage laws, 婚姻法 111, 294, 431, 438, 548, 597, 623

Married Women's Property Acts,《已婚妇女财产法案》,303

Marsh, Benjamin, 本杰明·马什, 400

Marshall, John, 约翰·马歇尔, 271

Marshall, Thurgood, 瑟古德·马歇尔, 275, 288, 459, 684

Martial law, 戒严法, 281-282

Marvin v. Marvin, 马文诉马文案, 448-449

Marxism and Marxists, 马克思主义和马克思主义者, 332, 417

Maryland: bench trials, 马里兰州无陪审团审判, 84; chain store taxes, 连锁商店税, 157; constitution, 宪法, 344; divorce, 离婚, 441; labor injunctions, 劳工禁令, 173; movie censors, 电影审查, 563; new communities, 新社区, 154; open space law, 开放性空地法律, 425-426; oyster laws, 牡蛎法律, 22; riot, 暴动, 283; subversives, 颠覆分子, 332; voting rights, 投票权, 311

Massachusetts: abortion rights, 马萨诸塞州: 堕胎权, 535; adoption, 收养, 444; automobile insurance, 汽车保险, 365; breach of promise, 违反承诺, 433; commercial code, 商法典, 380; Death penalty, 死刑, 220; judges, 法官, 272, 475; jurors, 陪审员, 86; Nantucket Island, 楠塔基特岛, 406; pilot licenses, 飞行员执照, 556; prisons, 监狱, 635; Racial Imbalance Act,《种族不平衡法案》, 295; safety laws, 安全方面的法律, 63; signs, 迹象, 26; supreme court, 最高法院, 277; traffic offenses, 交通肇事罪, 83; workers' compensation, 工人赔偿金, 539-540

Mass toxic torts, 大规模有毒物质引起的侵权行为, 367-369, 374-375

Matsuda, Mari, 马瑞·马特苏达, 494

Mauss, Marcel, 马塞尔·莫斯, 500

Maynard, George, 乔治·梅纳德, 315

McCarran-Walters Act,《麦卡伦-沃尔特斯法案》, 342

McCarthy, Joseph, 约瑟夫·麦卡锡, 331

McCarthyism, 麦卡锡主义, 10, 82, 236, 334-339, 686

McDonald's, 麦当劳, 538, 539, 672

McDougal, Myres, 迈尔斯·麦克杜格尔, 489

McGeorge Law School, 麦克乔治法学院, 471

McKenzie, Evan, 埃文·麦肯齐, 410

McKinley, William, 威廉·麦金莱, 135

McLaurin v. Oklahoma State Regents, 麦克劳林诉俄克拉荷马州大学评议委员会案, 287

McNaghten rule, 麦克纳格腾原则, 243, 244

McNamara, James B. 詹姆斯·B.麦克纳马拉, 32

McNamara, John J., 约翰·J.麦克纳马拉, 32

McReynolds, James C., 詹姆斯·C.麦克雷诺兹, 22

Means, Gardiner, 加德纳·米恩斯, 390

Media and law, 媒体和法律, 8, 44, 53, 86, 169, 371, 449, 560, 569, 590-593. See also Popular culture, 另见流行文化

Medicaid, 医疗救济, 194, 324, 330

Medical malpractice, 医疗过失, 365-367

Medicare, 医疗保障, 194, 195, 324, 524, 536-537

Medina, Harold, 哈罗德·梅迪纳, 333

Megan's law, 梅根法案, 591

Mellon, Andrew, 安德鲁·梅隆, 71

Melting pot, 熔炉, 123, 604

Memoirs of a Woman of Pleasure (Cleland), 《范妮·希尔回忆录——一个女人快乐的回忆》(克莱兰德), 234

Memphis, 孟菲斯, 169; movie censors, 电影审查, 563

Mendel, Gregor, 格雷戈尔·孟德尔, 108

Mendez, Gonzalo, 冈萨洛·门德斯, 322

Menominee, 梅诺米尼, 318-319

Menominee Restoration Bill, 《梅诺米尼族复原议案》, 319

Mensel, Robert, 罗伯特·门塞尔, 369

Mentschikoff, Soia, 索伊娅·曼切科夫, 379, 458, 484

Meredith, James, 詹姆斯·梅雷迪斯, 290

Merrell Dow, 梅里尔·道, 269-270

Mexicans, 墨西哥人, 446, 626; braceros, 短期入境的墨西哥工人, 131; gangs, 帮派, 214

Mexico, 墨西哥, 107, 129-131, 420, 576, 587; divorce, 离婚, 436

Meyer v. Nebraska, 迈耶诉内布拉斯

加州案,628

Michael M. v. Superior Court,迈克尔诉高级法院案,307

Michigan: abortion rights,密歇根:堕胎权,535; bench trials,无陪审团审判,84; death penalty,死刑,217, 220; diploma privilege,文凭的特权,39; drug penalty,毒品处罚,238; GM strike,通用汽车罢工,168; guardians,监护人,418; gun license law,持枪执照法,241; mines,矿山,169; murder rate,谋杀率,222; rape reform,强奸法律改革运动,250; right to lawyer,律师权,210-211; sessions laws of 1974,1974年的法律汇编,204; subversives,颠覆分子,332; supreme court,最高法院,271; women's rights,妇女的权利,304

Michigan Law Review,《密歇根法律评论》,498

Microsoft,微软公司,59, 391

Middle class,中产阶级,312, 398, 401, 403, 412, 413, 472, 542, 603; black,黑人,528

Migratory Bird Conservation Act,《鸟类迁徙保护法案》,422

Migratory Bird Treaty Act,《鸟类迁徙条约法令》,422

Military justice,军事司法,317, 688

Milk, Harvey,哈维·米尔克,245

Milken, Michael,迈克尔·米尔肯,224, 637

Miller, Mack, and Fairchild (law firm),米勒、麦克和弗尔柴尔德(律师事务所),30

Miller-Tydings Act,《米勒-泰丁斯法案》,158

Milliken v. Bradley,《米利肯诉布拉德利案》,296

Mills v. Board of Education of the District of Columbia,米斯尔诉哥伦比亚特区教育局,663

Milwaukee,密尔沃基,30; zoning,区划,401

Minersville School District v. Gobitis,麦诺斯维尔学区诉戈比蒂斯案,282, 283

Mines,矿业,200-201

Minimum wage laws,最低薪资法,189

Minnesota: adoption,明尼苏达州:收养,444-445; bounties,奖金,422; chief justice,首席法官,459; cohabitation,同居,449; Death penalty,死刑,220; diploma privilege,文凭的特权,39; Dispute resolution,争议的解决,279;divorce,离婚441;Foreclosure law,取消抵押品赎回权法,174-175;gag law,限制言论自由的法令,340;mines,矿山,169;,parole laws,假释的法律,90;railroads,铁路,55;religious confession,宗教忏悔,642;safety laws,安全法,63;Sentencing commission,量刑委员会,211;supreme court,最高法院,269,458;,worker's compensation,工人赔偿金,355;workers' injuries,工人受伤,362

Minorities,少数民族,11,528,543,545,671. See also Asians, Blacks, Hispanics, Jews, Native Americans,另见亚洲人,黑人,西班牙裔,犹太人,土著美国人

Minow, Newton,牛顿·米诺,560

Miracle, The（film）,《奇迹》(电影),565

Miranda, Ernesto,埃内斯托·米兰达,208,209

Miranda v. Arizona,米兰达诉亚利桑那州案,207-208,209,210

Miscegenation,通婚。See Interracial marriage,参见异族通婚

Mises, Ludwig von,路德维希·冯·米塞斯,500

Mississippi: bench trials,密西西比州:无陪审团审判,85;black laborers,黑人劳工,115;blue laws,蓝色法案,229;chief justice,首席法官,459;cohabitation,同居,449;comparative negligence,比较过失,360;conjugal visits,夫妻探访,216;education,教育,450;executions,处决,218,220;fornication law,淫乱法234;highways,高速公路,550;Intermarriage law,通婚法律,111-112;liquor laws,烈性酒法律,103;Marriage laws,婚姻法,623;Parchman Prison,Parchman监狱,687;Parole laws,假释的法律,89;sovereignty commission,州自治委员会,291;voting,投票,114;voting rights,投票权,301;worker's compensation,工人赔偿金,353

Mississippi River, flood of 1927,1927年密西西比河大水灾,117

Mississippi University for Women,密西西比女子大学,309

Missouri: appellate procedures,密苏里州:上诉程序,251;drug paraphernalia law,吸毒用具法,239;executions,处决,220;Food law,

食品法,60; Potsdam, 波茨坦镇, 138; racial covenants, 种族契约, 286

Missouri plan, 密苏里州计划, 476

Missouri v. Holland, 密苏里州诉荷兰案, 659

Mobility, 流动性, 558

Model Rules of Professional Conduct, 专业行为典型规则, 466

Moglen, Eben, 埃本·摩格林, 468

Mongolian constitution, 蒙古宪法, 579-580

Monks, Marie Antoinette, 玛丽·安托瓦内特·蒙克斯, 112

Monopolies, 垄断, 54, 58. See also Antitrust, 另见反垄断

Montana, 蒙大拿州, 140; bison range, 野牛保护区, 422; chief justice, 首席法官, 459; hanging, 绞刑, 218; homesteads, 家园, 421; insanity plea, 精神失常辩护, 244; mine tax, 矿税, 73; Pension law, 养老金法, 180; speed limit, 限速, 555

Montgomery, Ala., 阿拉巴马州,蒙哥马利郡, 339

Moore, Underhill, 安德海尔·摩尔, 502

Morality, and law, 道德和法律, 92-105, 228-237, 564

Morgan, J. P., J.P. 摩根, 55, 164

Morgan Stanley, 摩根·斯坦利, 463

Morgan, Ted, 泰德·摩根, 213

Mormons, 摩门教徒, 512

Morris, Clarence, 克拉伦斯·莫里斯, 384

Morris, Stake, 莫里斯股权, 119

Mortgages, 抵押贷款, 410

Moscone, George, 乔治·莫斯科尼, 245

Mothers Against Drunk Driving, 反醉驾母亲协会, 553

Mothers' aid laws, 母亲补贴法律, 178

Mothers' pension laws, 母亲的养老金法, 179

Motion Picture Producers and Distributors of America, 美国电影生产商和分销商, 564

Motor Vehicle Air Pollution Control Act, 《机动车空气污染防治法案》, 197

Mountain States Legal Foundation, 山州法律基金会, 471

Movies, 电影, 455, 562-566, 573, 591; business, 商业, 566

Mrs. Warren's Profession (Shaw), 《华伦夫人的职业》(萧伯纳), 233

Muller v. Oregon,穆勒诉俄勒冈州案,22,23,275,306

Municipal corporations,市政公司 411-413. See also Local government,另见地方政府

Munson, Roger,罗杰·芒森,239

Murder rate,谋杀率,205

Murphy, Frank,弗兰克·墨菲,533

Muscogee,马斯科吉族,320

Muslims,穆斯林,543

Mutual Insurance,互助保险基金,69

Myrdal, Gunnar,冈纳·缪达尔,284-285,302

Nader, Ralph,拉尔夫·奈德,553,590

Nahrstedt, Natore,纳多·纳里尔斯德特,411

Narcotic Control Act,《毒品控制法案》,237

Narcotics,毒品。See Drug,参见毒品

National Association for the Advancement of Colored People,全国有色人种协进会,118,120-122,288,294,295,322,403,471,519

National Association of Black Social Workers,全国黑人社会工作者协会,446

National Association of Broadcasters,全美广播电视协会,561,568

National Association of Real Estate Boards,国家房地产协会,154

National Banking Act,《国家银行法案》,68

National Bar Association,全国律师协会,41

National City Bank,国家花旗银行,69

National Commission on Law Observance and Enforcement,全国性的执法委员会,105

National Conference of Christians and Jews,全国基督教与犹太教徒会议,515

National Conference of Commissioners of Uniform State Laws,统一州法律委员会全国会议,407

National Defense Education Act,《国防教育法案》,452-453

National Endowment for the Arts,国家艺术基金会,195

National Endowment for the Humanities,国家人文基金会,195

National Environmental Policy Act,《全国环境政策法案》,197

National Firearms Act,《全国轻武器法案》,242

National Guard,国民警卫队,292

National Highway Traffic Safety Administration,国家公路交通安全管理局,554

National Housing Act,《全国住宅法案》,410

National Industrial Recovery Act,《国家工业复兴法案》,152,155,158,159,166,169

National Institute on Drug Abuse,国家毒品滥用研究院,238

National Institutes of Health,国家卫生研究院,194

National Labor Relations Act,《国家劳工关系法案》,160,546

National Labor Relations Board,全国劳工关系委员会,167,190

National Labor Relations Board v. Jones & Laughlin Steel Corporation,国家劳工关系委员会诉琼斯和劳克林钢铁公司案,160

National Law Journal,《全国法律期刊》,465

National Lumber Dealers' Association,国家木材经销商协会,154

National Motor Vehicle Theft Act,《国家机动车盗窃法案》,81

National Municipal League,全国自治联盟,346

National Rifle Association,全国步枪协会,242

National School Lunch Act,《全国学校午餐法案》,452

National Science Foundation,国家科学基金会,195

National Traffic and Motor Vehicle Safety Act,《国家交通与机动车安全法案》,554

National Trust for Historic Preservation,全国历史古迹保存信托机构,406

National War Labor Board,国家战时劳工局,79,186

Nation of Islam,伊斯兰之国,543

Native Americans,美国原住民,11,545;adoption,收养,444,446;American Indian Movement,美国印第安人运动,319,472,604;autonomy,自治权,320-321;frontier,边疆,420;gambling,赌博,229;languages,语言,541;laws,法律,576;lawyers,律师,460;miscegenation,混血,624;termination,终结,318-319;in 1800,在1800年,2;in early twentieth century,在20世纪初期,132-134

Nativism, 本土排外主义, 9, 122, 126, 506, 540-541

Naturalization, 归化入籍, 124

Navajo law, 纳瓦霍习惯法, 320

Nazis, 纳粹, 226, 280

Near v. Minnesota, 尼尔诉明尼苏达州案, 340-341

Nebbia v. New York, 内比亚诉纽约州案, 160

Nebraska: constitution, 内布拉斯加州: 宪法, 513; death penalty moratorium, 中止死刑, 223; food and drug law, 食品和药品法, 64; Foreign language, 外语, 146; homesteads, 家园, 421; Jehovah's Witnesses, 耶和华见证人, 283; marriage law, 婚姻法, 432; official language, 官方语言, 541; supreme court, 最高法院, 490, 513; surrogacy, 代孕, 444; women's working hours, 女性工作时间, 27

Negotiable Instruments Law, 可转让票据法, 47

Nelson, Scott, 斯科特·纳尔逊, 534

Nelson, William E., 威廉·E. 纳尔逊, 347

Nesbit, Evelyn, 伊芙琳·内斯比特, 86

Nevada: blue sky law, 内华达州:《蓝天法案》, 163; divorce, 离婚, 436, 437, 441, 596; education about thrift, 对节俭的教育, 450; federal lands, 联邦土地, 420; gambling, 赌博, 604; gas chamber, 毒气室, 218; homesteads, 家园, 421; law school, 法学院, 485; pension law, 养老金法, 180; prostitution, 卖淫, 597

New Deal, x, 新政, 152-178; Thurman Arnold, 瑟曼·阿诺德, 491; corporate capitalism, 公司资本主义, 188-189; Federal power, 联邦主义, 377; labor laws, 劳动法, 385; labor unions, 工会, 77; legal realist movement, 法律现实主义运动, 492; Legal reform, 法律改革, 253; and individual, 个人的, 546; radio, 收音机, 560; regulation, 法规, 196, 479; right wing, 右翼, 332, 338; Supreme Court, 最高法院, 20, 683; welfare, 福利, 3

New England, 新英格兰, 19, 220

New Hampshire: dry state, 新罕布什尔州: 禁酒的州, 102; hanging, 绞刑, 218; license plates, 车牌, 315; licensing law, 许可法, 26; railroad

case,铁路案件,350; subversives,
颠覆分子,332; Supreme court,最
高法院,525

New Jersey:abortion rights,新泽西
州:堕胎权,535; annexations,兼
并,412; blue laws,蓝天法案,230;
chief justice,首席法官,459; Civil
rights,民权,311; corporations,企
业,50; courts,法院,257-258; e-
viction law,驱逐法,408; execu-
tions,处决,220; fornication law,
淫乱法,232; judges,法官,审判,
272; Megan's law,梅根法,591;
Northern Securities case,北方证券
公司案,55; occupational diseases,
职业病,363; planning boards,规
划委员会,402; product liability,产
品责任,357; regulatory laws,监管
法,51; school buses,校车,510-
511; sexual assault,性侵,249;
sterilization law,绝育法,110; su-
preme court,最高法院,271,443;
waste law,废弃物法律,378; zon-
ing,区划,分区制,403

New Mexico: admission to the Union,
新墨西哥州:加入联邦,133; bar
examination,律师资格考试,486;
bingo act,宾戈法案,229; constitu-
tion,宪法,344; divorce,离婚,
441; executions,处决,220; federal
lands,联邦土地,420; federal rules
of procedure,联邦民事诉讼规则,
256; homesteads,家园,421; labor,
劳动,624; prison riots,监狱暴动,
217; Pueblo Indians,普韦布洛印
第安人,133; Sixteenth Amend-
ment,第十六修正案,70; state as-
sociation,州协会,41; taxes,税收,
72; women lawyers,女律师,457

New Orleans,新奥尔良,127,421;
historic district,历史街区,405;
red-light abatement,铲除红灯区运
动,97

Newport (ship),新港(船),479

Newspapers, 报纸, 86, 205, 571,
591

Newsweek (periodical),《新闻周刊》
(期刊),240

New York (state): abortion, 纽约
(州):流产,236; adoption,收养,
445; age discrimination,年龄歧视,
324; air pollution control,空气污染
控制,197; aliens,外国人,313;
annexations,兼并,412; automobile
insurance,汽车保险,365; breach
of promise,违反承诺,433; charita-

ble immunity,慈善豁免,359;chief justice,首席法官,459;civil practice act,《民事实践法案》,252;civil rights,公民权利,310;commercial code,商法典,380;condemnation,征用,278;constitution,宪法,344-345;court of appeals,上诉法院,274;courts,法院,347;divorce,离婚,435,436;executions,处决,220;fellow-servant rule,雇员同伴责任规则,352;Field Code,《菲尔德法典》,251,253,257;foreclosure law,取消抵押品赎回权法,174;guardians,监护人418;gun laws,枪支法,241;insurance regulation,保险法规,69;judicial elections,司法选举,476;juries,陪审团,265;juvenile offenses,少年犯罪,212;"little Wagner Act,""小瓦格纳法案",173;milk law,牛奶法,160;mob influence,犯罪团伙影响,246;motor vehicle accidents,机动车事故,364;movie censors,电影审查,563;"no par" stock law,"无票面价值"股票法,51;occupational diseases,职业病,363;poultry,家禽,159;prison riots,监狱暴动,217;privacy law,隐私法,370;protective statute,保护法规,303;railroad law,铁路法,576;red scare,赤色恐惧,145;school prayer,学校祈祷,511;Sing Sing prison,新新监狱,93;special education,特殊教育,454;supreme court,最高法院,467;surrogacy,代孕,444;taxes,税收72;tenement law,房屋租赁法,408;UNIA,全球黑人进步协会,543;Voting rights,投票权,311;worker's compensation,工人赔偿金,353

New York City:airmail,纽约:航空邮件,556;automobiles,汽车,7;cases dismissed,案件撤销,264;disasters,灾害,351;doctors,医生,106;federal funding,联邦资助,413;horse pollution,骡马污染,551;immigrants,移民,2;Jewish lawyers,犹太律师33;jurors,陪审员,264-265;juvenile courts,少年法院,92;Law firms,律师事务所,30,462,583;loyalty oaths,发誓,334;machine politics,机器政治,39;malpractice,玩忽职守,366;mayor,市长,129;movies,电影,564,565;OPA prosecutions,物价

管理局的起诉,186；personal injury plaintiffs,人身害原告,350；radio,无线电,569；rent control,租金管制,187,409；statutory rape,法定强奸罪,101；West Side Highway,西部高速公路,550；zoning,区划；分区制,400

New York State Commission on Prison Reform,纽约州监狱改革委员会,93

New York Stock Exchange,纽约证券交易所,164,165

New York Times,《纽约时报》,138,339-340；Magazine,杂志,213

New York Times v. Sullivan,纽约时报诉沙利文案,339-341,372

New York University Law School,纽约大学法学院,487

Nicaragua,尼加拉瓜,581

Nietzsche, Friedrich,弗里德里希·尼采,88

Night Riders (film),《黑夜骑士》(电影),562

Nineteenth Amendment,第十九修正案,303,457

Nixon, Richard：Chicago Seven trial,理查德·尼克松：芝加哥七君子案,227；crime policy,犯罪政策,205；EPA,环境保护局,198；Judicial appointments,司法任命,524；law student,法律系学生,365；lawyer,律师,470；Philadelphia plan,费城计划,526；Public housing,公共住房,192；welfare state,福利国家,195

No-fault divorce,无过错离婚,440-442

North (U.S. region),北方(美国地区),2,19,293；blacks,黑人,280；pensions,养老金,177；public opinion,公共舆论观点,297；Race obsession,种族魔咒,112；scandal,丑闻,290；segregation,隔离,296；smallholders,小自耕农,74

North American Free Trade Agreement,北美自由贸易区协议,587

North Carolina：appellate courts,北卡罗来纳州：上诉法院,257；automobile insurance,汽车保险,365；battered woman defense,受虐待妇女方防卫,247-248；busing,公共汽车接送,295；chain store taxes,连锁商店税,157；civil rights,公民权利,299,311；divorce,离婚,437；flight,飞行,556；jurors,陪审员,265；jury trials,陪审团审判,264；

segregation, 隔离,112; traffic offenses, 交通违法,552; Voting rights, 投票权,301

North Carolina Law Review,《北卡罗来纳法律评论》,500

North Dakota, 北达科他州,140; Bible law,《圣经》,512; dry state, 禁酒的州,102; English only, 只说英语,542; foreclosures, 取消抵押品赎回权,176; illegitimacy, 非婚生子女,447; integrated bar, 整合的律师协会,41; pornography licenses, 色情许可证,235, 237

Northern Pacific Railway, 北太平洋铁路公司,55

Northern Securities case, 北方证券公司案,55-56

Northern Securities Company, 北方证券公司,55

Northwestern University, 西北大学,470, 503; Law School, 法学院,490, 497, 499

Notre Dame University Law School, 圣母大学法学院,498

Nyquist v. Mauclet, 尼奎斯特诉莫克利特案,313

Oakland, Calif., harbor, 加州奥克兰海港,259

Obscenity, 淫秽,99-100, 233-237, 561-565

Occupational diseases, 职业病,363

Occupational Safety and Health Act,《职业安全与健康法案》,376

O'Connor, Sandra Day, 桑德拉·戴·奥康纳,458, 525, 529, 532

Odem, Mary, 玛丽·奥德姆,100

Office of Economic Opportunity, 经济机会局,193

Office of Price Administration, 物价管理局,185, 186, 224

Office of the Legislative Council, 立法咨询办公室,596

Ohio: bench trials, 俄亥俄州:无陪审团审判,85; blue laws, 蓝色法案,229; dairy, 牛奶,161; executions, 处决,220; federal grants, 联邦拨款,180; fellow-servant rule, 雇员同伴规则,353; foreign language, 外语,146; garnishments, 抵押,387; movie censors, 电影审查,563; new communities, 新社区,154; poor laws, 济贫法,177; prison riots, 监狱暴动,214; repatriation, 遣返,626; restrictive statute, 限制性法规,628; safety laws, 安

全法,67;subversives,颠覆分子,332;unauthorized practice,未经授权的活动,467;worker's compensation,工人赔偿金,354

Oklahoma,俄克拉荷马州,42;accidents,事故,363;beer law,啤酒法,305;charitable immunity,慈善豁免,359;chief justice,首席法官,459;constitution,宪法,344;divorce,离婚,441;drug laws,毒品法,107;grandfather clause,祖父条款,115;Kiowas,基奥瓦人,132;marriage laws,婚姻法,432;opticians,配镜师,162;School segregation,学校隔离,287-288;sterilization,绝育,327

Old Age Assistance,老年援助项目,182

Older Americans Act,《美国老年人法案》,324

Ollie's Barbecue,欧利烤肉餐厅,298

Omnibus Crime Control and Safe Streets Act,《公共犯罪控制及街头安全综合法案》,205,246

Operation Wetback,管制非法劳工计划,131

Opium Exclusion Act,《鸦片杜绝法案》,106

Orange County, Calif.,加利福尼亚州橘郡,321

Oregon:blue laws,俄勒冈州:蓝色法案,229;drug laws,毒品法,107;executions,处决,220;federal lands,联邦土地,420;handgun law,手枪法,241;homesteads,家园,421;intermarriage law,异族婚姻的法律,123;juvenile crimes,青少年法律,214;Klamath 兑拉马斯,318;private schools,私立学校,510;Welfare benefits,生活福利,316

Organic Act, Puerto Rico,波多黎各《组织法案》,136,137

Organized crime,集团犯罪,69,81,104,245-246,568,594

Orlo, Angelo,安吉洛·奥洛,358-359

Orlo v. Connecticut Company,奥洛诉康涅狄格州公司案,358-359

Osborne, Thomas Mott,托马斯·莫特·奥斯本,93,109

O'Steen, Van,凡·欧斯迪恩,464

Otis, Harrison Gray,哈里森·格雷·奥迪斯,146

Ozawa v. United States,小泽诉美国案,124

Palko, Frank, 弗兰克·波克, 206-207

Palko v. Connecticut, 波克诉康涅狄格案, 206-207

Palmer, A. Mitchell, A. 米切尔·帕莫, 141, 144

Palo Alto, Calif., 加利福尼亚州帕洛阿尔托市, 469-470

Palsgraf, Helen, 海伦·帕斯格拉芙, 360-361

Panama, 巴拿马, 576, 581

Pan American Airlines, 泛美航空公司, 557

Paramount case, 派拉蒙案, 566

Parchman, Miss., prison farm, Parchman 密西西比州帕其曼监狱农场, 120, 216

Parker, John J., 约翰·J. 帕克, 76

Parochial schools, 教会学校, 511-513

Parole, 假释, 89, 212

Patent law, 专利法, 426-427

Patterson, Hayword, 海沃德·帕特森, 216

Patterson, John N., 约翰·N. 帕特森, 31

Pavesich, Paolo, 保罗·帕维斯基, 370

Peace Corps, 美国和平工作队, 193

Pearl Harbor, 珍珠港, 184

Peckham, Rufus, 鲁弗斯·佩卡姆, 17, 23, 77, 167

Pecora, Ferdinand, 费迪南德·帕克拉, 164

Pelican Island, Fla., 佛罗里达州鹈鹕岛, 422

Penal code, 刑法典, 548

Pennsylvania: aid to church schools, 宾夕法尼亚州: 对教会学校的援助, 670; bounties, 赏金, 422; breach of promise, 违反承诺, 433; commercial code, 商法典, 380; Donora death fog, 多诺拉死亡雾霾, 196; Dutch, 荷兰, 545; Eastern Penitentiary, 东部州立监狱, 92; executions, 处决, 220; first black women admitted to bar, 第一位执业的黑人女律师, 33; flag salute, 向国旗致敬, 282; game laws, 狩猎法, 313; judges, 法官, 272; juvenile court, 少年法庭, 90; "little Wagner Act," "小瓦格纳法案", 173; mines, 矿山, 169; movie censors, 电影审查, 562-563; obscenity law, 猥亵法, 233; Pension law, 养老金法, 180; railroad accident case, 铁路事故案件, 261-262;

safety laws，安全法律法规，66；school Bible reading，学校朗读《圣经》，511，512；slavery，奴役，2；special education，特殊教育，454；turnpike，收费公路，550；women's rights，妇女的权利，303，304；work accidents，工伤事故，353-354

Pennsylvania Association for Retarded Children v. Commonwealth of Pennsylvania，宾夕法尼亚州智障儿童协会诉宾夕法尼亚联邦案，454

Pennsylvania Railroad，宾州铁路公司，53

Pensions，养老金，177，180，362，419

Pepsi-Cola Company，百事可乐公司，52

Percentage lease，百分比租约（收益分成租赁），409

Perot, Ross，罗斯·佩罗，587

Perpetuities rule，永久规则，415

Perry Mason（TV series），佩里·梅森，(系列电视剧)，473

Persian Gulf，波斯湾，600

Personal injury，人身伤害，349，373-374，467，539

Personal Responsibility and Work Opportunity Reconciliation Act，《个人责任和工作机会协调法案》，537

Petronius Arbiter，佩特洛尼乌斯·阿尔比特，563

Philadelphia，费城，32；airmail，航空邮件，556；Gimbel Brothers，金贝尔兄弟，392；vice commission，对抗邪恶委员会，97

Philippines，菲律宾，9，80，134-136，420；constitution，宪法，576

Phoenix, Ariz.，亚利桑那州凤凰城，548

Picker, Jane，简·皮克尔，517

Pierce v. Society of Sisters，皮尔斯诉姊妹会案，510

Pine Ridge Reservation，松岭印第安保留区，319

Pinkerton detective agency，平克顿侦探社，74

Pitney, Mahlon，马伦·皮特尼，19

Planned Parenthood，计划生育，328

Planned Parenthood of Southeastern Pennsylvania v. Casey，东南宾夕法尼亚州计划生育委员会诉凯西案，532

Plant Patent Act，《植物专利法案》，428

Platt, Anthony，安东尼·普拉特，92

Plea bargaining，辩诉交易，84-85

Plessy v. Ferguson, 普莱西诉弗格森案, 9, 113, 114, 280, 288

Plural equality, 多元平等, 10-11, 210, 266, 347, 403, 505, 512, 514, 542, 545, 571, 603

Pluralism, 多元主义, 510, 513

Poe v. Ullman, 波伊诉乌尔曼案, 328

Poindexter, Joseph B., 约瑟夫·B.波因德克斯特, 281

Polanyi, Karl, 卡尔·波兰尼, 500

Polanyi, Michael, 迈克尔·波兰尼, 500

Police, 警方, 209, 284, 526, 593; brutality, 残暴, 210; riot, 暴动, 226

Political trials, 政治审判, 225-227, 331

Pollock v. Farmers' Loan and Trust Company, 波洛克诉农民贷款和信托公司案, 70

Poll tax, 人头税, 114, 300

Pollution, 污染, 196-199, 551. See also Clean air laws; Clean Water Act, 另见空气清净法;《水清洁法案》

Poor laws, 济贫法, 177

Popular culture, 流行文化, 472-475, 545, 573. See also Media and law, 另见媒体和法律

Pornography, 色情, 233-235, 339, 371, 456, 497, 525, 565, 569, 604

Posner, Richard, 理查德·波斯纳, 235, 274, 489, 495-496, 533

Post, Wiley, 威利·波斯特, 557

Pound, Roscoe, 罗斯科·庞德, 251, 279, 489-490

Pregnancy Discrimination Act,《怀孕歧视法案》, 307

Presidency, 总统, 2, 5, 206, 557, 571, 592, 595, 599; Executive Office, 行政办公室, 599; wage and price controls, 薪酬和价格控制, 632; war powers, 战争的权力, 679

Price controls, 价格管制, 186-187, 224

Princeton University, 普林斯顿大学, 576

Prior restraints, 先期限制, 340

Prisoners' rights movement, 囚犯权利运动, 214

Prisons, 监狱, 81, 89, 92-95, 214-217, 240, 604, 646, 687; rape, 强奸, 250

Privacy, 隐私, 326, 329, 369-372, 525, 535, 547, 592

Privilege, in law of evidence, 证据在法律上的特权, 268

Privity doctrine, 默契规则, 356

Probation, 缓刑, 89

Procter and Gamble, 宝洁公司, 183

Products liability, 产品质量责任, 355-359

Progressivism, in tax law, 税法的进步, 396

Prohibition, 禁止, 81-82, 102-107, 186, 205, 228, 245, 541, 603

Promissory estoppel, 承诺之禁止反悔原则, 383

Property, 财产, 19; rights, 权利, 23, 401; tax, 税, 72, 319. See also Land law; Public lands and land law, 另见土地法, 公共土地和土地法

Proposition 13 (California), 第13号提案（加州）, 346, 397, 452, 657

Proposition 209 (California), 第209号提案（加州）, 528

Prosser, William L., 威廉·L. 普罗瑟, 359, 373, 487, 488

Prostitution, 卖淫, 96-97, 128, 438, 604

Protestants, 新教徒, 2, 102, 105, 188, 312, 330, 431, 512, 513, 516, 545

Pruneyard Shopping Center v. Robins, 普鲁尼亚德购物中心诉罗宾斯案, 347

Public Broadcasting Act, 《公共广播法案》, 567

Public housing, 公共住房, 191-192

Public Interest Research Group, 公共利益研究组织, 554

Public lands and land law, 公共土地和土地法, 419-426, 560

Public opinion state, 公众舆论状态, 6, 593

Public Utility Holding Company Act, 《公用事业控股公司法案》, 166

Public Works Administration, 市政工程局, 152, 154

Pueblo Indians, 普韦布洛印第安人, 133

Puerto Rican gangs, 波多黎各帮, 214

Puerto Rico, 波多黎各, 9, 80, 134-137, 420, 576, 580, 627

Pullman strike, 普尔曼大罢工, 74

Punitive damages, 惩罚性赔偿, 672

Purcell, Edward A., Jr., 小爱德华·A. 珀塞尔, 262

Pure Food Act, 《纯净食品法》, 81

Puritans, 清教徒, 95

Quayle, Dan, 丹·奎尔, 473

Rabin, Robert L., 罗伯特·L. 拉宾, 489

Race, 种族, 112, 116, 280, 284-297, 306, 316, 404, 542. See also Asians, Blacks, Native Americans, 另见亚洲人,黑人,美国原住民

Racism, 种族主义, 120, 178, 295, 323, 528; religion and the law, 宗教和法律, 41-42; West Coast, 西海岸, 123

Racketeer Influenced and Corrupt Organizations Act, 《反诈骗腐败组织法案》, 246

Radio, 无线电, 426-427, 455, 558-560, 567, 569, 589, 591

Radio Act, 《无线电法案》, 559

Railroad Reorganization Act, 《铁路公司重组法》, 50

Railroads, 铁路, 24, 26, 52-54, 113, 130, 172, 349, 350, 352, 360; accidents, 事故, 61, 364; Federal courts, 联邦法院, 260; lawyers, 律师, 31; passenger, 乘客, 551, 557; pensions, 养老金, 419; reorganized, 重组, 49; Seized by President Wilson, 被威尔逊总统查封, 78

Rape, 强奸, 118, 119, 216, 247-250, 307

Rape shield laws, 强奸受害人庇护法, 249

Rawlinson, Dianne, 戴安妮·罗林森, 308

Raytheon, 雷神公司(一家航空航天公司), 539-540

RCA, 美国无线电公司, 392

Reagan, Leslie, 莱斯莉·里根, 236

Reagan, Ronald: anti-government, 罗纳德·里根:反政府, 346, 545; appointments, 任命, 274, 392, 458, 471, 495, 525; assassination attempt, 暗杀企图, 242; counter-revolution, 反革命, 523-529, 605; deregulation, 放松管制, 545, 569; public broadcasting, 公共广播, 567; school prayer amendment, 学校祈祷的修正案, 511; tax cuts, 减税, 397

Reclamation Act, 《开拓法案》, 421

Reconstruction, 重建, 144

Red Kimono, The (film), 《红色和服》(电影), 370

Red scare, 绝色恐怖, 541

Reece, B. Carroll, 卡罗尔·B. 里斯, 417

Reed, Stanley, 斯坦利·里德, 289

Reed v. Reed, 里德诉里德案, 305

Refugee Act, 《难民法案》, 342

Regulation, 法规, 23, 54, 69, 80, 160-162, 196-197, 201-204, 524, 545, 603; automobiles, 汽车, 553-555; business, 商业, 59-62, 533; federal cases, 联邦案件, 479; food and drugs, 食品和药品, 199; laws, 法律, 45; liquor, 烈性酒, 228; radio, 无线电, 558-559; securities, 证券, 164; states, 州, 62-67; television, 电视, 567, 568

Rehabilitation Act, 《康复法案》, 325

Rehnquist, William, 威廉·伦奎斯特, 276, 313, 525, 530, 533, 597, 669; Rehnquist Court, 伦奎斯特法院, 479, 525, 530

Religion, and law, 宗教和法律, 506-514, 524, 560

Remove Intoxicated Drivers, 消除醉驾司机, 553

Remus, George, 乔治·瑞莫斯, 94

Rennie, Ysabel, 伊莎贝尔·伦尼, 214

Reno, Janet, 珍妮特·雷诺, 458

Rent controls, 租金管制, 187, 224, 408-409

Republican Party: anti-lawyer rhetoric, 共和党: 反律师诡辩术, 473, 538; antitrust, 反垄断, 391; Congress, 议会, 526; counterrevolution, 反革命, 523-524; judicial appointments, 司法任命, 477; Earl Warren, 厄尔·沃伦, 276, 288, 644

Restatement of Agency, 《代理法重述》, 488

Restatement of the Law of Contracts, 《契约法重述》, 383, 488

Restatement of Torts, 《民事侵权行为法重述》, 358

Rhode, Deborah, 黛博拉·罗德, 309

Rhode Island: aid to church schools, 罗得岛州: 援助教会学校, 670; constitution, 宪法, 344-345; corporate income tax, 企业所得税, 397; crimes, 罪行, 84; divorce, 离婚, 441; graduation prayer, 毕业祈祷, 515; parochial school aid, 教区的教育补助, 513-514; pauper law, 贫民法, 176-177; slavery, 奴役, 2; women lawyers, 女律师, 32

Richmond v. J. A. Croson Co., 里士满诉 J.A. 科洛森有限公司案, 671

Riesman, David, 戴维·瑞斯曼, 470-471

Right to work,工作权,580

Rights consciousness,权利意识,256,589,602

Riots,暴动,121,131,174,217,600

Ritchie & Co. v. Wayman,里奇及其公司诉韦曼案,28

Road Aid Act,《道路援助法案》,550

Roberson, Abigail,阿比盖尔·罗伯森,369

Roberts, Owen J.,欧文·J.罗伯茨,160

Robinson-Patman Act,《罗宾森-帕特曼法案》,158

Roche, James,詹姆斯·罗奇,554

Rockefeller, John D.,约翰·D.洛克菲勒,55,398

Rockefeller, Nelson,尼尔森·洛克菲勒,238,239

Roe v. Wade,罗伊诉韦德案,236-237,328-330,477,525,530-532,535

Rohan, Patrick J.,帕特里克·J.罗恩,278

Romer v. Evans,罗默诉埃文斯案,671

Roosevelt, Eleanor,埃莉诺·罗斯福,560

Roosevelt, Franklin D.:administrative reform,富兰克林·D.罗斯福:行政改革,171;appointments,任命,318,458,477;assassination attempt,暗杀企图,221;charisma,魅力,5,523,560,593;elections,选举,106,152,173;income tax,所得税,393-394,396;Japanese internment,日本人的拘留,281;labor,劳动,168-169,186;lawyer,律师,470;and right wing,右翼,332;securities legislation,证券法规,164-165;Social Security,社会保障,180;Supreme Court,最高法院,159-161,683;TVA,田纳西河流管理局,154;World War II,第二次世界大战,184,186

Roosevelt, Theodore,西奥多·罗斯福,51,53,56,60,62,74,123,169,277,422

Rorty, Richard,理查德·罗蒂,499

Rosenberg, Ethel,埃塞尔·罗森堡,226,334-335,338

Rosenberg, Julius,朱利叶斯·罗森堡,226,334-335,338

Ross, Laurence,劳伦斯·罗斯,278

Rostker v. Goldberg,罗斯特克诉戈德堡案,307

Roth, Stephen,斯蒂芬·罗斯,296

Roth v. United States, 罗斯诉美国案, 233

Rothstein, Mark A., 马克·A. 罗斯坦, 489

Rule against perpetuities, 反永久规则, 415

Rule of reason, 合理原则, 57

Ruml, Beardsley, 比尔兹利·拉姆尔, 393

Russia, 俄罗斯, 9, 141, 142, 205, 217, 579, 580. See also Soviet Union, 另见苏联

Rutgers Law Review, 《罗格斯法律评论》, 498

Sacco, Nicolà, 尼可拉·萨科, 143-144, 338

Safe Drinking Water Act, 《安全饮用水法案》, 198

Saint Francis College v. Al-Khazraji, 圣弗朗西斯大学诉埃尔卡扎瑞吉案, 322

St. John's Episcopal Hospital, 圣约翰英国主教医院, 359

St. Johns University Law School, 圣约翰大学法学院, 482

St. Louis, 圣路易斯, 301, 412; public housing, 公共住房, 192

St. Paul, Minn., 明尼苏达州圣保罗, 626

Sale of Goods Act, 《货物买卖法案》, 47

Salgo, Martin, 马丁·萨尔苟, 365, 366

Salvation Army, 救世军, 359

San Antonio Independent School District v. Rodriguez, 圣安东尼奥独立学区诉罗德里格斯案, 452

San Bernardino, Calif., 加利福尼亚州圣伯纳迪诺市, 321

San Francisco, 旧金山, 27, 122-123, 126, 322; airmail, 航空邮件, 556; divorce, 离婚, 435; insanity defense, 精神障碍辩护, 244-245; law firms, 律师事务所, 460, 465; malpractice, 玩忽职守, 366; red-light abatement, 减少红灯区, 97; urban renewal, 旧城改造, 405

San Quentin prison, 圣·昆丁监狱, 109, 626

Sartain, Albert E., 艾伯特·E. 萨廷, 95

Satanism, 恶魔崇拜, 456

Saturday Press (periodical), 《星期六报》(期刊), 340

Saudi Arabia v. Nelson, 沙特阿拉伯诉纳尔逊案, 534

Sawyer, Ada Lewis, 艾达·刘易斯·索耶, 32

Scalia, Antonin, 安东尼·斯卡利亚, 514-516, 525, 530, 532, 669

Scandals, 丑闻, 590-592, 601

Schechter Poultry Corp. v. United States, 舍克特家禽公司诉美国案, 159

S. E. Massengill Company, S. E. 马森吉尔公司, 199

Scheiber, Harry, 哈里·谢伯, 501

Schenck v. United States, 申克诉美国案, 142

Schlegel, John, 约翰·施莱格尔, 504

Schloendorff v. Society of New York Hospital, 施伦多夫诉纽约医院协会, 359

School prayer, 学校祈祷, 511-513

Schwartz, Richard D., 理查德·D.施瓦茨, 503

Scopes, John T., 约翰·T. 斯科普斯, 507

Scopes trial, 斯科普斯审判, 32, 507-508

Scott, Austin Wakeman, 奥斯汀·魏克曼·斯科特, 487, 488

Scottsboro case, 斯科茨伯勒案, 32, 120, 216

Scranton, Pa., 宾夕法尼亚州斯克兰顿, 185

Sears, John H., 约翰·H.希尔斯, 73

Sears, Roebuck Co., 西尔斯-罗巴克公司, 101

Seattle, 西雅图, 465

Second Amendment, 第二修正案, 241-242

Secret Service, 特勤局, 81

Securities Act, 《证券法》, 164-165, 575

Securities and Exchange Act, 《证券交易法》, 165, 166, 575

Securities and Exchange Commission, 证券交易委员会, 3, 165, 166, 390, 491, 581

Securities regulation, 证券监管, 164, 581

Sedition and Sedition Act, 《煽动叛乱法案》, 78, 139, 142

Segregation: armed forces, 隔离:武装部队, 280-281, 293; Asians, 亚洲人, 123; California schools, 加州学校, 321-322; De facto, 事实上的, 296-297; economic motives, 经济动机, 120; federal judges, 联邦法官, 291; Florida schools, 佛罗里达州学校, 450; housing, 住房, 121,

286, 295; international embarrassment, 国际上尴尬不堪的事情, 285; interstate commerce, 洲际贸易, 298; North, 北方, 280, 296; *Plessy v. Ferguson*, 普莱西诉弗格森案, 9; public opinion, 公共舆论, 297, 545; Reagan counterrevolution, 里根反变革, 526; schools, 学校, 287-289, 292, 321; state laws, 州法, 112-114; Supreme Court, 最高法院, 4, 293-294; Woodrow Wilson, 威尔逊·伍德罗, 115. See also Apartheid; Integration; Jim Crow laws, 另见种族隔离; 整合; 黑人法

Selective Service Act, 《义务兵役法案》, 184-185, 283

Senate, U.S.: banking, 美国参议院, 银行, 164; Bork nomination, 博克提名, 525; CAA, 《民用航空法》, 557; chain stores, 连锁商店, 157; Civil rights, 民权, 297; Dyer bill, 戴尔法案, 119; immigration, 移民, 131; rejects John J. Parker, 反对约翰·J. 帕克, 76; staff, 工作人员, 596

Sentencing, 量刑, 211-212

Separation of church and state, 政教分离的, 511, 513

Separation of powers, 权力分置, 596

Serrano v. Priest, "塞拉诺诉普利斯特案", 451-452

Sex discrimination, 性别歧视, 302, 304, 305, 307, 308

Sex laws, 性事法, 101, 231-237, 294; offenders, 违法者, 591; perversion, 变态, 564, psychopath laws, 精神病患者的法律, 590

Sexual abuse, 性虐待, 456

Sexual Behavior in the Human Male (Kinsey et al.), 男性性行为(金赛报告), 230-231

Sexual harassment, 性骚扰, 309

Sexual revolution, 性革命, 8, 230-237, 430, 445, 448, 505, 518, 548, 589

Shapiro, Martin, 马丁·夏皮罗, 579

Shaw, Roy, 罗伊·肖, 433

Sheindlin, Judy, 朱迪·沙因德林, 474

Shelley v. Kraemer, 雪莱诉克雷默, 286-287, 403

Shelton, Thomas W., 托马斯·W. 谢尔顿, 252

Shepard, Matthew, 马修·谢泼德, 592

Sheppard-Towner Act, 《谢泼德-唐纳

法案》,179-180

Sherman Antitrust Act,《谢尔曼反托拉斯法案》,54-57,158,163,172,615

Shields, Austin, 奥斯汀·希尔兹,467

Shulman, Harry, 哈里·舒尔曼,264,484

Sierra Club, 山峦协会,471

Silent Spring（Carson）,《寂静的春天》(卡森),198-199,590

Silicon Valley, 硅谷,469

Simpson, O. J., O. J. 辛普森,474,568

Sinclair, Upton, 厄普顿·辛克莱,60,61,590

Singapore, 新加坡,573

Sioux, 苏族,318,319

Sipuel, Ada Lois, 艾达·洛伊斯·思博尔,287,644

Sixteenth Street Baptist Church, 第十六街浸礼会教堂,291,297

Sixth Amendment, 第六修正案,208,619

Skadden, Arps,（law firm）世达律师事务所(律师事务所),463

Skeel, David, 戴维·斯凯尔,390

Skinner v. Oklahoma, 斯金纳诉俄克拉荷马州案,327,649

Skowronek, Stephen, 斯蒂芬·斯科夫罗内克,170

Slaughterhouse cases 屠宰场案,2

Slavery, 奴隶制,2,112

Small Business Act,《小型企业法》,527

Smaltz, Donald, 唐纳德·斯墨兹,225

Smith, Howard, 霍华德·史密斯,297

Smith Act,《史密斯法案》,331,333,336

Smith-Hughes Act,《史密斯-休斯法案》,452

Social insurance, 社会保险,181

Social safety net, 社会保障网,188

Social Security, 社会保障,3-4,182,183,188,194,393,398,432,524,536-537,580

Social Security Act,《社会保障法案》,176,180,303,323,419

Socialism, 社会主义,58,61,153,166,181,192

Socialist Party, 社会党,145

Sociology and law, 社会学和法律,502-503

Sodomy laws, 鸡奸法,604; Georgia

law, 佐治亚州的法律, 529, 535

Soil Conservation Service, 土壤保护局, 202

Soldiers and Sailor's Relief Act, 《士兵和水手救济法案》, 185

Souter, David, 戴维·苏特, 525, 532, 534

South (U. S. region), 南部(美国地区), 604-605; blacks, 黑人, 120, 280; *Brown v. Board of Education*, 布朗诉教育委员会案, 347; chain gangs, 锁链囚犯群, 94; child labor, 童工, 19; Christian Right, 基督教右翼, 514; cities, 城市, 121; civil rights, 民权, 310-311; code, 法典, 117; Communism, 共产主义, 338; education, 教育, 450; EEOC, 就业机会平等委员会, 298; equality, 平等, 528; executions, 处决, 220; farm labor, 农场劳动, 182; flag burning, 焚烧国旗, 531; guns, 枪, 241; juries, 陪审团, 264, 266; lynchings, 私刑, 118; movie bans, 电影的禁令, 563; pension laws, 养老金法, 181; prisons, 监狱, 93; public executions, 公开处决, 217; race obsession, 种族痴迷, 112; race relations, 种族关系, 284-296; railroad lawyers, 铁路律师 31; unwritten laws, 不成文规定, 111; voting rights 投票权, 115, 301; and Earl Warren, 和厄尔·沃伦, 276; white supremacy, 白人至上, 339. See also Segregation, 另见隔离

South Carolina: Asians, 南卡罗来纳州:亚洲人, 125; bird refuge, 鸟类避难所, 171; commuted sentence, 减刑, 119; Confederate pensions, 南部邦联的支持者的养老金, 177; divorce, 离婚, 435; drug laws, 毒品法, 107; Fair housing law, 公平住宅法 311; poll tax, 人头税, 114; radio, 无线电, 561; truck limits, 卡车的限制, 378; voting rights, 投票权, 301; worker's compensation, 工人赔偿金, 353

South Dakota: divorce, 南达科他州:离婚, 436; dry state, 禁酒的州, 102; Germans, 德国, 139; pauper law, 贫民法律, 176-177; worker's compensation, 工人赔偿金, 355

Southwest Airlines, 西南航空公司, 309

Soviet Union, 苏联, 217, 285, 335, 336, 338, 453, 572, 579; emigration policy, 移民政策, 581. See also Russia, 另见俄罗斯

Spain, 西班牙, 15, 134, 136, 575, 578

Spanish-American War, 美西战争, 9, 134, 576

Spanish language, 西班牙语, 541

Special prosecutors, 特别检察官, 225

Speiser, Stuart M., 斯图尔特·M.斯派泽, 373

Spence, Gerry, 格里·斯彭斯, 480, 482

Spencer, Herbert, 赫伯特·斯宾塞, 18

Spenkelink, John, 约翰·斯宾克林克, 220

Sports Illustrated（periodical）,《体育画报》（期刊）, 372

Springfield, Ill., 伊利诺伊州斯普林菲尔德市, 121

Spring Valley Water Company, 春谷自来水公司, 27

Stalin, Joseph, 约瑟夫·斯大林, 335, 342

Standard Oil, 标准石油公司, 45, 55, 57, 59

Stanford University：hospital, 斯坦福大学：医院, 365; law school, 法学院, 471, 481, 483, 484, 585

Stanley, Leo, 利奥·斯坦利, 109

Stanton v. Stanton, 斯坦顿诉斯坦顿案, 305

Starr, Kenneth, 肯尼思·斯塔尔, 225

State v. Norman,（北卡罗来纳州）州政府诉诺曼案, 247

States, 州, 157, 173-176, 184, 197; abortion rights, 堕胎权, 532, 535; aid to blind, 盲人援助, 183; air traffic regulation, 空中交通管制, 557; block grants, 一揽子拨款, 537; Commerce power, 贸易权, 103; constitutions, 宪法, 175, 343-346, 348, 452; courts, 法院, 23, 25-28, 43, 256, 534-535; criminal justice, 刑事司法, 80; drug laws, 毒品法, 237; drunk driving laws, 酒驾法, 553; employees, 员工, 602; federal power, 联邦权力, 378; federalism, 联邦主义, 598; free speech, 言论自由, 141; freedom of information, 信息自由, 547; health and safety laws, 健康和安全法, 65-67; high courts, 高等法院, 210; legal systems, 法律制度, 595; legislatures, 立法机构, 77, 95; marriage laws, 婚姻法, 432; pension laws,

养老金法, 181; Poor laws, 济贫法, 176-179; power 权力, 262; property tax, 财产法, 72; public defenders, 公设辩护人, 209; punitive damages limits, 惩罚性赔偿限制, 539; regulated businesses, 监管企业, 52-53; regulation, 法规, 23-25, 203-204; rights under treaties, 权利条约, 659; senates, 参议院, 312; sovereignty, 主权, 596, 605; subversion, 颠覆, 332; supreme courts, 最高法院, 271, 346-348, 477-478, 595; taxation, 税务, 396-397; welfare, 福利, 536-538

States' rights, 州权, 63, 162, 453, 598

Steel industry, 钢铁产业, 600

Steimer, Mollie, 莫莉·斯坦莫, 142

Stennis, John C., 约翰·C.斯坦尼斯, 533

Sterilization, 绝育, 109-110, 327, 623

Stern, Howard, 霍华德·斯特恩, 561

Stern, William and Elizabeth, 威廉·斯特恩和伊丽莎白·斯特恩, 443

Steuer, Max, 马克斯·史特尔, 32

Stevens, John Paul, 约翰·保罗·史蒂文斯, 534, 569

Stevenson, Adlai, 阿德莱·史蒂文森, 332

Stimson, Henry, 亨利·斯廷森, 184

Stone, Harlan Fiske, 哈伦·F.斯通, 162, 283, 316, 649, 683

Storey, Moorfield, 莫菲尔德·斯多利, 121

Story, Joseph, 约瑟夫·斯托里, 34, 575

Strikes, 罢工, 140, 168

Strong, Theron, 西伦·斯特朗, 32

Structure of Dynamics of Organizations and Groups, *The* (Berne),《组织与团体的结构与优化》(伯尔尼), 308

Studebaker Company, 史蒂倍克公司, 419

Students' rights, 学生权利, 313-314

Submerged middle class, 没落的中产阶级的人, 154, 176, 180-183

Subrin, Stephen, 史蒂芬·萨柏林, 254

Suburbia, 郊区, 409, 412, 550-551

Subversive Activities Control Act,《颠覆性活动控制法案》, 336

Succession law, 继承法, 413

Suffrage, 选举权, 684

Sugar Act,《食糖法》, 171

Sulfa drugs, 磺胺类药剂, 199

Sullivan, Kathleen, 凯瑟琳·沙利文, 484

Sullivan, L. B., L. B. 沙利文, 339-340

Sullivan, Louis H., 路易斯·H. 沙利文, 406

Sullivan & Cromwell (law firm), 沙利文与克伦威尔(律师事务所), 30, 462

Sullivan Law, 沙利文法, 241

Sunderland, Edson, 埃德森·桑德兰, 264

Supreme Court, U. S., 美国最高法院, 4, 11, 16, 599; abortion, 堕胎, 328-330, 532; administrative law, 行政法, 172; affirmative action, 平权措施, 527; aliens, 外国人 313; Amendment, 修正案, 532; Amish, 阿米什人, 509-510; anti-communists, 反共产主义者, 333; antievolution law, 反进化论法, 508; Asians, 亚洲人, 125; bacterium patent, 细菌专利, 428; birth control, 节育, 328; chain store taxes, 连锁商店税, 157; child labor, 童工, 20; Civil procedure, 民事诉讼, 252; Clayton Act, 《克莱顿法案》, 75-76; Congress, 国会, 316; Constitution, 宪法, 305; copyright, 版权, 426; dissents, 异议, 271; divorce, 离婚, 437; Economic activism, 经济激进主义, 161; education, 教育, 452; Endangered species, 濒危物种, 424; fame, 名声, 42; famous cases, 著名案例, 22; fellow-servant rule, 雇员同伴责任规则, 353; flag burning, 燃烧国旗, 531; foreclosure, 取消抵押品赎回权, 175; freedom of expression, 表达自由, 314; freedom of speech, 言论自由, 9, 141, 144, 145; Gay rights, 同性恋权利, 530; graduation prayer, 毕业祈祷 515; grandfather clause, 祖父条款, 115; gun-control laws, 枪支管制法, 242, 597; illegitimacy, 未婚生子女, 447; immigrants, 移民, 126, 127; insular cases, 海岛案件, 134-136; interstate commerce, 洲际贸易, 378; Japanese internment, 日本拘留, 281; juries, 陪审团, 265; jurisdiction, 司法管辖区, 478-479; justices, 法官, 275, 474, 605; labor law, 劳动法, 167-168; Language laws, 语言规律, 146-147; law clerks, 法律文员, 533; law reviews, 法律评论, 500; lawyers' advertising,律师广告,464; libel,诽谤,340; loyalty oaths,发誓,334; Mann Act,《曼恩法案》,98; Marital privilege,婚姻特权,268; McCarthyism,麦卡锡主义,336-338; minimum fees,最低的费用,465; movie censorship,电影审查制度,563,565; Native Americans,美国原住民,132-134; New Deal legislation,新政法案,159; NLRB orders,全国劳资关系委员会下令,190; Northern Securities case,北方证券公司案件,56; nudity ruling,裸露规则,235; obscenity,淫秽,234,564; parochial school aid,教会学校的补助,511,513; peonage,劳务偿债,116; postwar change,战后的变化,284; poverty lawyers,协助贫困者的律师,471; privacy,隐私,326-327; prominence,声望,274; published opinions,已经发表的案件评论,534; Puerto Rico law,波多黎各法律,627; race and gender,种族和性别,306; racial discrimination,种族歧视,322-323; Regulatory laws,监管法规,25; Republican appointees,共和党任命,524-525; rights of criminal defendants,刑事被告人权利,206; Rosenbergs case,罗森堡案件,335; school districts,学区,296; school prayer,学校祈祷,511-512; school segregation,学校隔离,287,623; Scottsboro case,斯科茨伯勒案,120; segregation,隔离,294; sentencing,判刑,647; seven dirty words,7个脏字眼,569; sex discrimination,性别歧视,308; sexual harassment,性骚扰,309; sodomy,鸡奸,529-530; special education,特殊教育,454; Standard Oil case,标准石油公司案例,57,59; State business laws,州商业法规,45; state regulation,州管制,23; states' rights,州权力,598; steel mills seizure,钢厂查封,601; sterilization,绝育,110; treaties,条约,659; Voting rights,投票权,311-312; women justices 女法官,458; women on juries,女陪审团,304; worker's compensation,工人赔偿金,353; yellow dog contracts,黄狗契约,609; zoning,分区制,401

Surrogate mothers,代孕母亲,443

Sutherland, Edwin,埃德温·萨瑟兰,223

Sutherland, Linda, 琳达·萨瑟兰, 470

Suttles, Joseph, 约瑟夫·萨特尔斯, 310

Svea (boat), "斯维雅号"(船), 479

Swann v. Charlotte-Mecklenburg Board of Education, 斯万诉夏洛特市麦伦伯格教育委员会案, 295

Sweatt v. Painter, 斯威特诉平特案, 287

Sweden, 瑞典, 602

Sweet, Alec Stone, 亚力克·斯通·斯威特, 578

Swenson, Emil, 埃米尔·斯温森, 268, 642

Swift v. Tyson, 斯威夫特诉泰森案, 261, 262

Symbols of Government, The, 《政府的象征》, 491

Taft, Robert A., 罗伯特·A.塔夫脱, 644

Taft, William Howard, 威廉·霍华德·塔夫脱, 51, 76, 103, 115, 135-137, 275

Taft-Hartley Act, 《塔夫脱-哈特利法案》, 189

Taking Rights Seriously (Dworkin), 《认真对待权力》(德沃金), 489

Taney, Roger Brooke, 罗杰·布鲁克·托尼, 532

Tariffs and Tariff acts, 关税和关税法案, 582, 587

Taxation, 税务, 70-74, 159, 393-398, 415. See also Internal Revenue Service, 另见国税局

Tax Reform Act of 1986, 1986年《税收改革法案》, 397

Tax Reform Law of 1969, 1969年《税制改革法》, 417

Taylor Grazing Act, 《泰勒放牧法案》, 425

Teapot Dome scandal, 茶壶顶丑闻, 224

Technicality: appellate procedure, 技术性：上诉程序, 251; legal, 法律, 251; as protective device, 作为保护装置, 258

Technology, 技术, 548, 571, 588, 589; and law, 与法律, 176, 302, 349, 426-427

Telegraph and telephone, 电报和电话, 53, 558

Television, 电视, 566-570; anti-lawyer commercial, 反商业律师, 473; celebrity judges, 名流法官, 474-475;

Celebrity society,名流社会,341; children,儿童,455; civil rights movement,民权运动,293; crime rate,犯罪率,205; Criminal justice,刑事司法,82-83,593-594; diversity,多样性,529; export,出口,573; horizontal society,平行社会,571; immigration,移民,343; national mass culture,国家大众文化,377,545; Native American languages,美国原住民语言,320; networks,网络,569; public attention,公众关注,454; Public domain,公共领域,560; scandals,丑闻,590-591; technological revolution,技术革命,589; trash talk shows,垃圾谈话节目,371; trials,审判,227; World War II,第二次世界大战,567

Tellico Dam,泰利克水坝,424-425

Temperance movement,禁酒运动,603

Temple University Law School,天普大学法学院,498

Temporary National Economic Commission,临时国家经济委员会,166-167

Tennessee:bar association,田纳西州:律师协会,466; election districts,选区,311; executions,处决,220; Massengill Company,马森吉尔公司,199; schoolchildren,小学生,293; Scopes trial,斯科普斯审判,507-508; subversives,颠覆分子,332; supreme court,最高法院,273; taxicab case,出租车案件,261; worker safety,工人安全376

Tennessee Valley Authority,田纳西河管理局,154-155,424,425

Term limits,任期限制,346

Termination policy(Native Americans),终止政策(美国原住民),318-319

Testation,遗嘱,413

Texas:affirmative action,得克萨斯州:平权措施,527; Agricultural laws,农业法,65; aliens,外国人,313; annexations,兼并,412; black law students,黑人法学学生,528; chain store tax,连锁商店税,157; death row inmates,死刑犯,222; executions,处决,209,220-221; female execution,女性执行处决,246; flag burning,燃烧国旗,530; foreclosure law,取消抵押品赎回权的法,174; gun law,枪支法,597;

gun tax, 枪支税, 241; health laws, 卫生法, 66; Income tax, 所得税, 397; licensing law, 许可法, 26; marriage laws, 婚姻法, 432; meat inspection, 肉类检验, 376; Mexicans, 墨西哥人, 131; mothers' aid, 母亲援助计划, 179; personal injury, 人身伤害, 539; regulating prostitution, 管制卖淫, 96; safety laws, 安全法, 67; school segregation, 学校隔离, 287-288; schoolchildren, 小学生, 293; tort liability, 侵权责任, 357

Thaw, Harry K., 哈里·K. 邵, 86-87, 88

Thayer, Webster, 韦伯斯特·塞耶, 144

Thirteenth Amendment, 第十三修正案, 116, 301

Thomas, Clarence, 克拉伦斯·托马斯, 459, 525, 528, 530

Thrasher, Frederick, 弗雷德里克·斯拉舍, 213

Three-strikes law, 三振出局法, 591-592

Till, Emmett, 埃米特·提尔, 290

Tinker v. Des Moines School District, 廷克诉得梅因学区案, 313-315

Titanic (ship), 泰坦尼克号(船), 351, 559

Titmuss, Richard, 理查德·蒂特马斯, 500

Tobacco litigation, 烟草诉讼, 369

Tocqueville, Alexis de, 亚历克西·德·托克维尔, 266, 500

To Kill a Mockingbird (Lee; film), 《杀死一只知更鸟》(电影), 472

Tompkins, Harry James, 哈里·詹姆斯·汤普金斯, 261-262

Tompkins Square Park, 汤普金斯广场公园, 347

Tort Law and Alternatives: Cases and Mate, 《侵权行为法及其他选择：案例及素材》, 489

Torts: automobiles, 侵权：汽车, 552; law, 法律, 2, 349-376; liability explosion, 责任激增, 8, 360-361; privacy, 隐私, 326; reform, 改革, 538-539; state law, 州法律, 597; in 1800, 在1800年, 2

Total justice, 完全正义, 3, 362, 374, 603

Totten trusts, 托腾信托, 414

Tourism, 旅游, 558

Townsend, Francis E., 弗朗西斯·E. 汤森, 181

Toxic Substances Act,《有毒物质管制法案》,199

Trade Act of 1974, 1974 年贸易法案, 581

Trade associations, 贸易协会, 155

Trademark law, 商标法, 428, 429, 660

Trading with the Enemy Act,《与敌军交易法案》,139

Traffic courts, 交通法院, 552-553

Traffic laws, 交通法, 7, 83, 589

Transportation, 交通运输, 548, 590; public, 公共, 550, 555. See also Automobile, 另见汽车

Traynor, Roger, 罗杰·特雷诺, 274, 356-358

Treaties and treaty law, 条约和条约法, 582

Trial by jury, 陪审团审判, 83-85, 86, 255, 263-266

Triangle Shirtwaist Factory, 三角衬衣工厂, 351

Tribal courts, 部落法庭, 320

Truax v. Corrigan, 特鲁阿克斯诉克里根案, 76

Truman, Harry: administrative reform, 哈里·杜鲁门：行政改革, 171; desegregates armed forces, 强制废除种族隔离制, 293; immigration law veto, 移民法案否决, 342; judicial appointments, 司法任命, 477; labor relations, 劳动关系, 188-189; loyalty program, 忠诚计划, 331; national health insurance, 国民健康保险, 192-193; prosecution of Communists, 起诉共产主义者, 333; steelworkers' strike, 钢铁厂工人罢工, 600-601

Truman Show, The (film),《楚门的世界》(电影), 592

Trust in government, 对政府的信任, 375, 546, 594, 602

Trusts, 信托, 414-416

Truth in Lending Act,《诚信借贷法案》,380

Tucker, Carla, 卡拉·塔克, 246

Tulane University Law School, 杜克大学法学院, 34, 498

Twenty-First Amendment, 第二十一修正案, 104, 106

Twenty-Fourth Amendment, 第二十四修正案, 300

Tydings McDuffie Act,《泰丁斯·麦克达菲法案》,136

Ulysses (Joyce), 尤利西斯(乔伊斯), 233, 638

Unauthorized practice,未经授权的执业,40, 466-467

Unconscionability,显失公平,383

Unemployment compensation,失业救济,190

Unemployment insurance,失业保险,183

Unger, Roberto,罗伯托·昂格尔,493

Uniform Bill of Ladings Act,《统一载货清单法案》,47

Uniform Code of Military Justice,《军事司法统一法典》,317

Uniform Commercial Code,《统一商法典》,379-381, 383, 386, 492

Uniform Conditional Sales Act,《统一附条件买卖法案》,47

Uniform Crime Reports,《统一犯罪报告》,82

Uniform laws movement,统一法律运动,46-48, 575

Uniform Narcotic Drugs Act,《统一麻醉药品法案》,107

Uniform Residential Landlord and Tenant Act,《统一住宅房东与房客法案》,408

Uniform Sales Act,《统一买卖法案》,47

Uniform Trust Receipts Act,《统一信托收据法案》,47

Uniform Warehouse Receipts Act,《统一仓储提单法案》,47

Unions, see Labor unions 工会,参见劳工工会

United Mine Workers,美国煤矿联合工会,74, 76, 186

United Nations,联合国,10, 342, 348, 587

United States Bankruptcy Court,美国破产法院,388

United States Court of Military Appeals,美国军事上诉法院,317

United States Housing Administration,美国住宅管理局,174

United States Sentencing Commission 美国量刑委员会,240

United States Steel,美国钢铁公司,45, 168

United States v. Butler,美国诉巴特勒案,159

United States v. Carolene Products Co.,美国诉卡罗琳物产公司案,162, 315, 326

United States v. Darby,美国诉达尔木材公司案,168

United States v. Ju Toy,美国诉朱托义案,126-127

United States v. Lopez,美国诉洛佩斯案,597,598

United States v. Nixon,美国诉尼克松案,601

United States v. Sandoval,美国诉桑多瓦尔案,133

United States v. United States Steel 美国诉美国钢铁公司案,57

United States v. Winans,美国诉怀南斯案,133

United Steelworkers,美国钢铁工人联合会,600

Universal Negro Improvement Association,全球黑人进步协会,543

University of Alabama,阿拉巴马大学,290

University of Buffalo Law School,布法罗大学法学院,38

University of California, Berkeley,加州大学伯克利分校,501,503,575,579;Law School,法学院,483,484,528

University of California, Davis, Law School,加州大学戴维斯分校法学院,485

University of California, Los Angeles, Law School,加州大学洛杉矶法学院,485,528

University of Chicago,芝加哥大学,274;Law School,法学院,31,34,38,483,490,492,495,502,579

University of Denver Law School,丹佛大学法学院,503

University of Miami Law School,迈阿密大学法学院,484

University of Michigan Law School,密歇根大学法学院,35,39,487

University of Mississippi,密西西比大学,290

University of Nebraska,内布拉斯加大学,489;Law School,法学院,490

University of Nevada at Las Vegas Law School,内华达大学拉斯维加斯大学法学院,485

University of Oklahoma,俄克拉荷马大学,287,644;Law School,法学院,287,644

University of Pennsylvania Law School,宾夕法尼亚大学法学院,33,38,39,481

University of Pittsburgh Law School,匹兹堡大学法学院,38,481

University of Texas,得克萨斯大学,287

University of Virginia,弗吉尼亚大学,542

University of Wisconsin,威斯康星大学,278,503;Law School,法学院,385,486,489,501

University of Wyoming Law School,怀俄明大学法学院,482,483

Unsafe at Any Speed(Nader),《任何速度都不安全》(奈德),553,590

Upward Bound,奋发向上,193

Urban policy,城市政策,412

Urban renewal,市区重建,404-405

U. S. News and World Report(periodical),《美国新闻及世界报道》(期刊),483

Utah:aliens,犹他州:外国人,126;bar examination,律师考试资格,486;execution,执行死刑,220;federal lands,联邦土地,420;firing squad,死刑执法队,218;homesteads,家园,421;insanity plea,精神失常抗辩,244;support law,支持法,305

Utilities,public,公共事业,26,53-54,166

Valachi,Joseph,约瑟夫·瓦拉奇,246

Vanderbilt,Arthur T.,亚瑟·T.范德比尔特,258,274

Van Waters,Miriam,米利亚姆·凡·沃特斯,92,635

Vanzetti,Bartolomeo,巴托洛梅奥·范泽蒂,143-144,338

Vatican,梵蒂冈,221

Vermont:agricultural laws,佛蒙特州:农业法律,65;blue laws,《蓝色法案》,229,230;dry state,禁酒的州,102;law school,法学院,485

Vermont Law School,佛蒙特法学院,485

Veterans,退伍军人,177,188,481

Vice,恶习,95-102,604

Victimless crime,无被害人犯罪,228-230

Vietnam,越南,195,293,313,368,546,568,600,605

Village of Euclid v. Ambler,欧几里得村诉安布勒案,401

Villard,Oswald Garrison,奥斯瓦尔德·加里森·维拉德,121

Vinson,Fred,弗雷德·文森,276,286-288,333,533,683

Violent crime,暴力犯罪,205,213

Virgil,Mike,迈克·维吉尔,371

Virginia:bar association,弗吉尼亚州:律师协会,465;bench trials,无

陪审团审判,85; black governor, 黑人州长,528; divorce,离婚,435; executions,处决,220; jurors,陪审员,265; miscegenation,指的是白人和黑人之间的通婚,111; parole,假释,89; public schools,公立学校,295; sterilization,绝育,110; voting rights,投票权,301,311; zoning,分区制,402

Vogel, David,戴维·沃格尔,602

Vokes, Audrey,奥黛丽·沃克斯,383

Vokes v. Arthur Murray, Inc.,沃克斯诉亚瑟·默里公司案,383

Volstead Act,《沃尔斯特法案》,103-104,560

Volunteers in Service to America,美国志愿者服务队,193

Voting rights,投票权,114,300-301,311-312

Voting Rights Act,《投票权法案》,300-301

Wade, Gerald,杰拉尔德·韦德,540

Wade v. Anchorage School District,韦德诉安克雷奇学区案,540

Wagner Act,《瓦格纳法案》,167-168,173,496

Wagner Housing Act,《瓦格纳住房法案》,154

Wald, Lillian,莉莲·沃尔德,178

Walker, Charlie,查理·沃克,561

Walker, David,戴维·沃克,117

Walker, Samuel,塞缪尔·沃克,3,605

Wall Street,华尔街,163-165,224; law firms,律师事务所,29-31,40,460,462-463; lawyers,律师,466

Walter-Logan bill,《沃尔特-洛根法案》,171

Wapner, Joseph,约瑟夫·华普纳,474

War,战争,138,184,599-600,679

War Finance Corporation,战时金融公司,78

War Labor Disputes Act,《战时劳动争议法案》,186

War on Poverty,向贫困宣战,193,195,480

War Powers Act,《战争权力法案》,184

War Powers Resolution,《战争权力决议案》,600

War Production Board,战时生产委员会,185

War Revenue Act,《战时税收法案》,71

Warranty of habitability, 适宜居住保证, 407

Warren, Earl, 厄尔·沃伦, 276, 524, 684; *Brown v. Board of Education*, 布朗诉教育委员会案, 293, 543; California school desegregation, 加州学校种族隔离, 322; civil rights movement, 民权运动, 11; Eisenhower, 艾森豪威尔, 288, 644; Japanese internment, 日本人的拘留, 281; miscegenation laws, 异族通婚法, 294; Rehnquist critique, 伦奎斯特批评, 533; rights of criminal defendants, 刑事被告人权利, 206; Warren Court, 沃伦法院, 207-213, 276, 312-316, 330, 347, 479, 525, 683

Warren, Edward, 爱德华·沃伦, 482

Warren, George, 乔治·沃伦, 552

Warren, Samuel D., 塞缪尔·D.沃伦, 275, 369-371

Warsaw, 华沙, 584

Washington (state), 华盛顿(州), 26; chief justice, 首席法官, 459; hanging, 绞刑, 218; homesteads, 家园, 421; intermarriage law, 通婚法, 123; marriage laws, 婚姻法, 431; sterilization law, 绝育法, 109; subversives, 颠覆分子, 332; supreme court, 最高法院, 534

Washington, D. C., 华盛顿特区, 151, 171, 176, 178; airmail, 航空邮件, 556; central city, 中心城市, 405; centralization, 集中化, 200; lawyers, 律师, 470; power center, 能源中心, 595; Power shift to, 权力转向, 4; racism, 种族主义, 285; rail service, 铁路服务, 542; rent control, 租金管制, 409; sodomy laws, 鸡奸法, 236; speed limit, 速度限制, 549

Washington Aluminum Company, 华盛顿铝工厂, 190

Wasson, Jeffrey, 杰弗里·瓦森, 535

Water Pollution Control Act, 《水污染管制法案》, 198

Water Quality Act, 《水质量法案》, 198

Watergate, 水门事件, 546, 568, 590, 601

Watt, James G., 詹姆斯·G.瓦特, 471

WBAI, WBAI电台, 569

WDKD, WDKD电台, 561

Webb v. United States, 韦伯诉美国案, 106

Webb-Kenyon bill,《韦伯-凯尼恩法案》,103

Webster, Daniel, 丹尼尔·韦伯斯特,255

Wechsler, Herbert, 赫伯特·韦克斯勒,294

Weisberg, Robert, 罗伯特·威斯博格,221

Weisman, Deborah, 黛博拉·威斯曼,515

Welch v. Swasey, 韦尔奇诉斯韦齐案,23

Welfare, 福利, 3, 182, 204, 536-538, 688; federal, 联邦,179; law, 法律,598; mothers, 母亲, 179, 537; policy, 政策,177

Welfare and Pension Plans Disclosure Act,《福利与退休金计划公开法案》,419

Welfare state, 福利国家, 3, 177-183, 194, 195, 362, 386, 524, 536

West (U.S. region): conservation, 西部(美国地区):保留地,425; Federal lands, 联邦土地,420; guns, 枪,241; Japanese, 日本人,282; pension laws, 养老金法,181; segregation, 隔离,296

West Virginia, 西弗吉尼亚州,27; athletic commission, 运动委员会, 228; chief justice, 首席法官,459; coal mine accident, 煤矿事故,62; taxes, 税收,72; unauthorized practice, 未授权的执业,467; women's federal prison, 联邦女子监狱,81

West Virginia State Board of Education v. Barnette, 西弗吉尼亚州教育委员会诉巴耐特案,283

Wharton School, 沃顿商学院,33

White, Byron, 拜伦·怀特, 533, 534, 684

White, Dan, 丹·怀特,244-245

White, Edward D., 爱德华·D.怀特,275, 276

White, Stanford, 斯坦福·怀特,86

White Citizens Councils, 白人公民议会,291

White-collar crime, 白领犯罪,223-225

Whites, 白人, 114-115, 505, 523, 528, 604-605; backlash, 反弹, 543; code, 法典,117; settlers, 定居者,2; suburbs, 郊区,550

White slavery, 拐卖妇女为娼,97-98, 564

White supremacy, 白人至上, 9, 118, 135, 144, 162, 281, 285, 291,

索引

294, 295, 301, 339, 341, 527, 604

Whitney, Charlotte Anita, 夏洛特·安妮塔·惠特尼, 145-146, 628

Wickard v. Filburn, 维卡特诉费尔伯恩案, 161

Wickersham Commission, 威克沙姆委员会, 105, 205

Wigmore, John Henry, 约翰·亨利·威格莫尔, 37, 266-268, 487

Wilder, Douglas, 道格拉斯·威尔德, 528

Wilderness, 荒野, 1, 420-421, 423

Wilderness Act, 荒野法案, 423

Wild Free-Roaming Horses and Burros Act, 《野生自由放养马和驴法案》, 423

Wildlife refuges, 野生动物保护区, 422

Wiley, Harvey, 哈维·威利, 60

Williams, Evelyn, 伊夫林·威廉斯, 482

Williams, O. B., O. B. 威廉斯, 437

Williams, Patricia, 帕特丽夏·威廉斯, 494

Williams v. Illinois, 威廉姆斯诉伊利诺伊州, 647

Williams v. North Carolina, 威廉斯诉北卡罗来纳案, 436-437

Williamson v. Lee Optical Co., 威廉森诉李眼镜有限公司案, 162

Williston, Samuel, 塞缪尔·威利斯顿, 47, 381-382, 487, 488

Wills, 遗嘱, 414

Wilson, Francis C., 弗朗西斯·C.威尔逊, 31

Wilson, Huntington, 亨廷顿·威尔逊, 124

Wilson, Soncini, 威尔逊及桑西尼律师事务所, 469

Wilson, Woodrow, 伍德罗·威尔逊, 51, 71, 78, 115, 275

Wilson v. Pacific Mail Steamship Co., 威尔逊诉太平洋轮船公司案, 479

Winfrey, Oprah, 奥普拉·温弗瑞, 474

Wireless ship act, 《无线电船舶法案》, 559

Wisconsin, 威斯康星州, 241; Amish, 阿米什人, 509; Bankruptcy study, 破产研究, 387; breach of promise, 违反承诺, 433; business behavior 企业行为, 385; chief justice, 法院首席法官, 459; Death penalty, 死刑, 217, 220; diploma privilege, 文凭的特权, 486; habeas corpus, 人身保护令, 210; insurance statutes, 保险法规, 385; law firms, 律师事

务所,462; lawyers,律师,461; Menominee,梅诺米尼,318-319; milk law,牛奶法,378; new communities,新社区,154; public life insurance,大众人寿保险,70; railroad law,铁路法,77; supreme court,最高法院,401; Unemployment insurance,失业保险,183; worker's compensation,工人赔偿金,361-362; workfare,工作福利,537

Wisconsin v. Yoder,威斯康星州诉尤德案,509

Witness Security Program,证人安全项目,246

Women,女性,12, 302-310; *Buck v. Bell*,巴克诉贝尔案,110; divorce,离婚,434, 439, 442; ERA,时代,544; feminist jurisprudence,女权主义法学,496-497; judges,法官,审判,458; juries,陪审团,265; labor,劳动,27; and law,和法律,246-250; Law firms,律师事务所,460; law professors,法学教授,484; Law schools,法学院,458; lawyers,律师,32-33, 41, 247, 457; Mann Act,《曼恩法案》,99; and men,和男性,529; mothers' aid laws,母亲补贴法律,179; *Muller v. Oregon*,穆勒诉俄勒冈州案,23; prison guards,狱警,646; prisoners,囚犯,246; rights,权利,517, 605; sexual oppression,性压迫,98; working hours,工作时间,22

Women's movement,女性运动,249, 519

Wood, Gordon,戈登·伍德,500

Woodstock nation,伍德斯托克国,12

Wooley v. Maynard,伍利诉梅纳德案,315

Wootton, Harry E.,哈里·E.伍顿,140

Workers' compensation laws,工伤赔偿法,62, 353-355, 361, 375, 432, 539-540, 575

Working (Terkel),《工作着》(特克尔),489

Works Progress Administration,公共事业振兴局,153

World Bank,世界银行,587

World Trade Organization,世界贸易组织,587

World War I,第一次世界大战,71, 77, 139, 142, 541, 556, 572

World War II: automobiles,第二次世界大战:汽车,549; effect on imperial powers,对帝国主义列强的影响,572; family,家庭,430; Income tax,所得税,393,397;Japanese internment,日本人的拘留,281-283;law professors,法学教授,575;law schools,法学院,481;legal influence of postwar occupation,战后占领的法律影响,577;legislation,立法,184-187;political trials,政治审判,226;price controls,价格管制,224;television,电视,567;Earl Warren,厄尔·沃伦,276

World Wide Web,互联网,427,570

Wounded Knee,受伤的膝盖,319

Wright, Orville and Wilbur,莱特兄弟,556

Wright, Paul,保罗·莱特,88

Wright, Skelly,斯凯利·莱特,408

Wright Act,《莱特法案》,103-104

Wunder, John,约翰·旺德,132

Wyman, Bruce,布鲁斯·怀曼,53-54

Wyman, Louis C.,路易斯·C.怀曼,332

Wyoming: hate crime,怀俄明州:仇恨犯罪,592; homesteads,家园,421; legislature,立法机构,595; regulating prostitution,管制卖淫,96; Sixteenth Amendment,第十六修正案,70

Xenophobia,排外,10

Yakama tribe,雅克玛部落,133-134

Yale University,耶鲁大学,502;Law School,法学院,34,253,328,382,482,483,486,487,492,498,575

Yates v. United States,耶茨诉美国案,336

Yeazall, Stephen,斯蒂芬·耶泽,255

Yegge, Robert,罗伯特·雅格,503

Yellow dog contracts,黄狗契约,18,19,173,609

Yellowstone National Park,黄石国家公园,422

Young, Julius J.,朱利叶斯·J.扬,362

Zangara, Guiseppe,朱赛佩·赞哥拉,221

Zangwill, Israel,伊斯雷尔·赞格威尔,123-124

Zeisel, Hans,汉斯·蔡瑟尔,248,502,681

Zoning,分区制,399-406

Zoot suit riots,祖特装暴动,131

著作权合同登记号　图字:01-2014-6580
图书在版编目(CIP)数据

二十世纪美国法律史/(美)劳伦斯·弗里德曼(Lawrence M. Friedman)著;周大伟等译.—北京:北京大学出版社,2016.7
ISBN 978-7-301-27251-0

Ⅰ.①二… Ⅱ.①劳… ②周… Ⅲ.①法制史—美国—20世纪 Ⅳ.①D971.29

中国版本图书馆CIP数据核字(2016)第148515号

American Law in the 20th Century
by Lawrence M. Friedman
© 2002 by Lawrence M. Friedman.
Originally published by Yale University Press.
ALL RIGHTS RESERVED.

书　　　名	二十世纪美国法律史 ERSHI SHIJI MEIGUO FALÜSHI
著作责任者	〔美〕劳伦斯·弗里德曼　著　周大伟等　译
责 任 编 辑	柯　恒　陈晓洁
标 准 书 号	ISBN 978-7-301-27251-0
出 版 发 行	北京大学出版社
地　　　址	北京市海淀区成府路205号　100871
网　　　址	http://www.pup.cn　http://www.yandayuanzhao.com
电 子 邮 箱	编辑部 yandayuanzhao@pup.cn　总编室 zpup@pup.cn
新 浪 微 博	@北京大学出版社　@北大出版社燕大元照法律图书
电　　　话	邮购部 62752015　发行部 62750672　编辑部 62117788
印 　刷 　者	北京中科印刷有限公司
经 　销 　者	新华书店
	890毫米×1240毫米　A5　29.75印张　718千字 2016年7月第1版　2023年9月第4次印刷
定　　　价	158.00元

未经许可,不得以任何方式复制或抄袭本书之部分或全部内容。
版权所有,侵权必究
举报电话: 010-62752024　电子邮箱: fd@pup.cn
图书如有印装质量问题,请与出版部联系,电话: 010-62756370